國語文教學
理論與實務的多元探索

國立臺灣師範大學國文學系
教育部國語文課程與輔導諮詢團隊
執行策畫

王基倫　王榮生　白雲開　孫紹振 等著

五南圖書出版公司 印行

籌辦人---王基倫教授序

一、前　言

這本書的完成，是許多人的心血結晶。

近幾年來，海內外的國語文教學都面臨了巨大的變革，帶給第一線的教師嚴峻的挑戰，但同時也含藏了不少新的契機。為什麼這樣說呢？

首先，無論中學或小學，大家都普遍感受到學生的國語文程度下降，教師們多有欲振乏力的教學感受，這當然與社會的大環境有關——包括國語文授課時數減少、考試領導教學、學生不喜歡閱讀、書寫文字機會少、作文能力差、傳播媒體充斥錯別字或濫用諧音字、放棄書法教學、教學方式不合時宜等，問題真是一籮筐。

其次，師資培育也出現了結構性的問題。公費制度取消後，師範院校失去優勢，現在招收進來的大學生，國語文程度每下愈況。少子化的現象日益嚴重，從小學開始，班級數越來越少，各校不敢再招聘新人，流浪教師增多了，年輕學子惶惶不可終日。許多人在求學期間，並不想從事教職，可是到了一職難求的窘境出現後，又一頭栽入競逐行列，這時真的有教育熱誠嗎？是否適合從事教育工作？考上教職後，有朝一日揮之不去的「無力感」糾纏上身，那就像攻進了「圍城」一樣，又急著想逃出來，巴不得可以早日走人。任課教師都說學生難教、家長難應付、校方壓力太大，他們無法在職場上獲得肯定，無疑是很可悲的一群。

社會大環境的確不利於國語文教師的生存。許多科任教師並非本科系出身，小學包班制的教學環境更容易如此，因此，遇到不熟悉的課文教材，教師只能寄望教師手冊。個人以為，中小學的國語文教育，基本上就是一種以閱讀文本為基礎的文學教育。許多教師不懂得文本，文學欣賞的能力不足，教不出文學作品的美感經驗，只會照本宣科，如此一來，教師的專業素養在哪裡呢？

上述這些現象，不只在臺灣出現，海峽兩岸三地都有。大陸、香港地區的國語文師資大多來自修畢教育學分者，不是由中文系的本科生擔任，因此分析解讀文本的能力也有問題。

幸好，人人都有上進心，都有想解決問題的能力，因此近年來有關語文教學的進修、研究，常能引起第一線教師們的關注，他們希望在語文教材、教學方法、閱讀訓練、善用電子科技等方面，得到更多的資源，以利從事教學工作。教師們進修的動力，足以累積源源不絕的教學能量，克服外在環境的困難。這正是新契機產生的原因所在。

二、會議的緣起

有鑒於此，2008 年由香港、大陸、臺灣兩岸三地的語文教育研究專家，在香港教育學院共同發起成立了「語文教學圓桌會議暨散文教學國際學術研討會」，研討主題是中小學語文教學的主導文類「散文」的文本解讀和教學設計。

圓桌會議的形式，先選取兩岸三地的教材進行文本分析，而後將其成果發表於會場，提供給中、小學教師進修參考。會議分為兩階段：一階段是兩岸三地與會專家的圓桌研討，先選定已入選為兩岸三地課本教材的文本，大家撰文各抒己見，而後齊聚一堂共同討論；另一階段是結合實地的教學觀摩，研討課文教學的專家報告會。

後來在此基礎上，召開了「第一屆語文教學圓桌會議」，由上海師範大學學科教學研究所王榮生教授、福建師範大學中文系孫紹振教授、香港教育學院中文系白雲開教授、梁敏兒教授、東華大學劉漢初教授等人發起，邀請臺灣師範大學陳滿銘教授、臺北教育大學林于弘教授、成功大學仇小屏教授、許長謨教授、華東師範大學中文系鄭桂華教授等人與會，於 2009 年 4 月 23 日至 28 日在香港教育學院中文學系和廣東深圳市松崗中學舉辦學術會議。當年籌辦會議時的通知函寫道：

> **語文教學的教材雖然多種多樣，但如從體裁看，主要的其實還是散文。對散文的認識越深，無論老師或學生都有好處。怎樣解讀散文是一大議題，我們相信：文學方面的專業知識可以幫助我們進行深入的解讀；因此教材解讀是本居圓桌會議的其中一個重點。另一方面，老師如何善用散文教材，設計出能培養學生閱讀和寫作能力的活動，是中國語文教學的關鍵。教學設計是教材能否充分發揮學與教效果的決定因素，因此也是本居會議的另一重點。**

因此，當年會議討論的課題有：(一)寫景文如何教？如何學？(二)如何培養描寫能力？(三)散文如何建立範式？如何促進教學？(四)散文如何讀？怎樣教才能讓學生從閱讀教材過渡到寫作文章？

2010 年，「第二屆臺灣、香港、大陸三地語文教學圓桌會議暨散文教學研討會」由廣東教育學會中學語文教學專業委員會、上海師範大學教育學院語文課程研究中心主辦，於當年 3 月 23 日至 28 日假香港教育學院中文學系和廣東順德縣第一實驗中學及容山中學舉辦學術會議。參加人員除了去年的學者王榮生教授、孫紹振教授、白雲開教授、梁敏兒教授、劉漢初教授、鄭桂華教授等人，又增加了上海市浦東幹部學院李衛鋒老師、寧波市鄞州高級中學陳隆升老師、華東師範大學倪文尖教授、香港公開大學黃自鴻教授、臺灣臺東大學林文寶教授、臺灣師範大學王基倫教授等人，還有大陸地區河南、山東、江蘇、江西、廣西、雲南各省教學研究室（類似臺灣中央及各縣市的國語文輔導團）第一線任教的國語文科任教師參與。

此次專家圓桌會議結合觀摩研討課的專家報告會，聚焦在其中 4 篇經典課文：范仲淹〈岳陽樓記〉、朱自清〈背影〉、老舍〈想北平〉、郁達夫〈故都的秋〉。為使研討交流能更深入地進行，主辦單位的成員疏理兩岸三地的國語文教材，搜集大陸上述幾篇課文的教學設計、教學實錄、教學研討等材料，分別撰寫課文範例的綜合評述。而後安排各省教學研究室的資深巡迴指導教師進行教學示範（大陸稱之為「觀課」），由現場的學者專家提出講評（大陸地區稱之為「點評」）。「綜述」是教學資料的整理，類似臺灣各家版本的《教師手冊》，僅屬可供參考的初稿，其中重要材料或有遺漏，歸納或失準確，判斷或許偏頗，於是也請學者專家們就此數篇範文「綜述」提出檢討，找出學術論題，抒發學術心得，提供教學現場的老師們參考。

舉辦兩屆會議，規模日趨盛大，第一線教師積極參與，竟達上千人之多。每場教學觀摩之外，再由學者專家講評，獲益良多，回響十分熱烈。汲取第一次辦會經驗，學者專家們更體會到「散文」文本的篇幅之多，重要性加大，實有必要深層耕耘。

同時，為了幫助小學教師的文本解讀能力，第二次會議又增加了一個小學語文教學討論的場次，成效不差。學者們決定擴大交流，希望此項會議也能夠在兩岸三地輪流舉辦，藉此提供一個兩岸三地學者專家、第一線教師的交流平台；如果能在傳統文化傳承不絕的臺灣寶島舉辦一次，或許更能互相討論、學習、借鏡語文教學的推廣方式，達到教學觀摩、學術交流的目的，共同增進國語文的教學能力。

今年（民國 100 年）在教育部「國語文課程與教學輔導諮詢團隊」（以下簡稱「國語文輔導團」）的協助下，先於前一天（4 月 22 日）假國立臺北教育大學附屬實驗國民小學安排實施。由國語文輔導團召集人孫劍秋教授主持當天的會議，討論**課室觀察、補充教材編寫和補救教學實施方式、資訊科技融入國語文教學**三個主題，並由國立臺北教育大學附屬實驗小學王蕙芬老師進行六年級翰林公司版第八單元〈水牛群像〉的觀課教學，講解字音、詞義，練習朗讀。難得的是，王老師口才很好，曾獲演講比賽冠軍，她的個人教學魅力十足，學生也有良好素質的配合演出。因此在觀摩實際教學過程後所進行的綜合座談，引發了香港、大陸學者的熱烈參與討論，也得到孫紹振教授及與會學者的好評。這次融合了不同地區及背景學者的講評活動，提供教師們具體的改進建議與方向，為教學活動內容注入新活力，頗能引起與會人士的注意，並擴大了影響力。

三、會議的籌辦經過

中、小學國語文能力的培養與提升，是現今教學目標極為重要的議題。面對國語文課程時數遞減，課文（無論是範文或例文）篇數越來越少，中、小學生國語文能力普遍降低的現象，如何幫助教師解讀文本，進而提升學生課堂學習與課外閱讀國語文之興趣與能力，是教師們亟需努力的目標。於是語文教學圓桌會議，作為提供兩岸三地之學者與教師共同匯聚、交流的平台，便具有重要之意義。

況且，國立臺灣師範大學國文學系素為培育國文教學師資的搖籃，為本系發展重點方向之一。有鑒於國內較少舉辦國語文教學研討會，故而對於此次語文教學圓桌會議的接續舉辦，理應當仁不讓；同時配合中、小學教師進修研習的需求，提供教學時數之研習證明，期望藉此研討會，幫助教師們汲取文本解讀的新知識，借鑒他人的教學經驗，學習深入分析教材。因此，本人勇於承擔舉辦兩岸三地的國語文教學研討會的任務。

於是在臺灣師大國文學系國文教學組同意、系務會議通過的情況下，歷經多次籌備會議討論，對外募款之後，終於在今年（民國100年）4月23、24日，假本校綜合大樓5樓國際會議廳召開「第三屆臺灣、香港、大陸兩岸三地國語文教學國際學術研討會」，本書即為此次會議完成後的結晶。

本屆會議主題有五：(一)海峽兩岸教學現況交流，(二)觀課評講提供實際教學建議，(三)散文的教材解讀與教學設計，(四)中小學語文教學之新視野、新方向，(五)海外漢語教學活動的交流與研究。這是為了因應當前國語文教學環境的困局，同時也為了適應當前海外華語教學熱的現況，擴大各國學者參與面所進行的設計。會議採公開徵稿方式，廣邀國內外各大專院校中文系、國文系、語文教學相關科系研究者發表論文外，並歡迎目前任教各縣市中小學的國語文教師（含實習教師）及本校畢業校友仍從事教職者與會研討，給予研習證明。

舉辦會議期間，獲得教育部國教司、國語文輔導團、臺灣閱讀文化學會、萬卷樓圖書公司、國立臺灣師範大學師資培育與就業輔導處、國文學系等單位提供金額贊助，在此深致謝忱。尤其主辦單位臺灣師大國文學系提供所有助教人力，分頭負責文書、總務、論文、議事、接待各組庶務工作，備極辛勞；籌備會議討論時，國文教學組老師頗為幫忙設想；會議當天，亦有一些年輕老師前來會場協助，發揮了群策群力的精神，這些都令人感銘五內，點滴在心頭。

感謝國家教育研究院吳清山院長、潘文忠副院長蒞會主持開幕式與閉幕式，國家教育研究院負責教科書編審業務的楊國揚組長、王靜慧小姐、秦長易小姐與會幫忙指導；感謝逢甲大學李威熊榮譽教授蒞會作專題演講，講題是：「教學新典範在語文教育的應用」，李教授從生活經驗出發，用深入淺出的語調，闡述國語文教學的辛勞及其可以努力的方向。李教授也是臺灣閱讀文化學會董事，他幫忙大會募得一筆款項。

也要感謝所有場次的主持人，他們是陳麗桂院長、蔡信發榮譽教授、李威熊榮譽教授、王偉勇主任、王開府教授、王榮生教授、白雲開教授、張高評榮譽教授、林文寶教授、陳昌明教授、傅武光教授、何寄澎教授、賴明德教授、陳滿銘教授、孫紹振教授、高秋鳳主任。

更要感謝與會的論文發表者，他們的論文已大多收入本書，因此不再臚列名單。

我們沒有忘記要感謝每篇論文的第一位讀者——論文特約討論人，他們以專業的學養，提供寶貴的見解，也是論文後來能據以修改的主要動力。這些論文講評人依序是：莊德明技師、許錟輝教授、許學仁教授、王榮生教授、劉大為教授、林文韵教授、孫劍秋主任、羅凡晸教授、王偉勇主任、黃雅歆教授、仇小屏教授、林礽乾教授、方麗娜教授、馮永敏教授、蔡欣欣教授、徐國能教授、廖卓成教授、林啟屏教授、蔡雅薰主任、吳敏而研究員、霍玉英教授、劉遠楨教授、林于弘教授、倪文尖教授、許長謨教授、陳昌明教授、李清筠教授、王文進教授、黃雅莉教授、蔡芳定教授、黃明理教授、朱我芯主任、蕭麗華教授、張上冠主任、曾金金所長、信世昌教授、劉俐俐教授、余崇生主任、馬寶蓮教授、鄭圓鈴教授、何永清教授等。

需要感謝的人真的太多了。於我個人來說，當初只是因緣際會，被引薦前往大陸參加第二屆語文教學會議，對於每次講評，總有上千人前來聆聽的盛大場面，深為中小學教師的強烈求知慾所感動。進而推想，臺灣地區苦於沒有經常性的語文教學會議，教師進修管道不多，如果能有盛大的教學會議引起眾人的關注，豈非美事一樁？再者，前兩屆會議的以散文文本為討論中心的精神，也直指教材為討論重點，對照課文的確以散文為多，則形成一個有特色的語文會議也是可行之事。

果不其然，會議採公開徵稿方式後，來自海內外自動投稿者頗多。經過初步篩選後，安排56篇論文發表。會議召開前，在臺灣師大國文系網頁、全國教師進修網頁，開放報名。有許多教師自動與會，可見國語文教學會議提供了良好的進修機會，各方需求甚殷。兩天兩個場次的會場，大家熱烈參與，共同討論，博得好評。

四、本書的完成

本次會議結束後，決定委由「國語文輔導團」召集人孫劍秋主任，另組成12人的評審團，進行論文審查。送審原則是：凡投稿為大學教師者，呈送大學教授審查；若為中學、小學教師或教學實務類論文，則交由中小學相關專業領域教師審查。評審團成員都不是論文發表人，基於匿名保護原則，名單不便公布，於此深表感謝之意。審查之前，我們先徵求授權同意書，其中自行撤稿者10篇，送審者計有46篇。審查通過者29篇，修改後通過者11篇，總計審查通過率為百分之71%。論文送審通過者，參考會議當天的講評意見，以及會後匿名審查者的意見，修改定稿。最後交由國立臺灣師範大學博士候選人吳燕真、國語文輔導團召集人孫劍秋主任的研究助理暨臺北市立教育大學博士候選人李威侃兩位助理幫忙蒐集稿件、排版、校對等事宜，終於能完成此書。

本書定名為《國語文教學理論與實務的多元探索》，作者皆為一時之選，著眼於書中有教學理論，也有實務探索，目標指向多元主題、深究文本、推廣閱讀，計有六大研究面向，分別是：第一編「文字學理」，第二編「課程與教學設計」，第三編「文本解讀」，第四編「閱讀教學」，第五編「華語教學」，第六編「資訊運用」，藉由專家學者對教材範文不同的研究角度，開發新的教學策略與方式，可以提供中、小教師教學參考。

本書的特色有三，一是在國家教育研究院和國語文輔導團的支持下，加強中小學課文的理解，深耕文本的解讀，譬如從傳統文化、語言風格等角度實際解讀、分析文本，發展有創意的教學研究，為語文教學建立深厚而永久的基礎。二是加強閱讀教學的討論，推廣閱讀教學活動。三是擴大國語文的教學視野，走向海外，觀照自己，投注心力，重視華語熱的現象。

我們用嚴謹的學術心情編纂此書。所收論文皆有摘要，有注釋，有徵引文獻。來自對岸稿件的繁簡字轉換、論文格式，我們也都力求一致。有時為了尊重原作者的權益，形式條件偶有不相符的情形，尚祈讀者鑒諒。每篇論文皆已獲得授權，因此可將論文刊登至「臺灣閱讀文化學會」網頁，日後由「兩岸三地語文教學國際學術研討會」成立正式網站時，不論臺灣、香港、大陸的語文教學專家或第一線教師，都可以觀摩這些擲地有聲的精彩論文。

以上叨叨絮絮說明了辦會的緣起、本書的編排過程，既是作為一種紀念，也對所有熱心奉獻於國語文教學工作者致上最高的謝忱。希望這本書能對大家有所助益。

王基倫

民國百年（2011 年）中秋節謹誌於臺灣師大國文系

目　　錄

第四編　閱讀教學

第五編　華語教學

第六編　資訊運用

*本論文集送交學者專家匿名審查，審查通過率爲百分之 71%。

《說文解字》小篆字形辨識教學初探

——以汲古閣本五百四十部首篆形作為開展的基礎

羅凡晸*

摘　要

學習篆形通常由《說文解字》(以下簡爲《說文》)五百四十部首切入，因此本文以汲古閣本《說文》部首作爲篆形學習的分析對象，以爲小篆筆形可以簡單的區分爲「直筆」與「弧筆」二種，而結體部分可概括以下二項：第一，基本外觀爲縱勢長方形，體勢與楷書相比之下較爲修長。如以結體的比例來看，寬與高的比是 3：4 或 2：3。第二，結體線條的表現，以左右對稱、上密下疏(或下密上疏)爲基本原則；當處理不對稱的篆形時，則強調線條與線條之間的空間均衡感。基於以上概念，或可進一步以橫平豎直(平正)、長短適度(勻淨)、互爲照應(連貫)、相讓映帶(挪讓)等角度進行小篆結體線條表現的概觀理解。

當學習者對於篆形有了簡單的筆形與結體認識，筆者接著分析學習篆形的策略與方法。首先，筆者採用奧蘇貝爾(D.P. Ausubel)所提出的意義學習論作爲小篆形體的分類基礎，在這個基礎之上，進行了篆形的二階段分類：第一階段進行「難易度分類」，包含了二維的維度，分別是「複雜度(complexity)」與「線索性(cues)」。第二階段則進行「辨識度分類」，藉由辨識度分類的評量測驗，讓學習者將小篆形體變成個人的長期記憶，最後順利完成五百四十部首篆形的學習。習得了五百四十部首篆形，最後期望學習者能進一步以漢字構形學的字根概念，配合「漢字構形資料庫」的輔助，習得正確的篆體構形觀。

關鍵詞：小篆辨識、汲古閣本《說文》五百四十部首、漢字構形學、篆形分類

*國立臺灣師範大學國文學系副教授

一、前言

在大專校院的文字學課程中，小篆字形教學是一個教學重點。所謂「小篆」，指的是秦統一天下後所整理、定型的文字。對大部分的學習者來說，學習小篆字形不見得是一件容易的事，雖然漢字由商代甲骨文、兩周金文、戰國文字一路下來，形體上有著前後相承的特色，然而由篆變到隸變，以致於到了漢代以後的楷體，形體間彼此的相似度已不太一致。以《說文解字》五百四十部首中的「皮」字來說，字型演變如下圖所示：[1]

1 西周中・衛鼎《金》
2 春戰・秦・石鼓
3 戰國・齊・璽彙 3.1170
4 戰國・晉・璽彙 3089
5 戰國・晉・古幣 52
6 戰國・晉・古幣 52
7 戰國・楚・包 2.33《楚》
8 秦・睡 10.7《篆》
9 西漢・馬・孫臏 220《篆》
10 東漢・熹・儀禮・既夕《篆》
11 東漢・曹全碑陰《篆》

圖 1　轉引自季師旭昇：《說文新證》上冊，頁 224

根據林義光《文源》之說，以「」形(衛鼎)來看，象獸頭角尾之形，象其皮，象手剝取之。[2]石鼓文「」形則承襲著衛鼎而來，字體變化不大；到了戰國時期，各國的「皮」字形體則大異其趣；至於睡虎地秦簡的「」形，則將象皮的「」形由中間部位上移至形右方，與《說文》皮字「皮」形的「」形位置相同，至此或爲篆變的歷程，《說文》云：「皮，剝取獸革者謂之皮。从又、爲省聲。」至於從「」形開始，筆畫漸由圓轉之筆而爲「」形(熹平石經)的方折之筆，隸書蠶頭雁尾的筆勢已然清晰可見，至此或爲隸變的過程。如不加入戰國文字諸多異形的干擾因素，「皮」字的字形演變表或如下圖所示：

---

[1] 季師旭昇：《說文新證》上冊(臺北：藝文印書館，2002 年 10 月)，頁 224。

[2] 林義光：《文源》，收於劉慶柱、段志洪主編《金文文獻集成》第十七冊(香港：明石文化，2004 年。)

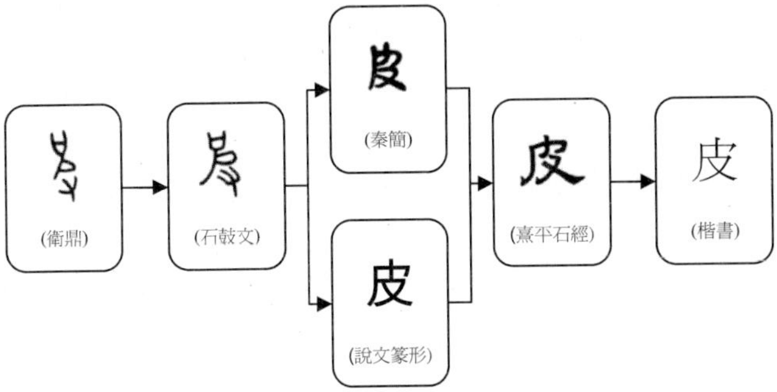

圖 2　「皮」字字形臆測演變圖

根據此例來看，當我們了解文字篆變與隸變的歷程，對於學習漢字的形體是有極大的助益的，如果將中間字形演變的過程刪除，初學者對於金文的「[illegible]」形與楷書的「皮」形二者，基本上是沒有辦法立刻產生字形的有效連結。值得注意的是，研究者如何了解金文的「[illegible]」形便是「皮」字呢？這時《說文解字》的「皮」形則提供了字形關鍵線索，我們可以由「皮」字的字形演變表清楚看到：《說文》的「皮」形具有承上啓下的關鍵地位，雖然形體可能存在著因傳鈔而產生的訛誤，但其重要性自不待言。

據上可知，認識《說文》篆形有助於學習者了解文字演變的歷程，也因此小篆字形的學習範本，多由《說文》一書入手。至於《說文》一書據形繫聯，以五百四十部統攝九千三百五十三字，所以要學習小篆字形，一般均以《說文》五百四十部首作爲學習切入點，而《說文》一書的版本優劣也會影響學習者的學習成效，因此好的《說文》篆形版本是十分重要的，本文擬以明末虞山毛氏汲古閣所刊印的《說文》五百四十部首小篆字形(以下簡稱爲汲古閣本)作爲教學依據[3]，並提出小篆字形的教學策略及方法，以提升學習成效。

二、《說文》小篆形體的基本認識

學習小篆首重版本的良窳，好的版本能讓學習者事半功倍，差的版本則會讓學習者如入五里迷霧，找不到正確的方向可尋。當版本確立之後，接下來便是直

[3] 根據業師季師旭昇先生九十二年度國科會計畫《靜嘉堂及汲古閣大徐本說文解字板本研究》(計畫編號：NSC92－2420－H－003－070－)，以爲歷來《說文解字》板本──以日本岩崎氏靜嘉堂、明末虞山毛氏汲古閣所刊印的《說文解字》二者爲佳。另外，筆者在《文字學數位內容加值應用之研究》一書中亦透過五百四十部首的偏旁比較，證成明末虞山毛氏汲古閣所刊印的《說文解字》篆形當屬善本。(臺北：花木蘭文化出版社，2010 年 9 月，頁 42-101。)因此，本計畫以汲古閣本進行小篆字形學習的第一步。

接面對小篆形體[4]的認知學習。

小篆在形體方面，與前代相較之下穩定許多，《說文．敘》云：「秦始皇帝初兼天下，丞相李斯乃奏同之，罷其不與秦文合者，斯作《倉頡篇》，中車府令趙高作《爰歷篇》，大史令胡母敬作《博學篇》，皆取史籀大篆，或頗省改，所謂小篆也。」[5]由於政府的大力介入，讓「文字異形」現象減少許多，根據現有秦文字的字體穩定度與現有的戰國文字相較，所得結果也是如此[6]，可見許慎此言的可信度頗高。

小篆是古文字發展的最後階段，經過秦始皇帝的「同書文字」[7]，中國文字以形表音表義的文字規範，至此已大致完成。孫玲《《說文解字》小篆隸定初探》根據各家之說，將小篆的特點總結如下：1、筆畫不容隨意增損。2、小篆結構正反上下方位固定，異位則異字。3、偏旁固定。4、將大篆中的肥筆變爲瘦筆，體態一律線條化。5、省繁求簡，增改偏旁，增加文字的表音或表意作用。6、符號或飾紋也有了讀音。[8]據此可見小篆字體的穩定性及不可隨意變動性。

(一)小篆筆形分析[9]

小篆字形對於初學者來說，一開始入手時遇到的第一個問題是：這個線條到底要怎麼轉？要轉幾次？《說文》云：「篆，引書也。」充分的說出了小篆的線條特色。至於可能會遇到的第二個問題是：怎麼這麼多的圓弧之筆？因爲多數初學者皆有楷體基礎，由楷入篆，一定會充分感受到方折之筆與圓轉之筆不同的地方，但由於楷體積習已深，由方入圓也存在著一定的困擾，腦袋當中雖想著圓筆，可是手中之筆寫出來的卻是方筆。以上二者，是筆者在進行小篆教學時看到學生普遍的用筆現象。職是之故，了解小篆「筆形」差異是一個重要的辨識過程。

本文在此所謂的「筆形」，強調的是單一筆畫所呈現的「筆形」問題。如前所述，小篆字形中充滿了圓弧之筆的「弧筆」，與此相對的則是「直筆」。直筆的形狀爲任二點之間最短的距離，而它的方向性，可由上而下作「丨」形、由左而右作「一」形、由右上至左下作「／」形、由左上至右下作「＼」形等，如下表所示：

表 1　篆形「直筆」筆形一覽表

---

[4] 所謂「形體」，實際上包含「字體」與「書體」二個面向，「字體」強調的是筆畫與結構的組成方式，「書體」強調的是筆畫與結構的風格特色，本文擬討論的對象是「字體」而非「書體」，特此說明。

[5] 漢．許慎：《說文解字》(香港：中華書局，1972 年 6 月初版)，頁 315。

[6] 陳昭容：《秦文字研究》史語所專刊之一０三(臺北：中研院史語所，2003 年。)

[7] 參見「瑯琊臺刻石」上的文字。(松井如流編：《秦　泰山．瑯琊臺刻石》(東京：二玄社)，1959 年。)

[8] 孫玲，《《說文解字》小篆隸定初探》(吉林：吉林大學碩士論文，2008 年 4 月)，頁 6。

[9] 部分內容轉引自羅凡晸：《文字學數位內容加值應用之研究》(臺北：花木蘭文化出版社，2010 年 9 月，頁 76-77。)

直筆線條	由上而下	由左而右	右上至左下	左上至右上
形體	丨	一	㇒(彡)	㇏(亼)
字例	丨	一	彡	亼

至於弧筆的筆形眾多，有「ᑐ、ᑕ、凵、冖、口、口、乀、己、亅、虫、它……」等，如下表所示：

表2　篆形「弧筆」筆形一覽表

弧筆線條	左弧	右弧	上弧	下弧	圓弧	左曳	右曳	曲筆
形體	ᑐ(又)	ᑕ(左)	凵	冖	口	口	乀	己亅虫它……
字例	又	左	凵	冖	口	口	乀	己亅虫它……

當學習者對於筆形有一定程度的了解，接下來的問題便是筆順問題。篆書的線條大多數屬於盤繞詰屈的狀態，並且筆畫連接較多，一般不太容易看出筆畫的起點與終點。因此，筆順關係也就不如隸書、楷書那麼清楚。筆順是指筆畫書寫的先後次序，合理的筆順是寫好篆書結構的保證。篆書筆順的規律根據陳大中《篆書訓練新技》一書歸納有以下幾點：[10]

1. 先上後下：先寫上部筆畫，再寫下部筆畫。主要為上下結構的字。如：升、弄等字。
2. 先中間後兩邊：先寫中間部分筆畫，再寫左右兩邊筆畫。主要為對稱結構的字。如：午、非等字。
3. 先左後右：先寫左部筆畫，再寫右部筆畫。主要為左右結構的字。如：欣、肝等字。
4. 先外後內：先寫外部筆畫，再寫內部筆畫。主要為環包圍結構。如：園、泉等字。
5. 先兩邊後中間：先寫兩邊部分的筆畫，再寫中間部分的筆畫。主要為對稱框罩結構的字。如：閉、谷等字。

站在書法的角度，以上見解原則上是沒有太大的問題的，然而如果當使用工具不再只是毛筆時，或許篆書筆順存在著更多的可能性。如以硬筆(如：鋼筆、原子筆、鉛筆等)來說，由於筆端不是軟毫，在操控上容易許多，因此許多毛筆不易書寫的弧筆，在硬筆寫來駕輕就熟。職是之故，本文處理篆書的筆順，原則上依照篆體本身的構形特色而有「先上後下」、「先中間後兩邊」、「先左後右」、「先

[10] 陳大中，《篆書訓練新技》(臺北：星狐出版社，1999 年 4 月第 1 版)，頁 46-48。

外後內」、「先兩邊後中間」等方式，但是細部筆畫則據實際筆形的表現方式加以處理。

(二)小篆結體分析

吳清輝在《中國篆書學》一書中提到：小篆的字形結構呈縱勢長方形，長爲正方形的一又三分之一的長；寬爲正方形寬的長方圓體字。結字的下部或上部三分之一的部分爲筆畫的介展部分。結構的象形意味消失，以對稱平衡見長，筆畫的分布於對稱中求變化，字體富有裝飾美。[11]汪木即〈簡談小篆〉云：「從整體來看，小篆確立了長方形的結體和圓起圓收的運筆。其造形雖還保持有一定的象形文字特徵，但已注重強調筆畫的均勻分佈，強調在對稱中的變化。」[12]此外進一步提到小篆在結構上可歸納爲如下四點：第一，體長勢圓；第二，左右對稱；第三，上密下疏；第四，配合均衡。[13]至於肖國崇在〈淺談篆書學習〉一文中提到：「平正、勻淨、連貫、挪讓等是篆書結體的基本法則。橫平豎直，謂之平正；長短適度，謂之勻淨；互爲照應，謂之連貫；相讓映帶，謂之挪讓。小篆的外廓基本爲長方形，結構的上半部緊湊，下半部舒展。」[14]對於小篆結體，則以「平正、勻淨、連貫、挪讓」四方面加以說明。如將吳清輝、汪木即與肖國崇等三人對於小篆結體的意見加以相互參照，並加入筆者對於小篆結體的認知，可得出下面幾項的小篆結體特徵：

1.基本外觀爲縱勢長方形，體勢與楷書相比之下較爲修長。如以結體的比例來看，寬與高的比是 3：4 或 2：3。[15]
2.結體線條的表現，以左右對稱、上密下疏(或下密上疏)爲基本原則；當處理不對稱的篆形時，則強調線條與線條之間的空間均衡感。基於以上概念，或可進一步以橫平豎直(平正)、長短適度(勻淨)、互爲照應(連貫)、相讓映帶(挪讓)等角度進行小篆結體線條表現的概觀理解。

以上二點，主要是從結體的角度進行整體的綜觀分析，當學習者先行掌握這二個結體面向，對於小篆字形的學習則可收以簡馭繁之功效。

---

11 吳清輝，《中國篆書學》(杭州：中國美術學院出版社，2002 年 6 月第一版)，頁 69。
12 汪木即，「簡談小篆」，網址：http://www.wangmj.com/News_View.asp?NewsID=54
13 汪木即，「簡談小篆」，網址：http://www.wangmj.com/News_View.asp?NewsID=54
14 肖國崇：〈淺談篆書學習〉(《成功(教育)》，2009 年 9 月)，頁 276。
15 論者或以爲小篆外廓的寬與高的比是 2：3。筆者以爲，無論是 3：4 或 2：3，其實只是概括之詞，主要是強調結體的縱勢體態，經由數字的比的概念則更容易進行記憶的工作。

三、《說文》小篆形體的教學策略

當學習者對於《說文》小篆形體有了筆形與結體的基本認識之後，接下來，本文以汲古閣本的五百四十部首爲例進行教學策略的分析與探討。

站在授課者的立場，如何教小篆是一個值得思考的面向；站在學習者的立場，如何學小篆同樣也是值得重視的問題。無論是「教」還是「學」，最終的預設目的乃是要做到讓學習者能夠快速、有效並正確的習得辨認小篆形體的能力，除了能夠辨識之外，當然還要能夠寫得出正確的篆形。本文限於文章篇幅，暫且處理「辨識」小篆這個部分。當學習目標清楚的擬定之後，授課者如何教、學習者如何學，背後的教學策略實處於關鍵地位，策略正確施行，應能收事半功倍之效；策略方向有誤，則可能讓學習者徒勞而無功。

傳統的五百四十部首小篆形體學習策略主要是經由記憶的工夫，或利用歌訣的方式讓學習者進行精熟學習，如清代馮桂芬有《說文部首歌》[16]印行於世，以《說文》卷一上歌訣來看：「一丄示三王玉同，玨气士丨居其中。」馮桂芬利用七言句式作爲記憶與背誦之法，不可避免的是，爲了追求句式整齊畫一，必須要進行「增字」的工作，所以「同、居、其、中」等四字爲「增字」的結果，並非五百四十部首所屬之字。此外，傳統的篆形學習策略，基於漢字具有形、音、義三位一體的特色，通常會將每個小篆形體的本形、本音、本義進行解說，讓學習者清楚文字的形、音、義問題，如此便能徹底達到辨認五百四十部首的字形能力。只是說得容易，但做起來並不容易，單就五百四十部首，就有多本文字學的專門著作問世[17]，其困難度可見一斑。除了五百四十部首的文字學理有一定的難度之外，這個學習過程需要花費一段較長的時間，授課者限於學期課程規劃，多半只能帶領學習者先識得一、二之後，其他部分只能依靠學習者的自我學習了。有沒有其他方法改善這個問題？筆者以爲，傳統方法固然可取，但如能進行更細緻的切割，對於學習者來說，或許會變得容易許多。

基於上述狀況，研究的大前題是先將五百四十部首進行形、音、義的暫時切割。由於本文處理的是小篆「辨識」問題，因此先將字形條件析出，以求教學目標的單一性。確立了這個方針，筆者對於《說文》五百四十部首小篆形體所採取的教學策略，步驟如下圖 3 所示：

---

[16] 詳細內容請參見本文附錄二。

[17] 依出版先後時間來看，如包明叔：《說文部首通釋》(臺北：撰者自刊本，1967 年)、范耕研：《說文部首授讀》(臺北市：文史哲，1995 年)、蔡信發：《說文部首類釋》(臺北：臺灣學生總經銷，2002 年第 2 版)、徐復、宋文民著：《說文五百四十部首正解》(南京：江蘇古籍，2003 年)、蔣世德：《文字學・說文部首篇：造字六大法則》(臺北：秀威資訊科技出版、紅螞蟻圖書經銷，2007 年)、董蓮池：《說文部首形義新證》(北京：作家，2007 年)、趙宏：《說文部首書注》(北京：中國書店，2008 年)、鄒曉麗：《基礎漢字形義釋源（修訂本）》(北京：中華書局，2009 年)等，著作的討論對象都是《說文》五百四十部首，請自行參看。

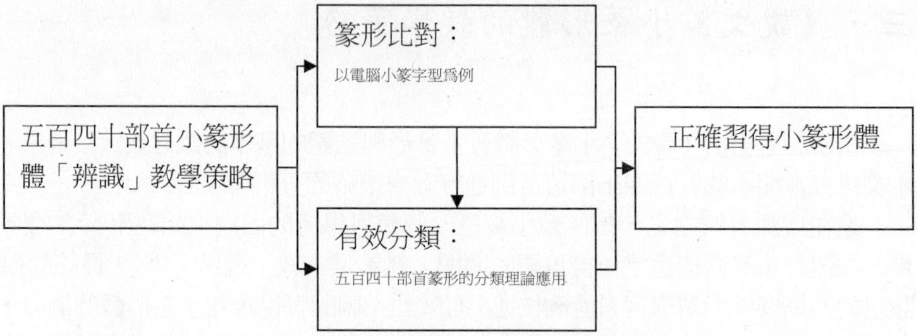

圖 3　小篆教學策略概念圖

第一，篆形比對：將五百四十部首進行不同版本的字形分析比對，以求先有概括性的認識，在此以電腦小篆字型爲例進行說明。

第二，有效分類：將五百四十部首重新分類處理，以利字形教學。許慎《說文》五百四十部首的「始一終亥」存有許慎當時的時空意涵，然而隨著時代遞嬗，「始一終亥」的部首安排並不容易學習；此外，雖然五百四十部首根據形體之間的各種關係進行「據形繫聯」，然而據形繫聯背後的相關性並不容易理解。基於上述理由，如何重新對於五百四十部首進行分類，乃爲本文策略運用成功與否的關鍵。

以下將分別論述《說文》小篆形體比對及《說文》五百四十部首的有效分類。

(一)篆形比對：以電腦小篆字型為例

當進入數位時代，電腦小篆字型有著它的數位存在價值，據筆者所見，目前或有逢甲大學宋建華教授製作的說文標篆體、北京師範大學說文小篆[18]、全字庫說文解字的小篆字體[19]、漢儀篆書繁、中國龍金石篆、方正小篆體、超世紀粗印篆、金梅印篆字、華康新篆體等不同的電腦字型，以上九種字型檔中有七種字型沒有清楚的交待字形來源，因此不建議在學習過程中採用它。至於說文標篆體源自於《說文大字典》，根據該書體例，得知這些字形應該是大徐本《說文》，然而卻也被沙青巖有意無意的整理過了，與明末虞山毛氏汲古閣所刊印的大徐本《說文解字》小篆字形也不太相類；全字庫小篆則採用了藝文印書館所出版之《說文解字注》的字形[20]，共有 6721 個，還有一些缺漏字的問題，字型尚待補全。因此筆者經過一段時間的努力，藉由自由軟體的輔助，獨立開發一套汲古閣本的電腦

---

[18] 以下簡稱爲「北師大小篆」。

[19] 行政院主計處電子資料處理中心，「全字庫」，網址：http://www.cns11643.gov.tw/AIDB/download.do?name=%E5%AD%97%E5%9E%8B%E4%B8%8B%E8%BC%89

[20] 係由南唐徐鉉所校定，清代段玉裁注之版本（世稱大徐本）並參考黎明文化事業公司之《說文解字注》，及南唐徐鍇所撰之《說文解字繫傳》。參見網址：http://www.cns11643.gov.tw/AIDB/download.do?name=%E5%AD%97%E5%9E%8B%E4%B8%8B%E8%BC%89。

小篆字型(以下簡稱爲「汲古閣篆」)[21]，以利學習者在數位時代當中學習小篆字形。

此外，筆者在《文字學數位內容加值應用之研究》一書中針對六種電腦小篆字型的五百四十部首進行細部比較，筆者發現，就筆形這個角度來說，有以下幾種狀況：1.弧筆的角度、長短、方向不同；2.直筆的角度、長短、方向不同；3.直筆與弧筆之別；4.筆畫相連與否；5.筆畫分合之異；6.點畫與短橫畫之別。另外，如就單字中的部件、結構問題來說，不同的電腦小篆字型亦有以下幾點相異之處：1.部件大小比例不同；2.部件中的結構產生變化；3.結構中的部件置換他形；4.增加或減少部件；5.部件位置不同；6.正、簡體不同；7.部件相連與否。[22]以上對於五百四十部首電腦小篆字型的特徵分析比對，提供學習者進行概括式的篆形了解與認識。

(二)五百四十部首的有效分類

傳統分類，或根據五百四十部首的字義進行分類，如鄒曉麗在《基礎漢字形義釋源——《說文》部首今讀本義》一書中依類編排，按五百四十部首的意義，分爲七個大類，二十四個小類：[23]

> 第一大類是「以人體為內容的部首」共 197 個。許慎在《說文解字·敘》中論及古人字形來源時，引用了《易·繫辭》的話，說「近取諸身，遠取諸物」。這是因為「身」是所有人都熟悉的，易為人們理解接受。文字本是交流思想感情的工具，彼此熟悉、易於理解接受才能互相溝通。這是文字形成的基本出發點。197 個部首又分為六小類。首先是與人形體有關的部首 83 個；然後是一些具體部位，它們依次是頭(頁)、目、口、手、足，共五小類。第二大類是「以器用為內容的部首」180 個。「器用」在人類活動中佔有極重要的地位，故在文字中有相應的表現。它們又可分為七小類。因為古時祭祀和打仗是生活中十分重要的內容，描摹它們的文字很多，故將其單獨分列。其次則是衣、食、住、用共四小類。另外還有 29 個與器用有關的其他部首為第七小類。
>
> 動物、植物、自然界都和人類的生存息息相關，在《說文解字》中的有關部首共 129 個。其中動物類 61 個、植物類 31 個、自然界類 37 個，它們分別為第三、四、五大類。
>
> 最後兩大類是以數目字和干支字為內容的。數目字、干支字的說解，集中表現了許慎儒道互為表裡的哲學思想，對這兩部分字的講解，除了幫助讀者瞭解其形音義以外，還兼有使讀者明瞭許慎哲學思想的作用。因此，在講法上與前五類有所不同，著重對《說文》說解原文加以闡釋，並注意數目、干支字的橫向聯繫。由於比較抽象，所以置於最後。

---

21 詳見羅凡晸：《文字學數位內容加值應用之研究》，頁 13-101。

22 詳見羅凡晸：《文字學數位內容加值應用之研究》，頁 76-91。

23 鄒曉麗：《基礎漢字形義釋源—《說文》部首今讀本義·敘例》(北京：中華書局，2007 年)，頁 6-7。

根據其言，爲求一清眉目以下表 3 示之：

表 3　鄒曉麗《說文》五百四十部首分類表

類別	大類	大類總數	小類	小類總數	備註
一	以人體爲內容的部首	197	與人形體有關	83	分六小類
			頭(頁)		
			目		
			口		
			手		
			足		
二	以器用爲內容的部首	180	祭祀		分七小類
			打仗		
			衣		
			食		
			住		
			用		
			與器用有關的其他部首	29	
三	動物	61			
四	植物	31			
五	自然界	37			
六	數目字	12			
七	干支字	22			
	合計	540			

其中第六類的數目字與第七類的干支字部首數量在〈敘例〉並未提及，部首數量是筆者查閱該書內容而得。在這七類的分類模式下，該書的寫作遵循下列四點原則：第一，努力展現對古人生活、思想的宏觀認識。第二，努力展示許慎的哲學思想和文字觀。第三，努力使讀者對構成漢字字形的基礎成分有明確的認識。第四，努力溝通《說文解字》和其他古文字學工具書之間的關係，爲讀者進一步查閱諸如《甲骨文編》、《甲骨文字集釋》、《金文詁林》、《常用古文字字典》等打通渠道。[24]閱覽該書，的確也看到得以上四點原則的貫徹程度，可惜的是，就篆形認識的這個角度，作者似乎沒有太多的著墨，學習者在這七類的分類模式

[24] 鄒曉麗：《基礎漢字形義釋源──《說文》部首今讀本義．敘例》，頁 7。

中，對於記憶篆形是否有所幫助？筆者尚未看到任何具體的篆形學習策略提示。

筆者以為，篆形的有效學習必須利用認知心理學、漢字構形學等學科概念的輔助以達學習目的，職是之故，筆者擬透過此二者對五百四十部首進行有效的分類學習。

1. 以認知心理學的意義學習論作為分類基礎

認知心理學家奧蘇貝爾(D.P. Ausubel)所提出的意義學習論(Meaningful Learning Theory)，強調有意義的學習只能產生於學習者的先備知識基礎上，有了先備知識基本，才能教導學習者學習新的知識。換句話說，只有配合學習者能力與經驗的教學，學習者才會產生有意義的學習。學習者學習新知識時的能力與經驗，就代表他的認知結構，配合他的認知結構，教他新的知識，就會使他產生意義學習。[25]在學習類型中，Ausubel 提出「有意義的學習」與「機械式學習」的概念，「有意義的學習」是指學習者能知覺到新的學習內容和其大腦原有認知結構中的舊知識有所關聯，並能將新舊知識連結，經學習後，內化為認知結構的一部份。「機械式學習」是指學習者無法將新的學習內容與其舊經驗取得關聯，於是偏重機械式練習、從事零碎知識的記憶。在這種學習方式當中，知識即使被記住，仍處於孤立的狀態，無法融入學習者原有的認知結構。然而 Ausubel 並未把「有意義的」與「機械的」學習作截然的二分，而是將兩者視為一個連續的向度，他認為許多學習是兼具「有意義的」與「機械的」兩種性質，只是程度上的多寡而已。[26]根據以上觀點，筆者配合篆形學習概念，改繪張新仁《學習與教學新趨勢》一書中的「Ausubel：學習的兩個層次」圖，如下所示：[27]

---

[25] 張春興：《教育心理學──三化取向的理論與實踐》(臺北：東華書局，1994 年。)

[26] 鍾素梅：〈Ausubel 有意義的學習理論之探討〉，「南 e 國小教師網」，網址：http://www.nani.com.tw/nani/teacher_share/article/D_3_9_92_131.doc

[27] 張新仁策劃主編：《學習與教學新趨勢》(臺北：心理出版社，2003 年。)

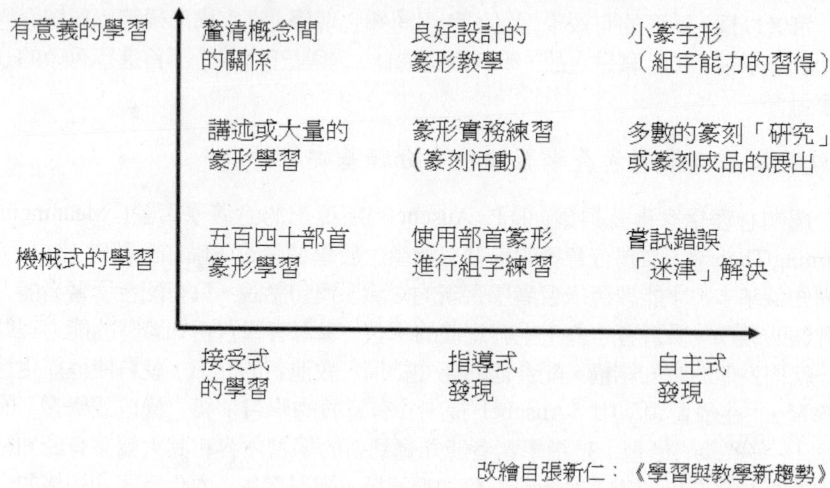

圖 4　Ausubel 學習的兩個層次——以小篆學習爲例

基於上述的意義學習論與篆形學習的相關性，筆者將五百四十部首的篆形進行二階段分類：

第一階段將進行「難易度分類」，這個分類包含了二維的維度，分別是「複雜度(complexity)」與「線索性(cues)」。如下圖所示：

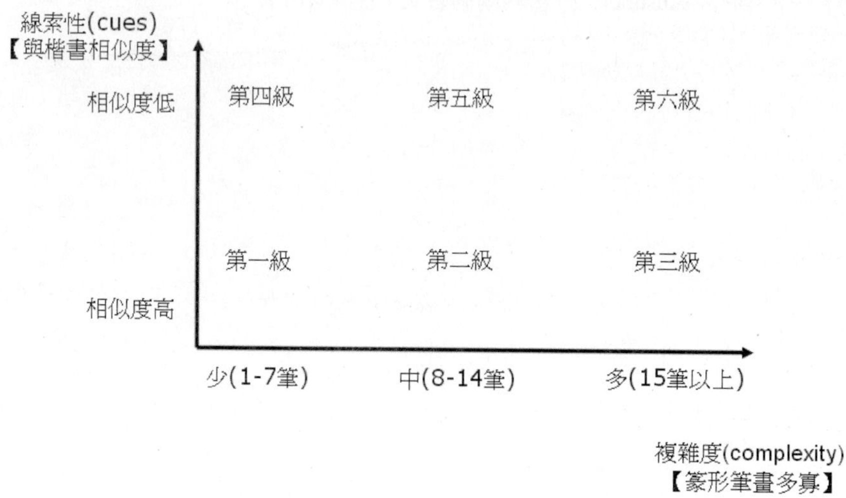

圖 5　小篆難易度分類的二維向度

上圖所標示的複雜度(Complexity)是指小篆形體筆劃的多寡對於學習者的結體認知狀態。筆畫數少，結構的複雜度較低；筆畫數多，結構的複雜度便會提高。至於線索性(Cues)是指小篆字形與楷書字形的相近程度，形體相近，相似度便較高；形體相距較遠，相似度便較低。根據「複雜度(complexity)」與「線索性(cues)」二維向度，筆者將五百四十部首分成六個級數來分類和評量。這樣的分類，必須再配合「三角量測法(Triangulation)」的分類理論之基礎，處理五百四十部首篆形資料的可信度，使得研究結果更具有效度與信度。在評量過程中，學習者從最簡單的第一級開始接受測試，通過後才能進到下一個級數，可以一直過關到最難的第六級。這樣的測試方式，配合「準實驗設計」的條件需求，經過反覆測試，學習者便完成第一階段的學習。

第二階段是「辨識度分類」，這個學習只需處理單一的維度，也就是「辨識度(Recognizable)」的問題。辨識度是指數個小篆部首形體之間的字形相似程度，此階段的研究，同時比較數個字形形體相似的小篆部首，相似度高的字形，屬於「辨識度低」，例如：「彳」、「廴」二字十分相似，因此辨識度很低；「大」、「玨」二字則不太相似，因此辨識度很高。藉由辨識度分類的評量測驗，可以讓學習者在這個「辨識度分類」的學習過程中，將小篆字形變成學習者所屬的長期記憶，如果能夠達到這個地步便順利完成五百四十部首篆形的學習。

前輩學者對於篆形的辨識度問題，或經由歌訣方式處理，如一九三〇年求古齋印本沙青巖所著《說文大字典》的卷首收錄了《篆法皕韻歌訣》，在其〈小例〉中提到：「本稿以五言韵語排比而成，以便學者諷誦，蓋猶舊時算法歌訣之用意，必先能諷誦上口，則始能得心應手也。」又云：「本稿係將字之偏旁或點畫，逐一詳爲分析解剖，說明其篆體構成之原因，以辨別篆書楷書不同之點。故句或間有敖牙不順口處，是在學者細味之。」[28]舉例來說，歌訣裡有「十丁下各異，未末朱頭奇。」如以篆形表示，則爲「**十丁下各異，未末朱頭奇。**」「十、丁、下」三字筆畫少，因此容易有混淆的情況發生，「未、末、朱」三字篆形相似度頗高，因此歌訣提示這三個字要注意它的「頭奇」。根據以上的說明，《篆法皕韻歌訣》所做的事情也正是處理篆形的辨識度問題；因此本文在處理五百四十部首的辨識度問題，也會參酌《篆法皕韻歌訣》的內容以求更爲客觀公允。

2. 以漢字構形學的字根概念習得正確的篆體構形觀

漢字構形，早期以「六書」統攝，隨著電腦科技發達，爲了讓漢字進入電腦世界，漢字的構形分析模式也隨之改變，在眾多構形概念中，筆者承襲師說與同門之見[29]，以爲倘能對漢字的「字根」有正確認識，將有助於漢字構形學的發展，而中央研究院所開發的漢字構形資料庫，基本上也以字根作爲對漢字的構形基礎單元。

---

[28] 清．沙青巖：《篆法皕韵歌訣．小例》，頁二。(收於清．沙青巖：《說文大字典》，臺南：大孚出版社，1999 年)

[29] 詳見季師旭昇：《甲骨文字根研究》(臺北：國立臺灣師範大學國文研究所博士論文，1990 年)、李佳信《說文小篆字根研究》(臺北：國立臺灣師範大學國文研究所博士論文，2000 年)、董妍希《金文字根研究》(臺北：國立臺灣師範大學國文研究所博士論文，2001 年)、陳嘉凌《楚系簡帛字根研究》(臺北：國立臺灣師範大學國文研究所博士論文，2002 年)等。

所謂字根，季師旭昇於《甲骨文字根研究》云：「甲骨文字根之定義，係指最小單位之成文之甲骨文。」[30]又於〈「甲骨文字根總表」新增字根考釋〉中曰：

> 字根者，一字分析至最小之成文單位之謂也。如「照」字可分為「日」、「刀」、「口」、「火」四部分，「日」、「刀」、「口」、「火」皆不可再分，即本論文所稱字根是也。[31]

李佳信《《說文》小篆字根研究》則在這個基礎之上，以「具有獨立形、音、義之最小成文單位」[32]補充說明，其說可參。

就小篆字根來說，李佳信共析出五百四十六個小篆字根，並進行五百四十部首與五百四十六字根的相互比較，發現部首與字根二者之間有三大類共八種情形，如下表所示：[33]

表 4　五百四十部首與五百四十六字根之比較表

類別編碼	情形說明	字根數量	部首爲字根之字者
A	1.*是部首，亦爲字根。*	300[34]	一丄示王玉气丨屮小八釆牛口凵止彳廴齒牙疋冊𧮫只丩十音丵爨鬲䰜爪丮鬥又𠂇臣几卜目眉自白羽隹𦫳羊鳥烏𠦒冓幺玄予歺冎肉刀刃丯角竹丌工巫甘曰乃丂兮亏豆虍虎皿凵血丹井皀鬯亼入缶矢高冂𩫏京亯㫗畗㐭來舜久木才之币𣎵乇𠂹𥝌巢桼囗貝日旦㫃月囧夕毌𢎘𠧪齊朿片鼎彔禾米臼凶朩𣏟尗耑韭瓜宀呂冖冃网襾巾巿㡀人𠤎匕丘身衣毛尸尺舟方儿先皃𠑹𦣻面丏首𥄉彡文卮卩勹包甶厶山广厂丸石勿冄而豕㣇彑豸

30 季師旭昇：《甲骨文字根研究》，頁 17。
31 見季師旭昇：〈「甲骨文字根總表」新增字根考釋〉(《中國學術年刊》，1995 年 3 月，第 16 期)，頁 1。
32 李佳信：《《說文》小篆字根研究》，頁 6。
33 李佳信：《《說文》小篆字根研究》，頁 657。
34 李佳信原本統計是 298 個，但筆者根據李佳信《《說文》小篆字根研究》636-657 頁的表格統計，所得結果是 300 個，如上文表列。

			舄易象馬廌鹿㲋兔萈犬鼠能火囪大亦夨夭交尣壺亢夰夫立囟心水𡿨巜川泉仌雨魚燕龍飛非卂乞不至西鹵戶門耳𦣝手𠦬女毋民丿乁氏氐戈亅珡乚匸匚曲甾瓦弓糸率虫它龜黽卵土田力金勺几且斤斗矛車𠂤𨸏厽四宁叕亞五七九禸甲乙丁戊己巴庚壬癸子了𠫓丑寅卯巳午未申酉酋戌亥
	2.*是部首，亦爲至《說文》時消失之字根。*	36	
	3.*是部首，亦爲至《說文》時增加之字根。*	27	正畫爻盾豊豐、倉夊夂叒出克疒冃履欠旡后司鬼永𠂢谷厂幵㗊
B	1.*是部首，但非字根。*	178	
C	1.*非部首，但爲字根。*	97	
	2.*非部首，但爲至《說文》時消失之字根。*	44	
	3.*非部首，但爲至《說文》時增加之字根。*	23	
	4.*非部首，但爲《說文》應有而許慎失收之字根。*	21	

(改繪李佳信：「部首與字根之比較」，《《說文》小篆字根研究》，頁 657)

如果從既有的五百四十部首篆形來看，A 類中的情形 1(*是部首，亦爲字根*)與情形 3(*是部首，亦爲至《說文》時增加之字根*)屬於目前小篆構形系統裡的有效字根，二者合計共 327 字，如上表所示。從這個角度來說，初學者先從 540 部首篆形學習的話，可習得 327 個小篆字根，所佔比例是 61%，高達六成左右，換句話說，好好的學習說文部首，對於小篆字根的認識與習得是有極大的助益的。

有了這個基礎，我們便可進一步使用中央研究院資訊科學研究所文獻處理實驗室開發的「漢字構形資料庫」[35]來檢驗五百四十部首中除了字根以外的部首字。以「嗇」爲例，此字爲五百四十部首之一，但並不是小篆字根，因此表示這個字可以進一步的拆解，至於如何拆解？我們可利用「漢字構形資料庫」的功能，

[35] 中央研究院資訊科學研究所文獻處理實驗室「漢字構形資料庫」，網址：http://cdp.sinica.edu.tw/index.html

當安裝好「漢字構形資料庫」之後，在左上方的「部件檢字」欄位裡輸入「嗇」字，結果如下圖所示：

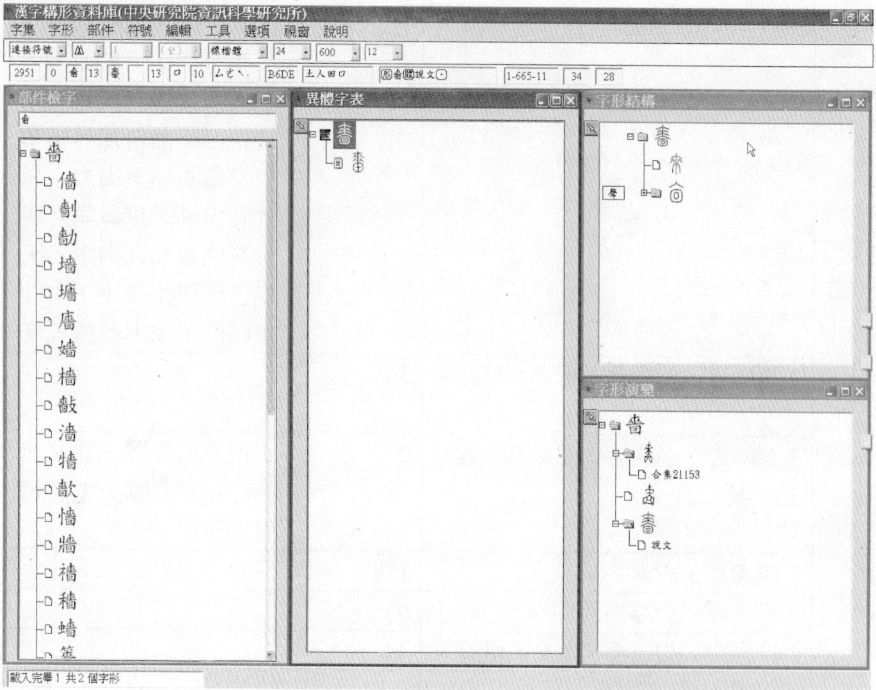

圖 6　漢字構形資料庫中的「嗇」字檢字結果圖

根據上圖，我們可以看到中間有個「異體字表」，右邊則有二個欄位，一個是「字形結構」，一個是「字形演變」。在右邊的「字形結構」欄位中，可以清楚地看到「嗇」字的篆形可以進一步拆解成「來」、「㐭」二形，而這二形正好也是小篆字根。因此學習者可以利用「漢字構形資料庫」進行單字的字根拆解分析，藉此加深對小篆形體的辨識能力。

四、結語

小篆形體對於社會大眾來說已晉升到藝術欣賞的層次，最具代表性的地方莫過於展現在書法及篆刻藝術領域當中；對於語文相關學科的學習者而言，了解小篆形體則是進入古文字世界的大門鑰匙，它的重要性自不待言。雖然小篆已非現在的通行文字，但篆形的學習與認識依舊有著它的價值與意義。

學習篆形通常由《說文》五百四十部首切入，因此筆者以汲古閣本《說文》

部首作爲篆形學習的分析對象，以爲小篆筆形可以簡單的區分爲「直筆」與「弧筆」二種，而結體部分可概括以下二項：第一，基本外觀爲縱勢長方形，體勢與楷書相比之下較爲修長。如以結體的比例來看，寬與高的比是 3：4 或 2：3。第二，結體線條的表現，以左右對稱、上密下疏(或下密上疏)爲基本原則；當處理不對稱的篆形時，則強調線條與線條之間的空間均衡感。基於以上概念，或可進一步以橫平豎直(平正)、長短適度(勻淨)、互爲照應(連貫)、相讓映帶(挪讓)等角度進行小篆結體線條表現的概觀理解。

當學習者對於篆形有了簡單的筆形與結體認識，筆者接著分析學習篆形的策略與方法。首先，筆者採用 Ausubel 所提出的意義學習論作爲小篆形體的分類基礎，在這個基礎之上，進行了篆形的二階段分類：第一階段進行「難易度分類」，包含了二維的維度，分別是「複雜度(complexity)」與「線索性(cues)」。第二階段則進行「辨識度分類」，藉由辨識度分類的評量測驗，讓學習者將小篆形體變成個人的長期記憶，最後順利完成五百四十部首篆形的學習。習得了五百四十部首篆形，最後期望學習者能進一步以漢字構形學的字根概念，配合「漢字構形資料庫」的輔助，習得正確的篆體構形觀。

學習是人類認知過程中一個重要環節，有效的學習策略與方法能使學習事半功倍，本文便是在這個觀念當中擬測《說文》五百四十部首學習的可能模式，期望這樣的學習模式建構能有助於學習者的篆形學習，降低小篆形體的學習門檻。

徵引文獻

一、著作、期刊及博碩士論文

(日)松井如流編：《秦　泰山．瑯琊臺刻石》東京：二玄社，1959 年。
包明叔：《說文部首通釋》臺北：撰者自刊本，1967 年。
吳清輝，《中國篆書學》杭州：中國美術學院出版社，2002 年 6 月第一版。
李佳信《說文小篆字根研究》臺北：國立臺灣師範大學國文研究所博士論文，2000 年。
肖國崇：〈淺談篆書學習〉，《成功(教育)》，2009 年 9 月。
季師旭昇：〈「甲骨文字根總表」新增字根考釋〉，《中國學術年刊》第 16 期，1995 年 3 月。
季師旭昇：《甲骨文字根研究》臺北：國立臺灣師範大學國文研究所博士論文，1990 年。
季師旭昇：《說文新證》上冊臺北：藝文印書館，2002 年 10 月。
林義光：《文源》(收於劉慶柱、段志洪主編《金文文獻集成》第十七冊，香港：明石文化，2004 年。)
范耕研：《說文部首授讀》臺北：文史哲，1995 年。
孫玲，《《說文解字》小篆隸定初探》吉林：吉林大學碩士論文，2008 年 4 月。
徐復、宋文民著：《說文五百四十部首正解》南京：江蘇古籍，2003 年。
張春興：《教育心理學──三化取向的理論與實踐》臺北：東華書局，1994 年。
張新仁策劃主編：《學習與教學新趨勢》臺北：心理出版社，2003 年。
清．沙青巖：《說文大字典》，臺南：大孚出版社，1999 年。
陳大中，《篆書訓練新技》臺北：星狐出版社，1999 年 4 月第 1 版。
陳昭容：《秦文字研究》(史語所專刊之一０三)，臺北：中研院史語所，2003 年。
陳嘉凌《楚系簡帛字根研究》臺北：國立臺灣師範大學國文研究所博士論文，2002 年。
董妍希《金文字根研究》臺北：國立臺灣師範大學國文研究所博士論文，2001 年
董蓮池：《說文部首形義新證》北京：作家出版社，2007 年。
鄒曉麗：《基礎漢字形義釋源（修訂本）》北京：中華書局，2009 年。
漢．許慎：《說文解字》香港：中華書局，1972 年 6 月初版。
趙宏：《說文部首書注》北京：中國書店，2008 年。
蔣世德：《文字學．說文部首篇：造字六大法則》臺北：秀威資訊科技出版、紅螞蟻圖書經銷，2007 年。
蔡信發：《說文部首類釋》臺北：臺灣學生總經銷，2002 年第 2 版。
羅凡晸：《文字學數位內容加值應用之研究》臺北：花木蘭文化出版社，2010 年 9 月。

二、網頁資料

中央研究院資訊科學研究所文獻處理實驗室「漢字構形資料庫」，網址：
http://cdp.sinica.edu.tw/index.html

汪木即，「簡談小篆」，網址：http://www.wangmj.com/News_View.asp?NewsID=54

行政院主計處電子資料處理中心，「全字庫」，網址：
http://www.cns11643.gov.tw/AIDB/download.do?name=%E5%AD%97%E5%9E%8B%E4%B8%8B%E8%BC%89

鍾素梅：〈Ausubel 有意義的學習理論之探討〉，「南 e 國小教師網」，網址：
http://www.nani.com.tw/nani/teacher_share/article/D_3_9_92_131.doc

附錄一：五百四十部首汲古閣篆形一覽表

編號	1	2	3	4	5	6	7	8	9	10	11	12	13	14	15	16	17	18	19	20
字頭	一	丄	示	三	王	玉	玨	气	士	丨	屮	艸	蓐	茻	小	八	釆	半	牛	犛
篆形																				
編號	21	22	23	24	25	26	27	28	29	30	31	32	33	34	35	36	37	38	39	40
字頭	告	口	凵	吅	哭	走	止	癶	步	此	正	是	辵	彳	廴	延	行	齒	牙	足
篆形																				
編號	41	42	43	44	45	46	47	48	49	50	51	52	53	54	55	56	57	58	59	60
字頭	疋	品	龠	冊	㗊	舌	干	𧮫	只	㕯	句	丩	古	十	卅	言	誩	音	䇂	丵
篆形																				
編號	61	62	63	64	65	66	67	68	69	70	71	72	73	74	75	76	77	78	79	80
字頭	菐	𠬞	𠬜	共	異	舁	𦥑	䢅	爨	革	鬲	䰜	爪	丮	鬥	又	𠂇	史	支	𦘒
篆形																				
編號	81	82	83	84	85	86	87	88	89	90	91	92	93	94	95	96	97	98	99	100
字頭	聿	畫	隶	臤	臣	殳	殺	几	寸	皮	㼱	攴	教	卜	用	爻	㸚	𡕥	目	䀠
篆形																				
編號	101	102	103	104	105	106	107	108	109	110	111	112	113	114	115	116	117	118	119	120
字頭	眉	盾	自	白	鼻	皕	習	羽	隹	奞	雈	𦫳	𥄕	羊	羴	瞿	雔	雥	鳥	烏
篆形																				
編號	121	122	123	124	125	126	127	128	129	130	131	132	133	134	135	136	137	138	139	140
字頭	𠦒	冓	幺	𢆶	叀	玄	予	放	𠬪	𣦼	歺	死	冎	骨	肉	筋	刀	刃	㓞	丯
篆形																				
編號	141	142	143	144	145	146	147	148	149	150	151	152	153	154	155	156	157	158	159	160
字頭	耒	角	竹	箕	丌	左	工	㠭	巫	甘	曰	乃	丂	可	兮	号	亏	旨	喜	壴
篆形																				
編號	161	162	163	164	165	166	167	168	169	170	171	172	173	174	175	176	177	178	179	180
字頭	鼓	豈	豆	豊	豐	䖒	虍	虎	虤	皿	凵	去	血	丶	丹	青	井	皀	鬯	食
篆形																				
編號	181	182	183	184	185	186	187	188	189	190	191	192	193	194	195	196	197	198	199	200
字頭	亼	會	倉	入	缶	矢	高	冂	𩫖	京	亯	㫗	畗	㐭	嗇	來	麥	夊	舛	舜
篆形																				
編號	201	202	203	204	205	206	207	208	209	210	211	212	213	214	215	216	217	218	219	220
字頭	韋	弟	夂	久	桀	木	東	林	才	叒	之	帀	出	𣎵	生	乇	𠂹	𠌶	華	禾
篆形																				

編號	221	222	223	224	225	226	227	228	229	230	231	232	233	234	235	236	237	238	239	240
字頭	稽	巢	桼	束	㯻	囗	員	貝	邑	𨛜	日	旦	倝	㫃	冥	晶	月	有	朙	囧
篆形	[illegible]	[illegible]	[illegible]	[illegible]	[illegible]	[illegible]	[illegible]	[illegible]	[illegible]	[illegible]	[illegible]	[illegible]	[illegible]	[illegible]	[illegible]	[illegible]	[illegible]	[illegible]	[illegible]	[illegible]
編號	241	242	243	244	245	246	247	248	249	250	251	252	253	254	255	256	257	258	259	260
字頭	夕	多	毌	马	𣐺	𠧪	齊	朿	片	鼎	克	彔	禾	秝	黍	香	米	毇	臼	凶
篆形	[illegible]	[illegible]	[illegible]	[illegible]	[illegible]	[illegible]	[illegible]	[illegible]	[illegible]	[illegible]	[illegible]	[illegible]	[illegible]	[illegible]	[illegible]	[illegible]	[illegible]	[illegible]	[illegible]	[illegible]
編號	261	262	263	264	265	266	267	268	269	270	271	272	273	274	275	276	277	278	279	280
字頭	朩	林	麻	尗	耑	韭	瓜	瓠	宀	宮	呂	穴	㝱	疒	冖	𠔼	冃	㒳	网	襾
篆形	[illegible]	[illegible]	[illegible]	[illegible]	[illegible]	[illegible]	[illegible]	[illegible]	[illegible]	[illegible]	[illegible]	[illegible]	[illegible]	[illegible]	[illegible]	[illegible]	[illegible]	[illegible]	[illegible]	[illegible]
編號	281	282	283	284	285	286	287	288	289	290	291	292	293	294	295	296	297	298	299	300
字頭	巾	市	帛	白	㡀	黹	人	七	匕	从	比	北	丘	㐺	𡈼	重	臥	身	㐆	衣
篆形	[illegible]	[illegible]	[illegible]	[illegible]	[illegible]	[illegible]	[illegible]	[illegible]	[illegible]	[illegible]	[illegible]	[illegible]	[illegible]	[illegible]	[illegible]	[illegible]	[illegible]	[illegible]	[illegible]	[illegible]
編號	301	302	303	304	305	306	307	308	309	310	311	312	313	314	315	316	317	318	319	320
字頭	裘	老	毛	毳	尸	尺	尾	履	舟	方	儿	兄	兂	皃	𠑹	先	秃	見	覞	欠
篆形	[illegible]	[illegible]	[illegible]	[illegible]	[illegible]	[illegible]	[illegible]	[illegible]	[illegible]	[illegible]	[illegible]	[illegible]	[illegible]	[illegible]	[illegible]	[illegible]	[illegible]	[illegible]	[illegible]	[illegible]
編號	321	322	323	324	325	326	327	328	329	330	331	332	333	334	335	336	337	338	339	340
字頭	㱃	次	旡	頁	𦣻	面	丏	首	𥄉	須	彡	彣	文	髟	后	司	卮	卪	印	色
篆形	[illegible]	[illegible]	[illegible]	[illegible]	[illegible]	[illegible]	[illegible]	[illegible]	[illegible]	[illegible]	[illegible]	[illegible]	[illegible]	[illegible]	[illegible]	[illegible]	[illegible]	[illegible]	[illegible]	[illegible]
編號	341	342	343	344	345	346	347	348	349	350	351	352	353	354	355	356	357	358	359	360
字頭	卯	辟	勹	包	茍	鬼	甶	厶	嵬	山	屾	屵	广	厂	丸	危	石	長	勿	冄
篆形	[illegible]	[illegible]	[illegible]	[illegible]	[illegible]	[illegible]	[illegible]	[illegible]	[illegible]	[illegible]	[illegible]	[illegible]	[illegible]	[illegible]	[illegible]	[illegible]	[illegible]	[illegible]	[illegible]	[illegible]
編號	361	362	363	364	365	366	367	368	369	370	371	372	373	374	375	376	377	378	379	380
字頭	而	豕	㣇	彑	豚	豸	𤉡	易	象	馬	廌	鹿	麤	㲋	兔	萈	犬	㹜	鼠	能
篆形	[illegible]	[illegible]	[illegible]	[illegible]	[illegible]	[illegible]	[illegible]	[illegible]	[illegible]	[illegible]	[illegible]	[illegible]	[illegible]	[illegible]	[illegible]	[illegible]	[illegible]	[illegible]	[illegible]	[illegible]
編號	381	382	383	384	385	386	387	388	389	390	391	392	393	394	395	396	397	398	399	400
字頭	熊	火	炎	黑	囪	焱	炙	赤	大	亦	夨	夭	交	尣	壺	壹	幸	奢	亢	夲
篆形	[illegible]	[illegible]	[illegible]	[illegible]	[illegible]	[illegible]	[illegible]	[illegible]	[illegible]	[illegible]	[illegible]	[illegible]	[illegible]	[illegible]	[illegible]	[illegible]	[illegible]	[illegible]	[illegible]	[illegible]
編號	401	402	403	404	405	406	407	408	409	410	411	412	413	414	415	416	417	418	419	420
字頭	夰	亣	夫	立	竝	囟	思	心	惢	水	沝	瀕	く	巜	川	泉	灥	永	𠂢	谷
篆形	[illegible]	[illegible]	[illegible]	[illegible]	[illegible]	[illegible]	[illegible]	[illegible]	[illegible]	[illegible]	[illegible]	[illegible]	[illegible]	[illegible]	[illegible]	[illegible]	[illegible]	[illegible]	[illegible]	[illegible]
編號	421	422	423	424	425	426	427	428	429	430	431	432	433	434	435	436	437	438	439	440
字頭	仌	雨	雲	魚	𩺰	燕	龍	飛	非	卂	乙	不	至	西	鹵	鹽	戶	門	耳	𦣝
篆形	[illegible]	[illegible]	[illegible]	[illegible]	[illegible]	[illegible]	[illegible]	[illegible]	[illegible]	[illegible]	[illegible]	[illegible]	[illegible]	[illegible]	[illegible]	[illegible]	[illegible]	[illegible]	[illegible]	[illegible]
編號	441	442	443	444	445	446	447	448	449	450	451	452	453	454	455	456	457	458	459	460
字頭	手	𠦬	女	毋	民	丿	厂	乀	氏	氐	戈	戉	我	亅	𤦡	乚	亡	匸	匚	曲
篆形	[illegible]	[illegible]	[illegible]	[illegible]	[illegible]	[illegible]	[illegible]	[illegible]	[illegible]	[illegible]	[illegible]	[illegible]	[illegible]	[illegible]	[illegible]	[illegible]	[illegible]	[illegible]	[illegible]	[illegible]

編號	461	462	463	464	465	466	467	468	469	470	471	472	473	474	475	476	477	478	479	480
字頭	甾	瓦	弓	弜	弦	系	糸	素	絲	率	虫	蚰	蟲	風	它	龜	黽	卵	二	土
篆形																				
編號	481	482	483	484	485	486	487	488	489	490	491	492	493	494	495	496	497	498	499	500
字頭	垚	堇	里	田	畕	黃	男	力	劦	金	幵	勺	几	且	斤	斗	矛	車	𠂤	𨸏
篆形																				
編號	501	502	503	504	505	506	507	508	509	510	511	512	513	514	515	516	517	518	519	520
字頭	𨺅	厽	四	宁	叕	亞	五	六	七	九	禸	嘼	甲	乙	丙	丁	戊	己	巴	庚
篆形																				
編號	521	522	523	524	525	526	527	528	529	530	531	532	533	534	535	536	537	538	539	540
字頭	辛	辡	壬	癸	子	了	孨	𠫓	丑	寅	卯	辰	巳	午	未	申	酉	酋	戌	亥
篆形																				

附錄二：清・馮桂芬《說文部首歌》[36]

卷次	《說文部首歌》內容	部首數量
01 上	一丄示三王玉同，玨气士丨居其中。	10
01 下	屮艸蓐茻一下全。	4
02 上	小八釆半牛犛逢，告口凵吅哭走從，止癶步此相追蹤。	16
02 下	正是辵彳廴[37]爲標，㢟行齒牙足同條，疋品龠冊還相招。	14
03 上	㗊舌干谷序無厖，只㕯[38]句丩古不尨。十卅言誩音非毿， 辛丵業収戏同腔，共異舁臼晨爨降。	25
03 下	革鬲䰜爪丮鬥交，又𠂇史支聿聿包，畫隶臤臣殳不淆， 殺几[39]寸皮㼱攴教，用卜之下㸚上爻[40]。	28
04 上	夏目䀠眉盾其知，自白鼻皕習羽施，隹奞萑𦫳苜羊宜， 羴瞿雔雥鳥烏隨。	23
04 下	華冓幺𢆶叀爲曹，玄予放𠬪𣦼同遭，歺死冎骨肉筋刀， 刃㓞丯耒角義高。	22
05 上	竹箕丌左見指揮，工㠭巫甘曰乃歸，丂可兮号亏旨依， 喜壴鼓豈豆無違，豊豐䖒虍虎虤睎，皿凵去血、範圍。	32
05 下	丹青井皀鬯同科，食亼會倉入如何，缶矢高冂𩫏京多， 亯㫗畗㐭嗇來歌，麥夊舛舜韋無訛，弟夂久桀皆搜羅。	31

36 筆者按：原作無句讀，方框中的字爲增字，非五百四十部首字頭。

37 原作「亍」，按：應爲「廴」之誤。

38 原作「㕯只」，按：應爲「只㕯」之誤。

39 原作「九」，按：應爲「几」之誤。

40 原五百四十部首順序應爲「卜用爻㸚」。

06 上	木東林才六上居。	4
06 下	叒之帀出𣎵萌芽，繼以生乇𠂹𠌶華，禾稽巢桼束㯻加， 口員貝邑𨛜無差。	21
07 上	日旦倝㫃七上匾，冥晶月有朙囧殊，夕多毌马𣐺同符， 𠧪齊朿片鼎相須，克彔禾秝黍香俱，米毇臼凶爲之樞。	30
07 下	朩林𣏟尗耑韭詳，瓜瓠宀宮呂同彰，穴㝱疒冖𠔼成章， 冃㒳网襾巾相將，巿帛白㡀黹頡頏。	26
08 上	人七匕从比北儕，丘㐺𡈼重臥身㐆，衣裘老毛毳尸題。	19
08 下	尺尾履舟方儿呈，兄兂皃𠑹先秃迎，見覞欠㱃次旡拼。	18
09 上	頁𦣻面丏首𥄉偕，須彡彣文髟同儕，后司卮卩印色皆， 卯辟勹包茍無乖，鬼甶厶嵬以次排。	26
09 下	山屾屵广厂爲經，丸危石長勿分形，冄而豕㣇彑垂型， 豚豸𤉡易象瓏玲。	20
10 上	馬廌鹿麤十上開，㲋兔萈犬㹜鼠該，能熊火炎黑皆來。	15
10 下	囪焱炙赤大亦承，夨夭交尣壺壹登，㚔奢亢夲夰因仍， 亣夫立竝可遞徵，囟思心惢十下偁。	25
11 上	十一卷上水部純。	1
11 下	林瀕く巜川同流，泉灥永𠂢谷仌收，雨雲魚𩺰以類謀， 燕龍飛非卂爲備。	20
12 上	乙不至西鹵鹽支，戶門耳𦣝手𠦬分。	12
12 下	女毋民丿厂乁臨，氏氐戈戉我亅侵，琴乚亡匸匚曲斟， 甾瓦弓弜弦系尋。	24
13 上	糸素絲率虫分門。	5
13 下	䖵蟲風它龜黽參，卵二土垚堇里含，田畕黃男力劦諳。	18
14 上	金幵勺几且爲端，斤斗矛車𠂤不刊。	10
14 下	𨸏𨺅厽四宁分織，叕亞五六七九占，内嘼之下干支彙，己 有巴坿辛辡拈，子了孨𠫓酉酋沾。(甲乙丙丁戊己巴庚辛 辡壬癸，子了孨𠫓丑寅卯辰巳午未申酉酋戌亥。)	41

從識字策略看國內小學生的識字教學

——以低年級為例

江惜美*

摘　要

本文旨在探究國內「低年級小學生」識字的方式，並指出國內識字教學的癥結，提供有效的策略，供教師們應用。本文擬針對國內在有關中小學識字教學策略，進行研究，目的在找出協助學生識字的有效方法，以便進一步指導詞彙教學。有關識字教學的策略，將檢視國內小學生字教學的現況，提出小學識字教學的新視野、新方向，以解決國內小學語文教師識字教學的困境。集中識字與分散識字各有其優缺點，兩岸識字教學的策略不同，對應於字族識字、注音識字、字理識字，各有其基礎之學。根本之計，仍需從文字形、音、義奠基，方能靈活應用各類識字策略，具備擴充字詞的能力。本文擬從生字部首入手，提出文字教學的新方向。

關鍵詞：識字策略、識字教學、集中識字、分散識字

*銘傳大學應用中國文學系教授

壹、前言

國內中小學生識字的方式，採隨文識字。認念生字的多寡，依教育部頒定九十七年《國民中小學九年一貫課程綱要》（國語文）的要求，第一階段（1-3 年級）為能認識常用中國文字 1,000-1,200 字，第二階段（4-6 年級）為能認識常用中國文字 2,200-2,700 字，第三階段（國中）為能認識常用中國文字 3,500-4,500 字。[1]換言之，修習完國內中小學共九年的課程，必須認識 4500 個常用字，對中小學生來說，是一個沉重的負擔。

而大陸學生在九年課程修習完，大約是認識 3500 字。中國教育部頒佈的《全日制義務教育語文課程標準》 明確指出，九年課程的總目標是「認識 3500 個左右常用漢字」，年級分配如下：第一學段（1～2 年級）：認識常用漢字 1600～1800 個，其中 800～1000 個會寫。第二學段（3～4 年級）：累計認識常用漢字 2500 個，其中 2000 個左右會寫。第三學段（5～6 年級）：累計認識常用漢字 3000 個，其中 2500 個左右會寫。第四學段（7～9 年級）：累計認識常用漢字 3500 個，其中 3000 個左右會寫。[2]相較之下，似乎較國內學生較為輕鬆，這是因為大陸採集中識字，針對漢字的學習，分為「認」和「寫」兩部分，較為明確。

本文擬比較兩岸的識字策略，再從國內小學生所習得的生字進行分析，以提出小學識字教學的策略。隨文識字與集中識字內涵究竟為何？國內小學生所使用的教科書，版本不同，但生字認讀大同小異，是否符合識字教學的目標？針對這些版本選用的生字內容，應採取哪一種策略進行教學，如何進行教學，方能收其實效？這些都是本文想探究的重點。研究結果，除供教學者參考外，也可供教育主管機構做為制訂政策之參考，並供教科書編輯團隊編修之用。

貳、兩岸的識字策略及其教學法

漢字是圖象式的方塊文字，有具體的筆畫、形狀，筆畫疏密不一，富有藝術美感。象形字依類畫出實物，指事字以線條代表抽象概念，一實一虛，代表有形事物與無形的概念。會意字會合兩種意念成字，形聲字聲兼其義，使漢字形、音、義聚合，能有系統的表達所有概念。兩岸使用不同的字形，識字策略自然有別，教學法當然也不相同。

漢字識字的過程需透過三種形態與過程，即「音韻（ phonics）」、「字形（ orthography）」和「語意（ semantics）」，而各種識字方法都是圍繞以上三種

---

[1] 參見《國民中小學九年一貫課程綱要語文學習領域》（國語文），（臺北：教育部，97 年 5 月），網址：http://www.edu.tw/eje/content.aspx?site_content_sn=15326，100 年 1 月 8 日。目前正在修訂
的 100 課綱，本國國語文國小階段識字教學部份，分為四階段：1-2 年級 700-800 字、3-4 年級 1500-1800 字、5-6 年級 2200-2700 字、國中 3500-4500 字。

[2] 參見大陸義務教育語文課程標準修訂工作組：《全日制義務教育語文課程標準》修訂工作說明，（北京：師範大學出版社，2010 年 8 月）。

形態而產生。 根據大陸戴汝潛、郝家杰的研究，識字教學法可大別爲：注音識字、集中識字、字理識字、語境識字（分散識字）、韻語識字、電腦識字教學六種方法。[3]其中，又以分散識字和集中識字最爲重要。

大陸簡化字的集中識字是先學常用字，便於學生提早閱讀。針對閱讀，打好識字的四大基礎：漢語拼音、筆畫筆順、偏旁部首、基本字的根本，然後以基本字帶字的方式，讓學生先識後讀，讀寫結合，掌握漢字的規律，以便學生自學生字。分散識字又稱語境識字，它是採隨文識讀的方式，依課文出現的生字，累積相關語境的用字方法。由於以課文情境爲中心，所以字不離詞、詞不離句、句不離文，因此所認讀的生字能提升學生的理解和統整能力。這一種方式對於同義聯綿詞，如：琵琶、玻璃等，或是抽象的詞，如：好像、同時等，最爲有效，將相關的語詞一起學習，也可以加強學生對這個字詞的系聯，是臺灣目前採取的識字策略。集中識字和分散識字，彼此若能截長補短，必能提升學生認念漢字的能力。

在鍾幸純、卓美伶、劉怡均的〈國語文創新識字教學法之運用〉一文中，試圖找出一種有效的教學方法，讓教師少說，而學生能自主地學、探究地學、創造性地學。他們提出了：一、以形爲例：運用字理識字教學法，下分：(一)以字體爲例；(二)以六書「象形」字爲例。二、以聲爲例：編字謎與歌謠、朗誦教學法，下分：(一)字謎分析法；(二) 歌謠識字教學教材；(三) 朗誦識字教學教材。三、以義爲例：採比較識字教學法，以字基的比較爲例。[4]筆者認爲，他們所舉的例子當中，在字形的方面，以字體和六書「象形」爲例，應用得最爲貼切，其它兩類仍有待商榷。

以形爲主的例子，適用於象形、指事、會意、形聲這四類構形的字，他們所列舉的字，在字體與六書方面以象形字爲主，但也不乏形生字者。例如「(一)以字體的介紹爲例」的人、交、女、大、夫等字，屬於六書的象形字，而天、元等字屬於會意字，若再加以擴充到指事、形聲兩類，對學生的大量識字有極大的助益。又:「以六書象形字爲例」的鼠、魚、龜、冊、鼎、虎、門、燕等字，都是獨體象形字，將圖畫出，可以幫助學生聯想漢字的形體，也不失是有效的識字方法。如下圖：

[3] 戴汝潛、郝家杰〈大陸的識字教學〉，載於倪文錦、何文勝編著：《祖國大陸、香港與台灣地區語文教育初探》（北京：高等教育出版社，2001 年 4 月）。

[4]鍾幸純、卓美伶、劉怡均：〈國語文創新識字教學法之運用〉（臺北：2009 年 2 月）

（一）以字體的介紹爲例

字體／字例	甲骨文	金文	小篆	現代字形

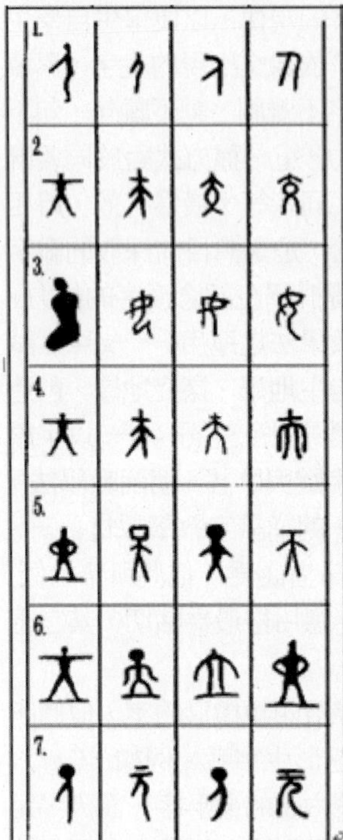

(二)以六書「象形」字為例

象形字	畫成其物，隨體詰詘	象形字	畫成其物，隨體詰詘
			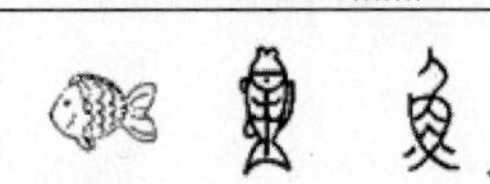
	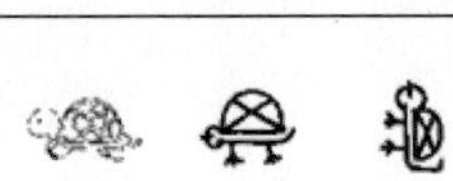		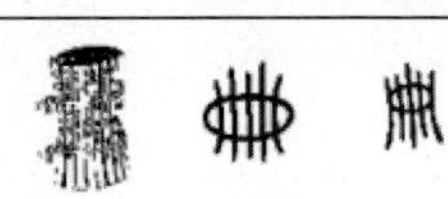

	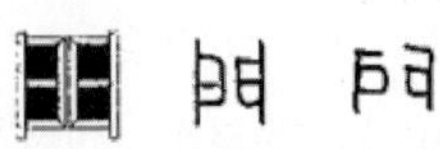		

舒兆民、林金錫在〈多媒體正體漢字之策略教學實驗〉一文中，選取六十個左右的部首，近四十個常用聲符，進行研究，然因爲研究對象爲華語初學者，且示例採取自僑委會「全球華文網路教育中心」的漢字學習內容，因此與國內中小學生的生字內容有所不同。其識字成效，是「深化了認讀的能力，書寫上也掌握了比例結構，以及意義類屬，文字產出上更能寫出漢字的美，也能加深記憶，避免了以往經常發生的偏誤情形。對於新學的字，當下可以從意符與聲符，歸類其所屬，猜出意義，在字形上的理解與輸出表現也勝於昔日的學習歷程及負擔。」[5]而能提升外籍生的識字能力。從以上研究得知：國內對於如何識讀漢字，已注意到如何結合文字學常識，且利用圖表與多媒體，進行教學，以便協助初學者。然而，國內識字教學內涵爲何？尤其國小低年級學生，如何增強他們的識讀能力呢？

在大陸方面，根據 haonanzhuce〈形聲字在漢字中的地位和作用〉一文的統計，在甲骨文字裡，形聲字只占 20%，到東漢許慎的《說文解字》裡，形聲字所占比例達到 82%，到清代康熙年間編纂的《康熙字典》，形聲字已占 90%。可見解決形聲字的結構問題，可以解決大部分漢字的問題。[6]在識字方面，如果要達到全面認讀，就必須重視「聲」的部分。

史美花在〈靈活多樣的識字教學方法〉一文中，根據合體字的規律，把它們分別製成偏旁部首、獨體字兩個部分進行配對遊戲。讓學生明白形聲字的形旁表義，聲旁表讀音的識字規律，使其在有了三、四百字的漢字積累後，自己發現和總結漢字的構字規律，通過形聲字等提高識字效率。[7]足見大陸學者也重視如何靈活運用文字學常識，來協助學生認讀漢字。雖然兩岸都有一樣的共識，研發識字的策略，但其中有無不同之處呢？

筆者認爲這其中仍是有差異性的。首先是「識哪種漢字」，其次是「採哪種策略」，再其次是「達到正確識字效果了嗎？」這三個問題，很明顯的是：大陸識簡化漢字，台灣識正體漢字，所識的字不同，方法也有些許不同。例如：猜謎語，謎題是「四小人，全賴大人護十年，猜一個字」，答案是「傘」，若是用來猜簡化字，則爲「伞」，那不就看不出原形了嗎？又正體漢字如果採「童謠識字」，那麼大陸與臺灣的童謠也不相同，學生各自以其熟悉的唸謠識字，也將造成很大的差異。[8]何況兩岸的教育內容不同，所要學生學的教材本身即有差異性。

最後，兩岸的識字策略達到正確識字效果了嗎？這一點是本文所欲探討的重

---

[5]舒兆民、林金錫：〈多媒體正體漢字之策略教學實驗〉（全球華文網，2007 年 06 月 16 日）
http://edu.ocac.gov.tw/discuss/academy/netedu05/html/paper/sw64.pdf
本研究對象爲華語初學者，六十個部首分別爲：人子女土口宀彳巾山牛日月手心水火木欠止目石玉生田立竹米糸艸虫衣行耳貝言足見車走金門雨酉阜食頁馬魚辶瓜示犬穴豕豸身骨髟鬼鳥； 四十個聲符則爲：巴包馬曼反分方府付氐丁廷良令龍工古胡家建將交僉巠其求青直召朱主牙易保辟扁蒙莫闌里。

[6] haonanzhuce：〈形聲字在漢字中的地位和作用〉（北京：北大中文論壇，2010 年 5 月 3 日）。http://www.pkucn.com/viewthread.php?tid=255915&page=1&authorid=200660（北京：北大中文論壇，2010 年 5 月 3 日）。

[7]史美花：〈靈活多樣的識字教學方法〉（山東：小學語文多媒體教學論文，2009 年 7 月 24 日）。http://www.labahua.com/edu0050/xinxihua/16401197.html

[8]各地方童謠有其特色，在臺灣的〈天黑黑〉，在大陸也許並不適合學。

點。識字教學爲求其易懂能解，活潑有趣，往往會忽略正確的解說文字，以致學生雖記得、識得，卻不知生字真正的用意，乃是在透過它學會新詞，再從學會的新詞去理解句子的意義，以便協助學生大量的閱讀文章。本文擬從國內的分散識字，討論識字的策略，以協助教師們進行正確的識字教學。

參、國內低年級小學生的識字教材內容

上述已分析兩岸識字教學策略，以集中識字與分散識字爲主，然國內若能參考集中識字的優點，對於提升學生識字率定有助益。根據廖傑隆〈集中識字理論基礎〉一文的研究，認爲集中識字有兩大優點，一是符合兒童的心理發展：說話先於識字，故將心理字彙與字形作聯結，符合兒童發展。以部件爲學習的目標比較經濟，符合完形心理學的概念，也可以避免書寫錯誤。二是容易概念化：從基本字（自由語素，free morphemes）的字形和表義的部首（附著語素，bound morphemes），容易理解形義關係，產生形義的概念化，比對讀音相似性又可以產生聲旁概念。[9]若能避免識字離開語境，那麼，對於學生擴充字詞的能力將發揮極大功能。

筆者以國內小學生使用的康軒版國語課本一到二年級生字表爲例，列出習寫字與認讀字的情形，做爲研究文本，分別進行分析：[10]

康軒版第一冊生字表

冊別	課次	習寫生字	認讀字
1	1	一拍手左三右上下大來（10）	家起坐
	2	二好兄向走跑開心在起（10）	腳弟跳
	3	吹泡你先個小我再天（9）	都
	4	四們空也地有白和咪（9）	畫雲笑
	5	五的家是星河魚美（8）	樹鳥麗球
	6	六門了爸媽回哥姐笑都（10）	聲
	7	七山期全去路歌唱草花頭（11）	爬揮對點步終於
	8	八過年放炮街見面說恭喜快樂（13）	鞭巷熱鬧

資料來源：9年一貫《國小國語課本》第一冊（1上）

---

[9]廖傑隆：〈集中識字理論基礎〉（新竹：新竹縣國語文領域，96年10月15日）。例如以「僉」爲基本字，再比較下列部首的字形和意義：「竹、月、阜、木、扌、目、馬、刂」，就可以習得「簽、臉、險、檢、撿、瞼、驗、劍」等幾個字，並且可以同時歸納出形音關係（都有ㄧㄢ爲韻母），使兒童能夠將字的形音義統整在一起。

[10]編輯要旨教學使用說明：本教材爲減輕習寫壓力，增加學生識字量，以便提早獨立閱讀，依照國字難易度及使用頻率，將各課生字分爲「習寫字」及「認讀字」。前者必須會認會寫，後者只要能認讀即可。

本冊習寫字爲象形、指事字居多，認讀字以會意、形聲字較多。在文字解說上，若能以圖片解說，較能協助學生記憶。認讀字的拆解，有助於低年級學生對部首的認識。例如：家爲宀部，教師可找出宀部的客、室、定、完、寫、字、害、守爲同一部首的字，可歸爲字族，加以辨認。[11]又如：起爲走部，趣、趕等字在後三冊會出現，可一併認讀。

康軒版一下的國語課本，在生字方面有極大變化。所選的習寫字，明顯的爲會意、形聲字居多。列表如下：

康軒版第二冊生字表

冊別	課次	習寫生字	認讀字
2	1	樹把種這子就風雨打啊不要怕陪長（15）	院
	2	做毛蟲麗朋友敢探險（9）	蝌蚪舞蹈勇
	3	牙香人她生氣老師問怎答哇他沒啦（15）	掉很麼搶著換
	4	春出狗倒知道疼會兒站它像但很（14）	雖然堅強
	5	音鳥葉話細又輕蝴蝶請麼只得到（14）	聲真聽蜜蜂
	6	湖多拉看慢紅睡蓮朵著臉那漂亮（14）	
	7	彩色太原枯黃已許青神剛您呀（13）	腳印幾陽經滿
	8	兩隻象伸勾握馬洗澡水島正裡（13）	鼻浮躲貓
	9	九歡躺雲線箏每件事情玩（11）	
	10	十貝箱兔木抱拿排房造片座城市呢（14）	寶積蓋條帶還
	11	扮客煮飯米用泥沙炒菜吃喝哈（13）	
	12	夏海嘩聲浪樣（6）	
	13	相找久才穿衣服可愛肚還黑真奇（14）	第張時
	14	阿公坡荔枝瓜跟甜喊聽（10）	鄉摘孫

資料來源：9 年一貫《國小國語課本》第二冊（1 下）

第二冊與第一冊相較，可發現習寫字明顯增加，且每一課不平均，認讀字不一定每一課都出現的現象。[12]若能將每一課習寫字訂爲十二個，一部分形聲字列爲認讀字，應較理想。

康軒版第三冊在生字分布方面，習寫字從九個字到十八個字不等，且第十三課也無認讀字。列表如下：

---

[11] 所謂字族一般是指字的「母體」，例如：「青」字爲母體字，將「清、情、請、睛、晴」等字識爲字族。然「青」的本身即爲部首，唯一不同是它可成爲其他組合字的聲符。

[12] 第二冊生字從習寫八十個字增加爲一百七十五個字，有可能是一年級前十週是注音符號教學，所以從第十一週開始，只能學習一半的生字。習寫字若能每一課平均，認讀字若能每一課都出現，則是較理想的編排。

康軒版第三冊生字表

冊別	課次	習寫生字	認讀字
3	1	學日新教室覺坐位想始書果等採（14）	識
	2	第升級校旁同哪帶課別所什以定活（15）	轉對廁
	3	蛙信送完後寫給失早今呵午接念祝月次 17	望封收希
	4	希望動物園外自己最力溫爲因獅（14）	孔雀凶猛
	5	演棵前表故角時奶卻舉高野結束認（15）	幾帽選搶誰狼獵綠
	6	比充滿班辦發身急功點弟些意連其（15）	賽趣
	7	管熱怪於病擔買張卡康復慈祥現謝揮保（17）	颱微難護
	8	明臺羊晚床使求救變受成曆掉叫終（15）	翻撕
	9	田工作辛苦除忽然從跳趕抓言語能此仍（17）	農撞運耕雜
	10	千糕並蛋搶粉牛糖對東西加雖分合（15）	邀端麵雞
	11	主經條牠跌進爬背包棉跤反而更重悔及（17）	聰驢鹽溼
	12	柿餅節秋鬧當車陣屋陽光金烘乾味親候如（18）	鎮靜埔飄
	13	湯圓元吵翻耕耳尖豬（9）	
	14	耶幾居場院布置各球燈停掛閃芒興呼（16）	誕鄰瓶夜響

資料來源：9 年一貫《國小國語課本》第三冊（2 上）

總計第三冊生字量爲兩百一十四個字，每一課應平均出現十五個生字左右，若能加以調整，每一課習寫十四個字，則可減輕學生寫生字的負擔。

康軒版第四冊國語課本，在生字量方面則較第三冊有較少的現象，而在字的難易度方面，則有較難的現象。列表如下：

康軒版第四冊生字表

冊別	課次	習寫生字	認讀字
4	1	橋村邊住往遍方之微搭誼牽讓（13）	
	2	電鈴通告訴婆國姑雪融化隆雷遠（14）	轟灣
	3	嗨麥克鄰搬切句鼓勇介紹迎錯互談（15）	愣囉
	4	社區哭啓貼附施犬名字汪叔撿約（14）	欄尋
	5	巷矮支叭晨忙娶娘嫁妝郵差踩影聞（15）	牆喇廊
	6	火猴幫舌窗燒害守助亭隊鐘推鼻滅（15）	簾敲噴
	7	母里伯女慶參桌俱偉且術幸福感（14）	響魔獻
	8	行輛低樓綠臂吐鮮舒傘乘涼願淨健（15）	
	9	旅植法根芽鬼針實悄指甲裂昭飛聰妙（16）	熟離冠
	10	北南農莊桐思入部平景突闊塊被晒（15）	塘霧坦
	11	迷圖館架式本流刊腦網津借讀識交常（16）	勵證

	12	歐古代文章窮紙筆折羨慕抄傳無憂慮（16）	關脩蘆荻
	13	暑假選童幻巫掃丁遊記孫悟斗世界享（16）	套毯筋翅膀
	14	卷益乙躬萬俠偶環途遇顆蘋銀巴吧（15）	鞠盜

資料來源：9年一貫《國小國語課本》第四冊（2下）

總計第四冊生字量爲兩百零九個字，每課平約出現十五個字左右，對二年級下學期學生而言，應爲恰當。然第一、第八課也未出現認讀字，若能各增加三個識讀字，較爲理想。

就上述生字而言，我們可以看出認讀字以會意和形聲字居多。我們所要探討的是，習寫字的功能爲何？認讀字的意義爲何？如何幫助學生認讀多一點的字，協助他們閱讀文章。習寫字是認讀字的基礎，它的內涵包括：掌握基本筆畫的名稱、筆形和筆順，寫出筆順正確、筆畫清楚的國字，必須注意的是字體大小、筆劃粗細和書寫美觀。根據吳敏而〈認字及習寫字詞的策略〉的研究，生字教學應「讓孩子記住部件的筆順，可以此爲基礎去猜字」。[13]有些字筆畫複雜、構詞率低，或是文言文用字，對學生有一定的難度，並不適合小學生習寫，那麼，可以列爲認讀字。

認讀字的意義，在認識字的構詞，由詞成句，由句成段，由段成篇的去理解文章。學生在認得生字之後，要能熟悉它的構詞，而這些常用詞可以應用在哪些句子中，用來協助學生理解文意、辨別內涵。認讀字要以構詞率高、可構成常用詞，以及能歸納、演繹聲音系統，以利認識更多的字詞，其最終目的在擴充詞彙，便於閱讀。

由於會習寫的字，自然也會認讀，而會認讀的字，不一定會習寫。因此，習寫字與認讀字的功能有時一致，但有時不同。大體而言，習寫字的目的是記得字形、字音、字義，會寫、會認、會讀；認讀字是記得字形、字音、字義，但不必寫、要會認、要會讀。爲了達到各自的目的，選擇習寫字應以部首字爲準，將字典的兩百一十四部納入習寫字中，有利於學生觀察字形的相似之處，進而使他們熟練各個部首，爲三年級查字典做準備。至於認讀字，要列出筆畫較多、構詞律高，且爲會意、形聲等合體字爲原則。這些構詞律高的認讀字，常出現在課外讀物、兒童文學作品中，早一點會唸、會讀，可以讓學生在閱讀文章時，獲得成就感。

以此標準檢視康軒版國語課本前四冊，有關生字出現多少部首在習寫字裡，是首要研究的重點，其次再研究認讀字的分布情形。茲分冊列表如下：

康軒版第一冊生字部首表

[13]文中提及：「在課本中，我們教孩子去拆字、合字，就是爲了幫他們記字。等一段時間後，老師就不必一筆一劃全部教了，因爲基本組合字的結構，他們都已經會了。所以我認爲在低年級的時候，是幫助小朋友認識這些簡單的組合。……另外也教他們組合的規則，因此小朋友能夠知道在不同的字裡，這些部件可能變大也可能變小，雖然它們是同樣的東西。」

冊別	課次	習寫字部首	備註
1	1	一手工口上大人	凡部首重複者，只列出第一次出現者。例如。一、上、下都是一部，則僅列出「一」，此後第七課的「七」字也是「一」部，但不再列出，其餘皆同。
	2	二女儿走足門心土	
	3	水小戈冂	
	4	囗穴乙月白	
	5	宀日	
	6	八門亅父竹邑	
	7	山入厶欠艸頁	
	8	辵干支火行見面言木	

資料來源：筆者整理

學生在學完第一冊習寫字，共學會四十七個部首。如果加上認讀字的「肉、弓、聿、雨、竹、鳥、鹿、玉、耳、爪、寸、黑、止、糸、方、革、已、門」，則多達六十五個部首，將近三分之一。

康軒版第二冊生字部首表

冊別	課次	習寫字部首	備註
2	1	禾尢風【雨】阜長	凡第一冊認讀字已出現之部首者，以【】標示。
	2	毛虫【鹿】又	
	3	牙香生气老巾【竹】	
	4	犬矢疒立彳	
	5	音【鳥】【糸】車刀	
	6	夕【肉】亠	
	7	彡色厂黃【己】青示	
	8	【豕】勹馬【止】衣	
	9	身毋【玉】	
	10	十貝戶片广	
	11	食米用	
	12	夊	
	13	目丿【黑】	
	14	瓜甘	

資料來源：筆者整理

學生在習寫完第二冊課文生字之後，扣除第一冊認讀字的部首，多學了四十八個部首，若將第二冊認讀字增加的部首「舛、力、麻、隹、卩、幺、鼻、豸」涵蓋進去，則多學了五十六個部首。總計第一、二冊生字部首，應認得一百一十個部首，占部首總數的一半。

康軒版第三冊生字部首表

冊別	課次	習寫字部首	備註
3	1	斤【聿】	凡第一冊、第二冊認讀字已出現之部首者，以【】標示。
	2		
	3		
	4	【力】牛自	
	5	角【卩】臼高里	
	6	比辛癶【弓】	
	7	卜	
	8	至	
	9	田工	
	10	寸襾	
	11	丶爪而曰	
	12	【鬥】尸金	
	13	羽耒	
	14		

資料來源：筆者整理

學生習寫了第三冊生字之後，在部首方面，增加了二十四個，第二、三、十四課沒有新的部首，第七、第八課只有一個新的部首，加上認讀字的「凵、辰、麥、瓦」四個新的部首，則多學了二十八個新部首。

康軒版第四冊生字部首表

冊別	課次	習寫字部首	備註
4	1		凡第一冊、第二冊、第三冊認讀字已出現之部首者，以【】標示。
	2		
	3	【麥】鼓	
	4	匚	
	5	支	
	6	舌鼻	
	7		
	8	魚	
	9	鬼飛	
	10	【辰】	
	11	弋	
	12	文	
	13	斗	
	14	巴	

資料來源：筆者整理

學生習寫了第四冊生字之後，增加了十二個部首，扣除前三冊認讀字出現的部首，加上認讀字的「車、爿、冖、毛」四個部首，共出現十六個部首。總計四冊出現的部首，共一百六十五個部首。辭典部首共兩百一十四個，扣除一百六十五個，還有五十個部首未學。[14]

從以上生字分布現象看來，可以看出學生在第一、第二冊所學的部首，包括習寫字和認讀字，已占了一半，而後漸次遞減，學到二年級下學期，學生已學會了一百六十五個部首字，而只賸四分之一的部首還沒學到。

再者，從未學的部首可以得知，有些部首的確比較罕用，如釆、襾、龠等，因此，可暫不學習。在此，有幾項建議僅供參考：

一、未來編輯課文時，建議儘量將部首平均分配到各課，以減輕學生認讀字詞的負擔。同時，讓學生在課後能精熟與部首相關的字，並藉以多認識字詞。

二、建議教師們在進行課文唸讀時，讓學生將認讀字的部首圈出，先認識這些生字的部首，以便拆解字形。如此一來，可以加深習寫字的概念，並認得更多同部首的字詞。

三、爲加強集中識字的能力，教師可讓學生自行記下同部首的字，製成字表，做爲參考。每一個字至少造一個常用詞，以增進學生的構詞、組句和閱讀的能力。

四、每一冊生字教學結束之後，就學生所學的部首進行字詞擴充。例如：統整全冊出現的部首，將下一冊會出現的字詞提供給學生自學，做爲下學期上課前的預習。

單獨的一個生字，既難記又難寫，若以生字構成詞，既好記又好寫，所以習寫字以能構成一個詞者爲佳。每一課生字若能難易適中、字數平均，學生無論是習寫或認讀，都能輕鬆愉快。尤其在部首的配置上，也應平均出現，使學生精熟所學的部首，大量的擴充詞彙，以利於閱讀。

肆、國內小學生識字教學的策略

文字教學首重字形，所以識字如果能從字形入手，是最基本而有效的方式。上述教材內容，以字形部首區分，除了便於探究小學生如何識讀課文之外，也有利於發展識字教學的策略。

常見的識字教學是拿一個字，告訴孩子怎麼唸，然後反複練習、測驗，直到熟識爲止。針對象形、指事字，可利用文字演進的圖片予以輔助，透過多媒體方式播放，學生可透過有趣的畫面學會認字。至於會意、形聲字，則可拆成部首和

[14] 未學的部首有「丨、夊、几、匸、士、屮、川、廴、彐、无、歹、殳、氏、爻、玄、疋、皮、矛、石、禸、缶、臣、舟、艮、虍、血、谷、豆、赤、襾、釆、隶、非、韋、韭、首、骨、髟、鬯、鬲、鹵、黍、黹、黽、鼎、鼠、齊、齒、龍、龠」共四十九個部首，那是因爲根據國語日報出版中心的《新編國語日報辭典》，僅列出兩百一十三個部首。

部件，個別學習之後，組合成字。這些大都是父母們在孩子幼兒時期時，所採行的識字方式。

如果認讀字的目的是爲了大量識字，大量識字的目的是爲了認得詞彙，認得詞彙是爲閱讀文章做準備，那麼，在最初識字教學時，即可在認唸生字之後，由父母讀出相對應的詞。每一次在孩子認讀該字時，念出不同的常用詞，讓孩子將生字和語境聯結，這是比較理想的方式。筆者也試著在傳球遊戲的過程中，說出想到的詞，孩子馬上可以反應他們所想到的詞，彼此呼應，這對於認讀新字、擴充字詞，都有正面的效益。

進入小學之後，前十週是注音符號教學。認念注音的過程，最好是發音部位相同的音一起認讀，例如：ㄅㄆㄇㄈ、ㄉㄊㄋㄌ、ㄍㄎㄏ、ㄚㄛㄜㄝ，一邊教聲母，一邊教韻母，再教拼讀，從兩拼再進行到三拼，從一聲再教到四聲俱全，然後教學生注音識字。學生學會注音符號之後，即可學習以注音查字典中的字，以擴充字彙、詞彙。

一年級上學期的後十週，進入寫國字、認讀生字的階段。教師除了教筆畫名稱之外，同時要注意部首教學。先是讓學生認念部首、習寫部首，而後要學生了解生字由哪個部首和部件組成。教師先示範圈讀部首，再讓學生在上課習寫之前，圈出生字的部首。同時，準備字族表，讓學生就新學的字，寫在字族表裡，以便學生統整所學。

教師在習寫字方面，可以要求學生慢慢的寫，將字寫漂亮一點。目前，教育部的網路版在習寫字方面，有《常用國字標準字體筆順學習網》，對於筆順練習、全筆順的提示、部首、筆畫數，都有明確的指引，也有練習簿的下載，便於習寫，加上聲音的解說，協助學習者認唸。[15]教育部另有《國語小字典》，有內文檢索、部首索引、筆畫索引、字音索引和一部分的圖片索引，對於學生認讀字詞、了解字義，十分方便。[16]教師除了介紹學生如何使用，更可讓學生透過檢索，反複熟練學會的注音和部首。

然而，以上注音識字、字族識字之外，更重要的是字理識字。以康軒版第一冊第一課生字「一拍手左三右上下大來」爲例，應如何融入字理的教學呢？

教師在指導獨體字，如：「一」、「手」、「三」、「上」、「下」、「大」等，要提醒學生這個字在十字格線的哪個位置，「一」要寫在十字格的正中心，「手」的中間一筆，寫的時候略彎。其次，提示學生「一」是「數字的開始」，如：「第一課」、「一二三」；「手」像「五個手指張開，連著腕部的樣子」[17]，如：「拍手」、「手心」。接著，讓學生寫出這些生字，並口頭造詞，教師針對學生所提的詞，進行簡單的解釋。

如果是合體字，教師在指導時，必須進行分解動作。例如：「拍、左、右、來」等字，在教「拍」時，可先拿出「扌」，讓學生與「手」做比較，說明當手

---

[15] 教育部：《常用國字標準字體筆順學習網》，網址：http://stroke-order.learningweb.moe.edu.tw/characterQueryResult.do?word=%E7%8F%AD

[16] 教育部：《國語小字典》第二版，網址：http://140.111.1.43/cgi-bin/gdic/gsweb.cgi?o=ddictionary

[17] 參見蔡師信發：《辭典部首淺說》，（臺北：漢光出版社，1997 年 9 月），頁 65。

做爲偏旁時，會變成「扌」的樣子，然後拿出一年級下學期會出現的「把、探、拉、握、抱、找」和「拍」並列在一起，讓他們指出哪一個是本課的生字？[18]然後，用不同顏色指出「扌」是部首，代表字的類別，「白」是「大拇指」[19]，在這裡是字的聲音。教「左」字時，先拿出「ナ」，說明這也是手的變體，指「左手」，再拿出「工」，說明它是「工巧」的意思，會合兩個部分，就是「左手很巧，會做很多事。」由於「左」是會意字，所以要採不同顏色出現，以增進學生的辨識力。

透過字理來識字，才能學得正確的字義，而不至於望文生義。有關文字常識的部分，筆者認爲是第一線教師必須強化的地方，也是我國教育部必須著力的重點。由於國內對漢字的字理，缺乏一套系統化的說明，網路版字典的解說，又難符合第一線教師教學所需，因此，許許多多拆解認讀字的解說，流於模稜兩可，也就無怪乎老師避而不談了。

唯有透過部首偏旁的解說，才能說明文字部件的組合關係。部首偏旁的功能在於：提示書寫的位置、說明文字筆形的功能、引發學生對文字的聯想，以及提供辨異形體的功能。通常，我們會告訴學生「扌」是「提手旁」，來與「手」做區別。「拿、拳」等字「手」部在下，「拍、打、拉、推」部首在旁，所以這些部首偏旁一方面提示位置，另一方面也提示筆形。再者，「日」與「目」、「月」與「⺼」的筆形乍看相似，實則不同，教師也需從旁說明。我們要解說字理，主要也是希望能引發學生的聯想，便於學生看到「手」「扌」、「ナ」、就想到與手有關，學到「心」、「忄」、「⺗」時，知道這些字都與「內心」、「思維」有關。文字的分合，離不開部首與部件，所以部首教學應列入培訓師資的重點。

有些學者主張低年級寫錯字，是自然現象，因爲他們還沒學會，只是在半懂半猜的階段，所以老師不要只片段教單字，而要讓學生會表達、會活用，盡量鼓勵他們去猜字，[20]但筆者認爲：今日已是科技時代，各種教學軟體十分完整，正可以補救課堂教學的不足，教師若能透過字理教學法，減少低年級學生寫錯字的機率，才是正確的觀念。事實上，透過遊戲的方式進行字理的解說，不但不會抹煞孩子認讀字的興趣，反而有助於他們歸納、演繹的能力。

當學生在學習一個新部首時，老師提出即將學習到的、同部首的字，供他們辨認，不但可以引起他們的興趣，且符合利用舊經驗學得新教材的原則。應用多元化的多媒體教學軟體，在輔助孩子習寫、認唸字詞的過程，也已得到證實是有效的學習方式，因此筆者提出利用字理教學法，集中識字，可以補救國內隨文識讀、分散識字的不足，而達到擴充字、詞彙，大量識字的目的。

學生能習寫及認讀課內的字詞之後，教師可以根據生字表，尋找課外讀物，製作補充教材，配合教育部推動的「兒童閱讀網——99年小一新生閱讀起步走

[18] 至於二年級上學期會出現的「採、接、擔、揮、掉、抓、搶」，二年級下學期會出現的「搭、搬、撿、推、指、折、抄」等字，可列爲學生的認讀字。

[19] 同註17，頁108。

[20] 吳敏而：〈語文教學漫談——親師系列，字詞研究與寫字教學策略〉。臺北：台灣省國民學校教師研習會，1998年7月。

——親師導讀手冊」提供的 130 本書目，並參考導讀設計，提供學生大量閱讀課外讀物。[21]

統合以上的策略，從注音識字、字族識字、字理識字，到遊戲識字，其目的都在於利用最短的時間，大量累積字詞，運用在閱讀上。這其中有分散識字的優點，也就是配合語境學詞，也有集中識字的優點，利用部首偏旁、字族列表，達到由一個字學到一群字的效果。如果我們能將象形、指事等獨體字採取多媒體放映圖片的方式進行教學；將會意、形聲等採拆合部首、部件的方式，加以拼合，並以顏色標示出來，對學生而言，識字教學就是一場美麗的饗宴。

伍、結論與建議

識字教學的良窳，攸關學生語文能力，而閱讀些什麼又影響學生的寫作內涵。因此，正視識字教學，也就是正視學生的語文學習能力。國內低年級小學生採取隨文識字的方式不是不好，而是不夠理想。

如果我們在安排生字習寫時，能以部首字為準，將字典的兩百一十四部平均分配，納入習寫，有利於學生觀察字形的相似之處，提示書寫的位置、說明文字筆形的功能、引發學生對文字的聯想，以及提供辨異形體的功能。等到他們學會熟練各個部首，則可為三年級查字典做準備。

至於編列認讀字時，要列出筆畫較多、構詞律高，且為會意、形聲等合體字為原則。這些構詞律高的認讀字，常出現在課外讀物、兒童文學作品中，早一點會唸、會讀，可以讓學生在閱讀文章時，獲得成就感。

由於目前語文授課時數不足，低年級小學生每週有六節國語課，外加一節彈性課程，比起大陸每週八到九節語文課，的確是少了些，因此，有必要採取集中識字策略，提升學生的認讀能力。假使我們能採取多元化識字策略：注音識字、字族識字、字理識字，遊戲識字等，讓學生在低年級即打好認字的基礎，就能彌補國語時數不足的缺點。

本文以康軒版一到四冊國語課本生字表為例，進行部首的分析，發現二年級的學生在學完四冊生字之後，可識得一百六十五個部首，這對於學生拆合漢字，進而認得更多的字詞，是非常有利的。然而，部首字的分布仍有改進的空間。如果這些生字部首，能平均的出現在各課，低年級各課的習寫字能遵循不超過十個字，一年級的生字不超過十三畫，二年級的生字不超過十六畫，那就更理想了[22]。至於字數的多寡，則視筆畫多少而定，大抵每個習寫字以十畫以內為原則，避免寫太難、太多筆畫的字。認讀字則以可以拆合者為主，每一課不要超過五個

[21] 教育部：「兒童閱讀網——99 年小一新生閱讀起步走——親師導讀手冊」，網址：https://read.moe.edu.tw/jsp/national_lib/pub/nat_anto.jsp?id=151&dbschema=S000000

[22] 同註 20。吳氏主張：(1)先以筆劃少的為主。第一冊不超過十三筆，第二冊則不超過十六筆。(2)先寫重覆出現的常用字，因這些字較熟悉，能與生活經驗結合。(3)選擇能與其他字合起來造成很多詞的字。

字。我們期望各家出版社的國語課本編輯小組，能掌握生字編排的大原則。

國內的識字教學策略若要提升，那麼，必須從國小教師的培訓著手。在培訓國小教師時，識字教學的方向必須明確，策略必須靈活。有關生字的教學，如果是獨體字，必須列舉文字演變、圖解，讓學生獲得正確的認知。至於合體字教學，必須注意部首偏旁與部件的教學，以利於學生辨認其他的新字。習寫字方面，要求結構、筆畫的正確、筆順的流暢，教師應具備示範習寫字的能力；認讀字方面，針對六書的分類、部首的辨認，也必須進行一系列的專業訓練。

文字教學看似繁瑣，其實不然。針對兩百一十四部首的本義、引申義或假借義，所有國小教師若能加以辨析，然後以此基礎，去探究每一個獨體字的演變、每一個合體字的偏旁究竟採取本義，還是引申義、假借義，自然可以正確的解說漢字結構和意義了。可惜的是，我們沒有看見培訓小學語文師資的機構，朝這個方向規畫。

因此，筆者撰寫本文，主要是探討兩岸識字教學策略的優點，並分析國內小學識字教學的教材內容，以提出國內小學生正確的識字策略。本文的建議有以下三點：

一、教育當局應正視文字教學的師資培訓。針對師資培育機構，訂定文字教學內容爲「認識辭典兩百一十四部首的本義、引申義和假借義」、「認識獨體字的文字演變」、「認識六書的分類基本原則」、「能示範習寫字的技巧和認讀字的方法」。至於已任教國小的教師，應安排有關文字教學的研習會，針對以上內容進行研習。

二、習寫字的安排應符合學生的能力。今後國語課本編輯小組在修訂或重編課文時，每個字的筆畫不宜超過十六畫，生字以每課十四個字爲原則，且以常用字爲範圍。認讀字則以不超過五個字爲原則。

三、進行識字教學時應兼採分散識字與集中識字策略。透過多媒體教學，讓學生兼採注音識字、字族識字與字理識字、遊戲識字等策略，學會認讀大量的字、詞，提升閱讀的能力。

以上建議僅供參考，期盼所有第一線的教師們，能努力探究漢字正確的說解，使國內識字教學不只停留在選擇式的解說某一個字，而是全面的探討每一個字怎麼教，學生最容易習寫、認讀，而且牢記不忘。

徵引文獻

蔡信發：《辭典部首淺說》，臺北：漢光出版社，1997 年 9 月。

吳敏而：〈語文教學漫談－親師系列，字詞研究與寫字教策略〉，臺北：台灣省國民學校教師研習會，1998。

戴汝潛、郝家杰，〈大陸的識字教學〉，《祖國大陸、香港與台灣地區語文教育初探》，北京：高等教育出版社，2001。

廖傑隆：〈集中識字理論基礎〉，新竹：新竹縣國語文領域，2007。

鍾幸純、卓美伶、劉怡均：〈國語文創新識字教學法之運用〉，臺北：2009。

史美花：〈靈活多樣的識字教學方法〉，山東：小學語文多媒體教學論文，2009 年 7 月 24 日。網址：http://www.labahua.com/edu0050/xinxihua/16401197.html

舒兆民、林金錫：〈多媒體正體漢字之策略教學實驗〉，全球華文網，2007 年 06 月 16 日。

網址：http://edu.ocac.gov.tw/discuss/academy/netedu05/html/paper/sw64.pdf

haonanzhuce：〈形聲字在漢字中的地位和作用〉，北京：北大中文論壇，2010 年 5 月 3 日。

網址：http://www.pkucn.com/viewthread.php?tid=255915&page=1&authorid=200660

教育部《常用國字標準字體筆順學習網》，網址：
http://stroke-order.learningweb.moe.edu.tw/characterQueryResult.do?word=%E7%8F%AD

教育部《國語小字典》第二版，網址：
http://140.111.1.43/cgi-bin/gdic/gsweb.cgi?o=ddictionary

教育部「兒童閱讀網——99 年小一新生閱讀起步走——親師導讀手冊」，網址：
https://rcad.moe.edu.tw/jsp/national_lib/pub/nat_anto.jsp?id=151&dbschema=S000000

康軒版《國民小學國語課本》（第一～四冊），臺北：康軒文教事業公司，2010。

從認知負荷與平衡閱讀觀點談獨體字形義探究教學運用於國小一年級讀寫教學研究

許雅惠*

摘 要

認知負荷理論以工作記憶和基模理論爲基礎，透過有意義的教學設計，增進學習者有效認知負荷的運作，以促進學習技能的內化與自動化。平衡閱讀觀點是融合字母拼讀法與全語言教學的教學取向，從多元智能觀點與學習者爲中心的教育理念出發，強調教學活動多樣化與閱讀素材多元化；除了重視認字解碼的技能，也融入詞彙與文本閱讀之意義理解策略的指導教學。由於學童在小學一年級習得的閱讀能力及經驗，與其高中階段的學習成就有高度相關。本研究以國小一年級學童爲研究對象，參酌平衡閱讀教學取向與認知負荷理論之觀點，運用於讀寫教學，進行爲期一年之行動研究。教學設計以獨體字形義探究教學模式爲主軸，設計「部首定位板」，以漢字結構開展漢字構形理據規律。除各類觀察之質化資料外，量化研究依識字教學測驗、識字量評估測驗及漢字組字結構測驗進行。於一上結束時，全班平均識字量爲 878 字，至一下結束時則達到 1,114 字。研究發現得知：字音、字形、字義及漢字結構的辨識能力與識字量有顯著相關，智力與識字量則無顯著相關。

關鍵詞：認知負荷、平衡閱讀、獨體字形義探究教學、讀寫教學

*國立臺中教育大學語文教育學系在職專班碩士生、臺中市大新國民小學教師

一、緒論

在科技高速發展、訊息不斷膨脹的資訊閱讀時代，如何快速閱讀、接收訊息及提取意義，是現代人需具備的基本知能。放眼全球，先進國家皆以提升閱讀能力作爲教育施政的重點；綜觀世界各國基礎教育之改革，也都將加強讀寫能力列爲首要目標。閱讀不僅是教育研究的核心焦點，更是學校課程發展的基礎。[1]

文字是一種看得見的語言，是聲音的圖畫。它的功能如同思考工具，可用以幫助學童集中注意力、記憶與調控思維，發展抽象、綜合的高層次心智功能。[2]相較於口語是人類天生的能力，讀寫能力則是後天教育的結果，[3]而且需經由長期的形式教育與正式的教學活動，以及浸潤於大量書面語言的環境中才能習得。[4]

（一）研究動機

現代生活環境中的讀物——標語、看板、櫥窗告示、夾報、街頭傳單及車廂廣告……等，處處可見到由商業精神主導之商用書面語，以各種形式展現於生活周遭。然而，生活環境中出現大量的文字，卻未必提升文字的正確使用能力。無所不見的行銷廣告用語，其運用創意語彙之諧音異趣，固有令人驚豔之巧思，然而別字之訛用卻屢見不鮮。若再加上政府單位大量諧音字的行銷詞彙，造成以別字爲主流的「喧賓奪主」，[5]反而讓基礎尚未穩固的學生正訛難辨，徒增困惑。而學測、指考作文中錯別字之嚴重，也引發文學與文字教育工作者的憂心。[6]

根據本研究的觀察，生活環境中大量出現錯別字的原因，可能是教學者在學習者識字認詞的關鍵時期，未能幫助學童進行具體字形到抽象意涵的理解連結；而學習者的練習不得要領、記憶不夠深刻，以及大量電腦注音輸入法的自動選字，也可能是造成錯別字層出不窮的原因。

目前傳統的識字教學方法，大多停留在機械式的記憶抄寫階段，似乎未能對於漢字的形、音、義三要素，進行有效的理解教學。是以，若要減少學童出現錯別字等書寫偏誤的情況，根本解決之道，在於教學者需正視且思索：如何在學童習字認詞的關鍵時期，施以有效的識字教學策略，鞏固學童對漢字形、音、義的認知與識記，而能藉以大量擴展詞彙量與閱讀理解能力。

從兒童初期識字歷程來看，漢字形碼的訊息比音碼訊息重要；[7]他們先辨認字形大致輪廓，然後才是組成部分。在辨認合體字時，先辨識字的組成部分，其次才是部分與部分的關係，字的細節部分往往被忽略。[8]故在現場教學觀察發現，學童書寫偏誤類型多出現在錯字而非別字；且多在字形的細節隱蔽部分，而非整

1

2 Lisbeth Dixon-Krauss 編著，谷瑞勉譯：《教室中的維高斯基：仲介的讀寫教學與評量》（臺北：心理出版社，2001 年），頁 26。

3 G. Reid Lyon. Why reading is not a natural process. *Educational Leadership*, Mar. 1998, 55, 6:14-18.

4 Isabelle Y. Liberman, Donald Shankweiler and Alvin M. Liberman. The alphabetic principle and learning to read. *Phonology and reading disability: Solving the reading puzzle*. 1989, 8:1-33.

5 廖玉蕙：〈喧賓奪主的錯別字〉，《聯合報》A4 版，2010 年 8 月 25 日。

6 許錟輝：〈九十二年大考中心指定科目國文作文錯別字探析〉，《國文天地》，2003 年第 223 期，頁 4-18。許錟輝：〈現今漢字的文化現象〉，《漢字與全球化國際學術研討會論文集》（臺北：臺北市政府文化局出版，2005 年），頁 145-159。

7 吳瑞屯：〈中文字辨識歷程的個別差異〉，《中華心理學刊》1990 年 32 卷，頁 63-74。

8 曹傳詠、沈曄：〈在速示條件下兒童辨認漢字字形的試探性研究：字形結構的若干因素對字形辨認的影響〉，《心理學報》1963 年第 3 期，頁 203-213。

個字形輪廓；[9]而在閱讀時的識字錯誤，也以形似字爲多。[10]因此，兒童在初始讀寫階段，出現的缺筆、漏筆和誤筆的現象是正常的認知發展現象，不能完全歸結於學童不專心或學習不良。

小學識字教學是漢字教育的正常開端，[11]學童進入正式教育的第一年，都是由識字開始。一般人在理解文本與「識讀」文字的同時，不是在記憶中留著所讀的每個字，而是藉由累積至一定數量後，重整爲有結構的知識，形成長期記憶。[12]因此，具有適當的識字量及流暢的識字速度，以及自動化的識字技能，是閱讀理解的基本條件。誠如 Gardner 所言：「識字能力並不是各種認知不足的萬靈藥，而是一組特別的認知技巧。」[13]易言之，單純的字彙教學本身不必然增加閱讀理解，但識字量不足與不流暢的解碼能力，卻是造成閱讀困難的主要原因，[14]而可能形成閱讀經驗上的「馬太效應」，[15]影響學習者的終身閱讀能力與學習成就。

學童大概要學會 500 個字之後才能讀簡單的句子，語言能力即會開始快速發展，但要閱讀一般兒童讀物仍存有很多困難。[16]小學一年級學童的口語表達能力已經很強，他們的智力發展迅速，有旺盛的求知欲，並已由其他管道獲得了大量的口語詞彙，以及與日常生活相關的一般知識。然而，他們在閱讀學習上所面臨的主要矛盾：一方面是課程標準訂定的識字量少，但另一方面則是識字週期長。是以，受限於書面詞彙的貧乏，使他們的閱讀能力難以在短期內開展獲得。

教育部將於今年實施之「九十七年國民中小學九年一貫課程綱要（100 學年度實施）」國語文學習領域中，對國小一年級到國中九年級學生，區分四階段識字量，依序爲一、二年級：700-800 字；三、四年級：1,500-1,800 字；五、六年級：2,200-2,700 字；七～九年級：3,500-4,500 字。[17]若據此綱要標準，一般學童在學校正式教育中，要完全能識寫 2,000 字，需花上週期頗長的四年識字時間。

中國大陸《全日制義務教育語文課程標準》中，則將小學語文課程目標，依識字和寫字的學習量分別規定爲：小一到小二要能識字 1,600 至 1,800 字以上、會寫 800 至 1,000 字；小三到小四要能識字 2,500 字以上、會寫 2,000 字；小五到小六會認字 3,000 字以上、會寫 2,500 字；七到九年級要能識字 3,500 字以上、會寫 3,000 字。[18]對照兩岸規範低年級要會寫的字數差異不大，約在 800 字左右。但是，臺灣在規範低年級能認識國字的識字量上，卻明顯少於大陸約 1,000 字。

根據魏金財、吳敏而於 1993 年，針對小學國語課文 2,755 個選用字的分析，學童若能掌握出現頻率前 1,000 個左右的字，則可以掌握正式學習材料與一般讀

---

[9] 戴汝潛編：《漢字教與學》（濟南：山東教育出版社，2000 年），頁 342。
[10] 柯華葳：〈由兒童會錯意的字分析探討兒童認字方法〉，《華文世界》1991 年第 39 期，頁 25-32。
[11] 王寧：〈漢字教學的原理與各類教學方法的科學運用（上）〉，《課程・教材・教法》2002 年第 10 期，頁 1。
[12] 柯華葳：〈閱讀成分與閱讀發展〉，《中文閱讀障礙》（臺北：心理出版社，2010 年），頁 33。
[13] 霍華德・嘉納著，莊安祺譯：《心智解構—發現你的天才》（臺北：時報文化公司，2007 年），頁 344。
[14] Barbara R. Foorman, et al. Early Interventions for Children with Reading Disabilities. *Scientific Studies of Reading*, 1997, 1,3: 255-276.
[15] Keith E. Stanovich. Matthew Effects in Reading: Some Consequences of Individual Differences in the Acquisition of Literacy. *Reading Research Quarterly*, Fall. 1986, 21,4:360-406.
[16] Batia Laufer. How much lexis is necessary for reading comprehension? *Vocabulary and applied linguistics*, Basingstoke & London: Macmillan, 1992, pp. 126–132.
[17] 教育部：《97 年國民中小學九年一貫課程綱要（100 學年度實施）》（臺北：教育部，2010 年）。
[18] 中華人民共和國教育部：《全日制義務教育語文課程標準（實驗稿）》（2002），2010 年 12 月 25 日，取自 http://www.gdcgs.sdnet.gd.cn/we/xkb1.htm。

物中約 90%的字彙。[19]美國語言學家笪駿（Jun Da）在 1998 年的統計調查，也指出要能閱讀文章且能理解文句的意涵，需達到 90%的識字率，也就是約 1,000 字左右的漢字量；若要能閱讀一般報章雜誌 93%～95%的文章，約需識記高頻字 1,300～1,500 個。[20]李俊仁則進一步確認，從文章覆蓋率（text coverage）的角度來看，一般書面文字所運用到字數，大概是 1,558 字就能達到 95%的覆蓋率；2,709 字即可達到 99%的覆蓋率。[21]

識字量是識字的關鍵，尤其是分析字的組合構件與聲旁的讀音來識字，能增進識字量。約在識字量達 1,500 字左右，即能猜測漢字「形旁表義、聲旁表音」的規則。[22]一般而言，要到小學三年級以上的學生才較會以部首推敲生字的字義。[23]也就是中文字彙的發展需在累積一定數量後，才能形成組字規則的概念。

但研究也指出，無論是字的偏旁、部件或是個別字本身，只要具有基本表徵的特性，便可在視知覺初期偵測辨識出來。[24]故在字詞中具有「概念區辨性」的部分即成爲字詞辨識基本單位，如獨體字、合體字的形旁、聲旁或記號等。

由於漢字形體的方塊結構與功能的意向性，使得漢字直觀可感、形象具體的思維模式，符合人類對直觀圖形的識記優於抽象符號的認知規律。本研究即根據積木理論設計「部首定位板」，有意識地帶進偏旁部首的構件概念，增進學生對獨體字形、字音的辨識與部首表義概念的獲得。在此過程中，學習者便能意識到漢字是一個個能夠拆解、再組合的形體結構，而且還能根據對偏旁、部首之字源本義的深入理解，藉以推測所構成合體字的意義範疇。

承上分析可知，要讓學童順利進入指導性閱讀階段，約需達到 1,000 字的識字量；若能達到高頻字 1,500 個左右的識字量，對於提升閱讀能力有極佳功效。相關研究指出，早期有閱讀困難的兒童，65%～75%的人在後來的求學階段及離校之後都有明顯的閱讀理解困難；[25]國小一年級被鑑定爲弱讀者，到了四年級極可能仍爲弱讀者。[26]由於識字或閱讀都需要語音處理、字形辨識及工作記憶等足夠認知資源做後盾，以增進自動化識字解碼，形成「自動化閱讀」能力。[27]故就識字目標在增進閱讀理解而言，如何避免讓識字困難衍生其他的閱讀問題，是國小一年級初始讀寫教學所應重視之課題。

（二）研究目的

---

[19] 魏金財、吳敏而：〈小學國語課文字彙數量、次序的安排與比較分析〉，《國教學報》1993 第 5 期，頁 1-31。

[20] 「Chinese text computing 中文文本計算」http://lingua.mtsu.edu/chinese-computing/index.html。

[21] 李俊仁：〈識字量決定孩子閱讀能力的關鍵指標〉（2011），2011 年 2 月 26 日，取自 http://reading.cw.com.tw/epaper/reading_20110226.html。

[22] M Lo, C.-W. Hue and F.-Z. Tsai. Chinese Readers' Knowledge of How Chinese Orthography Represents Phonology. *Chinese Journal of Psychology*, 2007, 49,4:315-334.

[23] Hua Shu and Richard C. Anderson. Role of Radical Awareness in the Character and Word Acquisition of Chinese Children. *Reading Research Quarterly*, 1997, 32,1:78-89.

[24] 吳碧純、方聖平：〈以中文字形的概念區辨性探討字形辨識的基本單位〉，《中華心理學刊》1988 年 30 卷 1 期，頁 9-19。

[25] Peggy McCardle, Judith A. Cooper, Gail R. Houle, Naomi Karp and Diane Paul-Brown. Emergent and Early Literacy: Current Status and Research Directions-Introduction. *Learning Disabilities Research & Practice*, Nov. 2001, 16,4:183-185.

[26] Connie Juel. Learning to Read and Write: A Longitudinal Study of 54 Children from First through Fourth Grades. *Journal of Educational Psychology*, 1988, 80,4:437-447.

[27] David LaBerge and S. Jay Samuels. Toward a Theory of Automatic Information Processing in Reading. *Cognitive psychology*, Apr. 1974, 6,2:293-323.

小學識字教學是漢字教育的正常開端，[28]學童進入正式教育的第一年，都是由識字開始。根據兒童發展進程的觀點來看，學前的讀寫萌發階段，多已建立口語理解能力與部分認字技能。但在正式學校教育中，多數學童仍然需先熟悉解碼技巧，才能藉以開展熟練的閱讀理解技巧。是以，在兒童能成功地藉由理解文本意義之前，必先建立起字碼知識（cipher knowledge）。故知，就識字教學而言，學童必須在積累一定數量的漢字之後，才能形成漢字系統的內在聯繫，也才能增進理解語句，以及思考語篇文義的能力。

平衡閱讀教學（balanced reading instruction）觀點是融合字母拼讀法與全語言教學的教學取向，從多元智能觀點與學習者爲中心的教育理念出發，強調教學活動多樣化與閱讀素材多元化。由於漢語兒童在感知漢字過程初期，識別漢字與識別拼音文字的過程，基本上大致相似。[29]然而，若從字形對應語音角度來看，漢字是採「字形—詞素」的對應原則，[30]有別於拼音文字的「形音對應規則」(GPC rules)。據此，本研究參酌國外平衡閱讀教學內涵與策略，設計獨體識字教學模式，採其認字解碼的字母拼讀教學模式，運用於識字教學。由於漢字識別的特性是以視覺管道處理，故分析漢字的獨體及合體結構，以漢字結構開展識字基礎，繼之再提供意義化的情境閱讀教學，期能奠基學童初始讀寫能力。

由於識字與理解的關係是訊息處理的過程，讀者的解碼技巧必須自動化之後，才能將更多的精力放在閱讀理解方面。本研究根據多年來在教學現場普遍觀察到的識字教學課程，發現傳統教學方式往往流於「只教識字、不注意教給識字方法指導、零碎分割字形，或方法單一，以致輕忽識字寫字能力的培養，妨礙了教學效率的提高」[31]之積習。長久以來，亦未見有革新之教學。國小常用字平均筆畫數爲 12 畫，[32]若衡量人類短期記憶容量單位的認知學習負荷觀點，檢視目前單純以書空筆畫、筆順來記憶的識字教學，對一年級學童的認知負荷確實過大。

根據研究，在 2,570 個常用字中，有近三成左右是「獨體字」，[33]而這些獨體字多爲國小低年級識字教材的主要內容，甚至不少學童在正式入學前，雖仍未認識正確的字詞書寫形式，但可能已熟記這些獨體字的讀音。[34]換言之，兒童雖然不認識字詞的書寫形式，但在日常口語中，對於常用字詞的語音和語義已提前學得了編碼，甚至也可能已學會了某些語音編碼能力。再者，根據本研究進行 99 年版翰林版國語科教材分析之後，發現全十二冊習寫字爲 2,352 字，不同的部首有 199 個；一至四冊習寫字共 659 字，但不同部首卻有 161 個，佔所有習寫字部首的 80.90%。而這 161 個部首亦多由獨體字構成。基於此，本研究即以加強獨體字的識記與讀寫爲教學起點，期能裨益學童未來認字識詞的閱讀能力。

---

[28] 王寧：〈漢字教學的原理與各類教學方法的科學運用（上）〉，《課程．教材．教法》2002 年第 10 期，頁 1。

[29] 胡平：〈漢語兒童識字的心理機制及其給教育的啓示〉，《華東師範大學學報》2000 年第 1 期，頁 71-76。

[30] Charles A. Perfetti, Jessica Nelson, Ying Liu, Julie Fiez, and Li-Hai Tan. The neural bases of reading: Universals and writing system variations. *The neural basis of reading*, Oxford, New York: Oxford University Press, 2010, pp. 147-172.

[31] 馮永敏：〈教會學生識字寫字—識字寫字的教學策略〉，《國教新知》2008 年 55 卷 1 期，頁 3。

[32] 教育部國語推行委員會：《國小學童常用字詞調查報告書》（臺北：教育部，2000 年）。

[33] Richard C. Anderson, Wenling Li, Yu-Min Ku, Hua Shu and Ningning Wu, Use of partial information in learning to read Chinese characters, *Journal of Educational Psychology*, 2003, 95,1: 52-57.

[34] Connie Suk-Han Ho, and Peter Bryant, Learning to read Chinese beyond the logographic phase, *Reading Research Quarterly*, 1997, 32,3: 276-289.

國小一年級學童正處於「前運思期」及「具體運思期」的認知發展階段，他們大量地使用語言符號與簡單的概念吸收知識，以及進行思考；也能按照事例，藉由具體操作，進一步從事推理。由於兒童在八歲以前，對於視覺圖形訊息與對外在事物的感知，是由知覺或心像決定的。所以，吸引兒童注意力的屬性特徵，可隨時改變。而此認知特性也形成兒童對外界事物訊息的歸類，常顯得紛亂無序；故他們在學習上最大的障礙是容易分心，不易專注。

簡而言之，教學者必須在教學上設計具有系統性且結構化的課程，有意識地引導學生建立概念架構，方能有助於學童獲得有效的學習。職是之故，本研究思索：如何在目前國語文節數未能增加的限制下，如何運用現行教材、從獨體字出發，鞏固識字教學；擴展詞彙，深化讀寫教學？根據香港中文大學曾進行爲期三年的整合性研究，指出進行語文教學時，若能施以合於學習者認知發展之適宜的「教學方法」與「教材內容」，其教學成效遠比考量「教學時間的長短」更能達成目標。[35]也就是說，與其思索增加學習時間，無寧致力於改進教學內容與方法。

承上所述，本研究即以國小一年級學童爲對象，參酌工作記憶與讀寫關係之認知負荷觀點，依平衡閱讀教學策略設計獨體字形義探究教學模式。教學內涵則由獨體字作爲識字教學起點，以「據形辨義」的探究教學爲主軸；從圖像引導兒童進入漢字殿堂；依據積木理論設計「部首定位板」，將漢字的構形規律運用於識字教學；衡酌資訊融入教學的趨勢與優勢，輔以多媒體教材進行教學。在分散識字的課程組織架構之下，配合隨課文識字延伸的各項閱讀教學，厚植「學以讀」階段的認字解碼基礎，以深耕「讀而學」階段的高層次閱讀理解發展。

歸結言之，本研究在深究各類識字教學法後，在不更動現行的課程組織架構，以及不增加授課時數的現況下，期能以有效教學設計改進傳統教學模式，提高學童有效認知負荷的運作。再者，輔以基本字帶字課程幫助學生擴充大量字彙，並配合隨課文識字延伸的各項閱讀教學。希冀能幫助學童積累一定數量的漢字，達到形音義的正確理解；同時在符合漢字表意性、構形系統性的教學方法強化下，能掌握漢字構字理據，以達到不教而終身識字。最終目標期能在小學一年級結束時，全班學童的平均識字量能達到 1,000 字，以奠定未來閱讀理解的基礎。

二、文獻探討

（一）識字、理解與閱讀

1. 兒童讀寫能力的發展

由於小學一年級習得的閱讀經驗及能力，與其在十一年級的學習成就有高度相關。[36]是以，書面語的習得與詞彙的持續擴展，仍需藉助學校教育的教導。[37]而就閱讀發展階段來看，國小中年級以前是養成基本識字能力、提升流暢度與快速增進識字量的最佳時機。[38]

---

[35] 杜祖貽、關定輝、霍泰輝、陳瑞燕、陳和晏、陳天祥等人：《腦神經科學與教育：中英語文教學專題研究》（香港：香港中文大學出版社，2005 年），頁 ix。

[36] Anne E. Cunningham and Keith E. Stanovich. Early Reading Acquisition and Its Relation to Reading Experience and Ability 10 Years Later. *Developmental psychology*, 1997, 33,6:934-945.

[37] Peter F. de Jong and Paul P. M. Leseman. Lasting Effects of Home Literacy on Reading Achievement in School. *Journal of School Psychology*, 2001, 39,5:389-414.

[38] 王瓊珠：〈閱讀障礙學生識字教學研究回顧與問題探討〉，《突破學習困難》（臺北：心理出版社，2005 年），頁 161。

艾偉曾說：「所謂識字者，謂見形而知聲、義，聞聲而知義、形也。……，或形聲、形義、聲形、聲義四縮結之組織必皆牢固，始爲合乎識字之條件。」[39] 再者，以漢字方塊字的獨特性來看，「一字之學習成熟必受形、音、義及常用與否四因素之影響」[40]。由於漢字造字之初，是以符號標示整個詞的意義而不標示讀音。[41]雖然廣泛使用至今的多爲形聲合體字，但若要以現代語音，解釋帶有音近聲旁之古漢語表音的合體字，實有頗多難以解釋之處。

由於漢字聲旁的有效表音率約僅爲 29%，[42]廣義的一致規則性效應也僅有 39%。[43]所以，漢語讀音的變化，並無法完全於字形上呈現；加上常用高頻字中的形聲字比例不高、一致性規則效應也低，大多只能運用類比推理（analogy）猜測字音。[44]由於漢字經隸變、楷化後，形體已較固定，故能以辨識視覺型態的差異，達到區辨字形的重要作用。因此，漢字認字解碼能力與視知覺的關係大於聲韻覺識，[45]而對漢字分解組合的視覺表象操作速度及準確性，則與漢字字形學習水準具有密切關係。[46]然而，近來相關研究兒童認字解碼的認知成分之實徵研究，陸續支持聲韻覺識也是中文閱讀的主要成分；[47]尤其一年級入學的拼、認注音符號的能力，與二年級的識字能力達到顯著相關。[48]目前多數研究共識，指出聲韻覺識作用於正確辨識字詞，而語音及語意記憶作用於閱讀理解。[49]準此而言，造成學生識字困難的核心變項，包括了視覺處理能力與聲韻覺識。[50]

綜上所述，視覺與聽覺處理皆是識字之重要認知成分。拼音的作用在增進字詞辨識的正確性；而以漢字方塊形體的獨特性，則應側重對「形」的識記。故需理解學童差異、增進其多元感知覺的發展，方能達讀寫教學之效。

2. 閱讀簡單觀點模式

Gough 與 Tunmer 在 1986 年提出「閱讀簡單觀點模式」，[51]以「R（閱讀理解）= D（識字解碼）× C（語言理解）」的簡單公式來說明影響閱讀的兩項重要因素。繼之，Hoover 與 Gough 在 1990 年將之定義爲「R = D × L」，[52]將閱讀理解能力視爲認字能力與聽覺理解能力的結合。如圖 1 所示：

---

39 艾偉，《閱讀心理・漢字問題》（臺北：國立編譯館，1955 年），頁 5。

40 同上註，頁 138。

41 〔瑞典〕高本漢著，聶鴻飛譯：《漢語的本質和歷史》（北京：商務印書館，2010 年），頁 6。

42 劉英茂、蘇友瑞、陳紹慶：《漢字聲旁的表音功能》（高雄：復文圖書，2001 年），頁 5。

43 周有光：〈現代漢字中聲旁的表音功能問題〉，《中國語文》1978 年第 3 期，頁 172-177。

44 李俊仁等著：《大腦、認知與閱讀》（臺北：信誼基金出版社，2010 年），頁 32。

45 Shiu-Hsung Huang and J. Rick Hanley. A Longitudinal Study of Phonological Awareness, Visual Skills, and Chinese Reading Acquisition among First-Graders in Taiwan. *International Journal of Behavioral Development*, 1997, 20,2:249-268.

46 劉鳴：〈漢字分解組合的表像操作與漢字字形學習的關係〉，《心理學報》1993 年第 3 期，頁 36-40。

47 Chieh-Fang Hu and Hugh William Catts. The Role of Phonological Processing in Early Reading Ability: What We Can Learn from Chinese. *Scientific Studies of Reading*, 1998, 2,1:55-79.

48 柯華葳、李俊仁：〈國小低年級學生聲韻覺識與認字能力的發展——一個縱貫的研究〉，《國立中正大學學報》1996 年第 7 期，頁 29-47。

49 Valerie Muter, Charles Hulme, Margaret J. Snowling and Jim Stevenson. Phonemes, Rimes, Vocabulary, and Grammatical Skills as Foundations of Early Reading Development: Evidence from a Longitudinal Study. *Developmental psychology*, 2004, 40,5:665-680.

50 李俊仁、柯華葳：〈中文閱讀弱讀者的認知功能缺陷——視覺處理或是聲韻處理〉，《特殊教育研究學刊》2007 年 33 卷 4 期，頁 1-18。

51 Philip B. Gough and William E. Tunmer. Decoding, Reading, and Reading Disability. *Remedial and Special Education*, 1986, 7,1: 6-10.

52 Wesley A. Hoover and Philips B. Gough . The simple view of reading, *Reading and Writing*, 1990, 2,2:127-160.

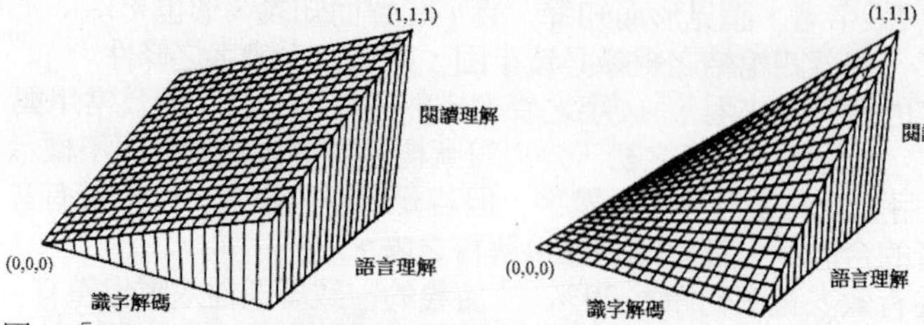

圖 1　「R＝ D × L」的閱讀簡單觀點模式

植基於「閱讀簡單觀點」之認知架構，Wren 則將閱讀理解能力所需之認知成分深入分析後，組合成英文字母「A」的圖形（圖 2），包含語言理解與識字解碼兩大部分。語言理解包括背景知識及語言知識；於語言知識下細分爲音韻、語法、語意。識字解碼則涵蓋字碼知識、詞彙知識；二者之子成分包括：音素覺識、組字規則、字母知識及印刷品概念等。[53]「閱讀簡單觀點模式」業已成爲英國政府教育政策中倡導早期讀寫的理論與概念模式，[54]並根據識字解碼與語言理解兩個向度設計教學，進一步再深入進行系統化的教學活動。

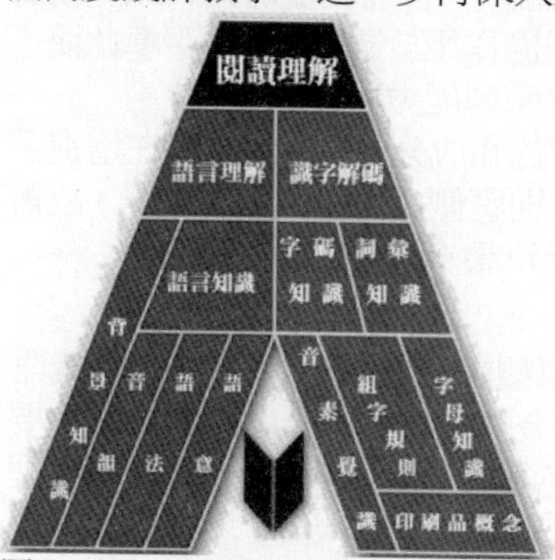

圖 2　Wren 的閱讀理解成分架構

根據圖 2 分析可知，由於初學者的識字解碼能力，佔閱讀理解較高之比重。故在識字之初，需運用有助於理解漢字形、音、義關聯的記憶技巧來鞏固對於漢字的認識與活用，以降低認知負荷、朝向識字自動化爲目標。其後，隨著識字解碼能力的精熟，語言理解能力漸漸成爲影響閱讀理解之重要因素。

歸結言之，由於解碼技能與閱讀有高度相關，閱讀理解又需藉由先備知識促成基模精煉與知識概念形成；因此，學童若無法增進識字量、詞彙量與建立詞彙理解能力，自然無法從閱讀中學習知識。

（二）認知負荷理論

1. 認知負荷理論內涵與類型

認知負荷理論（Cognitive Load Theory, CLT）側重於工作記憶與長期記憶連結過程的探究，特別聚焦於工作記憶負荷與教學設計的密切關係；[55]以探討基模

[53] Sebastian Wren. *The Cognitive Foundations of Learning to Read: A Framework*, Austin TX: Southwest Educational Development Laboratory, 2001, p. 13.

[54] Jim Rose. *Independent Review of the Teaching of Early Reading: Final Report* (2006. March) . 2010.12.25 Available:http://www.education.gov.uk/schools/teachingandlearning

[55] Fred Paas, Alexander Renkl, and John Sweller. Cognitive Load Theory and Instructional Design: Recent Developments. *Educational Psychologist*, 2003, 38,1:1–4.

在訊息處理與知識之間的關係，並據此觀察教學設計與學習者本身特質間產生的交互作用。[56]

CLT 的概念建立在一系列理論的基礎假設上：[57](1)人類有限的工作記憶僅能處理部份訊息；(2)儲存知識的長期記憶容量無限；(3)知識是以基模的形式儲存在長期記憶中，用以重組經驗與處理訊息反應，可減低工作記憶的負荷；(4)基模無論大小、簡繁或難易，在工作記憶中都視爲一個處理的訊息單位；(5)自動化是基模形成的過程，可藉由初期有意識的處理、反覆練習後形成自動化技能。

認知負荷的類型，包括內在認知負荷、外在認知負荷及有效認知負荷。[58](1)內在認知負荷與學習素材內部複雜難易程度有關，不因教學操作而改變；(2)外在認知負荷，是指不相關的外在學習素材呈現的方式，造成工作記憶的視、聽覺編碼方式的過量負荷；(3)有效認知負荷，則是可藉由符合學習者需求之教學設計，形成學習基模建構與自動化過程的認知負荷。

析言之，三種認知負荷的總和，即爲學習個體的總認知負荷量。總負荷量需在未超過個體工作記憶容量時，適時導入有效認知負荷，方能有助於學習者建構相關的基模。故知 CLT 的教學原則，是在有限的工作記憶容量內，管理個體內在認知負荷、利用有效教學設計減少外在認知負荷，以釋放工作記憶容量來提高有效認知負荷的運作。

2. 工作記憶與語言學習

Baddeley 與 Hitch 在 1974 年提出工作記憶的概念，包括一個中央執行控制系統的主系統，和語音迴路及視覺空間描繪模版兩個子系統。[59]語音迴路在處理簡單的語音與立即複誦的回憶；視覺空間描繪模版則在簡單地保留住視覺和空間方面的影像表徵，兩者僅能以有限的心智資源處理語音編碼及視覺表徵的暫存訊息。對於語言理解與推論等高層次的思維運作，仍需經由中央系統才能處理。Baddeley 後來又增加「情境緩衝記憶區」，作爲聯繫長期記憶及短期記憶等不同成分間的橋樑。[60]

根據研究，一般我們閱讀時所讀到的字，大約只能在工作記憶中存放 10～15 秒的時間。[61]而兒童短期記憶的容量，從 3 歲起開始增加，約從「2±2」到 15 歲的「7±2」個單位。[62]但在短期記憶儲存的同時，任何延宕或干擾都可能使記憶容量從 7 個項目降到約 3 個；甚至在一般情況，短期記憶容量的限制較接近 3 至 5 個意元組織。[63]

承上分析可知，在兒童進行字形辨識與字音聽辨的低層次認知過程中，教學

---

[56] Jeroen van Merriënboer and John Sweller. Cognitive load theory and complexity learning: Recent development & future directions. *Educational Psychology Review*, 2005, 17,2:147-177.

[57] John Sweller, Jeroen van Merriënboer and Fred Paas. Cognitive architecture and instructional design. *Educational Psychology Review,* 1998, 10,3:251-296.

[58] Ruth C. Clark, Frank Nguyen and John Sweller. *Efficiency in learning: evidence-based guidelines to manage cognitive load*, San Francisco, CA: Pfeiffer, 2006, pp.5-12.

[59] Alan Baddeley and Graham Hitch. Working Memory. *The psychology of learning and motivation*, 1974, 8:47-90.

[60] Alan Baddeley. The Episodic Buffer: A New Component of Working Memory? *Trends in cognitive sciences*, 2000, 4,11:417-423

[61] James M. Royer and Gale M. Sinatra. A cognitive theoretical approach to reading diagnostics. *Educational Psychology Review*, 1994, 6,2:81-111.

[62] Juan Pascual-Leone. A Mathematical Model for the Transition Rule in Piaget's Developmental Stages. *Acta Psychologica*, 1970, 32:301-345.

[63] Nelson Cowan. The Magical Number 4 in Short-Term Memory: A Reconsideration of Mental Storage Capacity. *Behavioral and brain sciences*, 2000, 24,1:87-185.

者應思索如何設計有效的教學活動，減少學童無關於學習的外在認知負荷，以增進有效認知負荷的運作。幫助兒童形成心像、建立心理詞彙，爲未來的閱讀理解建構豐富多元的先備知識。

（三）平衡閱讀教學

平衡閱讀教學，係源於 1970 年代盛行的直接字母拼讀教學，與 1980 年代盛行的全語文教學，在二者爭議不止的擺盪之間，應運而生的一種折衷教學取向。平衡閱讀教學理念，是融合字母拼讀法與全語言教學的教學模式，強調教學活動多樣化與閱讀素材多元化，以符應「學習者爲中心」的多元智能發展。在平衡閱讀教學模式中，教學者會確認學生發音、字母辨認和拼字等能力是否已經精熟，並會在其他讀寫情境中加強詞彙的擴充與理解能力。

1. 平衡閱讀教學策略與內涵

(1)Strickland 的「整體—部分—整體」教學架構：[64]其特色包括融入全語言的愉快閱讀經驗；注重技巧教學；在有意義的文本中進行閱讀。Strickland 認爲技能與意義絕不能分開，而密集的技能教學則需根據實際教學需要，輔助進行。

(2)Short 的綜合語言課程模式：[65]其課程內容包括「學習語言」課程，學生經由自我閱讀或共讀、伴讀的互動形式來學習閱讀；「關於語言的學習」課程，則由教學者有意識地教導系統性的閱讀策略，主要目的在能學習運用書面語言；「透過語言學習」課程，藉由文本與個人經驗的聯結、互動歷程中，進行自我釋疑或批判性思考，建構個人的閱讀理解，習得自我教育的自主學習技能。

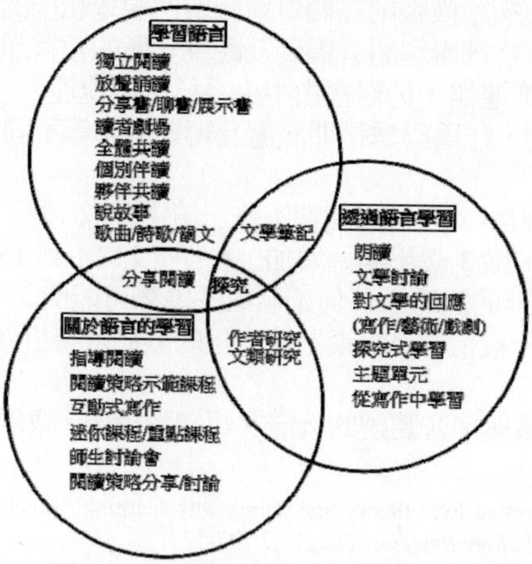

圖 3　Short 的綜合語文學習課程模式

根據諸多學者結合課程理論與透過課室觀察，主張合理的初始閱讀課程，就是在解碼技能發展與真實閱讀及寫作中取得平衡的一種課程。[66]因此，讀寫教學的內涵，需包括強調閱讀策略的情境式教學，與去情境（de-contextualized）的識字解碼技能。[67]歸結言之，任何語言的學習方式，絕不能只進行個別單字解碼技

---

[64] Dorothy S. Strickland. What is basic in beginning reading? Finding common ground. *Educational Leadership*, 1998, 55,6:6-10.

[65] Kathy G. Short. The search for 'Balance' in a literature-rich curriculum. *Theory into Practice*, 1999, 38,3:130-137.

[66] 同前註，頁 225。

[67] Michael Pressley 著，曾世杰譯：《有效的讀寫教學：平衡取向教學》（臺北：心理出版社，2010

能的孤立學習，而需運用於詞彙及語句的意義連結中，才能獲得字義的理解。

2. 平衡閱讀在教學與評量的意義

加拿大歷經了10年的實驗研究，發展了名爲「加拿大全面平衡閱讀設計評量」(「ABRACADABRA」—A Balanced Reading Approach for CAnadians Designed to Achieve Best Results for All）的線上閱讀學習平臺，[68]目的在促進教學、專業發展、溝通交流、評估學習與家長協作的功能。

該學習平臺以平衡閱讀教學理論爲研發依據，提供多元類型的線上文本。多媒體的學習方式與呈現內容，包括編輯文本、將故事有聲化、追溯閱讀及閱讀音樂化……等。在讀寫技能的訓練，著重在識字解碼、聲韻覺識、閱讀流暢性、閱讀理解及寫作發展能力的指導，在識字和自主學習的技能方面已獲致顯著成效。

此網站之最終設計理念在希望改善閱讀，讓兒童在遊戲過程中即能學習閱讀；並藉由與「反思學習電子化學習檔案」(ePEARL）的數位學習工具結合，發展學生自我規劃、調整、建構及反思的自主學習能力。

綜上所述，一套完整的讀寫教學課程，應考量學習者的認知發展、教育心理學、學習心理學、語言學，以及各學科領域的教學心理後，進行課程設計與規劃實踐，以學習者爲中心，符應多元智能的發展。因此，平衡閱讀教學取向不僅在教材內容的多樣化，更重視學習者學習風格的多元性；並強調教學者在此教學過程中，如何運用多感官學習素材與多元施教規準的平衡作爲。

（四）漢字結構

根據研究，以2,500個常用漢字爲例，可以藉由構形分析字義的約爲73%；[69]換言之，分析漢字構形有助於某個詞的詞義，與其相對應的字義聯結識記。而根據結合認知心理學與漢字本體論的研究，發現有效的識字教學準則：(1)正確分析字形的教學，有助於培養學生建立漢字結構意識；(2)漢字結構具有區別性特徵，尤應引導識字階段的學生關注漢字形體、偏旁功能及字符的組合樣式；(3)要關注字音和右部件的聲符教學。[70]

承上所述，不同於拼音字母之一維線性的書寫方式，一般將漢字視爲「方塊字」。爲使每個漢字能容納於一個方格內，故在書寫形式上，由獨體字組成合體字的構件往往採取不同的配置方式，形成了漢字特有之「字中有字」的巢套式結構。[71]如「楓」字的「木」是形旁、意符，表示字義的屬性類別；「風」是聲旁、音符，表示讀音。而「木」與「風」又可單獨成字，都有其初文本義。由於漢字的字符分爲意符、音符和記號，[72]多由獨體字所構成。舉凡合體字偏旁的形旁和聲旁，也多源於獨體字，而其中構字能力頻繁活躍者，則歸類爲部首。

要言之，漢字的形、音、義結構提供了一個與辨識文字相關的架構，可藉由結構與部首的共變關係，推測部件的訊息，或藉由結構來推知字義相關的訊息，[73]適當地減輕讀者處理文字時的認知負荷。由於人類大腦的演化，通常最先會注

年)，頁187-189。

68 「ABRACADABRA」網址：http://grover.concordia.ca/abracadabra/promo/en/index.php

69 萬藝玲：《漢字難易度調查與對外漢字教學》(北京師範大學博士論文，2001年)，頁62。

70 朱志平，〈漢字教學與詞彙教學的銜接〉，《國際漢語教學動態與研究》2005年第4輯，頁4-5。

71 陳奕全、葉素玲：〈漢字辨識理論模型中的部件表徵〉，《應用心理研究》2009年第43期，頁177-205。

72 裘錫圭：《文字學概要》(臺北：萬卷樓圖書，2001年)，頁15。

73 葉素玲、林怡慧、李金鈴：〈中文字形結構在國小學生字形相似性判斷所扮演的角色〉，《教育與心理研究》2004年27卷1期，頁98。

意到顏色，會留意方位，在意東西的大小，對會動的東西特別敏感。[74]因此，視覺不只幫助我們觀看世界，更重要的是大腦藉由視覺主控人類對外在事物的看法。本研究根據成字偏旁、部首及記號字的漢字書寫結構，在符合學童認知發展上，分爲 12 種結構類型（表 1），[75]據以作爲進行獨體字形義探究教學的參考。

本分類目的在藉由強調部首位置，方便辨識漢字結構空間方位拼合關係，與識記構件筆順書寫的序列。在識字教學時，利用於分析字形、區辨結構、拼解構件組序，使學生形成明確的視覺意象，藉以掌握漢字構形理據規律。希冀能藉由「心像」所形成圖像的記憶資料，活化學習者既存的系統知識，進而建立「心象模式」，而能對文字視覺表徵或文義進行預測與解釋。

表 1 漢字結構類型

結構符號	名　稱	部首位置	例　字	部首位置	例　字
1	獨體方塊結構	1	人大木魚水 羊山走門面		
2	左右結構	1 2	地吹如玩停 的給現杯說	1 2	和到都歌對 就歡故親領
3	上下結構	1 2	花要是草笑 爸美安李星	1 2	分朵春息名 字想拿省架
4	上中下結構	1 2 3	草等亮芬蓋 莫葉算舅奪	1 2 3	意怠惹慧賣 案舊曼岔
5	左中右結構	1 2 3	樹倒掛腿腳 謝例獅辦撕	1 2 3	粥辦辮銜斑
		1 2 3	鄉卿彬鴻鵬 鵷鵬	1 2 3	術街衝衛衍 衙衡衖衕衢
6	左上右包圍結構	1 2	開關閃間閒 閉閱闊鬧凰	1 2	同問悶聞周 岡鳳夙
7	左下右包圍結構	1 2	凶函幽		
8	上左下包圍結構	1 2	匹區匿匾匠 匣匪滙匱		
9	上左包圍結構	1 2	尾病底原屋 處床廢度房	1 2	有在看布左 右友反雇
10	上右包圍結構	1 2	包勾勿匆匈 式或氧氣戴	1 2	可句司旬忒 載虱
11	左下包圍結構	1 2	送起退遊運 這道遠進爬		

---

[74] 洪蘭譯：《大腦當家：靈活用腦 12 守則，學習工作更上層樓》，頁 257。

[75] 許雅惠：〈從認知負荷觀點談獨體字形義探究教學在華語文基礎教學之實施〉，《2010「華語教與學」國際研討會論文集第二冊》（臺北：臺灣師範大學，2010 年），頁 66-67。

12		全包圍 結構		回因固困園 國圓圈團

三、研究方法與課程設計

（一）研究對象與方法

1. 研究對象

研究對象爲國小一年級一個班級學生，男 14 名、女 15 名，共 29 名；其中含特殊學生 3 名，構音異常學生 1 名，新住民子女 2 名。

2. 研究流程

本研究進行兩個循環教學，爲期一年。第一階段爲期 12 週，自上學期第 9 週開始，進行識字教學前測；第 20 週課程結束時，進行識字量評估測驗及後測。第二階段爲期 16 週，於第 20 週進行第二次識字量評估測驗及漢字組字結構測驗。

3. 研究方法

本研究採用文獻分析、內容分析及行動研究法，以獨體形義探究識字教學進行一年讀寫教學研究。質化資料透過教室觀察、攝影、錄音記錄、共同討論、合作學習、書寫作業、學習單的評析檢視、定期評量試卷及學習回饋問卷的結果進行分析；量化資料則依教材分析、識字教學前—後測、識字量評估測驗及漢字組字結構測驗的程序進行。

4. 測驗工具

(1)**識字量評估測驗**：[76]採用洪儷瑜等人所編製之識字量評估測驗 A12 版，由看國字寫注音和造詞推估識字量。施測的國字爲字頻 2,000 以內的字，共計 31 個字，以團測方式進行。

(2)**識字教學測驗**：自編的識字測驗，分爲「字形—組合偏旁」、「字音—選同音字」及「字義—選字填空」三個部分，每項 10 題，共 30 題。此一測驗反應的是對漢字組字原則、同音異義字的區辨及字義的正確理解。

(3)**漢字組字結構測驗**：自編的識字測驗，分爲「拼寫注音」、「找出部首」、「漢字結構」及「分解偏旁」四部分，每項 15 題，共 60 題。施測的內容排除教科書已出現之習寫字與認讀字，根據字頻 2,000 以內的字，以 500 個字爲一級，依序分層抽取 2、3、4、6 個字。此一測驗反應的是字音、部首辨識及漢字結構與組字偏旁的區辨能力。

(4)**瑞文氏彩色圖形推理測驗**：[77]由俞筱鈞所修訂，適用於 6 歲半至 9 歲半兒童，目的在評量兒童推理思考智能，與圖形式智力測驗有高度相關。

(5)**學校定期評量**：以施測學生之三次定期評量成績原始分數進行統計運算。

（二）課程設計

1. 教材分析

本教學研究以翰林出版社 2009 版之國語科教材爲授課內容，將前四冊的習

---

[76] 洪儷瑜、王瓊珠、張郁雯、陳秀芬、陳慶順：《識字量評估測驗》（臺北：教育部特殊教育工作小組，2007 年）。

[77] 俞筱鈞：《瑞文氏彩色圖形推理測驗》（臺北：中國行爲科學社，1994 年）。

寫字依獨體、合體性質進行分類統計，並分析十二冊習寫字的部首、聲旁、筆畫數、字頻序等資料，對照前四冊習寫字部首在十二冊中所佔比例，作爲獨體字形義探究教學之參準依據。

分析結果得知：前四冊習寫字數量佔十二冊之 28.09%（659/2352）；獨體字佔習寫字比例爲 21.55%（142/659）；十二冊部首共 199 個，前四冊部首有 146 個，佔 73.37%。若加上在習寫字出現的偏旁構件，如朵字的「几」、溫字的「皿」、能字的「匕」、覺字的「爻」、芽字的「牙」、經字的「巛」、容字的「谷」、喜字的「豆」、到字的「至」、紙字的「氏」、憐字的「舛」、晨字的「辰」、很字的「艮」、書字的「聿」，以及道字的「首」等。能學會的部首數量可計爲 161 個（表 2），概括覆蓋率爲 80.90%；是以，以此 161 個部首，即能識寫 2,352 字的 80.90%，約爲 1,903 字。

表 2　翰林版一至四冊習寫字部首

一	丨	丿	乙	亅	二	亠	人	儿	入	八	冂	冫	凵	刀	力	勹	尢	尸	十	卜
卩	厂	厶	又	口	土	士	夂	夕	大	女	子	宀	寸	小	山	工	己	巾	干	幺
广	弓	彡	彳	心	戈	戶	手	攴	文	斗	斤	方	日	曰	月	木	欠	止	毋	比
毛	气	水	火	爪	父	爿	片	牛	犬	玉	生	用	田	疒	癶	白	皮	目	矢	石
示	禸	禾	穴	立	竹	米	糸	羊	羽	老	而	耳	肉	自	臼	色	艸	虍	虫	血
行	衣	襾	見	言	豕	貝	走	足	身	車	辛	辵	邑	酉	里	金	長	門	阜	隹
雨	青	面	革	音	頁	風	飛	香	馬	骨	齒	高	髟	魚	鳥	鹿	麻	黃	黑	

根據本研究進一步以此 161 個部首覆蓋字量，精算全十二冊所得習寫字數高達 2,225 字，覆蓋率爲 94.60%。由於 16 個可充當部首的偏旁構件覆蓋的字量僅爲 39 字，故若扣除之，以一至四冊 146 個部首計算，可覆蓋字量爲 2,186 字，覆蓋率亦達 92.94%。今列一至十二冊習寫部首覆蓋字量比較於表 3，以資對照。

表 3 翰林版一至十二冊習寫字部首覆蓋字量比較

冊別		部首數	覆蓋字數	覆蓋率
全十二冊習寫字		199	2,352	100%
一至四冊	習寫字	146	2,186	92.94%
	習寫字+充當部首之構件	161	2,225	94.60%

綜上分析可知，強化獨體字筆畫與筆順的識寫、分析部首偏旁的構形字符，即能在學童初期識字的登錄階段，形成漢字組字規則的概念區辨性。易言之，在國小一年級的識字啓蒙階段，教學者即可有意識地教導漢字結構概念；利用聲旁、部首等字符的構件原則，進行識字教學。幫助學童以部首義類之別推測字詞義，增進對行文語意的深入理解。於此認字解碼歷程中，即能建立學童在辨識字詞時，以獨體字整字、組成的偏旁、部首或記號字，作爲識記漢字的基本單位。體現漢字字形類聯、字音類聚，及字義類推的構字規律。不僅符應兒童認知發展與遵循漢字本體結構規律，自能降低其認知負荷，增進有效認知負荷而能快速大量識字，以達到不教而終身識字之效。

2. 設計理念

研究指出，人在持續審視一個漢字時，這個字會自動分解爲它的組成部分。[78]中國人在口語上介紹姓氏時，常以拆字法來說明姓氏所組合偏旁的寫法，如弓長「張」、木子「李」、古月「胡」、耳東「陳」……等；除了區別音同、音近的姓氏，更方便於記錄或記憶。故知一般作爲部首或偏旁的獨體字，對中文閱讀者

[78] 黃榮村：〈中文的知覺可分離性〉，《中國語文的心理學研究》（臺北：文鶴出版社，1982 年），頁 173-182。

是熟悉的辨識刺激，已成爲合體字之不可分割的構成部分。

一般熟練的中文讀者在判斷中文字時，會根據字形的結構特性辨識；[79]字形結構的辨識能力需仰賴習字經驗達成，無法單由成長而獲得。[80]從語言文字學來看，漢字形體的最小單位是筆畫；就認知心理學而言，偏旁部首是漢字構形的基本單元。由於視覺管道處理是漢字識別的特性，「字形肌動碼」的實驗顯示漢字字彙儲存的書寫動作經驗，能形成記憶表徵中的基模。[81]故能藉由「識讀」與「書寫」的動作表徵，在大腦職司感覺動作的「布洛卡區」留下「動作記憶」（motor memory）的印記，幫助學習者藉由視覺辨識，進而強化記憶文字的能力。[82]

由於人類執行注意力的網絡連結，會在 4 至 7 歲時開始大幅度的發展，[83]易言之，若在此時期能提供兒童注意力的知覺訓練，即能對於專注力之發展，獲致快速增進之效。由於記憶痕跡儲存在大腦最初接觸到和處理這個訊息的同一地方，[84]意即是指事件記憶會儲存在大腦一開始徵召的神經元上。再者，人類在聚精會神的情況下能產生選擇性知覺，藉此而能將外界無關的干擾刺激排除在注意之外，只有讓注意到的訊息接受傳遞，而能進一步加工。[85]

承上分析，本研究創發之「部首定位板」，目的在於要引發學習者對目標字建立「選擇性注意」（selection attention）或「差異意識」（noticing the gap）的區辨注意力，藉以形成對該漢字結構的認知。易言之，教學者有意識地凸顯漢字結構，於字形結構意識層次的視覺輸入過程中，學習者藉由相似及相異例子的比對，啓動其先備知識做比較，在運用或誤用（misapply）基模的情況下，調整或同化其原有的基模，激發高層次基模的建立，輔助了學習個體之工作記憶的運作。繼之，再以多元化教學，以及良好設計細節的精緻教學處理，形成學習者「差異效應」的辨識能力，降低了學習過程的認知負荷，達成了認字自動化的目標。

基於此，本設計以提升注意知覺的學習爲教學目標，故爲指導進行「選擇性注意」及「差異意識」的教學，設計了長、寬各爲 18.5 和 18 公分的「部首定位板」。根據 12 種漢字結構，畫出分隔虛線與書寫順序，強調部首位置，方便辨識漢字構件相合關係。幫助學童將注意力聚焦於由獨體字構成偏旁的部首，作爲搜尋漢字字義的探照燈，並藉以區辨聲旁表音的大致規則。使用方式如圖 4 所示：

[79] 葉素玲、李金鈴、陳一平：〈中文的字形分類系統〉，《中華心理學刊》1997年39卷1期，頁47-74。

[80] Su-Ling Yeh, Jing-Ling Li, Tatsuto Takeuchi, Vinson C. Sun and Wen-Ren Liu. The role of learning experience on the perceptual organization of Chinese characters. *Visual Cognition*, 2003, 10,6: 729-764.

[81] 曾志朗：〈華語文的心理學研究：本土化的沈思〉，《中國人．中國心──發展與教學篇，「中國本土心理學新紀元研究會」論文集》（臺北：遠流出版社，1991 年），頁 567。

[82] Anne Mangen and Jean-Luc Velay. Digitizing literacy: reflections on the haptics of writing. *Advances in Haptics*, 2010, pp. 395-398.

[83] Amir Raz and Jason Buhle. Typologies of attentional networks. *Nature Reviews Neuroscience*, 2006, 7: 367-379.

[84] John Medina 著，洪蘭譯：《大腦當家：靈活用腦 12 守則，學習工作更上層樓》（臺北：遠流出版社，2009 年），頁 138。

[85] 徐子亮：《漢語作爲外語的學習研究：認知模式與策略》（北京：北京大學出版社，2010 年），頁 11。

圖 4　「部首定位板」輔助辨識部首與字形結構

3. 課程組織與特點

在識字初期階段中，字形策略的筆畫記憶、反覆書寫和字形聯想是最有效的策略；[86]但文字的回憶與再認能力，則需在多元文本的閱讀語境中大量累積。由於注意及記憶與學習的關係極爲密切，加上大腦是最佳圖形配對者的機制，故其處理訊息的方式是意義先於細節。因此，先提供主題、基本概念，可加強概念之間的連結以強化記憶。易言之，如果先提取字的意義，就能比較記得字形細節，形成有意義的記憶與學習。[87]據此原則，本課程設計特點如下：

(1)運用多媒體，提升學習動機，活化形音義連結

在多媒體呈現原則與工作記憶的連結實驗得知：學生在相關的字和圖一起出現時，學得比先後出現時好。[88]電腦多媒體呈現漢字，可以促進學習者利用文字圖像訊息處理加工漢字。因此，藉由網路、多媒體的優勢，同時呈現影像、聲音、文字的特色，有助於漢字系統中「形音」和「形義」的連結與記憶。

(2)分析偏旁構件，舉一反三；類化漢字結構，融會貫通

使用「部首定位板」解構視覺訊息，利用獨體字的高構字特性促進合體字的學習，藉由一個字的學習延伸爲對一類範疇字的意義掌握。

(3)多元識字，深化識字功效；閱讀語境，強化形義聯繫

提供真實文本的多元素材，有意識地創造閱讀語境的多樣化學習。提供了理解文義、擴展心理想像的空間，有助於在一定語境中進行意義的聯繫。讓識字不只是識字，更是一種聯想力、創造力的啓發。

4. 實施時間

以不增加授課時間、不更動現行課程組織爲依歸，以分散識字的課程延伸基本字帶字教學之補充課程，以獨體字形義探究教學模式進行國語文教學。每週五節課，加上一節彈性課程時間作爲獨立閱讀課，同時規律地進行每日 10 分鐘「持續靜默閱讀」（SSR），總授課時間爲每週 290 分鐘。

5. 單元規劃

表 4　獨體字形義探究教學應用於讀寫教學之單元規劃

主題一	單元主題與名稱	
課程準備	文字的前世今生：漢字說書人/漢字動畫/姓名文字變裝秀/姓名筆順/姓名密碼/從姓名學查字典	
教學目標	教學活動重點	對應能力指標
1.符合兒童圖像認知，以漢字圖像演進的流變，激發學習動機。 2.從自身姓名偏旁構件，理解漢字基本書寫筆畫、筆形與筆順。	1.瞭解漢字源起於富涵想像力的象形、指事等類圖畫文字的獨體初文，每個漢字都是一幅圖畫、一個故事。 2.從個人姓名的演變，明瞭漢字由「文」派生爲「字」的歷程中，體現先民的生活觀與漢民族文化與天地萬物共榮的	4-1-1-2 能利用部首或簡單造字原理，輔助識字。 4-1-2-1 會利用音序及部首等方法查字辭典，並養成查字辭典的習慣。

86 周健、尉萬傳：〈研究學習策略改進漢字教學〉，《暨南大學華文學院學報》，2004 年第 56 卷第 1 期，頁 1-9。

87 洪蘭譯：《大腦當家：靈活用腦 12 守則，學習工作更上層樓》，頁 108-111。

88 Richard E. Mayer and Roxana Moreno. Nine Ways to Reduce Cognitive Load in Multimedia Learning. *Educational Psychologist*, 2003, 38,1:43-52.

3.能利用注音符號音序、筆畫數及部首查字辭典。	宇宙觀。 3.從家人姓名作爲學習查字辭典的字詞語彙，能快速形成學習的正向遷移與類化。	
主題二	單元主題與名稱	
字義教學	我的小字典——文字大家族：「木/人/也/少/果/走/羊/昷/白/票/兆/喬/䍃/包/畐/艮/亡/重/寺」的好朋友/「衤」與「礻」大不同/「艹」與「丬」大不同/有頭有臉談「首」、「面」/「才」、「在」和「手」的關係 詞彙教學：語詞接龍/成語接龍/短句接龍	
教學目標	教學活動重點	對應能力指標
1.認識形旁表義、聲旁表音的大致基本規則。 2.聚焦於形旁、聲旁的構件，形成辨識漢字的概念區辨性原則。 3.加強獨體字書寫筆形、筆畫及筆順的正確指導。	1.運用多媒體輔助教學，呈現漢字筆順、筆形及間架結構的正確書寫，並讓學生實際操作摹寫。 2.對於形近字與同音異義字進行深入字源流變的說明、解釋，幫助學生形成有意義的理解。 3.對於獨體字、部首及偏旁的筆畫書寫，務求詳實且正確地指導；能減少識字初期常見之缺省、增補或代換等偏誤與訛用的發生，並幫助學生建立漢字組字規則。	4-1-1-2 能利用部首或簡單造字原理，輔助識字。 4-1-1-3 能利用生字造詞。 4-1-2-1 會利用音序及部首等方法查字辭典，並養成查字辭典的習慣。 4-1-4-1 能掌握基本筆畫的名稱、字形和筆順。 4-1-4-2 能正確認識楷書基本筆畫的書寫原則。
主題三	單元主題與名稱	
字形教學	部首定位板——漢字結構教學：1・2・3 部首躲貓貓/X 光機照一照，找出部首在哪裡？/「字」由「字」在的生活/字裡乾坤/漢字結構大考驗/魔術方塊寫端正/「文字國」大地震/字謎遊戲猜猜猜	
教學目標	教學活動重點	對應能力指標
1.認識部首形義及其屬性表徵意涵。 2.認識全班小朋友姓名的部首，使一般用於姓名的低頻字變成日日可識見之高頻字。 3.藉由辨識漢字構件的能力，而能於豐富的環境文字中自學識字。 4.能寫出符合書寫規則之平正形態的漢字。	1.從獨體字辨識部首的位置，區辨漢字組成之偏旁構件。 2.在全班姓名畫出漢字結構分隔虛線，請學生在部首塗上顏色。 3.找出環境文字中「左右結構」、「上下結構」的字。 4.引導學生書寫時關注分配偏旁形體，合乎平正、勻稱、連貫、挪讓及變化的寫字原則。 5.將生字偏旁以各種角度拆解、錯置，讓學生組合成完整的字。	4-1-1-2 能利用部首或簡單造字原理，輔助識字。 4-1-4-1 能掌握基本筆畫的名稱、字形和筆順。 4-1-4-2 能正確認識楷書基本筆畫的書寫原則。 4-1-4-3 能用硬筆寫出合理的筆順、正確的筆畫及形體結構的漢字。
主題四	單元主題與名稱	
字音教學	字族文「識字兒歌」唸讀：少字歌/元字歌/羊字歌/包字哥/青字歌/方字歌/尼字歌/各字歌/圭字歌。課文、短文及詩歌誦讀教唱：配對朗讀/童詩、現代詩誦讀/唐詩朗讀、教唱/流行歌曲教唱	
教學目標	教學活動重點	對應能力指標

1.以聲韻提升聽覺向度，鞏固音義連結。 2.建立同音異義字的差異意識，以區辨別字。 3.建立聲旁音系意識以類化聲旁表音規則。 4.音義的連結幫助字形的識記，並能隨時進行自我修正。	1.利用韻文、詩歌的韻律、韻腳及曲調的聽覺向度，加強字形、字義的記憶提取線索。 2.以字族文基本字帶字之形旁、聲旁進行字音及擴充詞彙教學；以學生生活經驗及常用字作為識字兒歌題材，加強有意義的字音、字義連結。	1-1-1-2 能正確拼讀注音符號。 1-1-2-1 能運用注音符號，提升說話及閱讀能力。 1-1-4-1 能運用注音符號輔助認識文字。 1-1-6 能運用注音符號，擴充語文學習的空間，增進語文學習的興趣。
主題五	單元主題與名稱	
閱讀與寫作教學	閱讀教學：指導閱讀/十分鐘持續默讀/班級圖書輪讀/童詩、文字詩、圖像詩賞析共讀/短文共讀/生活事件與社會議題的討論/視聽媒材的欣賞討論 寫作教學：認識標點符號/塗鴉日記/日常行為反省回饋單的書寫/語詞聯想/童詩仿寫/故事接寫、改寫	
教學目標	教學活動重點	對應能力指標
1.藉由口語互動討論，發展聽力理解、字彙、語言技能及表達思維。 2.在閱讀語境中擴充語法深度、字詞彙廣度，增進閱讀之表層與推論理解。 3.符應多元智能，提供多元文本，拓展替代經驗與背景知識。 4.以口語敘事「前、中、後」的發展歷程書寫 100～150 字短文，以培養高層次思考能力。	1.延伸教科書內容，輔以生活事件的討論、提問，促進兒童思考與溝通表達能力。 2.每週一節獨立閱讀及每日 10～15 分鐘規律的師生持續默讀，養成閱讀習慣與態度。 3.擴充各類文本的閱讀，如科學文本、各類圖鑑、遊戲攻略、家電用品使用手冊、藥袋說明及大賣場 DM 的廣告文句用語……等生活文本的識讀。 4.正確指導標點符號的使用與寫作格式；並藉由文本閱讀，大量擴充詞彙量，即能增進思維、引發書寫表達的動力。	5-1-3-1 能培養閱讀的興趣，並培養良好的習慣和態度。 6-1-1-1 能學習觀察簡單的圖畫和事物，並練習寫成一段文字。 6-1-1-2 能在口述作文和筆述作文中，培養豐富的想像力。 6-1-2-2 能仿寫簡單句型。 6-1-3-3 能認識並欣賞童詩。 6-1-6 能認識並練習使用常用的標點符號。

四、結果與討論

（一）研究結果

在進行一年的「獨體字形義探究教學」實驗教學結果得知，平均識字量在一上結束時為 878 字，至一下學期結束時，識字量為 1114 字；對照全國常模皆為百分等級 80 左右。研究者也對另一班級學生施測，其一下學期結束之識字量為 872 字，對照全國常模為百分等級 65，說明了本實驗教學有提升識字量之成效。

表 5　受試者各項測驗分數

		N	M	SD	最小值	最大值
識字教學測驗	前測	29	19.8966	6.34342	4	29
	後測	29	25.3793	4.73146	11	30
識字量評估測驗	前測	29	878.07	476.291	101	1681
	後測	29	1113.79	407.420	357	1975
漢字組字結構測驗		29	50.1034	7.17309	31	59
瑞文氏彩色圖形推理測驗		29	61.83	25.825	5	95

表 6 是識字教學測驗各分項測驗、總測驗與識字量評估測驗的前、後測 *t* 考驗結果，在字形、識字教學測驗及識字量評估測驗考驗結果均達顯著（t=9.265，p=.000<.05；t=6.436，p=.000<.05；t=4.205，p=.000<.05）。識字教學測驗前、後測平均增加 5.48276 分，識字量評估測驗的識字量平均增加 235.793 字。表示學生在接受獨體字形義探究教學後，對字形的辨識與識字量的提升有顯著成效。

表 6　識字教學測驗與識字量評估測驗成對樣本 *t* 考驗摘要

	項目	平均數	標準差	平均標準誤	*t*	自由度	顯著性
識字教學測驗	字形後測—前測	4.345	2.525	.469	9.265	28	.000***
	字音後測—前測	.310	2.238	.416	.747	28	.461
	字義後測—前測	.828	2.892	.537	1.541	28	.134
	總測驗後測—前測	5.48276	4.58741	.85186	6.436	28	.000***
識字量評估測驗後測—前測		235.793	301.994	56.079	4.205	28	.000***

n=29,　$*p<.05$　$**p<.01$　$***p<.001$

表 7 是學校定期評量及識字測驗與識字量評估測驗的相關係數表，識字教學測驗、漢字結構組字測驗與識字量評估測驗有中高度相關（.748；.640）；學校定期評量與識字量評估測驗有中度相關（.423）；瑞文氏彩色圖形推理測驗與識字量評估測驗未達顯著相關（.169）。

表 7　識字教學測驗、學校定期評量、漢字結構組字測驗與識字量評估測驗相關係數

	1	2	3	4
1 識字教學測驗	-			
2 漢字結構組字測驗	.776**	-		
3 學校定期評量	.539**	.447*	-	
4 瑞文氏彩色圖形推理測驗	.501**	.515**	.540**	-
5 識字量評估測驗	.748**	.640**	.423*	.169

n=29,　$*p<.05$　$**p<.01$

本研究目的除了以提升識字量爲教學目標外，更希望能區辨出影響識字量發展的認知成分，故再根據有高度相關的識字教學測驗及漢字組字結構測驗之各分項測驗指標檢證與識字量評估測驗的關係，分別依一上識字量 878 字與一下識字量 1,114 字進行分析。

圖 5 爲此二種測驗與前後二次識字量評估測驗相關之變項因素。由研究結果得知，字形、字音、字義及拼寫注音與識字量的中度到高度相關（.559；.654；.620；.744），也與漢字結構達中、高度相關（.517；.577；.785；.562），尤其字義與漢字結構有高度相關。再者，研究結果表示，漢字結構的辨析與第一次識字量評估測驗有顯著相關，但與第二次識字量評估測驗則無顯著相關。原因可能是當識字量達到 1,000 字以上，約爲小二學生的平均識字量，大多已能理解 90%以上的文章意涵，漢字組字規則已經建立，對於字形的偏旁構件形成了形義的共變關係，而發展出以聲旁辨識漢字的意識。

此結果驗證了部首與聲旁的信息加工處理不同，部首在早期即可被登錄，且與結構或其所在位置有關，而聲旁則可持續到較晚的時序，且可相當程度地獨立於結構。[89]一般學童在未特別強調漢字結構策略教學下，約於二年級時，習得一定的字彙量後，也能發展出漢字組字規則的知識。[90]本實驗教學則以有意識的教

89 葉素玲：〈以重複視盲作業探討中文字形、字義、與部首的關係〉，《國科會專題研究成果報告》，（計畫編號：NSC93-2413-H-002-017，2004年）。

90 黃惠美：《國小學生對漢字「一般字彙知識」的習得》（臺北：臺灣大學心理學研究所碩士論文，1993 年）。

導，提早建立組字規則，提升了識字量的快速擴展。

表 8　識字量 878 字與 1114 字之各變項相關係數

	1	2	3	4	5	6	7	8	9	10	11
1 字形—組合偏旁	-										
2 字音—選同音字	.407*	-									
3 字義—選字填空	.509**	.590**	-								
4 拼寫注音	.322	.659**	.703**	-							
5 找出部首	-.070	.205	.165	.419*	-						
6 漢字結構	.517**	.577**	.785**	.562**	.230	-					
7 分解偏旁	.177	-.035	.058	.034	.319	.159	-				
8 一上期末評量	.406*	.570**	.439*	.448*	.034	.431*	.064	-			
9 三次定期評量平均	.353	.469*	.479**	.464*	-.045	.443*	.084	.894**	-		
10 瑞文氏彩色圖形推理測驗	.380*	.370*	.500**	.281	.211	.670**	.264	.459*	.540**	-	
11 識字量評估測驗-878 字	.420*	.759**	.599**	.836**	.317	.487**	-.070	.516**	.532**	.272	-
12 識字量評估測驗-1114 字	.559**	.654**	.620**	.744**	.247	.367	.169	.415*	.423*	.169	.829**

n=29,　$*p<.05$　$**p<.01$

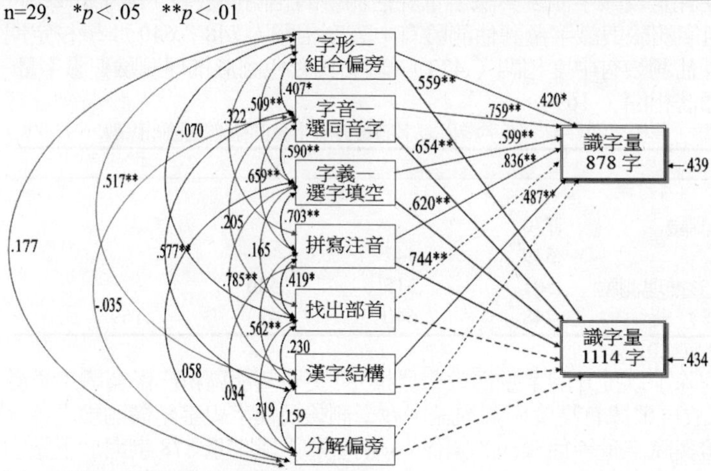

圖 5　與識字量評估測驗有關的變項因素

（二）結果討論

本研究結果支持了字形的視覺與字音的聽覺處理，皆是初始識字之重要認知能力。而也證實了有意識地教導漢字結構，辨識漢字偏旁構件字符的間架結構，可形成視覺符號的有效連結，有助於建立漢字組字規則。[91]更確認了不僅能幫助學童關注偏旁構形，減少書寫偏誤的產生，同時也大量地提升了識字量。

對於一年級學童而言，字詞辨識的正確性是判斷其閱讀能力的指標。準此而言，本研究結果得知：智力與識字量並無相關，支持了 Siegei 認爲智力並非是決定閱讀能力的重要因素。[92]研究者在對智力低下（PR5）的學童加強字音誦讀與字形結構分析辨識的補救教學後，其識字量由 101 字進步爲 699 字，此亦可驗證

---

[91] Li Hai Tan, John A. Spinks, Guinevere F. Eden, Charles A. Perfetti, and Wai Ting Siok. Reading Depends on Writing, in Chinese. *Proceedings of the National Academy of Sciences of the United States of America*, 2005, 102,24: 8781-8785.

[92] Linda S. Siegel. Evidence That IQ Scores Are Irrelevant to the Definition and Analysis of Reading Disability. *Canadian Journal of Psychology*, 1988, 42,2:201-215. Linda S. Siegel. IQ Is Irrelevant to the Definition of Learning Disabilities. *Journal of Learning Disabilities*, 1989, 22,8:469-478.

了智力與補救教學成效之間，可能沒有相關。[93]另外，研究樣本中的學生有因為持續保有閱讀的習慣，其智力雖僅為百分等級 27，然識字量亦可由 1,089 字增為 1,598 字，已達到小二至小三的識字量標準。

若測驗的目的在作為教學改進之參考，那麼，對於不同學習程度的學生都需提供能幫助其有效學習的教學模式。以低年級讀寫教學而言，早期篩選並進行教學介入，確實能有效提升讀寫能力。[94]根據研究結果顯示：在初始識字階段，除了字音、字義的加強鞏固教學外，亦需關注漢字結構教學，強調構件間架與書寫順序，形成視覺符號與寫字運動記憶之長期記憶的有效連結。本教學對於增進弱讀者與中等程度兒童的學習效益遠大於優讀者；雖然優讀者之學習助益不明顯，但能大幅減少錯別字的發生，且有助於閱讀理解能力的提升。

五、結語

任何教學活動都涵蓋教學者「如何教」，學習者「怎麼學」的雙向互動歷程。教學者應思索如何在符合學習者的認知基礎，與參酌讀寫理論之實徵研究，從實踐教學的角度提出讀寫教學策略，以識字解碼為根基、詞彙擴展為途徑、語句與語篇的理解為目標。

國小低年級識字教學的核心目標在希望幫助閱讀，故需有計畫性地安排閱讀課程，並應關注識字量不足所造成閱讀困難的問題。因此，發展易於操作檢測之識字量測驗，對學習者進行成長監控，給予低識字量學童的愈早介入教學，補救教學成效愈佳。尤應關懷新住民子女在識字學習起點的基礎深耕，強化形音聯繫為先，進而鞏固形音義連結，並對識字量較低的學生個別加強流暢性閱讀指導。

本研究有意識地設計符合漢字表意構形理據性的教學，延伸補充基本字帶字的讀寫教學；除了減少書寫偏誤，也驗證了教學者有意識地教導漢字結構，加速了擴展大量字彙的可能。更為漢字組字規則與識字量的關係，提供了正向發展的可能。雖然只改進教學而未更動課程組織，亦能提升識字量，然而，若考量低年級學生的認知發展，並強調教導學童「帶著走」的適應能力，確實有增加國語文授課時數與內容之必要。而此建議之目的，係根植於現行教科書之文本內涵，實有擴充多元類型之迫切需要。除了應增加文本字數，更需納入與生活有意義連結的豐富閱讀教材，以擴充生活經驗，藉而建立多元而綿密的心理詞彙與背景知識。

國小低年級是大量識字以奠定未來閱讀理解基礎的關鍵學習階段。本研究建議低年段採行「識寫分流」模式，仍維持在 800 字左右的習寫字量，但需提高識字量為 1,200～1,500 字。同時建議提供另一種識字教學方向，強調獨體字筆畫、筆順的正確書寫，對於合體字教學，則採以偏旁部首之構件字符的結構教學，積極鞏固學生對筆畫、字形、構件字符及字義的學習。如此即能幫助學生在接觸新的漢字時，有獨立分析，並能辨識、吸收與記憶該漢字的能力。

人類的思想產物創造了世界，而創造後的世界又改變人類思維。若以符應多數視覺或視動覺（visual kinesthetic）學習風格的「數位兒童」（Digital Children）而言，提供多感官學習模式，以及多媒體輔助教學的廣泛應用，是必然發展的趨

---

[93] 陳淑麗：〈二年級國語文補救教學研究——一個長時密集的介入方案〉，《特殊教育研究學刊》2008 年 33 卷 2 期，頁 25-46。

[94] Barbara R. Foorman, Joshua I. Breier and Jack M. Fletcher. Interventions Aimed at Improving Reading Success: An Evidence-Based Approach. *Developmental Neuropsychology*, 2003, 24,2: 613-639.

勢。其直觀形象性、互動開放性，有助於記憶漢字的讀音、筆畫、筆順、間架結構與字義的理解，確實能提高識字功效。而多媒體能呈現多元文本的閱讀形式之圖像訊息傳遞，有「一圖勝千字」之效，易於形成心像表徵，能增進聯想與創造力的提升。

凡此種種讀寫策略教學，即在厚植「學以讀」（learning to read）階段的識字解碼基礎，以深耕未來「讀而學」（reading to learn）階段的高層次閱讀理解發展；期能在低年級札根識字基礎後，方便教學者在三年級之後的國語文教學課程，能著重於理解策略的指導閱讀。最終目標期能幫助學習者掌握語言本身，進入到由語言文字等具象或抽象符碼構成的意義世界，以及藉由各種形式的閱讀獲得信息、提取意義，進而能透過語言文字或意象符碼，在具體語境中表達自我與溝通思想，以獲得語言綜合運用能力，培養終身閱讀的自主學習及自我教育的能力。

徵引文獻

中華人民共和國教育部:《全日制義務教育語文課程標準(實驗稿)》(2002),2010 年 12 月 25 日,取自 http://www.gdcgs.sdnet.gd.cn/we/xkb1.htm。

王寧:〈漢字教學的原理與各類教學方法的科學運用(上)〉,《課程・教材・教法》10,2002:1-5。

王瓊珠:〈閱讀障礙學生識字教學研究回顧與問題探討〉,載於洪儷瑜、王瓊珠、陳長益主編《突破學習困難——評量與因應之探討》,臺北:心理出版社,2005,頁 139-178。

朱志平:〈漢字教學與詞彙教學的銜接〉,《國際漢語教學動態與研究》4,2005:4-5。

艾偉:《閱讀心理・漢字問題》,臺北:國立編譯館,1955。

吳瑞屯:〈中文字辨識歷程的個別差異〉,《中華心理學刊》32,1990:63-74。

吳碧純、方聖平:〈以中文字形的概念區辨性探討字形辨識的基本單位〉,《中華心理學刊》30.1,1988:9-19。

李俊仁、柯華葳:〈中文閱讀弱讀者的認知功能缺陷——視覺處理或是聲韻處理〉,《特殊教育研究學刊》33.4,2007:1-18。

李俊仁:〈識字量決定孩子閱讀能力的關鍵指標〉(2011),2011 年 2 月 26 日,取自 http://reading.cw.com.tw/epaper/reading_20110226.html。

李俊仁等著:《大腦、認知與閱讀》,臺北:信誼基金出版社,2010。

杜祖貽等著:《腦神經科學與教育:中英語文教學專題研究》,香港:香港中文大學出版社,2005。

谷瑞勉譯:《教室中的維高斯基:仲介的讀寫教學與評量》,臺北:心理出版社,2001。

周有光:〈現代漢字中聲旁的表音功能問題〉,《中國語文》3,1978:172-177。

周健、尉萬傳:〈研究學習策略改進漢字教學〉,《暨南大學華文學院學報》56.1,2004:1-9。

俞筱鈞:《瑞文氏彩色圖形推理測驗》,臺北:中國行爲科學社,1994。

柯華葳、李俊仁:〈國小低年級學生聲韻覺識與認字能力的發展——一個縱貫的研究〉,《國立中正大學學報》7,1996:29-47。

柯華葳:〈由兒童會錯意的字分析探討兒童認字方法〉,《華文世界》39,1991:25-32。

柯華葳:〈閱讀成分與閱讀發展〉,載於柯華葳主編《中文閱讀障礙》,臺北:心理出版社,2010,頁 25-42。

洪儷瑜、王瓊珠、張郁雯、陳秀芬、陳慶順:《識字量評估測驗》,臺北:教育部特殊教育工作小組,2007。

*洪蘭譯:《大腦當家:靈活用腦 12 守則,學習工作更上層樓》,臺北:遠流出版社,2009。

胡平:〈漢語兒童識字的心理機制及其給教育的啓示〉,《華東師範大學學報》1,2000:71-76。

徐子亮:《漢語作爲外語的學習研究:認知模式與策略》,北京:北京大學出版社,2010。

高本漢著,聶鴻飛譯:《漢語的本質和歷史》,北京:商務印書館,2010。

教育部:《97 年國民中小學九年一貫課程綱要(100 學年度實施)》,臺北:作者,

2010。

教育部國語推行委員會：《國小學童常用字詞調查報告書》，臺北：作者，2000。

曹傳詠、沈曄：〈在速示條件下兒童辨認漢字字形的試探性研究：字形結構的若干因素對字形辨認的影響〉，《心理學報》3，1963：203-213。

許雅惠：〈從認知負荷觀點談獨體字形義探究教學在華語文基礎教學之實施〉，載於《2010「華語教與學」國際研討會論文集》第二冊，臺北：臺灣師範大學，2010，頁 53-81。

許錟輝：〈九十二年大考中心指定科目國文作文錯別字探析〉，《國文天地》223，2003：4-18。

許錟輝：〈現今漢字的文化現象〉，載於郭玉茹主編《漢字與全球化國際學術研討會論文集》，臺北：臺北市政府文化局出版，2005，頁 145-159。

陳奕全、葉素玲：〈漢字辨識理論模型中的部件表徵〉，《應用心理研究》43，2009：177-205。

陳淑麗：〈二年級國語文補救教學研究——一個長時密集的介入方案〉，《特殊教育研究學刊》33.2，2008：25-46。

*曾世杰譯：《有效的讀寫教學：平衡取向教學》，臺北：心理出版社，2010。

曾志朗：〈華語文的心理學研究：本土化的沈思〉，載於楊中芳、、高尚仁主編《中國人．中國心──發展與教學篇，「中國本土心理學新紀元研究會」論文集》，臺北：遠流出版社，1991，頁 539-582。

馮永敏：〈教會學生識字寫字—識字寫字的教學策略〉，《國教新知》55.1，2008：3-18。

黃惠美：《國小學生對漢字「一般字彙知識」的習得》，臺北：臺灣大學心理學研究所碩士論文，1993。

黃榮村：〈中文的知覺可分離性〉，載於高尚仁、鄭昭明主編《中國語文的心理學研究》，臺北：文鶴出版社，1982，頁 173-182。

萬藝玲：《漢字難易度調查與對外漢字教學》，北京師範大學博士論文，2001。

葉素玲、李金鈴、陳一平：〈中文的字形分類系統〉，《中華心理學刊》39.1，1997：47-74。

葉素玲、林怡慧、李金鈴：〈中文字形結構在國小學生字形相似性判斷所扮演的角色〉，《教育與心理研究》27.1，2004：93-115。

葉素玲：〈以重複視盲作業探討中文字形、字義、與部首的關係〉，《國科會專題研究成果報告》，計畫編號：NSC93-2413-H-002-017，2004。

裘錫圭：《文字學概要》，臺北：萬卷樓圖書公司，2001。

廖玉蕙：〈喧賓奪主的錯別字〉，《聯合報》A4 版，2010 年 8 月 25 日。

劉英茂、蘇友瑞、陳紹慶：《漢字聲旁的表音功能》，高雄：復文圖書，2001。

劉鳴：〈漢字分解組合的表像操作與漢字字形學習的關係〉，《心理學報》3，1993：36-40。

霍華德・嘉納著，莊安祺譯：《心智解構—發現你的天才》，臺北：時報文化公司，2007。

戴汝潛主編：《漢字教與學》，濟南：山東教育出版社，2000。

魏金財、吳敏而：〈小學國語課文字彙數量、次序的安排與比較分析〉，《國教學報》5，1993：1-31。

Alan Baddeley and Graham Hitch. Working Memory. The psychology of learning and motivation, 1974, 8:47-90.

Alan Baddeley. The Episodic Buffer: A New Component of Working Memory? Trends in cognitive sciences, 2000, 4,11:417-423

Amir Raz and Jason Buhle. Typologies of attentional networks. Nature Reviews Neuroscience, 2006, 7: 367-379.

*Anne E. Cunningham and Keith E. Stanovich. Early Reading Acquisition and Its Relation to Reading Experience and Ability 10 Years Later. Developmental psychology, 1997, 33,6:934-945.

Anne Mangen and Jean-Luc Velay. Digitizing literacy: reflections on the haptics of writing. In Mehrdad Hosseini Zadeh, ed., Advances in Haptics, 2010, pp. 385-402.

Barbara R. Foorman, et al. Early Interventions for Children with Reading Disabilities. Scientific Studies of Reading, 1997, 1.3: 255-276.

Barbara R. Foorman, Joshua I. Breier and Jack M. Fletcher. Interventions Aimed at Improving Reading Success: An Evidence-Based Approach. Developmental Neuropsychology, 2003, 24.2: 613-639.

Batia Laufer. How much lexis is necessary for reading comprehension? Vocabulary and applied linguistics, Basingstoke & London: Macmillan, 1992, pp. 126–132.

Charles A. Perfetti, Jessica Nelson, Ying Liu, Julie Fiez, and Li-Hai Tan. The neural bases of reading: Universals and writing system variations. In Piers L. Cornelissen, Piers Cornelissen, Peter C. Hansen and Morten L. Kringelback, eds., The neural basis of reading, Oxford, New York: Oxford University Press, 2010, pp. 147-172.

Chieh-Fang Hu and Hugh William Catts. The Role of Phonological Processing in Early Reading Ability: What We Can Learn from Chinese. Scientific Studies of Reading, 1998, 2.1:55-79.

Connie Juel. Learning to Read and Write: A Longitudinal Study of 54 Children from First through Fourth Grades. Journal of Educational Psychology, 1988, 80.4: 437-447.

Connie Suk-Han Ho, and Peter Bryant, Learning to read Chinese beyond the logographic phase, Reading Research Quarterly, 1997, 32.3: 276-289.

David LaBerge and S. Jay Samuels. Toward a Theory of Automatic Information Processing in Reading. Cognitive psychology, Apr. 1974, 6.2: 293-323.

Dorothy S. Strickland. What is basic in beginning reading? Finding common ground. Educational Leadership, 1998, 55.6: 6-10.

Fred Paas, Alexander Renkl, and John Sweller. Cognitive Load Theory and Instructional Design: Recent Developments. Educational Psychologist, 2003, 38.1: 1–4.

G. Reid Lyon. Why reading is not a natural process. Educational Leadership, Mar. 1998, 55. 6: 14-18.

Hua Shu and Richard C. Anderson. Role of Radical Awareness in the Character and Word Acquisition of Chinese Children. Reading Research Quarterly, 1997, 32.1: 78-89.

Isabelle Y. Liberman, Donald Shankweiler and Alvin M. Liberman. The alphabetic principle and learning to read. Phonology and reading disability: Solving the reading puzzle. 1989, 8: 1-33.

James M. Royer and Gale M. Sinatra. A cognitive theoretical approach to reading diagnostics. Educational Psychology Review, 1994, 6.2: 81-111.

Jeroen van Merriënboer and John Sweller. Cognitive load theory and complexity learning: Recent development & future directions. Educational Psychology Review, 2005, 17.2: 147-177.

Jim Rose. Independent Review of the Teaching of Early Reading: Final Report (2006. March) . 2010.12.25 Available:http://www.education.gov.uk/schools/teachingandlearning

John Sweller, Jeroen van Merriënboer and Fred Paas. Cognitive architecture and instructional design. Educational Psychology Review, 1998, 10.3: 251-296.

Juan Pascual-Leone. A Mathematical Model for the Transition Rule in Piaget's Developmental Stages. Acta Psychologica, 1970, 32: 301-345.

*Kathy G. Short. The search for 'Balance' in a literature-rich curriculum. Theory into Practice, 1999, 38.3: 130-137.

Keith E. Stanovich. Matthew Effects in Reading: Some Consequences of Individual Differences in the Acquisition of Literacy. Reading Research Quarterly, Fall. 1986, 21.4: 360-406.

*Li-Hai Tan, John A. Spinks, Guinevere F. Eden, Charles A. Perfetti, and Wai Ting Siok. Reading Depends on Writing, in Chinese. Proceedings of the National Academy of Sciences of the United States of America, 2005, 102.24: 8781-8785.

Linda S. Siegel. Evidence That IQ Scores Are Irrelevant to the Definition and Analysis of Reading Disability. Canadian Journal of Psychology, 1988, 42,2:201-215. Linda S. Siegel. IQ Is Irrelevant to the Definition of Learning Disabilities. Journal of Learning Disabilities, 1989, 22.8: 469-478.

M Lo, C.-W. Hue and F.-Z. Tsai. Chinese Readers' Knowledge of How Chinese Orthography Represents Phonology. Chinese Journal of Psychology, 2007, 49.4: 315-334.

Nelson Cowan. The Magical Number 4 in Short-Term Memory: A Reconsideration of Mental Storage Capacity. Behavioral and brain sciences, 2000, 24.1: 87-185.

Peggy McCardle, Judith A. Cooper, Gail R. Houle, Naomi Karp and Diane Paul-Brown. Emergent and Early Literacy: Current Status and Research Directions-Introduction. Learning Disabilities Research & Practice, Nov. 2001, 16.4: 183-185.

Peter F. de Jong and Paul P. M. Leseman. Lasting Effects of Home Literacy on Reading Achievement in School. Journal of School Psychology, 2001, 39.5: 389-414.

Philip B. Gough and William E. Tunmer. Decoding, Reading, and Reading Disability. Remedial and Special Education, 1986, 7.1: 6-10.

*Richard C. Anderson, Wenling Li, Yu-Min Ku, Hua Shu and Ningning Wu, Use of partial information in learning to read Chinese characters, Journal of Educational Psychology, 2003, 95.1: 52-57.

Richard E. Mayer and Roxana Moreno. Nine Ways to Reduce Cognitive Load in Multimedia Learning. Educational Psychologist, 2003, 38.1: 43-52.

*Ruth C. Clark, Frank Nguyen and John Sweller. Efficiency in learning: evidence-based guidelines to manage cognitive load, San Francisco, CA: Pfeiffer, 2006.

*Sebastian Wren. The Cognitive Foundations of Learning to Read: A Framework, Austin TX: Southwest Educational Development Laboratory, 2001.

Shiu-Hsung Huang and J. Rick Hanley. A Longitudinal Study of Phonological Awareness, Visual Skills, and Chinese Reading Acquisition among First-Graders in Taiwan. International Journal of Behavioral Development, 1997, 20.2: 249-268.

*Su-Ling Yeh, Jing-Ling Li, Tatsuto Takeuchi, Vinson C. Sun and Wen-Ren Liu. The role of learning experience on the perceptual organization of Chinese

characters. Visual Cognition, 2003, 10.6: 729-764.
Valerie Muter, Charles Hulme, Margaret J. Snowling and Jim Stevenson. Phonemes, Rimes, Vocabulary, and Grammatical Skills as Foundations of Early Reading Development: Evidence from a Longitudinal Study. Developmental psychology, 2004, 40.5: 665-680.
*Wesley A. Hoover and Philips B. Gough . The simple view of reading, Reading and Writing, 1990, 2.2:127-160.
（說明：徵引文獻前標示 * 號者，已列入 Selected Bibliography）
Seleted Bibliography
Anderson, Richard C., Li, Wenling, Ku, Yu-Min, Shu, Hua, and Wu, Ningning. "Use of partial information in learning to read Chinese characters," Journal of Educational Psychology, 95.1, 2003, pp. 52-57.
Clark, C. Ruth, Nguyen, Frank, and Sweller, John. Efficiency in Learning: Evidence-based Guidelines to Manage Cognitive Load. San Francisco, CA: Pfeiffer Press, 2006.
Cunningham, Anne E. and Stanovich, Keith E.. "Early reading acquisition and its relation to reading experience and ability 10 years later," Developmental Psychology, 33.6, 1997, pp. 934-945.
Hoover, Wesley A. and Gough, Philips B.. "The simple view of reading," Reading and Writing, 2.2, 1990, pp. 127-160.
Medilina, John. Hung, Daisy L. (Trans.). Brain rules: 12 Principles for Surviving and Thriving at Work, Home, and School. Taipei: Yuan-Liou Publishing Co., 2009.
Pressley, Michael. Tzeng, Shih-Jay (Trans.). Reading instruction that works: The Case for Balanced Teaching. Taipei: Psychological Publishing Co., 2010.
Short, Kathy G.. "The search for 'Balance' in a literature-rich curriculum," Theory into Practice, 38.3, 1999, pp. 130-137.
Sweller, John, Merriënboer van, Jeroen and Paas, Fred. "Cognitive architecture and instructional design," Educational Psychology Review, 10.3, 1998, pp. 251-296.
Tan, Li-Hai, Spinks, John A., Eden,Guinevere F., Perfetti, Charles A., and Siok, Wai Ting. "Reading depends on writing, in Chinese," Proceedings of the National Academy of Sciences of the United States of America, 102.24, 2005, pp. 8781-8785.
Wren, Sebastian. The Cognitive Foundations of Learning to Read: A Framework. Austin TX: Southwest Educational Development Laboratory, 2001.
Yeh, Su-Ling, Li, Jing-Ling, Takeuchi Tatsuto, Sun, Vinson C., and Liu, Wen-Ren. "The role of learning experience on the perceptual organization of Chinese characters," Visual Cognition, 10.6, 2003, pp. 729-764.

中國文學批評術語與文學教學

黃自鴻**

摘　要

中國文學批評是中國文學本科的主要科目，介紹中國歷代文學思想的發展過程及歷史背景，通過研習各種文學批評流派的觀點，培養學生欣賞及分析文學作品的能力。重要批評術語與文學賞析關係密切，是鑒賞文學的主要工具。然而，中國文學批評著作多無清楚界定術語的意指，因此辨識批評術語的內涵，是文學批評的主要研究範疇。本文嘗試從定義問題談起，探討中國文論術語的廣闊內涵及所引起的文學解讀問題，並提出批評術語在文學教學中的工具意義。

關鍵詞：文學批評、文學術語、文學教學

* 香港公開大學人文社會科學院助理教授

一、從四部中國文學批評著作說起

中國文學批評是中國文學本科的主要科目，介紹中國歷代文學思想的發展過程及歷史背景，通過研習各種文學批評流派的觀點，培養學生欣賞及分析文學作品的能力。舉兩部有代表性的中國文學批評著作爲例：著名學者郭紹虞（1893-1984）的經典作《中國文學批評史》，主旨在於探究中國文學概念的演變，發掘文學自覺的過程，並聯繫文學思想與學術思想的發展，論述文學批評觀念的演進與復古。[1]另一部中國文學批評學科的大專用書《中國文學理論批評發展史》，顧名思義，也是以文學批評和文學觀念的發展爲線索，從社會發展的特點闡釋中國文學理論的歷史分期。[2]從西方學術角度看，劉若愚（1926-1986）以另一種批評視野重審中國的各種文學思想，將中國的傳統文評分爲六大種類，以及闡明這些種類間相互影響的可能。劉著嘗試由此探索「世界性的文學理論」，借助中西詩學的比較，論述有共通性的、應用性廣泛的文學理論。[3]相對於中國學者的關注點，宇文所安（Stephen Owen，1946- ）明言，中國文學批評的研究側重觀念史（history of ideas）的方式，把各種概念從文本中摘取和節選出來，考察概念如何產生變化。按宇文所安的看法，觀念史的研究方式忽略概念的實際運作情況，他認爲重心應放在文學批評的文本本身，概念只是文本的運作支點，它們的內涵並不固定。中國文學批評學科不應單純地了解古人的思想是怎樣的，作者借助逐字逐句的方法細讀批評文本，建議追求一種「活的思想」。[4]

除以上四部著作外，當然還有大量優秀的中國文學批評的研究，充實了這個中國文學研究方法的領域。例如，對於某一種思想或某一位批評家的研究，或選擇一個核心課題，廣泛聯繫各種文學思想進行討論。[5]上述四部著作中，《中國文論》一書特別強調「觀念史」模式的局限，認爲準確尋求批評術語定義是西方的研究方法，在中國的傳統中並不追求概念的精確性，只著重如何產生讀者的回響。[6]即便如此，宇文所安也無法迴避對術語作詳細說明（附錄〈術語集解〉），以圖讓西方讀者更容易掌握由術語構成的思想體系。同樣面對西方讀者，劉若愚即指出，研究中國文學理論

[1]郭紹虞：自序，《中國文學批評史》（上海：商務印書館，1947），頁1-2。

[2]張少康（1935- ）、劉三富：《中國文學理論批評發展史》（北京：北京大學出版社，1995），頁2-6。

[3]劉若愚著，杜國清（1941- ）譯：《中國文學理論》（南京：江蘇教育出版社，2006），頁3-4。

[4]宇文所安著，王柏華（1969- ）、陶慶梅譯：中譯本序，《中國文論：英譯與評論》（上海：上海社會科學院出版社，2003），頁1-2。

[5]參樂黛雲（1931- ）：序言，《中國文論》，頁1。

[6]宇文所安：導言，《中國文論》，頁2-3。

的第一個問題，就在於術語的多義性。[7]郭紹虞、張少康的著作，一方面著重文學觀念的發展，也嘗試指出歷代批評家的核心思想和術語內涵，期望能導引出嶄新的文學理論，並推動文學創作。

中國文學批評學科，一般即以「文學觀念的發展」和「核心思想和術語定義」兩條線索組織講授內容。學生雖然能通過這種方式掌握一種「知識」，卻也有不少學員疑惑，中國文學批評學科的意義何在，如何可以提升他們的文學欣賞和創作的能力？如何通過各種文學思想和文學理論的閱讀，獲得一定的分析和欣賞的方法？

二、術語的「語言遊戲」：以「詩史」與「神韻」為中心

正如宇文所安《中國文論》裡可以看到的，這本著作一方面質疑中國文學批評術語定義的準確性，另一方面又期望準確說明術語的內涵。[8]劉若愚、宇文所安都曾表示中國文論中術語定義是一個必須處理的問題。似乎不單是翻譯的局限，就是郭紹虞《批評史》也同意中國文論時有「講得虛無縹緲，玄之又玄，令人不可捉摸」的困難。[9]中國文論術語「玄之又玄」的現象，頗能以維根斯坦（Ludwig Wittgenstein, 1889-1951）的工具說解釋。

在後期經典《哲學研究》（*Philosophical Investigations*）裡，維根斯坦以工具說探討哲學中的意義問題，視語詞是工具箱中的各種工具，更著重語言（詞）的用法和功能。[10]在《哲學研究》一書中，作者這樣解說詞與工具之間的關聯：

> 想一想工具箱中的工具：有錘子、鉗子、鋸子、起子、尺子、熬膠的鍋、膠、釘子和螺釘。——詞的功能就像這些東西的功能一樣，是多種多樣的。（而兩者又都有相似性。）
>
> 當然，使我們造成混亂的是，在我們聽到詞被說出來，或者看到它們被書寫出來或印出來的時候，他們有著統一的外貌。[11]

在後面的段落，維根斯坦進一步闡述詞的意義問題：

---

[7]劉若愚，頁7。

[8]朱耀偉（1965- ）：書評，*Readings in Chinese Literary Thought*，Stephen Owen著，《人文中國學報》1期（1995年4月），頁313-324。

[9]郭紹虞，頁1。

[10]舒煒光（1932-1988）：《維特根斯坦哲學述評》（北京：生活•讀書•新知三聯書店，1983），頁386-390。

[11]維根斯坦著，李步樓譯，陳維杭校：《哲學研究》（北京：商務印書館，1996），11節，頁9。

> 要把語句看作一種工具，把它的意思看作它的使用。
> 問問你自己：是在什麼場合下，出於什麼目的，我們才這樣說？
> 有哪些行動伴隨著這些話呢？（想一下問候語。）它們會在什麼情景中使用？為了什麼？
> 人們願意談論一個詞在這個語句中的功能。就好像語句是一個機械裝置，而詞在其中有一種特定的功能。
> 功能必須在演算的過程中顯露出來。[12]

按舒煒光的看法，維根斯坦認爲詞的功能必然要在運用中體現出來；他更著重從經驗研究的角度，考察語詞的實際情況。詞無法離開操作，在使用的過程中，人觀察詞的用法並通過詞的活動方式理解、學習它。既然可以在使用中明瞭詞自身的意義，人便可以不理解工具本身而直接使用工具，進行語言遊戲（language game）。[13]

以術語「詩史」爲例，中國文論中有許多相關論述，可以說明上述語言遊戲的特點。「詩史」原是孟棨（生卒不詳，875年進士）《本事詩》中的一段，用以介紹杜甫（712-770）詩中提及李白（701-762）的段落。直至宋祁（998-1061）《新唐書》，「詩史」仍只是一個涉及詩藝和手法的術語，只是到了宋代（960-1279）王洙（997-1057）、王得臣（1036-1116）等人，已將「詩史」視作具備「事實」、「史筆」內涵的術語。然而在現存文獻中，不少學者嘗試從「詩史」表面的能指（signifier）聯繫杜詩，試圖發掘「詩史」的內涵或許會是什麼。過往的評論家，甚至多番強調「蓋謂是也」、「予以謂」、「號詩史，信矣夫」等，都是一種迹近語言遊戲的操作方式，評論家未必意在回應過往「詩史」的定義並進行討論，而更在意於發揮這個術語可以容納的「使用價值」。舉例來說，釋普聞（生卒不詳，宋人）「老杜之詩，備于眾體，是爲『詩史』」，[14]或姚寬（1105-1162）「或謂詩史者，有年月、地理、本末之類，故名詩史。蓋唐人嘗目杜甫爲詩史，本出孟棨《本事》，而《新書》亦云」兩種說法，[15]即可看出中國文論的一種特性：正因爲「詩史」的能指本身極其含混，從而發展出各種所指（定義）。

另外，翻閱論「詩史」的文獻，前人學者經常混合「詩史」定義，情況主要有二：一爲結合幾種見解，包含兩種或以上的意義，二爲同一位作

[12]維根斯坦，421節，頁190；489節，頁207；559節，頁226。
[13]舒煒光，頁393-396。
[14]〔宋〕釋普聞著，陳建根點校：《詩論》，吳文治主編：《宋詩話全編》（南京：江蘇古籍出版社，1999），頁1426。
[15]〔宋〕姚寬：《西溪叢語》，姚寬、陸游（1125-1210）撰，孔凡禮（1923- ）點校：《西溪叢語・家世舊聞》（北京：中華書局，1993），卷上，頁61。

者在不同著作有不同解釋。單復（生卒不詳，14世紀在世）《讀杜詩愚得》的序寫到「杜子之詩，皆發於愛君憂國之誠心，且善陳時事，度越今古，世號詩史」；[16]而孫奕（生卒不詳，約1190年前後在世）的《履齋示兒編》，則一方面認爲「杜公傷唐末之離亂，故作詩史也，於歌行間以鳴呼結其篇末」，[17]另一方面又指出「江南非瘴鄉，少陵號詩史，必不妄言，當是傳寫之誤」。這兩種行文方式大約是中國文論的典型，將幾種以上的定義綜合，在一些借論述杜詩引起欲言之者的序文中，就更爲常見。「詩史」語義的增殖現象，正是源於中國文論如詩話的斷章形式、或作爲文章起興的開頭，或爲指出某些創作風氣，從而引導出各種說法的產生。[18]

另一個重要術語「神韻」的情況亦頗爲雷同。「神韻」本來是論畫術語，如張彥遠（812-877）《歷代名畫記》，就將「氣韻」與「神韻」視爲一談，云，「至于鬼神人物有生動之可狀，須神韻而後全。若氣韻不周空陳形似，筆力未遒空善賦彩，謂非妙也」。[19]在王士禛（1634-1711）將這個術語發揚光大以前，胡應麟（1551-1602）《詩藪》亦曾大量使用這個語詞評論作品，按現代學者的分析，《詩藪》的神韻說約有五種主要定義：自然平和、自然天成、含蓄餘味、作者的內在精神面貌和主體精神及生氣。[20]除了一些內涵不甚清晰的段落，《詩藪》中似乎以「神韻」說明詩歌蘊藉含蓄的特色，以絕去斧鑿。[21]但另一方面，「神韻」的內涵並不僅只如此，胡應麟時有運用這個術語的廣義一面：「大率唐人詩主神韻，不主氣格，故結句率弱者多。惟老杜不爾，如『醉把茱萸仔細看』之類，極爲深厚渾雄。」[22]在這段文字中，胡應麟讚賞杜甫〈九日藍田崔氏莊〉結句「極爲深厚渾雄」，又評價「盛唐氣象渾成，神韻軒舉，時有太實太繁處。中唐淘洗清空，寫送流亮」，並謂明代（1368-1644）詩人「清鎔瀟洒，色相盡空，雖格本中唐，而神韻過之」，[23]可證《詩藪》中「神韻軒舉」一語，與「神采飛揚」更爲接近，它或有「生動」的內涵，卻不甚具備「清」、「遠」的所指。

16〔明〕單復：序，《讀杜詩愚得》，《杜詩叢刊》2輯，宣德九年（1434）江陰朱氏刊本（臺北：臺灣大通書局，1974），頁1b，總頁2。

17〔宋〕孫奕：《履齋示兒編》（臺北：新文豐，1984），卷10，頁93；卷13，頁131-132。

18以上詳參拙著：〈杜甫「詩史」定義的繁衍現象〉，《漢學研究》25卷1期（2007年6月），頁189-220。

19盧輔聖（1949- ）主編：《中國書畫全書》（上海：上海書畫出版社，1993），冊1，頁124。

20黃河：《王士禛與清初詩歌思想》（天津：天津人民出版社，2002），頁211-212；劉德重（1941- ）：〈格調 風神 神韻──胡應麟《詩藪》的理論特色〉，《上海大學學報》（社會科學版）8卷1期（2001年2月），頁13-15；王明輝：《胡應麟詩學研究》（北京：學苑出版社，2006），頁201；王小舒（1953- ）：《神韻詩學》（濟南：山東大學出版社，2006），頁294；佘再山（1961- ）：〈明清詩論之神韻說內涵探幽〉，《武漢理工大學學報》（社會科學版）14卷2期（2001年4月），頁177。

21〔明〕胡應麟：《詩藪》（上海：上海古籍出版社，1979），內編卷4，頁71；內編卷5，頁98-99。

22胡應麟，內編卷5，頁87。

23胡應麟，內編卷5，頁92；續編卷2，頁352。

有學者指出，在胡應麟以前，薛蕙（1489-1539）論詩言及「神韻」，王士禎以爲深得詩之三昧，胡應麟卻不盡同意「清、遠」爲詩之「大乘」，何況將詩藝局限於六朝窠臼之中，無法追求更有藝術價值的作品。此外，《詩藪》有關謝靈運（385-433）名句的論述，也可以指出神韻與天然之間不是一對同義詞：「北朝句如『芙蓉露下落，楊柳月中疏』，較謝『池塘春草』，天然不及而神韻有餘。」[24]

胡應麟對孟浩然（689-740）詩的評論徵引甚廣，向被視爲神韻概念史的重要依據。胡指出，孟詩「野曠天低樹，江清月近人」「神韻無倫」，[25]以爲「神韻」即「清遠」的主要根據。但《詩藪》一書對薛蕙意見持保留態度，有關孟浩然詩的相關論述，或似乎指一種詩歌風格。胡應麟在另一段經常引用的文字中，視神韻爲詩的中心，爲藝術創作中的「花蕊」，「色澤神韻充溢其間，而後詩之美善備」。[26]

整體而言，胡應麟大致視「神韻」爲「生動」、「生氣」、「神情總會」、「明豔可觀」等，但在實際的分析例子中，《詩藪》似乎也有自相矛盾之處。他評價岑參（715?-770）的作品「調穩於王[維，701-761]，才豪於李[頎，690-751]，而諸作咸出其下，以神韻不及二君故也」。[27]另一則文字卻又指岑參「神韻超玄，氣概閎逸」，[28]可見胡應麟對於「神韻」的內涵定義不甚清晰。郭紹虞就指出，嚴羽（生卒不詳，約於12世紀在世）更著重「神」而王士禎更著重「韻」；[29]朱光潛（1897-1986）評「神韻」，以爲接近康德（Immanuel Kant, 1724-1804）所指的「秀美」，又引述生理學的研究，指出「神韻」讓讀者感覺不到顯著的生理變化，愈和緩，讀者愈覺得靜穆閑適。[30]朱光潛言「神韻」，即取王士禎的定義。胡應麟似乎更接近嚴羽，偏離薛蕙和王士禎的觀點。[31]

以上所見，評論家運用「詩史」、「神韻」，接近維根斯坦的論斷，詞在語言活動中被其他論者所（隨意）引申，或被術語的能指所誤導，它的原初的、核心的概念似乎並不重要。宇文所安強調自己嘗試從文學批評術語的用法探索中國文論的價值，正文部分則更多是經典文本的賞析文字。值得稱道的是，宇文所安的術語集釋強調語詞的用法，從較新穎的角度反思文論術語定義不固定的特性，從而避免墮進語言的牢籠，局限於批評家與某種觀念過度緊密聯繫下的成規。然而，就如維根斯坦哲學的評論

[24]胡應麟，外編卷2，頁155。
[25]胡應麟，內編卷6，頁111。
[26]胡應麟，外編卷4，頁206。
[27]胡應麟，內編卷5，頁84。
[28]胡應麟，內編卷4，頁66。
[29]郭紹虞：《中國詩的神韻格調及性靈說》（臺北：莊嚴出版社，1982），頁73。
[30]朱光潛：〈從生理學觀點談詩的「氣勢」與「神韻」〉，《詩論》（臺北：五南，2006），頁43-44。
[31]以上詳參拙著：〈胡應麟《詩藪》的神韻說〉，「詮釋、比較與建構：中國古代文學理論國際學術研討會」，香港：香港中文大學中國語言及文學系，2010年5月28-29日。

者所言，如果詞是人在運用中理解自身意義之物，那麼人是否可以不理解工具本身，就可以準確無誤地運用這些工具？[32]

三、文學批評學科與文學教學解讀工具

通過學術思想的發展、社會環境的變遷、朝代的更替等內容，中國文學批評學科讓學員得以明瞭作家創作的背景，當時社會的影響，以至於作品背後的創作動因。如果說中國文論是一門方法論，概念、術語、思想等的應用卻是相對忽略的方面。探討文學思想與文學創作活動的聯繫，可以更好地理解文學本身。例如李清照（1084-1151?）的〈詞論〉，宋詞讀者自可根據該篇重要文論，發掘出易安體的特點：用字新奇、聲律諧協、結構完整、詞語典重、偶有故實等等。[33]又按照文學發展史「一代有一代之文學」的模式，明、清（1644-1912）時期的中國小說，由於馮夢龍（1574-1646）等人在理論方面的建樹，而得以繁榮小說的質與量。

另一個重要研究方向，則在於闡明術語的定義。研究者探究文論術語的定義，多由學術史、文學思想史的角度展開；目前研究或教學方向，仍不免偏重文學思想角度方面闡釋，與文學作品的關係，也仍然是作品背景與文學史的知識。重要批評術語與文學賞析關係密切，是鑒賞文學的主要工具。文學賞析應該是一種能力、一種思考的方向，設計一套可行的閱讀工具，需要內涵較為固定的批評術語。

近年不少學者展開文學賞析方法論的研究。散文方面，臺灣學者陳滿銘（1935- ）、仇小屏等人的章法學研究，而現代詩方面則有白雲開（1961- ）的新詩著作。白氏《詩賞》一書指出，文學賞析不盡然是講靈感的印象批評，它更屬於一套可學習、可加以推敲的工具和方法。該書設計一系列有助於新詩教學的解讀工具，包括「重複原則」、「比喻原則」和「對比原則」等等，指出文學應在於語言、結構等的分析，而不是歷史、心理學等學科的附屬品，單單指出「語言優美」、「匠心獨運」，然後是作者生平、社會環境等的介紹，其實無助於賞析文學作品。[34]另一篇〈解讀散文的工具——以范仲淹《岳陽樓記》為例〉，引述劉大櫆（1698-1779）的「文氣」說，文本中的「神」和「氣」是散文的主要元素，卻似乎太過抽象。較能在文本中可以尋獲的「神」「氣」，應該是「音節」和「字句」，它們雖然是文章的「最粗處」，卻也是了解「神」「氣」的必經之路。[35]中國文學批評著作多無清楚界定術語的意指，因此辨識批評術語的內涵，是文學批

[32]舒煒光，頁395-396。
[33]〔宋〕李清照：〈詞論〉，《李清照集》（北京：中華書局，1962），頁78-79。
[34]白雲開：《詩賞》（臺北：臺灣學生書局，2008），頁II-III。
[35]白雲開：〈解讀散文的工具──以范仲淹《岳陽樓記》為例〉，未刊論文。

評的主要研究範疇。宇文所安所指的「發展史模式」，也就是文學思想的發展史，並無助於文學賞析一途。本文嘗試指出，中國文學批評學科的術語教學，可採取廣義的概念發展或語義繁衍的方法，以圖準確理解工具本身：勾勒文學理論的語言遊戲，透過文論文本的細讀，從而發掘術語的誤讀、誤解、內涵繁殖、理論改造等現象。若按文學賞析的角度考慮中國文學批評學科，文論教學則可從考訂嚴格的術語定義出發，將更有助進行賞析活動；或從前人的實際分析例子，說明各種術語的內涵與作品的美感。

仍以「詩史」與「神韻」為例。前人學者引述「詩史」閱讀杜詩，「詩史互證」、「現實主義文學」大約是其中兩種最常見的現代變體。過往，杜甫的崇拜者相信杜詩「必不妄言」，一些不符他們心目中詩聖形象的作品，更被視為贋作。一個涵義似乎甚為寬廣的術語對文學賞析的貢獻未必太大，杜甫與其他現實主義風格的詩人差異到底在哪？胡宗愈（1029-1094）認為：「先生以詩鳴於唐，凡出處去就，動息勞佚，悲歡憂樂，忠憤感激，好賢惡惡，一見於詩。讀之，可以知其世。學士大夫，謂之詩史。」[36]這個說法是非常可取的，但「詩史」與「知人論世」既然是一對同義詞，那麼「詩史」的存在價值為何？按黃徹（生卒不詳，1124年進士）《▯ 溪詩話》的看法，〈北征〉、〈送李校書二十六韻〉諸作深具「詩史」特色：

> 諸史列傳，首尾一律；惟左氏傳《春秋》則不然，千變萬狀，有一人而稱目至數次異者，族氏、名字、爵邑、號謚，皆密布其中而寓諸褒貶，此史家祖也。觀少陵詩，疑隱寓此旨。若云：「杜陵有布衣」，「杜曲幸有桑麻田」，「杜子將北征」，「臣甫憤所切」，「甫也東西南北人」，「有客有客字子美」，蓋自見其里居名字也。「不作河西尉」，「白頭拾遺徒步歸」，「備員竊補袞」，「凡才污省郎」，補官遷陟，歷歷可考。至敘他人亦然，如云：「粲粲元道州」，又云：「結也實國榦」，凡例森然，誠《春秋》之法也。[37]子美世號「詩史」。觀〈北征〉詩云：「皇帝二載秋，閏八月初吉。」〈送李校書〉云：「乾元元年春，萬姓始安宅。」又〈戲友〉二詩：「元年建巳月，郎有焦校書。」「元年建巳月，官有王司直。」史筆森嚴，未易及也。[38]

杜甫所以成為偉大詩人，正是由於他的作品「集大成」，藝術風格豐富多樣。洪業（William Hung, 1893-1980）的杜甫研究，將杜甫與西方一眾偉大的名字如莎士比亞（William Shakespeare, 1564-1616）、彌爾頓（John Milton,

---

[36]〔宋〕胡宗愈：〈成都新刻草堂先生詩碑序〉，〔唐〕杜甫著，〔清〕仇兆鰲注：《杜詩詳注》（北京：中華書局，1979），附編，頁2243。

[37]〔宋〕黃徹著，湯新祥校註：《䂬溪詩話》（北京：人民文學出版社，1986），卷1，頁3。

[38]黃徹，卷1，頁10。

1608-1674）及波德萊爾（Charles Pierre Baudelaire, 1821-1867）等對照，[39]即屬反證。「詩史」不妨視為杜詩特色的其中一類，用以探討〈自京赴奉先縣詠懷五百字〉、〈北征〉、〈秋日夔府詠懷奉寄鄭監李賓客一百韻〉等作的特色。這些作品頗有史筆意味，均屬長篇鉅製，強調個人與社會極強的聯繫，可謂繼承了蔡琰（170?-?）〈悲憤詩〉的特質。這些「詩史」式的作品，與杜甫的自傳詩〈壯遊〉是不同的，〈壯遊〉的主線是杜甫這個人的半生回顧，刻劃出傳主的「狂」、「豪」和理想破滅的詩人面貌，明顯與〈北征〉諸作不同。「詩史」的定義如果太寬，〈自京赴奉先縣詠懷五百字〉、〈北征〉等將被目為自傳類作品，未能看出杜甫於悲憤詩和自傳詩兩種類型的貢獻，也無法注意到兩者的差異。

「神韻」方面，一般學者取王士禛的看法，引述薛蕙的評詩段落，證其充滿清遠之妙，堪稱詩中上品。王士禛的定義與胡應麟不同，這點可從「芙蓉露下落，楊柳月中疏」、「池塘生春草，園柳變鳴禽」、「明月照高樓，流光正徘徊」等實際分析中可以得知。王士禛的定義更像是一種詩風，而胡應麟的說法似乎是詩人本身的風韻，更主生動、傳神一義。唐圭璋（1901-1990）謂「詞中動詞最要，往往一字能表現一種境界」，[40]參考上述幾個詩例，「露下落」、「月中疏」、「生春草」、「變鳴禽」、「照高樓」和「正徘徊」的用字手法，正是動詞運用得當，產生生動傳神的藝術效果。這些分析實例提供了方法和步驟，是過往文學批評學科相對忽略的部分。

文學賞析，不但是感性的閱讀活動，也可以從理性的角度加以探討。作為一套工具，文學批評術語容許讀者擺脫空泛的「語言優美」、「匠心獨運」說法，因此，嚴格定義的術語和分析實例，應該是中國文學批評教學值得嘗試的方向。

---

39 William Hung. *Tu Fu: China's Greatest Poet*. New York: Russell and Russell, 1969, p. 1.

40 唐圭璋：〈論詞之作法〉，《詞學論薈》（趙為民、程郁綴選輯，臺北：五南圖書，1989），頁624。

徵引文獻

（一）古籍：

〔宋〕李清照：〈詞論〉，《李清照集》（北京：中華書局，1962），頁78-79。

〔宋〕姚寬：《西溪叢語》，姚寬、陸游撰，孔凡禮點校：《西溪叢語．家世舊聞》，北京：中華書局，1993。

〔宋〕胡宗愈：〈成都新刻草堂先生詩碑序〉，〔唐〕杜甫著，〔清〕仇兆鰲注：《杜詩詳注》，北京：中華書局，1979，附編，頁2243。

〔宋〕孫奕：《履齋示兒編》，臺北：新文豐，1984。

〔宋〕黃徹著，湯新祥校註：《□ 溪詩話》，北京：人民文學出版社，1986。

〔宋〕釋普聞著，陳建根點校：《詩論》，吳文治主編：《宋詩話全編》，南京：江蘇古籍出版社，1999。

〔明〕胡應麟：《詩藪》，上海：上海古籍出版社，1979。

〔明〕單復：《讀杜詩愚得》，《杜詩叢刊》2輯，宣德九年（1434）江陰朱氏刊本，臺北：臺灣大通書局，1974。

（二）近人論著：

王小舒：《神韻詩學》，濟南：山東大學出版社，2006。

王明輝：《胡應麟詩學研究》，北京：學苑出版社，2006。

白雲開：〈解讀散文的工具──以范仲淹《岳陽樓記》爲例〉，未刊論文。

──：《詩賞》，臺北：臺灣學生書局，2008。

宇文所安著，王柏華、陶慶梅譯：《中國文論：英譯與評論》，上海：上海社會科學院出版社，2003。

朱光潛：〈從生理學觀點談詩的「氣勢」與「神韻」〉，《詩論》，臺北：五南，2006，頁37-44。

朱耀偉：書評，Readings in Chinese Literary Thought，Stephen Owen著，《人文中國學報》1期（1995年4月），頁313-324。

余再山：〈明清詩論之神韻說內涵探幽〉，《武漢理工大學學報》（社會科學版）14卷2期（2001年4月），頁176-178。

張少康、劉三富：《中國文學理論批評發展史》，北京：北京大學出版社，1995。

郭紹虞：《中國詩的神韻格調及性靈說》，臺北：莊嚴出版社，1982。

──：《中國文學批評史》，上海：商務印書館，1947。

舒煒光：《維特根斯坦哲學述評》，北京：生活．讀書．新知三聯書店，1983。

維根斯坦著，李步樓譯，陳維杭校：《哲學研究》，北京：商務印書館，1996。

趙爲民、程郁綴選輯：《詞學論薈》，臺北：五南圖書，1989。

劉若愚著，杜國清譯：《中國文學理論》，南京：江蘇教育出版社，2006。

劉德重：〈格調　風神　神韻——胡應麟《詩藪》的理論特色〉，《上海大學學報》（社會科學版）8卷1期（2001年2月），頁13-15。

盧輔聖主編：《中國書畫全書》，上海：上海書畫出版社，1993。

黃自鴻：〈杜甫「詩史」定義的繁衍現象〉，《漢學研究》25卷1期（2007年6月），頁189-220。

——：〈胡應麟《詩藪》的神韻說〉，「詮釋、比較與建構：中國古代文學理論國際學術研討會」，香港：香港中文大學中國語言及文學系，2010年5月28-29日。

黃河：《王士禛與清初詩歌思想》，天津：天津人民出版社，2002。

Hung, William. Tu Fu: China's Greatest Poet. New York: Russell and Russell, 1969.

漢語散文藝術價值形成機制與語文教學
——以《歷代散文選》為中心

劉俐俐*

摘　要

論文的問題意識是，應用性是漢語文言散文在古代文化語境的最初發生基礎。那麼在今天，文言散文的優秀之作，憑藉什麼成為與詩歌、小說、戲劇文學相並列的文學文體的？其文本依據即文本特性如何？質言之，其藝術價值產生的機制如何？藝術價值產生機制與我國大學和中學語文教學具有內在聯繫。論文梳理了漢語散文概念與現代文學文本理論之關係，並以《歷代散文選》爲中心，辨析了古代散體文的文本特徵，分析了其文學性的生成機制。主要的生成機制有：非虛構性的意義及文學性；喻說性質與典籍的微縮化；結構秩序之美等。論文進而認爲，古代應用性散體文語文教學既有一般語文教學規律，也有自己獨特的教學特性：對古代散體文中的歷史事實、掌故和典籍，宜超越原本作用以展開，即將原本微縮化了的典籍復原；在辨析和理解古代文言散文原初「事」所蘊含之「理」的邏輯關係基礎上，拓展「事」與「理」的可能空間，以避免學生僅從一篇散文歸結爲同口一詞的感悟、啓迪；確定語言本身就是文化，而不是文化的外衣的理念。由此擴展開來，明瞭結構、用典和敘事、描寫乃至抒情，都是文化，都滲透了中華民族思維方式、感情方式等。

關鍵詞：漢語散文、藝術價值形成機制、文學性、語文教學

*南開大學中國語言文學系教授

一、問題的提出

（一）漢語散文藝術價值形成機制是當代文學觀念和文學理論視野中的問題。波蘭現象學理論家英加登（Roman·Ingarden）（1893-1970）在他的《文學的藝術作品》（*The Literary Work of Art*）（1931）和《對文學的藝術作品的認識》（*The Cognition of the Literary Work of Art*）（1931）兩部書中，有一個基本思路：文學閱讀分爲一般讀者的閱讀和出於研究目的的閱讀。一般讀者的閱讀，是以審美態度完成的閱讀，這種閱讀在審美經驗中產生審美價值。出於研究目的的閱讀，是研究者的閱讀，其目的是爲了發現那些使它成爲一部藝術作品的特性和要素，這種東西永恆地存在于作品文本中，可稱之爲藝術價值。審美價值因時代以及讀者個人經驗不同而相異，並且隨著審美經驗而不斷延伸。藝術價值則是中性的，等待被發現和被表述。發現、探究藝術價值機制並給予表述，是人類科學研究活動之一種，是不斷地認識和整理人類優秀文化遺產的一項重要任務。承擔這一任務的是文學研究者。漢語散文包括文言散文和白話散文。我國古代文言散文產生于應用，即爲某種當時實用目的用散體寫就的文章，這些文章明顯地區別於今人具虛構想像性質而以抒情爲主的「文藝性散文」。那麼，這些文言的文章憑藉什麼被今人當作與小說、詩歌、戲劇文學等文學文體並列的散文的？漢語散文藝術價值形成機制的問題就被具體化爲：古代散體文的優秀之作，在今天成爲文學的文本依據即文本特性如何？藝術價值產生的機制如何？

（二）漢語散文與語文教學何以聯繫？我國中學乃至大學語文教科書中，散文文體所占比例較高。其中除去現代人用白話寫就的散文之外，有不少文言散文。僅以人民教育出版社 1997 年 8 月第二版的《文言讀本》爲例，此教材爲高中語文實驗課本。分上下冊。所選皆爲古代及少量近現代人所寫的各類文言作品。其中散文居多。由於散文便於抒情、言志 、狀物寫景、懷人記事，與種種人生經驗、豐富複雜的感情世界具有密切聯繫，最易於被非專業創作者的普通人所操持，成爲書寫自我的文體。散文由此成爲教學中備受關注的文體。將漢語散文與語文教學相互聯繫，自然會涉及到我國古代散體文的諸般文體，對此問題的討論，本文以臺灣萬卷樓圖書有限公司民國 87 年 6 月初版的《歷代散文選》爲中心展開。

漢語散文藝術價值形成機制與語文教學問題，須以接受美學的視野融合爲理念，在歷史文化河床中展開。具有多方面學術價值：首先，從深邃的歷史文化脈絡中，探尋中華民族文學散文的基因，深化對文學體裁之一的散文認識，深化散文理論。其次，古代散體文不僅具有發生學意義上的應用性，而且蘊含有厚重人文情懷和豐富思想，是認識我國思想及文化傳統的重要資源。其人文情懷及思想對於成就古代散體文的文學性生成具有怎樣意義？這是從深層次上探索散文理論的途徑。再其次，在語文教學滲透散文理論思考，對於探索和確立語文教學尤其散文文體教學理念與方法具有意義。

二、漢語散文概念與現代文學文本理論之關係。

（一）漢語散文概念。

1、今天的中國古代散文，有兩個所指，其一指非韻文的散體文寫成的各種文章。其二指今天作爲文學文體之一的散文中的古代散文部分。兩個所指之間存在如何轉換即本文前面提出的問題。需要在中國文化發展歷史中來把握。魏晉之前，所謂文學是廣義的學問或文獻文化，而非今天文學含義。如《論語・先進》:「文學。子遊。子夏」。雖然沒有文學這個詞，關於文學的思想卻存在，即意識到文學特有功用。諸如《論語·陽貨》:「詩。可以興。可以觀。可以群。可以怨。」《論語·泰伯》:「興於詩。立於禮。成于樂」。其中的「詩」即今天的文學含義。隨著漢代辭賦的興盛，人們開始以「文」或「文章」指稱今天狹義的文學。《說文解字》:「文，錯畫也，象交文」。[1]《釋名·釋言》:「文者，會集眾彩以成錦繡，會集眾義以成辭義，如文繡然也。」[2]「文」是指表現於外的斑紋或圖示，是美麗的。到了魏晉時期，「文學」「文章」「文」逐漸成爲同義詞，即今天的狹義文學之意。

2、散文，今天屬於狹義文學文體之一種，被視爲「美的藝術」或「語言藝術」[3]。「語言藝術」是從採用媒介爲語言的角度，「美的藝術」是從具有文學性的角度，這個角度的含義與古代魏晉時期的「文學」「文章」「文」的含義基本接近。至於從韻文和非韻文的散體文角度相區分來表述散文文體，我國古代與西方相似。艾布拉姆斯的《歐美文學術語詞典》的「Prose」，翻譯爲「散文」，該條目如是表述：「常用來指所有口頭的和文字的敘說。散文不象被我們稱爲『韻文』（*verse*)的那種文體那樣被組織在週期性重複的韻律單位裡——識別種類繁多的非韻律語言——根據各類語言利用節奏感的程度和形式構成的其它表現形式，來確立非韻律語言的範疇——是大有裨益的。這個範疇的一個極端是無規則的、偶爾正式的一般性述說」。[4]

3、漢語散文既包括古人非文學的各類散體文，也包括現當代人的文學意義

[1] 許慎：《說文解字》（北京：中華書局，1963 年）頁 185。
[2] 《釋名疏證補》（上海：上海古籍出版社，1984 年）頁 169。
[3] 童慶炳主編：《文學理論教程》（北京：高等教育出版社，1992 年）頁 49。
[4] 艾布拉姆斯：《歐美文學術語詞典》朱金鵬 朱荔譯（北京：北京大學出版社，1990 年）頁 271。

散文。我們側重古代文言散文，並以李國英等編注《歷代散文選》為中心來討論。此書標識為「文學類叢書」。以此可認為，此書之「散文」，是現代意義作為與小說、詩歌、戲劇文學等量齊觀的一種文體，而不是原初與韻文相區別的散體文的意義。從目錄分類來看，依然是遵循原初功能的名稱，即發生學意義的古代散體文。分別為：論辯類、奏議類、書說類、雜記類、傳誌類、序跋類、哀祭類等。《編輯大意》中說：「本書諸篇，選自歷代聖者著述中，足以表章中國文化、激發民族精神、鼓舞人性情操、而文字精練、章法嚴密之代表作品，俾教學之際達到語文訓練、精神陶冶及文藝訓練等三項目標。」[5]從功用角度看，這些文體訴諸的對象主要為三大類：其一，作為君主的皇帝。如上奏時所用的奏議類文章。其二，作為書寫者的同道好友等。其三，是寫給整個社會的。各類文體訴諸物件有交叉。如哀祭類和論辯類。哀祭類在客觀上是給全社會人來讀的。論辯類大多目標為希望影響到帝王。我國古代寫作文章的人，主要為從西周之初到春秋之末的貴族；戰國至東漢中期的士大夫，以及從東漢中後期開始之後漫長中國古代社會的文人。

古代散體文用文言文寫成，閱讀對象為文化人，是宜乎伏案展讀，發人之思甚深的文字。這些文言話語體系，當初均有具體語境、目的和功能。所謂各種文體僅具有不同目的功能的區分意義。特定語境一旦消失，其功能性自然就喪失了，語辭所構成的話語體系卻留存了下來。所以，如果我們為了討論這些文章如何在今天生成文學性的，就不應主要從功能角度，而應從文本特性角度即遺留至今的話語體系角度討論。這才是今人作為文學閱讀的堅實依據。所以，以淡化各類文體特點，尋找古代散體文共同特點為研究的原則。

（二）古代散體文與當代文學文本理論之關係。

1、當代文學文本理論。英美新批評理論家韋勒克和沃倫在《文學理論》中討論文學作品存在方式時認為，文學作品的存在，不是「一張白紙或者皮紙上留下的黑墨水線條，或者……磚上刻著的槽子」，也不是「存在於講述者或者詩歌讀者發出的聲音序列中」。也不是「讀者的體驗」和「作者的體驗」。[6]他們認為，文學作品存在於話語體系中。筆者借用韋勒克、沃倫等英美新批評理論家的思想，並予以綜合後「大致可以表述為文學作品存在於一個由語言構成的多層次的立體結構中；各個層次分別為：(1)、語辭所具有的語音和語義。(2)、句子和句子所組成的意群，這是重要的貯存文學性之所在。(3)、已經形成的形象或者意象及其隱喻，其中已經具有了形象和比較完整的意義。(4)、文學作品的客觀世

[5] 李國英等：《歷代散文選》（臺北：萬卷樓圖書有限公司，民國 87 年）頁 1。
[6] 韋勒克 沃倫：《文學理論》（南京：江蘇教育出版社鳳凰出版傳媒集團，2005 年）頁 158-164。

界。這是存在於象徵和象徵系統中的詩的特殊的『世界』。(5)、『形而上性質』(崇高的、悲劇性的、可怕的、神聖的)雖然不是以閱讀可能意識到的物件樣式而直接出現的，但是也是生成文學性的因素。」[7]

2、我國古代散體文與當代文學文本理論之關係。今天被看作文學作品，按照邏輯也依存于這樣的文本中。可是，因爲最初發生不是因爲文學，所以與西方理論家對文本的概括勢必有所差異，差異何在？日本的中國文學研究專家吉川幸次郎在《我的留學記》中說過，非虛構和特別重視語言是中國文學的兩大特長。特別重視語言自不必言。非虛構值得注意，現在的白話散文，一般爲文藝性散文，即具虛構想像性質而以抒情爲主的文章。古人的散體文有具體功能，自然是非虛構的。那麼，在前面表述的「……(3)、已經形成的形象或者意象及其隱喻，其中已經具有了形象和比較完整的意義。(4)、文學作品的客觀世界。這是存在於象徵和象徵系統中的詩的特殊的'世界'……」等層面，就會有些不一樣。所以，對西方文本存在及特性理論既要借鑒又要有所突破。

三、古代散體文的文本特徵辨析及文學性生成機制。

無論古代應用性散體文，其文本特徵及文學性生成如何？分別討論概括如下。

(一)非虛構性的意義及文學性。

1、意義是古代散體文之必備。按照新批評理論家看法，「形而上性質」，「這一層面也不是必不可少的，在某些文學作品中可以沒有」。[8]這很好理解，由於文學是虛構的，形而上質「可以包括在'世界'這一層面中，包括在被表現的事物範疇內」[9]古代散體文是非虛構的，沒有虛構而成的客體世界層面，爲了具體功用，意義成爲其必備。意義的含義很寬泛。包括各種豐富的感情，如哀祭類、贈序類等；也包括思想、見識和信仰，如序跋類、傳誌類、雜記類、奏議類、書說類、論辯類等。奏議類，作爲臣向君提建議或主張或阻止某決定，爲臣希望國君理解、相信和採納。言之成理、持之有故，曉之以情，層次清晰，均以有見識建議和主張爲基本原則。書說類，寫給人君的如樂毅《報燕王書》，寫給友人的如司馬遷的《報任安書》、白居易的《與元九書》，寫給上級官吏的如韓愈的《上宰相書》，朱熹的《答陳丞相書》等，均爲交流思想、通報境況的媒介，均言之有意。序跋類，或者就某部書或文所寫的序或跋，有對此書此文的介紹和評價，其中滲透著思想和見識。贈序類，是爲了送別親友而寫的文章，所以，蘊含有惜別、

---

7 劉俐俐：《文學「如何」：理論與方法》(北京：北京大學出版社，2009 年)頁 6。
8 韋勒克 沃倫：《文學理論》頁 169。
9 同前注，頁 169。

祝願、勸勉等情意。如韓愈的《送孟東野序》《送李願歸盤古序》等。哀祭類，也都是有感而發，抒發哀思和祭奠之情。即各類文章均有作者所意欲表達的東西。其中優秀之作，對於意義的追求往往具有本體論思考色彩，產生形而上性質的東西。這個特點和中國文化的「文以載道」「詩緣情」「言志」傳統有關。對本體論的偏愛和執著，尤以論說類文章爲代表。在古人優秀的論說類文章中，思想、見識往往具有形而上哲理，而成爲對本體論的思考。如方孝孺的《深慮論》，關於「慮」的思考，超出了具體個案性分析。所得出的「慮能及人事，而不及于天道」的見解，已屬哲學命題。如歐陽修的《朋黨論》，在辨析僞朋和真朋基礎上，對朋友作本體論思考。柳宗元的《封建論》則對「勢」做本體論思考。筆者特別提出雜記類的思想見識問題予以討論。雜記類大多爲台閣名勝記、山水遊記和人事雜記等。雖以記事、景和人物爲線索，但古代雜記普遍最終歸結爲某種思想或者見識。如蘇軾的《石鐘山記》，從「記」的文體來看，確實記敘了探訪石鐘山之始末，但其主旨卻在藉記石鐘山得名之由，而強調凡事得諸目見耳聞爲真，不可臆斷其有無。再如哀祭類文章，一般地確實從具體人出發，但往往昇華爲對某種意義的思考卻成爲其特點。書說類文章也往往借書信形式昇華爲對某些本體論問題的思考。可見，意義成爲古代散體文之必備。自然也是文學性產生必備要素。

2、意義的文學性生成機制。首先，思想具有連續性、長久有效性和繼承性，在一個民族思想史中，思想始終流動著，被後代體認、繼承。特別是本體論性質的思考，更有超時空性而被廣泛接受。而人本身就有追求形而上學的本能。正如康得所說：「世界上無論什麼時候都要有形而上學；不僅如此，每個人，尤其是每個善於思考的人，都要有形而上學」[10]。以此看韓愈的《原毀》，此文談論的謗訾者，道人之短的人，是各時代均有的人類現象。確有本體論思考之必要。韓愈提出了自已的看法：「爲是者，有本有原，怠與忌之謂也。怠者不能修，而忌者畏人修。」韓愈同時還有希冀：「古之君子，其責已也重以周，其待人也輕以約。重以周，故不怠；輕以約，故人樂爲善」。這些思想不分階級和民族而具有人類性質。今人依然能從中得到啓迪，感受到思想之美，並啓動自己的思考。其次，古人所言之「志」，言說的同時已經帶出來了一個言說者——具有人格色彩的「志」之主體。在審美接受中，敘述者或論說者因爲其人格魅力而具有人物形象特徵。這是文學性生成的重要資源。比如司馬遷的《報任安書》，借「申明不得推賢進士，藉伸援手之隱衷，實亦借題抒發，自寫胸中塊壘」。表達了受辱不死乃著書，積憤不能自遏的心情。「讀者諸段細繹，如見其慷慨激烈，鬚眉欲動，班掾譏其不能以智自全，猶是流俗之見也夫」[11]。與之相似的還有嵇康的《與山巨源絕交

---

[10] 康得：《未來形而上學導論》（北京：商務印書館，1978 年）頁 163。

[11] 李國英等編注：《歷代散文選》頁 245-246。

書》等。從這角度看，雖說古代散文爲非虛構性，但以其特殊方式訴諸於形象乃至人物。第三，作爲意義的思想和見識，既有直接的表述，更是被安放在工整而有秩序的結構中，並借助於形象、意象、典故等形而下性質的所在得以表達。這就引出古代散體文隱喻性質與典籍的微縮化以及結構秩序之美等文本特性和文學性生成機制。

（二）喻說性質與典籍的微縮化。

1、喻說性質。所謂喻說，原本是指建立喻體和喻旨之間的關係，借助喻體以表達喻旨。喻說的種類很多，根據陳望道《修辭學發凡》的「三分法」可分爲明喻、暗喻和借喻等。文學作品的喻說，則是超越修辭學的更廣泛的詩性表現。維柯在《新科學》中提出有隱喻、換喻、提喻和反諷四種。雅各遜則主要區分了隱喻和轉喻兩種。認爲隱喻採用的形似性原理，轉喻採用相鄰性原理。在虛構性作品中，隱喻是借助於故事、意象、形象等形而下的因素以構成和意義的相似性關係，以含蓄地文學性地表達意義。這些都需要藝術虛構。可是古代散文是非虛構的，何以有隱喻或者轉喻？在展讀古人各類文章時，確實發現了豐富的歷史史實、典故、場景事物以及故事等，這些材料雖然是非虛構的，可也鑄就了形象性的基本特質。這是古代各類應用性散體文的基本特質，區別僅在不同文體將形象性材料與思想、見識等形而上內容的關係處理方式不同，以不同方式編排而已。那麼，這各種方式編排而成的具有形象性的歷史事實、典故、場景等，與意義的產生和表述是否構成喻說關係？從文本結構來看一般有兩種基本方式。第一種，從具體「事」爲出發點，自然有細緻的描寫和敘述，寫景狀物，並寫出了一件完整的事件。從此事件最終歸結爲某種觀念或思想、見識等。大多雜記類文章都屬此類，即所謂「借題寓意」，其題則是具體之「事」，比如蘇軾的《喜雨亭記》，是記述宋仁宗七年春，久旱不雨，五月乙卯乃雨，時東坡在官舍之北建亭，亭成，適旱而得雨，因以「喜雨」名其亭，並爲作記。全文從說明亭名喜雨原因之「事」出發，傳達的卻是亭、雨和喜悅之情三者內在感情聯繫。喜悅緣何而來，緣於亭之建成與雨同來，本沒有關係的三者在一種關懷中生成了特殊感悟。正如林西仲[12]所說：「居官建興，當言與民同樂，但亭在官舍，爲休息之所，無關民生，髯蘇卻借旱後大雨，語語爲民，便覺闊大。若言雨是雨，亭是亭，雨無交涉，則言雖大而近誇也」。[13]其他如曾鞏的《宜黃縣縣學記》是從宜黃縣學建立始末之「事」出發，要表達的則是教育興廢與影響世運之盛衰關係的大道理。再如蘇軾的《石鐘山記》，雖然最後落腳在強調凡事得諸目見耳聞爲真，不可臆斷其有無。但探

---

[12] 林雲銘（1628-1697），字西仲，號損齋。福建閩縣林浦（今福州）人。順治十五年（1658 年）進士。學者，詩人。主要著作有《莊子因》《古文析義》《四書講義》《楚詞燈》等。

[13] 李國英等編注：《歷代散文選》頁 465。

訪石鐘山的始末，畢竟「坡公身歷其境，聞之真，察之祥，從前無數疑案，一一破盡」。這種「事」與意義關聯方式，具有以「事」寓意的作用。「甲事物暗示了乙事物，但甲事物本身作爲一種表現手段，也要求給予充分的注意」。[14]所謂甲事物，即那些事件、事物等。因此，從「事」出發而歸結爲「意」，可看作是寬泛意義隱喻的喻說方式。第二種，從某種思想、哲理或者見識出發，可表述爲以「理」出發，然後有秩序地組織若干個歷史史實或者典故等事件。大多論辯類文章均取此方式。這類文章正如《歷代散文選》編者「批評」說：「議論指紋，貴在組織綿密，……重在例證周詳」[15]既然是若干個，勢必每個都不能充分展開予以詳細地敘述和描寫。但卻很有秩序地組織排列起來。以方孝孺的《深慮論》爲例。此文基本觀點爲，有天下者，深慮可及人事，而不能及于天道。所以，積至誠，用大德，以自結於天，即配應天道。此乃慮遠之道。但此結論之得出，卻賴以歷史事實，分別爲：秦王諸種所謂之深慮，結果是漢取代了秦；漢借鑒秦之前車之鑒，又有漢諸種所謂之深慮；結果是魏取代了漢；魏、晉、唐、宋皆如此。每一朝代如何慮之周，都有簡略介紹，如何被取而代之也一筆帶過，無論怎樣簡略，卻都可謂完整歷史過程的微縮景觀，諸個微縮景觀按歷史秩序排列而成，顯示出秩序之美。此特點可謂「以史爲鑒」。除了僅從正論方面立論之外，還有從正反兩面相關照以成論辯的論說形式。立抑或辯駁，均以歷史事實爲證據。如顏子推的《慕賢》。此文基本觀點爲，爲政之道，貴在得人，而得人之道，由慕賢始。而慕賢則有種種困惑。論文不僅從正面論述了聖賢難遇，朋友之間有很大感染力，所以應慎擇而交。可是世人卻每每狎侮賢哲，不加禮敬。慕賢之道在於顯稱其言行。並列舉歷史上幾個事實，先舉梁孝元帝時丁覘例子，言及之丁覘卒，簡牘湮散，「後思一紙，不可得矣」的失賢之痛。再舉侯景帝時羊侃例子，言及賢與不肖的區別。再舉北齊宣帝用楊遵彥，後孝昭帝時，楊遵彥被戮。北齊失賢遂被滅。「組織綿密，本文有之；……例證周詳，本文有之」。[16]組織綿密，爲論辯類文章之必須，例證周詳，則使之微縮了若干個歷史故事可以詳加展讀。那麼，微縮了的若干個歷史史實或者典故等事件是怎樣關係呢？從《深慮論》可見各微縮例證是相鄰關係，從相鄰關係的角度可認作爲轉喻。諸微縮例證共同組成了一個可名之爲「深慮可及人事，而不能及于天道」的意象，此意象與該作的主旨構成相似性關係：「而惟積至誠、用大德，以結乎天心；使天眷其德，若慈母之保赤子而不忍釋。……此慮之遠也」。意可得，而作爲一種表現手段的諸個例證所組成的整體意象，「也要求給予充分的注意」[17]。至於書說類文章，有的如同論辯類文章構思，

---

[14] 韋勒克 沃倫《文學理論》頁 214。
[15] 李國英等編注：《歷代散文選》頁 49。
[16] 同前注，頁 48-49。
[17] 韋勒克 沃倫《文學理論》頁 214。

有的則就某件事爲起始，借事以闡述自己的情懷與抱負，也都將故事、人物掌故編織於述說中。如司馬遷的《報任安書》。此書爲回復之書。就任安求援之事，申明不得推賢進士，藉伸援手之隱衷，實亦借題抒發，自寫胸中塊壘。用林西仲的話說：「故借少卿推賢進士之語，做個題目耳」。[18]此類文章中的感情更與主旨互相滲透相得益彰。

2、典籍微縮化與喻說性質的文學性生成。

古代散文的喻說性質，其文學性生成機制如何？固然也依循文學一般喻說機制，但被組織在古代散文中的微縮化了的歷史史實、典故、故事和歷史人物等，其文學性值得特別地探討。第一，業已微縮的典故、歷史史實等，讀者可以展讀。展讀過程中讀者憑藉既有歷史知識和藝術想像，塡充細節場景和人物情緒等空白點。生成審美情感和經驗。第二，在古代散文中，業已微縮的典故、歷史史實等，只是將其與某個方面意義聯繫起來了。其實有多方面含義和理解可能。今人閱讀借助自己藝術理解和經驗，有溫習這些微縮化了的歷史史實和典故等形而下材料的效應，進而從中發現可能的其他意義。究其實，是既有的歷史知識在讀者溫習中啓動思想。第三，古代散文的喻說性質和微縮了的典故、歷史史實等，加之文言原本具有言簡意繁的特點，這與文學閱讀的凝神靜思、沉思默想的特點恰相吻合。即讀者必須伏案展讀，細細梳理品味，得其精髓。如司馬光的《資治通鑒》中的「魏記」《通鑒曹爽之難》。此文文體爲雜記類。主旨在敘魏大將軍曹爽之驕奢及太傅司馬懿之處心積慮以殺爽。涉及到了諸多人物及性格、歷史事件等：既敘述了曹爽之驕奢，司馬懿心機之深。也敘述了司馬懿故飾羸病，以使爽不爲預備，也敘述了藉管輅之諫何晏，暗示爽與其黨將敗。再敘司馬懿乘機奏收爽之兵權。再敘司馬懿使人誘爽歸罪。再敘桓範出就爽，再敘爽兄弟愚疑而不聽範言。再敘爽兄弟歸家爲囚，以及爽等俱族誅。這是一個非常複雜的歷史史實。「人物眾多，頭緒繁雜，而文筆贍而不蕪，亂而能整。自始至終，于司馬懿之陰恨心計及曹爽之狂傲疏愚，敘來簡潔傳神，歷歷如見」。[19]第四，由於中國傳統文化河床中的典籍，是古代散文作家的共同資源。在寫作中就會出現同一典籍被不同作者組織在他們各自的文本中，即與不同的意義發生了邏輯聯繫，這些散文都以不同意義陸續進入當代讀者視野中，上述特點就會被當代讀者所發現，讀者審美經驗中會注意到不同角度的同一典籍，產生同一典籍的相互參照映襯的藝術效果。這個現象非常有趣。以宮之奇諫假道這個歷史事實來看。《左傳・宮之奇諫假道》與《穀梁傳・虞師晉師滅夏記》相互比較爲例。前者文類爲奏議類，後者爲雜記類。先說《左傳・宮之奇諫假道》，宮之奇是虞之謀臣，當晉獻公聽了荀息之計，

[18] 李國英等編注《歷代散文選》頁 245。
[19] 同前注，頁 444。

假道虞以伐虢，宮之奇諫，晉獻公不聽，晉滅夏陽。今再假道，宮之奇複極陳虞虢相依爲命，不可啓晉玩寇而自滅。虞公仍不聽，虞終以亡。這是從虞國角度寫的。再說《穀梁傳・虞師晉師滅夏記》，是以解述春秋經「虞師晉師滅夏記」句之書法並及其史實。但卻從晉獻公角度切入：晉獻公聽從了荀息之計，借道于虞以伐虢。虞君不聽宮之奇之諫，受之幣而借之道。兩者切入點和側重點均不同。但互相參照閱讀，別有一番深意。這正是喻說之傳統調動起中國古代歷史和哲學等進入文學的典型現象。正如周聘侯[20]評《穀梁傳・虞師晉師滅夏記》所說：「荀息料事如神，得行其志，晉因以興；宮之奇料事亦如神，不得行其志，虞因以亡，此萬世興亡之鑒也。左氏紀荀息之謀甚略，而穀梁則詳之；左氏紀宮之奇之諫甚詳，穀梁則略之；人詳我略，人略我詳，此即行文之良法也。荀息料事處，獨此篇最爲曲盡，牽馬操壁自戲得妙，俱算上乘文字，尤見結構精神」[21]。

（三）結構秩序之美

1、古代散體文的結構秩序之美。古人各類應用性散體文，今天可作爲文學散文來讀，其結構之有規律和秩序，整齊以及富有節奏感是重要原因。前述古代散文喻說文本特徵時，所討論的從「事」出發和從「理」出發兩種情形，其實就是結構秩序之體現。可大致列出如下一些文本特徵。(1)正與反相得益彰的秩序。從「理」出發，勢必用諸多「事」來證之。正面之「事」和反面之「事」，形成特定的秩序之美。這既是論辯的結構，也是文本的結構。如顏之推的《慕賢》。除了說理之外，在慕賢而善用賢與狎侮而失去賢哲兩個方面分別微縮化了若干史實，以丁覘爲例，再以北齊失賢慘遭見滅爲例，以言失賢之痛。此爲反面，正面的則以羊侃爲例，以言慕賢得賢並善用賢之得。《歷代散文選》編者的「批評」爲：此「論慕賢之是，失賢之非。是其枝葉已茂，水流已暢。」[22]（2）層層遞進的秩序。講求所論之理的內在邏輯關係，體現了古人聰慧感悟及善於辨正的特點。在諸多論說類文章中，材料及道理相結合，而呈層層之秩序。如蘇洵的《心術》，主旨爲論將兵作戰之道。採用層層遞進理路。如吳楚材[23]說：「此篇諸節自爲段落，非一片起伏首尾議論也；然先後不紊，由治心而養士，由有養士而審勢，由審勢而出奇，由出奇而守備。段落鮮明，井井有序，文之善變化也」。[24]層層遞進之秩序還可表現爲從高到低的遞減，顯示出層次之美。如《國語·敬姜論勞逸》「天子，……而後即安；諸侯……而後即安；卿大夫……而後即安；士……而後

---

[20] 周聘侯，桐城人，清代嘉慶年間文人，著有《古文精言合編》《重鐫四書正義旁訓》等。

[21] 李國英等編注：《歷代散文選》，頁 382。

[22] 同前注，頁 49。

[23] 吳楚材，名乘權，字子興，號楚材，浙江清山陰州山（今紹興）人。（1655～？），康熙十七年（1695），與侄吳調侯共同編成《古文觀止》一書，共 12 卷。

[24] 李國英等編注：《歷代散文選》，頁 101。

即安；庶人以下……而後即安」。顯示出逐級遞減之秩序。(3)「高占地步」之秩序。以歐陽修《相州晝錦堂記》爲例。《漢書項籍傳》言曰：「富貴不歸故里，如衣錦夜行」。《南史劉遴之傳》：「武帝謂曰：令卿衣錦還鄉，盡容養之理」。歐陽修在文中首先肯定「衣錦還鄉」之正當。反轉記敘韓琦乃社稷之臣，其志在德被生民，功施社稷，不以衣錦榮歸爲誇，而反以爲戒。其豐功盛烈，乃邦家之光，非獨閭裡之容也。吳楚材曰：「「起手便一筆撇開，以後俱從第一層立意，此古人高占地步處」[25]。在諸多雜記類文章和論辯類文章中，常有高占地步之秩序，此結構特點可形成感情的波瀾起伏。(4) 通篇握定一個字，生出無數議論。諸多論辯類、雜記類、書說類、傳誌類的文章，均抓住一個關鍵性的字，生出無數議論。林西仲評價《敬姜論勞逸》：「通篇握定一個勞字，生出無數議論」[26]。《歷代散文選》編者的「批評」說：歐陽修的《朋黨論》「朋字說得開天闢地」[27]。方孝孺的《深慮論》「全篇以'天道'爲綱領，反復申論配應天道之要，而歸到積至誠，用大德，以自結於天，正與大學修齊治平之道相合」[28]。在這裡僅是列舉了幾種，古代散文結構秩序還有很多，幾種秩序在有的文章中的不同層次中都有體現。結構秩序之美處於不斷地被發現過程中。

2、結構秩序的文學性生成。結構秩序的文學性生成主要根據爲伏案展讀特性。結構的秩序來自古人對「文」的理解和把握，即表現在外的「如文繡然」：語言的斑斕色彩、音韻和諧，篇章結構錯落有致、起伏跌宕，有一定規律性等。這些特點並不是一目了然的，需要細心閱讀辨識和體會，伏案展讀才可得到。經過如此閱讀，得到的是對古人蘊含在結構秩序中的智慧和美感經驗。

古代散體文的文本特徵辨析及文學性生成機制，語言是題中應有之義，鑒於語言問題更豐富複雜，此文篇幅所限，當另文專門討論。

四、簡短的結論：

（一）古代散體文文本存在於語辭所構成的多層次立體結構中。其基本原則爲非虛構性。所謂語辭，是指漢語中的文言文。所謂多層次立體結構，其層次依次爲：語辭所具有的語音和語義；句子和句子所組成的意群；非虛構性的歷史事實、典籍、事件所具有的形象或者業已凝固成漢語成語經典比喻，其中已經具有了形象和比較完整的意義；非虛構性的客體世界，這個世界包含若干個或者並列或者串聯的二級的小世界，並且有不同程度的形而上質，形而上質可具體爲感

[25] 同前注，頁 425。
[26] 同前注，頁 5。
[27] 同前注，頁 88。
[28] 同前注，頁 125。

情、建議、意見、思想、見識乃至對世界各類事物的本體論思考。古代散體文雖以非虛構性爲基本原則，但是其文本存在方式的多層次立體結構蘊含有文學性生成的依據和條件。

古代應用性散體文成爲今天文學文體之一的散文，其文本特徵豐富了西方似乎已經非常成熟的文本理論。

（二）古代應用性散體文的語文教學既有一般語文教學規律，也應探索獨屬於此的教學特性。初步可歸納爲：1、古代散體文中的歷史事實、掌故和典籍，原本或者是作爲論據存在，或者是爲歸結爲「理」的「事」而存在。但在語文教學中，宜超越原本作用以展開，即將原本微縮化了的典籍復原。這既是歷史和中國文化知識的教學，同時，由於是逆向地講授典籍在文章中如何被微縮的，因此也是講授「好文章」寫作的一個思路和做法。2、在古代散體文中，「事」與「理」的關係，僅爲古代該作者將此「事」與他所認定的「理」相聯繫的產物，其實還有多種聯繫，即可以由此「事」生髮出其他意義。鑒於此，教學中，可開放「事」所蘊含之「理」的空間，以避免學生僅從一篇散文歸結爲同口一詞的感悟、啓迪。3、確定語言本身就是文化，而不是文化的外衣。由此體會語言的文化基因，如韓愈的《祭田橫墓文》其辭曰：「事有曠百世而相感者，餘不自知其何心；非今世之所稀，孰爲使餘噓唏而不可禁？……當秦氏之敗亂，得一士而可王，何五百人之擾擾，而不能脫夫子于劍鋩？抑所賓之非賢，亦天命之有常？」像這樣的語言，本身已有韓愈這等人物曠遠綿長的時空感覺，以及開闊心胸的氣質。由此擴展開來，明瞭結構、用典和敘事、描寫乃至抒情，都是文化，都滲透了中華民族思維方式、感情方式等。當然，散文語文教學問題還有諸多問題值得探討，容今後深入展開思考。

徵引文獻

一、古籍：

1.李國英等《歷代散文選》，臺北：萬卷樓圖書有限公司，1998 年。

二、近人論著：

1.韋勒克 沃倫：《文學理論》，劉象愚 邢培明 陳聖生 李哲明譯 中國：江蘇教育出版社，2005 年。

2.童慶炳主編：《文學理論教程》 北京：高等教育出版社，1992 年。

3.艾布拉姆斯：《歐美文學術語詞典》朱金鵬 朱荔譯 北京：北京大學出版社，1990 年。

香港新高中中國語文選修課程「小說與文化」研究

潘銘基[*]

摘　要

香港新高中語文課程現已進入新的紀元，新高中中國語文課程將分爲必修單元和十個選修單元兩部分，以多元化的學習內容，使學生透過相關的學習全面發展語文能力、思維能力、審美能力，以及共通能力等。本文擬以選修單元「香港新高中綜合中國語文課程選修單元：小說與文化」爲例，首先概述香港新高中語文課程的發展新方向，繼而詳細析論此單元所選用教材之情況，以及前線教師就此單元選文所反映出來的一些問題。

關鍵詞：香港新高中、小說與文化、教科書、中國語文、範文

[*]香港中文大學中國語言及文學系助理教授

香港教育統籌局（教統局）於二零零五年發表《高中及高等教育新學制——投資香港未來的行動方案》（下稱「334 報告書」），公布三年高中學制將於二零零九年九月在中四級實施，並提出以一個富彈性、連貫及多元化的高中課程配合，俾便照顧學生的不同興趣、需要和能力。[1] 香港新高中中國語文課程分爲兩大部分，即必修部分和選修部分，兩者有互相促進、互相補足之效。必修部分約佔本科課時的三分之二至四分之三，學生通過必修部分的學習，培養必須具備的語文素養，包括：更強的讀寫聽說能力，表達準確、流暢、得體，能滿足學習、生活和日後工作的需要；具獨立思考、批判、創造和探究的能力；具審美情趣、審美能力和文化修養。必修部分的學習內容涵蓋閱讀、寫作、聆聽、說話、文學、中華文化、品德情意、思維和語文自學九個學習範疇，在初中語文學習的基礎上，進一步提高學生的語文素養。[2]

至於選修部分，則以必修部分的學習爲基礎，是必修部分的延伸和發展。高中課程要爲不同需要、能力、興趣、性向和特長的學生，提供多樣化的學習內容，以激發潛能，發展個性，所以課程必須讓學生在學習上有更多的選擇，爲他們創設更寬廣的學習空間，促進日後的自主學習和終身學習。[3] 教育局建議的選修單元共有十個，包括「名著及改編影視作品」、「戲劇工作坊」、「小說與文化」、「文化專題探討」、「新聞與報道」、「多媒體與應用寫作」、「翻譯作品選讀」、「科普作品選讀」、「普通話傳意與應用」和「普通話與表演藝術」。此外，學校及教師亦可因應實際情況而編寫一「自擬單元」。選修部分約佔本科課時四分之一至三分之一，建議選修三至四個單元。

本文擬以選修單元「香港新高中綜合中國語文課程選修單元：小說與文化」爲例，首先概述香港新高中語文課程的發展新方向，繼而詳細析論此單元所選用教材之情況，以及前線教師就此單元選文所反映出來的一些問題。

一、香港中學中國語文課程的發展方向

新高中中國語文課程的變革源起於上世紀末的教育改革討論。2004 年 10 月，教統局發表《改革高中及高等教育學制絲絲敨對未來的投資》文件，蒐集各界對設計藍圖、實施時間及財政安排等問題的意見；二零零五年五月，發表「334 報告書」，爲三年高中學制的實施，策畫未來的路向。《中國語文課程及評估指引（中四至中六）》（2007）是根據以上兩份文件的主要建議而編訂，並配合和落實教統局《高中課程指引》、課程發展議會《基礎教育課程指引——各盡所能・發揮所長》（2002）、《學會學習——課程發展路向》（2001）及教育統籌委員會教育改革報告書《終身學習・全人發展》（2000）所提出的各項建議。

[1] 參自課程發展議會與香港考試及評核局聯合編訂：《中國語文課程及評估指引(中四至中六)》（香港：香港特別行政區政府教育局，2007 年），引言，頁 1。
[2] 參自《中國語文課程及評估指引(中四至中六)》，頁 28-29。
[3] 參自《中國語文課程及評估指引(中四至中六)》，頁 29。

《中國語文課程及評估指引（中四至中六）》（2007）銜接《中國語文教育學習領域課程指引（小一至中三）》（2002）所訂定的課程發展方向，說明三年制高中中國語文的課程理念和宗旨，並就課程規畫、學與教、評估及學與教資源等方面提出建議。[4]

香港的中學教育一向是考試主導的，縱使曾有「求學不是求分數」的口號，但學業成績始終是學生、家長、學校最關心的問題。因此，考試制度也成爲新課程改革中令人關心的重要一環。自2007年開始，中學中國語文科考核的不再是考評局規定的幾十篇範文，即沒有了以前溫習的主要部份，變成類近現有英文科的考評方式，分成多份考卷，考核學生讀寫聽說各種能力。在新課程裡，課程目標在於使學生能夠掌握貫串八個「學習領域」（中國語文教育，英國語文教育，數學教育，科學教育，科技教育，個人、社會及人文教育，藝術教育和體育）的九種共通能力（包括協作、溝通、創造、批判性思考、運用資訊科技、運算、解決問題、自我管理、研習能力），建立正面的價值觀和培養良好的態度。這種似易實難的改變，希望學生可以在初中中國語文課程的基礎上，進一步：

> 提高讀寫聽說的能力、思維能力、審美能力和自學能力；
> 培養語文學習的興趣、良好的學習態度和習慣；
> 培養審美情趣，陶冶性情；
> 培養品德，加強對社群的責任感；
> 體認中華文化，培養對國家、民族的感情[5]

培養、學習各種能力其實都是舊酒新瓶，新課程「以學生爲本」，整個教學模式由「以教師爲中心」改變爲「以學生爲中心」，老師和學生都要花上不少時間以作適應。

本文特別著重教材選讀的問題，若以此論之，新課程與舊課程最大的不同可謂來自選讀教材的自主性。不少前人學者以爲在課程改革的討論和過程中，學生的意見一直不被重視，甚至遭受忽略；有時候，即使學生有意見希望表達，也不是教改研究的重點。[6] 現時，新高中課程其中最大的轉變，便是上文提及的「以學生爲中心」，由於沒有了範文的束縛，教材的選讀也盡量以學生的學習興趣爲依歸。

二、新高中中國語文課程選修單元「小說與文化」的

[4] 參自《中國語文課程及評估指引(中四至中六)》，頁 1。

[5] 參自教育局課程發展處編：《新高中課程：中國語文》（香港：教育局課程發展處，2010 年），頁 1。

[6] 參自 Philip W. Jackson (Ed.), *Handbook of research on curriculum : a project of the American Educational Research Association* , New York: Macmillan Pub. Co. , 1992, pp. 465-485.
Jean Rudduck, Roland Chaplain, and Gwen Wallace (Eds.). *School improvement: What can pupils tell us?* London: David Fulton Publishers, 1996.

選材解讀

由於沒有了範文的規定，新課程鼓勵教師因應學生的需要而設計不同的教材，照顧學生的多樣性。《中國語文課程及評估指引(中四至中六)》指出，選用教科書作為主要的學與教資源時，宜注意：

> 教科書不是唯一的學習材料。固有的「教科書」觀念必須拓寬為靈活多采的「學習材料」。學習語文並不局限於教科書，學生可以在不同環境，透過不同途徑學習語文。
>
> 沒有一套教科書適合所有學校。教師在使用教科書時，須因應校內學生的學習需要，作校本的調適。
>
> 教科書只是學習工具，並不等於課程。教師在使用教科書時，應運用專業知識作判斷，挑選、刪減、增補所需的學習材料或活動，讓學生學習，以達到語文課程的學習目標。[7]

準上所述，「教科書只是學習工具，並不等於課程」，教師可自行挑選教材，選文亦然。沒有了範文的束縛，本是好事，也可令教師可以因應學生的需求，因材施教。但自由度大了，有時反而令人無所適從，也無處入手。新高中中國語文課程在2010年推出，就實際的情況而言，並沒有太多的教師能夠自行編寫教材、選文，絕大部分教師都是挑選了某一出版社的教科書作為授課的基本材料。以下將以三間香港主流出版社所出版的教科書為例，以見各書的取向，並試以用家的角度著眼，嘗試分析哪一部教科書（或書中的某些部分）與新課程安排的原意更為接近。本文無意以主觀的角度批評教科書的優劣，因此三部教科書分別以「甲」、「乙」、「丙」名之。

（一）選文與文化主題的數量

新高中中國語文課程共有十個建議選修單元，其中單元三為「小說與文化」。這個單元的學習目標是「閱讀不同時代、不同類型的小說，探討作品所蘊含的文化內涵，培養理解、分析、評價的能力，並增強對中華文化的認識、反思和認同」。[8] 在這個單元裡，教學的重點是「小說」與「文化」並重，希望通過「小說」來了解中華文化。但也不可以只認識中華文化而忽略了「小說」，因為「小說」的學習可以補充必修部分因課時有限而未能充分理解「小說」作為一種文學體裁的

[7] 《中國語文課程及評估指引(中四至中六)》，頁75-76。
[8] 《中國語文課程及評估指引(中四至中六)》，頁30。

不足。三間出版社所出版教科書的選文篇目如下：

教科書甲（第一冊：中國傳統小說）：(教圖)	
女性地位	1. 白行簡《李娃傳》
	2. 《碾玉觀音》(節錄)
	3. 莫泊桑《羊脂球》(節錄)
	4. 張愛玲《金鎖記》(節錄)
義的精神	5. 羅貫中《三國演義》第二十五回「屯土山關公約三事　救白馬曹操解重圍」
	6. 蒲松齡《聊齋誌異・葉生》
	7. 日本《平家物語》(節錄)
	8. 梁羽生《七劍下天山》第三回「劍氣珠光，不覺坐行皆夢夢；琴聲笛韻，無端啼哭盡非非」
生活感懷	9. 魯迅《故鄉》(節錄)
	10. 沈從文《邊城》(節錄)
	11. 契訶夫《苦惱》
	12. 黃春明《兒子的大玩偶》(節錄)
教科書甲（第二冊：現當代小說）：(教圖)	
家庭倫理	1. 冰心《我的母親》
	2. 張大春《聆聽父親》(節錄)
	3. 陳映真《歸鄉》(節錄)
悲憫同情	4. 蕭紅《生死場・老馬走進屠場》
	5. 豐子愷《獵熊》
本土生活	6. 西西《九紋龍》
	7. 陳慧《味道》(節錄)
風土民情	8. 沈從文《生》
	9. 鍾理和《假黎婆》
社會歷史	10. 魯迅《在酒樓上》
	11. 劉鶚《老殘遊記》第十五回至第二十回(節錄)

案：準上所見，教科書甲共分兩冊，第一冊選文十二篇，第二冊選文十一篇。學校、教師可就學生感趣，選用其中一部。第一冊包括古今中外文言白話小說，，甚至連西方翻譯小說亦在選材之列。第二冊選材側重在現當代小說之上。第一冊共分三大文化主題，第二冊則分為五個，每個主題包括二至四篇小說不等。

教科書乙：(啓思)	
道德價值：忠義	1. 羅貫中《三國演義》第二十五回「屯土山關公約三事　救白馬曹操解重圍」第二十六回「袁本初敗兵折將　關雲

	長掛印封金」(節錄)
	2. 金庸《天龍八部》第五十回「教單于折箭　六軍辟易　奮英雄怒」(節錄)
道德價值：節烈	3. 魯迅《祝福》
	4. 臺靜農《拜堂》
城鄉之間	5. 沈從文《蕭蕭》
	6. 黃春明《青番公的故事》(節錄)
	7. 陳慧《大廈》
中港情懷	8. 西西《浮城誌異》
	9. 綠騎士《禮物》
	10. 顏純鈎《關於一場與晚飯同時進行的電視直播足球比賽，以及這比賽引起的一場不很可笑的爭吵，以及這爭吵的可笑結局》

案：準上所見，教科書乙選文十篇，包括古今文言白話小說。選材側重現當代小說，古典小說只有《三國演義》的選段。此外，教科書乙共分四大文化主題，每個主題包括二至三篇小說不等。

教科書丙：(朗文)	
愛情與婚姻	1. 魯迅《祝福》
	2. 蔣防《霍小玉傳》
英雄與俠義	3. 袁郊《紅線》
	4. 施耐庵《水滸傳》第三回「史大郎夜走華陰縣　魯提轄拳打鎮關西」(節錄)
神魔與宗教	5. 吳承恩《西遊記》第二十七回「屍魔三戲唐三藏　聖僧恨逐美猴王」(節錄)
	6. 蒲松齡《聊齋誌異・三生》

案：準上所見，教科書丙選文六篇，包括古今文言白話小說。選材側重古典小說，現當代小說只有魯迅《祝福》一篇。此外，教科書丙共分三大文化主題，每個主題包括兩篇小說。

根據《中國語文課程及評估指引(中四至中六)》所示，每個單元約佔二十八教時，如以每個課節四十分鐘計算，即每個單元的學習時間共有四十二課節。教育局曾為每個單元提供若干提綱式的單元示例，據本單元的「單元示例一」有以下的教時分配：

	教學環節	課節	學習內容
1	導論	1	引導學生明白小說的可讀性並不止於故事的人物或情節，透過研習小說，還可以了解一個社會的文化。
2	道德價值	2-15	閱讀不同的小說，從人物形象、情節發展和故事結局等方面，探討作品的中心思想，以及中國人對報恩、報應等方面的道德價值觀念。
3	家庭倫理	16-28	閱讀不同的小說，從人物關係和他們相處的情況等方面，探討及評價傳統中國人的家庭倫理觀念、人格特徵和大家庭的特色。
4	女性地位	29-42	閱讀不同的小說，從女主角的背景、思想、遭遇等方面，探討、反思、評論婚姻制度和社會觀念如何影響中國女性的命運。[9]

在單元示例一裡，共有選文八篇，其中在「道德價值」的文化主題裡，選讀李朝威《柳毅傳》、馮夢龍《警世通言・桂員外途窮懺悔》和蒲松齡《聊齋誌異・種梨》三篇小說。在「家庭倫理」的文化主題裡，選讀曹雪芹《紅樓夢》第三十三回「手足耽耽小動唇舌 不肖種種大承笞撻」和巴金《家》第六節兩篇小說。在「女性地位」的文化主題裡，選讀老舍《柳家大院》、林海音《金鯉魚的百襇裙》、陳慧《拾香紀》之「情・連城宋雲」三篇小說。如以上表所示課節安排而論，平均以七個課節教授一篇小說及進行相關課堂活動。

倘以示例一選文八篇[10] 爲準，教科書甲的選文數量最多，教科書丙的選文數量最少。如果再仔細觀察的話，三部教科書選文數量的多寡或能有所解釋。其中教科書甲選文雖多，然而「第一冊：中國傳統小說」旨在以傳統小說爲主，以域外小說爲輔，反映相關的文化主題。故選文實有主有次，雖多而所花的教學時間亦不至過長。「第二冊：現當代小說」顧名思義，選文全屬現當代的白話文小說，由於沒有了古今語言上的障礙，教學時間自可相應減少。教科書乙的選文雖然略多，但觀其選文全屬白話篇章，情況與教科書甲的「第二冊：現當代小說」相同。至於教科書丙選文略少，只有六篇，然其泰半俱屬文言作品，由於教學需時，故花在每篇小說的講授時間自必較長，此其所以選文較少的因由。

至於課節的安排，三部教科書的具體情況如下：

教科書甲：第一冊	教科書甲：第二冊	教科書乙	教科書丙
主題及課節數量			
導論，2 節	導論，2 節	道德價值：忠義，9 節	導論，2 節

9 《新高中中國語文學習單元設計示例・小說與文化示例一》，頁 3。
10 案：示例二選文十篇、示例三選文八篇。詳參文末附表。

女性地位，12 節	家庭倫理，9 節	道德價值：節烈，8 節	愛情與婚姻，12 節
義的精神，12 節	悲憫同情，6 節	城鄉之間，12 節	英雄與俠義，12 節
生活感懷，12 節	本土生活，6 節	中港情懷，11 節	神魔與宗教，12 節
總結性評估，2 節	風土民情，6 節	總結性評估，2 節	總結性評估，4 節
	社會歷史，8 節		
	總結性評估，2 節		
40 節	39 節	42 節	42 節

準上所見，較之「單元示例一」而言，三部教科書的課節安排各有不同。「單元示例一」只有三大文化主題，分別是「道德價值」、「家庭倫理」，以及「女性地位」，整個課節安排並沒有包括「總結性評估」在內，有點偏離教學現實。教育局先後共出版三個「單元示例」，「單元示例二」有四大文化主題，分別是「婚姻背後」（12 課節）、「俠義世界」（13 課節）、「歷史長河」（9 課節）、「鄉土人情」（7 課節）。「單元示例三」的文化主題只有二個，分別是「行爲、象徵與女性命運」（25 課節）、「情節、敘事與道德價值」（16 課節）。三個「單元示例」都沒有安排「總結性評估」的課節，三者皆有 1 課節以供「導論」之用。各部教科書的文化主題多寡有別，如教科書甲第一冊、教科書丙各有三個文化主題；教科書乙有四個文化主題、教科書甲第二冊的文化主題最多，共有五個。「單元示例一」與「單元示例二」早出，「單元示例三」之修訂稿則於 2009 年底才面世，此例的出現乃在於回應前線教師有關文化主題太多、課節不足的訴求。由是觀之，文化主題略爲減少，選文都集中在某些文化主題上，大抵是「單元示例三」所帶出的新趨勢。因此，比較各部教科書與「單元示例」，文化主題較少者可能較爲切合教學上的實際情況。

（二）小說選文的時代跨幅

我們再從不同角度分析比較三部教科書的選文。今考「小說」一詞，最早見於《莊子・外物》：「飾小說以干縣令，其於大達亦遠矣。」[11] 此所謂小說者，僅指瑣碎言談、細小道理，與現今所謂「小說」者相差甚遠。《漢書・藝文志》嘗分諸子爲九流十家，其中不入流者正是「小說家」，內容大多是道聽途說之殘叢小語。魏晉南北朝是小說發展的初始期，及至唐代，小說又名爲「傳奇」，無論在故事結構、描寫刻畫、遣詞修飾等各方面，都較魏晉南北朝的粗陳梗概大有進步。唐代是小說發展的重要時期，魯迅以爲唐人「始有意爲小說」，[12] 汪辟疆謂「唐人文學，詩歌小說，並推奇作」，[13] 李悔吾更設立專章，題爲「文言短篇小說的成熟期」。[14] 唐傳奇的名作實在多不勝數。教科書甲「第一冊：中國傳統小

[11] 郭慶藩：《莊子集釋》（北京：中華書局，1961 年），卷九上，頁 925。
[12] 魯迅：《中國小說史略》（北京：北新書局，1927 年），頁 69。
[13] 汪辟疆：《唐人小說》（香港：中華書局，1958 年），序，頁 1。
[14] 李悔吾：《中國小說史漫稿》（武漢：湖北教育出版社，2001 年第 3 版），頁 45。

說」、教科書丙俱有選用唐傳奇，其中教科書甲「第一冊：中國傳統小說」選用白行簡《李娃傳》，而教科書丙則選用兩篇，分別是蔣防《霍小玉傳》和袁郊《紅線》。教科書丙全書只有六篇選文，卻包括了兩篇唐傳奇；唐傳奇雖佳，但「敘述宛轉，文辭華豔」，[15] 學生並不容易讀懂。教科書乙未有選用唐傳奇，就其選文所見，年代最早者乃係明代羅貫中《三國演議》，如學生希望透過「小說與文化」單元以見小說的發展，實在未可知之。

三部教科書選文之時代、體裁各異，今具列如下：

表一：教科書甲「第一冊：中國傳統小說」

	篇名	時代/地域	體裁	語言
1	白行簡《李娃傳》	唐	文言短篇	文言
2	《碾玉觀音》(節錄)	宋	話本	白話
3	莫泊桑《羊脂球》(節錄)	西方	翻譯小說	白話
4	張愛玲《金鎖記》(節錄)	現代	現代小說	白話
5	羅貫中《三國演義》第二十五回	明	章回小說	白話
6	蒲松齡《聊齋誌異・葉生》	清	文言短篇	文言
7	日本《平家物語》(節錄)	日本	翻譯小說	白話
8	梁羽生《七劍下天山》第三回	現代	現代小說	白話
9	魯迅《故鄉》(節錄)	現代	現代小說	白話
10	沈從文《邊城》(節錄)	現代	現代小說	白話
11	契訶夫《苦惱》	西方	翻譯小說	白話
12	黃春明《兒子的大玩偶》(節錄)	現代	現代小說	白話

表二：教科書甲「第二冊：現當代小說」

1	冰心《我的母親》	時代	體裁	語言
2	張大春《聆聽父親》(節錄)	現代	現代小說	白話
3	陳映真《歸鄉》(節錄)	現代	現代小說	白話
4	蕭紅《生死場・老馬走進屠場》	現代	現代小說	白話
5	豐子愷《獵熊》	現代	現代小說	白話
6	西西《九紋龍》	現代	現代小說	白話
7	陳慧《味道》(節錄)	現代	現代小說	白話
8	沈從文《生》	現代	現代小說	白話
9	鍾理和《假黎婆》	現代	現代小說	白話
10	魯迅《在酒樓上》	現代	現代小說	白話
11	劉鶚《老殘遊記》第十五回至第二十回(節錄)	清	章回小說	白話

---

[15] 《中國小說史略》，頁 69。

表三：教科書乙

	篇名	時代	體裁	語言
1	羅貫中《三國演義》第二十五回、第二十六回(節錄)	明代	章回小說	白話
2	金庸《天龍八部》第五十回 (節錄)	現代	現代小說	白話
3	魯迅《祝福》	現代	現代小說	白話
4	臺靜農《拜堂》	現代	現代小說	白話
5	沈從文《蕭蕭》	現代	現代小說	白話
6	黃春明《青番公的故事》(節錄)	現代	現代小說	白話
7	陳慧《大廈》	現代	現代小說	白話
8	西西《浮城誌異》	現代	現代小說	白話
9	綠騎士《禮物》	現代	現代小說	白話
10	顏純鈎《關於一場與晚飯同時進行的電視直播足球比賽，以及這比賽引起的一場不很可笑的爭吵，以及這爭吵的可笑結局》	現代	現代小說	白話

表四：教科書丙

	篇名	時代	體裁	語言
1	蔣防《霍小玉傳》	唐	文言短篇	文言
2	袁郊《紅線》	唐	文言短篇	文言
3	蒲松齡《聊齋誌異・三生》	清	文言短篇	文言
4	《水滸傳》第三回 (節錄)	明	章回小說	白話
5	《西遊記》第二十七回 (節錄)	明	章回小說	白話
6	魯迅《祝福》	現代	現代小說	白話

較之三書，可見各有所尚。教科書甲「第一冊：中國傳統小說」選用唐傳奇一篇、宋代話本一篇、清代文言小說一篇、明清章回小說一篇、中港臺現代小說五篇，以及三篇翻譯小說。時代跨幅從唐至現當代。教科書甲「第二冊：現當代小說」選用清代章回小說一篇，其餘全為中港臺現當代白話小說。教科書乙選文包括明代章回小說一篇，其他九篇選文俱屬中港臺現代小說。教科書丙選文包括唐傳奇兩篇、清代文言小說一篇、明清章回小說兩篇、中國現代小說一篇。

據上表所列，三書選文趨尚迥異。教科書甲「第一冊：中國傳統小說」古今中外並收，包羅至廣，選文的語言以白話為主，現代文學所佔比例亦重。「第二冊：現當代小說」則明顯偏向現代文學作品。[16] 教科書乙的選文全為白話文，唯

[16] 案：教科書甲「第二冊：現當代小說」第六章「社會歷史」裡包括了兩篇小說，分別為魯迅《在酒樓上》和劉鶚《老殘遊記》第十五至二十回(節錄)。在「單元說明」裡，編者指出「本章通過魯迅《在酒樓上》及劉鶚《老殘遊記》，探視晚清至民初這歷史階段的民間生活，包括晚清

一的古典文學作品爲明代羅貫中《三國演義》的選錄，倘就小說發展史而論，明代以前作品全未選用，實有所不足。此後選文全屬現代文學白話文。教科書乙並未選用古代文言文小說，固可遷就學生不喜歡閱讀文言作品的訴求，然就宏觀的小說發展而言，只選白話文作品似有所缺失。教科書丙選文數量最少，較之教育局所編撰的「小說與文化」示例單元，[17] 選文只有六篇。教科書丙有一半選文屬文言文作品，包括唐傳奇兩篇、《聊齋誌異》一篇。此等編排，雖有白話語譯之助，學生閱讀起來定必較爲吃力，教師指導學生時亦必花更多時間。

（三）三個值得思考的問題

就三部教科書所選錄的篇章而論，可以發現三個特別值得討論的問題。一是西方小說是否納入選文其中，二是文言與白話小說選文的比例，三是現代與古典小說的比例。本單元命名爲「小說與文化」，如前文所述，其學習目標是「閱讀不同時代、不同類型的小說，探討作品所蘊含的文化內涵，培養理解、分析、評價的能力，並增強對中華文化的認識、反思和認同」。[18] 因此，小說選文應以能夠反映中華文化爲主，平情而論，選文之中最能夠將中華文化呈現者當爲中國古典小說，西方域外小說當不在此之列。然而，據教科書甲的編輯說明所示，「全書以不同的文化主題組織單元，並配合古今、中外小說進行縱橫對照比較，加以評價和反思，展示不同時代不同社會文化的變遷」。（頁 i）教科書甲第一冊在「義的精神」一章裡選用日本《平家物語》，該書編者說：「本章通過明代羅貫中《三國演義》和清代蒲松齡《聊齋誌異・葉生》，探討明清時期人們對義的看法，以及有關勇和信處世之道及因果報應觀念，並以日本《平家物語》和當代梁羽生《七劍下天山》作古今中外對照比較，加深學生對相關文化的認識，並加強訓練評價及反思能力。」（頁 75）在《平家物語》一文的「小說簡介」部分，又說：「《平家物語》全書都貫穿著中國儒家的孝義觀及佛家的宿命論。本選篇充分展現了這兩種思想。」（頁 103）由是觀之，教師可以利用《平家物語》、《羊脂球》、《苦惱》等小說所反映的日本、西方文化，以映襯中國文化的相關議題。[19] 總之，教

的酷吏害民情況，以及民初時人們對親情及婚姻的態度，從而加深對這時期社會面貌的認識」。（頁 139。）然而，將《老殘遊記》置於「現當代小說」的範圍之內，似乎不無問題。一般而言，學術界將 1919 年「五四運動」之後的白話文文學稱之爲「現代文學」。錢理群等《中國現代文學三十年》謂「本書所要討論的『中國現代文學三十年』，以 1917 年 1 月《新青年》第 2 卷第 5 號發表胡適《文學改良芻議》爲開端，而止於 1949 年 7 月第一次全國文學藝術工作者代表大會在北京召開。在這個意義上，『現代文學』僅是一個時間概念。」又云：「所謂『現代文學』，即是『用現代文學語言與文學形式，表達現代中國人的思想、感情、心理的文學。』」（錢理群、溫儒敏、吳福輝：《中國現代文學三十年》（北京：北京大學出版社，1998 年）前言，頁 1。）由是觀之，無論是以 1917 年的《文學改良芻議》，抑或是 1919 年的「五四運動」而言，成書於一九零六的《老殘遊記》，自不當在現代文學之列。

[17] 有關「小說與文化」示例單元所選用篇章，詳參本文「附表」。

[18] 《中國語文課程及評估指引(中四至中六)》，頁 30。

[19] 案：除《平家物語》外，教科書甲亦在「女性地位」一章選錄了法國作家莫泊桑《羊脂球》，以及在「生活感懷」一章選錄了俄國作家契訶夫《苦惱》。教科書甲編者在「女性地位」一章的「單元說明」指出：「本章通過唐代白行簡《李娃傳》和宋話本《碾玉觀音》探討唐宋時期妓女

科書甲選文雖然稍多，實以中國小說爲主，以域外小說爲輔，中西並重，而不喧賓奪主。

第二個值得討論的地方是文言與白話小說選文的比例。就教育局提供的單元示例所見，文言小說約佔整體選文的四分之一。可就三部教科書所見，情況各異。教科書甲第一冊選文十二篇，文言文只有兩篇。教科書甲第二冊選文十一篇，全屬白話文作品，當然此與其題爲「現當代小說」相關。教科書乙選文十篇，沒有文言文作品。教科書丙選文六篇，半數屬文言文作品。比例不一，致使學生在課堂上的吸收，以及教師在備課所用的力度，也許截然不同。如果從小說的發展源流而論，古代文言小說自然不可或缺。「小說與文化」在文化層面上的認識是希望可以「探討作品所蘊含的文化內涵」，以及「增強對中華文化的認識、反思和認同」，[20] 古代文言小說應該是重要的一環，若棄之不取，單從白話小說認識的中華文化未免有所偏頗。

第三個值得討論的問題便是古典文學與現當代文學的比例。承上所論，以古代文學作品探討中華文化在古代社會的情況，實在理所當然，然後輔以現當代作品加以比較、分析，構成古今中華文化的異同研究，實至爲理想。今就各部教科書的選文而言，教科書甲第一冊在選用古代文學作品之餘，亦引用現當代作品，以及西方、日本的著作加以比較與分析，富有啓發性。然而，教師在花費時間教導學生域外小說之時，其與中華文化的關係實在不太密切，或可略授。惟詳授與略授的標準難以掌握；且中華文化本即博大精深，如果輔以西方文化作爲對照，在閱讀量大爲增加的前提下，或許令學生更難全盤掌握所授內容。此外，現當代文學的語言都是白話文，學生容易明白，其寫作時代也與學生更爲接近，易生共鳴。可是，文化是沉澱累積的，如果整部書的選文都是現當代白話文作品的話，要反映中華文化的深層面貌委實不易。

（四）文化主題的抉擇

選修單元「小說與文化」的學習目標包括了「探討作品所蘊含的文化內涵」，以及「增強對中華文化的認識、反思和認同」。[21] 要爲「文化」下一個定義並不容易，韋政通謂「沒有任何一個定義，能把文化的內涵說盡的」。[22] 「文化」是無處不在的，《國語辭典》以爲文化是「人類在歷史發展過程中創造的總成果。

及婢女的地位，同時探視這個時期的階級觀念和婚姻觀念，並以法國莫泊桑《羊脂球》和當代張愛玲《金鎖記》作古今中外對照比較，加深學生對相關文化的認識，並訓練評價及反思能力。」（頁 9）又在「生活感懷」一章的「單元說明」指出：「本章通過魯迅《故鄉》和沈從文《邊城》，探討知識分子對低下階層民眾寄予的情懷，同時展示中國的鄉土民俗，以及人們對人事命運的看法，並以俄羅斯契訶夫《苦惱》和當代黃春明《兒子的大玩偶》作古今中外對照比較，加深學生對相關文化的認識，並加強訓練評價及反思能力。」（頁 133）可知與上文提及「義的精神」一章的情況相同，選錄海外小說的目的同樣在於作「古今中外對照比較」。

[20] 《中國語文課程及評估指引(中四至中六)》，頁 30。

[21] 《中國語文課程及評估指引(中四至中六)》，頁 30。

[22] 韋政通：《中國文化概論》（臺北：水牛出版社，2003 年第 6 版），頁 2。

包括宗教、道德、藝術、科學等各方面」。[23] 梁漱溟直言「文化，就是吾人生活所依靠之一切」。[24]

文化主題的選取雖然難有一個人人認同的準則，但試取三個「單元示例」，以及三部教科書的選擇，我們還是可以看到一些端倪的。首先，愛情與婚姻一類的內容似乎是人們或多或少觸及的。由此而衍生出來的，則是女性在中國傳統社會的地位、價值問題。其次，有關人倫關係的主題也是頗受歡迎的。再者，小說裡所反映的道德價值也很受到關注。至於有些文化主題，則顯得較爲冷門，如中港情懷、神魔宗教等。由於新課程並未就要挑選哪些文化主題作出明確指引，因此學生在學習不同文化主題的情況下，學習所得差異甚大，也難以量度。而且，部分教科書所選用的文化主題分別甚大，如果學校在若干年後改用另一部教科書，教師便需要重新備課，大大增加了教師的壓力。

此外，「文化」是無所不包的，但我們可以看到如今三個「單元示例」，以及三部教科書所選用的文化主題，幾乎只就「精神文化」立說，梁漱溟說：「俗常以文字、文學、思想、學術、教育、出版等爲文化，乃是狹義的。我今說文化就是吾人生活所依靠之一切，意在指示人們，文化是極其實在的東西。文化之本義，應在經濟、政治、乃至一切無所不包。」[25] 梁氏之見，簡而言之，即是文化包括了「精神文化」和「物質文化」兩大部分。惟一切關於「小說與文化」的文化主題，大抵仍只留在「精神文化」之上，此舉未免有些偏頗。

（五）最理想的選文

新高中中國語文課程選修單元強調的是教材（選文）的自主，學校、教師可以根據學生的能力而選用適合的教學資料。由於選修單元的教學內容基本上並不包括在公開評核之內，[26] 選修單元只會以校內評估的模式作爲評核，因此選修單元如果要發揮最大的作用、爲學生帶來最大的好處的話，便應盡量配合必修單元部分。《中國語文課程及評估指引（中四至中六）》提及選修單元「小說與文化」與必修部分的關係：

> 本單元主要是必修部分中文學和中華文化範疇的延伸，與必修部分的學習互相促進、互相補足；
>
> 學生在必修部分的單元中已研讀若干小說，認識小說這種體裁的特點，基

[23] 《國語辭典》，http://dict.revised.moe.edu.tw/cgi-bin/newDict/dict.sh?cond=%A4%E5%A4%C6&pieceLen=50&fld=1&cat=&ukey=-31703028&serial=1&recNo=54&op=f&imgFont=1 瀏覽於 2010 年 2 月 22 日。

[24] 梁漱溟：《中國文化要義》（香港：三聯書店，1987 年），頁 1。

[25] 《中國文化要義》，頁 1。

[26] 《中國語文課程及評估指引(中四至中六)》指出，中國語文科「僅在必修部分設立公開考試，佔全科公開評核的 70%」。（《中國語文課程及評估指引(中四至中六)》，頁 68。）

本掌握評賞小說的能力；

本選修單元旨在讓學生閱讀不同時代、不同類型的小說，探討作品所蘊含的文化內涵，增強學生對中華文化的認識、反思和認同；同時，鞏固和深化必修部分文學和中華文化範疇的學習，以提升理解、分析、評價的能力。[27]

因此，最好的選修單元「小說與文化」的選文，是在「小說」部分可以輔佐學生在「閱讀」、「文學」等學習範疇的學習，「文化」部分則可以輔佐學生多加認識「中華文化」，並且學會思考，建立個人的「品德情意」。[28]

至於就選文數量而言，大抵八篇左右較爲合適，如有四個文化主題，則每個主題可有兩篇選文。其中一篇爲主，一篇爲輔，即詳細講授其中四篇，並以其餘四篇爲輔。當然，選文的數量要與文化主題的多寡加以配合。文化主題的數量，三至四個較爲合適。文化主題太多只會令學生難以吸收，欲速則不達。再就文化主題的方向而言，應以能夠反映中國古代文化，或以中國古代文化作爲對比對象。如以選文語言爲分類的標準，應該包括「古代文言小說」、「古代白話小說」，以及「現當代白話小說」等三種體裁。三者之中，前兩者佔半數，後者佔半數。

三、教師培訓安排

新高中中國語文課程於2009年9月實施，而第一次香港中學文憑中國語文科考試則於2012年舉行。教育局由2006年開始舉辦一系列教師專業發展課程，以提升教師的專業能力，幫助他們適應高中階段中國語文課程的轉變。專業發展課程中，教師必須修讀「課程詮釋」和「學習評估」課程，另可選擇修讀選修單元課程。課程發展處自2006年和2007年已陸續舉辦「課程詮釋」和「學習評估」課程。2008年2月開始舉辦選修單元「小說與文化」課程。此活動的目標是希望加強教師對新高中中國語文課程選修單元「小說與文化」的了解，並協助他們掌握有效的學習、教學與評估策略，以促進學生學習。整個課程共有十五課時，分爲五講，每講三小時。每講主題不同，包括：愛情與婚姻、科舉與士林、英雄與俠義、神魔與宗教、現代小說中傳統文化觀念的演變等。就其主題所見，課程的內容偏重爲古代小說的教學示例，前四次課節均以古代小說爲主，第五次才用現代小說以體驗傳統文化觀念的演變。

在選修單元「小說與文化」的教師培訓課程期間，前線老師都不約而同地表

[27] 參自《中國語文課程及評估指引(中四至中六)》，頁121-122。

[28] 新高中中國語文課程的必修部分包括了閱讀、寫作、聆聽、說話、文學、中華文化、品德情意、思維和語文自學九個學習範疇的學習。（參自《中國語文課程及評估指引(中四至中六)》，頁28。）

達對新課程的困惑。其中包括實際上可以教授的篇章數目、小說的長短與節錄、使用教科書與自訂教材的抉擇等。首先是篇章數目的問題。小說的篇幅比起其他文類相對較長，在四十二課節（每節四十分鐘）裡能否在教導小說文本之餘而又能探討文化主題，是大家關注的重點。一般而言，詩歌、散文等篇幅稍短的文類，也會用上四至五個課節講授文義、寫作手法等。換上是篇幅遠超多倍的小說（如上舉的《三國演義》、《西遊記》、《老殘遊記》選段），實際上可能只可能深入講授三至四篇而已。現當代小說比起古典小說篇幅更長，要選用哪篇作爲選文更是無從入手。就三個「單元示例」所見，選文是八至十篇，教師即對能否在限定課節以內成功講授此等篇章表示懷疑。然而，各教科書俱以此等「單元示例」作爲藍本，除了教科書丙以外，選文數目多達十至十二篇。因此，授課小說數量的多寡，實爲前線教師關心的第一事。

其次，是小說選文的長短與節錄，當中也包括了文言與白話、古代與現代的比例等問題。小說是篇幅較長的一種文類，由於著重人物的描寫、情節的構造，所以最受現代讀者歡迎。但應用在教學之上，篇幅太長便是教師在授課時需要面對的問題。在三部教科書裡，編者已經盡量在長篇之中作出節錄，或乾脆選用短篇小說。然而，長篇小說（包括古代的章回小說和現代小說）實在難以節錄，即使節錄一段首尾完整的故事，教師還是需要交代大量前文後理、背景資料等，所花教時實在難以估量。如教科書甲第一冊和教科書乙都選讀了《三國演義》關於關羽降曹之事，學生當然可以從選文裡得知關羽降曹以後，曹操如何禮賢下士之事，然而關羽爲何要逃奔舊主劉備，卻必要在了解前文的基礎下方可知悉。教科書乙有以下的引入活動建議：「老師可跟學生略述《三國演義》中較著名的故事，例如：桃園結義、草船借箭、赤壁之戰，藉此介紹當中的重要人物，以及解釋人物之間的關係，增加學生對故事背景的理解。如時間許可，可播放《三國演義》電視劇的片段，讓學生先理解內容梗概後，才研讀文本，除了可降低解讀文言文的難度，還可加深他們對本文的印象。」（頁 6）這段文字很有道理，可是在實際教學的情況下，教師可以用多少課節來交代此等背景資料呢？如果要花很多時間的話，整體課時便十分容易超標。同理，教科書丙的選文包括了《水滸傳》第三回「史大郎夜走華陰縣　魯提轄拳打鎮關西」，以及《西遊記》第二十七回「屍魔三戲唐三藏　聖僧恨逐美猴王」，對於熟知《水滸傳》和《西遊記》的人而言，魯智深、唐三藏、孫悟空的背景資料當然一清二楚。可是要將一切基本資料在課節內予以交代，也得花上不少時間。

最後，教師擔心的便是在使用教科書與自訂教材間的抉擇。上文曾經提及《中國語文課程及評估指引(中四至中六)》曾就選用教科書作爲主要的學與教資源時提出意見，以爲「教科書不是唯一的學習材料」，「教科書只是學習工具，並不等於課程」。[29] 由於教科書永遠不可能貼合每一所學校、每一名學生的需要，而學習差異卻是實際存在的不爭之事，因此，教師如能自訂教材的話，本來是解決學習差異的最佳方法。可是，在教育改革無日無之、學校行政工作繁重的情況下，

29　《中國語文課程及評估指引(中四至中六)》，頁 75-76。

要自行編訂一個新課程，只是一個過度理想化的構想。在使用教科書實在無可避免的情況下，教師只能從現有的教科書裡挑選最爲合適的一套以供教學所用。

四、結語

本文主要析論選修單元「小說與文化」所選用教材的種種情況，如選文數量、文化主題的取向、選文語言（文言與白話）、選文的時代跨幅等，並由此考量最理想的選文方向。此外，復論及前線教師在教師培訓課程就此單元選文所反映出來的一些問題，如實際上可以教授的篇章數目、小說的長短與節錄、在使用教科書與自訂教材的抉擇等，並兼及香港新高中語文課程的發展新方向。其中疏漏之處尚多，亦有不少問題未能妥善解決，實需借機集思廣益，還望四方君子不吝賜正。

附表：

選修單元三「小說與文化」示例單元的選文

	示例一	示例二	示例三
古代文言	● 李朝威《柳毅傳》 ● 蒲松齡《聊齋誌異．種梨》 ● 曹雪芹《紅樓夢》第三十三回	● 杜光庭《虬髯客傳》 ● 袁郊《紅線》	● 劉義慶《世說新語．賢媛．六》 ● 蒲松齡《聊齋志異．嬰寧》
古代白話	● 馮夢龍《警世通言．桂員外途窮懺悔》	● 羅貫中《三國演義》第三十六回、第五十回	● 馮夢龍《醒世恒言．十五貫戲言成巧禍》
現當代作品	● 巴金《家》第六節 ● 老舍《柳家大院》 ● 林海音《金鯉魚的百襉裙》 ● 陳慧《拾香紀》之「情．連城宋雲」	● 廖輝英《油蔴菜籽》 ● 西西《感冒》 ● 馮夢龍《警世通言．杜十娘怒沉百寶箱》 ● 金庸《神雕俠侶》第三回及第二十回(節錄) ● 二月河《康熙大帝》第三卷「王宇呈祥」第一回饋 ● 黃春明《青番公的故事》 ● 汪曾祺《歲寒三友》	● 張大春《姚廣西》 ● 馮沅君《貞婦》 ● 葉紹鈞《遺腹子》 ● 凌叔華《繡枕》 ● 朱西甯《破曉時分》
選文總數	共 8 篇	共 10 篇	共 8 篇

徵引文獻

1. 《國語辭典》http://dict.revised.moe.edu.tw/
2. 《新高中中國語文學習單元設計示例・小說與文化示例一》 http://www.edb.gov.hk/index.aspx?nodeID=5769&langno=2
3. 《新高中中國語文學習單元設計示例・小說與文化示例二》 http://www.edb.gov.hk/index.aspx?nodeID=5769&langno=2
4. 《新高中中國語文學習單元設計示例・小說與文化示例三》 http://www.edb.gov.hk/index.aspx?nodeID=5769&langno=2
5. Philip W. Jackson (Ed.), *Handbook of research on curriculum : a project of the American Educational Research Association* , New York: Macmillan Pub. Co. , 1992, pp. 465-485.
6. Jean Rudduck, Roland Chaplain, and Gwen Wallace (Eds.). *School improvement: What can pupils tell us?* London: David Fulton Publishers, 1996.
7. 李悔吾：《中國小說史漫稿》。武漢：湖北教育出版社，2001 年第 3 版。
8. 李紹基、鮑國鴻編：《小說與文化：從傳統到現代》（教師用書）。香港：啓思出版社，2009 年。（教科書乙）
9. 汪辟疆：《唐人小說》。香港：中華書局，1958 年。
10. 韋政通：《中國文化概論》。臺北：水牛出版社，2003 年第 6 版。
11. 教育局課程發展處編：《新高中課程：中國語文》。香港：教育局課程發展處，2010 年。
12. 梁漱溟：《中國文化要義》。香港：三聯書店，1987 年。
13. 陳寧、潘銘基編：《新高中綜合中國語文：小說與文化》（教師用書）。香港：朗文香港教育，2009 年。（教科書丙）
14. 郭慶藩：《莊子集釋》。北京：中華書局，1961 年。
15. 課程發展議會與香港考試及評核局聯合編訂：《中國語文課程及評估指引(中四至中六)》。香港：香港特別行政區政府教育局，2007 年。
16. 魯迅：《中國小說史略》。北京：北新書局，1927 年。
17. 錢理群、溫儒敏、吳福輝：《中國現代文學三十年》。北京：北京大學出版社，1998 年。
18. 鄺悅強、文英玲編：《新高中中國語文新編　選修單元三　小說與文化（一）：中國傳統小說》（教師用書）。香港：香港教育圖書公司，2009 年。（教科書甲第一冊）
19. 鄺悅強、文英玲編：《新高中中國語文新編　選修單元四　小說與文化（二）：現當代小說》（教師用書）。香港：香港教育圖書公司，2010 年。（教科書甲第二冊）

大陸中小學散文教學的問題及改善努力

王榮生*

摘　要

散文教學要建立學生和「這一篇」散文的連結，實質是建立學生的經驗，與作者的語文經驗和人生經驗的連結。本文結合具體的教學實例，揭示大陸散文閱讀教學的主要問題：從散文裡的「個人化的言說對象」，跑到「外在的言說對象」；從散文裡的「獨特的情感認知」，跑到概念化、抽象化的「思想」、「精神」。實際上是丟棄語文經驗，抽空人生經驗。散文是大陸中小學閱讀教學的主導文類，綜合目前的研究和實踐探索，解決散文教學的問題，「阻截」、「分流」與「正面應對」這三個對策逐漸明朗。

關鍵詞：散文教學、語文經驗、人生經驗、建立連結、問題與對策

*上海師範大學教授

一、背景：主導文類與解讀理論闕如的困境

本文討論大陸中小學散文閱讀教學的「教學內容」問題。在討論之前，先介紹下述兩個背景，以瞭解中小學散文閱讀教學所處困境。

（一）散文是我國中小學閱讀教學的主導文類

由於歷史的機緣和人爲的選擇[1]，我國中小學語文教學的主導文類，一直是散文。文言文自不必說，中小學語文教科書中的語體文，絕大部分是散文，或稱「文學性的散文」。

以人教版的課程標準初中語文教科書爲例：第一冊語體文 24 課，詩歌 5 課，散文 19 課；第二冊語體文 24 課，詩歌 3 課，小說 2 課，散文 19 課；第三冊語體文 20 課，新聞 1 課，小說 2 課，散文 17 課；第四冊語體文 20 課，小說 1 課，戲劇節選 1 課，散文 18 課。前四冊語體文共 88 課，散文 73 課，計 83%。第五六冊，語體文共 8 個單元，戲劇 1 個單元，詩歌、小說各 2 個單元，散文占 3 個單元。

中小學語文課，絕大部分課時用於閱讀教學；語文教學的問題，主要體現在閱讀教學中。中小學閱讀教學，所教的課文絕大多數是散文；閱讀教學的問題，自然聚焦在散文教學中。面對這種現狀，妥善地解決散文教學中普遍存在的「教學內容」問題，無疑是改善語文課堂、提高語文教學效益的關鍵。

（二）散文解讀的理論研究，長期以來幾近闕如

解決散文教學中普遍存在的「教學內容」問題，關鍵是合理的文本解讀。合理的文本解讀，基於文學理論和文章學的研究。

我國現當代文學理論，建築在國外傳輸的基礎上，與之大致相適應的文類，是小說、詩歌、戲劇。文章學研究，在海峽兩岸均有建樹，但能提供與文類相應的解讀範式的，倒是從國外傳輸的廣告、新聞、學術論文等實用性文章的研究。與小說、詩歌、戲劇，乃至廣告、新聞、學術論文等實用性文章的研究相比，散文的研究，尤其是散文的文本解讀理論，是遠遠地落伍了。

現當代散文研究，問津者向來較少。早年多是散文作家的經驗談或作品評論，如周作人、郁達夫等，這種情況一直延續到 20 世紀 60 年代，如楊朔、劉白羽等。以現當代散文研究爲學問的，開風氣者是林非《中國現代散文史稿》，後來者也多沿治史的路徑，如範培松《中國現代散文史（20 世紀）》和《20 世紀中國現代散文理論批評史》等。

中國散文理論話語的建構，「是從 20 世紀 90 年代末到新世紀才逐漸形成的」

---

[1]王榮生：〈語文教學的主導文類何以是散文（上）（下）〉，《語文學習》2006 年，第 2 期、第 4 期。

[2]。李曉虹《中國當代散文審美建構》、王兆勝《真誠與自由——20 世紀中國散文精神》、陳劍暉《中國現當代散文的詩學建構》，蔡江珍《中國散文理論的現代性想像》，李林榮《嬗變的文體》等，是近年值得關注的論著。但誠如研究者所言：「從整體上看散文研究還處在文學研究滯後的位置，亦步亦趨地跟隨小說與詩歌研究艱難前行。」[3]中小學散文教學可資參考的，除孫紹振《散文審美規範論》[4]等少量論著外，主要是孫紹振、錢理群、王富仁等在解讀一些散文文本時所顯現的解讀方式。

一方面，散文是主導文類；一方面，散文理論研究缺位，散文解讀理論幾近闕如。這就是我國中小學語文教學所處的困境。

二、鋪墊：對散文閱讀教學的幾點認識

以下幾點認識，作爲我們分析當前散文閱讀教學問題和研究對策的出發點。

（一）散文閱讀教學，要建立學生與「這一篇」課文的連結。

閱讀教學的「這一篇」課文，不僅是學習材料，而且是學習對象。建立學生與「這一篇」課文的連結，其實是閱讀教學的通則。

閱讀教學所說的課文，與其他科目中所說的「課文」，有一個本質的差別。在其他科目，「課文」即教材的一章一節，「課文」僅是學習材料，而不是學習對象。地理課的學習對象，是地理現象及自然規律；數學課的學習對象，是數學的定理、定律；思想政治課的學習物件，是對人生和社會問題的認識；體育課的學習對象，是對健康的關懷和肢體運動的技能。在這些科目，教材中的「課文」，即論述學習物件的文字，是學習的一種材料、一種途徑、一種媒介，而不是學習物件本身。換言之，教學目標不是記憶、感受、解釋、運用這些表述學習物件的文字，而是借助於這些文字去記憶、感受、解釋、運用它們所指稱的學習物件，如地理現象及自然規律，對人生和社會問題的認識等。學生通過另一種教材、通過論述的另一些文字，通過「課文」以外的另一些媒介，通過「活動」等另一些途徑，也能夠學到需要他們學的東西，有時還可能學得更好。

但缺了教科書中的課文，絕對上不成語文課。在語文課，閱讀教學的課文，不僅是學習材料，而且是學習對象。《走一步，再走一步》、《生命，生命》、《心田裡的百合花》、《安塞腰鼓》，這些課文，都是獨特的文本，是任何其他媒介如電影、圖片、實物等，不可替代的；是任何「談論勇敢」「珍愛生命」「百合精神」「安塞氣概」的其他文章，不許置換的。學生對這一文本的閱讀、理解、感受——包括對特定文字所傳遞的人文精神的感悟，對表達獨特思想情感的語句中所顯現的語文知識的理解——是通過任何其他途徑，如戲劇化表演、主題討論會、各種

[2]陳劍暉：〈新時期散文研究三十年〉，http://www.tianya.cn　2011-4-4 21。
[3]王雪：〈論新世紀散文研究發展趨向〉，《文藝評論》2009 年第 5 期。
[4]〈散文審美規範論〉，《文學創作論》（福州：海峽文藝出版社，2007 年），第六章。

資料展示等，所不能擁有的。

概言之，學生今天所面對的學習對象，是「這一篇」獨特的文本，學生今天所面臨的學習任務，是理解、感受「這一篇」所傳遞的作者的認知情感，是理解、感受「這一篇」中與獨特認知情感融會一體的語句章法、語文知識。

（二）散文閱讀和教學，始終都在「這一篇」散文裡。

散文具有兩栖性：它既具有文章的特性，又體現著文學的特性。

具有文章的特性，主要指它的寫實性。散文有「外在的言說物件」，即使沒有《荷塘月色》、《幽徑悲劇》，清華園裡的荷塘、北大校園幽徑旁的古藤蘿，也是真實地存在著或存在過的。

有外在的、可以指認的言說物件，這是散文與「純文學」作品如詩歌、小說、戲劇的差別。詩歌、戲劇自不必說，看起來是「寫實」的小說，其實是「虛構」的產物。有記者問莫言：「（您作品的）外文版翻譯者們爲什麼去訪問高密？」莫言答：「大概都被我小說中的描寫忽悠了。吉田富夫去高密，想去看我小說中的磨坊、河流、高粱地等場景，但只看到一條乾涸的小河溝，根本沒有我小說中那樣的澎湃奔流的大河。他問我大河呢？我說，就是長江黃河啊！森林呢？我說在長白山；沙漠呢？我說在內蒙古。」[5]其實，莫言的答語還是托詞，小說中的磨坊、河流、高粱地，是小說家的語言所營造的世界。

散文體現著文學的特性，根由也在「語言所營造的世界」。散文不尚虛構。但散文的寫實，也不是「客觀的」寫實，如同新聞通訊。散文敘寫作者的所見、所聞，散文中呈現的，是「這一位」作者極具個人特性的感官所過濾的人、事、景、物。散文對現象的闡釋和問題的談論，也不是「客觀的」言說，如同論文報告。散文中談論的所思，散文中表達的所感，是「這一位」作者依其獨特的境遇所生髮的極具個人色彩的感觸、思量。

換言之，《荷塘月色》中的荷塘，是朱自清眼中的荷塘，是朱自清心靈中獨有的鏡像，它是世界上任何人從未見，也是平日的朱自清所未嘗見過的荷塘；《幽徑悲劇》中對古藤蘿喜愛、對古藤蘿被毀的憤慨，是 90 歲高齡的季羨林極具個人化的情感和思緒。散文中的言說物件，是個人化的言說物件，它唯有作者的眼所能見、耳所能聞、心所能感，而所見、所聞、所感以及引發的所思，落根在「這一篇」，通過獨抒心機的章法、個性化的表達方式、流露心扉的語句。

高度個人化的言說物件和言說方式，這是「文學性的散文」與論文報告、新聞通訊等文章的差別。閱讀論文報告、新聞通訊等，最終要指向文章的外面，指向客觀的言說物件：它們所論述的道理，是否成立？所報導的事件，是否真如所言？而成立與否、是否如實，有公認的判別依據；之所以寫論文、發新聞，目的就在於要獲得公認或成爲公認。散文不祈求成爲公認；閱讀散文，也不是爲了獲取什麼公認。作者之所以寫散文，是要表現眼裡的景和物、心中的人和事，是要與人分享一己之感、一己之思。我們閱讀散文，是感受作者所見所聞，體認作者

[5] 舒晉瑜：〈莫言：文學走出去是一個緩慢的過程〉，《中華讀書報》，2010 年 8 月 25 日。

所感所思。

散文流露作者的心扉，讀者以自己的心扉打量散文，閱讀散文是心與心的碰撞、交感。閱讀散文，自始至終都在「散文裡」。外在於散文的客觀的言說物件，不在散文「閱讀」和散文教學的視野裡，或者說，與外在的言說物件發生這樣那樣的關聯，是在閱讀之後才發生的事。

（三）散文閱讀教學，實質是建立學生的已有經驗與「這一篇」散文所傳達的作者獨特經驗的連結。

建立學生與「這一篇」散文的連結，實質是建立學生的已有經驗，與「這一篇」散文所傳達的作者獨特經驗的連結。

學生的已有經驗，籠統地講，包括「語文經驗」和「人生經驗」；作者在「這一篇散文」所傳達的作者獨特經驗，也可以分為「語文經驗」和「人生經驗」這兩個方面。

學生的經驗，與作者所傳達的經驗不同。這種不同，不僅表現在閱讀教學的起點，也表現在閱讀教學的終點。換言之，學生不可能「具有」與作者等同的經驗，無論是閱讀之前、閱讀之中還是閱讀之後。不但是學生，任何人，包括語文教師也不可能「具有」與作者等同的經驗。

「這一篇散文」所傳達的，是作者的獨特經驗，《荷塘月色》是朱自清的「荷塘月色」，《幽徑悲劇》是季羨林的「幽徑悲劇」。也正因為經驗之獨特，正因為作者的經驗與我們之不同，我們才需要去讀作品，才能夠通過其散文，感受、體驗、分享我們在日常生活中所沒有、所不可能有的人生經歷和經驗。

而作者的人生經驗，融匯在他的語文經驗裡。作者的言語表達，那些個性化的語句章法所表現的，是豐富甚至複雜，細膩甚至細微的感官所觸、心緒所至。散文的精妙處，閱讀散文的動人處，在於細膩，在於豐富，唯有通過個性化的語句章法，我們才能感受、體認、分享它所傳達的豐富而細膩的人生經驗。

「文字就是思想」[6]。朱自清曾說過一段至今仍發人深省的話：「只注重思想而忽略訓練，所獲得的思想必是浮光掠影。因為思想也就存在語彙、字句、篇章、聲調裡，中學生讀書而只取思想，那便是將書中的話用他們自己原有的語彙等等重記下來，一定是相去很遠的變形。這種變形必失去原來思想的精彩而只存其輪廓，沒有什麼用處。」[7]

與「這一篇」散文所傳達的作者獨特經驗的連結，也就是引導學生往「作者的獨特經驗裡」走，也就是往「這一篇」散文之語句章法所表達著的豐富甚至複雜、細膩甚至細微處走。

三、問題：「兩個向外跑」或「走到……之外」

---

[6]朱自清：〈文學的美〉，《朱自清選集》（石家莊：河北教育出版社，1989 年）第三卷，頁 434—435。
[7]朱自清：〈文心·序〉，《葉聖陶集》（南京：江蘇教育出版社，1992 年）第十三卷，頁 504。

當前的散文教學，似乎被散文的兩栖性深深困擾而不得要領。看兩個較有代表性的課例：

《安塞腰鼓》教學流程：

（1）師播放《出西口》歌曲，出示「安塞之旅」課件，抒情導入語，展示安塞風光圖片。要學生談論「你看到了什麼」。（2 分鐘）

（2）生大聲自由朗讀課文，師出示課件「腰鼓風情」。（6 分鐘）

（3）指示學生按「好一個　　　安塞腰鼓！」談論閱讀的理解和感受。多名學生談論，並朗讀相應的語句。如「好一個狂野的安塞腰鼓！」指讀 14 段、21 段、8-10 段的相關語句。最後歸結爲安塞人的「精神」，4 位學生依序分別說：「對生命的渴望」，「把貧窮化爲動力」，「對家鄉的熱愛」，「中華民族的精神」。（20 分鐘）

(4) 師播放打腰鼓場面的錄影片段，要學生用「比喻句」記錄「新的感受」。7 名學生發言，朗讀各自的抒情作文片段，似乎師生都不在乎「比喻句」否，新感受還是原有感受也無從辨析。（9 分鐘）

（5）出示作者照片，學生分角色表演採訪。一生扮劉成章，兩生扮打腰鼓的後生，幾生扮採訪記者。問：「你有沒有親自打腰鼓？「答：」親自打，還是腰鼓隊隊長。「問：」能不能展示一下？」答：「能」，並有備而來地表現了幾招，聽課師生鼓掌。扮劉成章者侃侃而談（記錄不下，現在也忘了說的是什麼）。扮打鼓人也侃侃談（記錄不下，現在也忘了說的是什麼），問：「你現在暫時到濟南，現在還願意回貧窮的家鄉嗎？」答：「回，一定回。」聽課師生鼓掌。（9 分鐘）

（6）教師激情結束語：快樂而充實的旅程，希望帶著……走好自己的人生旅程。（1 分鐘）

《心田裡的百合花》教學流程：

（1）師展示所帶的一束百合花，抒情導入語，出示課件。（2 分鐘）

（2）生放聲朗讀課文，思索「你喜歡百合花嗎？爲什麼？」（4 分鐘）

（3）數名學生談論，有概述課文的，有從某一點生髮談自己認識的，師小結語（未記下，現在也忘了說的是什麼）。（6 分鐘）

（4）師佈置任務，出片「第一幕，山谷幽崖」，根據第 1 段，發揮想像，寫出百合生長的環境；「第二幕，花開有聲」，分角色演示文章第 2-3 段；「第三幕，芳香滿景」，以百合的口吻，用第一人稱敘述文章第 4-5 段內容。準備，推薦展示（10 分鐘）

（5）6 組同學分別展示，如第一幕，一女生朗讀自寫的描寫語，一男生讀文一女生黑板畫圖。最後一組在音樂聲中演示全文，師抒情加入。（22 分鐘）

（6）生全體起立，齊讀「百合」語：「我們要全心全意默默地開花，以花來證明自己的存在。」師激情結束語：希望帶著……走好自己的人生旅程！（1 分鐘）

上述兩個課例，執教教師都較優秀，備課很用力，課例中也有一些體現課程改革新氣象的很好的元素，比如教學內容聚焦，比如組織學生「學的活動」。但也正由於這些好的元素，使得中小學散文閱讀教學長期存在的問題，更加凸顯，更為扎眼。

（一）從散文裡的「個人化的言說物件」，跑到「外在的言說物件」。實際上是把課文作爲跳板，徑直跳到言說對象，試圖建立學生與「外在的言說物件」的連結。

所隱含的認識邏輯，構成如下等式：作者的言語表達（語句）= 所指（作者的所見所聞，即所描述的人、事、景、物）= 外在的言說物件（即客觀存在的人、事、景、物）

上述兩個課例的教學操作程式，大致是兩段。

第一段，由文字徑直跳到言說物件。

1.學生初讀課文之後，教師或提供支架，或通過提問，讓學生找到課文中描述人、事、景、物的相關語句。（如：「好一個　　　安塞腰鼓！」「你喜歡百合花嗎？為什麼？」）

2.學生們通過這些語句，瞭解言說物件，即所描述的人、事、景、物。（如「好一個狂野的安塞腰鼓！」指讀 14 段、21 段、8-10 段的相關語句。）教學的表現，是學生在課文裡隨意地找東西。由章法統貫的言語，變成了散亂語句的雜貨鋪，學生們從中隨意截取，並把截取到的語句為跳板，隨興談論他們的印象、感念、聯想、評判，以及由這一跳板所奔騰到的其他思緒。

第二段，從「個人化的言說物件」，向外跑到「外在的言說物件」。

3.往往借助于其他資源，比如百合的實物、打腰鼓的影片等，師生在不知不覺中，把課文中「個人化的言說物件」，那些作者主觀化了的人、事、景、物，向外跑到「外在的言說物件」。

4.接下來的教學活動，基本上是圍繞「外在的言說物件」展開，與課文若即若離。學生所面對的「這一篇」課文，變成了一堆談論「外在的所言說物件」的文字。這有種種情形。較典型的情況是談論：師生或憑藉課文中某些語句，或由某些語句引發，談論「外在的言說物件」。有時還要延展到其他「外在的言說物件」，或許由百合花延展到荷花，或許由打腰鼓延展到奧運場面等。上述第二個課例的主要教學活動，則是組織學生用多種方式演繹課文的內容——實際上是師生共演「深山裡的百合花」的故事。

（二）從散文裡的「獨特的情感認知」，跑到概念化、抽象化的「思想」、「精神」。實際上把作者的情感認知騰空並黏附到「外在的言說物件」，企圖讓學生「具有」「外在的言說物件」的「思想」、「精神」。

其所隱含的認識邏輯，等式大致如下：作者的言語表達（語句）= 所指（作者的所思所感，即作者的抒情和議論）= 概念化、抽象化的思想、精神 = 「外在的言說物件」本身所具有的 = 學生應該具有的

操作理路也是兩段：

第一段，把作者「獨特的情感認知」，抽象化、概念化並黏附到言說物件。

1.找到課文中抒情、議論等語句，即作者所明言的情感認知。

2.把作者「獨特的情感認知」，抽象化、概念化，提純或上升到可以用來談論的「思想」、「精神」，比如「高潔」思想、「奮發」精神。

3.同時，把概念化、抽象化的「思想」、「精神」，黏附在言說物件上，繼而黏附到「外在的言說物件」，似乎這些「思想」、「精神」是事物本身所具有的，比如百合花的「高潔」思想，安塞腰鼓的「奮發」精神。

第二段，不斷渲染與強化被騰空的「思想」、「精神」，並企圖讓學生「具有」。

4.再進一步挖掘或延伸言說物件的特質，形成一些口號式的標語，比如安塞人「對生命的渴望」，「把貧窮化爲動力」，「對家鄉的熱愛」，「中華民族的精神」等，並通過教師抒情化的語言、多媒體等，不斷渲染與強化被騰空的「思想」、「精神」。教學的表現，是教師在課堂裡額外地講東西。或教師抒情化地講述由此生髮的感想、感觸、感歎；或指示學生講，講一些似乎是老師願意聽的大話。

5.理所當然地認爲學生應該具有與作者等同的情感認知——實際上是不斷騰空的「思想」、「精神」。一般體現爲教師最後的激情結束語，或表現在課結束前讓學生談「學習這篇課文收穫」。比如學了《安塞腰鼓》「希望同學們帶著安塞的精神走好自己的人生旅途」；學了《走一步，再走一步》同學們談「不懼怕任何困難」、「任何困難都能克服」等「思想收穫」。

3、跑到「外在的言說物件」，即「走到課文之外」；跑到概念化、抽象化的「思想」、「精神」，即「走到作者之外」。兩個「走出」，實際上是丟棄語文經驗，抽空人生經驗。

「走到課文之外」，也就走到了「語文」之外，所謂「把語文上成了非語文」。因爲拋棄了作者的「語文經驗」——把作者的言語表達當作跳板，或者僅僅關注其「所指」，而漠視其獨抒心機的章法、個性化的表達方式、流露心扉的語句；或者把章法、表達方式、語句與「個人化的言說物件」、「獨特的認知情感」分割開，而演變爲語言表達的所謂「知識」、「技巧」。[8]

而拋棄了作者的「語文經驗」，實際上也就遠離了作者通過獨抒心機的章法、個性化的表達方式、流露心扉的語句所表現的「人生經驗」，勢必「走到作者之外」。

「走到作者之外」，則意味著走到「人文」之外——把作者細膩、複雜的「人生經驗」，剝離爲概念化、抽象化的「思想」、「精神」，往往導致空洞地談論，往往導致教師及被教師牽引的學生在課堂裡說些「不是人話」的話，比如「不懼怕任何困難」、「任何困難都能克服」等，因而也是「把人文上成了非人文」。

學生在課文中散亂地找東西，教師在課堂裡額外地講東西，「向外跑」或「走到……之外」，既跑出了「語文」，也跑出了「人文」，這種現象在當前的語文教學中，大量地存在著。不但是散文閱讀教學，殃及小說、詩歌、戲劇教學，並延伸到寫作和口語交際等教學。

---

[8] 在教學中往往有一個孤立的「品味語言」環節。實際上是把「個性化的語句章法」，僅僅當作「學生寫作時可借用的」表達技巧。

四、對策：阻截、分流與正面應對

中小學散文教學，被當作問題正式提出，在 2006 年。是年，上海《語文學習》雜誌連續發表了一系列討論散文教學的研究文章和案例。可惜這一波響應者寥寥。

聚焦散文教學問題，2009 年掀起了第二波。標誌是兩個「論壇」的創立：

1．兩岸三地「語文教學圓桌論壇」，由上海師範大學、香港教育學院、臺灣師範大學等發起，主題是「散文的文本解讀與教學設計」，迄今已舉辦三屆。

2．江蘇、浙江、安徽、上海四省市聯合舉辦的「長三角語文教育論壇」，主題是「語文教學內容的確定性」，由於散文主導文類的現狀，自然要聚焦到散文教學內容的確定——今年將要召開的第三屆，論題明確為「散文教學內容的確定」。

這一波引起了廣泛的關注，並正在往縱深發展。

綜合目前的研究和實踐探索，解決散文教學的問題，以下三個對策逐漸明朗。

（一）阻截：限制散文，逼使語文課程教材中語體散文的比例大大下降。

首先在課程與教材層面謀求解決。以散文為主導文類，發端于語體文進入語文教材之際，在大陸定型於 1963 年[9]，這是由歷史的機緣造成的，是受制於當時可選文本的現實條件而不得已的選擇。隨著可選文本的條件大大改觀，以及語文教育研究的覺醒，中小學語文教學以散文為主導文類的現狀，到了該改變的時候了，事實上也開始改變。

小學語文教學的實踐走在前列，以兒童文學作品為主的整本書閱讀，在許多地區和學校蓬勃開展，整本書閱讀的課程化建設已經起步，以「整本書閱讀」為主要形態的小學語文教學新格局已露端倪。在教材方面，以兒童文學為主導文類的讀本、學本已領風氣之先，如朱自強主編的《快樂語文讀本》、《經典兒童文學讀本》、《新理念語文讀本》，王榮生、方衛平等主編《新課標小學語文學本》。

高中語文課程改革，把課程分為必修課和選修課。必修課只占 2.5 個學期，這勢必要大大壓縮課文的量，因而客觀上限制了散文。人教版《高中語文課程標準實驗教材（必修）》（2007 年版）共五冊，計 20 單元，其中古詩文 8 個單元；12 個語體文單元（含混編）中，小說 2 個單元，詩歌、戲劇、論說文各 1 個單元，計 15 課，剔除混編單元中《林教頭風雪山神廟》等 4 課，剩 11 課；傳統意義上的「文學性的散文」壓縮到了 7 個單元 21 課[10]。「文學性的散文」雖在 32 課語體文中仍占 66%，但絕對量無疑減少了。

選修課程占 3.5 個學期，《中國小說欣賞》、《外國小說欣賞》、《影視名作欣

---

[9]1963 年中小學語文教學大綱以國家檔的名義，明確規定並落實在統編的語文教材：「課文以散文為主」，「散文可占課文總數的 80%左右」。

[10]含 1 個新聞通訊單元。這個單元裡的《短新聞兩篇》（《別了，「不列顛尼亞」》《奧斯維辛沒有新聞》）之所以歸入「散文」，是因為在教科書和權威教參中，這兩篇課文確實是按「散文」的讀法，教學的重點是「體會文章獨特的寫法」，「揣摩下面語句的內涵」，「品味具有深刻含義的語句」等。

賞》、《中外戲劇名作欣賞》、《中外傳記作品選讀》、《新聞閱讀與實踐》、《演講與辯論》等選修課程，大大擴展了其他文類在語文教學中的比重；《中國現代詩歌散文欣賞》、《外國現代詩歌散文欣賞》，詩歌佔據半壁江山，其散文教學，也與以往不可同日而語，勢必要體現「選修」、凸顯「欣賞」。

阻截是以退爲進，但卻是解決語文教學困境的根本辦法。對傳統的文學體裁四分法，有必要重新認識。「除去小說、詩歌、戲劇之外，都是散文」[11]，長期以來，人們把葉聖陶的這一說法，理解爲文學體裁的四分法，即小說/詩歌/戲劇/散文。這種理解看來不甚妥當。妥善的理解，似乎應該是小說、詩歌、戲劇//散文。如果這樣，就構成了一個連續性的譜系：詩歌、小說、戲劇乃至電影劇本等爲一大類，純文學；「文學性的散文」權作一大類，雜文學；新聞、學術文章等，則是另一大類，實用性文章。

這種分法，在學理上成立與否，倒在於次，對語文課程與教學的好處，則顯而易見。「文學性的散文」與純文學、實用性文章，三足鼎力，要求我們按三大類作品的發達狀況、閱讀教學的現實功用和中小學生的學習必要，在語文課程與教材重新佈局。

（二）分流：以讀法爲綱，細析小類，分化散文，把已經能明確解說的文類從「文學性的散文」中剔除而專門對待。

「文學性的散文」自成一大類，既不混同純文學，也不混同實用性文章，這提示我們對「文學性的散文」需要對作專門的研究，包括文本的狀況、解讀的方式方法乃至適合於中小學生的教學方法。

大類的三分法，容易將傳統上往往被包籠在「散文」裡的有些文類區分出來，而採用相對應的解讀方式。

凡是體裁和文體特徵認識比較清楚，已形成相應讀法的，皆宜從「散文」中分化出來而專門對待。比如通訊、特寫、報刊言論文章、傳記、回憶錄、序言、演講辭、科普小品、學術劄記等。

有些在體裁和文體特徵有明確解說的，如散文詩、雜文、報告文學等，也宜按獨立小類而專門對待，至於在大類上如何處理，對語文教學不具有實質性的意義。

分流依然是以退爲進，但卻是目前最爲可行的辦法。在「文學性的散文」占課文絕大多數的既定條件下，對仍以教課文爲主要形態的中小學閱讀教學來說，關鍵是把文本解讀的理論研究已經提供了相應的解讀方法，因而我們能夠教對的或應該教對的，教對了。

以人教版高中語文教科書爲例，傳統意義上的「文學性的散文」7 個單元，可以分流出去的有 5 個單元：第一冊 1 個單元，按新聞通訊教（《短新聞兩篇》等）；第二冊 1 個單元，按演講辭教（《就任北京大學校長之演說》等）；第三冊 1 個單元，按科普文章教（《動物遊戲之謎》等）；第四冊 1 個單元，按雜文雜感教（《拿來主義》等）；第五冊 1 個單元，按實用文章教（《咬文嚼字》等）。

---

[11]葉聖陶：〈關於散文寫作〉，《中國現代散文理論》（南寧：廣西人民出版社，1983 年），頁 156。

這樣，真正需要按「散文」對待而正面應對的，是剩餘的 2 個單元，一共 6 篇課文：《紀念劉和珍君》，《小狗包弟》，《記梁任公先生的一次演講》；《荷塘月色》，《故都的秋》，《囚綠記》。分流的結果，是分化了難題，也降低問題解決的難度。

（三）正面應對：關注「散文」文類的解讀方式，強化文體意識，不同體式的散文做不同對待。

阻截、分流之後，尚餘下的篇目[12]，便需正面應對。正面應對，目前的努力是從文類和文體兩個方面著手，有如下三個關節點：

1. 關注散文的文類特徵，形成與「散文」文類相匹配的解讀方式，或散文解讀的基本取向。

爲了有效應對當前中小學散文教學的主要問題，我們提出散文解讀的基本取向：散文教學要從「外」回到「裡」，要建立學生與「這一篇」課文的連結，實質是建立學生的已有經驗，與「這一篇散文」所傳達的作者獨特經驗的連結。

從「外」回到「裡」，也就是從「外在的言說物件」，回到「散文裡」；從被抽象化的「精神、思想」，回到「作者的獨特經驗裡」。已出現體現散文解讀取向的探索課例，如李海林老師執教的《幽徑悲劇》[13]。

2. 強化文體意識，根據文體特徵，分野小類，形成可依循的相應的解讀理路。

正如有專家指出的：「散文文體研究的缺乏導致了 20 世紀 90 年代以來散文理論研究的弱勢狀態。散文並不是一種嚴格意義上的文體概念，它只是在文學實踐過程中約定俗成的文類概念。失去了文體特徵規範的散文，對其文類特徵及其內部各亞文學樣式的研究，應成爲眼下散文理論研究的當務之急。」[14]

關於散文的小類分野，如孫紹振關於「審美散文」、「審智散文」、「審醜散文」[15]及其解讀範例，錢理群關於「說理的散文」、「描寫的散文」、「紀實的散文」、「抒情的散文」[16]及其解讀範例，在散文史研究和作家作品評論中所提煉的作家流派、風格等，均給我們提供理論的資源。

3. 細化文體研究，揭示散文文本的最要緊處，努力形成可操作的具體解讀方法。

關於散文文體的細化研究，目前只有一些個案，包括孫紹振等專家的文本解讀範例，優秀語文教師的成功課例、「共同備課」等教研活動中出現的典型案例等。可操作的具體的解讀方法，尚需從個案研究中尋覓、探測。

我們在「共同備課」及「課例研究」中，對《外婆的手紋》（李漢榮）、《合

---

[12]照目前局勢看，問題主要在初中和小學的中高段。人教版初中語文教科書分流後，留在「散文」而需要正面應對的，仍有 15 個單元 60 篇左右課文。

[13] 李海林：〈《幽徑悲劇》教學實錄〉，《中學語文教學》2011 年第 3 期。

[14] 王景科：〈談散文理論研究之弱勢現象〉，《齊魯學刊》2004 年第 5 期。

[15] 孫紹振:《文學創作論》第六章。

[16] 錢理群：〈說什麼「理」？如何「說理」？——解讀《走向蟲子》〉，錢理群等：《解讀語文》（福州：福建人民出版社，2010 年），頁 241。

歡樹》（史鐵生）、《道士塔》（餘秋雨）、《絕版的周莊》（王劍冰）、《背影》（朱自清）、《故都的秋》（郁達夫）、《風箏》（魯迅）、《清塘荷韻》（季羨林）、《走一步，再走一步》（莫頓·亨特）、《藤野先生》（魯迅）、《回憶魯迅先生》（蕭紅）、《端午的鴨蛋》和《胡同文化》（汪曾祺）等，有較深入的探討。比如，從敘事散文、回憶性散文、勵志散文這三個角度解讀《走一步，再走一步》，從回憶性散文、魯迅的散文、《朝花夕拾》系列散文這三個角度解讀《藤野先生》，都有一些深刻的收穫。但形成能被一線教師較容易把握、有較強可操作性、具體的解讀方法，目前尚有距離。

散文文體的理論研究急需跟進。散文教學所處困境，是中小學語文教師幾乎日日都要遭遇的困境。爲中小學語文教師提供散文解讀的抓手和工具，是我們的願景。在此，也呼籲文學、文章學、語言學專家伸出援助之手。如果多個學科的專家能協同作戰，相信這困擾我國近百年的散文教學難關，終有被攻破的一天。

參考文獻

1. 王榮生：〈語文教學的主導文類何以是散文（上）（下）〉，《語文學習》2006 年第 2 期、第 4 期。
2. 陳劍暉：〈斷裂中的痛苦與困惑——20 世紀散文理論批評評述〉，《華南師範大學學報(社會科學版)》2004 年第 1 期。
3. 王雪：〈論新世紀散文研究發展趨向〉，《文藝評論》2009 年第 5 期。
4. 王景科：〈談散文理論研究之弱勢現象〉，《齊魯學刊》2004 年第 5 期。
5. 孫紹振：《文學創作論》，福州：海峽文藝出版社 2007 年。
6. 錢理群、孫紹振、王富仁《解讀語文》，福州：福建人民出版社 2010 年。
7. 蔡富清編選《朱自清選集》(第三卷)，石家莊：河北教育出版社 1989 年
8. 葉聖陶：〈關於散文寫作〉，《中國現代散文理論》，南寧：廣西人民出版社 1983 年。
9. 盧瑋鑾：《不老的繆思──中國現當代散文理論》，香港：天地圖書公司 1993 年。
10. 鄭明娳：《現代散文》，臺北：三民書局 2003 年。

臺灣中小學六、七年級文言文教材的檢驗及其改進之方

王基倫*

摘 要

本篇論文旨在討論初學者所使用的文言文教材，在臺灣地區最近一年的發展情形，並提出可能改進的方向。討論範圍爲最近一年(民國 99 學年度，2010 年 8 月至 2011 年 7 月間)所使用的國小《國語》教材、國中《國文》教材。討論步驟爲先檢視各家選文的編排方式，比對其編寫內容；進而分析其注釋、語譯部分，對於文意的理解與詞義的掌握，包括實詞、虛詞的解讀途徑，以及通假字的編寫內容等；最後再提出一些檢討。經由上述說明，指出各家選文的編排應該有自己的特色，實詞的教學須注意詞性與詞義的配合，虛詞的教學須注意語氣的分辨。「詞語教學」爲文言文解讀的基本功，因此編書者、教學者都應該在文字學相關知識場域下工夫，能運用文字加偏旁的孳乳原則，以及認識通同字的使用方式，有助於歸納統整的學習。翻譯文言文時應該注意到標點符號和原文對譯的效果；課前預習的設計須能落實，並與問題討論相呼應；在《教師手冊》中，文法和修辭的內容應該大量刪減。提出上述改進教材編寫的方向後，希望經由眾人的齊心努力，將來能推升文言文教材達到更佳的水平。

關鍵詞：文言文、教材、實詞、虛詞、詞語教學

*國立臺灣師範大學國文學系教授

一、前　言

教育部公布的《92 年國民中小學九年一貫課程綱要》，其中「國語文領域」在「(三)分段能力指標」的 E-2-1-1 規定：「熟習活用生字語詞的形音義，並能分辨語體文及文言文中詞語的差別。」E-3-1 規定：「能熟習並靈活應用語體文及文言文作品中詞語的意義。」各家書局據此編撰國民小學《國語》、國民中學《國文》教科用書，當然應該編入文言文教材，並提供對於語詞的形音義應有一定程度認識的教材。民國 100 年起，各家書局所依據編撰的教育部公布的《97 年國民中小學九年一貫課程綱要》，據悉其內容更動不大。[1]可以想見的是，各家書局仍然會編撰文言文教材。

其實，開始實施課程綱要的前幾年，各家書局對「文言文」的定義並不清楚，有時並未編入「文」，而是以「詩詞」代替。幾年之後，爲了貫徹國小與國中教材能夠銜接的訴求，各家教科用書陸續編入文言文教材，在小學六年級課本呈現。但是，第一次接觸到文言文的小學生，應當如何理解文言文這種非口語使用的文體？在教科書幾乎同樣都用題解、作者、課文、注釋、語譯、賞析的模式下，教師應當如何引導學生更能進一步的瞭解文言文？如果我們檢視各家教科書版本，是否在《課本》或《教師手冊》的適當地方，教導過老師們如何進行文言文教學？或是教導學童如何認識文言文？教科書的編寫是否有可取之處，可以提供其他家版本借鏡？或有不妥之處，可以提出來供各家版本將來改善之用？這些都是尚待討論的問題。

本篇論文擬以臺灣地區的《國語》、《國文》教材爲研究範圍，選定目前國小六年級、國中一年級(又稱爲七年級)的課本進行討論；因爲這兩個年級開始有文言文教材的編寫，對學生來說，都是開始接觸文言文的階段。國小與國中的文言文教材編寫往往是不同書局、或不同編輯群的工作，在選文方面，國小很少，有點像點綴性質；國中較多，像是逐步走入大量編寫的過程，但是國中一年級所讀的文言文教材仍然不多，編書者好像都是重新開始做選文編撰的工作。這種多頭馬車的現象，造成有些選文在國小《國語》和國中《國文》是重複的現象，[2]顯然教材之間的設計沒有考慮到學習者的需求，不能做到銜接的工作。過去學界似乎忽略了文言文教材及教學的研究，因此本文從教材的檢驗開始論起。

二、國語文教材的檢驗之一：選文的編排

[1] 參見教育部「國民教育司 Department of Elementary Education」網站。《92 年國民中小學九年一貫課程綱要》已公布多年，實施至 99 學年度止；《97 年國民中小學九年一貫課程綱要》標示「修訂中」，自 100 學年度起開始實施。

[2] 譬如康軒版國小《國語課本》第 12 冊第 1 課編入孟浩然(689-740)〈過故人莊〉，該冊頁 8-11；翰林版國中《國文課本》1 下第 2 課編有〈律詩選〉，也選入此詩，該冊頁 16-19、23-25；南一版國中《國文課本》1 下第 4 課編有〈律詩選〉，也選入此詩，該冊頁 40-43、46-51。各家版本的出版年度、使用年限，參見本論文下節表格及文末參考文獻，此處從略。

早期各家出版社爭食教科書的市場大餅，目前臺灣地區僅存南一書局企業股份有限公司、康軒文教事業、翰林出版事業股份有限公司(依筆畫順序)還在國民小學《國語》科的市場競逐。筆者所見這三家選文在99學年度使用的情形如下表：

篇題、出處(依選文時代先後排列)	書局名稱	編者	冊數、課數、頁數	課文編排情形	出版年月	審定執照有效期限
鷸蚌相爭(《戰國策》)	南一書局企業股份有限公司	張清榮等	第11冊第2課第12-15頁	原文、注釋、題解、作者、語譯、賞析	99年6月修訂版	97年4月10日-103年4月9日
狐假虎威(《戰國策》)	康軒文教事業	賴慶雄等	第11冊第6課第42-47頁	題解、出處、原文、注釋、語譯、賞析	96年9月第3版	94年7月12日-100年7月11日
狐假虎威(《戰國策》)	翰林出版事業股份有限公司	連寬寬等	第12冊第2課第10-15頁	題解、作者、原文、注釋、語譯、賞析	100年2月初版	99年12月16日-105年12月15日
季札掛劍(《史記》)	南一書局企業股份有限公司	張清榮等	第12冊第5課第36-41頁	原文、注釋、語譯、原文出處、內容重點、讀後心得	100年元月修訂版	97年9月25日-103年9月24日
王戎辨苦李(《世說新語》)	翰林出版事業股份有限公司	連寬寬等	第11冊第8課第56-59頁	原文、注釋、語譯、賞析	99年8月初版	99年5月5日-105年5月4日
分辨文言文、語體文[3]	南一書局企業股份有限公司	張清榮等	第11冊語文天地一第22-23頁		99年6月修訂版	97年4月10日-103年4月9日
認識文言文[4]	康軒文教事業	賴慶雄等	第12冊統整活動四第98-99頁		100年2月初版	99年12月31日-105年12月30日

從上表可知，選文不多，南一書局、翰林出版事業公司各有2篇，康軒文教事業只有1篇，合計5篇。選文主要是寓言故事，其次是歷史人物故事，應該能符合學童的學習興趣。選文的編排方式也大同小異，與國中的《國文》教材也差不多，多出來的就是「語譯」一項。大家都預設國小學童較難理解文言文，因此增加這一欄也很合理。一般說來，歷經編撰者的努力、過去國立編譯館(自民國100年4月起改隸國家教育研究院)組織審查委員會的用心審查，教科用書出錯的機率應該是很低的。因此，各家國小《國語》教材幾乎沒有可以糾謬的地方。

國民中學《國文》科的市場版圖，目前也是由南一書局企業股份有限公司、康軒文教事業、翰林出版事業公司三家書局瓜分(另有一家育成書局市場占有率極低)。筆者所見這三家選文在99學年度使用的情形如下表：

---

3 南一書局在《國語課本》第11冊「語文天地一」之一，編入〈分辨文言文、語體文〉，文長約700字。因為與本篇論文相關，故在此處並列。

4 康軒文教事業公司在《國語課本》第11冊編入1篇文言文，但是到了《國語》第12冊卻沒有持續下去。在該冊之末「統整活動四」之一，又放入1篇說明文章〈認識文言文〉，文長大約750字。因為與本篇論文相關，故在此處並列。

篇題、出處 (依選文時代先後排列)	書局名稱	編者	冊數、課數、頁數	課文編排情形	出版年月	審定執照有效期限
《論語》選(學而時習之、譬如爲山、三人行必有我師焉)	南一書局企業股份有限公司	莊萬壽等	第1冊第7課 第82-89頁	學習重點、導讀、作者、課文、注釋、漫畫、賞析、問題討論、語錄體、應用練習(形音義、典故運用)、閱讀光廊	99年8月 修訂版	97年2月14日- 103年2月13日
《論語》選(學而時習之、三人行必有我師焉、有一言而可以終身行之者乎)	康軒文教事業	董金裕等	1上第6課 第64-71頁	學習重點、預習、語錄體淺說、題解、作者、課文、注釋、賞析、問題討論、應用練習(成語練習、《論語》常識)、延伸閱讀	99年9月 再版	97年3月6日- 103年3月5日
《論語》選(學而時習之、三人行必有我師焉、譬如爲山、日知其所亡)	翰林出版事業股份有限公司	宋隆發、蕭水順等	1上第7課 第78-85頁	學習重點、預習、孔子簡介、題解、作者、課文、注釋、賞析、問題討論、應用練習(字義辨析、名言佳句配對、名句引用)、課外學習指引	99年8月 修訂2版	97年3月3日- 103年3月2日
晏子使楚	翰林出版事業股份有限公司	宋隆發、蕭水順等	1上選讀 第148-121頁	學習重點、預習、晏子簡介、題解、作者、課文、注釋、語譯、賞析、問題討論、應用練習(誇飾演練、成語塡空、閱讀題組：《世說新語•枕流漱石》，有注釋)、淺談寓言、課外學習指引	99年8月 修訂2版	97年3月3日- 103年3月2日
神話選(夸父逐日、精衛塡海)	翰林出版事業股份有限公司	宋隆發、蕭水順等	1下選讀 第156-166頁	學習重點、預習、神話簡介、題解、作者、課文、注釋、語譯、賞析、問題討論、應用練習(閱讀題組：《山海經•大荒北經》，有原文、有注釋)、課外學習指引	100年2月 修訂1版	97年9月24日- 103年9月23日
五柳先生傳	南一書局企業股份有限公司	莊萬壽等	第2冊第8課 第98-107頁	學習重點、導讀、作者、課文、注釋、賞析、問題討論、傳記的寫作、應用練習(形音義、偏義複詞、認識自傳作法)、閱讀光廊	100年2月 修訂版	97年8月27日- 103年8月26日
五柳先生傳	康軒文教事業	董金裕等	1下第10課 第128-135頁	學習重點、預習、題解、作者、課文、注釋、賞析、偏義複詞、問題討論、應用練	100年2月 初版3刷	97年10月9日- 103年10月8日

				習、延伸閱讀		
五柳先生傳	翰林出版事業股份有限公司	宋隆發、蕭水順等	1下第9課 第114-121頁	學習重點、預習、題解、作者、課文、注釋、賞析、問題討論、偏義複詞、應用練習(偏義複詞練習、閱讀題組：陶淵明〈歸園田居〉、義近成語)、課外學習指引	100年2月修訂1版	97年9月24日-103年9月23日
王藍田食雞子	南一書局企業股份有限公司	莊萬壽等	第2冊第7課 第88-97頁	學習重點、導讀、作者、課文、注釋、漫畫、賞析、問題討論、《世說新語》介紹、應用練習(形音義辨識、圖說)、閱讀光廊	100年2月修訂版	97年8月27日-103年8月26日
賣油翁	南一書局企業股份有限公司	莊萬壽等	第1冊第10課 第122-129頁	學習重點、導讀、作者、課文、注釋、賞析、問題討論、應用練習(形音義辨識等)、閱讀光廊	99年8月修訂版	97年2月14日-103年2月13日
賣油翁	康軒文教事業	董金裕等	1下第8課 第98-105頁	學習重點、預習、人稱代詞、題解、作者、課文、注釋、賞析、問題討論、應用練習、延伸閱讀	100年2月初版3刷	97年10月9日-103年10月8日
賣油翁	翰林出版事業股份有限公司	宋隆發、蕭水順等	1下第3課 第28-35頁	學習重點、預習、唐宋八大家簡介、題解、作者、課文、注釋、賞析、問題討論、應用練習(代詞辨識等)、課外學習指引	100年2月修訂1版	97年9月24日-103年9月23日
愛蓮說	翰林出版事業股份有限公司	宋隆發、蕭水順等	1下第7課 第84-91頁	學習重點、預習、說體簡介、題解、作者、課文、注釋、賞析、問題討論、應用練習(成語填空、看圖填空、連連看)、課外學習指引	100年2月修訂1版	97年9月24日-103年9月23日
記承天夜遊	康軒文教事業	董金裕等	1下第6課 第76-83頁	學習重點、預習、唐宋八大家、題解、作者、課文、注釋、賞析、語文小詞典(設問修辭)、問題討論、應用練習、延伸閱讀	100年2月初版3刷	97年10月9日-103年10月8日
兒時記趣	南一書局企業股份有限公司	莊萬壽等	第2冊第10課 第130-137頁	學習重點、導讀、作者、課文、注釋、賞析、問題討論、	100年2月修訂版	97年8月27日-103年8月26日

				應用練習(形音義、誇飾)、閱讀光廊		
兒時記趣	康軒文教事業	董金裕等	1下第11課第130-139頁	學習重點、預習、題解、作者、課文、注釋、賞析、誇飾修辭、問題討論、應用練習(誇飾修辭練習、想像練習)、延伸閱讀	100年2月初版3刷	97年10月9日-103年10月8日
兒時記趣	翰林出版事業股份有限公司	宋隆發、蕭水順等	1上第9課第108-115頁	學習重點、預習、題解、作者、課文、注釋、賞析、問題討論、誇飾修辭、應用練習(誇飾修辭辨析、詞語填空)、課外學習指引	99年8月修訂2版	97年3月3日-103年3月2日

從上表可知，選文的同質性太高，〈論語選〉三家皆有，內容大同小異；陶淵明(365-427)〈五柳先生傳〉、歐陽脩(1007-1072)〈賣油翁〉、沈復(1763-1808以後)〈兒時記趣〉三家皆入選；這還不包括有些篇目可能這家入選在七年級，他家入選在八、九年級。

假設因爲文言文佔全冊教材的比率愈來愈低，或是政府單位規定了所謂文言文精讀30篇或40篇的問題，而造成篇目雷同的情形，這尚有可說；但是今天我們所看到的情形是，各家版本之間是互相觀摩、學習，甚或嚴重到互相抄襲的程度了吧？這可能因爲看到別家版本市佔率大，於是東施效颦；或是爲了學校教師教來教去總是這幾篇，在每學年新選用教科書版本時，轉換版本愈容易的話，愈有機會受到青睞的考量？這些細部原因筆者並不清楚，不過，好像都不是從學生受教育的權益出發。試想，如果學生轉學，或不同年級使用了不同版本的教材，是不是就重複了學習的經驗，這樣合適嗎？目前看不出爲何一定要選這幾篇，譬如歐陽脩〈賣油翁〉一文是作者的代表作嗎？能代表他的文章風格嗎？如果只是考量文章篇幅短、學童生活經驗等因素，也還有許多文章可以考慮，如《戰國策》、《韓非子》的寓言故事、《史記》、《禮記•檀弓》和劉向(前77-前6)《說苑》的人物故事、柳宗元(773-819)〈黔之驢〉、晚明小品文、彭端淑(1699-1779)〈爲學一首示子姪〉、劉蓉(1816-1873)〈習慣說〉等。

有時選文的內容大同小異，譬如三家〈論語選〉都是以勸學爲主題，所選篇章雷同(見前頁表格內所示)，尚無可厚非。如果說選了相同的篇章，其題解、注釋、語譯非常相似，譬如《論語•學而》:「子曰:『學而時習之，不亦說乎？有朋自遠方來，不亦樂乎？人不知而不慍，不亦君子乎？』」南一版的「課文導讀」寫道:「說明爲學的方法、樂趣與態度。」[5]康軒版的「題解」寫道:「談到爲學的方法、樂趣、態度。」[6]翰林版的「題解」寫道:「是孔子自述爲學的方法、樂趣與態度。」[7]這也是不得不然的狀況，情有可原。但是筆者覺得不妥的是，有些地方不同編輯者竟然會編出相似度

5 參見南一版《國文課本》第1冊第7課〈論語選〉，頁83。
6 參見康軒版《國文課本》1上第6課〈論語選〉，頁65。
7 參見翰林版《國文課本》1上第7課〈論語選〉，頁79。

很高的文字，譬如下面這幾則「問題討論」的設計：

> 本文一說五柳先生讀書「不求甚解」，又說他讀書「每有會意，便欣然忘食」，請問：這兩句話前後文意有什麼關連？(南一版《國文課本》第 2 冊第 8 課〈五柳先生傳〉，「問題與討論」第 1 題，頁 102)
> 本文先說五柳先生讀書「不求甚解」，接著又說他讀書「每有會意，便欣然忘食」。請問兩者之間有沒有矛盾的地方？(翰林版《國文課本》1 下第 9 課〈五柳先生傳〉，「問題討論」第 2 題，頁 119)

> 文章開頭的「先生不知何許人也」，與文末的「無懷氏之民歟！葛天氏之民歟！」有什麼關係？(南一版《國文課本》第 2 冊第 8 課〈五柳先生傳〉，「問題與討論」第 2 題，頁 103)
> 文章開頭的「先生不知何許人也」，與文末的「無懷氏之民歟！葛天氏之民歟！」有什麼關聯？請加以說明。(翰林版《國文課本》1 下第 9 課〈五柳先生傳〉，「問題討論」第 3 題，頁 119)

> 事實上癩蝦蟆不能算是「龐然大物」，也不可能「拔山倒樹」，而作者為什麼要這樣寫？(南一版《國文課本》第 2 冊第 10 課〈兒時記趣〉，「問題討論」第 3 題，頁 137)

> 事實上癩蝦蟆不能算是「龐然大物」，也不可能「拔山倒樹」，作者為什麼要這樣寫？(康軒版《國文課本》1 上第 11 課〈兒時記趣〉，「問題討論」第 3 題，頁 137)
> 癩蝦蟆不能算是「龐然大物」，也不可能「拔山倒樹」，而作者為什麼要這樣寫？(翰林版《國文課本》1 上第 9 課〈兒時記趣〉，「問題討論」第 2 題，頁 113)

兩相對照之下，是否過於巧合了呢？原本各家書局在課文之前都有「學習重點」、「課前預習」的設計，其教學內容應該會有些不同。以〈兒時記趣〉這篇爲例，康軒版的「學習重點」有「認識沈復的生平及作品風格」，[8]這是南一版、翰林版所沒有的；翰林版的「學習重點」有「了解誇飾、譬喻和排比的修辭技巧」，[9]後一種修辭技巧是南一版所沒有的，後二種修辭技巧是康軒版所沒有的。假設各自配合原「學習重點」的方向去擬定討論的題目，應該會有不同的風貌。然而我們現在所見到的只是轉相抄襲、缺乏自家特色的教材，這不是很可惜嗎？

三、國語文教材的檢驗之二：詞語的解讀

在教學過程中如何安排教材次序、如何在《國語教學指引》中引導教師進行優質

[8] 參見康軒版《國文課本》1 上第 11 課〈兒時記趣〉，學習重點，頁 130。
[9] 參見翰林版《國文課本》1 上第 9 課〈兒時記趣〉，學習重點，頁 108。

的教學，讓學習者更容易理解，這十分重要。對初學者來說，閱讀文言文的困難首先出現在字義不理解、文意弄不明白，如果因為看不懂而讀不下去，怎麼可能去理解課文呢？因此，詞語教學是很基礎而且重要的工作。

基本上古代文言文的基本釋義單位是「詞」不是「字」，有時候單字不能構成意義，須視上下文來決定其意義。這可分從文言文的實詞、虛詞兩方面來說：

文言文的實詞，是指有特定語義的詞語，如名詞、動詞、形容詞、副詞、數量詞、指稱詞等，大多可以透過語體文的對譯，找出每個詞語的正確解讀意義。比較困擾的是，文言文的詞彙較少，有時一個字兼有多種詞性或多種意義，因為詞性、意義的不同，造成學習時不同的認讀轉換。因此在教材裡，適切的提醒讀者這個字的詞性為何、意思為何，對解讀文本是有必要的。譬如三家國中《國文課本》在陶淵明〈五柳先生傳〉一課，都介紹了「偏義複詞」，這對理解文言文很有幫助。

不過，為了精益求精，有些細節我們可以再作些講求。譬如翰林版《國語課本》第 12 冊〈狐假虎威〉這一篇課文，連續出現了好幾個「之」字，我們把課本中有「之」字的注釋標舉出來如下：

> 虎求百獸而食之②，得狐，狐曰：「子無敢食我也，天帝使我長百獸，今子食我，是逆天帝命也。子以我為不信，吾為子先行，子隨我後，觀百獸之⑭見我而敢不走乎？」虎以為然，故遂與之⑰行，獸見之⑱皆走。虎不知獸畏己而走也，以為畏狐也。

這裡《國語課本》依序提出注釋說道：「②之：代名詞，指「百獸」。⑭之：助詞，無意義，可以讓句子的語氣順暢。⑰之：代名詞，在此指狐狸。⑱之：代名詞，在此指老虎。」[10]這裡將每個詞語的詞性說明清楚，是正確的作法；不過，這麼短的文章，有這麼多的字同而義不同的現象，會不會構成學習者的困擾？是否適合當作初學文言文的教材呢？其中注釋②、⑰、⑱都當作代名詞用，或許學童可以從上下文的文意作判斷，但是注釋⑭的「之」當助詞用，恐怕學生不容易領會。

我們再以南一版《國語課本》第 12 冊〈讀書筆記〉這一篇選自《史記》的〈季札掛劍〉課文為例：

> 季札之①初使，北過徐君。徐君好季札劍，口弗敢言。季札心知之⑥，為使上國，未獻。還至徐，徐君已死，於是乃解其寶劍，繫之徐君冢樹而去⑪。從者曰：「徐君已死，尚誰予乎？」季子曰：「不然。始吾心已許之⑮，豈以死倍吾心哉！」

全課共有注釋 16 個，但是涉及 4 個「之」字，注釋⑥、⑪、⑮都當作代詞用，分別指「徐君好季札劍」這件事、指劍、指徐君，另有注釋①的「之」當助詞用，無義，

---

[10] 參見翰林版《國語課本》第 12 冊第 2 課〈狐假虎威〉，頁 12-13。

[11]這恐怕也有點學習上的困難。當我們對照南一版《國語課本》第 11 冊〈鷸蚌相爭〉這一篇課文：「蚌方出曝，而鷸啄其肉②，蚌合而拑其喙③。鷸曰：『今日不雨，明日不雨，即有死蚌。』蚌亦謂鷸曰：『今日不出，明日不出，即有死鷸。』兩者不肯相舍，漁者得而并禽之⑩。」這一課只有注釋②說：「其，代詞，此指河蚌。」注釋③說：「其，代詞，此指鷸鳥。」注釋⑩說：「之，代詞，此指鷸鳥和河蚌。」[12]較少用到「字詞相同而意義不同」的現象，對學習者來說可能相對簡單一些。

文言文的虛詞，是指沒有特定語義的詞語，通常是歎詞、語氣詞之類。由於古人的語氣詞和今人使用的語氣詞不同，因此，講清楚每個詞的對譯關係，是基本的工作。一般詩詞作品中，很少出現虛詞，解讀作品比較容易，因此我們看到南一版《國語課本》第 10 冊〈絕句選〉這一課選了李白(701-762)〈早發白帝城〉和朱熹(1130-1200)〈觀書有感〉、南一版《國語課本》第 11 冊選了張志和(730?-810?)〈漁歌子〉這一課，都只有課文、語譯、賞析，不需要有注釋這個欄位，[13]學習者只要對照語譯就可以讀懂文意了。篇幅短又沒有虛詞，這是詩詞比古文更容易入門的原因。康軒版《國語課本》第 12 冊〈認識文言文〉說：「閱讀文言文的困難，當然遠比讀白話文多，比如讀一篇文言文，首先遇到的難題就是有些虛詞沒有實在意義，有些詞語，不好理解；有些則不認得，不知道應該怎麼讀。」[14]正因如此，有關古文的虛詞教學尤其應該受到重視。

譬如前引翰林版《國語課本》第 12 冊〈狐假虎威〉這一篇課文，文中有「子無敢食我也」、「觀百獸之見我而敢不走乎？」這裡出現的「也」字，《國語課本》注釋說：「語尾助詞，無意義。」而出現的「乎」字，注釋說：「疑問助詞，同『嗎』。」[15]解釋雖然不錯，但是有點僵滯。因為《國語課本》下一頁的「語譯」將「觀百獸之見我而敢不走乎」這一句譯成：「看看各種野獸見到我，有誰敢不逃走的？」[16]這裡並沒有「嗎」字。如果將「乎」字解釋成同「呢」字就沒有問題了。

前引南一版《國語課本》第 12 冊的〈季札掛劍〉這一篇課文，文中有一句話：「尙誰予乎」，這裡出現的「乎」字，注釋說：

> 語助詞，相當於白話文的「呢」。[17]

另有一句話：「豈以死倍吾心哉！」這裡出現的「哉」字，注釋說：

> 語助詞，相當於白話文的「呢」。[18]

---

[11] 參見南一版《國語課本》第 12 冊第 5 課〈讀書筆記〉，頁 36-37。
[12] 參見南一版《國語課本》第 11 冊第 2 課〈鷸蚌相爭〉，頁 12-13。
[13] 參見南一版《國語課本》第 10 冊第 1 課〈絕句選〉，頁 8-11、南一版《國語》第 11 冊第 1 課〈漁歌子〉，頁 8-11。
[14] 參見康軒版《國語課本》第 12 冊「統整活動四」之一〈認識文言文〉，頁 98。
[15] 參見翰林版《國語課本》第 12 冊第 2 課〈狐假虎威〉，注釋⑥、⑮，頁 13。
[16] 同前註，語譯，頁 14。
[17] 參見南一版《國語課本》第 12 冊第 5 課〈讀書筆記〉，注釋⑬，頁 37。
[18] 同前註，注釋⑯，頁 37。

雖然解釋都說得通，但是乎、哉的注釋完全相同，這教學生如何分辨呢？其實，課本下一頁的「語譯」將「尚誰予乎」這一句譯成：「你還把劍掛在樹上給誰呢？」將「豈以死倍吾心哉」這一句譯成：「怎麼可以因爲他已經死了，便違背我心裡對他的承諾呢！」[19]這裡「呢」字下面的標點符號不同，透露了一些訊息。

再比如前引陶淵明〈五柳先生傳〉的原文，南一版、康軒版、翰林版都作「無懷氏之民歟！葛天氏之民歟！」但是三家版本的注釋都說到這裡的「歟」字是「句末助詞」，表示「推測」或「感嘆」的語氣。[20]筆者認爲可以再作思考的是，陶淵明寫此文的心境是想要表達一種強烈肯定的語氣嗎？一般情況下，「推測」或「感嘆」的語氣是強烈的或是委婉的呢？改作「無懷氏之民歟？葛天氏之民歟？」是否更爲恰當？

以上教科書的編輯者似乎都忽略了古人有所謂「疑辭」、「決辭」二分的觀念。晉朝杜預(222-285)《左傳注》、唐朝孔穎達(574-648)《禮記正義》、賈公彥(生卒年不詳，約 6-7 世紀之間)《周禮正義》、張守節(生卒年不詳，約 684-704 前後)《史記正義》曾經提出「抑」、「乎」、「與」、「蓋」四字爲疑辭，「哉」爲疑而量助之辭的觀念，雖然他們所舉之例不多。[21]到了中唐柳宗元〈復杜溫夫書〉就明確地指出：

> 所謂「乎」、「歟」、「邪」、「哉」、「夫」者，疑辭也；「矣」、「耳」、「焉」、「也」者，決辭也。今生則一之。宜考前聞人所使用，與吾言類且異，慎思之則一益也。[22]

用我們現在的話來說，「疑辭」就是疑問語氣詞，「決辭」就是肯定語氣詞。古人下筆行文之際，並未使用標點符號，爲了表達不同的語氣，而有這般的區隔作法。明瞭這個道理，「乎」字譯成「嗎」字、「呢」字都可以，只要是表達疑問語氣都行。「哉」字可以表達疑問語氣用，也可以稍稍帶有肯定的意味，因此在文言文中有時當作感歎詞。「也」字爲肯定語氣詞，「乎」字、「歟」字爲疑問語氣詞，此種相對二分的觀念，雖然並非絕對如此，作家使用時仍然可以有個別特殊的用法，但是詳加品味，仍然可以建立通則。

虛詞既然是在傳達語氣，我們就不能誤解原本說話者的語氣、神情。柳宗元注意到文章助詞的表現，他的見解也受到後代文評家欣賞，如南宋洪邁(1123-1202)曾引此段文字，用來說明虛詞在文章中的用法。[23]當然，如果我們能再多參考劉勰(465-522?)《文心雕龍•章句》講究虛詞句首、句中、句末的位置用法，以及清朝袁仁林(約 1732

---

[19] 同前註，語譯，頁 38。

[20] 參見南一版《國文課本》第 2 冊第 8 課〈五柳先生傳〉，注釋㉔，頁 103、康軒版《國文課本》1 下第 10 課〈五柳先生傳〉，注釋㉒，頁 132、翰林版《國文課本》1 下第 9 課〈五柳先生傳〉，注釋㉑，頁 117。

[21] 杜預、孔穎達、賈公彥、張守節的看法，引自鄭奠、麥梅翹編：《古漢語語法學資料彙編》(香港：中華書局香港分局，1972 年)，第一部分甲詞論第一章第二節，〈語助的用法(4)疑辭〉，頁 55-59。

[22] 柳宗元著、吳文治(1925-2009)點校：《柳宗元集》(臺北：漢京文化事業公司，1982 年)，卷 34，〈復杜溫夫書〉，頁 890。

[23] 洪邁：《容齋隨筆》(臺北：大立出版社，1981 年)，卷 7，〈孟子書百里奚〉，頁 85。

前後)的《虛字說》、[24]近人的文法相關書籍，將能歸納出虛詞的條理脈絡，解讀起來會得心應手。瞿蛻園(1894-1973)的《文言淺說》說：「學習文言，應當注意的事大約有三項，一是虛字的使用，二是整篇的結構，三是字眼、詞藻、典故等。」[25]可見虛字是掌握文意的初步關鍵，不容輕忽。

四、國語文教材的檢驗之三：語譯的釐清

從教育部公布的《課程綱要》看來，文言文教學的基礎工作在於「詞語教學」，因此本文前述討論的重點在於字義、詞義、詞性等方面的檢討與運用。由此延伸下去，會涉及語譯方面的問題，本節再說明如下。

國小的《國語課本》在每課課文中置入「語譯」，而國中《國文課本》的選讀課文也置入「語譯」，教學時也需要譯解成白話文。目前看到各家版本的語譯大致無誤，南一版第 11 冊〈鷸蚌相爭〉有一處語譯可能會引起爭議，那是寫到「即有死蚌」、「即有死鷸」時，譯成「沙灘上就會有一個死蚌了。」「沙灘上就會有一隻死鷸。」[26]文言文並未出現在「沙灘上」的字眼，通常鷸鳥攫獲食物後也會飛離現場，何況一日後鷸鳥身在何方也不確定。因此語譯不宜增添不必要的解釋。

此外，更常見的語譯問題是：課文的標點與譯文的標點不能貼合。譬如康軒版第 11 冊〈狐假虎威〉課文的這一句：「子無敢食我也」，語譯是：「你才不敢吃我呢！」[27]原文句尾作逗號，語譯變成驚歎號！試想狐狸一見到老虎要吃牠時，恐怕是先有驚懼害怕的語氣，而不會如此斬釘截鐵的說話；又同篇的另一句話：「獸見之皆走」，原文句尾也作逗號，但是語譯作：「野獸們看到老虎，都嚇得落荒而逃。」[28]既然語譯出來是完整的表述句，那麼原文句尾應該作句號較好。

又譬如南一版第 12 冊〈季札掛劍〉課文前兩句：「季札之初使，北過徐君。」語譯是：「春秋時代，有一次吳國的公子季札要出使晉國。他一路往北走，路經徐國的時候去見了徐君，」[29]這裡可以一直連用逗號，直到「去見了徐君」下面，才用個句號收結。前文討論到此課的虛詞用法，也指出標點會影響到文意的解釋。這種課文和語譯的標點符號搭配不符的情形各家版本皆有，就不再舉例了。課文可幫助語譯更為準確，也可以讓學習者更容易找出對應的文句意思在哪裡，這是編撰者可以稍加留心的地方。

五、國語文教材的檢驗之四：文法與文字學理的運用

---

24 袁仁林著、解惠全註：《虛字說》(北京：中華書局，1989 年)，頁 1-146。
25 瞿蛻園：《文言淺說》(臺北：五洲出版社，1973 年)，〈學習文言的要點〉，頁 103。
26 參見南一版《國語課本》第 11 冊第 2 課〈鷸蚌相爭〉，語譯，頁 15。
27 參見康軒版《國語課本》第 11 冊第 6 課〈狐假虎威〉，頁 46。
28 同前註，頁 46。
29 參見南一版《國語課本》第 12 冊第 5 課〈讀書筆記〉，頁 36-38。

南一版《國語課本》第11冊〈分辨文言文、語體文〉說:「文言文和語體文最大的不同就是在『語詞』的使用上。首先,是代名詞的不同。……其次,是用字精簡度的不同。在古代,因爲字詞和現代相比較少,再加上表達時傾向用精簡的字詞述,所以感覺上文言文的長度都比語體文短,可是講的意思卻差不多。像是第二課〈鷸蚌相爭〉的第一句,『蚌方出曝』只用四字就說明完蚌的動作,若是語體文則會寫成『河蚌才從水中出來,正要晒太陽。』才能將蚌的動作說完,一個『曝』字,就可以表達『晒太陽』的意思,可見古人用字之精簡。學會以上兩點,……你也能輕鬆閱讀文言文哦。」[30]以上這段話,太過簡化了學習文言文的要點。

首先,文言文和語體文最大的不同是在「語詞」的使用上,然而不是只有代名詞的不同而已,前節提到實詞、虛詞的用法也很重要。此外,我們還看到注釋中出現多次各種詞性的介紹,詞性不同往往造成詞義的解讀不同,兩者一併介紹,有其必要。譬如:

〈鷸蚌相爭〉「今日不雨,明日不雨」的「雨」字:「音ㄩˋ,動詞,下雨。」[31]

〈狐假虎威〉「天帝使我長百獸」的「長」字:「音ㄓㄤˇ,動詞,管理、統治。」[32]

〈季札掛劍〉「季札之初使」的「使」字:「音ㄕˇ,動詞,奉命到外國執行任務。」[33]

〈晏子使楚〉「使子為使」的「使」字:「指派你為使節。前一個『使』是動詞,第二個『使』是名詞。」同篇「其賢者使使賢主」的「使」字:「第一個『使』,派遣;第二個『使』,出使。下句句式相同。(兩個『使』字皆當動詞用)」[34]

以上詞性與詞義搭配作解釋,都是很好的例證。

又譬如《論語•子罕》子曰:「譬如爲山,未成一簣,止,吾止也。譬如平地,雖覆一簣,進,吾往也。」句中「爲山」和「平地」是相對的語詞,翰林版《國文課本》強調了「平」字是動詞,填平的意思。但是沒有注明「爲」字是動詞,而是放在《國文備課用書》中供任課教師補充說明。[35]南一版《國文課本》則都是字義解釋,沒有詞性的說明。[36]筆者懷疑,「平地」二字較淺易,如果不強調它的詞性,很容易囫圇吞棗的讀過去,還是有必要寫清楚。「爲山」二字的詞性也應該寫入《國文課本》內,

30 參見南一版《國語課本》第11冊「語文天地一」之一,〈分辨文言文、語體文〉,頁22-23。

31 參見南一版《國語課本》第11冊第2課〈鷸蚌相爭〉,注釋⑤,頁13。

32 參見康軒版《國語課本》第11冊第6課〈狐假威虎〉,注釋⑧,頁45。

33 參見南一版《國語課本》第12冊第5課〈讀書筆記〉,注釋②,頁36。

34 參見翰林版《國文課本》1上選讀〈晏子使楚〉,注釋⑥,頁150、《國文備課用書》1上選讀〈晏子使楚〉,注釋⑬,頁151。

35 參見翰林版《國文課本》1上第7課〈《論語》選〉,注釋⑫,頁81、翰林版《國文備課用書》1上第7課〈《論語》選〉,注釋⑩,頁81。

36 參見南一版《國文課本》第1冊第7課〈《論語》選〉,注釋⑧、⑩,頁84。

沒必要只是留給教師參考。

同理，康軒版《國文課本》1上〈兒時記趣〉的「物外之趣」、「心之所向」、「項爲之強」，以及「盡爲所吞」等處的注釋，[37]如果在解釋「之」字、「爲」字時，能同時說明該字的詞性，會更有助於學習者的理解。翰林版《國文課本》1上〈兒時記趣〉「物外之趣」、「心之所向」、「項爲之強」、「以草叢爲林」，以及「盡爲所吞」等處的注釋，[38]如果在解釋「之」字、「爲」字時，能同時說明該字的詞性，也有助於學習。南一版這一課的課文注釋與另兩家版本差距不遠，也出現了「心之所向」、「項爲之強」、「以草叢爲林」，以及「盡爲所吞」等處的注釋，但是在本課「應用練習」的單元，增加了「爲之怡然稱快」、「以土礫凸者爲丘」等例子，供學生區別「爲」字的用法，[39]這是很好的練習安排。而本課的「之」字、「以」字也可以作應用練習。

回到前文的「曝」字，這個字不是用字精簡的文學手法，而是「曝」字的字義本來就是如此。古代的文字比現代少，隨著時空的轉變，人類生活愈趨複雜，舊有的文字已不敷使用，自然會利用原有的字形當作字根，加上偏旁(通常是部首偏旁)，產生另外一個新字義的效用。清朝王筠(1784-1854)《說文釋例》說：「字不須偏旁而義已足者，則其偏旁爲後人遞加也。其加偏旁而義遂異者，是爲分別文，其種有二：一則正義爲借義所奪，因加偏旁以別之者也。一則本字義多，既加偏旁，則祇分其一義也。」[40]可見在某個字根加上偏旁，古書中常見。譬如：

> 《孟子・告子上》說：「無或乎王之不智也！雖有天下易生之物也，一日暴之，十日寒之，未有能生者也。」句中「或」字同「惑」，「暴」字是「曝」的本字。
> 《孟子・告子下》：「……所以動心忍性，曾益其所不能。」句中「曾」通「增」。
> 〈鷸蚌相爭〉：「兩者不肯相舍，漁者得而并禽之。」句中「舍，同『捨』，動詞，放開。」「禽，同『擒』字，捕捉。」[41]
> 《史記・張釋之執法》：「於是使騎捕，屬之廷尉。」句中「屬」通「囑」。
> 〈木蘭詩〉：「出門看火伴，火伴皆驚惶。」句中「火伴」等於「伙伴」。
> 《山海經・大荒北經》寫夸父「欲追日景」，其中「景，音一ㄥˇ，同『影』。」[42]
> 《世說新語・忿狷》記載王藍田「復於地取內口中」，其中「內，音ㄋㄚˋ，通『納』，放進。」[43]
> 杜甫(712-770)〈聞官軍收河南河北〉：「卻看妻子愁何在？漫卷詩書喜欲狂。」其中「卷，音ㄐㄩㄢˇ，通『捲』。」[44]

---

[37] 參見康軒版《國文課本》1上第11課〈兒時記趣〉，注釋③、⑥、⑨、⑳，頁132-134。

[38] 參見翰林版《國文課本》1上第9課〈兒時記趣〉，注釋②、⑤、⑦、⑱，頁110-111。

[39] 參見南一版《國文課本》第1冊第10課〈兒時記趣〉，注釋⑦、⑨、⑪、⑲，以及「應用練習」1-1，頁132-133、136。

[40] 王筠：《說文釋例》(臺北：臺灣商務印書館，1968年)，卷8，〈分別文・累增字〉，頁697。

[41] 參見南一版《國語課本》第11冊第2課〈鷸蚌相爭〉，注釋⑨、⑩，頁13、康軒版《國文課本》1下第8課〈賣油翁〉，應用練習選文3，注釋⑤、⑥，頁105。

[42] 參見翰林版《國文課本》1下選讀〈夸父逐日〉，應用練習，頁163。

[43] 參見南一版《國文課本》第2冊第7課〈王藍田食雞子〉，注釋⑨，頁90。

這些例子不勝枚舉，《教師手冊》應當將文字學原理的解說編入，教學者也應當靈活運用之；以目前各家版本看來，全都付之闕如，大多數教學者也沒有這等能力。

清朝俞樾(曲園，1821-1907)〈上曾滌生爵相〉一文說：「嘗試以爲讀古人書，不外乎正句讀、審字義、通古文假借；而三者之中，通假借尤要。」[45]這也是古書中常見的現象，現代各家版本常常得見。譬如：

《論語・學而》子曰：「學而時習之，不亦說乎？」其中「說」字，三家版本都注明通「悅」字，喜悅、愉快的意思。[46]
《論語・子張》子夏曰：「日知其所亡，月無忘其所能，可謂好學也已矣！」其中「亡」字，通「無」。47
《史記・張釋之執法》：「一傾而天下用法皆為輕重，民安所錯其手足？」句中「錯」與「措」同，安放的意思。
〈木蘭詩〉：「朝辭爺孃去，暮宿黃河邊。」句中「孃」通「娘」。
《世說新語・忿狷》記載王藍田「以筯刺之」，注釋：「筯，同『箸』，筷子。」同篇「猶當無一豪可論」，注釋：「豪，在這裡通『毫』。[48]
陶淵明〈五柳先生傳〉：「閑靜少言，不慕榮利。」注釋：「閑，通『閒』。」[49]
歐陽脩〈賣油翁〉：「無他，但手熟爾。」注釋：「爾，同『耳』。」[50]同篇「徐以杓酌油瀝之」，注釋：「杓，同『勺』。」[51]
周敦頤(1017-1073)〈愛蓮說〉：「水陸草木之花，可愛者甚蕃。」注釋：「蕃」字，通「繁」，眾多的意思。[52]同篇「予獨愛蓮之出淤泥而不染，濯清漣而不妖。」句中「予」通「余」，古書中常見。
蘇軾(1037-1101)〈記承天夜遊〉：「但少閑人如吾兩人耳！」注釋：「閑，通『閒』。」[53]
羅貫中(1315-1385)〈空城計〉：「時孔明身邊並無大將，止有一班文官。」句中「止」通「只」。
沈復〈兒時記趣〉：「見藐小微物，必細察其紋理。」句中「藐」通「渺」。

---

44 參見康軒版《國文課本》1 下第 2 課〈律詩選〉，注釋⑤，頁 19、翰林版《國文課本》1 下第 2 課〈律詩選〉，注釋⑥，頁 21。
45 俞樾：《俞曲園書札》(臺北：天人出版社，1968 年 5 月)，〈上曾滌生爵相〉，頁 84。
46 參見南一版《國文課本》第 1 冊第 7 課〈論語選〉，注釋④，頁 84、康軒版《國文》1 上第 6 課〈論語選〉，注釋④，頁 66、翰林版《國文課本》1 上第 7 課〈論語選〉，注釋②，頁 80。
47 參見翰林版《國文課本》1 上第 7 課〈論語選〉，注釋⑯，頁 81。
48 參見南一版《國文課本》第 2 冊第 7 課〈王藍田食雞子〉，注釋③、⑬，頁 90。
49 參見南一版《國文課本》第 2 冊第 8 課〈五柳先生傳〉，注釋③，頁 100、翰林版《國文》1 下第 9 課〈五柳先生傳〉，注釋③，頁 116。
50 參見康軒版《國文課本》1 下第 8 課〈賣油翁〉，注釋⑬，頁 101、翰林版《國文課本》1 下第 3 課〈賣油翁〉，注釋⑫，頁 31。
51 參見康軒版《國文課本》1 下第 8 課〈賣油翁〉，注釋⑰，頁 101。
52 參見翰林版《國文課本》1 下第 7 課〈愛蓮說〉，注釋①，頁 86。
53 參見康軒版《國文課本》1 下第 6 課〈記承天夜遊〉，注釋⑥，頁 78。

以上這些通假字，有些是音近而通假，有些是形近而通假，有些是古今字不同的寫法。這些通假字的解讀，未必是每位教師能具備的知識，教科書編者應該在《教師手冊》加強這方面的說明；而教學者也應該在文字學、聲韻學、訓詁學方面多下些工夫，運用學理教導學生識字、認讀字義的一些基本觀念，有助於他們靈活統整的學習。[54]

六、國語文教材的檢驗之五：教學設計的問題

本篇論文第二節已經檢討過「問題討論」的編排同質性太高，缺乏自家特色的問題。除此之外，國中《國文課本》常有「課前預習」的安排，原是立意良好的設計；可惜的是「課前預習」應該是在學生毫無所悉的情況下，讓學生有能力自行查找資料之後，所進行的工作。如果太難而超出學生能力所及，就達不到預習的效果。譬如康軒版 1 上〈論語選〉的「課前預習」出了三道題目：

> 孔子認為「有朋自遠方來」能帶給人什麼樣的感覺？
> 孔子認為三人同行，其中必然有什麼人？
> 針對子貢的疑問，孔子認為可以終身奉行的「一言」是哪一個字？[55]

實則，這幾題都是針對本課所選的內容，經由閱讀理解之後，才能找到答案的題目。學生尚未聽過老師講解課文，根本還沒讀懂文意的時候，提出這樣的問題，實在難以回答。教師恐怕也是在教完課文內容之後，再回過頭來與學生討論這些問題的答案。康軒版本課的「學習重點」寫著：「認識孔子與《論語》對後世的影響。」[56]對應於此，如果「課前預習」改爲查找孔子的生平故事、搜尋《論語》成書的相關資料，可能更有預習的功效。以此課來說，翰林版 1 上的「課前預習」中第一題寫著：「本課第四則中，子夏認爲做到哪兩點，就可以算是好學了？」[57]這題也無法達到預習的效果。

再有一項，文法、修辭方面是近年來社會大眾持續關心，批評聲浪日趨高漲的嚴重問題。國語文的教學，應該視不同的教學內容、教學情境，而有不同的教學設計。但是，近幾年來測驗題型取代書寫題型，以及其他因素的影響，修辭和文法成爲必考的題型，許多教師也以處處教文法和修辭爲務，好像除此之外，沒有別的東西可教了。個人以爲，文法、修辭不是不可教，譬如陶淵明〈五柳先生傳〉一文，三家版本都介紹了文中出現過的「偏義複詞」；兒時記趣〉一文，三家版本都看到了文中的「誇飾」技巧，因此不得不教；此時教文法或修辭，可以增進學生的閱讀文本能力。但是不容

---

[54] 參見王基倫：〈「集中識字教學」在國語文上的運用〉，《臺北師院學報》，第 9 期，1996 年 6 月，頁 111-128。
[55] 參見康軒版《國文課本》1 上第 6 課〈論語選〉，課前預習，頁 64。
[56] 參見康軒版《國文課本》1 上第 6 課〈論語選〉，學習重點，頁 64。
[57] 參見翰林版《國文課本》1 上第 7 課〈論語選〉，課前預習，頁 78。

諱言，講臺上許多教師已經是人手一冊《備課用書》，而且照本宣科式的講課，其中有關文法、修辭的補充已經遍地充斥、泛濫成災，愈是沒有判斷力的教師，愈是重度依賴《教師手冊》，於是文法、修辭在課堂中隨時隨地唬起人來。

我們先以國小教材南一版《國語備課指引》第11冊〈鷸蚌相爭〉爲例，其中「語譯」寫道：「要是今天不下雨，明天也不下雨，沙灘上就會有一個死蚌了。」「要是我今天不放你走，明天也不放你走，沙灘上就會有一隻死鷸。」這兩句旁邊寫了兩行綠色小字是寫給教師看的：「假設複句(要是……就……)」。下一頁「賞析」寫道：「雖然趙國國勢強大，不過一旦開啓戰端侵略燕國，燕國必定頑強對抗。」旁邊也寫了兩行綠色小字給教師看：「說明：①轉折複句(雖然……不過……)②假設複句(一旦……)」。[58]令人感到疑惑的是，小學生需要學會這些句型嗎？語文學習的重點應該是在熟讀文章，而後在生活中自然而然的表達出來，絕不是記誦語法、句型知識，像外國人學我國的語文一樣。這一課的重點是讀懂文言文，不是分析這篇文言文的文法，更無必要分析編書者寫出來的白話文句型。這樣的學習反而可能讓學生知道大象像是什麼東西的那些比喻，而忘了大象本身的真貌。

其次，我們以國中教材翰林版《國文備課用書》1上〈論語選〉爲例，其中課文「子曰：『學而時習之，不亦說乎？有朋自遠方來，不亦樂乎？人不知而不慍，不亦君子乎？』」這幾句話旁邊寫了紅色小字是寫給教師看的：「排比兼設問」；然後在課文「子曰：『譬如爲山，未成一簣，止，吾止也；譬如平地，雖覆一簣，進，吾往也。』」旁邊也寫了一行紅色小字給教師看：「譬喻兼映襯」。[59]真令人啼笑皆非！這一課的學習重點是什麼？爲什麼把頗富哲理思想的《論語》，當成美文去分析了呢？學生會不會因爲轉移了學習焦點，而顧此失彼，得言反而忘了意、得筌反而忘了魚呢？上述內容既然編入教材內，就表示編書者希望教師也能教導這些內容，筆者期期以爲不可。目前審定教科書的過程中，《教師手冊》(或稱《教學指引》、《備課用書》、《備課指引》)並不列入審查範圍，相對地也更容易出錯，教學者更需要有專業素養，才不會「誤入歧途」。

補充說明一點：現行國小國語科、國中國文科的《教師手冊》，都放入許多教學參考資料。這些資料常常來自網路資訊，或來自大陸地區簡體字版的書籍，並不完全正確。舉例來說，翰林版1下歐陽脩〈賣油翁〉一文列舉的學習書目中，有宋心昌選注：《歐陽脩詩文選注》(臺北：建宏出版，1976年)一書。[60]這本書在由簡轉繁的過程中，雖經改成正體字排版，仍然出現不少錯別字，不利於國文教學。筆者建議刪除之。

七、結　論

有時出版商給了太多東西，教師的教學能力會因此持續下降；有時沒設計好教學

58 以上各例，出自南一版《國語備課指引》第11冊第2課〈鷸蚌相爭〉，語譯，頁39、賞析，頁40。
59 以上二例，出自翰林版《國文備課用書》1上第7課〈論語選〉，課文，頁80、81。
60 參見翰林版《國文課本》1下第3課〈賣油翁〉，課外學習指引，頁35。

內容，也會造成學習的延宕、傳遞知識的錯誤。這些都是教學過程中與每個環節有關的人應該注意的事情。筆者深知大家都是求好心切，爲國民中小學的國語文教材付出心力，之所以仍然提出一些批評，是站在「好，希望能更好」的立場，期盼教材越編越好。教學應當回歸到學生身上，從學習者的角度作思考，教材編選才會有更美好的結果。是故在此誠懇呼籲：

教材編排上的同質性不宜太高，更不能轉相因襲。教材變動不大的一個原因，是教學者覺得他可以不要再花太多時間備課，而用舊有的現成資料；這其實是沒有站在學習者的立場設想，這裡面還牽涉到國小與國中教材如何銜接的問題。三家出版商既然同時編纂國小和國中的教材，也都一直在觀察別家出版社的成果，就應該先整合自家的教材，思考如何從國小開始循序漸進的安排文言文教材進度，哪些教材適合放在國小階段學習？哪些教材適合放在國中階段學習？哪些教材是非常好的範文值得一選再選？反過來說，是不是也有某些教材並不需要與別家出版社同時入選？究竟要讀哪些應該可以幫助我們掌握文言文精髓的好作品，到底應該如何編纂教材？此外，同一篇課文，也應該避免抄用別家已經出現過的題型設計及文字表述吧？

詞語(包括實詞和虛詞)的學習是文言文學習的基礎工作，國小階段可能先要有點概念，國中階段可能要細心指導。但是要怎麼教？如何培養教學者的能力？這可能是一大問題。目前國中的《國文課本》都是把文言文詞語羅列出來，再用白話詞語來翻譯它，用詞來記詞，記下它到底有幾個意思，流於零碎、記憶性的學習，無法引起學生的學習興趣。可以先做的工作是，掌握虛詞的語氣，在翻譯文言文時注意標點符號的運用；講解詞語時，補充詞性的說明，必要時加入重要的文法與修辭觀念。在編纂《教師手冊》時，應該傳達給教學者一些通則、統整性的觀念，加強文字、聲韻、訓詁學理的說明。文言文教學到底要學多少詞語？多少種修辭格？多少種句型？這可能需要教育部邀集學者專家們密集而明確地討論出一些結果來，教科書編纂者才能有所依循。

綜上所述，我們期待各家教科書發展出自家的編輯特色，重視詞語教學，幫助教學者建構文字學理方面的統整能力，並能大量刪減文法和修辭的內容。提出上述改進教材編寫的方向後，希望經由眾人的齊心努力，將來能推升文言文教材達到更佳的水平。

徵引文獻

〔南梁〕劉勰著、范文瀾注：《文心雕龍註》，臺北：文史哲出版社，1979 年。
〔唐〕柳宗元著、吳文治點校：《柳宗元集》，臺北：漢京文化事業公司，1982 年。
〔宋〕洪邁：《容齋隨筆》，臺北：大立出版社，1981 年。
〔清〕袁仁林著、解惠全註：《虛字說》，北京：中華書局，1989 年。
〔清〕王筠：《說文釋例》，臺北：臺灣商務印書館，1968 年。
〔清〕俞樾：《俞曲園書札》，臺北：天人出版社，1968 年。
鄭奠、麥梅翹編：《古漢語語法學資料彙編》，香港：中華書局香港分局，1972 年。
瞿蛻園：《文言淺說》，臺北：五洲出版社，1973 年。
張清榮等：《國語》第 11 冊，臺南：南一書局，2010 年 6 月修訂版。
張清榮等：《國語》第 12 冊，臺南：南一書局，2011 年元月修訂版。
連寬寬等：《國語》第 11 冊，臺南：翰林出版事業公司，2010 年 8 月初版。
連寬寬等：《國語》第 12 冊，臺南：翰林出版事業公司，2011 年 2 月初版。
賴慶雄等：《國語》第 11 冊，臺北：康軒文教事業，2007 年 9 月第 3 版。
賴慶雄等：《國語》第 12 冊，臺北：康軒文教事業，2011 年 2 月初版。
宋隆發、蕭水順等：《國文》1 上，臺南：翰林出版事業公司，2010 年 8 月修訂 2 版。
宋隆發、蕭水順等：《國文》1 下，臺南：翰林出版事業公司，2011 年 2 月修訂 1 版。
莊萬壽等：《國文》第 1 冊，臺南：南一書局，2010 年 8 月修訂版。
莊萬壽等：《國文》第 2 冊，臺南：南一書局，2011 年 2 月修訂版。
董金裕等：《國文》1 上，臺北：康軒文教事業，2010 年 9 月再版。
董金裕等：《國文》1 下，臺北：康軒文教事業，2011 年 2 月初版 3 刷。
王基倫：〈「集中識字教學」在國語文上的運用〉，《臺北師院學報》，第 9 期，1996 年 6 月。

臺灣中學國語文教材選用《史記》之研析

蔡忠道*

摘　要

《史記》在國編本的時代就被選入中學課本，後來民間的版本仍延續這些 選文，可見《史記》在中國文學的經典地位。本文以現今臺灣中學課本中選錄的〈張釋之執法〉、〈鴻門宴〉兩篇教材，分別比較三個版本的異同，由於這兩篇文章長期被選入課本，相關的注釋、賞析都已經相當完整，因此，各家版本的內容差異不大。然而，在競爭激烈的教科書市場，各版本的編者仍試圖建立自己的特色，例如延伸閱讀的內容、圖片的安排，都可看出其用心。再者，若仔細檢視各版本選錄的《史記》教材，仍有少數的謬誤。

關鍵詞：史記、張釋之執法、項羽本紀、國語文、教科書

*國立嘉義大學中文系教授兼系所主任

一、前言

《史記》是中國最具代表性的經典之一，司馬遷以質樸的文字傳達幽微的情意與深刻的思想，並塑造了許多典型的人物。《史記》的影響深遠，不只是傳統士人，現代的文藝創作者也從《史記》擷取資糧。因此，現代的教育體制中，大學中文系與歷史系有專業的《史記》課程，在中學課本也都選錄了《史記》的文章。本論文擬以臺灣現行的中學國文教科書中的《史記》選文爲範圍，主要是就其教材內容，比較各版本教材的編撰及內容的異同，一方面考察各版本的殊勝處，一方面也指出其謬誤與不足。在版本的選擇上，國中國文以南一書局（莊萬壽主編，2010.08）、翰林出版事業股份有限公司（宋隆發、蕭水順主編，2010.08）、康軒出版事業（董金裕主編，2010.02）的教科書爲主；高中國文課本則以龍騰文化事業股份有限公司（何寄澎主編，2010.06）、翰林出版事業股份有限公司（宋隆發、蕭水順主編，2010.02）、南一書局（王新華主編，2010.01）三個版本爲主。筆者會選擇這些版本作爲比較分析的文本，主要是這些版本在教科書市場的市佔率最高。[1]也就是說，這幾個版本在教學現場被普遍採用，其內容的正誤良窳影響深遠，值得深入探討。

二、國中國文課本選錄《史記》之內容分析-〈張釋之執法〉

臺灣國中國文教科書只有選錄一篇《史記》的文章，而且，不論南一書局、翰林出版事業、康軒出版事業的版本（以下簡稱南一版、翰林版、康軒版）都選〈張釋之執法〉，南一版與翰林版都放在第三冊，康軒版則在第四冊，雖然冊數有些不同，卻都是國二的教材。南一版的學習單元爲「實事求是」，包括〈《呂氏春秋》選〉、〈張釋之執法〉；翰林版的學習單元爲「守法守紀」，包括〈運動家的風度〉、〈張釋之執法〉；康軒版的學習單元爲「信守規範」，包括〈運動家風度〉、〈張釋之執法〉，整體而言，各版本的選文與單元安排有高度的一致性。其實，從早期的國編本，〈張釋之執法〉就一直被選入國中國文課本，各版本則延續這樣的傳統。[2]

---

[1] 99 學年度北北基國中選書已於 99 年 5 月 24 日確定，國文、自然與生活科技由南一書局獲選，數學、社會與英語則由翰林出版事業勝出，去年拿下兩科的康軒出版事業則在今年全軍覆沒。參見臺北市政府教育局網站 http://ppk.tp.edu.tw/elect/99elect/990524final.pdf，搜尋日期：99 年 12 月 24 日。教科書編纂與銷售成本非常高，每年選書的不確定因素，更讓許多財力不足的廠商紛紛退出。在中學的教科書市場上，南一書局、翰林出版事業在國中與高中的教科書市場都投注相當的心力，康軒出版事業、龍騰文化事業股份有限公司則分別投入國中與高中的教科書編撰。

[2] 國立編譯館的國中國文教科書中，1974 年，由張亨與戴璉璋等人編撰的版本，〈張釋之執法〉放在第二冊，1985 年，由陳品卿與董金裕等人編撰的版本，〈張釋之執法〉則放在第三冊，此後雖編撰者歷經更迭，卻未再改動。參見國立編譯館教科書資料中心之教科書數位文庫，網址：http://dat.nict.gov.tw/cgi-bin/eb/browse.cgi，搜尋日期：99 年 12 月 24 日。

（一）版本、分段與標點

關於選文的版本，南一版採用藝文印書館影印清朝武英殿本，康軒版採取瀧川龜太郎《史記會注考證》（臺北：大安出版社，2000），翰林版則未標出版本。筆者比對三個版本之後，發現文字都一樣，並沒有根據不同版本而有差異。不過，就教科書而言，筆者建議仍必須在題解或教師手冊中標示依據的版本，讓選文更嚴謹。

在選文的分段上，南一版、康軒版都是一段，翰林版則分爲三段：第一段從「釋之爲廷尉」到「一人犯蹕，當罰金。」寫一人犯蹕，以及張釋之的判決。第二段從「文帝怒曰」到「而廷尉乃當之罰金！」寫憤怒的文帝質疑張釋之輕判。第三段從「釋之曰」到「廷尉當是也。」寫張釋之的勸說與文帝的納諫。古文之分段固然見仁見智，教師在解說文章的時候，也可以就一段分成若干小節說明，因此，分一段或三段並無絕對的對錯，其間的實質差別也不大。本課範文篇幅不長，《史記》選文或標點本也多是一段，[3]然而，筆者認爲，分成三段之後，課文層次更加分明，其間的起承轉折、全文結構都更容易講解，有助於學生的理解。

在選文的標點方面，南一版與翰林版完全相同，康軒版則有兩處與南一版不一樣。「上行，出中渭橋，」康軒版作「上行出中渭橋，」兩者雖然標點不一，文意並無不同。不過，就文氣而言，「上行」與「出中渭橋」中間以逗點分開，文氣舒緩，與該句皇帝出巡的文意相符；再者，就國中生的理解而言，逗點分開，文意清晰，有助於理解。「廷尉奏當：一人犯蹕，當罰金。」南一版與翰林版相同，康軒版作「廷尉奏當，一人犯蹕，當罰金。」在「廷尉奏當」之後的標點有冒號與逗號的不同。根據教育部《重訂標點符號手冊》，逗號主要是用在隔開複句內各分句，或標示句子內語氣的停頓；冒號則用於總起下文，或舉例說明上文。「廷尉奏當：一人犯蹕，當罰金。」的「一人犯蹕，當罰金。」是廷尉判決的內容，因此，「廷尉奏當」之後，理當用冒號提起下文關於判決的內容。

（二）注釋

在注釋方面，各版本差異不大，南一版 28 個註解最多，其次是翰林版 25 個，康軒版則 24 個。整體而言，注釋釋義清楚，文字精簡明晰，確實能幫助同學瞭解課文。不過，各版本都有一些小錯誤，例如，翰林版註解第 3 則解釋「中渭橋」：「古橋名，在今陝西省咸陽縣東南。」康軒版未針對「中渭橋」作註解，南一版則與翰林版相同，但是「咸陽縣」作「咸陽市」。今中國陝西省有咸陽市，不稱咸陽縣，南一版的註解才是正確的。[4]「乘輿」專指君王乘坐的車子，[5]南一版第

---

[3] 例如張大可：《史記新注》（北京：華文出版社，2000），頁 1759-1760；韓兆琦：《新譯史記》（臺北：三民書局，2008），頁 4049，都是一段成文。

[4] 參見譚其驤主編：《中國歷史地圖集》第二冊（上海：地圖出版社，1982）頁 5-6。

[5] 東漢・班固〈東都賦〉：「歷騶虞覽，駟鐵嘉車，攻𥝢吉日，禮官整儀，乘輿乃出。」參見南朝梁・昭明太子：《文選》（臺北：藝文印書館影印宋淳熙本重雕鄱陽胡氏藏版，1983）頁 32。其

5則註解：「指國君、諸侯所乘坐的車子。」加上「諸侯」，並不正確。「使騎捕」的「騎」是名詞，指騎兵，因此讀音當作「ㄐㄧˋ」，康軒版註解第5則解釋「使騎捕」：「派遣騎兵逮捕。」讀音卻作「ㄑㄧˊ」，顯然有誤。「立誅之」的「誅」，翰林版與康軒版都解釋爲「殺」，南一版第20則註解：誅，處罰。與其他版本不同。「誅」字兼有殺戮與懲罰的意義[6]，在今日使用的語詞中，「誅」多數是殺戮的意義，懲罰、譴責的意義也有，例如「口誅筆伐」。就〈張釋之執法〉而言，誅殺與懲罰的解釋也都可以，考其字義的來源，誅殺與懲罰的意義在漢代以前都已經出現，就上下文而言，「且方其時，上使立誅之則已。」是張釋之回答文帝輕判的話，張釋之說，假使犯蹕者被逮捕之時，文帝馬上親自下令殺了他（或懲罰他）也就算了。「誅」的兩種解釋都無疑滯。然而，如果將「誅」解釋爲「懲罰」，一方面顯現不出文帝的憤怒，另一方面，「懲罰」的內容是什麼？罰金是否爲選擇之一？如果懲罰的內容是罰金，那麼，文帝輕判的質疑、張釋之維護法律公平性的堅持都將缺乏立基點。如果解釋爲「殺戮」，則不會產生上述的問題，因此，從文意的豐富性與情節的合理性，「殺戮」是較好的解釋。還有一個小問題，就是注釋的用語應力求簡潔，例如翰林版注釋第24則「唯」，翰林的注釋：「這裡是表示希望的語氣」、南一版則是：「表示希望的語氣詞」、康軒版則是：「表示希望的語氣」。其中，「這裡是」、「表示」都可以斟酌省略。

（三）學習重點與課前預習

國文教材除了選文與注釋之外，還有其他輔助教學的內容，包括：學習重點、課文導讀、作者介紹、課文賞析、問題與討論、應用練習等單元。就整體而言，南一等三個版本在單元的規劃上差異不大，加上課文與注釋，總共九至十一個單元，各版本間，單元名稱也多數一致。然而，也有值得注意的差別，首先，「學習重點」其實也就是教學目標，三個版本都能從認知、技能與情意三方面論述，相當完整。尤其是康軒版臚列了五個學習重點，且具體可行，最爲完備。[7]

南一版沒有「課前預習」，翰林版與康軒版都是以三個問題呈現，「課前預習」雖然不見得每位老師都會運用，就教學活動而言，課前預習仍是重要的一環，不宜逕行省略，而問答是一簡明的方式，方便教師運用，可考慮採用。

（四）題解、作者與課文賞析

「題解」（南一版作「課文導讀」）的內容三個版本並無明顯差異，包括說

中「乘輿」就是「天子乘坐的車子。」

6 《韓非子．姦劫弒臣》：「聖人之治國也，賞不加於無功，而誅必行於有罪者也。」誅，即是懲罰之意。參見陳奇猷：《韓非子集釋》（高雄：復文出版社，1991）頁249。

7 康軒版的學習重點包括：（1）認識司馬遷及其成就。（2）認識《史記》敘事的特質。（3）能夠運用對話寫作，使作品更加生動。（4）培養尊重司法的態度。（5）培養擇善固執的氣魄。尤其是強調對話寫作之運用，較翰林版「學習敬稱詞、謙稱詞的使用。」更能彰顯《史記》的特色。參見董金裕主編：《國文》第四冊，臺北：康軒文教事業股份有限公司，2010，頁42。

明選文出處，介紹全文內容與寫作技巧。在選文出處方面，南一版與翰林版都指出「本文節選自《史記·張釋之馮唐列傳》」，康軒版則只是說明「本文節選自《史記》」，就資料的完整精確而言，應該詳細標註出處。在寫作技巧方面，三個版本都強調本文以簡潔的故事，生動的對話，刻化人物形象栩栩如生。南一版特別強調順敘法，筆者以爲這一點相當重要，《史記》是一本以人物爲主的紀傳體史書，其敘述人物依時間先後，以順敘法爲主，再搭配插敘、補敘的敘事方式，[8]因此，如果能標舉順敘法，不但能引導學生透過〈張釋之執法〉認識順敘法，也可以透過順敘法講解全文情節的推展，深化文章的賞析。

「作者」（南一版作「作者介紹」，康軒版作「認識作者」）的內容，各版本也大致相同，最詳細的是翰林版，除了司馬遷的生平、創作即成就之外，特別強調壯遊與發憤著書兩件事。至於司馬遷的生卒年，都主張生於景帝中五年（西元前一四五），約卒於昭帝始元元年（西元前八六）。關於司馬遷的卒年，學界至今未有定論，生年則有兩種說法：一是景帝中五年（西元前一四五），一是武帝建元六年（西元前一三五），兩者都有充分的論據，卻也無法說服另一方，因此，司馬遷的生年也無法確定。[9]基於此，三個版本的作者簡介部份，一致的把司馬遷的生年定在西元前一四五，是否確當，就有商榷的餘地。 翰林版強調的壯遊與發憤著書，「發憤著書」關乎《史記》的創作，也是中國文學創作觀重要的內容；「壯遊」則是與司馬遷的生命氣度、胸襟養成息息相關，對《史記》的創作更是不可或缺，尤其今日教育強調國際化，「壯遊」更是生命成長的重要課題，教師在介紹司馬遷的時候，應該詳細講述這兩部份的內容，讓學生更貼近司馬遷的生命。

「課文賞析」的內容，三個版本都指出本文揭示「法者，天子所與天下公共也。」的主題，發人深省，也讓這篇文章深具現代意義。此外，就文章的寫作技巧方面，三個版本都提及本文以精簡的筆墨、生動的對話，刻劃人物形象，其中，康軒版的說明最詳細：

> 作者巧妙運用對話的內容呈現不同的觀點：以文帝「固不敗傷我乎」、「而廷尉乃當之罰金」，顯示文帝的自我中心思考與不滿之情；釋之則以冷靜的語氣提出「法者，天子所與天下公共也。」、「廷尉，天下之平也」等語，表現釋之的剛正不阿與嚴守法紀。（頁46）

編者詳細詮釋文章中的對話，舉證說明其中所呈現出的文帝的心態與情緒、張釋之說話的語氣與態度，有助於學生深入瞭解文意與運用對話的寫作技巧。此外，

[8]插敘如〈陳涉世家〉敘述秦二世二年（209B.C.）十一月，章邯大破周文之後，插入秦二世元年八月武臣到邯鄲自立爲王一事。補敘如〈魏公子列傳〉中，在敘述魏公子救趙卻秦，受到趙王與平原君的禮遇之後，再補敘「公子與侯生決，至軍，侯生果北鄉自剄。」。參見西漢·司馬遷：《史記》（北京：中華書局，1982）頁1954-1955、2381。

[9]關於司馬遷生年的爭議，可參見張大可：〈司馬遷生卒年考辨〉，收在氏著《史記研究》（北京：華文出版社，2002）頁67-98。

南一版與康軒版都提到本文運用順敘法，按照事件發展過程，依序寫出，條理清楚，層次分明。翰林版則將文章分成三段，雖沒有強調順敘法，卻透過分析文章結構，指出全文的層次與敘事的方式。[10]

（五）問題與討論、延伸閱讀

「問題與討論」的部份，三個版本都有三個題目，其中都有一題討論文章論「法」的現代價值，顯然這是〈張釋之執法〉被選入教材的重要因素，因此，三個版本的編者希望透過問題的討論，讓學生了解本文的現代價值。[11]其次，文章中張釋之「且方其時，上使立誅之則已。」這句話在文意上可能產生誤解，認爲張釋之認同文帝自行誅殺犯蹕的百姓，與後來的法律之前人人平等的主張不同，因此，南一版與翰林版都放在問題與討論。南一版教師手冊的參考答案曰：

> 張釋之說：「且方其時，上使立誅之則已。」這句話的確不太妥當。張釋之處在君主專制時代，那時候的帝王常常可以不守法，只憑自己的喜怒好惡去賞罰，所以張釋之才會如此說。但張釋之是以退為進，「寬一句借作說詞」，而司馬遷所以如寫，也正如前人指出的「欲文勢抑揚，以盡其意。」因為這樣說，才能凸顯「今既下廷尉」，而「既下廷尉」，就得尊重廷尉，也就是尊重法律。（頁 288）

單獨看「且方其時，上使立誅之則已。」這句話的確有不妥之處，張釋之這樣說，一方面是受限於專制時代的觀念，[12]最主要的是要提起下文「今既下廷尉」，形成文氣的起伏與變化。因此，就整體文意而言，張釋之的這段話並無不妥。《史記》的精彩處在於人物的描寫，南一版與翰林版在問題討論中都設計一個問題，要學生思考司馬遷如何塑造人物形象，相對的，康軒版則關注在文意的釐清，包括漢文帝要加重處罰犯蹕者的動機，以及張釋之說服漢文帝的理由。

「應用練習」的部份，有一字多義、成語故事（成語填空）、敬詞謙稱詞辨識以及閱讀測驗，在題目數量上，翰林版最豐富，在題目的靈活度方面，則是南一版與康軒版較多變化。

「延伸閱讀」的部份，在標題上，三個版本雖有不同，內容都是延伸閱讀的建議書單。南一版的單元名稱爲「閱讀光廊」，頗有創意，書目有三本：鄭樑

---

10 編者曰：「文章共分三段：首段敘述縣人犯案被捕，及張釋之的判決。次段敘寫文帝對張釋之的判決不以爲然。末段是最精彩的部分，敘述張釋之不怕皇帝生氣而據理力爭，依法判案；最後，文帝經過良久的思索，終於認同張釋之的判決。」（頁 32）

11 〈張釋之執法〉的現代意義有二：一是法律之前人人平等，強調法律的客觀與公正性。其次是執法人員，尤其是法官判案必須依法，排除外來的干擾，堅守法律的超然地位。南一版與翰林版的教師手冊都有論及這兩點。（頁 288、頁 97）

12 翰林版教師手冊：「張釋之處在君主專制時代，很自然地覺得皇帝可以有『立誅之』的權力。但是他既認爲『法者，天子所與天下公共也』，不經審判就『立誅之』，畢竟是不合理的。」（頁 97）翰林版只有指出其不合理處，未能從文章的寫作方面指出其用意，顯然有所不足。

生編《司馬遷的世界》(臺北：志文出板社，1977)、楊鍾賢等譯注《史記》(臺北：建宏書局，1995)、張曼娟主編《人間風月如塵土-公案訟獄》(臺北：麥田出版股份有限公司，2000)。鄭先生的著作主要是介紹司馬遷與《史記》，也節選了幾篇《史記》的文章，鄭先生的文筆簡練，選文也具代表性，是一本很好的入門書。張曼娟主編的《人間風月如塵土-公案訟獄》是改寫中國古典小說中的公案獄訟，古典小說的故事本來就生動有趣，雖然本書不是以《史記》爲內容，作爲相同主題的延伸教材，是非常恰當的。至於楊鍾賢等譯注的《史記》，注譯者並非常期研究《史記》的學者，建議可以改爲韓兆琦《新譯史記》(臺北：三民書局，2008)韓先生是大陸研究《史記》名家，長期致力於《史記》的研究，成果斐然，此書註解清楚，評析精當，又取得方便，很適合對《史記》有興趣者進一步閱讀。翰林版的名稱爲「課外學習指引」，列了五本書，其中，鄭樑生《司馬遷的世界》、楊鍾賢《白話全譯史記》與南一版相同，另有龍宇純等《白話史記》(臺北：聯經出版事業有限公司，1985)、霍必烈《司馬遷傳》(臺北：國際文化公司，1988)、李長之《司馬遷之人格與風格》(臺北：里仁書局，1997)。龍宇純等人合譯之《白話史記》，是由臺大與師大等校教授合寫的著作，文筆簡練，內容精實，是非常值得推薦的課外閱讀。李長之《司馬遷之人格與風格》對司馬遷與《史記》有精彩的見解，值得一讀。霍必烈《司馬遷傳》雖寫得不錯，然而，較缺乏學術的嚴謹，張大可《司馬遷評傳》(南京：南京大學出版社，1994)可以參考。康軒版的「延伸閱讀」則不同與其他版本，其延伸閱讀之書目有三：司馬遷〈張釋之斷案〉(瀧川龜太郎《史記會注考證》，臺北：大安出版社，1988)、蔡志忠《歷史的長程：《史記》》(臺北：時報文化公司，2001)，毛利甚八著，魚戶修繪，陳育君譯《家栽之人》(臺北：時報文化公司，1997)。其中有兩本是漫畫，一本是臺灣蔡志忠的作品《歷史的長程：《史記》》，蔡志忠的古籍漫畫有一定的嚴謹性，又兼具漫畫的娛樂性，數量眾多，翻譯成多國語言出版，影響深遠。[13]《歷史的長程：《史記》》是蔡志忠古籍漫畫系列作品之一，可以讓學生以輕鬆的方式進入《史記》的人物畫廊，是本書的優勢，然而，受限於漫畫的表現形式，而蔡志忠先生畢竟不是國學專家，內容仍有失真之處，這也是讀者必須留意的。日本漫畫《家栽之人》是講一位處理青少年、家庭糾紛的判事(相當於法官)桑田義雄的故事，他工作之餘的最大的興趣就是栽種植物。在審判過程中，他不輕易定罪，反而是瞭解案主背後的故事，透過判決幫助他們，全書充滿人文的關懷；桑田義雄經常以植物爲例，說明裁判的根據，以及他對於人的觀察，極富智慧。這一套漫畫能帶領學生思考法律的人文精神，又附帶豐富的知識，值得推薦。〈張釋之斷案〉則是選自《史記・張釋之馮唐列傳》，由於課本教材〈張釋之執法〉是節選自《史記・張釋之馮唐列傳》，張釋之在文帝、景帝朝爲官，官至廷尉，其著名的判案，除了課本選錄的故事之外，〈張釋之馮唐列傳〉也記載了另一個

[13] 自一九八五年，蔡志忠出版了《莊子說》等古籍漫畫，至一九九九年，他的作品已經翻譯成三十六國文字出版，在臺灣、大陸都造成風潮，連日本高中教科書有收錄其《菜根譚》的作品。參見洪德麟：《臺灣漫畫閱覽》(臺北：玉山社出版公司，2003)，頁 58。許銘賢：〈蔡志忠《漫畫四書》研究〉(嘉義大學中文系碩士在職專班論文，2008)。

案子：

> 其後有人盜高廟坐前玉環，捕得，文帝怒，下廷尉治。釋之案律盜宗廟服御物者為奏，奏當棄市。上大怒曰：「人之無道，乃盜先帝廟器，吾屬廷尉者，欲致之族，而君以法奏之，非吾所以共承宗廟意也。」釋之免冠頓首謝曰：「法如是足也。且罪等，然以逆順為差。今盜宗廟器而族之，有如萬分之一，假令愚民取長陵一抔土，陛下何以加其法乎？」久之，文帝與太后言之，乃許廷尉當。

這段緊接在中渭橋犯蹕之後，有人偷了高廟中的玉環而被捕，這是重罪，文帝交給張釋之審理，張釋之依法判處竊犯死刑，斬首棄市。文帝怒斥張釋之輕判，應當是滅族的大罪，只判處死刑，違背了他恭敬奉承宗廟的心意。文帝欲以主觀的意志干預判決，張釋之仍據理力爭，他首先說明死罪的判決於法有據，若不理會法律的規定而任意重判，他日若有滅族的重罪，例如竊取長陵的土，將不知如何判決。後來，文帝仍接受張釋之的判決。這一個判案與中渭橋的案子相似，然而，在故事的曲折精彩、文字的篇幅等方面，都不如前段，因此，可以作爲課本的補充，康軒版將它放在延伸閱讀是相當合理的。

三、高中國文課本選錄《史記》之內容分析-〈鴻門宴〉

〈鴻門宴〉是教育部「普通高級中學課程暫行綱要」建議的四十篇文言文之一，[14]因此，高中階段的國文課本，不論任何版本都選錄《史記．項羽本紀》之〈鴻門宴〉。本文分析的材料有三個版本：龍騰版（何寄澎主編，龍騰文化事業股份有限公司出版，2010.06）、翰林版（宋隆發、蕭水順主編，翰林出版事業股份有限公司，2010.02）、南一版（王新華主編，南一書局企業股份有限公司，2010.01）。這三個版本的高中國文，是國文教科書市占率的前三名，可以說是最具代表性的高中國文教材。

〈鴻門宴〉在三個版本中都放在第六冊，龍騰版、翰林版都在第七課，南一版則在第五課。在教材內容方面，都包括題解、作者、課文與注釋、問題與討論等單元。關於各單元的重點，龍騰版在「編輯大意」中說明如下：

> 「題解」揭舉文章出處、範文旨趣，並扼要陳述範文之相關背景知識、作者之寫作旨趣及風格特色，同時提示學習應注意的重點。「作者」部份，

[14] 教育部 95 學年度「普通高級中學課程暫行綱要」（簡稱 95 課綱）有四十篇文言文參考選文，98 課綱調整部份篇章，總數依舊維持四十篇，99 年 10 月公佈適用於 101 年度的修訂課綱（簡稱 101 課綱），文言文參考選文降爲三十篇。不過，從 95 課綱到 101 課綱，〈鴻門宴〉一直被選入文言文參考選文，相信各版本教科書也會持續選錄該文。有關課綱的內容，參見教育部中等教育司資訊網：http://www.edu.tw/high-school/，查詢日期 100 年 1 月 30 日。

詳實介紹作家之生平事蹟、文學風格、文學成就，及其在文學史的地位與影響。「注釋」單元，以簡明清晰之語體文解釋字詞意義，若遇典故，則儘量不直接引用原文，改以淺顯文字說明。「問題與討論」，針對範文提出不同層面之問題，引導學生進一步思考、探索、切磋。[15]

各單元的設定是教育部「普通高級中學課程暫行綱要」的規定，「題解」是針對選文的介紹與說明，「作者」是介紹作者，「注釋」則針對選文生難字詞的解釋，「問題與討論」則透過問題設計，引領學生思考課文的內涵及其延伸的課題。這樣的單元設計讓範文教學有次第的進行，也獲得師生的認同。課本的編撰只能在這樣的單元設計的前提下呈現，難免受到限制，再加上〈鴻門宴〉是「普通高級中學課程暫行綱要」建議的四十篇文言文之一，是古典名篇，長期累積了相當多的教學材料與經驗，因此，各版本的內容有時不免有高度的一致性。龍騰版的編者很扼要的說明了各單元的內容，筆者相信這也是各版本編撰者的共同意見。

以下就各單元的內容，比較各版本分析之。

（一）題解

各版本題解的內容都指出本文節選自《史記・項羽本紀》，並介紹鴻門宴的背景：秦二世元年七月（209B.C.），陳涉率先起義抗秦。同年九月，項羽、劉邦也分別起兵，擁立楚懷王之孫爲王，仍號楚懷王，號召楚人抗秦。秦二世二年九月（208B.C.），秦將章邯圍趙，楚懷王派宋義、項羽率兵救趙，命劉邦西進攻秦，並約定先進關中者爲王。秦二世三年（207B.C.）項羽在鉅鹿和秦軍主力決戰後，轉戰各地，十月，劉邦則在拿下武關、嶢關後，攻入咸陽。劉邦進入咸陽，與民約法三章，派兵鎮守函谷關。項羽領兵西進，見關門緊閉，得知劉邦已經進入咸陽的消息，大怒，攻破函谷關，駐軍新豐鴻門，兩軍對峙，戰爭一觸即發。劉邦得知消息，非常驚恐，隔天親自到鴻門解釋與謝罪。本文就是寫這一段歷史，世稱「鴻門宴」，是《史記・項羽本紀》最精彩的段落，不論情節之高潮迭起，人物刻劃的技巧、鮮明的人物形象等，都生動傳神，十分精彩。

至於各版本的詳略處，翰林版指出「鴻門宴」的標題爲後人所加，由於本文是節選自《史記》，這一點提醒是有必要的。然而，翰林版編者將楚懷王命宋義、項羽出兵救趙的時間誤植爲秦二世三年（207B.C.）九月，因此，劉邦進入咸陽的時間，即漢王元年十月，就提前爲西元前二〇六年。根據《史記・秦楚之際月表》，楚懷王命宋義、項羽出兵救趙的時間在秦二世二年九月（208B.C.），由於秦朝至漢初都以十月爲歲首，因此，項羽和章邯的決戰在秦二世三年，而劉邦進咸陽在翌年十月，也就是西元前二〇七年。[16]龍騰版則指出鴻門宴是〈項羽本紀〉的關鍵情節，在此之前，項羽雄姿英發，所向披靡，例如，鉅鹿救趙展現的霸王

[15] 參見何寄澎主編：《國文》第六冊，臺北：龍騰文化事業股份有限公司，99.06，頁 3。
[16] 參見西漢・司馬遷：《史記・秦楚之際月表》（北京：中華書局，1982），頁 772-773。

氣勢；在此之後，項羽優柔寡斷，終至敗亡，例如，他與范增的決裂。此外，龍騰版的題解很貼心的提醒學生本文學習的重點：了解《史記》的內容與敘事特色、本文刻劃人物的技巧以及思索性格與命運的關係。[17]這樣的提醒可以幫助學生掌握學習的重點，當然，老師的授課並不一定要受限於這些重點。

（二）作者

「作者」的內容包括司馬遷的生平以及《史記》的成就。三個版本的「作者」都分成三段，首段介紹史公的名字、籍貫、生卒年。在生年的考訂上，雖然有兩種說法，三個版本也很一致的採取景帝中四年（145B.C.），也都以武帝末昭帝初爲其卒年，年約六十。第二段介紹史公的家世、父親司馬談，事蹟則集中在二十歲（元朔三年，126B.C.）以後的出遊，三十八歲（元封三年，108B.C.）繼任爲太史令，天漢三年（98B.C.，48 歲），因李陵事件入獄被宮刑，以及發憤著書，完成《史記》。最後一段則簡述《史記》的史學與文學成就。

三個版本的「作者」內容大同小異，然也有些不同。《史記》舊稱《太史公書》，後來，《史記》才成爲司馬遷著作的專名。[18]是關於司馬遷寫作《史記》的過程，南一版說：「出獄後，發憤著書，終於完成《史記》。」[19]翰林版則說：「出獄後，更發憤著書，終於在征和初（西元前九二年左右），完成《史記》。」[20]龍騰版則最詳細：

> 元封三年，繼父職為太史令，得以盡讀皇室藏書。四十二歲（太初元年，西元前一〇四）開始撰寫《史記》。……出獄後任職中書令，忍辱含垢，繼續著書，終於在五十五歲（征和二年，西元前九一）時完成震古爍金的曠世鉅作。[21]

關於司馬遷寫作《史記》的起迄時間，學界尚未有定論，主要是直接證據不足。翰林版與龍騰版訂在征和初年，主要的文獻根據是司馬遷的〈報任安書〉，據今人考證，該文完成於武帝征和二年。[22]其中提及：

> 僕竊不遜，近自託於無能之辭，網羅天下放失舊聞，考之行事，綜其終始，

---

[17] 參見何寄澎主編：《國文》第六冊，臺北：龍騰文化事業股份有限公司，99.06，頁 91。

[18] 司馬遷〈太史公自序〉：「史記放絕」、「作《太史公書》」，可見在漢初，史記是史書的通稱，史公的著作是《太史公書》。到了魏晉，如陳壽《三國志》才以《史記》爲司馬遷的專著，後來，《隋書．經籍志》分經史子集四部，史部題其書目曰：「《史記》一百三十卷。」遂沿用至今。關於《史記》名稱的沿革，參見游國恩〈史記講錄〉，收在張高評主編：《史記研究粹編（一）》，高雄：復文圖書出版社，1992，頁 1-4。

[19] 參見王新華主編：《國文》第六冊，臺南：南一書局企業股份有限公司，99.01，頁 49。

[20] 參見宋隆發、蕭水順主編：《國文》第六冊，臺北：翰林書局企業股份有限公司，99.01，頁 79。

[21] 參見何寄澎主編：《國文》第六冊，臺北：龍騰文化事業股份有限公司，99.06，頁 91-92。

[22] 參見阮芝生〈司馬遷之心-〈報任少卿書〉析論〉，《臺大歷史學報》第 26 期，2000.12，頁 164-174。

> 稽其成敗興壞之理，上計軒轅，下至於茲，為十表，本紀十二，書八章，世家三十，列傳七十，凡百三十篇。……僕誠已著此書，藏之名山，傳之其人通邑大都，則僕償前辱之責，雖被萬戮，豈有悔哉！[23]

在征和二年時，司馬遷說他「已著此書」，而且五體具備，一百三十篇齊全了，因此，征和二年之前，《太史公書》已經完成，至於是否就能確定是征和二年，仍有商榷的餘地。再者，〈報任安書〉中五體的順序以「表」爲首，與〈太史公自序〉以「本紀爲首」（也是現存《史記》的面貌）不同，可見在征和年間完成的只是《史記》的初稿，從征和到司馬遷去世之前，史公對《史記》做了某種程度的修改，包括「表」與「本紀」順序的對調。[24]至於司馬遷開始寫作《史記》的時間，則是眾說紛紜，莫衷一是。元封元年（110B.C.），司馬談臨終叮囑司馬遷完成《史記》，這是司馬遷撰寫《史記》的開始，還是史公從此專心準備撰寫《史記》，就有不同的見解，不過，把撰寫《史記》的時間延遲至太初元年，是否忽略了史公的家學，十歲就跟隨董仲舒、孔安國學習經典，以及二十歲壯遊之後的多方學習與考察。至於〈太史公自序〉提到與壺遂討論作史義例，修正《太史公書》的斷限，上起黃帝，下至太初元年，並不能證明《史記》從太初元年開始撰寫。[25]畢竟，《史記》體例龐大而複雜，史公是否會確定斷限才開始寫作，是很有疑義的。[26]因此，對於《史記》的撰寫過程，尤其是寫作與完成的時間，既然尚未有確切的看法，筆者以爲，模糊應該比明確好。

（三）課文與注釋

課文是範文教學的核心，〈鴻門宴〉是文言文四十篇選文之一，各版本皆選入教材，課文的內容從「楚軍夜擊，阬秦卒二十餘萬人新安城南。」到「沛公至軍，立誅曹無傷。」接續鉅鹿救趙之後，劉邦先入咸陽，項羽震怒，劉邦親自鴻門謝罪的過程。三個版本內容一致，本無問題。然而，仔細比對不同出版社的教材，在分段、文字與標點等仍有些出入。首先，在分段上，龍騰版、南一版都分成四段：第一段從「楚軍夜擊」到「此天子氣也，急擊勿失！」寫鴻門宴的緣起。第二段從「楚左尹項伯者」到「項王許諾。」寫鴻門宴的序幕。第三段從「沛公旦日從百餘騎來見項王」到「樊噲從良坐。」是鴻門宴的主要情節。第四段從「坐須臾」到「沛公至軍，立誅曹無傷。」則是鴻門宴的結束。翰林版則分六段，前兩段與其他版本一樣，第三段從「沛公旦日從百餘騎來見項王」到「常以身翼蔽

---

[23] 〈報任少卿書〉見於班固《漢書・司馬遷傳》，昭明太子蕭統《昭明文選》選錄，兩者文字有些許差異，本文根據阮芝生的校訂，同前註，頁 154。

[24] 張大可認爲司馬遷晚年修訂了《史記》。參見氏著《司馬遷評傳》，南京：南京大學出版社，1994，頁 495-496。

[25] 〈太史公自序〉:「余述歷黃帝以來至太初而訖，百三十篇。」（北京：中華書局，1982），頁 3321。明確說明《太史公書》的起迄年代。

[26] 張大可認爲《太史公書》定稿於此年，參見氏著《司馬遷評傳》，南京：南京大學出版社，1994，頁 494。

沛公，莊不得擊。」第四段從「於是張良至軍門」到「坐須臾，沛公起如廁，因招樊噲出。」第五段從「沛公已出」到「度我至軍中，公乃入。」第六段從「沛公已去」到「立誅曹無傷。」分段在於引導讀者分階段，從不同層次閱讀文本，只要眉目清晰，層次分明，本無絕對的優劣可言。翰林版的三、四兩段就是其他版本的第二段，第五、六段則是其他版本的第四段。翰林版的第四段「於是張良至軍門」到「坐須臾，沛公起如廁，因招樊噲出。」主要是寫樊噲英勇護主的故事，獨立一段本無不可，而且，也更能彰顯樊噲的形象。不過，段末三句「坐須臾，沛公起如廁，因招樊噲出。」其他版本則歸入第五段，筆者以爲，第五段寫沛公伺機逃脫的經過，而這三句寫沛公如廁離開軍帳，應歸入第五段才是。至於翰林版的第六段從「沛公已去」到「立誅曹無傷。」只要是寫劉邦離開回營之後，張良的危機處理。這部份獨立也很好，與第四段一樣，也能凸顯留侯機制英勇的形象。

在文字上，「楚軍夜擊，阬秦卒二十餘萬人新安城南。」龍騰版作「阬」（頁93），翰林版與南一版作「坑」。「阬」通「坑」，活埋之意。再者，「吾入關，秋豪不敢有所近。」龍騰版作「豪」，翰林版與南一版作「毫」，兩字亦相通。翰林版根據百衲本，而龍騰版與南一版則根據瀧川龜太郎的版本，就文本而言，百衲本較瀧川龜太郎的會注考證本好，然而，這兩處文本的差異只是通假字的不同，只要註解清楚，並不影響文意與學生的學習。再者，龍騰版與南一版雖然根據同一個版本，文本卻有不同，龍騰版忠於原文，以註解說明通假字，南一則逕行改字沒有註解。

此外，「行略定秦地；至函谷關，有兵守關，不得入。」龍騰版、南一版皆同，翰林版作「行略定秦地，函谷關有兵守關，不得入。」翰林版根據百衲本，而龍騰版與南一版則根據瀧川龜太郎的版本，在「函谷關」上增「至」字，《漢書》作「至函谷關，有兵守，不得入。」[27]也有「至」字。兩個版本的文意相同，不過，在「函谷關」上增加了「至」字，並分爲兩句，前後文意較清晰而有層次，與後一句「又聞沛公已破咸陽，項羽大怒。」的情緒急轉也能有所區隔。

在注釋方面，龍騰版七十六則最多，其次翰林版六十九則，南一版六十五則最少。不過，注釋數量的落差只有九則，與優劣無關。然而，注解主要是幫助雄生了解課文內容，因此，生難字詞、關鍵句或古代職官等都必須斟酌放入注釋，因此，「咸陽」的注釋就可以有仁智互見的選擇，[28]因爲，教師可以在課堂上簡單補充。而「項羽」的注釋就有必要，因爲他是鴻門宴的主角之一，尤其，「沛公」已注解在前，「項羽」更必須注解。[29]而項伯提醒劉邦「且日不可不蚤自來謝項王」的「謝」，其意義不是常用的「感謝」、「辭謝」，而是較少用的「謝罪」，

---

27 東漢·班固《漢書·陳勝項籍傳》（臺北：鼎文書局，1995）頁 1808。

28 關於「咸陽」，只有龍騰版有注釋：「秦國首都，在今陝西咸陽。」（頁 93）翰林版與南一版則沒有注釋。

29 關於「項羽」，只有翰林版有注釋：「名籍，字羽，楚軍主帥，滅秦之後，自稱西楚霸王。」（頁80）龍騰版與南一版則沒有注釋。

也應該注解。[30]因此，各版本在注釋的選擇上大致相同，也各有其細心精確處。

在注釋內容方面，各版本也互有詳略，例如「阬秦卒二十餘萬人新安城南」，龍騰版曰：

> 時項羽擊敗秦軍，秦將章邯率眾投降，諸侯吏卒或折辱秦吏卒，項羽恐士卒不服，發生變故，遂坑殺秦軍二十餘萬人於新安城南。（頁 93）

不但解釋句意，也詳細說明了項羽坑殺秦卒的原因。翰林版只提到「羽恐士卒不服」（頁 80），南一版則只解釋意義，無任何背景說明。（頁 51）項羽坑殺秦卒一事，固然反應他的殘忍，如果學生能了解其背景，則對於秦與六國，尤其秦與楚國的世仇更能掌握，而項羽的處置也深刻表現其情感用事的淺薄。[31]

再者，關於「紀信」的注釋，南一版曰：

> 劉邦的將軍，後於滎陽之圍，假扮劉邦出城投降，被項羽燒死。（頁 59）

紀信是鴻門宴後護送劉邦返回霸上的將領之一，注釋補充他在滎陽之圍時（漢王三年，205B.C.）犧牲自己拯救劉邦的英勇事蹟，讓讀者對盡信有了更深刻的認識。[32]龍騰版的內容與南一版相近，不過，其用語太過文言。[33]翰林版只是說「時爲沛公的部將」（頁 90），過於簡單。關於「與之同命」的注釋，翰林版曰：

> 與沛公同生死。此為雙關語，意謂與項羽等人拼命。（頁 86）

此句話是樊噲得知軍帳中項莊舞劍，常意在沛公的危急處境之後，脫口而出的話：「此迫矣！臣請入，與之同命！」「與之同命」一語雙關，有兩層意思，一是和項羽、項莊等人拼命，一是與劉邦共生死。[34]南一版只解釋與劉邦共生死一層意思（頁 57），龍騰版雖解釋了兩層意思（頁 101），卻沒有指出此句爲雙關語。

在範文注釋方面，三個版本除了大同小異的內容之外，還有明顯的矛盾之

---

30 關於「謝」字，只有南一版有注釋（頁 55），龍騰版與翰林版則沒有注釋。

31 其他龍騰版較詳明的注釋，如「舉所佩玉玦以示之者三」，龍騰版曰：「謂范增多次舉起他所配帶的玉玦對項羽示意。玦，有缺口的玉環，諧音『決』，用以暗示應當機立斷，下定決心。三，虛數，非實指，指多次。」（頁 99）解釋詳明。南一版的注釋與龍騰版相近，不過，「三」解釋爲「三次」，顯然有誤。翰林版則只說明「玦」的決斷義，並沒有指出兩者諧音，最爲簡要。

32 其他南一版注釋詳明者，如「臣爲韓王送沛公」，南一版曰：「我爲韓王護送沛公入關。這是張良自述往事，說明他和劉邦的關係。張良曾擁立韓公子橫陽軍爲韓王，收復韓國失土；後韓王命良隨劉邦入武關，擊破秦軍。」（頁 53）翰林只是簡單說明句意（頁 82），龍騰版則略南一版。（頁 95）

33 龍騰版的「紀信」注釋曰：「事劉邦，爲將軍。項羽急圍滎陽，紀信僞裝爲劉邦以誆騙項羽，助邦脫困，爲項羽燒殺。」（頁 103）

34 其他翰林版注釋詳明者，如「今人有大功而擊之，不義也，不如因善遇之。」的「遇」，翰林版曰：「對待」（頁 84）。此處的「遇」，非一般意義的「相遇」，而是「對待」，應該出注，其他兩個版本則未有注釋。

處。例如，在地理名詞的解釋上，酈山，是在陝西省西安市（翰林版 90），還是陝西省臨潼區東南？（南一版 60、、龍騰版頁 72）；戲水，或曰：「北流入渭，在今陝西省西安市」（翰林版 80-81），或曰：「源出驪山，西流入渭，在今陝西臨潼。」（南一版 60、、龍騰版頁 72）關於酈山與戲水的解釋，兩者的所在地都有西安市與臨潼區的不同，其實，臨潼區屬今日西安市管轄，因此，西安市或臨潼區的說法都沒有錯，如果要力求精確的話，應該說：「在今陝西省西安市臨潼區」。至於戲水，發源於驪山，應是「北」流入渭水，而非「西」流。因此，翰林版是正確的。「行略定秦地」的「行」，翰林版解釋爲「前進」（頁 80），意思是項羽在新安城南坑殺秦卒之後，繼續進軍平定秦地。南一版作「將要」（頁 51），意思是羽在新安城南坑殺秦卒之後，將要進軍攻下秦國領土。其實，兩個解釋都有根據，與前後文意也都通順無礙，因此，龍騰版將兩個意思都納入：「將要；或解作前進」（頁 93）。「大禮不辭小讓」的「讓」是「謙讓」（龍騰版，頁 103）、「禮節」（翰林版，頁 89），還是「缺失」（南一版，頁 59）？在《史記・李斯列傳》、〈酈生陸賈列傳〉也引述「大行不小謹，盛德不辭讓。」、「舉大事不細謹，盛德不辭讓。」[35]可見這是當時的常用語。這句話與「大行不辭細謹前進入ㄨ坑殺」並列，「細謹」就是「細小的謹慎」，也是就枝微末節。因此，「讓」可解釋爲「謙讓」。「讓」並無「禮節」的意義，「缺失」則從「責罵」[36]的意義引申而來，解釋又太過曲折。

（四）問題與討論

關於「問題語討論」單元，三個版本都有三題。龍騰版：最喜歡誰、討厭誰，爲什麼？項羽或劉邦個性的比較。張良與范增的言行與行事風格，及其成敗的因素。（頁 105）南一版：項羽從攻打劉邦到不殺害劉邦，其中的轉變？劉邦在鴻門宴中爲何不發一語？比較張良與范增的人格特質。（頁 61）翰林版：鴻門宴座位安排的深意？張良范增的比較。本文的名句及其意義。（頁 91）

三個版本都有張良與范增兩人的比較，或重再言行與行事風格，或比較兩人的人格特質。可見在本文中，張良與范增，兩個集團的首要智囊的影響力與鮮明形象。《史記》是人物的畫廊，刻劃人物本是其特色，因此，龍騰版也要學生比較項羽和劉邦的性格。南一版則要學生思考項羽對劉邦的態度爲何從敵對到和緩的轉變，以及劉邦爲何在鴻門宴不發一語，這些問題都可以引領學生進一步思考文字之外的意義，立意頗佳。至於龍騰版問學生「最喜歡誰、最討厭誰？爲什麼？」筆者以爲這樣的開放性問題，仁智互見，討論不易聚焦。而翰林版要學生找出文中的名句及其意義，屬於成語和典故的探尋，固然有其價值，放在高三課本是否太簡易？也是可以再斟酌。翰林版還設計了一個有趣的問題：鴻門宴的座位安排

---

[35] 西漢・司馬遷：《史記》（北京：中華書局，1982）〈李斯列傳〉頁 2549、〈酈生陸賈列傳〉頁 2696。

[36] 參照韓兆琦編著：《史記箋證》，南昌：江西人民出版社，2004，頁 596。

有何深刻的用意？鴻門宴的邀約者是項羽，座位的安排主動權在他手上，因此，在座次的安排上，項羽、項伯坐西朝東，居尊位；[37]范增坐北向南，次之；劉邦坐南向北，又次之；張良坐東朝西，位於門口旁，處下之位。由座位的安排，劉邦尚且居范增之下，可以看出項羽陣營貶抑劉邦之意，而劉邦也安於卑位，以求一時苟全。

四、結語

整體而言，在臺灣中學國文教科書選錄《史記》文章有高度的一致性，教材編寫的內容也差異不大，造成這種現象，除了中小學教科書的編撰有其限制之外，選錄在國中課文的〈張釋之執法〉自國編版已經選錄，是國中國文課本長期固定的選文之一，教材的內容經歷多年的補充刪修，已經大致確定，因此，開放教科書之後，各家出版社仍有志一同的選錄該文，也呈現出大致相似的教材內容。高中國文的〈鴻門宴〉是《史記》的名篇，也是教育部「普通高級中學課程暫行綱要」四十篇文言文選文之一，各版本也都會選錄，教材內容與編撰的體例也沒有根本的差異。

然而，這並不代表各版本之間的教材毫無分別，相反的，在文本、注釋、問題與討論、延伸閱讀……等方面，各版本都有或多或少的歧異，有些歧異是仁智互見，並無絕對的是非，例如課文的分段；有的則是正誤鮮明，不可不辨，例如地名的注釋。綜合本文之比較分析，筆者有幾項建議：

（一）範文應注意版本，宜用善本或精校本。

（二）注釋的內容應力求精確，文字則要簡明達意。

（三）國中國文應保留「課前預習」

（四）「問題與討論」應設計兼具思辯性與歧異度的問題，避免固定標準答案的知識性問題。

（五）學界仍未達共識的問題，例如司馬遷的生卒年，課文的說明不宜斬釘截鐵，不同的論點也可以在教師手冊呈現。

（六）「延伸閱讀」的專書，除了專業性、普及性，還要注意最新的著述，適時調整補充。

本文透過比較各版本的內容，分析臺灣中學國文教科書中的《史記》選文，主要的目的在檢視各版本教材編纂的內容，提供教科書之編者與讀者參考，而不在評定版本之間的優劣，況且本文分析的文本，只有國、高中各一課，也沒有足夠的樣本作為各版本優劣的論據。至於香港、澳門與大陸中學教科書中《史記》的比較研究，限於篇幅，則另文討論。

---

[37] 中井積德曰：「堂上之位，對堂下者，南向為貴，不對堂者，唯東嚮為尊。」參見日．瀧川龜太郎《史記會注考證》引（臺北：萬卷樓圖書有限公司，1993）頁147。

徵引書目

1. 南朝梁・昭明太子：《文選》，臺北：藝文印書館影印宋淳熙本重雕鄱陽胡氏藏版，1983。
2. 西漢・司馬遷：《史記》，北京：中華書局，1982。
3. 東漢・班固《漢書》，臺北：鼎文書局，1995。
4. 日・瀧川龜太郎《史記會注考證》，臺北：萬卷樓圖書有限公司，1993。
5. 王新華主編：《高中國文》第六冊，臺南：南一書局企業股份有限公司，2010.01。
6. 宋隆發、蕭水順主編：《高中國文》第六冊，臺北：翰林書局企業股份有限公司，2010.01。
7. 宋隆發、蕭水順主編：《國中國文》第三冊，臺北：翰林書局企業股份有限公司，2010.08。
8. 何寄澎主編：《高中國文》第六冊，臺北：龍騰文化事業股份有限公司，2010.06。
9. 洪德麟：《臺灣漫畫閱覽》，臺北：玉山社出版公司，2003。
10. 莊萬壽主編：《國中國文》第三冊，臺南：南一書局企業股份有限公司，2010.08。
11. 張高評主編：《史記研究粹編（一）》，高雄：復文圖書出版社，1992。
12. 張大可：《司馬遷評傳》，南京：南京大學出版社，1994。
13. 張大可：《史記新注》，北京：華文出版社，2000。
14. 張大可：《史記研究》，北京：華文出版社，2002。
15. 陳奇猷：《韓非子集釋》，高雄：復文出版社，1991。
16. 董金裕主編：《國中國文》第四冊，臺北：康軒文教事業股份有限公司，2010.02。
17. 董金裕主編：《高中國文》第六冊，臺北：康軒文教事業股份有限公司，2010.02。
18. 韓兆琦編著：《史記箋證》，南昌：江西人民出版社，2004。
19. 韓兆琦：《新譯史記》，臺北：三民書局，2008。
20. 譚其驤主編：《中國歷史地圖集》第二冊，上海：地圖出版社，1982。
21. 阮芝生〈司馬遷之心-〈報任少卿書〉析論〉，《臺大歷史學報》第 26 期，2000.12。
22. 許銘賢：〈蔡志忠《漫畫四書》研究〉，嘉義大學中文系碩士在職專班論文，2008。
23. 教育部中等教育司資訊網：http://www.edu.tw/high-school/，查詢日期 100 年 1 月 30 日。
24. 國立編譯館教科書資料中心之教科書數位文庫，網址：http://dat.nict.gov.tw/cgi-bin/eb/browse.cgi，搜尋日期：99 年 12 月 24

日。

25. 臺北市政府教育局網站 http://ppk.tp.edu.tw/elect/99elect/990524final.pdf，搜尋日

期：99 年 12 月 24。

26. 林礽乾：〈「史記．張釋之傳」「縣人」新詮〉，《國文學報》，第 27 期，1998.06，頁 101-118。

教科書選文典律形成之溯源與檢討
——以〈兒時記趣〉為例

吳燕真*

摘　要

在臺灣國民中學國語文教學的課程當中，〈兒時記趣〉是一篇長久且普遍被各出版社選錄的課文，常被安排成國中一年級學生所需學習的課文。但是既有的教學重點，則多著墨在對記敘結構與誇飾、譬喻、排比等修辭的認識。除此之外，雖然強調全文所謂「物外之趣」，在實際教學的過程當中，卻難以讓現今科技化、商品化時代成長的學生產生共鳴。故本文欲探求〈兒時記趣〉能夠被長久選錄的原因，於是追本溯源沈復《浮生六記》被閱讀傳播的過程，進而追尋〈兒時記趣〉被編爲教科書的歷史。從中反省此文在現代教科書中，能具有現代教育的意義，與其成爲教科書選文典律的價值。

關鍵詞：教科書、典律、沈復、浮生六記、兒時記趣

*國立臺灣師範大學國文系博士生

一、前言

教科書是教育施行中，教師引導學生學習的重要媒介，亦爲教育內容最主要的呈現方式。而且本國國語文的教科書，不僅是學習各種知識的基礎工具學科，更擔負了語文訓練、文藝欣賞與精神陶冶，進而展現國民精神教育的重大使命。由於受限各科授課時數，必然需要規範應有的篇數，擇選有限的篇目，呈現在各冊的教科書中。在擇汰的過程中，如何確認所選篇目，是適合教學對象的範文，既能符合現實教學現況，又能服膺當代教育的理念，的確是一件頗爲重要而困難的任務。

教科書的編輯，固然有完成妥善教材的理想。但是，教科書的政策卻常隨著文化、政治、經濟等不同因素的角力，而提出隱含不同利益、慾望與意識型態，可加以分析的論述。[1]而且教科書政策往往是與時俱變的，必然影響到教科書選文的標準。例如：不同「文白比例」的教科書政策，教科書選文必然會呈現不同的面貌。然而隨時空環境變化而變動教科書的政策下，卻有些範文歷久不衰地得到教科書編輯的青睞，則是一個值得關注的現象。換言之，從教科書的編選的歷史中，是否有些選文已經形成了「典律」（canon），這現象又代表了什麼意義，值得探究。

觀察臺灣自二十世紀五十年代以來的教科書選文，〈兒時記趣〉是一篇長久且普遍被各出版社選錄的課文，常被安排成國中一年級學生所需學習的文言文。但此文並非如「《論語》選」、「《孟子》選」一般，具有長久科考歷史與深厚的儒家文化所形成的「經典」，直到今日還有恢復「中國文化基本教材」的爭議。作者沈復（1763-1825？）[2]則不如司馬遷（145-86B.C.）、陶淵明（365-427）、韓愈（768-824）等，享有極盛的文名。所出原書《浮生六記》，亦非《紅樓夢》這樣蜚聲中外的大作。爲何〈兒時記趣〉能持續被選入國中國文教材中？

此提問引發一連串的思考：沈復的作品曾經歷何種閱讀與傳播的歷程？進而能夠成爲教科書的選文？如何在成爲教科書選文之後，長久地或得編輯的青睞，而不被歷史所淘汰？成爲教科書選文典律，是否仍具有現代教育的意義？以上數端提問，即是本文所關注的問題意識。故本文以〈兒時記趣〉此一課文爲研究考察的最主要對象，探求原書其閱讀與傳播的歷程，與此文成爲教科書選文，甚至形成教科書選文「典律」的過程，進行一番溯源，進而提出對於現今教科書編制的檢討。希望能爲未來國中教育國文教科書的編定，提供一些反省與思考。

---

[1] 詳參歐用生：〈臺灣教科書政策的批評論述分析〉，《當代教育研究》第 14 卷第 2 期（2006 年 6 月），頁 1-26。

[2] 按：沈復，字三白，清蘇州（今江蘇省蘇州市）人。生於清高宗乾隆二十八年，於宣宗道光五年仍建在，因目前文獻不足，卒年尚待考證。其人生前長年在外爲幕僚，沒沒無名，死後不久，其著作《浮生六記》已有散佚，文名亦不彰。其生平與生卒年之考察，參自陳毓羆（1930-2010）：《沈三白和他的《浮生六記》》（臺北：大安出版社，1996 年）。

二、揄揚沈復《浮生六記》價值的時代心理

清人沈復在嘉慶、道光時期，所撰寫的《浮生六記》，全書共有六卷。[3]而被近人稱為〈兒時記趣〉的課文，乃是出自原書卷二的〈閒情記趣〉，其中有關於「幼時閑情」的節錄。[4]在考察此文如何被選為教材之前，必須先對原書的閱讀與傳播歷程有所認識，才能瞭解成為教材之前，讀者又是如何接受沈復的創作，產生什麼樣的社會共識，使得其文能順理成章地成為教材。

沈復嘗試記載自傳性作品《浮生六記》的用意，在卷一〈閨房記樂〉裡曾說只是不願辜負上天眷顧之厚，又云所記不過只是「實情實事」而已，無意於成就作文之法或名山事業。[5]寫成之後亦無付梓的計畫，最初僅是在文友之間傳閱的手抄本。約在道光五年（1825）曾示管貽葄（1789-1848），而管氏曾為此書作組詩：〈長洲沈處士三白以《浮生六記》見示，分賦六絕句〉。這是《浮生六記》第一次流傳並且被賞閱，而且進行再創作的紀錄。後續則是在同治十三年（1874）潘麐生（1823-1880？）為之題詞、賦詩、作印，雖感其作「淒豔秀靈，怡神蕩魄」，但已經是卷帙不全。[6]

光緒三年（1877）楊引傳在舊書攤發現殘本手稿，六者缺其二，而作者名則不詳，指出當時閱讀的文人雅士，「閱而心醉」的體驗。[7]於是交給上海《申報》館以活字版排版刊印，此書才有機會出版。楊引傳的妹婿王韜（1828-1897）為書作跋，則感嘆才人與才婦遇合之難，與造物者以寡忝善全之意。近代學者並以此書的序跋，考證《浮生六記》大約在道光二十四、二十五年間，就已經流行傳抄。[8]但《浮生六記》能以活字出版，輯入《獨悟庵叢鈔》之中，真正使之廣泛流傳，楊氏功不可沒。其後自光緒三十二年（1906）到民國時期，陸續有刊本印行。[9]

---

3 按：其書的撰寫、流傳與版本情況，詳見蔡根祥（1956-）：《《浮生六記》後二記——〈中山記歷〉、〈養生記道〉考異》（臺北：萬卷樓，2007年9月），頁10-24。

4 按：一般教材所選錄範圍從「余憶童稚時」乃至「捉蝦蟆，鞭數十，驅之別院」兩百餘字的短文，原文尚有：「年長思之，二蟲之鬥，蓋圖奸不從也。古語云：『姦近殺』，蟲亦然耶？貪此生涯，卵為蚯蚓所哈（吳俗稱陽曰卵），腫不能便。捉鴨開口哈之，婢嫗偶釋手，鴨顛其頸作吞噬狀，驚而大哭；傳為話柄。此皆幼時閑情也。」概因其內容不宜中學生所閱讀，而刪節之。引自〔清〕沈復：《浮生六記》（臺北：漢聲出版社，1975年），頁15。以下引《浮生六記》原文，與相關題詞序跋，皆引此本，不再贅述。

5 〈閨房記樂〉云：「余生乾隆癸未，冬十一月二十有二日。正值太平盛世，且在衣冠之家，居蘇州滄浪亭畔，天之厚我，可謂至矣。東坡云：『事如春夢了無痕』；苟不記之筆墨，為免有辜彼蒼之厚……所愧少年失學，稍識之無，不過記其實情實事而已。若必考定訂文法，是責明於垢鑑矣。」引自《浮生六記》，頁1。

6 潘氏云：「得此又樹一幟，惜乎卷帙不全，讀者猶有遺憾。然其淒豔秀靈，怡神蕩魄，感人固已深矣。」引自《浮生六記》，頁12。

7 楊引傳撰〈序〉云：「《浮生六記》一書余於郡城冷攤得之，六記已缺其二，猶作者手稿也。就所記推之，知為沈姓號三白，而名則已逸。遍訪城中無知者。其書則武林葉桐君刺使、潘麐生茂才、顧雲樵山人、陶芑孫明經諸人，皆閱而心醉焉。」引自《浮生六記》，頁12。

8 詳見《《浮生六記》後二記——〈中山記歷〉、〈養生記道〉考異》，頁11-20。

9 按：光緒三十二年（1906）蘇州《雁來紅叢報》刊出《兒時記趣》；民國元年（1912）有上海明明學社本；民國四年（1915）有上海文明書局的「《說庫》本」。詳見《《浮生六記》後二記——〈中山記歷〉、〈養生記道〉考異》，頁20。

然而，《浮生六記》價值的提高，賴於一位關鍵的讀者——俞平伯（1900-1990）爲之點校、撰序、編〈《浮生六記》年表〉。並且在民國十三年（1924），由霜楓社出版，上海樸社發行，開啓了《浮生六記》研究的基礎。從俞氏所撰之序中，更是有意揄揚此書的價值，〈重刊《浮生六記》序〉云：

> 幼年在蘇州，曾讀過此書，當時只覺得可愛而已。自移家北去後，不但誦讀時的殘趣久蕩為雲煙，即書的名字也難省憶。去秋在上海，與頡剛、伯祥兩位結鄰，偶然讀起此書，我始茫茫然若有所領會。頡剛的《雁來紅叢報》本，伯祥的《獨悟庵叢鈔》本，都被我借來了。既有這麼一段前因，自然重讀時更有滋味。且這書卻也有眩人的力，我們想把這喜悅遍及于讀者諸君，於是便把它校點重印……可注意的，他（沈復）是各習幕經商的人，不是什麼斯文舉子。偶然寫幾句詩文，也無所存心，上不為名山之業，下不為富貴的敲門磚，意興所到，便濡毫伸紙，不必妝點，不知避忌。統觀全書，無酸語、贅語、道學語……即如此書，說它是信筆寫出的固然不像；說它是精心結撰的又何以見得。這總是一半兒做著，一半兒寫著的；雖有雕琢一樣的完美，卻不見一點斧鑿痕；猶之佳山佳水，明明是天開的圖畫，然彷彿處處吻合人工的意匠。當此種境界，我們的分析推尋的技巧，原不免有窮時。此記所錄所載，妙肖不足奇，奇在全不著力而得妙肖；韶秀不足異，異在韶秀以外竟似無物。儼如一塊純美的水晶，只見明瑩，不見襯露明瑩的顏色；只見精微，不見製作精微的痕跡。這所以不和尋常的日記相同，而有重行付印，令其傳播得更久更遠的價值。我豈不知這是小玩意兒，不值當作溢美的說法；然而我自信這種說法不至於是溢美。想讀這書的，必有能辨別的罷。[10]

俞平伯詳述了他閱讀此書的心路歷程，剛開始只覺得「可愛」，或許識趣未深，旋即遺忘，連書名也不復記憶。但是在民國二十一年（1922）在上海與顧頡剛（1893-1980）王伯祥（1980-1975）交往，而重讀《浮生六記》開始有所領會。而這正是北京、上海兩地「新文學運動」方興未艾之際，而俞等三人更是受其影響參與文學研究會，主張「爲人生而藝術」，以「整理中國舊文學，創造新文學」爲目標。所以，俞氏所謂的「我們」，即是有相同理念的一群人，認爲沈復不作濫調套語，而形成一種平易抒情的國民文學，而有股眩人的力，所以有必要將之校點重印來推廣。換言之，褒美《浮生六記》似渾然天成的水晶，其實是欲表達欣賞文學以清楚、明暢、自然有致的審美趣味。雖然在當時，俞平伯也不得不承認《浮生六記》是個「小玩意兒」，自我辯駁其讚非爲溢美之詞。正也揭示了當時閱讀此書、揄揚此書的人，心中自有辨別的能力，與當時代檢討中國舊文學，期待新文學的一種心理。同年俞平伯又撰〈重印《浮生六記》序〉一文，其云：

---

[10] 引自〔清〕沈復撰、蔡根祥校注：《精校詳注浮生六記》（臺北：萬卷樓，2008 年 3 月），頁 10-11。

> 倒是他們視為所以前人以為不足道的，我們常發見其間有真的文藝潛伏在，而《浮生六記》便是小小的一例……〈閑情記趣〉寫其愛美的心習，〈浪遊記快〉敘其浪漫的生涯，而其中尤以〈閨房記樂〉，〈坎坷記愁〉為最佳。第一卷自寫其夫婦間之戀史，情思筆致極旖旎婉轉，又及真率簡易，向來人所不敢昌言者，今竟昌言之。第三卷歷述其不得於父母兄弟之故，家庭間之隱痛，筆致既細，膽子亦大。作者雖無反抗家庭之意，而其態度行為已處處流露於篇中，故絕妙一篇宣傳文字也……在作者當時或竟是遊戲筆墨，在我們時代裏，卻平添了一重嚴重的意味。但我相信：我們現今所投射在上面的這重意味的根芽，卻為是書所固有，不是我們所臆造出來的。細讀之便自知悉。[11]

在這篇序中，俞平伯除了重新強調那傳統文人所不屑的、微不足道的「小玩意兒」才有真正的文藝存在，標榜其真率簡易、旖旎婉轉的情思筆致之外。更加強調了《浮生六記》所代表的「現代」意義，對於中國大家庭的態度。俞氏自然不敢說沈復反抗舊式家族，但在沈復身上的家庭悲劇，確實可以作為民國初年時期抨擊大家庭制度的「宣傳文字」。於是，《浮生六記》不僅在文藝創作上是「進步」的，不同於陳舊迂腐的舊文學，甚至在內容思想上，也可以激發對舊式家庭社會的新思考。

民國二十四年（1935）趙苕狂（1892-？）身為上海世界書局的主編，為王文濡（1867-1935）宣稱找到的足本《浮生六記》，作〈《浮生六記》考〉。則繼承了俞氏以降標榜新文藝，與反抗舊式家庭的命題，來肯定其價值。認為《兒時記趣》開了自傳文學的好例，有大膽而真實的文筆，又揭示了大家庭制度的問題。除此之外，又論云：

> 一個人對於閒情，能不能有上一番領略？這是關於各人的天分，一分也勉強不來的。儘有幾輩性情生來本強的，渾渾噩噩的過了一輩子，至死也解不了閒情是甚麼一回事！至於一般專講「先王」「大道」的孔孟之徒，當然更是談不上，就是有一一些些的閒情，也會給他們那一股迂腐之氣沖了去！像本書作者，天分極高，可算是諳得閒情的三昧的了；所以，雖小而至於閒情看蟲類相鬬，也會使他不厭不倦，久久神移著！[12]

趙苕狂以為沈復有極高的天分，過著愛美而求得生命真趣的日子，所以可以諳得閒情三昧。也因為在當時代「打倒孔家店」口號持續高漲的反抗意識，認為傳統儒家思想已經不合時宜。所以那些談論先王大道的腐儒，反而不如只是閒情看蟲類相鬬，卻久久神移而不厭倦的沈復。在這一段評論文字當中，可以見到當時的

---

[11] 同前註，頁 12-15。
[12] 引自《浮生六記》，頁 6-7。

新舊價值觀念的丕變，於是認爲對看蟲類相鬪的「小事」，亦有閒情在於其中。

同年林語堂（1895-1976）在《天下》英文月刊八月創刊號，發表〈《漢英對照本・浮生六記》序〉，讚美沈復在《浮生六記》所描繪妻子陳芸是中國文學中最可愛的女人，之所以要翻譯成英文，一方面是爲了讓世界知道她的芳名，另一方面有感於這對夫妻的生平，其云：

> 在這故事中，我彷彿看到中國處世哲學的精華在兩位恰巧成為夫婦的生平上表現出來。兩位平常的雅人，在世上並沒有特殊的建樹，只是欣愛宇宙間的良辰美景，山林泉石，同幾位知心友過他們恬淡自適的生活——蹭蹬不遂，而仍不改其樂。[13]

林語堂對於兩人平凡生活中的安樂，甚至是處於憂患中的安樂，心生嚮往也將這種迷人的中國處世哲學，藉由翻譯推介給外國讀者。[14]而《浮生六記》自傳性的文字，強調生活的閒情雅趣，與林氏所提倡「以自我爲中心，以閒適爲格調」的小品文，不謀而合。此書也藉由林氏的翻譯，得以展現在西方讀者面前，而得到共鳴。

三、〈兒時記趣〉成為教科書選文典律的歷程

自民國以來，俞平伯、趙苕狂、林語堂等頗有聲望的文人，因爲處於當時代的特殊風氣與個人文藝欣賞的愛好，十分推崇《浮生六記》，也確實達到了推廣的工作。但是《浮生六記》在臺灣被選錄成爲教科書，應於民國三十九年（1950）。而且選錄的並非是文人所推崇，描繪夫妻生活的內容——〈閨房記樂〉，或是受制於傳統家庭的悲劇——〈坎坷記愁〉，而是趙苕狂所謂「看蟲類相鬪」的閒情小文——〈閒情記趣〉。此「幼時閑情」的選文能夠在《浮生六記》各篇脫穎而出，則是爲了配合教學對象乃十二、三歲的國一學生，後改稱爲「兒時記趣」。

趙隆治依據民國三十七年（1948）十二月「修訂初級中學國文教程標準」，所編的《華國初中國文》，第一冊第十課即爲沈復的〈兒時記趣〉。[15]而且與第七課謝婉瑩（冰心 1900-1999）的〈蒲公英〉、第八課吳敬梓（1701-1754）的〈王冕的少年時代〉、第九課王雲五（1888-1979）的〈我的生活〉緊鄰，成爲一系列與

[13] 引自〔清〕沈復撰、林語堂譯：《英漢對照譯文註釋浮生六記》（臺南：綜合出版社，1984 年 1 月），頁Ⅶ。

[14] 按：林語堂在翻譯作品刊登之後，曾寫〈後記〉云：「素好《浮生六記》，發願譯成英文，使世人略知中國一對夫婦之恬淡可愛生活。民廿四年春夏間陸續譯成，刊登英文《天下月刊》及《西風月刊》。頗有英國讀者徘徊不忍卒讀，可見此小冊入人之深也。」引自《英漢對照譯文註釋浮生六記》，頁 326。

[15] 趙隆治編：《華國初中國文》（臺北：華國出版社，1950 年 8 月）。相關出版資訊見國立編譯館教科書資料中心藏書查詢網站：http://dat.nict.gov.tw/cgi-bin/eb/browse.cgi?ccd=ZO8OfK&o=e0&s=mb（上網時間：2011/3/14）以下各教科書版本亦爲如此，不一一贅述，封面詳參文末附圖頁。

自然／童年／自傳相關的文章，提供讀者比較研究。[16]

自此之後，民國四十一年（1952）由潘成義編《初級中學中華文選》第一冊第五課亦為〈兒時記趣〉。[17]民國四十二年（1953）由章銳初編《啓明初級中學教科書國文》第一冊第九課，與民國四十四年（1955）則依據民國四十一（1952）年十二月「初級中學國文教程標準」，由王夢鷗編《華僑初級中學國文》第一冊第八課亦是如此。[18]由上述之歷史可見，〈兒時記趣〉一文在臺灣五十年代初中國文教科書，經常被民間書商選錄，為教授初中一年級的國文教材。

民國五十七年（1968）時，推行「九年義務教育」，初中改制為國中之後，將書商可自編教科書的權力，更改為僅由國立編譯館主編。當時的教科書，有較多政治人物的訓詞，以國家民族意識為嚴肅的導向，〈兒時記趣〉自然排除在外。而這種教科書中出現政治的宣傳品的情形，在幾年後經由當時臺大、師大、政大的幾位教授和中學老師，組成「國民中學國文教科書編輯委員會」，經歷一番折衝協調後，將一些較有趣味性的文章選入，於是〈兒時記趣〉重新回到教科書。[19]在民國六十二年（1973），依據民國六十一年（1972）「修訂國民中學課程標準」，由張亨、應裕康、戴璉璋等所主編的《國民中學國文教科書》在第一冊第十二課選錄了〈兒時記趣〉。[20]

當時較為保守的人士，甚至認為〈兒時記趣〉沒有教導學生「敦品勵學」的教育價值。[21]面對社會上的質疑，戴璉璋則撰〈談國中國文教科書的編輯與使用〉一文，就論及〈兒時記趣〉是否應刪的問題：

> 在國立編譯館所收集的教科書修正意見中，也有人認為第一冊的〈美猴王〉、〈兒時記趣〉、及第二冊的〈張釋之執法〉等應該更換，理由是不切合時代需要。可是筆者認為這些文章的價值不能因此就一筆被抹煞。教師如能不執著於成見，善加講解，正可藉此提示學生怎樣來培養豐富的想像力、敏銳的觀察力與獨立的判斷力。[22]

戴氏以為其文章可被選成為教科書的價值，正在於提示學生培養豐富的想像力、敏銳的觀察力與獨立的判斷力。這樣的見解，也成為了〈兒時記趣〉教學的重點。其後，國立編譯館雖然依據了教育部所公布的不同年份的（1983、1985、1994）

---

16 按：何文勝：〈二十世紀五十年代以來臺灣初中中國語文教科書編選體系的承傳〉：「這套教科書注意選取題目或內容相類似的白話文與文言文緊接編列，或將題目相同的兩篇文字並列，以供讀者比較研究。」引自「新時期中國語文教育改革的理論與實踐國際研討會」論文，南京：南京師範大學，2005 年，頁 4。

17 潘成義編：《初級中學中華文選》（臺北：臺灣中華書局印行，1951 年 6 月）

18 章銳初編：《啓明初級中學教科書國文》（臺北：啓明書局出版，1953 年 8 月）；王夢鷗編：《華僑初級中學國文》（臺北：正中書局，1955 年）。

19 按：當時編輯的詳細情況，可參齊邦媛：〈文學播種─國文教科書改革〉一文，引自《巨流河》（臺北：天下遠見，2009 年 7 月），頁 407-424。

20 國立編譯館：《國民中學國文教科書》（臺北：國立編譯館，1973 年）。

21 詳參《巨流河》，頁 414、421。

22 戴璉璋撰：〈談國中國文教科書的編輯與使用〉，《中等教育》第 27 期（1976 年 6 月），頁 7-8。

「國民中學國文課程標準」編定了各版本國中國文教科書，〈兒時記趣〉就一直是國一國文被選錄的課文[23]。

在民國七十八年（1989）政府公布「改進高中暨國民中小學教科用書編輯方式實施要點」，開放與升學無關的科目，由書商編輯及國立編譯館審查，到了民國八十五年（1996）則全面開放書商編輯。[24]在開放的初期呈現多元的成果，民國九十年（2001）「九年一貫課程暫行綱要」正式施行後，市面上國中七年級的國文至少有：仁林、光復、南一、康軒、翰林、青新等六個版本。國編本「獨佔」的時代已經結束，但近年來僅剩南一、康軒、翰林的「寡佔」的時代也正式展開。[25]教科書的編制雖然從國立編譯館轉移至民間業者，但是〈兒時記趣〉的課文卻「一脈相傳」，一直深受民間版本的青睞。[26]這樣的情形，侯雅文研究以為：

> 自五四以來，「求真」、「求自然」、「反封建傳統」的思潮大盛，《浮生六記》的內容正好符應此一思潮，其中尤以〈閨房記樂〉、〈坎坷記愁〉最具代表性，因而像俞平伯〈校點浮生六記序〉所言「家常言語，反若有勝宏大巨制」，林語堂〈享受大自然〉所言「文字極其自然，毫無虛飾」；由於受到俞、林等具有重要影響力的文學批評家的推許，進而發展成為「預期典律」。而「國文課本」一方面延續了民國以來對於《浮生六記》的推崇；另一方面長久選錄的結果，只突顯〈兒時記趣〉之類具有想像趣味的篇章，卻忽略那些更受五四文人所喜愛有關夫妻情趣的篇章。從這方面來看，「國文課本」的選錄結果形塑了新的「預期典律」。[27]

其所謂「預期典律」是指：沈復的《浮生六記》因為蘊含了自五四以來被重視的普遍價值，受到有重要影響力的文學批評家的認可。雖然尚未通過歷史積累試煉，但是可以預見未來它很可能成為典律。也因為是「預期典律」，受到民國以來的編輯者的認可，而有機會被編入教科書當中。但其中在意的普遍價值，已經從夫妻情趣轉向想像趣味，於是〈兒時記趣〉成為新的「預期典律」。即使臺灣處在一個社會與意識型態快速變動的環境，然而經過長時間的國中國文教材的選

---

[23] 按：依照民國七十二年（1983）「國民中學國文課程標準」，國立編譯館編有：民國七十三年（1984）試用本，〈兒時記趣〉在第八課。其餘順序如下：民國七十四年（1985）修訂本在第八課、民國七十五年（1986）正式本在第十一課、民國七十六年（1987）正式本再版在第十一課、民國七十七年（1988）正式本三版在第十一課。依照民國七十四年（1985）「國民中學國文課程標準」則有：民國七十八年（1989）改編本出版在第十一課，一直延續到民國八十五年（1996）改編本第八版仍在第十一課。依照民國八十三年（1994）「國民中學國文課程標準」則有：民國八十六（1997）年試用本在第八課，民國八十七（1998）年正式版本初版在第八課，一直延續到民國九十年（2001）正式版四版維持在第八課。

[24] 詳參：楊龍立撰：〈臺灣教科書一綱一本到多綱多本的發展〉，《研習資訊》第 22 卷第 3 期（2005 年 6 月），頁 37-42。

[25] 林于弘撰：〈國中國語文教科書的發展與評鑑〉，《教育研究》第 183 期（2009 年 7 月），頁 8。

[26] 林于弘撰：〈從能力指標編列看國中國文教學的迷思與困境——以兒時記趣為例〉，《菁莪季刊》16 卷第 1 期（2004 年 3 月），頁 2-16。

[27] 侯雅文：〈初國中國文課本「古典文學」編選結果與典律的關係〉，《國立編譯館館刊》第 34 卷第 1 期（2006 年 3 月），頁 21。

錄，與長久教學的慣性制約，〈兒時記趣〉其實已然成為臺灣跨世代的學子共同學習經驗，也可以說是國中國文教材中選文的典律。

四、典律：傳承與展望——現今教科書的檢討

以九十九學年度的國中國文教科書為例，民間三大業者：南一、康軒、翰林仍然選用〈兒時記趣〉[28]，作為國中一年級（七年級）學生所需學習的文言文。然而延用超過半世紀以來的教材，是否仍合乎「時代要求」呢？既有的教學重點，是否能突出此文的時代意義呢？本文將民間三大業者所編輯的國中國文教科書〈兒時記趣〉的「學習重點」，做成表一參照如下[29]：

表一：九十九學年度國中國文教科書三大版本「學習重點」比較表

南一	一、學習譬喻、誇飾的修辭方法 二、能運用觀察力、想像力寫作記敘文 三、體會親近自然、尊重生命的情懷
翰林	一、瞭解本文誇飾、譬喻和排比的修辭技巧 二、能運用觀察和想像力寫作記敘文 三、體會作者童年生活的情趣
康軒	一、認識沈復的生平及作品風格 二、了解作者如何將平凡的事物趣味化 三、學習誇飾的技巧 四、學習運用觀察及想像力寫作 五、體會日常生活中的閒情逸趣

從上表當中，可以發現三個版本共通的「學習重點」，都偏重在於「修辭技巧」與「寫作能力」。事實上無論是學習譬喻、誇飾、排比的修辭，或記敘文的寫作，都是偏向展現能力指標與測驗需求。其中對想像力與觀察力的培養，則是繼承了戴璉璋自民國六十二年（1973）以來，強調的編輯用意。其中康軒版又特別指出「認識沈復的生平及作品風格」，則是源自五四以來，對於沈復其人其書所代表精神的重視。雖然僅有康軒版標示這個學習重點，但在三個版本當中，都會強調出沈復與妻子過著安於平淡、鶼鰈情深、怡然自得的生活。也都以真摯樸實、真切自然、深情動人來肯定其作品風格。

除了上述屬於能力與知識性的學習重點之外，三大版本的「學習重點」也有提升至學生精神的陶冶。南一版強調親近自然、尊重生命的情懷，而翰林版與康軒版則側重於將平凡事物趣味化，來體會生活的閒情、逸趣。然而，教科書裡列為數項的「學習重點」，在課文教材本身的解讀上，是否也能適當地相互配合呢？

---

[28] 按：民間各業者皆選錄〈兒時記趣〉，然所安排的冊與課則不一，如南一為第二冊第十課，康軒則是第一冊第十一課，至於翰林則是第一冊第九課。

[29] 按：相關資訊引用自莊萬壽編：《國民中學國文》（臺南：南一書局，2011 年 2 月）；宋隆發編：《國民中學國文》，臺南：翰林出版事業（2010 年 8 月）；董金裕編：《國民中學國文》，臺北：康軒文教事業，（2010 年 9 月）。

來達成學習重點效果呢？於是本文再將民間三大業者所編輯的國中國文教科書〈兒時記趣〉的「課文賞析」，做成表二參照如下：

表二：九十九學年度國中國文教科書三大版本「課文賞析」比較表

南一	童年是人的一生最美好的階段，無憂無慮，天真無邪，值得我們再三咀嚼玩味。 作者回想他的童稚時光也是如此，他擁有敏銳的目力，加上細心的觀察，所以常在一些平凡的事物中，增添想像的色彩，使得他的世界多采多姿，充滿趣味。於是，吵鬧的蚊子不再令人厭煩，反而轉變成翩翩起舞的白鶴，再加上煙霧的效果，彷彿是雲端上的仙境；雜草叢生、蟲蟻橫行的地方，也成了山谷起伏、林木茂密、群獸聚居的森林樂園。作者陶醉在這幻想的遊戲中，怡然自得，甚至渾然忘我到被一隻小小的癩蝦蟆嚇到，其純真專注的態度使得生活增加了許多情趣和驚喜。 在這緊張忙碌的生活中，我們有時也應排除現實、利害的想法，對周遭的事物靜靜地觀賞，悠閒的想像。如此不但可以怡情養性，對身心健康也有莫大的好處呢！
翰林	本文著眼於「物外之趣」，透過豐富的想像力，和生動的筆法，鋪敘自得其樂的童年往事。 全文共分四段。第一段作者點出童年的「物外之趣」，是因為有著極好的眼力與敏銳的觀察力。後三段分別記敘在這個前提之下所發生的三件趣事：把成群飛舞的蚊子想像成鶴唳雲端；把叢草、蟲蟻、土礫想像成樹林、野獸和丘壑，而神遊其中；把癩蝦蟆想像成龐然大物，對牠吞食二蟲的作法，給予適度的懲罰。 在寫作技巧上，作者運用譬喻和誇飾的修辭法：如將成群飛鳴的夏蚊譬喻成「群鶴舞空」，為平凡的事物賦予美感；以「拔山倒樹而來」誇顯癩蝦蟆的來勢洶洶，都令讀者印象深刻。全文從趣味性的角度，看待日常生活中的平凡事物。結構分明，文字簡潔生動，充滿了童趣與赤子之情。
康軒	本文記敘作者幼年時所發生的事情。這些事情都是以「童趣」為主題貫串起來的。 全文共分四段：第一段敘述作者小時候有很好的眼力，善於細心觀察事物，發揮豐富的想像力，體會到「物外之趣」，是全文的總綱。第二、三、四段分別記敘三件物外之趣：把成群飛舞的蚊子想像成鶴唳雲端的美妙景象；把叢草、蟲蟻、土礫想像成樹林、野獸、丘壑，而神遊其中；把癩蝦蟆想像成龐然大物，對牠吞食二蟲的弱肉強食作法，發揮正義感，給予適度的處罰。 在寫作技巧上，作者充分運用譬喻和誇飾兩種修辭法：在譬喻方面，如以「群鶴舞空」譬喻蚊子成群飛舞，使惹人厭的蚊子變成具有美感的

	白鶴。在誇飾方面，如以「拔山倒樹而來」凸顯癩蝦蟆的來勢洶洶，給人驚奇的感受，使讀者的印象更加鮮明、深刻。 整篇文章以趣味的角度，看待日常生活中的平凡事物，它啟示我們：透過敏銳的觀察力和豐富的想像力，可以讓我們在平常的生活中，得到許多樂趣。儘管日漸成長，但純摯的童心永遠可以為我們帶來源源不絕的「物外之趣」。

國語文教科書中的「課文賞析」，作爲教材本身對課文最直接的解讀，也指出課文最應被學生感知吸收的部分。從此表當中，可以特別注意到翰林版和康軒版在「課文賞析」中，側重於各段段落大意與寫作技巧的說明，尤其是譬喻、誇飾等修辭技巧的解析。顯然這兩個版本對於「課文賞析」的書寫，仍以「修辭技巧」與「寫作能力」，作爲最主要的學習重點。相較於此，南一版則說明作者是如何將平凡的事物趣味化，如何讓生活充滿情趣和驚喜。並且提示學生可以仿效這樣的方式，以觀賞與想像，消解生活中的緊張忙碌，而達到怡情養性，提升身心健康的效果，試圖提升學生精神的陶冶。

〈兒時記趣〉即使已經被長久的選錄，成爲教科書選文中的典律，然而教科書中的「學習重點」或是「課文賞析」，都應該考量是否合乎時代的觀念與需求。舉例來說，在南一版的「學習重點」中，則特別強調親近自然、尊重生命。這點在近幾年，則有關心動物保育的人士，反而認爲〈兒時記趣〉課文中因爲癩蝦蟆吞食了沈復正在欣賞的昆蟲，於是作了「鞭數十，驅之別院」的作法，需要教師特別的說明和指導，才不會造成虐待動物的負面影響，也教導學生尊重生命。[30]

現在的教科書，或多或少已經傳承了自五四以來，對於沈復《浮生六記》文藝創作與現代觀念上的肯定。也承繼了民國以來國語文教科書，對於教導學生培養觀察力、想像力的理念。然而，隨著時代的變化，〈兒時記趣〉在教科書的編輯上，能不能再進一步回應當下時代的需求？而舊教材是否能經由適當的改編，賦予新的學習價值呢？[31]本文以爲可以從「物外之趣」的主旨，著手進行。

各版本的教科書，都會強調「物外之趣」乃〈兒時記趣〉的主旨。大多解釋「物外之趣」爲：超越事物本身形體之外的樂趣，或世俗看法以外的樂趣。而這一點即可深入發揮：現今不同於五四時期或六、七十年代，我們所身處的是一個高度科技化與商業化的時代，日新月異的科技與商品不斷的推陳出新，使得人爲

[30] 陳如嬌、韓國棟報導：〈慈烏反哺一錯千年・教科書教孩子誤解動物？〉:「沈復的《浮生六記》，作者對癩蛤蟆吃蚊子不滿，對癩蛤蟆『鞭數十，驅之別院』。黃英豪說，文章很精彩，但從動物保護觀點，癩蛤蟆捕食蚊子是自然生態，作者『鞭數十，驅之別院』與現代尊重自然與動物保護的觀念相衝突，也是對癩蛤蟆的偏見與歧視。農委會挑出教科書對動物的歧視與刻板印象的內容，歸納爲文學中的不合宜、以動物作道德教育、觀察動物行爲、傳統與風俗、動物的刻板印象、科技與動物等。黃英豪強調，農委會絕對尊重出版社選取課文內容的自由，也沒有對錯或好壞評斷。不過，從動物保護立場，老師上課時可提供其他討論空間，對啓發學生更有幫助。」,《中國時報》，2005 年 8 月 25 日。

[31] 按：有學者從文化學習的實際網頁設計，爲〈兒時記趣〉的教學做出新嘗試，但本文主題在教科書的編輯，則略有不同。詳見陳慶華撰：〈爲古文教學著新裝——以沈復「兒時記趣」一文爲例〉,「第四屆全球華文網路教育研討會」論文，臺北：臺灣師範大學，2005 年，頁 1-8。

物所役的「物化」[32]情況越趨嚴重。盲目追求各種商品，而造成人與人之間關係的緊張，甚至迷失體認真正價值的能力，正是必須教導學生面對的課題。〈兒時記趣〉的作者沈復，固然不是處在一個高度商業化的時代，無須思考物化的問題。但是他以童趣的眼光捕捉到人世間的值得欣賞的美好，而這些事物沒有價格而有價值，更應該教導現在的學生，讓他們學習豐美自己生命的能力。

五、結語

本文以〈兒時記趣〉此一課文爲研究考察的最主要對象，探求〈兒時記趣〉能持續被選入國中國文教材中的各種因素，並且研究此種編輯現象代表的意義，檢討此教材能夠展現的現代意義。首先，追本溯源地探求〈兒時記趣〉所源出之書——《浮生六記》從創作完成之後，其閱讀與傳播的歷程。考察得知，沈復作《浮生六記》其實無意成就名山事業，僅以手抄本流傳，有幸受幾位文人雅士愛好而流傳，此人此書才不至於湮滅。民國以後，受五四運動影響的一班具有號召力的文人，俞平伯、趙苕狂、林語堂等，基於《浮生六記》所代表的文藝與觀念的革新，又身處於新舊觀念衝突時刻的特殊心理，而揄揚原本被視爲「小玩意兒」價值，也造成了傳播、閱讀、研究《浮生六記》的現象。

當《浮生六記》成爲社會菁英份子所接受的著作，並且賦予極高的讚許，而編輯教科書的知識份子，也意識到了該作品的價值，選擇將此書的內容編入教材。然而，爲了適應接受教材學生的年齡，則捨棄受文論家所推崇沈復私密夫妻生活的篇章，於是選錄了卷二〈閒情記趣〉有關「幼時閑情」兩百餘字的短文，並且命名爲「兒時記趣」。而〈兒時記趣〉成爲教科書的選文，至少可分三階段：自民國三十七（1948）年到五十七年（1968）年；六十二（1973）年到七十七年（1988）；七十八（1989）到民國一百年（2011）。在第一階段，民間各出版社自編教科書，有幾間重要的出版社選擇了〈兒時記趣〉成爲課文，但未具有普遍性。到了第二階段，由國立編譯館主編獨佔選錄，而這是透過幾位大學教授有意識的改革泛政治的選文。但是隨著一綱一本的教科書政策執行既久，〈兒時記趣〉逐漸成爲國中國一國文教科書選文的典律。最後第三階段，即使已經漸漸開放成「一綱多本」的教科書政策，但民間寡佔的教科書出版商，由於長久編輯與教學的制約，到目前依然選錄〈兒時記趣〉，已然成爲了難以更替的選文「典律」。

從上述〈兒時記趣〉成爲教科書選文「典律」過程的一番溯源，可以發現即使檢閱最新版本的教科書，仍保留了許多具有歷史傳承的概念。例如新版教科書中對於沈復其人其書的讚揚，仍可見新文學運動對於該創作的肯定；新版教科書對於重視學生觀察力、想像力的「學習重點」，亦與傳承自當年參與國立編譯館編輯國文教科書的編輯的看法。目前教科書可看見，多以學生能力測驗爲導向的「學習重點」，也影響了「課文賞析」如何詮釋教材。從「課文賞析」，可以進一

[32] 按：本文所指的「物化」，即近於盧卡奇（Georg Lukacs，1885-1972）認爲在發達的商品經濟的條件下，人爲勞動的結果或造物，反過頭來成爲統治、支配人的力量。

步檢討與反省，在現代該如何詮釋〈兒時記趣〉這樣形成「典律」已久的舊文，使它具有現代教育的意義。故本文從其文章主題「物外之趣」，聯想到現代社會「物化」的精神危機。倘若日後在編輯〈兒時記趣〉這一文，能夠讓學生體會，在事物形體以外、世俗觀念以外，甚至是商品經濟的潮流以外，尙有一些亙古不變的精神價值，值得追尋，而不至於使人爲物所役。如此相信〈兒時記趣〉一文，仍然可以在現今教育過程中，能達成精神陶冶的功能，而能繼續成爲教科書選文的「典律」。也希望此文能爲未來國中教育國文教科書的編定，提供一些反省與思考，並且就教於教育學界的大家，有以正之。

徵引文獻

教科書

趙隆治編：《華國初中國文》，臺北：華國出版社，1950 年 8 月

潘成義編：《初級中學中華文選》，臺北：臺灣中華書局印行，1951 年 6 月

章銳初編：《啓明初級中學教科書國文》，臺北：啓明書局出版，1953 年 8 月

王夢鷗編：《華僑初級中學國文》，臺北：正中書局，1955 年

張亨、應裕康、戴璉璋編：《國民中學國文教科書》，臺北：國立編譯館，1973 年

陳品卿、董金裕編：《國民中學國文教科書》，臺北：國立編譯館，1984 年

陳品卿、董金裕編：《國民中學國文教科書》，臺北：國立編譯館，1989 年

翁淑芳、許俊雅、馮聞、郭鶴鳴、楊如雪、董金裕編：《國民中學國文教科書》，臺北：國立編譯館，1997 年

董金裕編：《國民中學國文》，臺北：康軒文教事業，2010 年 8 月

宋隆發編：《國民中學國文》，臺南：翰林出版事業，2010 年 8 月

莊萬壽編：《國民中學國文》，臺南：南一書局，2011 年 2 月

專書

沈　復撰：《浮生六記》，臺北：漢聲出版社，1975 年

沈復撰、林語堂譯：《英漢對照譯文註釋浮生六記》，臺南：綜合出版社，1984 年 1 月

陳毓羆撰：《沈三白和他的《浮生六記》》，臺北：大安出版社，1996 年

蔡根祥撰：《《浮生六記》後二記—〈中山記歷〉、〈養生記逍〉考異》，臺北：萬卷樓，2007 年 9 月

沈　復撰、蔡根祥校注：《精校詳注浮生六記》，臺北：萬卷樓，2008 年 3 月

齊邦媛撰：《巨流河》，臺北：天下遠見，2009 年 7 月

期刊報章

戴璉璋撰：〈談國中國文教科書的編輯與使用〉，《中等教育》第 27 期（1976 年 6 月），頁 7-8。

廖素卿撰：〈從《浮生六記》看沈復夫妻的感情生活〉，《書評》第 26 期（1997 年 2 月），頁 6-13。

林于弘撰：〈從能力指標編列看國中國文教學的迷思與困境—以兒時記趣爲例〉，《菁莪季刊》16 卷第 1 期（2004 年 3 月），頁 2-16。

何文勝撰：〈二十世紀五十年代以來臺灣初中中國語文教科書編選體系的承傳〉，

「新時期中國語文教育改革的理論與實踐國際研討會」論文，南京：南京師範大學，2005 年，頁 1-14。

楊龍立撰：〈臺灣教科書一綱一本到多綱多本的發展〉，《研習資訊》第 22 卷第 3 期（2005 年 6 月），頁 37-42。

陳慶華撰：〈爲古文教學著新裝—以沈復「兒時記趣」一文爲例〉，「第四屆全球華文網路教育研討會」論文，臺北：臺灣師範大學，2005 年，頁 1-8。

歐用生撰：〈臺灣教科書政策的批評論述分析〉，《當代教育研究》第 14 卷第 2 期（2006 年 6 月），頁 1-26。

陳如嬌、韓國棟報導：〈慈烏反哺一錯千年・教科書教孩子誤解動物？〉，《中國時報》，2005 年 8 月 25 日。

侯雅文撰：〈初國中國文課本「古典文學」編選結果與典律的關係〉，《國立編譯館館刊》第 34 卷第 1 期（2006 年 3 月），頁 13-24。

林于弘撰：〈國中國語文教科書的發展與評鑑〉，《教育研究》第 183 期（2009 年 7 月），頁 5-17。

網路資源

國立編譯館教科書資料中心藏書：

http://dat.nict.gov.tw/cgi-bin/eb/browse.cgi?ccd=ZO8OfK&o=e0&s=mb

附圖

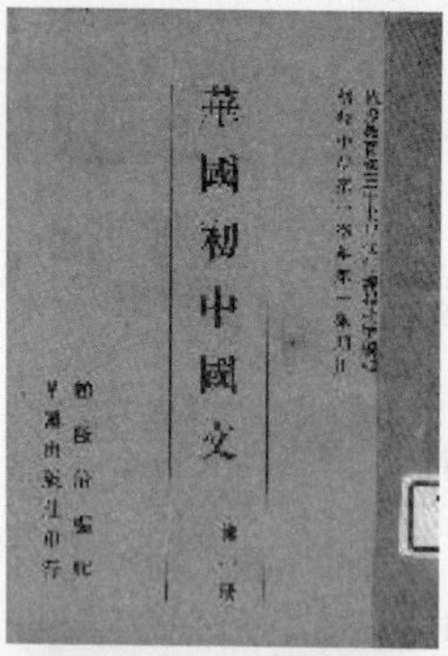

①民國三十九年 趙隆治編
《華國初中國文》
華國出版社
第一冊第十課〈兒時記趣〉

②民國四十一年 潘成義編
《初級中學中華文選》
臺灣中華書局
第一冊第五課〈兒時記趣〉

③民國四十二年 章銳初編
《啓明初級中學教科書國文》
臺灣啓明書局
第一冊第十課〈兒時記趣〉

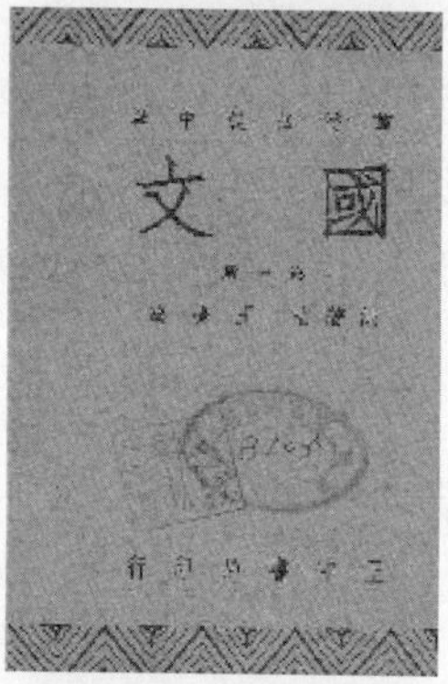

④民國四十四年 王夢鷗編
《華僑初級中學國文》
正中書局
第一冊第八課〈兒時記趣〉

⑤民國六十二年 張亨等編
《國民中學國文教科書》
國立編譯館
第一冊第十二課〈兒時記趣〉

⑥民國七十三年陳品卿等編
《國民中學國文教科書》
國立編譯館
第一冊第八課〈兒時記趣〉

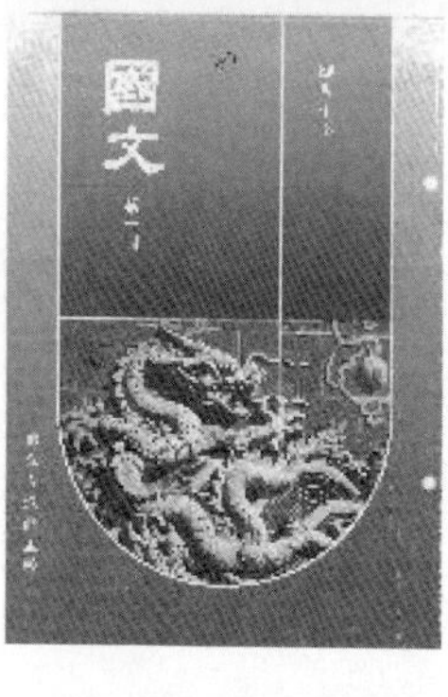

⑦民國七十八年陳品卿等編
《國民中學國文教科書》
國立編譯館
第一冊第十一課〈兒時記趣〉

⑧民國八十六年翁淑芳等編
《國民中學國文教科書》
國立編譯館
第一冊第八課〈兒時記趣〉

論譬喻修辭讀寫教學之發展

——以三篇高中國文現代範文為例

仇小屏*

摘　要

修辭教學是國語文教學的重要一環，而譬喻又是修辭教學的重要內容。本論文認為：譬喻修辭教學可在「譬喻定義認識」、「譬喻格細類辨析」的基礎上，有更新的發展。就教學內容而言，可擴展到以往較少注意的幾個重點：「效果的體認」、「兼格的認識」、「喻體的選取」、「喻解的掌握」，亦即汲取學術研究之成果，以此成果進行範文分析，進而達成以「理論」提升「實務」的理想。而就具體作法而言，可以有如下努力的方向：基於「讀寫結合」的原理，可運用範文教學的成果，進一步設計「限制式寫作題組」題目，並引導學生寫作，如此可達致「讀」、「寫」的良性互動，以收到最好的教學效果。

關鍵詞：譬喻、修辭教學、讀寫結合、限制式寫作、國文教學

*國立成功大學中文系副教授

一、前言

修辭教學向來爲國文教學之重要一環，而且貫穿了「範文」（讀）與「寫作」（寫）之教學，以及「評量」之編製。即以甫通過之《普通高級中學國文課程綱要》（以下簡稱《99 課綱》）[1]而言，在「實施要點」之「教學要點」中，明文規定「範文」宜：

講解文類形式、立意取材、結構組織、遣詞造句等語文特色。

而「寫作練習」應：

注意內容題旨之切合、段落結構之安排、遣詞用字之講求、錯字別字之訂正，以及標點符號之使用等。

其中，「遣詞造句」、「遣詞用字」的重要內容之一，就是「修辭」。同樣地，《99 課綱》在「實施要點」之「教學評量」中，亦明文規定「範文評量內容」之一爲：

各文體文類表達技巧之把握。

而「寫作練習評量內容」之一爲：

表達：措辭恰當，行文流暢。

在這兩者中，也有很大一部分，須從「修辭」的角度來加以查核。

而且，教育是一貫的，如往前溯源至國、中小，更可見出修辭教學向來是教學中的重要區塊。張春榮即根據《國民中小學九年一貫課程綱要語文學習領域》，指出：「修辭」屬於語文學習領域中「欣賞、表現與創新」第二項基本能力，旨在培養莘莘學子「語文創作之興趣，並提升欣賞評價文學作品之能力」，在修辭能力指標上，計有「分辨」、「欣賞」（第一階段）、「理解」、「應用」（第二階段）、「靈活運用」（第三階段）的進階大要[2]。由此可見，修辭教學一向都是重要的教學內容。

而修辭教學的內涵廣泛，本論文以「譬喻修辭教學」作爲考察重心。因爲，正如鄭頤壽所指出的：比喻格是運用範圍最廣、頻率最高的修辭格[3]，因此，反

1 見《普通高級中學國文課程綱要》，99 年版，教育部。101 學年度高一新生適用。

2 參見張春榮：《國中國文修辭教學》（臺北：萬卷樓圖書有限公司，2005），頁 3。而《國民中小學九年一貫課程綱要語文學習領域》，92 年版，教育部。

3 見鄭頤壽，《比較修辭》（福建：福建人民出版社，1982），頁 229。此外，關於譬喻格之名稱，

應在國文範文上，譬喻修辭出現頻率也就相當高，所以，理當予以特別的關注。除此之外，如前所述：修辭教學貫穿了「範文」（讀）與「寫作」（寫），以及「評量」之編製，不過，因爲「範文」（讀）與「寫作」（寫）之教學是「本」，而「評量」之編製是「末」，所以，爲了使得探究可以更爲聚焦，於是就縮小範圍，鎖定在最爲根本的「範文」（讀）與「寫作」（寫）教學上，並且，這方面的研究成果，也可作爲以後發展評量教學之參考。

二、「譬喻修辭教學」之相關探究

本節先探究「譬喻修辭教學的現況與展望」，接著汲取譬喻理論的學術研究成果，得出「譬喻修辭教學的重點」。

（一）譬喻修辭教學的現況與展望

1. 現況

關於修辭教學，以往多著力於「辨析」，再配合簡單的「應用」。所以，表現在範文教學上，關注的焦點，往往落在「認識修辭格」、「分辨修辭格及其細類」；表現在寫作教學上，常見「某修辭格的造句」。

而範圍若縮小到譬喻辭格，情況亦然。在範文教學中，指導學生如何分辨「明喻」、「隱喻」、「略喻」、「借喻」，似乎成了最重要的事，因此，在各版本的「教師手冊」中，雖然大體上都列有「修辭舉隅」一欄，但是多只是羅列數個修辭格，簡述定義，並分析範文文句屬於何種修辭格。而在寫作教學中，以「明喻」、「隱喻」、「略喻」、「借喻」，來引導學生造句，遂成了常見的情況。

然而，這樣的譬喻修辭教學固然有其成效，但是不足之處也是很明顯的。就範文教學來說，師生的心力放在「分辨」辭格及其細類上，容易造成「求索過甚」的情況[4]；而且，更重要的是，這樣的教學關注的範圍不夠廣、層次不夠高，譬如「欣賞」譬喻修辭美感，往往就被忽略了。其次，就寫作教學來說，只注重「明喻」、「隱喻」、「略喻」、「借喻」的運用，往往達不到「靈活運用」的層次，反而是以前較少觸及的兩點 —— 「喻體」的選取、「喻解」的捕捉，才是關鍵。

因此，整體來說，不能抹煞以往譬喻修辭教學的貢獻，但是，若要精益求精，則譬喻修辭教學仍有很大的往上提升的空間。

2. 展望

蔡宗陽指出：「臺灣修辭學書多半採用『譬喻』，大陸修辭學書多半採用『比喻』。」見《應用修辭學》（臺北：萬卷樓圖書有限公司，2001），頁 149，因此本論文採用「譬喻」格之專稱。

4 李家同教授在《聯合報》發表了一篇投書：「天啊！小四考這個？可憐可憐孩子吧」（2009/03/07），引發許多迴響與討論。李教授所痛陳的現象，大抵指此。

關於修辭教學的往上提升，張春榮說道：「九年一貫的修辭教學，不再是傳統『修辭學』的全盤托出，而是取精用宏，重新設計，養成學子語文表達能力的最佳仲介區。」[5]張氏並進一步提出具體的作法：

> 修辭教學中的「辭格教學」，不應只停留在「知道很多辭格」、「知道某一辭格是什麼」，而宜抓重點，學精采。第一、能把握重要辭格；第二、能確實運用各重要辭格。[6]

關於第一項「能把握重要辭格」，譬喻屬於重要辭格，當無疑問；至於如何把握，則當從譬喻小類的辨析中跳脫出來，指導學生認識「喻解」的意義的掌握、「喻體」選取的佳妙、譬喻修辭的效果……等等。而關於第二項「能確實運用各重要辭格」，張春榮闡發道：「讓辭格教學由『是什麼』（what），提升至『如何達成』（how）的層次。」並針對譬喻，規劃出三個具體的策略，而這三個策略即著眼在「喻解」與「喻體」的創造與掌握上。[7]

此外，蔡宗陽則認爲：

> 一般人誤以為修辭學，僅限於「用字」、「造句」，其實還有「裁章」、「謀篇」。[8]

因爲譬喻不只用於造句，也常常用於篇章的呼應、連貫上，因此這樣的觀點，也提供了一個譬喻修辭教學開展的新方向。

並且，近年來寫作教學有著大幅度的革新，各種新式命題（如「仿寫」、「擴寫」、「續寫」、「改寫」……）都應用在辭格的寫作上[9]。可見得教學者、研究者力求突破修辭教學的窠臼，並有一定的成果出現。

（二）譬喻修辭教學的重點

欲具體落實「展望」，抉發出以往未曾關注、但是又非常重要的教學內容，是一個關鍵。因此，本論文汲取譬喻理論的學術研究成果，運用於譬喻修辭教學中，因此得出一些以往較少注意的「重點」。標舉出這些「重點」，有兩個意義：其一是指出這些內容是較少或不曾出現在以往的譬喻教學中；其二是彰顯出「學術理論」提升「教學實務」的可能性與必要性。

---

5 見張春榮，《國中國文修辭教學》，頁 3。
6 見張春榮，《國中國文修辭教學》，頁 5。
7 見張春榮，《國中國文修辭教學》，頁 6。
8 見蔡宗陽，〈修辭與作文教學〉，《修辭論叢》第二輯（高雄：國立高雄師範大學、中國修辭學會主編，2000），頁 301。
9 譬如張春榮，《作文新饗宴》（臺北：萬卷樓圖書有限公司，2002）、范曉雯、郭美美、陳智弘、黃金玉，《新型作文瞭望臺》（臺北：萬卷樓圖書有限公司，2001）、仇小屏，《限制式寫作之理論與實務》（臺北：萬卷樓圖書有限公司，2005）等。

譬喻修辭是運用得最為廣泛的修辭格，可以切入的面向相當多。一般而言，在譬喻修辭教學中，引導學生掌握「譬喻四要素」，是基本的工夫；但是，如欲進一步深究此譬喻之精妙，則「效果」的體會、「兼格」的認識、「喻體」的選取、「喻解」的掌握，是非常值得發展的方向。

1. 譬喻四要素

以往的譬喻修辭，多著重在「譬喻三要素」(即「喻體」、「喻詞」、「喻依」)的闡發，但是，目前則多重視「譬喻四要素」。至於何謂「譬喻四要素」？黎運漢、張維耿說道：

> 一個比喻通常由被比喻的事物和用作比喻的事物以及使兩者發生比喻關係的輔助詞語構成。被比喻的事物叫做本體，用作比喻的事物叫做喻體，聯繫本體和喻體的輔助詞語，叫做喻詞，本體和喻體之間的相似點，叫做喻解。[10]

關於喻解，黃慶萱又稱之為「喻旨」[11]。因此，「本體」、「喻體」、「喻解」、「喻詞」，就是「譬喻四要素」。

2. 「效果」的體會

修辭是講求效果的。王希杰即說道：

> 修辭學是一門提高語言的表達效果的科學。換句話說，修辭學是有關提高語言表達效果的規律規則的總和。[12]

但是，如何將此「表達效果」簡單又有效地抉發出來呢？關於此點，可以援引「原型」與「變型」的觀念來作處理。所謂「原型」就是未經修辭格修飾的語文，所謂「變型」，就是經過修辭格修飾的語文，兩者一比較，差異立現，而且，此「差異」往往便是修辭格所造成的表達效果。此一抉發修辭效果的作法簡便有效，可適用於大多數的修辭格，當然，也包括譬喻格在內。[13]

3. 「兼格」的認識

關於辨析修辭格，有一個觀念是很重要的，那就是「兼格」。蔡宗陽指出：

> 所謂兼格的修辭，是指在語文中，含有兩種或兩種以上的修辭格的一種修

[10] 見黎運漢、張維耿，《現代漢語修辭學》(臺北：書林出版社，1991)，頁 102。
[11] 見黃慶萱，《修辭學》增訂三版（臺北：三民書局，2002），頁 327。
[12] 見王希杰，《修辭學導論》(杭州：浙江教育出版社，2000)，頁 60。
[13] 參考仇小屏，《限制式寫作之理論與應用》，頁 30-31。

辭技巧。[14]

而且，誠如前面所指出的，修辭格講求表達效果，所以某修辭現象若是兼有兩種或兩種以上的修辭格，那麼往往就表示此修辭現象，兼具兩種或兩種以上的修辭格的表達效果。就以譬喻來說，兼格是普遍的情況，其中，譬喻兼誇飾又是最為常見的。[15]

4.「喻體」的選取

關於「喻體」的選取，陳望道指出一個重要原則：

> 譬喻和被譬喻的兩個事物必須本質上極其不同。[16]

但是，除了這一點外，還可以從「創新」與「呼應」兩個特色，來考察「喻體」的選取。

(1)「喻體」的創新

關於「創新」，可用「陌生化」來理解。童慶炳聯繫中、西文學理論，說道：

> 杜甫所追求的語言「驚人」效果，韓愈所講的「惟陳言之務去」，以及俄蘇形式主義者所講的語言的「陌生化」，其文學語言觀的相通之點是反對因襲、主張出新和對普通語言的某種疏離。[17]

並且又接著闡述道：「因襲的、陳腐的、反複使用的語言不宜於詩，是因為這種語言使人的感覺『自動化』和『習慣化』。而一種感覺若是自動化、習慣化了，那麼就必然會退到無意識的領域，從而使人不再能感覺到或強烈地意識到它。」[18]而在譬喻中，「喻體」的創新是容易做到，且引人注目、美感強烈的[19]。

(2)「喻體」的呼應

譬喻的呼應可以從以下兩個方向來探究：一是「套式譬喻」，即喻體如果不只一個時（包括「一個本體多個喻體」，或是「多個本體、多種喻體」兩種情形），喻體和喻體之間也可能會形成「延展」或是「包孕」的呼應。二是「喻體形成的相關性」，亦即喻體和本體，以及喻體和本體之外的全文，也可能會因為相關而產生呼應；所以其下可以再分兩小類：「與本體相關」、「與全文相關」，而前者可能因為「與本體對舉」、「修辭手法」、「背景資料」而產生相關性，而後者則可能

[14] 見蔡宗陽，《應用修辭學》，頁 13。

[15] 對於兼格的認識，不只在鑑賞上相當具有意義，在評量上也非常重要。因為本論文不直接探究修辭評量，因此存而不論。

[16] 見陳望道，《修辭學發凡》（臺北：文史哲出版社，1989），頁 79。

[17] 見童慶炳，《中國古代心理詩學與美學》（臺北：萬卷樓圖書有限公司，1994），頁 98。

[18] 見童慶炳，《中國古代心理詩學與美學》，頁 98-99。

[19] 可參考仇小屏，〈論意象的承繼與創新——從現代詩文中的譬喻修辭切入〉，國立中山大學中文系《文與哲》（5，2004：407-432），頁 407-432。

因為與「主旨」、「題目」、「眼前景（事）」、「前一個譬喻」、「前後文句」呼應而產生相關。[20]

5.「喻解」的掌握

在譬喻中，喻體之所以能比方說明本體，那是因為兩者之間有相似點（亦即喻解），因此誠如王希杰所言：

> 比喻的生命在於相似點。[21]

喻解可說是譬喻格之所以能夠構成的靈魂。

（1）喻解的隱藏與表出

儘管譬喻必有喻解，但是在個別的譬喻修辭中，喻解可能在字面上表出，也可能不表出；喻解在字面上表出時，須特別注意的是喻解中相似點的多寡，充分掌握後，就能彰顯譬喻的清晰之美，而喻解在字面上不表出時，則會形成模糊之美，而且不管喻解表出或不表出，都會形成統一和諧之美，譬喻的功能也於焉達成。[22]

（2） 相似點之多寡

譬喻之所以能夠構成，那是因為本體和喻體之間有一個乃至多個相似點，進而依據此一個乃至多個相似點而把本體和喻體聯繫在一起，而此一個乃至多個相似點就是「喻解」。所以，若要精準掌握此譬喻傳達出本體的何種特點，就須對相似點的多寡予以關注。[23]

（3）喻解出現的位置

喻解可說是譬喻的靈魂，因此，喻解出現在哪一個位置，就關涉到這個譬喻是如何被「喚醒」的，也因此，不同的出現位置代表著一種不同的「喚醒」方式。位置可大分為「基本型」和「變化型」兩類，「基本型」的表出方式，會造成突出之美、呼應之美，「變化型」的表出方式，會造成靈動之美。[24]

（4）喻解表出之型態

喻解在表出時，會以「就本體、喻體同時來開展」、「就本體來開展」、「就喻體來開展」等不同的型態出現，並且都會因此而造成清晰之美、形象之美、和諧之美。[25]

---

[20] 關於「套式譬喻」，可參見仇小屏，〈論套式譬喻之呼應──以新詩為考察對象〉，《修辭論叢（第九輯）》（臺北：洪葉文化事業有限公司，2008），頁 193-222；關於「喻體形成的相關性」，可參見仇小屏，〈論喻體形成之相關性──以新詩為考察對象〉，第四屆文學藝術與創意研發學術研討會（臺南：國立成功大學，2008）。

[21] 見王希杰，《修辭學通論》（南京：南京大學出版社，1996），頁 422。

[22] 見仇小屏，〈論譬喻中喻解形成的類型──以現代散文為例〉，《修辭論叢（第七輯）》（臺北：東吳大學，2006），頁 507-523。

[23] 見仇小屏，〈論譬喻中喻解形成的類型──以現代散文為例〉，《修辭論叢（第七輯）》，頁 507-523。

[24] 見仇小屏，〈論譬喻中「喻解」表出之位置──以余光中新詩為考察對象〉，國立臺灣師範大學《中國學術年刊》（30，2008：131-150），頁 131-150。

[25] 見仇小屏，〈論譬喻中「喻解」表出之型態及其美感──以唐詩與余光中新詩作對應考察〉，《典

三、譬喻教學設計示例之一

「範文教學」與「寫作教學」不僅可以、而且應該是結合在一起的。陳滿銘認為：

> 所謂的「範文」，顧名思義，正是學生在讀、寫上足作模範的詞章，是藉以指引學生寫作各體詞章及審題、立意、運材、布局、措辭的最佳範例。[26]

因此範文教學與寫作教學原本就應該是緊密結合的，彼此之間可以起著良性的互動、循環與提升。也就是說，「鑑賞」與「寫作」乃是一體之兩面，因此，可以藉著「讀寫結合」，更進一步地促成「讀寫互動」。

而且，為了達成這個目的，本論文採用「限制式寫作題組」的方式，結合「閱讀」與「寫作」，進行譬喻修辭教學。所謂「限制式寫作」，就是針對並依據某種或某幾種能力，而將寫作要求定得非常清楚，以引導學生進行讀寫結合訓練的一種命題方式。而以「題組」方式出現，則是一題之中包含幾個小題，因此可用「多層題組」的方式來作由淺入深、由短而長的引導，也就是說，如果學生不能「一步到位」，命題者就用「分解動作」的方式，引導學生逐步進行[27]。

以下呈現三個教學示例。其中，第一個的教學重點是「效果的體會」，第二個是「喻體的選取」，第三個是「喻解的捕捉」，而第一、三個教學示例鎖定的是現代散文，第二個教學示例鎖定的是現代詩。並且，為了便於了解起見，筆者將此題組在「大一國文」、「現代散文」課堂中實施所得的習作，附列於後，以供參考。

以下呈現的是第一個示例。

（一）範文教學

1. 範文：

張曉風〈玉想〉（收錄於「龍騰版」第一冊，節選其中二則。其下「譬喻修辭分析」所分析之處，用雙底線標出。）

克拉之外

範與創意學術研討會論文集》（臺北：里仁書局，2006），頁 347-374。

[26] 見陳滿銘，《作文教學指導》（臺北：萬卷樓圖書有限公司，1994），頁 4。

[27] 參見仇小屏，《限制式寫作之理論與應用》，頁 5-6、10-12。

鑽石是有價的，一克拉一克拉的算，像超級市場的豬肉，一塊塊皆有其中規中矩秤出來的標價。

玉是無價的，根本就沒有可以計值的單位。鑽石像謀職，把學歷經歷乃至成績單上的分數一一開列出來，以便敘位核薪。玉則像愛情，一個女子能贏得多少愛情完全視對方為她著迷的程度，其間並沒有太多法則可循。以撒辛格（諾貝爾獎得主）說：「文學像女人，別人為什麼喜歡她以及為什麼不喜歡她的原因，她自已也不知道。」其實，玉當然也有其客觀標準，它的硬度，它的晶瑩、柔潤、縝密、純全和刻工都可以討論，只是論玉論到最後關頭，竟只剩「喜歡」兩字，而喜歡是無價的，你買的不是克拉的計價而是自己珍重的心情。

瑕

付錢的時候，小販又重複了一次：

「我賣你這瑪瑙，再便宜不過了。」

我笑笑，沒說話，他以為我不信，又加上一句：

「真的——不過這麼便宜也有個緣故，你猜為什麼？」

「我知道，它有斑點。」本來不想提的，被他一逼，只好說了，免得他一直羅嗦。

「哎呀，原來你看出來了，玉石這種東西有斑點就差了，這串項鏈如果沒有瑕疵， 哇，那價錢就不得了啦！」

我取了項鏈，盡快走開。有些話，我只願意在無人處小心的、斷斷續續的、有一搭沒一搭的說給自己聽：對於這串有斑點的瑪瑙，我怎麼可能看不出來呢？它的斑痕如此清清楚楚。

然則買這樣一串項鏈是出於一個女子小小的俠氣吧，憑什麼要說有斑點的東西不好？水晶裏不是有一種叫「髮晶」的種類嗎？虎有紋，豹有斑，有誰嫌棄過它的上毛不夠純色？

就算退一步說，把這斑紋算瑕疵，此間能把瑕疵如此坦然相呈的人也不多吧？凡是可以坦然相見的缺點就不該算缺點的，純全完美的東西是神器，可供膜拜。但站在一個女人的觀點來看，男人和孩子之所以可愛，正是由於他們那些一清二楚的無所掩飾的小缺點吧？就連一個人對自己本身的接納和縱容，不也是看準了自己的種種小毛病而一笑置之嗎？

所有的無瑕是一樣的——因為全是百之百的純潔透明，但瑕疵斑點卻面目各自不同。

有的斑痕像鮮苔數點，有的是砂岸逶迤，有的是孤雲獨去，更有的是鐵索橫江，玩味起來，反而令人忻然心喜。想起平生好友，也是如此，如果不能知道一兩件對方的糗事，不能有一兩件可笑可嘲可詈可罵之事彼此打趣，友誼恐怕也會變得空洞吧？

有時獨坐細味「瑕」字，也覺悠然意遠，瑕字左邊是玉字，是先有玉才有瑕的啊！

正如先有美人而後才有「美人痣」，先有英雄，而後有悲劇英雄的缺陷性格（tragic f law)。缺憾必須依附於完美，獨存的缺憾豈有美麗可言，天殘地闕，是因為天地都如此美好，才容得修地補天的改造的塗痕。一個「壞孩子」之所以可愛，不也正因為他在撒嬌撒賴蠻不講理之處有屬於一個孩童近乎神明的純潔了直嗎？

瑕的右邊是叚，叚有赤紅色的意思，叚的解釋是「玉小赤」，我也喜歡瑕字的聲音，自有一種坦然的不遮不掩的亮烈。

完美是難以冀求的，那麼，在現實的人生裏，請給我有瑕的真玉，而不是無瑕的偽玉。

2. 譬喻修辭分析

本示例鎖定的是修辭效果，採用的方式是「原型」（未經修辭格修飾的語文）與「變型」（經過修辭格修飾的語文）的對照。因此其下的表格即先列出「變型」（即範文中的文句），然後列出「原型」（此爲筆者所擬）。

	變型	原型
1	鑽石是有價的，一克拉一克拉的算，像超級市場的豬肉，一塊塊皆有其中規中矩秤出來的標價。	鑽石是有價的，一克拉一克拉的算，每一顆皆有其中規中矩的標價。
2	鑽石像謀職，把學歷經歷乃至成績單上的分數一一開列出來，以便敘位核薪。	鑽石的價錢須把所有條件一一開出來，以便核算。
3	玉則像愛情，一個女子能贏得多少愛情完全視對方為她著迷的程度，其間並沒有太多法則可循。	玉的價錢則視喜歡程度而定，沒有太多規則可循。
4	文學像女人，別人為什麼喜歡她以及為什麼不喜歡她的原因，她自已也不知道。	文學被人喜歡或討厭的原因，無法得知。
5	有的斑痕像鮮苔數點。	有的斑痕是幾個散佈的小點。
6	有的是砂岸逶迤。	有的斑痕彎曲而延伸。（按：「斑痕」乃原文承前省略）
7	有的是孤雲獨去。	有的斑痕單獨成塊。（按：「斑痕」乃原文承前省略）
8	有的是鐵索橫江。	有的斑痕斜長粗獷。（按：「斑痕」乃原文承前省略）

運用了譬喻格的文句，因爲呈現了具體可感的「喻體」，所以讓原本抽象或不熟稔的本體，變得比較鮮明而生動。而這種效果，經由「變型」和「原型」的對照、比較之後，會強烈地傳達給學生。

（二）寫作教學

本「限制式寫作教學題組」共有兩個小題，第一小題從「閱讀」入手，進行「變型」與「原型」的比較，第二小題延伸至「寫作」。

1. 寫作題目

（1）譬喻修辭效果的探求

譬喻修辭（須列出作者、篇名）	
原型	
效果的探求	

（2）譬喻修辭現象的創造

請運用同樣手法另造出不同的修辭現象	

2. 學生習作成果

修辭現象（須列出作者、篇名）	而思索是不需燈光的，我在幽光中坐著，像古代女子梳她們及地的烏絲，我梳理我內心的喜悅和惻痛。（張曉風〈我的幽光實驗〉）
原型	我反覆思索著自己內心的喜悅和惻痛，想理出個頭緒。
美感的探求	「思索」這個詞是抽象且呆板的，無法給予讀者具體的感受。將它譬喻成「梳髮」這個動作時，浮現在腦海裡的，是一幅圖：一位古代女子疼惜、呵護又若有所愁地順理著秀髮，正如同作者思索著萬般情感時，那種難以言喻的複雜。
請運用同樣手法另造出不同的修辭現象	多年來的堅持和固執，像塵封已久的瓶，不願去碰觸，更別提去拂拭。直到遇見他，「啵」的一聲，竟然輕易地旋開了。

（管韻）

修辭現象（須列出作者、篇名）	路一直往西傾瀉，宛似一條小溪流，朝宗於海，不管怎樣的轉怎樣的幹，總是朝西瀉去。（陳冠學〈田園之秋・9月23日〉）
原型	路不斷的向西延伸而去
美感的探求	路本來是死板板灰撲撲的，平平直直躺在那裡，作者把它比喻成溪流，瞬間它就活了起來，彷彿真的浮動翻滾延展向西，綿遠的流向未知的遠方。
請運用同樣手法另造出不同的修辭現象	在寒冬中小酌，剔透的酒液如岩漿般燒灼過喉，一路跌落深深的胃袋中沈澱發酵。

（洪瑋婷）

修辭現象（須列出作者、篇名）	暮靄沉沉，白鍵卻井然，如南方夏夜的一樹玉蘭，一瓣瓣馥白都是待啟的夢。（張曉風〈我的幽光實驗〉）
原型	天色昏暗，琴鍵排列井然
美感的探求	鋼琴白鍵的排列井然本身並不具美感，然而這樣的譬喻使人體會到昏暗天色下無事可做時，樂音如同悶熱夏夜裡的玉蘭花，潔白馥郁引人入勝，而琴鍵中將流露出的未知的旋律就像夢一樣的神秘、美麗並且令人期待。
請運用同樣的手法另造出不同的修辭現象	校園裡的大王椰子樹筆直往天空一竄。煙火一般地綻放一樹的青蔥翠綠。

（藍聖淳）

四、譬喻教學設計示例之二

本示例鎖定的是「喻體的選取」中「呼應」一類，而且聚焦在「以眼前景（事）為喻體」上。

（一）範文教學

1. 範文：

洛夫〈愛的辯證（一題二式）〉（收錄於「康熹版」第四冊，其下「譬喻修辭分析」所分析之處，用雙底線標出。）

尾生與女子期於梁下，女子不來，水至不去，抱梁柱而死。

——《莊子·盜跖篇》

式一：我在水中等你

水深及膝
淹腹
一寸寸漫至喉嚨
浮在河面上的兩隻眼睛
仍炯炯然
望向一條青石小徑
兩耳傾聽裙帶撫過薊草的窸窣

日日
月月
千百次升降於我脹大的體內
石柱上蒼苔歷歷
臂上長滿了牡蠣
髮，在激流中盤纏如一窩水蛇

緊抱橋墩
我在千噚之下等你
水來我在水中等你
火來
我在灰燼中等你

式二：我在橋下等你

風狂，雨點急如過橋的鞋聲
是你倉卒赴約的腳步？
撐著那把
你我共過微雨黃昏的小傘
裝滿一口袋的
雲彩，以及小銅錢似的
叮噹的誓言

我在橋下等你
等你從雨中奔來
河水暴漲
洶湧至腳，及腰，而將浸入驚呼的嘴
漩渦正逐漸擴大為死者的臉
我開始有了臨流的怯意
好冷，孤獨而空虛
如一尾產卵後的魚

篤定你是不會來了
所謂在天願為比翼鳥
我黯然拔下一根白色的羽毛
然後登岸而去
非我無情
只怪水比你來得更快
一束玫瑰被浪捲走
總有一天會漂到你的手中

2. 譬喻修辭分析

本詩出現的譬喻修辭共有四例：「髮，在激流中盤纏如一窩水蛇」、「雨點急如過橋的鞋聲」、「小銅錢似的/叮噹的誓言」、「好冷，孤獨而空虛/如一尾產卵後的魚」，可堪分析者甚多，不過，其中一個分析角度——「喻體」的選取，是相當值得注意的。因爲此四例中就有三例——「髮，在激流中盤纏如一窩水蛇」、「風狂，雨點急如過橋的鞋聲」、「好冷，孤獨而空虛/如一尾產卵後的魚」，其喻體：「一窩水蛇」、「過橋的鞋聲」、「一尾產卵後的魚」），是取自「眼前景（事）」，亦即第一、三個喻體切合其河流背景，第二個喻體切合其會面之事。

其中景與事的分別在於前者具有空間性、後者具有時間性，亦即前者爲靜態、後者爲動態。作者以眼前景（事）作爲喻體，可說是一舉三得：一是作成譬喻，發揮譬喻鮮明、生動的功能；二是寫景敘事，讓讀者更有身臨其境（事）之感；三是這些譬喻因爲都運用了眼前景（事），所以彼此之間會造成呼應，更具渾成之美。

（二）寫作教學

1. 寫作題目

本「限制式寫作教學題組」共有兩小題，第一小題從「閱讀」入手，第二小題延伸至「寫作」。而且第二小題請學生從就讀系所的專業知識中切入，以選取「喻體」，因爲專業知識對學生而言，應爲常見之「眼前景（事）」。

（1） 請賞析下列兩個詩例的譬喻修辭中，取「眼前景（事）」爲喻體的情形。

A. 匡國泰〈一天 —— 寅時：雞鳴〉：

雞叫頭遍
發現身邊，竟斜斜躺著
地圖上一段著名的山脈

雞叫二遍
夢遊者悄然流落異鄉
（時間穿多少碼的鞋子？）

雞叫三遍
哎呀呀
曙色像綿羊一樣爬上山崗

（參考答案：此詩篇末出現了一個譬喻：「哎呀呀\曙色像綿羊一樣爬上山崗」，綿羊是個妙喻，因爲它一方面以顏色——白，來狀寫曙色的光亮，再方面以動態——爬，來描摹曙色在山崗上挪移的狀態，三方面放牧綿羊的景象是鄉村中常見的，以此爲喻，不僅親切非常，而且也間接地帶出了農村中一天生產活動的開始。）

B. 朱文〈1970 年的一家〉：

父親是多麼有力。肩上馱著弟弟
背上背著我，雙手抱著生病的姊姊
十里長的灌溉河堤，只有父親
在走。灰色的天空被撕開一條口子
遠在閩南的母親，像光線落下
照在父親的前額

逆著河流的方向。我感到
父親走得越快，水流得越急

（參考答案：題目爲〈1970 年的一家〉，因此作者以父親爲中心，在詩篇中帶出了弟弟、我、姊姊，而母親遠在閩南，但是作者也沒有漏掉她，因爲作者藉著寫景，巧妙地帶出了母親：「灰色的天空被撕開一條口子\遠在閩南的母親，像光線落下\照在父親的前額」，遠方溫柔的母親呀，她像光線，照亮了父親。因此儘管家人是分散的，但是詩篇中傳達的卻是緊密相依的溫暖情味。）

（2）請「仿寫」席慕蓉〈伴侶〉前六行中，兩個譬喻爲一組，來闡述伴侶關係的作法，而且請從就讀系所的專業知識中選取「喻體」。

你是那疾馳的箭
我就是你那翎旁的風聲
你是那負傷的鷹
我就是那撫慰你的月光
你是那昂然的松
我就是那纏綿的藤蘿
願
天
長
地
久
你永是我的伴侶
我是你生生世世
溫柔的妻

2. 學生習作成果

你是那纏綿無解的DNA，
我就是那切開妳的限制酶。(何佳穎)
你是那難懂的RNA序列，
我就是那可解讀你的心思的核醣體。(郭季霖)
你是那扳手，
我就是那靠你維修的機器。（林雨澤）
你是那緊鎖著的螺絲，
我就是那把旋開你的螺絲起子。（單貫綸）
你是裝在錐形瓶的氫氧化鈉
我就是遇見你會臉紅的酚酞（孫致融）
你是頑皮的溶質
我就是溶解你的溶劑（楊宛珊）

你是高貴的電子水準儀
我就是支撐著你的腳架（黃銘祥）
你是那質子
我就是那被你吸引的電子（楊智開）
你是那位能，
我就是動能，犧牲自己，送你到頂點。（謝忠佑）

五、譬喻教學設計示例之三

本示例所分析的譬喻是喻解出現者，而鎖定的能力是「喻解的掌握」。

（一）範文教學

1. 範文：

鍾怡雯〈垂釣睡眠〉（收錄於「翰林版」第四冊，其下「譬喻修辭分析」所分析之處，用雙底線標出。）

一定是誰下的咒語，拐跑了我從未出走的睡眠。鬧鐘的聲音被靜夜顯微數十倍，清清脆脆的鞭撻著我的聽覺。淩晨三點十分了，六點半得起床，我開始著急，精神反而更亢奮，五彩繽紛的意念不停的在腦海走馬燈。我不耐煩的把枕頭又掐又捏。陪伴我快五年的枕頭，以往都很盡責的把我送抵夢鄉，今晚它似乎不太對勁，柔軟度不夠？凹陷的弧度異常？它把那個叫睡眠的傢伙藏起來還是趕走了？

我耍起性子狠狠的擠壓它。枕頭依舊柔軟而豐滿，任搓任捶，雍容大度地容忍我的魯莽和欺淩。此時無數野遊的睡眠都該已帶著疲憊的身子各就其位，獨有我的不知落腳何處。它大概迷路了，或者誤入別人的夢土，在那裏生根發芽而不知歸途。靜夜的狗曝在巷子裏遠遠近近的此起彼落，那聲音隱藏著焦躁不安，夾雜幾許興奮，像遇見貓兒蓬毛挑釁，我突發奇想，它們遇見我那蹺家的壞小孩了吧！

我便這樣迷迷糊糊的半睡半醒，間中偶爾閃現淺薄的夢境，像一湖漣漪被一陣輕風吹開，慢慢的擴散開來。然而風過水無痕，睡意只讓我淺嘗即止，就像舐了一下糖果，還沒嘗出滋味就無端消失。然後，天亮了。鬧鐘催命似地哀嚎。

我從此開始與失眠打起交道，一如以往與睡眠為伍。莫名所以的就突然失去了它，好像突然丟掉了重要零件的機器。事先沒有任何預兆，它又不是病，不痛不癢，嚴重了可以吃藥打針；既不是傷口，抹點軟膏耐心等一等，總有新皮長出完好如初的時候。它不知為何而來，從何處降。壓力、病變、環境大亮大吵、雜念太多，在醫學資料上，這些列舉為失眠的諸多可能性都被我否定了。然而不知緣起，就不知如何滅緣。可惜不清楚睡眠愛吃什麼，否則就像釣魚那樣用餌誘它上鉤，再把它哄回意識的牢籠關起來。失眠讓我錯覺身體的重心改變，頭部加重，而腳下踩的卻是海綿。感覺也變得遲鈍，常常以血肉之軀去頂撞傢俱玻璃，以及一切有形之物。不過兩三天的時間，我的身體變成了小麥町 —— 大大小小的瘀傷深情而脆弱，一碰就呼痛，一如我極度敏感的神經。那些傷痛是出走的睡眠留給我的紀念，同時提醒我它的重要性。它用這種磨人脾性損人體膚的方式給我「顏色」好看，多像情人樂此不疲的傷害。然而情人分手有因，而我則莫名的被遺棄了。

每當夜色翻轉進入最黑最濃的核心，燈光逐窗滅去，聲音也愈來愈單純、只剩嬰啼和狗吠的時候，我總能感受到萎縮的精神在夜色中發酵，情緒也逐漸高昂，於是感官便更敏銳起來。遠處細微的貓叫，在聽覺裏放大成高分貝的廝殺；機車的引擎特別容易發動不安的情緒；甚至還怒風動的窗簾，它驚嚇了剛要蒞臨的膽小睡意。一隻該死的蚊子，發出絲毫沒有美感和品味的鼓翅聲，引爆我積累的敵意，於是乾脆起床追殺它。蚊子被我的掌心夾成了肉餅，榨出無辜的鮮血。我對著那美麗的血色發呆，習慣性的又去瞄一瞄鬧鐘。失眠的人對時間總是特別在意，哎！三點半了！時間行走的聲音讓我反應過度，對分分秒秒無情的流失尤其小心眼。我想閱讀，然而書本也充滿睡意，每一粒文字都是蠕動的睡蟲，開啟我哈欠和淚腺的閘門。難怪我掀開被子，腳跟著地的剎那，恍惚聽見一個似曾相識的聲音在冷笑：「認輸了吧！」原來失眠並不意味著擁有多餘的時間，它要人安靜而專心的陪伴它，一如陪伴專橫的情人。

趿上拖鞋，故意拖出叭噠叭噠的響聲，不是打地板的耳光，而是拍打暗夜的心臟。心有不甘的旋亮桌燈，溫暖的燈光下兩隻貓兒在桌底下的籃子裏相擁酣眠。多幸福啊！能夠這樣擁抱對方也擁抱睡眠。我不由十分羨慕此刻正安眠的眾生、腳下的貓兒，以及那個一碰枕頭就能接通夢境的「以前的我」。眼皮掛了十斤五花肉般快提不起來了，四天以來它們闔眼的時間不超過十二個小時，工作量確實太重了。黃色的桌燈今春夜分外安靜而溫暖。這樣的夜晚適宜窩在床上，和眾生同在睡海裏載浮載沉。或許粗心的我弄丟了開啟睡門的鑰匙吧！又或者我突然失去了泅泳於深邃睡海的能力；還是我的夢吃干犯眾怒，被逐出夢鄉。總而言之，睡眠成了生活的主題，無時無刻都糾纏著我，因為失去它，日子像塌陷的蛋糕疲弱無力。此刻我是獵犬，而睡眠是兔子，它不知去向，我則四處搜尋它的氣味和蹤跡，於是不免草木皆兵，聲色俱疑。眾人皆睡我獨醒本就是痛苦，更何況睡意都已悉數凝聚在前額，它沉重得讓我的脖子無法負荷。當然那睡意極可能是假像，儘管如此，我仍乖乖的躺回床上。模糊中感到鈍重的意識不斷壓在身上，甜美的春夜吻遍我每一寸肌膚，然而我不肯定那是不是

「睡覺」，因為心裏明自身心處在昏迷狀態，但同時又聽到隱隱的穿巷風聲遊走，不知是心動還是風動，或是二者皆非，只是被睡眠製造的假像矇騙了。那濃調的睡意蒸發成絲絲縷縷從身上的孔竅游離，融人眾多沉睡者煮成的無邊濃湯裏。

就這樣意志模糊的過了六天，每天像拖個重殼的蝸牛在爬行。那天對鏡梳頭時，赫然發現一具近似吸血僵屍的慘白面容，立時恍然大悟，原來別人說我是熊貓只是善意的謊言。此時剛洗過的頭髮糾結成條，額上垂下的劉海懸一排晶亮的水珠，面目只有「猙獰」二字可形容。頭髮嫌長了，短些是否較易入眠？大長太密或許睡意不易滲透，也不易把過多的睡意排放出去，所以這才失眠的吧！

到第七天，我暗忖這命定的數字或會賜我好眠，連上帝都只工作六天，第七天可憐的腦袋也該休息了。我聽到每一個細胞都在喊睏，便決定用誘餌把兔子引回來。那是四顆粉紅色、每顆直徑不超過零點五公分的夢幻之九，散發著甜美的睡香，只要吃下一粒，即能享有美妙的好夢。

然而我有些猶豫，原是自然本能的睡眠竟然可以廉價購得。小小的一顆化學藥物變成高明的鎖匠，既然睡眠之鑰可以打造，以後是否連夢境也能夠一併複製，譬如想要回味初戀酸酸甜甜的滋味，就可以買一瓶青蘋果口味的夢幻之水；那瓶紅豔如火的液體可以讓夢飛到非洲大草原看日落；淡黃色的是月光下的約會；藍色的呢？是重回少年那段歲月，嘗嘗早已遺忘的憂鬱少年那種浪漫情懷吧！

我對那幾顆小小的東西注視良久。連自己的睡眠都要仰仗外力，那我還殘存多少自主，這樣活著憑的是什麼？然而我極想念那只柔順可愛的兔子，多想再度感受夢的花朵開放在黑夜的沃土。睡眠是個舒服的繭，躲進去可以暫時離開黏身的現實，在夢工廠修復被現實利刃劃開的傷口。我疲弱的神經再也無法承受時間行走在暗夜的聲音。醒在暗夜如死刑犯坐困牢房，尤其月光令人發狂地恐慌。陽光升起時除了一絲涼淡淡的希望，伴隨而來是身心俱累的悲觀，彷彿刑期更近了，而我要努力撐起鈍重的腦袋，去和永無止盡的日子打仗。

我掀開窗簾，從沒看過那麼刺眼的陽光，狠狠刺痛我充血的眼睛，便刷的一聲又把簾子拉上。習慣了蒼白的月光和溫潤微涼的夜露，陽光顯得太直接明亮。黑夜來臨，我站在陽臺眺望燈火滅盡的巷子，彷彿一粒洩氣的氣球，精神卻不正常的亢奮起來，如服食過興奮劑，甚至可以感覺到充血的眼球發光，像嗜血的獸。

想起大二時那位仙風道骨的書法老師。上課第一節照例是講理論，第二節習作。正當同學把濃黑的注意力化作墨汁流淌到紙上，筆尖和宣紙作無聲的討論時，突然聽到老師低沉的聲音說：「唉！我足足失眠兩個星期了。」我訝然抬頭，還撇壞了一筆。老師厚重鏡片後的眼神閃現異光，那是一頭極度渴睡的獸。我正好和他四目相接，立刻深深為那燃燒著強烈睡欲的眼神所懾，那是被睡意醃漬浸透、形神都淪陷的空洞，或許是吸收了太多太多的夜氣，以致充滿陰冷的寒意。然而他上起課來仍是有條有理，風格流變講得井然有序，而我現在終於明白他不時用力敲打自己的腦部、揉太陽穴，一副巴不得戳出個洞來的狠勁，其實是一種極度無奈的沮喪。他是在叩一扇生理本能的門，那道門的鑰匙因為芸芸眾生各持一把，丟掉了借來別人的也無濟於事，便那麼自責的又敲又戳起來。

然則如今我終於能體會他的無奈了。可怕的是我從自己日趨空洞的眼神，看到當年那瞬間的一瞥復又出現。晝伏夜出的朋友對夜色這妖魅迷戀不已，而願此生永為夜的奴僕。他們該試一試永續不眠的夜色，一如被綁在高加索山上，日日夜夜被鷲鷹啄食內臟的普羅米修士，承受不斷被撕裂且永無結局的痛苦。然而那是偷火種的代價和懲罰，若是為不知名的命運所詛咒，這永無止境的折難就成了不甘的怨懟而非救贖，如此，普羅米修士的怨魂將會永生永世盤桓。

失眠就是不知緣由的懲罰。那四顆夢幻之丸足以終止它嗎？我聽上癮的人說它是嗎啡，讓人既愛又恨，明知傷身，卻又拒絕不了，因為無它不成眠。這樣聽來委實令人心寒，就像自家的鑰匙落入賊子手裏，每晚還要他來給自己開門。於是我便一直猶豫，害怕自己軟弱的意志一旦首肯，便墜入深淵永劫不復了。

睡眠的欲望化成氣味充斥整個房間，和經過一冬未曬的床墊、棉被濃稠地混合，在久閉的室內滯留不去，形成房間特有的氣息。我以為是自己因失眠而嗅覺失靈的緣故。一日朋友來訪，我關上房門後問：「你有沒有聞到睡眠的味道？」他露出不可思議、似被驚嚇的眼神，我才意識到自己言重了。

就像我沒有想到會失眠一樣，睡眠突然倦鳥知返。事先也沒有任何預示，我回避鏡子許久了，一如忘了究竟有多少日子是與夜為伴，以免嚇著自己，也害怕一直叨念這一點也不稀罕的文明病，終將為人所唾棄。何況失眠不能稱為「病」吧！如此身旁的人會厭惡我一如睡眠突然離去。而朋友一旦離開就像逝去的時間永不回頭，他們不是身體的一部分，亦非血濃於水的親密關係，更不會像丟失的狗兒會認路回家。

那天清晨，自深沉香醇的夢海泅回現實，急忙把那四顆粉紅色的夢幻之丸埋入曇花的泥土裏。也許，它們會變成香噴噴的釣餌，有朝一日再度誘回迷路的睡眠；也可能長出嫩芽，抽葉綻放黑色的夜之花，像曇花一樣，以它短暫的美麗溫暖暗夜的心臟。

2. 譬喻修辭分析

本文中出現許多譬喻修辭。雖然譬喻必有「喻解」，但是誠如劉蘭英、吳家珍、楊秀珍所言：「相似點一般不出現在字面上，有時也出現。」[28]這表示喻解的現象可能在字面出現，也可能不出現。不過，爲了便於學生理解起見，本論文所分析的，均爲「喻解出現」的譬喻。

以下分析七個譬喻修辭。其一爲「間中偶爾閃現淺薄的夢境，像一湖漣漪被一陣輕風吹開，慢慢的擴散開來。」，本體爲「間中偶爾閃現淺薄的夢境」，喻體爲「一湖漣漪被一陣輕風吹開」，喻解爲「慢慢的擴散開來」。其二爲「睡意只讓我淺嘗即止，就像舐了一下糖果，還沒嘗出滋味就無端消失。」，本體爲「睡意只讓我淺嘗即止」，喻體爲「舐了一下糖果」，喻解爲「還沒嘗出滋味就無端消失」。其三爲否定喻[29]：「它（註：失眠）又不是病，不痛不癢，嚴重了可以吃藥打針」，本體爲「它」，喻體爲「病」，喻解爲「不痛不癢，嚴重了可以吃藥打針」。其四爲否定喻：「既不是傷口，抹點軟膏耐心等一等，總有新皮長出完好如初的時候」，本體爲承前省略之「失眠」，喻體爲「傷口」，喻解爲「抹點軟膏耐心等一等，總有新皮長出完好如初的時候」。其五爲「日子像塌陷的蛋糕疲弱無力」，本體爲「日子」，喻體爲「塌陷的蛋糕」，喻解爲「疲弱無力」。其六爲「他們該試一試永續不眠的夜色，一如被綁在高加索山上，日日夜夜被鷲鷹啄食內臟的普羅米修士，承受不斷被撕裂且永無結局的痛苦。」，本體爲「他們該試一試永續不眠的夜色」，喻體爲「被綁在高加索山上，日日夜夜被鷲鷹啄食內臟的普羅米修士」，喻解爲「承受不斷被撕裂且永無結局的痛苦」。其七爲「朋友一旦離開就像逝去的時間永不回頭」，本體爲「朋友一旦離開」，喻體爲「逝去的時間」，喻解爲「永不回頭」。

以上諸例中的「喻解」，巧妙地點出「本體」和「喻體」之間的相似點，令人恍然大悟，也讓這個譬喻「活」了起來。而且，值得注意的是，其中出現了兩個否定喻（第三、四例），王本華認爲：「這種以反托正的修辭手法，可以產生更加鮮明的修辭效果。」[30]所以否定喻的喻解指出的是「反面」，但是，其實也就在不言中強調了與「反面」相對的「正面」。

（二）寫作教學

1. 寫作題目

本「限制式寫作教學題組」共有兩小題。第一小題是以「連連看」引導，造出「喻解」表出的譬喻句，第二小題則以此譬喻句爲開頭，進而開展成一首小詩。

（1）連連看，並以此爲「本體」、「喻體」，造出一個表出「喻解」之譬喻。

---

[28] 見劉蘭英、吳家珍、楊秀珍，《漢語表達》（南寧：廣西教育出版社，2001），頁 213。

[29] 王本華，《實用現代漢語修辭》（北京：知識出版社，2002）：「否定喻：指從所說的事物相反或相對的方面所作的比喻，也就是否定所說的事物與用來比喻的事物之間的聯繫的比喻。」頁 152。

[30] 見王本華，《實用現代漢語修辭》，頁 152。

	本體		喻體
甲	溫柔	A	太陽系
乙	羽毛	B	高牆
丙	聖誕節	C	掛號信
丁	少女	D	阿甘正傳
戊	金錢	E	蝴蝶結
己	嫉妒	F	凱蒂貓
庚	股市	G	兩岸關係
辛	其他	H	上海
		I	網購
		J	SEVEN-ELEVEN
		K	選戰

譬喻句：____

____

（2）請以此譬喻句爲開頭，寫成一篇 10 行以內的新詩。

2. 學生習作成果

譬喻句：

金錢像一堵高牆，把貧窮阻隔在外。

譬喻成詩：

金錢像一堵高牆，
把貧窮阻隔在外，
錢越來越多，
牆越來越高，
慢慢地，慢慢地，
世界被分割成兩半，
一邊叫富有，
一邊叫貧窮。（廖怡珊）

譬喻句：

聖誕節就像阿甘正傳，大家都熟得很呢。

譬喻成詩：

聖誕節就像阿甘正傳，大家都熟得很呢。
明明五顏六色的廣告詞都倒背如流了，
還是忍不住在初冬它們出現時細細品味：
買一盒巧克力吧，
人生就像一盒巧克力。（簡婉臻）

譬喻句：

少女就像網購，期效到了就會下架。

譬喻成詩：

〈青春〉
少女就像網購，期效到了就會下架。
有意者啊
請
速速選購（陳映彤）

譬喻句：

甜言蜜語是領口的蝴蝶結，美麗，但一扯就掉了

譬喻成詩：

〈冷戰〉
甜言　蜜語
是領口的蝴蝶結
美麗，但一扯就掉了

踱步的聖誕夜
歡笑自屋外探頭
屋裡，著火的煙頭四處流竄

清晨的床腳邊
哈士奇慵懶地打了哈欠
看見手機瑟縮在掌心
隔著指縫與主人遙遙相望（楊博淞）

六、結語

譬喻修辭教學以往多著重於「譬喻定義認識」、「譬喻格細類辨析」，但是，還有更多的「重點」值得介紹給學生認識，而這些「重點」至少有如下數端：「效果的體認」、「兼格的認識」、「喻體的選取」、「喻解的掌握」等。而本論文選取其中的三個重點：「效果的體會」、「喻體的選取」、「喻解的捕捉」，切入三課現代詩文，進行賞析，並根據「讀寫結合」的方向，來進行「限制式寫作題組」的設計與教學，並將分析、寫作所得加以呈現。希望本論文的研究成果，可作爲提升中學修辭教學品質與成效的參考。

引用文獻

一、專著類

王希杰：《修辭學通論》，南京：南京大學出版社，1996。
王希杰：《修辭學導論》，杭州：浙江教育出版社，2000。
王本華：《實用現代漢語修辭》，北京：知識出版社，2002。
仇小屏：《限制式寫作之理論與應用》，臺北：萬卷樓圖書有限公司，2005。
范曉雯、郭美美、陳智弘、黃金玉：《新型作文瞭望臺》，臺北：萬卷樓圖書有限公司，2001。
陳望道：《修辭學發凡》，臺北：文史哲出版社，1989。
陳滿銘：《作文教學指導》，臺北：萬卷樓圖書有限公司，1994。
黃慶萱：《修辭學》（增訂三版），臺北：三民書局，2002。
張春榮：《作文新饗宴》，臺北：萬卷樓圖書有限公司，2002。
張春榮：《國中國文修辭教學》，臺北：萬卷樓圖書有限公司，2005。
童慶炳：《中國古代心理詩學與美學》，臺北：萬卷樓圖書有限公司，1994。
劉蘭英、吳家珍、楊秀珍：《漢語表達》，南寧：廣西教育出版社，2001。
黎運漢、張維耿：《現代漢語修辭學》，臺北：書林出版社，1991。
鄭頤壽：《比較修辭》，福建：福建人民出版社，1982。
蔡宗陽：《應用修辭學》，臺北：萬卷樓圖書有限公司，2001。

二、論文、法規、報刊類

仇小屏：〈論意象的承繼與創新──從現代詩文中的譬喻修辭切入〉，國立中山大學中文系《文與哲》，5，2004：407-432。
仇小屏：〈論譬喻中喻解形成的類型──以現代散文爲例〉，收錄於《修辭論叢》（第七輯），臺北：東吳大學，2006。
仇小屏：〈論譬喻中「喻解」表出之型態及其美感──以唐詩與余光中新詩作對應考察〉，收錄於《典範與創意學術研討會論文集》，臺北：里仁書局，2006。
仇小屏：〈論套式譬喻之呼應──以新詩爲考察對象〉，收錄於《修辭論叢》（第九輯），臺北：洪葉文化事業有限公司，2008。
仇小屏，〈論譬喻中「喻解」表出之位置──以余光中新詩爲考察對象〉，國立臺灣師範大學國文系《中國學術年刊》，30，2008：131-150。
仇小屏，〈論喻體形成之相關性──以新詩爲考察對象〉，第四屆文學藝術與創意研發學術研討會，臺南：國立成功大學，2008。
李家同，〈天啊！小四考這個？可憐可憐孩子吧〉，聯合報，2009/03/07。
蔡宗陽：〈修辭與作文教學〉，收錄於《修辭論叢》（第二輯），高雄：國立高雄師範大學、中國修辭學會主編，2000。
國民中小學九年一貫課程綱要語文學習領域，教育部，民92年。
普通高級中學國文課程綱要，教育部，民99年。

從語意的引申變化看詞類活用時意義的轉移

——以「墨」為例*

楊如雪*

摘　要

漢語選擇語序和虛詞作爲重要的語法表現手段，語法標記或者形態相對的就比較少或者不那麼重要；而且漢語的詞在語句中的功能，每每有超乎其本用的範圍，也就是產生詞類活用的現象。而由於漢語的語法標記不明顯，判讀時較爲困難；且在文言文裡，詞類活用往往還涉及到語意解釋的問題。所以詞類活用在中學國文教學中成爲頗爲重要的一環。尤其若遇到一個詞具有不只一個概念意義時，究竟哪一個意義才是其活用意義的來源？在中學國文教學中更常使老師感到困擾。

本論文以「墨」爲例，嘗試探討其詞義的引申變化與語意成分，並分別從中學國文教科書的常見篇目，進行名詞與形容詞活用爲述語時，意義的相關考察；最後推究出「墨」活用爲述語時的語意來源——非由本義的「書墨」義來，而是來自引申義的「黑（的／色）」。論文最後，並兼及名詞述語和形容詞述語的語意特色，以區分其中的些微差異。

關鍵詞：墨、本義、引申義、語意成分分析、詞類活用、轉品

*本論文於第三屆臺灣、香港、大陸三地語文教學國際學術研討會宣讀時，承蒙特約討論人　何永清教授以及與會學者指導，在此並致謝忱。

*國立臺灣師範大學國文學系副教授

壹、 前言

一、研究動機與目的

（一）研究動機

漢語的「詞」，在句子裡，不論居於何種句法位置，也不管語法功能爲何，大多是同一種書寫形式，甚至同一種讀法。[1]所以相較於具有豐富形態變化的印歐語系語言像英語、俄語等，漢語的形態標誌極不明顯。因此詞語出現在句子裡的語序（word order，即詞語在句中出現的位置，或稱「詞序」）以及一些虛詞，就顯得相對的重要。可以說漢語選擇語序和虛詞作爲自己最重要的語法表現手段，語法標記或者形態相對就比較少或者不那麼重要。[2]

漢語的實詞，約略可視爲開放性詞類（open-class word），在詞彙意義方面，可能具有本義、引申義、假借義，也就是往往一個詞具有多個概念意義（Conceptual Meaning）[3]。例如「墨」，《說文》：

> 墨，書墨也，从土黑。[4]

從《說文》的解釋，「墨」本義爲「書墨」，是書寫的工具、書畫用的黑色顏料；加以引申，可以爲書畫用的各色顏料，例如「藍墨」、「紅墨」。這些用法，「墨」的詞性都屬於名詞。而由於「墨」是黑色顏料，所以還可以引申爲「黑（的／色）」或「色深如墨」，例如「墨綠」、「墨鏡」，這樣在詞性上就歸形容詞了。在高級中學國文教科書中，「墨」還可以活用擔任述語，也就是俗稱的活用爲動詞，例如：

---

1 有些詞可能會「音隨意轉」，例如：飲，一般的動詞用法時讀上聲「ㄧㄣˇ」，若具有致動的語意，則讀爲去聲「ㄧㄣˋ」，但這種情況畢竟爲數不多。

2 參見石毓智、李訥《漢語語法化的歷程——形態句法發展的動因和機制》（北京：北京大學出版社，2001 年），頁 6。

3 概念意義（Conceptual Meaning）是利奇（Geoffrey Leech，1928~）在他的《Semantic》這部著作中提出的「詞義」可分爲七種主要類型的第一類型，指的是收錄在詞典裡，在語言交際中所表達出來的基本意義，它們不和客觀世界中的事物和現象發生直接的聯繫，在認知理解中，不會因人而異。參見伍謙光：《語義學導論》（湖南：湖南教育出版社，1994 年），頁 133-134。

4 參見〔漢〕許慎著，〔清〕段玉裁注：《說文解字注》（臺北：藝文印書館，1970 年），第十三篇上，頁 694 下欄。

石炭煙亦大，墨人衣。(沈括《夢溪筆談・石油》)[5]

整句話的意思是：「石油煤煙也大，常常薰黑人的衣裳。」「墨」於是有了「薰黑」、「使……變黑」之意。這裡的「薰黑」、「使……變黑」之意究竟從名詞「書墨」來的？還是從形容詞「黑（的／色）」來的？這涉及到「墨」兩個不同的活用途徑，究竟是從形容詞引申、活用來的？或從名詞引申、活用來的？高中國文教學上老師往往要實事求是，追根究底。

因此，以下擬從「墨」意義的引申變化，以及名詞與形容詞活用爲述語，具有動詞用法時，其語意如何轉變入手，進行探討，以釐清「墨」具有「薰黑」、「使……變黑」的意思，究竟是從名詞或形容詞活用來的。

(二) 研究目的

本研究有兩項目的：

1.釐清「墨」活用爲述語時的語意來源。

2.尋繹名詞與形容詞活用爲述語時，語意演變的脈絡。

二、研究方法

(一) 使用術語說明

因目前中學國文教學界對於語句以及句中成分的稱法不甚統一，因此，本論文在術語的使用上，採如下的原則：

1. 盡量以語法學界的通稱爲主，並顧及中學國文教師教學使用上的方便性，所以對於跟本論文有關的單句句型，動詞謂語句稱敘事句，形容詞謂語句稱表態句，名詞謂語句稱判斷句等。
2. 對於句中成分的稱法：「主語」指的是「出現在句首的名詞性成分」，可以是敘事句的施動者，表態句的主題或焦點，判斷句裡被解釋、說明的對象等；「謂語」採廣義的界定，指句子裡除了主語以外的所有部分。

[5] 對於凡是出現在高中國文教科書的文章之例句，將只以作者後加篇名的方式呈現，不再詳列其作者文集等來源。而在行文中如有需要引用到字義、詞義的解釋，皆參考教育部《重編國語辭典》(網路版)(首頁：http://dict.revised.moe.edu.tw/index.html)，不再另外說明出處。

3. 敘事句的謂語中心，可以包含動詞述語和賓語，表態句的謂語中心爲表語，判斷句的謂語中心稱斷語，連繫判斷句主語、斷語的成分稱繫語。

4. 因爲本論文主要探討名詞與形容詞活用爲動詞的用法問題，爲行文方便，由一般動詞擔任的動詞述語只稱「述語」；在詞類活用部分，爲有別於一般的述語（動詞述語），稱名詞活用來的述語爲「名詞述語」，形容詞活用來的述語爲「形容詞述語」。

5. 若有特殊需要，則另以隨文附註的方式作說明。

（二）使用語料

本論文以教育部 95 年《普通高級中學國文科課程暫行綱要》及 98 年《普通高級中學國文科課程綱要》的文言文篇目爲主要語料，亦兼採常出現在高級中學國文科教科書中的文言文，利用這些文本考察其中名詞、形容詞活用爲述語的用例，探求其中語意轉變的脈絡，必要時並從典籍資料中尋求佐證。

於「墨」字意義的引申變化部分，則以《康熙字典》、《中文辭源》、《漢語大詞典》、《新華字典》（線上版）與《教育部重編國語辭典》（網路版）等常見工具書爲依據，嘗試找出「墨」字意義引申變化的各種途徑。

（三）研究方法

以文獻探討法爲主，兼採歸納與演繹分析法，並嘗試利用語意成分分析，以尋求「墨」活用爲述語的語意脈絡。

貳、　本論

一、「墨」字意義的釐清

（一）工具書對「墨」的解釋

《康熙字典》對「墨」的解釋計有 14 條，條析如下：[6]

①《說文》書墨也。《西京雜記》漢尚書令，僕承郎，月給隃麋墨；魏晉閒以黍燒烟，和松煤爲之；唐初高麗歲貢松烟墨；宋熙寧閒，張遇供御墨，始

[6] 參見高樹藩重修：《新修康熙字典》（臺北：啓業書局有限公司，1984 年），頁 266 中、下。

用油烟入麝，謂之龍劑。《李堅墨評》古有李廷珪墨爲第一，張遇墨次之，兗州陳朗墨又次之。

②《禮・玉藻》卜人定龜，史定墨。《註》凡卜，必以墨畫龜，乃鑽之，觀所坼以占吉凶。

③度名。《小爾雅》五尺爲墨，倍墨爲丈。《周語》不過墨丈尋常之閒。

④五刑之一，鑿其額，涅以墨書。《書・伊訓》臣下不匡其刑墨。

⑤哀容。《孟子》歠粥面深墨。

⑥氣色下也。《左傳・哀十三年》晉定公，吳夫差，會于黃池。司馬寅曰：肉食者無墨。

⑦闇昧也。劉向《新序》師曠對晉平公曰：「國有墨。墨而不危者，未之有也。」

⑧墨灰。《西京雜記》武帝鑿昆明池，悉灰墨，無復塊土；西域人曰：大刼將盡，則有刼燒。灰墨，其餘燼也。

⑨與「默」通。《史記・商君傳》武王諤諤以興，紂墨墨以亡。《前漢・竇嬰傳》嬰墨墨不得志。

⑩太史公〈論六家之要旨〉，墨家儉而難遵，然其彊本節用，不可廢也。六家：陰陽、儒、墨、名、法、道也。

⑪地名。卽墨，故齊地。《史記・齊世家》樂毅下齊七十餘城，惟卽墨不下。今卽墨乃漢之不其縣。又墨山，在卽墨東北，墨水發源于此。《前漢・郊祀志》帝以方士言祀太室于卽墨，卽此山也，一在衞輝縣西北。《九州要記》墨子居墨山，採茯苓餌之，五百歲不死。

⑫姑墨，國名。南與于闐接；又康居國有附墨城。見《前漢・西域傳》。

⑬姓；禹師墨如。見王符《潛夫論》周墨翟，明墨麟。《姓纂》墨氏卽墨胎氏，孤竹君後。

⑭老馬腹中有物曰墨，猶狗寶也；見《本草綱目》。

《中文辭源》列出「墨」的詞義共十一條：[7]

①寫字、作畫用的黑色顏料。《太平御覽》二四四：晉傅玄〈太子少傅箴〉：「習以性成，故近朱者赤，近墨者黑。」古代寫字，以竹梃點漆，後來磨石炭

[7] 參見藍燈文化事業編輯部：《中文辭源》（臺北：藍燈文化事業股份有限公司，1983 年），頁 630 右。

為汁而書叫石墨。漢以後多用松煙、桐煤製墨，見明陶宗儀《輟耕錄·墨》。

②黑色。《孟子·滕文公》上：「歠粥，面深墨。」

③文字的代名，如言文墨、翰墨。

④繩墨，木工用來校正曲直的墨斗線。引伸為法度、準則。漢揚雄《太玄經·法》：「物仰其墨，莫不被則。」《晉書·劉毅傳》：「正色立朝，舉綱引墨。」

⑤占卜時灼龜甲裂開的紋路。《禮記·玉藻》：「史定墨。」清孫希旦《集解》：「凡卜以火灼龜，觀其裂紋，以占吉凶。其巨紋謂之墨。其細紋旁出者謂之坼。謂墨者，卜以墨畫龜背而灼之，其從墨而裂者吉，不從墨而裂者凶。」

⑥古代五刑之一。

⑦黑暗。《荀子·解蔽》：「《詩》云：『墨以為明，狐狸而蒼。』此言上幽而下險也。」

⑧貪污、不廉潔。

⑨古量物的單位，五尺為墨。

⑩墨家的簡稱。《孟子·滕文公》下：「天下之言，不歸楊則歸墨。」又《滕文公》上：「墨者夷之因徐辟而求見孟子。」又姓。複姓有墨台。

⑪通「默」。《漢書·李陵傳》：陵墨不應。」

《漢語大詞典》列出「墨」的詞義共15條，本詞典除字義解釋外，引錄很多用例，爲免過於冗長，只引釋義以及第一個用例：[8]

①用於書寫、繪畫的黑色顏料。《莊子·田子方》：「宋元君將畫圖，眾史皆至，受揖而立，舐筆和墨，在外者半。」

②黑色。唐韓翃〈送劉將軍〉詩：「青巾校尉遙相許，墨稍將軍莫大誇。」

③蔽塞、黑暗。《荀子·解蔽》：「《詩》云：『墨以為明，狐狸而蒼。』此言上幽而下險也。」楊倞注：「墨，謂蔽塞也。」王先謙集解：「郝懿行曰：『墨者，幽闇之意。』《詩》言以闇為明，以黃為蒼，所謂玄黃改色，馬鹿易形也。」

④氣色晦暗。《左傳·哀公十三年》：「肉食者無墨。今吳王有墨，國勝乎？」杜預注：「墨，氣色下。」

[8] 參見《漢語大詞典》編輯委員會：《漢語大詞典》第二卷（上海：《漢語大詞典》出版社，1998年），頁1214。

⑤貪污、不廉潔。《左傳・昭公十四年》:「己惡而掠美為昏，貪以敗官為墨，殺人不忌為賊。」杜預注:「墨，不廉之稱。」

⑥指詩文書畫等。唐孟浩然〈還山貽湛法師〉詩:「墨妙稱古絕，詞華驚世人。」

⑦古代五刑之一。以刀刺面，染黑為記。《藝文類聚》卷五四引三國魏傅幹《肉刑議》:「經有墨劓刖割之制。」參見《墨辟》。

⑧謂喪儀穿黑色的喪服。《左傳・僖公三十三年》:「墨以葬文公，晉於是始墨。」楊伯峻注:「謂著黑色喪服以葬文公也。晉自此以後用黑色衰絰為常，襄公二十三年《傳》云:『公有姻喪，王鮒使宣子墨縗冒絰』可證。」

⑨繩墨。木工用以校正曲直的墨斗線。引申為準則、法度。《楚辭・九辨》:「何時俗之工巧兮，背繩墨而改錯。」

⑩古人燒灼龜甲以視吉凶。其粗大的正縫謂之「墨」。《周禮・春官・占人》:「史占墨，卜人占坼。」鄭玄注:「墨，兆廣也；坼，兆璺也。」

⑪燒田也。《文選》枚乘〈七發〉:「徼墨廣博，觀望之有圻。」李善注:「墨，燒田也。言逐獸於燒田廣博之所，而觀望之有圻堮也。」

⑫古度量單位，五尺為墨。

⑬墨家的簡稱。《韓非子・顯學》:「孔墨之後，儒分為八，墨離為三。」

⑭通「默」。靜默、謙退。《荀子・解蔽》:「故口可劫而使墨云，身可劫而使之詘申。」[9]

⑮姓。《通志・氏族四・以名為氏》:「《姓纂》云：孤竹君之後，本墨台氏，後改為墨氏。」

《新華字典》對於「墨」的解釋，並附有現代使用的詞例與解釋：[10]

①寫字繪畫用的黑色顏料：一錠墨。墨汁。墨水匣。墨蹟。墨寶（珍貴的字畫。亦用來尊稱別人寫的字、畫的畫）。

②寫字畫畫用的各色顏料：墨水。油墨。粉墨登場。

③黑色或接近於黑色的：墨黑。墨面（a.黑的臉色；b.指墨刑）。墨鏡。墨綠。墨菊。墨晶（黑色的水晶）。

---

9 「身可劫而使詘申」王先謙《荀子集解》作:「形可劫而使詘申」。(臺北：藝文印書館，1977 年)，頁 652。

10 參見《在線新華字典》網站首頁：http://xh.5156edu.com/。

④貪污：貪墨。墨吏。

⑤古代一種刑罰，在臉上刺字並塗墨（亦稱「黥」）：墨刑。

⑥姓。

⑦古同「默」，緘默。

教育部《重編國語辭典》（網路版）的解釋如下：[11]

名詞：

①書畫用的黑色顏料。如：「石墨」、「筆墨」。元王實甫《西廂記・第三本・第二折》：「一緘情淚紅猶溼，滿紙春愁墨未乾。」

②書畫用的各色顏料。如：「藍墨」、「紅墨」。

③文字、文章或知識。如：「胸無點墨」、「惜墨如金」、「舞文弄墨」。

④字畫的代稱。如：「墨寶」。宋歐陽修《唐顏魯公法帖》：「此本墨蹟在予亡友王子野家。」

⑤古代肉刑之一。在罪人臉上刺刻染墨。《書經・呂刑》：「墨辟疑赦，其罰百鍰。」孔安國《傳》：「刻其額而涅之曰墨刑。」

⑥墨家的簡稱。如：「儒墨」。《孟子・滕文公》下：「天下之言，不歸楊則歸墨。」

⑦姓。如戰國時宋國有墨翟。

形容詞

①黑色如墨的。如：「墨菊」、「墨綠」。《孟子・滕文公》上：「君薨，聽於冢宰，歠粥，面深墨。」

②貪汙的。如：「墨吏」。

綜合以上五部字、辭典裡所收錄的常用解釋，排除跟「墨」本義完全無關的假借義後[12]，約可整理、歸納爲下列三組：

---

[11] 參見教育部《重編國語辭典》（網路版），網站首頁：http://dict.revised.moe.edu.tw/index.html。

[12] 我們將作爲長度單位的「墨」、姓氏的「墨」以及通「默」用法的「墨」視爲假借義，而排除在外。

第一組，名詞：本義「書墨」以及跟「書墨」有關的名詞用法。

名詞用法包括：書畫用的黑色顏料，書畫用的各色顏料，文字或書畫的代稱[13]，尊稱別人的字畫[14]，若再從文字或書畫的代稱擴大其意義範圍，便可作爲文字、文章或知識的代稱。這是純粹從「書墨」的意義單純的引申、借代等來的。

第二組，名詞：包括以「墨」爲工具或材料所衍生出來的意義和用法。

以黑色顏料爲工具，除了寫字作畫以外，「墨」還可以用在龜殼上、用在刺字的臉上，另外木工還以之用在校正曲直的工具上，因此「墨」具有了下列的意義：

（1） 龜殼上的「墨」紋：是以墨畫在龜殼上，以火灼龜殼，再觀其紋路，巨紋謂之「墨」。

（2） 刑罰的一種——「墨刑」：以墨爲材料，塗在受刑者刺了字的臉上，所以有「墨刑」。

（3） 木工把「墨」用在「墨斗線」上，可以用來校正曲直，從此義又可引申爲「法度」、「準則」的意思。

第三組，名詞引申爲形容詞，並引申出名詞義和動詞義。

由於「書墨」特徵爲色黑，所以從「書墨」本義可以引申出「黑（的／色）」或「色黑如墨」的意思；並可延伸出抽象意義的「黑暗」、「臉色不好」以及行爲上的不潔如「貪污」等意思。這些意思基本上都可歸爲形容詞。另外黑色的事物中，燒黑的田地可稱「墨」[15]；而由於古代的「墨者」面色黧黑，所以稱「墨家」，「墨」於是成爲先秦時的一個學派名稱[16]。這兩個意義是從形容詞「黑」延伸而來的名詞義。至於「在喪儀中穿黑色的喪服」，也與「墨」色黑有關，不過作動詞義解。

（二）「墨」字義的引申發展

我們以下擬用圖示的方式表明前述這些意義的滋乳或引申：

「墨」字第一組意思主要由「書墨」（黑色顏料）層層伸展而來：[17]

[13] 這是透過修辭學上的借代手段，以工具代指作品。
[14] 這也是透過修辭學上的借代手段，從全體字畫的代稱縮小到部分字畫（尊稱對方的作品）的代稱。
[15] 參見周啓成等注譯，劉正浩等校閱《新譯昭明文選》（臺北：三民書局，1997 年），頁 1553。
[16] 這是依據一般通行的說法，如果依據錢穆先生的說法，可歸第二組，由「墨刑」延伸出來。
[17] 意義的「伸展」是指由一個意思（圓心）以同心圓方向層層擴展到四周。

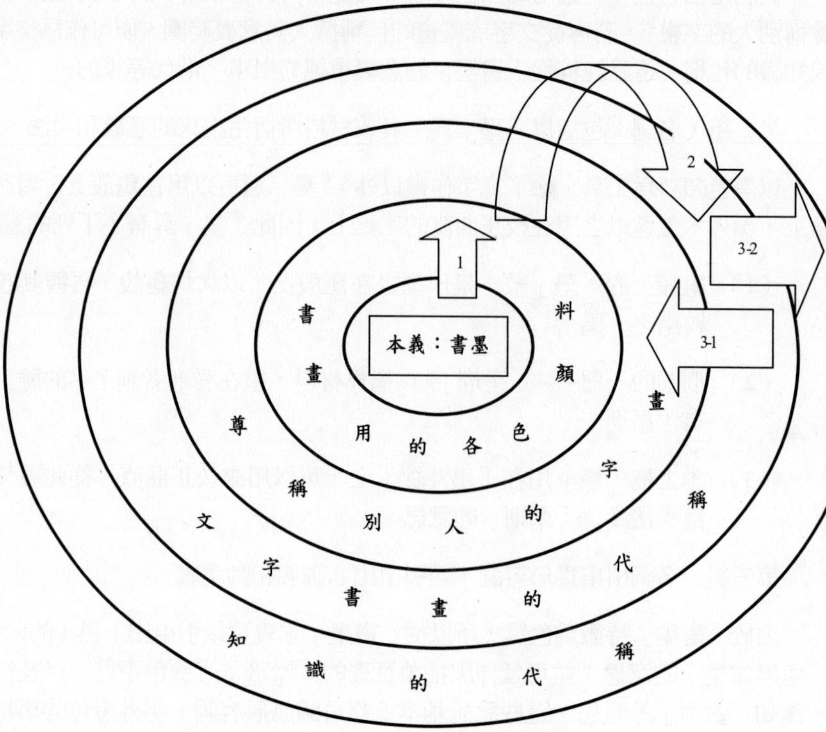

圖 1.「墨」第一組字義引申示意圖

如果以語意成分進行分析，則是[18]：

a.	b.	c.	d.	e.
－屬人 ＋顏料 ＋書畫用 ＋黑色	－屬人 ＋顏料 ＋書畫用 ＋各種顏色	－屬人 ＋顏料製成品 ＋書（字）畫	－屬人 ＋顏料製成品 ＋書畫 ＋專用於尊稱別人字畫	－屬人 ＋顏料製成品 ＋書（文字） ＋知識
一錠墨	藍墨、紅墨	墨寶、墨蹟	墨寶、墨蹟	胸無點墨

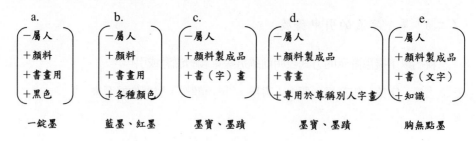

圖 2.「墨」第一組字義語意成分分析圖

墨「字」第二組意思主要是由以「書墨」（黑色顏料）為工具或材料推衍（推引）而來：[19]

[18] 語意成分分析參考湯廷池：《國語變形語法》（臺北：學生書局，1977 年）頁 42-43；謝國平：《語言學概論》（臺北：三民書局， 2004 年）頁 251。

[19] 意義的「推衍」或「推引」，指的是字義以類似圓球滾動的方式向旁延伸。

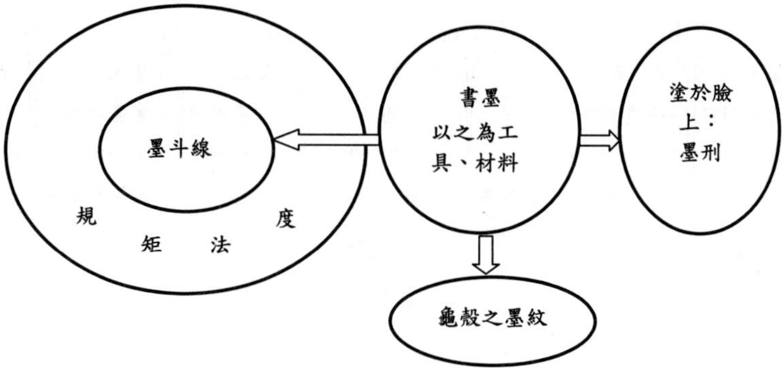

圖 3.「墨」第二組字義引申示意圖

其語意成分分析如下：

a.	b.	c.	d.	e.
－屬人	－屬人	＋屬人	－屬人	＋屬人
＋黑色顏料	＋黑色顏料	＋黑色顏料	＋黑色顏料	－黑色顏料
＋施於物	＋施於物	－施於物	＋施於物	－施於物
＋書畫用	＋占卜時施於龜殼上	＋刑罰名稱	＋木工用以校正曲直	＋校正人的行為
一錠墨	龜殼上的裂紋：墨紋	墨刑	墨斗線	繩墨

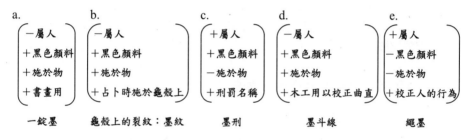

圖 4.「墨」第二組字義語意成分分析圖

「墨」字第三組意義是由「書墨」色「黑」推引而來：

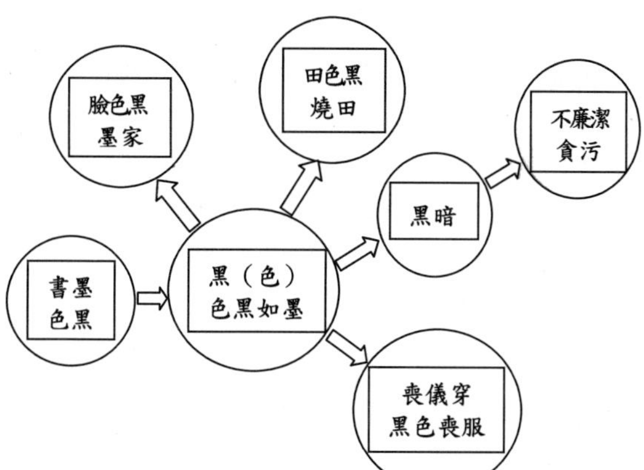

圖 5.「墨」第三組字義引申示意圖

其語意成分分析如下：

a.	b.	c.	d.	e.	f	
−屬人	−/+屬人	+/−屬人	+屬人	+屬人	−屬人	+屬人
+書畫顏料	−書畫顏料	−書畫顏料	−書畫顏料	−書畫顏料	−書畫顏料	−書畫顏料
+施於物	+/−施於物	+/−施於物	−施於物	−施於物	+施於物	+施於物
+色黑	+黑（色）、色黑如墨	+黑暗、氣色下	+臉色黑	+行為不廉潔	+田地色黑	+喪服色黑
一錠墨	墨面、墨鏡	墨以為明 肉食者無墨	天下之言 不歸楊則歸墨	墨吏	燒田	晉於是始墨

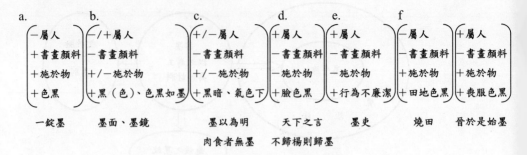

圖 6.「墨」第三組字義語意成分分析圖

二、名詞與形容詞活用為述語時語意的轉變

因爲前述「墨」字的意義，除了「晉於是始墨」的動詞意義以外，其他意義主要都屬名詞或形容詞，所以以下將以高中國文教科書中常見的文言文爲語料，以其中的名詞、形容詞活用爲述語之用例，簡單探討、歸納名詞、形容詞活用爲述語時語意轉變的梗概。

（一）詞類活用現象在我國的語文中十分普遍

我國的語文在世界語言的分類上，屬於漢藏語系的語言，是有聲調的單音節孤立語。漢語具有聲調，一般人很容易理解；單音節指的是多數的單音節可成「詞」，就可在句子中自由運用；孤立語則指較少像英、俄語等一樣的屈折變化。[20]

前已提及英語、俄語是傾向於屈折語的印歐語系語言，與漢語相較，明顯的有豐富的形態變化，而且詞類和句子的成分之間存在著簡單的一一對應關係。反觀漢語，形態變化的標誌較少，詞類和句子成分之間的對應關係並不明顯。表現在語文方面，一方面，任何一個詞在句子裡，不論居於何種句法位置，也不管語法功能爲何，都是一種書寫形式，而且多數的情況讀音也相同；所以漢語組詞成句，主要靠語序和虛詞。因此，決定一個詞的詞性，往往無法離開語境，也就是要靠「詞」在句中的先後順序，而不是靠詞尾或詞頭的詞形變化；同時一般動詞本身也不會利用內部的語音變化來表示不同的時態，換言之，不具有時態的區別。因此，漢語的「詞」出現在句子裡，有兩個很重要的特色：一是語序相當固定；二是實詞的詞類活用現象相當普遍。

漢語的實詞，雖然詞類和句子的成分之間對應關係不是非常明顯，但實詞所能

[20] 屈折變化又稱「詞形變化」或「形態變化」。指語詞表達不同語法意義或擔負不同語法功能時所發生的詞形變化。有兩種變化方式：一種是在詞根或詞幹上添加詞綴，例如英語中在名詞的單數形式後面加上後綴-s 或-es 以構成相應的複數形式就是；另一種是詞內的語音變化，如英語 begin 這個動詞，過去式爲 began，過去分詞是 begun。

擔任的語法成分基本上還是相對的固定，例如：名詞，主要擔任句子的主語、賓語（含介詞賓語），偏正結構的中心語以及部分偏正結構的定語；[21]形容詞主要擔任表態句的謂語中心以及偏正結構的定語、補充結構的補語；[22]動詞則主要擔任敘事句的述語等。這些都是上述這些詞類的「本用」。

會產生詞類活用現象的，往往以實詞爲主。詞類活用，指的是實詞在特定語言環境下，臨時轉移用法的現象；也就是在某一個特殊的語言環境裡，實詞暫時具有它本用以外的用法的一種現象。如前所述，名詞本來可以擔任所有句型的主語，敘事句和有無句的賓語，判斷句的斷語等；如果名詞一旦離開其本用，在句子裡出現在前述用法以外的位置上，我們就視之爲名詞的詞類活用。所以像「侶魚蝦而友麋鹿」（蘇軾〈赤壁賦〉）的「侶」與「友」，原本都是名詞，但在此處卻擔任述語，也就是跟動詞的用法一樣，因爲它出現在非名詞所能出現的位置上，這個位置是述語的位置，我們便稱之爲「名詞述語」；而述語又是動詞最常擔任的語法成分，所以一般習慣稱爲「名詞活用爲動詞」。這種現象屬於詞類活用的現象，在修辭學上稱作「轉品」。

前已提及漢語的詞出現在句子裡的語序十分重要，必須透過語序才能表現出句法功能，所以詞類活用也就必須在句子裡才能顯現出來。而詞類活用，並不是詞的兼類，也不是訓詁上的通假或假借。詞的兼類指有些詞兼屬不同詞類的現象，一個詞具備兩個或兩個以上詞類所特有的語法功能，就形成兼類。[23]例如「代表」作名詞時，前頭可以加數量短語，如「一位代表」、「那位代表」；但不能加「不」；作爲動詞時，前頭可以加「不」，後頭能接賓語，如「代表大家」、「不代表學校」、「代不代表國人」，因此兼有名詞和動詞用法。不過詞類活用，指的並不是這種現象。至於訓詁上的通假或假借，則是指某一個詞因爲讀音相近、相同的關係，代替了另一個詞的用法，而且積久成習的一種現象，如諸葛亮〈出師表〉:「益州罷弊」，以「罷」字代替「疲」字，司馬遷《史記・張釋之馮唐列傳》:「民安所錯其手足？」以「錯」代「措」等。詞類活用，指的也不是這種情況。

既然漢語實詞的詞類活用或轉品現象相當普遍，那麼當一個詞具有不只一個意義，而在句子裡的用法又脫離其本用的範疇時，像前述「墨人衣」的「墨」，其語意解釋究竟與本用的哪一個詞彙意義相當，也就是它從原來哪一個語意成分轉品或活用過去的，這涉及到語意解釋的問題。以下便以高中國文教科書中的名詞述語與形容詞述語爲例，進行探討。

（二）高中國文教科書中的名詞述語與形容詞述語

1. 名詞述語的用例

[21] 偏正結構又稱「主從結構」或「詞組」，在本文中是指「具有領屬或形容性質的修飾語＋名詞性被修飾語」的組合形式。「定語」即領屬或形容性質的修飾語。

[22] 補充結構是：「中心語＋補語」的組合形式；「補語」是出現在中心語後，對中心語補充、說明的成分。

[23] 參見戚雨村等《語言學百科詞典》（上海：上海辭書出版社，1993 年），頁 511。

名詞活用爲動詞擔任述語，往往有意義上的關連，而且對於動作的態度、工具方法、處所、方向等也具有鮮明的效果，以下是現行高中國文教科書中名詞述語的常見用例，從名詞到述語的語意轉變，約可分爲四組，[24]例如：

(1) 今大道既隱，天下為家，各親其親，各子其子，貨力為己。(《禮記·大同與小康》)

(2) 迨產子女，婦始往壻家迎婿，如親迎，婿始見女父母，遂家其家，養女父母終身，其本父母不得子也。(陳第〈東番記〉)

(3) 生乎吾前，其聞道也，固先乎吾，吾從而師之……吾師道也，夫庸知其年之先後生於吾乎？(韓愈〈師說〉)

(4) 閭里之俠皆宗之。(蘇軾〈方山子傳〉)

(5) 況吾與子，漁樵于江渚之上，侶魚蝦而友麋鹿，駕一葉之扁舟，舉匏樽以相屬；寄蜉蝣於天地，渺滄海之一粟。(蘇軾〈赤壁賦〉)

(6) 邑人奇之，稍稍賓客其父，或以錢幣乞之。(王安石〈傷仲永〉)

(7) 其一無所不取，以交於上官，子吏卒而賓富民。(劉基《郁離子·蜀賈三人》)

(8) 無酋長，子女多者眾雄之。(陳第〈東番記〉)

(9) 於是家貽一銅鈴使頸之，蓋狗之也。(陳第〈東番記〉)

第一組例1至例9分別是名詞「子」(重出)、「師」、「宗」、「侶」、「友」、「賓客」、「賓」、「雄」、「狗」活用爲述語的例子，在句子裡，這些名詞述語的用法主要從意動用法而來，其語意特色是：主語用對待該名詞所用的態度來對待賓語。[25]

---

[24] 本文所列的各例，以不造成語音改變作爲名詞述語用例選取的標準。如果像：「衣」字有名詞「一」(陰平)、動詞「一ˋ」(去聲)兩讀，因爲意義不同，已經造成語音的轉變，就不將讀去聲、動詞用法的「衣」(「一ˋ」)視爲活用。形容詞述語的判定標準亦同此。

[25] 例1「子其子」即「以對待子女的態度對待自己的子女」，於是第一個「子」就有了「照顧、撫愛」的意思。例2雖然未出現賓語，但仍可用這個角度去理解，所以「不得子」解釋時就成了「不得再視爲子」。例3「師」當理解爲「用對待老師的態度去對待」時，自然有了「師法、學習」的意思。例4「宗」本義爲宗廟、祖廟，引申有祖先之意，擔任名詞述語時，就是「用對待自己祖宗的態度去對待」賓語，因此有「尊崇、效法」之意。例5「侶」爲同伴，擔任名詞述語，即「用與同伴相處的態度對待」，因此「侶魚蝦」就是「與魚蝦結爲同伴」；「友」是「朋友」，也指「意氣相投、情誼互通之人」，換言之在此就要「以對待朋友、意氣相投、情誼互通之人的態度去對待」，於是「友麋鹿」便是「與麋鹿爲友」。同理例6「賓客其父」是「用對待賓客的態度對待其父」，也就是「禮待其父」。例7「子」的用法同例1；「賓」的用法同例6。例8「雄」本是「英雄」或「勇

（10）驢不勝怒，蹄之。（柳宗元〈黔之驢〉）

（11）一日，使史公更敝衣草屨，背筐，手長鑱，為除不潔者。（方苞〈左忠毅公逸事〉）

（12）余扃牖而居，久之，能以足音辨人。（歸有光〈項脊軒志〉）

（13）匣而埋諸土。（劉基《郁離子選．工之僑得良桐》）

（14）項莊拔劍起舞；項伯亦拔劍起舞；常以身翼蔽沛公，莊不得擊。（司馬遷〈鴻門宴〉）

第二組例 10 至例 14，名詞述語本身或爲施動者身上的一個器官、部位，或爲某種器具，或是雖非施動者身上的器官，但施動者像有那個器官一樣以之爲工具，做了述語的行爲與動作。這一組語意是從以名詞述語爲工具或憑藉而產生的。[26]

（15）方其破荊州，下江陵，順流而東也，舳艫千里，旌旗蔽空，釃酒臨江，橫槊賦詩；固一世之雄也，而今安在哉？（蘇軾〈赤壁賦〉）

（16）冬，鹿群出，則約百十人即之，窮追既及，合圍衷之。（陳第〈東番記〉）

（17）於是家貽一銅鈴使頸之，蓋狗之也。（陳第〈東番記〉）

第三組例 15 至例 17 的名詞述語，其語意特色比較像致動用法，「東」、「衷」（中）爲方位名詞，具有處所性或方向性，「頸」雖爲身體的器官或部位，但不像第二組理解爲施動者以之爲工具，而要理解爲銅鈴所戴的部位。[27]

（18）假舟檝者，非能水也，而絕江河。（荀子〈勸學〉）

敢傑出的人」，「雄之」是「用對待勇者的態度對待他」，因此有了「推舉他爲首領」的意思。例 9「狗」是食肉犬科動物的通稱，「狗之」就是「用對待狗的態度對待他們」，亦即「視之爲狗」。

[26] 例 10「蹄」、例 11「手」分別是施動者身上的一個器官，施動者以之爲工具，於是分別有了「（用蹄）踢」、「（用手）持」的意思；例 12「扃」本是安裝在門外的門閂或環鈕、例 13「匣」是收藏器物的小箱子，分別各是一種器具，在例中擔任述語就有「用門閂栓上」、「用小匣子裝起來」的意思。例 14 較特別，施動者並未具有「翼」（翅膀），但在句中的意思是：施動者是以像鳥類用翅膀保護幼小者一樣，去「掩蔽、保護」沛公。

[27] 例 15「東」、例 16「衷」（中）皆爲方位名詞，在語意解釋上要理解爲致動用法：「使……朝東」、「使……朝中」；例 17「頸」是身體的部位，語意要理解爲在這個部位戴著它（銅鈴）。

（19）工之僑得良桐焉，斲而為琴，弦而鼓之。（劉基《郁離子選．工之僑得良桐》）

（20）迨產子女，婦始往壻家迎婿，如親迎，婿始見女父母，遂家其家，養女父母終身，其本父母不得子也。（陳第〈東番記〉）

（21）晉軍函陵，秦軍氾南。（左丘明〈燭之武退秦師〉）

（22）如詩不成，罰依金谷酒數。（李白〈春夜宴從弟桃花園序〉）

（23）忽一夕，穴壁負五簏去。（李清照〈金石錄後序〉）

（24）屋壞重建，坎屋基下，立而埋之。（陳第〈東番記〉）

第四組例 18 至例 24 的語意理解，或可從在該名詞所在的處所會產生的行爲、動作聯想入手，或跟要形成該名詞的事、物應有的動作、行爲切入進行理解。[28]

比較特別而無法歸到前述四組的是下面這兩個例子：

（25）越國以鄙遠，君知其難也。（左丘明〈燭之武退秦師〉）

（26）夫晉，何厭之有？既東封鄭，又欲肆其西封。（左丘明〈燭之武退秦師〉）

例 25 名詞「鄙」原指「邊邑」，活用爲述語後，有「以……爲邊邑」的意思；例 26 名詞「封」本是「疆界」，此指「在……開拓疆界」。前者看似跟處所或所在有關，但不宜以前述第三組例子的語意去解釋；後者略近於第四組，即跟「疆界」有關的動詞是「開拓」，所以可理解爲「開拓疆界」。

以上是名詞述語可能具有的語意特色。

2. 形容詞述語的用例

至於形容詞活用爲述語，會依據形容詞原有含義往動性方面引申，所以「苦」可往動性方面引申爲「感到痛苦」、「痛恨」；「異」往動性方面引申就有「覺得怪異」、

[28] 例 18「水（中）」是一個處所，擔任名詞述語，在此要理解爲在水裡的行爲，於是便指在水裡「游泳」。例 19「弦」擔任名詞述語，要理解成在弦上會有的動作，因此即有「敲擊、拍擊、彈奏」等意思。例 20 名詞「家」擔任述語，聯想到的是與家有關的動作，即「居住」。例 21 至例 24 的語意理解，則要分別從跟該名詞有關或形成該名詞的事物會產生的行爲、動作切入，「軍隊」停下來的動作是「駐紮」；「詩」，必須「作」，在此便指「作詩」；「穴」、「坎」，必須鑿或挖才能形成，所以「穴壁」是「鑿壁洞」、「坎屋基下」是「在房屋地基下挖洞穴」。

「感到奇怪」的意思；「輕」往動性方面引申爲「輕視」等等。[29]高中國文教科書中，形容詞述語的用例不多，而且部分例子有些學者認爲不見得是詞類活用，[30]我們以下所引的例子，基本上以讀音是否改變爲判斷依據，若形容詞與動詞用法爲同一音讀，基本上我們將它們視爲同一個詞，動詞用法就視爲形容詞活用；[31]若音讀有別異，則視爲兩個不同的詞，就不算是詞類活用。所以我們下面除了引用教材上的例子之外，也引用一些常被引列討論的形容詞述語用例。這些用例，約可分爲三組：第一組是形容詞述語的致動用法，第二組是形容詞述語的意動用法，第三組則是形容詞述語的一般用法。

形容詞述語的致動用法，其間的「主述賓」關係不像一般句式的「主述賓」關係，必須理解爲「主語＋使＋賓語＋述語」，即：「主語使賓語具有述語的特質」的語意。如果從賓語的角度來看，賓語因爲形容詞述語致動用法的關係，的確發生了本質上的改變。例如：

（1） 以正君臣，以篤父子，以睦兄弟，以和夫婦。（《禮記・禮運・大同與小康》）

（2） 諸侯恐懼，會盟而謀弱秦。（賈誼〈過秦論〉）

（3） 隳名城，殺豪傑，收天下之兵，聚之咸陽，銷鋒鍉，鑄以為金人十二，以弱天下之民。（賈誼〈過秦論〉）

（4） 小人寡欲，則能謹身節用，遠罪豐家。（司馬光〈訓儉示康〉）

（5） 春風又綠江南岸。（王安石〈泊船瓜洲〉）[32]

（6） 攝緘縢，固扃鐍，一人之智力，不能勝天下欲得之者之眾。（黃宗羲〈原君〉）

（7） 吏因以巧法。（方苞〈獄中雜記〉）[33]

---

29 參見邱宜家：《古漢語實詞用法規律例話》（重慶：重慶出版社，1988 年），頁 159。

30 例如「異」除了形容詞「特別、不尋常」之外，具有動詞「（覺）奇怪」之意；「齊」除了「整齊」、「完備」的形容詞意義之外，尚有「整治、整理」、「使同等、一致」、「達到同樣高度或長度」等動詞意義；「豐」除了「豐厚」、「富饒」的形容詞意義以外，也兼有動詞「使厚多」之意。但是因爲這並未造成讀音的改變，所以我們仍將它視爲形容詞述語。至於「遠」有上聲「ㄩㄢˇ」（形容詞）與去聲「ㄩㄢˋ」（動詞）兩讀、兩種用法，因在習慣上已從語音去分別詞義與詞性了，所以我們對去聲的「遠」（「ㄩㄢˋ」）就直接看成動詞，而不視爲形容詞活用。

31 至於一音讀分別有形容詞與動詞用法，何以歸入形容詞？主要看該詞：1.能否被程度副詞修飾？2.是否具有比較級？3.是否具有最高級。若能符合此三條件，則將之歸爲形容詞，形容詞用法就是它的本用；動詞用法則爲活用。

32 〔宋〕王安石著，〔宋〕李雁湖箋注，〔宋〕劉須溪評點：《箋注王荊文公詩》（臺北：廣文書局，1960 年），卷 43，頁 28。

33 〔清〕方苞：《方望溪文鈔》，《國學基本叢書》（臺北：新興書局，1956 年），頁 16 右。

（8） 欲居之以為利，而高其值，亦無售者。（蒲松齡《聊齋誌異・卷四・促織》）[34]

例 1 至例 8 是形容詞述語的致動用法：例 1 的形容詞述語「正」、「篤」、「睦」、「和」分別有：「使……正」、「使……篤」、「使……睦」「使……和」之意；例 2、例 3 的「弱」都是「使……（變）弱」之意；例 4「豐」是「使……豐（厚）」；例 5「綠」是「使……（變）綠」；例 6「固」是「使……堅固」；例 7「巧法」是「使法變巧」，有「玩弄法律」的意思；例 8「高其值」是「使其價值提高」之意。這些形容詞述語，都「使」其後的名詞賓語變得「具有」述語的特質，換句話說，賓語在本質上已發生了改變。

形容詞述語的意動用法，其間的「主述賓」關係表示的是「主語以賓語爲爲述語」，亦即具有：「主語認爲賓語具有述語的特質」，或「主語把賓語當成述語」的語意。如果從賓語的本質來看，賓語還是原來的賓語，只不過主語對它在情感方面的認知不一樣而已，謂語表示的是陳述對象對賓語的主觀看法。例如：

（9） 固知一死生為虛誕，齊彭殤為妄作。（王羲之〈蘭亭集序〉）

（10）漁人甚異之。（陶淵明〈桃花源記〉）

（11）今年九月二十八日，因坐法華西亭，望西山，始指異之。（柳宗元〈始得西山宴遊記〉）

（12）人知從太守遊而樂，而不知太守之樂其樂也。（歐陽修〈醉翁亭記〉）

（13）邑人奇之，稍稍賓客其父。父利其然也。[35]（王安石〈傷仲永〉）（王安石〈傷仲永〉）

（14）孔子登東山而小魯，登泰山而小天下。（《孟子・盡心》上）[36]

例 9 至例 14 是形容詞述語意動用法的例子：例 9 的形容詞述語「齊」是「以……爲齊一」的意思；例 10、例 11 的「異」都是「以……爲異（特別）」；例 12「樂」是「以……爲樂（事）」；例 13 的「奇」、「利」分別是「以……爲奇（特之事）」、「以……

---

[34] 蒲松齡：《聊齋誌異》（臺北：九思出版有限公司，1978 年），頁 487。
「高」，教育部《重編國語辭典》收有動詞「尊崇、敬重」的意思，引用的是《韓非子・五蠹》：「以其不收也外之，而高其輕世也。」但此例「高其值」指的是「抬高牠的價錢」，跟《重編國語辭典》所引的動詞義不同。

[35] 「利」有動詞「有益於」之意，如：「利人利已」。然「利其然」非「有益於其然」而是認爲這樣有好處。

[36] 楊伯峻：《孟子譯注》（臺北：華正書局，1990 年），頁 311。

爲有利」；例 14 的兩個「小」都是「以……爲小」之意。這些形容詞述語都表示主語的主觀認知，認爲賓語具有形容詞述語的特質，這種特質是主語一種情感性的、相對性的看法，不是絕對性的、客觀性的，所以賓語實質上並未改變。

（15）老吾老，以及人之老；幼吾幼，以及人之幼，天下可運於掌。（《孟子・梁惠王》上）[37]

例 15 兩例是形容詞述語的第三組用法，其語意表現不從致動用法來，也不從意動用法來，反而比較像前面名詞述語的第一組的語意，因爲例中第一個「老」與第一個「幼」分別表示的是用「對待自己的『老者』、『幼者』該有的態度去對待」的意思。

（三）「墨」字在早期文獻中的用法——以《左傳》為例

釐清名詞述語和形容詞述語在句子裡的語意表現之後，我們簡單的查考一下「墨」在古典文獻裡詞類活用的情形。

段玉裁在《說文解字注》「墨」下說：引申之爲「晉於是始墨」，「肉食者無墨」，爲「貪以敗官爲墨」[38]。

段玉裁所列的引申義之例，都出自《左傳》。「晉於是始墨」見於《左傳・僖公三十三年》[39]，「肉食者無墨」見於《左傳・哀公十三年》[40]，「貪以敗官爲墨」見於《左傳・昭公十四年》[41]，這三例「墨」的意義在前文討論「墨」的引申義時，已出現了，都屬於「墨」的第三組意思：前一例出現在時間狀語「始」之後，在句中擔任的是述語，《漢語大詞典》將其解釋爲「喪儀穿黑色的喪服」，是「墨」的動詞用法；後兩例一指面色黧黑、氣色下，一指貪污不潔，是「墨」的形容詞用法。因爲「晉於是始墨」與「墨人衣」兩個述語的「墨」用法關係較爲密切，以下我們便以《左傳》爲例，再作延伸考察。[42]

「墨」在《左傳》中共出現 14 例，[43]其中 7 例爲人名：例如史墨、蔡墨等；作

[37] 同註 36，頁 16。
[38] 同註 4。
[39] 楊伯峻：《春秋左傳注》（臺北：漢京文化事業有限公司，1987 年），頁 498。
[40] 同註 39，頁 1677。
[41] 同註 39，頁 1367。
[42] 「墨」在《詩》、《周易》、《論語》中未見，在《孟子》中 14 見，與墨家、人名有關的有 12 例，形容詞義「面色黧黑」1 例（面深墨，見於《滕文公》上）、作名詞「繩墨」解 1 例（見於《盡心》上），都無關動詞義。
[43] 實出現 15 次，其中 1 次引《夏書》：「已惡而掠美爲昏，貪以敗官爲墨，殺人不忘爲賊。《夏書》曰：『昏、墨、賊，殺』，皋陶之刑也，請從之。」見於《左傳・昭公十四年》，未計入。同註 39，頁 1367。

「氣色下」（或「面色黧黑」）解有 2 例即前段玉裁所引「肉食者無墨，今吳王有墨。」（《左傳．哀公十三年》）；另有作形容詞「貪污（的／之事）」者 1 例，即前段玉裁所引「貪以敗官爲墨」（《左傳．昭公十四年》）。其餘 4 例爲述語用法，茲引列如下：

1. 子墨衰絰，梁弘御戎，萊駒為右。（《左傳．僖公三十三年》）[44]

2. 遂墨以葬文公，晉於是始墨。（《左傳．僖公三十三年》）[45]

3. 公有姻喪，王鮒使宣子墨縗冒絰，二婦人輦以如公，奉公以如固宮。（《左傳．襄公二十三年》）[46]

上述 4 例，可以分爲兩組：「遂墨以葬文公」、「晉於是始墨」、「王鮒使宣子墨縗冒絰」是一組，指的是「喪儀著黑色的喪服」[47]；「子墨衰絰」是另一組，指的是「使（把）衰服、腰絰染成黑色」[48]。這 4 個「墨」擔任述語的例子，都與「墨」的「黑色」意義有關，但跟「墨」的「書墨」意義無涉。

從《左傳》這 4 個例子的旁證，我們認爲當「墨」活用爲述語時，其意義的主要來源是形容詞的「黑（色）」，而非名詞意義的「書墨」。尤其我們在《左傳》前引的例子中並未發現「書墨」意義的「墨」有詞類活用的例子。

參、結論

從前面「墨」意義的引申變化，以及「墨」的動詞意義來看，「墨」活用爲述語時的意義來源，已經很明顯的可以看出其意義主要來自「墨」的引申義「黑（的／色）」，而非「書墨」的本義。因此沈括《夢溪筆談》「石炭煙亦大，墨人衣」的「墨」，應該是從「黑」的意思活用來的；換句話說，是由形容詞意思「黑（的／色）」經由致動用法而來。

經由前述的討論，我們可以得到下列幾項結論：

---

44 同註 39。
45 同註 39。
46 同註 39，頁 1075。
47 同註 39，頁 498、頁 1075。楊伯峻在「遂墨以葬文公，晉於是始墨」下說：「謂著黑色喪服以葬文公也。晉自此以後用黑色衰絰爲常。」《漢語大詞典》即引此作爲「墨」字動詞意義用例之佐證。楊伯峻又在「王鮒使宣子墨縗冒絰」下注云：「縗，衰服；冒，冒巾；絰，腰絰。三者皆墨色。此婦人喪服，悼夫人服之，使宣子僞爲悼夫人之侍御，其服亦如悼夫人之服。」
48 同註 39。楊伯峻在「子墨衰絰」下云：「襄公此時居喪，宜喪服，而喪服爲白色，不宜從戎，故雖著衰絰之喪服，而染爲黑色，黑色固戎服之色也。墨衰絰者，謂墨其衰與絰也。」「墨衰絰」，雖亦有著黑色喪服之意，但這個「墨」字的意義著重在「將衰、絰染爲黑色」、「改變衰、絰顏色爲黑色」，也就是「染黑衰絰」的意思。

一、「墨」的形容詞用法可活用爲述語；而名詞用法，未見活用爲述語之例。

二、名詞述語的意動用法與形容詞述語的意動用法，語意有別：

名詞述語的意動用法，主語跟賓語的關係，已經產生了變化，或有了實際的作爲。例如我們前面提到的名詞述語例 2：「其本父母不得子也」（陳第〈東番記〉）的「子」是「以之爲子」，整句話的意思是：「他本來的父母不能再把他當兒子對待」，所以主語對待賓語的態度已明顯有別；至於形容詞因爲具感受性的語意特徵，所以活用爲述語的意動用法，每每表現的是主觀的色彩，是主語本身對賓語觀念、想法的改變，亦即僅表示陳述對象的主觀看法，無關乎賓語的實際，其原來的狀貌並未有絲毫改變，例如前引形容詞述語例 14「孔子登東山而小魯，登泰山而小天下。」（《孟子・盡心》上）句子中，「魯」或「天下」，並未因主語的主觀認知而真的變小了。所以雖同屬意動用法，但名詞述語與形容詞述語，其語意有別。

三、名詞述語的致動用法與形容詞述語的致動用法，語意同中有異：

不論名詞述語或形容詞述語的致動用法，其語意基本上都是述語會使賓語發生改變，這是兩者相同的地方；但是有時又略有小異。例如我們在前面所列名詞述語例 14「順流而東」的「東」，是朝著名詞述語的方向前進；[49]至於形容詞述語的致動用法，主要是主語讓賓語具有該形容詞述語的特質，如前形容詞述語例 5「春風又綠江南岸」，江南的水岸真的變綠了，具有了「綠」的特質。

---

[49] 名詞述語致動用法，還可以參見下面的例子：

1.吾見申叔，夫子所謂生死而肉骨也。（《左傳・襄公二十二年》）「肉骨」是「使白骨肉」，即「使白骨長出肉來」。同註 39，頁 1070。

2.我疆我理，南東其畝。（《詩經・小雅・信南山》）（參見〔漢〕毛亨傳，鄭玄箋，〔唐〕孔穎達等正義，《毛詩正義》，《江西南昌府學本》，臺北：藝文印書館，1981 年，頁 460。）「南」、「東」皆方位名詞，「南東其畝」，即「使其畝朝南或朝東」。

徵引文獻

（一）古籍

1.〔漢〕毛亨傳，鄭玄箋，〔唐〕孔穎達等正義，《毛詩正義》，《江西南昌府學本》，臺北：藝文印書館，1981。

2.〔漢〕許慎著，〔清〕段玉裁注：《說文解字注》，《經韻樓藏版》，臺北：藝文印書館，1970。

3.〔唐〕楊倞注，〔清〕王先謙：《荀子集解》，臺北：藝文印書館，1977 年。

4.〔宋〕王安石著，〔宋〕李雁湖箋注，〔宋〕劉須溪評點：《箋注王荊文公詩》，臺北：廣文書局，1960。

5.〔清〕方苞：《方望溪文鈔》，《國學基本叢書》，臺北：新興書局，1956。

6.〔清〕蒲松齡：《聊齋誌異》，《會校會注會評本》，臺北：九思出版有限公司，1978。

7.〔清〕王先謙：《荀子集解》，臺北：藝文印書館，1977。

（二）近人論著

1.石毓智、李訥：《漢語語法化的歷程——形態句法發展的動因和機制》，北京：北京大學出版社，2001。

2.伍謙光：《語義學導論》，湖南：湖南教育出版社，1994。

3.周啓成等注譯，劉正浩等校閱：《新譯昭明文選》，臺北：三民書局，1997。

3.邱宜家：《古漢語實詞用法規律例話》，重慶：重慶出版社，1988。

4.高樹藩重修：《新修康熙字典》，臺北：啓業書局有限公司，1984。

5.戚雨村等：《語言學百科詞典》，上海：上海辭書出版社，1993。

6.湯廷池：《國語變形語法》，臺北：學生書局，1977。

7.楊伯峻：《春秋左傳注》，臺北：漢京文化事業有限公司，1987。

8.楊伯峻：《孟子譯注》，臺北：華正書局，1990。

9.《漢語大詞典》編輯委員會：《漢語大詞典》，上海：《漢語大詞典》出版社，1998。

10.謝國平：《語言學概論》，臺北：三民書局， 2004。

11.藍燈文化事業編輯部：《中文辭源》，臺北：藍燈文化事業股份有限公司，1983。

（三）網路資源

1.教育部：《重編國語辭典》，網站首頁：http://dict.revised.moe.edu.tw/index.html。

2.中國社科院語言所：《在線新華字典》，網站首頁：http://xh.5156edu.com/。

國小國語文「詞語[1]教學」問題探析

馮永敏*

摘　要

詞語是語言建築的材料，用來表達概念、意義，離開詞語就無法表達意思，傳 遞訊息，詞語不豐富，也會影響思想情意的交流，因此，詞語豐富是語言豐富的一個重要標誌。但是，學生實際詞語運用能力卻令人憂心。從 2005 年迄今臺北市實施國民小學國語文基本學力檢測，其成果報告發現學生詞語能力低落是值得關注的。由這些現象也同時證明了，詞語能力確實直接影響一個學生讀寫能力的發展。不過，除了透過評量檢測來掌握學生已形成的學習成就外，更應同步探究低落或失誤現象造成的原因，以及如何改善這種令人憂心的情況，是國語文研究應積極面對的課題。是故，本文以下擬先探討「詞語教學」的目標，再針對教材、習作、教學方法等方面分析其存在的問題，並提出改進建議。

關鍵詞：九年一貫《國語文課程綱要》、詞語、詞義、語境、詞語教學法

[1]本文所說的「詞語」包括實詞、虛詞和成語爲主。（成語的結構定形、意義定形的特徵和詞相同，它的意義又屬詞語意義範疇。是以，雖然成語的結構一般比詞大，但作用卻相當於一個詞，使用起來像詞一樣，在句中的作用也相和「實詞」相當。參見黃玲玲〈當代常用四字成語研究〉，《國立臺灣體專學報》第3期，1993年6月，頁148～149。）

*臺北市立教育大學中國語文學系教授

一、前言

詞語是語言建築的材料，用來表達概念、意義，離開詞語就無法表達意思，傳遞訊息，詞語不豐富，也會影響思想情意的交流，因此，詞語豐富是語言豐富的一個重要標誌。事實證明，只有掌握大量的詞語，才談得上對語言的敏感，才能區別出事物間的細微差別，從不同側面和角度，把豐富多彩的客觀事物準確生動的反應出來。是以，學者們指出：「詞語的知識和兒童的語言能力及學業成就有很大的關聯。吸取廣泛的詞語不但使兒童有豐富的理解力並可傳達較複雜的思想，同時可以在閱讀和寫作上，有精湛的能力」[2]「學習語言，最重要的是學習詞彙。一個人如果知道的詞很有限，或者知道不少的詞，可是不知道怎麼用，他的語言能力一定不高——詞不達意，也往往是詞不夠用的結果。」[3]可見，不論學童或成人的語文能力展現，詞語都是判斷的依據。同時，各種調查學生國語文表現的研究也顯示，詞語與閱讀能力相關性高，「詞彙能力與閱讀能力間有顯著的相關。在詞彙能力各分測驗中發現，詞彙能力高分組學童在閱讀能力測驗上亦屬於高分組。」[4]顯見，詞語是國語文能力的重要指標之一。但是，學生實際詞語運用能力卻令人憂心。從2005年迄今臺北市實施國民小學國語文基本學力檢測，其成果報告發現學生詞語能力低落是值得關注的。其表現如下：「語言材料經由換詞、比較、換序、搭配等方式，要求學生辨識、分析，最後做出判斷的選擇，結果發現學生的在這一方面的學習效果不佳，可能平常學習中較少運用此類方法來掌握字詞彙，在教學過程中有待加強，以拓展字詞彙的學習。…本次國小高年級學生在字詞義部分的檢測結果，與作文評閱中『語言運用』一項參照觀察。『據評閱觀察，學生使用的語彙大多數屬平淡淺化，有內涵深刻的字詞日常可能使用較少，平易淺顯的字詞，反映在書寫上時，當然沒有錯別字的問題，因此，這種思考性不足，導致詞彙不豐，反而是另一項值得隱憂的現象。如何落實加深加廣的語文教學，提升孩子的識字及用字能力實刻不容緩。』兩者結果，互爲印證。」；「用詞淺化是最需加強的部份…；即使遣詞造句尚稱平順，絕大多數學生仍呈現缺乏細膩描寫…，致使內容平淡無味。」；「此類錯誤情形最爲嚴重，依觀察所見，計有誤用近義詞、錯用詞意、不當使用成語或詞語搭配錯誤」；「在詞語運用上，冗詞贅字及詞語使用錯誤十分嚴重。包括成語誤用、誤解詞義、詞語搭配不當…」

---

[2]Wiig,E.H.Secord,W.,Jesen,B.E.,& King,C.R.（1991）Multiple perceptions of word relationships:Evidence of growth in elementary school children. *Folia Phoniatr,*43,1-6.

[3]張志公〈從“想”“ 說”“ 寫”的關係談起〉,《語文教學論集》(中國：福建教育出版社，1985 年)，頁 225。

[4]李偉德《國小三年級學童詞彙能力與閱讀能力之相關性研究》,(臺中：臺中師範學院碩士論文，2001年)。其他研究論文尚有：李惠珠《國小低年級兒童詞彙能力表現情形和相關研究》,(臺中：臺中師範學院碩士論文，2000年)。曾雅瑛《國民小學中文詞彙測驗之編製》,(臺南: 臺南師院國民教育研究所碩士論文，2001）。方金雅《多向度詞彙評量與教學之研究》, (高雄:高雄師範大學教育系博士論文，2001) 等。李麗綺《低年級學童詞彙能力與閱讀能力之相關性研究》,(臺中：臺中師範學院碩士論文，2003年)。

[5]歸納學生表現失誤現象，可以發現：一是詞語累積不足，由於學生詞語量貧乏不足，直接限制學生句子、文章的運用，也妨礙了閱讀寫作能力的表現。二是意義理解的失誤，學生對詞語的理解不透澈，多缺乏深入理解，只知其一不知其二，尤其是近義詞、多義詞等，表達時往往詞不達意。有時望文生義，只從字面義以致於誤用。由這些失誤現象也同時證明了，詞語能力確實直接影響一個學生閱讀寫作能力的發展。不過，除了透過評量檢測來掌握學生已形成的學習成就外，更應同步探究其低落、失誤現象造成的原因，以及如何改善這種令人憂心的情況，是國語文研究應積極面對的課題。是故，本文擬先探討「詞語教學」的目標，再針對教材、習作、教學方法等方面分析其存在問題，並提出改進建議。

二、「詞語教學」的目標

在國民中小學基礎課程實施中，九年一貫《國語文課程綱要》[6]（以下92年頒訂簡稱爲《92課程綱要》、99年修正則簡稱爲《100課程綱要》。）是國家對不同階段的學生，在國語文學科的學習做出基本要求。因此，了解國語文詞語教學的重點在九年一貫國語文《課程綱要》中的規畫與要求，自有其必要性。

九年一貫《國語文課程綱要》對詞語教學這一內容散列於注音、識字寫字、聽、說、閱讀、作文各項中相關能力指標。試將九年一貫國語文課程綱要中與詞語相關的內涵整理羅列如下：

92注音符號運用能力指標	內容	100注音符號運用能力指標	內容	學習重點說明
A-2-1 2-1-1-1	**能利用注音符號，理解字詞音義，提昇閱讀效能。** 能應用注音符號，分辨字詞的音義，提昇閱讀理解的效能。	1-2-1 1-2-1	能運用注音符號，理解字詞音義，提升閱讀效能。 能運用注音符號，理解字詞音義，提升閱讀效能。	運用注音符號理解字詞音義（**理解**） 運用注音符號理解字詞音義（**理解**）
		1-3-1	能運用注音符號，理解字詞音義，提升閱讀效	運用注音符號理解字詞音義（**理解**）

[5]《臺北市國民小學94年度基本學力檢測計畫成果報告》、《臺北市國民小學95年度基本學力檢測計畫成果報告》、《臺北市國民小學96年度基本學力檢測計畫成果報告》、《臺北市國民小學97年度基本學力檢測計畫成果報告》，（臺北：臺北市政府教育局，2005、2006、2007、2008），頁99；頁85；頁55-58；頁45-50。
[6]教育部課程綱要，以下92年頒訂簡稱爲《92課程綱要》、99年修正則簡稱爲《100課程綱要》。表格內「**學習重點說明**」爲作者所加註

			能。	
A-3-1 3-1-1-1	**能應用注音符號，分辨字詞音義，增進閱讀理解。** 能應用注音符號，分辨字詞的音義，增進閱讀理解。	1-4-1	能運用注音符號，分辨字詞音義，增進閱讀理解。	運用注音符號分辨字詞音義（分辨）
92 識字與寫字能力指標	內容	100 識字與寫字能力指標	內容	學習重點說明
D-1-2 1-2-3-1	**會使用字(辭)典，並養成查字(辭)典的習慣。** 會利用音序及部首等方法查字(辭)典，並養成查字(辭)典的習慣。	4-1-2 4-1-2-1	會使用字辭典，並養成查字辭典的習慣。 會利用音序及部首等方法查字辭典，並養成查字辭典的習慣。	使用字辭典（運用）
D-2-2 2-2-3-1	**查字辭典，並能利用字辭典，分辨字義。** 會查字辭典，並能利用字辭典，分辨字義。	4-2-2 4-2-2-1	會查字辭典，並能利用字辭典，分辨字義。 會查字辭典，並能利用字辭典，分辨字義。	利用字辭典，分辨字義（分辨）
		4-3-2 4-3-2-1	會查字辭典，並能利用字辭典，分辨字義。 會查字辭典，並能利用字辭典，分辨字義。	利用字辭典，分辨字義（分辨）
D-3-2 3-2-3-1	**會查字辭典、成語辭典等，擴充詞彙，分辨詞義。** 會查字辭典、成語辭典等，擴充詞彙，分辨詞義。	4-4-2	能運用字辭典、成語辭典等，擴充詞彙，分辨詞義。	運用字辭典、成語辭典等，擴充詞彙，分辨詞義（運用）（累積）（分辨）
92 說話能力指標	內容	100 說話能力指標	內容	學習重點說明
C-1-1	**能正確發音並說標準國**	3-1-1	能正確發音並說	使用正確詞語

1-1-4-10	**語。** 能主動使用正確語詞說話。	3-1-1-10	流利華語。 能主動使用正確語詞說話。	**（運用）**
C-2-3 2-3-7-7	**能表現良好的言談。** 說話用詞正確，語意清晰，內容具體，主題明確。	3-2-3 3-2-3-5	能表現良好的言談。 說話用詞正確，語意清晰，內容具體，主題明確。	用詞正確 **（運用）**
C-3-3 3-3-6-4	**能以優雅語言表達意見。** 能在交談中，用詞恰當表現語言之美。	3-4-3 3-4-3-4	能善用語言適切表情達意。 能在言談中，妥適運用各種語言詞彙。	妥適運用詞彙 **（運用）**
92 閱讀能力指標	**內容**	**100 閱讀能力指標**	**內容**	**學習重點說明**
E-1-1 1-1-1-1	**能熟習常用生字語詞的形音義。** 能熟習常用生字語詞的形音義。	5-1-1	能熟習常用生字語詞的形音義。	熟習常用字詞語 **（記憶）**
E-2-1 2-1-1-1 2-1-7-2	**能掌握文章要點，並熟習字詞句型。** 熟習活用生字語詞的形音義，並能分辨語體文及文言文中詞語的差別。 能掌握要點，並熟習字詞句型。	5-2-1	能掌握文章要點，並熟習字詞句型。	活用詞語 **（運用）** 分辨文言詞語 **（分辨）**
E-2-7 2-7-4-1	**能配合語言情境閱讀，並了解不同語言情境中字詞的正確使用。** 能概略讀懂不同語言情境中句子的意思，並能依語言情境選用不同字詞和句子。	5-2-7 5-2-7-1	能配合語言情境閱讀，並瞭解不同語言情境中字詞的正確使用。 能概略讀懂不同語言情境中句子的意思，並能依語言情境選用不同	配合語境瞭解詞語 **（了解）** 依語言情境選用不同字詞 **（運用）**

2-7-4-2	能配合語言情境，欣賞不同語言情境中詞句與語態在溝通和表達的效果。		字詞和句子。	
		5-3-1	能掌握文章要點，並熟習字詞句型。	配合語境瞭解詞語（了解）
		5-3-1-1	熟習活用生字語詞的形音義，並能分辨語體文及文言文中詞語的差別。	活用語詞（運用） 分辨語體文及文言詞語（分辨）
		5-3-7	能配合語言情境閱讀，並瞭解不同語言情境中字詞的正確使用。	依語言情境選用不同字詞（運用）
		5-3-7-1	能配合語言情境，欣賞不同語言情境中詞句與語態在溝通和表達上的效果。	
E-3-8	能配合語言情境，理解字詞和文意間的轉化。	5-4-1	能熟習並靈活應用語體文及文言文作品中詞語的意義。	理解字詞義的運用（運用）
3-8-1-1	能依不同的語言情境，把閱讀獲得的資訊，轉化為溝通分享的材料，正確的表情達意。	5-4-8	能配合語言情境，理解字詞和文意間的轉化。	
		5-4-8-1	能依不同的語言情境，把閱讀獲得的資訊，轉化為溝通分享的材料，正確的表情達意。	

92 寫作能力指標	內容	100 寫作能力指標	內容	學習重點說明
F-1-2	**能擴充詞彙，正確的遣辭造句，並練習常用的基本句型。**	6-1-2	能擴充詞彙，正確的遣詞造句，並練習常用的基本句型。	擴充詞彙 （累積） 運用詞語 （運用）
1-2-1-1	能運用學過的字詞，造出通順的句子。	6-1-2-1	能運用學過的字詞，造出通順的短語或句子。	
F-2-2	**能正確流暢的遣辭造句、安排段落、組織成篇。**	6-2-6	能正確流暢的遣詞造句、安排段落、組織成篇。	正確流暢遣詞造句 （運用）
2-2-1-1	能掌握詞語的相關知識，寫出語意完整的句子。	6-2-6-1	能掌握詞語的相關知識，寫出語意完整的句子。	掌握詞語相關知識 （了解）
		6-3-1	能正確流暢的遣詞造句、安排段落、組織成篇。	正確流暢遣辭造句 （運用）
F-3-2	**能精確的遣辭用字，並靈活運用各種句型寫作。**	6-4-2	能精確的遣詞用字，並靈活運用各種句型寫作。	精確的遣詞用字 （運用）
3-2-1-1	能精確的遣詞用字，恰當的表情達意。	6-4-2-1	能精確的遣詞用字，恰當的表情達意。	

※表格內「**學習重點說明**」為作者所加註

《92 課程綱要》將國中小分三階段（國小一至三年級第一階段；四至六年級第二階段；七至九年級第三階段），《100 課程綱要》將國中小分四階段（國小一、二年級第一階段；三、四年級第二階段；五、六年級第二階段；七至九年級第四階段）。前後《課程綱要》年段區分稍有不同，但兩者對詞語教學的觀念一致，文字幾乎未嘗更動。如：「使用字辭典」、「利用字辭典，分辨字義」、「運用字辭典、成語辭典等，擴充詞彙，分辨詞義」、「使用正確詞語」、「用詞正確」、「妥適運用詞彙」、「熟習常用字詞語」、「活用詞語」、「配合語境瞭解詞語」、「依語言情境選用不同字詞」、「分辨語體文及文言詞語」、「擴充詞彙」、「掌握詞語相關知識」、「正確流暢遣辭造句」、「精確的遣詞用字」等等。

《92、100 課程綱要》對「詞語教學」這一內容散列於注音、識字寫字、聽、說、閱讀、作文相關能力指標，可以清楚看出，詞語雖是語言的最小、最基本單位，但卻是溝通交流的關鍵所在。「詞語教學」處於國語文教學的中心位置，這個中心可以上承句子、篇章，下接文字、短語。「詞語教學」不應是國語文教學的點綴，而是貫穿聽、說、讀、寫各項整個國語文教學全過程，

《92、100 課程綱要》「詞語教學」內容，國中、小階段的重點層次如下：

（一）、熟習常用詞語
（二）、配合語境瞭解詞語
（三）、運用字辭典分辨詞語
（四）、擴充詞彙
（五）、運用詞語、活用詞語、流暢遣詞
（六）、了解詞語相關知識

根據其內容，可以發現「詞語學習」目標，實則涵蓋四個方面：

（一）、「識記」是指發音、書寫、詞義等。
（二）、「領會」是指了解詞義用法、組成方式等。
（三）、「應用」是指能在不同情景語境中恰當適切運用詞語。
（四）、「溝通」是指在日常生活中活用詞語，交流訊息，獲取訊息，分析問題和解決問題等。

四個學習目標中，（一）是詞語知識，屬於「詞語形式」。（二）屬於「詞語語義」，如語義特徵（字辭典、成語辭典等概念意義、近義多義等）和語義搭配等。（三）、（四）兩項同屬於「詞語功能」，包括詞語使用的語境特徵和表達效果、詞語的文化內涵（如成語等）等。

從能力指標揭示的詞語學習目標可知，「詞語教學」須兼顧「詞語知識」與「詞語能力」兩層面。「詞語知識」包括質與量。質的方面有詞語發音、書寫、詞義等方面的了解（即《92、100 課程綱要》所云「使用字辭典」、「利用字辭典，分辨字義」、「掌握詞語相關知識」等）。量的方面有詞語量的大小（即《92、100 課程綱要》所云「運用字辭典、成語辭典等，擴充詞彙，分辨詞義」、「擴充詞彙」等）。「詞語能力」也涵蓋兩方面：詞語提取與詞語運用能力。詞語提取能力是指詞語使用的熟練程度（即《92、100 課程綱要》所云「配合語境瞭解詞語」、「依語言情境選用不同字詞」、「熟習常用字詞語」、「分辨語體文及文言詞語」等）。詞語運用能力表現爲詞語的使用的準確程度和得體程度（即《92、100 課程綱要》所云「用詞正確」、「妥適運用詞彙」「正確流暢遣辭造句」、「精確的遣詞用字」等）。也就是說，「詞語能力」不僅需理解詞語，而且必須具備應用能力。由此看來，學習詞語是學習國語文的最基本的手段，也是運用國語文的先決條件。詞語學習大大影響學生語文能力，「詞語教學」在閱讀與寫作教學中處於核心地位，應給予以足夠的重視。

三、「詞語教學」現況分析

天下雜誌調查超過五成的中小學生主要閱讀書籍是教科書[7]，教科書則是學生在學校教育中主要學習資源[8]，而教師最主要的上課教材更來自教科書。可以這樣說，國語文教科書是學生的基本工具，課堂指導也來自教科書，學生課後作業更是由教科書來指導的。因此，占核心地位的教科書教材質量直接影響國語文學科教學的品質。以下針對 97、98 年度[9]各家教科書、習作及教學方法分析其中「詞語教學」的內涵，以了解當前「詞語教學」的現況。

（一）教科書方面

實施九年一貫課程以來，國中小國語文教科書根據《課程綱要》編寫，經由國立編譯館審定。目前國小國語文有康軒、南一、翰林等三家審定本。以下分別整理三家審定本在「詞語教學」的安排。

南一版《備課用書》中的教學規畫未見說明，「詞語教學」重點則根據其各冊有關詞語教學的內容整理如下：第三冊認識名詞、動詞、認識形容詞；第五冊認識數詞、量詞、認識名詞、認識動詞；第六冊認識連接詞、數字成語；第七冊認識形容詞認識、動詞、副詞；第八冊認識代名詞、認識嘆詞；第九冊認識成語、認識歇後語。

翰林版《備課用書》中，翰林版國語一至六年級能力指標檢核表與「詞語教學」相關的重點，該版集中安排於三年級：一年級詞語練習，三年級詞性介紹：名詞、代名詞、動詞、形容詞、副詞、連詞、語氣詞、嘆詞、量詞的性質及用法；分辨多義、反義、近義詞；認識成語；六年級語文指導：反義詞的妙用、分辨文言文和語體文的詞語差異[10]。

康軒版於教師《備課用書》中語文常識架構相關「詞語教學」的重點爲：一上認識造詞造句，一下認識詞語，二上認識名詞、認識動詞，二下量詞、相近詞，三上詞語的使用、多義詞、成語造句，三下反義詞、字義辨別、聯綿詞、顛倒詞、認識詞語，四上副詞、分辨形容詞和副詞、感歎詞，四下認識吉祥話—諧音的趣味、認識雙聲和疊韻、認識近義詞，五上介紹反義詞、多義詞、近義詞、認識成語、認識語助詞，五下成語的應用、認識關聯詞，六上諺語、歇後語、外來語，六下認識同音詞和近音詞[11]。

---

[7]天下雜誌 2002 天下 263 期閱讀----新一代知識革命

[8]游政家〈教科書選用的問題與改進〉，《北縣教育》第 21 期，（1998 年，月），75-83。鄭世仁《揭開「教科書」的面紗》，（臺南：國立成功大學水利及海洋工程學系博士論文，1992）

[9]本研究依據各家 97 學度版本，其修訂及出版日期涵蓋 97 年、98 年，故云。同時，以下徵引各家教材，僅標注版本、年級、冊數、課數。

[10]經檢視翰林版國語一至六年級能力指標檢核表（97 年 8 月頁 10）多所遺漏，例如：三上、三下課本缺漏量詞、分辨反義、近義詞，然該版課本卻有：三下語文花園認識數詞、五上統整活動一詞語的運用、統整活動二形容詞的運用，五下統整活動三精準用詞。

[11]康軒版語文常識架構（康軒版 97 年 9 月出版頁 4-5），疑缺漏認識形容詞，但經檢視該書二下

由三家版本規畫可以明顯看出，均以介紹詞語詞性為主，其次詞語詞義，再次為成語。以下分三方面說明。

1. 有關詞語詞性內容，列舉各家版本如下：

南一版

「名詞」是用來表示人、地、事、物等名稱的詞。…「動詞」是用來表示人、物的行為、動作或事件發生的詞。

「動詞」＋「名詞」➔種菜、檢果子、找皮球

（南一版二上第三冊語文天地二認識「名詞」）

形容詞是用來形容人和事物形態、性質詞，常和名詞連用。使用形容詞會讓描述的對象更鮮明、生動。

…請你把下列短語的「形容詞」圈出來。1. 好朋友 2. 生動的畫面 3. 歌聲很美妙。

（南一版二上第三冊語文天地三「動詞」、認識「形容詞」）

認識「名詞」　表示人或事物的詞，就叫作「名詞」。（一）指人名詞：…（二）一般事物名詞：…（三）專有事物名詞：…（四）時間名詞：…（五）處所名詞：…（六）方位名詞：…。

（南一版三上第五冊語文天地二認識「名詞」）

認識「動詞」　動詞是表示動作、行為、想法的詞。（一）表示動作：…（二）表示行為：…（三）表示想法：…

（南一版三上第五冊語文天地三認識「動詞」）

認識「形容詞」　形容詞是指描述或修飾句子中某人、事、物的語詞。使用形容詞能使描述對象的性質或狀態具體的呈現出來，也能增加文句的美感或力量。不過必須特別注意不要使用過量，以免妨礙所修飾的主體。

（南一版四上第七冊語文天地一認識「形容詞」）

認識「動詞」和「副詞」　在完整的句子中，描述動作的語詞叫「動詞」。例如：●船隻在大海中前進。●船員們相互擁抱。●芭芭拉在樹下看書。●魯班在木材上畫線。●鳥在空中飛翔。

形容動詞的語詞叫「副詞」。例如：●船隻在大海中緩緩的前進。●船員們欣喜若狂的 相互擁抱。●芭芭拉在樹下靜靜的看書。●魯班在木材上仔細的畫線。●鳥在空中自由自在的飛翔。

（南一版四上第七冊語文天地二認識「動詞」和「副詞」）

翰林版

認識名詞　　名詞就是人、地、事物等的名稱。例如本課的名詞：人物　爸爸、孩子、盤古　　地點：自然科學博物館　　事物：恐龍、火山、蜘蛛

找一找，課文中還有哪些名詞呢？

（翰林版三上第五冊語文花園一認識名詞）

課本，「統整活動三」有一認識形容詞。

認識動詞　動詞是表示動作的詞。下列句子中，藍色字是動詞，如果少了這些字，句子讀得通嗎？★科學家對小朋友演講。…

（翰林版三上第五冊語文花園四認識動詞）

認識形容詞　形容詞是用來表示人、事、物的性質、形態，也就是可以用來修飾名詞的詞。

（翰林版三上第五冊語文花園十認識形容詞）

認識副詞　副詞是修飾「動詞」或「形容詞」的詞。1. 形容「動詞」的副詞　★我們熱切的看著他。★你把事情經過詳細的說一遍。2. 形容「形容詞」的副詞　★今晚的月色特別美。★我覺得自己非常幸運。

（翰林版三下第六冊語文花園十認識副詞）

康軒版

認識名詞　朋友、同學、老師、學生，這些都是表示人的名稱。…教室、草地、校園、動物園，這些都是表示地方的名稱。像這樣表示人或事物名稱的詞語，就叫做「名詞」。

認識動詞　我打開書。小雨蛙拍手。　中的詞語都表示手的動作。…我喜歡小香。小樹蛙知道了。　中的詞語都在傳達或表示心裡的感受。像這樣表示動作或傳達感受的詞語就叫做「動詞」。

（康軒版二上第三冊統整活動一認識名詞、認識動詞）

認識形容詞　1. 空氣—新鮮的空氣、願望—小小的願望、方法—奇妙的方法 2. …3. …形容詞常和名詞連用，是用來描述或修飾句子中人、事、物的形態、性質的詞。

（康軒版二下第四冊統整活動三認識形容詞）

認識副詞　1. 妹妹 最
十分 討厭家裡的小花貓。➔「最、十分、很、比較」
很　用來表示討厭貓的程度。
比較

2. …3. …像以上三組例句中，這些用來說動作或狀態的詞，就叫做副詞。

認識形容詞和副詞　用來形容名詞的詞語是「形容詞」。例如：1. 毛毛蟲變成蝴蝶。➔毛毛蟲變成美麗的蝴蝶。2. …

用來說明動詞的詞語是「副詞」。例如：1. 水手們歡呼起來。➔水手們不約而同的歡呼起來。2. …

（康軒版四上第七冊統整活動三認識形容詞、認識形容詞和副詞）

從各家版本編排來看，多屬於《92、100 課程綱要》目標中（一）「詞語形式」的知識，他們普遍把傳授詞語詞性視爲「詞語教學」重要內容之一，編排了大量語法知識。南一版、康軒版二家安排於二、三、四年級；翰林版則集中於三年級，四年級未出現；南一版、康軒版五、六年級則未出現。

各家版本對於詞語詞性的說明，多採取陳述概念、下定義、語義概括的方式

呈現，解釋的用語抽象，其中有的用語艱深，致使許多學生仍無法理解其中概念。雖然其間或舉課文的實例，但是用法不突出，語境不充足，其主要強調的是詞語詞性概念的學習，如重視「形容詞常和名詞連用」、「請把形容詞圈出來」、「形容動詞的副詞」等等。國語文教學目的是使學生獲得語文能力，能正確運用國語文，而不是全面學習語法形式知識。過多的詞語知識使學生沒有充足的運用詞語機會，學習被動、機械、枯燥，學生詞語能力偏低，表現爲儲存散亂，提取速度慢，運用混淆，重詞語知識、輕運用能力，詞語量不足，與生活聯繫不緊密，是當前詞語教學的問題之一。

2.有關詞語意義，諸如近義詞、多義詞、反義詞等，各家版本內容列舉如下：

南一版

想一想，意思一樣不一樣？●從小到大，他就是個十分懂事的孩子。
●這次趣味競賽的滿分是十分。

（南一版三上第五冊第三課加油小站二）

分辨語詞：有些語詞的字前後互換，意義就不一樣了。

黃昏　黃昏時，淡水的夕陽特別美。

昏黃　在昏黃的燈光下，她的臉特別美。

喜歡　姐姐喜歡到大湖採草莓。

歡喜　妹妹看到草莓特別歡喜。

（南一版三上第五冊閱讀列車（一）加油小站二）

相似詞練習

★英勇—勇敢　★欣慰—安慰　★張揚—聲張　★解決—處理

（南一版三下第六冊第三課加油小站三）

想一想，語詞的意思一樣嗎？●林醫師下午要進行一場開心手術。
●學生學有所成，是老師最開心的事。

（南一版三下第六冊第八課加油小站三）

相似詞練習　●成群結隊—三五成群　●迫不及待—刻不容緩
●搖搖擺擺—一搖一擺　●呼朋引伴—呼朋引類

（南一版三下第六冊第十二課加油小站三）

翰林版

比一比

發明●魯班發明了鋸子。●電燈是愛迪生發明的。

發現●魯班發現茅草的葉子邊上有許多小齒。●小明發現校園裡有一隻小狗。

（翰林版二下第四冊語文花園十二比一比）

辨別多義詞

★林老師是我們的「自然」老師。(科目名稱)

★只要少吃多運動，體重「自然」會減輕。(理所當然)

★「大自然」是一本讀不完的書。(自然界)

★姐姐的頭髮是「自然」捲。(沒有經過人工處理)

(翰林版三上第五冊語文花園九辨別多義詞)

詞語練習：有些詞語，詞序互換，意思就不一樣了。

上山—我們一大早上山為祖父掃墓。

山上—山上不但風景優美，空氣也很新鮮。…

(翰林版三下第六冊語文花園六詞語練習)

分辨詞語：各組中的兩個詞語可以互換嗎?

快樂　我們今天在這裡玩的真快樂。

興奮　聽到搬上合唱比賽得第一名，大家都很興奮。

趕緊　天快黑了我要趕緊回家。

趕快　請你趕快把課本送去給弟弟。

(翰林版四上第七冊統整活動三分辨詞語)

反義詞的妙用

什麼是反義詞?你會正確使用嗎?從前有一個賣矛和盾的人說，…這就是成語「自相矛盾」的出處。其中的「矛」與「盾」就是反義詞。簡單的說，反義詞就是指意思相反的詞。例如：生↔死　憂↔樂　喪失↔得到　熱忱↔冷淡　在我們生活當中，有許多充滿矛盾的事物，可以利用反義詞表達出鮮明的立場或強烈的感受。例如：口㊣心㊀　大㊁無㊂　㊃親不如㊄鄰　比㊤不足，比㊦有餘

(翰林版六上第十一冊統整活動二反義詞的妙用)

康軒版

認識詞語：比一比，說一說，同一個詞語在不同的句子中，所表達的意思有什麼差別。

1. 一邊　(1) 姊姊一邊看書，一邊聽音樂。
　　　　(2) 小平把籃球丟在一邊，跑去找朋友聊天了。

2. 一直　(1) 我的肚子疼，一直想吐!
　　　　(2) 你一直往前走，就可以看見郵局。…

(康軒版三上第五冊統整活動三)

認識詞語：每組都有兩個意思相反的詞語，請說一說它們的意思。

1. 容易	2. 高興	3. 繼續	4. 膽小
困難	傷心	中斷	大膽

(康軒版三上第五冊統整活動五)

認識反義詞

1. 遼闊　遼闊的草原　2. 愚笨　愚笨的巨人　3. 冷清　冷清的小巷
　狹窄　狹窄的房間　　聰明　聰明的烏鴉　　熱鬧　熱鬧的市場…

(康軒版三下第六冊統整活動一)

認識詞語：有些詞語必須兩個字合起來，才能表達一個意思，如果分開來使用，就不能表達那個意思了。讀一讀下面的詞語和句子，並想想看，還

有哪些詞語也是這樣呢？1. 鸚鵡　舅舅家養的鸚鵡很會學人說話。…

（康軒版三下第六冊統整活動二）

認識詞語：說一說這些顛倒詞，它們的意思一樣嗎？

故事•事故　中心•心中　回來•來回　蜜蜂•蜂蜜　鄉下•下鄉　美好•好美　…

認識詞語：[　　]裡的詞語，都由兩個意思相反的字組成，你知道他們的意思嗎？

東＋西[東西]　媽媽上街買東西。

多＋少[多少]　小白菜一斤多少錢？

反＋正[反正]　不管你怎麼說，反正他都不會答應。

買＋賣[買賣]　叔叔在市場作買賣，賺了不少錢呢！

動＋靜[動靜]　夜裡靜悄悄的，一點動靜都沒有。

想一想，還有哪些這樣的詞語？

（康軒版三下第六冊統整活動三）

比一比：同一個字，有時候指的是動作，有時候指的是東西的名稱，你會分辨嗎？

輪椅　他的腿受傷了，暫時只能以輪椅代步。

輪流　本學期的掃除工作將以分組輪流的方式進行。

拾元　我把媽媽給我的拾元硬幣投入存錢筒。

收拾　姐姐總是把自己的房間收拾得乾乾淨淨。

肩膀　小妹妹喜歡坐在爸爸的肩膀上玩耍。

肩負　警察肩負著維護社會治安的重大責任。

認識反義詞

1. 責備　受到責備　2. 依賴　依賴別人　3. 山谷　滑入山谷

讚美　廣受讚美　　獨立　獨立自主　　山峰　爬上山峰 …

（康軒版三下第六冊統整活動四）

認識詞語—近義詞

意思相近的詞語稱為近義詞，這些詞語有時可以表達同一個意思，有時候則有程度上的差別。使用時，需依照上下文意，選擇適合的詞語，才能使語意更完整。

空虛　雖然他住在豪宅，不愁吃，不愁穿，但是他的心靈卻覺得空虛。

空泛　這篇文章看起來很長，仔細一讀，才覺得內容空泛，不切實際。

開拓　他開拓了一個海外市場，替公司賺進更多利潤。

開啟　這本書開啟了我幼小的心靈，讓我看見繽紛的世界。

零星　一望無際的草原，只有零星的幾隻牛悠閒的吃著草。

零碎　忙碌的爸爸每天都會利用零碎的時間閱讀書報雜誌。

（康軒版四下第八冊統整活動三）

認識反義詞

讀一讀下面的句子，說一說[灰底]和[　　]中的詞語，意思有什麼不相同嗎？

1. 醜陋的毛毛蟲，將會化身為美麗的蝴蝶。
2. 他把老舊的雞舍，改建成嶄新的臨時醫院。 …

和中的詞語，是彼此的「反義詞」，它們的意思恰好相反，描述的情境也完全不同。

認識多義詞

讀一讀下面的句子，說一說和中的詞語，它們的意思相同嗎？

1. ●於狗也很在意同類的接近，卻不會和鉛色水鶇發生爭執。
   ●再走一小段路，就接近我的學校了。
2. ●參加登山賞鳥活動，讓我收穫不少。
   ●田裡種的稻穀成熟了，現在正是農人收穫的季節。 …

和中的詞語雖然相同，但是意思卻不一樣，這種會隨著上下文改變詞性或意思的詞語，叫作「多義詞」。

（康軒版五上第九冊統整活動三）

認識近義詞

讀一讀下面的句子，說一說和中的詞語，它們的意思相同嗎？

1. 愛是對別人的信賴，不是依賴。
2. 他是個體貼的好孩子，很能體恤爸媽的辛苦。
3. 心愛的手錶遺失了，他臉上的笑容也跟著消失。 …

和中的詞語意思很接近，但是並不完全相同，這樣的兩個詞語，叫作「近義詞」。使用的時候，可以從上下文中，理解詞語在句子中的意思。（康軒版五上第九冊統整活動四）

各家版本「詞語教學」僅見於低、中年級安排，高年級則多已不再安排。南一版內容最少，相關內容安排多見於三年級，其中重複安排者以相似詞和多義詞爲多。翰林版則於三年級上下、四上、六上亦零星出現。康軒版相關內容雖多，一至五年級都見安排，但其中重複安排者也多，如於三下同一冊中統整活動一、四重複安排「認識反義詞」；四下第八冊統整活動三「認識詞語—近義詞」、五上第九冊統整活動四「認識近義詞」，內容大同小異。在詞語語義的編排方式上，各家版本多半以或句子形式呈現，其次以解釋呈現詞義或以短語呈現，甚或直接逕以詞語對比。

詞語意義表面上看似屬於《92、100 課程綱要》目標中（二）屬於「詞語語義」。但是，實際觀察其詞語語義的學習重心仍是在「詞語形式」的知識學習。像各家版本關注詞語形式表面現象，以至於不約而同把詞語構詞中的詞序視爲重點，集中置於三年來學習，如南一版三上第五冊「分辨語詞：有些語詞的字前後互換，意義就不一樣了。」；翰林版三下第六冊「分辨詞語：各組中的兩個詞語可以互換嗎？」康軒版三下第六冊「認識詞語：說一說這些顛倒詞，它們的意思一樣嗎？」等。

因關注詞語形式表面現象，而把詞語構詞現象視爲重點的，以康軒版爲最，如康軒版三下第六冊集中安排詞語構詞學習的尚有：「認識詞語：□裡的詞語，都由兩個意思相反的字組成，你知道他們的意思嗎？東＋西□東西□」，康軒版於教師《備課用書》中的教學目標強調「認識詞語的結構」，更提供「教師說明詞語組成結構不同」的三種類型[12]；「比一比：同一個字，有時候指的是動作，有時候指的是東西的名稱，你會分辨嗎？輪椅、 輪流」；更有甚者學習聯綿詞如「認識詞語：有些詞語必須兩個字合起來，才能表達一個意思，如果分開來使用，就不能表達那個意思了。讀一讀下面的詞語和句子，並想想看，還有哪些詞語也是這樣呢？1. 鸚鵡」等。

雖是詞語語義學習，但在解說上，仍不脫「詞語形式」的知識的內容，如翰林版六上第十一冊「反義詞的妙用…在我們生活當中，有許多充滿矛盾的事物，可以利用反義詞表達出鮮明的立場或強烈的感受。例如：口是心非 大公無私…」此處的「反義詞」仍屬於詞語構詞的現象。而康軒版三下第六冊「比一比：同一個字，有時候指的是動作，有時候指的是東西的名稱，你會分辨嗎？」；康軒版五上第九冊「□和□中的詞語雖然相同，但是意思卻不一樣，這種會隨著上下文改變詞性或意思的詞語，叫作多義詞。」等，均是以強調構詞及詞性的判別爲主。

就各家版本的「詞語語義」學習重點來看，因重視傳授詞語的形式結構概念的學習，解說仍不脫概念陳述、下定義，有的甚至概念陳述雷同而不易區別，如康軒版五上第九冊「多義詞」、「近義詞」的說明：「□和□中的詞語雖然相同，但是意思卻不一樣，這種會隨著上下文改變詞性或意思的詞語，叫作多義詞。」與「□和□中的詞語意思很接近，但是並不完全相同，這樣的兩個詞語，叫作近義詞。使用的時候，可以從上下文中，理解詞語在句子中的意思。」

另外，値得注意的是，各家版本以語境形式呈現，然而語境多半短小淺略，實不足以理解其中差異及用法，學生雖理解了詞義，但在使用上仍顯得不得體、不適切。對於詞語搭配、如何分辨、運用等的學習方法等更未嘗涉及。

2. 有關成語學習部分，各家版本內容列舉如下：

南一版

數字成語★一言不合★二話不說★三思而行★四腳朝天★五福臨門
★六神無主★七嘴八舌★八面威風★九霄雲外★十萬火急
（南一版三下第六冊第二課加油小站）

數字成語★一石二鳥★推三阻四★五顏六色★七手八腳
（南一版三下第六冊第六課加油小站）

有「千」「萬」的四字語詞★成千上萬★盈千累萬★萬紫千紅
★萬馬千軍★千變萬化★千呼萬喚
（南一版三下第六冊第十課加油小站）

認識成語　什麼是「成語」？簡單的說，就是在大家認知的詞義中，所共

---

12 見康軒版三下第六冊教師《備課用書》，頁60。

通應用的名言、名句、俚語、俗語、格言、諺語，或是流傳廣泛的典故，成為日常生活的習慣用語。成語的來源有二：一原自古書和歷史故事的古語，…二來自生活中新創的語詞，…學習成語要了解成語的正確含義，以免張冠李戴。至於學習成語的好處，最顯而易見的是有助於表達 …。

（南一版五上第九冊語文天地二）

翰林版

念一念：練習意思相近的成語

三三兩兩•野鴨三三兩兩，自在的穿過馬路。•同學們三三兩兩的走進教室。

三五成群•同學們三五成群的在一起聊天。•企鵝三五成群的靠在一起取暖。

（翰林版二下第四冊語文花園四）

認識四字詞語

•靈機一動：指突然想出解決問題的方法。•改頭換面：徹底改變。

★他靈機一動，把硬紙盒改頭換面一番，變成了玩具車。 …

（翰林版三上第五冊語文花園七認識）

認識成語

•成語是經過長期使用而行成的固定短語，大多由四個字組成，如：望梅止渴、守株待兔、山珍海味等。但是也有例外，如：不費吹灰之力、慢工出細活、一窩蜂等。

•成語中的字詞組合，大都不能隨便替換、更動。如：「七嘴八舌」…不能換成「八嘴七舌」 …。

•寫文章用成語，有下列好處：1. 使文意簡潔有力：…2. 使文字生動精彩：…

（翰林版三上第五冊統整活動二）

康軒版

詞語造句

<table>
<tr><th colspan="2">津津有味</th></tr>
<tr><td>解釋一
形容興趣濃厚的樣子。</td><td>解釋二
形容食物的美味或食慾很好。</td></tr>
<tr><td>例句
這部電影情節有趣，大家都看得津津有味。</td><td>例句
媽媽做的菜十分美味，大家都吃得津津有味。</td></tr>
</table>

（康軒版二下第四冊第十一課統整練習十一）

比一比

•讀書對我們很有幫助—開卷有益

•肚子裡滿滿都是學問—滿腹經綸

（康軒版二下第四冊第十四課統整練習十四）

我會用成語造句：念一念想一想，☐中要用哪個成語比較適當？ …

馬馬虎虎	生龍活虎	識途老馬	膽小如鼠	馬到成功

1. 姐姐要去參加歌唱比賽，我祝她□。…

（康軒版三上第五冊統整活動五）

認識成語

成語就是經過大家傳誦而約定俗成的詞語，有三字、四字的，也有十字以上的最常見的是四個字的成語。有些出自古書或歷史故事，有些來自生活的習慣用語。成語雖然簡短，意義卻很深遠。說話或寫文章的時候，適當的運用成語，可以使句子更精簡，更有力。下列的句子都用了與「言語」有關的成語。例如：

1. 已經很晚了，臺上的人卻還是高談闊論，讓臺下的人坐立難安。 …

（康軒版五上第九冊統整活動一）

成語的應用

「聚沙成塔」、「切磋琢磨」、「沉魚落雁」……，你知道這些成語背後的故事嗎？短短幾個字的成語，包含寶貴的人生經驗、珍貴的歷史教訓，值得我們細細品味。請先讀一讀下面幾個例子，把句子裡的成語圈起來，在比一比每組中的兩個句子，有什麼不同。

●合唱團拉開嗓門，高聲歌唱，美妙的聲音讓大家不停的讚美。

●合唱團引吭高歌的時候，美妙的聲音讓大家讚不絕口。 …

上面幾組句子，你覺得哪一句比較生動精彩？為什麼呢？在文章中運用成語，用得好可以提高語言的表達能力，使文字更活潑生動；用不好，就會顯得毫無新意。所以，運用成語時，要注意下面幾個問題：㈠成語的褒貶成分： …㈡成語是否通俗易懂： …㈢成語是否能營造新鮮的閱讀效果： …

（康軒版五下第十冊統整活動一）

三家版本在成語教學規畫上，隨意性較大，深淺不一，沒有側重點，沒有考慮到學生的認知需求，如翰林版二下第五冊「念一念：練習意思相近的成語」。康軒版二下第五冊「比一比」，則是比「開卷有益、滿腹經綸」成語。南一版三下第六冊則多是羅列「數字成語」。三家版本成語教學僅在於念一念語音或識字，重點似乎不在成語本身。至於成語概念的學習，翰林版安排於三上第五冊，南一版於五上第九冊、康軒版於五下第十冊。三家版本指導多半脫離語境，孤立進行概念陳述，停留在表面上的認識，內容支離破碎，以致學習不成體系。

由於「三個版本語文統整練習」，以「語文基礎知識」的比重佔多數[13]，而其中雖安排有詞語詞性、詞語詞義和成語，但三家版本過於注重詞語的形式，忽視詞語的運用、表達，「詞語教學」的目標達成上顯然有所不足。

（二）習作方面

[13]吳佩儒《九年一貫國語文第二階段教科書語文統整練習之研究》，（新竹：國立新竹教育大學碩士論文，2009 年），頁 131。

國語文教科書每課後都編有習作，與教材構成完整的整體。可以說，習作練習的設計反映了教科書編輯的目標和要求，也是教學目標的具體體現。如果說，教科書學生學習國語文的根本來源，那麼，習作是教學的依據與延伸，也是國語文學習的鞏固、發展、深化。因此，習作對國語文教學的影響實不可忽視。

王思秦針對於九年一貫國語文初期[14]--民國 92 年各家國語教科書習作，有關詞語練習部分分析，發現各家版本以「生字練習」「句的練習」最多，而「詞語練習」居次。針對「詞語練習」內涵與比例，分析如下：「南一版詞語練習 101 次、康軒版詞語練習 104 次、翰林版詞語練習 45 次……，南一版占 13.05% 、康軒版 11.86% 、翰林版 6.72% 」，各家版本在「詞語練習」題型設計則「皆以選詞填寫的題型練習的次數最多」，在練習內容上，「南一版詞性練習較爲完整」，「練習動詞、名詞、量詞、形容詞、連接詞、助詞、感歎詞、語助詞、方位詞、聯想詞、疊詞」，「康軒版疊字詞、量詞」，「翰林版練習量詞、單位詞、形容詞」等[15]，從其分析可見當時習作即以「詞語學習」中的「詞語」形式結構爲重心，學習方法則是以大量的選詞填空方式進行，單一而缺乏變化。

對於近期--民國 97 年國語四年級習作的分析，黃亦麟發現各家版本習作仍以「字彙理解類型佔最大數」[16]，其中更進一步統計「詞語練習」部分：「南一版詞語練習題目出現計 25 次，……，第七冊出現 13 次，第八冊出現 12 次，各占 50% 」，「詞語練習題型可分三類型，分別爲圈選類、填空題、詞性辨別」「圈選類之題型出現最多，共計 13 次，約占 52% ；填空題次數有 9，占 36% ；詞性辨別次數有 3，占 12% 」，此外，題型上則以「選詞填寫類最多」「詞性辨別」上強調詞性差異練習。「康軒版詞語練習題目出現計 33 次，……，第七冊出現 18 次，第八冊出現 15 次，各占 50% 」，「詞語練習題型可分成兩類，分別爲圈選類、填空題」「其中選出適當的詞語，填入語句中之題型出現最多，共計 8 次，占 24.2 % 」。「翰林版詞語練習題目出現計 24 次，……，第七冊出現 12 次，第八冊出現 12 次，各占 50% 」，「詞語練習題型可分成兩類，分別爲圈選類、填空題」，其中「選詞填寫題型出現最多，共計 8 次，其百分率爲 33% 」[17]。

以上研究所得多從習作題型形式的歸納。各家習作「詞語學習」具體內容如何？以下列舉各家版本 97、98 年度習作說明如下：

南一版

[14]民國 85 年教科書改革，國語文教科書除國立編譯館版本外，尙其他版本如：仁林、南一、翰林、康軒等。民國 87 年進行《國民中小學九年一貫課程》籌劃與研究，爲試辦期。民國 89 年 3 月，教育部制訂發佈國民中小學九年一貫課程（第一學期階段）暫行綱要，並陸續宣布九年一貫課程於 90 學年度自一年級開始實施，91 學年度自二、四、七年級開始逐年實施。民國 92 年教育部公佈《國民小學九年一貫課程綱要》，國民中小學全面實施九年一貫課程。配合九年一貫課程之實施，教育部宣布教科書全面開放由民間出版廠商編輯。

[15]王思秦《國民小學九年一貫課程國語習作內容之分析研究》，（臺中：國立臺中教育大學碩士論文，2004 年），頁 323、328、346。該論文分析當時四家版本，其中仁林版於民國 97、98 年未出版，故不徵引。

[16]作者將字、詞、句共列爲「字彙理解」項。

[17]黃亦麟《國小四年級國語習作及教師手冊閱讀理解提問類型之分析》，（臺北：臺北市立教育大學碩士論文，2010 年），第四章，頁 35-36、46-47、57-58。

選一選，填一填：選出適當的語詞，填在（）裡。

葉子　秋風　青蛙　蜻蜓　舞會　跳舞　舞步　飛舞

3. 姐姐在（　　）上跳著輕快的（　　）。（南一二上第三冊第一課，8選5）

選詞填寫：選出適當的語詞，填在（）裡。

加入　幫忙　傳來　忽高忽低

進入　連忙　趕來　忽大忽小

4. 秋千（　　　），真好玩。（南一二下第四冊第二課，8選5）

分辨詞義：意思相似的畫○，不同的打×。

1. 開路（）道路 2. 追念（）追思 3. 努力（）認真 4. 光榮（）光明

5. 想念（）思念 6. 年輕（）年老　　　（南一三上第五冊第三課）

填入適當的語詞

公共　公平　公開

（2）這個禮拜換我們班打掃學校的（　　　）區域。

（南一三上第五冊第七課，3選3）

辨別詞性：根據下列詞語意義，填入適當詞性的位置。

拖倒 力氣 受傷 智慧 奔跑 鉤子 發揮 雨傘 漫畫 留意

動詞：□、□、□、□、□、

名詞：□、□、□、□、□、

（南一三上第五冊第十二課）

選詞填寫

伸張　緊張　飛揚　張揚

3. 對於自己的功勞，不必到處（　　）。（南一三下第六冊第三課）

替換詞語：請圈出可以替換　　　中的語詞，並且句子意思不變。

1. 牠們一次又一次的努力，終於掙脫（掙扎 擺脫）海浪。

（南一三下第六冊第十二課）

選詞填寫

雖然　仍然　竟然　突然　而且　但是

6. 妹妹（　　）得了朗讀比賽第一名，真令人不敢相信。

（南一四上第七冊第三課，6選6）

選詞填寫：請將適當的答案，填入（）中。

2. 奇觀　新奇　好奇

（1）他發明的全自動果汁機，既省力又省電，實在真（　　）。

（2）弟弟對動物的眼睛充滿（　　），立志長大後要深入研究。

（南一四上第七冊第三課，3選2）

分辨詞義練習：請把適當的語詞圈出來。

2. 買東西時，只主意 注意價錢的高低，而沒有顧慮品質的優劣，便容易吃虧上當。

4. 小狗發出哼哼 汪汪的聲音，好像小孩在哭泣。

（南一四下第八冊第一課）

選出適當的語詞：將正確的語詞填入括號中。

滿載而歸　豐衣足食　綠意盎然　土生土長

捧腹大笑　賞心悅目　隨處可見　氣喘如牛

3. 春天到了，到處都是（　　）的景象。（南一四下第八冊第五課，8 選 5）

請圈出句中最適當的語詞

1. 這件事的發展居然在我的（意料之中/意料之外）

（南一五上第九冊第十課）

選詞填寫

滿心歡喜　付諸行動　困苦無依　悲天憫人　舉手之勞

敬佩不已　服務人群　心存感激　發光發熱　雪中送炭

2. 社會上有很多善心人士，他們將自己的才能用來（　　），讓自己的生命（　　），讓我們（　　）。（南一五上第九冊第十四課，10 選 10）

替換詞語：　　　的語詞，可以替換為（）中的哪個語詞？請圈出來。

2. 每個通道口都設置（裝扮　建設　設計　裝飾）了機關。

詞義辨正：分辨「」中的詞義，意思一樣的畫○，不同的打×。

（）1. 農民「無意」間發現陶俑

我並「無意」打探你的隱私（南一五下第十冊第八課）

分辨詞語：請讀一讀下面的句子，圈出正確的用詞。

2. 這篇文章專門探索　古埃及人興建金字塔的奧妙。

探望　　　　　（南一五下第十冊第九課）

填入正確的語詞：請從提供的語詞中，選出最合適的填入句子中。

1. 蔓生　蔓延　及促　促使　特徵　象徵

（1）全球森林的濫伐（　　）全球氣候惡化更加劇烈！

（南一五下第十冊第十四課）

選詞填寫

1. 佇立　樹立　豎立　林立　聳立

（1）老師告訴我們，要＿＿良好的榜樣，做學弟妹的表率。

（南一六上第十一冊第十二課，5 選 3）

詞義辨析：「」中的語詞，意思相同的畫○，不同的打×。

2. 採茶「時節」，茶葉飄香。

深秋「時節」，紅葉紛紛飄落。　（南一六下第十二冊第三課）

詞語替換：選出和「」裡意義相近的語詞，將代號填在（）裡。

①當機立斷②燦爛③猶豫不決④低估自己⑤糜爛⑥試煉

⑦屹立不搖⑧迷惘⑨辛苦⑩夜郎自大⑪試探⑫迷路

2. 你們也許會感到「茫然」＿＿，覺得「艱辛」＿＿。

（南一六下第十二冊第十二課，12 選 7）

翰林版

選一選，填一填：選出適當的詞語。

吹落　飛舞　飄著　打著　開著

1. 蝴蝶在花園裡□。　（翰林二上第三冊第五課，5 選 4）

念一念：把適當的詞語圈起來。

2. 我和表哥平時（難得　難過）見面。　（翰林二下第四冊第八課）

選詞填寫

3. 認得　認為

你（　）林奶奶嗎？　（翰林二下第四冊第十一課）

下列各組詞語，意思相近的打○，不同的打×。

1. 立刻（）馬上 2. 全身（）滿身 3. 粗心（）細心 4. 暖和（）寒冷

5. 記得（）忘記 6. 不聲不響（）一聲不響（翰林三上第五冊第三課）

選詞填寫

方便、輕便

這個（　）的筆記型電腦，使用起來很（　）。（翰林三上第五冊第五課）

填入適當的動詞

請在詞語上加入各種顏色的形容詞。　（翰林三上第五冊第十課）

分辨詞性：將　　中的詞語，填入適當的位置。

遊客喜歡到美麗的野柳，觀賞奇形怪狀的石頭。

名詞：（ ）（ ）動詞：（ ）（ ）形容詞：（ ）（ ）（翰林三下第六冊第三課）

選詞填寫：將適當的答案填入（）中。

3. 終於 於是 由於

（ ）他持之以恆的運動，（ ）減肥成功了。（翰林三下第六冊第九課）

相似詞練習：請找出相似詞，填入（）中。

前進 探求 打開 困難 貧困 長進 露出

1. 困苦（ ）2. 揭開（ ）3. 上進（ ）4. 研究（ ）（翰林四上第七冊第五課）

選詞填寫：請選出最適當的詞語，填入（）中。

1. 運動 推動

在古川最早開始（ ）「社區重建」（ ）的人，是兩個自小生長在古川的退休人員。　（翰林四上第七冊第十三課）

選詞填寫：請找適當的詞語，填入（）內。

2. 擁抱 擁有

他們高興得（ ）在一起。　（翰林四下第八冊第一課）

詞義分辨

1. 益智、意志、意識

他（）堅定，奮戰到底，終於贏得這一場（）活動的比賽。

（翰林四下第八冊第十一課）

辨別詞義：圈出「」中的詞語在句子裡的意思。

3. 我猜那高高的樹上，一定住著「和藹」的風婆婆。

模樣溫和/態度惡劣 （翰林五上第九冊第十一課）

辨別詞義：下列各組詞語，意思相同的請打「○」，意思不同的請打「×」。

1.（）勢如破竹 2.（）見義勇為 3.（）強詞奪理

鋭不可當 趁火打劫 理直氣壯

4.（）十拿九穩 5.（）足智多謀

萬無一失 束手無策 （翰林五下第十冊第九課）

先接寫句子，再連一連引號中的詞語的詞性。

名詞 動詞 副詞 形容詞

2.這些好人終於突破重重的「困境」，… （翰林六上第十一冊第十課）

選詞練習：詳細閱讀下面的文章中的每一段文字，並從（）圈選一個適當的詞語。

朱銘小學畢業後，就跟隨雕刻師傅李金川學藝，不到二十歲，便（1.記錄 2.學習 3.打造 4.發明）了一手好技藝。但是，在朱銘的心中，一直存在著一個成為藝術家的（1.工作 2.夢想 3.思考 4.祈求）。（翰林六上第十一冊第十三課）

填入適當的語詞

壯碩、壯膽、壯觀

1.舅舅的身材非常（），他想到海軍陸戰隊服役。

2.漆黑的夜晚，他和妹妹大聲唱歌來（）。 （翰林六下第十二冊第八課）

康軒版

替換詞語：請從 裡選出一個適當的詞語填在☐裡，不要改變句子原來的意思。

好嗎 爭 用心 演出成功 反而

1.想不到他會演的那麼（認真）。 用心（康軒二上第三冊第五課）

念一念，把適當的詞語圈起來。

2.她是新轉來的同學，（出名、名字）叫做小香。（康軒二下第四冊第四課）

圈出句子中的形容詞

1.美麗的田野 2.火車穿過平坦的大地 3.一朵朵白色的雲 4.別上許多黃色的彩球 （康軒二下第四冊第十課）

選出可以替換「」中的的語詞（寫號碼）

①難過②覺得③突然

3.（）回到家後，我才「猛然」想起，忘記去買書了。（康軒三上第五冊第三課）

先讀一讀，再圈出適當的詞語，完成句子。

2.老師正在分析這個題目。

分離 （康軒三上第五冊第八課）

「」中的詞語，意思相近的打「○」，不同的打「×」。

1.「關係」密切 2.個性「膽小」3.上臺「鞠躬」4.「打敗」對手

「關聯」密切 個性「大膽」 上臺「立正」 「戰勝」對手

（康軒三上第五冊第十三課）

下列各組詞語，意思相近的打〇，不同的打×。
1. 築起 2. 冷清 3. 枯枝 4. 跟著 5. 盼望 6. 愚笨
拆掉　熱鬧　新芽　隨著　期望　聰明　（康軒三下第六冊第三課）
依照上下文意，圈出最適當的詞語。
①哥哥的學業成績一向很好。
功績　（康軒三下第六冊第十課）
選出適當的詞語，填入句中。
3. 傳遍、跑遍、傳授
他（）全世界，想把愛（）人間。　（康軒四上第七冊第五課）
選詞填寫
3. 心防　心房
父母的慈愛，如陽光般照亮我的（）。　（康軒四下第八冊第一課）
選出可以替代　　中的的語詞
2.（）長大以後，他仍不停的動腦筋研究。（①可是②還是③而是）
（康軒四下第八冊第十二課）
選詞填寫
粗獷 似乎 得意 靜謐 近乎 靜默 粗野 在意
迴盪 打算 美利 清徹 徘徊 清晰 美好 打聽
8. 爸爸（）下班後立刻去（）進一步的消息。（康軒五上第九冊第八課，16選16）
詞義辨析：「」中的語詞，意思相同的打〇，不同的打×。
4. 這次展出的作品，琳瑯滿目，美「不勝」收。
張將軍英勇善戰，戰無「不勝」，攻無不克。　（康軒五下第十冊第八課）
讀一讀下列句子，圈出可以替代　　中的的語詞，而不會改變原來的意思。
3. 這首歌深深的打動了我的心。
打聽　動作　感動　（康軒五下第十冊第十課）
讀一讀下列句子，再選出　　裡的詞語解釋
2. 筆直的街道，方正的房舍，排列有如棋盤。（）①幾乎、簡直②坡度很高的樣子③實在、誠懇④很直的樣子　（康軒六上第十一冊第七課）
想一想，說一說　　的詞語在意義和詞性上有何不同？
•前輩叮嚀我們，爬山時一定要請熟溪山路的嚮導帶路，因此這次的登山活動，我們特別請當地的原住民同胞在前面嚮導。（康軒六下第十二冊第五課）
讀一讀下列句子，圈出正確的詞語。
3. 這家餐廳的裝扮，十分特別，吸引了許多顧客上門。
裝潢　（康軒六下第十二冊第六課）
讀一讀下列句子，根據上下文意選出正確的詞語。
2. 這次的比賽，他的表現（①柔能克剛②意猶未盡③一鳴驚人④一鼓作氣），讓大家對他刮目相看。　（康軒六下第十二冊第八課）

從三家習作有關詞語練習來看，其共同之處都在於以詞語的習寫爲重。不論「選詞填寫」、「圈選性」等題型，多以課文相似語境內容，再次呈現詞語，其目的在於讓學生再抄寫一次。至於圈選、填空方式的運用，與習作大量的「國字與注音」題型用意雷同，重在加強詞語的記憶，而非詞語運用。

此外，不論是早期抑或是近期的各家版本詞語練習內容，「詞語練習」始終都是習作重心，至今內容與題型完全相同，也就是說，從實施九年一貫以來，習作內容未曾求變創新。再進一步整理各家版本「詞語練習」習作內容，高年級（五、六年級）「詞語練習」題型，「選詞填寫類」、「選出適當的詞語，填入語句中」仍是出現最多的題型。「詞語練習」方式集中於選擇、填寫、替換等，並用封閉方式提供詞語，以供選擇填寫，學生學習實不必費心思考，其主要目的亦在強化記憶再現。

由各家習作中，詞語分辨題型的安排，不加語境者，即直接以孤立詞語羅列，像「下列各組詞語，意思相近的打〇，不同的打×。1. 築起、拆掉 2. 冷清、熱鬧 3. 枯枝、新芽 4. 跟著、隨著 5. 盼望、期望 6. 愚笨、聰明」、「相似詞練習：請找出相似詞，填入（）中。前進 探求 打開 困難 貧困 長進 露出 1. 困苦（ ）2. 揭開（ ）3. 上進（ ）4. 研究（ ）」，其重點在字面意義簡單識別。有語境進行詞語練習者，其提供語句內容普遍單薄、簡略、淺顯又短促，缺乏豐富語料與情境，如「他們高興得（　）在一起。」、「這件事的發展居然在我的（意料之中/意料之外）」，「這首歌深深的打動了我的心。（打聽、動作、感動）」「長大以後，他仍不停的動腦筋研究。」同時，由於語句句型單調，語境短促不足，其中也充斥著各種不良語句的示範，如「秋千（忽高忽低），真好玩。」、「妹妹（竟然）得了朗讀比賽第一名，真令人不敢相信。」、「筆直的街道，方正的房舍，排列有如棋盤。」、「想不到他會演的那麼（認真）。」更有甚者是語境用詞不當，如「牠們一次又一次的努力，終於掙脫（掙扎 擺脫）海浪。」、「回到家後，我才「猛然」想起，忘記去買書了。」所用語句僅十數字，超過二、三十字者不多，語境內容生硬、狹隘、空泛，語意表達上準確、完整的程度不夠，更別說豐富、生動了，使原本富有意義的詞語，因學習方式單獨、孤立、乏味，致使學生在實際運用上，無法順暢、恰當的使用詞語。這些不利的現象，恐已對學生產生諸多負面影響。

至於所謂的分辨詞義等題型，各家習作多以相同語素拼湊呈現，詞語之間並不需要分辨，如「我和表哥平時（難得　難過）見面。」、「她是新轉來的同學，（出名、名字）叫做小香。」、「他們高興得（擁抱 擁有）在一起。」，從這些題型明顯可見，其學習重點仍在機械記憶再現，實不足形成辨析能力。而更多題型其實更關注的是詞語之間的字音、字形辨識，而非詞義的辨析，如「父母的慈愛，如陽光般照亮我的（心防、心房）。」「買東西時，只主意 注意價錢的高低，而沒有顧慮品質的優劣，便容易吃虧上當。」而另有一部份題型，只是粗略羅列些詞語，其中並不具任何識別意義，如「但是，在朱銘的心中，一直存在著一個成為藝術家的（1. 工作 2. 夢想 3. 思考 4. 祈求）。」

各家習作零星出現「詞性辨別」的練習，內容封閉淺易，以圈選、填空、連連看方式進行，這證明了，詞性並非學習重點，詞性在「詞語練習」的成效，十分有限。由此亦可說明，各家在教科書以大量的篇幅陳述「詞語詞性」的概念，確實值得檢討。

然而，各家習作在「詞語練習」呈現，不論內容與形式雷同性極高，其所占份量亦多。但內容卻僵化板滯，形式千篇一律，方法單一，又缺乏階段性差異規畫，主次不分，在語文學習上，過於注重選擇、填空、替換的方式，強調機械記憶，藉由不斷抄寫，以形成習慣的學習模式，恐已無法充分滿足學生語文學習需要，反而制約了學生語文能力發展。

（三）詞語教學方法

各家版本有關「詞語教學」教學法，可從各家版本提供的教師《備課用書》中「詞語相關知識」項目了解其提供的教學方法。各家版本「詞語教學」教學法羅列於下：

南一版教師《備課用書》：於教學活動中「識字與寫字教學」項下列有「語詞教學」：「教師先從課文中拆出語詞，再進行語詞教學」，並以「引：教師引導」、「句：例句」作教學提示。各冊完全一個方式，毫無例外。茲舉數例如下：

> 氣息─在一定環境中，給人某種強烈感覺的精神表現或景象。引：教師以舉例教學，並讓學生說一說「春暖花開」有怎樣的氣息。（南一二上第三冊第二課）
> 惜別會─因即將分別而舉行的聚會。「惜別」是指「捨不得道別、分離」的意思。引：教師以舉例教學，說明「惜別」在本課的意思。句：我們要為轉學的同學舉辦了一個惜別會。（南一二下第四冊第六課）
> 意外─①意料之外的不幸事件。②料想不到的。句：①在海邊游泳要注意安全，以免發生意外。②我們準備在小芳的生日那天，送她一個意外驚喜。（南一三上第五冊第三課）
> 祕書─管理文書並協助主管處理事務的人員。引：教師宜舉例說明。句：經理急需一位秘書幫忙處理雜務。（南一三下第六冊第二課）
> 翻─因反轉、歪倒而使位置上下或內外對調。句：癱瘓在床的病人，容易得褥瘡，因此要多替他們翻身。（南一四上第七冊第九課）
> 節奏─本課比喻有規律的進行流程。句：這手節奏輕快的曲子，讓人聽了忍不住動起來。（南一五上第九冊第三課）
> 初生之犢─剛出生的小牛，後用來比喻閱歷不深、無所畏懼的年輕人。句：小弟弟初生之犢不畏虎，竟然敢抓路邊野狗的尾巴。（南一五下第十冊第六課）
> 凶狠─非常兇惡的樣子。引：教師以動作示意。句：歹徒兇狠的眼神令人好害怕。迴響─①回聲。②本課指因受到刺激所引發的回應行動。句：他

的書一出版，就造成轟動，獲得很大的迴響。（南一六上第十一冊第七課）

翰林版教師《備課用書》：分別於「教學提示」之「閱讀」項下之「詞語解釋」及「教學活動提示」項下「閱讀與識字」中之「提出詞語」提示教學法。該版不分年級階段，各冊各課教學提示文字大同小異，二、三年級；四、五、六年級各課陳述完全一樣，甚至有些用「配合查字典及多元方式解說本課詞語」（翰林三上、三下），籠統帶過。

三、組合詞語練習：（一）引導兒童以本課所學的生字配合學習與生活經驗，組合延伸詞語，教師適時補充。（翰林一上第一冊第十課教學活動提示）

一、提出詞語：教師依據課文內容提問，讓兒童答出本課詞語，教師提出詞語卡於黑板上。（翰林二上第三冊第一課教學活動提示）

二、詞語解釋：利用圖片或實物示意、舉例說明、造句說明或討論的方式認識本課詞語。（翰林二下第四冊第九課教學提示）

（一）提出詞語：教師依據課文內容提問，循序引導兒童答出本課詞語，教師提出詞語卡於黑板上。（翰林三上第五冊第十一課教學提示）

二、詞語解釋：透過文字解釋、情境示意、造句說明或討論的方式解釋本課詞語。（翰林三下第六冊第十課教學提示）

二、詞義教學：（一）引導學生自行先做詞語的釋義，教師再予以整理、歸納。（二）教師可以在詞語釋義之後，鼓勵學生口頭造句，藉以評估學生對詞語的了解及應用程度。（翰林四上第七冊第九課教學活動提示）

一、提出詞語：師生從語境中提出詞語，共同討論。二、詞義教學：（一）引導學生自行先做詞語的釋義，教師再予以整理、歸納。（二）教師可以在詞語釋義之後，鼓勵學生口頭造句，藉以評估學生對詞語的了解及應用程度。（翰林四下第八冊第十課教學活動提示）

二、詞義教學：（一）引導學生自行先做詞語的釋義，教師再予以整理、歸納。（二）教師可以在詞語釋義之後，鼓勵學生口頭造句，藉以評估學生對詞語的了解及應用程度。（翰林五上第九冊第七課教學活動提示）

二、詞義教學：（一）引導學生自行先做詞語的釋義，教師再予以整理、歸納。（二）教師可以在詞語釋義之後，鼓勵學生口頭造句，藉以評估學生對詞語的了解及應用程度。（翰林五下第十冊第一課教學活動提示）

二、詞義教學：（一）引導學生自行先做詞語的釋義，教師再予以整理、歸納。（二）教師可以在詞語釋義之後，鼓勵學生口頭造句，藉以評估學生對詞語的了解及應用程度。（翰林六上第十一冊第三課教學活動提示）

二、詞義教學：（一）引導學生自行先做詞語的釋義，教師再予以整理、歸納。（二）教師可以在詞語釋義之後，鼓勵學生口頭造句，藉以評估學生對詞語的了解及應用程度。（翰林六下第十二冊第一課教學活動提示）

康軒版教師《備課用書》：於「教學活動」之「字詞探索」，列有中、低年級提供詞語相關知識或教學法，但高年級只於課文中側注詞語解釋，在教學活動中已無字詞教學一項。

> 一、字詞教學：（一）老師從課文內容中提出詞語，讓學生認讀詞語。（二）了解詞語意義：老師指導字音、字形、字義，師生共同研討詞義，透過圖片表演，舉例說明了解詞義。（康軒一上第一冊第一課）
>
> 一、字詞教學：（二）從句子中提出詞語，讓學生認讀詞語。（三）了解詞語意義：1. 師生以動作、舉例、圖片、造句等方式共同研討詞義。2. 一人以圖示或動作表演詞義，同學上臺拿詞卡。3. 運用新詞練習短語或造句。（康軒二上第三冊第四課）
>
> 一、字詞教學：（二）提出詞語：從句子中對出詞語。（三）學生認讀詞語：教師讀詞語，學生上臺拿詞卡。（四）了解詞語意義：以動作、舉例、圖片、造句等方式認識詞義。一人以圖示或動作表演詞義，同學上臺拿詞卡。（康軒二下第四冊第九課）
>
> 一、字詞教學：（一）全班分組，將課文分成數段，每組負責提出幾個新學的詞語，並張貼在黑板上。（二）了解詞語意義：請學生事先查出詞語的意思。教師可利用舉例、動作演出、問題回答或圖片說明等方式，幫助學生認識詞義。（康軒三下第六冊第十二課）
>
> 一、字詞教學：（一）學生於課前預習查字典，選擇適當的意思，用自己的話，寫在練習簿上。（二）提出語詞：師生從課文中提出新詞，共同討論。（三）了解詞語意義 1. 以動作、舉例、圖片、造句等方式共同研討詞義。2. 運用新詞練習短語或造句。（康軒四上第七冊第三課）
>
> 一、字詞教學：（一）學生於課前預習查字典，選擇適當的意思，寫在預習簿上。（二）提出語詞：師生從課文中提出新詞，共同討論。（三）了解詞語意義 1. 師生以動作、舉例、圖片、造句等方式共同研討詞義。2. 運用新詞練習短語或造句。（康軒四下第八冊第三課）

上述各家《備課用書》中所呈現的「詞語教學」方法，可以發現：教科書羅列的詞語，不分年段、不分程度、不管難易、不分輕重，全部加以解釋，而教學學方法則一律以動作、舉例、圖片、造句、查字典等方式處理。

各家版本提供的「詞語教學」方法，存在許多值得關注的現象：

（1）「詞語教學」等同生字教學，教學法機械單一

詞語量浮泛未篩選，教學內容過於蕪雜，教師一般多在教新課文時，要求學生運用字典，查找生詞，然後原封不動的把釋義抄錄下來，並造詞、造句。教課文時，檢查學生會讀、會寫、會造句即可。一般是「釋義＋例句＋練習」的教學模式。學生充其量能認得這個詞語，至於如何準確得體運用，還是不甚了然。教師對詞語教學隨意性大，缺乏系統性。

教師按各《備課用書》上提供的課文詞語解釋照抄給學生，讓學生讀一讀、背一背，就算完成教學任務，教學方法過於簡單。教師重視解釋法，但面對複雜的詞語教學可能顯得束手無策，不知從何下手，以爲只要學生多讀、多看、多背，時間一長就會了，甚至片面爲了追求學生自主，讓學生自我學習，而不再講授或討論。

（2）脫離詞語語境教學

教學解釋詞語時，往往套用字詞典的釋義教給學生，停留在辨形、釋義的模式上，有的詞語學生已經明白，解釋後反而糊塗；有的更因旁徵博引，故弄玄虛，而節外生枝，如：南一版二年級課文：「今天，我和爸爸去散步。習習的涼風，輕輕的吹過田野，帶來宜人的氣息。」（南一二上第三冊第二課）《備課用書》中的說明是：「教師以舉例教學，讓學生了解『習習』在本課是用來形容秋風的語詞。句：習習的晚風迎面吹來，好舒服！」由所提供的句子中「習習的晚風」實無法描述出「形容秋風」的樣子。其下再補充：「習習是舒緩的樣子。語出詩經：『習習谷風，以陰以雨。』儒林外史亦有：『趁著這春光融融，和風習習，憑在欄杆上，留連痛飲。』有人以爲應作『徐徐』，意思不同。『徐徐』是遲緩的樣子。本課使用『習習』，是把重點放在『微風吹來，令人舒暢』。」在補充的內容中，可以發現「習習」也有春光的描述。但在二下的第十二課〈騎腳踏車〉一文結尾：「習習的微風吹在臉上，我在夕陽下，享受著騎腳踏車的樂趣。」（南一二下第三冊第二課）句子中「習習的微風」亦非描述「形容秋風」的樣子。這樣生硬的灌輸，而所給的解釋卻又與教材語境有距離，以致詞語與課文相分離，以抽象的詞語去解釋另一種抽象的詞語，忽視詞語的情境性，導致學生對詞語表面是懂了，應用起來就錯誤百出，學過的詞語留不下印象。

教師教學停留在表面層次上，對「詞語教學」缺乏認識與探討，學生只要能造句一兩個句子，就算完成任務。面對複雜多樣的詞語，在教學上就顯得束手無策，不知如何規畫與安排。有的教師以爲詞語茫茫如海，很難講透，反而要求學生以多看、多背帶過。可以看出，教師一方面對「詞語教學」的認識不足，一方面自身對詞語的相關知識，如詞語與詞語之間的搭配，詞語與詞語的區別等掌握不夠，遇到問題草草而過，結果使學生對詞語不是死記硬背，就是一知半解，影響了學生在說話作文時出現了詞語乾癟貧乏，詞不達意的現象。

各家版本「詞語教學」因注重語文形式而忽略了語文使用，加上並沒有規劃相關有效教學方法，這些「知其然」的教學觀念編寫的教師備課用等，實際上是好看，不好用亦不好教。其實施結果則是，影響學生實際運用。

由於「詞語教學」方法有限，因此，在學生的學習成效上顯現的是：

一是，孤立而非聯繫的。多數教學基本是著眼於單個詞語而就詞語論詞語，較少涉及詞語與詞語之間的聯繫，詞語與語用、文化等方面的聯繫，詞義與句義之間的聯繫，因而學生的詞語學習是零碎的，學習效果不高，更難於以簡馭繁的把握詞語。

二是，局部而非全面的。在詞義教學中，只注重靜態意義，而忽略動態意義，只注重單個意義，而忽視系列意義，因此學生學習只獲得其中局部而平面的知識，而不是全面立體的面貌。

三是，浮泛而非深入的。尤其在詞語教學上，只作平面、片面解釋，較少解析及運用歸納，致使學生獲得的概念有時是浮泛的、渾沌的，甚至是模糊的。

四是，知識的而非應用的。教學時多把詞語當知識教授，與實際運用聯繫不緊密，致使學生過多的時間花在詞語記憶，而忽視了連結具體運用。

從上述各家教科書、習作、教學方法等方面可以發現，「詞語教學」偏重抽象的「詞語詞性」概念知識陳述；習作中的「詞語」練習，偏重記憶與習寫；教學方法單一，多以釋義講述法爲主。由此可以說明，一直以來「詞語教學」侷限在掌握一個詞語的形、音、義就夠了。同時，從九年一貫課程實施以來，國語文「詞語教學」脫離實際生活，無視需求的現狀，依然沒有根本改變。

綜合上述的討論可以得出結論：1.學習詞語最終目的在將之用於理解與表達，也就是要學它如何在句子、段落乃至篇章中結合語境的運用，並不僅僅止於詞語的書寫或音與形的記憶而已。2.詞語學習隨著學生學習階段的遞升，作用越明顯，但目前學習成效卻令人擔憂。3.應該正視教科書「詞語教學」內容偏於概念形式、習作制式化練習、僵化單一的教學法等問題所帶來的缺陷—學生在實際運用中錯誤很多的矛盾。4.教學不僅要指導學生學習掌握詞語，更要加強對所學過詞語的運用。

四、「詞語教學」的改進

從教學目標與學習效果來看，目前國語文「詞語教學」確實應加以改進。以下試從幾方面提出建議。

（一）豐富的「詞義教學」內容

從《課程綱要》中「詞語教學」目標來看，學生學習詞語若只在單純書寫和簡單的記憶詞義，而不考慮何種語境下使用，是不利學生完全掌握詞義的。這種僵化的記憶練習，也使得學生很難在閱讀理解和書面表達中恰當的運用詞語。因此，具體來說「詞語教學」應著眼於「詞義」學習。

1. 一詞多義

一詞多義是指那些同時存在著幾個互相聯繫的，同一個詞語在不同語境下呈現不同意義，即一詞多義現象。一詞多義各個意義之間互有聯繫，各個意義是相對穩定的存在同一個詞語之下。一詞多義的現象，在各家版本低年級教材即已存在，例如南一版二下〈小河〉:「我是愛拍照的小河，一面旅行，一面拍照。」（南一二下第四冊第一課），這裡的「拍照」明顯與該版二上第六課〈賞鳥〉:「爸爸拿起相機來拍照，我也拿起望遠鏡來看。」的「拍照」意思不同，「旅行」一詞其實在課文中亦非原本的意思。康軒版二上〈開學日〉：「我們打開新的書，書裡有新的知識，他們像甜美的果子，等我們一個一個採來吃。」（康軒二上第三冊第一課），課文中的「採」實非字面意義。二下〈種子的旅行〉一課，（康軒二下第四冊第九課），標題中的「旅行」一詞即非原本的意思。〈和書一起飛〉一課（康軒二下第四冊第十三課），標題「飛」亦非字面意義。翰林版一下〈小草〉：「冬天過了，誰先送來春天的消息？」（翰林一下第二冊第三課），這裡的「消息」也不是字面意義。翰林版二下〈看油桐花〉：「忽然一陣清風吹過，油桐花像雪一樣的飄落…我們在雪中叫著跳著。這時，小鳥也在樹上高聲歌唱，我們在白色的雪地裡，玩得不想回家。」（翰林二下第四冊第七課）「雪地」與實際的意思有別。事實上，這類一詞多義現象屢見不鮮，不勝枚舉。

國語文教科書一詞多義的情形幾乎是各版本、各冊都出現，且逐年增多，越顯豐富。但是各家教科書《備課用書》或習作完全忽略這些現象，例如：南一版二下〈小河〉，《備課用書》中「旅行」一詞的解釋是：「出外旅遊。句：旅行不但可以調劑身心，還能增廣見聞。」其中「旅行」一詞在語句運用的，卻不是該詞在教材中所學的意思。南一版三下〈地球之歌〉：「不同節奏的水舞，舞出汪洋、河湖和飛瀑。」（南一三下第八冊第十課），其中「節奏」一詞，《備課用書》解釋：「節奏—樂調的緩急高低。句：哥哥喜歡節奏分明的進行曲。」而南一版五上〈奔向山的懷抱〉：「爸爸不疾不徐，以富有節奏的步伐向山頂跑去；我隨著爸爸的速度，緊跟在後頭。」（南一五上第十冊第三課），其中「節奏」一詞，《備課用書》解釋：「節奏—本課比喻有規律的進行流程。句：這是首節奏輕快的曲子，讓人聽了忍不住動起來。」由《備課用書》的解釋可知，此處的「節奏」與其前冊所學的意義不同，是一詞多義的現象，但所舉的例句，卻仍是前冊所學的意義，而非此處的意義。南一版六上〈成功的背後〉：「她的青春年華隨著汗水在訓練場上蒸發，還因爲受傷而放棄亞運，遭受國人的質疑。」「蒸發」不能從字面上理解。（南一六上第十一冊第十四課）南一版六下〈記憶拼圖〉：「蟬聲響起，擱淺在時間長河的記憶，緩緩湧起。」（南一六下第十二冊第十一課）「擱淺」也是一詞多義，不能只從字面理解。康軒版二下〈種子的旅行〉一課，「旅行」是一詞多義的運用。在該版學生習作卻是練習並非其教材要學的意義：「到各地旅行，可以增廣見聞。」（康軒二下第四冊第九課習作）康軒版五上〈湖濱散記〉：「我用一條長長的魚線，打聽前在四十多公尺深的魚兒。……華爾騰湖不會老，圈圈的漣漪，不曾留下一絲皺紋。」（康軒五上第九冊第八課）「打聽」一詞語非字面意義；「皺紋」在此處則更不應是《備課用書》在課文間的側注及舉例所云之意：「皮膚或或物體的摺紋（例句：隨著歲月的變遷，奶奶的臉上的皺紋又增加許多。）」翰林版三上〈如果我當了爸爸〉：「我希望他發現大自然是一本讀不完的書。」（翰林三上第五冊第一課），「書」在此處是與實際書本之意不同。翰林版三上〈南極的企鵝〉：「企鵝長相非常有趣他身穿白色內衣，外面套著黑色的『燕尾服』，走起路來搖搖擺擺，真是可愛。」（翰林三上第五冊第十一課）「燕尾服」不是字面的意思。但其習作及《備課用書》含混帶過。所學非所用的例子，在各家版本中不一而足，比比皆是。

一詞多義的普遍性，充分說明了詞語並非一個詞語與一個意義的簡單對應，詞語意義在不同語境裡的詞義也會隨之而變化。各家版本在「詞語教學」籠統的把詞語只定於一個意義，在一定程度上忽略詞語在語境中的意義和用法上的區別，雖然偶有安排「比一比」，經常脫離原課文語境進行，如，康軒版三上「統整活動三：一直 （1）我的肚子疼，一直想吐！（2）你一直往前走，就可以看見郵局。」南一版三下「想一想，語詞的意思一樣嗎？●林醫師下午要進行一場開心手術。●學生學有所成，是老師最開心的事。」相同的例子與康軒二上統整練習六「開心大王」,「開心」一詞語境亦雷同，多屬常識性的知識並未深入指導。各家版本若是針對「多義詞」概念陳述，多以抽象說明介紹知識概念，如此一來，必然會造成學生在理解和使用上的偏差，影響表達的準確恰當。

綜上所述，一詞多義在「詞語教學」中具有重要作用。詞語既是靜態的，對其固有的意義等靜態的理解固然必要，但詞語又是動態的，在使用時最活潑，經過轉化、引申、比喻等，處於不斷變化的狀態。因此，對於加強學生有效的閱讀與表達來說，就顯得尤爲必要和重要。教學中應全面引入一詞多義，以使「詞語教學」更加完整豐富。

2. 近義詞

近義詞之間，或不同語素、或有一個共同的語素，但意義相近。在有同質意義的前提下，各自又顯現出自己的特色，造成彼此之間細微差異。近義詞是語言表達日益豐富和精細的表現，正確使用近義詞可以使表達準確細緻、生動活潑，也可以使語句表意充分，避免重複單調，增強語意。近義詞恰當運用是語文的一個重要基礎。例如：南一版三下：「因此，在步道不遠處有一座長春祠，用來追念那些開路烈士，同時希望他們也能守護往來旅人的平安。」(南一版三上第五冊第三課),「蔡阿信醫師對病人的愛心，和對台灣婦女的付出，到現在依然令人敬愛和懷念。」(南一版三上第五冊第十一課)「追念」、「懷念」二詞是意義既相近，又有不同的近義詞。南一版四下：「我們發現不論是隨處可見的榕樹，或是原本生長在山上的楓香、光臘樹，都能適應不同的環境，展現堅強的生命力。」;「因為我要能趕過身邊的長竹子，…然後我要跟著同伴一起接受寒風和烈日的磨練，等我長成堅韌的大竹子，還怕沒人要我、用我嗎？」(南一版四下第八冊第五課、第七課)前後文中的「堅強」、「堅韌」近義詞，因細微的描寫，語意的表達就同中有異。翰林版五上：「當春天來的時候，小樹的枝頭，巧巧的冒出嫩綠的新芽，隨著春風搖曳，充滿了生命的活力。」(翰林版五上第九冊第一課);「從那校園的濃綠裡，不時傳來鳥兒的啁啾，有的婉轉，有的高亢，間或夾雜著細微的銀鈴般的聲音，尾音拖曳的很長，仔細聆聽，又不像鳥叫聲。」(翰林版五上第九冊第十一課)「搖曳」、「拖曳」二詞既有聯繫又有差別。康軒版三下〈晒棉被〉:「陽台的盆景冒出了點點綠芽，四周長滿細細的雜草。…路旁的行道樹，也抽出了嫩綠的葉子，在微風中輕輕搖著。」（康軒版三下第六冊第二課），其中「冒出」、「抽出」是意義相近，又有細微差異的近義詞。這些近義詞現象在各家教材中亦不可忽視。

但是，觀察各家版本，南一版集中安排於三下，近義詞稱爲「相似詞」，孤立呈現缺少語境，沒有近義詞知識概念的說明。翰林版也僅於二下以「比一比」及四上「分辨詞語」進行，語境呈現，沒有近義詞知識概念的說明。康軒版四下「認識詞語—近義詞」、五上「認識近義詞」，內容大同小異，有近義詞知識概念的說明，但由於簡略語境，並不清楚近義詞彼此之間的差異，如：「爸爸親暱的問：『你覺得哪一位售貨員最親切？』」（康軒五上第九冊統整活動四）。各家版本習作中，多以「選詞填寫題型」呈現練習近義詞。但是習作所提供的近義詞，雖共同語素，但意義多無關。例如：南一版四下習作「議論、提議」，「固執、固定」，「錄取、記錄」；翰林四下習作「拜訪、拜年」，「親近、近親、清靜」，「益智、意志、意識」；康軒版二下習作「響起、想起」，三上習作「食譜、樂譜」，五下習作「錯覺、觸覺」等等，多是把形近、音近或同音異義的混爲一談。對於課文中需要辨別的近義詞，反而經常避而不談，所提的近義詞多爲簡易淺顯者，多屬於學生不會弄錯的，或不是教材裡要理解、要會用的詞語，與所學者無關。不然則是孤立找出近義詞；而給予語境的，也僅止於填寫所提供的詞語，缺乏辨別近義詞之間詞義的側重點、詞義上大同小異之處及其適切的用法。由於學生學習上多單獨記憶詞語，等詞語量增加，也會因相似區分不清楚而誤用。加上教學中僅講述，未能與語言環境聯繫，缺乏辨析；習作內容過於機械，往往與教學內容又不一致，學了未必能用會用。

總之，詞語之間並不是沒有關聯，各家教材需強化近義詞的學習，以孤立簡略的語境呈現方式，實不足以判斷其近似差異之處。教材除了讓學生了解詞語字形外，應以近義詞的辨析爲重，概括其共同之處，再以足夠的語料語境加強詞義上的比對，讓學生從其中發現歸納近詞義差異、功能及恰當在語境中搭配與運用。

3. 反義詞

意義上相反相對的叫反義詞。如黑與白、上與下、勝利與失敗等。它們客觀的存在在語言中，即使脫離具體的語境，也仍然表示相反的意義，具有明顯的對立性。但在各家編選的教材中，經常可見不少的詞語，它們本身並不具有明顯的相反或相對關係，在上下相關語境中，才具有相反或相對的意義表現出相對關係。如：南一版三上〈放年的發明家〉：「如果你的力氣比牛大，你來耕田就好了，何必養牛！我們是人不能和牛比力氣，要比智慧。」（南一版三上第五冊第十二課）「力氣」、「智慧」在文中是一組意思相對的反義詞。南一版四上：「看到瘦小的媽媽突然變成剛猛的勇士，我非常佩服。」（南一版四上第七冊第十四課）文中用「瘦小」、「剛猛」運用反義詞生動描寫人物。翰林版二下〈鋸子的發明〉：「當時還沒有鋸子，砍樹都用斧頭，不但吃力，而且一天砍不了幾棵。…他馬上回去打了一把，拿到山上去試，果然比斧頭更快更省力。」（翰林版二下第四冊第十二課)「吃力」、「省力」,是一組意思相對的反義詞。翰林版五上〈人行道上〉:「人行道左邊是學校的綠籬;右邊跟著馬路隔著一排靜默的榕樹,儘管馬路上的車子川流不息,卻好像隔得很遠,感覺那是另一個世界似的,走在人行道上,我的心情和我的腳步一樣輕快。…一株株的榕樹,修剪得渾圓的樹頂,像撐起一把把的綠傘,傘下垂著一絲絲的氣根。一個煙雨濛濛的傍晚,身子瘦高的路燈,把暈黃的燈光,斜斜灑在榕樹的綠傘下,…」(翰林版五上第九冊第十一課)「靜默」「川流不息」一對反義詞具體刻畫出環境特色;「渾圓」、「瘦高」因反義詞形象突出。康軒版二上〈我希望像…〉:「我希望老師像小白兔一樣溫和。…因為老師生氣的樣子樣凶猛的獅子啊!」(康軒版二上第四冊第四課)「溫和」、「凶猛」是反義詞,此外,從文中亦可見「小白兔」與「獅子」也互爲反義詞。康軒版四上〈我喜歡〉:「我喜歡冬天的陽光,在迷茫的晨霧中展開。我喜歡那份寧靜,我喜歡那沒有喧嘩的光和熱。」(康軒版四上第七冊第十二課)「寧靜」、「喧嘩」是反義詞。這些都顯示,各家教材中有豐富的反義詞,在透過反義詞運用下,加強了表達上的對比效果。

目前在教材中反義詞的學習,多停留於詞語形式上的陳述,在教材中實際運用的,多半避而不談,有的雖也曾談及,卻如蜻蜓點水三言兩語以概之。在教學裡,必需加強具體語境中理解反義詞作用,分析其特點,不但有利釋義的生動,使學生了解其在文中的突出作用,更因掌握詞語中反義的現象,有助於理解豐富語言表現力,擴大詞語量,提高活用詞語能力。對於提高學生閱讀理解與寫作應用的能力,是大有裨益的。

4. 成語

成語是詞語中的瑰寶,結構定形多以四字格爲主,有比較概括的意義,言簡意賅,富有表現力,深受人們重視和喜愛。各家版本一年級都未安排學習成語。成語的概念還沒學時,翰林、康軒即已在二下或念讀、或造句安排於語文活動中。各家陳述成語概念的學習,翰林版是在三上,南一版五上、康軒版五下。

各家版本中有個最明顯的現象是:「四字詞語」出現頻率極高,然而四字詞語並非都是「成語」[18],同時從康軒六下習作有「先組詞再完成短文:先組成四字詞語,再從中找出適當的四字詞語,完成短文。酸甜 甜蜜 忙忙 依依 不捨 漸去 揮手 清清 漸遠 苦辣 碌碌 回憶 1. 四字詞語•(甜蜜回憶)()」(康軒版六下第十二冊第十一課)等構詞現象,也可以清楚看出「成語」結構完整、意義完整的概念,與形式上的也屬四字格的「四字詞語」是有所不同的。在南一版四上

[18]根據王月鳳《國民小學本國語文審定本成語內容分析之研究》,(新竹:新竹教育大學碩士論文,2004。頁 25-73。)其第四章整理有關各家版本之間,不論「四字詞語」、「成語」重複率極高。各家版本使用四字格詞彙統計如下:「統計的結果以康軒版四百一十五個最多,南一版共有三百一十七個,翰林版共有兩百五十四個,仁林版共有兩百四十二個。」作者運用《成語典》比對後,確定屬於成語的「康軒版有 86 個成語,南一版有 89 個成語,翰林版有 107 個成語,仁林版有 66 個成語」,可知「四字格在語文領域教科書中運用情形相當普遍,數量又很龐大,一般讀者很容易和成語混淆,甚至就以爲是成語」。而再經比對得出:「各版本應用相同的成語,共有 62 個成語。」;「各版本不相同成語統計,康軒版有 37 個成語,南一版有 42 個,翰林版有 61 個,仁林版有 32 個。」

習作：「把句中的　　語詞，改成四字語詞或成語。」（南一版四上第七冊第十課）。是明顯區分二者。但也有直皆稱「語詞」，如南一版五下習作：「填入正確的語詞：請從提供的語詞中，選出最適合的填入句子中。2. 興高采烈 興致勃勃 兼容並蓄 才德兼備 大小一致 各異其趣（2）這本雜誌內容（），值得一看。」（南一版五下第十冊第十四課）其他版本卻有二者夾雜混淆現象，又不予釐清的，如：康軒版四下：「寫作指導—詞語的運用 3. 讓文章更簡潔有力的四字詞語：讀一讀下面各組的句子，若以　　中的四字詞語替代　　中的句子會有什麼效果？（1）一回到老家，大家都立刻為過來，相互問候。爺爺興致勃勃、情緒激烈的說：「今年我們要彩繪天燈，用圖畫向上天祈願。」➔興高采烈（2）…」（康軒版四下第八冊統整活動一）其中所舉的例子「興高采烈」和「小心翼翼」則是成語，將「成語」與「四字詞語」混同現象甚爲明顯。康軒版於三下習作各課稱「成語」外，其他各冊卻反而多稱「四字詞語」。此外，翰林版三上前後兩頁並列「認識四字詞語」與「認識成語」，但其學習意義卻不得而知。翰林版教科書、習作，除了在三上教科書有對「成語」一詞的概念說明以及五上第七課習作有一個「成語練習」外，其一至六年級的習作，多以「四字詞語」代稱「成語」。例如，翰林版四下習作：「請在下欄中找出適當的四字語詞，填入（）裡。七嘴八舌 面紅耳赤 七手八腳 樂不可支 朝三暮四 望梅止渴 推己及人 耳提面命 支支吾吾 道聽塗說」（翰林版四下第八冊第七課）翰林版六下習作：「四字詞語練習：先寫出有動物名稱的四字詞語和解釋，再造一個句子。例如（狐假虎威）：比喻本身沒有才能，卻仗著別人的權勢而耀武揚威。造句：…。」其中所說的「四字詞語」即是「成語」。

作爲固定短語使用的成語在功能上，與一般的詞相當，詞義具有多義、近義、比喻義等內涵，不能只從字面意義上來理解，因此，準確無誤的運用成語的前提是把握成語語義。一詞多義的成語像康軒版二下，以「津津有味」成語來造句：句一「這部電影情節有趣，大家都看得津津有味。」句二「媽媽做的菜十分美味，大家都吃得津津有味。」近義的如，翰林版二下「練習意思相近的成語三三兩兩、兩三五成群」（翰林版二下第四冊語文花園四）翰林版五上習作「5.『名不虛傳』這句成語跟下面哪一句成語的意思相近？（）言過其實（）名不副實（）名副其實（）名存實亡」（翰林版五上第九冊第七課）相反義的如，南一版習作四下：「先寫出與題目意思相反的語詞或相似語詞，再造句。1. 三三兩兩/相反詞：（）2. 流連忘返/相似詞：（）」（南一版四上第七冊第三課）比喻義的是指成語除了成語最初基本含義即本義外，又蘊含著另一層隱而不露的深層意義。表面講某種事物，實際上言在此而意在彼，以此物比彼物，以此意寓彼意，可以說用比喻義是成語運用中常見的。像南一版三上習作「時間的成語：利用辭典寫出成語的解釋。例：光陰似箭，形容時間消逝如飛箭般迅速。日積月累、一刻千金」（南一版三上第五冊第九課）六上習作「寫出下列成語的寓意。例鷸蚌相爭。1. 塞翁失馬 2. 畫蛇添足」（南一版六上第十一冊第二課）康軒版三下習作：「成語運用：先讀一讀，再根據句意，找出適合的成語（寫號碼）。①大刀闊斧②霧裡看花③薄利多銷④牛郎織女⑤熟能生巧⑥繡花枕頭 1.（ ）張秘書雖然每天穿的漂漂亮亮來上班，不過大家都知道，她沒什麼特別的才能。（ ）3. 吳經理在生意上總能很快做出決定，不拖延交易的時間。」（康軒版三下第六冊第一課）此處的「繡花枕頭」含有另一層比喻義，不是字面本義。康軒版三上習作：「念一念，想一想填入適當的成語。一馬當先、守株待兔、生龍活虎、馬馬虎虎 1. 天下沒有不勞而獲的事，你還是趕快放棄（ ）的心理吧！」（康軒版三上第五冊第十三課）「守株待兔」是有典故的，除字面本義之外，還含有另一層深刻意義。反而這些成語語義現象，在習作題型中屢屢可見。

成語是我國詞語的精華，準確的運用成語，可以使語言精練生動，對提升學生的語文能力有其重要意義。但是教材缺乏系統，隨意性大，致使成語學習支離破碎，掌握內容一知半，解零零星星。各家版本考量降低學生的學習難度，往往透過簡化方式編寫，其中有以下幾種情況值得省思：

（a）只有注意成語的字面意義的，例如，南一版在四上習作：「把句中的　　語詞，改成四字語詞或成語。…3. 野柳的地形，真讓我驚奇。那些地形，我從來沒看過。→大開眼界」（南一版四上第七冊第十課）或是斷章取義，只理解了成語中部份的語素意義，例如康軒三上習作「了解成語意思後，再分類。1. 山光水色 2. 馬到成功 3. 七上八下 4. 花花世界 動物成語（ ）數字成語（ ）植物成語（ ）風景成語（ ）」（康軒版三上第五冊第十三課）南一版三下教材：「數字成語★一石二鳥★推三阻四★五顏六色★七手八腳」（南一版三下第六冊第六課加油小站）

（b）或是語境含糊不清，簡單根據字面意義，望文生義，例如康軒三下習作「成語運用…（力爭上游）5. 我國的球員力圖上進，希望能在國際比賽中獲勝。」（康軒版三下第六冊第十一課）。

（c）或是稍有出入，偏離了成語的語義，例如康軒三下習作「成語運用…（大刀闊斧）3. 吳經理在生意上總能很快做出決定，不拖延交易的時間。」（康軒版三下第六冊第一課）南一版五下習作「填入正確的詞語…2. 興高采烈 興致勃勃 兼容並蓄 才德兼備 大小一致 各異其趣…（2）這本雜誌的內容（兼容並蓄），值得一看。」（南一版五下第十冊第十三課）

（d）甚至僅止於查字典、抄成語，例如南一版五下習作「語詞解釋：先查閱辭典，再寫出下列語詞的解釋。食指漸繁 初生之犢… 狗尾續貂…」（南一版五下第十冊第六課）由於成語生僻難懂，或者意義十分陳舊，以致功效甚微，反而造成與生活脫節又抽象難明的缺失。

上述這些現象連帶造成學生誤用成語的現象：一是，理解不深刻全面，只是囫圇吞棗式的理解，對其中關鍵內容缺乏理解。二是，忽略成語意義在語境中的完整性。三是，缺乏成語運用的對象、範圍及其褒貶作用的概念。

成語藏著豐富語言文化的精髓，對於成語的學習，編寫教材時應更加精心設計，需考慮成語的常用度，慎重選擇語境，加強成語詞義的教學，因爲詞義決定成語的搭配和成語表達的功能。

（二）有效的「詞語教學」方法

「詞語教學」的目的不只是傳授知識還應注重能力培養。因此，採取靈活有效的「詞語教學」方法就顯得尤其必要。

1. 不同階段不同教學策略

詞語學習是一個連續過程，針對不同階段的學生應有不同的側重點和教學方法。從課程綱要來看，低年段認知詞語的音、形、義等；中年段則著重在詞語提取階段，充分理解已知詞語的豐富含義及其用法；高年段則重在詞語運用階段能正確、流暢的運用詞語來表達。

低年段學生由於詞語量相對較小，詞語學習未發展成熟，需要知道詞語的常用意義和用法，有賴教師直接的教學。所謂直接的教學指的是對詞語的音、形、意義和用法進行講解和透過各種方式來練習。其方法有：動作演示法、圖片法、例句法、歸類法、比較法、查字典等。動作、圖片等為直觀演示，以形象法釋義，簡單明瞭，可以給學生視覺、聽覺的刺激，直接把詞語的形、音、義與具體的形象融為一體，既便於理解，又可加深記憶。但直觀演示法亦需要注意使用。因為詞語不應與實物直接聯繫，而是應與概念聯繫。為了正確形成概念，單單運用直觀方式是很不夠的。例如：康軒版三上「我們的老家在鹿港，那裡的建築古色古香。每次回老家，我們都會到處逛一逛。（康軒三上第五冊第六課）」「古色古香」這個詞語，如果用直觀法就應出示大量圖片來呈現，單獨出現任何一種都容易造成誤解。因此，直觀法針對具體的對象，同樣必須結合其他方法，對詞語要表達的概念進行必要的闡釋，務必讓學生就所學的詞語，形成正確的概念來掌握詞語。例句法，以熟悉事物、場景、生活的例句來推知領悟詞語的意義和用法。歸類法可以依同類歸類或按字音、字形或按詞義歸類等。比較法則可比較音近詞語、形近詞語以及同音異議詞語等。查字辭典，交給查找方法及利用字辭典了解詞語的多種含義和具體用法。

中、高年段的學生已掌握注音及識字方法，因此，字音、字形可在課前讓學生解決，於課堂上進行重點性的檢查與指導，此階段應以「詞語學習」為重點。因為，到了中、高年段時，各體各類教材篇幅增加，詞語量增加了，詞語學習的難度也提升了，像近義詞之間只有細微差別，但用法卻不同，不一定能替換；一詞多義的詞義豐富，語境不同，用法不同，語義就不同；另外具有深厚意義的成語等，既要理解詞語意義、運用詞語又需兼顧擴充詞語量。因此，避開或忽略詞語意義和用法上的區別，必然會造成學生在理解和使用上失誤，影響表達的準確性。

是以，中、高年段的「詞語教學」教學重點，應以詞語意義及用法為主。詞語用法包括：詞語功能及特點、詞語在句中的位置、詞語的語境意義、詞語的搭配、詞語的使用範圍。讓學生在不斷的接觸，反覆的運用下，促進詞語的內化。此時學生已有一定的詞語基礎及詞語量，除了前一階段的直接教學法外，也需要有其他的輔助方法，教學時不妨運用間接教學。間接教學方法是直接教學法的必要補充，使直接教學法更趨完善。所謂間接教學指的是：指導學生連繫上下文語境理解詞語，利用語境推斷詞語意義，活用字典，比較辨析。國語文詞語越是常用，詞義就越多，越複雜，語境的使用對它們也越重要，離開語境就顯得生硬，沒有生命力。孤立的一個詞語，它的意義往往不確定，只有處於上下文語境中，才能顯現出確定的意義。因此，詞語意義只有透過上下文語境才能學到，特別是對一詞多義、近義詞、反義詞及成語等。所以直截了當的告訴學生詞語解釋，無異於又一次剝奪了學生學習機會，即使懂了，也不會用。因此，在詞語的理解與運用過程中，上下文語境具有十分重要的作用。

語境可以解釋詞義，例如：南一版三下〈菊島之旅〉：「媽媽告訴我們：『這是天人菊，它最能代表澎湖人刻苦的形象。』望著一朵朵的『小太陽』，在這片風多雨少的土地昂然開放，讓人不得不佩服它的生命力，難怪澎湖有『菊島』的美名。」（南一版三下第十一課）「昂然」結合句中的「刻苦」、「風多雨少」進一步體會，可知「昂然」是指勇敢抬頭面對惡劣環境的深意。

語境可以選擇詞義，像南一版五下〈冰雹與雪的聯想〉：「這麼一比較，冰雹這個小東西，還真粗魯的離譜哇！」（南一版五下第十三課）其中「粗魯」一詞，絕非字面上的意義，透過上一段對雪花描述「輕輕落下」、「一點兒重量也沒有」、「安安靜的像小貓一樣伏在你的肩上」「和和氣氣的離開」可以確定其意義，是指冰雹有重量、速度快、會打痛人。從實際上下文語境中，才能讓學生理解其具體意義，這些字形字音的都熟悉詞語，在不同語境詞中詞語含義卻陌生的現象。

語境可以幫助區別詞義和用法，像康軒版三上〈安平古堡參觀記〉：「我們先到陳列館內參觀，裡面放著許多從前的文物，有安平的史料，有古城的模型，還有地圖、照片和各種用具等。看了這些我才知道，安平古堡早先叫熱蘭遮城，是荷蘭人建造的。」（康軒版三上第五課）「陳列館」中的「陳列」一詞由句子中的「從前的文物」、「史料」、「古城的模型」等，可知「陳列」有「擺放」意義，但又與一般所用的「擺放」使用範圍不同，較爲正式，多用於正式放置紀念物品或有價值之物等。所以，語境不僅有解釋功能，還具有判斷功能，離開語境很難了解詞語運用的作用。

語境可以體認近義詞，像翰林五上〈湖邊散步〉：「因為有了這小湖的存在，我看到了魚狗的形容，知道了夜鷺和小白鷺的長相。」（翰林五上第三課）句中的「形容」似乎難懂，但如果了解它與「長相」是一組近義詞，相互配合來看，就可以了解詞義了。

語境可以體認相反詞義，像南一版四上〈蘭嶼之旅〉：「公路上都沒有紅綠燈，卻不時會出現三三兩兩的山羊在散步。路旁偶爾有幾個皮膚黝黑的小男孩，熱情像我們揮手打招呼。」（南一版四上第三課）「不時」、「偶爾」兩個意義相反詞語讓景象描寫活現。

語境中辨析詞語作用，並不只有以上這幾種。所以，指導學生找到詞語在鄰近的詞語、短語、句子、段落甚至篇章中所處的上下文語境，進行詞語教學，一方面可以擴大學生詞語學習量，在語境中強化和拓展新舊詞語的連繫，使掌握的詞語既牢固又靈活。另一方面使學生不但加深了對詞語的理解，而且其判斷、推理、概括能力也得到培養。所以在中、高年段實際教學中，學生在閱讀教材時，就需讓學生閱讀材料，先嘗試透過語境中的訊息，推斷教材中新詞或生難詞語的詞義。一部好的辭典可以提供詞語解釋，但完全按照字典解釋詞義也有其侷限性。如在解釋一個詞語的意義時，字典的釋義中會有一個或多個意義，只靠辭典的釋義，還是不能理解詞語的意義。有時即使查到詞語釋義，也不一定能透徹理解它們的意義。又如大量的成語，實際使用意義與表面意義相差甚遠，也不是簡單的靠查字典釋義所能奏效的。單憑查字、辭典或抽象硬記一些字典上的解釋，無助於理解能力的提升。無疑的，學會根據上下文推斷詞語含義和作用，是學習詞語必要的途徑。當然不是每個詞語都能從上下文中獲得意義，必要時，還是要使用字典。不過，用帶著問題、解決問題查找字典，如找到待解釋詞語，先查找，找到詞語意義或用法。再評估確認，進行詞義比對，找出在上下文中的具體意義。這一過程就比單純只查字典學習要好。上下文語境推斷詞義再結合活用字典的方法，比只使用其中一種方法更有效。

在詞語教學中，比較辨析也是一種有效的方法。與前一階段的比較教學法也有明顯變化，依據比較對照側重點的不同，可以有詞語意義的比較、詞語搭配的比較、詞語運用的比較等等。

2. 有計畫、有層次的詞語教學

詞語學習從理解到表達，歷經不斷反覆循環的過程：首先是輸入，在閱讀材料上，注意到新的或難的詞語，並聯繫以前所學知識。其次理解，透過講解、查字典等方法理解詞義。第三吸收，在理解中進行分析，使新學的詞語得到吸收。第四整合，新詞語進入腦中與已學詞語連結內化。第五輸出，學生恰當運用詞語進行口頭和書面的表達。在教學中，教師須注意輸入和輸出有機結合。任何人的詞語絕不是靠老師教的，因此教師的角色是教學生如何累積詞語量，幫助學生掌握語境學習詞語意義，有意識的引導學生注意詞語的搭配、運用等，此外，還要不斷激發學生詞語運用能力。

由於教學時間有限，學生從教材或課堂上獲得的詞語輸入是有限的。教師應結合教材內容，給學生提供有計畫、有層次的詞語教學。各個篇章教材，不論何種文體，是由許許多多的詞語組成，然而顯然不能全盤接納，全線出擊，教師就必須做統籌安排。不妨把詞語分爲三類：一是理解教材內容所必需的，是教學的重點。第二是隨上下文語境推斷的詞語，是理解教材內容所必需的，但可透過語境推斷出來，可教給學生正確有效的推斷方法。第三是可忽略不管的詞語，對理解教材內容沒有影響可以略過，可以讓學生查看字典詞語解釋即可。除詞語教學有計畫外，還要隨時解決學生學習上會遇到的問題，如辨析近義詞、多義詞、詞語運用的條件等。

至於教學流程，其步驟可以這樣安排：先「導入詞語」，與文章內容相關的詞語如關鍵詞、多義詞等，使學生對整篇文章的內容有總體了解。其次「討論」，調動學生已學各種方法，如上下語境等，進行詞義推斷。再次「講解歸納」，教師透過各種教學法引導正確解釋詞義。再次「練習活動」，進行各種有效的學習活動，重現詞語並深化對所學詞語的理解。最後「強化」，透過有效的習作練習來檢核學生對詞語的理解與運用。把詞語教學與聽說讀寫活動有機結合，讓學生在有方法、有步驟中參與討論，表達想法。

此外值得注意的：一是，詞語間接教學是建立在上下文語境推斷詞義的，學生注意力集中在閱讀材料所傳遞的訊息，學生不需對詞語進行專門的學習，就可以學習詞語。所以，沒有一定的詞語量作爲基礎，學生很難進行詞語間接學習。對低年段學生而言，應放在直接學教學上，爲下一步進行詞語間接學習做好準備。二是，加強附帶學習詞語的機會。主要是伴隨大量閱讀，透過閱讀附帶學會一些在閱讀前不會的詞語，補充了課程教材有意識詞語學習的數量。基於此，教學時，結合教學內容給學生提供有意義的、可理解的閱讀材料，從課外閱讀中，學生學習詞語、擴大詞語量，以進一步補充和促進詞語學習與運用，是必要的。

掌握詞語是一個從不精確到精確的過程，從部分到全面的過渡，從理解到運用的過渡，不是遇到一個詞語就要全面把握它。因此，教學有效性，不是絕對的，而是相對的，要視具體條件而定。教師實際教學中，注重學習詞語的方法，以靈活多樣的形式結合直接與間接教學方法，使兩種教學法互爲補充，以學生學習需求爲出發點，選擇合適的策略，用恰當的方式加以運用。

（三）扎實的「詞語練習」

好的語文習作設計，不僅促進學生深化理解所學知識，又培養學生實際語文應用能力。因此，詞語能力的培養絕不只是記憶詞語的問題，還應包括詞語的詞義、詞語搭配、詞語用法、使用場合、造句方式等等。是以，詞語所處的語境與意義、用法等，具有密不可分的關係，要深入理解詞語，語境的運用是有效途徑之一。具體來說，習作應關注「詞語練習」的類型與語境設計。

有關習作練習類型方面，從目前三家版本有關中詞語的習作安排，多偏向記憶性練習，像詞語容易在字音、字形上產生錯誤的分別，與詞語的書寫。詞語的詞義雖然有，仍屬記憶詞語者爲多等。習作詞語練習除需一定量的記憶性練習幫助學生複習外，更需要幫助學生深入理解詞語多層面意義的思辨性練習，以及幫助學生把所學詞語正確使用能力的應用性練習。習作薄弱的地方，也正是目前學生詞語能力低落的地方，針對這些地方需要加強設計多角度、多層次的練習。同時，隨著年段不同，思辨性、應用性練習應逐年增多。

語境設計是習作中是一個需要給予重視的問題。以習作裡的詞義練習，近義詞語練習爲例，三家版本多半採用選詞替換或替換詞語進行。但用替換詞語的方式，往往顯得隨意性過強，沒有準則，收效不佳。像南一版在三下習作：「替換語詞：…3. 他做事迫不及待（不快不慢　刻不容緩）的樣子，很容易讓人跟著緊張起來。」(南一版三下第六冊第十二課)這是因爲詞語近義替換是整個語句意義表達方式的轉換，並不是只以一個詞語簡單的替代，它還需要顧及語境上運用及詞語適用範圍對象等。因此這類的題型更應在語境用法上多加留意，以避免學生混淆使用。譬如「紛紛」與「陸續」都表示人多而連續不斷的意思。但他們所表示的情景是有區別的，「紛紛」表示多但有些亂，接二連三不間斷；「陸續」表示有先後有後，時斷時續，兩者不可輕易替用。所以學習近義詞，要清楚其意義及用法上的差別，否則稍不小心就會出錯。另有許多選擇題型，進行詞語意義的選配，也需要正視。例如翰林五下習作：「選出適當的詞語：請利用字典，了解詞義後再回答問題。1.（）『昨天他□□有事請假，所以沒有參加演講比賽。』□□中應填入下列哪個詞語：① 即時②即席③臨時④臨場」(翰林五下第十冊第九課)康軒六上習作：「筆直的街道，方正的房舍，排列有如棋盤。( ) ①幾乎、簡直②坡度很高的樣子③實在、誠懇④很直的樣子」(康軒六上第十一冊第七課)南一版在五上習作：「這件事的發展居然在我的(意料之中/意料之外)」(南一五上第九冊第十課)其中題目雖也提供語境，可是語句短小淺顯，多是編寫或經過改寫，並非自然語料。由於選擇題型存在提示性，配上的選項多有暗示性，實際上是對問題的簡化，並不是真正詞語意義理解的練習。這就是爲什麼在許多測驗中，運用真實材料的自然閱讀中，與習作淺易的提示性練習不同，也同時造成學生在各地甚或國際檢測結果並不理想。

在實際教學中，教材、習作、教師用來解釋詞語的語境例句必須經過精心考慮，才能夠充分反應該詞語的詞義、用法。

首先，例句應圍繞被釋詞語的意義和用法來設計。但有的版本舉例就直接套用字辭典解釋，組合起來讀來不順，致使語句銜接生硬、鬆散，語意不貫通，該例句是無效的。康軒版四下：「寫作指導—詞語的運用 3.讓文章更簡潔有力的四字詞語：讀一讀下面各組的句子，若以 中的四字詞語替代 中的句子會有什麼效果？(1)一回到老家，大家都立刻為過來，相互問候。爺爺興致勃勃、情緒激烈的說：「今年我們要彩繪天燈，用圖畫向上天祈願。」➔興高采烈(2)…」(康軒版四下第八冊統整活動一)

其次，例句必須提供充足的語意訊息。像南一版習作：「這件事的發展居然在我的(意料之中/意料之外)」其中「居然」一詞有表示出乎意料之外，但是在具體語境沒有先說出意料中的情況，然後再用「居然」表示表示出意料之外的情況，只三言兩語以概之。這樣的教學效果往往會事倍功半，學生在學習之後，簡單的模仿句子，造出了句子內容訊息即是不充分的句子，如「我沒想到弟弟居然吃糖。」或「我找了他很久，他居然在打球。」

第三，多些例句並陳，指導詞語意義和用法。詞語教學時，如能設置多個例句群，幾個相同的例句集中呈現相同用法，讓學生從例句中發現歸納出詞義和用法。但是三家版本在語境呈現上都以孤立的語句呈現，再加上所呈現的語境不充足、不恰當，零散紛亂的語境，反而使學生對詞語的感受力弱，增加認知負擔，難以從教材、習作、教師提供的例句，整理歸納出詞語的使用的規律。

教師在課堂中教懂學生，而習作設計則是讓學生從懂到會，毫無疑問，習作設計是教材編寫的核心問題之一，也直接影響到教學效果的好壞。詞語學習在不同的學習階段從表面發展到深化，詞語的發展也不只是記憶詞語而已。因此，有關習作的語境設計、題型形式等方面，目前亟需改善。

五、結語

可以這樣說，詞語能力是實際影響閱讀理解的重關鍵因素。對學生語文能力判斷的依據之一，是考查學生在閱讀和寫作中是否能熟練運用詞語。因此，教科書與習作應有意識的指導與培養學生對詞語的把握詞。在教材選編上，多透過真實自然的作品來閱讀等，使學生吸收、內化、儲存、備用。教師教學以詞語爲重心，改變只侷限在翻譯或解釋的教學方法，並培養學生在口頭及書面中正確、流利運用詞語。

從目前國際間各種閱讀評比也都可以發現詞語在閱讀上的重要性。同時，許多研究[19]指出，詞語能力是多層面的，掌握一個詞，就必須掌握：（1）該詞語的字面意義；（2）該詞語的多層意思；（3）該詞語運用有何限制，如口頭或書面用語等；（4）由該詞語而來的轉化詞；（5）該詞語的句法特徵；（6）該詞語的語意特徵；（7）和該詞語密切相關的詞，如搭配等等。上述各點中，（1）是指所能認識的詞語量，（2）~（7）爲詞語質的內涵，表明對詞語掌握的程度。其對詞語質與量上的關注，給學界提供了有益的啓示。由此看來，不論從國內教育部的《課程綱要》再到國際的評比與研究結果，在在顯示，國小國語文教學應以「詞語教學」爲重。而詞語學習需要透過各種豐富的教材、有效的教法及扎實的習作，才能超越僵化的制約，改善學習的品質，開拓學生對詞語的認知視野，步入廣闊的詞義空間。

---

[19]Cohen,A.D. 1990 *Language Learning.* Boston: Heinle＆Heinle Publishers.
Nation,I1990 *Teaching and Learning Vocabulary.* Boston: Heinle＆Heinle Publishers.

引用教科書

南一書局國民小學國語課本、習作、備課用書第一冊至十二冊，2008. 7-2009. 2。
臺南市：南一書局企業有限公司。

翰林出版國民小學國語課本、習作、備課用書第一冊至十二冊，2008. 7-2009. 2。
臺北市：翰林出版有限公司。

康軒文教國民小學國語課本、習作、備課用書第一冊至十二冊，2008. 7-2009. 2。
臺北市：康軒文教事業有限公司。

徵引文獻

黃玲玲〈當代常用四字成語研究〉，《國立臺灣體專學報》第 3 期，1993 年 6 月。

張志公〈從「想」「 說」「寫」的關係談起〉,《語文教學論集》(中國：福建教育出版社，1985 年)。

李偉德《國小三年級學童詞彙能力與閱讀能力之相關性研究》,(臺中：臺中師範學院碩士論文，2001 年)。

李惠珠《國小低年級兒童詞彙能力表現情形和相關研究》,(臺中：臺中師範學院碩士論文，2000 年)。

曾雅瑛《國民小學中文詞彙測驗之編製》,(臺南: 臺南師院國民教育研究所碩士論文，2001) 。

方金雅《多向度詞彙評量與教學之研究》,(高雄:高雄師範大學教育系博士論文，2001) 。

李麗綺《低年級學童詞彙能力與閱讀能力之相關性研究》,(臺中：臺中師範學院碩士論文，2003 年)。

吳佩儒《九年一貫國語文第二階段教科書語文統整練習之研究》,(新竹：國立新竹教育大學碩士論文，2009 年)。

王思秦《國民小學九年一貫課程國語習作內容之分析研究》,(臺中：國立臺中教育大學碩士論文，2004 年)

黃亦麟《國小四年級國語習作及教師手冊閱讀理解提問類型之分析》,(臺北：臺北市立教育大學碩士論文，2010 年)

王月鳳《國民小學本國語文審定本成語內容分析之研究》,(新竹：新竹教育大學碩士論文，2004。)

游政家〈教科書選用的問題與改進〉,《北縣教育》第 21 期，(1998 年，月)。

鄭世仁《揭開「教科書」的面紗》,(臺南：國立成功大學水利及海洋工程學系博士論文，1992)

閱讀----新一代知識革命，天下雜誌 2002 天下 263 期教育部 92 年《九年一貫國語文課程綱要》，教育部，臺北。
教育部 100 年《九年一貫國語文課程綱要》，教育部，臺北。
臺北市政府教育局：《臺北市國民小學 94 年度基本學力檢測計畫成果報告》，臺北：臺北市政府教育局，2005。
臺北市政府教育局：《臺北市國民小學 95 年度基本學力檢測計畫成果報告》，臺北：臺北市政府教育局，2006。
臺北市政府教育局：《臺北市國民小學 96 年度基本學力檢測計畫成果報告》，臺北：臺北市政府教育局，2007。
臺北市政府教育局：《臺北市國民小學 97 年度基本學力檢測計畫成果報告》，臺北：臺北市政府教育局，2008。
Wiig,E.H.Secord,W.,Jesen,B.E., & King,C.R.（1991）Multiple perceptions of word relationships:Evidence of growth in elementary school children. *Folia Phoniatr,*43,1-6.
Cohen,A.D. 1990 *Language Learning.* Boston: Heinle & Heinle Publishers.
Nation,I1990 *Teaching and Learning Vocabulary.* Boston: Heinle & Heinle Publishers.

均衡發展：香港小學兒童文學課程設計的一種構法

霍玉英*

摘　要

2006年9月，香港小學實施了中國語文科新課程，教科書加入大量兒童文學作爲教材。面對新課程與新教材，教師必須深入了解並配應中文科課程結構，組織並轉化成爲適切學生能力的內容，再而採取多元的教學策略，激發學生的學習興趣。本論文嘗試從兒童文學不同文類的特質切入，討論教師如何就縱向的銜接與橫向的連繫兩方面，篩選適切的教材，組織成爲有計畫的、自足的、連貫的教學單元設計，建構一個均衡發展的小學兒童文學課程，從而增強學與教的效果。

關鍵詞：語文課程　單元設計　兒童文學

*香港教育學院中文系副教授

一、引言

二零零四年，《中國語文課程指引（小一至小六）》（下稱《指引》）提出了七項基本理念，其中以「語文教育須體現語文的人文性」與「文學學習是語文學習的重要組成部分」兩者，最能說明小學中國語文教育人文精神的回歸[1]。因爲強調人文性，語文學習不單一洗過往側重交際工具論的取向，還兼顧了思想品德的培育、文學審美與文化薰陶等方面，讓它在工具性與人文性之間得到均衡的發展。因爲重視語文學習中的文學成份，兒童文學於是成爲小學中國語文科課程建構不可或缺的元素，這促成了二零零六年小學中文科教科書的大革新，以至近年校本課程的蓬勃發展。

然而，當教科書加入大量兒童文學的時候，課程設計者、教科書的編寫人員與教師是否深入了解兒童文學的本質，以至不同文類的特色，繼而能夠建構課程體系、編寫教科書並有效地實踐教學？本論文嘗試從兒童文學切入，討論課程設計者、教科書編寫人員，以至教師應如何因應不同文類的特質，使教材與單元設計在縱向與橫向的銜接與連繫上，都得到均衡的發展，並建構有計畫的、自足的、有系統的中國語文科兒童文學課程，從而增強學與教的效果。

二、課程規畫與開放教材的關係

《指引》稱均衡的課程「必須做到循序漸進，環環相扣，既要照顧各學習階段縱向的銜接，也要同顧及個學習階段五種基要的學習經驗、九種共通能力和九個學習範疇的橫向的平衡，使學生在不同的學習階段，在知識的積累、能力的掌握、態度和習慣的培養等各方面都能獲得均衡和全面的發展」[2]。要使學生在學習中得到均衡而全面的發展，開放學習材料起著重要的作用。然而，小學中國語文科的教材大都來自教科書的「課文」，黃政傑就批評了不少教師只懂得「奉守課程標準與教科書所規定的內容和順序，視之爲金科玉律不可超越，其實課程標準是最低標準的敘述，而教科書則是教學實施的建議」[3] 而已。徐南號更直言選擇教材是教師的責任，因爲「教學的成敗，必須由教師承擔全部的責任，故教材的選擇編訂，亦應該由教師負責」[4]。

《指引》再稱學校宜就《中國語文教育學習領域課程指引（小一至中三）》提供的中央課

---

1 香港課程發展議會編訂：《中國語文教育學習領域課程指引（小一至小六）》（香港：教育統籌局，2004 年），頁 5。

2 同前註，頁 35。

3 黃政傑：〈論教學單元的編製〉，收入黃政傑主編：《教材教法的問題與趨勢》（臺北：師大書苑有限公司，1996 年），頁 61-62。
黃政傑提出教科書誤用的八種形態，其中包括：一、孤立型；二、奉若聖經型；三、照本宣科型；四、食譜型；五、畫重點型；六、漠視型；七、囫圇吞棗型；八、趕進度型。見〈教科書的誤用與正用〉，收入黃政傑主編：《教材教法的問題與趨勢》，頁 113-115。

4 徐南號編著：《小學教材編選法》（臺北：正中書局，1974 年），頁 15。

程，善用其彈性與空間，並「因應學生的需要、性向、興趣、能力，以及教師的準備程度和學校的實際情況，調適中央課程，製訂校本課程。為幫助學生達到學習目標和掌握學習重點，學校也可以靈活選擇或調適學習內容的組織方式、學與教的策略和進度、對學生家課的要求、評估的模式和準則」[5]。誠如黃政傑所言，「如果教師不依學校所在地區與學生的特性加以設計補充〔教科書〕，不但是放棄其教學上的權利，同時也未履行其教學上的義務。」[6] 因此，在實際的教學中，教師須「因應學生的學習興趣、能力和需要，配合相應的學習重點，靈活編選和運用適當的學習材料……教師必須不斷更新、補充學習材料的內容，開拓語文學習材料的空間」[7]。

此外，教科書選篇雖或屬美文至文，但時代變遷，社會日進，語文學習也應隨之有所革新。教師借助開放學習材料這一多元導向的載體，可以加強文學、品德情意文化、思維與閱讀的開拓與發展。此舉不單一改以往中國語文教育工具論的傾側，還能夠讓學生浸沉在語文與文學的學習氛圍中，在掌握交際工具的同時，還可以回歸到富含人文精神的學習世界。此外，教師親自編選教材的好處有二：一、能靈活變通，即時回應教育趨勢與改革；二、因應教材日趨多元，激發提高教學效果的動機。[8] 教師若能秉承專業精神，求新求進，肩負編選教材的專業任務，中國語文的學與教成效都會因之而有所提高，因為沒有人比教師更了解學生的能力了。

三、文類的均衡分佈

（一）銜接與連繫：以《童心童趣：兒童文學教學參考資料選編》為例

二零零三年間，筆者受託於香港教育統籌局課程發展處（今教育局），進行「兒童文學課程資源研究及發展計畫」，期以兒童文學建構為文學學習的課程，並為教學提供參考資料，二零零六年出版的《童心童趣：兒童文學教學參考資料選編》（下稱《童心童趣》）是該項計劃的研究成果[9]。在研究過程中，筆者首先蒐集中國大陸、臺灣、香港及西方兒童文學作品[10]，然後分析文本，並就文本特色，篩選適切香港小學生能力與興趣的教材[11]，進而組織成為學

[5] 同前註，頁 36。
[6] 黃政傑：〈論教學單元的編製〉，頁 62。
[7] 同前註，頁 40-41。
[8] 霍玉英：〈開發小學語文科教材：從本土兒童文學開始〉，收入何國祥主編：《語文教育的反思》（香港：香港教育學院，2002 年），頁 85-95。
[9] 霍玉英：《童心童趣：兒童文學教學參考資料選編》（香港：香港教育統籌局課程發展處，2006 年）。該書一套五冊，分別為一、《兒童文學學習單元設計示例（單元一至單元四）》；二、《兒童文學學習單元設計示例（單元五至單元八）》；三、《兒童文學學習單元設計示例（單元九至單元十二）》；四、《兒童文學學習參考篇章目錄及教學參考書目》；五、《學與教資源光碟》。
[10] 西方兒童文學作品中，筆者只篩選了西方兒童圖畫書為教材，目的避免因翻譯而出現的問題。此外，兩岸三地以華文創作的兒童圖畫書不多，能成為經典而進入教材的，仍屬少數。
[11] 篩選原則有四：一、囊括內地、臺灣、香港，以至國外優秀兒童文學作品，作家作品屢獲獎項；二、文質兼美；三、文類與風格多樣化；四、作品能吸引學生閱讀。

習單元示例，建構適用於小學階段的兒童文學課程。

《童心童趣》共設計了十二個學習單元示例，橫跨小學一至六年級，每級兩個單元。《童心童趣》所選用的教材涵蓋了兒童文學中的主要文類，包括圖畫書[12]、兒童詩、童話、寓言與少年小說。除單元八外[13]，每單元原則上以一種文類爲組織重心，但爲提高學生的學習興趣，筆者就單元主題，再篩選其他文類予以配合，期在拓寬學生閱讀面的同時，又能提高他們的學習興趣。

此外，筆者按兒童閱讀的發展趨勢，把不同類型的兒童文學安排在小學階段中，展示了兒童從圖像閱讀與韻語學習，過渡到理解故事體作品的縱向銜接，如表一：

適用年級	單元／主題	文類
一	單元一：上學	圖畫書
一／二	單元二：泛愛	童詩
二／三	單元三：四季	童詩
二／三	單元四：友情	童話
三／四	單元五：謙遜	寓言
三／四	單元六：創意思維	童話
四／五	單元七：積極人生	寓言
四／五	單元八：奉獻與感恩	跨文體
五／六	單元九：聯想	童詩
四／五	單元十：堅持理想	童話
五／六	單元十一：敘述	童話
六	單元十二：成長	小說

表一：文類的縱向銜接

爲提升學生的鑑賞、研習與自我管理的能力、增強學生的學習興趣，筆者把學習單元的教材分爲三類：一、學習材料：針對學生能力與興趣而篩選的兒童文學教材，讓教師在課內指導學生研習；二、進階閱讀：配合單元主題及各文類內容，篩選或相類、或不同類型的教材爲進階閱讀，期在拓闊學習內容的同時，又提高學生的學習興趣。在教學過程中，教師只須就教材的重點，在課內指導學生研習取向，繼而讓他們在課餘研讀。此舉既能深化教學主題，開拓多元化的文類學習，又能培養學生自我管理能力與研習能力；三、輔助教材：學習的內容不限於書面文字，舉凡視像、網上資源與簡報等，都可供運用。筆者期望通過與教學主題相關的視像與簡報等，一方面拓闊學生的視野，另一方面提高他們的學習興趣。在學習材料與進階閱讀之間，兩者是有機的組合，彼此相連而展示出教材的橫向連繫，如表二。

年級	單元／主題	學習材料 ……→	進階閱讀
四／五	單元八：奉獻與感恩	花孩子（童話）	石頭湯（圖畫書）
		春娃娃（散文）	春風輕輕走過（寓言）

12 圖畫書並非文類，而是一種表述方式，它可以是詩歌、童話、寓言等。爲敘述方便，現將其歸入文類。
13 筆者參考受訪教師的建議，選取其中一個單元，即單元八，以跨文體的形式組織教材。

表二：學習材料與進階閱讀的橫向連繫

1. 縱向的銜接：以童話教學為例

年級	單元／主題	學習材料	進階閱讀
二／三	單元四：友情	一片紅樹葉（童詩）	蝴蝶和大雁（圖畫書）
		第一朵雪花（童話）	
		樹葉小船（童話）	蒲公英媽媽和小螞蟻（童話）
三／四	單元六：創造思維	大野狼生病了（童話）	住在城裡的奶奶（童話）
		新潮皇后與魔鏡（童話）	頑皮公主不出嫁（圖畫書）
四／五	單元十：堅持理想	冰小鴨的春天（童話）	麥嘜學飛（童話）
		吃火的人（童話）	一個天才雜技演員（童話）
五／六	單元十一：敘述	周基亭：神秘的眼睛（童話）	當乃平遇上乃萍（圖畫書）
		冰波：神秘的眼睛（童話）	

表三：縱向的銜接（童話教學）

上表展示了小學階段四個童話教學的縱向發展。二年級及四年級的童話學習單元同以「內容」爲主題，單元四「友情」旨在讓學生初步認識童話在誇張、想像、擬人與比喻等方面的特色、並以此創作簡短的童話故事，評估學生的學習成果。單元十「堅持理想」則進一步要求學生認識童話形象的物性（兼及文化），並以此爲創作與評估的重點。單元六與單元十一的組織重心分別是思維訓練（創意）與寫作手法（敘述），學生理解童話內容固然重要，但創意思維與敘述角度才是最主要的學習重點。以上四個童話教學所呈示的，是課程組織的縱向發展，讓學生在不同年級，就不同的學習重點，以童話作爲主軸，循序漸進地認識童話基本特色，然後運用已有知識創作故事，從而全面掌握童話的本質，這一做法回應了《指引》所示的「循序漸進，環環相扣」的精神。

縱向的銜接不單展現在一至六年級的學習階段，在同一個學習單元的教學中，也可以展示有層次的、有計劃的縱向發展。以單元六的學習材料爲例，分別有〈大野狼生病了〉[14] 與〈新潮皇后與魔鏡〉[15]，兩者雖然同樣具備培訓學生創意思維的條件，但就學習材料的縱向排列而言，〈新潮皇后與魔鏡〉比〈大野狼生病了〉有更深一層的思維訓練——顛覆傳統，筆者期在創意思維培訓以外，借助〈新潮皇后與魔鏡〉刷新學生習以爲常的現象與刻板觀念，培養學生的批判性思考能力。

2. 橫向的連繫

《指引》指出，教師應就學生的性向、興趣、學習態度和智能發展，「透過編訂適當的課程和運用有效的教學策略，保底拔尖，使學習表現稍遜的學生及早改進，提升水平」[16]。在

---

14 題目〈大野狼生病了〉是研究者就童話的內容擬訂的，見林世仁：《11 個小紅帽》（臺北：民生報社，2002 年），頁 105-114。

15 孫晴峰：〈新潮皇后與魔鏡〉，《甜雨》（臺北：民生報社，2001 年），頁 123-132。

16 香港課程發展議會編訂：《中國語文教育學習領域課程指引（小一至小六）》，頁 48。

擬訂課程和設計學習單元時，課程設計者須為不同能力的學生提供多元化的教材、教學活動與評估方式。就教材而言，「隨著時代的進步、事物的變遷，語文學習材料需要不斷更新」[17]，再者，「同一學校的不同班級，處理相同的學習重點，可採用不同的材料；同一學習材料，教師也可以因應學生的能力差異，配合學習重點，作不同的處理」[18]。因此，課程設計者應就學校的教育理念、同級以至同班學生的能力與興趣，篩選適切的教材，組織成為學習單元，從而建構校本課程。

筆者所篩選的教材中，何者為「學習材料」？何者為「進階閱讀」？當中涵蓋了不同的意義與功能。以單元一「上學」為例（見表四），學生的主要學習對象為圖畫書，他們必須觀察圖像的線條、顏色、形狀與構圖，再借助文字理解圖意，從而掌握故事脈絡。因此，圖畫書教學在單元一側重於兩方面：一、以圖像和文字的視覺閱讀兩者，提高初小學生的學習興趣；二、通過圖像，培養學生的觀察能力，並借助文字理解故事。

年級	單元／主題	學習材料	進階閱讀
一	單元一：上學	小雞上學（圖畫書）	學唱歌（童話）
		小阿力的大學校（圖畫書）	

表四：圖畫書教學（單元一上學）

雖然，單元四、六、八及十一的教學分別選用一本圖畫書作為進階閱讀，但角色與任務有別於單元一。教師在引導學生閱讀《蝴蝶和大雁》[19]、《頑皮公主不出嫁》[20]、《石頭湯》[21] 與《當乃平遇上乃萍》[22] 的時候，培養學生的圖像閱讀與觀察能力固然重要，但四者是從主題的角度引申，目的在深化學生對「友情」、「創意思維」、「奉獻與感恩」及「敘述」等主題的認識，一邊提高學生的學習趣味，一邊拓闊多元文類的學習版圖。

再以單元六「創意思維」為例，學習材料與進階閱讀之間又有著不同的組合理念。從橫向而言，學習材料與進階閱讀有著彼此互相發明的作用，進階閱讀〈住在城裡的奶奶〉[23] 為配合學習材料〈大野狼生病了〉，讓學生認識新編傳統故事，除改變人物性格外，還可通過改變地點改寫故事。圖畫書《頑皮公主不出嫁》則為配應〈新潮皇后與魔鏡〉，期以顛覆手法見著的芭比柯爾（Babette Cole）的經典作品，刺激學生反思傳統觀念與刻板角色（見表五）。

年級	單元／主題	學習材料	進階閱讀
三／四	單元六：創造思維	大野狼生病了（童話）┅┅┅┅▶	住在城裡的奶奶（童話）
		新潮皇后與魔鏡（童話）┅┅┅┅▶	頑皮公主不出嫁（圖畫書）

表五：學習材料與進階閱讀的橫向連繫

《指引》載列了七項評估原則，其中包括多元化評估方式[24]，也就是說，同一學習重點的評估，可以有不同的方式。在單元四，筆者設計了兩個程度的評估表：一、要求小螞蟻平

17 同前註，頁 61。
18 同前註，頁 63。
19 荷莉・凱勒文圖，林良譯：《蝴蝶和大雁》（臺北：東方出版社有限公司，2004 年）。
20 巴貝柯爾文圖，吳燕凰譯：《頑皮公主不出嫁》（臺北：格林文化事業股份有限公司，1994 年）。
21 強・穆特文圖，馬景賢譯：《石頭湯》（臺北：小魯文化事業股份有限公司，2004 年）。
22 安東尼布朗文圖，彭倩文譯：《當乃平遇上乃萍》（臺北：格林文化事業有限公司，2002 年）。
23 題目〈住在城裡的奶奶〉是研究者就童話的內容擬訂的，見林世仁：《11 個小紅帽》，頁 126-136。
24 香港課程發展議會編訂：《中國語文教育學習領域課程指引（小一至小六）》，頁 56。

安回家後，寫一封信給蒲公英媽媽，報告近況；二、要求小螞蟻平安回家後，寫一張感謝卡給蒲公英媽媽[25]。教師更可因應實際的教學情況再行調動，如果學生能力稍遜，可以填空引導學生完成「感謝卡」。此外，在單元十一「敘述」中，筆者借助兩個同題的教材——周基亭的〈神祕的眼睛〉[26] 與冰波的〈神祕的眼睛〉[27]，引導學生認識多角度敘述與平衡敘述的寫作手法。然而，認識與運用到底是兩個不同層次，在評估學生能否運用敘述手法的時候，筆者提出了不同的方案，讓教師就學生程度，選用「工作紙七：多角度看魔法書」或「工作紙八：並列看魔法書」[28]，學生在討論後，須獨立完成童話創作。當然，教師如認爲學生的能力足以掌握兩種敘述手法創作童話，那麼，工作紙七和八更能顯示出其在評估上的縱向銜接。

（二）單一文類的縱向發展：以韻語體兒童文學為例

兒童文學涵蓋多元的文類，但各有特色，課程設計者須就文類特色均衡佈置。就初小學生最感興趣的詩歌與圖畫來說，林良就有這樣的說明：

> 從「發展」的觀點來看：幼兒的第一門藝術課程是看圖畫，幼兒的第一門文學課程是聽兒歌。把圖畫跟兒歌結合在一起，就是把藝術跟文學結合在一起。
> 從「學習」的觀點來看：辨認圖畫是辨認文字的準備，學習兒歌是學習語言的入門。圖畫跟兒歌結合在一起，就是為文字跟語言的學習打基礎。[29]

以韻語體兒童文學爲例，它涉及兒歌、兒童詩與少年詩三項，分別適合不同年級的學生，筆者試以上述三者，說明單一文類在課程組織的縱向發展。金波認爲兒歌（幼兒詩歌）是一種聽覺藝術，服務對象並非「讀者」，而是「聽眾」[30]。兒歌既爲聽覺的藝術，講求的是音樂美，但它不單訴諸於韻腳，還可以「多用象聲詞，用音響的模擬造成一種聽覺的真實感。多用短句，多用反復、排比的句式，聽了給人造成一種重疊復沓、回環反復的旋律感」[31]，以期達到「便於聽」的效果。鄭春華的〈綠頭髮〉正是以富於音樂感的韻律節奏，吸引初小學生誦讀：

> 草地長出綠頭髮，
> 我用腳趾梳梳它，
> 小草癢得咯咯笑，

---

[25] 霍玉英：《童心童趣：兒童文學學單元設計示例（單元一至單元四）》，頁 159-160。
[26] 周基亭：〈神祕的眼睛〉，收入張秋生和徐建華主編：《中國現代經典童話 III》（臺北：聯經出版事業股份有限公司，2003 年），頁 79-92。
[27] 冰波：〈神祕的眼睛〉，冰波：《藍鯨的眼睛》（臺北：民生報社，1998 年），頁 56-74。
[28] 霍玉英：《童心童趣：兒童文學學單元設計示例（單元九至單元十二）》，頁 156-157。
[29] 林良：〈有圖的兒歌・有圖的童詩——序——〉，《林良的看圖說話》（臺北：國語日報社，1999 年），頁 2。
[30] 金波：〈訴之於聽覺的幼兒文學〉，《幼兒的啓蒙文學——金波幼兒文學評論集》（南寧：接力出版社，2005 年），頁26-27。
[31] 同前註，頁26-27。

親親我的胖腳丫。[32]

除「便於聽」外，幼兒詩歌的另一特點在「聽得懂」，作者可「選擇和調配詞滙的能力，在孩子們掌握的有限的詞滙裡，挑選並調配好詞滙，使平平常常的口語，一經巧妙調配在一起，不僅好懂，而且聽來格外生動活潑」[33]。鄭春華巧用活潑的口語，配合了兒童文學講求娛樂與遊戲的特色，切中學生的閱讀趣味，逗得學生「咯咯笑」。

兒歌主題明確，富含教育意味，深得教師家長的垂青，成爲初小學生品德培養、態度養成的教材。在〈大浪花〉這首兒歌當中，馬景賢運用了誇張的手法，具體而形象的把大浪花刻印在兒童的心坎裡，並讓他們聯想到以一朵美麗的「浪花」敬奉母親。

大浪花，一丈八，
一波來了一波下，
一朵朵的白浪花，
捧回一朵給媽媽。[34]

筆者認爲〈大浪花〉高明處有二：一、「教訓」隱而不露；二、豐富的想像，饒有餘味。上述兩首兒歌不單富含趣味，還誠如林良所言，是初小學生的「第一門文學課程」，提供了良好的學習楷模。

有別於兒歌（幼兒詩歌），兒童詩側重的是兒童生活中所表達的情趣，像詹冰在〈遊戲〉所描繪的小孩，他們「充滿了成年人生活中見不到的行爲、動態、語言和心理」[35]。在作者的筆下，孩子的角色扮演固然表現了兒童生活中的情趣，而姊姊的回應——妹妹甚麼都不會，就讓她當校長算了，一語雙關，讓兒童與成人讀者在各自的語境中心領神會。

「小弟弟，我們來遊戲。
姊姊當老師，
你當學生。」

「姊姊，那麼，小妹妹呢？」

「小妹妹太小了，
她甚麼也不會做。

[32] 鄭春華：〈綠頭髮〉，收入尹世霖主編：《中國經典兒歌——名家兒歌》（烏魯木齊：新疆青少年出版社，2006年），頁175。
[33] 金波：〈訴之於聽覺的幼兒文學〉，頁27。
[34] 馬景賢：〈大浪花〉，《我家有個小乖乖》（臺北：民生報社，2001年），頁38。
[35] 金波：〈兒童詩片論〉，《能歌善舞的文字——金波兒童詩評論集》(石家莊：河北教育出版社，2006年)，頁35。

我看——
讓她當校長算了。」[36]

兒童詩重視抒情，但「靜止的抒情，內心的獨白和空泛的議論會使小讀者感到厭倦；躍動的形象，絢麗的色彩和鏗鏘的聲響才會吸引孩子」[37]。因此，金波認為詩人必須「要給兒童的思想感情穿上一件色彩絢麗的衣裳，把抽象的思想和情感變成可觀可感的形象」[38]。寫父母的關愛，謝武彰的〈停電了〉是上乘作品：

停電了，好暗呀！
媽媽伸出手
摸到我的臉
摸到我的胳臂
終於，拉著我的手，說：
「別怕，媽媽在這裡！」

爸爸從客廳走來
踫翻了椅子
踫翻了花瓶
找到我跟媽媽以後，說：
「別怕，爸爸在這裡！」

黑暗裡
我們手拉著手
溫暖的，在一起[39]

作者把抽象的「愛」變為可知、可感的具體形象——借助媽媽在黑漆中「摸」我的臉和臂，爸爸「不顧一切」踫翻椅子與花瓶的行為，表現出父母親尋找我的迫切性。當然，黑暗中，一家手牽手的具象描寫，更是一幅溫馨的畫圖，讓每一位小讀者閱讀後，都能理解、體會當中所蘊含的親子之愛。

兒童詩是一片無邊界的園地，能讓學童遨遊馳騁，成就最具創意的想像。金波認為想像比摹寫更重要，因此，「在兒童詩中，不要只呆板地去摹寫孩子們已經做過的事情，還要設想，假如我是一個孩子，我將會怎樣做」[40]。林煥彰〈妹妹的紅雨鞋〉不單是孩子喜歡的詩，也是成人讀者有所共鳴的詩。作者不單以孩子的眼睛表述童年情趣，還藉著「屋裡屋外」與「缸裡缸外」；「紅雨鞋」與「紅金魚」的比擬，體現豐富的創意，啓迪孩子的想像。

36 詹冰：〈遊戲〉，收入林武憲編：《兒童文學詩歌選集》（臺北：幼獅文化事業股份有限公司，2001年），頁194。
37 金波：〈兒童詩的寫作〉，《能歌善舞的文字——金波兒童詩評論集》，頁12-13。
38 同前註，頁13。
39 謝武彰：〈停電了〉，收入林良等：《童詩五家》（臺北：爾雅出版社，1996 年），頁 140。
40 金波：〈兒童詩創作札記〉，《能歌善舞的文字——金波兒童詩評論集》，頁366。

妹妹的紅雨鞋，
是新買的。
下雨天，
她最喜歡穿著
到屋外去遊戲，
我喜歡躲在屋子裡
隔着玻璃窗看它們
游來游去，
像魚缸裡的一對
紅金魚 [41]

上述的兒童詩歌不單切中孩子的生活與情趣，還爲中年級學生開拓了多元的學習範圍，像以具體形象替代抽象描寫，藉豐富活潑的想像擴充創意思維等。

兒童步入青春期階段，他們漸次面向社會現實，於是，情感的騷動、人生的探索與理想的追求，成爲少年階段的重要課題。再者，隨著少年讀者鑑賞水平的提高，在欣賞詩歌之餘，他們還會注意到它的藝術表達與主題意蘊。因此，題材多樣、富批判思考與多元化的表達風格，正切中青春期少年讀者的需要。如林良所言，「經歷過坎坷人生的成人，固然有愁。黃金年華的青少年，又何嘗沒有愁」[42]。然而，作者如何走近少年，訴說他們的複雜感情？林煥彰在《飛翔之歌》中表達了爲「莫名其妙」的少年人寫詩的歷程：

寫這本詩的時候，我的精神狀態彷彿幻化成無數個少年，揣摩著他們的心理，並以他們的苦樂成為自己寫作的情緒，而為他們這階段的心理代言，吐露了他們的心聲。[43]

以下是林煥彰爲單純的、但悶悶不樂的少年人寫的一首詩——〈尋找自己的天空〉：

我們，都很單純
只是悶悶不樂而已

我們，走在同一條路上
但每個人都有不同的際遇；
像一棵銀杏樹上的葉子

41 林煥彰：〈妹妹的紅雨鞋〉，《妹妹的紅雨鞋》（武漢：湖北少年兒童出版社，2006 年），頁 3。
42 林良：〈因爲關懷，所以我能——題「飛翔之歌」〉，收入林煥彰：《飛翔之歌》（臺北：幼獅文化事業公司，1987 年），頁 1。
43 林煥彰：〈瞭解和關懷——我怎樣寫這本書〉，《飛翔之歌》，頁 129。

每一片都朝向陽光，
可並非每一片都能得到
相同的照顧

我們，默默的向前走
但望每一個人都能找到
自己心裏所想的
像每一棵白樺樹，有自己的天空
一直向上成長 [44]

在詩中，林煥彰耐心傾聽少年人的「悶悶不樂」，分別以銀杏與白樺比況——銀杏雖努力朝陽生長，但未必得到相同的照顧，於是生成不同的面貌；白樺沉著實幹，筆直地向上生長，從而尋獲自己的天空。〈尋找自己的天空〉有兩個動人的地方，第一，詩人忘我地融入到少年人的世界，以「我們」的角度敘述所思所感；第二，林煥彰肯定個體必須要尋找自己的天空，那求異的精神，體現了他「存異」的胸懷。

同寫少年心事，中國大陸詩人高洪波、薛衛民與徐魯，分別創作了許多少年詩，像向成年人表達少年渴求理解的〈鵝鵝鵝〉[45]、〈小〉[46]、〈大人們的大事情和小孩子的小事情〉[47]、〈小小的請求〉[48] 及〈外交辭令〉[49]；抒發對理想的嚮往與追求的〈我們旅途上的小白楊〉[50]、〈心懷夢想〉[51]、〈寫給理想〉[52] 及〈少年行〉[53]；道說生活中的困惑與迷惘的〈不想糊塗〉[54] 和〈生活之歌〉[55]。詩人從少年人的視點出發，不單爲他們代言，還觸動了少年人複雜的情感與敏感的神經，引起他們的共鳴。

四、作家與作品的均衡分佈

（一）不同作家（地域）的同題作品

學習單元每以主題爲組織重心，而母愛幾乎是古今中外作品恒常的題材。杜榮琛在《心

44 林煥彰：〈尋找自己的天空〉，《飛翔之歌》，頁 94。
45 高洪波：〈鵝鵝鵝〉，《鴿子的傳說》（合肥：安徽少年兒童出版社，1997 年），頁 23-24。
46 高洪波：〈小〉，《鴿子的傳說》，頁 32。
47 薛衛民：〈大人們的大事情和小孩子的小事情〉，《爲一片綠葉而歌》（武漢：湖北少年兒童出版社，1997 年），頁 37。
48 薛衛民：〈小小的請求〉，《爲一片綠葉而歌》，頁 92-93。
49 薛衛民：〈外交辭令〉，《爲一片綠葉而歌》，頁 122-123。
50 薛衛民：〈我們旅途上的小白楊〉，《爲一片綠葉而歌》，頁 41。
51 薛衛民：〈心懷夢想〉，《爲一片綠葉而歌》，頁 116-117。
52 徐魯：〈寫給理想〉，《小人魚的歌》（武漢：湖北少年兒童出版社，1997 年），頁 37。
53 徐魯：〈少年行〉，《小人魚的歌》，頁 15-16。
54 薛衛民：〈不想糊塗〉，《爲一片綠葉而歌》，頁 106-107。
55 徐魯：〈生活之歌〉，《祝福青青的小樹林》（北京：人民文學出版社，2008 年），頁 160-161。

靈筆記》第二輯「向媽媽說」，便有二十首以母親爲題材的詩作[56]。雖然，二十首詩均以母親爲題材，但各有取向、各有特色。〈野生動物園〉[57] 與〈多想呵〉，都以孩子的角度企求母親的關愛，但在〈多想呵〉一詩，作者對哥哥，即「我」添上一抹同情。弟弟因爲生病，得到媽媽更多的關愛——餵他吃東西，陪他睡覺，還有玩具與蘋果，當然，到「兒童樂園」是最誘人的了。「我」多想生病呵！

弟弟生病了
媽媽餵他吃東西
陪他睡覺
弟弟病好了
媽媽買玩具跟蘋果給他
還帶他去兒童樂園玩

我多麼想吃蘋果
我多麼想到兒童樂園玩
可是為甚麼
我還不生病呢？[58]

〈媽媽的手〉[59] 與〈寫123〉同寫母親的委屈，後者卻流露出杜榮琛對兩性的批判，3要比1大，因爲爸爸「站」著罵我，而媽媽呢？她「蹲」著幫我擦眼淚！

弟弟會寫阿拉伯數字
他說：1 是爸爸
　　他站著罵我
　　2 是我
　　跪在那裏哭
　　3 是媽媽
　　蹲著幫我擦眼淚

3 比1 還要大
因為幼稚園老師說的！[60]

---

56 杜榮琛：《心靈筆記》（苗栗：苗栗縣立文化中心，1992 年），頁 45-64。
57 杜榮琛：〈野生動物園〉，《心靈筆記》，頁 63。
58 杜榮琛：〈多想呵〉，《心靈筆記》，頁58。
59 杜榮琛：〈媽媽的手〉，《心靈筆記》，頁 63。
60 杜榮琛：〈寫123〉，《心靈筆記》，頁54。

中國大陸詩人金波也曾以母親爲題，創作不少兒童詩，像〈冬天的花〉、〈愛嘮叨的好媽媽〉[61] 與〈第三條手帕〉[62]。他的詩作富韻律節奏，便於聽、便於朗誦，而精煉的語言更可視爲語言學習的典範。金波詩作中有不少是以童年回憶爲視角，喚起「過來人」對童年的追念，情意十足，但有時難免與當今兒童的生活有所距離。因此，指導學生欣賞其作品時，必須把與生活脫節的描寫引伸到永恒主題的演繹。

寒風吹落了滿樹的黃葉，
還夾帶著幾根公雞的翎毛，
那翎毛經過媽媽的梳理，
有虹一樣的光彩在閃耀。

媽媽為我做了一隻雞毛毽，
也引發了她少女輕盈的跳躍，
在她銀鈴般的笑聲裏，
毽子變成了一隻活潑的小鳥。

媽媽開始教我踢毽子，
引來幾隻小雞吱吱地叫，
好像給我當啦啦隊，
又像跟著我的毽子蹦跳。

忘記了寒風在吹，
忘記了雪花在飄，
毽子像冬天盛開的花，
在翻飛、在歡跳、在舞蹈。[63]

以上述〈冬天的花〉爲例，母親爲孩子親手梳理雞毛毽，想是難以讓當下的學生領會，但母親爲孩子「梳理」翎毛的愛，那一道「虹」似的光彩，是古今中外作品的永恒主題。引導孩子回溯媽媽爲我們「梳理」的情意——第一次指導我們繫上鞋帶，第一本圖畫書開啓我們的好奇，以至病榻中送來的稀飯，都能令學生感動。那毽子所閃耀的一道虹，化解了兩代之間的隔閡，不單教孩子認識媽媽可愛的一面，還讓兩代人帶著笑聲在「虹橋」上踢毽子，一同感受童年時候的歡樂。陌生的生活，遙遠的景貌通過教師具體形象的點染，化爲一幅幅溫馨的畫面，學生也由此領會了親子之愛。愛與被愛都繫於一隻小小的翎毛毽子。於是，我們忘卻寒風的凜冽與雪花的飄落，只隨著在冬天盛開的花朵——毽子，快活地翻飛、歡跳與舞蹈……

[61] 金波：〈愛嘮叨的好媽媽〉，《迷路的小孩》（臺北：民生報社，2000），頁39。
[62] 金波：〈第三條手帕〉，《迷路的小孩》，頁35。
[63] 金波：〈冬天的花〉，收入霍玉英主編《我們旅途上的小白楊：兒童詩歌選集（二）》（香港：螢火蟲文化事業有限公司，2003年），頁68-69。

海峽兩岸兒童詩的創作，中國大陸與臺灣各有特色。簡言之，臺灣的兒童詩人，多從現代兒童心理與情緒入手，表現活潑跳脫的生活；中國大陸的詩人較重視語言的雕琢，主題意蘊的提煉，成人視點的切入較多。課程設計者如能蒐集不同地域的兒童詩，展陳多元的角度與風格，定能開拓學生的視野，使學生了解不同作家的創作取向，以至不同地域的文化，裨令他們養成接納他人的品德。

（二）承傳：青春作伴

作爲教材，語言與主題是重要的，因此，課程設計者在篩選教材的時候，每以這兩者爲要。不過，專職撰寫教材者，有時難免受限於課程綱要所示，爲情而造文，刻板而欠缺真情實感；就現有的兒童文學中篩選，難免偏好成名作家的作品，造成某種意思的壟斷。就中國大陸近十年來的兒童文學創作，劉緒源有這樣的評價：

> 對於近十年來的兒童文學創作，我的評價不太高。不是說其中沒有好作品，也不是沒有新的優秀作家的出現，但總的勢頭，是並不怎麼喜人的。與上世紀八九十年代相比，文學性在衰退，商業性在高漲；獨創性在減弱，趨同性在增強；新生力量的產生和發展日漸其微，成名作家的自我重複和悄悄老化愈益顯著。[64]

文學性、獨創性的消減與新生力量的漸微，可謂近十年兩岸三地兒童文學創作所展示的困境。沒有今天的新生力量，就沒有明天的成名作者，以及經典作品的出現，文學的承傳不容忽視。

寫情道愛，年輕作者下筆如夏雨驟來，沒半點猶豫。老作家則在風雨洗禮後，筆走從容，以高密度的語言，爲讀者徐徐然展示一幅淡雅的素描。對讀金波的〈老藤椅〉與孫雪晴[65]的〈遊戲〉，一老一少的情感，一淡一濃的寫真，讀者可看到散文不同的風致。在〈老藤椅〉首段，「婷在幫媽媽清理雜物的時候，扔掉了那把老藤椅」[66]，然而，婷在剛有記憶的時候，就記得外祖母坐在藤椅上，而自已在她的懷裡，聽她用濃重的鄉音講故事，唱歌謠，婷溫馨的歲月就在外祖母的懷裏渡過。外祖母去世後，老藤椅成爲母親的「專座」。藤椅雖老，母親卻「用布條兒纏，用線繩兒綁」，認真地修理了好幾次。爲讓「老藤椅精神煥發」，母親更慷慨解囊，請來一位老工匠修理。婷擅自扔掉老藤椅，母親實在急煞了。雖然，金波在作品裡從沒有直敘外祖母與母親間的兩代情，但借助外祖母對婷的關愛，側筆暗寫母親美好的童年，蘊藉而含蓄。篇末，金波引來一位女孩，讓她把老藤椅搬到樹蔭下，坐在那裡看書，並向母親說：「坐在這老藤椅上，就像奶奶抱著我」[67]。作者安排女孩在篇末出現，既讓婷頓悟，明白老藤椅的意義，又教讀者有穿過時空之感，看到昔日年輕的「母親」。

---

64 劉緒源：〈青春作伴好還鄉〉，《文藝報》第 4 版（文學評論），2010 年 12 月 1 日。

65 孫雪晴，著有《溫暖等待》、《低城練習曲》。作品收入《讀者》、《中華活頁文選》、《中國兒童文學》和《中國兒童文學大系》，並獲年度兒童文學選本刊載。〈我和媽媽的粥〉獲冰心兒童文學新作獎大獎（2008）。

66 金波：〈老藤椅〉，收入霍玉英主編：《上天送來的小彩虹：當代兒童文學叢書（五）》（香港：螢火蟲文化事業有限公司，2007 年），頁 48。

67 同前註，頁 50。

同寫媽媽的愛，年輕作者孫雪晴在〈遊戲〉中抓住少年人的「犟」，藉著一件小事，把母女間的「遊戲」寫得觸目慟心。「遊戲」由一雙濕漉漉的鞋子展開，斗室之內，母女因它僵持近一個小時。篇中的「我」並非無知無感於媽媽的愛，但年輕的心總是不願服輸。作者以母女的一組動作，伴隨我的獨白，令年輕讀者彷彿以為自己就是孫雪晴筆下的「我」，並在生活的回溯中，找到相似的畫面。

雖然，孫雪晴表達了年輕人極致的「犟」，但篇末上演的另一場「遊戲」又蘊藉了親心的體念，讓人感動。「我」偶爾知道媽媽喜歡在陽臺上看自己騎車上學，於是，在媽媽能看到「我」的那個路口，「我」騎得格外慢，好讓媽媽能把自己看得清清楚楚。孫雪晴的筆觸富現代感，率真地表現對親心的感悟與感恩：

> 我第一次，第一次想做個快樂的失敗者，讓媽媽傻樂一回，贏我一回。畢竟她和我之間的遊戲，她註定輸一輩子。我對她的關愛永遠不及她對我的關愛。

孫雪晴筆下那一個怵目驚心的「遊戲」寫於高中三年級，不論作品中的「我」是否作者的寫照，讀者不難在「我」的身上找到自己，並產生共鳴。〈遊戲〉最末說：「離我最近的幸福在我們身旁守候，我們可能在一秒鐘就能讀懂它，也可能要用上整整一輩子」[68]。如果學生在教師引導下，都能有如作者的感悟，我們便明白文學的感染力量。誠如劉緒源所言，「我們的兒童文學不能自滿於業已成名的作家和作品，我們不能沒有『青春作伴』啊！[69]

五、結語

「循序漸進，環環相扣」可以說是均衡課程的最佳體現。然而，要使學生在學習中得到全面的發展，教材是中國語文教學成敗的重要因素。《指引》所倡導的開放學習材料，能為教師拆牆鬆綁，不再以課程綱要的範文為金科玉律，奉守教科書的課文為獨一無異的選材。教材是學習的載體，它不單純是訓練交際的工具，還是人文精神的體現。因此，語文與文學學習必須在課程中體現均衡的分佈。《指引》建議學校調適中央課程，發展一套適切學校的辦學理念，又配合學生能力差異的課程，這可算近年香港中國語文教育的一大革新，也是提升教學素質的指標。

二零零六年，因應中國語文教育改革的方針，教科書加入了兒童文學作為教材，與過往只著重語文訓練的傳統大相逕庭。然而，課程設計者、教科書編寫者及教師必須深入了解兒童文學的特色，並因應學生的能力與興趣，才能建構均衡的課程。筆者在本文以《童心童趣：兒童文學教學參考資料選編》為例，闡述了如何在縱向的銜接與橫向的連繫兩者，建構均衡

---

68 孫雪晴：〈遊戲〉，收入霍玉英主編：《上天送來的小彩虹：當代兒童文學叢書（五）》，頁 59。
69 劉緒源：〈青春作伴好還鄉〉，《文藝報》第 4 版。

的兒童文學課程。此外，筆者以韻語體兒童文學爲例，說明了單一文類所能展示的縱向結構；在橫向聯繫方面，筆者則提出了兼容不同地域的作家作品，讓學生汲取風格各異的文學養份的想法。再者，篩選教材不宜只偏向資深成名的作家與作品，年輕作者迸發青春的優秀作品也應列入篩選的範圍，令教材更顯新生的力量。故此，課程設計者、教科書的編寫人員與教師如能掌握兒童文學課程建構中的縱橫關係，方可使學生在學習中得到均衡而全面的發展。

徵引文獻

1. 尹世霖主編：《中國經典兒歌——名家兒歌》，烏魯木齊：新疆青少年出版社，2006。
2. 巴貝柯爾文圖，吳燕凰譯：《頑皮公主不出嫁》，臺北：格林文化事業股份有限公司，1994。
3. 冰波：《藍鯨的眼睛》，臺北：民生報社，1998。
4. 安東尼布朗文圖，彭倩文譯：《當乃平遇上乃萍》，臺北：格林文化事業有限公司，2002。
5. 杜榮琛：《心靈筆記》，苗栗：苗栗縣立文化中心，1992。
6. 林世仁：《11 個小紅帽》，臺北：民生報社，2002。
7. 林良：《林良的看圖說話》，臺北：國語日報社，1999 年。
8. 林良等：《童詩五家》，臺北：爾雅出版社，1996。
9. 林武憲編：《兒童文學詩歌選集》，臺北：幼獅文化事業股份有限公司，2001。
10. 林煥彰：《妹妹的紅雨鞋》，武漢：湖北少年兒童出版社，2006。
11. 林煥彰：《飛翔之歌》，臺北：幼獅文化事業公司，1987。
12. 金波：《幼兒的啓蒙文學——金波幼兒文學評論集》，南寧：接力出版社，2005。
13. 金波：《能歌善舞的文字——金波兒童詩評論集》，石家莊：河北教育出版社，2006。
14. 金波：《迷路的小孩》，臺北：民生報社，2000。
15. 香港課程發展議會編訂：《中國語文教育學習領域課程指引（小一至小六）》，香港：教育統籌局，2004。
16. 孫晴峰：《甜雨》，臺北：民生報社，2001。
17. 徐南號編著：《小學教材編選法》，臺北：正中書局，1974。
18. 徐魯：《小人魚的歌》，武漢：湖北少年兒童出版社，1997。
19. 馬景賢：《我家有個小乖乖》，臺北：民生報社，2001。
20. 高洪波：《鴿子的傳說》，合肥：安徽少年兒童出版社，1997。
21. 張秋生和徐建華主編：《中國現代經典童話 III》，臺北：聯經出版事業股份有限公司，2003。
22. 強・穆特文圖，馬景賢譯：《石頭湯》，臺北：小魯文化事業股份有限公司，2004。
23. 荷莉・凱勒文圖，林良譯：《蝴蝶和大雁》，臺北：東方出版社有限公司，2004。
24. 黃政傑主編：《教材教法的問題與趨勢》，臺北：師大書苑有限公司，1996。
25. 劉緒源：〈青春作伴好還鄉〉，《文藝報》第 4 版（文學評論），2010 年 12 月 1 日。
26. 霍玉英：〈開發小學語文科教材：從本土兒童文學開始〉，收錄於何國祥主編：《語文教育的反思》，香港：香港教育學院，2002，頁 85-95。
27. 霍玉英：《童心童趣：兒童文學教學參考資料選編》，香港：香港教育統籌局課程發展處中國語文教育組，2006。
28. 霍玉英主編：《上天送來的小彩虹：當代兒童文學叢書（五）》，香港：螢火蟲文化事業有限公司，2007。
29. 霍玉英主編：《我們旅途上的小白楊：兒童詩歌選集（二）》，香港：螢火蟲文化事業有限公司，2003。
30. 薛衛民：《爲一片綠葉而歌》，武漢：湖北少年兒童出版社，1997。

歌仔戲表演藝術融入中學國文科課程之教材設計

——以「臺灣春風歌劇團」團員之教案為例

鄭玉姍*

提 要

西元 2003 年成立的「臺灣春風歌劇團」爲臺灣第一個由大學歌仔戲社畢業校友自發性組成的專業歌仔戲劇團，打破長久以來以家族凝聚力爲組團核心的歌仔戲團模式。自成立以來，團員致力於歌仔戲的傳承與創新，展現了戲曲教育在大學校園耕耘十多年來的成就；其中出身自師大國文系之團員畢業後大多擔任中學國文科教師，更是盡力將深厚的歌仔戲基礎融入國文科教學中，在校園內爲歌仔戲表演藝術播種扎根。

本論文專訪任教於中學國文科之「臺灣春風歌劇團」團員，收集整理已實施於課堂之教案設計，以探討目前歌仔戲表演藝術融入中學國文科課程之成果及未來發展之可能性。

關鍵詞：歌仔戲表演藝術、中學國文科教材設計、教案、臺灣春風歌劇團、洪醒夫〈散戲〉

*佛光大學文學系助理教授

壹、前言

一、「臺灣春風歌劇團」簡介

西元1991年臺大歌仔戲社成立，1997年師大歌仔戲社成立，兩校社員因地利之便而密切合作切磋，直至畢業進入職場後仍難以割捨對歌仔戲的熱情，故以兩社畢業社員爲主要班底，推選葉玫汝[1]爲創團社長，在2003年成立「臺灣春風歌劇團」(**Formosa-Zephyr Opera Troupe**)，由團員分工擔任編劇、演員及文武場樂師，爲具有完整製作群與演出功力的藝術團隊。

「臺灣春風歌劇團」自創團以來，透過「整理老戲」與「創編新戲」雙管齊下，堅持開發歌仔戲新面向；已演出過〈烏龍院－殺惜．活捉〉、〈鍾無豔〉、〈陳世美與秦香蓮〉(又名〈鍘美案〉)、〈呂布與貂蟬〉、〈八郎探母〉、〈唐伯虎點秋香〉、〈花田錯〉、〈打金枝〉等古路戲；以及新編戲碼〈秀才遇到鬼〉[2]、〈飛蛾洞〉[3]、〈玫瑰賊〉[4]、〈威尼斯雙胞案〉[5]、〈雪夜客棧殺人事件〉[6]。不僅由古典中擷取精華，並能跨足兒童劇場、性別議題、推理劇場，讓「臺灣春風歌劇團」的演出更具思辯性而能獨樹一格。

「臺灣春風歌劇團」團員均有正職，團員利用週末團練及演出；爲了精益求精，多數團員亦於民族音樂、劇本創作、劇團行政各領域繼續深造進修。師大畢業之團員則多以中學教師爲正職，在校園內爲歌仔戲播種。筆者專訪任教於中學國文科之蔡瑋玲老師與劉映秀老師，收集整理由2003年至今已實施於課堂之教案，以探討目前歌仔戲表演藝術融入中學國文科課程之成果及未來發展之可能性。

附表一：【臺灣春風歌劇團 團員表】

團員姓名	畢業學校、系所	行當	
張元真	臺灣師大音樂系、臺灣師大民族音樂研究所碩士	小生、樂師	

[1]葉玫汝畢業於臺大法律系，專長爲編劇。

[2]〈秀才遇到鬼〉爲兒童歌仔戲，改編自干寶《搜神記．宋定伯賣鬼》，強調戲曲中虛擬舞臺的特色，設計許多趣味橋段。以生動的戲劇演出搭配戲曲教學互動，讓小朋友們度過歡樂的戲曲時光。

[3]〈飛蛾洞〉於2006.9.8-9.9於國家戲劇院實驗劇場首演，同年11.25-11.26又應邀於宜蘭傳統藝術中心曲藝館演出。本劇原爲古路武旦戲，經春風歌劇團編劇葉玫汝改編爲實驗歌仔戲，藉此探討「生物性別與社會性別」之間的關係。在音樂設計方面，以臺灣歌仔戲既有的曲調爲主，新編曲調爲輔，藉由使用西洋樂器加入搖滾元素。實驗性質濃厚，顛覆觀眾對歌仔戲的既定印象。

[4]〈玫瑰賊〉爲胡撇仔戲。「胡撇仔」是日據時代皇民化運動背景所遺留的產物，也是臺灣歌仔戲所特有的表演風格。有別於古路戲的規則性，卻更具活潑自由的創作生命力。劇中展現一場武士刀、爵士鼓、搖滾樂與歌仔調的華麗拼貼遊戲。

[5] 2007年臺灣春風歌劇團推出改編自義大利喜劇的〈威尼斯雙胞案〉，採用原劇荒謬而跳躍的架構，巧妙注入嶄新的時代議題－現代人自我的「正常性混亂」。戲服改穿皮衣、西裝、蓬蓬裙；音樂則大膽嘗試用爵士鼓、電吉他、貝斯混合著傳統文武場，演出「搖滾歌仔戲」。

[6]2009.1.2於國家戲劇院實驗劇場首演的《雪夜客棧殺人事件》改編自克莉絲蒂推理小說《東方快車謀殺案》，戲中有屍體、嫌疑犯、縣官（偵探），卻徹底顛覆傳統公案劇的演出模式。

張桂菁	臺灣師大音樂系、臺灣師大音樂所碩士	樂師	創團團員
邱妤萱	臺灣師大家政系	旦角	
蔡瑋玲	臺灣師大國文系、政大國文教學所碩士	旦角	
劉映秀	臺灣師大國文系、臺藝大傳統戲劇所碩士	小生、樂師	
林君怡	臺大食品科學研究所碩士	旦角	
葉玫汝	臺大法律系、臺北藝術大學戲劇研究所碩士	團長、編劇	
陳思妤	臺大電機系	小生、樂師	
許美惠	臺大社工系、臺藝大藝管所碩士	三花、編劇	
李佩穎	臺大法律系、臺藝大戲劇所博士生	小生	
蘇芷雲	臺大動物系畢業、臺藝大藝術研究所碩士	導演、編劇	
張哲已	臺大圖資系	三花	
馬淑芳	臺大城鄉與建築研究所碩士	小生、三花	
林佳閱	東吳大學會計學研究所碩士	旦角	招考團員[7]
洪瑞沄	世新大學資訊傳播系	三花	
詹佳穎	大同大學事業經營系	三花	

二、訪談紀錄

（一）訪談時間：民國九十九年十一月四日下午十五時到十九時

（二）訪談地點：臺北市長安東路二段 114-1 號丹堤咖啡

（三）訪談對象：

1.蔡瑋玲老師：臺灣師大國文學系八九級畢業生，現任中山女中國文科教師。臺灣春風歌劇團旦角，曾演出古路戲〈陳世美與秦香蓮〉秦香蓮、〈呂布與貂蟬〉貂蟬、〈八郎探母〉柴郡主等角色。

2.劉映秀老師：臺灣師大國文學系九四級畢業生，國立臺北藝術大學傳統戲劇研究所碩士，曾任臺灣戲曲學院中學部國文科代課教師。臺灣春風歌劇團小生，曾演出古路戲〈打金枝〉郭曖，〈陳世美與秦香蓮〉陳世美、殺手韓琪等角色。

（四）訪談內容：

兩位老師在經驗分享時均流露出對歌仔戲的深厚熱情及使命感，也希望能盡可能地將歌仔戲的藝術精華充分融入教材傳承給中學生；但她們亦指出目前高中國文科各版本選文範圍廣泛，自先秦文獻到現代文學、翻譯文學兼而有之，多數選文並無法有系統地融入戲劇教育。劉映秀老師任教於國立戲曲學院中學部時，

[7]招考團員為其他大學歌仔戲社同好，大學或研究所畢業後經招考程序成為臺灣春風歌劇團團員。

曾讓學生將黃春明小說〈魚〉[8]改編成歌仔戲短劇，由學生自行改編小說對白為歌仔戲唸白與唱詞，表演相當成功；但戲曲學院學生乃長時間接受術科訓練，具備歌仔戲唱作之基本功，故此類教學活動設計並無法套用推廣至其他普通高中國文課課堂。

那麼，是否有某些選文能讓教師有系統地介紹歌仔戲興衰史，並傳承歌仔戲之表演藝術精粹呢？兩位老師指出，在目前各版本高中國文課本中，最能符合上述條件者應是洪醒夫〈散戲〉一課，她們也熱心提供本課教案、教具作為分享，下列章節中將詳細介紹。

貳、洪醒夫〈散戲〉簡介

洪醒夫，本名洪媽從，民國三十八年十二月十日出生於彰化縣二林鎮。臺中師專畢業後任教於小學，教學餘暇從事文藝創作，以關懷農村人、事、物為創作主題，為臺灣重要鄉土文學作家。民國七十二年七月三十一日颱風夜因車禍辭世，享年三十三歲。

〈散戲〉為短篇小說，曾獲民國六十七年第三屆聯合報小說獎二獎，小說之時空背景為民國六0年代中期，當時臺灣經濟起飛，社會型態急遽改變，傳統戲班因觀眾大量流失而經營困難、甚至被迫解散。〈散戲〉一文描寫歌仔戲由盛而衰的變遷過程及歌仔戲班團員迫於生計而面臨轉行的窘境，連代表堅持傳統的戲班團主也不得不與現實妥協，而忍痛做出解散戲班的決定。小說中深刻地反映出六0年代外臺歌仔戲沒落的現實，也引發如何保存傳統藝術並再創新生的深思。

〈散戲〉一文於八十四學年度首次被選錄至國立編譯館版高中國文第四冊。民國八十八年後因應高中教材全面開放政策，高中課本改採一綱多本制，各版本選文雖不盡相同，但〈散戲〉仍可見於正中、翰林、南一、三民、東大、龍騰各版本之選文[9]，誠如南一版《高中國文・第三冊・散戲・題解》所言：

> 「散戲」就是戲已演完的意思，在本篇中不僅表示一齣戲的結束，同時牽涉到一個劇團的解散，還象徵了傳統文化的式微。
>
> 小說的時空背景約在民國六0年代中期，當時臺灣出口貿易增加，經濟快速起飛，社會型態急遽改變，新興娛樂紛紛出籠，觀眾喜好通俗趣味的歌舞秀，傳統歌仔戲團面臨經營困難，甚至解散的命運。……小說中，除描繪中下層人民的生活圖像外，也表現出對受到冷落的歌仔戲演員，及傳統藝術的關注；面對新時代社會種種的轉變，如何不讓傳統文化消失，實在值得深思。[10]

---

[8]選錄於龍騰版高中國文課本第三冊。

[9]康熙版雖未選錄〈散戲〉，但自九十二學年度起皆將洪醒夫〈跛腳天助和他的牛〉一文於編選入高中國文第四冊課文。

[10]王新華主編：《普通高級中學・國文課本・第三冊》（臺南：南一書局，2009.8），頁 34-35。

筆者以為本文情節緊湊、人物塑造個性鮮明、方言運用流暢生動，能具體刻畫出臺灣社會變遷與傳統藝術沒落的現象卻不淪為枯燥說理，其寫實而具藝術性的筆法確為鄉土文學之代表著作。

參、各版本教師手冊關於〈散戲〉的補充資料與教學設計

關於〈散戲〉一課之教學目標，首見於民國八十五年出版之國編本《高中國文教師手冊・第四冊・散戲・教學要旨》：

> 歌仔戲在此所代表的不僅是一種鄉人茶餘飯後的娛樂節目，更有著深遠意義的文化傳統……如何延續這美好傳統並賦予其更新的生命，……正考驗著我們這代人的良知與智慧。教學時宜就下列各點加以掌握：
>
> 一、知識探求方面：觀察臺灣農村社會變遷的景況，並試加檢討歌仔戲所以漸趨沒落的原因。
>
> 二、能力培養方面：學習擷取傳統文化中所蘊藏的珍貴資產，審視現今商業文明的聲色利誘可能造成的不良影響，並舉出因應之道。
>
> 三、情意啟迪方面：時時關注傳統文化藝術的發展，體念先人所秉持的道德理想，養成熱愛鄉土的情懷。[11]

民國八十九年出版之正中版《高中國文教師手冊・第一冊・散戲・教學目標》則為：

> 一、認知方面：
>
> 1. 認識社會的變遷現況，了解野臺歌仔戲漸趨沒落的原因。
> 2. 認識本文以秀潔為敘事觀點的寫作手法。
>
> 二、能力方面：
>
> 1. 能分析本篇小說情節發展的關鍵點及大略的結構
> 2. 能掌握本篇小說對話及描寫的技巧
>
> 三、情意方面：
>
> 1. 培養參與傳統戲曲活動的興趣，並關注傳統藝術的發展。
> 2. 懂得關懷週遭人事，養成熱愛鄉土、憐憫弱者的胸懷。[12]

---

[11]國立編譯館：《高中國文教師手冊・第四冊》（臺北：國立編譯館，1996.1 改編初版），頁 74-75。

[12]李鍌主編：《高中國文教師手冊・第一冊》（臺北：正中書局，2000.3 二印），頁 202。

二者相較下，可以發現國編版的教學目標旨在強調「探求歌仔戲沒落的原因」及「呼籲關注傳統藝術文化」；正中版除保留國編版的教學目標外，又增添了「認識鄉土小說」及「培養賞析小說寫作技巧的能力」。而「關注傳統藝術文化」與「認識鄉土小說及其寫作技巧分析」兩大目標，便成為日後各版本教師手冊訂定〈散戲〉教學目標的基調。

筆者以為，在「關注傳統藝術文化」與「認識鄉土小說及其寫作技巧分析」兩大目標中，後者無疑是比較容易達成的。關於「認識鄉土小說及其寫作技巧分析」這部份，各版本教師手冊中皆詳細蒐羅洪醒夫之生平資料，包括文學觀、創作歷程[13]，甚至連其家庭生活、成長環境、教育態度、其他小說作品[14]……等均詳細羅列。[15]而「關注傳統藝術文化」這部份，各版本教師手冊則是選錄曾永義《臺灣歌仔戲的發展與變遷》、沈文臺《文物珍萃》、陳郁秀《百年臺灣音樂圖像巡禮》書中資料[16]，詳盡介紹歌仔戲由形成到興盛、轉型又至沒落的演變歷程。

然而，縱使教師能夠巨細靡遺地將這些歌仔戲演變歷程的文字資料介紹給學生，是否就能夠達成「培養參與傳統戲曲活動的興趣，並關注傳統藝術的發展」的教學目標呢？對於生活中缺乏傳統戲曲欣賞經驗的中學生而言，答案應是否定的。因此各版本教師手冊也都設計了一些與本課相關的教學活動，希望能夠引發學生認識或參與傳統藝術的興趣。例如南一版《教師手冊・第三冊・散戲・教學建議》建議教師可安排以下活動：

1. 緬懷往日經驗：分配學生準備布袋戲玩偶、歌仔戲人偶、童玩、照片等，喚起大家逐漸消失的記憶，並彼此交換過往與傳統文化接觸的過程。
2. 欣賞傳統歌仔戲：並請學生事先收集資料，上臺介紹歌仔戲曲調及唸白，了解傳統歌仔戲之美。
3. 介紹明華園歌仔戲團：介紹此一團體如何走出臺灣，邁向國際舞臺，經營方式和生存之道，足供參考借鏡之處。
4. 模擬劇場：本文係〈散戲〉原文的後半段，可讓學生分組模擬揣想前半段的情節，藉由彼此的情節設計比較優劣，並進而認識作者原創的精采之處。
5. 其他傳統表演藝術如相聲、京劇、說書、地方曲藝，可配合區域特色加以介紹補充，並與學生討論保存傳統文化與邁向國際化、迎接地球村來臨的相關議題。[17]

---

[13]此部分資料來源為黃武忠：《洪醒夫評傳》（臺北：聯合文學，2004）及林武憲：《洪醒夫研究專集》（彰化：彰化縣文化中心，1994）。

[14]如〈黑面慶仔〉、〈四叔〉、〈吾土〉。

[15]此部分資料來源為陳錦玉：《紮根泥土的青年作家--洪醒夫及其文學研究》（國立成功大學中國文學研究所碩士論文，1995）之選錄改寫。

[16]翰林版教師手冊資料節錄自沈文臺《文物珍萃》、陳郁秀《百年臺灣音樂圖像巡禮》。南一版、東大版、三民版、龍騰版、正中版教師手冊資料均節錄自曾永義《臺灣歌仔戲的發展與變遷》。

[17]王新華主編：《普通高級中學・教師手冊・第三冊》（臺南：南一書局，2009.8），頁101。

以上活動設計立意雖佳，但仍須考慮學生是否具有欣賞布袋戲、歌仔戲或其他傳統藝術表演的相關經驗、教師個人對各種傳統表演藝術的熟悉愛好程度、以及現行高中國文每周僅有四節授課時數，教師深具趕課壓力……等現實問題，因此在實際施行上也會面臨某些困難。

肆、電視歌仔戲之盛衰與目前中學生對歌仔戲的刻板印象

〈散戲〉一文所描寫的是六０年代臺灣社會轉型時，傳統歌仔戲受到新興聲光娛樂衝擊而式微的現實狀況；而洪醒夫也在〈懷念那聲鑼—「牛犁分家」野臺戲公演盛況啓示〉一文中探討過外臺歌仔戲沒落的原因：

> 野臺戲的逐漸沒落絕不在演出的方式，而在它的內容，……目前布袋戲、歌仔戲的觀眾不多，因為人們已經普遍地不喜歡這些……於是它被武俠小說、武俠電影、電視取代，便非意外了。歌仔戲的發展過於緩慢，而且一路哭哭啼啼，在人民生活飽受折磨的時候，啼哭可以發洩觀眾的哀淒之情，然而在人民生活富足時，它便顯得做作。[18]

洪醒夫在這篇文章中指出當時外臺歌仔戲沒落的兩大主因，一是因經濟起飛，電影、電視提供民眾更多休閒娛樂選擇。二是外臺歌仔戲的戲碼與演出方式沒有與時俱進，難以吸引年輕觀眾，是以觀眾大量流失，全臺各地都出現〈散戲〉中所描寫的窘境：

> 臺前只有七八個觀眾，三四個上了年紀的老人家，攜帶著兩個五六歲的娃兒，另外還有兩個穿著制服在廣場上追著打著的學童；就是這樣了，十幾二十人的戲班子，演給老少七八個觀眾看。

與當年曾經是「觀眾黑鴉鴉擠了一片，人頭連著人頭，一直氾濫到廟門前，還溢了一些在廟旁的馬路上」的盛況，真可謂天壤之別。但消失在廟埕前的觀眾其實仍不乏歌仔戲的愛好者，只是他們都轉而投向電視歌仔戲的懷抱。

民國六十年臺視製播首部彩色電視歌仔戲〈相思曲〉，由楊麗花與小艷秋主演，其他電視臺也陸續跟進。當時適逢經濟起飛，即使是農家也均有能力購置電視機，因此電視機普及率迅速提升。外臺戲受限於演出場地，多採用抽象表演方

[18]洪醒夫：〈懷念那聲鑼—「牛犁分家」野臺系公演盛況啓示〉，《自立副刊》，1981.7.8。

式[19]；電視歌仔戲佈景則採用寫實風格，大至床榻櫥櫃，小至窗櫺卷軸均力求逼真，並大量拍攝外景及運用吊鋼絲、爆破等特效鏡頭[20]，精緻炫麗之場面遠勝於外臺戲。

此外，觀眾必須配合廟會慶典活動才能欣賞外臺戲演出，電視歌仔戲則以每齣 20-30 集之連續劇型態播出，每日在家均可準時收看，又可免於風雨、冬寒、酷暑、蚊蟲叮咬……等種種戶外看戲之不便。加上電視歌仔戲為求提升收視率，編劇時特意加入武俠劇元素，推出「俠影秋霜」、「蓮花鐵三郎」等改良新戲碼，男主角由傳統戲曲中的忠孝節義之士轉為風流倜儻、武功蓋世的翩翩佳公子，推出後大受歡迎。根據民國六十八年十一月十四日民生報所刊載的益利市調公司收視率統計，「蓮花鐵三郎」的收視率高達百分之五十，收視群也由中等學歷以下的農村婦女擴展到從兒童至三十五歲的外省籍男女觀眾[21]，成功擄獲了廣大觀眾群。

筆者學齡時正逢電視歌仔戲爭鳴興盛期，當時楊麗花、黃香蓮、葉青各領風騷，在臺視、中視、華視分別推出新戲，午間、晚間均各有半小時歌仔戲時段，歷史[22]、武俠[23]、神怪[24]、才子佳人[25]各種劇碼兼而有之。筆者自小跟隨長輩一同觀賞電視歌仔戲，耳濡目染下也能隨著劇情哼唱都馬調、七字調……等曲調，對歌仔戲相當有親切感。但民國八十二年「有線電視法」通過後，有線頻道暴增，傳媒生態也急速改變；電視頻道雖增多，但因歌仔戲製作成本高，舉凡戲服、梳妝、佈景、道具均所費不貲，電視臺為降低製作成本，寧可拍攝低成本鄉土劇或直接向國外電視臺購買日劇、韓劇、大陸劇，也不願斥資製作精緻歌仔戲。民國九十二年臺視製播之〈君臣情深〉[26]為最後一檔新製電視歌仔戲連續劇，此後僅見某些有線頻道重播十幾年前老三臺所製作的歌仔戲舊劇，因此目前的中學生對歌仔戲可說是更加陌生了。

師大音研所畢業，現任臺灣春風歌劇團樂師及內壢高中音樂教師的張桂菁老師曾在音樂課時非正式地調查學生對歌仔戲的印象，發現高中生對歌仔戲多存有下列幾種刻板印象：

1. 老人看的！
2. 冗長！無聊！
3. 聽不懂！（特別是以客家話或國語為母語，不諳閩南語的學生）

---

[19]例如外臺戲演員以手執馬鞭代表騎乘馬匹。又，舞臺上通常只放置一桌二椅，如有照鏡、開關門窗、跨過門檻、乘船上轎……等動作時，舞臺上皆無實際道具，僅由演員以身段手勢表現之。

[20]曾永義：《臺灣歌仔戲的發展與變遷》（臺北：聯經出版公司，1988），頁 78-81。

[21]曾永義：《臺灣歌仔戲的發展與變遷》，頁 92-93。

[22]如由臺視製播、楊麗花主演的〈臭頭洪武君〉、〈薛仁貴征東〉、〈孫臏與龐涓〉。

[23]如由臺視製播、楊麗花主演的〈鐵漢金鷹〉、〈七俠五義〉、〈鐵扇留香〉。

[24]如由華視製播、葉青主演的〈桃花女鬥周公〉、〈描金扇〉、〈巫山一段雲〉。

[25]如由中視製播、黃香蓮主演的〈釵頭鳳〉、〈江南四才子〉。

[26]〈君臣情深〉，由楊麗花擔任製作人，楊麗花飾演宋仁宗，陳亞蘭一人分飾三角（王文英、周胡、王伯東）。

4. 沒看過以後也不會想看！[27]

歸根究柢，這些對歌仔戲的負面印象皆是因爲不熟悉而帶來的文化隔閡與誤解。

伍、臺灣春風歌劇團團員的教材運用

蔡瑋玲老師所編寫〈歌仔戲在中學課程中的教學經驗分享—國文科〉[28]所呈現出之教學脈絡如下：

（一）散戲作者－洪醒夫
 1. 生平事蹟
 2. 主要著作
 3. 洪醒夫的小說藝術
（二）散戲（課文）
 1. 課文賞析
 2. 分析課文結構（製作「課文結構表」）
 3. 比較散戲人物角色（製作「散戲人物在戲裡戲外的角色比較表」）
（三）文學常識
 1. 中國戲曲源流史
 2. 補充與戲曲有關的日常用語（如「壓軸」、「亮相」、「玩票」、「幫腔」……等）
（四）延伸學習
 1. 洪醒夫作品〈跛腳天助和他的牛〉賞析
 2. 補充課文相關故事〈秦香蓮〉
 3. 相關戲曲欣賞
  (1)韓琪殺廟[29]（臺灣春風歌劇團）
  (2)青天難斷—陳世美與秦香蓮（黃香蓮歌仔戲團）
  (3)飛蛾洞（臺灣春風歌劇團）
  (4)威尼斯雙胞案（臺灣春風歌劇團）[30]

---

[27]張桂菁：〈歌仔戲在中學課程中的教學經驗分享—音樂科〉，見《臺灣春風歌劇團歌仔戲工作坊研習手冊》（臺北：社教館，2010.6），頁 43。
[28]廖佩宇 編：《臺灣春風歌劇團歌仔戲工作坊研習手冊》，頁 57-63。
[29]「韓琪殺廟」是〈陳世美與秦香蓮〉中的一幕。劇情描寫駙馬陳世美要府中家將韓琪代爲解決仇家。當韓琪追殺駙馬口中的「仇家」秦香蓮母子來到山神廟時，方知要殺之人原來竟是駙馬的元配髮妻及親生兒女！韓琪因不忍下手，最後自刎而死。韓琪死前交代秦香蓮母子可持其鋼刀前往開封府鳴冤告狀。
[30]〈飛蛾洞〉與〈威尼斯雙胞案〉並未出現於蔡瑋玲老師所編寫的〈歌仔戲在中學課程中的教學經驗分享—國文科〉之相關戲曲欣賞清單中，而是蔡瑋玲老師在民國九十九年十一月四日之訪談過程中，提到曾於課堂中分享並頗受好評，故本文亦將其補入相關戲曲欣賞清單中。

4.戲曲裡的人生思考和抉擇：小組討論

我們可由此看出蔡瑋玲老師在教授〈散戲〉時，其（一）－（三）之教學設計均能符合「認識鄉土小說及其寫作技巧分析」與「關注傳統藝術文化」的教學目標，但並未突顯其學習及演出歌仔戲的相關經驗；直到（四）延伸學習的「相關戲曲欣賞」部分才出現與眾不同的教學設計。

翰林版《教師手冊・第三冊・散戲・教學建議》[31]中也列舉推薦欣賞的歌仔戲影片清單：

1.錦歌聲中無歲月：歌仔戲（鉅棚傳播公司製作）
2.大家作伙扮戲：歌仔戲教學（臺灣省政府教育廳）
3.傳統戲劇：歌仔戲、布袋戲、皮影戲（臺中市政府教育局製作）
4.逗陣來看歌仔戲（國立復興劇藝實驗學校）
5.歌仔戲（橋窗傳播有限公司製作）
6.大家來唱歌仔戲（國立中正文化中心製作）
7.話說歌仔：認識歌仔戲（黃蜀雅、李俊治製作：西湖國小）
8.歌仔戲唱戲曲調 OK 卡拉：臺灣戲劇音樂集（宜蘭縣政府文化局製作）

我們將兩者相比較，便可看出蔡瑋玲老師所設計的欣賞劇目〈陳世美與秦香蓮〉與〈韓琪殺廟〉更能與本課內容相合。而根據兩位老師之經驗分享，表示在播放臺灣春風歌劇團所演出之劇目時，還可達到以下效果：

（一）引發學生認真觀賞動機

由於目前中學生較少有欣賞歌仔戲的機會，因此也對老一輩耳熟能詳的〈陳世美與秦香蓮〉戲碼感到陌生。〈陳世美與秦香蓮〉是〈散戲〉文中貫穿首尾的重要戲碼，蔡瑋玲老師曾在這齣戲中飾演秦香蓮，劉映秀老師則在不同場次中分飾陳世美及韓琪角色，是以使用〈韓琪殺廟〉一折作爲補充教材，不僅能讓學生透過影音了解〈陳世美與秦香蓮〉故事與歌仔戲唱腔身段之美，更因劇中奸詐的陳世美、忠義的韓琪或哀苦的秦香蓮就是平時道貌岸然的國文老師，因此更能吸引學生認真觀賞影片。

（二）「新編歌仔戲」之創新劇本、改良式戲服、搖滾配樂與現代化唱詞的「歌仔戲新元素」介紹：

洪醒夫在〈懷念那聲鑼—「牛犁分家」野臺戲公演盛況啓示〉一文中曾點出：

> 歌仔戲的發展過於緩慢，而且一路哭哭啼啼，在人民生活飽受折磨的時候，啼哭可以發洩觀眾的哀凄之情，然而在人民生活富足時，它便顯得做作。[32]

[31]宋裕主編：《高中國文教師手冊・第三冊》（臺北：翰林書局，2010.3），頁 437。
[32]洪醒夫：〈懷念那聲鑼—「牛犁分家」野臺系公演盛況啓示〉，《自立副刊》，1981.7.8。

黃武忠《洪醒夫評傳．民俗文化的黃昏—歌仔戲藝人、布袋戲師傅》也認爲：

> 七〇年代隨著經濟的快速起飛，傳統文化也在時代的轉變中逐漸沒落，新的刺激不斷出現，影像媒體的傳播快速地佔據表演市場，這些具備更先進科技的聲光帶給人民更大的感官效果，也順利隨著經濟起飛，取代了舞臺形式的傳統表演藝術……傳統教忠、教孝的民俗表演模式，不再受到現代消費的青睞，而逐漸走向瓦解的命運。[33]

「教忠教孝、哭哭啼啼」的表演內容向來是傳統歌仔戲無法吸引年輕觀眾共鳴的原因之一，因此「臺灣春風歌劇團」除了傳統古路戲演出外，也不斷試圖在歌仔戲中融入現代新元素，不僅在編劇時加入性別議題、偵探推理劇素材，音樂、服裝也都有所創新。例如民國九十五年九月八日於國家戲劇院實驗劇場首演的〈飛蛾洞〉原爲古路武旦戲，原始情節爲「飛蛾精愛上凡人卻被拋棄，因而殺死負心郎」；經駐團編劇葉玫汝改編爲實驗歌仔戲，藉此探討「生物性別與社會性別」間的關係議題，並在服裝造型中融入日式 COSPLAY 風格（見附圖四）；音樂設計方面則是在臺灣歌仔戲的既有曲調外又加進新編曲調，藉由使用西洋樂器加入搖滾元素，以顛覆觀眾對歌仔戲的既定印象。民國九十六年十二月二十一日於臺灣大學鹿鳴堂劇場首演的〈威尼斯雙胞案〉則改編自義大利喜劇，演員改穿皮衣、西裝、蓬蓬短裙、皮靴等西式服裝（見附圖五）；重型機車、筆電都成爲舞臺道具。歌仔戲唱詞中則融入「宅男」、「孤狗」等年輕人語彙，並大膽嚐試將小提琴、爵士鼓、電吉他、貝斯混合傳統文武場音樂，所有設計均顛覆觀眾對於歌仔戲的刻板印象。因此學生在觀賞之後多表示感到耳目一新，劇中「孤狗大神世界賢」也成爲學生間的流行語，部分學生甚至主動至 YOUTUBE 影音網站中搜尋瀏覽相關的歌仔戲片段。而〈韓琪殺廟〉、〈飛蛾洞〉、〈威尼斯雙胞案〉之片段可自由擷取運用，播放時間僅須花費十五至三十分鐘，不會佔用過多授課時間，但卻能確實達到「培養參與傳統戲曲活動的興趣，並關注傳統藝術的發展」的教學目標，筆者以爲可推廣作爲本課教學活動之補充教材。

陸、結語

「臺灣春風歌劇團」成立七年來，除努力將傳統戲曲中優美的曲調、唱腔、身段……等藝術精華加以發揚光大，也大膽做了相當多的實驗與改革，希望能夠吸引更多年輕群眾願意觀賞歌仔戲、進而喜愛歌仔戲；甚至衷心認爲欣賞歌仔戲是一件很「時尚」的休閒活動。

但如果僅透過任教於中學的團員在課堂上宣導發揚，也會因人力單薄而侷限

---

[33]黃武忠：《洪醒夫評傳》（臺北：聯合文學，2004），頁 174。

於少數特定校園中的推廣，效果比較有限。因此民國九十九年起臺灣春風歌劇團也開始與文建會、社教館合作舉辦「中小學教師歌仔戲研習營」[34]，第一屆歌仔戲工作坊教師研習營便於民國九十九年六月二十六、二十七日分兩梯次在「大稻埕戲苑」[35]舉辦[36]。招生對象以臺北縣市中小學教師爲主，透過密集授課方式，介紹歌仔戲唱腔與文武場樂器、歌仔戲的身段與行當、歌仔戲表演形態演變與賞析、歌仔戲在中學課程（音樂科、國文科）中的教學經驗與分享，以及座談會「歌仔戲的傳統與創新」等課程。希望學員透過研習活動而提升欣賞能力，以了解戲曲藝術之美；更希望研習結束後，每位涵泳過歌仔戲之美的老師皆能發揮巧思將傳統戲曲之美設計融入中小學語文課程或鄉土藝術課程中，在中小學校園中散佈傳統戲曲藝術的種子。而目前各電視臺雖久未推出新製歌仔戲節目，但文建會及各縣市政府均不定期獎助優秀團隊演出「文化外臺戲」[37]，觀眾均可免費欣賞演出。若教師能先在課堂上激發學生對歌仔戲的興趣與觀賞動機，再將免費演出資訊分享給學生，便能讓學子透過實際欣賞，親身體驗傳統戲曲之美，讓歌仔戲藝術獲得更多年輕學子的認識、喜愛與珍惜，達成「培養參與傳統戲曲活動的興趣，並關注傳統藝術的發展」的教學目標。

---

[34]每場參與之臺北縣市教師學員得核發教師研習時數 6 小時。

[35]「大稻埕戲苑」位於臺北市迪化街一段 21 號永樂市場九樓。

[36]第二屆中小學教師歌仔戲研習營則於民國一百年七月二日、三日分兩梯次在「大稻埕戲苑」舉辦。

[37] 以臺北縣市爲例，民國 100 年 8 月可免費欣賞的文化外臺戲便有由臺北市立社教館主辦之「大稻埕戲苑．遊於戲」活動，由臺灣春風歌劇團在永樂廣場演出《陳三五娘》(8/6)、《白蛇傳》(8/14)、《薛丁山與樊梨花》(8/20)、〈打金枝+遊上林〉(8/27) 共四場演出。新北市政府文化局則推出「新北市文化大進擊活動」，邀請華藝戲劇團演出《紅線傳情》（8/6 林口運動公園）、臺灣春風歌劇團演出《鍘美案》（8/13 鶯歌區公所前停車場）、陳美雲歌劇團演出《父子情》（8.14 瑞芳火車站前廣場）藝華園戲劇團《玉面修羅》（8/27 三峽三樹路國慶路口廣場）。臺北市立社教館於萬華區艋舺公園推出「臺北市 100 年歌仔戲觀摩匯演」，由 100 年 8 月 12 日至 8 月 25 日，共邀請十四個歌仔戲團連番演出。

時間	演出團隊	劇目
8.12	藝人歌劇團	《刁蠻公主》
8.13	宏聲歌劇團	《英烈豪傑之戰太平》
8.14	薪傳歌仔戲劇團	《大双囍》
8.15	鴻明歌劇團	《一文錢》
8.16	一心戲劇團	《賢臣迎鳳》
8.17	飛鳳儀歌劇團	《台灣奇案二──夫妻情》
8.18	葉如琪歌劇團	《杜回救主》
8.19	明華園天字戲劇團	《柳家店》
8.20	小飛霞歌劇團	《青龍與白鶴》
8.21	臺灣春風歌劇團	《鍘美案》
8.22	新國聲歌劇團	《明鏡高懸》
8.23	明珠女子歌劇團	《馴夫記》
8.24	鶯藝歌劇團	《千里兄弟情》
8.25	武童歌劇團	《甘國寶》

附圖一.劉映秀老師飾演 陳世美劇照
（師大歌仔戲社/劉映秀老師提供）

附圖二.劉映秀老師(右二)飾演韓琪劇照
（臺灣春風歌劇團提供）

附圖三.蔡瑋玲老師飾演秦香蓮之劇照

（師大歌仔戲社/蔡瑋玲老師提供）

附圖四.〈飛蛾洞〉劇照
（臺灣春風歌劇團提供）

附圖五.〈威尼斯雙胞案〉劇照
（臺灣春風歌劇團提供）

徵引文獻

王新華 主編：《普通高級中學國文課本・第三冊》，臺南：南一書局，2009.8。
何寄澎 主編：《高中國文教師手冊・第三冊》，臺北：龍騰文化出版社，2010。
宋裕 主編：《高中國文教師手冊・第三冊》，臺北：翰林書局，2010.3。
李鍌 主編：《高中國文教師手冊・第一冊》，臺北：正中書局，2000.3 二印。
沈文臺：《文物珍萃》，臺中：臺灣省新聞處，1997。
林武憲 編：《洪醒夫研究專集》，彰化：彰化縣文化中心，1994。
洪醒夫：〈懷念那聲鑼—「牛犁分家」野臺戲公演盛況啓示〉，《自立副刊》，1981.7.8。
黃志民 主編：《高中國文教師手冊・第一冊》，臺北：三民書局，2007.8。
黃志民 主編：《高中國文教師手冊・第四冊》，臺北：東大圖書公司，2003.10。
黃錦鋐 主編：《高中國文教師手冊・第四冊》，臺北：國立編譯館，1996.1 改編初版。
陳建忠 編：《洪醒夫作品學術研討會論文集》，彰化：彰縣文化局，2002。
陳郁秀：《百年臺灣音樂圖像巡禮》，臺北：時報文化出版企業股份有限公司，1998。
陳錦玉：《紮根泥土的青年作家--洪醒夫及其文學研究》，國立成功大學中國文學研究所碩士論文，1995。
曾永義：《臺灣歌仔戲的發展與變遷》，臺北：聯經出版公司，1988。
黃武忠：《洪醒夫評傳》，臺北：聯合文學出版社，2004。
楊馥菱：《臺灣歌仔戲史》，臺中：晨星出版社，2002。
廖佩宇 編：《臺灣春風歌劇團歌仔戲工作坊研習手冊》，臺北：社教館，2010.6.26。
鄭源發：〈散戲之後--論洪醒夫「散戲」之敍事結構、人物塑造與象徵〉，《國文天地》十五卷第六期，1999.11，頁 90-95。
臺大歌仔戲社史 （臺大批踼踢實業坊/臺大歌仔戲社 NTUTW-Opera）
師大歌仔戲社史（http://ntnutwopera.pixnet.net/blog）
臺灣春風歌劇團團史 （http://www.wretch.cc/blog/ZephyrOpera）
臺北市立社教館網站 （http://www.tmseh.taipei.gov.tw/MP_119051.html）
新北市政府文化局網站（http://www.culture.ntpc.gov.tw/web/Home）

〈蘭亭序〉讀法新議

劉漢初[*]

摘　要

〈蘭亭序〉由於有作者問題並未完滿解決，文章的好壞也見仁見智，加上內中的思想頗有落入悲觀的疑慮，作爲中學生閱讀的課文，教師教學有相當高的難度。本文因此提出以延伸閱讀取代一般教學程序的做法，讓〈蘭亭序〉從書法神品，轉而變成理解魏晉人藝術精神的媒介，並經由一些課外資料的導讀，使學生接觸魏晉人的某些思想，進而認識到多元人生價值觀之可貴。

關鍵詞：王羲之、蘭亭序、延伸閱讀、多元價值、「才」的表現

[*]國立東華大學中文系副教授

一、〈蘭亭序〉是一篇難教的文章

在一般的情形下，古典散文被選用爲中學語文課程，經由學者專家和有經驗的教師編寫爲課文，其內容通常包含兩個方面：其一是散文外緣的，包括了作者生平、寫作背景。其二是散文本身的，主要是語詞訓釋、篇段大意，和文章整體結構。還有的就是應該結合前二者而提出的主題意旨。編的人按照這樣的範圍編，教的人按照這樣的範圍教，學的人也按照這樣的範圍學，這是兩岸三地國語文課程行之多年的實況，各地恐怕沒有太大的差異。這種方式本來沒有甚麼不好，但是，〈蘭亭序〉這篇文章有點特別，如果仔細思考一下，以上的編法教法學法，可能存在一些不能圓滿解決的問題。

二、還未完滿解決的作者問題

首先，〈蘭亭序〉的作者到底是不是王羲之？就是一個懸而難解的課題。這個疑問早在清朝就有人注意到了，1965 年由郭沫若、高二適等人挑起的「蘭亭論辯」，討論的過程更是波瀾壯闊，而且影響深遠，其後最少還有兩次比較集中的討論，直到二十世紀結束。而大陸以外地區，對這個問題提供意見的也頗有其人。1965 年大論辯，郭沫若首先否定〈蘭亭序〉是王羲之所作，這個主張雖然得到當時大多數討論者所附和，但由於他的特殊身份和寫作習慣，一般被認爲頗有政治動機，不是嚴肅的學術洞見，故此越到後來，反對他說法的論者就越來越多。[1]倘若我們平心靜氣，不存偏見地把政治作用和意氣之爭一一揭過，以比較客觀的態度觀察，儘管現代學界大多認可〈蘭亭序〉的著作權應該屬於王羲之，但我們恐怕還是得承認，否定論者提出的疑問有些並未能得到根本的解決，〈蘭亭序〉的著作權似乎並不完全乾淨。

這樣就出現了一個可能的誤區。假使教學這篇文章，我們能不能夠理所當然地把王羲之的生平經歷和思想背景拿來作爲解讀文章的輔助呢？即使退一步說，承認王羲之的著作權，他的一貫思想和〈蘭亭序〉後半所顯示的意念能不能密合無間呢？再說，王羲之不是個思想家，他留下來的文章，有些較長篇的文字可以清楚看到他的一些想法，但大都只在軍事政治方面提出意見，不甚涉及個人的人生觀，更與〈蘭亭序〉後半所流露的悲觀論調沒有多大關係。其次則是大量的短篇書簡，即後世所謂的「雜帖」，內中頗有一些嘆年傷老，死生新故的感懷，

---

[1] 有關 1965 年的「蘭亭論辯」和其後各次討論的始末詳情，論者頗多，比較翔實周延，又有詳明而扼要的整理的，可參束有春：〈《蘭亭序》真僞的世紀論辯〉(《尋根》，1990 年 2 期。頁 39-48)。《王羲之志》(《王羲之志》編纂委員會編，濟南：山東人民出版社，2001)，第三篇第三章蘭亭論辨（頁 177-192)。陳雅飛：〈中國大陸《蘭亭序》真僞論辨回顧〉(《浙江大學學報》〔人文社會科學版）第 34 卷第 3 期，2004.5。頁 102-110)。

有些學者認爲與〈蘭亭序〉後半有類似的思維。只是，今傳王羲之的法帖好像都不是右軍真跡，可能都是唐以後的摹本，王氏原信其實已不存在，那麼，這些短簡是不是右軍的文章？恐怕問題和〈蘭亭序〉一樣，不容易得到澄清。再退一步說，所有「雜帖」的文字都是右軍所作，那麼嘆年傷老，死生新故一類感情，早在漢代已成爲一般人的普遍感懷，並且已經屢屢寫在詩文之中了。這些詩文通常也不用論理的筆調來表現，而是像「雜帖」那樣充滿嗟嘆的口吻。再看「雜帖」中這一類感懷，都同時具體地記下是那些親友的消逝，或是右軍自己的身體狀況，那是寫特定的事實，與〈蘭亭序〉後半的講思想觀念，講普遍的人生現象，二者畢竟是不同類的。也有人注意到他在這次集會所作的幾首〈蘭亭詩〉，以爲裡面的思想與〈蘭亭序〉後半一致。可是，這些詩在語言解讀上恐怕還有些歧義的問題，不容易判斷那裡面顯示的人生觀是通達的超越生死，還是執著的爲生命易於流逝而慨嘆。[2]這樣說來，從作者背景出發去論〈蘭亭序〉的內容，有許多不能確定之處，要講得圓通，勢必大費周章，而且頗有疑慮。

三、〈蘭亭序〉是一篇好文章嗎？

再論散文本身的問題。〈蘭亭序〉有一個嚴重的缺點，即作者不講求文章結構，前後分爲樂與哀相反的兩截，而且意思如何由樂轉哀，完全看不到布局跡象。不僅如此，作者行文只用直筆，兩截的文意各自一線直下，什麼迴環照應，宕開一筆，先隱後顯，欲開先闔等等篇章技法一概不顧。質疑王羲之著作權的人最常引用的口實之一，是《昭明文選》沒有收錄〈蘭亭序〉。其實這個問題不成理由，任何選本都不可能盡收天下佳作，再高明的衡文好手也有疏神的時候，這不該是辨僞的方法。但是，〈蘭亭序〉以文章論當非佳作，即使它是王羲之手筆，文選樓學士也不算看走眼，試比較一下曹丕的〈與吳質書〉，同樣是抒發樂往哀來之感，生命無常之悲，曹丕謀篇布局之精到巧妙，感情表現之深刻動人，高出〈蘭亭序〉真不可以道里計。我們不能因爲它是書法神品，就忽略它作爲文章的一些缺點，到底我們是把它當作範文來講解的。至於說〈蘭亭序〉中用語的疏失，古來論者已多，如「天朗氣清」寫暮春大似秋景，「絲竹管絃」之重複拖沓等等。

---

[2] 逯欽立《先秦漢魏晉南北朝詩》（臺北：木鐸出版社，1983）收王羲之〈蘭亭詩〉凡六首，其一四言：「代謝鱗次，忽焉以周。欣此暮春，和氣載柔。詠彼舞雩，異世同流。迺攜齊契，散懷一丘。」以下五言，其二：「悠悠大象運，輪轉無停際。陶化非吾因，去來非吾制。宗統竟安在，即順理自泰。有心未能悟，適足纏利害。未若任所遇，逍遙良辰會。」其三：「三春啓群品，寄暢在所因。仰望碧天際，俯磐綠水濱。寥朗無厓觀，寓目理自陳。大矣造化功，萬殊莫不均。群籟雖參差，適我無非新。」其四：「猗與二三子，莫匪齊所托。造真探玄根，涉世若過客。前識非所期，虛室是我宅。遠想千載外，何必謝曩昔。相與無相與，形骸自脫落。」其五：「鑑明去塵垢，止則鄙吝生。體之固未易，三觴解天刑。方寸無停主，矜伐將自平。雖無絲與竹，玄泉有清聲。雖無嘯與歌，詠言有餘馨。取樂在一朝，寄之齊千齡。」其六：「合散固其常，修短定無始。造新不暫停，一往不再起。於今爲神奇，信宿同塵滓。誰能無此慨，散之在推理。言立同不朽，河清非所俟。」前五首看不出「死生亦大矣」的感嘆，末一首雖有所涉及，但終篇也講「散之」之道，似乎也不甚執著，與〈序〉明顯有別。各詩見逯書頁 895-896。

近人錢鍾書說得更是徹底，他所著的《管錐編》，論嚴可均《全上古三代秦漢三國六朝文》中，認爲「文以書傳，臨摹悠廣，手胝於《褉帖》，自亦口沫於《蘭亭詩序》」，明白指出〈蘭亭序〉在文章典範上所以得享大名，都由於它是書法神品。他又指出：

> 竊謂羲之之文，真率蕭閒，不事琢磨，寥寥短篇，詞意重沓。如云：「暢敘幽情，……惠風和暢」；「仰觀宇宙之大，俯察品類之盛，所以遊目騁懷，極視聽之娛，信可樂也」；「夫人俯仰一世，……向之所欣，俯仰之間已為陳迹，猶不能不以之興懷。……古人云：『死生亦大矣！……』每覽昔人興感之由，莫合一契，……所以興懷，其致一也。[3]

全面統觀文中詞意重出之處，所舉較前人更爲周備。他又提出一個獨到的看法，《管錐編》下文大量徵引前人之說，說明《褉帖》中二十餘「之」字，無一字法相同，進而謂王羲之其他書帖也是這樣，同爲一字必別爲數體，未嘗複出，且影響了後人書法，一些書家寫同一字皆各求別體。他並下判斷說：

> 顧羲之於字體不肯複犯，而於詞意之複犯，了不避忌，豈摶心揖志在乎書法，文章本視為餘事耶？

對於文章的好壞，錢鍾書倒是說了些狡獪的話：

> 羲之此《序》低徊慨歎，情溢於辭，殊有悱惻纏綿之致；究其心蘊，析以義理，反殺風景。[4]

明明對《蘭亭序》本文很有意見，最後卻訴之於風雅，那仍是從書法藝術上考慮的多。但這樣一來問題就麻煩了，身爲文人雅士的讀者，固然可以不做焚琴煮鶴的事，但我們現在卻要去教這麼一篇文章，依上述的教學範圍和步驟，正是非得去「究其心蘊」、「析以義理」不可，這可就爲難了。

再說，《蘭亭序》後半陳述的人生觀，往好處說是給我們介紹生死學的機會，不過內中蘊含的悲觀色彩，怎樣運用教學言語一一消融，讓中學生不致於想入歧途，或者「感極而悲」？對教師實在是十分嚴酷的考驗。

---

[3] 錢鍾書：《管錐編》（北京：中華書局，1991）第三冊，〈全晉文卷二六〉，頁 1112。
[4] 以上兩段引文，分見《管錐編》第三冊，頁 1113, 1116。

四、求之於文章之外的延伸讀法

當正常的教學程序發生疑難的時候，爲了避免可能勞而少功的困擾，改弦更張或者是個比較好的辦法。〈蘭亭序〉本文難教，不如考慮不教，而把時間精力用在延伸閱讀上面。這是九方皋相馬之術，求之於牝牡驪黃之外，其說如下。

前文謂〈蘭亭序〉是書法神品，則講〈蘭亭序〉何不從藝術精神方面取徑？當然，我們並不是講書法之美，而是講〈蘭亭序〉文章中所呈現的魏晉人的感情態度，以及與此態度頗有關係的多元價值觀。〈蘭亭序〉哀樂無常，人生有限的想法，不是新鮮的課題，《詩經》以至漢人詩篇已有講及，但那些詩人大多秉持一種以暫時的歡樂排解永久的哀愁之生命態度，不像〈蘭亭序〉那樣終於歸結爲死生大恨之不可解。樂往哀來的人生實況，是這篇文章的核心意義，但同樣不是作者的新發現。《晏子春秋》卷一〈內篇諫上〉：

> 景公遊于牛山，北臨其國城而流涕曰：「若何滂滂去此而死乎！」艾孔、梁丘據皆從而泣。晏子獨笑于旁，公刷涕而顧晏子曰：「寡人今日游悲，孔與據皆從寡人而涕泣，子之獨笑，何也？」晏子對曰：「使賢者常守之，則太公、桓公將常守之矣；使勇者常守之，則莊公、靈公將常守之矣。數君者將守之，則吾君安得此位而立焉？以其迭處之，迭去之，至于君也，而獨為之流涕，是不仁也。不仁之君見一，諂諛之臣見二，此臣之所以獨竊笑也。」[5]

《韓詩外傳》卷十有相同故事，文字頗多出入[6]，但都有晏子以正理勸諫的載錄。登高臨遠，面對遼闊的空間，容易引發暇想，劉勰所謂「天高氣清，陰沈之志遠」，而「物色相召，人誰獲安」[7]，享樂的人在這種情況下，好景不常的感嘆便隨之而來了。

不只齊景公如此，爲西晉奠定平吳基業的大人物羊祜也有同樣感嘆，《晉書》卷三十四《羊祜傳》：

[5] 吳則虞：《晏子春秋集釋》（臺北：鼎文書局，1977），頁 63。

[6]「齊景公游於牛山之上，而北望齊，曰：『美哉國乎！鬱鬱泰山！使古而無死者，則寡人將去此而何之？』俯而泣沾襟。國子、?子曰：『然。臣賴君之賜，疏食惡肉，可得而食也；駑馬柴車，可得而乘也；且猶不欲死，況君乎！』俯泣。晏子曰：『樂哉！今日嬰之游也。見怯君一，而諛臣二。使古而無死者，則太公至今猶存，吾君方今將被蓑笠而立乎畎畝之中，惟事之恤，何暇念死乎！』景公慙而舉觴自罰，因罰二臣。」見文淵閣四庫全書本《韓詩外傳》（臺北：臺灣商務印書館，1983）卷十，頁 8a,b。

[7] 劉勰：《文心雕龍》卷十《物色篇》，見范文瀾：《文心雕龍注》增補本（臺北：明倫出版社，1971），頁 693。

祜樂山水，每風景，必造峴山，置酒言詠，終日不倦。嘗慨然歎息，顧謂從事中郎鄒湛等曰：「自有宇宙，便有此山。由來賢達勝士，登此遠望，如我與卿者多矣！皆湮滅無聞，使人悲傷。如百歲後有知，魂魄猶應登此也。」湛曰：「公德冠四海，道嗣前哲，令聞令望，必與此山俱傳。至若湛輩，乃當如公言耳。」[8]

不同於《晏子春秋》和《韓詩外傳》的書寫重點，《晉書》特別強調了羊祜的感喟，鄒湛的話看來竟似陪襯。《晉書》雖是唐人所編，卻是從西晉南北朝流傳下來的典籍中取材的，大體可以代表當時人的觀念。不僅如此，《世說新語・言語第二》：

衛洗馬初欲渡江，形神慘顇，語左右云：「見此芒芒，不覺百端交集。苟未免有情，亦復誰能遣此！」[9]

漢末以來文士間重視清談，以老、莊、周易為學習對象，而且多服膺於道家的人生觀，講求「哀樂不能入」的虛靜修養，尤其是要超越情感的牽累。衛玠是當時的大名士，八王亂後，五胡繼作，他率領著整個家族數百口渡越長江，打算到南方避難發展，可能是在大江上一時感到前途渺茫，所以發出這種喟態。他自己也知道這樣的為情罣礙，恐怕會被人譏評，故有後面兩句。劉義慶編集《世說新語》，把他的話記在「言語」一篇之下，那是表示讚許，同情他「亦復誰能遣此」的境況了。

同書《傷逝篇》又載：

王戎喪兒萬子，山簡往省之，王悲不自勝。簡曰：「孩抱中物，何至於此？」王曰：「聖人忘情，最下不及情；情之所鍾，正在我輩！」 簡服其言，更為之慟。[10]

山簡是山濤的兒子，山濤與王戎同屬所謂竹林七賢，他們都是晉初的大名士，山簡不因王戎過度耽溺於情傷，認為他有失名士身份，反而因為他說得近乎人情，確是理當哀痛，自己受他感動，也改容陪他一哭。[11]過去一些研究中國思想史的

---

[8] 吳士鑑、劉承幹：《晉書斠注》（臺北：藝文印書館，1972），頁 713。

[9] 余嘉錫：《世說新語箋疏》（北京：中華書局，1983），頁 94。

[10] 同前註，頁 638。

[11] 《世新新語・德行》又載：「王安豐遭艱，至性過人。裴令往弔之，曰：『若使一慟果能傷人，濬沖必不免滅性之譏。』」劉注引〈曲禮〉：「居喪之禮，毀瘠不形，視聽不衰，不勝喪，乃比於不慈不孝。」又引《孝經》：「毀不滅性，聖人之教也。」見余嘉錫：《世說新語箋疏》，頁 22。大概王戎對親人的逝世往往哀傷過度，居母喪時裴楷引經義規勸，喪兒萬子時山簡溫言開解，可

人，如馮友蘭者流，也注意到魏晉玄學中有「主情」的一派，名士並不是清一色的只講超越而已，這個觀察很對。

但主情有時也有極端之例，《世說新語・任誕篇》：

> 王長史登茅山，大慟哭曰：「琅邪王伯輿，終當為情死！」[12]

王廞在茅山上看到甚麼，受到甚麼刺激，因而這樣痛哭？詳情不得而知。這個人性情有點特別，例如有一次在母喪時，應王恭之請起兵爲亂，派任自己的女兒當將軍，又以女人爲官屬，事見《宋書・顧琛傳》及《魏書・僭晉司馬叡傳》[13]，大概是個任性的人。不過劉義慶編《世說新語》，〈任誕〉篇中的人物言談，許多都不是從負面評價著眼的，還有幾許賞愛的成分在。大抵六朝人論人生價值常會有往美的取向傾斜的現象，人間事務的是非利鈍，往往不甚著意，卻只管這些事能不能引起美的感受，於是言談舉止之不同流俗，只要不過度觸犯道德忌諱，就是一種「才」的表現，亦即呈現了人的某一種充沛的精神活力，可以當作一種美感來欣賞。王廞這種感情，也可作如是觀。

六朝人耽於情的事例極多，可再舉一事以說明。曹魏之時有個青年玄學家荀粲，是名臣荀彧的幼子。《世說新語・惑溺篇》這樣記載：

> 荀奉倩與婦至篤，冬月婦病熱，乃出中庭自取冷，還以身熨之。婦亡，奉倩後少時亦卒。以是獲譏於世。奉倩日：「婦人德不足稱，當以色為主。」裴令聞之日：「此乃是興到之事，非盛德言，冀後人未昧此語。」

劉孝標注引《荀粲別傳》：

> 粲常以婦人才智不足論，自宜以色為主。驃騎將軍曹洪女有色，粲於是聘焉。容服帷帳甚麗，專房燕婉。歷年後婦病亡。未殯，傅嘏往喭粲，粲不明〔哭〕而神傷。嘏問曰：「婦人才色，並茂為難。子之聘也，遺才存色。非難遇也，何哀之甚？」粲曰：「佳人難再得！顧逝者不能有傾城之異，然未可易遇也。」痛悼不能已已。歲餘亦亡。亡時年二十九。[14]

見其人感情特別豐富，但時論並不以此減損其名士的地位。

[12] 同前註，頁 764。

[13] 見沈約：《宋書》（景印清乾隆武英殿本，臺北：藝文印書館，1972）卷 81〈顧琛傳〉，頁 1000。魏收：《魏書》（景印清乾隆武英殿本，臺北：藝文印書館，1972）卷 96〈僭晉司馬叡傳〉，頁 1043。

[14] 以上兩段引文，見《世說新語箋疏》，頁 918。

總括這兩段文字看，如以今日的角度論之，則荀粲可謂是個至情至性的人。他的朋友傅嘏，有「才性合」的主張，是當時熱門清談論題「才性四本論」的四個核心人物之一，也是個重量級的名士，他與山簡一樣，對朋友面臨親人之喪過度哀傷此事，起先也甚不以爲然，但經荀粲的說明，可能心中不無爲他哀感之感吧。雖然傅嘏的反應《世說》和《別傳》都沒有記下，但從兩段行文收束處的語氣看來，荀粲所說必是已引起許多人的注意，甚至有不少年輕人視作名言，因此裴令才煞有介事的告誡後生，這是荀奉倩一時興到之語，有傷盛德，並非至理，切切不可效法。此「一時興到」，其本質與文學藝術的「靈感」十分相似，正是某種「才」的表現。我們從裴令的語意作反向思考，可知當時頗有些真能夠欣賞荀粲深情的人，在大有同感的情緒激蕩之下，縱使在理性上明白荀粲的行爲或於人生意義的領悟中不能免於鄙陋之譏，但卻因其言能深切動人，使聽者愛之終不得已。這「不得已」正是成就文學藝術的最大動力，而魏晉人則深了此處。試看《世說新語・任誕篇》這一段：

> 桓子野每聞清歌，輒喚：「奈何！」謝公聞之曰：「子野可謂一往有深情。」[15]

桓伊爲人一向脫略形跡，只要意氣所至，甚麼地位面子，君臣尊卑都可以不顧[16]。他聽了清歌，又忘情的大放嗟嘆之聲，這是率性自由的表現，也就是過去學者常說的魏晉人的個性解放。魏晉人的價值觀是多元的，所以當時儘管有名教與自然之爭，但守禮之士與任達之人同樣受到尊重，禮學與玄學同時有輝煌的發展。由此看來，當時會弄出「大隱隱於朝，中隱隱於市，小隱隱於野」[17]這種講法，恐

[15] 同前註，頁 757。

[16] 《世說新語・任誕篇》：「王子猷出都，尙在渚下。舊聞桓子野善吹笛，而不相識。遇桓於岸上過，王在船中，客有識之者云：『是桓子野。』王便令人與相聞云：『聞君善吹笛，試爲我一奏。』桓時已貴顯，素聞王名，即便回下車，踞胡床，爲作三調。弄畢，便上車去。客主不交一言。」見《世說新語箋疏》，頁 761。又《晉書》卷 81〈桓伊傳〉載：「時謝安女壻王國寶專利無檢行，安惡其爲人，每抑制之。及孝武末年，嗜酒好內，而會稽王道子昏醟尤甚，惟狎昵諂邪，於是國寶讒諛之計稍行於主相之間。而好利險詖之徒，以安功名盛極，而構會之，嫌隙遂成。帝召伊飲讌，安侍坐。帝命伊吹笛。伊神色無迕，即吹爲一弄，乃放笛云：『臣於箏分乃不及笛，然自足以韻合歌管，請以箏歌，并請一吹笛人。』帝善其調達，乃敕御妓奏笛。伊又云：『御府人於臣必自不合，臣有一奴，善相便串。』帝彌賞其放率，乃許召之。奴既吹笛，伊便撫箏而歌怨詩曰：『爲君既不易，爲臣良獨難。忠信事不顯，乃有見疑患。周旦佐文武，金縢功不刊。推心輔王政，二叔反流言。』聲節慷慨，俯仰可觀。安泣下沾衿，乃越席而就之，捋其鬚曰：『使君於此不凡！』帝甚有愧色。」見《晉書斠注》，頁 1398。

[17] 這種說法在兩晉人似乎頗爲普遍，如王康琚〈反招隱詩〉：「小隱隱陵藪，大隱隱朝市。伯夷竄首陽，老聃伏柱史。昔在太平時，亦有巢居子。今雖盛明世，能無中林士？放神青雲外，絕跡窮山裏。鵾雞先晨鳴，哀風迎夜起。凝霜凋朱顏，寒泉傷玉趾。周才信眾人，偏智任諸己。推分得天和，矯性失至理。歸來安所期，與物齊終始。」又如《晉書》卷 82〈鄧粲傳〉載，粲「與

怕不純是巧宦之人的托辭。至於被朱熹批評一邊要清高，一邊又招權納貴的王謝子弟，如衡之以當時的風氣，恐怕一般人都難以自外，這樣說來，也是無可厚非的吧。

我們舉了這麼些段落文篇，以說明〈蘭亭序〉可以用延伸閱讀的方式，增加其豐富度，讓聽的人感覺有興味，並且習得魏晉人的一些藝術觀與價值觀。在崇尚多元價值的今天，或者這才是合時的教學內容吧。至於應該給學生讀那些篇章？上面舉的只是很少的例子，教師可參照漢魏六朝相關的文學、美學論著，自行選擇適合自己班級學生的篇目。總而言之，目前臺灣中小學國語文教學，被太多的細節搞得支離破碎，學生快要失掉閱讀語文的樂趣了。多給他們看一些延伸閱讀的好文章，讓他們真正能夠「仰觀宇宙之大，俯察品類之盛，足以極視聽之娛，信可樂也」，豈不美哉？

南陽劉驎之、南郡劉尚公同志友善，並不應州郡辟命。荊州刺史桓沖卑辭厚禮請粲為別駕，粲嘉其好賢，乃起應召。驎之、尚公謂之曰：『卿道廣學深，眾所推懷，忽然改節，誠失所望。』粲笑答曰：『足下可謂有志於隱而未知隱。夫隱之為道，朝亦可隱，市亦可隱。初在我，不在於物。』尚公等無以難之，然粲亦於此名譽減半矣。」見《晉書斠注》，頁 1419。依照王康琚詩的理路，在朝市寄迹雖亦可為高士，但隱居山林顯然更是逍遙。鄧粲的說辭雖不能夠挽回名譽下降的頹勢，但他敢這樣聲言，背後亦當有此種思想支持。類似的情境如《世說新語・言語篇》：「簡文入華林園，顧謂左右曰：『會心處，不必在遠。翳然林水，便自有濠、濮間想也。覺鳥獸禽魚，自來親人。』」（《世說新語箋疏》，頁 120-121）明明是皇家的大林園，卻可以作「濠濮間想」，應當也是這種思維的另一種表現方式。此輩人追求的理想人生，可能即是依據莊子「處乎材與不才之間」、「物物而不物於物」這種思想來，最終的目的是用以擺脫世間的牽累。只是這個問題牽涉頗大，非本文所能盡論，暫且交待如此。莊子之說見《莊子・山木篇》，郭慶藩：《校正莊子集釋》（臺北：世界書局，1971），頁 668。

引用書目

《韓詩外傳》，文淵閣四庫全書本，臺北：臺灣商務印書館，1983 年。
《校正莊子集釋》，清・郭慶藩，臺北：世界書局，1971 年。
《晏子春秋集釋》，吳則虞，臺北：鼎文書局，1977 年。
《晉書斠注》，吳士鑑、劉承幹同注，臺北：藝文印書館，1972。
《宋書》，沈約，景印清乾隆武英殿本，臺北：藝文印書館，1972。
《魏書》，魏收，景印清乾隆武英殿本，臺北：藝文印書館，1972。
《世說新語箋疏》，余嘉錫，北京：中華書局，1983。
《文心雕龍注》增補本，見范文瀾，臺北：明倫出版社，1971。
《先秦漢魏晉南北朝詩》，逯欽立，臺北：木鐸出版社，1983。
《管錐編》第三冊，錢鍾書，北京：中華書局，1991。
《王羲之志》，《王羲之志》編纂委員會編，濟南：山東人民出版社，2001。
〈《蘭亭序》真僞的世紀論辯〉，東有春，《尋根》，1990 年第 2 期，頁 39-48。
〈中國大陸《蘭亭序》真僞論辨回顧〉，陳雅飛，《浙江大學學報》（人文社會科學版），第 34 卷第 3 期，2004 年 5 月，頁 102-110。

〈蘭亭集序〉的時代投影

李清筠*

摘　要

〈蘭亭集序〉爲王羲之爲《蘭亭詩》寫的序言。文中環繞著生死議題，提出了個人真切的感性領受及理性批判。本文以〈蘭亭集序〉爲主要討論對象，兼及〈蘭亭詩〉，探討該文所反映出的時代影像。順著文章寫作的次第，分別就「玄對山水」、「才性自覺」、「智慧兼深情」三個層面加以探討，並說明這些影像與「魏晉風流」之間的關聯。

關鍵詞：蘭亭集序、蘭亭詩、玄對山水、才性自覺、智慧兼深情

*國立臺灣師範大學國文學系副教授

一、 前言

文學像鏡子一樣，書寫者透過選擇，記錄並解釋了他所面對的時代。因此，在文學作品裡可以反映出局部社會現實的倒影。

蘭亭是東晉會稽郡山陰城西南郊的名勝。永和九年三月三日這天，任會稽內史的王羲之和謝安、孫綽等四十餘人聚於蘭亭，曲水流觴，飲酒賦詩。之後，王羲之將諸人所作詩一一記錄，編爲蘭亭集，並作序。

〈蘭亭序〉是緊扣書序的要求和目的而寫的一篇標準的書序。序文中王羲之先以回視的身影，記錄了宴集之樂，交代了詩集形成的背景。現存〈蘭亭詩〉基本是圍繞著沐春、賞景、散懷、體玄的思路展開，呈現了洗濯袚除、曲水流觴、一觴一詠的活動過程。於是序文第一段也以精簡的文字，將上述內容做一概括。然後在第二、三段則交代了自己「列敘時人，錄其所述」的原因和目的。在書寫的當下，王羲之體認到樂隨時逝之痛，從而引發對生死議題的思索及文學書寫本質及意義的討論。

這些內容，事實上，都和魏晉的時代特質關係密切，那麼，透過這篇的序文，在王羲之主觀的記錄與解釋中，可以閱讀到哪些屬於魏晉這個時代的獨特影像？這些影像和人們豔稱的魏晉風流，又有著什麼樣的關聯？

二、 玄對山水

〈蘭亭集序〉是〈蘭亭詩〉作完之後的總序，而〈蘭亭詩〉系列又是作於農曆三月三日的修禊活動。當時大部分的修禊之作都有一種特色——將春日風光的絢麗描摹出來，是一種祈祝頌贊的心情，也未嘗不是一種及時行樂、莫負春光的心情。由此可以看出，山水審美到了魏晉，出現了真正意義上的轉變，人們對於山水自然景觀的態度，已經從某種社會性的功利，走向較爲單純的審美欣賞。一部《晉書》中，「愛山水」、「樂山水」、「好山水」、「遊山水」等詞隨處可見[1]。

永嘉亂後，名士南渡，江南的靈秀山水更激發士人的山水審美意識，促進士人遊山玩水的風氣。魏晉士人每每在山水賞玩中重新審視人生的價值和意義，由此也更加珍視個體生命的存在。

〈蘭亭集序〉便是敘寫當時士人在自然山水間歡樂聚會的名篇。王羲之在描寫景物時，不用工筆作細膩的刻繪，反而是以淡墨勾勒春天盎然的生機。暮春三月，江南草長、雜花生樹、群鶯亂飛、江水綠如藍的春日盛麗，文中全不見蹤影，

---

[1]如郭文「少愛山水，尙嘉遁」(隱逸列傳・郭文〉)、羊祜「樂山水，每風景，必造峴山，置酒言詠，終日不倦」(〈羊祜傳〉)、孫統「家於會稽，性好山水，乃求爲鄞令，轉任吳寧，居職不留心碎務，縱遊遊肆，名山勝川，靡不窮究」(〈孫統傳〉)、王羲之「既去官，與東土人士盡山水之遊，弋釣爲娛」(〈王羲之傳〉)。

僅淡化成「崇山峻嶺，茂林修竹」、「清流激湍，映帶左右」四句，呈現淡樸的美感。後世山水詩分敘山水的特色，在此已明顯可見。不同的是：山水的形貌並未被個別性的凸顯，而是以整體的氣韻呈現。故寫林寫竹，只言其「茂」，言其「修」，寫水，則言其「清」，極力營造一種素淡、雅緻的格調。「茂」、「修」二字強調了草木的繁盛，示現了生機盎然的春日景象。水之「激湍」、「映帶」，則將水的動、靜之美，精簡的呈現出來。「映帶左右」一句，是〈蘭亭集序〉寫景文字中最具「鑽貌」效果的，既寫出了水之清、水之曲繞，實則也以一種「不書之書」的方式，寫出了飽滿的春色。

這種素淡，正反映出魏晉風流的一種特質。宗白華指出：「晉人的美感和藝術觀，就大體而言，是以老莊哲學的宇宙觀爲基礎，宜於簡淡、立遠的意味」、「魏晉人則傾向簡約玄澹，超然絕俗的哲學的美」[2]。

這種素淡，也呼應了〈蘭亭詩〉中的景物書寫。〈蘭亭詩〉中只有謝萬的詩作是比較偏向當時主流式的遊宴歡娛的寫法，寫出了冬去春來的喧鬧[3]。然而像是謝安、王徽之的作品，則呈現了不同的風貌：

> 伊昔先子，有懷春游。契茲言執，寄傲林丘。森森連嶺，茫茫原疇。回霄垂霧，凝泉散流。（謝安）

> 散懷山水，蕭然忘羈。秀薄粲穎，疏松籠崖。游羽扇霄，鱗躍清池。歸目寄歡，心冥二奇。（王徽之）

謝安的春遊，是以「冰封始解、雲霧垂罩的清冷、蒙昧的視角出現，而峰嶺的森然連綿、原疇的廣遠茫然，更加深了這種幽渺空寂之感」[4]。而王徽之詩中的魚鳥形象雖較鮮活，但在散懷山水之中，因魚鳥所感興的也是「蕭然忘羈」的意態，這和謝安所謂「寄傲林丘」，呈現出相近的遊春情懷。這種賞遊情懷體現了蘭亭群賢「玄對山水」[5]的審美觀。

魏晉士人的以玄對山水，最初是發現山水是通達老、莊玄境的媒介，這一認識的進一步深化，就是人們開始領悟，自然山水即是道，即是理，正所謂「山水以形媚道」。遊山水就是讀老莊，就是「澄懷觀道」，與道冥合。蘭亭詩中有相當的內容言及體道，其因在此。

---

[2]宗白華：〈論《世說新語》和晉人的美〉，《美學的散步》（臺北：洪範出版社，1981 年）頁 52。

[3]謝萬〈蘭亭詩〉：（其一）肆眺崇阿，寓目高林。青蘿翳岫，修竹冠岑。谷流清響，條鼓鳴音。玄崿吐潤，霏霧成陰。（其二）司冥卷陰旗，句芒舒陽旌。靈液被九區，光風扇鮮榮。碧林輝英翠，紅葩擢新莖。翔禽撫翰遊，騰鱗躍清泠。

[4]鄭毓瑜：〈試由修禊事論蘭亭詩、蘭亭序『達』與『未達』的意義〉，《漢學研究》12 卷 1 期（1994 年 6 月），頁 260。

[5] 「玄對山水」，原出於孫綽對庾亮的賞鑒：公雅好所托，常在塵垢之外，雖柔心應世，蠖屈其跡，而方寸湛然，固以玄對山水。（《世說新語・容止》注引《庾亮碑文》）說的雖是庾亮，在當時卻有普遍意義。見余嘉錫箋疏《世說新語箋疏》，（臺北：華正書局，1984），頁 618。所以宗白華認爲「晉人向外發現了自然，向內發現了自己的深情。山水虛靈化了，也情致化了。」

〈蘭亭詩〉中如「消散肆情志，酣暢豁滯憂（王元之）」、「散豁情志暢，塵纓忽已捐（王蘊之）」、「時來誰不懷，寄散山林間。尙想方外賓，迢迢有餘閒（曹茂之）」等詩句，都說明了詩人寄散山林的遊觀態度，「最終執著、企獲的是由豁滯憂、忘羈累所推促、逼顯的自足自由（「蕭然神王」、「迢迢餘閒」）、遠馳方外的精神境界。」[6]欲達到此一境界，莊子所揭示的「齊物」、「坐忘」工夫，和「因其固然」的處世智慧，無疑是蘭亭詩人所企慕的：

> 悠悠大象運，輪轉無停際。陶化非吾因，去來非吾制。宗統竟安在，即順理自泰。有心未能悟，適足纏利害。未若任所遇，逍遙良辰會。（王羲之）

> 相與欣佳節，率爾同褰裳。薄雲羅陽景，微風翼輕航。醇醪陶丹府，兀若游羲唐。萬殊混一理，安復覺彭殤。（謝安）

於是，「玄對山水的修禊情態，最終可以說就是在發顯玄同齊物的本理本心，破除人生中修短彭殤、參差彼我的相對面相之煩累纏擾。」[7]

序文概括詩旨，寫出士人在仰觀俯察之中，因以玄心相對，放開了感官去領受（此即莊子所說的「以神遇不以目視」、「不聽之以耳而聽之以氣」），故能見「宇宙之大、品類之盛」，正所謂「群籟雖參差，適我無非新（王羲之）」。而胸納宇宙萬物之後，生命領域因而擴大，使個人身世得失皆於此消釋，獲得「遊目騁懷」之樂，這種樂「足以極視聽之娛」，對照世俗的「絲竹管絃之盛」，益發顯出魏晉風流清逸不俗的獨特神韻。於是，在蘭亭群賢的解釋下，山水便不僅是審美賞玩的對象，而成爲與人相契相融的存在，展現了魏晉士人的獨特視角。。

三、 才性自覺

序文一開始就交代了參與此次雅集的人士，「群賢畢至」說明了這是一場文化菁英的聚會，而「少長咸集」、「暢敘幽情」，則強調了人際之間的「無隔」。然而，「暢敘幽情」是需要有一定條件支持的。所謂「幽情」，必然是平日隱而不宣之情，甚至連自己都未必能察覺。對述說者而言，抉發幽情說明了個體的自我觀照。而如此幽微的情懷，要能對外宣說，一則涉及表義工具是否可被有效運用，一則涉及接受訊息者是否能提供一個令人信賴的環境、是否能有效接收、適切回應。是故「暢」字在此，既申明了個體自我的無隔，也說明了人我之間的相契，是以《晉書》稱與遊者爲「同志」[8]。那麼，魏晉這個時代，何以能提供這樣一個讓人「暢敘幽情」的情境。

---

[6] 同註 4，頁 260-261。

[7] 同註 4，頁 263。

[8] 《晉書・王羲之傳》:「嘗與同志宴集于會稽山陰之蘭亭，羲之自爲序以申其志。」

論者提及魏晉，常以「自覺時代」概括。「自覺」又可別爲「群體自覺」與「個體自覺」。所謂的個體自覺，強調每個生命獨立存在的價值，個體價值不因窮達、少長而有異。在人際交往中，大家都強調「寧做我」[9]。在這種對我的坦然相待之中，不僅張揚了哲學意義上所謂的主體性，更有着一種在實際生活中的人生的自信——我欣賞我自己。擴而充之，也就能欣賞別人的生命存在，欣賞別人的生命風姿。因此在這場宴集之中，縱有仕隱、老少的現實差異存在，人們還是能無所拘忌的坦露真實而幽微的自我。

個體的自覺，在魏晉最突出的表現，應是才性生命的自覺。魏晉士人體認到生命的可貴不僅是生存，而是在理解並實現人所擁有的自主性。因而，每個人都可以展現出面貌各異的生命樣態，此即所謂「趣舍萬殊」。〈蘭亭集序〉就「人之相與」的模式，大別出靜、躁二端，對此二者並未軒輊高下，除了說明它們外顯行爲的殊異——「晤言一室」、「放浪形骸」，也指出它們對個體意義的無別——「欣於所遇」、「快然自足」，正反映出魏晉士人對才性的看法。

事實上，這二種相與的模式，也反映出當時二種社會風尚——玄言清談、任誕士風。玄言尚虛，任誕宗達，均是個體自覺的具體表現。[10]

「取諸懷抱，晤言一室之內」，是靜者的選擇。晤言的內容，除了感性的情懷抒發外，更多的可能是人物品藻、玄學論辯等清談議題。「清談」是魏晉時期重要的文化現象和文化活動，清談內容旨意玄遠，富含機趣，與名士風尚相契，因而頗爲士人所重。晉世重門第，嚴華素之別，但在談辯之所，則任由各人馳競其才而不分長幼士庶，充分展現了自由的風氣。

魏晉人的清談，本是產生於探求玄理的目的，王導稱之爲「共談析理」。嵇康在〈琴賦〉裡指出：「非至精者不能與之析理」，「析理」須有邏輯的頭腦，和探求真理的熱忱。魏晉士人著重探討的是一些純粹精神層面的問題：宇宙、自然、人和宇宙自然的關係、人存在的終極意義、人生的終極價值。亦即在宇宙關係中體悟、把握人的生命存在。所以〈蘭亭集序〉在「仰觀宇宙之大」、「俯察品類之盛」、「遊目騁懷」之後，便轉進「死生亦大矣」的討論。

這種談辯「要求自出新意，拔妙理於他人之外，既要有敏捷的才思，深微的論證，又要有簡潔優美的辭藻。因此，它既是一種哲理的探求，智慧的競賽，同時又具有審美的性質，能引起審美的感受。」[11]

清談之言，或重義理之深掘，或重才藻之新奇、敘致之精麗，故魏晉士人對清談一事投諸心力頗多。或參與論辯而廢寢忘食[12]，或聽人談辯而流連嘆息[13]，

---

[9]王太尉不與庾子嵩交，庾卿之不置。王曰：君子不得爲爾。庾曰：卿自君我，我自卿卿。我自用我法，卿自用卿法。」（《世說新語・方正》）桓公少與殷候齊名，常有競心。桓問殷：「卿何如我？」殷云：「我與我周旋久，寧作我。」（《品藻》）同註 5，頁 303、521。

[10]余英時即認爲「自漢末到魏晉，士大夫的精神還是有其積極的、主動的、創造的新成分，不僅僅是因爲在政治上受到壓迫和挫折才被動地走上了虛無放誕的道路。這個成分便是『個體自覺』或『自我發現』。」余英時：〈漢晉之際士之新自覺與新思潮〉，《中國知識階層史論》（臺北：聯經出版公司， 1980 年 9 月），頁 321。

[11] 李澤厚、劉綱紀主編：《中國美學史》第二卷（臺北：谷風出版社，1987 年 12 月），頁 101—102。

[12]《世說新語・文學》：「孫安國往殷中軍許共論，往反精苦,客主無間。左右進食，冷而復暖者數

沉浸其中，深得其樂，確乎令人「快然自足」。

瑯琊王氏長於清談，王導即此中好手，王羲之亦雅好此道，由《世說新語・文學》所載可知：

> 王逸少作會稽，初至，支道林在焉。孫興公謂王曰：「支道林拔新領異，胸懷所及自佳。卿欲見不？」王本自有一往雋氣，殊自輕之。後孫與支共載往王許，王都領域不與交言，須臾支退。後正值王當行，車已在門，支語王曰：「君未可去，貧道與君小語。」因論《莊子逍遙》，支作數千言，才藻新奇，花爛映發。王遂披襟解帶，流連不能已。

由「殊自輕之」到「流連不已」的改變，足見支道林言談動人之深。據此亦可明白，王羲之對於此種相與模式所帶來的悅樂，是有切身體驗的。

魏晉士人對玄理的體會，如以哲學邏輯性的思考，便爲清談論辯；但更多的時候，他們是將這種人存在的終極意義，作爲一種本體感悟融入詩中，於是形成了玄言詩。玄言詩傳達出來了一種在宇宙關係中，體悟把握人的生命存在，以及在有這樣一種發現之後的那種恍然大悟。〈蘭亭詩〉中，如同前節所言，就有不少對老莊玄理的體悟在其中。

「因寄所托，放浪形骸之外」，爲躁者的依歸。放浪形骸可視爲由竹林名士開啓的任誕士風的展現，呈現出一種率真的生命態度。任誕，指的是任性誕行，在外表看似荒誕的行爲中，實則蘊含著衝決假名教束縛而回歸自然本性的嚴肅議題，此即嵇康所謂的「越名教而任自然」。由此可知，嵇康、阮籍的放達，本於「玄心」。

任誕放達、任性率真是魏晉士風的特色。這種風氣可上溯至嵇、阮二人。嵇康任性率真，他的不願受禮法束縛，主要表現在對政治威權的輕蔑和不妥協。阮籍放達不羈，則帶有厭棄世俗的色彩。他的任誕，是用自己的行爲表明對世俗禮法的鄙夷，正如他所說：「禮豈爲我輩設邪？」余英時認爲：

> 叔夜、嗣宗亦非真以自然與名教為對立，名教苟出乎自然，則二者正可相輔相成。徒以魏末之名教，如何曾輩所代表者，殊非嗣宗、叔夜所能堪，故不得不轉求自我之超世絕俗耳！史稱阮、嵇等均嘗有濟世志，殆亦欲轉移一世之頹風，使末流之禮法重返於自然之本。[14]

由此可知，嵇、阮所反的禮教其實是已經失去自然之內涵——父子之親、君臣之

四。彼我奮擲麈尾，悉脫落，滿餐飯中。賓主遂至莫忘食。殷乃語孫曰：『卿莫作強口馬，我當穿卿鼻！』孫曰：『卿不見決牛鼻，人當穿卿頰！』」同註5，頁219-220。

[13]《世說新語・賞譽》：「王平子邁世有俊才，少所推服。每聞衛玠言，輒嘆息絕倒。」同註5，頁447。

[14]余英時，〈漢晉之際士之新自覺與新思潮〉，收錄於氏著，《中國知識階層史論》（臺北：聯經出版公司， 1980），頁321 。

義，而徒具形式或為主政者所操弄的禮法。因而他們行為上的不守禮法，是想要現身說法：內在的「情」比外在的「禮」更重要。

是故，嵇、阮心目中的「達」，不能簡單地等同於恣情任性，違禮敗俗。就阮籍而言，「達」雖然也表現為違禮敗俗，但違禮敗俗卻絕非「達」的本質特徵。「放達」，重在真率、淳至、自然而然，是「玄心」的自然流露。在憂患意識的基調中，魏晉士人企圖從傳統的拘執束縛中鬆綁，不為世俗禮法所羈，具體用行為親自展演對生命的看法、主張及理想的追求。因此，「以任放為達」的名士，正是莊子「齊萬物」、「任自然」思想的實踐者。

這種「因寄所託」而「放浪形骸」的行為，是王羲之所認同的。置身於此時代情境中，他亦曾以坦腹東床之舉，示其坦率任真之性：

> 郗太傅在京口，遣門生與王丞相書，求女婿。丞相語郗信：「君往東廂，任意選之。」門生歸，白郗曰：「王家諸郎，亦皆可嘉，。唯有一郎，在床上坦腹臥，如不聞。」郗公云：「正此好！」訪之，乃是逸少，因嫁女與焉。[15]

藉由坦腹而臥這「放浪形骸」的動作，實則表達了他不慕榮利的真率，及對王家子弟「聞來覓婿，咸自矜持」的不屑，這就是他所謂的「因寄所託」。然而，中朝以降，名士的「放蕩越禮」，往往並非出於「玄心」，只不過是慕仿前賢而「作達」，以得縱欲享樂之便，喪失了任誕背後的嚴肅意涵，而徒留行為的荒誕[16]。兩晉之際的葛洪，便曾對竹林名士的東施效顰者，加以諷刺：「今世人無戴、阮之自然，而效其倨慢，亦是醜女暗於自量之類也。」[17]因此，王羲之在〈蘭亭集序〉中特別凸顯「因寄所託」，除可見其高標的風姿外，亦反映出時人對日益變質的放達士風，所作的反省和批判。

四、 智慧兼深情

「傷逝」是六朝文學的基調。[18]

時代的動亂、政爭的殘酷、自然的災變，為人類脆弱的生命，帶來巨大的死亡陰影。愈敏銳的心靈，對生命的思索愈深刻。因為時間感受的強烈與玄學的浸潤，魏晉士人對人自身以及外在於人的客觀世界，都有深微的體認和探求，因此，

---

[15]《世說新語・雅量》，同註 5，頁 362。

[16]這些名士只是模仿阮籍、嵇康的外在行為而已，只能算是假名士。如兩晉之際胡毋輔之、謝鯤、阮放、畢卓、羊曼、桓彝、阮孚、光逸等人，他們時常聚會，「閉室酣飲」，通霄達旦，「散髮裸袒」，乃至「露醜惡，同禽獸」。可參考廖蔚卿：〈論魏晉名士的狂與癡〉文中「真名士與假名士」一節，《漢魏六朝文學論集》（臺北：大安出版社， 1997 年），頁 163 。

[17]楊明照：《抱樸子外篇校箋•刺驕》（北京：中華書局，1997 年），頁 33。

[18]死亡是人的必然歸宿。魏晉士人對於死亡尤其敏感，故《世說新語》專列《傷逝》一篇，說明瞭當時人對生命的珍愛和對死亡的憂傷。

這一時期的文學作品中，充溢著濃郁的人生意識和宇宙情調。

蘭亭之會因三月上巳的修禊活動而起，修禊即是一種與生／死相關的儀式活動，目的在祓除不祥。「從根源意義上來說，就是用以清除死亡現象，解決人類最本能的恐懼，而對生命綿延承續作出強有力的祈求。」[19]雖然這次集會在形式上已蛻變爲「一觴一詠」的文人雅集，但「修禊」所隱含的生命焦慮，仍潛伏在人們意識中。

在〈蘭亭集序〉之前，漢武帝劉徹的〈秋風辭〉、〈古詩十九首〉中的〈今日良宴會〉和曹操的〈短歌行〉，均是由遊宴之樂寫起，進而轉入人生苦短的生死慨嘆。足見漢魏以來，這種「歡樂極兮哀情多，少壯幾時兮奈老何」的感傷，是當時人們的生命共感。這種樂盡悲來的感傷，一方面加深著歡樂的深刻度，一方面也喚起詩人對人類終極命運的一種理性思索，於是，傷感當中蘊含著對生存的執著和對超越有限人生的追求。「它既是對本體存在的探詢，又是對它的感受」。[20]

由於文類的不同，前述詩作並未詳陳其探詢思索的歷程，只單純提出了面對眼前「時移事往」情狀的感傷（如〈秋風辭〉），或著順著這樣的感傷，提出自己在有限生命中可以有的具體作爲（如〈今日良宴會〉、〈短歌行〉）。〈蘭亭集序〉則在這一時代共同的生命議題中，以飽滿深情之筆，做了精微的剖析。

鄭毓瑜以「雙重身份」分析了王羲之在〈蘭亭集序〉中的書寫姿態：

> 〈蘭亭序〉全篇並不只是由一個立場出發、非為單一目的而作。仔細考查羲之的身份，他並不只是蘭亭集會當時流觴賦詠的詩人，又是眾詩完成後，都總彙錄的作序者；換言之，他同時具有修禊進行與禊事結束之後的雙重體驗……於是首段以同為作詩者角度，憶述行禊當時的同情共感，次段就換由事過境遷而後設賞閱的角度來發言。[21]

在披閱宴集諸人之詩書寫序文當下，宴集已結束，那些「是日」曾經令人「快然自足」、「極視聽之娛」的悅樂已不再（變成「向之所欣」），故而王羲之清楚的認識到這種人與人、人與自然「暢敘幽情」、「仰觀俯察」的「遇合」之樂，只能「暫」得於己，不久即會遷逝，終究只能是「陳跡」。「暫」的存在感受，正昭示了一種回視的姿態。雖然「快然自足，不知老之將至」之樂，似乎暫時解消了人們的死亡焦慮，但「暫」的事實，又逼使人們重新面對死亡的威脅。

除了外在世界的流轉不定，難以依恃外，王羲之也關注到每個抒情主體自身的遷變——「所之既倦」，可見生命本體永不滿足的內在欲望，也是促成事物遷逝的原因。面對遷逝，至人「用心若鏡，不將不迎，應而不藏，故能勝物而不傷」，但鍾情如我輩者，即使明知「已爲陳跡」，卻「猶不能不以之興懷」。不能「忘情」

---

[19]同註 4，頁 254。
[20]李澤厚：《華夏美學》（臺北：時報文化公司，1989 年），頁 146。
[21]同註 4，頁 265。

的存在限制，更加深化了遷逝之悲。

於是，任何「是日」都將成爲「陳跡」，所有的遇合都將失落，歸到終極，生命旅程的「終期於盡」，就是人生最大的失落。至此，王羲之自然提出「死生亦大矣」這一命題。而以「痛」字反詰作結，不僅對應上段的「樂」，也引發讀者深思「死生」這一人生最重大課題。

宗白華對晉人的美，曾有如下的評論：

> 晉人藝術境界造詣的高，不僅是基於他們的意趣超越，深入玄境，尊重個性，生機活潑，更主要的是他們的「一往情深」！無論對於自然，對探求哲理，對於友誼，都有可述：深於情者，不僅對宇宙人生體會到至深的無名的哀感，擴而充之，可以成為耶穌、釋迦的悲天憫人；就是快樂的體驗也是深入肺腑，驚心動魄。[22]

所以，序文前半極寫人與人、人與自然相遇之樂，以「極視聽之娛」和「不知老之將至」，寫出「深入肺腑，驚心動魄」的「快樂體驗」。然而，同樣的深情移轉到失落的悲感時，它的力量也是無比驚人的。

這個凝視的過程，讓王羲之切身體察到人是無法忘情於遷逝的。因此，深刻認知到當面對「終期於盡」的死亡，這人生最大的失落，人有何能力可以瀟灑放下。雖然蘭亭詩人不再隨波於時間長河，改以一種哲思玄心來「齊參差、混萬殊」，而得以「快然自足」「不知老之將至」，但是「所之既倦，情隨事遷」卻道盡了情變多端，玄同共感難以持續、久執的悲哀。由「快然自足」，到「所之既倦，情隨事遷」、「修短隨化，終期於盡」，這兩種看似絕然對反卻又交續應生的反應，正是王羲之「既共感又自省於〈蘭亭詩〉的細密完整、不可割裂的閱覽經驗」[23]。

值得留意的是，在深情的文字中，序文以層層推進的方式，思考並揭示了人生憂患的根源有四：生命本體永不滿足的內在欲望、外在世界的流轉不定，難以依恃、不能「忘情」的存在限制、個體生命的短暫有限。如此精微的剖析，也具體展現了玄學思辯的「析理」特質。

文章接下來，順著「死生亦大矣」的提出，王羲之更將這種閱覽的感懷，置放在整個時間之流中作一番省察。從而發現自古及今的文人都有著和自己相同的經驗，於是，由現在推向未來，推論出「後之視今，亦猶今之視昔」，欣去悲來之感，實貫穿整個人類社會，成爲永不可迴避的生命困局。因而痛呼「悲夫」，深沉至極。這裡的「悲」，在情感層次上，顯然不同於上段的「痛」。

〈蘭亭詩〉中雖亦強調古今同感，但偏重闡發「順任逍遙」這一點，一意用玄理悟入打造豁達的意境，呈現超越的智慧；〈蘭亭集序〉中則以「情隨事遷」的身分，冷眼省視所欣「已爲陳跡」，及人隨化終盡的事實。這一切身體驗讓〈蘭亭集序〉擺脫了蘭亭詩的逍遙，而加入了人必得面對遷變的悲涼層次，於是，那

---

[22] 同註 2，頁 57 。
[23] 同註 4，頁 266。

些在〈蘭亭詩〉中出現的老莊超越死生的理境——「任所遇」、「萬殊莫不均」(王羲之)、「安復覺彭殤」(謝安),便顯得虛妄。

序文完整呈現了王羲之面對死生議題的探詢歷程,在時代氛圍下,他(及與會詩人)以詩歌展示「玄心」、「洞見」的超越智慧和豁達態度,所以爲詩作序時,王羲之即以「一死生」、「齊彭殤」概括詩旨。然而在回視「已爲陳跡」,和回顧昔人之作「興感之由」的過程中,痛的清晰可感,令他無法以道境的理悟超克。因有此番親身體證,王羲之於是勇敢地發出「虛誕」、「妄作」的自我否定的批判。這聲「悲夫」的浩嘆,讓人讀之亦是「不能喻之於懷」的。

因此,「一死生爲虛誕,齊彭殤爲妄作」二句,「就不能只是視作對〈蘭亭詩〉中的駁斥與批判而已,自亦不能據此就說〈蘭亭序〉流露的無非就是人生無常的消極感慨」,「固知」的結論,事實上是經由「反省現實的理性批判與沉緬理想的感性堅執」相互辯證而得出的。[24]

因爲清楚認識到死亡的無可迴避、難以超克,王羲之必須爲自己重尋生命的出路,所以在緊接著「悲夫」的浩嘆之後,積極的採取了「列敘時人,錄其所述」的動作,讓後人能透過閱讀而使自己以另一種形式成就生命的永恆。類似的行爲在石崇的〈金谷詩序〉中也出現過[25],張廷銀因而分析道:

> 〈蘭亭序〉中所表達的思想情調及其寫作方法,在兩晉時期並不是一個個別的現象,而是一種帶有某種共同性的普遍情形。它反映了當時文人強烈的生命意識與生命焦慮,以及迫切需要消解這種焦慮的合理衝動,體現了文人們在行遊唱和時的相近行為,以及賦詩結集時所運用的一些相同方法。[26]

但因多了前面的一番辯證與著錄重心的不同[27],〈蘭亭序〉在藉詩留名的這個向度上,意義顯然是比較深刻的。

回首昔人之作,發現「興感之由,若合一契」,錄詩傳世,是相信「雖世殊事異,所以興懷,其致一也」,因爲這是人類共同的生命經驗。表現在所有文學作品中的,都是「欣於所遇」的陳跡和「情隨事遷」的感傷。在歡樂之時,已寓無常之哀;而哀情之中,又無非是種種歡樂的光影。透過情隨事遷的無常領悟,使人對其人生本象感慨不已,又因此感慨而益增深情,由此感慨體會了所有人類的同情共感。

李澤厚曾指出:「魏晉時代的『情』的抒發由於總與人生——生死——存在的意向、探詢、疑惑相交織,而常常達到一種哲理的高層。這倒正是以『無』爲

[24] 同註 4,頁 267。
[25] 石崇:〈金谷詩序〉:「感性命之不永,懼凋落之無期。故具列時人官號、姓名、年紀,又寫詩著後。後之好事者,其覽之哉!」引自《世說新語・品藻》劉孝標注,同註 5,頁 530-531。
[26]張廷銀:〈蘭亭序〉的真僞及〈蘭亭詩〉創作的文化意義,《中國典籍與文化》,2000 年第 4 期,頁 92。

[27] 〈金谷詩序〉一如文章前半吹噓自己莊園的盛麗,在著錄時首列官號,帶著較多的世俗氣。

寂然本體的老莊哲學以及它所高揚著的思辯智慧，已活生生地滲透和轉化爲熱烈的情緒、敏銳的感受和對生活的頑強執著的緣故。從而，一切情都具有著智慧的光輝，有限的人生感傷總富有無限宇宙的含義。擴而充之，不僅對死亡，而且對人事、對風景、對自然，也都可以興發起這種情感、情懷、情調來而變得非常美麗。」[28]這正是他在其《華夏美學》中所主張的「魏晉整個意識形態具有『智慧兼深情』的根本特徵」[29]，而深情的感傷與超越的智慧結合，直接展現的美學風格，即是「魏晉風流」。〈蘭亭詩〉嚮往「忘情」的理境，〈蘭亭集序〉則執著於「鍾情」，形成周旋輾轉於「鍾情」與「忘情」的生命情境，正具現了此一特殊的情理結構。

五、　結語

關於〈蘭亭集序〉一文在寫作藝術及思想內容的討論，前人著力甚多。本文僅就其反映時代風貌而與魏晉風流相關者加以論述。

經由前述的討論，我們可以發現玄學思辯對本文在寫作內容和寫作風格上都有相當的影響。「玄對山水」一節隱然可見由玄言過渡到山水的發展歷程。「才性自覺」一節則在所選擇的相與模式中，具體呈現出莊學的浸潤。因此，僅因爲一句「一死生爲虛誕，齊彭殤爲妄作」，就認爲王羲之對莊子義理「不能做相應的理解」、或以爲王羲之反對莊子的觀點，恐怕都是過於片面的看法。而由全文抒寫脈絡「樂－痛－悲」看來，情不可謂不深，但在傷逝的主調中，既不乏層次井然的析理，又不以耽溺於傷懷作結，實則也體現了「智慧」。

在〈蘭亭集序〉中，經由王羲之的揀選與解釋，局部反映出魏晉時代士人風尚和生命情境，這些時代影像的閱讀和理解，將有助我們玩味文中情感遷變轉折的深刻。

---

[28]李澤厚：〈古典文學札記一則〉，《文學評論》1986 年第 4 期。
[29]同註 19。

徵引文獻

（一）古籍：

1〔唐〕房玄齡等：《晉書》，北京：中華書局廿四史點校本，2006

2〔宋〕劉義慶：劉孝標注余嘉錫箋疏，《世說新語箋疏》，臺北：華正書局，1984

3〔清〕嚴可均輯《全上古三代秦漢三國六朝文》，京都：中文出版社，1981

（二）近人論著：

王曉毅：《放達不羈的士族》，西安：陝西人民出版社，1989

宗白華：《美學的散步》，臺北：洪範出版社，1981

李澤厚・劉綱紀主編：《中國美學史（魏晉南北朝美學思想）》 臺北：谷風出版社 1987

李澤厚：《華夏美學》，臺北：時報文化公司，1989

逯欽立輯校：《先秦漢魏晉南北朝詩》，臺北：學海出版社，1984

陳碧：〈山水之樂，死生之悲──王羲之《蘭亭集序》思想探析〉，《湖北社會科學》，2009 年第 3 期，頁 127-130

黃偉倫：〈蘭亭修褉的文化闡釋--自然的發現與本體的探詢〉，《華梵人文學報》 13 期， 2010・01，頁 157-186

張廷銀：〈蘭亭序〉的真僞及〈蘭亭詩〉創作的文化意義，《中國典籍與文化》，2000 年第 4 期，頁 88-92。

劉偉生：〈簡淡玄遠蕭散疏朗──從王羲之《蘭亭集序》看晉人晉字晉文章〉，《株洲師范高等專科學校學報》第 5 卷第 1 期，2000・03　頁 15-18

劉守瑤：〈章法自然・氣韻生動──簡析《蘭亭序》的藝術性〉，《南京理工大學學報》第 8 卷第 6 期，1995，頁 16-18

羅宗強：《玄學與魏晉士人心態》，臺北：文史哲出版社 1992

聶春華：〈從《蘭亭集序》看晉人的山水審美與文化實踐〉，《四川文理學院學報》第 20 卷 1 期，2010・1，頁 93-95

鄭毓瑜：〈試由修褉事論蘭亭詩、蘭亭序『達』與『未達』的意義〉，《漢學研究》，12 卷 1 期，1994・6，頁 251-273。

無涯寥闃怎交代

——論〈蘭亭集序〉之語文與情意教學

許長謨*

摘　要

〈蘭亭集序〉爲中學以上課程選文，不僅可爲魏晉文學代表，其文中所記敘的「流觴」活動，也是古代一個既特殊又風雅的文化。歷來論者對的文本賞析，也都盤旋在上述的各種藝文價值。也有人就語文的教學層面入手，如：字詞的詞性及用法、異體字辨識、或近義詞等等，都是可注意的重點。然而依教學的面向，在「情、意」引導方面，卻不易掌握。〈蘭亭集序〉的評點，全篇可分四層次。整體而言，第一、二段文字簡明而意境清雅，情調也暢達愉悅，生機盎然。後兩段則轉折加劇，格調變爲悲涼，寫人生短暫、情境遞變，而愛惡易位，生命苦短等等，文字真實而悽涼。最後用古人「死生亦大矣。」以抒其「豈不痛哉！」的當下感受，讀來沉重。結尾回到文學閱讀與創作之對應，右軍感傷未解，由文章事推想作者讀者之互動，以人生遞嬗的想像，巧妙的收束。收尾雖以「痛」「悲」爲結，但全文的意旨還是積極向上的，林西仲和吳楚材的選注都有這樣的基調。

整體而言，第三、四段中約有七組以上的轉折，右軍思考人生憂苦的根源，一在於內在自我心緒的改變，好惡變化難測；也在生命短暫有限，緣起緣滅，非人所能控制。就語文教育而言，主學習若是文學本身，尙有副學習及附學習須同時考慮。本文第三段的哲思層次可做爲情意教學(副學習)之基礎。而大多數青少年學生即使沒有「死生」的真體會，仍可透過「問題提問」引發來刺激想法並引發討論。若掌握三類問題來源，由文本、由世俗諺語或觀念或由範文、詩詞或歌詞中的名言佳句提出，供課堂討論，且要注意時時回到文本；雖以積極、尊重的人生觀做爲基調，但不可流於說教。

關鍵詞：王羲之、〈蘭亭集序〉、語文教學、情意教學

*國立成功大學中文系教授，andrehsu@yahoo.com.tw

一、 前言：起視蘭亭天水濱[1](書文價值之宇)

〈蘭亭集序〉是一篇獨立於魏晉駢儷風尚的清新小品。是高中或大一國文選的經典範文。語文簡明皂潔、敘事精準順暢、寫景清越雋秀及情景鋪展烘襯，都屬上乘。林西仲《古文析義》對右軍的文才給予最高的評價，以爲：「後來惟陶靖節文，庶幾近之，餘遠不及也」。其文學創作的價值不僅不朽，也讓蘭亭的清湍脩竹因而映帶千古，柳宗元即言：「夫美不自美，因人而彰。蘭亭也，不遭右軍，則清湍脩竹，蕪沒於空山矣。」(〈邕州柳中丞作馬退山茅亭記〉)的確，蘭亭美景或因歲月遞嬗，山移水換蕪沒不存，但經由右軍的情感、意象之詩文所創造建構的〈蘭亭集序〉卻使山野的蘭亭停格，甚至變得玄妙高遠。[2]

而以〈蘭亭集序〉爲課程選文，不僅可爲魏晉文學代表，其文中所記敘的「流觴」活動，也是古代一個既特殊又風雅的文化，可供學生神遊或仿擬。[3]如能穿插王羲之父子及當代賢士之典故或閒事[4]，亦可增添許多教學趣味。更值得一提的是，〈蘭亭集序〉的書法藝術及其傳奇故事，逸趣十足，即使未有書道修爲的老師也可聊上一兩節。若學生詩文程度跟得上，還可用此序文和詩集做對應比較等等。

總之，〈蘭亭集序〉的書法藝術，空靈瀟灑、勁遒飄逸；佈局自然又卓奇，錯落參差，渾然天成。加上文字描景如畫，整體的藝術感所撐舉的教學天地著實浩瀚可觀。歷來論者對〈蘭亭集序〉的文本賞析，也都盤旋在上述的各種藝文價值。最有名的，莫過於郭沫若的幾篇翻案文章。如他根據當時南京所出土的兩篇墓誌，推斷〈蘭亭集序〉書帖是僞跡。他在〈由王謝墓誌的出土論到蘭亭序的真僞〉一文中，推論〈蘭亭集序〉的文章和墨蹟，都是王羲之第七代孫智永所依託，引發與高二適等人的論戰。(1965 年《文物》第 6 期)在書法藝術的方面，郭以當年出土的晉代墓碑多屬魏碑爲由，加上許多精細的比對，否定王羲之「書聖」名號的歷史意義。其書道比對的專勤和用心雖令人激賞，但結果終究「驚世駭俗」，絲毫未動搖一般人的既存觀念。且郭氏這些論辯對書畫史或許有意義，但難以進入語文教學活動中。至於他在文學產製背景上，以王羲之正直剛強而出名的性格，比對文中曾出現的厭世之人生觀，從而認定本文非爲王所親作，說法主觀也不合文本脈絡意義，不足爲憑。

再者，也有人就語文的教學層面入手，如：字詞的詞性及用法，如：詞類(如「之」字)；異體字辨識(如「悟/晤」、「脩/修」、「趣/取」、「舍/捨」、「俛/俯」、跡/迹」、「領/嶺」、「攬/覽」「係/繫」；或近義詞(如「故知/固知」)等等。此外，本文主語省略的情況極多，常常成爲類似主題句的語法，通篇諸多遣詞用字，意境優美雋永，直可以做爲近代廣告臺詞。凡此都是可注意的重點。

---

1 借王羲之《蘭亭集》中之〈蘭亭詩〉改寫成七絕做爲四段標題，詩文在第二段，韻寄十一真。

2 楊儒賓：〈「山水」是怎麼發現的—「玄化山水」析論〉，《臺大中文學報》2009 年第 30 期，頁 209-54。

3 臺北故宮博物院門前特設了個流觴景。臺灣許多傳統詩社聯吟時，也常仿造流觴宴的部份模式進行。

4 《世說新語》中相關之記載就不在少數。

然而，依筆者教學經驗，如果語文教學不離「知、情、意」的話，以上語文認知的問題都不難，可資參考的補充教材亦夥，但在「情、意」引導方面，雖不乏論述，卻不易掌握。此一則因右軍的蘭亭雖名爲記序，卻在寫「足以及視聽之娛，信可樂也」之樂後，筆鋒一轉，轉到「死生亦大矣。豈不痛哉！」的生死之痛，其樂極生悲究竟何所從來? 歷來讀者雖贊其妙，其旨卻幽隱難睹。加上此一轉折是全篇主眼所在，教學者無法輕忽帶過，置之不理。因此，筆者以下先就本文的寫作技法及風格藝術加以探析，再透析全文的情意並嘗試提出一些教學引導的概念，俟諸方家同道卓參。

二、 承觀造化萬殊陳(文義理旨之論述)

〈蘭亭集序〉的帖書中凡是重複的字書寫來都不相同，五個「懷」字、七個「不」字，依類賦形，千變萬化。尤其「之」字多達二十字，對比來各展神姿。通篇節奏巧妙，靈變飛動，誠如米芾之言: 「蘭亭二十之字無一似，醒後欲書書不得」。並譽之爲天下第一行書。其文本佈局一如行帖之靈妙，就純文學的「散文」文體(Genre)賞析而言，其結構自然，首尾俱足，卻字字有來歷。此林西仲(雲銘)《古文析義》在「引以為流觴曲水」後評曰:「絕妙勝事，且就會地上，趁筆敘出飲酒，殊不費力。」又如在「雖無管絃之盛」後評:「妙在插此一句方可跌入賦詩。」或在「亦足以暢敘幽情」文字後曰:「又從飲酒上趁筆敘出賦詩來，殊不費力。自篇首以及至此，步步點出，絕無結構斧痕，蓋其運筆輕鬆故也。」

一般的評點，全篇可分四層次[5]:

(一) 「永和九年，歲在癸丑...一觴一詠，亦足以暢敘幽情。」指出時、地、人、景及事，點出聚會蘭亭之所由。

(二)「是日也，天朗氣清，惠風和暢，仰觀宇宙之大，俯察品類之盛，所以游目騁懷，足以極視聽之娛，信可樂也。」承接首段的景物動態，由外景敘心之「樂」處。

(三)「夫人之相與，俯仰一世...古人云：死生亦大矣。豈不痛哉！」此爲全文之「轉」眼，也是中心旨意，字字蘊其生活哲思，應該是文意賞析的最重點。

(四)「每覽昔人興感之由，若合一契，未嘗不臨文嗟悼，不能喻之於懷。固知一死生為虛誕，齊彭殤為妄作，後之視今，亦猶今之視昔，悲夫！故列敘時人，錄其所述...亦將有感於斯文。」末段爲「合」含「開」，由第三段後又帶出議論，雖爲總結，卻又激盪出人生哲思的弔詭。

文章第一段起頭以簡朗明淨，言簡意賅，清澈的寫出宴集時幽美的環境、天氣和景致，簡潔而有層次，也反映出王羲之高雅的情懷和自然的心靈。外在世界在他的眼裏，因而有了生機和靈性。其中，「暮春之初」、「天朗氣清，惠風和暢」屬時美之樂；「崇山峻嶺，茂林修竹，又有清流激湍」屬地美之樂；「群賢畢至，少長咸集」屬人美之樂；而「曲水流觴」屬事美之樂。動靜合奏、遠近互推，大處落筆。第二段更將

[5] 也有人將第一、第二段合而爲一，總成三段。

視野高抛，用「仰觀宇宙」和「俯察品類」簡單兩句來涵蓋所有景物，點出這些外景足以「遊目騁懷」、「極視聽之娛」，揭告了雅集可「樂」的初情，也爲後兩段的「痛」和「悲」突現對比。整體而言，第一、二段文字簡明而意境清雅，情調也暢達愉悅，生機盎然。

後兩段則轉折加劇，先由「夫人之相與，俯仰一世，或取諸懷抱，晤言一室之內；或因寄所託，放浪形骸之外。雖趣舍萬殊，靜躁不同；當其欣於所遇，暫得於己，快然自足，不知老之將至。」暢快議論，言精理足。此時再用「俯仰」兩字，所寄託已有不同，但此時道的仍是人生的正常際遇。右軍以「趣舍萬殊，靜躁不同」論情性，以「欣於所遇，暫得於己，快然自足」論因緣，都真有感觸而瀟灑智慧。未料筆鋒突轉，由「及其所之既倦，情隨事遷，感慨係之矣。向之所欣，俛仰之間，已為陳跡，猶不能不以之興懷；況修短隨化，終期於盡。」格調變爲悲涼，寫人生短暫、情境遞變，而愛惡易位，生命苦短等等，文字真實而悽涼。最後用古人「死生亦大矣。」以抒其「豈不痛哉！」的當下感受，讀來沉重。

結尾回到文學閱讀與創作之對應，右軍感傷未解，由文章事推想作者讀者之互動，「未嘗不臨文嗟悼，不能喻之於懷。」因此，承第三段的「死生亦大矣。痛哉！」而進入古今人我之錯落遷移，文中「固知一死生為虛誕，齊彭殤為妄作」一句，批評的對象究竟是何所指？更引發後人討論。文末再呼一聲「悲夫！」而仍不忘修褉集文的本衷，以人生遞嬗的想像，巧妙的收束。

事實上，末兩段節奏疾快，轉折奇佳。情思卻反轉落差極大，是許多人難以消受的衝擊。尤其對比王羲之當天所寫，出自於一份自由高潔的胸襟的詩：

> 仰視碧天際，俯瞰淥水濱。寥闃無厓觀，寓目理自陳。
> 大矣造化工，萬殊莫不均。群籟雖參差，適我無非新。

真是難以相信是屬於同一人之作。但對比反映出魏晉士人的自覺，魏晉文學作品的內在精神及其洋溢的生命意識和宇宙情懷。

三、　轉聞群籟參差適(哲思層次之辨證)

生命苦短，樂難久長，固然會「痛」，但原生於人類情性的善變，卻需要「以之興懷」，最終逃不過宿命，這才是右軍的主要痛因！表面上透露著害怕曲終人散之寂靜，其實應該是客觀的比較--因外在事物改變而生的哀傷，而未必是作者個人的檢討。只是前後的轉換太大，讀者亦將「議論」判讀成「抒情」。第三段後，右軍想要表達的是人生中聚散離合乃常情，古今皆有。而現世所擁有的，必將隨著生命結束而消逝，這也該有自覺，右軍紀錄與會者之名、錄其詩，推想後之讀者若見到這些作品，必將一如他自己見前人作品所生的感慨。文字卻插入「固知一死生爲虛誕，齊彭殤爲妄作」，引發歧響。

收尾雖以「痛」「悲」爲結，但全文的意旨還是積極向上的，特別是在當時玄談成癖的東晉，右軍提出「一死生爲虛誕，齊彭殤爲妄作」當然意有所指，但怎可能是直接針對莊周理論批評呢？林西仲《古文析義》的評文說：

……篇中從可樂處說到可悲。著眼在生死兩字，有深意存焉...右軍何等人物，生死關頭，寧勘不破？……不知晉尚清談，當時士大夫無不從風而靡，剽竊老莊唾餘，漠然無情，外其形骸，以仁義爲土梗，名教爲桎梏，遂致風俗頹敝，國步改移。右軍有心人也，雖欲力肆觝排，而狂瀾難挽，不得不於勝會之時，忽然以死生之痛，感慨傷懷，而長歌當哭，以為感動……

吳楚材選注的《古文觀止》之評語也是如此認爲：

> 通篇著眼在「死生」二字。只為當時士大夫務清談，鮮實效，一死生而為齊彭殤，無經濟大略，故觸景興懷，俯仰若有餘痛。但逸少曠達人，故雖蒼涼感歎之中，自有無窮逸趣。

這樣的基調顯然是建立在對王羲之的人格上。右軍志存宏遠，灑脫高志。身在魏晉，卻與一般好清談的俗儒不同。《世說新語˙言語》曾記載他反對：「虛談廢務，浮文妨要」。在這篇序文中，王羲之也明確地指斥「一死生」和「齊彭殤」的妄誕。歷來有人以爲他是直接抨擊莊周，但也有另一派認爲文中這批抨只是個表象，非王本意。他或許是對時尚有感而發。筆者認爲應屬後者。右軍應該無意在一篇小短文裏對生死的問題做出哲學高度的討論，因此後人對「死生」問題在文中得不到一個明確的解釋也是自然。莊子的哲思有其整體的架構，並非「一死生」或「齊彭殤」等幾個寓言所能註解，右軍顯然也沒有這樣的意圖。[6]而現場行文，詩酒助興，心緒一脈而下，轉折間如湍流過罅，灑脫而無滯。這跳躍性，用蘇東坡的言語形容最適切不過了：前兩段爲「行於所當行」，開展有序，氣象渾成；而後兩段則「止於所不可不止」，正反交激，澎湃快轉，但卻沒有矛盾或悖理。用「所以興懷，其致一也」收尾，語意模糊反而加深了讀者的想像空間。這樣的文筆，王羲之在〈喪亂帖〉[7]也有類似的寫技：文末慨然歎曰：

> 喪亂之極，先墓再離荼毒，追惟酷甚，號慕摧絕，痛貫心肝，痛當奈何，奈何!雖即修復，來獲奔馳，哀毒益深，奈何，奈何，臨紙感哽，不知何言！

固然晉時文人好用「奈何」一詞抒懷，但王羲之手札中更常出現，可見得書信等應用體中右軍隨情揮灑的特性。

整體而言，第三、四段中約有七組的轉折，以 A 至 G 標示如下：

---

[6] 後人曾辯論王羲之是否反老莊，筆者則以爲不必費心於此。

[7] 由於很早流落到日本，因此 19 世紀前的王羲之的文集都未收錄〈喪亂帖〉文字。

[第三段]

A 夫人之相與，俯仰一世，或取諸懷抱，晤言一室之內；或因寄所託，放浪形骸之外。雖趣舍萬殊，靜躁不同；當其欣於所遇，暫得於己，快然自足，不知老之將至。

B 及其所之既倦，情隨事遷，感慨係之矣。向之所欣，俛仰之間，已為陳跡，

B$^+$ 猶不能不以之興懷；

C 況修短隨化，終期於盡。古人云：「死生亦大矣。」豈不痛哉！

[第四段]

D 每覽昔人興感之由，若合一契；

D$^+$ 未嘗不臨文嗟悼，不能喻之於懷。

E 固知一死生為虛誕，齊彭殤為妄作。

F 後之視今，亦猶今之視昔，悲夫！

G 故列敘時人，錄其所述，

G$^+$ 雖世殊事異，所以興懷，其致一也。

F$^+$ 後之覽者，亦將有感於斯文。

加框之字多屬轉折詞，紀錄右軍思慮變化的交點。其中 A、D 和 G 是文章結構的起襯、轉收和結尾，而 B、C、E、F 是重點。

仔細解析，文中右軍思考人生憂苦的根源，一在於內在自我心緒的改變，好惡變化難測；也在生命短暫有限，緣起緣滅，非人所能控制。這或許是無奈的宿命，但俗人故作清高，用高言泯滅了人倫之誼行及當下之掌握，更令人浩歎。當場揮毫文章以情結景的即興結尾，只是強調世代有別的體受，而文意蘊含著勸世務實的心意，豈可輕忽？

四、 結語：合飲觴杯忘舊新(情意教學之議)

就語文教育而言，主學習若是文學本身，尚有副學習及附學習須同時考慮。本文第一段所提的書文價值及教學中不同的面向外，第二段所闡的文義理旨應該是主學習的範疇。而第三段的哲思層次可做爲情意教學(副學習)之基礎。許多評家都將「死生亦大矣」視之爲王羲之文章的中心。或曰：〈蘭亭集序〉要四十歲以後才讀得懂。偏生學生年紀還小，難以教其「死生大事」，這也是蘭亭雖美，難以教學的主因。

大多數青少年學生即使沒有「死生」的真體會，仍可透過「問題提問」引發來刺激想法並引發討論。以下掌握三類問題來源，供課堂討論：

第一類引起動機，可由文本提出，如：

- 「後之視今，亦猶今之視昔。」人間有「永恆」嗎？
- 「豈不痛哉！」和「悲夫！」有關聯嗎？

- 「及其所之既倦，情隨事遷，感慨係之矣！」為何人會變心？你會嗎？
- 「世殊事異，所以興懷，其致一也！」「致」是什麼？
- 「修短隨化，終期於盡。」有什麼例子？

第二類引起動機，可由世俗諺語或觀念提出，如：
- 「人不畏死，奈何以死懼之」又是為什麼？還有什麼力量叫人不懼死亡？
- 「同歸於盡」？「視死如歸」？「從容就義」？「二十年後又一條好漢」？
- 「生不如死」？「死生有命」？
- 「怕死貪生」好不好？「好死不如賴活」為何這樣說？
- 「怕死貪生」什麼例？
- 「死刑、死刑犯、無期徒刑、終身監禁、絕症...」
- 「人死前會/該做什麼？」「如果只剩明天，我會做什麼？」
- 「送往生者該做什麼？」「喪禮參加的經驗」
- 「送行者」、「臨終關懷」、「死後世界」、「瀕死經驗」？

第三類可由範文、詩詞或歌詞中的名言佳句提出，如：
- 元好問詞〈摸魚兒〉:「(情)直叫人生死相許」為什麼？
- 古詩:「生年不滿百，常懷千歲憂。」
- 屈原〈離騷〉:「汩餘若將不及兮，恐年歲之不吾與。」
- 陶淵明〈歸去來辭〉:「善萬物之得時，感吾生之行休。」
- 蘇軾〈赤壁賦〉:「哀吾生之須臾，羨長江之無窮。」
-《論語》:「逝者如斯乎！不舍晝夜。」

討論進行時，老師要注意到討論要時時回到文本；雖以積極、尊重的人生觀做爲基調，但不可流於說教。更要注意教學情境的掌控，不可讓一些嘻笑捉弄的戲言喧賓奪主，對一些可能的負面情緒或惡意攻揭的問題，要有及早的準備。如此，必能激盪出情意學習的一些較深入的省思。嘗播放阿信翻唱薛岳的「如果還有明天」，先用學生熟悉的音樂旋律，引起他們的注意力。繼而問他們:「如果還有明天，你想怎樣裝扮你的臉？如果沒有明天，要怎麼說再見？」接著從他們的答案中歸納出幾種生死觀，並回歸文本，反問他們王羲之如何面對生死的態度，最後在芸芸眾生紜紜眾說中拔出王羲之的高音:「故列敘時人，錄其所述，雖世殊事異，所以興懷，其致一也。後之覽者，亦將有感於斯文。」生命固然須臾歡樂縱然苦短，即使難逃死亡的召喚，也要將人生的美好留駐，因爲個人生命雖有限，人間歷史宇宙自然生命卻長青。所有個人的歡喜憂悲都與天地自然同在，永恆不滅！

晉代承魏風，曹丕《典論・論文》後「不朽」的觀念或已成文人爲文的自覺，加上儒道佛交會所引發的「宇宙情懷」。右軍文章後兩段的慨歎，未如靖節用「此中有真意，欲辯已忘言」消極收結，卻意外的掀起文學史上的不歇「蘭亭潮」吧！

徵引文獻

1. 周豐香：〈化難爲易教〈蘭亭集序〉〉，《中學語文教學》2007：55-56
2. 張虹、王建穩：〈生命的歡娛與悲傷－談〈蘭亭集序〉表達的生命意識〉，《滄州師範專科學校學報》24 卷 4 期，2008 年 12 月：25-26
3. 陳碧：〈山水之樂 死生之悲－王羲之〈蘭亭序〉思想探析〉，《湖北社會科學》2009 年 3 期：127-130
4. 陳銘煌：〈〈蘭亭集序〉新詮－與研究結合的大學"本國語文"（大一國文）教學策略示例〉，《聯大學報》第五卷第一期，2008 年 6 月
5. 黃偉倫：〈蘭亭修禊事的文化闡釋—本體的探尋與自然的發現〉，《華梵人文學報》13 期，2010：157-186
6. 楊寶生：〈〈蘭亭集序〉中誤注的通假字指正〉，《中學語文教學》，2007 年 3 月：63-64
7. 楊儒賓：〈「山水』是怎麼發現的--「玄化山水」析論〉，《臺灣大學中文學報》30 期，2009 年 6 月：209-254

一個文本的衍生：談〈桃花源記〉多元的教學設計

高美華*

摘　要

本文分教材和教法兩大範疇，探討桃花源衍生的文本，和多元教學設計的可能。

教材部分，以知（知識）、情（情感）、意（思想）爲主，透過「一篇散文、詩境輔襯、多重文本」，概述桃花源的歷代書寫的承繼和轉化情況；透過「一個勝景、虛實對照、多重詮釋」，概覽古今中外的詮釋觀點；藉由「一個故事、內外世界、多重視角」，看待以桃花源爲題材的現代創作的無限可能。提供桃花源在各時代如何被接受、並賦予的時代意涵，面對教材時，可資運用和分享的豐富資源。

教法方面，就當前所處的這個時代的潮流，以培養自發學習、互動分享爲教學目標，在「學」的方面，兼顧教學與研究，提出「一個課堂、研究教學、多元互動」；在「行」的方面，引導學習者對桃花源的需索和思維，提出「一個理想、中西互見、多方實踐」的關照。

最後以桃源勝景、桃源夢破、桃源情結的傳統內涵與桃源新境的期待作結。

關鍵詞：桃花源記、文本衍生、詮釋、故事、多元教學

*國立成功大學中文系副教授

一、前言

一束光，將一個漁人帶進了別有洞天的桃花源。這裡沒有戰爭、紛擾，只有和平、安詳；在這裡自給自足、自適自得，不假外求。漁人出了山洞，有了機心，再尋不得；有權勢的達官如太守、有修爲的高士如劉子驥，也都不得其門、遍尋不著。桃花源究竟是否存在？成了千古謎團。每一個閱讀〈桃花源記〉的人，都會得到屬於自己的體悟，展開解謎的追尋之旅。

迷人的事，總是撲朔迷離、難追難捨。一開放、一封鎖；一追尋、一落空。有人說桃花源是理想國、烏托邦，現實找不到；它是現實之外的避風港、心靈的寄託站。有人說桃花源太封閉、太安逸；必須出離，回到武陵，才能真正開創生命。有人說桃花源在每一個人的心中，不足爲外人道；是原鄉、是生命的歸宿。有人說桃花源是秘密花園，但與知音分享；可以經由自己的努力，去開創、去實現。於是桃花源在被發現與發現之後，在歷史時空的捲軸中，展現了：桃源勝景、桃源夢破、桃源情結、桃源新境等圖景。

在展開桃花源記教學設計之前，本文先就桃花源衍生的文本，概述桃花源的歷代書寫和詮釋，看待桃花源在各時代如何被接受、並賦予的時代意涵，提供面對教材時，在知（知識）、情（情感）、意（思想）各面向、可資運用和分享的豐富資源。其次就當前所處的這個時代，以培養自發學習、互動分享爲教學目標，在閱讀〈桃花源記〉之後，引導學習者對桃花源的需索和思維，試探多元教學設計的可能，願以此拋磚引玉，期待更多的討論和分享。

二、桃花源的時代印記－文本的衍生與詮釋（教材）

（一）一篇散文、詩境輔襯、多重文本－知（知識）

〈桃花源記〉原爲〈桃花源詩〉的序，卻不同於一般序文從屬於詩，而是以文爲主，詩爲輔襯的；在毛氏汲古閣藏宋刻遞修本《陶淵明集》中，〈桃花源詩〉是從屬於〈記〉，出現在「記傳贊述」類中。從唐宋類書以及後世版本觀察，可知〈桃花源記〉已經脫離〈桃花源詩〉，作爲一篇獨立的散文流傳於世。

桃花源的意象，透過散文與詩的流轉推移，唐人詩中強化桃花源與世隔絕的仙境圖景，以王維〈桃源行〉爲代表；而宋人則著重桃源的現實意義，可以王安石〈桃源行〉爲代表。歷來文士有關桃花源的詩文創作，多不勝數，宋姚孳編《桃花源集》一卷，「錄嘉佑以前諸公詩文綴爲一卷」；及明馮子京編有《桃花源集》三卷，皆見載於《欽定四庫全書總目提要》；清代則有唐開韶輯、胡焯所編的《桃花源志略》，將歷代以來描寫武陵「桃花源」一事之詩、文集結成書，總結清代以前對於「桃花源」的相關作品與論述。

後人又從神話、小說角度，看待桃花源記的傳奇性、寓言性，則〈桃花源記〉具備多重文體的特質，所以在散文的面貌下，可以是詩、是小說，甚至是戲劇的演述。晁瑮《寶文堂書目著錄》有話本〈桃花源記〉；盛明雜劇有許潮〈武陵春〉，清雜劇有尤侗〈桃花源〉、石韞玉〈桃源漁父〉等；傳奇則有清楊恩壽〈桃花源〉等。這些作品又融入了儒釋道思想，展現不同時代的文本風貌。

（二）一個勝景、虛實對照、多重詮釋－意（思想）

陶淵明身處在晉宋之際，政治黑暗、社會動亂，在其筆下的「桃花源」卻是和平純樸、悠然自適。在現實、虛構之間，創造了一個理想中的真實境地；正如天堂與地獄，全取決於心念。但在二元對照的思維下，產生了許多切入點，如：桃花源是現實還是理想？是理想的建構還是幻滅？是個人的還是普遍的？是避難所還是新樂園？歷來提出的詮釋觀點更不計其數，即以今人所見，略述其方向如下：

在中國的文化和政治環境中，多以儒家的「大同世界」、老子的「小國寡民」、道家式的「樂園」、甚至佛家的「淨土」，溯源、比較、融合，探索陶淵明的隱逸情結、政治理想、生命藍圖等；或以儒家道統或道家實踐等角度爲他尋求定位，或以神話學、心理學探索他的靈魂歸趨。

在西方則從柏拉圖的「理想國」、湯瑪斯‧摩爾的「烏托邦」，到《瑞普‧凡‧溫克爾》的遁世文學、艾特略的《荒原》、希爾頓《消失的地平線》的「香格里拉」，都是比較探討的對象；或以理想主義、新歷史主義尋求政治理想或文化困境的出路，或以比較文學的角度闡述、重現完美純淨的境域。

凡此，可以看出後人透過中西古今的對照、現實理想的交疊，詮釋桃花源並賦予多重的意涵。

（三）一個故事、內外世界、多重視角－情（情感）

陶淵明透過武陵漁人一段奇遇故事，建構了令人神往的世外桃源，突顯了「世內」與「世外」兩個世界。桃花源內的人物，處在一片純樸和諧、無慾無知之中，卻有避秦的餘悸猶存。武陵的漁人、太守以及方外高士劉子驥，則在發現、重尋、落空、追隨的過程裡，從好奇、驚訝、歡聚、別離到寄盼、求索、落空等，情緒鮮明、起伏迭宕。只要從每一個人物出發，都可以得到不同的視角。加上閱讀者隨著一己的情思，展開不同主題的「再創作」，則寄寓的情感就更多彩紛呈了。古典詩文小說戲曲中的奇遇、仙凡之隔、古今之隔，暫置不論。就以眼前所見，舉例略說一番：

有以作者主觀情思爲主的。如：現代散文作家如陳慶隆、張拓蕪等，以《桃花源》爲其散文集名稱，鋪寫個人心中的桃花源；陳若曦將其理想寄寓在《打造桃花源》一書中。李家同〈李花村〉則以說故事的方式，漁人變成了醫生、桃花源變成了李花村，捨己救人的生命實踐和歸宿成了創作主題，融合詩歌、散文、小說等創作元素，豐富了散文的風貌。

有以武陵人的角度出發，譜寫成劇本的。如：張曉風的劇本《武陵人》，透過漁人黃道真一分爲三的心靈交戰，突出人性的衝突，並將人從傳統桎梏中提昇出來，最後勇敢地選擇捨棄安逸，而迎向苦難的人間挑戰，賦予他宗教的情操。黃春明的《新桃花源記》（即《小李子不是大騙子》），漁人化身爲小李子，發現桃花源、離開、重尋、落空之後，被認爲是說謊的孩子，還背負著「大騙子」的惡名，爲了證明誠實，他秉持著善良仁厚的心，做了許多努力，最後由於鰻魚精的出現，才讓村人明白美麗的桃花源是在大家的心裡。其實桃花源不必尋，桃花源就是我們現在雙腳所踩踏的土地，這也是黃春明的現實關懷和真實情感。

至於賴聲川《暗戀桃花源》，融合現代悲劇〈暗戀〉、轉化〈桃花源〉爲喜劇，透過彼此的干擾重現，模糊了悲喜、古今的界線，鮮活的展現社會群像以及他們的情感世界，更是膾炙人口的現代經典之作。

在此，由桃花源記的故事出發，主角不同，視野不同，加上作者的情感思想不同，展現許多不同的主題：逃（避世）、陶（怡然）、尋（追索）、謊（虛構）、光（指引）等。透過桃花源在新時代的創作文本、互文激盪，豐富了我們的情感和想像世界。

三、桃花源的教學新境－多元的開拓（教法）

（一）一個課堂、研究教學、多元互動－學

21 世紀是創意的時代，我們的教學的目標，是否能配合時代潮流，我們的教學，能帶給學生什麼？在侷限的一個課堂上，如何豐富教學的成果？

本期《天下雜誌》載，哈佛大學歐洲歷史與文學教授、伯克教學中心主任威京森（James Wilkinson）提出哈佛大學的博雅教育有五個目標：獨自探索世界、建立對知識的好奇、具備探尋與解決問題的能力、能把找到的解決方法與他人溝通、培養學生創造力用嶄新方式看問題等，從這裡可以看到這個世紀，能主動求知、學習、自我教育者，才具有競爭力。

桃花源與世無爭，如何透過教學引發自覺、探索學習，是本文所要探求的重點。桃花源記的多重文本、多重解讀和多重視角，在知、情、意的教學中，已提供了許多教材。如何從這些教材探索世界、得到啓發？如何引導學生提問、並尋求解決問題的途徑？如何具備解決問題的能力？如何表達分享與人溝通討論？如何培養創造力、用新觀點看待問題？筆者認爲這必須兼顧研究與教學，必須兼顧師生互動與教學相長。

首先要針對文本，充分了解文意，鼓勵學生提問、尋求答案；並勇於提出證據、探尋新解。如標點解讀（「其中往來、種作男女，衣著悉如外人」）、詞語分

析（文中出現三次「外人」的解釋）、文章結構、創作動機、內涵賞析（美學、生態學）等。

其次透過全篇朗讀、熟練體會，感悟、描述所知的桃花源，可以運用語言、文字、聲音、圖像、肢體等各種方式表述分享。也可以分組討論、提問或表演。由學生提出的問題，整理歸納[1]，我們可以了解他們思考和關注的焦點所在。由他們繪製的結構圖，可以知道他們的思路是否清晰、是否有創意。最後統整分享，更能互相激發學習動力。

再則跳脫文本，轉換角度，對照現實或融入角色，激發學習興趣和生活體驗。如分組、分幕讀劇；筆者曾用張曉風的《武陵人》，每個人分飾不同人物，在演述過程中，時時傳出驚嘆和笑聲。最後由學生寫下心得感想，整理後大家一起分享，別有收穫。

課程延伸，則可加強廣度與深化。電影《秘密花園》、幾米《躲進世界的角落》，分享討論，看是躲進一角落？墾一塊樂土？藏一片天？激發學生的聯想，他們會提出與桃花源情境類似的閱讀經驗或遊戲、影集一類，最後再回到自身，描繪每個人心中的圖景，展望未來。

若是進一步深化研究，法國作家謝閣蘭的散文集《出征》、諾貝爾文學獎得主高行健的劇本《靈山》等，也都有比較分析的論文可參。舉其一隅，提供學生進一步研究的可行方向。

（二）一個理想、中西互見、多方實踐一行

臺灣的錫安山，是一群自外於政治體制、自給自足的宗教生活團體。北歐、以色列、非洲等世界角落，也聽說有一些家庭群體，共同生活在特定的地區，組織各自的法規，資源共享、勞力共擔，成為化外之民的理想國度。桃花源不只是陶淵明的理想世界，也不只是幻境。如果透過行動，去了解這些實踐的例證，也會令人感動、感發，尋求生命的無限可能。

今日網路發達，淘課潮，席捲全球。淘課，就是透過網路傳播、自我選課學習。淘課風暴大幅改變世界學徒的學習模式，學生挑剔地主動出擊，在網路資源裡尋找好老師，把自己教會。《天下雜誌》專訪朱學恆，他認為：「未來的老師不必像農夫一樣，從早到晚自製生產菜色，而該學習當廚師，把世界好的資源當作教材」。

「逃學」、「翹課」在今日成了「淘課」風潮，消極的躲避之餘，有了更積極的淘取，因此，不論是老師或學生，面對龐大的資訊，都要有自己的目標和行動力，才能提升教學的品質和內涵。透過自己的「淘選」、行動，如：尋找一間店、從一個房間出發、大自然的一角、參觀花博夢想館、幾米的世界等等，都可以拓展我們的教學，豐富我們的生命。

---

[1] 參見附錄一〈桃花源記課堂提問彙整〉。

四、結語

內心諧和不二的「桃源勝景」，清靜真淳、無爭無擾，絕智去聖、自在自得，持一無二、互尊互容的一元世界。但走入現實之後，虛實、對立、矛盾、比較的二元世界，終致「桃源夢破」。人世間的苦痛如何出離？不論是仙境、實境，「桃源情結」像是魔咒般，緊緊套牢著謹守傳統的心。到如今的多元世界，多人多方、多姿多采、相激相賞、兼容並蓄，「桃源新境」正蓬勃展開。每一個桃花源，像是每一個秘密花園，祇要掌握心靈鎖鑰，就能通關，分享彼此的心靈勝景；無爭奪傾軋，祇有激賞與雙贏。希望教師與學生，透過教學分享，在說故事的當下，融入了故事本身，每個人都成了桃花源的主角，構築百花齊放、多姿多采、相激相賞的「桃源新境」。

〈附錄一〉桃花源記課堂提問彙整

（2010.9 於成功大學基礎國文課上）：

一、進入

（1） 為什麼漁夫會走向不熟悉的路？

（2） 當初是為了躲避戰亂而進入桃花源，為什麼可以讓漁夫輕易進入？

二、桃花源景物制度

（1）從先秦到漁夫進入，過了這麼長的時間，為何沒出現人口爆炸或近親結婚造成的遺傳疾病？【第一組】

（2）那裡的人對於結婚有沒有什麼規範？（近親結婚？）【第二組】

（3）既無競爭又封閉，桃花源何以為桃花源（物質方面）？

（4）當初避秦的那群人，是各種行業都有？不然怎麼維持一個村落的運作。【第一組】

（5）在封閉的環境中該如何自力更生？【第二組】

（6）是否有四季輪替？

（7）那裡的生活是以物易物還是金錢交易？

三、桃花源人心想法

（1）為何桃花源居民對外面世界沒有嚮往？【第一組】

為什麼他們不出去？【第二組】

（2）桃花源的居民為何都不會有個萬中選一的人，離開桃花源去探索外面的世界？當桃花源內的居民知道了外頭已改朝換代，都不會想去一探究竟？【第三組】

（3）桃花源內有紛爭嗎？有紛爭要如何解決？雖然沒有競爭人類文明不會進步，但是僅過自給自足的生活仍是可行的。前陣子有一則新聞：小飛機拍攝到巴布亞紐新幾內亞有原始部落，這證實了上述論點。【第一組】

（4）這樣的封閉與世外隔絕是好是壞？【第二組】

（5）既然桃花源資訊豐碩，怎麼沒有爭奪發生？【第四組】

（6）經過時代的變遷為什麼漁人還有辦法跟他們溝通？【第二組】

（7）既然是朝代不同的兩種人，溝通方面為什麼不會有障礙？【第三組】

四、離去

（1）為什麼漁夫要離開桃花源？

（3） 漁人出來後，為何又將此事告知他人，是何居心？

（4） 漁人講的話都不知道是真是假，怎麼會有人相信？

（5） 漁人是怎麼做記號的？

（6） 漁人帶太守去那裡的居心何在？

（7） 在漁夫進入桃花源後，為何還要離開那個地方？

（8） 如果還能進入桃花源，他是否會留在那邊？

五、尋訪

（1）為什麼漁人再回去尋找桃花源時，會不得其門而入？【第二組】

（2）再度找尋桃花源的所在，但一無所獲，是否已換了位置？【第三組】

（3）是什麼原因使得漁夫第二次無法進入桃花源？【第四組】

（4）漁人的記號是不是被桃花源裡的人弄掉？

（5）為什麼劉子驥找不到後就沒有人再去找了？【第二組】

（6）為什麼只有劉子驥被記載下來？文中描述了劉子驥是高尚士，那他是否毫無私心想要進入桃花源？【第四組】

（7）到底在怎樣的心情下才能找到桃花源？

六、餘論

（1）桃花源真的存在嗎？

（2）漁人是陶淵明嗎？

（3）他們的時間跟外界的時間是否同步？他們的所使用的新曆與時間計算是否與外界相同？

（4）他們的科技文化是否有進一步的發展？【第二組】

（5）把現代科技帶入桃花源會有什麼影響？【第三組】

（6）桃花源的生活方式在現實生活是否有辦法實現？

（7）桃花源的生活是否就是陶淵明自身的理想追求？

（8）這世上是否只有一個桃花源還是有許多個？

（9）桃花源是理想世界還是逃避現實？

（10）桃花源是否仍然存在人性的五欲？若有，為何不會表現出醜的一面？

（11）桃花源的美好是否只是表面的假象？

（12）為什麼不是「菊」花源？

（13）既然有桃花源這麼美好的地方，為什麼以往都沒有人開墾，直到秦朝才有人逃到那邊？

（14）從文字中只能知道那裡的環境好，為什麼桃花源如此令人嚮往？是否外面世界的條件壞到無法與桃花源相比？

（＊未標明組別者，為各組或多組共有的問題。）

〈附錄二〉本文參考書目（依出版先後排序）：

1.胡懷琛《中國小說的起源及演變》，南京：正中書局，民國二十三年（1934），頁 73-74。

2.張曉風：《武陵人》，臺北：宇宙光出版社，1974 年。

3.李劍國：〈六朝志怪中的洞窟傳說〉，《天津師大學報》，1982 年第 6 期。

4.尹雪曼《中國現代文學的桃花源》，臺北：臺灣商務印書館，1984 年 10 月。

5.張拓蕪《桃花源》，臺北：九歌出版社，1988 年。

6.蕭東海：〈論桃花源記體裁是小說〉，《吉安師專學報》，1995 年 3 月。

7.陳慶隆《桃花源》，臺北：遠景出版事業公司，1996 年 6 月。

8.盧英宏：〈桃花源記是一篇小說〉，《岳陽大學學報》，1997 年 12 月。

9.李家同：〈李花村〉《陌生人》，臺北：聯經出版社，1998 年。

10.陳若曦《打造桃花源》，臺北：臺明文化事業有限公司，1999 年。

11.鄭圓玲：〈重訪桃花源－高行健對桃花源記主題的變形與再現〉，《人文及社會學科教學通訊》十二卷四期，總七十期，2001 年 12 月。頁 82-90。

12.沈宗霖：〈由〈桃花源記并詩〉檢視陶淵明筆下的現實虛構與時空重設〉，《東華中國文學研究・創刊號》，2002 年 6 月，頁 105-131。

13.鄧城鋒：〈解讀桃花源記〉，《中國語文》92 卷 1 期，2003 年 1 月，頁 81-86。

14.楊燕：〈陶淵明在儒家道統中的地位新論—對桃花源記主旨的一種剖析〉，《吉首大學學報・社會科學版》第 26 卷第 4 期，2005 年 10 月，頁 143-147。

15.趙制陽：〈解讀桃花源記的三個層次〉，《中國語文》99 卷 4 期，2006 年 10 月，頁 41-51。

16.柏俊材：〈論淨土思想對〈桃花源記并詩〉之影響〉，《武漢科技大學學報・社會科學版》第 9 卷第 3 期，2007 年 6 月，頁 319-323。

17.馬歌東：〈桃花源記“外人”誤讀辯正〉，《陝西師範大學學報（哲學社會科學版）》，第 36 卷第 4 期，2007 年 7 月，頁 76-81。

18.危捷、郭劍林：〈《瑞普・凡・溫克爾》與《桃花源記并詩》理想追求之比較，《龍岩學院學報》，第 25 卷第 4 期，2007 年 8 月，頁 84-86。

19.邱曉：〈王維詩歌對桃花源記的接受與改造〉，《九江學院學報》2007 年第 4 期，總第 141 期，頁 6-8。

20.曹燕：〈桃花源記的探究式教學〉，《綜合天地》2008 年 1 月，頁 93。

21.賴錫三：〈〈桃花源記并詩〉的神話、心理學詮釋－陶淵明的道家式「樂園」新探〉，《中國文哲研究集刊》第三十二期，2008 年 3 月，頁 1-40。

22.羅雲芳：〈唐宋詞桃源意象的美學意蘊〉，《十堰職業技術學院學報》2008 年 4 月第 21 卷第 2 期，頁 56-59。

23.朱愛善：〈閱讀品味，美不勝收－淺探桃花源記〉，《語文學刊》2008 年 11 月，頁 68。
24.吳長暉：〈桃花源記四項學習任務的設計〉，《廣東教育》2009 年第 1 期，頁 54。
25.劉偉：〈桃花源記尋美踪〉，《現代語文》2009 年 1 月，頁 15。
26.葉海良：〈淺談桃花源記中的美〉，《現代語文》2009 年 1 月，頁 59。
27.沈佳梅：〈經典之光照亮現實－話劇暗戀桃花源對桃花源記的創造性改編〉，《語文學刊》2009 年 3 月，頁 60-61。
28.羅獨修：〈〈桃花源記〉種種異說之商榷〉，《史學彙刊》第二十三期，2009 年 6 月，頁 35-53。
29.徐應才：〈桃花源記標點糾謬〉，《湖南城市學院學報》第 30 卷第 6 期，2009 年 11 月。
30.田瑞文：〈從桃花源記的版本流變看其文體歸宿〉，《新世紀圖書館》2009 年第 4 期，頁 56-58、頁 17。
31.楊宏：〈異化與重構－宋人對桃源母題的另類闡釋〉，《晉陽學刊》2010 年第 2 期，頁 110-113。
32.趙春輝：〈論桃花源記的小說文體特徵及其思想性質〉，《語文學刊 2010 年第 6 期，頁 91-92。
33.武宏璞：〈陶淵明隱逸情結及其現實意蘊闡釋〉，《陝西社會主義學院學報》2010 年第 3 期，頁 44-48。
34.樂美兒：〈幻滅以後："桃源"與"荒原"文化困境和出路的比較〉，《紹興文理學院學報》第 30 卷第 1 期，2010 年 1 月，頁 71-76。
35.秦婷婷：〈淺析桃花源記的和諧之音〉，《文學教育》2010 年 4 月，頁 88-89。
36.郭曉輝：〈《瑞普‧凡‧溫克爾》遁世文學說新解－新歷史主義的關照〉，《江西青年職業學院學報》第 20 卷第 2 期，2010 年 6 月，頁 85-86。
37.何斌：〈關於桃花源記"外人"的釋義〉，《現代語文》2010 年 8 月，頁 152-153。
38.王曉燕：〈烏托邦的尋找或背離－以桃花源記爲藍本的烏托邦想像〉，《湖南大學學報‧社會科學版》第 2 卷第 5 期，2010 年 9 月，頁 89-92。
39.唐明生：〈和諧：桃花源記的生態美學解讀〉，《社會科學論壇》2010 年 11 月，頁 63-66。
40.《天下雜誌》2011 年 3 月 9 日，頁 151－159。

從多元思維解析國中國文教材
——以劉禹錫〈陋室銘〉為例

耿志堅*

提　要

漢語是單音節的語言，從古至今在文學的創作上，不但運用雙聲疊韻，產生音律節奏的音響之美，也運用了同音字的通假、同音字的聯想、一語的雙關、寫作手法的倒裝錯綜，將自已深層的思維隱藏起來。至於讀者往往只能在淺層的文句裡字斟句酌，欣賞作品的遣詞用句、音律神韻。當然若是想要做深層的深究與鑑賞，就需要運用多元思維，進行再聯想、再發現，巧妙的運用語言思考的邏輯進行解析。

本文即是利用多元的創新思維，以劉禹錫的〈陋室銘〉爲例，藉多元思維閱讀教材內容，提出個人的教學活動設計，以及不同於以往的看法，提供中學國文科教師，做爲創新思維教學的參考。

關鍵詞：多元思維、創思教學、國中國文教學、劉禹錫、陋室銘

*國立彰化師範大學國文學系教授

一、前言

國文科是一切學科的基礎，尤其是「閱讀」能力的培養，以及思考模式的提升，透過了閱讀，對一篇文章、一段文句從多角度的揣摩，去發現作者在文章裡所隱含的秘密。這就像是在字句裡去尋寶一樣，雖然不一定都能獲得意外的驚喜，但是在經過多元思維的探索，每當尋到寶藏的刹那，必將會拍案叫絕，充滿成就感。此外文學作品的深究，就像科學的鑽研，文學作品是文學家的創作，但是讀者的鑑賞更是創新，是再創造。閱讀者不能死守著唯一的理念去看問題，如此文學的發現是呆板的、是局部的。就像自然科學的研究，一定是透過多方面的假設，學者再不斷的發揮創思，從多角度去思索、去找尋答案。也許是在成千上萬的假設中，找到了一條最可能的突破點，並以此解決了重大的問題。

文學作品的閱讀和思索也是如此，傳統的文學作品，所强調的是含蓄美。再加上過去專制帝王統治的時代，若是在文學作品裡牽涉到政治、思想的，往往不會有好的下場，不是因爲得罪當權者被放逐，就是一場文字獄。因此下筆時都是十分的謹慎，免得招惹到不必要的麻煩。即使是近代的白話文學，多數的佳作名篇，也是要講究文學語言的美感，需要經過一番的修飾。那麼處於第一線的國文科教師，在課堂教學時，除了做好正常的教學活動，即文句的講解、語詞的分析、文法的結構、修辭的運用之外，也可以利用「綜合討論」這短短的時間，做多元思維的導引，引導學生從多角度去審視課文裡的語意，並准許學生從不同角度思考問題、解讀課文，甚至提出另類的看法。如此才會使範文教學變得多元化、趣味化，也可刺激學生在思維上呈現活潑的、創意的思考模式，久而久之學生的範文閱讀，甚至延伸的類文閱讀、課外閱讀，都能以多元思考從提出質疑、追求突破、找尋答案到獲得發現，以這樣的思考模式進行閱讀，如此國文科教學才能發揮到多元思維的功能。

一位懂得運用語言藝術的教師，必然會運用提問的活動設計，導引學生進行多元思維，把僵硬的思維模式，轉化爲富有啓發的教學。師生可以大膽的運用直覺，把文章裡的問題做深層的挖掘，不只是教師做創思的導引，更要讓學生充分的表達，同時允許學生提出不同的看法，只要能把教學進度掌握好，教師在「綜合討論」階段所設計的思維導引，必將使教學活動進行的十分精彩。

教學是一門藝術，尤其是國文科教學，更是在爲藝術加工，爲藝術的作品設計創意思維的導引。教師要從藝術的思維、藝術的加工，把文學的知識、韻味、氣氛、思想融合在一起，將字句裡的寶藏挖掘出來，找出弦外之音，追尋全新的看法，探索更真實的意境。儘量在教學內容裡，注入新鮮的動力。

九年一貫在國文科的教學目標裡，是以開放的教學思維，使各學科在教学形式上有所突破，無論是教材內容的編寫，亦或是教學法的創新，都可以運用創意思維力求靈活與多元。因此國文科教學，在新的教學理念裡，是要透過靈活的觀察與思考，對文學作品進行多角度的分析，將科學的邏輯思維，結合假設與聯想，在既有的知識中追尋新的看法。

至於什麼是「新」，誠如韋志誠《語文教學思維論》所指出的，語文教學要積極的求異，即：「從多方向、多角度、多起點、多層次、多原則、多結果等方面思考問題，並在多種的思路的比較中，選擇富有創造性的異乎尋常的新思路。」[1]這樣的教學理念，目前在臺灣似乎只是一種理想，因爲先得打破過去傳統的備課形式，就是以《教師手冊》定爲一尊的備課模式，過度的依循使得教學內容缺乏了新鮮感。首先編寫手冊的人，國學水準夠不夠。其次對語文分析的能力夠不夠，再來對文章解讀的深度夠不夠，最後是否能提出創新思維的導引。若是再加上學校的段考，以及升學的基測、指考、統測，都需要絕對的、標準的、唯一的答案，以及教師的超時趕課，那麼國文科教學還能活化嗎？因此如何使學習者對一篇課文，由認識到理解，再由理解產生問題的思索，進而挖掘出新思維，使國文科的教學更爲活化，擺脫呆板的教學形式，即是本論文撰寫的企圖。

二、多元思維教學的意義

什麼是多元思維，筆者以爲這是思維形式的創新。因爲在學習的過程裡，需要有創新的概念，和創造的學習能力。同樣是一篇課文，以不同的角度去觀察、去分析、去探索，所得到的體會就不盡然相同。只有活化學習的內容，跳脫傳統的思維窠臼，從多元的角度去詮釋文句，讓思維不斷的擴展，藉腦力的激盪刺激靈感，提出與眾不同的新思維、新觀點，亦或是新的發現，甚至是奇思妙想，給人一種新鮮感，這就是多元思維。

在國文科的教學裡，閱讀思維的創新，可運用漢語同音字的通假，語意的引申，一語雙關的聯想，通過了靈感，使每一段文句都有可能形成多重的解讀。也許作者在創作時就做了某些刻意的安排，需要讀者經由漢語特殊的現象，從多角度進行不同的思索及查證。學習者可以運用想像力提出新的假設，由於思索的角度不同，探索的方向也就不盡然相同，得到的答案自然未必一致。至於誰對誰錯，就文學而言，其實無所謂那一個正確，而是就邏輯推理上，是否解釋的通，只要不是強詞奪理即可。李嘉曾《創造的魅力》指出「新的感受往往是從新認識的起點，是創造思維的泉源……應當把熟悉的事物當陌生的事物來對待。必須經常變換角度，改變方向，重新審視己經熟悉的事物，力求捕獲更多的有效信息。」[2]

現今的國文科教學，筆者也是主張適度的加入創新思維進行教學，而「創新」不是另起一個新的教育形式，而是就既有的傳統教學，提出新的改革與改變。至於「新」也不是另類，或是爲「創新」而創「新」，它是一種新的觀念、新的手法、多元的思考、具有創意、符合邏輯的思維形式。藉此開拓學生在思維上的寬度和深度，拓寬新的視野。否則只有字句的講解，資料的記憶，只會窄化了國文科的教學視野，不可能探究出文章裡深層的寓意。

---

[1] 韋志誠：《語文教育思維論》，（南寧：廣西教育出版社，1996 年），頁 184

[2] 李嘉曾：《創造的魅力》，（南京：江蘇科學技術出版社，2000 年），頁 3

而多元思維的動向又是怎樣的呢？筆者將前人之說合併爲縱向思維、橫向思維、逆向思維、擴散思維、突發靈感等五個方向，以下做分別的說明：

（一）、縱向思維的延伸

這類思維的形式，是將已知的內容做基礎，並以此爲延伸思考的基點，進一步去推想未知的結果和結局，也就是對原有的問題，做合理的引申和推論。程紅兵《創新思維與作文》指出「它是把事物放在自己的過去、現在和將來的對比分析中，發現事物在不同階段上的特點和前後聯繫，以此來把握事物及其本質的思維過程。」[3]也就是抓住問題的起點，再順向的自起點往前做進一步、再進一步延伸式的思考模式。

（二）、橫向思維的比較

這類思維的形式，是結合別的領域裡所發生同性質的事件或經驗，獲得思想上的啓發。就是把自己的思考或是經驗，和其他領域的陳述平型並列，而這兩種之間的關係常常是相近似的。運用聯想和比對，把它交叉起來進行思索和推想。程紅兵《創新思維與作文》指出「是一種同時性的橫斷性思維。它截取歷史的某一橫斷面，研究同一事物在不同環境中的發展狀況，是在同左鄰右舍的相互關係和相互比較中，找出該事物在不同環境中的異同的一種思維活動。」[4]也就是以問題的來龍去脈，和性質相同的事例，至少是相近似的事例並列在一起，從橫剖面去觀察，在比對中激發靈感，並且發現問題的思考模式。

（三）、逆向思維的反思

這類思維的形式，是從問題的反方面對原來的問題提出質疑，倒過來問爲什麼會有這樣的結果，而不是順向的延伸。何名申《創新思考方法》舉宋朝司馬光童年時代和一群小男孩玩要爲例，當調皮的小孩掉進水缸裡，「一般人都只會朝『讓人離開水』這個方向去順著想，而不會朝『讓水離開人』這個相反的方向去倒起想。」[5]也就是司馬光可不可以不把缸打破就能救出小孩，這是從反方向能不能不去打破水缸去思考，推倒水缸這是突發的靈感，因此逆向思維就是朝不打破水缸去思考的模式。

（四）、擴散思維的聯想

這類思維的形式，是就一個問題的中心爲基點，向不同的角度呈放射狀把問題拋出，運用不同角度，獲得更多可供分析和解決問題的訊息，同時從多方向做出不同的假設，如同舉一反三的提問和思索。吳進國《創造性學習與創造性思維》指出「要把所有可能性都想到……發散性思維的前提是首先需要明確創造的目

---

[3] 程紅兵：《創新思維與作文》，（上海：復旦大學出版社，1999 年），頁 63

[4] 程紅兵：《創新思維與作文》，（上海：復旦大學出版社，1999 年），頁 72

[5] 何名申：《創新思考方法》，（北京：中國和平出版社，1996 年），頁 66

標……然後，圍繞所要解決的問題，盡可能地進行廣濶的發散性思維，把所有時可能性方案逐一列舉出來。」[6]也就是以問題爲核心，從不同的角度進行開放性的思索，把所有能設想到的構思、策略、疑問，甚至是全新的想法，做有系統的列舉和聯想。

(五)、突發的靈感

這類思維的形式，是對問題突發的一種思考模式，是在潛意識裡突然的茅塞頓開或是豁然開朗，它也許不一定符合邏輯思維，但它却可以從很另類的角度看問題，有時候也能自圓其說，做出奇妙的解讀和推論。吳進國《創造性學習與創造性思維》指出「靈感思維是思維主體對長期百思不得其解和懸而不決的研究對象、思考難題，在靈感火花迸發的瞬間使問題得到澄清和解決的思維現象。」[7]也就是對一個問題在反覆思索後，突然爆發出來直覺，並且是對問題突發式的頓悟。

三、多元思維教學示例——劉禹錫〈陋室銘〉

這篇文章翰林版《國民中學國文 2 下》課文導讀云「作者寫這篇銘的用意，是在戒勉自己：只要努力進德修業，縱使住在陋室，也能安適自樂。」南一版《國民中學國文 4》課文題解云「作者寫作此銘：用意有二：一在自我戒勉，居室雖然簡陋，只要能進德修業，就可以使陋室的聲名遠播；二在自我期許，只要抱負遠大，不在乎居室簡陋。」康軒版《國中國文 2 下》課文題解云「作者寫這篇銘的用意，是在自我戒勉：只要多充實學識，修養品德，雖然所住的是簡陋的房子，仍然可以感到快樂自在，並期望將來能有所作為。」這些看法都是承襲國立編譯館版《國民中學國文第四冊》的看法，「作者寫這篇文章，就是用來戒勉自己：只要充實學識，修養品德，雖居陋室，一樣能安適自樂。」對於本文的解讀，一律以戒勉自己，雖居陋室，但需充實學識，修養品德，爲唯一的看法。

但是若從多元思維的角度來解析本課的文意，似乎還有許多值得商榷的地方，以下筆者即以各個方向，做如下的質疑與解讀：

(一)、題文〈陋室銘〉的聯想

1、作者爲什麼要寫這篇文章，動機何在？（寫作動機）

2、作者什麼時候寫這篇文章？當時的處境是怎樣的？（寫作背景）

3、作者身處陋室，所做的描寫是實筆還是虛寫？（環境敘寫）

4、作者是否是藉陋室的敘寫，表達自己的心志？如果是，那又是怎樣的心志？（寫作目的）

以上運用「擴散思維」進行四個觸角的提問？如果再把注意的焦點放在「銘」這個字上，那麼提問又可以有如下的思考：

1、「銘」的作用在提醒自己，作者爲什麼提醒自己？提醒自己的是什麼？

---

[6] 吳進國：《創造性學習與創造性思維》，（北京：中國青年出版社，2000 年），頁 188

[7] 吳進國：《創造性學習與創造性思維》，（北京：中國青年出版社，2000 年），頁 170

2、爲官犯了過失或是得罪了當權者，才會被貶謫流放，作者寫「銘」的目的是在提醒自己嗎？

3、人到了中年以後，大多會爲自己前半段的人生有所檢討，作者的一生被貶謫在外二十餘年，他對年輕時的處世風格能不灰心嗎？

4、作者此刻的處境必然是孤獨的，政治前途一片茫然，他不想回到長安嗎？以他的行事風格回得去嗎？「銘」的敘寫是否是消極的警告自己呢？

以上也是從「擴散思維」扣住「銘」這個焦點，進行多角度的檢討，如果以這八條線索解讀本文，所做出來的聯想，筆者在下文裡以提問的形式做設計。並予以發揮。

（二）、本文開頭第一句「山不在高，有仙則名；水不在深，有龍則靈；斯是陋室，惟吾德馨。」

1、前二句以「逆向思維」來解讀，山若是不高，必然販夫走卒經常往來，影響清修，神仙會來這個地方修煉嗎？水若是不深，龍必然爲淺水所困，怎麼能興風作浪？假如不是深淵、大河、海洋，龍會居住在這個地方嗎？

2、承上題，山不高不會有神仙來修煉，水不深不會有龍來居處？用「横向思維」來對應，有雄才大略的人，願意隱居在這地處偏僻的陋室嗎？

3、承上題，再以「縱向思維」來推論，「仙、龍」是否影射的人即是作者呢？

4、如果龍、仙都是作者的自喻，那麼陋室裡的作者，何以用「德」馨來自勉呢？也就是說「仙、龍」困於陋室般的逆境，唯有修德才能獲得「名」與「靈」的「德馨」，是這樣嗎？

在這幾個提問裡，首先必須先要弄清楚劉禹錫的生平事蹟。以下即針對他一生重大的關鍵處，簡要的表列如下：

△德宗貞元 9 年（793）22 歲。登進士第。

11 年（795）24 歲。被授予太子校書（東宮屬官）。

12 年（796）25 歲。從長安至揚州奔父喪。

16 年（800）29 歲。經杜佑任用爲徐泗濠節度使掌書記。

17 年（801）30 歲。居揚州，在杜佑幕府。

18 年（802）31 歲。調補京兆府渭南主簿（正九品）。

19 年（803）32 歲。杜佑入朝，擢監察御史。與王叔文、柳宗元等人過往從密，定爲生死交。

20 年（804）33 歲。繼續任監察御史。正月，德宗卒，太子李誦抱病即位（順宗），並依靠王叔文、王伾輔佐做政治改革。

△順宗永貞元年（805）34 歲。2 至 7 月永貞革新。劉禹錫表現出特殊才幹，王叔文稱贊他有「宰相器」。7 月順宗因病同意太子監國，再內禪太子李純（憲宗）。

△憲宗元和元年（806）35 歲。王叔文被賜死，劉禹錫先被貶連州（廣東連縣），再被貶至朗州（湖南常德）爲司馬。寫〈華陀論〉借曹操殺華陀，抨擊憲宗殺王叔文。

5 年（810）39 歲。正月，元稹奉召回長安。

9 年（814）43 歲。在朗州司馬任內，與柳宗元、元稹、楊歸厚等通訊唱和。

10 年（815）44 歲。2 月，與柳宗元奉召回長安。劉禹錫抵長安近郊時作〈驛亭題詩〉：「雲雨江湘起臥龍，武陵樵客躡仙蹤。十年楚水楓林下，今夜初聞長樂鐘。」3 月，作〈遊都玄觀咏看花君子詩〉：「紫陌紅塵拂面來，無人不道看花回。玄都觀裡桃千樹，盡是劉郎去後栽。」語涉譏刺。武元衡、張弘靖、韋貫之時爲宰相，武之衡與劉禹錫爲政敵，被流放至播州（貴州遵義），御史中丞裴度求情，改放爲連州刺史。

12 年（817）46 歲。因削藩宰相武元衡被刺，御史中丞裴度重傷。憲宗震怒，將平定藩鎭的大事交給裴度，10 月平定淮西叛亂，裴度被命爲宰相。

14 年（819）48 歲。劉禹錫母喪（年近 90），回洛陽守喪，11 月途經衡陽，聞柳宗元卒。

15 年（820）49 歲。正月，憲宗爲宦官所殺。

△穆宗長慶元年（821）50 歲。冬，穆宗命劉禹錫爲夔州（四川奉節）刺史。

2 年（822）51 歲。到夔州抵任。

3 年（823）52 歲。上表力陳改革之道，穆宗昏庸無能，對朝政倍感失望。

4 年（824）53 歲。穆宗卒，敬宗即位。發詔書征賢良，大赦天下。夏，轉任和州（安徽和縣）刺史。8 月，抵任，和州正値旱災。12 月韓愈病故。

△敬宗寶曆元年（825）54 歲。和州刺史任內。

2 年（826）55 歲。冬，罷和州刺史。過揚州時與白居易相遇。

△文宗太和元年（827）56 歲。春，與白居易同返洛陽。6 月，除東都尙書省主客郎中。

2 年（828）57 歲。裴度欲薦劉禹錫知制誥，未果。充集賢殿學士。

3 年（829）58 歲。除禮部郎中，仍兼集賢殿學士。政局出現險象，稱病歸洛陽。

5 年（831）60 歲。7 月，元稹卒。10 月，出任蘇州刺史。

6 年（832）61 歲。2 月，抵任。蘇州水災，請朝廷賑濟。白居易編《劉白唱和集》。

7 年（833）62 歲。以蘇州刺史任內政績最佳，賜紫金魚袋。自編詩文集。

8 年（834）63 歲。7 月，爲汝州（河南臨汝）刺史。與家鄉洛陽不遠。

9 年（835）64 歲。白居易除同州（陝西大荔）刺史，辭疾不拜，任太子少傅分司。9 月，劉禹錫移同州刺史，兼御史中丞。

△文宗開成元年（836）65 歲。秋，因患足疾辭同州刺史，遷太子賓客，分司東都。

3 年（838）67 歲。文宗欲置詩學士，宰相楊嗣復首薦劉禹錫，李珏反對此事，遂作罷。李宗閔、牛僧孺排斥異己，裴度、劉禹錫被排擠出朝。

4 年（839）68 歲。仍爲太子賓客、分司東都，加尙書銜。

5 年（840）69 歲。正月，文宗卒，武宗即位。

△武宗會昌元年（841）70 歲。李德裕再次入居相位。劉禹錫加檢校禮部尙書，兼太子賓客。

2 年（842）71 歲。7 月，病卒。

從以上的表列，可以得知劉禹錫的一生，真正得意是在唐德宗在位的時代，就是他 24 至 33 歲之間的那幾年，往後則是一連串的流放、貶謫，直到唐文宗即位，即劉禹錫 56 歲以後，才算是安定了下來，過著閒居的生活，即使爲官，也大多爲閒官、閒缺。直到他晚年病卒。二十餘年的坎坷，使他空懷濟世安民之志。卞孝萱、卞敏《劉禹錫評傳》（南京，1996）指出：「劉禹錫一生並不甘心於當一個文士，而是希望在政治上有一番作為。……在所寫的大量表狀、書啓、碑志、序記中，在所創作的政治抒情詩、政治諷刺詩、詠史懷古詩中，都從各個不同的側面反映了其進步的政治思想。尤其是《因論七篇》表現了治國安民，革除時弊，注重實際的精神，可以說是劉禹錫政治思想的總結。」[8]像這樣一位有理想、有抱負的人，困居陋室，能不像仙、龍的困處山不高、水不深的地方嗎？

至於「斯是陋室」，「陋室」是否即在山不高、水不深的荒郊野外？是一個沒有大儒、高官拜訪的地方？是誰把他安置在這裡？爲什麼把他安置在這裡？「惟吾德馨」句中的「吾德」是否即是「仙、龍」的胸懷抱負？（這部份會於下文中做說明）

（三）、文中第二句「苔痕上階綠，草色入簾青。」這是居住環境的敘寫。

1、「苔痕」、「草色」給你的直覺印象是什麼？

2、「苔痕」爲什麼會上階綠？「草色」爲什麼會入簾青？

3、作者此時爲和州刺史，爲地方最高首長，可能住這樣的地方嗎？唐朝對刺史的待遇是這樣差嗎？

4、這段文句是實筆還是虛寫？爲什麼這段經歷在《舊唐書》、《新唐書》裡都沒有記載？

這段文句從「縱向思維」的延伸來看，「苔痕」是居住環境的潮溼，「草色」

---

[8] 卞孝萱、卞敏：《劉禹錫評傳》，（南京：南京大學出版社，1996 年），頁 62

是居住環境的荒涼，作者對居處的四周，沒有說明鄰舍的情況，沒有敘寫陋室的外觀，更沒有說明屋內的擺設，顯示了這些都不足以代表「陋」的全貌，只有潮溼、荒涼的景象，藉此用「象徵」的手法，讓讀者去體會那份淒涼、孤獨的感覺，才能把「陋室」的「神韻」彰顯出來。

文句再往下看，運用「逆向思維」反問，屋子裡既然有人居住，爲什麼青苔會「上階綠」？如果有人清掃，爲什麼草色會「入簾青」？這說明了陋室根本沒有貴客來訪。像是落魄的杜甫寫〈客至〉詩：「花徑不曾緣客掃，蓬門今始爲君開。」說出了客人的來訪，他要先把四周環境整理一下。劉禹錫此時必然過著近似隱居的生活，從來沒有大儒、高官，甚至是稍有身份的人來訪，當然也就沒有必要勤於清理居家四周的環境，於是「任由」青苔上階、青草蔓延，藉此更加突顯「陋室」外觀的「陋」。

穆宗長慶 4 年 8 月，劉禹錫上任和州刺史時，和州剛處於大旱災之後，這裡本就屬遠州，地處荒僻，再加上重災，當然不可能住很好的官舍。再說劉禹錫自任職和州刺史以後，兩年多就奉召卸任回洛陽，說明了此時的皇帝唐敬宗並不討厭他。「陋室」應該是相較於長安，交通不便、生活困苦、居住簡陋、人煙稀少，也就是用「陋室」概括的敘寫自己所居住的地方。

因此「苔痕上階綠，草色入簾青。」從文句的表層來看，應屬實筆，描繪居處環境的品質極差，但它也可以解讀爲虛寫，表示這間簡陋的官舍，地處偏遠，交通不便，根本就沒有重要的人物來訪，這才是他在和州的處境。

（四）、文中第三句「談笑有鴻儒，往來無白丁。」這是日常生活裡人際關係的敘寫。

1、「鴻儒」是有身份、地位的人，他們會不辭辛苦，專程的來拜訪嗎？在當時黨爭鬥得十分激烈，對一位被貶謫流放在外的人來說，來訪的人不會考慮自身的利害嗎？

2、劉禹錫居住的地方，地處偏僻，左鄰右舍盡是文化水準不高的「白丁」，爲什麼劉禹錫不和他們往來？只是要表現孤傲的個性嗎？

3、這段文句有可能是作者反過來的敘寫嗎？其實應該是「談笑『無』鴻儒，往來『盡』白丁。」是這樣子嗎？

這段文句從「逆向思維」來反思，談笑的對象若是「皆」爲鴻儒，亦或「大多」爲鴻儒，那麼陋室的前門應該經常清掃、修剪，何以前面的文句云「苔痕上階綠，草色入簾青。」？再來承上一段的分析，劉禹錫雖然從連州到和州都是出任刺史，但皆爲偏僻的地方，還是應該視爲貶謫。被貶謫的官員，在政治背景上，一定是在朝廷裡有排擠他的人，並且處處給他添些麻煩。和這樣的人交往，不是自找麻煩嗎？假如以此再做「縱向思維」的引申，那麼作者談笑的對象裡，鴻儒應該是極不可能的了。

劉禹錫既然是被貶謫到遠州，民風大多尚未開化，讀書人更是少之又少，劉禹錫的左鄰右舍，想必多爲白丁。而白丁既無功名，又牽扯不到政治上的紛爭，當然無所謂怕得罪執政的人，和作者閒話家常是最輕易的事，因此順著前半句向下推論，自然往來「皆」白丁，亦或「大多」爲白丁了。

其實作者要這樣的敘寫，主要的用意是營造一個氣氛，即使他有形的屋舍是「陋室」，但因爲德行操守高尚，一樣會有許多具有正義感的鴻儒，願意和他往來，這就是屋舍雖「陋」，但人却「不孤」。藉此突顯自己的心志，並以此引出下句的「彈素琴，閱金經」。

（五）、文中第四句「可以調素琴，閱金經。無絲竹之亂耳，無案牘之勞形。」這是日常生活裡起居活動的敘寫。

1、「調素琴」彈給誰聽？「閱金經」目的何在？

2、作者到了和州，正處於大旱災之後，他是一個想要有作爲的人，能夠這樣悠閒的「彈素琴，閱金經」嗎？

3、「彈素琴，閱金經」，有沒有可能是作者心志舒發的虛寫呢？

4、和州災後需要重建，作者係和州刺史，爲什麼可以悠閒到「無絲竹之亂耳，無案牘之勞形」？

這段文句首先運用「逆向思維」反問，一位被一再貶謫流放於遠州的人，他可能帶著素琴、金經到處奔波嗎？即從朗州（湖南常德）→連州（廣東連縣）→夔州（四川奉節）→和州（安徽和縣），這還不包括回到洛陽和長安。因此劉禹錫絕不可能帶著素琴、金經到處奔波。

這裡我們可以把文章裡的第一句「惟吾德馨」，和本句串聯在一起，進行聯想。「德馨」的「德」是什麼？孔子「飯疏食飲水，曲肱而枕之」，顏淵「一簞食，一瓢飲，居陋巷，不改其樂。」成就了「立德」。但是只有這樣就可以成就「立德」嗎？當然他們在禮樂教化上，投入了全部的心血。假如「立功」、「立言」需要居高位，才能彰顯自己的能力，那麼唯有「立德」不需要帝王的提拔。

如此再以「順向思維」來聯想，「彈素琴」彈些什麼？彈給誰聽？「閱金經」閱些什麼？有何目的？假如以「橫向思維」做比對，「彈琴」琴聲要有知音人來聽。彈給白丁來聽，他們聽得懂嗎？難道只是孤芳自賞，打發無聊的日子？「閱金經」無論是佛經還是孔孟的經書，對一個久經挫折的人來說，會正襟危坐的闡發微言大義嗎？又一個熱衷革新政治的人，能夠真正的出世，潛心研讀佛經嗎？因此「素琴」不一定是素面琴；「金經」不一定是佛經、聖人的經書。可否聯想爲禮樂教化，作者居家的時候，教導左鄰右舍的白丁唱唱歌，和他們講講啓蒙的經史傳記，藉此宣揚聖人之學，提升和州百姓的文化和道德水準，假如劉禹錫想要成就「立德」，那麼「彈素琴，閱金經」，就是表達心志的「虛寫」了。

另外，劉禹錫到達和州的時候，已經 53 歲了，對一個流放在外，接近 18 年的人而言（元和元年→長慶 4 年），那份革新政治的雄心壯志，早已磨光了。加上歷經穆宗的昏庸無能，應該對政治上的那份豪情壯志，也就是「立功」感到失望。由於在政治上的百般打擊，退而求其次追求不需帝王提攜的「立德」也是有可能的。事實上他在和州兩年多，到敬宗寶曆 2 年即罷和州刺史。翌年，即文宗太和元年起，返回洛陽已經 56 歲，自此展開閒居的生活。因此和州這次的流放，是他人生的轉折，亦即由激情的想要展現抱負，而至對政治逐漸的心灰意冷。以此推論文句裡「彈素琴，閱金經」自然有可能是他不再想求取「立功」的心願了。

最後文句裡「無絲竹之亂耳，無案牘之勞形」，表面上是敘寫生活的清靜閒適，沒有交際應酬的煩惱，沒有公文批閱的壓力，好像是生活的安閒自適。但也表達了和州百姓生活的窮困，尤其是在旱災之後，州縣裡處處需要銀兩解決問題。劉禹錫是一位能體恤人民痛苦的好官，他怎麼會在這個時候，參加應酬飲酒作樂，當然無絲竹之亂耳。至於無案牘之勞形，乃係和州地處偏遠，人民所受教育不多，甚至多數人沒有受過教育，在民風極爲純樸的和州，原本鮮少興訟之事，若是再接受了禮樂教化的薰陶，那麼擾的索事當然也就不多了。因此這段文句，若推論爲劉禹錫從政的體恤百姓，以及和州人民的純樸，當然就可以爲「無絲竹之亂耳，無案牘之勞形」多了一條解析的思維路線。

（六）、最後「南陽諸葛廬，西蜀子雲亭」是對自己的期許。

1、諸葛亮、揚雄和作者相似之處是什麼？

2、諸葛廬、子雲亭和陋室相似之處是什麼？

3、如果諸葛亮沒有劉備的拔擢，揚雄沒有漢成帝的提攜，他們會怎麼樣？

4、假如諸葛亮的「立功」、揚雄的「立言」都是受到帝王的賞識，劉禹錫想要說的是什麼？

這段文句可以由兩個思維的角度來解讀，首先運用「逆向思維」反問，假如諸葛亮躬耕於南陽，沒有得到劉備的提拔，使他擔任宰相，能夠成就三分天下的功業嗎？此即是「立功」。如果揚雄沒有得到漢成帝的提攜，使他在中央爲高官，能夠使他的辭賦、思想被天下人知道嗎？這就是「立言」。

其次用「縱向思維」的引申，諸葛亮得到了劉備的重用，成就了三分天下的功業；揚雄得到了漢成帝的賞識，成就了文學上的地位。也就是說成就「立功」、「立言」需要有一定的高度。若是把這段文句和第一句的「仙」應該處於深山，「龍」應該處於深淵，才能成就「名」與「靈」，若是諸葛亮、揚雄他們一直在鄉野躬耕，能夠成就「立功」、「立言」嗎？

再接下來也是以兩個角度來思考，首先「橫向思維」的比對，劉禹錫想要「立功」「立言」，難道不需要一位賞識他的人提拔嗎？往下再用「逆向思維」來追問，難道真的沒有明主嗎？唐憲宗沒有給他機會嗎？御史中丞裴度後來擔任了宰相，不也一再的引薦他嗎？是什麼原因使他在外流放了近二十年，當然是他正直的個性，想要革新政治的理想，不願隨波逐流的氣節，和爲天下撥亂反正的心志，使他不停的在詩文裡呈現，因此樹敵太多，致使他一再被流放。對一個 53 歲的人來說，空有濟世的理想，却無法在亂世中成就「立功」。空有文采，却放逐在外，所創作的詩文能爲天下人所傳頌嗎？能成就「立言」嗎？同是處於「陋室」，同樣擁有政治上的抱負以及詩文創作的才華，命運却截然不同，此時的作者，應有著無限的感慨與無奈。

（七）、最末一句「孔子云：『何陋之有』。」這是對自己的勉勵。

1、「陋」真正的意涵是什麼？

2、從「何陋之有」來看，「斯是陋室，惟吾德馨」首尾有何關聯？

3、從「何陋之有」看「惟吾德馨」，再看「彈素琴，閱金經」是否能串聯在一起？

4、本文的題目是〈陋室銘〉，作者寫這段文句和「銘」能放在一起聯想嗎？

這段文句出自《論語·子罕篇·第14章》：「子欲居九夷，或曰；『陋，如之何？』子曰：『君子居之，何陋之有？』[9]孔子之所以千古留芳，不是因爲立功、立言而是「立德」，孔子的立德是自己的德行修養高尚，因此他說「里仁爲美」，也就是君子以德服人、以德感化眾人。另外孔子稱讚顏淵在「一簞食，一瓢飲，居陋巷，人不堪其憂」的惡劣環境下居處，孔子稱許他「賢哉！回也。」，而顏回在孔門四科裡居「德行」科，他也沒有什麼了不起的地位。但只要「安貧」就能成就「立德」嗎？當然還要「樂道」，在處於惡劣環境下，仍能宣揚禮教，潔身自愛，甚至推已及人，以「德」感化眾人。那麼再看「斯是陋室，惟吾德馨」，即是劉禹錫以孔子、顏回爲自我期勉的對象，雖然居住在偏僻的陋室，一樣可以修身養性，教化百姓，成就「立德」。

若是再和「調素琴，閱金經」串聯在一起，如前文的說明，可以推論劉禹錫是想藉禮樂教化，影響往來最密切的白丁。於是「可以調素琴，閱金經。無絲竹之亂耳，無案牘之勞形」在解讀時可以視之爲「倒裝句」，就是因爲劉禹錫在生活上的閒，加上百姓的純樸，所以能夠學習聖人的宣揚禮樂教化。如此一則打發時間，再則化育百姓，難道不也是神聖的大事嗎？這篇短文只用了69個字，不但描繪了居住的環境，更表達了自己的胸懷抱負，尤其傳達了自己在經歷過惡劣的環境之後，對政治的「覺悟」。

最後再回到題目的「銘」是什麼？段玉裁《說文解字注》：「銘者自名也。…鄭君（玄）注經乃釋銘為刻。劉熙乃云：銘，名也」。[10]中華學術院《中文大辭典》：「記也、刻也。謂書之刻之，以識事者也。」[11]周何《國語活用字典》：「以文字刻在石頭或器物上，通常為記述事蹟或自我警惕、讚頌他人等。」[12]，因此「銘」這種文學作品，多具有警惕的作用。古人通常根據自己的缺失、期許在撰寫之後，將之置於案牘的右前方，是時時提醒自己的短文。前文第（一）項的提問裡，提出作者此時提醒自己的是什麼？爲什麼要提醒自己？一定是自己從以往到流放至和州期間所犯的過失，而過失是什麼？當然是自己的直言。所謂「過剛必折」，如果此時想到過去的失敗在於「過剛」，能不後悔嗎？從多元思維來看，人不到山窮水盡，不會參悟透徹；不到年老力衰，不會感受到時不我予；不到身旁的好友一個個辭世而去，不會感受到人生的奔波到頭來空忙一場。劉禹錫此時已被貶謫在外近20年，政治的昏暗、牛李黨爭、宦官專權、軍閥割據、民生困苦，都不是以他一個人的力量就能改變的，年輕時期的心志，應該已經磨得差不多了，此時連白居易都早已改變了生活的步調，潛心向佛，撰寫閒適詩。劉禹錫在和州

[9] 林松、劉俊田、禹克坤譯注：《四書》，（臺北：五南圖書股份有限公司，1996年），頁192

[10]（清）段玉裁：《說文解字注》，（臺北：藝文印書館，1970年），頁57

[11] 林尹、高明 主編：《中文大辭典》，（臺北：中國文化大學出版部，1982年六版），頁14997

[12] 周何 主編：《國語活用辭典》，（臺北：五南圖書股份有限公司，1987年），頁1812

經歷了兩年多，再來就是文宗太和以後，劉禹錫返回洛陽，因爲不再多問政事。卻反而能任職閒缺，先後出任東都尙書省主客郎中、集賢殿學士、蘇州刺史、汝州刺史、同州刺史兼御史中丞、禮部尙書。

因此和州這次的貶謫，對劉禹錫來說，不是人生的轉折點嗎？假如這個推論是肯定的，那麼這篇文章所透露出來的，也許就是消極的反省，以及作者今後自處的期許了。

四、結論

前文係筆者將劉禹錫〈陋室銘〉一文，運用多元思維進行探索的示例，這也是筆者進行創造教學時，在範文閱讀後所做的思考形式。誠如前文所云，一篇文學作品係作者的創作，而問題的思維與發現，則是閱讀者的創新。只要有憑有據、符合邏輯推理、能夠自圓其說，都可能是作者潛藏的心意。所以不必堅持人云亦云，不但要大膽的突破，並且要勇於突破，如此國文科的教學才能注入新的活力、新的思維。

汪瀏生、白莉《教學藝術論》指出「作家王蒙訪美歸來後曾說，美國學校鼓勵學生和教師抬槓，鼓勵學生多想幾招。如課文講的是一個故事，課文後面的問答題問：你認為這個故事的結尾怎樣？有沒有更理想更好的結尾？」[13] 這種鼓勵學生多抬槓的教學，就是多元思維教學的形式。因爲文字是死板板的，可是人的腦力是活動的，學生在語文上的學習過程，需要有經驗的教師做好多元思維的教學導引，同時讓學生明白，任何訊息都可以從不同的角度，去觀察、去思考，並且勇敢的說出來。也許這對國文教師充滿了困難度，但有時也可以稍微試著做一下，誠如汪瀏生、白莉的期許「真正的教學技巧和藝術就在於一旦有這種必要，教師能隨時改變課時計劃，只要能有助於啓發學生的積極性、自覺性和主動性，只要能有助於培養學生的創新能力，教師可以隨時隨地調整或改變自己的授課計劃。」[14]

國中國文的多元思維教學，是一種理想，需要運用讀書會，或是網路平臺，結合一個國文科教師的閱讀團隊，或是師生共同的討論園地，並且是有延續性的閱讀與分享活動。當然運用在課堂裡，則需要做好時間的分配，尤其要注意到學生個別的差異，這些就要靠教師們導引的經驗和功力。既然它是一個理想的教學形式，也只有期勉老師們不仿試試看了。

本篇論文撰寫的目的，不在於純學術的「考證」，而是在藉由思考模式的多元化，提供個人的教學設計，期許擔任中學「國文」這門學科的教師們，在備課的時候，能夠不僅僅閱讀「教師參考用書」或「教師手冊」，是要有靈活的閱讀思維導引，教師要能設計問題，引導學生做聯想與發揮，唯獨重要的是「扣緊」文本，不要模糊了授課的主題。即使文本是固定的，但是思維卻是靈活的，透過

13 汪瀏生、白莉《教學藝術論》，（南昌：江西教育出版社，1996 年），頁 19
14 汪瀏生、白莉《教學藝術論》，（南昌，江西教育出版社，1996 年），頁 19

教師（或教師團隊）精心設計的問題導引，在教學時才能使學生對「國文」這門課產生意想不到的回應與學習興趣。

重要參考書目

1、卞孝萱、卞敏：《劉禹錫評傳》，（南京：南京大學出版社，1996 年）
2、何名申：《創新思考方法》，（北京：中國和平出版社，1996 年）
3、李嘉曾：《創造的魅力》，（南京：江蘇科學技術出版社，2000 年）
4、汪瀏生、白莉：《教學藝術論》，（南昌：江西教育出版社，1996 年）
5、吳進國：《創造性學習與創造性思維》，（北京：中國青年出版社，2000 年）
6、尚永亮：《元和五大詩人與貶謫文學考論》，（臺北：文津出版社，1993 年）
7、韋志誠：《語文教學思維論》，（南寧：廣西教育出版社，1996 年）
8、程紅兵：《創新思維與作文》，（上海：復旦大學出版社，1999 年）
9、潘大華：《構思與創造》，（湖北：華中理工大學出版社，2000 年）
10、編輯部：《課堂教學藝術》，（上海：上海教育出版社，2000 年）

談古文教學的五個面向
——以〈留侯論〉為例

何永清[*]

摘要

古文的教學，教法千頭萬緒，工具五花八門。本篇論文以〈留侯論〉這篇古文爲範例，提出五個教學面向：「明白題意」、「匯通詞句」、「理解文義」、「練習賞析」、「啓發人生哲理」，期使古文的教學具體可循，並能發揮變化氣質潛能。

首先，教學生明白一篇古文的「題意」，即「標題的意義」。其次，教學生匯通一篇古文的詞句，所謂「詞」涵蓋實詞與虛詞，而「句」是指「句類」，不必作太複雜的語句分析，如此學生較能學懂，「匯通詞句」即是將一篇古文相關的虛字、句類匯整，以求融會貫通，融會貫通之後加上朗讀，多唸幾遍，進而能「熟誦」，則學生對該篇古文印象深刻。接著教學生「理解文義」，文義是一篇古文的思想內涵，教師從段落大意入手，引導學生理解整篇古文的文義。再來教學生「練習賞析」，讓學生能知道一篇古文寫作的手法、文章的特色、修辭技巧，並發表讀後的啓示。最後，讓學生藉由古文啓發人生的哲理，明道以致用。

關鍵詞：古文、古文的教學、國文教學面向、〈留侯論〉

[*]臺北市立教育大學中國語文學系副教授

壹、前言

國文教學是一門藝術，也是一種知能，其目標在使學生熟悉課文的文句、思想內涵、寫作手法，進而潛移默化其性情，內化語文的表現能力（閱讀與寫作），豐富文化的認知，能以文學來陶冶生命。「古文」，指用文言寫成的散體文章，同駢文相對，亦稱「散文」，[1]古代的散文通常稱爲「文言文」，它和白話的「語體文」都是中學國文範文的教材。

古文的教學，教法千頭萬緒，工具五花八門，舉如下列幾位教師的看法：彭芒有提出「注重作者的字、號、生平簡介」、「注重翻譯方法」、「注重翻譯要求」、「注重通假字」、「注重古代漢語和現代漢語的不同特點」、「注重名句積累」六個要點。[2]秦世英提出，「把翻譯換成講述，以消除學生對語言障礙的畏懼心理」、「把翻譯換成圖畫，讓枯燥乏味的古文課堂有了一些具體可感的東西」、「把翻譯換成蜻蜓點水的閱讀，使古文教學有了一些趣味」。[3]袁杏琳提出「通過古文中優美的藝術語言教會學生體會古文詞彙的博大精深」、「通過古文中豐滿的人物形象教會學生學習前人的優秀人格」、「通過古文中閃爍的思想精華教會學生領悟豐富的人文思想」這三個重點。[4]鄭惠芳提出「讓學生明白學古文的重要性與必要性」、「重視朗讀課文並教學生巧讀課文」、「對文言文的講解要力求深入淺出」、「注重背誦和活動拓展課」四項綜合教學策略。[5]

從上述各家的說法，看出每位國文教師都有不同的教學著眼點，但是他們的目標一致，都希望學生「喜愛閱讀古文，喜歡親近古文」。以觀光旅遊爲比喻，學生是古文園地的遊客，國文老師是經驗豐富的導遊（GO），教師們藉由教學，幫助學生對古文有深入的認識與了解與體會，教與學相互交流。

章微穎提出「精讀教學」五步：「單詞的分解」、「詞句的剖析」、「義旨的探究」、「作法的審辨」、「讀法的講求」，[6]筆者將它們折衷爲：「明白題意」、「匯通詞句」、「理解文義」、「練習賞析」、「啓發人生哲理」，以〈留侯論〉爲例，提出古文教學的五個教學面向。

蘇軾（1036 年—1101 年），字子瞻，宋代眉州眉山（今四川省眉州市）人。他的古文才氣橫溢，汪洋宏肆，立意新穎，辨析嚴密，成爲後人學習古文的典範，楊豔、黃君說：「其文雄辯滔滔，氣勢縱橫，才思敏銳，筆鋒犀利，文采斐然，又深入淺出，通曉明白。」[7]此言確是。

〈留侯論〉的文本，目前所見有兩種系統：一是《蘇東坡全集》「應詔集」

---

1 金振邦：《文章體裁辭典》（高雄：麗文文化事業公司，1995 年 9 月），頁 5。
2 彭芒有：〈古文教學應注重的幾個問題〉，《文學教育》2007 年第 7 期，頁 50。
3 秦世英：〈換個方法教古文〉，《文學教育》2008 年第 9 期，頁 38—39。
4 袁杏琳：〈從實效性談經典古文教學〉，《語文學刊》2008 年第 20 期，頁 36、39。
5 鄭惠芳：〈讓學生快樂地學古文──對高中文言文的探索〉，《大眾文藝》2009 年第 19 期，頁 199。
6 章微穎：《中學國文教學法》（臺北：蘭臺書局，1975 年），頁 38。
7 楊豔、黃君：〈試論蘇軾生平思想及文學成就〉，《魅力中國》2009 年第 7 期，頁 218。

卷九的版本，[8]另一是宋代郎曄選編的《經進東坡文集事略》卷七的版本，[9]兩文本大同而小異，對列如下：

> 古之所謂豪傑之士者，必有過人之節。人情有所不能忍者，匹夫見辱，拔劍而起，挺身而鬥，此不足為勇也。天下有大勇者，卒然臨之而不驚，無故加之而不怒。此其所挾持者甚大，而其志甚遠也。夫子房受書於圯上之老人也，其事甚怪；然亦安知非其秦之世（《經進東坡文集事略》無「然亦」二字），有隱君子者出而試之？觀其所以微見其意者，皆聖賢相與警戒之義；而世不察，以為鬼物，亦已過矣。且其意不在書。當韓之亡，秦之方盛也，以刀鋸鼎鑊待天下之士。其平居無罪夷滅者，不可勝數。雖有賁、育，無所復施。夫執法太急者，其鋒不可犯，而其勢未可乘（《經進東坡文集事略》「其勢未可乘」作「其未可乘」）。子房不忍忿忿之心，以匹夫之力而逞於一擊之間；當此之時，子房之不死者，其間不能容髮，蓋亦已危矣。千金之子，不死於盜賊，何者？其身之可愛，而盜賊之不足以死也。子房以蓋世之才，不為伊尹、太公之謀，而特出於荊軻、聶政之計，以僥倖於不死，此圯上之老人所為深惜者也。（《經進東坡文集事略》「此」作「此固」）是故倨傲鮮腆而深折之。彼其能有所忍也，然後可以就大事，故曰「孺子可教」也。楚莊王伐鄭，鄭伯肉袒牽羊以逆；莊王曰：「其君能下人，必能信用其民矣。」遂舍之。句踐之困於會稽而歸，臣妾於吳者，三年而不倦。且夫有報人之志，而不能下人者，是匹夫之剛也。夫老人者，以為子房才有餘，而憂其度量之不足，故深折其少年剛銳之氣，使之忍小忿而就大謀。何則？非有平生之素，卒然相遇於草野之間，而命以僕妾之役，油然而不怪者，此固秦皇之所不能驚（《經進東坡文集事略》「秦皇」作「秦皇帝」），而項籍之所不能怒也。觀夫高祖之所以勝，而項籍之所以敗者，在能忍與不能忍之間而已矣。項籍唯不能忍，是以百戰百勝而輕用其鋒；高祖忍之，養其全鋒，以待其弊（經進本「以待其弊」作「而待其弊」），此子房教之也。當淮陰破齊而欲自王，高祖發怒，見於詞色。由此觀之，猶有剛強不忍之氣，非子房其誰全之？太史公疑子房以為魁梧奇偉，而其狀貌乃如婦人女子（《經進東坡文集事略》「乃如」作「乃是」），不稱其志氣。嗚呼，此其所以為子房歟（《經進東坡文集事略》「嗚呼」之後多「而愚以爲」四字）！

歷來論及〈留侯論〉選文的文本，也是兩種系統：

其一、〔宋〕呂祖謙《古文關鍵》卷上、〔宋〕謝枋得《文章軌範》卷三、〔明〕歸有光《文章指南》信集、〔清〕吳調侯、吳楚材《古文觀止》卷十、〔清〕林雲銘《古文析義》卷六、〔清〕姚鼐《古文辭類纂》卷四、〔清〕金聖歎《天

[8] 見中國書店景印明成化四年（1468 年）刊刻的《重刊蘇文忠公全集》，下冊，頁 776。

[9] 見臺灣商務印書館四部叢刊景印宋紹熙二年（1191 年）刊本，頁 43—44。

下才子必讀書》卷十四、王文濡《精校評注古文觀止》卷十、宋文蔚《評註文法津梁》、何容等修訂本《高級中學國文教科書》、彭慶環《古今綜合文選》第一集、王天恨譯註《古文觀止》卷十、周振甫等譯注《建宏古文觀止》卷十、闞勛吾等譯注《古文觀止》卷十、郭建球主編《古文觀止》卷七、陳霞村等譯注《唐宋八大家文選》、李道英《八大家古文選注集評》、謝冰瑩等譯註《新譯古文觀止》(革新版)卷十，依《蘇東坡全集》本。

其二、錢伯城《古文觀止新編》、趙聰《古文觀止新編》、溫洪隆等譯注《文粹》、王更生等《今註今譯古文觀止》卷二，依《經進東坡文集事略》。

筆者本篇〈留侯論〉的文本，遵從大多數的所用，依《蘇東坡全集》的版本。

貳、古文教學的五個面向

國文教師教古文的範文，除了作者的介紹、文章寫作的背景之外，不妨把握五個面向：

一、古文教學宜讓學生深入體察題意

「題意」包括兩個義涵，即「標題的意義」。古文的標題，往往有概括全文主旨的作用，〈留侯論〉論張良一生成就大事的成功關鍵，在於忍的涵養。

〈留侯論〉是蘇軾在宋仁宗嘉祐六年（1061年）應制科考試時所寫的一篇策論，既表現蘇軾的文章才華，又提出不凡的論點，寫作時「異軍突出」，不同於世俗觀點，見解獨到。學生讀古文時，必須開發其創新的思考力，思想才不會僵化。「留侯」是漢代的張良的封爵，張良，字子房，是「漢初三傑」之一。《史記‧留侯世家》說：

> 漢六年正月，封功臣，良未嘗有戰鬥功。高帝曰：「運籌策帷帳中，決勝千里外，子房功也。自擇齊三萬戶。」良曰：「始臣起下邳，與上會留，此天以臣授陛下。陛下用臣計，幸而時中。臣願封留足矣，不敢當三萬戶。」乃封張良為留侯。[10]

「留」的故城，根據《中國歷代名人勝跡大辭典》的說法，在今日的「安徽省渦陽縣城北30公里丹陽集」。[11]

二、古文教學可教學生匯通詞句的知能

古文文句的講解，宜先匯通詞、句的文法。所謂「詞」的文法，即在「認知詞性」，並了解它的功用；文法上的「詞」包括實詞與虛詞兩類，彼此相輔相成，

---

10 〔漢〕司馬遷、〔日本〕瀧川龜太郎：《史記會注考證》（臺北：洪氏出版社，1982年），頁807。

11 國家文物事業管理局主編：《中國歷代名人勝跡大辭典》（臺北：旺文社股份有限公司，1993年），頁74。

以構成合乎語言邏輯的文句。所謂的「句」指句類，非謂複雜的語句分析。因此匯通詞、句，係將相關的詞性、句類統合整理，並充分了解其語義和作用。

楊如雪說：「凡是具有詞彙意義，能充當句子裡『語』的成分的，一律稱實詞。」[12]實詞接表示一個意思，教師講解其詞義即可，代詞、名詞、動詞、形容詞、數詞、量詞、副詞，均是實詞；楊如雪又說：「凡詞彙意義虛化，不能充當句子裡『語』的成分，只能表示語氣、情感或作爲語句結構、句子之間聯繫的工具的，則稱爲虛詞。」，[13]「虛詞」無實義，但具有「語法義」，不是「無義」，助詞、連詞、介詞、語氣詞、歎詞，均是「虛詞」。

實詞的意義比較清楚，不易弄錯，但是「虛詞」一般人不能完全清楚其用法，反而疏忽了它們，故古文的教學或閱讀，虛詞比實詞更要重視，朱光潛說：「古文講究聲音，原不完全在虛字上面，但虛字最爲緊要。」[14]告訴我們教讀古文時，不要忽視其中虛詞的作用與神韻。

關於古文的虛詞，居錦文提出幾個「口訣」，可供教師們輔翼，如：「**於（于）的用法有七義，在、向、跟、從、對、比、被。**」；「**而的用法要記得，代、並、順承、修、轉折。**」；「**之字有三用，就是代、助、動。**」；「**以字五用法，因、憑、拿、用、把。**」[15]簡明易記，也十分逗趣。

以下按段落歸納〈留侯論〉每個詞彙的詞性，並列表解說其中虛詞用法。

第一段：古(名)之[助]所謂(名)豪傑(名)之[助]士(名)者[語氣]，必(副)有(動)過(動)人(名)之[助]節(名)。人(名)情(名)有(動)所(助)不(副)能(動)忍(動)者(代)，匹夫(名)見(副)辱(動)，拔(動)劍(名)而[連]起(動)，挺(動)身(名)而[連]鬥(動)，此(代)不(副)足(副)爲(動)勇(名)也[語氣]。天下(名)有(動)大(形)勇)(名)者(代)，卒然(副)臨(動)之(代)而[連]不(副)驚(形)，無(動)故(名)加(動)之(代)而[連]不(副)怒(形)。此(代)其(代)所(助挾持(動)者(代)甚(副)大(形)，而[連]其(代)志(名)甚(副)遠(形)也[語氣]。

左松超說：「『而』是文言文中用得最多、最靈活的連詞，……；既可以連接詞語與詞語，又可以連接分句與分句。」[16]說明了「而」的語法功用。

表1〈留侯論〉第一段的虛詞表

詞性	詞例	出現的文句	功用	白話
助詞	之	古「之」所謂豪傑之士、豪傑「之」士、過人「之」節	造成偏正短語	的
	所	「所」不能忍、「所」挾持	造成所字短語	(無)
連詞	而	拔劍「而」起、挺身「而」鬥	連接狀語和謂語	(無)
		卒然臨之「而」不驚、無故加之「而」不怒	連接兩個謂語	卻
		此其所挾持者甚大，「而」其志甚遠也	連接並列關係複句	而且

---

[12] 楊如雪：《文法ＡＢＣ》（臺北：萬卷樓圖書有限公司，1998年），頁48。

[13] 同前註。

[14] 朱光潛：〈散文的聲音節奏〉，《藝文雜談》（臺北：木鐸出版社，1987年），頁93。

[15] 居錦文：〈常用文言虛詞教學口訣〉，《荊門職業技術學院學報》1995年第4期，頁67—68。

[16] 左松超：《文言語法綱要》（臺北：五南圖書出版公司，2003年），頁140。

語氣詞	者	古之所謂豪傑之士「者」	表停頓	(無)
	也	此不足爲勇「也」	表判斷語氣	(無)
		其志甚遠「也」	表讚歎語氣	(無)

（筆者整理）

第二段：夫[語氣]子房(名)受(動)書(名)於[介]圯(名)上(名)之[助]老(形)人(名)也[語氣]，其(代)事(名)甚(副)怪(形)；然[連]亦(副)安(副)知(動)其(代)非(動)秦(名)之[助]世(名)，有(動)隱(動)君子(名)者[語氣]，出(動)而[連]試(動)之(代)？觀(動)其(代)所以(副)微(副)見(動)其(代)意(名)者[語氣]，皆(副)聖賢(名)相與(副)警戒(動)之[助]義(名)；而[連]世(名)不(副)察(動)，以(動)爲(動)鬼物(名)，亦(副)已(副)過(形)矣[語氣]。且[連]其(代)意(名)不(副)在(動)書(名)。

表2〈留侯論〉第二段的虛詞表

詞性	詞例	出現的文句	功用	相當的白話
助詞	之	圯上「之」老人、秦「之」世	造成偏正短語	的
	亦	然「亦」安之……試之	輔助舒緩音節	(無)
連詞	然	「然」亦安之……試之	連接轉折關係複句	可是
	而	出「而」試之	連接兩個連謂的謂語	而且
		……「而」世不察……	連接轉折關係複句	但是
	且	……「且」其意不在書	連接遞進關係複句	而且
語氣詞	夫	「夫」子房受書於圯上之老人也	表提挈	(無)
	者	有隱君子「者」、觀其所以微見其意「者」	表停頓	(無)
	矣	亦已過「矣」	表確信語氣	啊

（同上）

第三段：當[介]韓(名)之[助]亡(名)，秦(名)之[助]方(副)盛(形)也[語氣]，以[介]刀(名)鋸(名)鼎(名)鑊(名)待(動)天下(名)之[助]士(名)。其(代)平居(名)無(動)罪(名)夷滅(動)者(代)，不(副)可(動)勝(副)數(動)。雖[連]有(動)賁(名)、育(名)，無所(副)復(副)施(動)。夫[語氣]執(動)法(名)太(副)急(形)者(代)，其(代)鋒(名)不(副)可(動)犯(動)，而[連]其(代)勢(名)未(副)可(動)乘(動)。子房(名)不(副)忍(動)忿忿(形)之[助]心(名)，以[介]匹夫(名)之[助]力(名)而[連]逞(動)於[介]一(數)擊(名)之[助]間(名)；當[介]此(代)之[助]時(名)，子房(名)之[助]不(副)死(動)者[語氣]，其(代)間(名)不(副)能(動)容(動)髮(名)，蓋(副)亦[助]已(副)危(形)矣[語氣]。千(數)金(名)之[助]子(名)，不(副)死(動)於[介]盜賊(名)，何(代)者[語氣]？其(代)身(名)之[助]可愛(形)，而[連]盜賊(名)之[助]不(副)足以(副)死(動)也[語氣]。子房(名)以[介]蓋世(形)之[助]才(名)，不(副)爲(動)伊尹(名)、太公(名)之[助]謀(名)，而[連]特(副)出(動)於[介]荊軻(名)、聶政(名)之[助]計(名)，以[連]僥倖(形)於[介]不(副)死(動)，此(代)圯(名)上(名)之[助]老(形)人(名)所[助]爲[介]深(副)惜(動)

者(代)也[語氣]。是故[連]倨傲鮮腆(形)而[連]深(副)折(動)之(代)。彼其(代)能(動)忍(動)也[語氣]，[17]然後[連]可以(動)就(動)大(形)事(名)，故[連]曰(動)：「孺子(名)可(動)教(動)也[語氣]」。

古文的助詞「之」，可以讓句子轉變成非句子的主謂短語，如「子房之不死」、「其身之可愛」等語句，高振鐸認爲「之」的語法作用爲「用在主語和謂語之間，使原來的主謂結構變成半獨立的分句或不獨立的主謂詞組。『之』一般可不譯出。」，[18]即是此意。

表 3〈留侯論〉第三段的虛詞表

詞性	詞例	出現的文句	功用	白話
	之	秦「之」方盛、天下「之」士、忿忿「之」心、匹夫「之」力、一擊「之」間、此「之」時、、千金「之」子、盜賊「之」不足以死、蓋世「之」才、伊尹太公「之」謀、荊軻聶政「之」計、圯上「之」老人	造成偏正短語	的
		子房「之」不死者、其身「之」可愛	造成偏正式的主謂短語	(無)
	所	「所」爲深惜者	造成所字短語	(無)
介詞	當	「當」韓之亡、「當」此之時	介繫時間的副賓語	當
	於	逞「於」一時之間	介繫時間的副賓語	在
		不死「於」盜賊	介繫施事的副賓語	被
		出「於」荊軻聶政之計	介繫憑藉的副賓語	用
		僥倖「於」不死	介繫情況的副賓語	(無)
	以	「以」刀鋸鼎鑊、「以」匹夫之力、「以」蓋世之才	介繫憑藉的副賓語	用
	爲	所「爲」深惜者也	介繫關切的副賓語，其後省略關切副賓語「子房」。	替
連詞	雖	「雖」有賁孟，無所復施	連接讓步關係複句	雖然……但是
	而	以匹夫之力「而」逞於一擊之間	連接介詞短雨造成語和謂語、補語	卻
		其身之可愛，「而」盜賊之不足以死也	連接並列關係複句	而且

---

[17] 一說，「彼其」的「其」也可作爲「連詞」，解成「如果」，用作連詞，中國社會科學院語言研究所古代漢語研究室編：《古代漢語虛詞詞典》解說：「其，連詞，用於假設複句、讓步複句的前一分句，表示假設或讓步。」（北京：商務印書館，2001 年），頁 407。

[18] 高振鐸：《古籍知識手冊 2》（臺北：萬卷樓圖書有限公司，2000 年），頁 320。

		不爲伊尹、太公之謀，「而」特出於荊軻、聶政之計	連接轉折關係複句	卻
		倨傲鮮腆「而」深折之	連接承接關係複句	同時
	以	……「以」僥倖於不死	連接並列關係複句	且
	是故	……「是故」倨傲鮮腆而深折之	連接因果關係複句	所以
	然後	……「然後」可以就大事	連接承接關係複句	然後
	故	「故」曰孺子可教也	連接因果關係複句	所以
語氣詞	者	子房之不死「者」	表停頓語氣	(無)
		何「者」	表疑問語氣	呢
	也	當韓之亡，秦之方盛「也」	表停頓	(無)
		盜賊之不足以死「也」	表慨歎語氣	啊
		此圯上老人所爲深惜者「也」	表判斷語氣	的
		彼其能有所忍「也」	表停頓語氣	(無)
		故曰孺子可教「也」	表終結語氣	啊
	矣	蓋亦已危「矣」	表確信語氣	了

（同上）

第四段：楚莊王(名)伐(動)鄭(名)，鄭伯(名)肉(副)袒(動)牽(動)羊(名)以[連]逆(動)；莊王(名)曰(動)：「其(代)君(名)能(動)下(動)人(名)，必(副)能(動)信用(形)其(代)民(名)矣[語氣]。」遂[連]舍(動)之(代)。句踐(名)之[助]困(形)於[介]會稽(名)而[連]歸(動)，臣妾(動)於[介]吳(名)者[語氣]，三(數)年(名)而[連]不(副)倦(形)。且[連]夫[語氣]有(動)報(動)人(名)之[助]志(名)，而[連]不(副)能(動)下(動)人(名)者[語氣]，是(代)匹夫(名)之[助]剛(名)也[語氣]。夫[語氣]老(形)人(名)者[語氣]，以爲(動)子房(名)才(名)有(動)餘(名)，而[連]憂(動)其(代)度量(名)之[助]不(副)足(形)，故[連]深(副)折(動)其(代)少年(名)剛銳(形)之氣(名)，使(動)之(代)忍(動)小(形)忿(名)而[連]就(動)大(形)謀(名)。何(代)則[語氣]？非(副)有(動)平生(名)之[助]素(名)，卒然(副)相(副)遇(動)於[介]草野(名)之[助]間(名)，而[連]命(動)以[介]僕妾(名)之[助]役(名)，油然(副)而[連]不(副)怪(形)者[語氣]，此(代)固(副)秦皇(名)之[助]所[助]不(副)能(動)驚(動)，而[連]項籍(名)之[助]所[助]不(副)能(動)怒(動)也[語氣]。

表4〈留侯論〉第四段的虛詞表

詞性	詞例	出現的位置	功用	白話
助詞	之	報人「之」志、匹夫「之」剛、少年剛銳「之」氣、生平「之」素、草野「之」間、僕妾「之」役	造成偏正短語	的
		度量「之」不足、句踐「之」困於會稽、秦皇「之」所不能驚、項籍「之」所不能怒	造成偏正式的主謂短語	(無)
	所	秦皇之「所」不能驚、項籍之「所」不能怒	造成所字短語	(無)
連詞	以	鄭伯肉袒牽羊「以」逆	連接連謂的	來

			謂語	
	而	油然「而」不怪者	連接狀語和謂語	又
		忍小忿「而」就大謀	連接順承的謂語	而後
		夫老人者……,「而」憂其度量之不足	連接轉折關係的複句	但是
		「而」命以僕妾之役、此固秦皇之所不能驚,「而」項籍之所不能怒也	連接並列關係的複句	而且
	且	……「且」夫有報人之志	連接遞進關係的複句	況且
	遂	……「遂」舍之	連接因果關係的複句	於是、因此
介詞	於	困「於」會稽、相遇「於」草野之間	介繫處所副賓語	在
		歸臣妾「於」吳	介繫處所副賓語	到
	以	命「以」僕妾之役	介繫憑藉副賓語	用
	矣	必能信用其民矣	表確信語氣	了
語氣詞	者	歸臣妾於吳「者」、油然而不怪「者」、夫老人「者」	表停頓	(無)
	則	何「則」	句末，表疑問語氣	呢
	也	是匹夫之剛「也」	表判斷語氣	(無)
		項籍之所不能怒「也」	表終結語氣	啊

（同上）

第五段：觀(動)夫(代)[19]高祖(名)之[助]所以(副)勝(動)，而[連]項籍(名)之(助)所以(副)敗(動)者(代)，在(動)能(動)忍(動)與[連]不(副)能(動)忍(動)之[助]間(名)而已矣[語氣]。項籍(名)唯[連]不(副)能動忍(動)，是以[連]百(副)戰(動)百(副)勝(動，)而[連]輕(副)用(動)其(代)鋒(名）；高祖(名)忍(動)之(代)，養(動)其(代)全(形)鋒(名)，以[連]待(動)其(代)弊(名)，此(代)子房(名)教(動)之(代)也[語氣]。當[介]淮陰(名)破(動)齊(名)，而[連]欲(動)自(副)王(動)。高祖(名)發怒(形)，見(動)於[介]詞色(名)。由[介]此(代)觀(動)之(代)，猶(副)有(動)剛強(形)不(副)忍(動)之[助]氣(名)，非(動)子房(名)其[連]誰(代)全(動)之(代)？

表5〈留侯論〉第五段的虛詞表

詞性	詞例	出現的文句	功用	白話

[19] 一說「夫」爲句首語氣詞，有發語的作用。

助詞	之	高祖「之」所以勝、項籍「之」所以敗	造成偏正式主謂短語	(無)
連詞	而	觀夫高祖之所以勝「而」項籍之所以敗者	連接並列關係的謂語	同時
		百戰百勝「而」輕用其鋒	連接轉折關係的謂語	卻
	以	養其全鋒「以」待其弊	連接順承關係的謂語	然後
	其	非子房「其」誰全之	連接推論關係的謂語	那麼
介詞	由	「由」此觀之	介繫方面的副賓語	從
語氣詞	也	此子房教之「也」	表判斷語氣	的
	而已矣	在能忍與不能忍之間「而已矣」	將「而已」「矣」連用，加強確認限止的語氣。	罷了

（同上）

第六段：太史公(名)疑(動)子房(名)以爲(動)魁梧奇偉(形)，而[連]其(代)狀貌(名)乃(副)如(動)婦人(名)女子(名)，不(副)稱(動)其(代)志氣(名)。嗚呼[嘆]，此(代)其(副)所以(代)爲(動)子房(名)歟[語氣]！

表6〈留侯論〉第六段的虛詞表

詞性	詞例	出現的文句	功用	白話
連詞	而	……，「而」其狀貌乃如婦人女子	連接轉折關係複句	可是
語氣詞	歟	此其所以爲子房「歟」	表測度語氣	吧
嘆詞	嗚呼	「嗚呼」，此其所以爲子房歟	表贊歎的感情	唉

（同上）

以上所分析的，旨在佐助師生從文法層面了解詞性而已，可斟酌作彈性處理。歸納起來，〈留侯論〉共出現了名詞、動詞、形容詞、數詞、量詞、代詞、副詞、介詞、連詞、助詞、語氣詞、嘆詞這十二種詞類，可知蘇軾這篇古文用詞的詞性多樣變化。

「句類」是「依照句子的不同語氣所分出的類別」，[20]古文的句子若能留意句類，或能引導學生體會古文文句的各種語氣，文章的各種語氣可表達作者的多重情感。一般說來，「句類」可分成四種：一爲「陳述句」，它是用來說明情況、陳述事情的句子；二爲「疑問句」，它用來表示疑問或提出問題的句子；三爲「祈使句」，它是用來表示請求、命令、禁止、勸阻的句子；四是「感歎句」，它用來

[20] 張彬：《語法修辭小詞典》（上海：上海辭書出版社，2002年），頁136。

表示驚、喜、悲、歎等強烈感情色彩的句子。[21]〈留侯論〉的句類，僅有陳述句、疑問句和感歎句三種，沒有使用命令句，具體的分析如下：

古之所謂豪傑之士者，必有過人之節。（陳述句）人情有所不能忍者，匹夫見辱，拔劍而起，挺身而鬥，此不足爲勇也。（陳述句）天下有大勇者，卒然臨之而不驚，無故加之，無故加之而不怒。（陳述句）此其所挾持者甚大，而其志甚遠也。（陳述句）

夫子房受書於圯上之老人也，其事甚怪；（陳述句）然亦安知其非秦之世，有隱君子者出而試之？（疑問句）觀其所以微見其意者，皆聖賢相與警戒之義；而世不察，以爲鬼物，（陳述句）亦已過矣。（感嘆句）且其意不在書。（陳述句）

當韓之亡，秦之方盛也，以刀鋸鼎鑊待天下之士。（陳述句）其平居無罪夷滅者，不可勝數。（陳述句）雖有賁、育，無所復施。（陳述句）夫執法太急者，其鋒不可犯，而其勢未可乘。（陳述句）子房不忍忿忿之心，以匹夫之力而逞於一擊之間。（陳述句）當此之時，子房之不死者，其間不能容髮，（陳述句）蓋亦已危矣。（感嘆句）千金之子，不死於盜賊，（陳述句）何者？（疑問句）其身之可愛，而盜賊之不足以死也。（陳述句）子房以蓋世之才，不爲伊尹、太公之謀，而特出於荊軻、聶政之計，以僥倖於不死，（陳述句）此圯上之老人所爲深惜者也。（陳述句）是故倨傲鮮腆而深折之。（陳述句）彼其能忍也，然後可以成就大事，（陳述句）故曰「孺子可教」也。（陳述句）

楚莊王伐鄭，鄭伯肉袒牽羊以逆；（陳述句）莊王曰：「其君能下人，必能信用其民矣。」（陳述句）遂舍之。（陳述句）句踐之困於會稽而歸，臣妾於吳者，三年而不倦。（陳述句）且夫有報人之志，而不能下人者，是匹夫之剛也。（陳述句）夫老人者，以爲子房才有餘，而憂其度量之不足，（陳述句）故深折其少年剛銳之氣，使之忍小忿而就大謀。（陳述句）何則？（疑問句）非有平生之素，卒然相遇於草野之間，而命以僕妾之役，油然而不怪者，（陳述句）此固秦皇之所不能驚，而項籍之所不能怒也。（陳述句）

觀夫高祖之所以勝，而項籍之所以敗者，在能忍與不能忍之間而已矣。（感嘆句）項籍唯不能忍，是以百戰百勝，而輕用其鋒；（陳述句）高祖忍之，養其全鋒而待其弊，（陳述句）此子房教之也。（陳述句）當淮陰破齊，而欲自王。（陳述句）高祖發怒，見於詞色。（陳述句）由此觀之，猶有剛強不忍之氣，（陳述句）非子房其誰全之？（疑問句）

太史公疑子房以爲魁梧奇偉，（陳述句）而其狀貌乃如婦人女子，不稱其志氣。（陳述句）嗚呼，其所以爲子房歟！（感歎句）

三、古文教學宜教學生理解文章涵義

文章涵義是一篇古文的思想內涵，文章的血氣，也是文章的重點，黃錦鋐說：「所謂文義就是文章的義旨，指導學生了解文義，是國文教學主要目的之一。教師給與學生所作的詞語及語句的剖析，也無非是爲了學生了解文義所的一種基本

[21] 白玉林、遲鐸：《古漢語語法》（北京：中國社會科學出版社，2008 年），頁 223–224。

工作。」[22]此言甚是，了解文章的涵養就好比打通文章的血氣，讀起來不致凝滯。教師除了「講解法」外，也可靈活運用「討論法」、「發表法」、「練習法」等教學方法，讓學生自行述說或撰寫範文的段意。〈留侯論〉各段段意，參考的說法：

第一段：文章首將忍和大勇相提並論，指出惟有大勇能忍的人可以成就大業。

第二段：蘇軾破除世人認爲圯上老人黃石鬼怪的不稽，他認爲圯上老人傳受張良的都是聖賢相互警戒的道理。

第三段：蘇軾暢論圯上老人教導張良有蓋世之材而「能有所忍」。

第四段：列舉春秋鄭襄公肉袒牽羊以迎楚莊王、戰國越王句踐忍辱歸附於吳王夫差的史實，佐證「忍小忿而就大謀」的重要。

第五段：運用對比來論說，張良輔佐漢高祖能忍，養其全鋒而成功；項籍因爲不能忍，輕用其鋒而導致失敗。

第六段：文章最後闡釋司馬遷疑張良不魁梧奇偉，貌如婦人女子的說法，強調這正是張良外柔內剛的特別之處。

蘇軾〈留侯論〉以「能忍」爲大勇的條件，論證圯上老人深折張良剛強的忿氣，修養其「能忍」的志氣，日後方能夠成就其大業。

四、古文教學可讓學生多方練習賞析

「賞析」是讀完範文的深究與鑑賞，可以幫助學生加深對於習得的古文印象，舉一反三，進一步去反芻，消化吸收，成爲讀書的精神養分。至於一篇古文的賞析，可分爲四個關注點：

（一）明瞭寫作手法

宋文蔚認爲〈留侯論〉：「全篇語不離宗，是以神迴氣合，篇法結束有力。」[23]李道英說：「本文立論新穎，出人意表，論據充分，議論縱橫捭闔，雄辯有力，氣勢頗盛，語言淺顯暢達，表現了汪洋恣肆，雄辯宏放的風格，不愧爲一篇著名的史論文章。」[24]謝冰瑩說：「全篇前後呼應，脈絡分明，通篇眼目全在首段「忍」字，……。總之，開宗明義而語必歸宗，是本文的特色。」[25]何淑貞說：

> 蘇軾的政論文章，不僅能廣證史論，借古鑒今，並常從史實中翻舊案，提出新見〈留侯論〉一文，是論張良的一生，作者只從張良受書於圯上老人一事入題，翻出新意，重點環繞著能忍不能忍一點，提出自己的觀點來評價張良的一生。立意新穎，發人深思；而且構思巧妙，以「忍」字抽換司馬遷強調授書的「神」氣，貫串全文，……。辨析周密，是宋之後論辨文的典範。[26]

22 黃錦鋐：〈談文義教學〉，《語文教學論叢》（基隆：法嚴出版社，2000年），頁92。
23 宋文蔚：《評註古文津梁》（高雄：復文圖書出版社，1993年），頁48。
24 李道英：《八大家古文選注集評》（桂林：廣西大學出版社，1996年），頁680。
25 謝冰瑩：《新譯古文觀止》（革新版）（臺北：三民書局，1996年），頁842。
26 見黃錦鋐主編：《高級中學國文教師手冊》（第四冊）（臺北：國立編譯館，1998年），頁38。

〈留侯論〉以「忍」字爲文眼，立意新穎，層層論述而引用史事，論證「能忍」的益處，文筆奇妙，見解獨特，表現出特定的風格，不同凡響，可作爲論說文的典範。

（二）欣賞修辭技巧

修辭是美化詞句具體有效的方法，葉聖陶說：「修辭，就是把話說得很正確，很有道理，很完善。」[27]關於古文的修辭，可藉具體的修辭法闡述其在文章中的功用。以下爲筆者關於〈留侯論〉修辭技巧的淺見：

古之所謂豪傑之士，必有過人之節。

「語簡言奇而含意精切動人的警策辭」[28]這是警策的修辭法，蘇軾運用警策句，將事理明白簡練地表現出來。〈留侯論〉的開頭這個陳述句，機要說明了「凡是英雄豪傑，一定有其勝過凡人的節操」，這是文章破題的美妙，有如「鳳頭」。

匹夫見辱，拔劍而起，挺身而鬥，此不足為勇也。天下有大勇者，卒然臨之而不驚，無故加之而不怒。

上述爲映襯修辭是對比的手法，蘇軾將「匹夫」和「大勇者」彼此的修養，兩相比較，互爲襯托，進一步闡揚「卒然臨之而不驚，無故加之而不怒」是成爲豪傑的過人之節。此處運用「反襯」式的映襯手法，在強烈的對比下，讓讀者對於「大勇者」的修養印象鮮明。

而世不察，以為鬼物，亦已過矣。

這句話藉形容詞「過」，加上確認的語氣詞「矣」，表現蘇軾對世人誤以圯上老人爲鬼怪的一個駁議。

以刀鋸鼎鑊待天下之士。

「刀鋸鼎鑊」本指刑具，在〈留侯論〉中借代「刑法」、「刑罰」，這是運用「具體來相代抽象」的借代方式，借代是「借彼代此」的修辭技巧，黃慶萱說它「除了使文辭新奇有趣之外，還可以凸顯事物的特徵，使要表達的命意更爲適切、細膩、深刻」。[29]

雖有賁、育，無所復施。

[27] 葉聖陶：〈談語法修辭〉，《語文隨筆》（北京：中華書局，2007 年），頁 34。
[28] 陳望道：《修辭學發凡》（臺北：文史哲出版社，1988 年），頁 188。
[29] 黃慶萱：《修辭學》（臺北：三民書局，2002 年），頁 355。

「賁」是孟賁的節縮，「育」是夏育的節縮，節縮具有精鍊詞語的作用。

其間不能容髮。

「其間不能容髮」極言空隙很小，容不下一根髮絲，屬於空間的誇飾，也用來借喻「情勢危險萬分」，陳正治認爲誇飾修辭法可以「突出事物的本質，達到預設的目標。」[30]確實如此。

蓋亦已危矣。

這是運用語氣詞「矣」的感歎修辭，配合表示推測的語氣副詞「蓋」，讓確認的語氣更加強烈。

子房以蓋世之才，不為伊尹、太公之謀，而特出於荊軻、聶政之計。

蘇軾藉「伊尹、太公之謀」與「荊軻、聶政之計」作對照比，說明張良是一世豪傑，不能用高尚的謀略，卻用刺客的下策，這是他之前「不能忍」，所以沒有成功。

千金之子，不死於盜賊，何則？

「何則？」義同「何哉？」，它是懸問式的設問，蘇軾只問不答，提出這個命題讓讀者深刻去思索。

楚莊王伐鄭，鄭伯肉袒牽牛以逆。莊王曰：「其君能下人，必能信用其民矣。」

此處引用《左傳・宣公十二年》:「春，楚子圍鄭。……鄭伯肉袒牽牛以逆。……王曰：『其君能下人，必能信用其民矣。庸可幾乎！』」[31]的典故及文句，能訴諸權威，又能使文句典雅。

句踐之困於會稽而歸，臣妾於吳者，三年而不倦。

蘇軾引用《國語・越語上》的典故。[32]「臣妾」由名詞轉品作爲一個動詞謂

[30] 陳正治：《修辭學》（臺北：五南圖書出版公司，2008年），頁132。
[31] 〔晉〕杜預注，〔唐〕孔穎達疏《春秋左傳注疏》卷二十三（臺北：藝文印書館，1981年），頁388—389。
[32] 〔春秋〕左丘明：《國語》卷二十（臺北：宏業書局，1980年），頁631—639。

語，義爲「充當奴僕」；[33]推究轉品的緣由，黃麗貞說：「詞的意義變動，才是古人所以大量字詞『轉品』的主要原因。」[34]此說精緻可採。

夫老人者，以為子房才有餘，而憂其度量之不足。

此處藉「才有餘」反襯「度量之不足」，而寫出圯上老人對於張良的憂心忡忡，故才有以下「使之忍小忿而就大謀」的話，這也是個伏筆。

使之忍小忿而就大謀。

此句運用「忍小忿」、「就大謀」二者的「對襯」，以說明圯上老人培養張良先「忍小忿」，進一步而「就大謀」。這「忍小忿」這個述賓短語，跟「就大謀」這個述賓短語構成「句中對」的對偶，兩個短語之間用「而」加以連接，讓文句工整勻稱，表現出對稱美。之後接著「故深折其少年剛銳之氣」，與上述「憂其度量之不足」一句，前後呼應，結構井然。

何則？

此句運用疑問代詞「何」再加上疑問語氣詞「則」，構成疑問式的設問，增強句子的問話語勢，李科第認爲「則」用在句末作語氣詞，表示「敦促或疑問語氣，可解作『者』或『呢』。」，[35]〈留侯論〉的「何則」，意即白話的「什麼緣故呢？」。

觀夫高祖之所以勝，而項籍之所以敗者，在能忍與不能忍之間而已矣。

蘇軾認爲「高祖之所以勝」在「能忍」，而「項籍之所以敗」在「不能忍」造成雙襯，突顯出漢高祖戰勝項籍的要素在於「忍之」；句末又用「而已矣」這個複合式的語氣詞來加強表現感歎修辭，比單一的語氣詞更爲強勁。陳霞村說：「『而已矣』在限止語氣上增加一種肯定語氣，強調這種限止，並有感歎意味。」[36]此說法可採納。

項籍唯不能忍，是以百戰百勝，而輕用其鋒；高祖忍之，養其全鋒，以待其弊。

蘇軾再度運用「項籍不能忍」而「輕用其鋒」，跟「高祖忍之」而「養其全

---

[33] 郭錫良、李玲璞：《古代漢語》（北京：語文出版社，1995 年），頁 981。
[34] 黃麗貞：《實用修辭學》（臺北：國家出版社，1999 年），頁 103。
[35] 李科第：《漢語虛詞辭典》（昆明：雲南人民出版社，2001 年），頁 648。
[36] 陳霞村：《古代漢語虛詞類解》（臺北：建宏出版社，1995 年），頁 785。

鋒」造成雙襯，更加突顯漢高祖勝利的精神要素在於「忍之」，「百戰百勝」的「百」字是數量的誇飾，是一個虛寫的誇張數目字，不是實數的「一百」。

非子房其誰全之？

這是激問式的設問，蘇軾藉否定動詞「非」跟疑問語氣配合，表現出「強調的肯定」（負負得正），肯定張良促使漢高祖「能忍」而成就帝王軍師的大業。

太史公疑子房以為魁梧奇偉，而其狀貌乃如婦人女子。

司馬遷在《史記‧留侯世家》說：「太史公曰：『……余以爲其人計魁梧奇偉，至見其圖，狀貌如婦人好女。』」[37]蘇軾明引太史公《史記》的語，能夠增強文章的說服力和感染力，引用是一種「訴諸權威」的修辭法，大文豪蘇軾自小熟讀經典，所以下筆時自然而然善加引用典故，妙化爲點睛之句。

嗚呼！此其所以為子房歟！

〈留侯論〉的結尾，運用歎詞「嗚呼」加上語氣詞「歟」，文章的結束表現出「豹尾」的力道，並流露蘇軾對張良成爲「留侯」的高度讚歎。

〈留侯論〉修辭多方，不刻意賣弄技巧，而技巧高明；運筆熟練，氣勢萬鈞，讀起來鏗鏘有力，膾炙人口，成爲論辯古文的不朽典範。古人用三個譬喻來說明議論文的修辭門法：鳳頭（開頭有力）、豬腹（例證及內容詳實）、豹尾（結尾漂亮），蘇軾將三者融會貫通，而〈留侯論〉就是它們展現的錦繡成果。

（三）留意文章評論

這部分也可留給學生當課外作業，讓他們自行去找資料。若干的說法，徵引並簡述於下：

南宋謝枋得說：

主意謂子房本大勇之人，唯年少氣剛，不能涵養忍耐，以就大功名，如用大力士提鐵鎚擊秦始皇之類，皆不能忍。老父之圯下，始命之取履、納履，與之期五更相會，數怒罵之，正以折其不能忍之氣，教之以能忍也。[38]

清吳楚材、吳調侯說：「人皆以受書爲奇事，此文得意在且其意不在書，一句撇開，拏定忍字發議。滔滔如長江大河，而渾浩流轉、變化曲折之妙，則純以神行乎其閒。」[39]

---

[37] 〔漢〕司馬遷、〔日本〕瀧川龜太郎：《史記會注考證》卷五十五（臺北：洪氏出版社，1982年），頁 810。

[38] 〔宋〕謝枋得：《文章軌範》卷三（臺北：臺灣商務印書館，1986 年），頁 574。

[39] 〔清〕吳楚材、吳調侯：《古文觀止》卷十（北京：文學古籍刊行社，1957 年），頁 477。

清過商侯說：

博浪之椎，看來子房亦是個莽男子，其意氣豈肯輕於人哉？圯上老人倨傲鮮腆而深折之，是絕妙點化，子房此時亦大悟矣！若《素書》六篇，特餘緒耳。及後沛公定天下，著著小心，是著著能忍處。[40]

清林雲銘說：

子房以五世相韓，韓滅於無道秦。博浪之椎，乃忠義兼游俠之氣，非忿忿之心也。時秦勢方張，子房豈計及草野之間遽有取而代之者。一擊以謝故主，於願足矣。至於後來興漢，為帝王師，皆分外事，其始願不及。此觀於學辟穀之語，固可知也。此篇以忍小忿而成大謀一句，發出黃石授書之意。雖未必合於當日事情，但能忍不能忍之間，實為劉項成敗之案說得中窾。且以黃石為秦之隱君子，卓識不刊，可喚醒世人狂惑。文字之佳，又其餘事耳。[41]

以上各家都提及蘇軾以「忍」字爲核心，一語道盡留侯成功的必要條件。係由於堅忍不拔的人格特質，而不是靠著神怪魔力。

清金聖歎說：「此文得意在且其意不在書一句起，掀翻盡變，如廣陵秋濤之排空而起也。」[42]金聖歎向來佩服才子之筆，他從句法不俗的眼光，看出〈留侯論〉的文章張力在「且其意不在書」。

尹恭弘從立論的卓越的角度來讀〈留侯論〉，他說得很明白：

如果仔細研究，就不難發現蘇東坡是從正反兩方面來說明「忍」字的豐富內容。蘇東坡從受書前的張良來說明張良「不能忍」的情況就是「不忍忿忿之心，以匹夫之力，而逞於一擊之間。」另一方面，以鄭伯、勾踐、高祖為例來說明「能忍」的內容，一是要有「度量」「下人」，二是能「養其全鋒而待其弊」，這表明「忍」字包含著忍耐和智慧的雙重內涵。它不僅是道德的修養，而且是過人的才智。明乎此，才能真正懂得蘇東坡立論超卓在什麼地方。[43]

趙公正從「柔性智慧」來評論〈留侯論〉，也是另一種賞讀古文的有力觀點：

啊！千載以下，惟蘇軾獨得留侯柔性智慧之心法，無論是為婦之道，為臣

---

40 〔清〕過商侯：《古文評註》卷四（臺南：綜合出版社，1969 年），頁 63。
41 〔清〕林雲銘《古文析義》卷六（臺北：廣文書局，1985 年），頁 308。
42 〔清〕金聖歎：《天下才子必讀書》卷十四（合肥：安徽文藝出版社，1992 年），頁 860。
43 袁行霈主編：《歷代名篇鑑賞集成》（臺北：五南圖書出版有限公司，1993 年），頁 1499。

之道，無論是為人子女之理，智取巧勝之方，其精義都在棉裡藏針，都在一個「忍」字。[44]

筆者昔日綜觀〈留侯論〉的文章風格有:「首句下筆豪」、「對偶句警策」、「借代格清新」、「多用通段字」「虛字用法奇」、「藉明典譬況」，[45]蘇軾的文章向來如行雲流水的流暢，又如波瀾壯闊的瀑布，灑散出金光飛泉，讓人悅目賞心。

（四）發表讀後啟示

教師可藉「問題」作引導，鼓勵學生發表讀古文的啓示。〈留侯論〉一文，教師可參用的「讀後啓示」引導思考的問題：

「天下有大勇者，卒然臨之而不驚，無故加之而不怒。」這句話代表什麼義涵？

張良成爲「漢初三傑」，他最後能夠成功，成功的因素是什麼？

蘇軾所說的「忍」，內涵是什麼？古今中外還有哪些偉人因「能忍」而成就大業？

「人生不如意事，十常八九。」當生活中遇到情緒不平或不順利的時候，我們要如何去因應它？

你知道古今中外有哪些關於「忍耐」的格言？[46]

五、 古文教學宜啟發人生的哲理

讀了古文，可以從文章過渡到思想層面，使學生從文字中漸漸啓發出人生的處世哲理，學以致用，達到「語文、文學、文化」三位一體的功效，文學生活化，生活文學化，逆境中學習發憤圖強，順境裡懂得感恩惜福，不卑不亢，成爲有教養的君子。人生就像是一篇篇動人的古文，富麗堂皇的好文章可以震鑠古今。古人寫文章都注重起承轉合，並在其中因應人生各種的吉凶起伏，而告訴人們不必怨天尤人，要有爲有守。古人不見今時月，今月曾經照古人。古文中所散發的智慧與般若，值得現代學子吸取受用，浸潤得益。

蘇軾是一位非常有才華的文學家，雖然他的人生歷經波折，但是他的作品所散發的豪氣，感動著億萬的人心，而成爲「最堅韌」的生命典範，再讀蘇軾「月有陰晴圓缺，人有旦夕禍福，此事古難全。但願人長久，千里共嬋娟。」這樣的東坡名句，更可以感受到文學雄渾的力量。

參、結語

在「速食文化」流行的今日，讀好書不如看電視、看電影，查字典、翻辭典不如上網，寫情書不如打手機，看文字不如看漫畫，諸如此類等等的國文教學困境，想讓名家古文成爲經典閱讀的材料，刻意要求學生「精讀」、「熟背」似乎如

[44] 趙公正：〈從柔性智慧談蘇軾留侯論〉，《國文天地》第 10 卷第 8 期（1995 年），頁 46。

[45] 何永清：〈留侯論文章風格〉，《國文天地》第 3 卷第 11 期（1988 年 4 月），頁 96—98。

[46] 關於〈留侯論〉的相關「格言」可參考宋裕：《高中國文趣味教學手冊・第 4 冊》（臺北：萬卷樓圖書有限公司，1997 年），頁 73–74。

緣木而求魚，實在有些難度。不可諱言的，多年以來「考試領導教學」的氛圍下，國文教學漸漸淪為考試的工具、得分的搖籃，無法完全讓優美的古文在語文教育裡升根、發酵、啓蒙、昇華，成立青年學子長久的生命甘泉，十分可惜。

有鑑於此，筆者遂誠摯呼籲有理念、有抱負、有熱忱的教師們不要灰心，勿失去「止於至善」的教育理想。補救之道，古文教學宜藉著「語感」的培養，使學生體會讀古文的樂趣，自動自發去閱讀，而不是被動為考試來閱讀；何淑貞說：「語感的本質是對語言文字的一種精確豐富的理解力，是一種綜合性的感知。」[47]此看法中肯合宜，讀古文應該讓學生感到有興味、有感覺，能在生活中涵詠，與古人作心靈對談，跟名句作思想交流，這才是理想的「文我合一」境界。

語文學家王力說過：「咱們欣賞好的文言文，恰像把玩一些古董；雖然不合實用，但不能說是沒有美的存在。」[48]這話引人深思，科技昌明的今日，古文雖不是多數人常用表意的載具，但是它的美感、精緻、古雅，源遠流長，卻也不容現代人加以輕忽、蔑視，詩人余光中說：

> 文言文的作品，只要能夠避免過分高古玄奧或典故連篇的一類，而選用深入淺出、流暢自然的名篇，加以老師娓娓的講解，當可引起學生的興趣，奠定日後發展的基礎。[49]

凡是經過歲月粹煉的古文名篇，值得現代人反覆玩味、咀嚼、品味，不是嗎？論及學習古文的基礎功夫，夏丏尊萬分懇切建議我們：

> 好的作品至少要讀二遍以上。最初讀時，不妨以收得梗概瞭解大意為主眼，再讀時就須留心鑑賞了。用了「玩」的心情，冷靜去對付作品，不可再囫圇吞棗，要仔細咀嚼。[50]

這段話具體可行，此外，名學者季羡林提出奠定語文能力的基本功，他說：「我覺得，一個小孩起碼要背 200 首詩，50 篇古文，這是最起碼的要求。」[51]所以無論「熟讀」或者「熟背」，它們仍然還是很有效的學習語文途徑，此種傳統說法，並非「守舊」、「復古」，畢竟取法乎上，才見高明，多種樹木才見森林，勤接近文學作品易於變化氣質。

總之，從語文訓練、文學欣賞、文化陶冶幾方面融通來說，古文的閱讀與精神對於通識的博雅有其不可抹煞的價值，古文的教學能量也在國文教育中有其不可動搖的地位。

---

47 何淑貞：〈談談語文教學（二）〉，《中國語文》第 107 卷第 4 期（2010 年 10 月），頁 4。
48 王力：〈論近年報紙上的文言文〉，《龍蟲並雕瑣語》（北京：商務印書館，2003 年），頁 231。
49 余光中：〈在外語與方言之間〉，《鐵肩擔道義——二十堂名家的國文課》（臺北：商周出版公司，2007 年），頁 5。
50 夏丏尊：〈關於國文的學習〉，《中學各科學習法》（上海：開明書店，1947 年），頁 16。
51 季羡林：〈小苗與大樹的對話〉，見《季羡林說寫作》（北京：中國書店，2007 年），頁 14。

徵引文獻

（一）古籍（按時代排列）

〔春秋〕左丘明：《國語》，臺北：宏業書局，1980。

〔漢〕司馬遷、〔日本〕瀧川龜太郎：《史記會注考證》，臺北：洪氏出版社，1982。

〔晉〕杜預注、〔唐〕孔穎達疏《春秋左傳注疏》，臺北：藝文印書館，1981。

〔宋〕蘇軾、〔明〕郎曄編選：《經進東坡文集事略》，臺北：臺灣商務印書館，1980。

〔宋〕蘇軾。《蘇東坡全集》，北京：中國書店，1994。

〔宋〕謝枋得：《文章軌範》，臺北：臺灣商務印書館，1986。

〔清〕吳楚材、吳調侯：《古文觀止》，北京：文學古籍刊行社，1957。

〔清〕過商侯：《古文評註》，臺南：綜合出版社，1969。

〔清〕姚鼐編、王文濡校註：《古文辭類纂》，臺北：臺灣中華書局，1972。

〔清〕林雲銘《古文析義》，臺北：廣文書局，1985。

〔清〕金聖歎：《天下才子必讀書》，合肥：安徽文藝出版社，1992。

（二）近人論著（按作者姓氏筆畫排列）

中國社會科學院語言研究所古代漢語研究室編：《古代漢語虛詞詞典》，北京：商務印書館，2001。

王力：《龍蟲並雕瑣語》，北京：商務印書館，2003。

王天恨註譯：《古文觀止》，臺北：華星出版社，1972。

王更生等註譯：。今註今譯古文觀止。臺北：黎明文化事業公司，1992。

左松超：《文言語法綱要》，臺北：五南圖書出版公司，2003。

白玉林、遲鐸：《古漢語語法》，北京：中國社會科學出版社，2008。

朱光潛：《藝文雜談》，臺北：木鐸出版社，1987。

何永清：〈留侯論〉文章風格，《國文天地》3（11）（1988），96-98。

何淑貞：〈談談語文教學（二）〉，《中國語文》107（4）（2010），4-6。

余光中等：《鐵肩擔道義──二十堂名家的國文課》，臺北：商周出版公司，2007。

宋文蔚：《評註古文津梁》，高雄：復文圖書出版社，1993。

宋裕：《高中國文趣味教學手冊・第 4 冊》，臺北：萬卷樓圖書有限公司，1997。

李科第：《漢語虛詞辭典》，昆明：雲南人民出版社，2001。

李道英：《八大家古文選注集評》，桂林：廣西師範大學出版社，1996。

周振甫等注譯：《建宏古文觀止》，臺北：建宏出版社，1997。

季羨林：《季羨林說寫作》，北京：中國書店，2007。

居錦文：〈常用文言虛詞教學口訣〉，《荊門職業技術學院學報》1995（4），67-68。

金振邦：《文章體裁辭典》，高雄：麗文文化事業公司，1995。

夏丏尊、林語堂等，《中學各科學習法》，上海：開明書店，1947。。

秦世英：〈換個方法教古文〉，《文學教育》2008（9），38-39。

袁行霈主編：《歷代名篇鑑賞集成》，臺北：五南圖書出版有限公司，1993。
袁杏琳：〈從實效性談經典古文教學〉，《語文學刊》2008（20），36、39。
高振鐸：《古籍知識手冊２》，臺北：萬卷樓圖書有限公司，2000。
國家文物事業管理局主編：《中國歷代名人勝跡大辭典》，臺北：旺文社股份有限公司，1993。
張彬：《語法修辭小詞典》，上海：上海辭書出版社，2002。
郭建球主編：《古文觀止》，臺北：典藏閣，2008。
郭錫良、李玲璞：《古代漢語》，北京：語文出版社，1995。
陳正治：《修辭學》，臺北：五南圖書出版公司，2008。
陳望道：《修辭學發凡》，臺北：文史哲出版社，1988。
陳霞村：《古代漢語虛詞類解》，臺北：建宏出版社，1995。
章微穎：《中學國文教學法》，臺北：蘭臺書局，1975。
彭芒有：〈古文教學應注重的幾個問題〉，《文學教育》2007（7），50。
彭慶環編：《古今綜合文選》臺北：華星出版社，1979。
黃慶萱：《修辭學》，臺北：三民書局，2002。
黃錦鋐：《語文教學論叢》，基隆：法嚴出版社，2000。
黃錦鋐主編：《高級中學國文教師手冊》，臺北：國立編譯館，1998。
黃麗貞：《實用修辭學》，臺北：國家出版社，1999。
楊如雪：《文法ＡＢＣ》，臺北：萬卷樓圖書有限公司，1998。
楊豔、黃君：〈試論蘇軾生平思想及文學成就〉，《魅力中國》2009（7），218。
葉聖陶：《語文隨筆》，北京：中華書局，2007年。
趙公正：〈從柔性智慧談蘇軾留侯論〉，《國文天地》10（8）（1995），44-46。
趙聰註譯：《古文觀止新編》，臺北：啓業書局，1989。
鄭惠芳：〈讓學生快樂地學古文──對高中文言文的探索〉，《大眾文藝》2009（19），199。
錢伯城主編：《古文觀止新編》，上海：上海古籍出版社，1994。
謝冰瑩等譯注：《新譯古文觀止》（革新版），臺北：三民書局，1996。
闕勛吾等注譯：《古文觀止》，臺北：建宏出版社，1996。

〈范進中舉〉的雙重喜劇性

孫紹振*

摘　要

〈范進中舉〉的原始素材出自《廣陽雜記》袁氏「神醫」故事。主旨乃心理疾病當以心理方法治之，情節之因果性屬於實用價值。〈范進中舉〉成爲文學不朽經典之原因，第一，胡屠戶之一記耳光治癒范進之瘋病，則爲超越實用價值之情感審美因果。第二，突出胡屠戶之優越感與自卑感之現場、即時轉化之荒謬感，構成喜劇性。第三，與范進之母由大悲到大喜而暴亡，形成雙重喜劇性。是乃對中國小說大團圓結局之突破。

關鍵詞：物質優越感、精神自卑感、雙重喜劇

*福建師範大學中文系教授、教授委員會主任

《儒林外史》中之〈范進中舉〉，向來中學語文課本只選范進發瘋、治癒爲止，這就割裂了范母大喜暴亡的對稱結構。論者往往局限於社會學，孤立強調對科舉制的批判，忽略其藝術上之喜劇性，特別是雙重的喜劇性。此乃中國戲劇小說中，少見之反大團圓格局。本文將從此兩方面尋求深入之闡釋。

〈范進中舉〉並不完全是作者的虛構，它是有原始素材的。清朝劉獻廷的《廣陽雜記》卷四中有一段記載：

> 明末高郵有袁體庵者，神醫也。有舉子舉於鄉，喜極發狂，笑不止。求體庵診之。驚曰：「疾不可為矣！不以旬數矣！子宜亟歸，遲恐不及也。若道過鎮江，必更求何氏診之。」遂以一書寄何。其人至鎮江而疾已愈，以書致何，何以書示其人，曰：「某公喜極而狂。喜則心竅開張而不可複合，非藥石之所能治也。故動以危苦之心，懼之以死，令其憂愁抑鬱，則心竅閉。至鎮江當已愈矣。」其人見之，北面再拜而去。吁！亦神矣。1

「吁！亦神矣。」這句話是這段小故事的主題：稱讚袁醫生的醫道高明。他沒有按常規以藥物從生理的病態上治這個病人，而是從心理方面治好了他。

這件事本身有一點生動性，讀起來也相當有趣，但是拿來和〈范進中舉〉比較，就差遠了。這是因爲這個故事的全部旨趣都集中在實用價值方面——用心理療法治癒了精神病。實用價值理性占了壓倒優勢，以至於這位活生生的新舉人的特殊情感狀態——爲什麼開心得發狂——完全不在作者關注範圍之內。在治癒的過程中，其本人和周圍人士有什麼情感特點，則完全沒有展開，有的只是一個理性的結論：心病就得以心理療法治之。而《儒林外史》中「范進中舉」一段則展開了一幅多元的直覺，情感變幻的奇觀。這種神妙性大大超越了醫道的神妙性。用學術的語言來說，就是審美價值超越了實用價值。[2]

在〈范進中舉〉中，吳敬梓把袁醫生治病神效法門改爲胡屠戶的一記耳光。這說明，在醫生看來最重要的東西(「你死定了」的恐嚇)，在文學家看來是要放棄的。吳敬梓借范進中舉這樣一個突發的事件，把人物打出常規，讓人物本來潛在的情感，得以層層深入的顯現，讓讀者看到，人物似乎變成了另外一個人，而這另外一個人和原來的那個人，恰恰混爲一體，精神從表層到深層立體化。

在考秀才以前，吳敬梓寫范進，直接描寫比較少，主要借考官周進的眼光看他：

> 落後點進一個童生來，面黃肌瘦，蒼白鬍鬚，頭上戴一頂破氈帽。廣東雖是地氣溫暖，這時已是十二月上旬，那童生還穿著麻布直裰，凍得乞乞縮

[1] 李漢秋編《儒林外史研究資料》，上海古籍出版社，1984年，第170頁。

[2]請參閱朱光潛〈對於一棵松樹的三種態度〉，《朱光潛美學文集》第1卷，上海文藝出版社，1981年，第448頁。對於三種價值的闡釋，請參閱孫紹振《名作細讀》，上海教育出版社，2007年，第403頁。

縮，接了卷子，下去歸號。

這還是外表的寒酸，而後來交卷，顯得猥瑣的是精神狀態：

只見那穿麻布的童生上來交卷，那衣服是朽爛了，在號裡又扯破了幾塊。…….周學道……問那童生道："你就是范進？"范進跪下道："童生就是。"學道道："你今年多少年紀了？"范進道："童生冊上寫的是三十歲，童生實年五十四歲。"學道道："你考過多少回數了？"范進道："童生二十歲應考，到今考過二十餘次。"學道道："如何總不進學？"范進道："因童生文字荒謬，所以各位大老爺不曾賞取。"周學道："這也未必盡然。"……范進磕頭下去了。

三十多年沒有考取最起碼的秀才，如果可以類比的話，就和今天的小學畢不了業差不多。而范進一點也不覺冤屈，居然自認「文字荒謬」。這並不完全是謙虛，更多的是自信心匱乏，人格卑微。吳敬梓揭示了這個人物在科舉考試體制下精神被折磨得如此萎頓。但是，這個對自己的才能一點沒有自信的人，卻頑強地屢敗屢考，完全是在無望中掙扎。而周學道此人，也曾經是苦讀幾十年書，秀才也不曾中得一個，也曾經在考試場所哭得暈過去的。這個人的眼光，是對范進絕望境地的渲染，同時又是爲後來得中發瘋設置的一個背景。

爲范進中舉發瘋而設的第二個反差性環境，是通過其丈人胡屠戶的嘴巴來展示的。屠戶，殺豬的，在當時，其社會地位極端低下，和讀書人(官僚階層的候補者)是不能相比的。但是，由於范進屢考屢敗，經濟上陷入極端的困境，在精神上極端的自卑，胡屠戶就敢於在任何場合下，公然顯示對他的輕視。就是范進考中了秀才，他帶著豬大腸來慶賀，其行爲和所說的話，都不像是慶賀：

我自倒運，把個女兒嫁與你這現世寶，窮鬼，歷年來不知累了我多少。如今不知因我積了甚麼德，帶挈你中了個相公，我所以帶個酒來賀你。

這哪裡像是慶賀？首先，這根本就是辱罵(現世寶、窮鬼)；其次是自我表揚，毫無道理的自我表揚。連范進中了秀才都是因爲他「積了甚麼德」。再次，「教導」范進，有了秀才身份，從此對他自己「行事」裡的人，不能「裝大」，而對於一般做田的(扒糞的)、「平頭百姓」，也不能「爛忠厚」，「拱手作揖，平起平坐」，因爲這樣會弄得胡屠戶「臉上都無光」，「惹人笑話」。這樣這的粗野無理，把祝賀變成了訓斥和奚落，充分表現了胡屠戶心靈深處的病態自尊和粗野的自大。他在范進面前，懷著顯示優越的衝動，把范進壓得越低，他自尊和自大的衝動就越是得到滿足。但是，讀者看得清楚，這種精神上的優越感，完全是虛幻的。因爲他的言行，完全是違反社會禮儀的；他的優越，充其量不過是物質上的而已。但是，本來在精神文化上佔有優勢的范進，對於如此粗野的欺淩，沒有任何反抗，相反說：

岳父見教的是。

這裡顯示了物質上的貧窮如何導致他精神上的自卑。范進中了秀才，又想考舉人，向胡屠戶借旅費，他不借，也不照顧范進的自尊心，精神優越感轉化爲野蠻的行爲：「一口啐在臉上」，公然侮辱他，大言不慚地說，舉人是天上文曲星下凡的，應該像城裡舉人府上的老爺那樣，一個個方面大耳，可范進卻尖嘴猴腮，應該撒泡尿自己照照。「不三不四就想吃天鵝屁」。他的用語極端的惡毒，依照的完全是一種迷信愚昧的邏輯，對自己女婿的狼狽和貧困，不但沒有同情，反以侮辱其人爲樂。而范進卻並沒有什麼特別的憤懣。吳敬梓寫得非常簡潔：

一頓夾七夾八，罵的范進摸不著門，辭了丈人回來。

一個讀書聖賢之書的人，被人損到這種程度，居然一點反感都沒有。吳敬梓寫的是胡屠戶對范進的蔑視，同時也寫了對這種在精神上被侮辱、被損害，范進已經習慣了。對於人格和自尊被糟蹋，沒有什麼感覺，完全麻木了。

待到范進中了舉人，瘋了。爲了治療范進的瘋狂，有人建議胡屠戶打范進一耳光，告訴范進根本沒有中，他卻不敢了。精神優越感頓時變成了精神自卑感。這時的胡屠戶好像變成了另外一個人，但是，他的思維邏輯卻是一以貫之的。在他的情感深處，真誠地以爲舉人都是天上的文曲星下凡，即使爲了救這文曲星的命，他也缺乏勇氣。他這樣說：

雖然是我女婿，如今卻做了老爺，就是天上的星宿。天上的星宿是打不得的！我聽得齋公們說，打了天上的星宿，閻王就要拿去打一百鐵棍，發在十八層地獄，永不得翻身。

吳敬梓的天才，集中表現在胡屠戶的恐怖來源於他自己的個性邏輯。這種邏輯的特點是，第一，表面上是迷信邏輯，實質上是一種根深蒂固的勢利；第二，這種邏輯是極端荒謬的，可笑的，帶著很強的喜劇性。齊省堂增訂本《儒林外史》評語說：

妙人妙語。這一作難，可謂嫵媚之至。[3]

胡屠戶這樣的語言，明明是很醜惡的，怎麼會「嫵媚之至」呢？這是因爲胡屠戶的醜惡的勢利，是以迷信的荒謬包裝著的。這種邏輯之所以可笑，不但因爲它荒謬，而且因爲胡屠戶的執著。執著到不顧自相矛盾。一方面是，前後反差巨大，

[3]李漢輯校《儒林外史會校會評本》，上海古籍出版社，1984 年第 45 頁。

本來應該會引起慚愧之感的；另一方面是，這本來應該是內心的隱私，一般人是不會公然講出來的，而這個胡屠戶卻心直口快地說了出來，而一旦說出來，他往日那種病態的自尊、自大，那種精神優越感，就變成了自卑感。這種自卑固然可鄙，然而又可憐、可笑。此時的胡屠戶，已經不是施害於人者，而是自己為自己的觀念所苦的人了。這就不但是可笑，而且有點天真，有點可愛，有點「嫵媚」了。在這裡，吳敬梓對胡屠戶當然有揭露，但同時有調侃；在調侃中，又有悲憫之情。越到後來，胡屠戶越為自己的觀念所苦，吳敬梓就越來越寬容了。胡屠戶還從一個濫施侮辱者，變成了被嘲弄者。鄰居內一個「尖酸」人說道：

> 罷麼！胡老爹，你每日殺豬的營生，白刀子進去，紅刀子出來，閻王也不知叫判官在簿子上記了你幾千條鐵棍；就是添上這一百棍，也打甚麼要緊？只恐把鐵棍子打完了，也算不到這筆帳上來。或者你救好了你女婿的病，閻王敘功，從地獄裡把你提上第十七層來，也未可知。

這表面上是鄰居的嘲弄，實際上是吳敬梓遵循著胡屠戶的迷信邏輯，推導出了和胡屠戶相反的結論，使胡屠戶的處於荒謬的兩難之中，越發顯得可笑。接下去的「連斟兩碗酒喝了，壯一壯膽」，雖然僅僅是敘述，但是也很精彩，寫出胡屠戶為自己的迷信所苦的可笑，又為情勢所逼的可愛。他硬著頭皮打了范進一耳光，使范進清醒過來以後，胡屠戶的感覺，肯定是吳敬梓的神來之筆：

> 不覺那只手隱隱的疼將起來；自己看時，把個巴掌仰著，再也彎不過來。自己心裡懊惱道：「果然天上『文曲星』是打不得的，而今菩薩計較起來了。」想一想，更疼的狠了，連忙向郎中討了個膏藥貼著。

這是吳敬梓對胡屠戶的調侃，又進了一步，使胡屠戶變得更加可笑，更加可恨，更加好玩了，更加可愛了。可惡的胡屠戶變得可笑，可愛的原因是，他的虛幻的自卑感變成了嚴重的負罪感。吳敬梓的改變原始素材的工力，就在於超越了實用的價值，進入人物的非理性的情感世界。感動我們的不再是實用的心理治療方法，而是不實用的情感變幻奇觀。

到此，胡屠戶的內心已經經歷了三個階段。第一個階段是自尊自大，充滿物質的和精神的優越感；第二階段是喪失了優越感，充滿了自卑感；第三階段則是自卑變成了自我折磨的負罪感。但吳敬梓對他的調侃還沒有完結，接著是第四個階段：當人家嘲弄他說，他這打過文曲星的手殺不得豬了。胡屠戶說：

> 「我哪裡還殺豬！有我這賢婿，還怕後半世靠不著也怎的？我每常說，我的這個賢婿才學又高，品貌又好，就是城裡頭那張府和周府這些老爺，也沒有我女婿這樣一個體面的相貌！你們不知道，得罪你們說，我小老這一雙眼睛，卻是認得人的。想著先年，我小女在家裡長到三十多歲，多少有

> 錢的富戶要和我結親，我自己覺得女兒像有些福氣的，畢竟要嫁與個老爺。今日果然不錯！」說罷，哈哈大笑。

他如此迅速地忘卻了自卑感和負罪感，迅速恢復了自豪感。而這種自豪感，比之開初所說的(考中秀才，不是因爲才學，而是因爲考官可憐他年紀老了，尖嘴猴腮，癩蝦蟆想吃天鵝屁、不是天上下凡的上的文曲星料，撒拋尿自已照照等等)，更加自相矛盾，更加荒謬，更加虛幻，更加不可信；但是，他又更加坦然。這種大言不慚的自白，除了自我暴露，自我安慰，自鳴得意以外，沒有任何人相信。吳敬梓把胡屠戶置於這樣一種境地，他所說的一切，目的是讓聽者尊敬自己，可是實際上卻是自我醜化。這已經是很可笑了，更可笑的是，胡屠戶自己卻沒有任何可笑的感覺。這與前此范進感覺不到自己的可悲一樣深邃。待到范進回家：

> 屠戶和鄰居跟在後面。屠戶見女婿衣裳後襟滾皺了許多，一路低著頭替他扯了幾十回。到了家門，屠戶高聲叫道：「老爺回府了！」

這裡十分深刻地提示了，胡屠戶的自豪感是建立在對於權勢者的自卑的依附感上的。等到他視爲老爺的張鄉紳來臨，他就「連忙躲進女兒房裡，不敢出來」。他大呼小叫的自豪感是和自卑感互爲表裡的。

而范進的內心，又與胡屠戶互爲表裡，也經歷了三個發展階段。第一階段，是完全沒有麻木的自卑感；第二階段，是沒有正常感覺的瘋狂和昏迷；第三階段，最鮮明的表現則是和張鄉紳見面的一幕：

> 張鄉紳攀談道：「世先生同在鄉梓，一向有失親近。」范進道：「晚生久仰老先生，只是無緣，不曾拜會。」

張鄉紳說的明明是假話，當范進窮得叮噹響的時候，富有的鄉紳，哪裡會把他當作「鄉梓」？哪裡會有意來和他「親近」？范進的回答也是假話，連自己的丈人都對他無端侮辱，哪還敢拜會什麼有權有勢的人士？范進和張鄉紳的對話，最明顯的特點，就是所說的話，與實際相去甚遠。完全不顧事實，卻符合官場的身份和禮儀的規範。吳敬梓的才華在於，讓他的人物把假話說得心照不宣，一點沒有心理障礙。吳敬梓揭示了，這不是一般的客氣話，而是客套話，客氣的套話。一般的客氣話是虛僞，而客套話，就是說虛僞的話而沒有虛僞的感覺，甚至是肉麻話也沒有肉麻的感覺。張鄉紳送了五十兩銀子，叫他權且收著，又看著范進的破草屋，說「這華居其實住不得，將來當事拜往，俱不甚便。」馬上又奉送三進三間的房屋，說目的不過是自己「早晚也好請教些」。所有這些用語，都以與實際情況尖銳反差爲特點。一連串的假話，極力反諷范進，連他的破草屋都說成「華居」，白送住房，不說是爲了奉承，而是說爲了自己拜會，爲了自己來請教方便。范進此時，雖然對於成套的假話應對如流，但是，對於突如其來的厚禮，還未立即習慣，不免有點書呆子氣地「再三推辭」，而張鄉紳卻說出這樣的話：「你我年誼世好，就如至親骨肉一般。」對於這樣肉麻的話，范進從容應對，但畢竟如胡屠戶所說的「爛忠厚」，還是和張鄉紳有一點距離。但是，這一切對答如流的假話，越是假得不可開交，喜劇越是強化。

范進中舉的喜劇性已經是夠淋漓的了，吳敬梓可能還覺得不過癮，特地又加上了一個尾聲（本課文未選）：接著又有許多人來送田產、送店房，甚至投身爲奴僕的，兩三個月之間，范進家裡，不但陳設豪華，而且僕婦成群。他的母親，還以爲房子家俱是從他人借用的，叮囑家人不要弄壞了。當得知這一切都屬於自己之時：

> 老太太聽了，把細磁細碗盞和銀鑲的杯盤逐件看了一遍，哈哈大笑道：「這都是我的了！」大笑一聲，往後便跌倒。忽然痰湧上來，不省人事。

最後竟然不治而死。同樣一個人，中舉前後，遭遇發生如此這樣巨大的反差，這就難怪范進得知自己真的的中舉，要興奮得發狂了。從這個意義上來說，吳敬梓在這裡，揭示了范進性格的社會環境。中舉之前，備受欺淩和侮辱；中舉之後，受盡無端的饋贈。這樣的社會陳規，就造成范進的精神心性的麻木，先是由於卑微而麻木，後是因爲暴喜而發瘋（這是最大的麻木），最後是虛僞的奉承中不覺虛僞的麻木。這種性格發展暴露了一個「爛忠厚」的讀書人的靈魂走向泯滅喜劇邏輯。

范母之死，可以說是神來之筆，把喜劇性發揮得淋漓盡致，是范進中舉昏迷的高潮之後的又一高潮。這個經典片斷因此就具有了雙重高潮。難能可貴的是，這雙重性，不僅僅是形式上的，而且是意味上的。第一度高潮，是單純喜劇性的；第二度高潮，帶來了一點悲劇的色彩。大喜付出大代價，幸運與代價成正比，使悲劇的死亡，變成可笑。由於悲喜的反差，更加顯出喜劇的怪異。范進的喜極而狂能得救，而其母卻喜極而亡卻無救。這其中包含著多層次的對照：一是，其母樂極生悲與其子范進樂極生悲、悲而復樂的對照，二是，死亡之悲，與整個富貴喜慶氛圍的對照。多重對照，使得結局的荒謬意味變得非常豐富。

我國古典悲劇大都受大團圓模式束縛，但是〈范進中舉〉卻對這個模式有所突破，悲喜交加，大喜大悲交織。可惜的是，這一點沒有得到後來者，包括作家和評論家的充分珍視。

徵引文獻

朱光潛撰：《朱光潛美學文集》，上海：上海文藝出版社，1981 年
李漢秋編：《儒林外史研究資料》，上海：上海古籍出版社，1984 年
李漢輯校：《儒林外史會校會評本》，上海古籍出版社，1984 年
孫紹振撰：《名作細讀》，上海：上海教育出版社，2007 年

香港「三三四」學制下語文教學的方向及施教建議

——以《范進中舉》為例

陳　寧*

提　要

香港高中及大學教育現已改爲「三三四」學制，即由以往的五年中學、兩年預科、三年大學改爲三年初中、三年高中、四年大學。因應新學制，語文教育也有了新的發展方向。引入選修單元是新高中語文的一項重大變革。本文以舊有課程及新課程中的選文《范進中舉》爲例，探討新高中中國語文科課程的必修單元及選修單元之選材標準、課程宗旨、學習內容、學習活動等方面的問題，進而對《范進中舉》的施教重點作出建議。

關鍵詞：語文教育、新高中、范進中舉、教材配合

*香港中文大學中國語言及文學系一級導師

香港高中及大學教育現已改爲「三三四」學制，即由以往的五年中學、兩年預科、三年大學，改爲三年初中、三年高中、四年大學。因應新學制，語文教育也有了新的發展方向。以中國語文科爲例，香港新高中中國語文科，分爲必修單元和選修單元兩部分。必修單元約佔中國語文全科課時三分之二到四分爲三，而選修部分則佔課時四分之一到三分之一，選修三到四個單元。[1] 選修單元是新高中課程的一大變革，其中牽涉到單元之間的配合，以及在沒有指定範文的情況下的教材選取標準、學習內容等多方面的問題。本文擬對新高中中國語文課程提出建議，選取實際施教篇章，即舊課程及新高中課程皆有之《范進中舉》一文爲例，探討以上問題。

自 2005 年起，香港推出新高中課程，並於 2007 年更新評核測試方式。中學中國語文科也取消了指定範文，取而代之的是培養閱讀、寫作、聆聽、說話、文學、中華文化、品德情意、思維和語文自學九種語文能力。教育局在回答「新高中課程是否取消範文教學」時指出：

> 中國語文課程向來重視範文教學，以往的課程如是，現行課程如是，新高中課程也如是。現行課程與新高中課程並非取消範文教學，而是不由課程指定課文。以往的課程設「指定篇章」，數量有限，範圍較窄，未能適應時代的需要。現代學生思想要與時俱新，必須廣泛閱讀，積累語文材料，豐富語文素養，運用起來，才能得心應手；所以現行課程與新高中課程均開放學習材料，不設「指定範文」，讓學生能涉獵古今，兼收並蓄。[2]

由此可見，取消範文不代表沒有範文學習，只是沒有由教育部門指定某篇文章而已。開放學習材料，由施教者自行選取，可以大大增加自由度。沒有指定範文，學校固然有更大的自主性，但在教師工作量日增，配套資源不到位的情況下，選用哪些篇章極大可能是取決於選用哪家出版社的教科書。雖然現行高中課程沒有指定範文，但香港教科書出版社多不約而同選擇了舊有課程中的範文《范進中舉》[3] 爲教授篇章。

選文標準

既然舊有範文「未能適應時代的需要」，要學生「涉獵古今，兼收並蓄」，

[1] 參自香港課程發展議會與香港考試及評核局聯合編訂，香港特別行政區政府教育統籌局建議學校採用《中國語文課程及評估指引》（中四至中六）（香港，政府印務局，2007 年）。
[2] 香港教育局〈新高中中國語文課程問與答〉，2006 年。
http://334.edb.hkedcity.net/doc/chi/chi_lang_faq_081027.pdf
[3] 《范進中舉》節錄自清代章回小說《儒林外史》第三回「周學道校士拔真才，胡屠戶行兇鬧捷報」，作者是吳敬梓，文題爲筆者所加。

但爲何舊有課程的文章又再重覆出現呢？筆者以爲教科書選取《范進中舉》爲必修單元的教授篇章有以下幾個因素。第一，無可否認《范進中舉》爲優秀的文章，中港臺三地的語文教學都長期選爲範文，可見其有助學生學習語文是公認的事實。第二，從教師方面來說，《范進中舉》爲舊課程範文，教師廣爲熟悉，施教既久，教起來自然更得心應手，樂於選取。第三，對出版社來說，《范進中舉》爲舊有範文，教學資料及其他配套資源最爲豐富，沿用舊範文在商言商也較爲保險。在取消範文的情況下，反而更進一步證明《范進中舉》有典範的意義，經得起教材要有歷時性和共時性的考驗，因而在新課程中亦保留下來。《范進中舉》可以保留在新課程中是可喜的事情，同時，有共同的學習材料對語文教育亦多有益處。現在高中取消指定範文，但當進入大學後，往往會發現有共同範文學習經驗的學生可以有更多的共識和文化語碼，例如在施教古典小說科目或通識科目時大家讀過相同文章則學習基礎相近，容易展開更深進的學習。

以上所提到的三個原因是所有舊課程範文保留在新課程的共同原因，《范進中舉》還有一個特別的地方是就其文體和內容特點而言的。《范進中舉》爲小說文類，新高中課程選修部分中有「小說與文化」一科，修習《范進中舉》正可以兼及必修單元和選修單元。《新高中綜合中國語文》在教學提示部分指明：

> 老師可按教學需要，選用「教學資源套・選修單元教學建議」，作為學習選修單元的基礎。[4]

《啓思新高中中國語文》亦指明：

> 本單元可作為修習小說與文化或翻譯作品選讀選修單元的基礎。《孔乙己》和《范進中舉》寫的是古代中國讀書人的遭遇，反映了傳統文化對個人和社會的影響。《事後》是一篇翻譯小說，同學可以藉此接觸西方文學作品，吸收不同的文學養份。[5]

學習《范進中舉》一方面可以針對必修部分的閱讀、文學、中華文化等學習重點，另一方面可以了解小說文類、章回小說以及由其中可見傳統科舉制度及其對士人的影響，正好合乎「小說與文化」選修單元的學習重點。一文兼二科，教與學自然都事半功倍。因而《范進中舉》在取消範文的情況下仍然得以保留。

學習方向

---

[4] 王嘉傑、洪若震、梁柏鍵、劉文山、鄭華達編：《新高中綜合中國語文》（香港：朗文香港教育，2009年），教師用書，單元七，頁5。

[5] 布裕民等編：《啓思新高中中國語文》（香港：啓思出版社，2009年），單元九，「單元通論」。

雖然不同出版社都選取了《范進中舉》爲新高中語文的教授篇章，但在課程編排及與其他學習單元配合等方面都有所不同。《新高中綜合中國語文》以《范進中舉》爲單元七的其中一篇選文，此單元的重點是「探索人性：小說與劇作」，以探索人性中美善與醜惡爲重點，文體教學則包括小說和戲劇兩類。同一單元教授的篇章還有丁西林的《三塊錢國幣》，延伸閱讀是香港著名劇作家杜國威的《人間有情》（節錄）(同時包括小說和劇本)。

此單元包括兩大文類，小說和戲劇，二者長久以來都有著千絲萬縷的聯繫，通過小說和劇本的研讀，一方面可以體會人物、情境、語言等方方面面，同時可以由此開展寫作教學，「同學通過這些作品，可以學習撰寫小說和劇本的技巧，進而在寫作部分，嘗試創作短篇小說和改編劇本」。[6] 小說文本往往會改編爲戲劇，如《鶯鶯傳》之改編爲《西廂記》；《霍小玉傳》之改編爲《紫釵記》，將兩者置於同一單元，從文類學習的角度來看，也頗爲合宜，但將兩大文類置於同一單元，教時所限，自然有難以深入講授之虞。

《啓思新高中中國語文》設立專門的單元介紹小說，單元的重點是「小說欣賞，人生順逆」，其中就包括《范進中舉》一文。與《范進中舉》列於同一單元的尙包括魯迅《孔乙己》及 Michael Faster《事後》，另有用於閱讀理解的白先勇《我們看菊花去》。《孔乙己》與《范進中舉》都表現了科舉考試對人心的毒害，同一主題的小說得以互相比較，自可加深同學的體會。但將之與《事後》和《我們看菊花去》置於同一單元則內在連接不強。先讀《孔乙己》後習《范進中舉》則時代先後逆轉，以課程編排來說也不太理想。

《范進中舉》一文的教學重點除了有關賞析及評鑑小說塑造人物形象的手法、欣賞小說情節、掌握其主題思想之餘，同時需要「分析小說的文化內涵」，[7] 但同時新高中選修單元有「小說與文化」一科，學習的重點同樣是「小說」與「文化」。必修單元和選修單元學習重點的同同異異值得我們考慮，由此也可以對新高中必修部分和選修部分的分佈提出一些看法。

必修單元與選修單元的配合

香港教育統籌局發表的《中國語文課程及評估指引》（中四至中六）指出課程要求在基礎學習和靈活多元化課程之間達到平衡，「本課程包括必修部分與選修部分，提供選擇空間。在必修部分讓學生掌握一定的基礎知識和能力；而選修部分則提供多樣化的學習內容，以照顧學生的需要、能力、興趣、性向和特長。」[8] 必修單元是基礎，選修單元則可以因應學生的興味更上一層。

高中設立選修單元可以說是課程的一大變革，課程放寬了，同學的選擇空間

---

6 王嘉傑、洪若震、梁柏鍵、劉文山、鄭華達編：《新高中綜合中國語文》，單元七，頁 1。
7 布裕民等編：《啓思新高中中國語文》，「教學一覽表」。
8 參自《中國語文課程及評估指引》（中四至中六）（香港，政府印務局，2007 年），頁 5-6。

大大增加。以中國語文科爲例，選修單元頗有百花齊放之勢，有與影視作品相關的「名著及改編影視作品」、有與表演藝術相關的「戲劇工作坊」、有與傳媒寫作相關的「新聞與報道」、有與實用文體相關的「多媒體與應用寫作」、有與普通話相關的「普通話傳意和應用」和「普通話與表演藝術」，以及「翻譯作品選讀」、「科普作品選讀」、「文化專題探討」等；其中「小說與文化」可以說在選修單元中與傳統文體關係最爲緊密的一科。

選修單元是必修部分的延伸，可以與必修部分互補不足，由於學生在必修單元已研讀過若干小說，認識小說這種體裁的特點，基本掌握評賞小說的能力，因而在「小說與文化」單元可以更進一步，通過閱讀不同時代、不同類型的小說，探討作品所蘊含的文化內涵，增強學生對中華文化的認識、反思和認同；同時，鞏固和深化必修部分文學和中華文化範疇的學習，以提升理解、分析、評價的能力。[9]

「小說與文化」選修單元同樣沒有指定範文，課程綱要指明閱讀不同時代的小說，大抵古今小說都要有些。由時代先後來看，魏晉志怪、唐人小說、宋明話本、明清章回及現當代小說都應兼及。由語言分類，包括文言、白話小說；由題材分類，包括世情、神魔、武俠、歷史等；由篇幅來分，還有長篇短篇之別。但因應實際的教時有限，當然還要有所選取。選修單元建議教時爲 28 小時，一般三至四個主題就已經很足夠，課上閱讀的篇章並不多，如果可以配合必修單元，則可以增加閱讀廣度，較易達到預期的學習效果。但怎樣配合是問題所在。必修部分和選修部分存在著學習能力與基礎不同，學習活動及評估相異等多方面的情況，要在其中作出平衡才可以達到配合的效果。

新高中課程所面對的問題與困境

新高中必修部分有針對小說文類的單元，選修單元復專門介紹「小說與文化」；必修單元九項學習能力中有「中華文化」一項，選修單元又專設「文化」單元，教學重點重覆成爲不爭的事實。何文勝提出「根據單元的科學性和系統性，單元的聯繫包括內在橫向的聯繫和縱向的銜接。前者可以透過精讀、導讀與自讀等不同課型來做到，由學習到運用，學生在這樣的過程中產生內在的學習動機；後者是以上一單元所學爲下一單元所用，在學習一系列的單元過程中鞏固所學。這樣的單元教學設計才能爲學生提供一個主動積極學習的條件，才能提高教學的效率」。[10] 所說甚是。教學要有先後次第，有台階式的學習次序才可以提升教學果效。

單元間的聯繫不足也是現有課程面對的困境，雖然各大教科書都提到單元的

---

[9] 參自《中國語文課程及評估指引》（中四至中六），「附錄四」，頁 121。

[10] 何文勝：〈《中學中國語文學習單元設計示例》評議〉 http://home.ied.edu.hk/~msho/downloadnewcur/10.pdf

聯繫與配合，如《新高中綜合中國語文》在《范進中舉》教學提示部分指明：「老師可按教學需要，選用『教學資源套・選修單元教學建議』，作爲學習選修單元的基礎。」[11] 《啓思新高中中國語文》亦指明：「本單元可作爲修習小說與文化或翻譯作品選讀選修單元的基礎。」[12] 但真正做到配合的卻不多見。以《啓思新高中中國語文：小說與文化》選修單元爲例，單元通論部分指明「本單元以『從傳統到現代』爲主題，是必修單元『小說欣賞』的延伸」。[13] 其學習環節分爲四項：即1.道德價值：忠義、2.道德價值：節烈、3.城鄉之間和4.中港情懷，都與必修部分小說單元《范進中舉》所表現的科舉遺害、士林百態難以連接。至於朗文《新高中綜合中國語文：小說與文化》除導論外，分爲愛情與婚姻、英雄與俠義、神魔與宗教三個章節，也不涉及科舉與士林。當然文化廣大精深，教時有限不可能盡舉，但不能實現必修單元和選修單元相配合從而增益學習始終有所遺憾。

新高中課程底下《范進中舉》的學習建議

香港新高中中國語文課程分爲必修部分和選修部分，若《范進中舉》成爲施教範文則建議於必修部分設立獨立的小說單元。同時，《范進中舉》也可以進入選修部分的「小說與文化」單元。兩個單元都關於小說研讀，有所重疊是難免的事情，但要盡可能分明主次，提供台階式的學習進程，配合精讀、導讀和自讀的方式，擴大學生的閱讀量。關於文本細讀的發揮空間很大，以下只是從一兩點加以例釋。

建議一：針對學習能力與基礎，規畫學習進程

《范進中舉》是舊有五二三學制[14] 下中學會考課程，在中五時期教授。中國大陸則是初中的課文，比香港教得早。其實《范進中舉》語文流暢清通，初中已可以駕馭。香港將之置於高中固然也無不可，但中四教授已很足夠。高中語文設立的基本理念是在初中中國語文學習的基礎上，進一步提高學生的中國語文素養，訓練學生的深層語文能力，使學生在學習過程中能力得以鞏固、強化與提升。同時提升綜合運用語文的能力，拓寬閱讀面，提高閱讀量，增加學生的識見，爲終身學習和未來發展作好準備。[15] 現在《范進中舉》在新高中教科書裡一般是較後的單元，大多安排在中五或中六才開始講授，然而選修單元主要在中五展

[11] 王嘉傑、洪若震、梁柏鍵、劉文山、鄭華達編：《新高中綜合中國語文》教師用書，頁7.5。

[12] 布裕民等編：《啓思新高中中國語文》，單元九，「單元通論」。

[13] 李紹基、鮑國鴻編：《啓思新高中中國語文小說與文化：從傳統到現代》（香港：啓思出版社，2009年），單元通論，頁1。

[14] 即五年中學、兩年預科、三年大學的學制。

[15] 參自《中國語文課程及評估指引》（中四至中六），頁2。

開，如果先修習「小說與文化」單元，之後才在必修部分教授《范進中舉》，則會失去循序漸進之效。

新高中建議要規畫學習進程，在三年的學習進程中，中四可利用必修部分打好基礎，做好準備，進而探索自己的語文學習興趣和學習性向，然後在中五、中六逐步減少必修部分，增加選修部分，透過選修部分的學習發揮特長。[16] 以課程規畫來說，建議《范進中舉》可選爲中四必修部分小說單元的教材，中四開始的學生已有足夠能力修習小說的要點。以往中國語文及文化科是中六中七的課程，現在選修單元「小說與文化」建議爲中五以上教授較爲合適。因爲可以有更多的文化知識輸入，才可以在閱讀小說的同時探討和評價小說所蘊含的文化內涵。選修單元「小說與文化」並重「小說」和「文化」，文化雖包括物質文化，但形而上的文化重點總要靠增加小說文本和文化指引的閱讀量才可以有較多的體會。

建議二：分明主次，首先掌握文體特點

必修部分是認識各種文體的基礎。以《范進中舉》爲例，可以由此認識章回小說和「諷刺小說」的特點，掌握其諷刺時弊的手法。「諷刺小說」之名源自魯迅，主要針對的就是《儒林外史》一書。魯迅在《中國小說史略》中指出：

> 迨吳敬梓《儒林外史》出，乃秉持公心，指擿時弊，機鋒所向，尤在士林；其文又慼而能諧，婉而多諷；於是說部中乃始有足稱諷刺之書。[17]

《儒林外史》描寫的對象是各式各樣的讀書人，這也是諷刺小說中最常表現的內容。《儒林外史》在諷刺技巧上的成功之處在於真正「秉持公心，指摘時弊」，具有批判精神；「慼而能諧，婉而多諷」，一方面以誇張的手法見世人百態，另一方面表現婉曲，以滑稽、幽默的手法達到強烈的諷刺意味。

建議三：學習寫人手法

有關《范進中舉》的教學材料非常豐富，[18] 不過因課時所限，施教時應有所選取，集中從人物形象、細節刻劃、對比手法各方面去認識其重點。[19]

1. 人物言行

---

[16] 參自《中國語文課程及評估指引》(中四至中六)，頁 6。

[17] 魯迅：《中國小說史略》(香港：三聯書店 (香港) 有限公司，1996 年)，頁 228。

[18] 《范進中舉》是兩岸三地長期以來的中學範文，有關的教學材料可謂汗牛充棟，如新學網所載的教學設計、教材理解、學習輔導以至多媒體教材都豐常豐富。可參 http://www.newxue.com/kewen/1241651520883.html

[19] 可參陳寧：《通識中國古典小說》(香港：中華書局有限公司，2008 年)，頁 147-153。

《范進中舉》善於通過形象的語言描寫人物。文中寫道中舉的消息傳來，神經衰弱的范進根本受不了這個天大的好消息，這時：

> 范進不看便罷，看了一遍，又念一遍，自己把兩手拍了一下，笑了一聲道：「噫，好了！我中了！」說著，往後一跤跌倒，牙關咬緊，不省人事。老太太慌了，慌將幾口開水灌了過來。他爬將起來，又怕著手大笑道：「噫！好！我中了！」笑著，不由分說就往門外飛跑，把報錄人和鄰居都唬了一跳。走出大門不多路，一腳踹在塘裏，掙起來，頭髮都跌散了，兩手黃泥，淋淋漓漓一身的水，眾人拉他不住。拍著，笑著，一直走到集上去了。

范進四次笑、兩次跌、兩句「噫！好了！我中了！」來來回回的笑笑跌跌，實際上已是哭笑難分。范進由中舉前的窩囊貧困到中舉後各人對他吹捧殷勤，一下子由困苦的低谷升到幸福的巔峰，范進的脆弱心靈難以承受這樣的改變，於是他瘋了，至於怎樣瘋，這是要靠人物的外在行爲和心理反應來顯現。吳敬梓這段描寫語言簡潔，活潑、表現力強，充份展示出范進狂喜的情態，表現恰如其份。

《儒林外史》寫人物很少作靜態的心理描寫，而是通過人物的言行，揭示他們的內心世界。作者不對人物作出品評，而是在呈現人物的行事後，由讀者自行判斷人物，但所表現的又是非常鮮明。

2. 細節描刻

《范進中舉》重點描刻了范進、胡屠戶等人的性格心理，細節處尤其生動。胡屠戶在范進清醒之後，和他一起回家，這時他「見女婿衣裳後襟滾皺了許多，一路低著頭替他扯了幾十回」。這個細節就很精彩。胡屠戶爲甚麼要替范進整衣呢？中舉前的范進在胡屠戶眼中是「尖嘴猴腮」，但中舉之後變成了「才學又高，品貌又好」的「賢婿老爺」。他替中舉的女婿扯平衣服，而且是一路上扯了幾十回。這個頻密的小動作，可以看到他想討好女婿的心理是怎樣熱切。人物的卑怯和勢利，可說躍然紙上。又再如范進中舉後，范母喜極而喪。剛逢喪母之痛的范進，在湯知縣的宴請中，專在燕窩裡揀大蝦圓子往嘴裡送。這個小動作也是對人性的辛辣諷刺。正如魯迅所說「無一貶詞，而情僞畢露，誠微辭之妙選，亦狙擊之辣手矣」。[20]

3. 對比手法

《范進中舉》在范進中舉的過程中，多次運用了對比的手法，以達到諷刺的目的。其中悲與喜、貧與富、冷與熱層層對比，千變萬化，把范進中舉前後各人的言行、現場的氣氛都渲染得豐富多姿。如胡屠戶對范進在中舉前後的態度。又例如范進的恩人周進，他初見范進時，眼中看到的是一個「面黃肌瘦，花白鬍鬚」衣服朽爛的老童生，相反他自己則是「緋袍金帶，何等輝煌」，寥寥數筆，便把

---

20 魯迅：《中國小說史略》，頁 231。

兩人的地位表現出來，也把二人的形貌勾畫得栩栩如生。作者以犀利的筆觸，揭示了科舉制度對社會的毒害。小人物如胡屠戶固然對范進前倨後恭，范進的同鄉張鄉紳，平時從無來往，當得知范進中舉，又送房子，又送銀子，說是「年誼世好，至親骨肉」。即使一些連姓名都不知道的陪襯角色，如范進的四鄰，范進未中舉時在家裏餓了兩三天，連飯都沒得吃，也不見有人來問候一聲，周濟一下。但范進中舉之後，忽然出現了許多熱心的鄰里，搶救發瘋的范進的、勸慰老太太的、拿出食物來賀喜的，一下子全都出來了，場面變得十分熱鬧。這種勢利的態度，可以說由上及下，遍及整個社會。整個社會中的各式人等都被功名富貴愚弄得神魂顛倒，醜態百出。正如卧閑草堂本《儒林外史》第一回總評所說「『功名富貴』四字是全書第一著眼處」。[21]

建議四：與其他篇章取得有機配合

閱讀《范進中舉》，可以進一步於選修單元增加延伸閱讀《儒林外史》第一回「說楔子敷陳大義　借名流隱括全文」。此回主要講述王冕的少年時代的學習過程。到洪武皇帝登位之後，王冕知悉禮部議定科舉以八股文取士，不禁嘆道：「這個法定的不好！將來讀書人既有此一條榮身之路，把那文行出處都看得輕了。」[22] 其實整部《儒林外史》都是在說科舉改制之後，文人修養和才情之淪落。閱畢此文，則《范進中舉》的評鑑就不單是在人物形象、描寫技巧等方面，評鑑科舉與士林種種情況都有了依歸。

此外，講授《范進中舉》時最好可以同時閱讀魯迅《孔乙己》一文，科舉制度由古至今的遺害便可以更加深刻。現有的中學教科書選讀《孔乙己》的也有不少，但或將之置於《范進中舉》之前，有失先後次第；或將之置於其他單元，以寫人為重點，關係更疏。都不太理想。[23] 另外，《聊齋志異》不少篇章如〈葉生〉、〈考城隍〉等都是針砭科舉制度的好文章，如果教時可以容許，作為閱讀材料也是不錯的選擇。

建議五：配合各類學習活動及評估活動

新高中必修部分和選修部分的評估情況並不一樣，必修單元要面對公開考試，而選修部分則為校本評核，由學校及老師依學生的學習歷程建立檔案，記錄在校學習實況。[24] 選修科以校本評核，師生有較大的主導性。換言之，選修部

---

[21] 吳敬梓著、李漢秋輯校：《儒林外史》（彙校彙評本）（上海：上海古籍出版社，1999 年），頁 15。

[22] 吳敬梓著、李漢秋輯校：《儒林外史》（彙校彙評本），頁 13。

[23] 王嘉傑、洪若震、梁柏鍵、劉文山、鄭華達編：《新高中綜合中國語文》單元九「人物剪影」以記述與描寫技巧為主，單元學習重點中文學項目是小說欣賞，選取了魯迅《孔乙己》、司馬遷《豫讓》和施耐庵《武松打虎》三篇文章。

[24] 參考考試及評核局於 2008 年 12 月發佈的「2012 年香港中學文憑中國語文科水平參照及校本評核教師簡報會」簡報。

分可以有較大空間給學校安排學習活動，甚或與其他選修單元配合。例如選修單元中有「名著及改編影視作品」一科，此單元旨在讓學生閱讀名著及觀看由名著改編的影視作品，提高閱讀興趣、生活品味和文化素養；同時，鞏固和深化必修部分閱讀和聆聽範疇的學習，以提升感受、分析、鑒賞、評價的能力。[25] 雖然「名著及改編影視作品」學習重點與「小說與文化」不同，但名著改編的影視作品以小說爲主，教育局提供的兩個單元示例，其中列舉的名著及改編影視作品如《西遊記》、《祝福》、《射鵰英雄傳》、《傾城之戀》等皆爲小說改編的作品。[26] 準此，觀看影視作品及配合相關討論作爲學習活動，可說是簡單而又可以針對不同選修單元的有益活動。

此外「小說與文化」和另一選修單元「戲劇工作坊」配合，由學生選取小說情節加入表演元素也可以使學生「根據劇本主題、人物性格，靈活運用各種語言技巧表情達意」。[27] 以《范進中舉》爲例，小說中諸多人物在范進中舉前後的不同反應如果以戲劇表演出之，由學生從角色扮演、應用對白中體會微妙的人物性格、人物關係等都是很好的課堂學習活動。這也與「小說與文化」進展性評估提到的「講故事、演故事、編故事」[28] 等評估活動相配合。新高中中國語文需在各選修單元中選擇三個單元呈交校本評核分數，課業不能以測驗或類似公開試的形式進行，並要包括日常學習表現，如果三個單元可以互相配合，自然使學習和評估事半功倍。

建議六：由小說認識科舉及士林文化

選修部分「小說與文化」的學習重點在於認識小說與社會、思想、文化等方面的關係以及理解、分析、評價小說中的人物和思想內容之外，還要探討和評價小說所蘊含的文化內涵，欣賞和認同中華文化的優秀面和不足不處。《范進中舉》是「一部全面反思中國古代選士制度的優秀作品」，[29] 正好可以使我們了解中國的科舉取士文化。

《儒林外史》是認識中國古代士林文化的最佳讀物，古益民和周月亮指出《儒林外史》「通篇寫士，[……]正是出於對士子命運強烈的憂患意識，才有《外史》之作。我們認爲，他筆下那形形色色的『士』——賢士、奇士、名士、八股士……，作爲研究中國士文化的『標本』，或許比那『塗抹太厚』的經史(魯訊語)上記載的數不清的理想型的士要可靠得多，也血肉豐滿得多」。[30]《儒林外史》正正描繪出清代士子千奇百怪的面貌。其中《范進中舉》中的范進、張鄉紳，同一回中

---

[25]參自《中國語文課程及評估指引》(中四至中六)，頁 121。

[26] 香港教育局「新高中中國語文學習單元設計示例」(2008 年 4 月 21 日修訂稿)。

[27]《中國語文課程及評估指引》(中四至中六)(香港，政府印務局，2007 年)，戲劇工作坊「學習成果」，頁 100。

[28]《中國語文課程及評估指引》(中四至中六)(香港，政府印務局，2007 年)，小說與文化「學習評估建議」，頁 103。

[29] 陳美林、李忠明：《小說與道德理想》(杭州：江蘇古籍出版社，2002 年)，頁 67。

[30] 古益民、周月亮：《儒林外史與中國士文化》(合肥：安徽大學出版社，1995 年)，頁 1。

的周進，以至市井小民如胡屠戶、范進鄉鄰等無一不受到科舉入仕這一社會現實的影響。

科舉制度是通過考試來選拔官吏的制度，由隋唐到明清施行千年。到明清時以八股文取士，考生只要死記經典條文，死守作文格式，思考守舊僵化。《儒林外史》中八股制藝的忠實信徒馬二先生，便曾發表一番「宏論」。至今仍很有現實意義，可增入「小說與文化」閱讀範疇。馬二說：

> 「舉業」二字是從古及今人人必要做的。就如孔子生在春秋時候，那時用「言揚行舉」做官，故孔子祇講得個「言寡尤，行寡悔，祿在其中」，這便是孔子的舉業。講到戰國時，以游說做官，所以孟子歷說齊梁，這便是孟子的舉業。到漢朝用「賢良方正」開科，所以公孫弘、董仲舒舉賢良方正，這便是漢人的舉業。到唐朝用詩賦取士，他們若講孔孟的話，就沒有官做了，所以唐人都會做幾句詩，這便是唐人的舉業。到宋朝又好了，都用的是些理學的人做官，所以程、朱就講理學，這便是宋人的舉業。到本朝用文章取士，這是極好的法則，就是夫子在而今，也要念文章、做舉業，斷不講那「言寡尤，行寡悔」的話。何也？就日日講究「言寡尤，行寡悔」，那個給你官做?孔子的道也就不行了。[31]

魯迅曾稱讚這段議論「不特盡揭當時對於學問之見解，且洞見所謂儒者之心肝」。[32] 馬二先生的言論貫古通今，精闢地道出了做舉業就是爲了做官這層關係。在「小說與文化」單元，我們可以進一步閱讀有關科舉取士制度及八股取士對中國士風影響的文章。例如顧炎武在《日知錄》抨擊八股取士制度「愚以爲八股之害，等於焚書，而敗壞人材，有甚於咸陽之郊所坑者但四百六十餘人也」，[33] 又指出「文章無定格，立一格而後爲文，其文不足言矣。」[34] 顧氏揭示了當時只要能做官，舉業內容並不重要的實況。《儒林外史》則用形象的人物說明了這個問題。正如陳美林和李忠明所說：「《儒林外史》就是用這樣的系列形象，說明了四書五經八股文的考試、選拔人才的制度，事實上不能真正起到選賢舉能的目的。」[35] 通過《儒林外史》我們可以窺見讀書人偏狹的人生觀和價值觀。《范進中舉》不單是一篇寫人生動的小說，也可以令我們探討和評價小說所蘊含的文化內涵，反思中華文化的優秀面和不足之處。這正是新高中選修部分「小說與文化」單元希望達到的教學目的。

餘論：選文體裁的反思

---

[31] 吳敬梓著、李漢秋輯校：《儒林外史》(彙校彙評本)，十三回「蘧駪夫求賢問業 馬純上仗義疏財」，頁 173。

[32] 魯迅：《中國小說史略》，頁 230。

[33] 顧炎武著、黃汝成集釋：《日知錄集釋》(上海：上海古籍出版社，2006 年)，卷十六，頁 946。

[34] 顧炎武著、黃汝成集釋：《日知錄集釋》，卷十六，頁 954。

[35] 陳美林、李忠明：《小說與道德理想》(杭州：江蘇古籍出版社，2002 年)，頁 73。

以文體劃分，中國文學可以分爲詩歌、詞曲、戲劇、小說等類別。大學語文教育中，往往也以不同的文體分題專講，如朱志榮主編《實用大學語文》爲例，共分十五講，其中前六講即以文體分類，包括古代詩歌、唐宋詞、散曲、古代散文、古代戲曲、古代小說。[36] 但現時的香港中學語文及文學教育似有將重點傾向小說和戲劇的趨勢。

新高中中國語文必修單元內容比較平均，詩、文、小說、戲劇等兼備，但選修單元則只取了「小說」此一文體爲獨立的單元。另有「戲劇工作坊」單元則兼備劇本研讀創作及表演藝術，提高協作、溝通、解難和創造等共通能力。至於「名著及改編影視作品」單元借閱讀名著及觀看由名著改編的影視作品，提高閱讀名著的興趣，加強感受、分析、鑒賞、評價名著的能力，提高生活品味和文化素養。[37] 其中可以改編爲影視作品的自然以敘事文類爲主。

另外，在新高中中國文學科的選修單元部分，有「文學作品的人物形象」單元。目的是「透過探討不同文學作品中的人物形象，了解人物的精神面貌和情感世界，探究作者的創作用心，剖析人物的性格、行爲、命運，以及作品中人物的關係等，並學習塑造人物的技巧，提高學生賞析、評論及創作的能力」。[38] 與人物形象相關的自然是小說戲劇等以表現人物行爲中心的文體，由此更加著重了小說戲劇在新高中語文中的重要性。

傳統文體教育中小說是唯一列爲選修單元的文學體裁，在必修單元和選修單元重覆出現無疑印證了小說爲文學「主流」的印象。舊有中學中國文學課程曾選讀梁啓超〈論小說與群治之關係〉一文，文中提到「欲新一國之民，不可不先新一國之小說。故欲新道德，必新小說；欲新宗教，必新小說；欲新政治，必新小說；欲新風俗，必新小說；欲新學藝，必新小說；乃至欲新人心，欲新人格，必新小說。何以故？小說有不可思議之力支配人道故」。（《新小說》第一期）小說本是小道稗類，依附史傳漸成大觀。清末以降，有志之士有見國家衰弱，擬借外國之經驗救國救民，教育國民大眾是其中重要環節之一。五四時期的胡適、陳獨秀等人都很重視小說。小說由小道至大道，在小說家、明清評點家、晚清至五四學者的努力下，順應白話文運動、小說界革命的趨勢，進入文學的中心。[39] 現在香港新高中語文及文學科目又再順應此趨勢，主推小說教學。小說文類的重要性及趣味性自不煩多言，但作爲基礎學習的材料，平衡發展，讓學生可以對諸多文體奠下基礎，進而產生趣味才可以較爲全面的學習中國語文及文學。現在新高中課程重視小說戲劇已不再是梁啓超等人以小說救國的意思，而是重視趣味教學

[36] 朱志榮《實用大學語文》全書共分十五講，先以古代詩歌、唐宋詞、散曲、古代散文、古代戲曲、古代小說、現代文學、外國文學等八講爲先，次以語言文字及實用類文書：古代漢語、現代漢語、翻譯中的漢語表達、演講、交際的技巧、應用文寫作及大學生畢業論文寫作指導。（參自朱志榮主編：《實用大學語文》。上海：復旦大學出版社，2007 年。）

[37]參自《中國語文課程及評估指引》（中四至中六），頁 98。

[38]參自香港課程發展議會與香港考試及評核局聯合編訂，香港特別行政區政府教育統籌局建議學校採用《中國文學課程及評估指引》（中四至中六）（香港，政府印務局，2007 年，頁 89。

[39] 陳寧：《通識中國古典小說》，頁 21-22。

的結果，也是取易捨難的結果，這種情況不免令人深思。

結語

《范進中舉》多年來成爲兩岸三地的語文教材，香港三三四學制之下語文教育改革後仍卓然而立，自然復證其經典文章的地位。但因現有學制及教學內容的改變，學習內容也要有相應的變化，新高中必修部分和選修部分要有機地配合，減少不必要的重覆。同時與其他單元配合以達到事半功倍的效果。

《范進中舉》只是多篇教授篇章之一，其中所講的舉業和如今的公開考試已有了極大的區別，但現在讀來還有其現實意義。《范》文只是諸多範文之一，初中、高中、大學都可以教授、可以是必修單元也可以是選修單元，但配合不當的話或是重點不清、或是失於重複，這樣的語文基礎到銜接大專語文時又會出現怎樣的問題，這是值得我們思考的。本文僅以《范進中舉》一文管窺香港三三四學制下的語文教育發展情況，希望各位學者達人多加指正。

參考資料

王嘉傑、洪若震、梁柏鍵、劉文山、鄭華達編：《新高中綜合中國語文》，香港：朗文香港教育，2009。
古益民、周月亮：《儒林外史與中國士文化》，合肥：安徽大學出版社，1995。
布裕民等編：《啓思新高中中國語文》，香港：啓思出版社，2009。
朱一玄、劉毓忱編：《儒林外史資料匯編》，天津：南開大學出版社，1998。
朱志榮主編：《實用大學語文》，上海：復旦大學出版社，2007。
何文勝：〈《中學中國語文學習單元設計示例》評議〉 http://home.ied.edu.hk/~msho/downloadnewcur/10.pdf
吳敬梓著、李漢秋輯校：《儒林外史》(彙校彙評本)，上海：上海古籍出版社，1999。
李紹基、鮑國鴻編：《啓思新高中中國語文小說與文化：從傳統到現代》，香港：啓思出版社，2009。
香港考試及評核局「2012 年香港中學文憑中國語文科水平參照及校本評核教師簡報會」簡報，2008。
香港教育局〈新高中中國語文課程問與答〉，2006。 http://334.edb.hkedcity.net/doc/chi/chi_lang_faq_081027.pdf
香港課程發展議會與香港考試及評核局聯合編訂，香港特別行政區政府教育統籌局建議學校採用《中國文學課程及評估指引》(中四至中六)。香港，政府印務局，2007。
香港課程發展議會與香港考試及評核局聯合編訂，香港特別行政區政府教育統籌局建議學校採用《中國語文課程及評估指引》(中四至中六)。香港，政府印務局，2007。
陳美林、李忠明：《小說與道德理想》，杭州：江蘇古籍出版社，2002。
陳美林：《儒林外史人物論》，北京：中華書局，1998。
陳寧、潘銘基編：《新高中綜合語文：小說與文化》，香港：朗文香港教育，2009。
陳寧：《通識中國古典小說》，香港：中華書局有限公司，2008。
魯迅：《中國小說史略》，香港：三聯書店(香港)有限公司，1996。
顧炎武著、黃汝成集釋：《日知錄集輯》，上海：上海古籍出版社，2006。

文本的語言分析與散文教學
——以余光中〈聽聽那冷雨〉為例

劉大為*

摘　要

從文學的角度進行文本分析以推進散文的閱讀與教學已經卓有成效，但是文本更基本的存在形式是語言，從語言學的角度進行文本分析可以使教學更貼近散文的結構，以及閱讀和理解的實際過程，而文學的體驗若能獲得語言形式的解釋與驗證，將有助於教學在「不僅知其然而且知其所以然」的層面上進行，也給了教師明確的語言形式上的「抓手」，更有助於學生從語言能力的方面獲得語文素養的提高。不過迄今爲止，至少在大陸我們還沒有一套在教學中行之有效的語言學知識以及用之進行文本分析的方法程式，本文試圖以余光中散文〈聽聽那冷雨〉的文本爲樣本，在這一方面做出嘗試。

關鍵詞：工具性、浸潤狀態、複現、轉喻

*復旦大學中文系教授

語文教學身負人文素養培育的重任，很多人認爲，這一重任主要是由課程中文學的部分來承擔的，而語言則被定位在工具性、應用性上。這一見解顯然落後於早在二十世紀就已發生的語言學轉向帶來的認識：語言並不是需要時隨即可以拿起使用，用完之後又可以暫且放下的「工具」，而是人須臾不可離開的、和人的思維認知、情感體驗緊密結合在一起的最基本的存在方式。就拿人的感受能力和情感體驗而言，生活中獲得的任何感受，當它還不能達到能用語言表述出來的水準時，都是浮光掠影式的，還不能真正爲我所有；而任何一種情感體驗，也只有用語言表述出來之後才是可以深刻理解的。無論多麼豐富精彩、激動人心的文學經驗，歸根結底都體現在語言的符號排列之中，只有通過對文本中詞語的選擇、結構的變換、篇章的組織等等語言因素的辨識和認知，文學的經驗才能交流和爲我所有。不僅人際交往離不僅開語言，人對周圍世界的認知體驗和情感感受，人的邏輯思考和自我認識同樣離不開語言。在語文教學中離開學生語言能力的發展去談什麼人文素養的培育，只能是一種空談。有人將當前語文教學的弊端歸結爲「泛人文」導致的「強化感情體驗，過度闡釋人文，語文實用性減弱，語文能力下滑」[1] 有其合理之處，但是這種看法從根本上說還是將人文素養與語言能力對立了起來，語言能力因而局限在「實用性」中。我們的觀點則是人文素養與語言能力是一個統一體，相互依存，彼此推進。語言能力當然有其不可忽視的實用性一面，但是也只有在這個統一體中，它才有可能真正地發展起來。

散文的教學更多地關乎學生審美和情感能力的培養，在此學生是否具有對語言的敏銳感知能力和對語言結構的分析能力，是他能否從文本獲得豐富醇厚的審美經驗和進入細膩深刻的情感體驗的前提。而這些語言能力，在課堂上主要是通過教師和學生在文本的語言分析的交互過程中而得到發展的。本文以余光中〈聽聽那冷雨〉的爲例，嘗試如何從語言的文本分析入手進入這篇課文的境界。

一、閱讀的兩種狀態與文本的語言分析

（一）閱讀中的浸潤狀態與整體感知

目前語文教學界很宣導這一種做法：在初次接觸一篇課文時要求學生能夠對之「整體感知」。在散文教學中「整體感知」最理想的狀態，就是在學生還沒有對課文形成全面而深入的理解之際，卻已經被課文在情緒上感染甚至打動，在形象上吸引甚至著迷，從而形成一種繼續探究下去的衝動。這種狀態，就是學習心理學中所說的浸潤 [2]。

浸潤用在閱讀教學中，應該理解爲學生在閱讀一篇課文時，通過想像全身心地投入了課文所建構的情感世界和精神境界，此時不僅興趣濃厚、注意力高度集

[1] 張悅群：〈對「是人文主義，還是科學主義」的再認識〉，《中學語文教學》第 5 期（2009 年 5 月）頁 32。

[2] 雷納特·N·凱恩等著，呂林梅譯：《創設聯結：教學與人腦》（上海：華東師大出版社，2004 年）頁 97。

中，而且會為之動情。對於審美和情感能力的構成來說，浸潤是其中一個重要的要素，一個不善於浸潤的人必定情感冷漠、興趣寡淡，經常游離在生活之外，使他難以進入審美經驗與崇高深沉的情感共鳴。通常說閱讀中被打動、感染，以及入迷等狀態的前提就是進入了浸潤狀態。浸潤也是一種能力，「以豐富的、複雜的、實踐的和具有想像力的方式浸潤在某一領域中，通常對後續的創造性洞察是必不可少的」[3]。

問題在於一個初次接觸課文的學生何以能在整體感知中進入浸潤的狀態？除了他已有的生活經驗之外，最重要的因素就在於他已有的語言能力已經使他能夠在語言的解讀中獲得相應的經驗感受，啓動相應的情感體驗。設想課文在語言難度上超出了他的現有水準，浸潤就難以發生了。

問題更在於，學生在整體感知時所浸潤其中的審美體驗和情感感受是否達到了我們期待的水準？如果通過提問的方式進行測試，可以肯定的是其中一定存在較大的差距，閱讀教學的一個重要方面就是要填平這一差距。並非要給學生進入的狀態規定一個千篇一律的標準，在承認「有一千個讀者就有一千個哈姆雷特」的前提下，還應該承認不同語言能力，這裡主要是對文本語言的不同認知解讀能力的制約下，閱讀所能引入的浸潤狀態是有極大差異的。這時教師的指導點撥，具體表現在文本的語言分析上的作用就顯現出來了。

（二）閱讀中的分析狀態與文本的語言分析

浸潤要求閱讀者對文本全身心的投入，分析則意味著閱讀者跳到文本之外，以理性的態度對之解析闡釋。浸潤是整體性的，分析則在局部和整合的關係中，需要有概念和邏輯的方法介入其中。一個老練的閱讀者，通常會在浸潤和分析兩種認知狀態間來回遊移，這使他能夠把閱讀不斷推向深入。

沒有分析的閱讀是低層次的，因為僅僅是全身心的投入，閱讀只能停留在最初所達到的狀態中。一方面，語文教學需要學習者認識到，是什麼原因使我獲得了這樣的認知和感受，如果能在語言的特徵中找到原因，學習者就能「知其所以然」，學校教育正是期待學習者脫離知識上的昧暗而進入一種了然的境界。另一方面，我們還希望學生能在一個文本，尤其是優秀的文本中不斷讀出更多的東西，浸潤到更豐富更深厚的感受中去。文本的語言分析正是這樣一種手段，所以在語文教學的程式中，往往在整體感知之後，教師就會導入文本的語言分析。

文本分析既是語文課堂教學的主要手段，也是學生語文能力的集中體現。文本分析可以在各個不同的層次上進行，例如文學的、文化的等，然而其中最為基礎的則是語言層面上的分析。因為無論哪一層面上的分析所得出的認識，最後還是要在語言的分析中昭示出來。

文本的語言分析通常可以在兩個水準上進行，一是配合著對課文的整體感知，在語言結構上加以梳理；一是對閱讀中的關鍵，尤其是課文中最有特色、最需要學生把握的部分通過語言的分析而在文本的形式中領悟出來。這後一方面，

[3] 同注 2，頁 98。

往往更能夠顯示出一個教師的教學水準。例如在魯迅〈風箏〉的閱讀過程中，起首一個語段對全文的基調奠定是頗爲關鍵的：

（1）北京的冬季，地上還有積雪，灰黑色的禿樹枝丫杈於晴朗的天空中，而遠處有一二風箏浮動，在我是一種驚異和悲哀。

它有一種明顯的象徵意味。在積雪和禿樹枝的背景烘托下，浮動的風箏和晴朗的天空構成了一幅明快鮮朗的畫面，可爲什麼對作者卻「是一種驚異和悲哀」？筆者發現許多老師在解讀這一段時不約而同地出了一個差錯，原文明明是——

（2）灰黑色的禿樹枝丫杈於晴朗的天空中

可是在大家的解讀中都忽略掉了「丫杈」後面的「於」：

（3）積雪、灰黑色的禿枝丫叉跟晴朗的天空、跟風箏相對。（高啓山〈魯迅〈風箏〉課文語言文字賞析〉人教論壇 20100206）

（4）畫面的主體是「灰墨色的禿樹枝丫」，它刺目，顯眼，像是一個悲哀的思想佔據在風景中……（幹國祥〈魯迅〈風箏〉細讀〉教育線上 20100523）

這樣原先動詞性的「丫杈與」就變成了名詞性的並列結構「禿枝丫叉」，或者偏正結構的「禿樹枝丫」，文本的語言結構所傳遞的很多重要的資訊就被疏忽掉了。「丫杈」本是一個名詞，但是在原文本中卻被放進了動詞的句法框架，標誌一是給「丫杈」附上了一個後置的介詞「於」，通常只有動詞才有此特權；二是當「丫杈」和「於」組成一個動詞性成分之後，又帶上了一個處所賓語「晴朗的天空中」（或分析爲處所補語），這也是動詞才能有的。正因爲這兩個因素，名詞「丫杈」被重新範疇化爲動詞。這一句法上的變化所造成的認知感受上的變化是巨大的：作爲曾經的名詞，它能引發穩定而鮮明的禿樹枝「丫杈」的形象；作爲現在的動詞，它又能提供一種「丫杈」伸向天空的強烈動感。更不能忽視的是它以整個「晴朗的天空中」爲賓語，這樣一下子就將丫杈的伸展放大、擴展到了整個天空。這時雖然天空是晴朗的，還浮動著「一二風箏」，但是霸佔整個視野的，卻是這些灰黑刺眼、蠻橫粗暴，形象卻又異常鮮明的「丫杈」，不由分說地把天空置於它的捆縛之中。請設想一下：當人站在樹下，透過禿樹密集的丫杈仰望天空時，才會產生這種令人壓抑的畫面。這一畫面具有顯然的象徵意味：晴朗的天空和風箏帶給人希望，但佈滿天空和視野的丫杈，卻在橫七豎八地「肢解」著人們的希望，把人留在嚴冬的「寒威和冷氣」中。

不關注一個小小的動詞化的形式變化，無論是「禿枝丫叉」還是「禿樹枝丫」都無法使我們獲得這樣強烈的經驗感受，更不要說領會到作爲文章靈魂的象徵意味了。

（三）文本的語言分析與語言的知識系統

毫無疑問，任何分析工作得以進行的前提條件是具有相關的知識，什麼樣的知識保證了分析能夠向什麼方向進行，能夠進行到什麼程度。然而我們目前面臨的情況卻是——

一方面中學語文教學中所使用的語言知識極度落後，從新課標後所附的知識要點來看，基本上還都停留在上世紀五十年代語法暫擬體系及同時代的修辭、詞彙知識的階段，而這半個多世紀以來語言學的發展可以用日新月異來形容。很難想像運用這些陳舊的知識來進行文本的語言分析，能夠解析出二十一世紀人們期待從文本中讀出的東西來。人們往往在抱怨語言學的知識淡出課堂，現今的語文教學「拋開文本，架空語言，忽視能力，鄙視訓練」[4]。然而在抱怨的同時我們更應該看到，即使我們不想拋開文本、架空語言，又有多少有用的語言知識可供我們在進行語言分析時解讀出深藏于文本中的內容？又有多少語言知識可指導我們設計出卓然有效的訓練題以發展學生的語言能力？就拿修辭學來說，迄今中學使用的修辭知識恐怕還拘束在上世紀二三十年代以辭格歸納爲宗旨的學術框架中，學生能夠認定某語句是運用了哪一辭格，能夠將比擬與移就區分開來，究竟對文本的解讀和語言能力的發展能起到什麼樣的作用？

更加令人擔憂的是，現今的師範院校的語言課程也存在著很大的問題。首先是教材的知識體系同樣陳舊，未能追蹤學科的發展逐步更新，基本上還是停留在五十年代以來超穩定的框架中。其次師範專業與綜合性大學的教材完全相同，完全沒有考慮到如何針對母語教學的實際需要來設計、建構教材的知識體系。導致走上教師崗位的學生難以適應教學的實際要求來展開文本的語言分析。

另一方面卻是現代語言學無論國外還是國內都處在快速發展的狀態中。半個多世紀以來經歷了從結構主義語言學、轉換生成等形式主義語言學，直至功能語言學和當代的認知語言學等發展階段，同時又有語用學、篇章語言學、應用語言學、社會語言學等學科應運而生、蔚然大觀。筆者經過考察，發現這裡有大量的研究成果可以有效地運用于語文教學。一些傳統的學科也適應時代的需要變革自身，以修辭學爲例，在國內早已突破了傳統辭格的研究格局，發展成爲一門研究如何在語言的組織和變異中實現一定修辭意圖的學科，更注重的是語言的形式變化與語言所傳遞的經驗感受間的關係。如果說在中學語文教學中語法學更適宜於語言規範能力的培養，那麼修辭學則尤其適宜與文本的分析與解讀。許多關鍵句的理解，教師即使心有所悟，如果缺乏一定的修辭學知識仍難以解讀出來，更無法表達出來對學生進行引導和點撥了。

可以說當代語言學的發展爲語文教學提供了大量的方法論和知識上的資源。但是一個奇怪的現象卻是，語文教學界多年來似乎未曾向語言學去汲取資源，語言學界在向學術研究的深度探進時也完全沒有考慮如何將成果推廣到語文教學，甚至大學中文系的課程。語文教學與語言學研究歷史上曾經走在一起，現在卻分道揚鑣，漸行漸遠。

現在急需要解決的是——

---

[4] 張悅群：〈對「是人文主義，還是科學主義」的再認識〉，《中學語文教學》第 5 期（2009 年 5 月）頁 32。

語文教學中文本的語言分析究竟需要哪些語言知識和分析原則，這需要語文教育專家、語言學家和第一線的教師通力合作，在經過充分的調研、實驗、論證和試用的基礎上形成一個完整的系統。應該明確，作爲一個合格的語文教師，哪些知識和方法是必須掌握的；作爲不同年級的學生，哪些知識和方法又是必須掌握的，這二者之間上有著很大差異的。不僅要將它們區分開來，更要將它們銜接起來。

形成這樣一個系統，前提是要在語言學和語文教學之間進行一種過渡性的基礎研究，恢復它們之間良好合作的傳統。這樣的任務不是哪些學者個人的研究所能實現的，必須由有關部門組織人力有計劃地完成。但是無論是語言學研究者還是語文教師都有責任在自己的領域內做一些可能的嘗試，筆者正是作爲一個語言學的尤其是修辭學的研究者，試圖從文本的語言分析的某一個方面參與其中。這些探究未必馬上就能直接用於教學，但是它們的積累，一定能爲將來知識系統的建構提供扎實的理論基礎。

二、余光中〈聽聽那冷雨〉文本的語言分析

余光中先生的〈聽聽那冷雨〉，人所共識，是一篇既富知性美又具感性美的散文。但是當它進入課堂時，對學生的要求首先不應該是知性上從這篇散文中知道了什麼、理解了什麼、明白了什麼，而應該讓學生「浸潤」其中，深刻而真切的體驗到「那冷雨」帶來的各種複雜、細膩的感官感受，並在此基礎上進入余光中先生的情感世界，沉溺其中、陶醉其中，與之共鳴。若能達此目的，這篇課的教學便可以說已經取得了最大的成功，學生的語言能力因此而得到了極致的發揮。

但是達此目的，我們所擁有的手段只是文本中的語言。語言可以告訴我們什麼，這是我們都瞭解的；但是語言如何讓我們體驗到什麼，卻是一個研究甚少的課題。獲得知性中的知道和獲得感性中的體驗，語言機制上有聯繫但並不相同。迄今爲止我們的語言知識都立足於知性去概括規律、提出概念，而在傳遞情感、獲得體驗方面如何形成知識，幾乎還是空白。現代語言學例如認知語言學的許多研究領域中探索了這一問題，但是也沒有作爲單獨的課題集中探討。然而這對於語文教學來說是一個繞不開的問題，有必要綜合各方面的研究成果做一研究。

（一）〈聽聽那冷雨〉的文本特徵：語言單位的複現和轉喻

在爲讀者提供感性經驗方面，〈聽聽那冷雨〉這篇課文最鮮明的語言特徵一是語言單位的複現，一是轉喻認知方式的運用。

語言單位的複現，很顯然是這篇文章在語言運用的特色上最顯著最值得研究的，以至於可以說現代漢語複現幾乎所有的類型，甚至創造性運用的可能性都可以在這裡找到。而複現，在傳統的知識系統中是作爲詞語的重疊、片語的重複和句子的排比分別加以介紹的。其實這三者之間有很大的共同之處，可以在認知語

言學的像似性原理中一起得到語言機制上的解釋，並且這一解釋還會促使我們在更多的語言現象之間發現共性，例如：

（5）聽上去總有一些淒涼，淒清，悽楚，於今在島上回味，則在悽楚之外，更籠上一層淒迷了。

這「淒涼，淒清，悽楚」和「淒迷」既不是重疊也不是排比，但是從像似性的角度考慮，也可以放在一起，作爲複現來看它們共同的機制。

轉喻的認知方式也是本文的一大特徵。例如：

（6）他日思夜夢的那片土地，究竟在哪裡呢？/ 在報紙的頭條標題裡嗎？還是在香港的謠言裡？還是傅聰的黑鍵白鍵馬思聰的跳弓撥弦？還是安東尼奧尼的鏡底勒馬洲的望中？還是呢，故宮博物院的壁頭和玻璃櫃內，京戲的鑼鼓聲中太白和東坡的韻裡？

看來它們是一系列的語言單位的列舉，但是又不同於「杏花、春雨、江南」或者「小橋、流水、人家」之類的列舉。後者要將這些單位提供的意象組合成一幅完整的畫面，前者卻是保持著這些意象的獨立性，然後在一種更爲抽象的意念中將它們聯繫起來。這兩種列舉的方式，背後都是一種轉喻的認知方式。

（二）語言是如何表現感性經驗的：語義手段和形式手段

語言的敘述也好描寫也罷，傳遞給我們的其實都是一種邏輯關係，它讓我們知道和理解。可是要進入相應的感性經驗，便需要啓動我們的已有的經驗。語言不像繪畫和音樂，更不像電影電視，能夠直接向我們提供感性的經驗。語言無法將情感和感知覺負載在符號和意義上傳遞給我們，只能通過一些手段對我們如何啓動已有的經驗加以規定、調整和組織。

這裡的手段首先是語義手段：概念化的詞義能夠引發我們的聯想，句法結構則對這些聯想中的經驗進行組織。選擇不同的詞語使詞義之間發生不同的關係，選擇不同的句法結構進行不同的組織，得到的雖然是不同的邏輯關係，但是引發的經驗聯想和情感體驗就會有不同。感性經驗的語言表現建立在邏輯語義的基礎上，這是基本的方面。

但是在〈聽聽那冷雨〉中除了這種基本的表現方式之外，更讓我們集中而強烈地看到了這樣一種現象：語言中有一些形式手段本身並無語義表達的作用，其作用就在於從各個角度左右我們對語義的認知和解讀，並進一步刺激、調節語義關係對經驗記憶的啓動方式。例如指示代詞「那樣」、「那麼」，本身並無語義，但是它能起到刺激想像、強化體驗的作用。爲什麼「那麼荒涼」與「荒涼」相比，荒涼的表現會更加具體，荒涼的程度也會加深，原因就在於「那麼」在不知不覺中強制延伸了我們想像的時間，刺激了想像的積極性。同樣「你不要走來走去」與「你不要走來走去的」，差別只在於一個「的」，但是它的出現卻使我們的注意力更加集中在想像「走來走去」的狀態上，形象性因而得到強化，〈聽聽那冷雨〉中的複現和列舉就是是如此。

（三）像似性原理與〈聽聽那冷雨〉中的複現

認知語言學中的像似性原理認爲，被語言表現的現實，它的形式與語言表現所用的成分及結構的形式之間存在著相似的關係，因而從語言表現的某些外部形式上就可以感受到被表現物件的某些感性特徵。這些外部形式沒有經過邏輯語義的過濾，因而更有助於我們在直接的感受中接觸到語言表現的經驗內容，並以不同的方式去想像、組織它們。要全身心地浸潤在〈聽聽那冷雨〉所構造的認知經驗及情感經驗中，就不能忽視複現這一外部形式的作用。例如：

（7）譬如憑空寫一個「雨」字，點點滴滴，滂滂沱沱，淅瀝淅瀝淅瀝，一切雲情雨意，就宛然其中了。

體驗一下自己的感受，就可以發現「點點滴滴，滂滂沱沱」分別讓我們聽到了一陣雨聲，前者可以分辨出雨滴的聲音，後者則已成爲一陣陣波濤，可是它們的共同點則在於雨聲已經密集成一片。而「淅瀝淅瀝淅瀝」則讓我們清晰地聽到了個別的雨聲。還可以這樣來比較：

（8）a．繼而雨季開始，時而淋淋漓漓，時而淅淅瀝瀝……

b．淅瀝淅瀝淅瀝，一切雲情雨意，就宛然其中了。

「淅淅瀝瀝」的雨聲是一片，「淅瀝淅瀝」的雨聲是一線。爲什麼同樣是一個詞，重疊的方式不同，我們的感覺就會不同呢？余光中先生的高妙還在於給「淅瀝淅瀝」再加上一次重疊，變成「淅瀝淅瀝淅瀝」，我們由此聽到的雨聲便更加單一、清晰、延長。

從像似性原理來看，這些都涉及到我們認知經驗和情感經驗中的量。概念語義本身提供給我們的經驗都是一般化的，要讓它在我們的體驗中變得生動和具體，往往需要增加這些經驗的「量」。由於像似性原理的作用——

如果增加語言單位的量，也就是讓同一語言單位重複出現（複現），那麼這一單位所提供的認識經驗和情感經驗的量也會相應增加。

複現，詞語的重疊、短語的重複、句子的排比就是語言單位增加量的方式，而複現的不同形式，則暗示著我們應該在不同的量中喚起和處理我們的經驗貯存。

量是一個抽象的概念，它可以是次數的多少、時間的長短、程度的深淺等等。語言中與之對應的則是語言單位重複出現的次數，次數越多，量也越大。語言就利用語言單位複現的量與語言所表現的經驗的量之間的「像似」的關係，以單位的複現關係來表現經驗中量的關係。語言單位的複現如何進行——例如詞如何重疊，我們從語言中體驗到的經驗就會發生相應的變化。

從另一個方面來看，語言單位畢竟都是有意義的，當我們通過語言單位的複現這種純粹的外部形式來調節經驗中的量的關係時，語言單位自身的意義也不可避免地涉入其中，與外部形式的複現交互起作用，從而把複現對認知經驗、情感經驗的影響變得非常複雜、細膩與生動，大大加強了經驗的可體驗性。尤其是對情感經驗來說，語言單位的複現更能強化它複遝綿延、一詠三歎的體驗深度，因爲情感本身就是由一些簡單的要素持續起作用的而形成的，語言單位的複現越是能喚起這些要素，我們體驗到的感情就越持久、越強烈。〈聽聽那冷雨〉對此發揮得淋漓盡致，限於篇幅，這裡只能舉例加以闡發。

1．規範性的複現所造成的體驗性不如創新性的複現

有些詞語就是依靠複現構成的，例如「冉冉」、「瀟瀟」、「綠油油」之類，離開複現就不再是一個獨立的詞。對已經形成的詞語來說，有的可以進一步採取 ABAB 或 AABB 等重疊方式來複現，如 「清清爽爽」、「淅瀝淅瀝」；有的則不能，或者較少被這樣使用。在複現的數量上，重疊的音節一般不會超過四個。這說明漢語中已經形成了一些詞語複現的規範，一旦超越了語感上會覺得彆扭，甚至難以接受。然而在〈聽聽那冷雨〉中，余先生大膽突破了已有的規範，嘗試了許多創新性的複現。例如「料料峭峭」、「滂滂沱沱」，可能因爲它們是連綿詞，一般不用於重疊。「清清醒醒」、「細細嗅嗅」則因爲是偏正結構，也不能用於重疊。又如「咀咀嚼嚼」、「回迴旋旋」並非不能重疊，但至少很少有人這樣使用。至於以下用法，則可以說完全是一種創新了：

(9) 雨氣空濛而迷幻，細細嗅嗅，清清爽爽新新，有一點薄荷的香味，……

(10) 至於雨敲在鱗鱗千瓣的瓦上，由遠而近，輕輕重重輕輕，夾著一股股的細流沿瓦槽與屋簷潺潺而下，……

(11) 滔天的暴雨滂滂沛沛撲來，強勁的電琵琶忐忐忑忑忐忐忑忑，……

(12) 不然便是斜斜的西北雨斜斜，刷在窗玻璃上，鞭在牆上打在闊大的芭蕉葉上，……

然而這些突破規範的重疊方式，出現在別人的文章中可能會給人以生硬造作之感，在這裡卻非常的協調，原因就在於這篇散文的基調就是雨聲雨點在不斷地重複、重複，大量的語言單位的複現在不斷地構造著這一基調又都融入這一基調。在這樣一個大環境下，任何詞語無論它具體的詞義如何，形式上的重疊都使它在呼應著這一大片雨聲、雨點的聽覺意象和視覺意象。更重要的是，規範的用法往往很難再引起強烈的刺激，而新穎的用法儘管會造成理解時的遲緩和困難——但正因爲困難，會促使理解者的注意力更加集中，更加努力地去想像和構建，對認知和情感的經驗的體驗無疑就會加深；而遲緩，恰恰延長了體驗的時間。

不過創新的用法往往是不可簡單複製的，它依賴於一定的條件。離開了〈聽聽那冷雨〉的整體環境，這篇課文中的許多重疊方式就不一定適用，甚至會被認爲是語言的誤用。這在教學中是要特別注意的。

2．動詞性的和形容詞性的重疊複現

這篇課文中較少名詞、量詞的複現，舉目皆是的主要爲動詞性和形容詞性的複現，它們帶來的量的變化是不同的。

對動詞來說，複現帶來的量的變化可以是時間長短（動作的延續）上的，也可以是次數的多少（動作的反復）。不能延續也不能反復的動作，相應動詞就不能重疊使用，如「死」、「懂」等；不能延續只能反復的動作，相應的動詞重疊只能表示動作的次數，如「碰碰」、「摔摔（看）」；能延續的動作一般都能重複，因而重疊既能表示時間，又能表示次數。〈聽聽那冷雨〉中多半都是此類：

（13）聽聽，那冷雨。看看，那冷雨。嗅嗅聞聞，那冷雨，舔舔吧，那冷雨。

單音節動詞 AA 式重疊，啓動的經驗中動作是一次性的，並且包含著「只要你聽一次，就一定會感受到什麼」的嘗試意味，也許正因爲此，作者選擇「聽聽那冷雨」爲全文的標題。AA 式要求在時間上長一些，試比較未經重疊的「聽，那冷雨」、「看，那冷雨」，顯然後者時間要短促的多。可是一經 AABB 式的重疊，相應的動作馬在次數上反復發生，時間上也明顯延長了，體會「嗅嗅聞聞」等，就顯然是一個較長的過程，內部有「嗅」和「聞」的動作不斷反復。而「咀咀嚼嚼」，「咀」和「嚼」的動作差異已經早已被我們忽視，所以它就是一個單一的動作在較長時間裡不斷地重複發生。

對形容詞（包括擬聲）來說，量的變化主要在程度的深淺和狀態的重複上。AA 式及 ABB 式中的 BB 都有加深程度的作用，如「濕濕的（流光）」、「（青苔）深深」、「濕粘粘」、「潮潤潤」等。最典型的是——

（14）天潮潮地濕濕，即連在夢裡，也似乎有把傘撐著。

兩個 AA 重疊連用，潮和濕的程度被無限制地擴展開來，文章一開始就將人的感覺浸潤到了雨意氤氳的氛圍中。

而 AABB 式，更傾向於將我們的聯想引向一個感覺的整體，強化對這個整體內部狀態的體驗程度和體驗的時間；而 ABAB 式則重在整體內部細節的重複。如上分析，「淅淅瀝瀝」和「淅瀝淅瀝」給人感受迥然不同。〈聽聽那冷雨〉大量使用的都是 AABB 式，如「涼涼甜甜」、「回迴旋旋」、「潮潮潤潤」、「虛虛幻幻」等，逼著你張開所有的感覺器官，去細細捕捉、深深體驗，可是作者猶覺不夠，突破現代漢語四音節重疊的常規，在 AABB 之後又加上 CC 或 AA（細細瑣瑣屑屑、輕輕重重輕輕），甚至當中再加進一個 A，變成七音節的重疊（忐忐忑忑忐忑忑）。這樣整篇文章自始自終都充滿了不斷重複的音節，不管音節負載的意義如何，都讓人到感覺到雨在不斷地下著，沉浸在無休無止的冷雨中。

3．從詞的重疊到短語的重複、句子的排比

詞語重疊時複現的是詞或語素的整體。可是對於短語和句子來說，複現的不一定是短語和句子的整體，而是這些單位中的某些局部成分，甚至是它們抽象的結構方式。從像似性理論來看，這些複現因素同樣是一種量，也會投射到我們經驗中，起到對量的增量和調節的作用。更應該看到的是語言單位部分的複現，給了未參與複現部分以變化的機會，結果就導致這些單位的複現中既有量的增加和深化，又有其他意義的變化或者層遞推進。例如：

（15）即使有雨，也隔著千山萬山，千傘萬傘。

（16）殘山剩水猶如是。皇天后土猶如是。紜紜黔首紛紛黎民從北到南猶如是。

（17）一片瓦說千億片瓦說，說輕輕地奏吧沉沉地彈，徐徐地扣吧，撻撻地打，間間歇歇敲一個雨季，即興演奏從驚蟄到清明，在零落的墳上冷冷奏挽歌，一片瓦吟千億片瓦吟。

這裡的每一個片段，都可以分析出一些複現的成分，如例（15）中的「千」和「萬」，例（16）中的「猶如是」，而例（17）中「輕輕地奏」和「沉沉地彈」等之間則僅僅是一種結構模式的複現：雙音節重疊形容詞+單音節動詞。隨著複現而留給大腦的印象一次次疊加，這些語言單位所啓動的經驗也不斷地一次次加深。特別是例（17）中的一頭一尾，從「一片瓦」、「千億片瓦」來說是複現，從「說」到「吟」又是一種深化。給人印象最深的是「淒涼，淒清，悽楚」到「在悽楚之外，更籠上一層淒迷」，靠著不同的語素變換，我們品味到不同的情感類型，但是相同的「淒」又賦予了它們同一種色彩，而將「淒迷」排除在外，則將情感推上了一個更高的層次。

三、餘論：語言學的知識如何介入語文教學

本文意圖在當代語言學的理論探索和語文教學的實踐之間進行一種過渡性的研究。所謂過渡，在於一方面瞭解語言學，包括修辭學的當代進展中有哪些可以進入語文教學，然後根據語文教學的需要對它們重新進行研究，這不是簡單的調整、梳理和整合，某種程度上可以說是一種改造性的探索，是一種新的理論建構；另一方面則需要關注語文教學中必須面對的種種問題，將其進行理論上的提煉和昇華，成爲學科的經典問題，以之爲語文教學奠定深厚而牢固的理論基礎。由於語言學界與語文教學界的長久隔閡，當前迫切需要有一批有志于此的學者、組織機構來進行這方面的工作。

參考文獻

張悅群 2009 對「是人文主義，還是科學主義」的再認識，《中學語文教學》第5期

劉大爲 2005 語言知識、語言能力與語文教學，《1978~2005 語文教育研究大系》（理論卷）上海：上海教育出版社

王榮生 2005 「語文知識」是個什麼樣的問題？怎樣討論？《1978~2005 語文教育研究大系》（理論卷）上海：上海教育出版社

雷納特·N·凱恩等 2004 《創設聯結：教學與人腦》呂林梅譯，上海：華東師大出版社

溫格瑞爾等 2009《認知語言學導論》第二版 彭利貞等譯，上海：復旦大學出版社

張敏 1998 《認知語言學與漢語名詞短語》北京：中國社會科學出版社

王鼎鈞書寫的再造性

張春榮*

摘　要

王鼎鈞《文學種籽・新與舊》中指出文學創新的方法有七：

（一）增加法
在前人已有作品裡增添一些成分。
（二）延長法
不照原來的樣子結束，故意加續一段。
（三）合併法
從兩部作品中分別取出一部分來，加以融合，可以寫成新的作品。
（四）變造法
特別偏重舊有作品的「神」。
（五）倒置法
改變業已形成的順序。
（六）荒謬
離了譜。「譜」是已有的成規，離了譜是打破成規。
（七）新解釋

人生中的同一現象，經不同的作家加以不同的解釋（頁 159-170）似此七法，前五項出自美國奧斯朋《實用想像學》，後兩項來自王鼎鈞個人體悟。唯細加揣摩，「荒謬」旨在幻設變化，自不合理處製造衝突；「新解釋」旨在自出機杼，換一個嶄新的說法；兩者目的均在既定模式，開發題材的新思維，形塑陌生化的美感與質感；應偏於創作的理念層面。反觀「增加法」、「延長法」、「合併法」、「變造法」、「倒置法」則屬實際運用層面，技法十分明確，有步驟可循。事實上，後兩項與前五項互為表裡，前後呼應，互通聲息。兩相比較，後兩項是理念構思的求新求好，前五項是運用時的求變求異；後兩項偏於「選擇」上立意的突破，前五項屬於「組合」上不同向度的開拓；兩者加乘，正是再造性書寫的奧秘所在，亦為王鼎鈞再造性書寫中理論與實踐的總合，值得分別加以檢視、驗證。

關鍵詞：王鼎鈞、增加法、延長法、合併法、變造法、倒置法、荒謬、新解釋

*國立臺北教育大學語文與創作學系教授

一、前言

「再造性」是語言藝術的加工，青藍冰水，精益求精，另創自家品牌。再造性書寫，是作家文本互涉的角力競技；汲取文化的江河，妝扮自己的容顏，鑑照自身的風姿；妙用共通的五線譜，演奏自己的樂章，唱自己的歌；行經別人的寬闊原野，放自己凌空的風箏；借用別人的大運動場，鍛鍊出自己強健的體魄；導引別人的清澈山泉，養殖自家艷彩的錦鯉；研發別人的食材秘方，煮出有口皆碑的佳餚。凡此再造性的書寫，博觀重鑄，鎔裁新釀，活用傳統古蹟，創造吐故納新的時尚風華；精選別人亮眼珍珠，釀出獨特設計的項鍊；展現「食古而化」、「食今能融」、「以拙生巧」、「由常生變」、「因舊生新」的升級創造力。

王鼎鈞《文學種籽・新與舊》中指出文學創新的方法有七：

（一）增加法

在前人已有作品裡增添一些成分。

（二）延長法

不照原來的樣子結束，故意加續一段。

（三）合併法

從兩部作品中分別取出一部分來，加以融合，可以寫成新的作品。

（四）變造法

特別偏重舊有作品的「神」。

（五）倒置法

改變業已形成的順序。

（六）荒謬

離了譜。「譜」是已有的成規，離了譜是打破成規。

（七）新解釋

人生中的同一現象，經不同的作家加以不同的解釋（頁 159-170）

似此七法，前五項出自美國奧斯朋《實用想像學》[1]，後兩項來自王鼎鈞個人體悟。唯細加揣摩，「荒謬」旨在幻設變化，自不合理處製造衝突；「新解釋」旨在自出機杼，換一個嶄新的說法；兩者目的均在既定模式，開發題材的新思維，形塑陌生化的美感與質感；應偏於創作的理念層面。反觀「增加法」、「延長法」、「合併法」、「變造法」、「倒置法」則屬實際運用層面，技法十分明確，有步驟可循。事實上，後兩項與前五項互為表裡，前後呼應，互通聲息。兩相比較，後兩項是理念構思的求新求好，前五項是運用時的求變求異；後兩項偏於「選擇」上立意的突破，前五項屬於「組合」上不同向度的開拓；兩者加乘，正是再造性書寫的

[1] 奧斯朋著，邵一杭譯《應用想像力》(臺北：協志工業出版社，1964)，亦即師範所譯《實用想像學》。

奧秘所在，亦爲王鼎鈞再造性書寫中理論與實踐的總合，值得分別加以檢視、驗證。

二、王鼎鈞體悟

王鼎鈞新增揭示的「荒謬」、「新解釋」，自「破壞」、「建設」上著眼，洞悉「意料之外」與「情理之中」相反相成，誠然是突破立意的新進路。所謂「荒謬」即是一種矛盾、不合理，更是一種超常、變形。針對「荒謬」，王鼎鈞認爲：

> 荒謬一脈，終非「經國大業，不朽盛事」，它在台灣曇花一現，但落紅化作春泥，留為文學創作的營養。實驗是一種開拓，開拓功不唐捐。(《風雨陰晴・文苑曇花》，頁 42)

可見「荒謬」是一個起點，是海中突起的礁岩，可以激起魅惑的水世界，撞擊出驚人的浪花。至於浪花排空，捲起千堆雪，不應只是姿態的乍顯乍滅，其中仍應有大江大海的深廣負載。同樣的，厚積薄發的噴珠滾雪裡，湧動文化的新透視，由破壞而建設，自能拈出有意思的「新解釋」。

換言之，「荒謬」與「新解釋」正是叛逆與規範，兩者一放一收，相輔相成。如果說「荒謬」是一個問題（難題）情境，「新解釋」則是機智，創造性的解決；如果說「荒謬」是不合理的命題，「新解釋」是合理的推論開展；如果說「荒謬」是衝突的矛盾對立，「新解釋」則是「對立的統一」的高度化解。可見創新書寫最容易奏效的策略，立足於「荒謬」起點，次於「新解釋」的合理揭示；由匪夷所思的荒誕不經，走向恍然大悟的原來如此；由出人意外的震撼，走回入人意中的因果；前後加乘中開疆拓土，綻放出「荒謬與邏輯接軌」的創意火花。

首先，以王鼎鈞〈幾尺紙〉爲例，即立足於「紙可以包火」的「荒謬」：

> 紙可以包火，用堅硬的紙，包星星之火，例如，包住一枝燭光。
>
> 這個信條一代一代傳下來，即使是大火，只要有更大的紙張，仍然可以四面包抄，在想像中，那是一番興奮熾烈的光景。以致，一代一代有人去做，抱著孩子過年的心情。
>
> 我在臥房裡點一枝燭，展開一張紙。紙張燃燒，我再用一張更大的紙。我有很多很多紙，一張比一張大，也一張比一張燒得旺，等所有的紙用完了，火舌開始吞噬房子。
>
> 等到整個房子燒完，我就沒有什麼材料可用了，包住這熊熊大火的，只有天和地。灰燼飛揚中，我思量毛病出在那裡，錯就錯在我的準備不夠，只要我的紙再多幾張，再大幾尺，何致功虧一簣？
>
> 終我餘生，我只思念幾尺紙，可惜我短缺那幾尺紙。(王鼎鈞《千手捕蝶・

幾尺紙》，頁 2-3)

就物理而言，紙包不住火；只有就文學而言，紙可以包火。其中「紙」和「火」的關係有三種，可以分別自「作家」、「獨裁」、「愛情」三方面提出「新解釋」[2]：

1.「紙」是稿紙，「火」是作家滾燙的心。(隱地)
2.「紙」是獨裁者的工具，「火」是反抗獨裁。(商天佑)
3.「紙」是愛情，「火」是高溫慾火。(劉美麗)

三種「新解釋」，以第一種最接近作者原意。王鼎鈞《文學江湖》獲獎，得獎感言道：

尼采說過，好書是用血寫成的。曾給他加幾個字，「是血變成墨水」寫成的。現在我再加幾個字，寫文章不能光有墨水，還得有紙，我們都是在紙上安身立命的，「秀才人情紙一張」，文豪的功業也是幾張紙。[3]

明白指出「紙」是安身立命的載具，「火」是作家的心血，「紙」和「火」的關係，正是嘔心瀝血之作的「恐怖平衡」。一旦紙無法駕馭火，江郎才盡，熊熊大火則成摧枯拉朽的最大贏家，只能望「火」興嘆，嘆何時能振筆疾書，筆補造化？反觀第二種、第三種「新解釋」應爲引申義，屬於「作者不必然，讀者不必不然」的別有會意，召喚閱讀視野的新趣。

其次，以「夸父骨肉」爲例，由「新解釋」出發：

中國神話裡的巨人夸父，是因為追趕太陽而累死的。
夸父有神力，很自負，他之所以失敗，是因為太陽神坐馬車。如果徒步賽跑，養尊處優的太陽神準是輸家。
夸父是被馬打敗的，是被馬車打敗的，太陽神能贏，是因為他始終坐在馬車上。
人常被工具打敗，原始常被文明打敗，夸父死後，骨骼變成山岳，毛髮變成森林，水分變成江河，它分解自己，回歸自然，完全結束了戰役。
從那時候起，只要「斧頭放在樹根上」，樹不久就會倒下。
鳥的歷史就從夸父唱起，它們努力唱得宛轉動聽。從那時候，再深的痛苦也得轉化成美的形式，才有發表權。
有人警告，這山河森林終有一天再組成夸父，站起來遮住半天的太陽。……
(王鼎鈞《千手捕蝶‧夸父骨肉》，頁 42-43)

[2] 王鼎鈞，《風雨陰晴》(臺北：爾雅出版社，2000)，頁 340。
[3] 隱地，《朋友都還在嗎？:《遺忘與備忘》續記》(臺北：爾雅出版社，2010)，頁 143。

面對傳統神話，提出現代科技觀點，指出夸父逐日失敗，非戰之罪，實歸咎於「工欲善其事，必先利其器」。徒步競走，終無法與太陽神馬車相匹敵，死後把這份缺遺還諸天地，同歸大自然。王鼎鈞由此處再掀波瀾，一旦現代科技文明棄環保於不顧，人類文明走向無明，則大自然的反撲將鋪天蓋地而來，夸父將風雲再起，重現江湖。全篇由「舊題材，新思維」出發，言人所未言，最後走向看似「荒謬」的警告，荒唐之言中則物極必反的觀照，還有大自然反撲的預言警訊；而對人類文明的憂心，浮升於篇末。

值得注意的是，由「荒謬」、「新解釋」攜手合作，開拓再造性書寫的創意進路有二：

（一）始於「荒謬」，終於「新解釋」，展現象徵的創造性，如〈幾尺紙〉。

（二）始於「新解釋」，終於「荒謬」，展現反諷的批判性，如〈夸父骨肉〉。

大抵王鼎鈞寓言、極短篇中，這兩種突破立意的策略，隨處可見。所謂始於「荒謬」，終於「新解釋」，是由魔幻走向寫實，非邏輯走向邏輯，自驚悚的「出人意外」走出「入人意中」的象徵歸納，丟給讀者「有意思」的解讀。另如〈石頭記〉、〈人頭山〉、〈洗手〉(《情人眼》)，〈夢與現實〉、〈快樂病〉、〈山海〉(《靈感》)，〈水做的男人〉、〈復活疑案〉、〈魚與蛇〉(《千手捕蝶》) 等，均為此類筆走悠忽、事有新見的創造性競技。反觀立足「新解釋」，終於「荒謬」的策略，由原始的合理，慢慢加成最終的不合理；由眼前的寫實，最後演變成始料未及的魔幻；由種種的「入人意中」，最後走出「出人意外」的反諷結局；於是，在陡轉中兜出揭示的批判或巧智的幽默。另如〈武家坡〉(《情人眼》)，〈響夜〉、〈失母記〉(《靈感》)，〈釋放〉、〈一家之主〉(《千手捕蝶》) 等，則均自情理的糾結反差中呈現「意有所指」的批判性。由文學至文化亦然，由「新解釋」至「新詮釋」，王鼎鈞指出：

> 經典不能改，詮釋可以新，縱向託古改製，橫向奪胎換骨，生機蓬勃，形成更燦爛的文化。(〈我們面對歷史演化〉，《聯合報・副刊》2010 年 11 月 11 日)

所謂「奪胎」是形式繼承，內容革新；「換骨」是內容繼承，形式革新；永遠在「換個角度，世界不一樣」中，多一條思路，多一條出路。

三、奧斯朋「五法」

奧斯朋再造性的「五法」，細加推敲，並非創意指數相當，其中仍有不同的進階，依筆者體會，先後關係如下：

（一）增加法

（二）延長法

（三）倒置法

（四）變造法

（五）合併法

「增加法」是增加新元素（人物、情節、場景），增加新質量，亦即「擴寫」。「延長法」是向新情境（後來、靈異、奇幻）的延長，化果為因，實則「續寫」本領。「倒置法」是形式革新，反其道而行；「變造法」是內容革新，力求脫胎換骨；兩者互為表裡，亦即「改寫」的關鍵所在。至於「合併法」化混合為融合，化多元為共構，嫁接成新品種，則為「綜合」的優質統攝。

針對古典詩文、中西名言諺語，王鼎鈞最能站在前賢的肩膀上，看得更寬看得更遠，觸類旁通，取精用宏，鎔奧斯朋「五法」於筆端，釋放再造性書寫的現代風華。以「增加法」行文，如：

1. 一次，只有一次。你不能兩次插足於同一河水之中。河水從不兩次拍打同一處涯岸，從不兩次穿過同一條魚鰓，從不兩次灌溉同一株蘆葦。（《左心房漩渦・大序》，頁 4）

2. 上帝指著虹說：「這是我給人類立的約。」
虹不僅在雲裡，也在淚裡，冰裡，鏡子邊沿。朝霞夕暉、紅花紫菜都是紅的化身。
莊子說「道在屎尿」，有時，虹也在一號的細流聲裡。（《靈感》，頁 38）

第一例中是量的擴充。由「你不能兩次插足於同一河水之中」（希臘赫拉克利特名句）展開類比鋪陳；於是「河水從不兩次拍打同一處涯岸，從不兩次穿過同一條魚鰓，從不兩次灌溉同一株蘆葦」，空間意象繽紛而至；由共相而殊相，更見博喻的華采。第二例由「道在屎尿」（《莊子・知北遊》）展開「體一分殊」的類比描繪，於是「虹也在一號的細流聲裡」，與前文的「虹不僅在雲裡，也在淚裡，冰裡，鏡子邊沿」相互呼應增色。

其次，以「延長法」再加演繹開展，以求深入，可一窺作家「由故生新」的本事。如：

3. 看孔雀開屏時，別看它的屁股眼兒。（《開放的人生・與人為善》，頁 81）

4. 羅馬不是一天造成的；也不是一天可以拆毀的。（《我們現代人・和風細雨才是春》，頁 143）

5. 巧婦難為無米之炊，但巧婦能用很少的米熬出香噴噴的稀飯，拙婦常把一鍋飯燒焦。（《怒目少年》，頁 203）

6. 流血五步的慘劇，《五瓣之椿》的觀念，也對官僚構成潛在的威脅，腳底下的泥雖然很軟，但是腳步仍然要放輕，或者繞道而行，避免踐踏。（《文學江湖・冷戰時期的心理疲倦》，頁 359）

第三例指出寬以待人，多取對方「孔雀開屏」的美好燦爛，不要「看它的屁股眼兒」的見不得別人好。似此引申，道出開放人生的智慧，正是「對人如對月，最好忘記他背後的陰影」（頁 81）。第四例由西諺「羅馬不是一天造成的」出發，指出羅馬「也不是一天可以拆毀的」，跬步千里，涓滴江河；有漸進累積之功，亦有積重難返之失，均不可小覷。第五例由古代諺語「巧婦難爲無米之炊」出發，跳出「工欲善其事，必先利其器」的一般用法，揭示「巧婦」仍有其精采處（「用很少的米熬出香噴噴的稀飯」），反觀「拙婦」往往成事不足，敗事有餘（「把一鍋飯燒黑」）。第六例自俗諺「軟土深掘」上出發，跳出「得寸進尺，吃人夠夠」的一般用法，翻出更深一層的柔軟情意。縱然「腳底下的泥土很軟」，千萬不可惡狠狠踐踏。尤其爲官者，更應身段柔軟，小心處理，避免傷及無辜。「腳步放輕」或「繞道而行」，方爲更高的涵養，更高體恤的智能。

復次，由「倒置法」切入，更動次序，自逆向、對比思維中打破順向、單層思維的慣性，提出顛覆的新意。如：

7. 哀莫大於心死。
   我心未死，只是已碎。
   哀莫大於心碎。
   我心未碎，只是已被污染。
   哀莫大於心靈被污染，因為被污染了的心永遠不死。（《靈感》，頁 31）
8. 古人說：「貴易交，富易妻。」
   其實賤亦易交，貧亦易妻。古人未說過，我們說。（《靈感》，頁 29）
9. 我猜羅隱的用意偏重後者（〈贈妓雲英〉：「鍾陵醉別十餘春，重見雲英掌上身，我未成名君未嫁，可能俱是不如人。」）重見雲英掌上身，十年後再見，你怎麼仍是原來的身分？這才想到「我」也沒有成名也和原來一樣。「可能俱是不如人」正話反說，沒嫁掉，也沒成名，都是自身優點造成，例如品味氣質等等。（《活到老，真好‧中國愛情》，頁 60）

第七例由「哀莫大於心死」出發，結合「延長法」（「我心未死，只是已碎」）、「變造法」（哀莫大於心碎，我心未碎，只是已被污染），結尾由「被污染的心」逆推至「永遠不死」的「悲哀」，則爲「倒置法」，指出比「心死」的「悲哀」更爲沉淪，更爲不堪。第八例由「富易交，富易妻」出發，指出富貴逼人的磁吸效應，王鼎鈞自對比情境中反思，反思「賤亦易交，貧亦易妻」的「一枝草，一點露」的生活真諦，相濡以沫，患難見真情，是另一種組合型態。第九例由「我未成名君未嫁，可能俱是不如人」的表層出發，照見「似貶實褒」的倒辭藝術，「正言若反」、「正話反說」均屬言辭的反諷，藉由倒置遮表，帶出自我揶揄的嘲弄意味。

再次，由「變造法」切入，舊瓶裝新酒，由「形式繼承」的活用中，變造出「內容革新」的新趣新味，正是由模仿走向創意。如：

10. 如果成功是一把梯子，運氣是梯子兩邊的直柱，才能便是中間的橫木。(《開放的人生・才命》，頁68)

11. 幾年以後世情大變、人心大變、書的滋味大變，有一個聲音念書念到這一段狠狠的說「故天將降大任於『死』人。」可不是，那時苦心勞筋骨餓體膚是一門一門死亡課程而為千千萬萬黎民所必修，絕對不能認為是上帝給某些人的特惠，事實證明那些人都是上帝的棄民而非選民。(《左心房漩渦・言志》，頁208)

12. 我想老人應該向年輕人學習，在一個除舊佈新的社會裡，年輕人才是先進。我們當然「師其意而不泥其跡」，這一點大概不會引起誤解。今天的老年人，已往多半生活在戲裡，戲是不能平安清淨的，戲啊，你的名字是煩惱！幸而退出戲碼，定要忘記舞台鑼鼓，另外構一幅畫。(《活到老・真好・「當下」怎樣活》，頁13-14)

13. 四年內戰期間我味覺遲鈍，到台灣後只有加重，這才了解什麼是「食不甘味」、「味同嚼蠟」。大米飯囫圇吞嚥，常常懷疑我到底吃過飯沒有。口乾舌苦，吃糖，吃下去是酸的。有時到美而廉喝黑咖啡，沒有糖沒有奶精，「我苦故我在」。有時我到中華路喝兩杯高粱酒，或者吃一條豆瓣魚，「我辣故我在」。(《文學江湖・特務的顯性騷擾》，頁159)

第十例是「成功要靠能力，更要運氣」的譬喻書寫。似此格言的意象化，與狄更斯「成功好比梯子，『機會』是梯子兩側的長柱，『能力』是插在兩個長柱之間的橫木」的譬喻，如出一轍。第十一例變「天將降大任於斯人也」(《孟子》) 爲「天將降大任於死人」，特別揭示「置之死地而後生」的磨練深旨。熬不過去，便是「打擊」、「磨碎」的淘汰；能熬過去，才是「撞擊」、「磨光」的血淚成長，長成「能受天磨方好漢」的愈挫愈勇。第十二例變莎士比亞「弱者，你的名字是女人」(《哈姆雷特》) 爲「戲啊，你的名字是煩惱」，拈出「演戲的是瘋子」的煩惱，而老年人不宜「入戲太深」，要有「下臺看智慧」的雲淡風輕。退出舞臺，退出戲碼，退出煩惱，贏得自我，贏得自在，才是老人亮麗的春天。第十三例變法國笛卡兒「我思故我在」的形而上，爲「我苦故我在」、「我辣故我在」的味蕾體驗。生活裡沒有悠閒從容，只有壓得喘不過氣來的重口味，只有在「我苦」、「我辣」的苦澀嗆鼻中找到機械忙碌中的自己，感受一己靈魂的感官悸動。

至於「合併法」，係舊材料新組裝，化不相干爲相干的混搭，搭配出綜合的新口味。如：

14. 他做了排長，親自照顧那些學生。從此，萬里長征人未還。從此，舊業都隨征戰盡。從此，長安不見使人愁。
直到他的學生都有了風霜之色，各奔前程。
直到他轉戰四方順手收容的孤兒也能喝辛辣的酒。
直到有一天覺得自己也是一片黃葉……。

他一直說到地上的落葉增了許多，樹上黃葉卻不見減少。(《左心房漩渦‧寫下格言的漢子》，頁 83)

15. 不，乍見翻疑夢。也許必得比鄰而居，兩家共享一棵綠楊，晨昏聽對方的雞鳴狗吠。不，雪泥鴻爪最易泯滅。也許必得我們相處日久，生嫌生怨，傷心失望，悔不當初，那時才清晰明確摸到了耶穌掌心的釘痕。世事無非如此：遺失比拾得真實，拳頭比紅唇真實，饑餓比飽足真實。但那天還遙遠。也許，焰火的迷人之處就在它會熄滅，而熄滅之前無可取代。也許焰火的美麗就在它背後有個黑暗的天空。(《左心房漩渦‧人，不能真正逃出故鄉》，頁 151)

第十四例中，藉唐代詩句「萬里長征人未還」(王昌齡〈出塞〉)、「舊業已隨征戰盡」(盧綸〈晚次鄂州〉)、「長安不見使人愁」(李白〈登金陵鳳凰臺〉)，組成抗戰時「生別離」的沉痛悲情。同時，在「延長法」中兜出時間的滄桑，以「地上的落葉增了許多，樹上黃葉卻不見減少」，直指大化流行，生死相續的感悟。第十五例由詩句的援引「翻疑夢」(司空曙〈雲陽館與韓紳宿別〉)、「雪泥鴻爪」(蘇軾〈和子由澠池懷舊〉)、聖經的典故(「耶穌掌心的釘痕」)，組成事與願違的反諷；最熟悉的人往往在有意無意間，傷害彼此最深。於是在「增加法」中，鋪排人生的弔詭(「遺失比拾得真實，拳頭比紅唇真實，饑餓比飽足真實」)，指出匱乏、遺憾的記憶，長存心底。最後在「延長法」中，再揭示美麗焰火的「將要最美」(「熄滅之前，無可取代」)、「失去最美」(「就在它背後有個黑暗的天空」)的複雜內蘊。凡此，則王鼎鈞運用奧斯朋「五法」爲再造性書寫示範，化技術爲藝術；借別人的燈籠，照自己文心燦發的路；借前人的古調唱自己聖歌；借八方來的攝影機，拍出個人「以滄桑爲經，以飄泊爲緯」的文學生命史。

四、結語

王鼎鈞再造性的書寫，有識有見；自「才爲霸主，學爲輔佐」中浮動古典的芬芳，閃耀現代的光采；由文本互涉的學養中[4]，拒絕三「抄」(抄襲前賢、抄襲別人、抄襲自己)，邁向「前修未密，後出轉精」的三「超」(超越前賢、超越別人、超越自己)競寫。

綜觀王鼎鈞創造性書寫的意義有二：

第一，打通理論與實踐的任督二脈。

王鼎鈞化理論與實踐爲一家親，學識及之，才氣化之；智及之，筆能寫之。於是《文學種籽》中所拈出的創新七法，在他「人生三書」(《開放的人生》、《人生試金石》、《我們現代人》)、「作文四書」(《講理》、《靈感》、《作文七巧》、《作

4 文本互涉，即互文性，可自時空座標的「橫向上」，和其他文本進行比照；「縱向上」檢視文本間的關係與影響。可參《話語的靈性—現代散文語體風格論》(杭州：浙江大學，2010)，頁 44。

文十九問》)、「回憶錄四部曲」(《昨天的雲》、《怒目少年》、《關山奪路》、《文學江湖》)中，均可找到具體實踐的佳例。

凡此知行合一的條貫上達，打破文壇與學院的山頭主義，既能金針度人，又能自己織出錦心繡口的文學珍品；既能指點名山勝水的觀賞藝術，自己又能曲徑通幽，清流迴繞，峰峰相連，獨塑自家豐美的文學風景，於是，左右開弓，神明變化，使教練與運動員連線，學者與作家合流，最爲難得。

第二，開拓不同策略的創新進路。

所謂創新七法，實爲王鼎鈞體悟(荒謬、新解釋)與奧斯朋五法的中西合璧，自有其歷史因緣。[5]其中王鼎鈞的體悟，屬於「意義層」的指導原則，讓作品在「荒謬」的求異求深中，開拓新藝境；在「新解釋」的求精求好中，迸發新思維。而奧斯朋五法，屬於「語言層」方法運用，讓作品在「增加法」中，有量的擴充；在「延長法」中，有質的提升；在「變造法」中，有內容的革新；在「倒置法」中，有形式的突破；在「合併法」中，有多樣變化的統一；五法融會貫通，綜合交織，足以讓作品自「溫故知新」、「推陳出新」中，激發「新解釋」；言人之所少言，多發現些精義；以醒心豁目取勝。檢視「人生三書」(《開放的人生》、《人生試金石》、《我們現代人》)，最爲明顯。書中對舊格言，往往有新修正，新引申；確實能言人之所罕言，發揮「時移事異」、「守經達變」的洞察智慧。

至於妙用五法，跨越現實邊界，跨大局部變形，接受不合理的情境，涉入非理性的幽渺世界，則讓作品根植於「超常」沃土，以「荒謬」爲種子，開出魔幻奇詭的花朵。檢視王鼎鈞《情人眼》、《碎琉璃》、《千手捕蝶》中諸多「荒謬」書寫，包括寓言、極短篇、散文，均能藉此出人意外、匪夷所思的選擇與組合，開拓出虛入實，筆走玄妙的特異風格，以象徵內蘊取勝。

大凡文律代變，日新其業。[6]王鼎鈞再造性書寫，仍以「創新」爲第一要義，揚棄蕭規曹隨的模仿前賢，揮別千部一腔的模仿別人，跳出習套老梗的模仿自己；強調與其「守舊的成功」，不如「創新的失敗」。所謂：

> 文學藝術永遠需要創新，創新不惜冒進，別人跟不上來。創新「可能」失敗，但守舊「必然」失敗，創新失敗還可以給後人留下啟發，留下借鏡，成為文學園地的綠肥，所以有遠見的人都會站在他們這一邊。(《文學江湖・霓虹燈下的讀者》，頁 269)

正是王鼎鈞長期書寫的精神所在。自「積澱、同化、變異」的繼往開來中，猛志精進，無時或已，蔚然斐然，自成一片歷久彌新的長青林，競綠賽青，留給後人瞻仰訪勝的清蔭綠濤，召喚後學。

---

5 王鼎鈞，《靈感》(臺北：爾雅出版社，1989)，頁 167。

6 吳功正《中國文學美學》(南京：江蘇教育出版社，2001)謂中國文學美學發展的規律爲「進化和循環」，其中包括「增補型」、「借用型」、「延用型」、「中和型」、「調控型」(頁 944-951)，適可和奧斯朋的說法相互發明。

徵引文獻

王鼎鈞《文學種籽》，臺北：爾雅出版社，2003。
王鼎鈞《文學江湖》，臺北：爾雅出版社，2009。
王鼎鈞《千手捕蝶》，臺北：爾雅出版社，1999。
王鼎鈞《左心房漩渦》，臺北：爾雅出版社，1988。
王鼎鈞《風雨陰晴》，臺北：爾雅出版社，2000。
王鼎鈞《活到老，真好》，臺北：爾雅出版社，1999。
王鼎鈞《開放的人生》，臺北：爾雅出版社，1975。
王鼎鈞《靈感》，臺北：爾雅出版社，1989。
吳功正《中國文學美學》，南京：江蘇教育出版社，2001。
貴志浩《話語的靈性—現代散文語體風格論》，杭州：浙江大學，2010。
奧斯朋著，邵一杭譯《實用想像學》，臺北：協志工業，1964。
隱地，《朋友都還在嗎？：《遺忘與備忘》續記》，臺北：爾雅出版社，2010。

余秋雨〈道士塔〉敘事文字分析

白雲開*

摘　要

本文嘗試通過說明余秋雨〈道士塔〉中的敘事文字在故事、角色和敘述層面的情況，顯示它們如何在讀者面前，藉角色王圓籙的視角，呈現敦煌文物被破壞及劫掠的情況，並如何配合抒情主體余秋雨的情緒，帶出敦煌浩劫責任誰負的主題。

關鍵詞：余秋雨、敘事文字、故事、角色、敘述

*香港教育學院中文系副教授

一、導言：〈道士塔〉的敘事文字

余秋雨(1946-)〈道士塔〉[1]處理的是二十世紀初敦煌文物給西方劫掠的題材。如從文字性質[2]角度看，這個題材一般以抒情文字爲主，大概會表達對西方劫掠者的憤怒之情，以及惋嘆中國珍貴文化遺產遭逢巨劫的不幸。或者加上描寫文字具體描述敦煌藝術之美，以顯示它們連城的價值；也許還會加上議論，提出中國必須盡力保護文物的主張之類。可是，〈道士塔〉裏抒情文字雖然也佔重要地位，但篇幅最多的卻是敘事文字，主要以道士王圓籙的視角，寫敦煌文物遭破壞及劫掠的情況；甚至有跨越時空，出現作者余秋雨獨鬥西方探險家的情節。由於敘事文字在〈道士塔〉有著特殊的地位，本文因此將集中分析文本內敘事文字的作用和功能，看看它如何配合主題，如何協助抒情主體余秋雨抒發感情。

二、敘事文字的作用

一般散文都以說理(議論)或抒情爲主要內容，這個文本也沒有例外，主要是抒情，抒發的是對中國敦煌藝術瑰寶被劫歷史的激憤和無奈。只是文本並不一味抒情，它加進不少敘事成分，佔去相當重要的篇幅。

散文中的敘事成分常擔任框架角色，爲文本立好架構，也向讀者交代時地人等背景資料[3]，如柳宗元的山水遊記中的敘事文字便屬此類。也有借事抒情的，也就是說抒情主體(抒發感情的人)同時也是敘事主體(說故事的人或稱敘事者)，在說故事的同時抒發感情，如朱自清的〈背影〉裏面的敘事成分便如此，在說及與父親的往事(敘事文字)時，表達對父親的懷念之情(抒情成分)。

〈道士塔〉中的敘事文字，除了以上兩種作用外，還有一更重要的功能，那就是藉道士王圓籙的視角，述說敦煌文物遭破壞遭劫掠的事實，提供另一嶄新的觀點和角度，給讀者帶來很不一樣的閱讀效果。

三、敘事文字的分析角度

---

1 見余秋雨：《文化苦旅》(上海：東方出版中心，1992 年 3 月)，頁 1-7。

2 這裏所謂「文字性質」指的是語文五種表達類型的特點：議論、抒情、描寫、說明和敘事(或稱記敘)。筆者認爲，不同類型的表達文字有著不同的特點，如能從各自表達性質的特點，掌握相關文字，分析會比較到位。因此，判別文字屬於哪一表達類型，對展開分析有很大的幫助，也是文本分析的一項基本步驟。

3 從這個角度看，敘事文字同時也是說明文字，起著提供前因後果等信息的作用。

要分析敘事文字，便需要掌握適用於敘事文字的分析工具[4]，敘事的分析角度主要有三個方面，分別是故事，角色以及敘述。

（一） 故事

首先要交代「故事」(story)與「文本」(text)的關係：讀者看到的是「文本」，「文本」是讀者直接閱讀的東西，它可細分成一起一起的「事件」(event)。「故事」是抽象的，讀者不能直接讀到，他需要從閱讀「文本」中歸納出「情節」(plot)來；再按順序排列便成「故事」。因此有關「故事」分析角度都是從「文本」與由此整理出來的「故事」之間的比較而來，一個是「文本」與「故事」的「次序」(order)問題，另一是「時距」(duration)問題。

1、故事：次序

如果「文本」不按時間順序交代「事件」，「次序」的分析便會變得十分重要。以〈道士塔〉爲例，寫的就是敦煌文物被劫掠的「故事」。至於「事件」，則屬於這個故事的細微部分，主要有五起：「刷牆」、「造像」、「發現」、「買賣」和「攔阻」[5]；其中以王圓籙爲主要角色的事件，有「刷牆」，「造像」，「發現」和「買賣」四起。以斯坦因等西方探險家爲主要角色的事件是「買賣」，他們與王圓籙同場出現。另一事件則爲作者余秋雨爲主要角色的「攔阻」，西方探險家也是角色之一。後三者由於有歷史根據，有著具體的日期——1900 年 5 月 26 日，所以比較容易理出順序；相反，前二起事件沒有標出特定時間，難以判定它們與後三者的前後關係。大致而言，文本事件的次序可算是按對文物損失程度由小到大排列，「刷牆」最輕，「造像」次之，「買賣」最嚴重；「發現」和「攔阻」則較自然地分別出現在「買賣」的前後。

2、故事：時距

所謂「時距」角度是指五起事件涉及的時間與「文本」中相關文字的篇幅的

---

[4] 由於本文旨在說明敘事在這個文本的重要性，因此只對分析角度作簡略的解說，有關敘事的理論介紹等，可參「敘事學」文獻，如：有關全知觀點(omniscient point of view) 、限知觀點(limited point of view)、「零聚焦」(zero focalization)、「外聚焦」(external focalization)和「內聚焦」視角(internal focalization)的論述，可參 Seymour Chatman (1930-), *Story and Discourse: Narrative Structure in Fiction and Film*, (Ithaca: Cornell UP, 1978)；Shlomith Rimmon-Kenan (里門－凱南), *Narrative Fiction: Contemporary Poetics* 《敘事小說：當代詩學》, (London: Methuen, 1983)；Gérard Genette, *Narrative Discourse: An Essay in Method*, trans. Jane E. Lewin, (Ithaca: Cornell UP, 1980)；熱奈特著，王文融譯：《敘事話語、新敘事話語》(北京：中國社會科學出版社，1990)及 Franz Stanzel, *A Theory of Narrative*, trans. Charlotte Goedsche, (Cambridge: Cambridge UP, 1984)及, Gerald Prince, *Narratology: The Form and Functioning of Narrative*, (Berlin: Mouton, 1982)等。

[5] 這是筆者給五起「事件」起的名字，爲的是方便討論。

比較，如事件牽涉時間較短，但文本篇幅較大，便屬「擴張」或「延長」；相反，如事件時間較長，但文本篇幅較小，則屬「壓縮」或「縮短」。相較而言，五起事件中，「買賣」所佔篇幅特大，「擴張」的情況非常明顯，由於篇幅增大容許更多信息，情節也越仔細，因此也更重要，值得多加留意。

(二) 角色

至於「角色」(character)[6]，一般可從「性格」和「功能」兩個方面進行分析。角色性格特點和角色功能往往又與文本主題的傾向有關，所以特別值得留意。

1、角色：性格

文本塑造「角色」，爲的是在讀者腦海裏留下形象，因此「角色」的外貌，言行以至心理活動等都能建構角色的特點以至他的喜好、性格等。〈道士塔〉的主要角色包括：王圓籙，縣長，學台，藩台，京官，斯坦因等西方探險家，中國敦煌學學者，以及余秋雨。

2、角色：功能

另一重要分析角度就是「功能」，指的是角色在文本裏向讀者傳達信息，幫助歸納故事的作用，如「主角」、「配角」、「忠角」、「反角」等。此外，一般還可從角色之間的關係入手，如「正襯」、「反襯」、「輔助」等。

(三)、敘述

最後就是「敘述」(narration)處理的是敘事文字的「誰感」，「誰知」和「誰說」三個課題。所謂「誰感」，就是所謂「視角」問題，也就是事件藉哪一個角色或哪一方面的感官感覺交代。「誰看」(who sees)和「誰說」(who speaks)原由熱奈特(Gérard Genette, 1928-)提出，旨在解釋敘事文本「視角」(focalization)和「敘述」的理論問題。只是筆者認爲，因爲敘事文本如由個別角色進行敘述，不光他的視覺而是包括視覺的五官感覺都會加進敘述中，所以內含視聽觸味嗅五官感覺的「誰感」(who feels)應較「誰看」更能符合實際情況。此外，筆者還認爲，光分出「視角」和「敘述」仍然不夠，應還有「認知水平」(level of knowledge)這方面需要注意，因此提出「誰知」(who knows)角度處理敘事文字認知水平的問題。如屬全知全能的「零聚焦」(zero focalization)敘事者，認知水平屬「全知」；如屬個別角色，那他的認知水平便屬「限知」(limited knowledge)。然而由於各種不同情況，「限知」認知水平有近乎無限的可能。一般而言，事情發生當刻的當事人的

---

[6] 以往一直稱爲「人物」，但因角色不一定是人，可以是動物，外星人或機械人等，所以從分析角度，稱爲「角色」比較合適。

認知水平屬「一般限知」。認知水平也可以是「較大限知」，例如角色事後追述故事的敘述便屬此類。由於「現在」的他已經歷事件，比「當時」的他的認知水平高出很多，所以屬「較大限知」。再如角色事後因意外導致失憶，「現在」的他的認知水平便低於「當刻」的他，這便是「較小限知」。

以〈道士塔〉敘事文字爲例，主要以王圓籙的角度交代事件，因此相關的情緒和感覺都是王圓籙的。由於以王圓籙爲「內聚焦」(internal focalization)視角，因此相關敘事文字的認知水平也屬王圓籙的；換句話說，對事件的了解和認識程度，都與王圓籙這無知農民看齊，給讀者帶來無知，可笑或者可悲的閱讀效果。至於「誰說」這個「敘述」的責任，則由作者余秋雨承擔；因此，敘事文字中那些評論文字以及概述文字，以及選用的用詞，都可用以顯示余秋雨的立場和態度。

四、〈道士塔〉的敘事文字分析

爲了分析方便起見，本文按事件在文本出現的先後逐一分析，爲的是了解敘事文字如何發揮作用，以及它們如何呈現主題，如何協助余秋雨抒發感情。

(一)、「刷牆」事件

這段敘事文字[7]站在王圓籙角度寫刷牆。余秋雨雖然擔任敘事者(誰說)，但採用王圓籙的視角(誰感)以及他的認知水平(誰知)說故事，因此裏面表現出來的品味和立場等仍屬王圓籙。文字一開始，出現「王道士每天起得很早，喜歡到洞窟裏轉轉，就像一個老農，看看他的宅院」的敘述，寫的是王主理敦煌洞窟時的日子，內中的用語「很早」和「喜歡」當然屬於處身事外的余秋雨，因爲對於王圓籙自己來說，他是沒有起得早不早或者喜不喜歡那麼清晰意識的。後面用上比喻，說王像老農看宅院，則更加不可能出自王的認知和感覺。

「他對洞窟裏的壁畫有點不滿，暗乎乎的，看著有點眼花」。這裏寫王看洞窟牆壁時的感覺和感受，其中「有點不滿」是王的情緒反應，屬「感受」[8]文字，

[7] 余秋雨：《文化苦旅》，頁 2。

[8] 筆者在研究如何分析「描寫」文字時，提出三種不同的文字類型：「感覺文字」、「感受文字」和「感慨文字」。「感覺文字」指描寫主體對描寫客體或描寫對象的感覺性描述，如「紅紅的蘋果」中的「紅紅的」就是對描寫客體「蘋果」的「感覺」描寫，涉及視覺的色彩方面。這類文字的特點在於描述的內容有一定的客觀性質，也就是說不同描寫本體都能得到相同的感覺：大家都從這蘋果中看到紅色。「感覺文字」就是描寫本體對客體的客觀而且直接的感官反應。「感受文字」則是主觀的，是主體產生「感覺」後的主觀反應。由於主觀，「感受文字」人言人殊，甚有個人特色，因此「感受文字」雖屬「描寫文字」的一種，但同時也是抒情文字，有著表現個人情緒的作用。如以「紅紅的蘋果」爲例，「很是好看」便屬產生「紅紅的」感覺後的主觀反應。至於「感慨文字」，它離描寫客體更遠一點，是主體更主觀的情緒發揮，屬「抒情文字」的一種。從「感

「暗乎乎的」是「感覺」文字，「有點眼花」也是「感受」，因此便有「亮堂一點多好呢」的進一步反應。然後是王的行動：找人一塊兒刷牆，接著寫刷牆效果：「第一遍石灰刷得太薄，五顏六色還隱隱顯現」，這是王的感覺，於是交代王「細細」再刷一次，中間還加了余這敘事者的評語：「農民做事就講個認真」。然後再交代效果，用的是余秋雨的認知水平：「這兒空氣乾燥，一會兒石灰已經乾透」。接著離開幾十年前的過去時光，插上余秋雨這敘事者「現在」看到洞窟的感覺以及感受：「什麼也沒有了，唐代的笑容，宋代的衣冠，洞中成了一片淨白」。緊接著文本繼續寫王刷完牆的反應「道士擦了一把汗憨厚地一笑」和「他達觀地放下了刷把」，當中有屬敘事者余秋雨對王的評價式的修飾成分「憨厚地」和「達觀地」，兩個都屬褒義詞，評價正面，充分表明余秋雨對王這個歷史「罪人」[9]態度的轉變。此外，這段文字還有王的內心活動，交代王的思想活動(也可視作「感受」)，還用上「內心獨白」呈現在讀者面前：「就刷這幾個吧」，打聽石灰市價，可能爲了省錢，便不再繼續刷牆的情節，間接顯示王的節儉和忠厚的性格特點。這部分的認知水平當然屬王圓籙的，由他不知石灰價錢這事實可證。

(二)、「造像」事件

刷牆之後是「造像」事件[10]，可分成「造像緣起」「毀像」和「造像」三個細節，這裏沿用余敘述，視角和認知水平屬王的格局。「惹眼」用語屬余秋雨，感受是王的，「婀娜的體態」「柔美的淺笑」用語屬余，感覺中視覺，還有觸覺則屬王，「招搖」「尷尬」也是王的「感受」。這裏也有用「內心獨白」交代王的思想(感受)活動「(王道士)想起了自己的身份，一個道士，何不在這裏搞上幾個天師、靈官菩薩？」然後是「毀像」細節，這裏沿用王的視角和認知水平，用語則仍是余秋雨的，寫成「讓原先幾座塑雕委曲一下」；跟著是余的評語「不賴」，但認知水平和視角仍沿用王的，緊接的則插入「現在」余秋雨認知水平和感覺感受等寫成的文字，交代鐵錘打下的效果：「婀娜的體態變成碎片，柔美的淺笑變成了泥巴」。「毀像」後便是「造像」，通過敘事者余秋雨的想象，設計出泥匠不懂造像的效果來；王安慰他們的用語，是盡量貼近王口語風格的「不妨，有那點意思就成」。這些文字既製造現場說故事的真實效果，還間接塑造了王這個平易近人憨直的好人形象。

與「刷牆」事件中的兩個幫手相比，這起事件的泥匠有著明顯的角色功能，

受文字」的主觀反應出發，進而結合主體的身世遭遇，人生觀等描述事物，寫就較哲理性，類似箴言式的文字。有關上述三種文字的解說，可參筆者另一未刊論文〈解讀散文系列理念〉。

9 同前註，頁 1。

10 同前註，頁 2-3。

如果說身爲道士，恪守本份的王圓籙不懂天師和靈官的形象是說不過去的，因此泥匠的作用就是用來解釋爲何最後造出來的像成了怪物的原因。並因著王道士安慰泥匠的說話，還有著反映王道士與人爲善，不強求別人良好品質的作用。「頑童堆造雪人」這比喻當然是余秋雨的敘述語言，也是他的評語，但「這裏是鼻子，這裏是手腳，總算也能穩穩坐住。行了」則屬王的語言。接著余秋雨敘事者用簡單語言交代造像的細節：「再拿石灰，把它們刷白。畫一雙眼，還有鬍子，像模像樣」。

文本接著跳到「今天」，交代「現在」的余秋雨看到洞窟的白牆和怪像的感受——「慘白」，然後是感性的抒情文字「我幾乎不會言動，眼前直晃動著那些刷把和鐵錘。“住手！”我在心底痛苦地呼喊」。文本繼續馳騁想象，寫王聽到這呼喊的反應和感受「王道士轉過臉來，滿眼困惑不解」。文本再跳回「現在」，用余秋雨的語言，站在王圓籙的立場(包括視角和認知水平)，寫出「是啊，他在整理他的宅院，閒人何必喧嘩？」這裏既寫余秋雨的主觀情緒，更通過跨越時空，插入呼喊「住手」的余秋雨，進一步撇清王道士的罪名：他刷牆和造像的本意並無歹心，只爲整理自己宅院。雖然他有破壞文物之實，但他仍然懵然不知，所以王道士實在不應深怪。

綜合以上兩起事件可見，王圓籙以農民道士的身份看守敦煌石窟這個地方，他爲了讓這個他視爲家舍的洞窟「亮堂」一點，因此在洞壁的壁畫上刷灰。對於一個完全不懂藝術，一點文化水平都沒有的農民來說，他「破壞」敦煌壁畫藝術便是「無心之失」。再說他搗破「飛天」美女雕像，在這個文本的敘事文字裏給王圓籙一個無可挑剔的解釋：那就是身爲修身不近女色的道士，在自己居室裏怎能容許「婀娜」的美女像？因此將它們改成自己信奉的道教塑像，又誰能干涉，誰能說是錯誤呢？如果讀者能循王圓籙角度看敦煌浩劫，應該不難如文本所述般得到以下的結論：敦煌藝術被劫掠的罪責不應由這愚昧無知的小角色承擔。

根據文本開頭抒情主體余秋雨的定位，王圓籙該是「罪人」，該是承擔整個敦煌浩劫的關鍵人物，讀者根據這個思路，沒有理由會懷疑這個判斷的真確性。可是，隨著文本的推展，尤其經過敘事文字的部分後，「罪責」變成「情有可原」，甚至出現余秋雨抒情成分很重的結論：由這樣一個無知農民來承擔整個罪名有點「無聊」，讀者原有的價值系統，針對王圓籙的道德批判的方向，一下子亂了套，這樣震撼或者出乎意料的「轉向」相信不難製造驚訝以至無所適從的閱讀效果。

余秋雨這個主要的抒情主體，由於有著作者的身份，所以相關抒情成分、價值判斷，感情色彩等都有著舉足輕重的作用。如從抒情對象看，文本中的余秋雨對王圓籙這個抒情對象，感情色彩出現了明顯的變化：由原先「罪人」的極端負面評語，到後面稱他爲「小丑」[11]。雖然負面感情色彩依舊，但程度已減輕了很多。再經過上面提及的以王圓籙爲視角的敘事文字後，王圓籙的責任似乎已經給抹得一乾二淨。如果「誰應負上敦煌藝術遭劫罪責」是這個文本的主要課題的話，既然排除了王圓籙這個原先視爲「罪人」的責任後，那麼究竟誰應負責似乎成爲這個文本潛在的疑竇和最重要的懸疑效果了。

(三)、「發現」事件

第三起事件是「發現」[12]，寫王道士無意間發現隱藏在洞穴的敦煌文物，敘述仍由余秋雨擔任，感覺和感受(誰感)以及認知水平(誰知)仍屬王圓籙，寫王清除積沙的文字中用了「辛辛苦苦地」的修飾成分，暗含對王勤懇辛勞性格特點的評價。「沒想到」「似乎」等正好道出認知水平屬王圓籙的「現場限知」:「有點奇怪」是王道士的反應;「嗬，滿滿實實一洞的古物！」則是王自己的言語，充分表現他面對奇事的感覺和感受。後面出現「有點蹊蹺」的評語，當然是文化水平比王高出很多的敘事者余秋雨的用語，但寫的是王的心理反應，接著文本再走進王的世界裏，藉王的內心獨白，交代他的所思所想:「爲何正好我在這兒時牆壁裂縫了呢？或許是神對我的酬勞」。這裏一來表現王的愚昧和迷信，另一方面卻又反映王緊守本份的性格以及信賴父母官的傳統思想:由於他不懂發現的古物，因此便求教於他信任和倚仗的父母官縣長。文本裏呈現出來王所思所想以至一言一行，似乎都在爲文本前面所判定的論點作進一步說明，那就是王只是這齣歷史悲劇「錯步向前的小丑」，他固然有錯，可是他「太卑微，太渺小，太愚昧」。這樣一個無知的小人物，絕對不應承擔這樣一個歷史罪名。

接著便交代敦煌文化給發現後的情況，明顯道出文本的批判對象已從文本開頭稱爲「罪人」的王圓籙，轉而爲中國官員:「縣長是個文官，稍稍掂出了事情的分量。不久甘肅學台葉熾昌也知道了，他是金石學家，懂得洞窟的價值，建議藩台把這些文物運到省城保管。但是東西很多，運費不低，官僚們又猶豫了。只有王道士一次次隨手取一點出來的文物，在官場上送來送去。中國是窮，但只要看看這些官僚豪華的生活排場，就知道絕不會窮到籌不出這筆運費。中國官員也不是都沒有學問，他們也已在窗明几淨的書房裏翻動出土經卷，推測著書寫朝代了。但他們沒有那副赤腸，下個決心，把祖國的遺產好好保護一下。他們文雅地摸著鬍鬚，吩咐手下:『甚麼時候，叫那個道士再送幾件來！』已得的幾件，包裝一下，算是送給哪位京官的生日禮品」。

---

[11] 同前註，頁 1。
[12] 同前註，頁 3-4。

這裏的敘事文字沒有像前面般找個別角色的視角來敘述，改而將「誰知」「誰感」「誰說」的敘事責任全放到余秋雨身上。這裏交代了官員如縣官、學台等都有識力，知道敦煌文物的重要，但卻缺乏承擔，因運費不少而猶疑，畏首畏尾，所以有著「他們沒有那副赤腸，下個決心，把祖國的遺產好好保護一下」的直接評語。另一方面，文本雖然沒有將「貪污成風」「自私自利」的評語寫在文本裏，但通過敘事文字，那「在官場上送來送去」的諷刺和批判力度，絕對不下於直接抨擊。

這段夾敘夾議的文字裏，官員有著「窗明几淨」的書房，「文雅」的姿態，加上推測文明年代的動作，形象地顯示他們的文化水平和識力，以及後面的內心獨白「已得的幾件，包裝一下，算是送給哪位京官的生日禮品」，便也將中國官員「送來送去」的內幕，清楚地「再現」於讀者眼前。如果文本有著議論成分，如果問題是「誰該負上敦煌被劫責任」的話；那麼，這段敘事文字正好作爲論點「中國官員該負主要責任」的論據。這裏，縣官等官員與王道士明顯有著反襯對比的作用：王無知無權，官員則有識見，有權但無心；雖然兩者都有責任，但王是無心之失，官員則責無旁貸。這個評價主要通過兩組角色的反襯關係顯示得更加清楚。

(四)、「買賣」事件

這起事件[13]的主要角色是西方冒險家和王圓籙。敘事文字先寫西方冒險家千里迢迢趕到敦煌，用的是綜合歸納式的敘述，語言是余秋雨的，連視角和認知水平也改用余的。雖然這些敘述的認知水平仍不能算是全知，但肯定比 1900 年當時的要高得多，而且也將西方冒險家的心願和盤算都寫了出來，所以屬「較大限知」。通過這樣的文字，讀者可直接從敘事者余秋雨的綜合評價中，認識西方冒險家的性格特點：他們願意犧牲而且不辭勞苦，富有冒險精神而且努力不懈，以上種種評價全是正面的。由於用語屬余秋雨自己的，正好顯示雖然有著西方冒險家掠奪中國敦煌文物的現實，但余秋雨仍佩服他們的勇氣和對文物認真的態度。爲了突顯敘述的道德批判方向，文本刻意寫西方探險家在沙漠燃起「股股炊煙」，一來表現他們勇敢而甘冒風險的精神，二來也藉接著兼寫中國官員客廳的「茶香縷縷」，作了強烈而富諷刺意味的對比，當中暗含中國官員耽於逸樂，不肯承擔的嚴厲批評。

敘事文字繼續發揮視角敘述的現場效果，將沒有關卡，不用任何手續而到敦

---

13 同前註，頁 4-5。

煌石窟前的情況，藉西方冒險家的視角呈現讀者眼前：「洞窟砌了一道磚、上了一把鎖，鑰匙掛在王道士的褲腰帶上」。接著文本利用西方探險家的認知水平和感受，將原先設想極端困難的闖關一下子落空的情況表現出來：「外國人未免有點遺憾」「原先設想好的種種方案純屬多餘」；這裏還將遺憾的緣由寫得清清楚楚：「他們萬里衝刺的最後一站，沒有遇到森嚴的文物保護官邸，沒有碰見冷漠的博物館館長，甚至沒有遇到看守和門衛，一切的一切，竟是這個骯髒的土道士」。這裏的認知水平比西方探險家當刻的還要高，可說屬余秋雨站在「現在」回顧當刻的認知水平，讀者不難猜想這樣表達的用意：突顯中國文物保護意識薄弱，官員自私自利，傷害國家利益的自私心態。按常理，以敦煌文物價值論，設「文物保護官邸」，「博物館」，派遣看守和門衛嚴密看守都不爲過，可是結果甚麼都沒有；只有一位甚麼都不懂的王圓籙。

「買賣」事件另一部分是敦煌文物被劫掠的事實，這部分文字用余秋雨「復述」大概，突出表現西方探險家勃奧魯切夫，斯坦因，伯希和，吉川上一郎等以極小代價，取走大量價值連城的文物。這裏只簡單地交代敘述者余秋雨的「不太沉穩」的情緒，沒有更多或更大的宣泄。

然後再一次以王圓籙爲視角寫這些買賣：「道士也有過猶豫，怕這樣會得罪了神。解除這種猶豫十分簡單，那個斯坦因就哄他說，自己十分崇拜唐僧，這次是倒溯著唐僧的腳印，從印度到中國取經來了。好，既然是洋唐僧，那就取走吧，王道士爽快地打開了門」。這裏寫余秋雨並沒有任何責怪王圓籙的意思。他「猶豫」，顯示他信神佛而純真，而且他厚道不計較：既然唐僧當年曾取走印度經書，現在讓探險家取走一些，也算公道：因此他「爽快」開門，這裏給他的評語全是正面的。後面再以敘事文字交代買賣結束，王道士送走西方探險家一幕。他「頻頻點頭」「深深鞠躬」「恭敬地」「依依惜別」「感謝」等直接描述文字，感情色彩也十分正面，顯現王禮數有加，厚待別人的好好先生形象，當然內裏暗含無知愚昧的批評。至於西方探險家，敘述者余秋雨用上「哄」字，暗含責備的意思，負面的信息十分明顯，但並不強烈。相反，往後一段余秋雨的抒情文字，明顯將罪責放到中國官員頭上：「沒有走向省城，因爲老爺早就說過，沒有運費。好吧，那就運到倫敦，運到巴黎，運到彼得堡，運到東京」。沒得到中國官員盡心的保護，敦煌文物最終只能給掠走。

這裏，西方探險家與中國官員的對比關係更加明顯，一個有心有意而爲，一個無心無意，苟且偷安，只顧自身，罔顧國家利益。夾在兩者之間的王圓籙，好心迷信但無知，給人騙了還聲聲道謝，給讀者的是一個可憐可嘆，但並不可恨的形象。

(五)、「攔阻」事件

最後一起事件是「攔阻」[14]，敘事者余秋雨化身成爲角色之一，穿越時空，到達 1900 年代的敦煌，企圖阻止西方探險家掠走敦煌文物。這段文字不光敘述語言，還有認知水平和視角都屬余秋雨。只是當中的認知水平卻由以往「現在」的「較大限知」，改成「當刻」的「現場限知」，給讀者設身處地面對窘境時那種強烈的無奈感。原文如下：「但我確實想用這種方式，攔住他們的車隊。對視著，站立在沙漠裏。他們會說，你們無力研究；那麼好，先找一個地方，坐下來，比比學問高低。什麼都成，就是不能這麼悄悄地運走祖先給我們的遺贈。」

文本虛擬這一幕對峙場面，余堅決不讓西方探險家拿走國寶，還假設成功攔住文物。接下來的處境卻讓余只能「嘆息」：以個人之力無法保護文物，唯一途徑是「送繳京城」。可是，即使讓官員束手的運費問題能夠解決，文物還是沒有得到足夠的保護：「洞窟文獻不是確也有一批送京的嗎？其情景是，沒裝木箱，只用席子亂捆，沿途官員伸手進去就取走一把，在哪兒歇腳又得留下幾捆，結果，到京城時已零零落落，不成樣子」。文本推進到這裏，出現兩個屬於敘事者余秋雨強烈的抒情情緒：一是站在「現在」認知水平，因文物被官員糟蹋而生的喪氣話「比之於被官員大量遭踐的情景，我有時甚至想狠心說一句：寧肯存放在倫敦博物館裏！」另一是站在「當刻」的認知水平，延續剛才虛擬對峙場面，將文物停駐在沙漠裏，完全沒有出路，只能「大哭一場」；然後余極端無奈的情緒由虛擬敘事世界回到「現在」而發出強烈指控：「我好恨！」矛頭直指中國當時整個官僚架構，這無疑正是敦煌藝術遭劫掠的元凶！

這次余秋雨粉墨登場，在虛擬場景裏阻攔西方探險家劫掠文物的車隊，作用在以有識見的余秋雨取代無知的王圓籙守護敦煌。雖然能夠攔住車隊，文物不至於流向外國，但無有權有力的中國官員真心保護，文物也難逃損壞流失甚至毀壞的命運。通過余秋雨這個「角色」，中國官員的罪責更加明顯。

五、結論

總的來說，敘事文字在〈道士塔〉文本裏有著十分突出的作用：它突破敘事文字在抒情散文一般較爲泛泛的作用，以「罪人」王圓籙爲視角，帶出這個地位低微角色的感覺和感受，爲洗脫他千古罪人的罪名，提供雖屬虛構但合乎情理的

---

[14] 同前註，頁 6-7。

證據。此外，還藉西方冒險家和化身角色的余秋雨的視角，突出中國官員自私自利，無視國家文化遺產遭破壞和劫掠的事實。這個文本就是通過限知敘事而生的特殊效果，加深了批判中國官員以至官僚制度的力度，將「誰該有敦煌文物遭劫的責任」的議題，作非辯論式論證。

筆者通過以上的分析，嘗試展示從敘事文字看抒情散文的方法，並希望由此逐步建立以個別「表達方法」爲基礎的散文賞析方法系統，最終能幫助包括老師和學生的讀者，掌握解讀和分析經典散文的方法和步驟。

參考文獻

白雲開：〈解讀散文系列理念〉，香港教育學院，第一屆兩岸三地語文教學圓桌會議，2009 年 4 月，未刊論文。

——：〈描寫文字研究：「描寫」文字的內涵及細項〉，香港教育學院，第一屆兩岸三地語文教學圓桌會議，2009 年 4 月，未刊論文。

——：〈王文興、施蟄存、穆時英敘事文本對讀初探〉，加拿大卡里加利大學，中文敘事語言的藝術：王文興國際研討會，2009 年 2 月。

——：《詩賞》，臺北：學生書局，2008 年 10 月。

Gérard Genette. Trans. Jane E. Lewin. *Narrative Discourse: An Essay in Method* Ithaca: Cornell UP, 1980, pp185-189。

熱奈特著，王文融譯：《敘事話語、新敘事話語》北京：中國社會科學出版社，1990 年。

Rimmon-Kenan, Shlomith (里門－凱南), *Narrative Fiction: Contemporary Poetics* 《敘事小說：當代詩學》, (London: Methuen, 1983)

余秋雨：《文化苦旅》，上海，東方出版中心，1992 年 3 月。

略論遊記中的歷史情感
——以余秋雨〈道士塔〉為例

謝敏玲[*]

摘　要

旅遊本是一種時空環境的轉換，藉著這樣的轉換，往往激起旅遊者一種不同於以往慣性思考的突破省思，這樣的省思多是對自己人生過往的審視；另外，一般所選擇的旅遊景點，多是由於此遊覽地點風光明媚。但余秋雨的〈道士塔〉，卻不是如上述一般的遊記文章。或許因為中華文化歷史悠久，旅遊者在眾多的旅遊景點除了上述的思索外，更多了一種對歷史的探視情懷。余秋雨的〈道士塔〉正是這類文學作品中不可多得的佳作，。本論文期能藉著余秋雨的〈道士塔〉，對遊記文學中的歷史情感做一研析，希冀能對旅遊文學的探索多一重思索方向。

關鍵詞：歷史、情感、余秋雨、道士塔、遊記

[*] 高雄市立福康國小教師、國立高雄大學通識教育中心兼任助理教授

一、前言

一個地點之所以能吸引遊客前往，多是由於此遊覽地點風光明媚，具可玩賞性。旅遊本是人們所選擇作一種不同於自己所熟悉的慣性環境的時空轉換，藉著這樣的環境轉換，往往激起旅遊者不同於以往慣性思考的突破省思，這樣的省思上天下海，無所不包，但多是對自己人生過往的審視，或是對人生哲理經由自然觸發的一番醒悟。將此番審視、醒悟和對遊覽地點作一記錄整理，就是我們熟知遊記作品的大略面貌。[1]但觀余秋雨的〈道士塔〉，卻不是如上述的遊記文章。或許因爲中華文化歷史悠久，旅遊者在廣闊的中華大地眾多的旅遊景點除了上述的思索外，更多了一種對歷史的探視情懷。余秋雨的〈道士塔〉正是此類文學作品中不可多得的傑出之作。本論文期能藉著余秋雨的〈道士塔〉，對其作品中的歷史情感做一研析，希冀能對旅遊文學的探索多一重思索方向。

二、遊記中的歷史情感

遊記雖爲遊覽所作，但因中國歷史悠久，一地一物多有歷史淵源。作者在遊覽之際，思前想後，或想像當時古人在此地之際，或將自己放置於之前時間、歷史的洪流下，難免感慨眾多，詠史或懷古[2]，實屬自然。遊記文章中實難免有懷古思史之內容。若提及因旅遊一具有歷史意義的地點而發懷古之幽情，讀者一般應該自然而然會思量起蘇軾的〈赤壁賦〉，蘇軾在旅遊人稱之赤壁，思憶起釃酒臨江，橫槊賦詩的曹操，引發悲古傷今的愁緒，進而將自身超脫於宇宙時空，盡情體味美感享受；這樣的情感起伏，是由遊覽的歷史地點觸發，但卻並不是將文章主旨專注於遊覽地點所發生的歷史事件。

我們也欣於賞讀蘇軾〈念奴嬌・赤壁懷古〉，藉追憶雄姿英發的周瑜，反發自己早生華髮壯志未酬之慨；或是曾鞏的〈墨池記〉，其

---

[1] 陳必祥：《古代散文文體概論》（臺北：文史哲出版社，1997，初版三刷），頁69 提到：「不管山水記或遊記，反應的都是人與自然的關係。……表現人與自然的關係，抒寫人對自然的審美感受，便逐漸成爲文學創作的一個重要內容。」

[2] 孔曉華：〈詠史懷古詩歌的含義及歷史源流〉，《衛生職業教育》（2007），頁 156 提到：「詠史詩大多是針對具體的歷史事件或歷史人物，有所感慨或有所領悟而作的；而懷古詩則多爲登臨舊地有感而發之作。」杜甫亦有〈詠懷古跡〉五首，詠史詩可說不勝枚舉，此早是詩歌研究中頗受注目的一類。

文章僅以第一段記述墨池的位置和王羲之「臨池學書，池水盡墨」的傳說作爲其後感慨之發端。或是陶淵明的虛構遊記〈桃花源記〉，跟隨陶淵明進入一先秦錯置歷史的時空。但這些作品主旨也絕非是對遊覽地點發生的歷史事件之關注或闡述討論，而一般遊記就更不必論及了。但即使並非遊記，在蘇軾〈超然臺記〉，也會對歷史有所關切，文中提及：「南望馬耳、常山，出沒隱見，近若若遠，庶幾有隱君子乎？而其東則盧山，秦人盧敖之所從遁也。西望穆陵，隱然如城郭，師尙父、齊威公之遺烈，猶有存者。北俯濰水，慨然太息，思淮陰之功，而弔其不終。」[3]雖是爲新建一遊覽登臨之臺而作記，但仍忍不住有「秦人盧敖之所從遁也」、「師尙父、齊威公之遺烈」、「思淮陰之功」等人文歷史的關懷。「懷古」、「詠史」，一直是遊覽作品思索感興中一難免的普遍內容。

雖是如此，但遊記作品主旨依然是以作者自己對社會、對人生的思考、抒懷爲主；鮮少是以記述一歷史事件，並抒發自己對此一歷史事件的情感，並擴大爲對文物遺產的思索，引發讀者對歷史文物認同爲主要敘述內容的。要能產生這樣的文學作品，必要條件是此地點曾是掌理著重要的文化資產之地，「道士塔」，不是普通的道士之塔，余秋雨文中的「道士塔」，正具有這樣重要的身份印記。余秋雨在自己的《文化苦旅・自序》說：「我發現自己特別想去的地方，總是古代文化和文人留下較深腳印的所在，說明我心底的山水並不完全是自然山水而是一種『人文山水』。……每到一個地方，總是有一種沈重的歷史氣壓罩住我的全身，使我無端地感動，無端地喟嘆。常常像傻瓜一樣木然佇立著。……大地默默無言，只要一、二個有悟性的文人一站立，它封存久遠的文化內涵也就能嘩的一聲奔瀉而出……。」[4]所以當文人遊覽一具有歷史印記的地點時，總不由自主想與古人對話，想像自己如果也曾在當時的歷史事件上插上一腳，是不是能對歷史有些許影響或改變？雖然只能是想像，卻能藉由紙筆的紀錄引起後之閱讀者的共鳴。

歷史事件具有一種能量，一種能夠不斷讓人產生審美意識，喚起人們愉悅、不安、痛苦、畏懼、緊張、憐憫的感覺，引起人們心跳、歡笑、慰藉或驚詫的力量，這種力量由作者藉由文學作品傳遞給讀者，而所引發的讀者感受或可說就是所謂歷史情感了。實際上不只是記遊之文，如上文所提蘇軾〈超然臺記〉，也是同樣具備一種人文歷

---

[3] 宋・蘇軾：《經進東坡文集事略》（四部叢刊，初編，集部）卷五十

[4] 余秋雨：《文化苦旅・自序》（臺北：爾雅出版社有限公司，1992），頁 4、5

史的內容[5]，而引發人們「無端的感動」，「無端的喟嘆」，而這種感動或喟嘆，是一種情感，其實正是由旅遊地所具有的歷史內涵所觸發。以下我們且以〈道士塔〉爲例，探索其中深刻而強烈的歷史情感，以及作者如何藉由書寫，觸發閱讀者的心靈悸動。

三、〈道士塔〉中的歷史情感

遊覽活動事實上是一種對遊覽地點的再造活動，地點本身沒變，但由於遊覽的時空不同，地點的意義也隨著遊覽的旅者和時空有了不同的意義，這是由於歷史時間的介入。以〈道士塔〉爲例，在王圓籙時，此地點是一個歷史文化卷軸的收藏點，一個他日常生活起居的地方；但在余秋雨遊覽此地點時，它是一個恥辱的象徵地：象徵政府官員的腐敗，象徵歷史文化卷軸的浩劫，象徵掠奪者的勝利……

諾思洛普・弗萊（Northrop Frye）曾說：「文學位於人文科學的中央，它的一側是歷史，另一側是哲學。由於文學本身不是一個系統的知識結構，於是批評家必須從歷史學家的觀念框架中去找事件，從哲學家的觀念框架中去找思想。」[6] 所以，我們一方面探視〈道士塔〉一文中所提到歷史事件的真實性，另一方面，由文字的書寫去研析作者如何表達思想，如何將思想用情感的文字傳達給讀者，而讓讀者感受也激發自身對歷史的情感。

（一）〈道士塔〉的歷史真實性

〈道士塔〉是一篇遊記散文，散文和小說不同，是一種屬於真實性的記載文字，要研析〈道士塔〉的歷史情感，我們必須先探究〈道

---

[5] 柯慶明對亭臺樓閣等記認爲它們都是具有某種「人文」或「歷史」的「內容」，所以：「我們就同時意識到它們所被賦予的『人文』意涵，以及附麗於其上的種種的歷史記憶，於是我們所獲得的，就同時是依存於『內容』的更爲複雜的美感；並且透過這些景觀的『形象』，我們的心思，很可能就會脫離於對其『形相的直覺』，而轉向針對其『人文』、『歷史』的內容，做出種種『情意』的反應。」柯慶明：〈從『亭』，『臺』，『樓』，『閣』說起—論一種另類的遊觀美學與生命省察〉，《中國文學的美感》（臺北：麥田出版社，2000），頁 290。

[6] （Northrop Frye, Anatomy of Criticism, Princeton University Press,1957,p.12.）轉引自盛寧著：《新歷史主義＝New Historicism》(臺北：揚智文化，1995)，頁 18

士塔〉的本源[7]，瞭解其所記載歷史事件的真實性。

王文云提及王道士：「下寺于道光初年已住了道士，清末道士爲王圓籙，……」[8]可見王道士確有其人，王子云並提到王道士墓誌所記載的一些紀錄。對於敦煌石窟，王子云談及：「歷代寺中的主持者，不論爲和尚爲道士，均要將『佛像壁畫棟宇，煥然一新』，在過去的壁畫上，另加一層泥，在泥上另爲塗畫，是以泥壁多甚厚，揭破則有數層，……王道士盜賣寫經得銀甚多，自爲功德，多將破舊佛像剷除，他另塑新像，將舊佛像堆成一塔，立碑名曰『敦煌千佛洞千相塔記』，碑立於宣統二年十月，塔尚存，……」[9]可見在〈道士塔〉一文中所記載的王道士和敦煌石窟中的歷史事件，在歷史上是有真實紀錄的。

「歷史」是過去真實發生過的事件的記錄，而「文學」則是人們想像和虛構的產物，[10]兩者因有不同而或有衝突。〈道士塔〉是文學作品，我們可以容許其中文字或有虛構或想像的書寫，但文本中的歷史事件需要有其真實性，〈道士塔〉畢竟是一篇散文，不是小說，如果作者寫作散文是要引發讀者的歷史情感，進而對歷史文化產生認同，必要條件就是須有真實的歷史事件。〈道士塔〉是符合這樣的條件的，文本中所引述的事件是真實的，確然發生過的。在確定文本引述事件的真實性後，我們可再進一步探析〈道士塔〉的書寫如何觸發讀者心靈情感。

（二）〈道士塔〉的情感書寫解析

---

7 朱立元總主編；陸揚主編：《20 世紀西方美學經典文本・第 2 卷，回歸存在之源》（上海：復旦大學出版社，2000），頁 416：「本源在此意味著：某個東西由此而來，並憑此而是它所當是的東西，以及事實上所是的東西。某個東西當是什麼，事實上是什麼，我們稱之爲這個東西的本質或本性。」〈道士塔〉中所記載的歷史事件正是其文本的本質或本性，唯有確定其真實，文本才有討論的價值。

8 王子云：〈敦煌和敦煌莫高窟歷史考證〉《讀書・思考・紀念》，頁 61

9 如前註，頁 63-64。頁 62 又提及：「匈牙利人斯坦因係英印度政府派往新疆考古，聞外商人云，在敦煌市上見有古外國文字，斯坦因乃于光緒三十三年（一九 0 七年）……乃至千佛洞，住于上寺。……待王道士化緣歸，于五月二十一日，乃移往下寺，觀下寺壁上畫有唐僧取經圖，因用欺騙之語，以中國信佛教時，用玄奘到印度取經，今中國不信佛教，應由印度人向中國取回。而王道士不爲所動。後以銀五百兩，盜購完整長卷寫經三千卷，共裝二十四箱文佛畫及繡品五箱。」另〈道士塔〉文中所提及的事件紀錄，在〈敦煌和敦煌莫高窟歷史考證〉一文中中多有述及。

10 盛寧著：《新歷史主義＝New Historicism》(臺北：揚智文化，1995)，頁 91

遊記是一種旅遊的紀錄，在遊覽自然時，人們有時想掌握的是一種觀賞自然後的心情抒發與對自然加以「人文化」或「人性化」的體悟。[11]可當遊覽的並不是多賞心悅目的美景，而是負載深刻歷史意涵的景物時，則衝擊遊覽者心裡的，是一種對歷史認知、認同所產生的情感。當在賞玩這些歷史景物時，遊覽者的思考與情感是可以超越時空的，進而可能可以幻化成一種時空的重疊，甚至不但「思前」，而且「想後」，這是「歷史」的力量。[12]

〈道士塔〉由塔寫到人，由人寫到事，由事寫到史，再由史生情，由情而思，而意識認同。表面上是一次遊覽的記要，是一篇遊記。但本質上卻是作者本身對歷史關懷及反思的一種抒發。最引起我們關注的，是文中的激情，由於那樣的歷史激情，所以挑動讀者的情緒，讓讀者找到歷史情感的依歸。以下我們且由幾方面，試研析作者如何讓文字產生如此生動的效果。

1. 強烈、誇大的情緒字眼

> 這是一個巨大的民族悲劇！[13]

文本中一句簡單但強烈的肯定直述句，控訴一個不認識多少字的農民，演出一場丟失千年文化遺產的悲劇。而且這場悲劇是荒誕的，應該可以避免的！但無人阻止，任由演員即興發揮演出！突出了在歷史的當時，一切是那麼孱弱無助！作者只是指責王道士愚昧嗎？所有應

---

[11] 柯慶明：〈從「亭」，「臺」，「樓」，「閣」說起〉，《中國文學的美感》（臺北：麥田出版社，2000），頁 276 中提及：「在將『自然』加以『人文化』以致『人性化』過程中，往往不僅是著重於『做結繩而為罔罟，以佃以漁』……；更往往在自然萬物之『情』，『通』出了人類中心的『神明之德』。」「自然」可說只是一個觸發引點，不同的遊覽者遊覽相同的景物會有不同的感興，這是「人類中心的『神明之德』」。

[12] 柯慶明：〈從「亭」，「臺」，「樓」，「閣」說起〉，《中國文學的美感》（臺北：麥田出版社，2000），頁 289、290 中提及：「只要我們一意識到它是『漳水』與『沮水』之際，我們就同時意識到它們所被賦予的『人文』意涵，以及附麗於其上的種種的歷史記憶，……」如前注 5 柯慶明所說，透過這些歷史記憶，我們的心思，會脫離形象直覺，而針對其歷史、人文的內容產生種種情意的反應。所謂「種種『情意』的反應」，正是我們想討論的「歷史情感」，因為這些遊覽點被賦予的「『人文』、『歷史』的內容」，而觸發一種源於歷史的情意反應。

[13] 余秋雨：《文化苦旅》（臺北：爾雅出版社有限公司，1992），頁 2

該阻止而沒有阻止的人不是更該被指責嗎？而造成的後果是「巨大」的，是「民族悲劇」，多麼沈重！「一個古老民族的傷口在滴血。」（《文化苦旅》，頁 2）這血似乎沒有止住一直在滴，滴進每個讀者心中；這傷口似乎永不癒合，永遠裸露在風雪大漠。這無止盡的悲哀是作者極力渲染給讀者的情感。作者擅長用強烈、誇大的文字敘述事實，敘述他心中的感受，這能挑動讀者的激情。〈道士塔〉一文中最讓讀者深刻的字眼印象，應是：「**我好恨！**」（《文化苦旅》，頁 11）單獨成行，表示恨意足夠強烈佔據一個獨立的文章空間！而且不止，恨意在下一段延伸：「**不止是我在恨。敦煌研究院的專家們，比我恨得還狠。**」（《文化苦旅》，頁 11）這樣的文字接續，爲閱讀速度製造停頓，閱讀的停頓能加深思考，能加強情感。似乎恨意是綿延不止的，並隨著最後一段文字，長留讀者心中。要消弭這股恨意，唯有像研究敦煌的學者一樣埋頭苦幹。這種文字安排方式讓讀者的情感隨之迸發，隨之認同於歷史、認同於中華文化。

2. 平實的書寫，隱藏的激動

〈道士塔〉一開始先以平實的敘述，介紹作者所在的環境：

> **莫高窟大門外，有一條河，過河有一溜空地，高高低低建著幾座僧人圓寂塔。塔呈圓形，狀近葫蘆，外敷白色。從幾座坍弛的來看，塔心豎一木樁，四周以黃泥塑成，基座壘以青磚。歷來住持莫高窟的僧侶都不富裕，從這裡也可找見證明。夕陽西下，朔風凜冽，這個破落的塔群更顯得悲涼。**（《文化苦旅》，頁 1）

似乎是毫不出奇，只是詳細的、老實的記載。嵌入相關的細節，是心理學上屬於誠實的描述。這平實的文字，是在爲文章後來的激動作伏筆。隨著文字閱讀，讀者情緒是慢慢被挑起的：

> **有一座塔，由于修建年代較近，保存得較為完整。塔身有碑文，移步讀去，猛然一驚，它的主人，竟然就是那個王圓籙！**（《文化苦旅》，頁 1）

最讓讀者驚心的，是接續的一句話：「**歷史已有記載，他是敦煌石窟的罪人。**」（《文化苦旅》，頁 1）作者以詳實的史料紀錄爲基礎，對民族文化進行思索和審視，平實的書寫展現在多數的文字敘述中。

但文字敘述的背後卻凝練著豐富的情感，「他是罪人」，這罪，正來自丟失文化遺產！讓讀者在經過自己的思索咀嚼後，激發讀者的民族認同感，一種保護文化遺產的情感衝動。

> 那天傍晚，當冒險家斯坦因裝滿箱子的一隊牛車正要啟程，他回頭看了一眼西天淒艷的晚霞。那裡，一個古老民族的傷口在滴血。（《文化苦旅》，頁 2）

短短幾十個字，由具體到抽象，由一幅淒美豔麗的畫面，一隊漸行漸遠的牛車，在西邊地平線上慢慢成爲一連串的黑點，演變爲象徵性的像一把利劍在歷史割開了一道深深的傷口，這種情緒感染讀者成爲一種錐心的痛苦，將複雜深刻的歷史思緒演化爲一種強烈的情緒，吸引讀者。

文學參與主導意識形態的流通和確立。[14]隨著〈道士塔〉的寫作，讀者被激發的歷史情感，加深加強對傳統歷史的認同與關懷，就形成了保護歷史文物的意識形態。

3. 巨大的對比、反差引動激情

文學具有意識型態的功能，它能模糊特定社會構成中的矛盾，使那些爲了特定集團和階級利益而做出的種種人爲安排被視爲自然。[15]〈道士塔〉反其道而行，它使那些爲了特定集團和階級利益而做出的種種人爲安排被視爲錯誤而影響歷史，使讀者因爲文本的寫作而加深對此些特定集團和階級利益而做出的種種人爲安排覺得厭惡而深深反感，而作者就代表讀者進入歷史時空中對這些安排大聲阻撓吶喊。這些安排，作者巧妙的利用巨大的反差、對比呈現。〈道士塔〉的確中處處充滿落差甚大的對比：

> **其時已是二十世紀初年，歐美的藝術家正在醞釀著新世紀的突破。羅丹正在他的工作室裡雕塑，雷諾瓦、德加、塞尚已處於創作晚期，馬奈早就展出過他的《草地上的午餐》。他們中有人已向東方藝術投來歆羨的目光，而敦煌藝術，正在王道士手上。**（《文化苦旅》，頁 3）

---

14 盛寧著：《新歷史主義＝New Historicism》(臺北：揚智文化，1995)，頁 61

15 同前註。

這是準備突破舊藝術的西方，和藐然無知的東方藝術保存者的對比；「**太卑微，太渺小，太愚昧**」（《文化苦旅》，頁 2）的王道士，和「**金石學家，懂得洞窟的價值**」（《文化苦旅》，頁 6）的官員，也是巨大落差的對比；「**不遠萬里、風餐露宿，朝敦煌趕來。他們願意賣掉自己的全部財產，充作偷運一兩件文物回去的路費。他們願意吃苦，願意冒著葬身沙漠的危險，甚至作好了被打、被殺的準備**」（《文化苦旅》，頁 6）的這些盜寶者，和當時的中國官員、庸碌的王道士又是一層對比；「**１９０５年１０月，俄國人勃奧魯切夫用一點點隨身帶著的俄國商品，換取了一大批文書經卷；１９０７年5月，匈牙利人斯坦因用一疊子銀元換取了二十四大箱經卷、五箱織絹和繪畫……**」（《文化苦旅》，頁 7）這些讓人淌血的兌換，也是對比……。以兩個懸殊的角度敘述不同而相對的事物，形成強烈的對比效果，挑動讀者的情緒，激發不平的情感。這種對比和反差中滿盈著作者對民族文化遺產珍視的情感，也加強了讀者對歷史的認同。更凸顯特定的人士，種種人為的安排如何的影響歷史。

4. 小說式的敘述方式帶動情感

歷史本是離不開想像，歷史文本也難免有虛構的成分；歷史本是以發生之事的紀錄，而散文則是想像可能發生之事。歷史話語主司「真實」的再現，而文學話語則以想像和虛構為基本特徵。[16]以〈道士塔〉為例，可以看到多處作者充滿想像和虛構的文字。而這種想像和虛構的書寫，已是小說式的，而非以真實性為基本敘述方式的散文書寫手法了。

作者先從一看似荒廢但實際上聯繫深刻文化歷史意義的遊覽地標一道士塔著手，整個寫作過程，也許一開始讓讀者覺得不知葫蘆裡賣什麼藥，但隨著文章的進行，此遊覽地標出人意表地和歷史文物的保存形成一重要的連結點。透過文章的揭示，使當時歷史時空「重現」--更確切的說，文本或許應該是「重塑」那時歷史時空的事件。而「重塑」的書寫，充滿想像與虛構，是一種小說式的敘述方式。作者充分發揮藝術想像才華，對發生於一百多年前那一段不堪回首的歷史進行藝術上的虛構，使塵封的歷史復活於讀者眼前：

> 沒有任何關卡，沒有任何手續，外國人直接走到了那個洞窟跟前。洞窟砌了一道磚、上了一把鎖，鑰匙掛在王道士的褲腰帶上。外國人未免有點遺憾，他們萬里衝刺的最後一站，沒

---

[16] 同前註 14，頁 101

> 有遇到森嚴的文物保護官邸，沒有碰見冷漠的博物館館長，甚至沒有遇到看守和門衛，一切的一切，竟是這個骯髒的土道士。他們只得幽默地聳聳肩。（《文化苦旅》，頁7）

這種想像是作者真摯情感的展現，彷彿是作者情不自禁而真的超越時空走進歷史，重塑了這段充滿無力感的沈重災難歷史。而當可以「參與」，卻只能「旁觀」，「無力回天」時，那種迴盪情感是更爲激動豐沛的。

毀滅珍貴的文化遺產者不知道自己在進行毀滅；知道他正在毀滅者卻無力阻止，這是一種深沈的悲哀，深深地感染著讀者。

> 今天我走進這幾個洞窟，對著慘白的牆壁、慘白的怪像，腦中也是一片慘白。我幾乎不會言動，眼前直晃動著那些刷把和鐵錘。“住手！”我在心底痛苦地呼喊，只見王道士轉過臉來，滿眼困惑不解。是啊，他在整理他的宅院，閒人何必喧嘩？我甚至想向他跪下，低聲求他：「請等一等，等一等……」但是等什麼呢？我腦中依然一片慘白。（《文化苦旅》，頁4、5）

作者不但是去遊覽，而且藉著此行動，積極的將自己置身於當下時空中，並參與歷史進行，這樣的描述具有很強的現實臨場感。很顯然，這是作者面對文化瑰寶被毀滅的震驚和極度的痛心，以致似乎產生穿越時空的幻覺，似乎與王道士作一種面對面的交流。正是這種面對面的小說式虛構對話，讓讀者感受到王道士的愚昧無知，而能體味作者內心的傷心、無奈的情感。這是一種回顧敘述，就敘述者所知道的線索擬造一個故事，一種情境。而這故事所呈現的情境是能劇烈煽動讀者情感的。

敘事的逼真只是一種虛構，我們毋須爲作者在文中的吶喊爭論虛構成份的多寡；但須注意的是文本中的吶喊代表一種阻止的意願，而此意願牽動讀者的情感，彷彿代讀者吶喊出聲，彷彿真的可以改變歷史，而想阻止、改變歷史的意願正是一種對此歷史文化的認同。那一聲吶喊：「住手！」正是常理推斷彌補歷史上無法填充的空缺。這也是「僞陳述」，是用於表達情感，而不是對事實進行客觀描述的一種陳述，[17]是一種可信的不可靠敘述。但這種敘述在文本中卻充滿力量，

---

[17] 司有侖主編：《當代西方美學新範疇辭典》（北京：中國人民大學出版社，1997二刷），頁502

似乎代替讀者參與歷史的進行；讀者會有參與的慾望，正因爲由文本的寫作而認同作者的意識情感而希望能想像自己參與那段歷史進行，而同時也讓讀者更加深了對這歷史的情感認同。

5.勝利的宣告

〈道士塔〉在情節設計上用的是悲劇和反諷：文化遺產的流落他國，是悲劇；製造悲劇下場的罪人竟被定位是一個微不足道的道士，是反諷。悲劇能加強對歷史不捨的情感，讀者希冀不重蹈覆轍，讓歷史重演；反諷則是一種對歷史不屑的嘲弄，讀者會期望由自己重造或扭轉歷史，能讓自己驕傲、認同的歷史。所以在最末段，作者簡而有力的作了屬於中華文化勝利的宣告：

> **敦煌研究院的專家們，比我恨得還狠。他們不願意抒發感情，只是鐵板著臉，一鑽幾十年，研究敦煌文獻。文獻的膠卷可以從外國買來，越是屈辱越是加緊鑽研。**
>
> **我去時，一次敦煌學國際學術討論會正在莫高窟舉行。幾天會罷，一位日本學者用沉重的聲調作了一個說明：「我想糾正一個過去的說法。這幾年的成果已經表明，敦煌在中國，敦煌學也在中國！」**（《文化苦旅》，頁 11）

我們閱讀〈道士塔〉的最後結論，無疑是一種勝利的宣告。這宣告影響讀者對此文章的情感喜好而接受度大爲提高。而這樣勝利的宣告，也抹去了先前敦煌歷史文物所遭受的不公：由無知的小老百姓及腐敗的政府官員所造成的文物實質浩劫，在學術研究者的努力下獲得補償，這其中橫跨歷史的情感起伏，牽引讀者的閱讀情感，也對歷史產生認同之情。「歷史：是一種認識活動，是對精神、生命和人類活動的具體研究。情感：有情緒的成分，但並不是有意識的情緒，也有感受的成分……，是意識到內心有一股騷動。……如果一件藝術品表現了藝術家的情感……欣賞者在這種情感表現中同樣也能夠感到自己對那情感的反應，或者說是一種參與，這時候情感不僅也就成了欣賞者的情感，而且這種情感本身還表明了具體的審美活動內容。」[18]〈道士塔〉的寫作可說充分印證這段話語，整個文本的寫作過程不斷讓讀者產生一種對此段歷史的情感激盪，有時也能讓作者帶著讀者想像參與此段歷史的進行，而最後也完成了讀者的歷史情感認同。

---

18 司有侖主編：《當代西方美學新範疇辭典》（北京：中國人民大學出版社，1997 二刷）頁 11、18

此外，〈道士塔〉文本中所引述的詩句篇章[19]和文章內容可說是同一母題[20]。〈道士塔〉雖是一篇是旅遊記要，但其母題卻是反侵略主義的霸凌，反對對歷史文物保存的漠視。作者藉由一無名詩人的憤恨來宣洩激動的情感，這詩篇和文本內容互相呼應，甚至詩篇提到想和火燒圓明園的額爾金勳爵「一決勝負」，而引出最後文本中的勝利宣告。

〈道士塔〉的敘述，其真實是一種態度、情感上可接受的真實，而不是科學上客觀的真實。〈道士塔〉所陳述的事實是以歷史記載作爲基礎，然後作者發揮一種情感上的想像。它所希冀引起的作用是影響情感，讓讀者受到文字所發揮的情感而引動自身的情感。[21]〈道士塔〉的陳述是一種作爲處理和表達情感的手段。我們需要的歷史民族精神的反省思索在作者的筆下奔瀉而出，給讀者一種文化、生命的感悟，而〈道士塔〉，除了這種歷史文化的反思外，又多了一種對文化命運的喟嘆。作者用一種激動情感的語句，種種的書寫設計去激動讀者，使讀者關注到在文本中提到的歷史事件，激發讀者的歷史情感，並認同作者的歷史價值觀，接受了事件的整體文化價值，激發了讀者對文化的悲患意識，也可說使散文的社會教育功能大幅度的提高。

四、結語

寫作雖是一種自己所思所想的紀錄，但在發表成爲具有讀者的作品時，作家無疑總希望能引起讀者積極的參與[22]，這種參與也許是一種情感的認同，也許是一種思考的認同。對遊記作品而言，讀者最佳的參與方式也許是當遊覽到作家所記錄的遊覽之點時，能回思起那篇旅遊作品：遊赤壁時，除聯想到赤壁之戰，蘇軾的〈念奴嬌・赤壁懷古〉、〈赤壁賦〉總不由自主在腦海中盤旋，甚而形成遊覽地點的一部份；

---

[19] 余秋雨：《文化苦旅・自序》（臺北：爾雅出版社有限公司，1992），頁 9、10

[20] 佛克馬（Douwe Fokkema），蟻布思(Elrud Ibsch)合著；袁鶴翔等原譯：《二十世紀文學理論》（臺北：書林，1987），頁 25 提及：「華西洛夫斯基認爲母題是基本敘述單元，所指涉的是日常生活或社會現實範疇裡的典型事件。」

[21] 只要作品能激起我們整體的、前後一致的情感反應，使我們「相信」，它就包含了真實性，因爲這種真實只是一種「內在的必然性」，它既非真，又非假。……只要它具有真正激發情感的功能，那麼它就是一種成功的敘述。引自司有侖主編：《當代西方美學新範疇辭典》（北京：中國人民大學出版社，1997 二刷），頁 503

[22] 楊大春著：《解構理論》（臺北：揚智文化，1994），頁 22 提及：「解構批評家當然不希望讀者客觀地對待自己的作品，而希望他們參與進去。」不只是解構批評家，作家都應是希冀讀者能參與自己的作品，能對作品有共鳴。

到岳陽樓，范仲淹的〈岳陽樓記〉哪能不迴盪在耳邊！余秋雨希冀藉由道士塔的寫作返回當時的時空環境，對矗立在眼前的道士塔做一番從古至今的描述回顧。而我們相信，當〈道士塔〉的讀者有一天真到那座道士之塔，真到敦煌石窟之時，其時胸中激盪的思索或情感，勢必會受到此文本深刻的影響。

最後，或可再進一步探究文本中的潛話語。〈道士塔〉是一種文化遭遇無法再挽回的損失，對文化維護傳承特別具使命感的知識份子明知損失無法挽回，卻無法重新回到當時的歷史時空，去改變此一事實。余秋雨是現代知識份子[23]，文本表現著對傳統士大夫，也就是這段歷史中的知識份子的不滿。現代知識份子承擔了文化批判使命，以及作為一種基本價值的維護者。余英時說：「西方人常常稱知識份子為”社會的良心”，認為他們是人類基本價值（如理性、自由、公平等）的維護者。知識份子一方面根據這些基本價值來批判社會上一切不合理的現象，另一方面則努力推動這些價值的充分實現。……根據西方學術界的一般理解，所謂”知識份子”，除了獻身於專業工作以外，同時還必須深切關懷國家、社會以至世界上一切有關公共利害之事。……”知識份子”，事實上具有一種宗教承擔的精神。」[24]語言文字本就具有情感功能，利用語言文字，並通過語言文字帶來聯想，喚起情感和態度，這就是釋放情感，並且感染到讀者身上，使讀者也產生類似的情感體驗。余秋雨個人以及本文所設定的讀者群事實上是具有一種特殊的階級、身份、文化的表徵—那就是「讀書人」，也就是知識份子，在文本中，和王道士是截然不同的身份，可又和那批文官具有同樣性質。讀者藉由閱讀，發現文本中蘊含的意義、情感，產生同情共感，進而塑造同樣的意識型態。

蔡江珍提到梁啓超時代的文學：「寫作主體的知識份子往往置身權力結構之外而對現存社會機構加以公正的批判，同時他們又是為人類真理獻身的人，肩負著改造人類、引導社會價值體系朝向更加合理公正發展的使命……。」[25]對余秋雨來說，他正是如此。在梁啓超時代

---

[23] 利奧塔（Jean-Francois Lyotard）所謂「現代知識份子」，他說：「『知識份子』更像是這樣的思想家，他們把自己置於人類、人性、人民、無產階級，創造著或者諸如此類的地位。也就是說，他們把自己等同於被賦予普遍價值的主體，並從這個角度分析形勢，開出處方，為主體的自我實現，或至少是這種實現的過程的進展，提出建議。」轉引自陶東風：《文化與美學的視野交融》（福建；福建教育出版社，2000），頁 127

[24] 余英時：《士與中國文化・引言》（上海：上海人民出版社），頁 2

[25] 蔡江珍：《中國散文理論的現代性想像》（北京：中國社會科學出版社，2006），

的散文作家，雖肩負這樣的使命，但其文章性質可能因偏向說理，反而不易讓讀者接受；余秋雨的散文是感性的，以情感來策動讀者，或許反而更能收到效果。

余秋雨在〈道士塔〉中，不但表現那份屬於有擔當的知識份子之痛，還讓讀者感受那份痛！這種痛的引發對象是歷史事實，這種痛是一種心裡強烈巨大的情感；這種痛引發一種傷心的情緒，引發一種憤怒的情緒。因而對歷史產生認同，希冀自己雖不能扭轉歷史事實，但總期盼自己能對已知的歷史傷口作一些止血的行動。

書寫，是一種釋放思想的行爲，是一種表達情感的行爲。不管是透過強烈、誇大的情緒字眼、或是平實的書寫中隱藏的激動，或是用巨大的對比、反差引動激情，甚至是小說式的敘述方式帶動情感，或在最後作一激情的、勝利的宣告，在在都表現出作者對歷史的一種責任感和使命感，面對這樣的歷史悲劇，豐沛的情感衝紙而出，也激動著讀者的情緒，讓整篇文章，散發強烈巨大的文學感染力。遊記作品不再只是和自然美景的交融，或藉自然轉而對人生、宇宙的一番思索。自然山水可以是充滿人文內涵的歷史山水，遊記作品可以從當前時空，跳脫轉而對歷史文化作一思辯。余秋雨的〈道士塔〉，實爲遊記文學，開拓另一廣闊的寫作新方向。

徵引文獻

（一）古籍

1.宋・蘇軾：《經進東坡文集事略》（四部叢刊，初編，集部）卷五十

（二）近人論著

1.王子云：〈敦煌和敦煌莫高窟歷史考證〉《讀書・思考・紀念》

2.孔曉華：〈詠史懷古詩歌的含義及歷史源流〉,《衛生職業教育》, 2007

3.司有侖主編：《當代西方美學新範疇辭典》北京：中國人民大學出版社，1997 二刷

4.朱立元總主編；陸揚主編：《20 世紀西方美學經典文本・第 2 卷，回歸存在之源》上海：復旦大學出版社，2000

5.佛克馬（Douwe Fokkema），蟻布思(Elrud Ibsch)合著；袁鶴翔等原譯：《二十世紀文學理論》臺北：書林，1987

6.柯慶明：〈從『亭』,『臺』,『樓』,『閣』說起—論一種另類的遊觀美學與生命省察〉,《中國文學的美感》臺北：麥田出版社，2000

7.陳必祥：《古代散文文體概論》臺北：文史哲出版社，1997

8.陶東風：《文化與美學的視野交融》福建；福建教育出版社，2000

9.盛寧著：《新歷史主義＝New Historicism》臺北：揚智文化，1995

10.楊大春著：《解構理論》臺北：揚智文化，1994

11.蔡江珍：《中國散文理論的現代性想像》北京：中國社會科學出版社，2006

散文讀者的閱讀圖式試探

——以梁實秋〈舊〉、簡媜〈夏之絕句〉的閱讀反應為中心

倪文尖*

提　要

語文教育中的散文作品閱讀，一直是重點和難點所在，本文試圖以梁實秋〈舊〉、簡媜〈夏之絕句〉及其閱讀反應爲中心，強調文學閱讀的讀者主體性：閱讀主體的知識經驗和閱讀反應，既是文學教學必須考量、體貼的起點，又是檢驗教學有效性的尺度，而培養合格乃至理想的讀者，應該成爲文學教學的目標；理想的閱讀主體應當具備足夠的閱讀圖式，並能自如運用；閱讀圖式的建構，須著眼於「主體」及「對象」二者來交互展開；閱讀圖式不勝枚舉，重要的如「超保護合作」、「想像和移情」、「文本的完整性」以及「文類」、「亞文類」的有關知識與讀法，等等，都能在聽、說、讀、寫等各項語文活動中有意識地建構並強化。

關鍵詞：閱讀圖式、閱讀反應、《舊》、《夏之絕句》

*華東師範大學中文系副教授

一、理念緣起

文學教育向來是語文課程的重頭戲，可又往往被認定是教育的重災區；文學作品在語文課本裏從來都是「大頭」，可也正是文學閱讀最讓師生們感得「頭大」。這是怎麼回事？我們認爲根本原因在：課堂狀態的語文學習中，文學「學什麼」、文學「怎麼教」等核心問題一直懸而未決；作爲學校語文知識的「文學」教科書，在知識開發、呈現方式以及編撰策略上，甚少有自覺而獨到的探索與實踐。

閱讀是文學教育的基礎，也是關鍵，而讓學生成爲愛讀、會讀文學作品的合格乃至理想的閱讀主體，則是語文課程的文學教育基本目標；而建構合宜適當的文學閱讀圖式，掌握各種文學作品的讀法，是達成目標過程中最重要的環節。因爲閱讀文學作品的過程，既是讀者將鮮活的人生經驗與文本進行個性化對話、聯結的過程，也是讀者拿腦海裏的閱讀圖式與文學文本碰撞、咬合的過程，所以，根據我們的初步考量，文學的閱讀圖式不妨分作兩大類型來研究：「著眼於主體的」，以及「著眼於對象的」。

「著眼於主體的閱讀圖式」，略有些拗口，其實，它受惠於課程改革以來的種種呼聲：「學生主體」、「對話性閱讀」、「研究性學習」，等等；而提出「著眼於主體的閱讀圖式」，也有爲「學習方式的變革」在知識層面夯底、在學理層面清理的企圖。文學的閱讀之所以不同于文章的閱讀，其要害之一，在於閱讀文學作品須要更多的主體投入，須要分外關注自己的知識經驗與閱讀反應。換句話說，文學閱讀的教學，必須考量、體貼的起點之一，是學生作爲閱讀主體既有的知識經驗和閱讀反應；另一方面，學生知識經驗的擴大和閱讀反應的進步，又是檢驗文學教學有效性的重要尺度。

「著眼於主體」的閱讀圖式，較多體現爲高級讀者的閱讀態度和習慣，也會在閱讀的能力及成效方面表現出來。比如，閱讀活動中啓動並調動已有知識經驗，還原作品文字所編織的世界，外射並移注個人情感，從而全身心投入的那種可稱爲「想像與移情」的能力和習慣，就是非常重要而顯著的主體性閱讀圖式；而往常說得特神秘的文學「慧根」之有無，其基本的涵義和標准，很可能就是「想像與移情」能力之強弱。不過，閱讀圖式作爲一類內隱的默會知識，往往發生在主體內部，習焉不察，難以把握、研究，更難以教學。要有效地教與學，勢必要在使之充分地外顯化上下功夫。比如，朗讀的教學機理之一是，通過朗讀來促進想像與移情的展開，在提高朗讀水準的過程中，使得內隱的想像與移情變得外顯而可見、以至於可教，因而，尤其是在面對詩歌、散文等抒情類作品的教學之時，要養成學生多朗讀、多吟誦的習慣；閱讀時寫寫畫畫做旁批，也是一種使想像與移情外顯化的重要方式；而搜集相關材料、「知人論世」式的讀書方法值得推介，因爲這種「互文性閱讀」也非常有助於讀者的想像與移情。事實上，聽、說、讀、寫等各項語文活動，無一不是建構主體性閱讀圖式的有效途徑。問題的症結是，我們要在語文學習的過程之中，有意識地強化「反思性」，提升「元認知」的意識與能力。總之，教學主體性的閱讀圖式，要在讀者的知識經驗、閱讀反應與認知邊界上著力，在促進主體的「反思性」和「元認知」上狠下力氣。固然，究竟怎麼才能有的放矢、事半功倍，還有待心理學等學科切實有效的進步，以及語文教育研究者的不斷探索。

「著眼於對象的閱讀圖式」，名詞貌似也是新鮮的，其實卻有更悠久的研究曆史，相對來說也有更豐厚的成果積澱。比如，文類或曰體裁，就是最基本的方面，而文類的相關研究，古今中外都有很好的基礎，我們需要做的是，從「著眼於對象的閱讀圖式」的高度來轉化並運用。老生常談的「散文」、「詩歌」、「小說」以及「戲劇」這些大的文類，非常重要而「管用」；當然，也可能「不夠用」。它們各自統領的所屬「亞文類」，比如「抒情散文」、「遊記散文」、「七言詩」、「敘事詩」、「意識流小說」、「偵探小說」、「喜劇」、「荒誕戲劇」等等，對於具體閱讀活動來說，則可能是更具價值的「亞文類」的閱讀圖式，也是文學作品教學重要的學習內容：簡言之，不同體式的作品有不同的讀法。當然，「著眼於對象的閱讀圖式」並不限於文類，像「意象與意境」這跨文類的讀法，就是中國文學乃至中華文明特別要緊的閱讀圖式。

前幾年，按照上述建構閱讀圖式的理念，我們編撰過一套高中語文的實驗課本[1]。編撰過程使我們認識到，文學作品的教學，最困難的還屬一般教材選文數量最多的散文。所以，在接到會議通知尤其是那份散文篇目之後，本文准備以臺灣教科書上的兩篇散文爲中心來討論，而方法，則是從讀者的閱讀實踐出發來倒推散文的閱讀圖式問題。這樣，我們就更顯得不合乎一般論文的規範和體制了：具體做法是，請幾位學生在不參考任何解讀材料的情況下，細讀梁實秋的《舊》和簡媜的《夏之絕句》；要求是至少讀三遍，每讀一遍，要寫下數百字的直感和發現——怎麼寫都可以，形式不拘，不要求成文，爲的是記錄下真實的閱讀反應；最後，還希望他們在讀文本的過程中，有將這兩篇散文進行比較閱讀的意識[2]。四位同學的閱讀反應，直接構成了本文的第二部分。之所以這樣做，一是這些內容應可視爲《舊》和《夏之絕句》相當不錯的賞鑒和解讀，二是，爲了便於我在第三部分作簡要分析時，有具體的文字爲依託。

二、閱讀反應

（一）A同學

1、關於《夏之絕句》

（1）初讀感受

---

[1] 《國家課程標准高中語文實驗課本（試編本）》，上海教育出版社 2007 年第一版；由上海教育出版社組織編寫，筆者和王榮生教授合作主編；按照國家課程標准，高中語文課程分必修模塊和選修系列；必修模塊的試編本共五冊，合編者是：王榮生、倪文尖、李海林、鄭桂華、褚樹榮等。

[2] 這四位同學是，華東師範大學中文系 2008 級的竇靖童、吳芳、項伊驊、李燕霞。需要說明的是，她們時爲本科三年級學生；在過去幾年都程度不等地受我如上所略述的「閱讀主體」和「閱讀圖式」的學理思路的影響和薰陶，比如，她們都聽過筆者的「語文名篇研習」課程之類。

首先讀第一句話我就想發問：爲什麼？駢儷文和絕句各有什麼說法？「已有許久，未嘗去關心蟬聲。耳朵忙著聽車聲、聽綜藝節目的敲打聲、聽售票小姐不耐煩的聲音、聽朋友附在耳朵旁，低低啞啞的秘密聲……」這不正是在物欲橫流的當今社會中眾生的寫照麼？

蟬聲如何進入被堵塞雙耳的作者心中的過程可謂是描寫的細致入微。「絕句該吟該誦，或添幾個襯字歌唱一番。蟬是大自然的一隊合唱團；以優美的音色，明朗的節律，吟誦著一首絕句，這絕句……是蟬對季節的感觸，是……抒情詩。」直到這一段，作者才正面解釋了蟬聲與絕句的相連性，也回答了我的疑問。

後面的「有時候我們抱怨世界愈來愈醜了，現代文明的噪音太多了；其實在一灘濁流之中，何嘗沒有一潭清泉？在機器聲交織的音圖裏，也有所謂的『天籟』」，則是對第二段自己狀況的一個由個體延伸至整個社會的反思，也可以算是一個呼應。

作者只用一個蟬便寫盡了夏的神韻，也寫出了自己對於生命的感悟。

（2）再讀感受

我覺得這篇文章，更像是我們高中時候常常做的那些閱讀訓練中的一篇，有規範的章法和邏輯。作者在解釋完了爲什麼說蟬聲如絕句之後，重點依據時間這條線索來寫聽蟬的感受——晨間聽蟬、午後聽蟬、黃昏聽蟬。

這三個部分構成了文章的主體脈絡，聯系全文強調的生命意識——詩中自有其生命情調，我認爲這三個階段似乎就是作者眼中的人生的三個階段，「蟬亦是禪」，每個人都是從懵懂少年出發的，那是我們還眼神清澈，可是從何時卻步入喧囂的泥淖中不可自拔呢？只有經歷過後，才懂得用心去聆聽那一首首的生命之歌。

「每年每年，蟬聲依舊，依舊像一首絕句，平平仄仄平。」這個結尾可謂精妙，一方面再次點撥出我們心中盤旋已久的疑問，更是暗喻人生不可能一路坦蕩，正如絕句之平仄相間，而我們能否用用聽蟬的心境去淡然面對呢？

2、關於《舊》

（1）初讀感受

我覺得梁先生文章很大的特色之一便是引經據典，隨手拈來，那種文字的底蘊不斷生發出來，一個「舊」字似乎便是一部曆史。

但說實話，正由於裡面運用了很多典故，所以有些地方我沒有讀懂，尤其集中在第二段：a,「衣不經新，何由得故」；b,「殺頭而便冠」；c,「削足而適履」。

作者的觀點其實很符合我們一般人的想法，那就是：「舊的事物之所以可愛，往往是因爲它有內容，能喚起人的回憶」，可是又不能沉湎其中，因爲我們每日裏還是終究要面對「擠死人的公共汽車，醜惡的市招，和各種飲料一律通用的玻璃杯!」所以懷古而不傷今應該是此文的基調。其立論之新奇之處可謂是無，也許這剛好符合了文章的一個「舊」字。

但是，此文最吸引人的地方，我以爲是他如一篇閑散小品文一般透露出來的隨意和現實，尤其是作者在描寫對舊物的眷念時那種引發讀者共鳴的感召力。

（2）再讀感受

針對第二段三個疑問，在重讀過程中，我逐一查了文獻以及翻譯，解答如下：a，衣服不經過新的，怎麼能變成舊的呢？可見舊即使如作者所言的好，那也是由新變來的，所以一味戀舊而排斥新，那便是自相矛盾的。我個人覺得他妻子的說法比較有道理；b、c 都是指做事輕重倒置，「一般人穿的鞋，其製作設計很少有顧到一隻腳是有五個趾頭的，穿這樣的鞋雖然無需『削』足，但是我敢說五個腳趾絕對缺乏生存空間」，作者這句話似乎是在認可新鞋不能給人以舒適的感覺，但是爲什麼尾句又要加上一句「有人硬是覺得，新鞋不好穿，敝屣不可棄。」似乎又在否定「有人」的觀點呢，這不是邏輯上的相互矛盾麼？總之，我覺得第二段，作者似乎在說舊衣好，而所舉的例子似乎又在打破自己的立論。

第三段裡所言的「一棟建築要等到相當破舊，才能有『樹林陰翳，鳥聲上下』之趣」，當是我最喜歡的部分了，那種老樹下的低矮房屋，見證了多少中國平凡人家的日日夜夜，作者筆下的畫面感很強的文字，似乎帶我進入了一部楊德昌和侯孝賢導演的電影裏。

3、比較閱讀

女子的細膩與男性的博學在這兩篇散文中得到了充分的展現，而我個人更喜歡梁實秋先生那種「潤物細無聲」的感染力。

相似之處：皆是以一字寫出人生觀；皆寫出了自己的生命態度；皆寫出了閑適與隨意，很能引發讀者心中的共鳴；皆寫出了自己與此物密切的關聯性，如簡媜喜愛聽蟬，梁實秋好舊而不惡新；都有較強的文學性。

不同之處：簡媜著重寫具體實物，而梁實秋寫的卻是在「舊」字定性之下的一切事物；簡媜用女子特有的細膩柔軟表現了心中的跌宕起伏，一如絕句的「平平仄仄平」，而梁先生則引經據典、旁徵博引，自己心裡的小波動似乎沒有什麼展現，大家的風範可見一斑，也就是說二人文學性的側重點不同，一個重語言的靈動飄逸，一個重意境的渲染薰陶。

（二）B 同學

1、關於《夏之絕句》

(1)初讀感受

讀到「我不禁想起童年」處，感覺前面關於蟬聲的部分只是全文的一個引子，似乎文本的主要內容是對童年的回憶。因爲後面有「首先撿的是蟬聲」，期待「其次」。

「捉得住蟬，卻捉不住蟬聲」。這裏的蟬聲或許是逝去的美好的童年時光。如今還能聽到蟬聲卻再也不是童年的蟬聲了：其實是一種對時間流逝的感慨，年年歲歲花相似，歲歲年年人不同。

夏天還有很多其他的聲音，爲什麼說「蟬聲足以代表夏天」？爲什麼我想起童年的時候「首先撿到的是蟬聲」？

絕句、邊塞詩、隱士、遊吟詩人這些隱喻背後有什麼樣的玄妙？

如何理解「蟬亦是禪」和「流浪」？

「我喜歡一面聽蟬一面散步，在黃昏。」爲什麼強調「黃昏」，是爲了和前面的「晨間」、「午後」對應嗎？還是可以理解爲這幾個表示時間的詞代表著人生的幾個階段呢？還有，黃昏的蟬聲又是怎樣的呢？

從「走進蟬聲的世界」開始的部分，講的內容很簡單，無非是「世界不缺少美，而是缺少發現的眼睛」。並沒有描繪黃昏的蟬聲，那麼，爲甚麼要接在「黃昏」的後面，這一部分在結構上爲什麼和前面不一致？這部分讓我感覺似乎作者的寫作意圖是告訴人們要有發現美的眼睛，有善於傾聽的心。

倒數第二段談到了「聆聽」，描繪出蟬聲的美妙和聆聽的「藝術」，那麼，這個藝術是什麼呢？是否是對生命的一種體驗。對蟬聲的描述其實是對不同人生經歷人生體驗的一種描述。作者想要借蟬聲來表達她對生命和時間的一種理解。

(2)再讀感受

第3段，在作者的心目中，蟬聲之所以足以代表夏天，是因爲其凝結了她童年的美好回憶，同時也承載著她對時間和生命的思考。

第5、6、7段，晨間、午後、黃昏可以看作是一天的幾個時刻，更進一步可以理解爲人生的不同階段。從「何嘗不是生命之歌？蟬聲」可以作爲一個佐證。「晨間」對應單純無憂，不食人間煙火的童年，這裏的「隱士」也許是精神上未曾受到世俗汙染，未曾瞭解社會的複雜時的一種狀態。「午後」是我們爲生計而奔波的人生階段，充滿喧囂和複雜，外在世界的聲音淹沒了蟬聲。「流浪」是魚龍混雜的社會中人們漂泊、茫然和精神無所依託的狀態。而人生到了已近「黃昏」的時候，經曆了種種人生的成就和挫折。現在已然意識到了蟬聲的重要性。那麼黃昏的蟬聲是怎樣的蟬聲了，從結尾處的「平平仄仄平」可以體會得出。這一句用得很妙，隱含著人生的曆程。在不同的人生階段去聽蟬感受是不同的。在人生的不同階段，因其人生閱曆和心境的不同，所能聆聽和感受到的內容也不同。

「蟬聲」的象徵意義。

2、關於《舊》

(1) 初讀感受

從高爾斯密的一句話引入談到衣著、居住等方面，處處顯出對舊的偏愛，似乎是想要表達自己的懷舊情結。但從第四段開始，談到了與傳統節日和風俗相關的一些內容，又讓我開始猜想作者做此文恐怕不止於表現一種懷舊情結，而帶有探討對傳統文化態度的意思。從家中所傳「胡桃」談到國家，中國素有的「家國同構」觀念顯現。作者是否借我的兒孫輩對胡桃的態度來隱喻現代人對傳統的理解？

倒數第2段作者的描述給人的感覺是舊的東西都是好的，而現實充滿了讓人失望的地方。關于新與舊，作者的態度究竟是如何呢？可以簡單理解爲「取其精華去其糟粕」嗎？還是更偏重傳統文化？這裏有一個什麼樣的背景在呢？

所謂「舊病」者，是國人之舊病，國家之舊病還是傳統文化之舊病？

（2）再讀感受

此文有一個特點是引文頗多。對比運用也很多。

第一段最後一句「所以有人把這半句名言用花體正楷字母抄了下來……」有些滑稽，是一種幽默還是有某種指涉？

從我的假設（作者想要探討的是對傳統文化的態度問題）出發：舊，可以理解爲傳統文化，也可以理解爲對傳統文化的一種態度。從文中所舉例子來看：《世說新語》中的故事、中國的園藝、過年過節的風俗、宜興砂壺、古錢、祖傳三代的一對胡桃、古國等。均指向傳統文化。

衣著無論新舊，其實強調的是不要爲外在的形式的東西所束縛。「削足適履」帶有一點諷刺意味，是不是對盲目引進的西方文化在中國傳統的文化中不相適應現象的一種隱射呢？

作者對舊的偏愛在於「舊的事物有內容，能夠喚起人的回憶。」

（三）C同學

1、關於《夏之絕句》

（1）初讀感受

閱讀的過程中，我頻頻走神。

也許它算得上是一篇優美的散文：題目和第一段便讓我爲之一震。「夏天像一首絕句」或者「蟬鳴是夏天的絕句」，無論哪種表達都給我帶來了陌生化的審美感受，因爲我的閱讀經驗中，還沒有誰作過類似的譬喻。此之謂「優美」。

但是，我並不認爲這是篇優秀的散文：盡管作者的文字功夫不賴，且隱含著針砭時弊的深意，字裡行間也流動著帶領讀者體悟自然的美好願望，但是，文章在描繪上卻失之泛泛。至少，沒有激起我的共鳴。作者將自己從蟬鳴中悟出的箴言化成文字，意在幫助讀者回想起這些夏日中熟悉的場景；用詩意的語言將其美化，以期打動讀者、喚醒人們對自然與生命的親近之意。這個立意無可厚非。從「蟬鳴」切入，也算以小見大。然而，恕我不承作者的情。我對夏天的記憶確也被喚醒了，可我向來是討厭蟬鳴的，它將我心底的浮躁都勾了上來。作者甚至還提出「蟬亦是禪」的觀點，我實在無法因爲作者的三言兩語就深信不疑，甚至連將信將疑也沒有，僅僅覺得可笑罷了。作者一廂情願的贊歌，在我這裡收到了適得其反的效果。

（2）再讀感受

有一種想要理清作者思路的沖動，因爲「夏之絕句」這個題目委實過於朦朧了。「夏之絕句」可以理解爲：作於夏天的一首絕句；亦可以理解爲：一首關於夏天的絕句。蟬鳴則既是前者，也是後者。夏天自己出聲了，它吟唱著自己，告訴人們「我來了」。蟬是夏天的代表，它替夏天鳴出了夏的消息，而蟬的鳴唱就像在吟誦一首詩，於是夏天在蟬的口中化作一首絕句。搞清了這串譬喻的關系，題目若改爲「夏如絕句」就大大不妥了。因爲這樣一來，重點便落在了喻體「絕句」上，而這僅僅是作者爲了吸引讀者要的一個小小把戲。不過，絕句既然是詩，那麼，創作絕句與吟出絕句的蟬就被置於和人平等的生命高度了。

作者的描寫還是有點過猶不及，如蟬鳴「讓人了卻憂慮」，就矯情了（生活的艱辛與苦痛並不是都能讓大自然醫好的）。

由蟬聲在最高漲時戛然而止想到了生命之歌，不知是否受到「武士道」精神的影響？

結尾：平平仄仄平，平仄既以最大可能地交替出現，又以平聲作尾，這樣的安排是否因爲仄聲滯澀、平聲流暢，從而顯出光明的尾巴？

2、關於《舊》

（1）初讀感受

文章寫得很好，可圈可點。但讀下來有點障礙，因爲自己所學有限，文中所引大多不熟知。並有些疑問：「但是『適足而削履』的行爲，則頗多類似的例證」，「隨後那段『樹小牆新』的一段暴發氣象卻是令人難堪」幾句有些不明所以。

新與舊的辯證關系：新是由舊支撐的，「舊俗相因虛應故事」，才能使新的日子裡新的人繼續舊的傳統。

結尾處轉折深入，指出新舊皆不可偏廢，不然新舊俱失。但是和之前提到的桓車騎一例有些相悖。作者的「有舊衣可著，何用新爲」正好落入結尾批判的對象。

（2）再讀感受

文章並不是到後半部分才轉折升華，在第一段就早已暗伏。對「一味守舊」，作者是有貶義的，只是先按下不表。「半句名言」隱隱有言外之意。

文章一大特點：列舉事例不少，但事例與事例之間缺乏過渡，顯得突兀生硬。

我的思考：舊與新都是人賦予的意義，認爲該舊的則越舊越有價值，反之亦然。那麼，這當中的判斷標准何在？

3、比較閱讀

《舊》的分析更全面深入，例證較多、不是空洞的描摹，較之《夏之絕句》更有說服力。

《夏之絕句》是狀物散文，物——蟬聲，具體可感；文章最描寫蟬與蟬鳴，「我」始終顯性在場；描寫抒情性較強。

《舊》也狀物，但是是從一個較爲寬泛的概念「舊」出發，視點散漫，最後仍將其提到一個概念的高度上：「新舊之間」；「我」隱性在場；議論性強。

（四）D同學

1、關於《夏之絕句》

（1）初讀感受

夏天像一首絕句，指的就是蟬聲。蟬是夏天特有的昆蟲代表。一入夏，最明顯的現象就是鄉村中有了蟬的聲音，而蟬又往往是一個叫，便帶動起很多蟬一起叫來。對絕大多數人來說，一走一過聽蟬聲，蟬的一起合唱可能沒有多少區別，但對於仔細聽蟬，走進蟬聲世界中的作者來說，她聽出了些許不同。

蟬的合唱有時確實很奇怪，讓人捉摸不定，蟬雖然一般在一起叫唱，卻往往在高潮處戛然而止，給人帶來無限遐思。蟬聲的美妙，在於它是發自內心的聲音，在於它與夏天大自然的情致美妙的結合，給浮躁炎熱的夏帶來猶如一泓清泉的純潔，大自然造就的夏天特有的聲音：不作僞，真實，簡單，想唱就唱，隨性，代表了現代人在經歷繁忙的都市生活後所提倡的：放鬆，舒適，愜意與滿足。聆聽蟬聲，我們能在大自然的聲音中找到與自己生活的接洽點，走在鄉村小道間，蟬聲不僅是人散心時的伴奏，更是讓我們去放慢腳步充分欣賞大自然的向導。

（2）再讀感受

作者喜歡在黃昏時候放慢腳步去聽蟬聲，而她得出了聽蟬聲的感悟：我們不應該抱怨世界越變越醜，現代文明噪音增多，其實，在機器聲交織的圖音裏，也有所謂的「天籟」，亦如蟬聲。在這裏，我想起羅丹的那句話「生活中不是缺少美，而是缺少發現美的眼睛。」而現代生活中的人，「不是現實世界中沒有美，而是缺少想要欣賞美的真心」，人在現實社會中生活，會遇到世俗中的各種誘惑，而要始終如一地做到秉著一顆公心去做事又太不容易。很多人爲了成績，名利，業績，一心向上去打拼著，而在獲得了外在榮耀的同時，往往又會失去很多，如一顆甯靜、淡泊的心。生活之中，我們不能太過度的專注於自己，也要偶爾放鬆一下心情，看到奮鬥成長過程中路邊美麗的風景，即使最後的結果並不完全盡如人意，但我們已問心無愧，失敗又何妨呢？在偶爾難得的空閑時間裏親近自然，聆聽自然萬物的聲音，神奇的大自然會告訴我們許多人生的哲理。

（3）三讀感受

聆聽，也是一種藝術。做學生的時候，老師每每都教導我們一個好學生應學會傾聽，出色的優等生更會在聽中篩選出老師所講述的重點，並把它們內化爲自己的知識儲備。而這裏聽大自然的聲音，卻是一般人很少去關注的事。蟬的每一聲都發自內心，來自丹田，節奏、韻律的不同又表示著不同的心情。大自然的聲音不會騙人，更不會欺騙聽者的心，不同的人又往往能聽出不同的感受，歡快，浮躁，蓬勃，纏綿……這些高低起伏不斷變化的蟬聲亦如人的生命歷程，年輕時如驚濤駭浪般地經曆種種個人和社會的選擇，直至接受那不斷變化起伏的挑戰，承擔起社會中應盡的責任與義務，接受命運與不斷變幻生活的洗禮，亦如急促的蟬聲在最高漲的音符處突地戛然而止，又複而繼續齊唱，直至到老年時回望已經走過的歷程，惆悵與欣慰，感傷與淡定，這些複雜的情感傳遞，應該就是一首首的生命之歌吧。

2、關於《舊》

（1）初讀感受

梁實秋爲什麼上來一開頭就引用了高爾斯密的《委曲求全》？我認爲這是爲了點明全文的中心句：「我愛一切舊的東西——老朋友，舊時代，舊習慣，古書，陳釀；」，梁實秋借高爾斯密的這句話也表達出了自己的心聲，此段後面說的有人把這半句名言用花體正楷字母抄了下來，並裝在玻璃罐裏應該暗示的就是作者本人吧。

作者接下來說了好多「舊東西」的好處，如：穿舊衣服隨意，更舒服；還列舉了愛因斯坦總是穿著個破夾克不拘小節，卻絲毫掩蓋不住他頭腦裏閃爍智慧的光芒，還有《世說新語》裏桓公好舊衣不好新衣的典故，又舉了個如果穿新鞋不合適，古人削足適履的反面例子，讓「舊事物」的好處彰顯出來。

無可否認，作者指出房子的裝修雕飾往往也有人追求古色古香的韻味，如：古人搬了新家，卻喜歡伴有千年老樹裝點門面，最好能與劉禹錫的陋室，蘇軾的醉翁亭的陰翳相比較，這才能襯托出古代讀書人高潔脫俗的樂趣。這只是我國園林普遍的情況，喜歡複古；西洋庭苑往往要剪修裝扮得華美靚麗，彰顯青春氣息。這也許就是不同國家、不同地域的風俗，審美標准不同吧。作者在那個年代就發現了這一點，實在是觀察仔細。

（2）再讀感受

梁實秋指出「愛一切舊的東西，老朋友，舊時代，舊習慣，古書，陳釀」這只是個人的癖好，跟旁人無關，但為什麼有數不盡的事物都是越老越古越久越陳越好呢？習慣，也是個人的事情，社會是不斷發展的，個人養成的習慣也會隨著時代的改變而做出相應的調整。而書、酒等消遣之物為何要越新越好？好的新書能告訴我們當今時代的熱點，傳達給我們新的時代資訊，酒不是越陳越好嗎？作者這裏有點自相矛盾了。

第二點作者引用了俗語「人不如故，衣不如新」，話說得沒錯，但我們的現實生活中卻也有很多時候，因工作、學習亦或是去娛樂消遣，遇到不熟悉的、陌生的人，短短接觸或是交流幾句話，就發現了許多共同的想法，有共同的目標，讓我們產生「一見如故」之感，仿佛一下子就拉近了距離似的。這種情況也不算少見，看來俗語就是俗語，很多事情還是要具體問題具體分析。

（3）三讀感受

本文題目雖叫《舊》，但在文章的結尾段，作者肯定舊事物的同時又提出一些與當今時代發展不符的「舊病」，如夜郎自大的脾氣，一些舊思想，舊惡習，不符潮流的審美觀念，都應該早點擺脫掉。作者這裏說的沒錯，人要進步，總是要不斷改正壞毛病、壞習慣的。舊東西可愛，並不是「倡言守舊」。人應該「日新又新」，也不是讓每個人都狂熱地迷戀追逐新的事物。作為在社會中生活的個體，要能夠把握好尺度，拿捏好分寸，在新舊之間找到一個能符合社會基本規範的平衡。

3、比較閱讀

二者都是托物言志，《夏之絕句》是借描寫蟬聲，引出作者對生命的思考；《舊》通過寫偏愛舊事物，引出做人的道理，並告誡人們在喜愛舊事物的同時也不斷改正壞毛病、壞習慣，與時代同前進。從這一點上來看，兩篇文章都是通過借物來抒情。

其次，二者都通過對個人嗜好的描繪反映當今現實社會中普遍存在的現象，以小見大，由個體擴展到群體。《夏之絕句》是通過對大自然蟬聲的描寫，與當今世界的各種文明噪音做對比，表明「天籟」之音即使在大機器生產社會中也處處存在，只要有善於關注社會、善於發現美的眼眸就會聽到「天籟」之聲；《舊》通過新衣與舊衣、新屋與舊屋、新舊事物的對比，引出一個道理：如今很多人繼續生活在往日的美好記憶中，而沒有很好地融入到現實的地面上來；我們在對舊事物汲取菁華、去其糟粕的同時，更應該保持一顆與時代同行的頭腦，不要在新舊取捨之間迷失方向。

最後，這兩篇文章的不同之處在於：兩篇文章雖然都是作家獨特的個人感受，但《夏之絕句》由對蟬聲的喜愛抒發出對生命之歌的贊美，更偏重於抒情；《舊》從引用高爾斯密《委曲求全》的觀點出發，進而說明好多舊的東西可愛、可貴的道理，其間又引用了大量的典故、風俗文化的異同，更偏重於說理。二者都是作者發自內心獨到新穎的感悟，我們通過閱讀可以明白：在現實社會中，只有保持一顆善於發現美的心、關注美的眼睛，我們才能在生活中處處找到人生的美麗，感受生命多種不同的意義。

三、分析說明

四位元學生寫出以上文字的時間很短，從看到散文文本到最終完成總共才兩天。因此，缺點和不足在所難免。而我在此也無意於評判，本文更多地將其視爲讀者的閱讀反應，因爲它們實在好比是心理學研究的「口語報告分析法」的上佳素材。

首先應該說，這四位同學讀《夏之絕句》和《舊》的感受及發現，差異還是不少，甚至也不難看出他們之間微妙的偏好和臧否。但是，我們更可以看到，他們閱讀反應的相似度和共通性更高。因爲他們是差不多類型和水準的閱讀主體，也算是比較合格的乃至是相當理想的讀者。這和他們已經接受的語文和文學的學習有關。當然，題中應有之義，也是因爲他們已經無意識地具備了諸多散文閱讀的圖式。

（一）「超保護合作」作為閱讀圖式

是我以老師的身份讓他們讀這兩篇散文的，這就和他們日常的閱讀有差異：這裏既存在著師生的權力結構問題，也有他們對我的信任問題。當然，或許更關鍵的是，比如作者之一梁實秋非常著名。

不要小看「保護性合作」這個來自於語用學的概念，這一文本外的語境意義上的閱讀圖式，對於閱讀活動來說是非同小可的；事實上，強調其重要性，也就是強調閱讀主體的重要性。

「超保護合作」閱讀圖式的表現是，比如，如果不是作爲完成我交辦的學習任務，如果不是超保護的閱讀，他們平時是幾乎不可能寫出如此長度和質量的閱讀報告的。又比如，A 同學，主動理解《舊》的引經據典來深化並反思自己的閱讀；B 同學，主動關切《夏之絕句》裏「絕句、邊塞詩、隱士、遊吟詩人這些隱喻背後有什麼樣的玄妙」；更顯著的是 C 同學，她並不喜歡《夏之絕句》，但還是在認真地讀第二遍時，「有一種想要理清作者思路的衝動動」，等等。

(二)「想像和移情」的閱讀圖式

如前所述，這一著眼於主體的閱讀圖式太重要了，事實上，它是任何文學閱讀之必須，並伴隨著所有閱讀的始終。典型如 D 同學，由這二散文聯繫了自己的許多感受，寫出的文字都有些類似讀後感了；更比如 C 同學，之所以從一開始不喜《夏之絕句》，很重要的原因是，她自己對夏天尤其是蟬鳴的感受與作者大異其趣；B 同學讀《舊》，對第一段最後一句「所以有人把這半句名言用花體正楷字母抄了下來」感動「有些滑稽，是一種幽默還是有某種指涉」，就顯然相當的個人化；還比如，A 同學讀《舊》，說「一棟建築要等到相當破舊，才能有『樹林陰翳，鳥聲上下』之趣」，「當是我最喜歡的部分了，那種老樹下的低矮房屋，見證了多少中國平凡人家的日日夜夜，作者筆下的畫面感很強的文字，似乎帶我進入了一部楊德昌和侯孝賢導演的電影裏」，這裏，該有多少自己的想像與移情。

必須簡要提及，「想像與移情」的閱讀圖式，是主體性的，因而，對文本的喜惡之類分歧多半來源於此，誤讀或創造性的誤讀特別與此相關，文學閱讀的獨到性乃至創造性也端賴於此。這是文學閱讀特別要緊的圖式。但在我看來，「想像與移情」卻又是最不那麼靠譜的圖式，因爲每個人的「想像與移情」各有不同，同一個人不同時間的「想像與移情」也會各有不同。所以，如何興「想像與閱讀」之利而又努力去其弊，還一定要有其他諸多的閱讀圖式來配合，甚至來限制。

(三)「文本的完整性」作為閱讀圖式

這個概念貌似我的發明或曰杜撰，事實上，它的涵義並不複雜，也就是那句俗話說的，「說謊也總得把謊話說圓」。文學作品都是「虛構」，包括散文，因爲嚴格說只要有「敘述」就必然有「虛構」，只是虛構的程度有異。在這個意義上，文學作品和「謊話」類似。面對一個文本，讀者最初的閱讀姿態總是「保護性」的，所以，「文本的完整性」是與「超保護合作」最爲配合的一個閱讀圖式——讀者總會認爲一個文學作品總是：有自洽性，不該有贅筆，各部分應該會呼應，等等。舉例來說：

讀《夏之絕句》，B 同學讀到「首先」，就自然地「期待」「其次」——雖然最終並沒有期待到。而這之前，她讀到「我不禁想起童年」，就自覺地對前文來了個整體性把握，「感覺前面關於蟬聲的部分只是全文的一個引子，似乎文本的主要內容是對童年的回憶」。同樣地，A 同學，「覺得這篇文章，更像是我們高中時候常常做的那些閱讀訓練中的一篇，有規範的章法和邏輯。作者在解釋完了爲什麼說蟬聲如絕句之後，重點依據時間這條線索來寫聽蟬的感受——晨間聽蟬、午後聽蟬、黃昏聽蟬。這三個部分構成了文章的主體脈絡」，這樣一下子，就給文章近一半內容找到了具有完整性和合理性的讀解。而更高級的表現，還以 B 同學爲例，她的讀解裏，「第 5、6、7 段，晨間、午後、黃昏可以看作是一天的幾個時刻，更進一步可以理解爲人生的不同階段」，她有什麼論據支撐呢，就是從文本完整性的讀法裏斷言：「何嘗不是生命之歌？蟬聲」——「可以作爲一個佐證」。而A同學也是：自己讀出了「已有許久，未嘗去關心蟬聲。耳朵忙著聽車聲、聽綜藝節目的敲打聲、聽售票小姐不耐煩的聲音、聽朋友附在耳朵旁，低低啞啞的秘密聲」，「這不正是在物欲橫流的當今社會中眾生的寫照麼」，緊接著也是拿「文本的完整性」——一篇作品裏不應該出現「孤證」，來發現了自己的文本依據，後面的「有時候我們抱怨世界愈來愈醜了，現代文明的噪音太多了；其實在一灘濁流之中，何嘗沒有一潭清泉？在機器聲交織的音圖裏，也有所謂的『天籟』」，「則是對第二段自己狀況的一個由個體延伸至整個社會的反思，也可以算是一個呼應」。

再舉一個例子，C同學讀《舊》，第一遍時說，「結尾處轉折深入，指出新舊皆不可偏廢，不然新舊俱失」，到第二遍時，就自覺地反思，「文章並不是到後半部分才轉折升華，在第一段就早已暗伏」：對「一味守舊」，「作者是有貶義的，只是先按下不表」，並有過度闡釋之嫌地認爲「半句名言」「隱隱有言外之意」。

（四）文類尤其是亞文類作為閱讀圖式

不難發現，四位同學在閱讀文本時，相當無意識地動用了大量有關散文的閱讀圖式。

比如，都非常在意作者。

這是因爲，比起小說之類，散文屬於同作者的現實處境和生活相關性最直接、甚至也最高的一種文類。這四位同學都非常明確地在閱讀中尋找作者在文中要表達的情感、意緒乃至於思考，而且，都力圖往深處開掘——保護乃至超保護的讀法，因爲所有的閱讀圖式都是互動式同時起作用的。由此，《夏之絕句》，「在作者的心目中，蟬聲之所以足以代表夏天，是因爲其凝結了她童年的美好回憶。同時也承載著她對時間和生命的思考」（B 同學）；《舊》，「梁實秋借高爾斯密的這句話也表達出了自己的心聲，此段後面說的有人把這半句名言用花體正楷字母抄了下來，並裝在玻璃罐裏應該暗示的就是作者本人吧」（D 同學）。

比如，「象徵」或者「托物言志」。

這二篇散文從題目來看，老練的讀者都會往「托物言志」或「象徵」上走。

關于《夏之絕句》：A同學，「作者只用一個蟬便寫盡了夏的神韻，也寫出了自己對於生命的感悟」；B同學直言，「蟬聲」的「象徵意義」，「承載著（作者）她對時間和生命的思考」；C同學，「用詩意的語言將其美化，以期打動讀者、喚醒人們對自然與生命的親近之意」；D同學更是拿來和《舊》比較，「二者都是托物言志，《夏之絕句》是借描寫蟬聲，引出作者對生命的思考」。而《舊》呢，「通過寫對舊事物的偏愛，引出做人的道理，並告誡人們在喜愛舊事物的同時也要不斷改正壞毛病，壞習慣，與時代同前進」（D 同學）；「從一個較爲寬泛的概念「舊」出發，視點散漫，最後仍將其提到一個概念的高度上」：「新舊之間」；「我」「隱性在場；議論性強」（C 同學）；「所謂『舊病』者，是國人之舊病，國家之舊病還是傳統文化之舊病？」（B 同學）；「梁先生則引經據典、旁徵博引，自己心裏的小波動似乎沒有什麼展現，大家的風範可見一斑」，「寫出了自己的生命態度」，「寫出了閑適與隨意」（A 同學）。

比如，「抒情」和「議論」，「細膩」和博學」，「具體可感」和「議論性強」，「顯性在場」和「隱性在場」，「男性」和「女性」等等。因爲不少內容和既有分析重複得較多，在此不贅。

最後，特別談談「比較閱讀」的重要性。

其實，我也是第一次這樣實驗：光給文本並要求學生讀三遍，每一遍都記錄閱讀反應。實踐證明這真是非常有效的方法，而同時給多個文本並要求比較閱讀，確乎是更好的方法。

散文，這個概念的外延奇大無比，而每篇具體的散文事實上又總可以大致歸屬於不同的亞文類：當然，越是好的散文就越是「非典型」，會「四不像」，會既像又不像，會既像這類又像那類；不過最終，「非典」的散文還是大致能歸於幾個亞文類——這裏可說的話題極多，還是集中在比較閱讀來說吧：當把兩篇或多篇散文放在一起的時候，它們各自的特點就會更分明，大致歸屬的亞文類也更容易看得清楚；由此，文本表現上比如語言、句式等等的特點，也就更容易被發現。這從四位同學的比較閱讀成果是不難想見的。

散文教學立足於篇、立足於該篇的闡釋，不能說沒有意義，但是回到本文開頭，我們的看法是不言而喻的：假如太過直立足於這一篇散文如何闡釋的話，那麼，在讀法上似乎就不夠「文學」，就難免偏於「資訊性閱讀」那樣「文章閱讀」的閱讀姿態去了。讀一篇散文必須讀到其突出的表達方式乃至於語言形式，才更有價值，而教學散文，更應該舉一反三、「變具體一篇爲某一類」，通過教這一篇而能教出這一篇所屬的亞文類讀法。或許吧，這就是我們分析梁實秋的《舊》、簡媜的《夏之絕句》的閱讀反應的一大收獲：要讀好一篇散文，需要大量的閱讀圖式，事實上也動用了諸多讀者主體默會的讀法；而只有建構出越來越多的散文亞文類的閱讀圖式，我們才能去對付那些寫得特別好、特別難對付的「非典」散文。

徵引文獻

1、喬納森·卡勒著，李平譯：《當代學術入門：文學理論》，瀋陽：遼寧教育出版社， 1998。

2、張必隱：《閱讀心理學》，北京：北京師範大學出版社，2004。

3、王榮生、倪文尖主編：《國家課程標準高中語文實驗課本（試編本）》，上海：上海教育出版社，2007。

鼓躁煩鬱中的清聲低吟

——論簡媜〈夏之絕句〉的修辭藝術

蒲基維*

摘　要

簡媜的散文兼有溫婉及清麗兩種風格，在臺灣文壇是極具代表的女性作家之一。本文試以簡媜〈夏之絕句〉爲文本，從修辭的角度分析簡媜散文中運用修辭的心理基礎，並歸納其特有的修辭風格，期能爲簡媜散文所呈現的溫婉典雅與淳厚清麗的風格，提供有理可說的內在規律，以應用於語文教學中，使學生更能掌握其散文之修辭風格的具體特色。

關鍵詞：簡媜、〈夏之絕句〉、現代散文、修辭、風格

*中原大學應用華語文學系助理教授

一、前言

臺灣的本國語文教育在最近十年有了極大的轉變。就選文的方向而言，提高白話文的比重，以符合年輕學子的性向，並呼應了時代潮流的演進，是一重要變革。由於現代詩文的增選，再加上教科書版本的開放，使臺灣中生代作家的作品得以納入各版本的課文之中，一躍而入教學的殿堂，在師生們的朗朗讀書聲中，展現他們潤澤學子心靈、美化語文氛圍的影響力。

在臺灣的中生代文壇中，有一群女性作家在散文的創作中一直有舉足輕重的地位，她們的作品被大量地選入中學的教材，也直接影響了現代本國語文的教學。如張曉風、簡媜、張曼娟、周芬伶、陳幸蕙等，其散文創作皆各擅其長，各具風格。在中學國語文教育中，這些現代女性作家的作品已成為學子閱讀及教師教學研究的顯學。本論文即以修辭教學切入，並選取簡媜選錄於高中教材各版本的〈夏之絕句〉為研究文本，彙整這篇散文所呈現的修辭現象，進一步探討其修辭特色，歸納其修辭風格，以見出此文完整的修辭藝術。本文著重於修辭之心理基礎與美感效果的探討，亦為目前中學修辭教學與評量僅注重辭格辨正的偏頗現象，提供一正確的方向，期望語文教師能深入思考修辭的目的與成效，使修辭教學與命題更臻於完整。

二、簡媜散文的地位

〈夏之絕句〉是節選自簡媜《水問》散文集的作品，研究其修辭藝術，為求客觀完整的概念，不能不瞭解簡媜的散文成就。簡媜的散文在臺灣文壇究竟有何地位？我們可以從其生命成長之背景、語文教材之地位及語文之修辭教學等三個角度見其端倪：

（一）簡媜的成長背景及影響創作的重要經歷

簡媜，本名簡敏媜，一九六一年生於一個世代務農的平凡家庭，排行老大。家中成員上有阿嬤、父母，下有兩個弟弟及兩個妹妹，當時宜蘭鄉下的物質生活雖然匱乏，但是濃郁的親情、鄉里間的人情義理，與天高地闊的自然與田地，使得她有一個快樂多彩的童年，也為她儲存了未來成為作家的能量。

簡媜雖擁有多彩自在的童年，但不幸的，在一九七四年就讀國中期間，她的父親因車禍意外過世。身為長女，她被迫瞬間長大，必須幫忙年邁的祖母與母親扛起家變後的責任。在這段期間，她也開始思考未來的人生方向，為了要尋找更大的發展空間，她決定報考臺北的高中。兩年後，她如願考入臺北的復興高中。

初到臺北，由於都會與鄉下巨大的文化差異，一時之間令她難以適應，再加上年少的叛逆，及同儕之間的隔閡，讓她常常處於孤立狀態。所幸她懂得從文字創作中，抒發滿腹的壓力與鬱悶。高三那年，簡媜就立定志向，這輩子她要走文學這條路。

大學聯考後，簡媜考入臺灣大學哲學系，一年後改讀臺大中國文學系。大學期間開始嶄露頭角，榮獲多項校園文學獎。大學畢業後，簡媜曾經在高雄佛光山編印佛書，也做過廣告公司文案。值得一提的是，她曾擔任《普門》雜誌、《聯合文學》、「遠流出版社」與「實學社」的編輯；也曾與陳義芝、張錯等人創辦「大雁出版社」，這些工作歷練對於簡媜的散文創作均有深刻的影響。

從簡媜童年成長、接受教育以至成年之後的生命歷程，可知影響其創作風格的有三個重要經歷：一是童年在宜蘭鄉間的成長經驗，二是城鄉差異的衝擊所帶給她的省思與成長，三是接受中文系之學苑教育的洗禮。

就其童年成長經驗來說，六〇年代的宜蘭鄉間是培育她純真美感經驗的搖籃。在晨曦中、在竹林裡、在水田間、在澗溪滑過的青石上，她領受、浸淫著大自然對她的啓蒙。而同時在接受國民教育的歲月裡，從報紙、課本，甚至是小學裡被翻得破爛的課外書籍，她貪心而自覺地汲取文字，不斷地翻閱、編織自己的夢。在那自然與人文交互影響的歲月，簡媜早已開啓她心靈的寫作。李宗慈在〈簡媜的故事〉一文提到：

> 對於簡媜而言，屬於心靈寫作的時間，正就起迄於生命的肇始。在廣闊平原上，那封閉且淳樸的村莊，為幼小的簡媜譜上最美的「無字天書」，也是她最特殊的「觸媒」。[1]

鄉間自然景物的啓蒙，孩童時期對於文字渴求，確實是觸動簡媜寫作的媒介，也是簡媜創作最大的資源寶庫。

就城鄉差異的衝擊所帶給她的省思與成長來看，她離開宜蘭到臺北就讀高中，是她人生最關鍵的轉捩。李宗慈說：

> 高中北上求學的簡媜，對於臺北，她直截地說，那是種「文化衝擊」，是完全不同於鄉村生活的生活。更重要的是，真正導引她離鄉負笈異地的原因，卻是父親的驟然逝去。在父親驟然遠離的事實下，簡媜心中那個以父親為中心的殿堂也崩落了，在理不出任何一位一項道理之時，她以一種近乎「逃」的心境，逃離了家。在臺北、在心中舊的殿堂倒塌，新的宮宇尚未建築之剎，原本積極、樂觀的簡媜，一變為抑鬱，變為退縮；而在臺北大都會文化的衝擊之下，簡媜沉寂著。[2]

這些城鄉文化的衝擊，並沒有擊垮簡媜的心靈，她反而沉潛冷靜地省思，透過文字的紀錄，走出了文化衝擊的陰霾，也融合了城鄉差異的矛盾，逐漸在心靈中建構新的宮殿。

就其接受中文系之學苑教育的洗禮來看，三年大學中文系的教育，是她融合城鄉文化衝擊的重要力量，也將童年關於大自然的生命經歷轉化爲更精緻的人文資源。李宗慈提到簡媜的中文系教育說：

---

[1] 見李宗慈〈簡媜的故事〉，《幼獅文藝》414 期，民 77.06，頁 48-55。

[2] 同註 1。

唸過一年哲學三年中文的簡媜認為，要使一部作品成為人類的財產，成為當代的安慰，應該有作者自己的哲思在內，並不只是抒情、記事或者是論述的文章而已。又由於有中文系古典文學的薰陶，簡媜清楚地知道，文學是什麼，也因此，才能那麼不惜的在「紙上作痴」。對於文學的閱讀，中國古典作品中的詩、詞、歌、賦，給了她作為一個中國文化繼承人的驕傲；而西洋文學的洗禮，卻開拓了她國際性的視野，二者之間相依相持，才能讓創作成為一輩子的事。[3]

在簡媜的散文創作中，我們確實見到淳樸浪漫的童年記憶，卻又瀰漫著典雅清麗的學苑風範，最重要的是，她的散文有著自己體驗生命的哲學高度，透過她典麗而自由的筆調呈現出特有的風格。

（二） 簡媜散文在中學國文教材中的地位

在中學國文教科書中所收錄的文章，大都是華人文壇中具有影響語文教育之價值的作品。以現代散文作家來看，自五四運動以來優秀的白話文作家不勝枚舉，而簡媜的散文有何重要份量，能受到各版本國文教科書的青睞，成爲年輕學子選讀的課文？

何寄澎教授曾經以「文學史」的角度檢視了簡媜散文的價值。他從「主題內涵」和「語言聲調」兩個部分，揭示簡媜散文創作在臺灣文壇的地位。就主題內涵而言，他說：

簡媜之作，就其內容題材觀之，實兼少女純情（《水問》）、道性關照（《只緣身在此山中》）、鄉音捕捉（《月亮照眠床》）、都會記錄（《夢遊書》、《胭脂盆地》）、社會批判（《胭脂盆地》、《我有惑》）、女性探勘（《女兒紅》、《紅嬰仔》）等，已然躍出當代女性散文之格局矣！[4]

可見簡媜散文創作的題材觸角非常廣泛。何教授並比較了其他散文家與簡媜作品的優劣，認爲佛理散文比林清玄更「真切動人，更得佛旨」；其鄉土散文比吳晟更「闊遠」、比阿盛更「雅麗」；其都市散文較之於林燿德的「蒼茫冰冷」，更超越「晚近作者拼貼之流調」；其女性散文能與七〇年代的張曉風「先後輝映，絕無愧色」。且不論這樣的比較是否公允，簡媜散文所涉及的主題內涵已經塑造了許多典型，其豐富性與代表性足以提供研讀或創作散文者之參照，對於語文教學確有完整的價值。

就語言聲調來看，何教授認爲簡媜散文具備兩種語言聲調。其言：

簡媜作品的語言聲調可大別為兩種：一是具有濃厚女性陰柔氣質的美麗之音，一是逸出閨閣氣息，時或簡而遠、時或質而暢、時或黠而慧，變幻多

[3] 同註 1。
[4] 見何寄澎：孤寂與愛的美學——綜論簡媜散文及其文學史意義〉（《聯合文學》，225 期，民 92.07），頁 66。

姿而悉歸於寬厚莊嚴的溫煦之音。[5]

這裡所歸納的兩種語言聲調，實際上就是簡媜散文所呈現的兩種語言風格。何教授以「詭豔」二字概括，且強調這種語言風格不僅呼應七〇年代的張曉風，更已「變聲」而躍出魯迅、林語堂時代的窠臼，自創新調，為後起之秀樹立了學習的榜樣。

無論是主題的呈現，還是語言風格的通變，簡媜在現代散文發展的軌跡上，擔任著承先啓後的角色，各家版本教科書將其散文選為語文教材是具有指標性的意義的。

（三） 修辭研究對於閱讀簡媜散文的重要性

修辭的意義在於將辭章中既有的意象與詞彙美化，以增加辭章的感染力，進而凸顯其主題內涵，提升其藝術價值。可見修辭技巧雖只是字句上的修飾，卻可能影響辭章整體的風格，藉由修辭的檢視與分析，不僅可以瞭解辭章字句美感的規律，更可以洞察作者遣詞造句的經營用心。

所以，修辭研究有助於將散文的閱讀帶向深度的探索與鑑賞，尤其像簡媜這樣兼具寫作天賦與文學訓練的作家，其散文不僅蘊含著如天籟般的美感，更充滿作者有意識的苦心經營。如果透過修辭研究，探索其措辭的心理基礎，歸納其修辭的美感藝術，則更能掌握其散文的表現技巧。就語文教學的層面來說，引導學生領略散文的藝術將不再是抽象的思維，而是有理可說、有跡可尋的具體脈絡。其淨化學子的心靈，提升學生的審美能力也不再是空談。

三、 簡媜〈夏之絕句〉的修辭特色

〈夏之絕句〉乃收錄於《水問》散文集裡的一篇作品，是簡媜年輕時期的散文創作。全文以描述蟬聲為主軸，並包含了童年的浪漫記憶與大學時期的青春情懷。其措辭瑰麗，意象優美，又洋溢著典雅淳厚的風調。透過修辭的知識，歸納其修辭特色約有六端：

（一） 譬喻貼切，取材浪漫

「譬喻」修辭在現代散文中被廣泛的運用，就其心理基礎而言，凡陌生、抽象或難知之事物，用熟悉、具體或易知之事物來形容，使其意象鮮明，更為人所信服，此即譬喻的精神。[6]其定義簡明，是一種易於上手、便於理解的修辭技巧。然而在符合譬喻的條件後，如何選取適當的材料，以經營喻意貼切而形象鮮明的譬喻句，則需要純熟的表現手法與豐富的生活歷練。

簡媜來自純樸的宜蘭鄉間，再加上其天真浪漫的性格，其譬喻取材往往能營

---

[5] 同註 4。

[6] 黃慶萱：「譬喻的理論架構，是建立在心理學『類化作用』（Apperception）的基礎上，利用舊經驗引起新經驗。通常是以易知說明難知；以具體說明抽象。」見《修辭學》，頁 321。

造鮮明而浪漫的意象。在〈夏之絕句〉一文中，更結合了身為中文人特有的文學涵養，使其譬喻句中蘊含著古典意象的幽靜與柔美，如文章開頭便說：

春天，像一篇巨製的駢儷文；而夏天，像一首絕句。

又如比喻蟬聲的感染魔力所言：

你便覺得那蟬聲宛如狂浪淘沙般地攫走了你緊緊扯在手裡的輕愁。

這裡所謂「駢儷文」與「絕句」、「狂浪淘沙」與「輕愁」，皆是古典文學中常見的詞彙，取用於季節的比況和聲音的擬喻，那春夏的更迭與蟬聲的傳遞，彷彿墮入千百年前的時空，隨著古典文韻蕩漾在柔美的氛圍裡，凡受過古典文學訓練的中文學子，大都能感受到那幽雅沉靜的浪漫。當然，簡媜在此文形容蟬聲，未僅囿於中國文學，更將譬喻的取材延伸至西方古典神話，如：

下面有人打開火柴盒把蟬關了進去。不敢多看一眼，怕牠飛走了。那種緊張就像天方夜譚裡，那個漁夫用計把巨魔騙進古罈之後，趕忙封好符咒再不敢去碰它一般。

或以具體的事物形容抽象的蟬聲，如：

就像一條繩子，蟬聲把我的心紮捆得緊緊地，突然在毫無警告的情況下鬆了綁。

或以人類世界熟悉的事物來比擬蟬聲，如：

風是幕後工作者，負責把它們推向天空；而蟬是啦啦隊，在枝頭努力叫鬧。沒有裁判。

蟬是大自然的一隊合唱團，以優美的音色，明朗的節律，吟誦著一首絕句。大自然的寬闊是最佳的音響設備。

「啦啦隊」帶出蟬聲的雀躍，而「合唱團」則強調蟬聲的和諧。至於將大自然比擬成「音響設備」，更凸顯大自然開闊而渾厚的空間特質。簡媜所取用的物象皆能恰如其分地凸顯蟬聲的特質，且能透露出一股浪漫天真的美感。

（二） 轉化生動，形象活躍

簡媜在〈夏之絕句〉中所運用的修辭，除了譬喻技巧之外，更多處賦予大自然以人性化的角色，或將抽象難以掌握的蟬聲，轉變為具體彷若可觸的物象。人性化的蟬聲，拉近了我們與大自然的距離，也透露著一股親切而爛漫的喜悅；而化抽象為具體，更凸顯了蟬聲鮮明活躍的意象。這些技巧皆具備「轉化」修辭的特質。蓋凡描述一件事物時，轉變它原來的性質，化成另一種與本質截然不同的事物，就是「轉化」[7]。這種修辭可分為「人性化」、「物性化」及「具象化」三種模式，而〈夏之絕句〉則出現了其中兩種。其「人性化」修辭如：

> 夏天什麼時候跨了門檻進來我並不知道。

夏天彷彿是一個悄悄跨進門的不速之客，令人渾然不覺，也讓人感受到夏天的悠然自在。這是作者所營造的夏天形象。又如：

> 牠們各以最美的音色獻給你，字字都是真心話，句句來自丹田。……牠們不需要指揮也無需歌譜，牠們是天生的歌者。

作者將蟬比擬為「天生的歌者」，用來自「丹田」的「真心話」，為我們獻上「最美的音色」，而蟬也搖身變成人類真誠而親切的朋友，引領我們品嘗最自然的音樂饗宴。

除此之外，作者也活用動詞，將抽象蟬聲具象化。如：

> 我提筆的手勢擱淺在半空中，無法評點眼前這看不見、摸不到的一卷聲音。

「手勢」、「聲音」都是難以掌握的浮動意象，而作者巧妙地運用「擱淺」、「評點」等動詞，彷彿讓手勢定住了，使聲音攤停了，隨時可供玩味。又如：

> 這些愉快的音符太像一卷錄音帶，讓我把童年的聲音又一一撿回來。

聲音可以「撿」回來，撿回的不僅是抽象的音符，還包含著無法回溯的童年記憶。作者也結合譬喻和人性化的技巧，使具象化修辭更加生動。如：

> 蟬聲是一陣襲人的浪，不小心掉進小孩子的心湖。於是湖心拋出千萬圈漣漪如千萬條繩子，要逮捕那陣浪。

由「蟬聲」轉向「襲人的浪」，由「襲人的浪」投射到「心湖」，再由「心湖的漣漪」化為「千萬條繩子」，而繩子又彷彿是正氣凜然的執法者，急著「逮捕」那陣捉摸不定的浪花。如此豐繁的意象，顯得熱鬧而不蕪雜，若不是作者靈動的想像與超絕的修辭，怎麼可以把平凡單調的蟬聲轉變為多采多姿的景象呢？作者透過轉化修辭，確實使這篇文章變得更為生動活躍了。

（三） 鎔鑄典故，典雅自然

典故的引用在古典詩文中俯拾即是，而現代散文作家也常常援引古今詩文，以厚實文章的內涵。事實上，「引用」是一種訴諸權威或訴諸大眾的修辭技巧，作家在寫作時往往利用一般人對於權威的崇拜或對大眾的尊重，以增強自己言論的說服力[8]。所謂「化用」是指引用時在語文意義上有所變化，其形式以不點明

---

[7] 見黃慶萱《修辭學》，頁 377。
[8] 參見黃慶萱《修辭學》，頁 125。

出處爲常態。[9]檢視在簡媜〈夏之絕句〉中所見的引用修辭，計有三處：

1. 化用遠古許由洗耳的的傳說

簡媜在〈夏之絕句〉首段即運用「洗耳」的意象，看來新穎有趣。其言：

> 已有許久，未嘗去關心蟬聲。耳朵忙著聽車聲、聽綜藝節目的敲打聲、聽售票小姐不耐煩的聲音、聽朋友附在耳朵旁低低啞啞的祕密聲……。應該找一條清澈潔淨的河水洗洗我的耳朵，因為我聽不見蟬聲。

相傳堯欲將君位禪讓給許由，他於是逃至箕山下農耕而食；堯又請許由做九州長官，他遂至潁水之濱洗耳，以表達他耳朵受名祿污染的感受。[10]許由洗耳，乃爲表明清高的志節；而簡媜洗耳，卻只是單純地想滌淨塵囂，然後才能享受自然蟬聲的薰陶。當然，她化用這個典故幾乎與原本傳說的內蘊無關，只是要運用那個「洗耳」的意象，傳達一種清新絕塵的感染力，作爲全文闡述蟬聲的鋪墊。

2. 化用唐詩意象

簡媜以中文系科班出身的學術背景投身於文藝創作，在其散文作品中往往不自覺地透露著「中文人」慣有的筆調與內涵。在〈夏之絕句〉中，以「絕句」作爲題名已是著例，其文中又提到：

> 這絕句不在唐詩選不在宋詩集，不是王維的也不是李白的，是蟬對季節的感觸，是牠們對仲夏有共同的情感，而寫成的一首抒情詩。詩中自有其生命情調，有點近乎自然詩派的樸質，又有些曠達飄逸；更多的時候，尤其當牠們不約而同地收住聲音時，我覺得牠們胸臆之中，似乎有許多豪情悲壯的故事要講。也許，是一首抒情的邊塞詩。

其謂「唐詩」、「宋詩」、「王維」、「李白」、「自然詩派」、「邊塞詩派」，皆是《中國文學史》裡熟悉的概念，凡熟習古典文史知識的學子，或能感受到清脆蟬聲中那生動而親切的古人形象。雖然，引用唐詩並非中文系作家的專利，但簡媜在敘述這些唐代的詩人與流派時，隱約透露著對蟬聲的推崇與期許——她推崇蟬聲的清高典雅，也期許蟬聲如古典詩人般的清閒自在、飄逸悠雅。這是簡媜化用唐詩意象的特色，也給人一種典雅莊重卻不失親切自然的美感。

3. 成語的引用

成語在中文詞彙系統裡是一種形式固定、內蘊豐富的語言形式。每一個成語均蘊含著深厚的文化意涵，在形式上也兼顧典雅、簡潔的特色。所以在現代散文創作中常見作家信手拈來，「成語」已成慣用的詞彙。而簡媜〈夏之絕句〉所用的成語亦俯拾即是。如：

---

[9] 見黃慶萱《修辭學》，頁 147。

[10] 參見晉皇甫謐《高士傳》，收錄於宋《太平御覽》卷。

> 但當我「屏氣凝神」正聽得起勁的時候，又突然，「不約而同」地全都住了嘴。
>
> 整個夏季，我們都「興高采烈」地強迫蟬從枝頭搬家到鉛筆盒來。
>
> 蟬該是有翅族中的隱士吧。高據樹梢，「餐風飲露」，「不食人間煙火」。
>
> 一段蟬唱之後，自己的心靈也跟著透明澄淨起來，有一種「何處惹塵埃」的了悟。蟬亦是禪。
>
> 牠們是天生的歌者。歌聲「如行雲如流水」，讓人了卻憂慮，悠遊其中。

若不是使用引號將句中的成語圈出，這些成語融在語句中，讀來毫無突兀之感。可見簡媜使用成語是相當貼切自然的，而成語在字裡行間所營造的典雅風韻也絲毫不減，充分展現簡媜在遣詞造句功力上的渾然天成。

（四） 情境示現，意象鮮明

文學作品的魅力，往往由於作家善用豐富的想像力，將原本平淡無奇的事物，變得縱橫繽紛，令人嚮往流連。在修辭學中，充分運用想像力來營造文學美感的技巧，非「示現」修辭莫屬。凡在語文中利用人類的想像力，把實際上不聞不見的事物，描寫得如見如聞，皆屬於「示現」修辭的範疇。[11]其最大的美感效果在於它可以超越過去、現在及未來的時間，也能跨越無遠弗屆的空間，帶出文學作品深廣豐富的意象。在簡媜〈夏之絕句〉中，不乏運用時間追述的示現，如：

> 你能想像一群小學生，穿卡其短褲、戴著黃色小帽子，或吊帶褶裙，乖乖地把「碗公帽」的鬆緊帶貼在臉沿的一群小男生、小女生，書包擱在路邊，也不怕掉到河裡，也不怕鉤破衣服，更不怕破皮流血，就一腳上一腳下地直往樹的懷裡鑽的那副猛勁嗎？

她在追憶童年和同伴在鄉間穿梭於樹林的悠閒歲月，那五年級生才有的卡其制服和碗公帽，鄉間小孩特有的天不怕、地不怕的膽識與行止，透過簡媜細緻的筆力而躍然紙上，那不只是童年的追憶，一種天真爛漫的童年情韻正感染著我們的心靈。此外，〈夏之絕句〉中亦有空間懸想的示現，如：

> 想像那一隊一隊的雄蟬斂翅據在不同的樹梢端，像交響樂團的團員各自站在舞臺上一般。只要有隻蟬起個音，接著聲音就紛紛出了籠。

在都市叢林裡，我們無法親見、親聞大自然的蟬聲，卻可以在簡媜的筆端體會著蟬聲的綿延，更感受其悠揚恣肆的情韻。這是「懸想示現」所營造的鮮明意象。無可否認，簡媜化抽象爲具體、追過去成當下的筆力是相當深厚的。

（五） 隨筆排比，形式自由

---

[11] 見黃慶萱《修辭學》，頁 305。

簡媜散文穠而不豔，繁而不膩，最主要的原因是她在措辭上所運用的排比句式是自由而不僵化的。蓋凡排比句式，是指用三個或三個結構相似、語氣一致、字數大致相等的語句，表達出同範圍、同性質的意象。[12]就簡媜〈夏之絕句〉一文所見的排比修辭，其符合排比的條件之外，形式是自由的。如：

> 夏乃聲音的季節，有雨打，有雷響、蛙聲、鳥鳴及蟬唱。

除了「蛙聲」之外，其餘所謂「雨打」、「雷響」、「鳥鳴」、「蟬唱」，皆爲「名詞＋動詞」的複合詞彙，在形式上不僅符合排比的條件，多重的景物鋪陳亦營造出豐繁的意象，而逗號及頓號的交錯運用，亦使這些物象的鋪排展現較爲自由的形式。除此之外，〈夏之絕句〉也在排比句的整齊美感中，融入了參差變化的句式。如：

> 這絕句不在唐詩選不在宋詩集，不是王維的也不是李白的，是蟬對季節的感觸，是牠們對仲夏有共同的情感，而寫成的一首抒情詩。

這段文字在鋪排的基礎下，又呈現「不在……不在……，不是……也不是……，是……是……」的句型，乃肯定句和否定句的穿插使用，基本上符合「錯綜」修辭中「變化句式」的技巧。[13]

一般而言，排比句型容易堆疊出豐繁的意象，或營造磅礡的氣勢。而過度的排比卻可能因相同句型或相近語彙而形成詞藻的堆砌，反而易顯露出僵化或疲弱的缺點。若能在排比的句型中，適度抽換類似的詞彙，或改變、伸縮原本整齊的句式，就能減少上述缺失，又能兼顧整齊與變化的美感。事實上，簡媜〈夏之絕句〉所運用的排比句式比較自由的，她並沒有刻意融入錯綜技巧，也無意識去營造整齊的句式，其偏於「隨意自由」的寫作心理，也形成簡媜使用排比修辭上的一種特色。

（六） 積極修飾，善用美詞

前述五種簡媜於〈夏之絕句〉所表現的特色，皆基植於固定辭格所梳理出來的修辭藝術。事實上，我們試著分析〈夏之絕句〉中的用語和措辭，亦可察見簡媜積極修飾、善用美詞的寫作態度。試以表列說明如下：

〈夏之絕句〉原文	說　明
我的一顆心就毫無準備地散了開來，如奮力躍向天空的浪頭，不小心跌向沙灘。	「躍」向天空、「跌」向沙灘，皆爲生動的用詞，比起一般「跳」、「摔」的淺劣詞來得優美典雅。
雖然附近也有田園農舍，可是人跡罕至，對我們而言，真是又遠又幽深，	其謂「人跡罕至」相較於「人煙稀少」是較爲優美的；而「幽深」一詞也比「深」

[12] 參見黃慶萱《修辭學》，頁 651。

[13] 黃慶萱：「把肯定句和否定句，直述句和詢問句，駢式句和散式句等等，穿插使用，叫做變化句式。」見《修辭學》，頁 770。

讓人覺得怕怕地。	字豐富生動。
摸一摸斂著翅的蟬。	「斂」著翅，遠比「收」著翅優美，也較爲生動。
絕句該吟該誦，或添幾個襯字歌唱一番。	把蟬聲形容成「絕句」已是絕佳的譬喻，再「添幾個襯字」唱唱，更具有古典文學的美感。
是蟬對季節的感觸，是牠們對仲夏有共同的情感。	使用詞彙中，「感觸」、「仲夏」的優美，相較於「感動」、「盛夏」普通，其優劣顯而易見。
有點近乎自然詩派的樸質，又有些曠達飄逸。	「樸質」、「曠達」、「飄逸」等詞彙多用於古典意象，簡媜用來形容唐代詩人與流派，不僅貼切，更凸顯典雅之美。
那蟬聲在晨光朦朧之中分外輕逸，似遠似近，又似有似無。	作者用「朦朧」、「輕逸」來形容晨光，確實營造迷濛、飄逸與輕盈的感染力，使用簡潔的詞彙卻營造豐繁的意象，充分展現其鎔裁語彙的深厚筆力。
其實在一灘濁流之中，何嘗沒有一潭清泉？在機器聲交織的音圖裡，也有所謂的「天籟」。	「一灘」、「一潭」皆只是單位用詞，其刻意使用不同的稱呼，可凸顯濁流和清泉的特質，也積極營造優美的氛圍。
偶爾放慢腳步，讓眼眸以最大的可能性把天地隨意瀏覽一番。	「眼眸」、「瀏覽」雖是常見用詞，然而在意象經營與詞彙美感上，均優於「眼睛」、「觀看」等詞。

表列中所點出的詞彙，均可看出簡媜措辭的用心。語言學家王希杰先生曾提出「零點」與「偏離」的理論[14]，主張美好的修辭多屬於「正偏離」的範疇。凡符合正確的語法，使用適切的詞彙，在此基礎上更進一步修飾詞語，其語彙的美感指數即從零點往正數方向偏移，形成特定的美感效果。從上表所列，可以見出簡媜〈夏之絕句〉美化詞彙的企圖，其選詞之用心亦可視爲這篇文章的修辭特色之一。

四、簡媜〈夏之絕句〉的修辭風格

修辭的價值在於意象或詞彙的美化歷程，它能使語文的初步意象或原始詞彙形成更進階的美感效果。過去一世紀以來，從西方修辭學的詮釋到漢語修辭學的建構，海峽兩岸三地對於修辭的研究均已展現豐碩的成果，修辭格的建立、定義與運用也臻於成熟。這些成果對於我們研究文學作品有相當大的助益。然而，我們若運用修辭格的知識來檢視簡媜〈夏之絕句〉的修辭藝術，僅能分析這篇作品

---

14 參見李廣瑜〈三一理論之體系觀——淺析王希杰先生修辭學理論之精髓〉，收錄於李名方、鍾玖英主編《王希杰和三一語言學》（北京：中國文聯出版社，2006 年 11 月第 1 版），頁 328-336。

所呈現之普遍的修辭現象；若要探討這篇散文在基礎修辭之上，是否展現其特殊的風貌或格調，則需透過修辭風格[15]的分析與歸納，方能完整凸顯簡媜〈夏之絕句〉的修辭藝術。依據前節的文本分析，我們可進一步歸納此文的修辭風格：

（一） 意象豐贍，天真浪漫

在〈夏之絕句〉中，簡媜運用了大量的譬喻修辭。其取材貼切自然，並善用古典與現代的意象來詮釋蟬聲。在豐繁的材料中，她以絢爛的意象製造熱鬧繁盛的夏日氛圍，不僅具備譬喻修辭本有的「意象鮮明」之美感，更形成「詳實豐贍、天真浪漫」的風格。由於簡媜來自宜蘭鄉間的成長背景，再加上中文系的專業訓練，使她遊走於質樸與典雅之間，其創作之取材既有豐贍的文學資源，又能擷取純潔的童年記憶，落實於寫作中的譬喻技巧，具有這樣的修辭風格是想而易見的。

（二） 溫潤和煦，華而不豔

從〈夏之絕句〉的取材，可以見到簡媜對於童年趣事的描述，不帶激情與虛構，反而用溫潤的筆調營造和煦的感染力。在其運用的轉化修辭中，那擬人法的親切感與具象化的充實感，使真實的體驗蘊含著童趣的浪漫情懷。至於示現修辭的運用，又能表現其追今憶昔、化虛為實的寫作實力，搭配著她清麗卻無濃豔的遣詞風格，充分展現溫柔敦厚的文學美質。這是簡媜措辭上的用心，也是其溫厚性格的具體展現。

（三） 融古於今，淳厚典雅

簡媜〈夏之絕句〉能展現其華美而淳厚的感染力，在於她善用營造古典意象，而古典意象的經營則歸功於她適度地化用典故。無論是引述唐詩意象，或化用上古傳說，其用於形容大自然的蟬聲，不僅融會了古典與現代，也結合了自然與人文，呈現出淳厚典雅、天人互動的修辭風格。

（四） 自然流暢，不落鑿痕

綜觀簡媜〈夏之絕句〉所呈現的修辭技巧，其譬喻之豐富、轉化之生動、示現之擬真、引用之典重、排比之自由與措辭之清麗，充分展現「自然流暢，不落鑿痕」的特色。在創作上，她有質樸的天賦，更蘊含後天文學專業訓練的成果，最重要的是她優越自然的審美能力，使其散文創作能活用修辭於紋掌之間而渾然不覺，於是充滿美感的修辭技巧如行雲流水，不擇地皆可出，恰如其份地展現在她的作品當中。

五、 結語

[15] 所謂「修辭風格」，是指透過修辭技巧所展現的美感效果，這種美感效果會表現出語文特殊的風貌與格調。參見拙作〈辭章修辭風格初探——以古典詩詞為考察對象〉，收錄於《修辭論叢》第七輯（東吳大學，2006），頁 473-501。

「修辭教學」是語文教育中必須講授的範疇，一般的教材內容及評量試題，大都僅限於文句所呈現之辭格的辨正，對於修辭的心理基礎及其美感效果，教師往往略而不談，以致於學生面對文本的修辭現象，只會機械式的辨認辭格，完全忽略了辭格的心理探討及美感體驗。這種現象一直延續到大學的語文教育，依然沒有明顯改變。事實上，辭格的辨正只是修辭教學中的基礎而已，教師若能進一步指導學生去探索修辭的心理基礎，並引發學生對於辭格的審美感受，不僅可以建立學生在文學方面的鑑賞能力，也能激勵學生在寫作時廣泛而熟練地運用修辭來美化文句。

本論文以簡媜的〈夏之絕句〉爲考察對象，除了梳理這篇散文的修辭技巧之外，更逐一確定其修辭現象所呈現的美感效果，並透過修辭風格的探討，以凸顯簡媜散文獨特的修辭藝術。研究發現，簡媜〈夏之絕句〉一文在譬喻修辭上，能善用貼切的「喻依」營造純樸浪漫的意象，形成「意象豐贍，天真浪漫」的風格；在轉化修辭技巧上，特別善用擬人法與具象法，展現生動、親切而自然的美感，特別凸顯其「溫潤和煦，華而不豔」修辭特色；在引用修辭技巧的運用上，其化用古典意象非常自然，而成語的使用也毫無生硬之感，充分展現「融古於今，淳厚典雅」的格調；至於示現修辭的鮮明意象、排比技巧的隨意自由，及其運用修辭時所展現的天賦蕙質，使其文筆透露著「自然流暢，不落鑿痕」的藝術美感。

從修辭心理基礎的探討，到修辭美感效果的呈現，以至其修辭風格的建立，我們對於簡媜〈夏之絕句〉的修辭藝術建構了有理可說的脈絡，那是具體可循的軌跡，也是從修辭研究落實到修辭教學所應掌握的原則。唯有如此，語文教育在涉及修辭教學時才能跳脫辭格辨正的窠臼，真正爲學生尋求有跡可尋的鑑賞原則，並能使修辭鑑賞的能力轉化爲創造優美文句的基石。

附錄：簡媜〈夏之絕句〉的修辭技巧

修辭技巧		原文
譬喻	明喻	春天，像一篇巨製的駢儷文；而夏天，像一首絕句。
		就像一條繩子，蟬聲把我的心紮捆得緊緊地，突然在毫無警告的情況下鬆了綁。
		那種緊張就像天方夜譚裡，那個漁夫用計把巨魔騙進古罈之後，趕忙封好符咒再不敢去碰它一般。
		你便覺得那蟬聲宛如狂浪淘沙般地攫走了你緊緊扯在手裡的輕愁。
		蟬聲的急促，在最高漲的音符處突地戛然而止，更像一篇錦繡文章被猛然撕裂，散落一地的鏗鏘字句，擲地如金石聲，而後寂寂寥寥成了斷簡殘篇，徒留給人一些悵惘、一些感傷。
	隱喻	風是幕後工作者，負責把它們推向天空；而蟬是啦啦隊，在枝頭努力叫鬧。沒有裁判。
		蟬聲是一陣襲人的浪，不小心掉進小孩子的心湖。於是湖心拋出千萬圈漣漪如千萬條繩子，要逮捕那陣浪。
		蟬是大自然的一隊合唱團，以優美的音色，明朗的節律，吟誦著一首絕句。
		大自然的寬闊是最佳的音響設備。
轉化	擬人	夏天什麼時候跨了門檻進來我並不知道。
		整個夏季，我們都興高采烈地強迫蟬從枝頭搬家到鉛筆盒來。
		我覺得牠們胸臆之中，似乎有許多豪情悲壯的故事要講。也許，是一首抒情的邊塞詩。
		我們將恍然大悟：世界還是時時在裝扮著自己的。
		牠們各以最美的音色獻給你，字字都是真心話，句句來自丹田。……牠們不需要指揮也無需歌譜，牠們是天生的歌者。
	形象化	我提筆的手勢擱淺在半空中，無法評點眼前這看不見、摸不到的一卷聲音。
		這些愉快的音符太像一卷錄音帶，讓我把童年的聲音又一一撿回來。
		蟬聲是一陣襲人的浪，不小心掉進小孩子的心湖。於是湖心拋出千萬圈漣漪如千萬條繩子，要逮捕那陣浪。
引用	暗用	應該找一條清澈潔淨的河水洗洗我的耳朵，因為我聽不見蟬聲。

	化用	這絕句不在唐詩選不在宋詩集，不是王維的也不是李白的，是蟬對季節的感觸，是牠們對仲夏有共同的情感，而寫成的一首抒情詩。詩中自有其生命情調，有點近乎自然詩派的樸質，又有些曠達飄逸；更多的時候，尤其當牠們不約而同地收住聲音時，我覺得牠們胸臆之中，似乎有許多豪情悲壯的故事要講。也許，是一首抒情的邊塞詩。
示現	追述示現	你能想像一群小學生，穿卡其短褲、戴著黃色小帽子，或吊帶褶裙，乖乖地把「碗公帽」的鬆緊帶貼在臉沿的一群小男生、小女生，書包擱在路邊，也不怕掉到河裡，也不怕鉤破衣服，更不怕破皮流血，就一腳上一腳下地直往樹的懷裡鑽的那副猛勁嗎？
	懸想示現	想像那一隊一隊的雄蟬斂翅據在不同的樹梢端，像交響樂團的團員各自站在舞臺上一般。只要有隻蟬起個音，接著聲音就紛紛出了籠。
排比	排比	夏乃聲音的季節，有雨打，有雷響、蛙聲、鳥鳴及蟬唱。
	排比兼變化句式	這絕句不在唐詩選不在宋詩集，不是王維的也不是李白的，是蟬對季節的感觸，是牠們對仲夏有共同的情感，而寫成的一首抒情詩。

徵引文獻

（一）古籍

宋・李昉：《太平御覽》，臺北;：臺灣商務印書館，1983 年

（二）近人論著

王希杰，《修辭學通論》，南京：南京大學出版社，1996 年

李名方、鍾玖英主編《王希杰和三一語言學》，北京：中國文聯出版社，2006

李宗慈，〈簡媜的故事〉，《幼獅文藝》414 期，1988，頁 48-55

何寄澎，〈孤寂與愛的美學--綜論簡媜散文及其文學史意義〉，《聯合文學》，225 期，2003.07，頁 62-73

邱明正，《審美心理學》，上海：復旦大學出版社，1993

張紅雨，《寫作美學》，高雄：麗文文化公司，1996

庫爾特・考夫卡原著、黎煒譯，《格式塔心理學原理》，臺北：昭明出版社，2000

童慶炳，《中國古代心理詩學與美學》，臺北：萬卷樓圖公司，1994

吳禮權，《中國修辭哲學史》，臺北：臺灣商務印書館，1995

翁雪芳，〈簡媜「夏之絕句」的主題呈現技巧〉，《中國語文》559 期，2004.01，頁 73-76

陳進益，〈讓散文自由--論簡媜對散文的幾點看法〉，《清雲學報》22:2，2002.12，頁 427-437

黃慶萱，《修辭學》，臺北：三民書局，2002

趙公正，〈絕妙散文--解讀簡媜「夏之絕句」〉，《國文天地》183 期，2000.08，頁 65-69

蒲基維，〈辭章修辭風格初探——以古典詩詞爲考察對象〉，東吳大學：《修辭論叢》第七輯，2006，頁 473-501

劉　雨，《寫作心理學》，高雄：復文出版社，1995

鄭如真，〈簡媜散文的修辭特色〉，《國文天地》292 期，2009.09，頁 13-21

歐陽周、顧建華、宋凡聖，《美學新編》，杭州：浙江大學出版社，1993。

簡　媜，《水問》，臺北：洪範出版社，1985

鍾怡雯，〈擺盪於孤獨與幻滅之間--論簡媜散文對美的無盡追尋〉，《臺灣人文》第 3 期，1999.06，頁 71-85

康軒本初中語文教科書學習重點研究
——閱讀能力訓練的角度

何文勝*

摘　要

初中語文教科書能力訓練的內容和序列，是否科學？有沒有落實綱要的要求，是值得我們研究的。

本研究先利用系統論，學科論，能力結構論，認知論及課程論來建立本文的研究架構，再以此整理康軒本初中語文教科書裡每單元、每單位中學習重點的閱讀能力內容和序列；然後分析和討論這些學習重點的能力內容是否全面及序列是否清晰，最後提出改善的方法。

研究發現，康軒本閱讀能力訓練的內容和序列，都有改善的空間。例如，這套教科書的認讀、理解、賞析單元數目的比例約爲 4：5：4；如要做到理據的要求，比例應爲 1：2：3。同時，單元內的學習重點太多，認讀能力不全面，理解能力的論說可解構爲說明與議論，賞析能力的元素宜作進一步的解構，以教學操作。如果先解構閱讀能力的元素，以能力組織單元；再按能力發展作爲單元的序列，做到基礎能力先學，文體相對集中，這樣較能做到一個倒螺旋上升的課程結構；最後配合情意的培養，就可以做到能力全面有序。

關鍵詞：康軒本、初中語文教科書、閱讀能力訓練、學習重點

*香港教育學院中文系副教授

一、緒論

二十一世紀開始，兩岸三地都進行了語文課程、教材與教學的改革。教材的建設如何？狹義的教材一般指教科書，有系統的教科書建設涉及編選體系與體例的建構。體系研究後[1]，隨之而來的是體例。體例中助讀系統的學習重點，包括能力的訓練，語文知識的學習和情意的培養。情意的培養涉及價值取向的研究，研究者在這方面作了一些研究[2]，現在探討教科書中能力訓練的學習重點問題。

本文的研究目的，主要是整理及分析現行康軒本初中語文教科書學習重點的能力元素內容及序列規劃情況；再探討教科書中能力訓練的元素是否全面，序列是否清晰，有沒有落實課程標準的要求；最後提出改善的方法，供教育工作者參考。研究的對象爲董金裕等編，康軒文教事業出版的《國中國文》[3]（簡稱康軒本）。初中語文教科書的編選體系多以讀寫能力訓練結合，帶動聽說，因此，本文的學習重點研究主要是探討閱讀能力訓練問題。

本文的研究方法，是利用系統論、學科論、能力結構論、認知論，課程論以及有關文獻建構語文能力訓練的元素和序列，然後按這些架構來整理、統計、分析及評論康軒本中每單位教學目標的閱讀能力訓練元素和單元間的序列。

二、理論架構的建構

要把語文教學建立在科學的體系上，需要建基於課程的規劃與教材的設計，教學的實踐與評估。科學的教材設計則建基於教科書的編選體系，科學的教科書編選體系就是要處理好教材中單元與單元，單位與單位間的結構。在語文教科書中，具體的方法就是要處理好單元與單元之間的縱向銜接，以及單元內各單位間的橫向聯繫。前者做到上一單元所學，爲下一單元所用，以便有效順序地學習其他單元。後者透過精讀、導讀及自讀三種課型，做到精讀讓學生學能力，導讀讓學生在教師指導下用能力，自讀是讓學生自行運用所學，在學習的過程中產生內在的學習動機[4]。能否落實這個科學的體系結構，關鍵在於各元素之間是否合理有序。在語文教學過程中，語文能力是按學科邏輯順序的線性發展，它是最能做到單元與單元間縱向銜接，和單位與單位間橫向聯繫的元素。這是以能力組織單元，以能力訓練爲導向等課程規劃的主要理據。同時，這也是研究教科書學習重點中能力訓練的元素是否全面，序列是否合理的主要理據。

能力結構是指完成某項活動的某些能力所組成的元素及各元素的最佳組合。結構是

---

[1] 何文勝（2007）。《兩岸三地初中語文教科書編選體系的承傳與創新研究》，香港：文思出版社。

[2] 何文勝。《兩岸三地初中語文教科書的價值取向研究》，論文十多篇散見於香港、大陸、臺灣的有關學術期刊，將結集出版。

[3] 董金裕等編（2003）。《國中國文》。臺北：康軒文教事業，2001 年 9 月初版，2004 年 9 月第三版。

[4] 何文勝（2007）。《兩岸三地初中語文教科書編選體系的承傳與創新研究》（頁 8-46）。香港：文思出版社。

系統內各要素的關係和組織形式。系統內的元素相同，而結構不同，功能也有差異[5]。因此，元素與結構決定系統的功能，若從整體出發，研究系統內部的能力結構、層次、序列，是探討教材最佳組合的方法，達成最優化效果的主要途徑。換言之，先由能力結構的模式，去瞭解語文的能力結構，然後理清語文能力的要素和序列，這樣科學的語文教學訓練點及內容才能建構起來。

關於能力結構的模式[6]，可從「一般因素－－特殊因素－－單項能力因素」的結構，來建構語文能力的元素和序列。這說明語文能力不是指單純的特殊能力或單純的一般能力，它是兩種能力綜合活動的結果。一直以來，研究語文能力結構，有以下幾項[7]：(一) 特殊因素論：1.單項因素說。2.雙因素說。3.四因素說。(二) 維度結構論：1.「語言－智力」二維說結構。2.「內容－操作－產品」三維結構說。3.多維結構說。(三) 層次結構論。根據能力結構的理論和內容，可以表解語文能力，包括聽話、閱讀、說話、寫作等元素、結構及序列[8]。

作爲語文教學的重點，閱讀能力內容結構的元素和序列如下[9]。

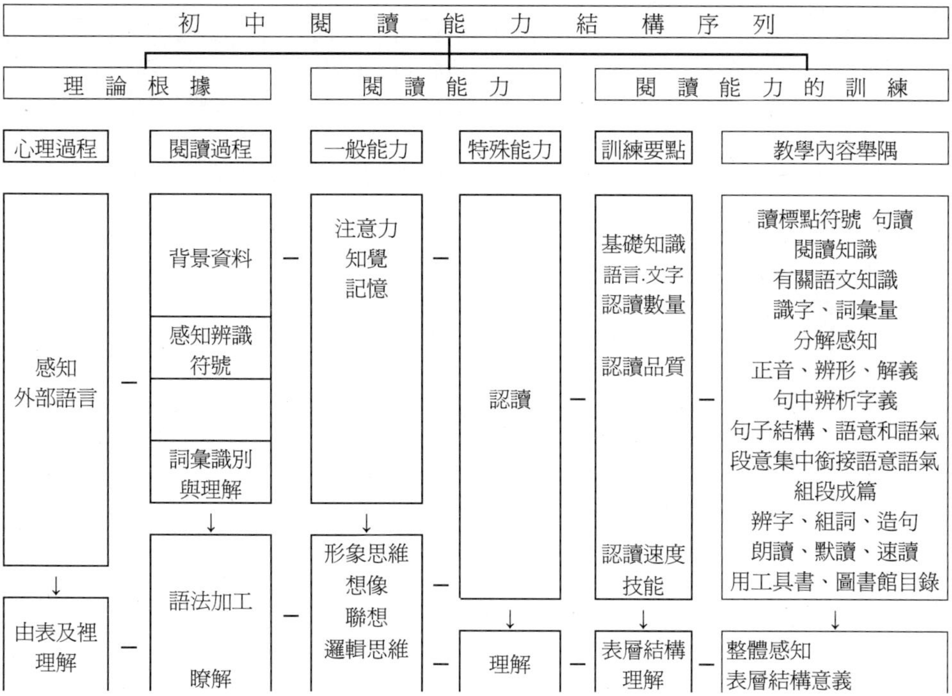

5 王雨田（1988）。《控制論．資訊理論．系統科學與哲學》（第二版）（頁 427）。北京：中國人民大學出版社。

6 莫雷（1993）。《中小學生語文閱讀能力研究》（頁 1-12）。廣州：廣東高等教育出版社。

7 祝新華（1993）。《語文能力發展心理學》（頁 33-35）。杭州：杭州大學出版社。

8 何文勝（2006）。《從能力訓練角度論中國語文課程教材教法》（頁 51-72）。香港：文思出版社。

9 何文勝（2006）。《從能力訓練角度論中國語文課程教材教法》(頁 123)。香港：文思出版社。

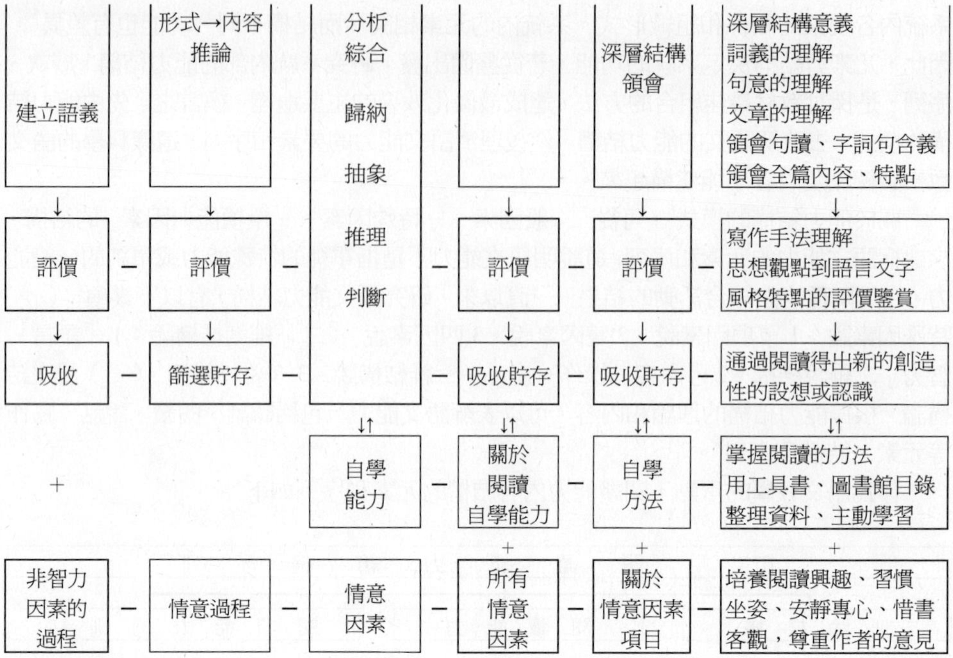

初中教科書一般以讀寫結合帶動聽說，以下是閱讀能力訓練元素與序列的架構表[10]：

閱讀能力元素及序列		
智力因素	認讀	
	理解	
	賞析	
非智力因素	興趣	
	習慣	
	態度	

這是作爲整理康軒本初中語文教科書閱讀能力訓練的架構。

在學科的縱向線性邏輯順序方面，根據語文能力結構論觀點，解構、比較九十年代內地五套教科書[11]的能力元素[12]，可以歸納四種能力的元素和序列內容，閱讀教學單元的元素和序列如下[13]：

---

[10] 何文勝（2006）。《從能力訓練角度論中國語文課程教材教法》（頁 122）。香港：文思出版社。

[11] 五套教科書爲：徐中玉等編（1995）。《九年義務教育課本．語文》（6-9 年級試用本），上海：上海教育出版社出版。姚麟園等編（1992）。《九年義務教育課本．語文》（6-9 年級試用本），上海：上海教育出版社出版。北京師範大學附屬實驗中學教材編寫組編（1994）：《九年義務教育三年制初級中學教科書．語文》（1-6 冊），北京：北京出版社、開明出版社。「五．四」學制教材總編委會編(1994)：《九年義務教育四年制初級中學教科書．語文》（1-6 冊）。北京：北京師範大學出版社。

[12] 何文勝（2005）。《中國初中語文教科書編選體系的比較研究》（頁 79-115）。香港：文化教育出版社。

[13] 何文勝（2003）。《能力訓練型編選體系．中國語文．實驗教科書》（第一至六冊），（編者的話頁 1-4）。

認讀能力：閱讀基本方法，包括借助課文注釋和字典閱讀、默讀、圈劃、批註、摘錄、筆記、朗讀。字詞句段理解，包括正確理解詞語含義，把握關鍵字，正確理解句子含義，把握關鍵句，歸納段落大意，把握重點段落。篇章理解，包括整體感知文章內容，理清文章思路，概括文章主旨。

理解能力：記敘包括記敘的要素，記敘的人稱，記敘的中心，記敘的順序，起結、過渡、照應、詳略，寫人、敘事、寫景、記遊。說明包括說明事物的特點，採用恰當的說明方法，安排合理的說明順序，說明文的多種用途。議論包括論點的確立，論據的選擇，論證的方法，論證的結構。

賞析能力：散文閱讀賞析，詩歌閱讀賞析，小說閱讀賞析，童話、寓言、民間故事閱讀賞析，戲劇、影視、曲藝閱讀賞析，專題研習指導及訓練。

課程綱要的分段閱讀能力指標要求[14]制約著康軒本閱讀能力元素的內容和序列，而上述能力元素及序列是評價課程綱要中有關閱讀能力元素的內容是否全面，序列是否清晰的理據。《國民中小學九年一貫課程綱要・語文學習領域》分段能力指標，第三學段的閱讀要求爲：E-3-1 能熟習並靈活應用語體文及文言文作品中詞語的意義。E-3-2 能靈活應用不同的閱讀理解策略，發展自己的讀書方法。E-3-3 能欣賞作品的寫作風格、特色及修辭技巧。E-3-4 能廣泛的閱讀各類讀物，並養成比較閱讀的能力。E-3-5 能主動閱讀古今中外及鄉土文學的名著，擴充閱讀視野。E-3-6 能靈活應用各類工具書及電腦網路，蒐集資訊、組織材料，廣泛閱讀。E-3-7 能將閱讀的內容，加以統整，並養成主動思考、探索，轉化爲日常生活解決問題的能力。E-3-8 能配合語言情境，理解字詞和文意間的轉化。

因此，要處理好能力訓練的序列，可按基礎能力先學，文體相對集中，一個倒螺旋上升的課程結構等原則來做[15]。

以下爲根據有關理據和課標的課程規劃與教學要求，建構十二年一貫的閱讀能力訓練規劃。

<table>
<tr><th>階段</th><th>年級</th><th>閱讀範疇</th><th>四種能力的關係</th><th>組元</th></tr>
<tr><td rowspan="3">初小</td><td>1</td><td rowspan="3">認讀能力（一）
識字解詞
造句、段落理解</td><td rowspan="3">聽說帶動讀寫
聽說過渡讀寫</td><td rowspan="6">能力組元</td></tr>
<tr><td>2</td></tr>
<tr><td>3</td></tr>
<tr><td rowspan="3">高小</td><td>4</td><td rowspan="3">認讀能力（二）篇章理解
文體理解能力（一）
文體理解能力（二）</td><td rowspan="3">聽說讀寫綜合訓練</td></tr>
<tr><td>5</td></tr>
<tr><td>6</td></tr>
<tr><td>初</td><td>7</td><td colspan="2">銜接認讀及理解能力（視學生水平，可在中一學認讀，初二學理解，初三學賞析）</td><td></td></tr>
</table>

香港：文化教育出版社。中華人民共和國教育部制訂（2005）：《全日制義務教育・語文課程標準》（實驗稿）（4 頁）。北京：北京師範大學出版社，第 24 次印刷。

14 教育部編（2003）。《國民中小學九年一貫課程綱要語文學習領域》。臺灣：教育部出版（簡稱綱要）。

15 何文勝、樊麗珊（2008）。香港初中國語文科校本課程規劃的理論與實踐。《華文學刊》，卷六第二期（頁 63-65）。新加坡。

中	8	賞析能力(一)	讀寫帶動聽說	
	9	賞析能力(二)		
高中	10	用能力學知識	讀寫帶動聽說	生活組元
	11	拓寬閱讀面		
	12	增加閱讀量		

以上是作爲整理、分析及評論康軒本初中語文教科書能力訓練元素與序列的理論架構。

三、研究內容

每個單元全面的學習重點包括：能力的訓練、知識的學習和情意的培養三個範疇，本研究只針對能力訓練中的閱讀能力。研究內容主要包括閱讀能力元素的內容和能力元素的序列兩部份。前者把每個年級的能力元素按架構歸類，以探討能力元素是否全面；後者按每年級的單元內容順序，根據閱讀認知心理發展的架構，以探討能力元素的序列是否清晰。

（一）閱讀能力元素的內容（見附件一）

1. 康軒本能力內容簡介

（1）智力因素

a.認讀能力

內容包括：識字〔押韻的字。(7-1．2)、(9-1．1)〕。詞語〔詞義（7-1．1)，成語（7-1．6)，同義複詞（7-2．3)，外來語（8-2．2)，詞的形式（9-1．1)〕。句子〔對仗句（7-2．1)，對聯（8-3．2)，句法（9-2．3)〕。段落 0。篇章〔理解主旨：用意（8-2．6)，旨意（8-1．4)，意涵（8-2．選)，主旨（9-1．選)；理解課文：得到新的啓發（8-1．6)，觸發聯想與體會（9-2．1)(9-1．2)；深層含義：寄託的道理（7-1．3)，深層內涵（7-2．1)，內涵（9-2．2)，意涵（9-2．4)，寄託意趣（9-1．5)(9-2．2)〕。朗讀〔基本功能 0〕。

數據顯示，認讀能力的單元數量爲：識字 2（1、0、1）[16]，詞語 5（3、1、1），句子 3（1、1、1），段落 0（0、0、0），篇章 13（2、4、7）。朗讀 0（0、0、0）。七年級有 7 個，八年級有 6 個，九年級有 10 個，共 23 個學習重點。

b.理解能力

---

[16] 識字 2（1、0、1）：押韻字共有 2 個學習重點（七年級 1 個、八年級 0 個、九年級 1 個）。即：七及九年級各有 1 個學習押韻字的單元，八年級沒有學習押韻的學習重點，下同。

內容包括：記敘〔記錄人與自然互動：(8-2・選)，敘事（9-1・5)〕。描寫〔描寫的人（7-1・1)（7-2・5)（7-2・選)（8-2・3)（8-2・5)（8-2・選)（9-1・5)（9-1・選)，描寫景物（7-2・5)（8-1・2)（8-1・2)（8-1・3)（9-2・3)，描述物（7-2・1)（8-2・2)（8-2・6)（9-1・選)（9-2・1)（9-2・選)〕。抒情〔人與動物情（8-1・選)，送別心情（9-1・1)，記敘中抒情（7-2・6)，詠物抒懷（7-2・6)（8-2・6)，藉景抒情（7-1・2)（7-2・3)（9-2・3)，記敘後論說並抒感（9-1・4)〕。論說〔(7-2・2)（7-2・4)（8-1・5)（8-1・5)（8-2・3)〕。

數據顯示，文體理解能力的單元收量爲：記敘 2（0、1、1），描寫 19（5、8、6），抒情 9（4、2、3）〕；論說 5（2、3、0）。七年級有 11 個，八年級有 14，九年級有 10 個，共 35 個學習重點。

c.賞析能力

內容包括：修辭〔譬喻（8-2・1)；映襯（7-1・4)（7-2・1)；排比（8-1・5)；類疊（8-1・1)；誇飾（7-1・6)（7-1・3)（8-2・1)；設問、層遞（7-2・2)；倒反（7-2・2)；引用（7-2・3)（9-2・4)；摹寫聲音（9-1・2)；押韻（7-1・選)〕。寫作手法〔（7-2・5）（8-2・2)（8-1・2)（8-1・4)（8-1・選)（9-1・選)（9-1・2)〕。賞析〔（7-2・3)（8-1・選)（8-2・5)〕。朗讀〔聲情之美（7-2・3)（8-1・選)（8-2・5)（7-1・2)（8-2・2）（9-2・1)（9-2・3)〕。

數據顯示，賞析能力的單元數量爲：修辭 14（8、4、2）。寫作手法 7（1、4、2）。賞析 3（1、2、0）。朗讀 4（1、1、2）。七年級有 11 個，八年級有 11 個，九年級有 6 個，共 28 個學習重點。

（2）非智力因素

興趣、習慣及興趣等非知力因素的內容，這套教科書都沒有有關的培養單元。

數據顯示，沒有非智力因素的學習重點。

2. 康軒本能力內容評論

認讀能力共有 23（7、6、10）項學習重點，呈「V」型，分佈在七至九年級，內容包括：字詞句篇的理解能力，朗讀。根據理論，認讀能力訓練內容還欠默讀、批註、做筆記和段的理解。根據綱要的內容，其中使用工具書和朗讀在第一及第二階段已學好。而字詞句篇的理解等基礎能力都齊全。不過，綱要的能力指標的一些要求，在教科書的學習重點中沒有落實過來，如：「能熟習並靈活應用文言文」，「能靈活應用不同的閱讀理解策略」，「發展自己的讀書方法」，「養成比較閱讀的能力」，「能靈活應用各類工具書及電腦網路」等。

根據認知心理、能力結構論和基礎能力先學的規劃原則，認讀學習重點的數目，應由七年級向九年級減少較爲合理。但這套教科書總體的認讀學習重點量呈V狀，於理不合。部份認讀能力在第一二階段學過，沒有必要在第三階段作不必要的重複。

理解能力共有 35 項學習重點（11、14、10)，呈「Λ」型，分佈在七至九年級，在八年級突顯文體的理解能力訓練，這是合理的安排。它的內容包括：記敘、描寫、抒情及論說。可以說，這套教科書的閱讀能力訓練比較重視文體理解能力的訓練，相信這與傳統的文體教學為主有關。根據理據、綱要的理解能力訓練內容，以及與上世紀八九十年代人民教育出版社及一些審定的初中語文教科書相比，文體的理解能力仍有不足。例如，文體理解過於強調描寫，而欠缺戲劇、詩歌、小說等文學體裁的理解能力訓練，並把說明及議論合併為論說文。

賞析能力共有 28 項學習重點（11、11、6），呈「¬」型，分佈在七至九年級，不太合理，宜呈「/」型。賞析比理解深，重點宜放在九年級，七八年級應少一些。它的內容包括：修辭、寫作手法、欣賞和朗讀。修辭的學習重點比較強調學生由知識轉化為能力的訓練。有大量文學知識的學習，但未見轉化為能力的訓練方法。認讀的朗讀能力，在小學階段已提出要求，初中的誦讀要求節奏聲情，綱要把它放在賞析範疇是合理的。此外，根據理據，賞析的內容除修辭部份外，其餘都不太全面，也欠具體的操作方法。也沒有落實綱要的能力指標所說「能欣賞作品的寫作風格」。

至於在非智力因素方面，主要在第一二階段培養（E-1-3 能培養良好的閱讀興趣、態度和習慣），第三階段幾乎沒有非智力因素的安排，這是合理的。因為小學安排了態度、習慣和興趣培養的話，以後可以透過編選體系中精讀、導讀、自讀的課型與體例中的預習等機制來進行。

總的來說，這套教科書能力訓練包括認讀、理解、賞析，範疇基本是全面的，但未有落實能力指標的要求。在能力訓練的量方面，認讀能力（28 項），理解（35 項），賞析（28 項）的比例約為 4：5：4。要做到七年級強調認讀能力，八年級偏重理解，九年級加強賞析的規劃，就很不明顯了。三個年級的閱讀能力訓練都包括認讀、理解、賞析〔七年級（7、17、17），八年級（6、14、11），九年級（10、10、6）〕，屬三個倒螺旋上升的課程結構。這樣的規劃，必須注意各年級的銜接，否則，容易出現不必要的重複。

這套教科書的學習重點在能力訓練方面，主要包括閱讀和寫作兩條線，有時讀寫結合，有時先讀後寫。相配合的語文知識和大量的文學知識，不是能力訓練放在知識系統處理。同時，由於沒有把能力元素作適當的解構，例如，閱讀策略、閱讀方法、賞析能力未能解構相關的子能力，就難以有效的操作下去。

（二）能力元素的序列

1. 康軒本能力序列簡介

康軒本能力訓練元素的序列，是根據每單元中每單位學習重點的能力範疇整理出來的，按序列表如下：

單元	7 年級（中一）〔上冊為民 94 年；下冊為民 96 年〕	8 年級（中二）〔上冊為民 95 年；下冊為民 96 年〕	9 年級（中三）〔上下冊均為民 96 年〕
上冊 1	認讀（詞），理解（描寫）	賞析（修辭），賞析（修辭）	認讀（字），認讀（詞），理解（抒情）
2	認讀（字），理解（抒情），賞析（朗讀）	賞析（修辭），理解（記敘），理解（描寫），賞析（手法）	認讀（篇章），賞析（修辭），賞析（手法）

3	理解（論說），賞析（修辭）	理解（描寫）	無
4	賞析（修辭）	認讀（篇章），賞析（手法）	理解（論說）
5	無	理解（論說），理解（論說），賞析（修辭）	理解（論說），理解（描寫）
6	認讀（詞），賞析（修辭）	認讀（篇章）	——————
選讀	賞析（修辭）	理解（抒情），賞析（手法）賞析（賞析）	認讀（篇章），理解（描寫），理解（描寫），賞析（手法）
下冊 1	認讀（句），認讀（篇章），理解（描寫），賞析（修辭）	賞析（修辭）	認讀（篇章），理解（描寫），賞析（朗讀）
2	理解（論說），賞析（修辭），賞析（修辭）	認讀（詞），理解（描寫），理解（抒情），賞析（朗讀）	認讀（篇章），認讀（篇章）
3	認讀（詞），理解（抒情），賞析（修辭），賞析（賞析）	理解（描寫），理解（論說）	認讀（句式），理解（描寫），理解（抒情），賞析（朗讀）
4	理解（論說）	無	認讀（篇章），賞析（修辭）
5	理解（描寫），理解（描寫），賞析（賞析）	理解（描寫），賞析（賞析）	——————
6	理解（抒情），理解（抒情）	認讀（篇章），理解（描寫），理解（抒情）	——————
選讀	理解（描寫）	認讀（篇章），理解（記敘），理解（描寫）	理解（描寫）

上表顯示，一個單元能力訓練學習重點的數量：0 項的佔 3 個，1 項的佔 8 個，2 項的佔 11 個，3 項的佔 10 個，4 項的佔 6 個。每單元由最少的 0 項到最多的 4 項。一個單元內出現認讀、理解、賞析等不同範疇的能力學習重點。每個年級都有認讀——理解——賞析的閱讀能力，屬三個倒螺旋上升的課程結構。

2. 康軒本能力序列評論

總的來說，每單元的學習重點太多，數目也不平均。由於是三個倒螺旋上升的課程結構，所以有時出現不必要的重複。有些單元只有寫作能力，而沒有閱讀能力訓練，在整體規劃來說，這是不合理的。語文知識，不求系統，基本隨課文學習。

從編選體系和認知心理的角度來看，學習重點不應有不必要的重複，例如：押韻字（7-1．2）、（9-1．1），映襯（7-1．4）、（7-2．1），排比（8-1．1）（8-2．1）。根據行爲學派的觀點，單元內的三個課型，精讀學能力，導讀在老師指導下用能力，自評就是自學自評。它是由刺激、鞏固到強化，因此單元內的這種重複是必要的，可讓學生產生內在的學習動機，是一種由扶到放的自學能力訓練過程。換言之，同一單元的學習重點有重複是可以的，但如果是同一年級或跨年級學習重點的重複是不必要的。因爲學生既然已學過這種能力，如果在學習這個重點的過程達標，以後就不必再學，拿來用就可以了，尤其是在預習中用，這也是培養學生自學能力的一種機制。

從能力結構論來看，閱讀能力的發展按一個倒螺旋上升的方法排序爲：認讀——理解——賞析。但這套教科書在一個單元內有幾個學習重點，而且出現焦點模糊不清，而且序列的先後顛倒。例如：1.能運用擬人的修辭技巧；2.能在朗誦時，以適當的韻律與節奏，表現詩歌的情意；3.能指出本課三首詩中押韻的字；4.能分析詩中景物和情感的關係（7-1．2）。1.認識「銘」的性質；2.能於寫作時運用對偶句，使文句具有整齊的美感；3.能分析文中人物的性情並論其優劣；4.能藉由描寫人物言行舉止來刻畫人物的個性（8-2．3）。1.能觀察、把握人物的特色，並加以描寫；2.了解本課兩則短文所寄寓的道理；3.學習簡潔扼要的敘事技巧（9-1．5）。1.了解本課兩首曲所抒發的情意；2.學習以景物烘托情境的寫作技巧；3.了解並學習本課句法的使用；4.吟誦本詩，體會其中的聲情之美（9-3．3）。其中（7-1．2）押韻字應是學習重點的 1，而不是 3；（9-3．3）句法使用應是學習重點的 1，而不是 3 等，應需要微調。能力的序列未能按認讀的字、詞、句、段、篇理解；理解的記敘、描寫、抒情、說明、議論等序列安排。

從課程論的觀點來看，教科書學習重點的規劃基本是每個年級都有認讀、理解與賞析，三個年級每個年級重複，因此是三個倒螺旋上升的課程結構。這樣的安排必需注意每個年級的銜接，避免學習重點的不必要重複。一個倒螺旋上升的課程規劃基本可以解決銜接和不必要重覆的問題。

總之，課程的規劃應按基礎能力先學，文體相對集中，採用一個倒螺旋上升課程結構的原則，做到前後銜接，環環相扣，不可孤立割裂的單元組織結構。這樣才是教科書的最優化組合。

四、問題討論

（一）綱要中能力指標要求（見附件二）與教科書學習重點（見附件一）的落差

綱要要求學生在第一、第二及第三階段掌握的閱讀能力分別為：生字語詞，課文內容大意，圖書室，工具書，閱讀的基本技巧；興趣、態度和習慣。字詞句，讀書方法，基本文體，不同文體閱讀的方法，閱讀策略，工具書，字詞的正確使用，資訊互動，解決問題。語體文及文言文詞，閱讀理解策略，欣賞作品的寫作風格、特色及修辭技巧，比較閱讀的能力，閱讀古今中外及鄉土文學的名著，各類工具書及電腦網路，蒐集資訊、組織材料，養成主動思考、探索，轉化為日常生活解決問題的能力，配合語言情境、理解字詞和文意間的轉化。綱要的閱讀能力訓練元素有所不足：例如，認讀的閱讀策略與賞析等元素都未能在教科書落實過來。同時，文體理解的論說，是否需要明確的分為說明與議論，這樣才有利學生的學習和日後在生活應用。

指標裏三個階段閱讀能力的銜接比較好，沒有太多不必要的重複。然而，第三階段的一些指標要求在教科書的學習重點未能落實，例如：能熟習並靈活應用文言文作品中詞語的意義。能靈活應用不同的閱讀理解策略，發展自己的讀書方法能欣賞作品的寫作風格。能廣泛的閱讀各類讀物，並養成比較閱讀的能力。能靈活應用各類工具書及電腦網路。

因此，這套教科書未能完全符合綱要所說「教材編選應配合學生學習之需要，並照應各階段能力指標為原則。」[17]的要求。未能落實的原因，是否與這些能力未能作進一步解構，而難以操作有關？

（二）文（工具性）道（人文性）合一

康軒本以生活內容、主題等人文性組織單元，從教材的編選來看，它強調人文性而忽略了工具性，未符學科論中語文科性質的要求；也未能做到綱要所說「注重對語文的聽說讀寫、基本溝通能力、文化與習俗等方面的學習」[18]。因此，這個編選體系並不是教材編選的最優化組合。

同時，上述能力訓練元素內容和序列發展，是研究者從研究的角度重構出來的。作為一線教師未必能掌握這套教科書能力元素的全面性與序列性。教科書編選者是否需要把這些課程規劃和安排的編選體系，透過教參，甚至是教科書，展示給教師和學生，讓他們在教與學方面，都能就所學工具性的能力訓練和人文性的情意培養等安排作出監控，這樣更能符合教與學的心理。所以綱要要求「各冊教材編輯要旨宜檢附規劃架構表」[19]。這個規劃架構表，就是教科書的編選體系，康軒本在編輯要旨、目錄和單元說明基本有檢附規劃架構表，但只有道的內容，而沒有文的要求，這樣的規劃是否不全面。

（三）文與道的處理方法

系統論、學科論與能力結構論為做到文道合一的要求提供依據。在編選體系上，每個單元都要反映能力的訓練（文）和情意的培養（道），這樣才可以做到兩者合一的基本要求。過去的語文教科書強調道，現在較為強調文，但康軒本以道來組織單元，並以內容、主題作為體系規劃的依據；而文的能力訓練就只能無規劃地隨課文學習，變成在學情意的過程中學一些語文能力。這種設計不符學科論中語文科的性質，也難以科學地找到語文教學的序，因而重蹈過去語文教學過於隨意的覆轍。如果教科書的編選先以語文能力（文）組織單元，並以能力的認知心理發展為序列，然後適當地照顧道的內容，做到「以文為經，道為緯」的規劃結構。這樣的規劃才比較符合系統論、學科論及能力結構的要求。

（四）落實綱要的教學建議方法

教材是落實課程理念的主要載體，也是教學的基本憑據。教材編選需要符認知論和學科論的要求。康軒本把一些基礎的認讀能力放在七年級的下學期，甚至在八年級和九年級；而把高效思維的賞析放在七八年級，這都不符綱要「宜作通盤設計規劃，由淺入

---

[17] 教育部編（2003）。《國民中小學九年一貫課程綱要語文學習領域》（20 及 50 頁）。臺灣：教育部出版。

[18] 教育部編（2003）。《國民中小學九年一貫課程綱要語文學習領域》（10 頁）。臺灣：教育部出版。

[19] 教育部編（2003）。《國民中小學九年一貫課程綱要語文學習領域》（55 頁）。臺灣：教育部出版。

深，系統安排。」[20]的要求。因此，閱讀能力訓練的規劃，如果要避免不必要的重複，是否每年的學習點宜有所集中：認讀在七年級上學期，文體理解在七年級下學期與八年級，賞析在九年級。這樣的閱讀能力訓練規劃，就能在承傳過去的優點而加以創新。

（五）語文能力訓練的定量問題

有效的語文教學是在完成語文科的定性與定量工作後，進行定量與定性的工作。1992 年大陸的《語文教學大綱》關於能力訓練，就讀寫聽說等方面，從內容到方法，從整體到局部，共列有 48 項量化的要求。要求比較全面而具體，有一定的操作性[21]。其中初中閱讀能力定爲 18 項[22]。綱要的能力指標，在閱讀方面有 8 項，再解構爲共 23 個子項。這是過去所沒有的，可說是一種進步。在一些傳統項目上，教科書的編選者解構得比較具體，如文體教學中的描寫，賞析的修辭手法等，但一些如策略、方法及一非智力因素就未有適當的解構。因此，相信這是教科書的學習重點未能落實指標要求的基本原因。

（六）課程、教材、教法與評估的處理問題

根據學科論的語文科性質和教學目標，課標要求工具性與人文性的統一，這個取向是正確的。兩者的結構是語文教學在訓練學生的語文能力過程中培養學生的品德情意，而不是在培養學生的品德情意的過程中學些語文能力。康軒本以道來組織單元，教材編選以人文性爲先決條件，然後才考慮到能力的訓練。因此，容易出現能力訓練的元素不全面，序列不清晰的現象。這種編選體系不是以能力訓練，而是以人文性的價值爲教學取向。價值取向不易找到序列，也難以操作，更難評核。因此，在練習和考試多以能力來評核學生的學習成效和水準。在大陸普遍出現上述現象，例如，課程強調工具性與人文性的統一，但教材的編選則強調人文性，教法又偏重工具性，評估則以考核能力爲主導。四者未能配合，因而影響教與學的成效。前車可鑑，臺灣在這方面要引以爲戒。

（七）落實綱要發展學校本位課程的問題

世紀之交的語文課程改革，強調以學生爲本，發揮學生的多元智能，照顧學生的個別差異。然而，任何一套教科書的編寫都只是面向一般水平的大多數學生，如何落實「自編自選教材」[23]的綱要要求？綱要是否可參考大陸課標「在合理安排基本課程內容的基

---

[20] 教育部編（2003）。《國民中小學九年一貫課程綱要語文學習領域》（55 頁）。臺灣：教育部出版。

[21] 張厚感、張彬福主編（1993）。《48 項能力訓練解說與例釋：九年制義務教育初中語文教學大綱》（序言）。北京：北京大學學出版社。

[22] 張厚感、張彬福主編（1993）。《48 項能力訓練解說與例釋：九年制義務教育初中語文教學大綱》（目錄，1-2 頁）。北京：北京大學學出版社，。

[23] 教育部編（2003）。《國民中小學九年一貫課程綱要語文學習領域》（15 頁）。臺灣：教育部出版。

礎上，給地方、學校和教師留有開發、選擇的空間」[24]的要求，並善用「各地區都蘊藏著自然、社會、人文等多種語文課程資源」[25]，建議學校「應認真分析本地和本校的特點，充分利用已有的資源。」很明顯，課改要求老師要有新的教學觀；教師不再教教科書，而是用教科書。因此，他們需要有校本語文課程規劃與教材建設的能力，才可開發、利用課程資源。

（八）倒螺旋上升的課程結構問題

康軒本初中三個年的課程結構，每年都是以認讀——理解——賞析的學科線性邏輯順序發展，三年共三個倒螺旋。這種規劃，年級與年級之間的銜接很重要，否則容易出現不必要的重複。相對而言，康軒本重複的學習重點不多。如果七年級先銜接小學，以認讀能力訓練爲主，八年級以文體理解爲重心，九年級爲文學賞析的訓練。又或者七年級銜接小學的認讀和文體理解，八九年級爲文學賞析的訓練。三個年級先銜接，再發展，最後能加強和提升，這樣的規劃符合理據，學生的語文能力可以得到循序漸進的提升。

（九）四種能力的關係

綱要提出「教材設計應就發展學生注音符號及文字應用、聆聽、說話、閱讀、作文、寫字等能力作全程規劃。第一、二階段教材之單元設計，以閱讀教材爲核心，兼顧聆聽、說話、作文、識字與寫字等教材的聯絡教學，以符合混合教學的需要，並應在教材（含教學指引、習作）中，提示聆聽、說話、作文、識字、寫字聯絡教學及統整教學之活動要點。第三階段，宜採讀寫結合及聽說結合，雙向發展。」[26]根據學生的認知心理發展，四種能力的發展爲聽說讀寫。根據系統論，第三階段的四種能力，以哪種能力來帶動，不同的假設有不同的體系。上世紀九十年代，大陸的初中實驗語文教科書，就出現以閱讀能力、寫作能力、讀寫結合及四種能力並重的編選體系[27]，哪個體系才是教材組織的最優化組合，仍未有一個明確的結論。也許，不同的編選體系，對不同水平的學生有幫助。根據康軒本的體系，它既有閱讀爲主線，也有以寫作爲主線，更有讀寫的結合。這樣多元的體系是否不利於單元與單元的銜接，因而做成序列不清晰的現象。

五、建議

要改善上述的問題，先在綱要上完善能力訓練元素的內容，建構全面的語文能力內容和清晰的能力序列。這是繼語文定性與定向後的定量與定序工作。根據文道合一的學科論，教科書的編選先以能力組織單元，並以能力發展爲序列，而選材照顧到它的思想

---

[24] 教育部編（2003）。《國民中小學九年一貫課程綱要語文學習領域》（14 頁）。臺灣：教育部出版。

[25] 教育部編（2003）。《國民中小學九年一貫課程綱要語文學習領域》（15 頁）。臺灣：教育部出版。

[26] 教育部編（2003）。《國民中小學九年一貫課程綱要語文學習領域》（55 頁）。臺灣：教育部出版。

[27] 何文勝（2008）。《中國初中語文教科書編選體系的比較研究》。香港：文思出版社，78 頁。

內容，做到以「文爲經，道爲緯」的原則。這樣規劃課程與設計教材，能力訓練元素的內容會較全面，序列較清晰。

根據綱要的能力指標，可以做好三個學段能力訓練的定量和定序工作。上世紀八九十年代人教社以及其餘各地方出版的教科書[28]在文體理解能力訓練的內容和序列上，有它傳統的優勢，可供參考。根據理論依據，閱讀能力訓練的規劃重點，九年一貫的規劃宜採用「認讀——理解——賞析」的一個倒螺旋上升的課程結構。認讀能力在一至三年級的第一學段，篇章理解在四至六年級的第二學段，賞析能力在七至九年級的第三學段。如果小學都有認讀與理解等能力的安排，初中把重點放在賞析上是合理的。若考慮到學生由小學升到中學的學習和適應問題，七年級先銜接小學，以鞏固認讀與理解能力爲主，這樣認讀的基礎閱讀能力不宜散放在七及八年級，而應集中在七年級的上學期學習。八年級加強文體理解，並按「記敘——描寫——抒情——說明——議論」能力的內容和序列安排；同時文體要相對集中，不宜割裂地學習，否則不利學生認知結構的建構。九年級的賞析就可以透過散文、詩歌、小說及戲劇的序列來訓練。這樣三個年級，認讀：理解：賞析的比例以1：2：3較爲合理。它既能銜接小學，也有過渡，側重點在賞析。這是一個清晰明確的倒螺旋上升課程結構，在銜接上比三個倒螺旋爲好，也避免了不必要的重複。當然這必須以能力組織單元才能較好地做到。

補充綱要的能力指標和教科書在能力學習重點方面的不足，在認讀方面：閱讀基本方法，包括借助課文注釋和字典閱讀、默讀、圈劃、批註、摘錄、筆記、朗讀。閱讀的策略包括：理解詞語含義，把握關鍵字，理解句子含義，把握關鍵句，歸納段落大意，把握重點段落。篇章理解，包括整體感知文章內容，理清文章思路，概括文章主旨等。

文體理解能力的學習重點，論說宜解構爲說明與議論。內容方面，說明包括：說明事物的特點，採用恰當的說明方法，安排合理的說明順序，說明文的多種用途；議論包括：論點的確立，論據的選擇，論證的方法，論證的結構。

賞析能力可根據大陸現行的初中教科書，解構爲：字詞句段篇的揣摩、領悟、體會、品味、感悟；小說、劇本；語言、思想、感情、藝術效果等。字詞賞析，句子賞析，篇章賞析；體會思想感情；語言賞析；藝術手法；文學賞析等。

在語文教學上，無論學習語文知識，還是文學知識，知識的學習只是手段，而以轉化爲能力才是最終目的。

老師如果要具備因應學生的水平，進行校本語文課程規劃，做到用教科書的能力，以滿足不同學生學習和發展的需要，必需在職前或職後都需要有專業的培訓。因此，在高校需要開設有關的課程以配合課程改革的發展。

六、結論

要把語文教育放在科學的體系上，就要處理好語文的定性、定向、定量與定序的工作。語文教育工作者把語文科定性爲基礎學科的基礎，這是由語文科性質決定的。綱要提出「語文是學習及建構知識的根柢」、「培養學生靈活應用語文的基本能力」、「重視品

[28] 何文勝（2008）。《中國初中語文教科書編選體系的比較研究》。香港：文思出版社，75-76頁。

德教育及文化的涵養」[29]是處理語文教育的指導思想，也解決了設科以來對語文科性質的爭論。如果能按綱要能力指標的量化項目，並根據認知及能力的發展，建構線性的語文能力序列，這樣教科書的編選者就可以根據不同的能力元素，建構不同能力訓練型編選體系的教科書。

研究發現，康軒本閱讀能力訓練的內容和序列，都有改善的空間。例如，這套教科書的認讀、理解、賞析單元數目的比例約爲4：5：4；如要做到理據的要求，比例應爲1：2：3。同時，單元內的學習重點太多，認讀能力不全面，理解能力的論說可解構爲說明與議論，賞析能力的元素宜作進一步的解構，以教學操作。如果先解構閱讀能力的元素，以能力組織單元；再按能力發展作爲單元的序列，做到基礎能力先學，文體相對集中，這樣較能做到一個倒螺旋上升的課程結構；最後配合情意的培養，就可以做到能力全面有序。

[29] 教育部編（2003）。《國民中小學九年一貫課程綱要語文學習領域》（19頁）。臺灣：教育部出版。

參考文獻

何文勝（2007）。《兩岸三地初中語文教科書編選體系的承傳與創新研究》。香港：文思出版社。

董金裕等編（2003）。《國中國文》。臺北：康軒文教事業，2001 年 9 月初版，2004 年 9 月第三版。

王雨田（1988）。《控制論．資訊理論．系統科學與哲學》（第二版）。北京：中國人民大學出版社。

莫雷（1993）。《中小學生語文閱讀能力研究》。廣州：廣東高等教育出版社。

祝新華（1993）。《語文能力發展心理學》。杭州：杭州大學出版社。

何文勝（2006）。《從能力訓練角度論中國語文課程教材教法》。香港：文思出版社。

何文勝（2008）。《中國初中語文教科書編選體系的比較研究》。香港：文化教育出版社。

何文勝（2003）。《能力訓練型編選體系．中國語文．實驗教科書》（第一至六冊）。香港：文化教育出版社。

徐中玉等編：《九年義務教育課本．語文》（6-9 年級試用本），上海：上海教育出版社出版，1995。

姚麟園等編：《九年義務教育課本．語文》（6-9 年級試用本），上海：上海教育出版社出版，1992。

北京師範大學附屬實驗中學教材編寫組編（1994）。《九年義務教育三年制初級中學教科書．語文》（1-6 冊），北京：北京出版社、開明出版社。

「五．四」學制教材總編委會編(1994) 。《九年義務教育四年制初級中學教科書．語文》（1-6 冊）。北京：北京師範大學出版社。

何文勝、樊麗珊（2008）。香港初中國語文科校本課程規劃的理論與實踐。《華文學刊》，卷六第二期（頁 63-65）。新加坡。

張厚感、張彬福主編（1993）。《48 項能力訓練解說與例釋：九年制義務教育初中語文教學大綱》。北京：北京大學學出版社。

教育部編（2003）。《國民中小學九年一貫課程綱要語文學習領域》。臺灣：教育部出版（簡稱綱要）。

附件一：康軒本七至九年級閱讀能力元素

		7 年級（中一）〔上冊為民 94 年；下冊為民 96 年〕	8 年級（中二）〔上冊為民 95 年；下冊為民 96 年〕	9 年級（中三）〔上下冊均為民 96 年〕
認讀	字	能指出本課三首詩中押韻的字。（7-1‧2）〔讀〕	——	能指出本課兩首詞中押韻的字（9-1‧1）〔讀〕{不必要的重複}
	詞	了解（詞）的含義（7-1‧1）〔讀〕	了解外來語的特質並加以運用（8-2‧2）〔讀〕	認識詞的基本形式（9-1‧1）〔讀〕
	詞	能分辨本課中成語的意義（7-1‧6）〔讀〕	——	——
	詞	認識同義複詞（7-2‧3）〔讀〕	——	——
	句	能分辨詩中對仗的句子（7-2‧1）〔讀〕	了解對聯的特性，並練習作簡單的對聯（8-1‧2）〔讀與寫〕	——
	句	——	——	了解並學習本課句法的使用（9-2‧3）〔讀與寫〕
	篇章	能說出…寓言的情節和寄託的道理（7-1‧3）〔讀〕	了解作者…的用意（8-2‧6）〔讀〕	了解本課兩則短文所寄寓的道理（9-1‧5）〔讀〕
	篇章	——	了解…的旨意（8-1‧4）〔讀〕	了解作者…所寄託的生活意趣（9-2‧2）〔讀〕
	篇章	——	——	了解本課所述…的內涵（9-2‧2）〔讀〕
	篇章	藉…的意象領會…的深層內涵（7-2‧1）〔讀〕	了解本文…的意涵（8-2‧選）〔讀〕	了解本文論述…的意涵（9-2‧4）〔讀〕
	篇章	——	——	了解本文所要傳達的…主旨（9-1‧選）〔讀〕
	篇章	學習運用觀察及想像力寫作（7-1‧6）〔寫〕	培養融合寫實與想像的寫作能力。（8-1‧1）〔寫〕	能在尋常事物中觸發新的聯想與體會（9-2‧1）〔讀〕
	篇章	——	能於寫作時運用想像，使文章生動（8-2‧1）〔寫〕{合理}	能觀察動、植物，引發聯想與體會（9-1‧2）〔讀〕
	篇章	——	能從日常生活的事件中得到新的啓發（8-1‧6）〔讀〕	——
理解	記敘	能闡述長輩所敘述的故事（7-1‧選）〔寫〕	能按照日記的寫作要點寫日記。（8-1‧3）〔寫〕	學習簡潔扼要的敘事技巧（9-1‧5）〔讀〕
	記敘	——	學習記錄人與自然生物的互動。（8-2‧選）〔讀〕	——
	描寫	能觀察職業特性，以具體事例描寫不同行業的人（7-1‧1）	學習以順敘法描寫景物（8-1‧2）〔讀〕	能觀察、把握人物的特色，並加以描寫（9-1‧5）
	描寫	能捕捉景物的特色並加以描繪（7-2‧5）〔讀〕	學習觀察大自然的景象，並加以描寫（8-1‧2）〔讀〕	學習細膩的去觀察並描摹日常生活環境（9-2‧選）〔讀與寫〕
	描寫	能分析詩中靜態與動態景物的搭配關係（7-2‧1）〔讀〕	學習在寫作時，從不同角度描繪景物（8-1‧3）〔讀與寫〕	觀察周遭事物的特點並加以描述（9-2‧1）〔讀與寫〕
	描寫	能分別從個性、生活等各種角度描述人物的性情（7-2‧5）〔讀〕	學習以多角度的手法來細膩描摹人物（8-2‧選）〔讀〕	能寫作文字簡潔的遊記（9-1‧4-8）〔寫〕
	描寫	——	能發現生活中平凡事物的趣味，並作深刻的描繪（8-2‧2）〔讀與寫〕	能分析故事人物的心理及性格（9-1‧選）〔讀〕
	描寫	學習對話寫作，並透過對話塑造人物形象（7-2‧選）〔讀〕	能藉由描寫人物言行舉止來刻畫人物的個性（8-2‧3）〔讀〕	能以自己的成長經驗描寫家鄉的特殊景物，並與人分享（9-1‧選）〔讀〕
	描寫	——	學習運用「對比」的手法來描寫人物（8-2‧5）〔讀〕	學習以景物烘托情境的寫作技巧（9-2‧3）〔讀〕
	描寫	——	能掌握動、植物的特色並加以描寫（8-2‧6）〔讀與寫〕	——
	抒情	能分析詩中景物和情感的關係。（7-1‧2）〔讀〕	體會人與動物之間的情感交流（8-1‧選）〔讀〕	了解詩中所表達的送別心情（9-1‧1）〔讀〕
	抒情	學習在記敘中抒情的寫作技巧（7-2‧6）〔讀〕	學習詠物抒懷的寫作手法（8-2‧6）〔讀〕	——
	抒情	學習藉景抒情的表達技巧（7-2‧3）〔讀〕	——	能選擇適當的景物，以寄託情感，並作含蓄表達（9-1‧1）〔寫〕
	抒情	——	——	了解本課兩首曲所抒發的情意（9-2‧3）〔讀〕
	抒情	學習藉生活事物寄託情懷的寫作手法（7-2‧6）〔讀〕	——	學習先記敘後論說並抒感的寫作方法（9-1‧4）〔讀〕

賞析	論說	能明確說出…的關係（7-2・2）〔讀〕	——	——
		學習藉事寓理的寫作方式（7-2・4）〔讀〕	學習藉事物以寄託道理的寫作手法（8-1・5）〔讀〕	——
		——	了解…象徵意義並能明白說出…理由（8-1・5）〔讀〕	
		——	能分析文中人物的性情並論其優劣（8-2・3）〔讀〕	能運用層遞、映襯、設問等修辭技巧寫作論說文（9-2・4）〔寫〕
	修辭	——	認識…的譬喻手法，及…的象徵手法，並能加以運用（8-2・1）〔讀與寫〕	能運用譬喻、轉化等修辭手法嘗試寫作新詩（9-2・1）〔寫〕
		能辨識並應用映襯的修辭技巧（7-1・4）〔讀與寫〕	——	——
		學習運用映襯的修辭技巧（7-2・1）〔讀與寫〕**{不必要的重複}**	——	——
		能於寫作時運用排比的修辭技巧（7-1・6）〔寫〕	能學習運用排比的修辭技巧（8-1・5）〔讀與寫〕**{重複，不合序}**	——
		——	了解類疊在詩歌中的效果，並能於寫作時學習運用（8-1・1）〔讀與寫〕	能以排比、類疊的句法寫作文章，以增加文章的整齊之美（9-2・26）〔寫〕
		學習誇飾的修辭技巧（7-1・6）〔讀〕	能辨識並運用排比、頂真、誇飾等修辭技巧（8-2・1）〔讀與寫〕	——
		學習運用誇張反諷的技巧寫作（7-1・3）〔讀與寫〕**{不合序}**	——	——
		學習運用設問、層遞的修辭技巧（7-2・2）〔讀與寫〕	——	——
		認識倒反的修辭技巧，並加以運用。（7-2・2）〔讀與寫〕		
		學習運用引用修辭法。（7-2・3）〔讀與寫〕	能適當運用「引用」修辭，以加強文章論點。（8-1・4）〔寫〕**{合理}**	學習引用名言佳作的寫作方法（9-2・4）〔讀與寫〕
		——	熟練引用、摹寫的修辭技巧（8-2・6）〔寫〕**{合理}**	學習摹寫聲音的修辭技巧（9-1・2）〔讀與寫〕
		能說出歌詞修辭及押韻上的特點（7-1・選）〔讀〕	——	——
	手法	——	——	認識本文層層深入的表達方法（9-1・選）〔讀〕
		——	學習…將讀者帶進情境的寫作手法（8-2・2）〔讀〕	——
		——	能指出本文內容前後呼應的地方（8-1・2）〔讀〕	能分析先總敘再分述，最後合述的結構（9-1・2）〔讀〕
		——	學習藉事物以表達看法的寫作手法（8-1・4）〔讀與寫〕	——
		了解作者假託…以表現自我的筆法（7-2・5）〔讀〕	——	——
			學習以對話推展情節的寫作技巧（8-1・選）〔讀〕	
	賞析	欣賞本文描寫光影的美妙（7-2・3）〔讀〕	欣賞並創作圖像與文字結合的繪本（8-1・選）〔讀與寫〕	——
		——	欣賞作者經營故事、巧設情節的創意（8-2・5）〔讀〕	——
	朗讀	能在朗誦時，以適當的韻律與節奏，表現詩歌的情意（7-1・2）〔讀〕	誦讀本文以體會聲情之美（8-2・2）〔讀〕	能朗誦此詩，欣賞其節奏美（9-2・1）〔讀〕
				吟誦本詩，體會其中的聲情之美（9-2・3）〔讀〕

附件二：國民中小學九年一貫課程綱要·語文學習領域：分段能力指標·第一及第二學習階段

分段能力指標

分段能力指標說明：英文字母（A-F）代表能力指標項目序號，第二個數字（1-3）代表學習階段序號，第三個數字代表分段能力指標內涵序號。如：A-1-1 爲注音符號應用能力，第一階段，指標內涵第一項。

分段能力指標內涵之文字敘述爲學習重點，第一個數字（1-3）代表學習階段序號；第二數代表能力指標內涵序號；第三個數目（1-10）代表十大基本能力序號，以便參照。如：（1-1-1）即表示第一階段，指標內涵第一項，反映十大基本能力之一「瞭解自我與發展潛能」。

E-1-1 **能熟習常用生字語詞的形音義。**（1-1-1 熟習常用生字語詞的形音義。）

E-1-2 **能讀懂課文內容，瞭解文章的大意。**（1-2-1 能讀懂課文內容，瞭解文章的大意。1-2-2 能分辨基本的文體。1-2-9 能提綱挈領，概略瞭解課文的內容與大意。1-2-6 能從閱讀過程中，瞭解中國語文的優美。1-2-6 能從閱讀過程中，瞭解不同文化的特色。）

E-1-3 **能培養良好的閱讀興趣、態度和習慣。**（1-3-1 能培養閱讀的興趣，並培養良好的習慣和態度。1-3-7 能安排自己的讀書計畫。1-3-9 能選擇適合自己閱讀程度的讀物。1-3-5 在閱讀過程中，能領會作者的想法，進而體會尊重別人的重要。）

E-1-4 **能喜愛閱讀課外讀物，主動擴展閱讀視野。**（1-3-1 能喜愛閱讀課外注音讀物，進而主動擴展閱讀視野。1-4-2 能和別人分享閱讀的心得。）

E-1-5 **能瞭解並使用圖書室(館)的設施和圖書，激發閱讀興趣。**（1-5-2 能瞭解圖書室的設施、使用途徑和功能，並充分利用激發閱讀興趣。）

E-1-6 **認識並學會使用字典、百科全書等工具書，以輔助閱讀。**（1-6-8 認識並學會使用字典、百科全書等工具書，以輔助閱讀。）

E-1-7 **能掌握閱讀的基本技巧。**（1-7-2 能流暢朗讀文章表達的情感。1-7-5 能理解在閱讀過程中所觀察到的訊息。1-7-7 能從閱讀的材料中，培養分析歸納的能力。1-7-9 能掌握基本閱讀的技巧。1-7-10 學會用自己提問，自己回答的方法，幫助自己理解文章的內容。）

E-2-1 **能掌握文章要點，並熟習字詞句型。**（2-1-1 熟習活用生字語詞的形音義，並能分辨語體文及文言文中詞語的差別。2-1-7 能掌握要點，並熟習字詞句型。）

E-2-2 **能調整讀書方法，提昇閱讀的速度和效能。**（2-2-1 能養成主動閱讀課外讀物的習慣。2-2-1 能調整讀書方法，提昇閱讀的速度和效能。）

E-2-3 **能認識基本文體的特色及寫作方式。**（2-3-2 能瞭解文章的主旨及取材結構。2-3-2 能概略理解文法及修辭的技巧。2-3-2 能認識基本文體的特色。）

E-2-4 **能掌握不同文體閱讀的方法，擴充閱讀範圍。**（2-4-2 能掌握不同文體閱讀的方法。2-4-2 能讀出文章的抑揚頓挫與文章感情。2-4-6 能主動閱讀古今中外及鄉土文學作品。2-4-7 能將閱讀材料與實際生活情境相聯結。）

E-2-5 **瞭解教材中的不同的閱讀策略，增進閱讀的能力。**（2-5-7 能應用組織結構的知識〔如：順序、因果、對比關係〕閱讀。2-5-9 能用心精讀，記取細節，深究內容，開展思路。2-5-3 瞭解教材中不同的閱讀策略，增進閱讀的能力。）

E-2-6 **能熟練利用工具書，養成自我解決問題的能力。**（2-6-3 能利用圖書館檢索資料，增進自學的能力。

2-6-3 能熟練利用工具書，養成自我解決問題的能力。2-6-3 學習資料剪輯、摘要和整理的能力。）

E-2-7 能配合語言情境閱讀，並瞭解不同語言情境中字詞的正確使用。（2-7-4 能概略讀懂不同語言情境中句子的意思，並能依語言情境選用不同字詞和句子。2-7-4 能配合語言情境，欣賞不同語言情境中詞句與語態在溝通和表達的效果。）

E-2-8 能共同討論閱讀的內容，並分享心得。（2-8-5 能共同討論閱讀的內容，並分享心得。2-8-5 能體會出作品中對週遭人、事、物的尊重關懷。2-8-5 能在閱讀過程中，培育參與團體的精神，增進人際互動。2-8-9 能主動記下個人感想及心得，並對作品內容摘要整理。）

E-2-9 能結合電腦科技，提高語文與資訊互動學習和應用能力。（2-9-8 能利用電腦和其他科技產品，提昇語文認知和應用能力。）

E-2-10 能思考並體會文章中解決問題的過程。（2-10-10 能思考並體會文章中解決問題的過程。2-10-10 能夠思考和批判文章的內容。）

第三學段

E-3-1 能熟習並靈活應用語體文及文言文作品中詞語的意義。（3-1-1 能熟習並能靈活應用語體及文言作品中詞語的意義。）

E-3-2 能靈活應用不同的閱讀理解策略，發展自己的讀書方法。（3-2-1 能應用不同的閱讀理解策略，發展出自己的讀書方法。3-2-2 能具體陳述個人對文章的思維，表達不同意見。3-2-3 能活用不同閱讀策略，提昇學習效果。3-2-7 在閱讀過程中，利用語文理解，發展系統思考。3-2-10 能依據文章內容，進行推測和下結論。3-2-5 能培養以文會友的興趣，組成讀書會，共同討論，交換心得。）

E-3-3 能欣賞作品的寫作風格、特色及修辭技巧。（3-3-1 能瞭解並詮釋作者所欲傳達的訊息，進行對話。3-3-2 能分辨文體寫作的特質和要求。3-3-2 能經由朗讀、美讀及吟唱作品，體會文學的美感。3-3-2 能欣賞作品的內涵及文章結構。3-3-2 能欣賞作品的寫作風格、修辭技巧及特色。）

E-3-4 能廣泛的閱讀各類讀物，並養成比較閱讀的能力。（3-4-1 能廣泛閱讀課外讀物及報刊雜誌，並養成比較閱讀的習慣。）

E-3-5 能主動閱讀古今中外及鄉土文學的名著，擴充閱讀視野。（3-5-5 能體會出作品中對週遭人、事、物的尊重關懷。3-5-5 透過閱讀中外及鄉土文學作品，增進對不同文化背景及不同族群的理解與溝通。3-5-6 能喜愛閱讀古今中外及鄉土文學中具代表性的作品。）

E-3-6 能靈活應用各類工具書及電腦網路，蒐集資訊、組織材料，廣泛閱讀。（3-6-3 能使用各類工具書，廣泛的閱讀各種書籍。3-6-8 能靈活應用各類工具書及電腦網路，蒐集資訊、組織材料，廣泛閱讀。）

E-3-7 能將閱讀的內容，加以統整，並養成主動思考、探索，轉化為日常生活解決問題的能力。（3-7-5 能共同討論閱讀的內容，交換心得。3-7-9 能統整閱讀的書籍或資料，並養成主動探索研究的能力。3-7-10 能從閱讀中蒐集、整理及分析資料，並依循線索，解決問題。3-7-10 能將閱讀內容，思考轉化為日常生活中解決問題的能力。）

E-3-8 能配合語言情境，理解字詞和文意間的轉化。（3-8-1 能依不同的語言情境，把閱讀獲得的資訊，轉化為溝通分享的材料，正確的表情達意。）

分段能力指標與十大基本能力之關係

一

1. 能熟習並靈活應用語體文及文言文作品中詞語的意義。

2. 能瞭解並詮釋作者所欲傳達的訊息，進行對話。

3. 能廣泛閱讀課外讀物及報刊雜誌，並養成比較閱讀的習慣。

4. 能應用不同的閱讀理解策略，發展出自己的讀書方法。

二

1. 能辨析文體寫作的特質和要求。

2. 能經由朗讀、美讀及吟唱作品，欣賞文學的美感。

3. 能欣賞作品的內涵及篇章結構。

4. 能欣賞作品的寫作特色、作品風格及修辭技巧。

5. 能具體陳述個人對文章的思維，表達不同意見。

三

1. 能靈活應用不同閱讀策略，提昇閱讀效能。

2. 能使用各類工具書，廣泛的閱讀各種書籍。

四

1.能依不同的語言情境，把閱讀獲得的資訊，轉化爲溝通和分享的材料，正確的表情達意。

五

1. 能培養以文會友的興趣，組成讀書會，共同討論，交換心得。

2. 能體會出作品中對週遭人、事、物的尊重關懷。

3. 透過閱讀中外及鄉土文學作品，增進對不同文化背景及不同族群的理解與溝通。

六

1.喜愛閱讀古今中外及鄉土文學中具代表性的作品。

七

1.在閱讀過程中，利用語文理解，發展系統思考。

八

1.能靈活應用各類工具書及電腦網路，蒐集資訊，組織材料，廣泛閱讀。

九

1.能統整閱讀的書籍或資料，並養成主動探索研究的能力。

十

1. 能從閱讀中蒐集、整理、分析資料，依循線索，解決問題。

2. 能將閱讀內容，思考轉化爲日常生活中解決問題的能力。

3. 能依據文章內容，推測和下結論。

PISA 的評量架構與〈雅量〉教材教法

鄭圓鈴*

摘　要

本文以評量理念、試題特色、閱讀水準，分析 PISA 的評量架構，並藉之反思臺灣國中國語文教材、評量能提供給學生有關閱讀素養的教育資源。其次根據教育資源的反思，以國語文教材〈雅量〉爲例，提供三項閱讀認知歷程的問題設計，供教師參考。

關鍵詞：PISA、閱讀歷程、〈雅量〉閱讀教學

*國立臺灣師範大學國文學系教授

一、前言

教育部於民國 99 年 12 月公布 2009 年臺灣 15 歲學生在閱讀、數學、科學三種素養的表現。臺灣學生在閱讀素養部分，分數與 2006 年大致相同，但名次則由 16 名下滑爲 23 名。顯見，臺灣學生閱讀素養的表現雖然沒有退步，但有許多鄰近國家及地區，卻在短短的三年之間，急速進步。這個現象不僅提醒我們提昇學生閱讀素養的迫切性，更警示我們需要進一步反思有效提升閱讀素養的具體做法。有鑑於此，本文乃從分析 PISA 閱讀評量架構入手，再根據 PISA 的架構特色，分析目前閱讀教育資源的不足。其次根據不足資源的分析，以提昇三項閱讀認知歷程爲目標，利用〈雅量〉的文本，設計問題，供國中教師教學參考。

二、PISA 閱讀評量架構與臺灣閱讀教育

根據臺灣 PISA 國家研究中心（ 以下簡稱研究中心 ）所提供的資料，本文嘗試以評量理念、試題特色、閱讀水準，說明 PISA 的閱讀評量架構，其次根據評量理念、試題特色、閱讀水準，反思臺灣教育提供給國中生的閱讀教學資源，做爲發展教材教法的根據。

（一）評量理念

根據 OECD 所發展的「國際學生能力評量計畫」（簡稱 PISA），其目的是研究全球學生在完成義務教育後，面對未來學習或工作挑戰的準備程度，因此它關切學生是否能充分闡述自己的理念，有效與人溝通及能否找到終身志趣。針對上述問題，PISA 透過每三年一次，針對十五歲學生進行有關數學、科學、閱讀等素養的調查，[1]檢驗學生重要學習領域的表現，並省思這些領域的教育成效。其次則藉由三個領域的評量，了解學生能否運用習得的知識、技能，面對真實挑戰的能力，而不僅是學校課程的精熟程度。

閱讀素養的調查包含個人及教育背景二部分。個人部分爲讀者的興趣、自發性，社會互動及閱讀時間與經驗。教育背景部分則包括支持閱讀動機與閱讀能力的教育實務。

而閱讀素養的評量則包含情境、文本、認知三部分，茲分述如下。

甲、情境

根據 PISA2000-2006 年閱讀能力架構的定義，情境是指涉及閱讀行爲的各種情境脈絡與目的，包含個人、教育、職業、公共事務等情境。據此可進一步詮釋

[1] 2009 增加數位閱讀素養，臺灣預計 2012 年參加。

爲 PISA 所提供的閱讀素材，其範圍多數與個人社會生活、提昇個人文化文學素養、職場事務、一般大眾有興趣的公共議題等內容相關。

乙、形式

根據 PISA2000-2006 年閱讀能力架構的定義，形式是指閱讀素材的類型，其類型主要區分爲連續文本與非連續文本兩類。連續文本指具有完整敘述結構的閱讀素材，非連續文本則指非完整敘述結構的閱讀素材，它多數以圖表的方式呈現。連續或非連續文本中常見的閱讀素材形式，可根據 PISA2000-2006 年閱讀能力架構的定義，說明如下：

表 1　PISA 文本形式說明表

文本形式	文本形式
一、連續性文本	二、非連續性文本
1.敘事—強調時間如故事、小說	1.圖表
2.說明—強調如何	2.表格 table
3.描述—強調什麼	3.圖像及說明
4.論辯—同一主題的正反辯證	4.地圖
5.指示—規則、流程	5.表單 forms
6.文件或報告	6.傳單
7.超文本連結—劃分爲不同區塊的文字閱讀	7.公告或廣告

丙、認知

根據 PISA2000-2006 年閱讀能力架構的定義，認知是指讀者針對文本所進行的認知運作，包含擷取與檢索，統整與解釋，省思與評鑑三個類別。這三個認知能力與閱讀文本或生活經驗的關聯性及其相關之認知歷程的關係，試以表格說明如下：

表 2　pisa 閱讀認知歷程說明表

閱讀連結	閱讀認知能力	閱讀認知歷程
1.文本訊息	1-1 擷取與檢索	1-1-1 擷取訊息
	1-2 統整與解釋	1-2-1 形成廣泛理解
		1-2-2 發展解釋
2.外在連結	2-1 省思與評鑑	2-1-1 省思文本內容
		2-1-2 省思文本形式

根據上述說明，如將 PISA 閱讀評量有關情境、文本及認知等基本理念，放在現行國中國語文教學所提供的教育背景觀察，可分別說明如下：

1.情境部分：PISA 閱讀素材情境包含個人、教育、職業、公共事務等類別，較偏重現代公民的生活應用，而目前由南一、康軒、翰林三家出版社所提供的國中國語文教材，[2]多數以情意陶冶爲編寫重點，例如第一冊教材選文，三家出版社雷同的分別爲雅量、紙船印象兩篇現代文，黃鶴樓送孟浩然至廣陵、登鸛雀樓兩篇古典詩及夏夜一篇現代詩。這五篇選文皆以書寫作者的生活經驗爲主，但因時空的距離，作者的生活經驗與學生的生活經驗已出現極大落差，如紙船遊戲、買布料等生活經驗，學生可能無從想像；而鸛雀樓、黃鶴樓的空間對學生也略嫌陌生。再就書寫主題言，培養雅量，書寫別情、親情，描寫夏夜，借登樓寫雄心壯志等，皆屬作者生活經驗的情意書寫，這些部分最多只能勉強與 PISA 情境中的教育產生關連，即藉由文本了解他人情意。因此，在情境部分，臺灣給予國中生的閱讀教學資源並不充分。

2.文本形式部分：PISA 所提供的閱讀素材分連續與非連續文本兩類，目前國中的國語文教材，完全沒有非連續文本的部份，而連續文本的部份，第一冊的共同選文含現代散文、古典韻文、現代詩三種文體；內容多偏感情抒發，與 PISA 的描述事實不盡相同。因此，在文本形式部分，臺灣給予國中生的閱讀教學資源並不充分。

3.閱讀認知歷程部分：PISA 的閱讀素養評量包含擷取與檢索，統整與解釋，省思與評鑑三個類別。這三個類別，又以擷取訊息、形成廣泛理解、發展解釋、省思文本內容、省思文本形式爲閱讀歷程。目前國中教師如何藉由教材的文本，幫助學生建構閱讀的認知歷程，較少實證性的研究成果。因此，筆者只能根據「國中基本學力測驗——國文科」（以下簡稱基測）的試題，了解國中生認知能力的內容。根據筆者《基測國文科試題品質分析與改善建議》[3]的分析，基測閱讀題組所評量的認知能力分爲詮釋、摘要、推論、解釋、區辨、組織、歸因七種。這七種認知能力，與 PISA 的「統整與解釋」，較爲接近。 因此，在閱讀歷程部分，臺灣給予國中生的閱讀教學資源多數集中在「統整與解釋」的部份。

綜上所述，根據 PISA 的閱讀評量理念，臺灣教育提供給國中生有關閱讀素養的教學資源，在情境、文本形式上，均極有限。而在閱讀認知部分，統整與解釋能力的教學資源，提供較多；擷取與檢索、省思與評鑑等能力，教學資源提供較少。

（二）試題特色

根據研究中心所提供的資料，有關 PISA 閱讀素養評量題本的試題特色，本文嘗試以 2000-2006 年公布的閱讀題本爲例，分項說明有關 PISA 的文本形式、試題題型、閱讀歷程的試題題型、 試題範例等內容。

甲、文本形式

[2] Pisa 以 15 歲學生爲對象，雖擴及高一學生，但仍以國中三年的養成教育爲主，因此本論文的教材討論以國中現行南一、康軒、翰林爲主。

[3] 鄭圓鈴《基測國文科試題品質分析與改善建議》（臺北：心理，2008 年），頁 40。

筆者對試題有關連續與非連續文本的字數、篇數、題數略作統計，其內容可分別說明如下：

表 3　文本類型分布說明表

文本類型	文本字數	文本篇數	文本題數
連續	600-800	8	2-5 題
連續	1500 以上	3	5-7 題
非連續		6	2-5 題

乙、試題題型

筆者對試題類型略作統計，得知 PISA 的試題題型分爲選擇題、簡答題、開放式建構題、封閉式建構題四種。選擇題多爲四選一的單選，簡答題多爲答案字數少且能從文本找到明確訊息，開放式建構題爲學生依據題幹問題，根據文本的閱讀理解，結合個人生活背景或經驗，提出自己的看法。封閉式建構題則指學生需依據題幹問題，根據文本的閱讀理解， 提出自己的說明 。有關四種試題題型的題數及百分比，分別說明如下：

表 4　試題題型分布說明表

試題題型	試題題數	試題百分比
選擇題	30	46%
簡答	17	26%
開放式建構	11	17%
封閉式建構	7	11%

丙、閱讀歷程與試題題型

根據上述試題類型，進一步與閱讀認知歷程結合，則各認知歷程的試題題型與題數統計，可分別說明如後：

表 5　閱讀歷程試題題型分布說明表

閱讀歷程	試題總題數	題數百分比	題型／題數
擷取與檢索	18	28%	
擷取訊息	18	28%	選擇／5 簡答／13
統整與解釋	27	42%	
廣泛理解	9	14%	選擇／9
發展解釋	18	28%	選擇／12 簡答／1 開放建構／1 封閉建構／4
省思與評鑑	20	30%	

省思文本內容	10	15%	選擇／1 簡答／2 開放建構／6 封閉建構／1
省思文本形式	10	15%	選擇／3 簡答／1 開放建構／4 封閉建構／2

丁、試題範例

筆者根據題本所提供的試題題旨分析，先將 65 題的試題依閱讀認知歷程、歷程細目略作分類。再選擇具代表性的試題爲範例，並以試題編號註明該試題出處。最後對試題所評量的能力及答題方向進行分析。

表 6　pisa 試題範例說明表

1 擷取訊息	1-1 訊息相近說法	1.「房子吃力的發出吱吱呀呀的聲響……」，在這部份的故事中，屋子發生了什麼事？（選擇）	077	1.同學無法找到直接的訊息，但從後一句話「掙扎的從泥地爬起來」，可以簡單理解與答案開始漂浮較接近。
	1-2 明確訊息	2.寫下花蜜的三種主要來源？（簡答）	217	2.同學直接從文本就能找到明確的訊息，但寫出答案時，要能精確。
	1-3 訊息填寫	3.請使用收據上的細節，完成這張保證卡。（簡答）	107	3.同學能將明確訊息轉填到其他表格上。
2 形成廣泛理解	2-1 訊息重點	1.故事開頭，女人處於何種情境？（選擇）	119	1.同學閱讀第一段，可從中尋找相關訊息，統整訊息的重點。
		2.根據上表，工作年齡人口有哪兩個主要類別？（選擇）	088	2.同學要從多層次的表格中，統整工作年齡人口最上層的分類。
	2-2	1.蜜蜂舞蹈的目的是	217	1.同學必須統整文本訊息，才能了解

	訊息目的	什麼？（選擇） 2.這兩封信的寫作目的是什麼？（選擇）		蜜蜂舞蹈的目的。 2.同學統整兩篇文章的內容，理解兩文是針對同一議題的正反意見，才能了解共同的寫作目的。
3 發展解釋	3-1 推論	1.犀牛、河馬和野牛從撒哈拉岩石藝術圖中消失，是起於？（選擇）	040	1.同學要先從圖二看出犀牛等動物藝術圖消失的時間是 2000BC，再根據 2000BC 尋找圖一 2000BC 的相關位置，讀出乍得湖當時水位極低的訊息，再根據選項的訊息，推論乍得湖湖水的狀態是連續深 度下降已有 1000-2000 年。
	3-2 比較	2.花蜜和蜂蜜主要的不同點是什麼？（選擇）	217	2.同學要能從有關花蜜與蜂蜜的訊息中，比較兩者最大的差異。
	3-3 解釋	3.為什麼小雅會提到廣告宣傳？（問答）	081	3.同學閱讀時要能連結廣告與塗鴉的關聯性，兩者都具有對空間的破壞性，或不必徵求同意，再據此，進一步提出自己的解釋。
		4.引言末段提到「但要如何證明」？調查人員如何解決這個問題？（選擇）	100	4.同學要在段落說明中，找出關鍵詞 DNA，才能進一步說明解決的方法。
	3-4 詮釋	5.在劇本節錄的末段，艾曼達說：「他沒有認出我來……」。這句話是什麼意思？	216	5.同學要說明這句話的涵義是王子沒有把艾曼達誤認為是昔日的愛人
4 省思文本內容	4-1 看法解釋	1.你同意哪封信的論點？請參照信件內容，用自己的文字解釋答案。（問答）	081	1.同學要先閱讀文本，確定自己的看法是贊成一方或兩方都贊成。再進一步用自己的話說明理由。

		2.以下是讀過「禮物」這篇文章兩位讀者的部份對話。 甲、我認爲女人無情且殘酷 乙、你怎麼可以這樣說？我認爲她是一位極有同情心的人 從故事中尋找一些證據來呈現兩未讀者如何證明他們的觀點。	119	2.同學必須理解全文情節後，再從情結中尋找可以支持相關論點的證據，如可從她想射殺豹子或開槍證明甲的說法。 可從她聽豹子叫聲的變化，或扔火腿給豹子吃，或她開始想到爲自己、爲其他人或洪水中的一切而哭泣，證明乙的看法。
	4-2 情境應用	1.根據訊息通知，哪位員工需要與麥思妮聯絡？（選擇）	077	1.同學要先閱讀文本，理解具有哪些因素的人需要與麥思妮聯絡，再進一步根據選項，推論哪種人符合此條件。
	4-3 解釋內容	1.你認爲阿諾亞歌希望他的信引起何種回應？（問答）	112	1.同學要閱讀全文，再根據巧克力費用與政府海外協助費用的優先次序，提出看法。
5 省思文本形式	5-1 解釋形式	1.圖表爲何以此年開始？（簡答）	040	1.同學要能讀出文本的重要訊息 11000BC 乍得湖再度出現。才能解釋圖表從 11000 開始的原因。
	5-2 描寫手法	2.底下事故事對豹最初的描述 「吼叫聲異常淒例」「吼叫聲沒有先前那樣尖銳而且帶點疲倦」「聽過它門在遠處的吼叫聲，好像很痛苦似的」請思考故事中發生了什麼事，你認爲作者爲什麼選擇這樣的描述來介紹這隻豹？（問答）	119	2.同學要先閱讀全文，才能從三句話中，推論女人對豹子逐漸具有同情的理解，再進一步與後文女人扔出火腿解決豹子的飢餓產生連結，並根據此連結，提出解釋的理由。
	5-3 評論	1.麥思格希望這篇通知的風格是親切並	077	1.同學先閱讀全文，才能進一步提出自己的看法。評論時如認爲成功，要

	風格技巧	具鼓勵性，你認爲她成功了嗎？請根據版面篇排寫作風格或圖像來回答。（問答） 2.你認爲禮物的最後依據話是是當的結尾嗎？解釋你的答案，呈現你對最後一句話如何連結到故事意涵的理解。（問答）		能舉一例如細菌圖片，說明它具鼓勵或親和性等的評價。如認爲不成功，要舉一例如針筒的圖像，說明它具有看起來令人害怕的評價。 2.同學要先閱讀全文，理解最後一句話的重點是火腿只剩下白骨，說明豹子的飢餓程度。再進一步說明，飢餓與禮物的連結，例如這是女人送給豹子的禮物，表達他對豹子關心。女人從中獲得啓示，關心是最好的禮物或最好的生存之道。

由此可知，PISA 試題的主要特色分別爲：

1. 題型比重：試題題型分爲選擇、簡答、建構三大類，選擇試題最多，簡答、建構居次。

2.認知歷程題型比重：統整與解釋試題最多，擷取與檢索、省思與評鑑居次。

3.認知歷程題型內容：擷取與檢索類，以簡答及選擇爲主，多數可從文本中找到明確訊息。統整與解釋類，題型多樣但以選擇爲主，建構次之。試題答案必須統整相關段落的重要訊息，如要旨或目的。或進一步對重要訊息做解釋與推論。省思與評鑑類，類型以建構爲主，選擇次之。試題答案著重閱讀全文後，針對問題，提出自己的假設或看法。這些看法或假設，有時必須與個人的生活經驗相連結。

如果將 PISA 試題與 99 年度第一次基測閱讀題組試題，略作比較，不同處爲：

1.文本形式：基測皆爲連續性文本，字數在 60-900 字之間，二則文言文，五則白話文 。

2.試題題型：基測皆爲選擇題，且不論文本字數，題數多爲 2-3 題。

3.閱讀歷程：參照 PISA 閱讀歷程，將基測 15 題試題據之分類，約可分廣泛理解四題、發展解釋五題、省思文本內容六題。其中廣泛理解的試題大致與 PISA 相近，提問內容包含訊息重點如要旨、人物特質、人物態度及寫作目的二類。發展解釋的提問內容亦與 PISA 接近，包含解釋原因、推論方法、深入說明訊息三類，但因閱讀題材包含文言文，所以深入說明訊息多爲詮釋涵義或推論主語。省思文本內容與 PISA 相差較多，基測試題的提問內容分爲三類，情境應用，論證觀點，統整文章訊息，情境應用、論證觀點與 PISA 相近，統整文章訊息的試題最多，但與 PISA 相應的部份較少，其他的檢查內容，提出假設，基測則無相應試題。

根據上述分析，基測試題以選擇題爲主，試題多爲 2-3 題，文本字數不多，訊息不複雜，評量閱讀認知能力以形成廣泛理解、發展解釋的認知能力爲主，閱讀水準多落於 PISA 的 2-4 級，對於低水準及高水準的能力，較少評量，因此，對低成就與高成就學習的學生，未能提供較佳的教學資源。

（三）閱讀水準

PISA 有關閱讀試題之閱讀水準的界定，內容頗爲複雜，它主要根據文本的難易程度、試題問題的難易程度，擬定試題的得分，再根據得分，界定該題的閱讀水準。所以 PISA 試題的計分與傳統考試計分或基測量尺計分都不相同。茲將 PISA 閱讀水準有關不同等級的定義，不同等級的試題範例，及不同等級的得分，依序說明如後。

甲、閱讀水準分級

PISA2006 年的試題題本有關閱讀水準，分爲五個等級。2009 年則分爲七個等級，其差別在於將一級區分爲 A、B 二級，又增加最高的第六級。茲將 2009 年的分級定義，分爲文本特色、閱讀歷程、文本範圍三部分，依序說明如後：

表 7　閱讀水準分級說明表

閱讀水準人數百分比最低分數	文本特色	閱讀歷程 擷取與檢索	閱讀歷程 統整與理解	閱讀歷程 省思與評鑑	文本範圍
6 (0.8) 708	a.複雜的內容或形式 b.有讀者不熟悉的想法 c.有明顯的競爭訊息	a.能精確分析訊息 b.能留意文本中不顯眼的細節	a.能全面且詳細地理解 b.能處理不熟悉的想法，並就解釋產生抽象的類別 c.能整合多個文本的訊息 d.能詳實且精確地做出多種推論、比較和對比	能在以下條件提出假設或批判性評鑑： a.複雜文本 b.不熟悉主題 c.文本中有多個標準或觀點 d.需應用來自文本以外的精細理解	一本 多本
5 (7.6) 626	a.不熟悉的內容或形式 b.通常有與讀者預	a.能尋找與組織深植於文本的若干訊息 b.能推論文本中哪一個訊息	a.能全面且詳細的瞭解 b.能處理與預期相反的概念	a.能依據特定知識提出假設或批判性評鑑	一本 多本

	期相反的概念	是有關的			
4 (28.3) 553	a.陌生的內容或形式 b.冗長或複雜的	a.能尋找與組織嵌於文本的若干訊息	a.能顯現準確的理解 b.能從整個文本考量，解釋一節文本中語文意義的細微差異 c.能理解與應用陌生情境下的分類	a.能使用正式或一般知識提出假設或批判性評鑑	一本 多本
3 (57.2) 480	a.訊息不明顯 b.有許多競爭訊息 c.或有其他文本阻礙，例如與預期相反的想法或負面用語	a.能尋找與辨認符合多個條件和數個訊息間的關係	a.不需要詳細的文本理解，但需要利用不常見的知識 b.能整合文本的數個部分，以確認大意、瞭解關係或詮釋字詞的意義 c.在比較、對照或分類時能考量多個特徵	a.能連結、比較和解釋多個特徵以進行省思 b.部分省思作業需能就熟悉的、日常知識展現出對文本的精緻理解 c.能評鑑文本的一項特徵	一本 多本
2 (81.2) 407	a.訊息較不明顯	a.能尋找一個或多個，可能需要推論及符合多個條件的訊息	a.能辨認文章大意、理解關係 b.能就部分文本詮釋意義 c.能依據文本的單一特徵進行比較或對照 d.能做出低階推論	a.能依據個人的經驗與態度，做一個比較或若干個文本與外部知識間的連結	一本 多本
1a (94.3) 335	a.訊息明顯 b.競爭訊息少 c.答題引導明確	a.能尋找一個或多個明確陳述的獨立資訊。	a.能辨認熟悉主題的主旨或作者目的 b.能簡單連結文本訊息與日常知識	不要求	一本
1b (98.9) 262	a.句法簡單且簡短 b.熟悉的	a.能尋找位於明顯位置的訊息	a.能就相鄰的訊息做簡單連結	不要求	一本

	情境和文本類型[4] c.訊息[5]明顯 d.競爭訊息少					

乙、閱讀等級試題範例

筆者根據研究中心提供的 2009 年閱讀題本範例及試題題旨說明，依照閱讀水準的順序，再細分爲文本特色、試題題型及三項閱讀歷程，分別蒐集試題題幹，依序說明如後。

表 8　閱讀水準分級範例說明表

閱讀水準	文本特色	試題型式	擷取與檢索	統整與解釋	省思與評鑑
1b	守財奴 連續文字 200	簡答	守財奴得到金子的方法是		
1a	守財奴 連續文字 200	封閉建構		1.閱讀下列文句，並根據發生先後依序編號	
	捐血公告 連續文字 170	選擇			文中提到「抽血器具經過消毒且只用一次」，爲什麼要提供這項資料？
	刷牙 連續文字 230	選擇	英國研究人員有什麼建議？		
2	捐血公告 連續文字 170	開放建構		1.過去 12 月已捐血 2 次的 18 歲小姐，想再次捐血，在何種條件下，可以獲准？	

[4]例如一個故事或一個簡單列表。
[5]諸如重覆的訊息、圖表或熟悉的符號。

	熱氣球 非連續	選擇			爲何有兩個熱氣球的插圖？
3	熱氣球 非連續	開放 建構			爲何文章中有張空中巨無霸的插圖？
	行動電話 連續文字 640	選擇		請看標題爲「如果你使用行動電話」的表格，表格依據的是哪種想法？	
4	行動電話 連續文字 640	選擇		1.文章「重點」部分的寫作目的是什麼？	
	行動電話 連續文字 640	選擇			1.「要證實 A 一定影響 B 是困難的」這則訊息與「行動電話危險嗎」中第四點的是與否，有什麼關係？[6]
	熱氣球 非連續	簡答	賈伊帕特辛哈尼亞採用哪兩種交通工具的技術？（只答一種得分水準 2）		
6	那就是戲 連續文字約 1100 字	簡答		1.簾幕升起前，劇中角色在做什麼？	

丙、閱讀等級得分

筆者依據 2009 年題本的題旨說明，按照閱讀水準等級的排序，再細分試題得分、閱讀歷程、試題類型、題目、字數，並依照得分順序，分別說明如後。

[6] 題幹原爲「要證實一件事肯定造成另一件事，這是很困難的 」，學生恐不易理解，所以略作更改。

表 9　閱讀等級得分說明表

閱讀等級	得分	閱讀歷程	試題類型	題目	字數
1b	271	擷取訊息	簡答	刷牙	230
1b	301	擷取訊息	簡答	守財奴	200
1a	350	廣泛理解	選擇	刷牙	230
1a	355	擷取訊息	選擇	刷牙	230
1a	365	文本內容	選擇	捐血	170
1a	369	廣泛理解	選擇	熱氣球	非連續
1a	372	發展解釋	封閉建構	守財奴	200
2	414	文本內容	選擇	熱氣球	非連續
2	446	發展解釋	開放建構	捐血	170
2	478	發展解釋	選擇	那就是戲	1100
3	494	發展解釋	選擇	行動電話	640
3	524	文本內容	開放建構	遠距辦公	330
3	526	文本內容	開放建構	熱氣球	非連續
3	536	文本內容	開放建構	行動電話	640
3	549	廣泛理解	選擇	遠距辦公	330
4	569	發展解釋	開放建構	守財奴	200
4	571	廣泛理解	選擇	那就是戲	1100
4	576	廣泛理解	選擇	行動電話	640
4	623	擷取訊息	簡答	熱氣球	非連續
4	625	文本內容	選擇	行動電話	640
5					
6	767	發展解釋	簡答	那就是戲	1100

根據上述分析，PISA 的閱讀水準分級， 由試題的難度決定閱讀水準的得分 ，所以試題類型並無難易之別（如選擇可能較簡單、建構式可能較難）、閱讀歷程亦無難易之別（如擷取訊息可能較簡單、省思文本內容可能較難），但文本內容對水準分級則影響較大，如較容易的文本刷牙，試題出現的水準分級為 1a 或 1b 級，內容較難的文本如行動電話，試題水準皆為 3-4 級，但如熱氣球則兼含 1a-2-3-4 級。由於國內閱讀評量未曾採用依試題難易，擬定得分水準的計分方式，因此，如何根據試題的難易，建立不同的試題得分水準，值得臺灣省思與努力。

三、臺灣學生閱讀素養表現與省思

根據研究中心所提供的 2009 年臺灣學生閱讀素養表現結果報告，臺灣 15

歲學生閱讀素養的分數爲 495 分，在參與的 65 個國家地區中排名 23。而在不同閱讀歷程的分測驗中，臺灣學生表現水準與 OECD 參與國家平均值的比較，可列表說明如下：

表 10　臺灣學生閱讀素養各閱讀歷程與 OECD 平均值比較表

國家	擷取與檢索		統整與解釋		省思與評鑑	
	排名	平均數	排名	平均數	排名	平均數
臺灣	23	496	18	499	24	493
OECD		495		493		494

而不同閱讀水準學生人數百分比的分布，亦可列表說明如下：

表 11　臺灣學生各級閱讀水準百分比與 OECD 平均值比較表

國家	未達 1b	1b	1a	2	3	4	5	6
臺灣	0.7	3.5	11.4	24.6	33.5	21	4.8	0.4
OECD 平均	1.1	4.6	13.1	24	28.9	20.7	6.8	0.8

根據上述二表可知：

1.閱讀歷程：臺灣學生表現較佳者爲統整與解釋，擷取與檢索、省思與評鑑較不理想。如與基測試題結合，則似可解釋臺灣基測試題以選擇題型爲主，多數評量學生形成廣泛理解、發展解釋的閱讀認知能力，因此學生在 PISA 評量中亦以選擇題爲主的統整與解釋表現較佳，其他部分如省思與評鑑，PISA 多以建構試題爲主，擷取與檢索多以簡答居多。由於基測試題未能評量相應的閱讀歷程及題型，因此學生表現較不理想。

2.閱讀水準：臺灣學生達 3 級水準的人數最多，其次是 2 級， 5-6 級水準的學生人數則比 OECD 的平均低，顯示學生高水準的閱讀素養明顯不足，而一般學生的閱讀水準則落於二、三、四級之間，且三級水準的學生人數偏多。根據筆者在《基測國文科試題品質分析與改善建議》頁 354 的分析，基測 90-95 年現代文閱讀題組試題，難度在 0.71-0.90 的試題共 59 題，佔總題數的 68%，顯見基測現代文閱讀試題過於簡單，學生習慣簡單的閱讀試題，無法有效提昇閱讀水準。

再根據 PISA 提供有關閱讀時間與閱讀素養表現的分析，可簡單說明如下：

表 12　各國學生閱讀興趣、閱讀時間與閱讀水準比較表

國家	不爲樂趣讀		爲樂趣而讀							
			一天讀 30 分鐘或少於 30 分		超過 30 分鐘但少於 60 分鐘		一天 1-2 小時		超過 2 小時	
	%	平均數	%	平均數	%	平均數	%	平均數	%	平均數
臺灣	17.3	437.3	30.9	492.3	21.4	513.2	18.8	522.4	11.6	518.0
上海 1	8.0	497.3	35.9	560.3	36.5	563.4	13.2	563.7	6.4	547.7
韓國 2	38.5	517.8	29.8	550.0	19.1	557.6	8.4	559.8	4.2	534.8
芬蘭 3	33.0	491.7	32.4	545.3	18.6	569.0	12.7	571.6	3.2	568.0

香港 4	19.5	497.8	35.9	532.1	23.5	554.0	13.8	552.2	7.3	532.2
新加坡 5	22.5	482.6	29.0	524.4	23.6	544.1	16.1	547.8	8.8	558
OECD	37.4	459.5	30.3	503.9	17.2	526.9	10.6	532.4	4.5	526.9

根據上表，臺灣學生為樂趣而讀，閱讀素養表現較佳，且每天閱讀 1-2 小時，表現最佳，超過 2 小時則表現水準下滑。其表現大致與 OECD 的平均值表現一致。但值得注意的是上海及韓國這兩個地區或國家學生的表現與他國略有不同，上海及韓國學生閱讀素養表現最佳的雖與各國相同，皆為每天閱讀為 1-2 小時，但與閱讀 30 分鐘以下差距極小，且上海比韓國更為明顯，筆者或可據此推斷，這兩個地區或國家有較佳的閱讀教學策略，能有效協助學生增進閱讀能力。

綜合上文，根據 PISA 評量架構，省思臺灣為國中生提供的閱讀教學資源，無論是評量理念、試題特色、閱讀水準分級，都明顯不足。例如教材提供的閱讀情境與文本形式多數與 PISA 的內容不符。從評量來觀察，基測只偏重統整與解釋，題型皆為選擇題，且題材多數集中在 2-3 閱讀水準的難度，對低成就與高成就的學生，不能提供有效的學習刺激。再就閱讀水準言，臺灣目前並未發展依題幹難易，給予不同配分的計分方式，而基測閱讀試題又明顯偏易，學生容易陷入試題低難度，卻擔心粗心誤答的焦慮之中，不能有效提昇高水準的閱讀能力。此外教師未能提供有用的閱讀方法，幫助學生形成有效的閱讀策略，似乎也值得深思。有鑑於此，本文乃根據國中教材，嘗試提供有關教材分析與提昇三種閱讀認知能力的提問設計，協助教師分析教材重點，熟習提昇閱讀認知能力的方法，讓學生能從中逐漸發展自己的閱讀策略。

四、提昇閱讀認知能力的教學設計

為幫助教師理解閱讀認知能力的提問設計，本文嘗試以雅量為範圍，先分析教材重點，擬定教學目標，再根據教學目標，結合閱讀認知歷程，設計問題， 供教學參考。(說明：有關試題答案部分，參考答案僅供參考，建議教師能根據學生實際作答情形，歸納學生答題重點，自行建立給分標準。而試題部分教師亦宜斟酌教學情況，選擇部分題目使用)

(一)教材分析

為方便教師準備教材時，能對文本分析有簡約清楚的方向，試以下列簡表，提供分析的參考。

表 13　教材分析簡表

項目	內容
教材名稱	雅量
教材來源	南一、康軒、翰林第一冊

一、全文	
1.解題	雅量指容忍與尊重對方看法與觀點
2.文類	連續性——描述
3.意義段	1 及 2-6 二部分
4.文意脈絡	先敘事，後議論
5.文章結構	
6.寫作目的	說明自己對雅量的體悟
7.文章的主題或核心概念	雅量
8.寫作特色或技巧寫作效果	舉證生活經驗
9.教學目標	1.能摘要雅量的重點及重要性 2.能使用圖表，分類段落重點 3.能分辨經驗與看法 4.能組織文意脈絡 5.能檢查文章的謬誤
10.教學難點	作者說理不夠清晰

（二）提問設計

甲、教學單元一：課前預習

（甲）設計重點

1.作者認爲雅量是什麼？（擷取訊息）

參考答案：人與人之間，應該有彼此容忍和尊重對方的看法與觀點的雅量

2.本文最主要是想說明什麼什麼？（廣泛理解）

參考答案：自己對雅量的體悟。（國中課文編者多加末一句「因此，爲了減少摩擦，增進和諧，我們必須努力培養雅量」 ）

3.作者認爲培養雅量的重要性是什麼？（發展解釋）（推論）

參考答案：減少摩擦，增進和諧 。

（乙）設計理念

這個部分的教學活動最重要的是讓老師

1.利用前三個問題，了解同學能否掌握全文重點。

乙、教學單元二：文本教學活動

（甲）教材範圍：第一段。

（乙）設計重點

1.衣料像綠豆糕是誰提出的？（檢索訊息）

參考答案：外號大食客的同學。

2.朋友覺得衣料是什麼？（檢索訊息）

參考答案：他覺得衣料就是衣料。

3.利用圖表，分類第一段的重點。（發展解釋）

對象	綠底白格的衣料	
人物	同學與我	朋友
看法	1.像棋盤 2.像稿紙 2.像綠豆糕	衣料就是衣料
反應	哄堂大笑	連忙把衣料包好
原因	同樣一件衣料，每個人卻有不同的感覺	她覺得衣料就是衣料，不是棋盤，也不是稿紙，更不是綠豆糕
對衣料喜歡程度	不喜歡	喜歡

4.推論像棋盤、稿紙、綠豆糕的說法，分別根據衣料的何種特性，產生聯想？（發展解釋）

參考答案：棋盤、稿紙從一塊格子的衣料產生聯想，綠豆糕從衣料的綠色方格產生聯想。

5.根據上述例子，你認爲他們有沒有產生摩擦？如果要讓讀者感受到他們的摩擦應該怎樣改比較好（省思文本內容）

參考答案：應該有，修改「朋友很生氣的把衣料收起來，並且對我們說：『衣料就是衣料，不是棋盤，不是稿紙，更不是綠豆糕』」

6.解釋你認爲他們產生摩擦的原因？（省思文本內容）

參考答案：朋友喜歡這塊衣料，希望別人也能認同，但其他人的答案顯示他們不認同他喜歡的這塊衣料，所以朋友覺得棋盤、稿紙都像是不尊重他的喜歡，因此不高興。

（丙）設計理念

這個部分的教學活動最重要的是讓同學

1.能分辨兩組人對衣料的不同看法。

2.能解釋產生衝突的原因。

丙、教學單元三：文本教學活動

（甲）教材範圍：第二、三、四、五段。

（乙）設計重點

1.解釋爲什麼把二至五段，當成一個學習單元？（文本內容）

參考答案：這些都是作者反省雙方造成摩擦後，自己的體悟。

2.利用圖表，分類第三、四段的重點。（發展解釋）

對象	內容	感情

布店	各種質地、花色的布料	都有人欣賞
鞋店	各種式樣的鞋子	都有人喜歡
人	各種類型的男女	都有人喜歡

特定內容	喜歡	不喜歡
某一雙鞋	好看	難看
某一塊衣料	好看	像棋盤、稿紙
某一個人	天仙、白馬王子	不順眼

3.推論三、四段與第二段的關係？（發展解釋）

參考答案：第二段強調欣賞觀點不同，第三、四段舉例，說明人人的欣賞觀點不同。

4.某一雙鞋子，有人喜歡，有人不喜歡時，推論作者認為應該怎麼做？（發展解釋）

參考答案：喜歡的人要尊重別人不喜歡它，不喜歡的人也要尊重別人喜歡它。

5.嘗試用自己的話來詮釋雅量的涵義？（發展解釋）

參考答案：每個人性格、生活環境不同，所以欣賞觀點不同，因為欣賞觀點不同，每個人喜歡也不相同，所以鞋店的每一雙鞋都有人喜歡。當我們喜歡某一雙鞋時，一定有人不喜歡這雙鞋，喜不喜歡這雙鞋，是因為每個人的欣賞觀點不同，所以對這雙鞋的看法或觀點不同，並沒有關係，最重要的是我們要有尊重別人看法與觀點的雅量。（因此對自己喜歡的鞋子，不要強迫別人也要喜歡，要有尊重別人不喜歡的雅量：對自己不喜歡的鞋子，也不要批評別人的喜歡，要有尊重別人喜歡的雅量。）

6.用圖像組織第一至五段的論述脈絡（省思文本）

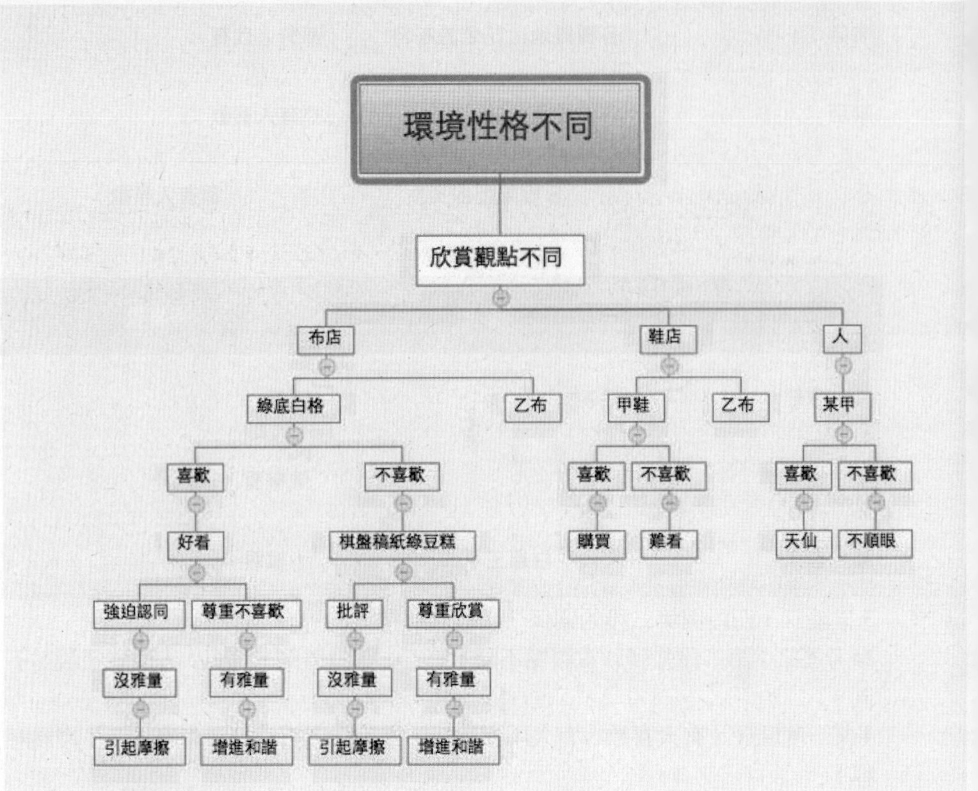

（丙）設計理念

這個部分的教學活動最重要的是讓同學

1.能分辨例子的兩個重點。

2.能解釋例子與體悟的關係。

3.能統整理解，進行寫作。

丁、教學單元三：文本教學活動

（甲）教材範圍：第六段。

（乙）設計重點

1.摘要第六段的重點？（形成廣泛理解）

參考答案：聽鳥鳴，看日出都有等量美的感受

2.歸因作者寫第六段的目的？（ 形成廣泛理解 ）

參考答案：說明作者的第二個體悟，解釋雅量除了了解每個人喜歡不同的原因外，也可以從喜歡的美感經驗相同來體會。

3.解釋如何根據美感經驗相同的想法，想一想雅量除了消極的避免摩擦之外，在積極的促進和諧中，我們還能再多做一點什麼努力？（省思文本內容）

參考答案：因為只要喜歡某個人、事、物時，每個人所獲得得美感經驗相同，所以無妨以開放的心理解別人的喜歡，或許從其中能得到一些不同的想法與觀點，進而接受或喜歡別人的喜歡。

4.練習根據第二至六段的理解，用自己的話提醒文中買衣料的朋友和文中的我。（省思文本內容）

參考答案：

朋友：每個人的欣賞觀點不同，所以要喜歡自己的選擇，卻不必強求別人的認同，也不要因為別人不認同就感覺沮喪。

我：每個人的欣賞觀點不同，所以要尊重別人的選擇，不要輕率的批評，甚至可以問問別人喜歡的原因，或許也可以改變自己的想法。

（丙）設計理念

這個部分的教學活動最重要的是讓同學

1.能理解作者的第二個體悟。

2.能根據理解，推拓雅量的意境。

3.能練習表達自己的想法。

戊、教學單元四：統整全文

（甲）設計重點

1.利用表格，再認本文的重點

重點	內容
1.造成每個人欣賞觀點不同的原因是什麼	和個人的性格與生活環境有關（檢索）
2.什麼是雅量	容忍和尊重對方的看法與觀點（檢索）
3.雅量的重要性是什麼	能減少摩擦，還能增進和諧（檢索）
4.培養雅量的方法	1.了解只要喜歡美的感受相同，所以不要強迫別人認同自己的喜歡（發展解釋） 2.了解每個人的性格環境不同，所以欣賞觀點不同，喜歡不同，要尊重別人喜歡不同的看法與觀點（發展解釋）

2.下列敘述何者是作者的經驗？何者是作者的看法？（形成廣泛理解）

甲、朋友把衣料用紙包好。※

乙、每個人的看法或觀點不同並沒有關係。

丙、人的欣賞觀點不同和個人的性格與生活環境有關。

丁、你聽你的鳥鳴，他看他的日出，彼此都會有等量的美的感受。

戊、「真像一塊塊綠豆糕。」一位外號叫「大食客」的同學緊接著說。※

※是經驗

3.推論鞋店老闆說「 無論怎麼難看的樣子，還是有人喜歡，所以不怕賣不出去 」的涵意是什麼？（發展解釋）

(A)每個人都喜歡鞋子
(B)各種鞋子都有人喜歡※
(C)難看的鞋子不容易賣出去
(D)鞋子有很多式樣

4.作者說「 那位朋友連忙把衣料用紙包好，她覺得衣料就是衣料，不是棋盤，也不是稿紙，更不是綠豆糕。」你認爲作者是如何知道朋友心中的想法？如果他只是猜想朋友的想法，你認爲「 她覺得衣料就是衣料 」應該怎樣改較合適？（發展解釋）
(A)她不認爲衣料就是衣料
(B)她可能覺得衣料就是衣料※
(C)她覺得衣料不可能是衣料
(D)她感覺衣料就是衣料

5.同學說「只要我喜歡有什麼不可以 ？」同學的哪些喜歡是我們應該尊重的，同學的哪些喜歡是不能要求我們尊重的？（省思文本內容）
參考答案：如果同學喜歡做的行爲會影響別人，讓別人感覺不愉快，這些行爲就必須被制止，例如喜歡欺負同學，公共場所吸菸……。

（乙）設計理念

這個部分的教學活動最重要的是讓同學
1.能統整全文重點。
2.文本內容能與生活經驗結合。

(三)教學流程

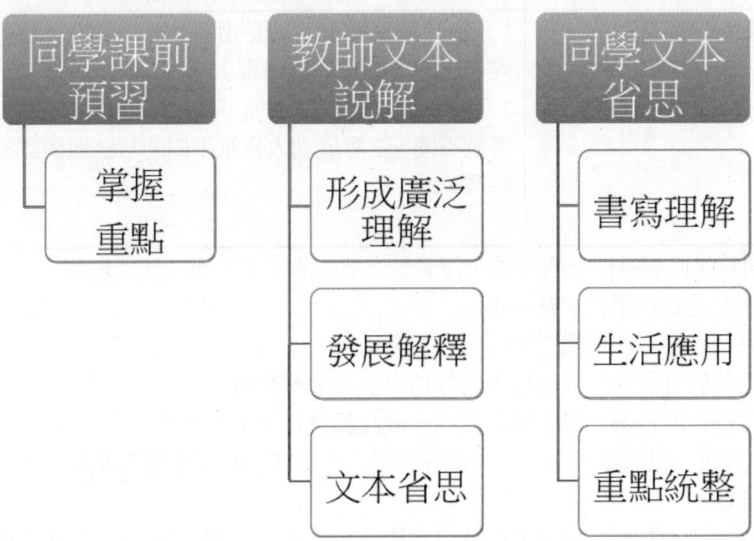

五、結論

本文藉由上述說明，嘗試將 PISA 閱讀素養的認知歷程與〈雅量〉的教學重點結合，利用擷取與檢索、統整與解釋、省思與評鑑的認知歷程，將〈雅量〉的教學重點 1.能摘要雅量的重點及重要性。2.能使用圖表，分類段落重點。3.能分辨經驗與看法。4.能推論看法與經驗的關係。5.能檢查文章的謬誤。融入其中，提供國中教師教學參考。教師可根據學生程度及教學進度，酌量增刪，靈活運用，用以提昇學生的閱讀認知能力。

徵引文獻

1.PISA 國家研究中心 http://pisa.nutn.edu.tw/

2.鄭圓鈴：《基測國文科試題品質分析與改善建議》，臺北：心理，2008。

3.翰林版國中國語文教材第一冊〈雅量〉。

4.宋晶宜：《看星斗的夜晚．雅量》，臺北：漢藝色研， 1988。

PISA 啟示錄
：範文教材「流轉圜美如彈丸」的現代教學視野

蘇珊玉*

摘　要

本論文主要以範文教材(含習作)爲媒介，訴諸教師專業與經驗之內化，並嘗試結合PISA 衡量學生的閱讀能力及試題樣本，通過資訊融入語文教育，並轡學生生活經驗，以培養其觀察力、啓動想像力爲依歸，拋磚引玉做一示例。期待向來關注以學生爲中心的素材，能回歸教師專業，在因材施教(不貼標籤)、適應個別差異(現代心理學) 、客製化教學(現代教學原理)等前提下，開拓教師與時俱的教學視野，增進語文教學之美善與實用價値。

關鍵詞：PISA、圜美如彈丸、閱讀、教材、教學

*國立高雄師範大學國文系教授

壹、前言：危機與轉機

國際學生能力評量計畫（PISA）於民國 99 年 12 月 7 日全球同步公布 2009 年測驗結果，臺灣的閱讀素養位居 23 名，較 2006 年第一次參加退步 7 名，甚至輸給香港、新加坡等，一時檢討聲浪四起，各項座談及問題診斷也一一出爐。教育單位與媒體關切的名次，是否反應真實現況？PISA 計畫主持人洪碧霞表示，臺灣的降幅不大，施測成績較上次評比差距不大，然而由於其他國家對 PISA 參與度、積極度提高，使得我國名次大幅下降是爲主因。若再進一步觀察，亞洲參與施測國家，名次優於我國者，其都市化程度遠優於臺灣，即便首次參與上海，受試者之程度集中而名列前茅，亦不足爲怪。易言之，都市之國際化與施測對象，皆左右了名次排序。反觀我國莘莘學子平穩的表現，是否也透露出某些警訊？盱衡目前臺灣中、小學生國文的教學方式，不少教師依據課本提供訊息，在有限的授課時數中將一篇範文拆成作者介紹、課文與注釋（字詞分析）、文章段落賞析、語文知識（文法、修辭）、國學常識等依序教授，即便課文附有問題與討論，課外延伸閱讀，真正能充分實施者有限，顯然依據授課內容，教師難以顧及學生的創作能力與閱讀理解，遑論思辨能力的提升與發揮。顯示臺灣的語文教育，需從停留零散知識貫輸與記憶的教學方式轉變。

目前基測試題以選擇題型爲主，內含一篇引導寫作。選擇題評量以理解能力爲主，分析及評鑑能力的試題極少，而理解能力也以詮釋、摘要、推論、解釋爲主。反觀 PISA 試題則以評量理解、分析、評鑑能力爲主，分析能力中的能區辨、能組織之能力被大量重視，且歸因於日常(人文、科技)生活的試題較多，圖表分析能力之評量亦不遑多讓。由此可知，基測試題較缺乏高層次認知能力，再加上試題以選擇題呈現，相較 PISA 的問答式，思辨性更顯得封閉，較無法真正測驗出學生認知的程度與歷程。國立臺南大學臺灣學生能力國際評量計畫(PISA)測驗中心負責人洪碧霞教授表示：「PISA 是測驗學生使用『閱讀』來學習知識的能力有多少？而非測驗學生所知的知識有多少？」[1]因此，學生在各領域學科中是否具備足夠理解該領域的閱讀能力，是各領域教師必須共同肩負的教學任務。換言之，文字表述精鍊、科學重視圖表等，學生必須了解各領域不同的表述方式，才能有效的學習。因此，各領域教師都得負起學生閱讀教學的責任，國語文教師更是責無旁貸。

語文教學不同於文獻研究，隨著文明與科技發達，其行動與務實倍受重視，如何從文字閱讀，藉由時空、圖像、影音（記憶、想像與認同）將空間、文化、情感聯繫，並與國際人才教育接軌，實刻不容緩。時值「九年一貫 97 課綱」施行，新教材於民國一百年改版推出，加上十二年國教的即將施行，學生升學評量將趨多元，此乃現行教學轉變之契機。

本論文主要以經典範文教材爲媒介[2]，訴諸教師專業與經驗之內化，並嘗試結合 PISA 衡量學生的閱讀能力及試題樣本，通過資訊融入語文教育，並轡學生生活經驗，以培養

---

[1] PISA 二○○九閱讀團隊專家約翰・德容博士、香港專家劉潔玲和臺灣 PISA 二○○九計畫主持人洪碧霞分享閱讀能力與競爭力關係。相關資訊請聯結國立臺南大學「臺灣 PISA 國家研究中心」網站。

[2] 範文教材取自現行 99 學年度六冊國中課本(含習作)之內容，主要爲南一、翰林、康軒三家出版社。

其觀察力、啓動想像力爲依歸，拋磚引玉做一示例[3]。易言之，課程是一種動態、反省的教學過程，如何選擇並組織內容，不斷地發展，此乃課程與教學改革的意涵。期待向來關注以學生爲中心的素材，能回歸教師專業，在因材施教(不貼標籤)、適應個別差異(現代心理學) 、客製化教學(現代教學原理)等前提下，開拓老師的教學視野，並與時俱進，提升國內語文教學之美善與實用價值。

貳、教師與學生的變奏曲

一、 正視教材與教學困境

現行學生課業負荷沉重，語文教學規則式的學習過度重視專業知識與邏輯推理[4]，以強記背誦爲其基礎，加上入學競爭激烈，雖然強烈的學習動機有助於智能的表現，但求勝過度心切的結果，獨創力與自學能力會減低，加上選擇題的試測方法，記憶力強，理解力不錯者，成果斐然。然而面對國際學生能力評量計畫（PISA），需要分析整合的問答、思辨題，高材生不一定如魚得水，顯示「批判性思考」能力的不足。愛因斯坦曾提到「視覺式思考」對獨創的功效，也說「想像力比知識更重要」但遭到冷嘲熱諷。「視覺式思考」洪正幸[5]稱之爲「圖像式思考」(picture-based reasoning)，其並引潘卡瑞獨到的見解：「純粹的邏輯只能給我們贅述(tautologies)，而沒有辦法產生新的知識及結論」以爲論證說明。[6]

審視現行國中語文教學，不少教育人員自我解嘲：一稱「關節炎」，即教材、習作多反複練習而重疊，教師教法單調僵化，又倚賴備課用書；二稱「白內障」－教材教法重文言文，輕白話文；三稱「高血壓」－道德精神教育比重大，啓發性靈與實用性少；四言：「類固醇」式教學（治標不治本）－教師面對教學與升學及班級管理，展現專業，意志力堅強，不苟言笑與壓抑感情爲常態「形式」。由此觀之，一旦遇到需具備閱讀理解能

---

[3] 本示例不等於範例，非指導性而是引導性，抑非規範而僅供參酌。

[4] 一般稱爲「邏輯演繹」法(logical deduction)，「循序處理」爲其特徵。以現行國中語文教學爲例：形、音、義→字、詞、句→修辭、語法→文化、國學常識→賞析→提問，主要以取材、組織、美化文章、分析或評論爲關鍵，多數是從字詞句之演譯，由記憶、理解學習，再訴諸評量練習，歸納通則。洪正幸指出國內醫科高材生：「聰明的學生發現，只要把課目轉換成一連串的規則，也就是說只背步驟而知道如何依樣畫葫蘆，如何遵循規則去取得到答案，雖不求甚解，仍足以應付選擇題的考試。規則式思考及規則式學習方法乃應運而生。嚴格說來，這不算是死背，而是介於理解與死背之間的妙方法」。〈爲何美國教育日趨低落?〉，2010.12，頁 24。

[5] 爲國立臺灣大學醫學院醫科畢業 (1966)，現任美國密西根州韋恩州立大學醫學院生理系教授，專業領域爲獨創力理論與教學法、生物物理、生物奈米科技、科學的哲學基礎、自由意志的科學基礎，2010 年 12 月 18.19.25.26 至成功大學參與「三創工作坊議程」所提供之論文：〈爲何美國教育日趨低落?〉對美國現行教學方法的平臺，以科學驗證精神，提出建設性之批判思維，並提供圖像式思考有助於知識經濟與創新之見解。其理念對照 PISA 語文、數學、科技之全球評量，可謂不謀而合，對於現行教學之策略運用，筆者以爲剴切而可參酌。

[6] 洪正幸以來自潘卡瑞(Henri Poincaré)、愛因斯坦與特斯拉(Nikola Tesla)的自省報告，注意到這幾位天才的思考方式，都有一個共同的特點：圖像式思考。〈爲何美國教育日趨低落?〉2010 成功大學「三創工作坊議程」論文，頁 14。2008 年在國立成功大學「三創研發中心」(創意、創新、創業)開課的相關經驗分享亦可做爲參考。

力的測驗，老師便顯得捉襟見肘。加上學生面對「現代資訊氾濫，就像漫無邊際、誰也征服不了的大海。」余秋雨指出：

> 現代人「讀得太多」，上網、看電視，眼睛很少離開各種文字。許多閱讀是「偽閱讀、濫閱讀」，如果讀者缺乏克制能力，閱讀品質遠比貧窮時代沒書讀的狀況還糟糕。如何「讀得少」卻擁有學問？余先生建議，首先要讀「第一流的書」，這是「跨越時空、許多人認同、讀過的書」。第一流的書還必須是和自己有關的書，「一看就有一個神秘的力量抓住你」，這表示你和作家生命結構有「同構關係」。「閱讀就像愛情，強扭的瓜不甜」，他建議讀者：「看了三遍仍看不下去的書，請放下」。[7]

PISA 強調日常生活「能夠活用語言的能力」。一時之間，對於考試制度的檢討、基測是否須改變、教材的選文安排或教法的缺乏生活化，甚至國中國文教育的目標都產生質疑與討論。 PISA 到底考什麼?和國中基測有何不同呢? PISA 是衡量學生的閱讀能力，依據臺南大學「2009 臺灣 PISA 國家研究中心」所提供之訊息，主要可分從五個層面衡量：其一、擷取資訊；其二、解讀資訊；其三、思考和判斷力；其四、共同解決問題的能力；其五、活用知識的能力。該中心將國際評比試題之方向與原則，歸納成七面向：分別有 1.採用生活化與情境式的命題設計；2.採用與生活知識和經驗相連結的文本；3.要求讀者充分地辨認出文本所提供的訊息；4.要求讀者評價與文本目的相關的特徵；5.要求讀者提出證據以證明觀點；6.重視對不同情境的假設類推；7.要求讀者推斷作者命題或寫作的意圖。

由上可知，PISA 強調語文的生活化與應用化，以培養能用語文解決問題、獨立思考的個體。因此，《PISA 閱讀素養應試指南》明確指出：

> 閱讀素養的提升不是一蹴可及，PISA 2009 研究小組希望以學生在模擬試題上的反應為依據，溝通有效應試的建議，旨在進一步釐清評量焦點，協助學生掌握 PISA 閱讀評量設計的核心。PISA 閱讀素養評量同時檢驗學生的閱讀理解能力與批判思考能力，所以閱讀時，學生須積極統整前後文意，正確理解文章修辭技巧，嘗試推論作者動機與文章觀點，不要只是走馬看花，也不要過度引申抒發己見。作答時，先掌握問題焦點，依據文本意涵，清楚舉列文章資訊支持自己的觀點。模糊、空泛（缺乏原文引證）的評論，或以個人經驗及情感答題，都不符合 PISA 評量的給分標準。[8]

並爲國際閱讀素養 予以新概念與定義：

> PISA定義閱讀素養為：理解、運用以及省思文本章內容，以便實現個人目標，增

---

7 以上引文參〈濫閱讀 余秋雨：比沒讀還糟〉:《聯合報》2010/12/10 A4 版【聯合報／記者陳宛茜／臺北報導】

8《PISA 閱讀素養應試指南》，國立臺南大學 PISA 國家研究中心：2008.12〈前言〉，頁1。

進知識、發揮潛能以及參與社會的能力。根據PISA的定義，閱讀素養超越了文字解析和詞彙理解的層次，更涉及因各種目的去理解、運用及省思語文訊息。讀者的角色不是被動的資訊接受者—對所閱讀的東西不加思索照單全收，而應該是積極主動省思和批判閱讀內容，並與作者互動，探索作者心靈世界。

閱讀素養運用的情境範圍不限於學校課堂中，而是深入日常生活的各式各樣情境：從私人到公眾、從學校到工作、從主動的公民權利到終身學習。閱讀素養使個人的渴望得以實現，諸如獲得教育學位或獲得一份工作；或非立即性的目標，如豐富和延展個人生活。閱讀素養不但提供個人一套語文的工具，也對因應現代社會、政府機關、大型官僚體制與複雜的法律系統日漸重要。[9]

有關國中生閱讀理解能力的具體內容，國內較重要的文獻是「九年一貫 97 課綱」中有關國中生國語文閱讀能力指標的內涵說明。根據其說明，國中國語文閱讀能力指標的部分共有八項，分別爲：

5-4-1 能熟習並靈活應用語體文及文言文作品中詞語的意義。

5-4-2 能靈活運用不同的閱讀理解策略，發展自己的讀書方法。

5-4-3 能欣賞作品的寫作風格、特色及修辭技巧。

5-4-4 能廣泛的閱讀各類讀物，並養成比較閱讀的能力。

5-4-5 能主動閱讀國內外具代表性的文學名著，擴充閱讀視野。

5-4-6 能靈活應用各類工具書及電腦網路，蒐集資訊、組織材料，廣泛閱讀。

5-4-7 能主動思考與探索，統整閱讀的內容，並轉化為日常生活解決問題的能力。

5-4-8 能配合語言情境，理解字詞和文意間的轉化。

5-4-8-1 能依不同的語言情境，把閱讀獲得的資訊，轉化為溝通分享的材料，正確的表情達意。

其中 5-4-5、5-4-6 著重跨時空閱讀，包括文學名著精讀，多元題材之泛覽，與閱讀能力之培養較無關連，可先擱置。再歸納其他六項，其重點爲有熟悉詞語涵義，形成文意理解，梳理、比較閱讀內容，欣賞寫作特色、風格、修辭，以及運用閱讀策略。扼要觀之，偏重認知活動。其中與閱讀應用能力有關的能力指標是 5-4-7 及 5-4-8-1 細項，此精神與 PISA 強調語文的生活化與應用化可呼應。因此，教師必須跳脫傳統教學窠臼，在有限範文教材，展現無限教學可能。

二、大人者不失其赤子之心

深度教學的專業和堅強「本質」，是找到教師熱忱，爲學生創造價值。相較於前述「關節炎」「白內障」「高血壓」「類固醇」式之例行、單調、重複教學，PISA 強調語文的生活化與應用化，正凸顯教師在先備知識的教授基礎下，教學其實可以具實驗性、使師生教與學皆能興味盎然。

[9] 同上註，頁 3。

現行教師取得正式教職的當下，不免充滿「春風得意馬蹄疾，一日看盡長安花」(孟郊〈登第〉)的歡愉，這歡喜中，夾雜著汗水與淚水交織的寒窗印記，與教甄的坎壈回憶，當然更有著未來投入教育的使命與期許。只是，教材多元，政策多變，教學需充滿與時俱進的試鍊，如何不陷入「拔劍四顧心茫然」(唐·李白〈行路難〉)的忐忑？茲以野上智寬[10]充滿理性、感性、人性，初戀的浪漫與酵母菌共舞爲例：如果教師是麵包師傅，中、高、低筋麵粉是多元教材，而酵母菌便是才性各異的學生，如何使教材與學生成爲靈魂伴侶，端賴如教師之麵包師傅，隨時掌握酵母菌發菌時間和溫度變化，在攪拌、擀揉瞬息萬變中，耐心等待麵糰膨脹。唯有經過時間發酵、不同調味醞釀、經過烘焙淬鍊的麵包，才能展現風情不一的力與美。易言之，教師必須時時不忘初衷，以赤子之心，灌注審時度勢之彈性，在多元教材中，秉持耐心、熱忱對待程度不一之學生，於傳統教材中別開生面，化規律爲律動，化專業爲志業，如此教學生涯方能逸趣雋永。

參、範文法度與「流轉圜美如彈丸」之活法

所謂範文法度，指的是現行教材各家版本之體例，教師多依循而教之。至於「流轉圜美如彈丸」之「活法」說，出自南宋江西詩論家呂本中。《淮南子・說林訓》:「非規矩不能定方圓，非準繩不能正曲直。」[11]比喻行事需要有個標準、原則，無規矩不成方圓，然太多規矩亦容易侷限，如何使教學有規矩法度又具創新意義，值得關注。先舉北宋蘇軾在〈書吳道子畫後〉一文爲例引述之，蘇軾指出畫家要「出新意于法度之中，寄妙理于豪放之外」[12]，即一方面既要掌握藝術的規矩，又需有創造性，亦即作品應具備自出新意，而不爲規律所束縛；另方面要求在豪放的筆墨之外，表現一定的思想深度，避免粗疏，故需「妙理」。此見解雖就繪畫而強調，其實與其他藝術領域仍可相通，對於今日教學藝術仍具啓發意義。「法度」之於教學，是專業與循序漸進不能偏廢，如何跳脫板滯而有如彈丸之圜美？古典文獻其實提供了我們思考的方向，也與 PISA 閱讀素養之擷取、解讀、思考判斷、解決問題、活用知識等能力，有本質之精神呼應。

一、流轉圜美如彈丸之意涵

南宋・劉克莊（1187 年—1269 年）引紫微(呂本中)作《夏均父集序》之說，指出：

> 紫微(呂本中)公作《夏均父集序》云:「學詩當識活法，所謂活法者，規矩備具，而能出於規矩之外；變化不測，而亦不背於規矩也。是道也，蓋有定法而無定法，無定法而有定法，知是者，則可以與語活法矣。謝元暉有言:『好詩流轉圜美如彈丸。』此真活法也。」………以宣城詩考之，如錦工機錦，玉人琢玉，極天下巧

---

10 「TVBS 一步一腳印發現新臺灣」曾專訪野上智寬師傅，其拿手的是各式法國麵包，由於堅持麵糰自然發酵，使其麵包充滿真誠的樸實風味，故相當受顧客歡迎。

11 《欽定四庫全書・淮南鴻烈解卷十七》頁 18

12 蘇軾〈書吳道子畫後〉，王水照選註：《蘇軾選集》(臺北：萬卷樓圖書，1997) ，頁 402。

> 妙。窮巧極妙，然後能流轉圜美，近時學者，往往誤認彈丸之喻而趨於易，故放翁詩云：「彈丸之論方誤人。」又朱文公云：「紫微論詩，欲字字響，其晚年詩多啞了。」然則欲知紫微詩者，以〈均父集序〉觀之，則知彈丸之語，非主於易，又以文公之語驗之，則所謂字字響者，果不可以退惰矣。……後來誠齋出，真得所謂活法，所謂流轉圜美如彈丸者。[13]

劉克莊藉呂本中所舉謝玄暉(宣城)之例，繼而觀其詩歌，說明彈丸之語乃「窮巧極妙，然後能流轉圜美」，繼而讚歎：「後來誠齋出，真得所謂活法，所謂流轉圜美如彈丸者」是否提供某些訊息？楊萬里(字誠齋)，是南宋詩壇代表人物之一，藝術成就多方面，其詩情真摯，語言活潑，意象靈動，章法曲折，最爲人稱道正是他詩中的「活法」，究竟「活法」的內涵爲何？錢鍾書《談藝錄》將陸游和楊萬里作了比較：

> 放翁善寫景，而誠齋擅寫生。放翁如圖畫之工筆；誠齋則如攝影之快鏡，兔起鶻落，鳶飛魚躍，稍縱即逝而及其未逝，轉瞬即改而當其未改，眼明手捷，蹤矢躡風，此誠齋之所獨也。[14]

指出楊萬里能在詩中寫出「稍縱即逝而及其未逝，轉瞬即改而當其未改」之自然和生活的千變萬化，有如「攝影之快鏡」，此乃陸遊無法企及的藝術獨特造詣。而周汝昌曾作過以下闡釋：「誠齋詩的活法，除了包括著新、奇、活、快、風趣、幽默幾層意義之外，還有一點，就是層次曲折，變化無窮。」[15]此說是深中肯綮。對於「圓」美之見，前賢於此論述甚多，如《文心雕龍》也以「圓」[16]具千變萬化之特性，比喻作品流動變化之美，如〈定勢〉曰：「圓者規體，其勢也自轉；方者矩形，其勢也自安：文章體勢，如斯而已。」劉勰以「圓」者易動，「方」者易安爲喻，說明體勢形成的道理，也正指出文章之「勢」，是充滿靈活機動而自然的趨勢。本文以下正藉前述「流轉圜美如彈丸」之「活法」，提出教材「轉折」之新與「曲折」之妙，以擷取資訊、解讀範文，提問思辨，舉例試作探析，以期從一側面闡釋教學之「圓活生動」、「圓轉流動」之美。

二、〈兒時記趣〉經典教材延伸應用

廣告，充滿集結創意的國度；文案，提供一個沒有翅膀也能起飛的舞臺。不少耳熟

---

[13] 《欽定四庫全書・集部・別集類・後村集》卷二十四，頁 20-21。

[14] 錢鍾書：《談藝錄》，北京：中華書局，1999，頁 118。

[15] 梁歸智：《紅學泰斗周汝昌傳》之《楊萬里選集》與《曹雪芹》一文，桂林：灕江出版社，2006。

[16] 許慎《說文》：「圜，無體也。從口， qióng 聲。」段玉裁注：「依許則言天當作圜，言平圜當作圓，言渾圓則當作圓。」可見，「圜」的本義是天體之圜，圜之天體，天體與「圜」是同一的概念。《白虎通》曰：「天鎮也，其道曰圓；地諦也，其道曰方。許言天體亦謂其體一氣迴圈，無終無始，非謂其形渾圓也。」因古人認爲天是渾圓的，故「圜」又引申爲「圓」，如《廣雅•釋詁三》：「圜，圓也。」《周禮•考工記•輿人》：「圜者中規，方者中矩。」關於「圓」，《說文》：「圓，圜，全也。」王筠句讀：「再言此者，言圓非與方對之圜，乃是圓全無缺陷也。」《玉篇•口部》：「圓，周也。」可見，「圓」的本義是完整、豐滿、周全，而後又引申爲圓通、圓活。由此可見，考察「圜」、「圓」的本義、引申義，我們會發現「圜」本是宇宙哲學的一個範疇，而「圓」的引申義是對「圜」的本義的發揮，兩者意義互相交叉。

能詳的廣告文案，深植觀眾心裡，如常用異國風情包裝咖啡，用自由包裝RV汽車，用愛情包裝巧克力，不管是文案，還是廣告，它們包裝著商品。這些訊息訴求，又稱爲廣告主題，指廣告主軸或焦點，需有獨特賣點。一般而言，訊息訴求可分爲三類，其一，理性訴求：傳達產品的特點或功能（價格、品質 ）、能爲消費者帶來什麼利益（健康、財富 ）等。其二、感性訴求：試圖深入消費者心坎，營造正面或反面的情緒，結合產品的某些重要特性。其三、價值訴求：傳達社會規範或價值，提供觀眾思索與選擇。然則，一份經典廣告的訊息，可能混合不同的訴求。文學與廣告的共構，可爲平面教材帶來「圓轉流動」之視野。

〈兒時記趣〉於現行國中教材皆置於國一課程，作者透過觀察與想像，結合譬喻及夸飾而領略「物外之趣」，對於擾人的夏蚊，在赤子之心與想像的創意下，竟成「夏蚊成雷，私擬作群鶴舞空」的有趣世界。沈復善用觀察力及想像力，與PISA強調語文的生活化與應用化，培養解決問題、獨立思考的個體，不謀而和。平面文字，在想像的隱形翅膀下，有了視覺式的圖像，多了觀察思索的空間。

同是擬人化手法，充滿赤子之心的敘事，皆強調明察秋毫之觀察力，【可口可樂】[17]廣告昆蟲篇，以昆蟲爲主角，內容是瓢蟲、蜜蜂和螳螂把可樂推到河裡，蝴蝶以偷天換日手法矇騙睡夢中之男主角，接著綠色蠶蛹以細絲迴盪再將卡住於枝條之可口可樂，順利推到河之下游，經由獨腳仙將瓶蓋打開，讓許多昆蟲及花朵一起飲用。此則廣告充滿驚喜，較之〈兒時記趣〉，皆具備表達、思考、邏輯、組織結構、想像、觀察及整合等各項能力。要之，二者皆展露觀察能力，關心周遭大自然事物；啓動想像力，在取材、組織、美化文章、章法節奏都有異曲同工之妙。

【〈兒時記趣〉之應用】擬人化＋故事敘事－善觀察、赤子之心

教師在語基先備知識教授之餘，必須體認此課之精華。正如【可口可樂】廣告一則，大自然昆蟲動物之欲飲心目中之「瓊漿玉液」，化悸動心扉的渴望爲通力合作，各展「天

[17] http://webcache.googleusercontent.com/search?hl=zh-TW&safe=active&q=cache:vOGxG4798swJ

生我才必有用」之本領，加上色彩、節奏、首尾呼應，充分展現拍攝者從紛繁萬物激發不可遏制靈感，頗符合《文心雕龍•比興》:「詩人比興，觸物圓覽」之創作情思，此廣告之剪裁明快，題材新穎，瓢蟲之前後照應，不啻爲「美材既斫，故能首尾圓合，條貫統序」(《文心雕龍•熔裁》) 流露。若再較之〈兒時記趣〉「見藐小微物，必細察其紋理」的視角、專注、想像，而神遊其中，可謂平分秋色。一文字，一影像，皆流露「轉則不板，轉則不窮。如遊名山，到山窮水盡處，忽又峰迴路轉，另有一種洞天，使人應接不暇，則耳目大快」[18]的「彈丸」之美。

肆、活絡教材，人文化成－經典範文結合 PISA 資訊

現今語文教學策略，無需過度聚焦於文言文或白話文之比重，而宜關注於真實生活之人文內化、情感調適與生活應用等問題。學生成長過程，舉凡在戀愛時期寫一封情書、於工作崗位上設計一份專案報告、應徵工作或申請入學寫一篇履歷表及自傳，乃至舉辦活動之企畫書，開會之議題討論，手機、家電、組合傢具之使用說明書……林林總總之人生事務，都離不開閱讀及寫作。換言之，語文能力之教授，可以與邏輯思考、數理運算、文化常識、口語表達等量齊觀，皆是生活重要之基本能力。

一、人文素養培養視野，創意思維提升格局

範文〈雅量〉& 哲學家的咖啡廳：題目 1[19]
你正在哲學家的咖啡廳主頁。按孔子的連結。孔子所說的「仁」是什麼意思？

---

18 清楊振綱《詩品續解•委曲》中解「轉」與「折」之妙。
19 資料來源國立臺南大學 2010「臺灣 PISA 國家研究中心」PISA ERA 模擬樣本試題。

- 和平及繁榮。
- 生活在動盪和戰亂中。
- 君主的行爲。
- 對其他人善良。
- 和睦相處的生活。

此題提供圖片引導學生看、說、寫，充分發揮聯想、想像，記述所見所想。其特色是想像、思考與文字聯結。觀察生活，不固執自我偏見，不隨意批評，不對人妄下結論，正可與範文〈雅量〉並轡連結。此題由圖像式思考尋找邏輯，歸納出選項答案。至於對應圖文關係有二：（1）對應、違反、背離這三種關係以及延伸關係；插圖具有並存性、依附性、非線性三個特性。 (2)融入方式則是採用 LATA[20] 圖像欣賞教學模組的四個部分以及 Chapman [21]氏四個層面的提問（包含描述、分析、解讀、判斷四個層面）法。PISA 的閱讀素養，強調文本閱讀，對文字理解程度是關鍵，這種評量方式能訓練學生思考和判斷，只要能提出適當理由，都有可能是正確解答，對於臺灣學生答題時，經常只關心對和錯，具有醍醐灌頂之效。

---

[20] Clark's Looking At and Talking About Art-LATA

[21] Chapman, L. H. (1992). Art: Images and ideas. Worcester, Massachusetts: Davis Publications, Inc.

二、語基(形、音、義)、語構（語法、修辭）到語用（圖像式思考）

依據「九年一貫九七課綱」已融入多元智慧學說(theory of multiple intelligences)[22]、十大當代議題(如：海洋、生態、性別、族群等)，選文性質包括不同文類(如：詩歌、散文、小說、戲劇等)，並兼顧各種文章表述方式(如：敘述、描寫、抒情、說明、議論等)。對於語文基本能力培養的材料，如詞彙、句型、標點符號、各種文類、篇章結構、簡易修辭與文法等；閱讀作文教學之寫作基本練習(造詞、造短語、造句、句子變化)；敘寫技巧(擴寫、縮寫、續寫、仿寫)及寫作步驟(審題、立意、選材、組織、修改、修辭等)，皆有所設計規劃，教師如何結合」PISA ERA 模擬樣本試題，從中獲得啓發，由淺入深，系統安排，值得嘗試。以下爲範文及習作示例。

(一)柳宗元〈江雪〉

」PISA 評量能力之一，是想像力比知識重要，只是一味教授範本提供之資料，與備課用書鎖碎之知識記憶，如何轉化、統整，由教師設計創新將邏輯推理，借助批判性思考、視覺式思考、圖像式思考(picture-based reasoning)[23]，以提升學生內化、應用與視野，變得十分重要。且觀〈江雪〉一詩：

千山鳥飛絕，萬徑人蹤滅。孤舟蓑笠翁，獨釣寒江雪。				
項目/順序	一	二	三	四
視野	仰觀	俯察	遠觀	聚焦
觀察意象	千山	萬徑	孤舟	獨釣

[22] H. Gardner: *Frames of Mind: The Theory of Multiple Intelligences*. NewYork: Basic Books, 1983.

[23] F. T. Hong: A survival guide to cope with information explosion in the 21st century: picture-based vs. rule-based learning, *21st Webzine*, Vol. 3, Issue 4, Speed Section, 1998. (Available on line: : http://www.vxm.com/FHong.html)

(圖一)

(圖二)

上二圖乃依詩情組合之畫屏，並嘗試擇易寫錯之字，結合形、音、義，化成視覺式思考、圖像式思考。以下試從眼耳鼻舌身意，設計文學性文章之提問：依序爲基礎→精熟→思索，找出文本明確的訊息，例如地點、情境和主角；找出支持論點的細節；做簡單的推論；描述主角的動機，確認情緒內在反應；推論角色的動機，解釋內在情緒或語調；解釋主題（主旨），掌握不同文章間的相似點，或作者寫作技巧的要素；理解比喻式的語言；做複雜的推論；描述不同文章主題的關聯性。以下爲提問內容：

這首詩寫的是哪個季節？
這首詩裡面出現了哪些動物呢？
你觀察到哪些景物？你看到哪些顏色？你聽到什麼聲音？
詩人專一與執著的情態，你以為如何？詩中的詞彙與韻腳，是否提供了某些訊息？

面對困阨，可以用何種生活情態面對？解決方法有哪些？
張惠妹《聽海》，色彩運用與心理場，和本詩是否有相應之處？

從上述問題，可以跨課統整，並延伸思考討論有關情緒之管理：

不遇、不第、黜落、遷謫、貧寒、窮困、鰥寡、廢疾，舉凡人間之不幸愁苦，如何面對？如何化解？如何樂天知命？

至於策略之規劃：

面對問題，如何設身處地？如何規劃安排？如何落實執行？您所閱讀之課內外讀物，是否有相應之處，請舉例說明。

（二）樂府兩首：〈江南曲〉與〈木蘭辭〉

現行各版本《習作》常出現之〈江南曲〉與範文〈木蘭辭〉，皆是文字淺白，以類疊強化節奏，或側重浸淫自然生態的美好，或凸顯性別平權，「敘事」爲其特色。以下從基礎知識，聯結生活常識，嘗試做新、奇、活之層次變化。

1.語文先備知識：周敦頤〈愛蓮說〉—蓮花、荷花、睡蓮之異同

2.嘗試用視覺圖像，觀察周遭世界。分辨荷花、蓮花、睡蓮之異同。「荷」代表的是花和葉；「蓮」代表果實 (蓮子 = 荷花的果實)，故「蓮花」就是「荷花」。睡蓮無蓮蓬，不結蓮子。

江南可採蓮，蓮葉何田田，魚戲蓮葉間。 魚戲蓮葉東，魚戲蓮葉西， 魚戲蓮葉南，魚戲蓮葉北。〈江南曲〉
東市買駿馬，西市買鞍韉， 南市買轡頭，北市買長鞭。〈木蘭辭〉

首先是疊音詞齊齒呼帶出歡愉聲情；其次是以圖像思考，烘托幅員遼闊；再次思考，為何兩首樂府之方位詞皆是東→西→南→北，其中異同為何？

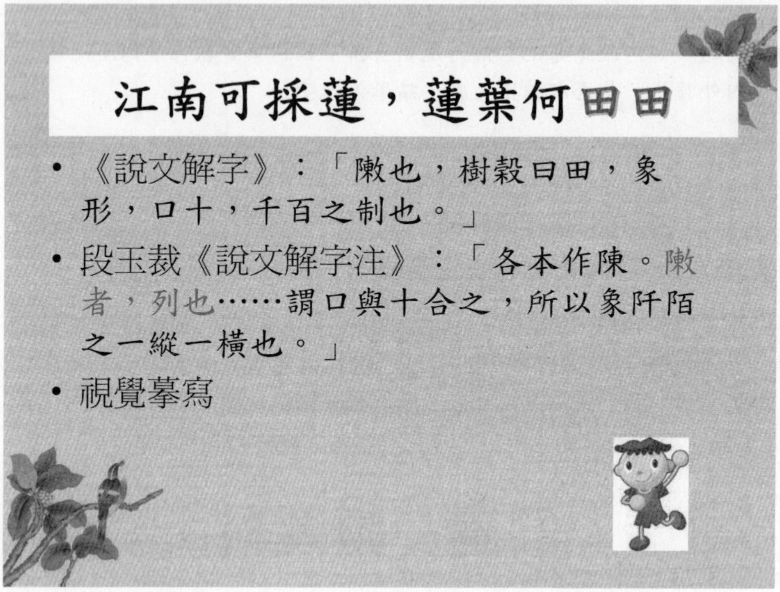

江南可採蓮，蓮葉何田田
• 《說文解字》：「敶也，樹穀曰田，象形，口十，千百之制也。」
• 段玉裁《說文解字注》：「各本作陳。敶者，列也……謂口與十合之，所以象阡陌之一縱一橫也。」
• 視覺摹寫

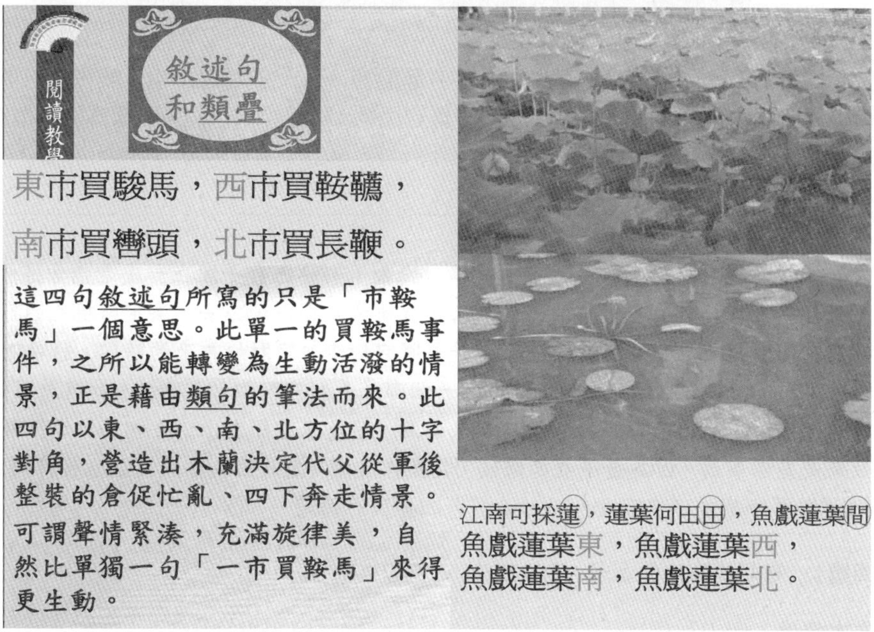

閱讀教
敘述句
和類疊
東市買駿馬，西市買鞍韉，
南市買轡頭，北市買長鞭。
這四句敘述句所寫的只是「市鞍馬」一個意思。此單一的買鞍馬事件，之所以能轉變為生動活潑的情景，正是藉由類句的筆法而來。此四句以東、西、南、北方位的十字對角，營造出木蘭決定代父從軍後整裝的倉促忙亂、四下奔走情景。可謂聲情緊湊，充滿旋律美，自然比單獨一句「一市買鞍馬」來得更生動。
江南可採蓮，蓮葉何田田，魚戲蓮葉間
魚戲蓮葉東，魚戲蓮葉西，
魚戲蓮葉南，魚戲蓮葉北。

3、故事結構閱讀策略：木蘭題詠之因襲與創新

樂府詩〈木蘭詞〉，通過主角個性與場景之不同，衍生不同問題與故事情節，木蘭之身份曝光與否，不同載體之描述，乃至結局，無不充滿顛覆與取代，可參下列簡表。木蘭題詠之因襲與創新，其變動之軸線，簡易歸納可為：主角→問題→解決→結果。無論是文學、小說、電影、卡通，無不充滿創新思考，筆者以為可以愛迪生的五大創新法則理解，分別為：問題解決導向；萬花筒思考術；全方位處理；集眾人之智；創造附加價

值[24]，提供方家做爲思辨之參酌。

樂府民歌〈木蘭詞〉	一同行十二年，不知木蘭是女郎。「雄兔腳撲朔，雌兔眼迷離；雙兔傍地走，安能辨我是雄雌！」戰場上大家始終不知她是女兒身，結局皆大歡喜。
迪士尼動畫《花木蘭》(木鬚龍)	異域人的視角來解讀中國的故事，因受傷而被醫生發現爲異性喬裝，美感雙倍，有股跳蕩的俏皮，充滿西方人看問題的角度。
真人電影版《花木蘭》(俄羅斯的海豚音歌手 Vitas 演異國俘虜)	史詩鉅片的豪情萬丈，戰爭場面浩蕩。木蘭身份早被知曉，但始終爲旁人呵護，其感情歸路充滿遺憾之美。
元代達世安的〈漢孝烈將軍廟碑〉	極言木蘭之勇，描述：「搴旗斬將，攻城略地，所向輒克捷，莫有當其鋒者。在軍凡十二年，屢立殊勛，論功上首... 」
元代侯有造的〈孝烈將軍祠像辨正記〉碑文	則爲木蘭故事加上天子「欲納宮中」而木蘭以「臣無媲君禮制」堅拒的情節，最後木蘭因爲「勢力加迫，遂自盡」，所以進贈有「孝烈之諡」。[25]
明・徐渭；清・佚名	雜劇《雌木蘭》；清小說《忠孝勇烈木蘭傳》

由簡表可知，一則老故事，經由古今中外新詮釋，代父從軍之母題，變得具可塑性，而新版本之創作，其附加價值即中國古典樂府民歌，早已揚名國際。同樣爲故事情節，PISA 試題如何設計？觀摩試題與評量：

> **伊索寓言**[26]
>
> **有一個守財奴賣掉他所有的東西，買了一塊金子。他把金子埋在一座老牆旁邊的地洞裡每天都要去看一下。守財奴的一個工人發現他常到那個地方去，決定監視他的行動。工人很快就發現藏寶的秘密，於是挖了金子並將它偷走。守財奴再來的時候，發現洞裡空空如也，於是撕扯著自己的頭髮嚎啕大哭。一個鄰居看到守財奴如此悲痛，知道原因後說：「別再難過了！去搬塊石頭，把它放在原來的洞，然後想像那金子仍在裡面，這樣做對你來說效果是差不多的。因為金子在的時候，其實你沒擁有它，因為你並沒讓它發揮一點作用。」**
>
> ***依據前頁的寓言〈守財奴和他的金子〉回答下列問題。***

問題1：守財奴和他的金子 *R433Q01 – 019*

文本情境：個人
文本形式：連續

---

[24]《樂腦: 學習愛迪生的五種創新思考法》Innovation Like Edison: The Five-Step System for Breakthrough Business Success 劉復苓譯， 邁可・J・蓋爾伯/ 莎拉・米勒・卡蒂考特 Gelb, Michael J./ Caldicott, Sarah Miller 馬可孛羅文化事業股份有限公司，2010.7

[25] 同樣情節亦見於《四庫全書・史部》《河南通志》卷 67：「隋木蘭，宋州人，姓魏氏。恭帝時發兵禦戎。木蘭有智勇，代父出征有功而還。朝廷知其爲女子，欲納入宮，木蘭不敢從，遂自盡。唐封爲孝烈將軍，鄉人爲之立廟」。

[26] Piza 樣本試題，頁 16-18。見 2010 國立臺南大學 PISA 國家研究中心。

文本類型：記敘文
閱讀歷程：統整與解釋：發展解釋
題型：封閉式建構反應題
難度：372（水準1a）
讀下面的句子，並根據文中事件發生的先後順序加以編號。
1.守財奴決定用他所有的錢買一塊金子。
2.有人偷了守財奴的金子。
3.守財奴挖了個洞，把他的寶藏埋了進去。
4.守財奴的鄰居告訴他用石頭代替金子。
守財奴和他的金子 問題1 計分
滿分
代號1：四個全對：依次為1、3、2、4。

問題5：守財奴和他的金子 ***R433Q05－019***
文本情境：個人
文本形式：連續
文本類型：記敘文
閱讀歷程：統整與解釋：發展解釋
題型：開放式建構反應題
難度：569（水準4）
這裡是閱讀了〈守財奴和他的金子〉後的兩個人對話。
對話者1：那鄰居真是討人嫌，他大可以用比石頭好一點的東西來代替金子。

對話者2：不，他不行。石頭在這故事中是很重要的。

對話者2 會說什麼來支持他自己的觀點？

....
.

....
.

守財奴和他的金子 問題5 計分
滿分
代號1：認識到故事的含義需要透過無用或無價值的東西替代金子來表達。
馬　　需要用沒有價值的東西代替才能說明意思。
馬　　石頭在這故事中很重要的，因為整個重點是守財奴埋石頭所得到的好處和埋金子一樣。
馬　　如果用比石頭好一點的東西代替金子，那就會喪失本意，因為埋下的東西應該是真的毫無用
　　　處的東西。

馬　　**石頭沒一點用處，但對於守財奴來說，金子也一樣。**

馬　　**好一點的東西是他用得著的東西—但他不用金子，這就是那個人要說的意思。**[27]

以 PISA 樣本試題爲例，文章中兩人提出正反意見，要學生從中判讀。試題不是要學生提出誰對誰錯，而是「把文章讀進去」，確實理解文意。以既有知識、經驗和技巧，去面對新問題，所以找證據和推估的能力很重要。

換言之，PISA 閱讀素養強調在試題背景訊息下，以建構式反應，靈活運用知識和技能，解決實際問題，融入個人見解與思辨。PISA 的閱讀素養強調文本閱讀，對文字理解程度是關鍵，這種考試方式能訓練學生思考和判斷。臺灣學生做測驗常只關心對和錯，關注標準答案，然 PISA 沒有絕對的答案，只要能提出適當理由，都有可能成爲正解。

（三）〈題西林壁〉:「橫看成嶺側成峰，遠近高低各不同。不識廬山真面目，只緣身在此山中　」

傳統閱讀教學，較偏重文學性與情意欣賞，PISA 閱讀素養測驗，除此之外仍開發許多資訊性、實用性、生活化之素材，有鑑於此，本文從「橫看成嶺側成峰，遠近高低各不同」之角度與視野，連結日本影片《超級變變變》之滿分得獎作品，藉由此片有類攝影鏡頭之遠近高低，截取各項運動之精彩畫面的演出，使文學閱讀內涵，連結生活知識和經驗，更具視野張力，並從中思索不同情境下的對應關係。

文學視野之應用 ：橫看成嶺側成峰，遠近高低各不同
18
オリンピック ハイライト

以田徑賽爲內容，由真人(主角與黑衣人)仿攝影角度之遠近高低，演出廣角、旋轉、特寫鏡頭等畫面。

（四）〈背影〉在國語文教材的經典意義與曲折變化

---

[27] Piza 樣本試題，頁 16-18。見 2010 國立臺南大學 PISA 國家研究中心。

朱自清〈背影〉一文，是範文教材中的長青樹，歷經近四十載而不墜。面對此文，PISA 閱讀素養測驗正提供教師新的思維，如何因應時空變化而調整教法，筆者不揣鄙陋，藉盛會申一得之見。〈背影〉一文，首重「肩膀」意象，由之前作者描寫父親手抱橘子，撐起身子攀爬月臺柵欄之拙趣身形，到文末：

> 我北來後，他寫了一封信給我，信中說道：「我身體平安，惟膀子疼痛得厲害，舉箸提筆，諸多不便，大約大去之期不遠矣。」

此扛起家計的肩膀，隨著回信之字句，隱約透露為人父者身體違和，筆端情緒內斂，是東方父執輩傳統形象的流露。因此，身為子女角色，隨著時空推衍，在推論，理解父親內在情緒或語調時，如何區辨、組織以回應、詮釋主題（主旨 ），變得十分關鍵。

散文是多軌的語言，不只是單一的形象，有象徵鄉愁、回憶、思想等，而龍應台《目送 》[28]在在浩浩湯湯的時間長河裡，親情環環相扣中，寫了父女、母子之間彼此目送背影之九曲回腸：「所謂父女母子一場，只不過意味著，你和他的緣分就是今生今世不斷地在目送他的背影漸行漸遠。」較之朱自清〈背影〉一文，如何確認不同文章間的相似點，分辨作者寫作技巧的視角，進一步捕捉由文字營造視覺感動，是〈背影〉一文的延伸思考。

至於同是紀錄父親背影，以動人心扉的人文情懷，行銷汽車而深植人心者，茲先舉懷舊廣告-中華三菱-企業形象篇-爸爸的肩膀[29]中之廣告詞：「世界上最重要的一部車是爸爸的肩膀」（中華汽車）為例，並扼要說明內容大要：「這世界上最重要的一部車，是爸爸的肩膀……」握著車鑰匙，中年男子回憶起貧困的童年，一個發高燒的午夜，父親背著他翻山越嶺到村外求醫，直到汗水濕透了衣衫……。長大後，男子買了一部車，他向爸爸說：「我載你去走走，好嗎？」片中男子將爸爸慈愛的肩膀比喻成世上最重要的一部車，是一部最可靠最溫暖的車，載著男子的回憶與成長。而長大後買了一部車，換自己載爸爸出門走走，讓辛苦一輩子的爸爸可以好好休息，爸爸的肩膀，永遠是孩子心目中最重要的真情之車。

同樣的背影主題，金馬獎紀錄片導演楊力州最新作品《被遺忘的時光》，耗時三年拍攝失智老人及身邊的家屬，忠實呈現這群被形容為「老番癲」的失智老人們天真、又令人頭痛的一面。不同於大多數的傳統紀錄片，《被遺忘的時光》不是拍庶民的記憶，而是拍記憶的逐漸消逝；不是拍弱勢少數的他者，而是讓觀眾在失智長者的身影後面，看到自己可能的未來。如果說〈背影〉《目送》是時代多軌，以散文筆調回溯的自省，那麼《被遺忘的時光》，猶如一首抒情誠摯的長詩，驗證生命最大的戲劇性，不在小說的敘事結構，不在劇情片的場景營造，而就在紀錄片當下。當教育宣導、社會啓迪，提升到了影像哲學的層次，藉由圖像式影音思考，看待生命如何在時間洪流中被沖刷、起落沈浮，這種充滿生活情境式的紀錄影像，更有助於生命思考。

不同於《被遺忘的時光》上演著一齣齣一觸即發悲欣交集的荒謬劇，《最美的奉獻》

---

28 龍應台：《目送》臺北：時報出版社， 2008 年 7 月。

29 http://www.youtube.com/watch?v=FvlcFJ0t57s

[30]一書及影片剪輯，亦可視爲西方「背影」的註腳[31]。藉由通過不同文化素材的認知，找出共同理解方式，進行推論統整文意，從而評述觀點，引證原文或影像意涵，評價異域文化的共同記憶，從而在人間亙古不變的親情核心中，掌握情感張力與自省能力。

伍、結語：突破傳統框架，建構知識開創性與多元性

語文教材，是文化的載體，除揭示文化的價值外，也體現人文精神。語文教學除了美感欣賞、情意陶冶、文化薪傳等傳統使命外，應同時兼顧實用性、生活化、創意化和現代「帶得走的能力」。

瑞典在多年前已經考出一份作文題目：請學生以亞洲自助旅行寫一份企畫書，內容必須含括景點的選擇、時間安排、交通規畫以及經費預算等，雖是旅遊企畫，卻必須具備歷史、地理、科學、算術以及語言邏輯論述能力，激發學生全方位的學習與解決問題的能力。語文教學，如何在理想與現實的拔河，語感和語用的體現，文學與人生的兼顧下，研發教學獨創性，或許得拋擲現行教師的教學迷思，而有別於現行規則性教授，不再執著反複背誦、熟記一些高深莫測的術語，也不倚賴高等學位的包裝，面對傳統新教材，教師需具備轉化力、獨創力而將其融會貫通。至於懂得如何擷取資訊、應用資訊、解讀範文，提問思辨，使教材活絡有生機，體現「轉折」之新與「曲折」之妙，正是 PISA

[30]《最美的奉獻》，Devoted: The Story of a Father's Love for His Son 迪克·賀特、鄧恩·耶格 Hoyt, Dick/ Yaeger, Don (CON) 陳信宏譯，先覺出版社，2010，10。

[31] Rick 在出生時因臍帶繞頸導致腦部缺氧受損，醫生告訴 Dick，孩子是植物人，沒有任何希望了因此他只能在輪椅上渡過他的一生。爸爸 Dick Hoyt，爲了證明他的腦內確有不少活動，爲 Rick 加裝了一部能用頭的則面控制滑鼠標的電腦，使其和外界溝，在過去二十五年間， 他們一共跑了 3770mile，其中包括 78 次半馬拉松賽，64 次的馬拉松賽，24 次著名的波士頓馬拉松賽，20 次 Duathlons 賽，7 次 18。6 Milers 賽，34 次 10 Milers 賽，143 次 5 Milers 賽，620 Milers 賽，27 次 Falmouth 7。1 milers 賽，15 次 4 Milers 賽，2 次 11 公里賽，8 次 15 公里賽，204 次 10 公里賽，4 次 8 公里賽，92 次 5 公里賽，206 次奧運標準的三項鐵人賽，6 次被公認不是平常人可以承受既 Ironman distances 的終極三項鐵人賽……。

測驗給予現行語文教學的啓發，也凸顯教師提升學生學習視野與創新競爭力的重要角色。侯文詠在《不乖—比標準答案更重要的事》一書嘗言：

> 學習國文的目的是為了要培養學生欣賞作品的能力，並且在欣賞的過程中學習到用中文表達的能力。然而，在這樣的制度下，學生的思考全被文法、 辭性這些技術性的問題給占據了，以至於考試能力固然很強，但卻加深了他們對中文的疏離。這樣的疏離，不但剝奪了學生從閱讀得到感動、思索人生的機會，甚至剝奪了他們書寫表達的興趣，搞得他們連寫出通順流暢的文章都大有問題。這麼一來，就算國文考得了高分，又有什麼意義呢？[32]

如果教學與測驗評量，可以部分跳脫選擇題型，在題幹與選項設計，向國際閱讀素養評比借鏡[33]，作文可以是登山或出遊的企畫案，與時代脈動相關的研習營宣傳，或是科普文章充滿觀察的實驗，報導文學關心時事與國際要聞，語文測驗能加入名著小說閱讀，甚至登山下海、志工服務、照顧流浪動物等經驗，也可做爲升學的重要參考資料，那麼或許可以重新喚回中學生的品格力、想像力與創造力！教學與教材非一成不變，教師言之有序之餘，如能通過對文本的基礎認識，透過不同文類閱讀，適當運用媒體資訊，帶領學生以眼觀察寰宇，以心貼近有情世界，以思爬梳問題，以語文清晰扼要傳達，重啓對開闊智慧及人文素養的重視，將有助於國內青年學子與國際之人才競爭接軌。

---

32 侯文詠：《不乖—比標準答案更重要的事》(臺北市：皇冠文化出版有限公司，2010)，頁 14。

33 近年大學學測與指考，以及統測之試題，皆漸進式朝 PISA 閱讀素養之能力命題，只是教學現場仍囿於課程與節數，無法拋擲基測之選擇題型，加上教師身心多力有未逮，故仍有推展、再鼓舞的空間。

徵引文獻

一、專書

〔清〕《欽定四庫全書總目》，永瑢，紀昀等撰，臺北市：臺灣商務，1983
〔齊、梁〕劉勰撰，周振甫注：《文心雕龍注釋》，臺北：里仁書局，2007
錢鍾書：《談藝錄》，北京中華書局，1999
國立臺南大學 PISA 國家研究中心：《PISA 閱讀素養應試指南》，：2008.12
龍應臺：《目送》，臺北：時報出版社， 2008
鄭圓鈴：《閱讀教學理論與實務》，國立臺北教育大學出版，2009
侯文詠：《不乖—比標準答案更重要的事》，臺北：皇冠文化出版有限公司，2010

二、期刊論文

天下雜誌（2007），教育特刊，384。
林煥祥、劉聖忠、林素微、李暉：〈臺灣參加PISA2006 成果報告〉。國立花蓮教育大學，2008。
洪正幸：〈爲何美國教育日趨低落？〉《成功大學三創工作坊論文集》，2010，頁 13-29
閆月珍：〈對中國古典美學「圓」範疇的文化解讀〉，廣州：《華南師大學報》，1998 年第4期， 57-64 頁。

接受美學視野中的中學小說閱讀教學

——以《孔乙己》為例

李志宏*、童馨如*

摘　要

在傳統閱讀教學課堂上，教師往往以個人的分析代替學生的閱讀實踐，以知識傳授的落實爲主要教學內容。在這樣的教學過程中，學生缺乏主動積極的思維和情感活動，以致較難於加深對小說作品的理解、體驗和感悟。本文擬參考接受美學理論進行中學小說閱讀教學設計，分別從期待視野的建構、視域融合的媒介、對話分享的引導等層面強化學生思考習性和理解能力，從中探討此一教學方案實施的可行性及其效果。

關鍵詞：接受美學、國文教學、閱讀教學、小說教學、孔乙己

* 李志宏，國立臺灣師範大學國文學系副教授

*童馨如，國立臺灣師範大學國文學系碩士，國立松山高級中學專任教師(論文發表時爲該校實習教師，已實習完畢)

壹、前言

基本上，國文教學概可分為兩個層面，一是語文教學；二是閱讀教學。在傳統範文教學上，往往將兩者混為一談，不辨其中差異。從現行中學教學情況來看，為因應學生升學考試需要，教師面對教材時，普遍將授課重點置於語文知識的綜合訓練之上。在化整為零的教學型態中，學生對於語文知識的習受和記誦往往偏向細節化和零件化。相對地，學生對於如何在閱讀過程中從整體性觀點掌握作品主旨、思想和情意，較不易達到正確理解與延伸思考的目標。受限於時間條件與升學因素，學生由於普遍缺乏實質而有效的閱讀教學訓練，以致在面對範文時失去自身作為閱讀主體的能動性和創造性。不可否認，一般教師實施範文教學時大都強調知識背誦和技巧分析，如此教法有助於學生掌握應試的方向和策略，以便獲得良好成績；但從動機、興趣、感受和創造等閱讀能力培養的角度來說，傳統尋章摘句式的教學方式始終無法讓學生自行掌握作品的整體美感，因而使得閱讀教學往往無法立竿見影，總體成效顯得不彰。

從現行中學國文教學現況來看，中學國文教材涵蓋不同文類/文體的作品，各自顯現不同的思想意識和藝術特色。其中，「小說」此一文類由於名義古今有別、篇幅長短不一，特別讓現場教師在教學過程中感到棘手，甚至感到難以發揮。究其原因不外有二：一是面對篇幅較長的小說作品，往往難以在有限的課程時間內教完全課；二是課本中所選錄的小說，作品寓意與學生生活經驗相距甚遠，較不易引起學生的學習動機，也難體會小說所要傳達的意旨。然而細加探究之後或可發現，這樣的教學困境實際上與傳統範文教學只注重知識性解釋的語文教學型態有關，一般教師往往將教學重心置於作者生平介紹、解說生難字詞，講解重要句型和修辭之上；然而在鑑賞教學方面，一般可能只是將教科書和教師手冊上的賞析作為小說理解的唯一標準答案，提供學生筆記以記誦之。嚴格來說，這樣的教學方法，便相對地剝奪了學生主動和小說作品進行思想和情感方面對話的權利，尤其當教師只是單方面代替作者向學生傳達作品寓意時，這只能視之為知識的單向灌輸，而不是通過閱讀進行思考、探究和創造的訓練活動。基於上述教學缺失，吾人如何針對此一教學現象所面臨的困境和問題提出可行的教學方案，無疑是一個有待積極面對和思考的課題。

近年來，有鑒於學生缺乏應有的閱讀素養，中學閱讀教學的研究和推動方面已經開始獲得重視，並在教材教法的改革和創新上出現了轉變的趨勢。其中值得注意的是，為提升學生的閱讀能力，傳統以教師教學為中心的教學策略和教法研究，逐漸轉向以學生學習為中心的學習策略和課程設計。在強調引導學生主動參與學習的前提下，整個閱讀教學型態設計，開始重視學生如何通過提問、討論和對話學習表達個人的閱讀感受，並能針對文學與人生的關係進行深度思考。因此，如何規劃出以「讀者導向」為主的小說閱讀教學課程，將學生視為閱讀的主體，並教導學生投入和小說的「對話」，便顯得格外重要。由於現行小說教材的編選內容，當初並不是爲提供教學者使用，因此不見得與學生的生活經驗密切關聯。在閱讀過程中，更需要學生主動參與理解，並與教師的情境引導進行相互對話。是以本文嘗試參考以「讀者」爲中心的「接受美學」(Aesthetics of Reception)理論，針對傳統以教師爲主的教學方式進行調整，試圖根據魯迅〈孔乙己〉一課規劃出一個實驗性教學方案。根據課程設計理念，在教學過程中特別重視學生作爲讀者主體的事實，由教師帶領高中一年級學生學習掌握「讀者」的身分主動閱讀魯迅〈孔乙己〉一篇範文，並通過不同形式與文章內容進行對話和同儕分享。最後依據學生學習成果進行檢討和反省，期能落實小說閱讀教學的功能和價值。至於此一教學方案是否切實可行，期待方家賜見。

貳、「接受美學」理論對閱讀教學的啟示

「接受美學」是 20 世紀 60 年代末至 70 年代初發端於德國的文學理論思潮和流派。基本上，接受美學的理論精神及其實踐，顯示出「以讀者的文學接受爲旨歸，研究讀者對作品接受過程中的一系列因素和規律的方法論體系」。[1]當時理論家及批評家開始認真探討、思考文學中的讀者感受、意義闡釋、和閱讀活動等問題，一時文學批評的焦點從關注作者、文本轉移到以讀者爲主體。而這一個影響深遠的變革，構成了當代西方文學批評的基本走向，這個潮流關注文學作品的接受、反應和效果，亦關注作品與讀者之間的交流、溝通與互動。

統觀接受美學的理論基礎，主要是現象學和解釋學。在接受美學理論的發展過程中，主要呈現出兩種相互區別又互相補充的研究方向：一是以漢斯•羅伯特•姚斯(Hans Robert Jauss)爲代表，著重於讀者研究，關注讀者的審美經驗和期待視野，致力於建設新的文學史理論。在方法論上更多地採用社會—歷史的研究方法。二是以沃爾夫岡・伊瑟爾(Wolfgang Iser)爲代表，著重於接受活動中的文本研究，關注文本的空白和召喚結構，關注於閱讀過程本身和閱讀過程中文本與讀者間的相互作用。兩者之間的關係如下圖所示：

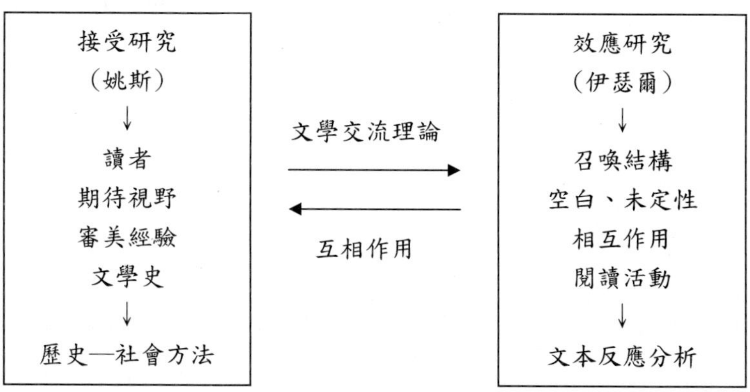

[1] 胡經之、王岳川主編：《文藝學美學方法論》(北京：北京大學出版社，1994 年)，業 333。

整體而言，姚斯和伊瑟爾兩者的理論相互呼應，並且呈現出一致的關注，即將關注焦點從傳統對作者——文本關係轉向對文本——讀者關係的研究，特別重視讀者在接受過程中的能動作用。[2]此一理論精神，「對於研究文學的欣賞和批評、讀者的審美教育及至文學創作都具有很大的啓示性意義和借鑒的價值。」[3]初步來看，接受美學講求「讀者導向」的理論內涵，頗符合於筆者目前嘗試進行課程教學改革的理念，可以之作爲規劃實驗性教學活動內容的重要參照。[4]

基本上，閱讀教學的本質在於幫助學生理解和鑑賞作品，然而以往過度倚賴教師講述和分析作品內容，學生並不能真正了解如何在閱讀過程中融入自身生命體驗和審美感受，並從中掌握鑑賞作品的基本認知和方法。根據接受美學的觀點來說，文學作品意義的產生，並不是完全由作家或單一讀者所賦予的，而是在閱讀過程中由讀者自己來完成的。因此，每一位讀者可以在與文本的對話中進入理解、闡釋和創造的活動過程，並賦予文本以意義。借姚斯所言：「一部文學作品，並不是一個自身獨立、向每一時代的每一讀者均提供同樣的觀點的客體。它不是一尊紀念碑，形而上學地展示其超時代的本質。它更多地像一部管弦樂譜，在其演奏中不斷獲得讀者新的反響，使本文從詞的物質形態中解放出來，成爲一種當代的存在。」[5]因此，如何教導學生以一種審美的閱讀態度把握作品的世界，乃成爲提升閱讀教學成效的重要關鍵。當然，不可否認，接受美學有其唯心主義式的理論傾向以及忽視讀者感受能力差異的可能缺失；不過接受美學強調讀者作爲文學活動主要環節的觀點，對於現行閱讀教學模式的變革而言，仍然具有其重要的啓示。如果教師在進行閱讀教學活動設計時，能以接受美學理論作爲指導，深入引導學生認識自身作爲讀者的自覺意識，促使學生積極參與閱讀活動，進而對於範文作品進行創造性的感悟和解讀，或有可能改變傳統範文教學型態的既有模式，達到較爲理想的閱讀成效。

簡要來說，接受美學主要圍繞著「讀者與本文的對話」這一焦點展開新的研究思路，其理論精神主要體現在三個維度之上：一是確立讀者的中心地位；二是恢復審美經驗的中心地位；三是注重文學交流活動論。[6]接下來，即先行針對接受美學對於閱讀教學有所啓示的理論觀點進行聯繫說明，以之作爲教學方案設計的理論基礎：

---

[2] 金元浦：〈接受美學與中國文學批評〉，見朱棟霖、陳信元主編：《中國文學新思維》(下)(嘉義：南華大學，2000 年)，頁 344。

[3] (德)H. R. 姚斯、(美)R. C. 霍拉勃著，周寧、金元浦譯：《接受美學與接受理論》(瀋陽：遼寧人民出版社，1987 年)，〈出版者前言〉，頁 7。

[4] 本文對於接受理論內涵的梳理，主要在於汲取「讀者導向」的精神，以之作爲課程教學方案設計的參考。因此有關理論發展過程中的各家論爭內容及其差異問題，則不在論列之中，謹此說明。

[5] (德)H. R. 姚斯：〈文學史作爲向文學理論的挑戰〉，見(德)H. R. 姚斯、(美)R. C. 霍拉勃著，周寧、金元浦譯：《接受美學與接受理論》，頁 26。

[6] 胡經之、王岳川主編：《文藝學美學方法論》，頁 344-360。

一、召喚結構

傳統文學理論對於文學活動的認知，基本認爲作家創作作品的完成，文學活動便宣告終止，因此對於文學的閱讀活動並沒有系統性的研究。一直到接受美學發端和興起以來，才開始重視閱讀對於文學活動實現的重要價值。因此，在解釋學和現象學的基礎上不斷發展，接受美學理論十分重視讀者面對文本時的精神創造，認爲此一創造展現出不同於作家創作的表現。借薩特所言：「閱讀確實好像是知覺和創造的綜合；閱讀既確定主體的主要性，又確定客體的(對象)的主要性；客體是主要的，因爲它把自身的結構強加於人，因爲人們應該期待它、觀察它；但是主體也是主要的。因爲它不僅是爲揭示客體(即使世間有某一客體)所必需的。簡單地說，讀者意識到自己既在揭示又在創造，在創造過程中進行揭示，在揭示過程中進行創造。」[7]因此，接受美學將讀者置於接受活動的中心地位，大體認爲文學意義的實現取決於讀者的閱讀活動，只有通過讀者的審美感知，文學作品才具有現實存在的可能性。

從文本的角度來說，任何文學的藝術作品本身的語言構造，都具有一種未定的特性，在意義空白和意義未定性中形成一種具有開放性的「召喚結構」，等待讀者在閱讀過程中加以具體化。因此，文學交流乃成爲文本與讀者相互作用和調節的過程。伊瑟爾指出：「文學中的交流是一種建立在情感的調節基礎上的過程，這一調節不靠既定代碼，而是通過明確與暗隱之間、展現與隱伏之間的一種相互制約，以及不斷擴大的相互作用而實現。所隱之意激發讀者去行動，但這一行動也受到已呈現知物的制約，而當暗隱之意得到顯現時，明言之物就向相反方向轉化了。」[8]由此可見，在閱讀過程中，未定點可能被讀者不斷地填充，並賦予新的特徵，讀者在實現作品未定點的過程中，便使得文本的潛在結構轉變成爲一種現實的結構，實現意義轉換的可能性。

如果說文本作爲一種召喚結構的認知是可以被接受的觀點，那麼對於閱讀教學活動的啓示而言，其意義在於教師必須體認到所有文學作品意義的生產，並不是完全由作家或單一讀者所賦予的，而是必須考量個別讀者的具體化如何可能實現文學作品的深層意味。因此，閱讀作爲文學本質展開和實現的過程，在某種程度上不應忽視文本所具有的開放性結構特質，讀者必須將自身的審美感受和審美體驗投射於閱讀過程之中，才能達成意義建構的目的。是以，教師從事閱讀教學活動時，如何能夠以積極讀者的角色在文本的未定點上進行提問與對話，並將個人審美感知和文學閱讀態度融入閱讀過程之中，以便能夠引領學生在創造性解釋活動中實現文本的深層意涵，便顯得十分重要。

二、期待視野

---

7 (法)薩特：《薩特文論選》(北京：人民文學出版社，1991 年)，頁 118-119。

8 (德)沃爾夫岡・伊瑟爾著，金元浦、周寧譯：《閱讀活動》(北京：中國社會科學出版社，1987 年)，頁 202。

傳統文學觀念認爲文學作品的意義是由作家寄託在作品中的原意、本義，本義則是作品產生時代的影響的產物，此一觀點乃天經地義，無庸置疑。然而，從接受美學的角度來說，這種觀點帶有一元性，從而忽略了文學意義的生成必須經由讀者閱讀理解才能實現的事實。因此在閱讀過程中，讀者如何對文本進行具體化的理解，積極調動各種審美感受能力，並且融入個人生命體驗和生命意識，乃是文學作品意義能否深刻實現的重要基礎。

基本上，文學的閱讀與接受，從根本上是一個認識論的問題。姚斯指出：「如果我們想要認識文學文本由於其審美特點而使我們感覺並理解什麼東西的話，就不能從分析已獲得整體形式的文本義一問題入手，而必須從最初的感知過程入手。在這裡，文本猶如一個『內核』，指引著讀者。」[9]從審美感知的角度來說，姚斯認爲作品的價值只有透過讀者才能體現出來，而任何一位讀者，在其閱讀一部具體文學作品之前，都已處在一種先在理解或先在知識的狀態，這種先在的理解狀態就是文學的「期待視野」。[10]在進入文學閱讀之前，讀者本身的審美經驗期待視野作爲閱讀的前結構，至少包含四個層次：一是世界觀和人生觀；二是一般文化視野；三是藝術文化素養；四是文學能力。[11] 無可諱言，文學作品的召喚結構總是企圖喚醒讀者以往閱讀的記憶，將讀者帶入一種特定的情感態度中，並且喚起一種期待。因此，每一個讀者一旦進入接受活動中，總是因著原先的經驗、趣味、素養和理想所構成的期待視界的影響，以一種前理解的閱讀姿態面對文學作品。在作品的規定性和接受的能動性之間，文學的接受過程也就成了一個不斷建立、改變、修正、再建立期待視野的過程。新的文本喚起讀者先前的期待視野，並在閱讀過程中修正或改變它，以構成新的審美感覺的經驗語境。

閱讀教學是以培養學生閱讀能力爲核心的教學活動，然而在傳統閱讀教學中，一般並不十分注意教導學生對於期待視野的認識和掌握。從接受美學的角度來說，期待視野主要源自於讀者所處歷史文化語境及其所習受養成的經驗、觀念和能力。因此，在課堂上，閱讀教學雖以教師的講授、引導爲主要模式，但教學過程中，教師如何貼近學生的生活，根據學生的實際情況調動學生的生活體驗，激發學生的審美感受，涵化學生的情感經驗，建立學生的審美情趣，無疑必須在教學活動中將範文與學生的期待視野做一緊密連結，才能達到理想的教學成果。此外，教師可以注意不同學生的期待視野間的對話內容，將閱讀過程視爲學生學習不斷激發、修正、改變和重新建立個人期待視野的過程，則有助於學生重視審美經驗涵養和掌握文本意義生成的關鍵因素。

三、視域融合

[9] (德)H. R. 姚斯：〈文學史作爲向文學理論的挑戰〉，見(德)H. R. 姚斯、(美)R. C. 霍拉勃著，周寧、金元浦譯：《接受美學與接受理論》，頁 178。

[10] (德)H. R. 姚斯：〈文學史作爲向文學理論的挑戰〉，見(德)H. R. 姚斯、(美)R. C. 霍拉勃著，周寧、金元浦譯：《接受美學與接受理論》，頁 28-30。

[11] 朱立元：《接受美學導論》(合肥：安徽教育出版社，2004 年)，頁 204-206。

基本上，在文學的接受中，「文本—讀者」構成閱讀活動的主客體關係，兩者相互依存，又相互獨立。其中期待視野作爲讀者接受文學作品的重要條件，具有其不可忽視的價值。姚斯認爲：「一部文學作品，即便它以嶄新面目出現，也不可能在信息真空中以絕對新的姿態展示自身。但它卻可以通過預告、公開的或隱蔽的信號、熟悉的特點、或隱蔽的暗示，預先爲讀者提示一種特殊的接受。他喚醒以往閱讀的記憶，將讀者帶入一種特定的情感態度中，隨之開始喚起『中間與終結』的期待，於是這種期待便在閱讀過程中根據這類本文的流派和風格的特殊規則被完整地保持下去，或被改變、重新定向，或諷刺性地獲得實現。」[12]值得注意的是，文學接受包括文本與讀者相互關係的歷時性方面與同一時期的文學參照架構的共時性方面，兩方面相輔相成，構成接受美學所主張的歷史性。隨著歷史推移，歷代讀者、批評家對文學作品的看法逐漸累積下來，進入新的讀者的視野，成爲傳統。[13]在文學閱讀的歷史脈絡中，這種不同視域之間發生的「視域融合」，使得文本得以在傳統累積下來的評價和看法被讀者重新深入閱讀，並且在新的釋義情境中實現作品的意義。

接受美學認爲文學閱讀的目的「不是對作品『原意』的追索或還原，而是主體的理解、闡釋過程，是主體自身獨特存在方式的呈現。」[14]因此，讀者作爲閱讀活動中的接受主體，除了積極調動期待視界的能動性作用之外，更爲重要的是在與文本的對話中產生審美經驗期待視界的變化，並在視域融合的過程中達成審美標準的提高和審美感受能力的強化。其中讀者如何反思性閱讀中調動自身的生命體驗和想像力，無疑將影響到是否能夠讓自身的期待視界與文本的召喚結構在接觸過程當中達到融合的一致性，從而把握作品的深層意蘊。整體而言，「這種視界的交融，不僅標誌著對作品閱讀、認識、理解和闡釋的完成，也意味著讀者自身世界的改變與更新、審美經驗的開拓與積累。」[15]正是在視域融合中，作品的意義得以在對話中獲得開拓和深化。

從教學的觀點來說，閱讀是讀者主動參與文本意義建構的活動，教師在教學活動中如何引起學生閱讀文學作品的興趣，呼喚和建立學生的「期待視野」，就成爲閱讀教學活動最重要的第一步驟。不過，學生對文本的理解是有差異的，因爲他們在文化和個體上都是獨特的，所以閱讀並沒有標準答案，在引導閱讀活動朝向「視域融合」上，教師更要尊重學生對作品的理解。而更爲重要的是，閱讀本身不僅是一個外部的閱讀歷程，而是一個不斷加入讀者個人體驗的經驗歷程。是以整個教學的重心應在於引導學生進入文本情境，積極與文本對話，教師應該重視學生的「讀者反應」，並引導與其他讀者「分享對話」，爲之架構更大更寬廣的閱讀期待視野。在閱讀活動中，當學生意識到自身不在只是被動的聽者，乃

---

[12] (德)H. R. 姚斯：〈文學史作爲向文學理論的挑戰〉，見(德)H. R. 姚斯、(美)R. C. 霍拉勃著，周寧、金元浦譯：《接受美學與接受理論》，頁 29。

[13] 金元浦：〈接受美學與中國文學批評〉，見朱棟霖、陳信元主編：《中國文學新思維》(下)，頁 348-349。

[14] 胡經之、王岳川主編：《文藝學美學方法論》，頁 357。

[15] 朱立元：《接受美學導論》，頁 233-234。

有機會認識自己在閱讀活動中的主體位置及其意義，並且懂得不斷提高自身的感悟能力和審美能力。

參、課程設計理念與教學方案規劃

一、課程設計理念

接受美學理論認爲，讀者不可能不帶任何知識與閱讀經驗去閱讀作品，在閱讀一部新的作品時，作品也將召喚過往的閱讀經驗、生活經歷，帶入個人的情感態度，喚起對作品的期待，並在閱讀過程中不斷的改變、修正或實現這些期待。文學的接受過程也就成了一個不斷建立、改變、修正、再建立期待視野的過程。以讀者所處文化與經驗背景的主體性出發來理解作品意義，此理論在教育上的應用，則更加關注學習者，認爲以學習者爲主體的活動才能誘發思考、創塑意義，企圖將每一個閱讀行爲，都建構爲一個新的再創造，以激發學習者的創造和體悟。是以本課程的設計架構，以期待視野、視域融合、讀者反應和對話分享爲進程，引導學生投入文本對話。課程架構設計圖如下：

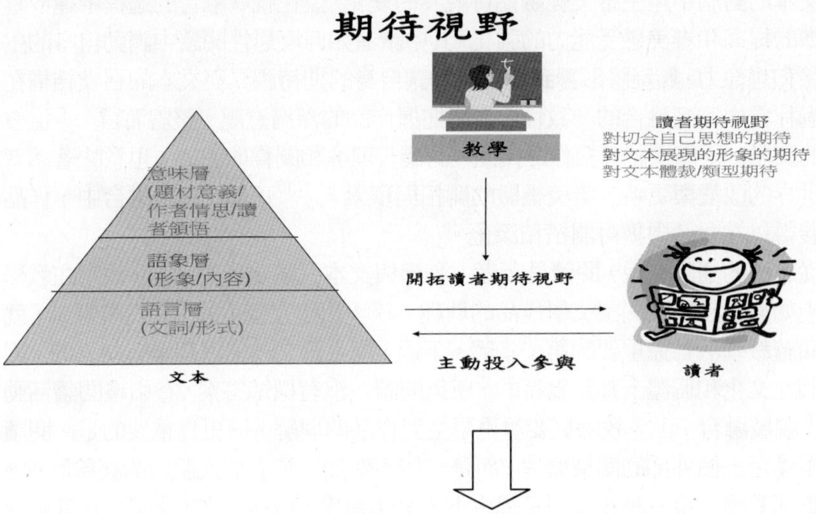

視域融合

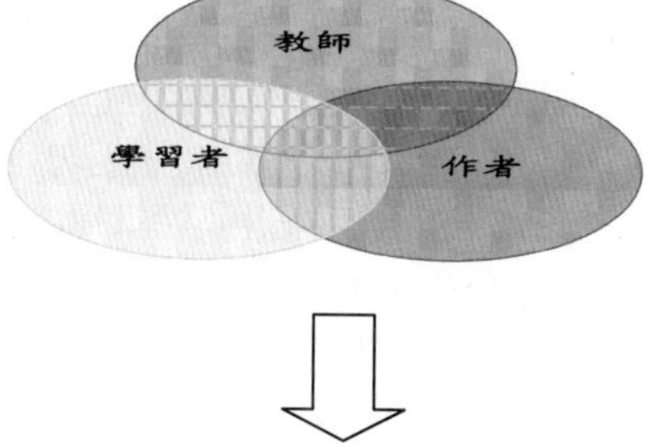

讀者反應與對話分享

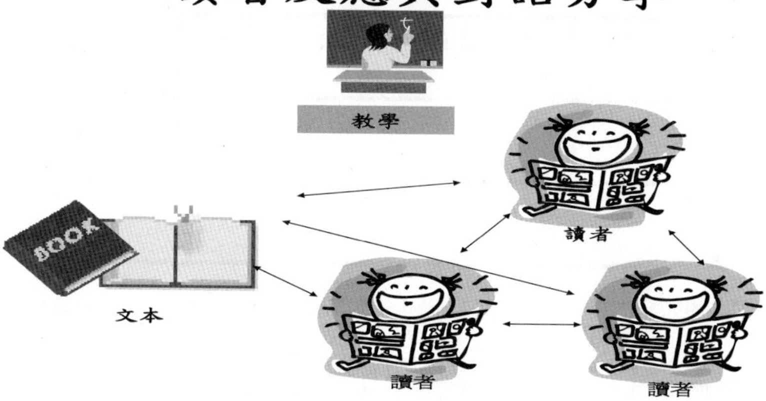

本實驗教學方案選擇翰林版高一國文第一冊第十二課〈孔乙己〉作爲教材內容，主要著眼於小說主角孔乙己形象及其生活環境，與身處現代生活中的中學學生並無密切的綰合關係。從小說主題思想表現來看，作者魯迅有意在小說中凸顯舊式讀書人孔乙己深陷傳統思想而不自知的不幸遭遇，藉此抨擊傳統教育和科舉制度對讀書人的毒害；更重要的是，通過旁觀者眼光，揭露了當時人們對落魄不幸的社會邊緣者的嘲弄，引發讀者深入思考傳統社會現實的冷酷無情。基本上，學生自行閱讀與理解而言，此一主題思想的掌握，因與學生的生活經驗缺乏有效聯結，無形中便構成一種閱讀能力的挑戰。因此，如何引導學生了解主動閱讀與思考的重要性，學習積極融入個人知識和閱讀經驗以建構小說作品的意義，並從中涵養個人人生觀與關懷社會的情意內涵，乃是本教學方案提出的根本動機和目的。

依筆者所知，〈孔乙己〉一文乃高一學生第一次所接觸的結構完整的現代小說作品。有感於傳統教學重視知識傳授的影響甚深，學生要在閱讀歷程自行建構小說虛構世界的圖景，以及主動理解人物生命經驗的本質內涵，有其一定程度的困難。因此，爲了在閱讀教學過程中活化學生的感知能力和思考深度，本教學方案在不影響教學實施的時程和達成教學目標的前提下，試圖透過影片欣賞、新聞案列討論、閱讀經驗分享等活動，引發學生的期待視野。在教學過程中，教師透過引導閱讀、師生討論、分組討論、學習單寫作等教學活動，落實思考、探究和創造融合的訓練活動，帶領學生以「讀者」的身分進行閱讀。希望透過此次教學，促使學生了解主動閱讀的重要性，積極掌握閱讀知識和技巧；同時也期待學生能藉由對〈孔乙己〉中主角命運與社會現實的理解和思考，建立正確的人生觀和世界觀，並進而對學生的情意和社會行爲有所影響，以實現國文教學的功能和價值。

二、教學活動設計與規劃

主題名稱	接受美學視野中的中學小說閱讀教學—以《孔乙己》爲例	教學時間	三節課(150分鐘)
學科領域	高中國文科	教學對象	高一
教學人數	82		
教材架構	期待視野(小說文體的認識、人物形象的建立) ⇨ 視域融合(小說閱讀引導、主題討論、師生討論、分組討論) ⇨ 讀者反應(閱讀心得分享、給小說中人物的一封信) ⇨ 對話分享(閱讀心得分享、信件回饋)		
教學準備	一、翰林版高中國文第一冊課本、備課用書、教師手冊。 二、閱讀接受美學與讀者反應理論等相關書籍。 三、閱讀〈孔乙己〉小說並設計主題和問題與學生互動 四、觀賞並找出以「社會邊緣人」爲主題的短片，完成剪輯。 五、剪輯「孔乙己」影片片段。 六、準備「社會涼薄」主題的兩則新聞案例，設計問題與學生互動。 七、完成學生分組。 八、設計學習單並完成印製。		

教學目標	一、 認知 1. 能理解〈孔乙己〉中對國民性與社會的思考與批判。 2. 思考探究〈孔乙己〉小說中人物刻畫的技巧及用意。 3. 思考探究傳統舊社會讀書人的形象和處境。 二、 技能 1. 學習以「讀者」的身分進行閱讀，主動探究和創造文本意義。 2. 培養文學鑑賞和文學創作能力。 三、 情意 1. 培養學生主動閱讀和思考的能力 2. 培養學生認識與發展自我的能力。 3. 培養學生關懷社會、改造社會的胸襟和勇氣。

單元目標	教學活動	時間	教具
	第一節課		
1.引發學生的期待視野 2.促使學生思考小說文體反映人生、思考人生的特性。	引起動機 小說是什麼？ (一)詢問學生平日是否有閱讀小說的習慣， 並和新詩、散文作一比較，說明小說的平易近人和通俗性。 (二)小說反映人生，是對人生的解釋，舉老舍〈創作論〉所言：『文學就是生命的詮釋』、寫小說必須詳實的觀察生命事實，「而後加以主觀的判斷，才是我們對人生的解釋，才是小說」。 (三)提問與討論： 1.魯迅爲何創作〈孔乙己〉一文？ 2.〈孔乙己〉一文反映了什麼樣的生活內容，對人生有何解釋？ 3.如何理解孔乙己的生命經驗及其命運結局？	10 分鐘	
閱讀經驗交流，建構對話分享	分組討論 針對教師的提示，以四至五人爲一小組，討論小說究竟是什麼，並針對〈孔乙己〉的初次閱讀經驗作交流。	15 分鐘	
	閱讀經驗分享 請四至五位同學分享初次閱讀〈孔乙己〉小說的經驗	5 分鐘	

建立理解人物形象的期待視野	進入課程 〈孔乙己〉寫作背景說明 以 PPT 方式簡介〈孔乙己〉創作背景，並和同學分享教師的閱讀經驗。	8 分鐘	短片，筆電、單槍投影機、喇叭
透過影像引導學生思考和探討作品內容	學習活動 短片欣賞 播放以「社會邊緣人」爲主題的短片「了解・關懷——一百萬人的故事」，解說短片所關注的主題焦點，提示學生注意社會上有這樣一群不被接受、不被重視，易被輕賤的邊緣人，引起學生對〈孔乙己〉中落拓書生形象的期待視野。	12 分鐘	學習單
培養思考能力	交代作業 請學生思考影片中人物與〈孔乙己〉中人物形象的異同，並探究其中涵義。		
	第一節課結束		

單元目標	教學活動	時間	教具
	第二節課		
對話分享	情境引導 現實社會中有許多命運不濟的邊緣人，孔乙己爲何會流落到被眾人嘲弄的處境？作爲現代讀者如何能夠在感同身受中理解像孔乙己一般社會邊緣人物的生活處境？ 請二至三位同學分享再次閱讀〈孔乙己〉小說的心得和經驗。	5 分鐘	PPT、筆電、單槍投影機、課本
	進入課程一〈孔乙己〉小說分析 教師在情境引導之後，以主題討論、師生討論、分組討論的方式進行。		
1.視域融合	一、環境分析討論(第一段) 請學生針對咸亨酒店格局的描寫意義發表看法。	7 分鐘	
2.培養學生對小說	二、敘述者作用分析討論(第二、三段) 請學生針對本文以十二三歲的小伙計作爲敘述者	10 分鐘	

閱讀的思討與探究能力	的作用為何發表看法？ 三、角色分析討論(第四~七段) 請學生針對小說人物類型歸納行為特徵並給予評價。 孔乙己：(1)姓名。(2)外貌。(3)言語。(4)背景。(5)穿著。(6)身世。 掌　櫃：(1)唯利是圖。(2)冷漠。 短衣幫：(1)以揭人傷疤為樂。(2)冷漠。 丁舉人：(1)仗勢欺人。	28 分鐘	
	交代作業 向學生說明下節課要寫一封給〈孔乙己〉中人物的信，請學生先行準備。 **第二節課結束**	2 分鐘	

單元目標	教學活動	時間	教具
	第三節課 情境引導		
透過影像引導學生感受文本	影片欣賞 觀賞中國舞蹈比賽冠軍〈孔乙己〉舞蹈，並提醒學生注意舞蹈所表現出孔乙己掙扎、痛苦的心境。	5 分鐘	「孔乙己」影片、筆電、單槍投影機、喇叭
1.視域融合 2.培養學生對小說閱讀的思討與探究能力	進入課程—〈孔乙己〉小說分析 **教師在情境引導之後，以主題討論、師生討論、分組討論的方式進行。** 一、敘述語言分析討論(第八、九、十段) 回旋反復的語言： 1.　「孔乙己，你又偷東西了」 2.　「孔乙己還欠十九個錢呢！」 請學生針對本文寫作語言的特殊性及其用意發表看法。 二、情節和結局分析討論(第十一段) 到底是誰造成孔乙己的死亡→社會 1. 得勢者的蠻橫殘暴 2. 社會大眾普遍冷漠和麻木不仁 3. 慣於嘲笑、欺壓弱者 請學生針對造成孔乙己落魄命運和死亡原因發表看法。	20 分鐘	PPT、筆電、單槍投影機、課本

情意培養與生活實踐	學習活動 一、新聞案例討論 和學生分享兩則「社會涼薄」的新聞案例，並針對新聞中袖手旁觀或是出言嘲笑他人不幸的行爲，設計問題請學生回答： 1. 爲何這些人在面對他人不幸時，並沒有伸出援手，反而落井下石？ 2. 你認爲這樣的現象是現在社會的普遍現象嗎？你自己是否也曾有同樣的行爲？ 3. 如果你想改善這樣的社會狀況，你會如何做？ 最後以九把刀〈不是英雄，也別作混蛋〉一文作結，提醒學生要勇於關懷他人。	10 分鐘	新聞案例PPT、筆電、單槍投影機、課本
	二、文藝作品賞析 欣賞以關懷社會爲主題的文藝作品，並鼓勵學生創作。	2 分鐘	
培養文學創作能力	讀者反應 給〈孔乙己〉中人物的一封信 先給學生看教師的範例作品，要求學生經過深度思考後，選擇〈孔乙己〉小說中任何一角色人物，寫出一封信。	15 分鐘	〈你的花季〉文稿
	對話分享 要求每位學生在都要閱讀至少兩位同學的作品，並寫下 50 字的回饋，達到對話分享的作用。 第三節課結束		學習單

肆、實施結果與討論

本教學方案以接受美學作爲理論依據，試圖改變傳統「一條鞭」教法，提供國文教學新的思維和施行方向。在實施過程中所必須面對的難題，首要者即在於現今學生爲因應考試要求，普遍習慣透過教師單面向的知識傳授，以接受教材相關知識。因此，在如何思考和自我提問的能力提昇方面，由於長久不受到重視，如今要突破傳統以講述式教學方式爲主的課堂情境，頗有難以施力之處；其次，教學者的認知和態度，乃是教學活動能否實施成功的重要關鍵，因此教學者的教學經驗和教學的成熟與否，將會直接反映在教學成效的結果之上，影響極爲深遠。此次教學方案的提出，受限於教學者爲實習教師之故，整體實施過程能否將接受美學觀點從文學批評理論轉成實際教學，必須審慎評估。尤其在爲時三節的課程中，教學成效成功與否只能提供研究參考，不宜作出過度推論。惟可申明的是，本教學方案定位爲「實驗」課程，旨在提供經驗以供後繼者參考發揮，期能由此拋磚引玉，使有志者能就此做一修正和改善，進一步創新國文教學方法。

在這次的教學活動中，學生對小說的理解和反應是最主要的觀測目標，是以在課程進行中，不斷的和學生以「問答」的方式做出互動，一起討論閱讀小說的過程中遇到的問題和感觸。讓教學者印象深刻的是，當教師給學生發言的空間和機會時，學生對於課文的理解反而越強，能去思考小說背後的寓意，並且和自己的生命做出呼應和聯結。本教學活動實施之後，教學者隨即實施簡易教學成效問卷調查，作爲實施結果與討論的參考。[16]以下從「期待視野」的感知引發、「視域融合」的閱讀引導、「讀者反應與分享對話」三層面來檢視教學活動成效並進行討論與反思：

一、期待視野的感知引發

從教學的觀點來說，閱讀是讀者主動參與文本意義建構的活動，教師在教學活動中如何引起學生閱讀文學作品的興趣，呼喚和建立學生的「期待視野」，就成爲閱讀教學活動最重要的第一步驟。閱讀教學是以培養學生閱讀能力爲核心的教學活動，因此在教學過程中，必須在教學活動中將文本與學生的期待視野做連結，才能達到理想的教學成果。

在課程進行前，教學者先請學生自行閱讀〈孔乙己〉小說，並以學習單寫作形式回答問題，以觀測學生對這篇小說的閱讀期待爲何：

問題：在閱讀完〈孔乙己〉這篇小說後，你的心情是？為什麼？	
11009 張家寧	第一次讀這篇小說，是在老師上課之前，我完全不了解它到底想表達什麼，整篇文章可以說是沒有半點起伏。上完課後，我知道作者想表達的是社會的冷酷，但「可憐之人必有可恨之處」，我不認同故事中人們冷潮熱諷的態度，但我想孔乙己自己也需要負上責任。
11008 孫　敏	沉重和懊悔的，第一次自己讀時，完全無法體會「孔乙己」想表達的主旨，讀完依舊沒有感覺，直到教完後才發現敘述的是多黑暗沉重的世界，一個缺乏愛的地方，一個我們明白卻不曾試著改變的地方。
11031 郭景雲	有些沉重，並慶幸自己並非活在那時代。在那濕濕冷冷的小鎭，過著看似有著希望平穩的日子，然後等悲劇突然降臨時才了解到自己過去依職相信，奉爲圭臬的規範，不以爲意的日常生活，和已經習慣的社會，原來是會殺人的。
11732 陳書安	世界上還有很多沒看見的黑暗面，我覺得魯迅實在很厲害，可以把這種令人

[16] 本次教學完成之後，教學者實施教學成效問卷調查。總計發放回饋表 82 份，實際回收 73 份，無效 2 份，有效問卷樣本爲 71 份。

	怒從中來的事件寫的如此客觀，真好。

此外，則是讓學生自行思考小說的結局安排，以觀測學生對小說的閱讀理解：

問題：請你思考一下，小說的結尾說到：「大約孔乙己的確死了」，到底是誰造成孔乙己的死亡？為什麼？	
11027 施正宏	孔乙己的酒癮，因爲他偷竊皆是爲了喝酒。
11007 林如萱	我覺得是魯鎮的每一個人因爲完全沒有人關心孔乙己，還不停的取笑他，尤其後段他已經如此落魄，還依然笑他，甚至結局，都沒有人管他死活，而是因他沒有酒館，才知道他死了。
11026 姚子麒	眾人對他的嘲笑就是一把利刃，刺入他的心臟，使他沒有自尊，可能自殺！
11039 鄭岱晟	從文章中看似乎是丁舉人造成的，但仔細從社會層面來看，似乎是因爲當時的價值觀迫使孔乙己走向人生的盡頭。又或許是因爲孔乙己受不了世人對他的不肯定、不認同。總之，他的死並不是單單因爲竊盜被毆打，而是在當時的時代洪流下，似乎不容許孔乙己這類型的人生存在這價值觀偏差的世界中。
11732 陳書安	孔乙己錯：原本還有一個可以維生的行業，卻自己浪費掉了，只能去偷別人的東西過活。 社會錯：眾人都在嘲笑他，若有人肯幫助他，他也許就不會偷了，更不會死了。

從以上同學的分享可知，每位學生對小說結局安排的理解和感想不盡相同，更顯示每位讀者對於文本的參與都是獨特的。

在課程進行前，學生已自行閱讀〈孔乙己〉小說，並在課堂上以分組討論和口頭分享的形式，建立初步的讀者反應和對話分享。而學生的閱讀視野在教師進行引導閱讀前，呈現幾種情況：

一是完全無法理解小說內容和主旨，並且認爲小說內容乏味且難懂[17]；

二是能透過自己的閱讀，大致抓住小說的篇旨，但僅有一些籠統的概念，還無法具體說明小說閱讀的意義[18]，這顯示學生的閱讀視野和魯迅〈孔乙己〉有極大的審美距離；

三是學生試著將小說世界和自己的生活情境做出聯結[19]，能注意到作家所營造的文學情境和筆法。顯示部分學生已具有讀者的意識，同時展現閱讀企圖，渴望更進一步的了解。

從上述幾種情況言之，教師如何使小說文本貼近學生的生活，根據學生的實際情況調動學生的生活體驗，激發學生的審美感受，涵化學生的情感經驗，建立學生的審美情趣，將〈孔乙己〉與學生的期待視野作一連結，才能達到理想的教

[17] 如 11009 張家寧同學：我完全不了解它到底想表達什麼，整篇文章可以說是沒有半點起伏。11008 孫敏同學：第一次自己讀時，完全無法體會「孔乙己」想表達的主旨，讀完依舊沒有感覺。

[18] 如心情非常沉重(11039 鄭岱晟、11024 林嘉緯……)、悲傷(11010 郭芷君)、五味雜陳，沉重等等

[19] 例如 11005 杜欣倫同學在閱讀小說後慶幸自己並非活在小說中的年代。

學成果。是以在教學過程中，教學者利用小說文體討論、影片欣賞、作者創作理念介紹等方式，引發學生在自我感知當中確認小說閱讀的期待視野。

從學生的回饋表統計中，可以發現這樣的引導方式，對引起學生對〈孔乙己〉小說的閱讀期待實際上有所幫助：

1. 老師上課播放的影片能引起我閱讀小說的興趣

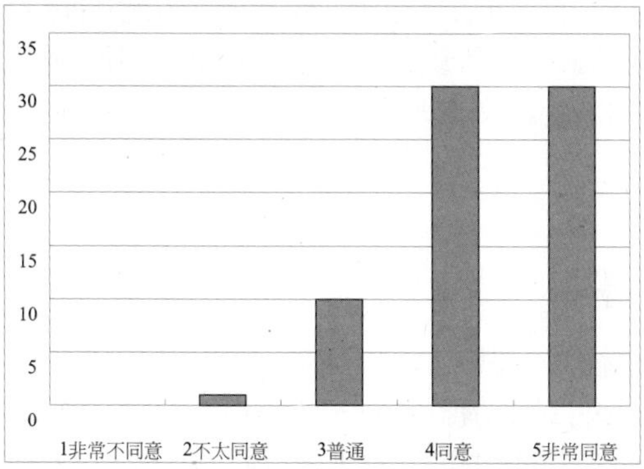

2. 老師和我們討論的流行小說能引起我對閱讀小說的期待。

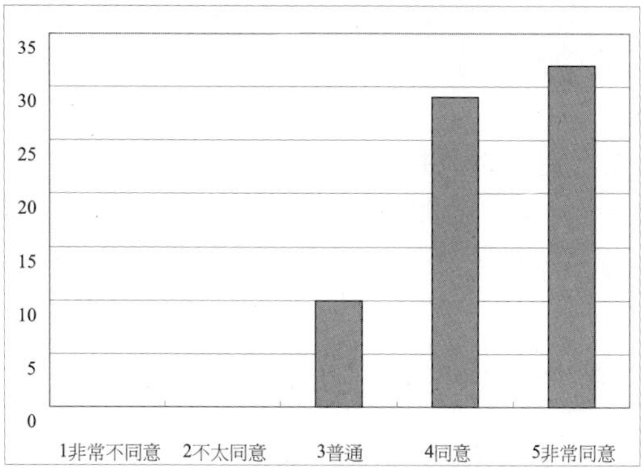

3. 老師講解的作者生平能讓我了解作者創作小說的動機用意。

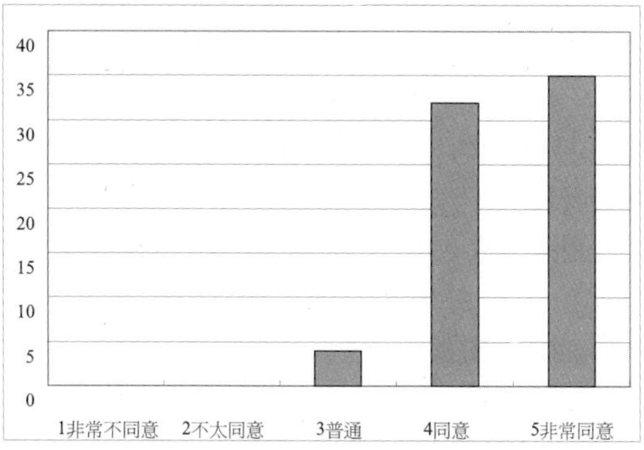

在閱讀期待視野的建立一項，教學者利用香港翡翠臺所製作的專題報導影片「了解・關懷——一百萬人的故事」，讓學生觀看社會邊緣人的無奈故事和心酸人生，建立對〈孔乙己〉小說中孔乙己的人物形象期待，進而引起學生對小說中人物的同理心和興趣。由統計可得知，學生對於「課前閱讀視野的建立」一項，反應頗爲良好，顯示教學者對於小說閱讀動機的營造是成功的。

透過學生較能接受的影像教學來拉近學生和作品間的審美距離，呼喚和建立學生的「期待視野」，讓閱讀成爲讀者主動參與文本意義建構的活動，雖脫離文字形式，但仍不失是教學活動中將小說文本與學生的期待視野緊密連結的好方法。

二、視域融合的閱讀引導

本次的教學活動重在改進傳統「一條鞭」式的教學，教學者以培養學生閱讀能力作爲核心，是以採用「引導式」的閱讀教學，一方面和學生分享教師在從事閱讀教學活動時個人審美感知和文學閱讀態度，一方面以此爲基礎，以主題討論和分組討論的形式，引領學生在創造性解釋活動中實現文本的深層意涵。

在課程進行中，教學者除講述自己的閱讀過程與感想外，更多向同學發問，刺激學生去思考小說情節爲何要如此佈局，討論小說在環境設定、人物細節刻畫、敘述語言上有何特殊之處。

在分析討論的過程中，則注意到不同學生的期待視野間的對話內容，並將這些對話內容提出來和其他學生一起討論，將閱讀過程視爲學生學習不斷激發、修正、改變和重新建立個人期待視野的過程，幫助學生重視自己身爲讀者的審美經驗涵養並掌握小說文本意義生成。

第一堂課學生自行閱讀〈孔乙己〉小說後，首次進行讀者反應和對話分享，學生提出的問題有：

一、爲什麼孔乙己在咸亨酒店受到嘲笑和委屈，還是要去喝酒？

二、爲什麼孔乙己不繼續努力考上科舉，擺脫現在困窘的狀況？

由這些問題可以發現，學生以自身的歷史文化語境形成特殊的閱讀視野，對小說文本的理解和傳統教師手冊上的說明大相逕庭。這種對文本理解的差異，更顯示出每位學生的閱讀經驗是獨特的，所以閱讀並沒有標準答案，在引導閱讀活動朝向「視域融合」上，教學者應更要尊重學生對作品的理解，並從旁協助他們能以自己的觀點去進行創造性的閱讀詮釋。

而在課程的後半部，學生已能深入去思考小說的寓意，並提出切合主旨的問題：

一、爲什麼短衣幫和孔乙己一樣是困苦的人，卻要不斷嘲笑他？

二、丁舉人憑什麼打斷孔乙己的腿？

三、爲什麼我們要同情孔乙己？不是說要「個人造業個人擔」嗎？

由學生所提出的這些問題可見，學生透過引導閱讀已開始投入和〈孔乙己〉小說的對話，並在討論的過程中融合教師和其他讀者的意見，建立屬於自己特殊的閱讀經歷，顯示出閱讀本身不僅是一個外部的閱讀歷程，而是一個不斷加入讀者個人體驗的經驗歷程。

教學者於課後針對視域融合的閱讀引導成效進行問卷調查，結果如下：

4. 老師的講解方法有助於我了解小說的內容。

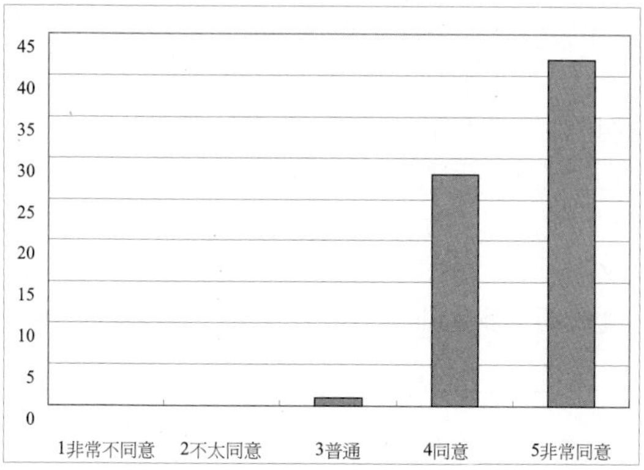

5. 老師上課所講解的內容，能讓我能深入去思考小說所提出來的問題。

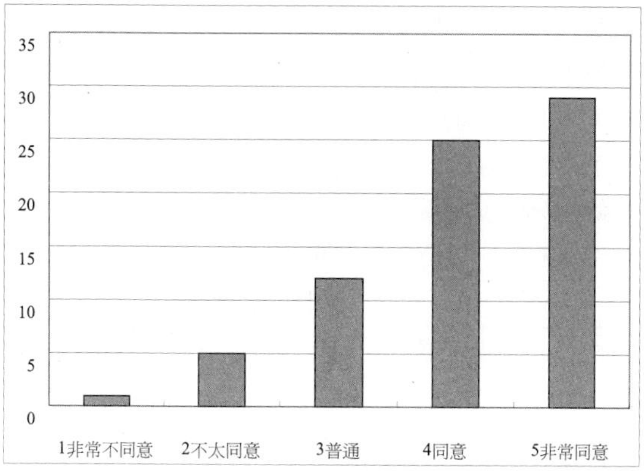

從上述調查結果來看，在「老師的講解方法有助於我了解小說的內容」得分高，但在「老師上課所講解的內容，能讓我能深入去思考小說所提出來的問題」分數不如預期理想。對於兩者結果所產生的差異情形，教學者以為學生還是較為習慣知識性的傳遞，而比較不習慣再進一層去思考閱讀過程中所遇到的問題。究其原因，筆者以為這樣以「問題探究」為主的課堂教學，對學生而言是一種相當陌生的學習方式，以致於教學成效並無法如教學者預期一般。

根據上述觀察，筆者以為為了要解決這個問題，教師在課前從事閱讀教學活動設計時，應該要能夠以積極讀者的角色在文本的未定點上進行提問，並提供學生各種對話機會，以便讓學生能夠將個人審美感知和文學閱讀態度融入閱讀過程之中。教師必須設計出能有效引起討論的問題，才能夠引領學生在創造性解釋活動中實現文本的深層意涵。所以在教學過程中，如何不斷的找出和拋出問題，不斷的刺激學生思考，不斷的營造情境和回答問題，這些教學技巧就成爲教學者最大的挑戰和努力方向。

三、讀者反應與對話分享

小說閱讀教學的重心應在於引導學生進入文本情境，積極與文本對話，教師應該重視學生的「讀者反應」，並引導與其他讀者「分享對話」，爲之架構更大更寬廣的閱讀期待視野。是以課後學習單的設計：讓學生寫一封信給〈孔乙己〉小說中任何一位人物，主要是在觀測學生透過引導閱讀後，對於小說的感觸和理解，並培養學生的創作能力。且要求學生互相閱讀彼此的感想，並留下回饋，達到「對話分享」的作用。

這份學習單學生的完成度很高，多有創見，佳作不少，以下僅舉兩位同學的學習單爲例：

<table>
<tr><td colspan="3">11037　董芊里</td></tr>
<tr><td>讀者反應</td><td colspan="2">給丁舉人的一封信：
丁舉人、丁舉人、丁舉人啊！你以爲你是舉人就了不起嗎？雖然說孔乙己偷你的書有錯在先，但是你也不行打斷別人的腿，你和孔乙己同樣身爲讀書人，只是你考的比較好，中舉人，難道就可以這樣欺負別人嗎？而且都是讀書人，你讀的那些孔孟的儒家思想都讀到哪裡去了？而且你不會將心比心嗎？如果你沒有中舉人，你會有像現在的好日子嗎？所以你應該要幫助孔乙己，他沒有書可以看，你可以借他啊！而不是要他寫了服辯，還打他，如果你真的很不爽，你應該要把他送去官府，接受審判，而不是動用私刑、運用暴力解決事情，如果你都用暴力解決事情，那我看你讀的那些書也沒啥屁用！</td></tr>
<tr><td rowspan="2">對話分享</td><td>11040　謝立軒</td><td>11018　藍德新</td></tr>
<tr><td>1.我最有共鳴的句子：如果你都用暴力解決事情，那我看你讀的那些書也沒啥屁用！
2.我滿贊成同學的想法，因爲我也覺得，明明當上舉人，應該讀過很多倫理道德，怎麼會這樣對待人呢？真的很奇怪。</td><td>的確，當我們在解決問題時，不應該用暴力，或是仗勢欺人，應該站在對方立場，並且查明原委。況且身爲一個讀書人，不應該欺負弱者，反而應該寬宏大量的將書送給他吧！</td></tr>
</table>

<table>
<tr><td colspan="2">11014　曾郁安</td></tr>
<tr><td>讀者反應</td><td>給孔乙己的一封信：
人生若可以重來，你還會選擇以同樣的生存方式生活下去嗎？</td></tr>
</table>

	我想應該是「是」吧！但在那之前，你必定會先脹紅著臉，用些「之乎者也」的話來極力反駁掙扎的說你才不後悔，在發現沒用之後才沮喪的默認吧！ 我說，這位仁兄，如果是我，我可能也會跟你一樣，可是在遭遇過挫折，我才驚覺：何不從之前就未未來的自己努力些呢？雖然說這些話有點晚了，但我一直都相信著一句話：「一個人的人生是靠自己贏得的」回頭想想，並不是在說你不是，但讀書人去工地之類的地方工作並不是恥，至少前是自己賺的，酒喝起來也更甜了些。(而且就算在工地受到不平等壓榨，相信課文背的滾瓜爛熟的你可以隨便被個幾句來爭取、捍衛你的「公權」)，不過這些其實不完全是你的錯，只是你剛好生在那個如寒冰般的社會，只能怨你在新一輪迴中進對了時代，進對了肚子，剩下的努力只能靠自己了！ 　　加油！我相信在固執、迂腐外殼下的你，其實有顆善良的心，不然，你怎麼會請孩子們吃茴香豆，熱心的教小夥計識字寫字呢？你跟其他人有另一個大的不同，那就是你不曾(至少我沒看到)依著自己的優勢，而欺凌比你弱小的人，這點就值得贏得許多人的認同，就算被他人羞辱，仍不將怒氣轉加給比你更弱小的人！	
對話分享	11031 郭景雲	11032 陳衍儒
	沒錯，自己努力得來的東西是最珍貴的，若他能及時努力，爲自己的人生負責，就不會全盤皆輸了吧。孔乙已有的善良的本性，好好做事也能成爲好人的。	俗話說：「機會是留給準備好的人」，一分耕耘，一分收穫，人生本是一場磨練，等同一句話：做牛要拖，做人要磨，看盡了世態炎涼，人生才會越磨越精采，面對來臨的不順遂，只要抱持著「向前看，陰影永遠在身後」的態度，相信人生一定充滿光明和歡樂。

在閱讀活動中，當學生意識到自身不再只是被動的聽者，而有機會認識自己在閱讀活動中的主體位置及其意義時，其審美表達和創造性詮釋的能力也因而增長。由學習單的寫作和對話分享，可以看出學生已能將閱讀和自我生活相連結，並形塑屬於自己的價值觀和人生觀，可見閱讀作爲文學本質展開和實現的過程，讀者必須將自身的審美感受和審美體驗投射於閱讀過程之中，才能建構出小說的意義和目的。

教學者於課後針對視域融合的閱讀引導成效進行問卷調查，結果如下：

6. 老師讓我們寫作給〈孔乙己〉中人物的一封信，能讓我再次思考這篇小說的意義。

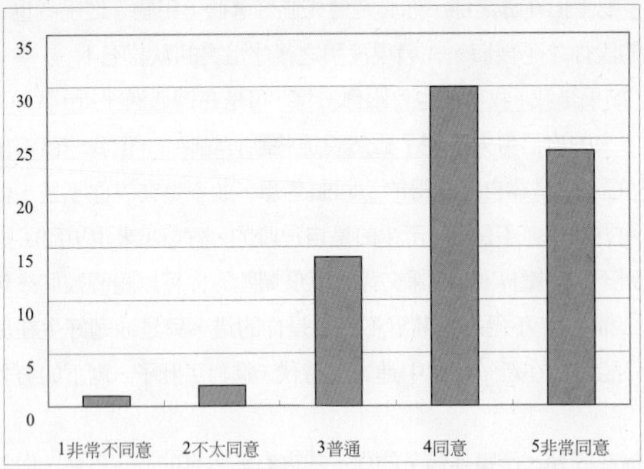

7. 經過和同學的分享，我能更清楚的了解我對這篇小說的看法和感受。

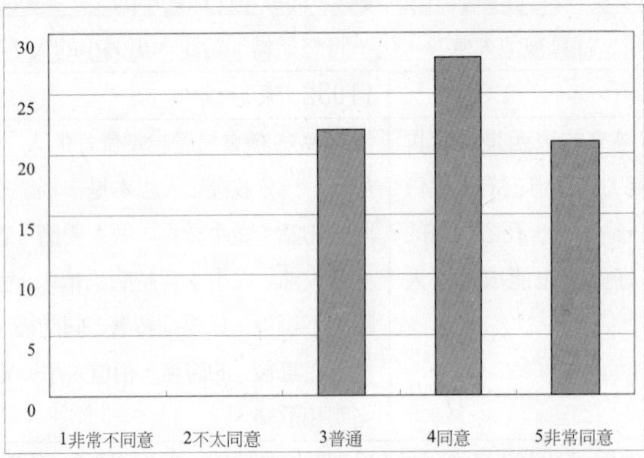

從統計結果來看，兩題的分數不如教學者預期理想，究其原因，一則在於學生對於寫作學習單一事，雖然大都肯定對於了解自我學習和閱讀理解成效是有助益的，但受限於時間因素，仍不免感到有些困擾；一則由於採取讀者導向的學習方式，教學者對於諸多問題的討論並不預設標準答案，而期望學生通過同儕分享和對話思考作品的主題思想和意義，因此部分學生對於無法掌握標準答案一事感到無法適應。

針對這樣的結果，教學者進行了檢討和反省：在這次教學中，教學者面對的最大難題在於以學生爲中心的授課方式，對於教學者和學習者而言都是一大挑戰。在傳統教學下，由於學生已經習慣教師教授單一的標準答案，因此在聽完老師的閱讀心得分享後，很容易畫地自限，認爲這就是標準答案而失去了自己的想法和聲音。另外，因學生是第一次經歷「讀者導向」的教學方式，對於參與討論的態度和方式仍不免感到陌生和遲疑，加以提問和討論的技巧也極爲生疏，較難以具體表達自己的想法。然而，值得一的是，在整體教學過程中，由於教學者的鼓勵，學生的主動回應漸入佳境，直到在課程的中後段，越來越能與教學者互動，並對教學者的閱讀心得做出反應和分享，而能形成自己對小說的認知和體會。

伍、結論和建議

傳統國文教學以「一條鞭」的方式教導學生零碎的死硬知識，剝奪了學生和小說對話的權利，代替作者告訴學生，說作者的意思就是這樣，這只是知識的灌輸，並不是閱讀，而許多學生習慣傳統教學後，對於閱讀不僅興趣缺缺，更甚而認爲是一種負擔。爲了突破這樣的困境，本論文嘗試以接受美學作爲理論基礎，經過教學方案設計和實施之後，根據問卷調查所得總體成效如下：

8. 上完這次的課程後，我還會想要閱讀更多的相關小說著作。

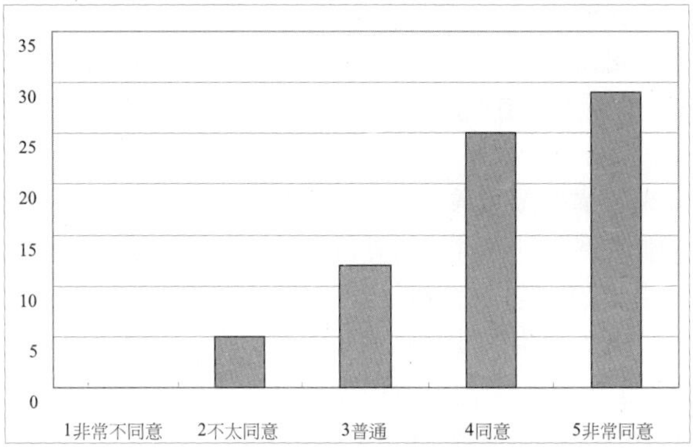

大多數的學生認爲，這樣的教學方式能引起他們的閱讀興趣，並願意再去閱讀更多相關的小說著作，能透過教學來況大學生的閱讀期待視野，這樣的結果令人欣慰。

9. 整體而言，這樣的教學方式對我在閱讀小說上有幫助。

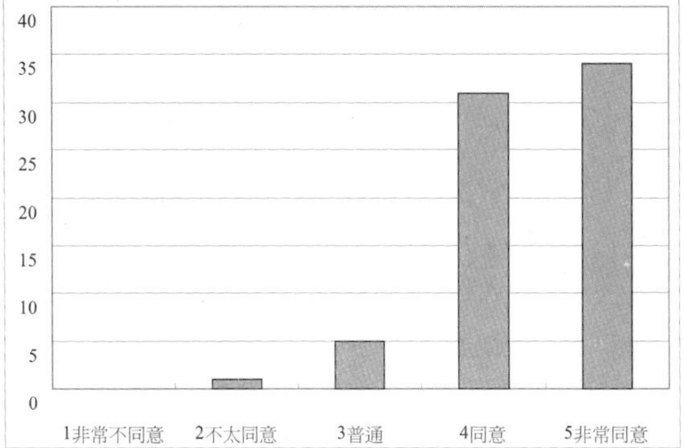

由於現今學生的閱讀視野普遍較爲狹窄，唯有透過讀者的親身參與，閱讀才有建構意義的可能，所以如何尋找並利用各種形式和媒體引起學生的「期待視野」就成爲教學者需努力的方向之一。總而言之，從上述學生的回饋表統計可得知，這次的小說閱讀教學雖有不足之處，但還是有一定成效的。

本實驗性教學方案，重點在於將學生視爲閱讀的讀者主體，當學生學習如何將小說文本視爲一種召喚結構時，教師無疑必須考量個別讀者的具體化，如何可能實現文學作品的深層意味。以下即就教學實施結果與討論提供幾點建議：

首先，教師必須引導學生進行小說閱讀，使學生能擴大原有的閱讀期待視野，進而接受各種不同型態的文學作品。並在引導閱讀的過程中，提供閱讀策略和製造情境，讓學生真正投入與小說的對話，掌握自己對小說意旨的理解和感觸，使得小說能真正內化，改變學生對自我、對生命、對社會的看法，使得小說的文學價值和意義圓滿彰顯和完成。

其次，在「視域融合」部分，將學生視爲讀者主體，改變了傳統的灌輸式教學，教師的身分則是作爲「第一位分享小說閱讀心得者」，設計問題並引導學生分析討論，主要的功能是「拋磚引玉」，讓學生能以讀者的身分參與閱讀，投入和小說的對化，表達自己的閱讀歷程。讓學生習慣並相信閱讀沒有正確答案，進而突破僵化和一元的限制，而能呈現創造性的意義建構，才能達到閱讀教學的目標。

最後，以學生的參與來建構閱讀意義，「讀者反應」和「分享對話」就成爲課程中重要的觀測指標。雖然學生對於討論的發言和技巧仍顯生澀，但是卻十分有「說」的欲望，教師只要能透過良好的發問技巧，並多鼓勵學生發言，就可以使小說閱讀教學更加深入且融入學生的閱讀視野。這種「說」的欲望也可見當將學生視爲讀者主體時，學生也會開始學習思考和發言，並透過與其他讀者的分享來確立自己的閱讀意義，更能彰顯閱讀教學的作用和意義。

最後必須一提的是，由於學生長久缺乏問題探究與思考方面的練習，加上教學者的教學經驗和技巧的成熟度尚待提昇，無乃成爲教學方案能否實施成功的不確定因素。此次以三堂課程進行教學，尙屬實驗性質，最終目的在於從中探討此一教學方案實施的可行性及其效果，期望能引發教學者藉此思考小說閱讀教學的創新方式與未來前景，持續提供不同以往教學模式的新視野，增進中學小說閱讀教學成效。

徵引文獻

胡經之、王岳川主編：《文藝學美學方法論》(北京：北京大學出版社，1994 年)。

金元浦：〈接受美學與中國文學批評〉，見朱棟霖、陳信元主編：《中國文學新思維》(下)(嘉義：南華大學，2000 年)。

(德)H. R. 姚斯、(美)R. C. 霍拉勃著，周寧、金元浦譯：《接受美學與接受理論》(瀋陽：遼寧人民出版社，1987 年)。

(法)薩特：《薩特文論選》(北京：人民文學出版社，1991 年)。

(德)沃爾夫岡‧伊瑟爾著，金元浦、周寧譯：《閱讀活動》(北京：中國社會科學出版社，1987 年)。

朱立元：《接受美學導論》(合肥：安徽教育出版社，2004 年)。

提升語文閱讀興趣與能力
——以合作教學及 CIRC 進行小五學童之「兒童文學作品」閱讀教學

許詩玉*

摘　要

以認知神經心理學的觀點來看，學生的學習應是視覺重於聽覺，也就是閱讀重於聽講。依此而言，兒童學習首重視覺的閱讀，兒童閱讀後，有感而發的對話則思考與理解的重要過程。就閱讀的歷程來看，文本和讀者共同擁有一種持續創作的世界觀，閱讀故事是可以幫助讀者享受生活、忍受生活(Philip Pullman, 2001)。閱讀文本時，故事與兒童的生活經驗互相交流，同時也擴大兒童看世界的視野，因此，能引起兒童興趣的文本，是具有啓發兒童閱讀動力的能量。

閱讀能力的培養需要動機與時間，研究者爲能提升學生的閱讀能力，重新斟酌語文教學的策略與文本的選擇。合作統整閱讀寫作法(Cooperative Intergrated Reading and Composition；簡稱 CIRC)結合同質性和異質性分組的合作方式，藉以統整學生讀、寫、說三方面的能力。本次研究以國小五年級學生爲教學對象，以合作學習及 CIRC 爲閱讀教學策略，兒童文學作品爲文本，目的爲提升學生閱讀興趣，並探討學童閱讀力是否增加。研究發現學生對於童話及奇幻小說深具興趣，但是理解故事涵意，甚而衍生自己的想法、發展批判性的思考，是需要豐富的生活經驗，藉由合作學習及 CIRC 的閱讀教學策略，學生在同儕間交流彼此的生活體驗，喚起學生的閱讀興趣，閱讀能力也有所提升。

關鍵詞：合作學習、合作統整閱讀寫作法、兒童文學作品、閱讀能力

*國立臺中教育大學語文教育學系博士生、臺北市國語實驗國民小學教師

壹、緒論

經濟合作暨發展組織（Organisation for Economic Co-operation and Development，OECD）於2009 年發表國際學生學習評量報告（The Programme for International Student Assessment，簡稱 PISA）。這份以 15 歲學生爲對象的學習評量裡，「閱讀素養」項目評比第一者爲上海學生。臺灣負責參與這項計畫的臺南大學 PISA 國家研究中心主持人洪碧霞(2010)指出，臺灣學生平均分數降幅不大，排名退步是因爲其他國家對於 PISA 的重視，評比顯示臺灣有許多學生都不是爲樂趣而讀書。OECD 於2006 年發表國際學生學習評量報告，「閱讀素養」項目評比第一者爲南韓學生，南美英(2007)表示南韓政府從教育普及的方向推動閱讀，以減少學生的知識差距爲目標，閱讀能力好的學生，功課好、不用補習、學生會自動自發的學習。

就南韓學生的閱讀學習表現與臺灣學生的閱讀素養情況來看，培養學生的閱讀能力的起始點爲學生的閱讀動力與興趣。而閱讀是一種學生與文本之間的互動作用，一種歸納興與推論的活動。在學生的閱讀活動裡，他須經由想像力或意識去詮釋文本，重新構築文本的世界(張子樟，2007)。在重構文本世界之際，學生同時受到「讀者—作者—文本」三者所有的社會文化脈絡所影響(Pressley &Afflerbach 1995)。當學生明白文本深層的涵義，與文本產生互動與共鳴時，即是對文本的閱讀理解。簡言之，閱讀是讀者建構意義的歷程，因此學生必須帶著足夠的生活經歷與主動思考的意願來閱讀，閱讀的文本也必須與他們的經驗能相連繫，文本才能被理解，由此而言，當教學者推動閱讀時，若想提升學生對於閱讀的興趣，文本的選擇是首要考慮的因素。
菲力普・普曼(2001)曾言文本和讀者共同擁有一種持續創作的世界觀，閱讀故事是可以幫助讀者享受生活、忍受生活。閱讀文本時，故事與兒童的生活經驗互相交流，同時也擴大兒童看世界的視野，因此，能引起兒童興趣的文本，是具有啓發兒童閱讀動力的能量。現今坊間所編排之國語教科書的課文，多有情節單調與人物扁平化的現象，造成學童缺乏閱讀課文的興趣；除了國語課本的文章內容單薄，無法引發學生興趣之外，在教學現場裡，同一班級的學生閱讀能力也不同，然而教師的教學設計總以多數學習程度相當爲教學對象，以異質性分組的合作學習爲教學活動模式，這種分組方式容易形成低成就的學生在學習上的壓力，能力好的學生也會容易發生學習倦怠的狀況。

研究者於「自主的閱讀氛圍形塑—以兒童文學作品融入國小六年級文學圈的閱讀活動」的研究裡(2010)，將兒童文學作品納入語文課程中，以同質性分組(Pratt D.2000)爲合作學習的教學活動方式，分析學生的閱讀興趣增進的效果。研究結果顯示，學生在自主情境下的閱讀，藉由兒童文學作品的豐富的情節與生動的人物描寫，建構自己的想法，更深入的思考，正如 Arthur(1988)所說，讓學生讀他喜歡的書，是帶動閱讀的最佳方法。但是觀察學生在同質性分組的合作學習時，研究者發現，老師進行教學與引導，當同組學生的程度一致，能有效率的進行閱讀，但是常會發生能力較高的學生，由於理解與表達力強，學習聆聽同儕想法與彼此合作成爲另一個課題；閱讀能力較弱的學生，因對於文本理解慢，閱讀耐性低，造成討論的內容成爲漫天胡語，發生偏離故事的情況，此時老師需介入討論，協助學生將對話內容轉移到文本主題，並增加更多的閱讀與討論的時間。

在「自主的閱讀氛圍形塑」的研究，可以看出兒童文學作品的確能引發學生閱讀的動機，然而閱讀興趣的培養與維持需要文本、時間及教學情境的配合，因此本次研究重新斟酌語文教學的策略與文本的選擇，以異質性分組之合作學習方式及 CIRC 合作學習方式爲閱讀教學的進行策略，本研究的目的如下：

1.將兒童文學作品引進閱讀教學課程中，提升五年級學生的閱讀興趣。

2.運用合作學習的方式進行閱讀教學，培養學生的閱讀能力。

貳、理論與文獻探討

一、 閱讀的能力與興趣

（一）個體的學習與閱讀

針對個體學習的方式，Piaget 認爲個體透過基模(schemata)與環境互動，逐漸形成心理性的行爲模式；再以同化的方式，利用既有的認知基模去適應新的要求，並獲取新的經驗，納入舊經驗；當個體遇到新學習情境時，主動調整自己的經驗架構，以適應環境要求。因此個體的學習是需要歷經同化(assimilation)和調適(accommodation)的過程(張春興，2007)。在閱讀過程裡，Goodman(1998)認爲讀者經歷視覺、感知、語法及語意等四個循環。這個閱讀循環裡，讀者靠著已具備的語言結構，運用從知覺中選擇而來的語言線索，以所擁有的先備知識猜測與組織意義。以認知神經心理學的觀點來看，學生的學習應是視覺重於聽覺，也就是閱讀重於聽講(洪蘭、曾志朗，2000)。Eysenck 和 Keane(2003)認爲閱讀始於視覺接觸圖像或文字符號後而產生的思考經歷，亦即閱讀是由視覺所引導的思考活動(visually guided thinking)。兒童語文能力成長研究中，岑紹基(2003)提出兒童語文能力發展至寫作時，兒童必須依其生活經驗、說話與思考的意圖，才能將閱讀經驗書寫成文。

綜上所言，文本的選讀需以學生的舊經驗爲基礎，藉由個體的思考與辯證，在同化與調適的過程裡建構文本的意義與自我的想法，同時，學生的閱讀應由視覺的閱讀爲出發點，文本內容與個體的生活經驗相互交流，閱讀後的有感而發才能成爲寫作的素材。

(二)閱讀能力的培養

思考如何培養兒童閱讀能力之際，首先要提及閱讀的發展過程，Laberge 和 Samules(1974)認爲閱讀的發展階段包括解碼、理解及注意力三個閱讀歷程。解碼是閱讀歷程之基本，理解是讀者運用個人先備知識，從解碼文字中獲取意義，在解碼與理解階段，皆需要注意力來進行，當個體自動將文本內容中的文字解碼和理解時，個體才能由低階的閱讀進入精熟的閱讀(Samules, Schermer,& Reinking, 2006)。美國國家研究委員會(2001)表示，閱讀是一項複雜的歷程，所謂良好閱讀能力的讀者具備三項技能：識字能力、閱讀理解力及流暢閱讀的能力。

培養學生良好閱讀能力需先考慮影響閱讀能力的因素，趙鏡中(1999)認爲影響閱讀能力的因素包含語言能力、先備知識、情緒因素、閱讀技能四項主要因素。他指出讀者語言能力越強，對於文本意義的掌握越好。閱讀能力的強弱和讀者的先備知識、經驗的豐富與否有相互的關係，閱讀的過程中，讀者對於他所接受到的文章訊息，都有相應的基模來了解，而閱讀技能對閱讀能力發展有促進的作用，閱讀技能的自動化程度越高，越能有效的達成閱讀的理解。當讀者能迅速的瀏覽一篇文章時，代表他已具備很高的自動化程度了。影響閱讀能力的因素之一：情緒因素，主要指的是興趣和動機，興趣是一種積極的態度，而動機則常是伴隨興趣而來，閱讀的興趣可以直接轉換爲閱讀動機，成爲激發閱讀的推動力。兩者對於提高閱讀的注意力，激發閱讀中的聯想與創意，增強理解，具有不忽視的影響力。

閱讀的興趣與動機是培養閱讀能力的重要因素，依布魯納的「學習興趣」觀點，興趣是個體對於客觀事物的選擇態度，它是個體活動的內在力量，這個內在力量推動人們尋找知識，開闊視野，引發豐富的想像力和積極的思維。在布魯納的觀點中，內在動機分爲：好奇心、能力(或勝任)、認同、互惠。好奇心是動機的原動力，是促進學習行爲很重要的動力；能力是推動學習的動機，當學生在活動中獲得勝任的能力，學生往往因此能力而繼續學習；認同是與能力具有密切關係的動機，對於學生而言，認同是有力的動機；互惠是一種與他人共同完成目標的心理傾向，學生在融洽的合作氛圍裡，能提高學習的積極性，對於學習也是一種動力(引自陳文心， 1992)。

研究者就精熟閱讀的發展歷程：解碼、理解、注意力，及影響閱讀能力的因素來看，閱讀文本的選擇與閱讀動機的引發有著緊密的關係，教學者於教學活動中能否提供學生充足動機，在於學生所發展的好奇心、認同感與勝任合作的能力。閱讀情境的設計則延續閱讀動機，提升學生閱讀興趣及能力的要素。當學生閱讀文本時，能將故事裡表達的意義內化成自我思維，研究者認爲此時的學童表現出高程度的閱讀能力。而閱讀理解是影響閱讀能力的重要元素，依 Dole, Duffy, Roehler & Pearson(1991)根據理解認知的思維互動與知識重組的原理建構成閱讀理解教學五種有效策略：找出文章的重點(determining importance)、摘要文章中的訊息(summarizing information)、產生推論(drawing inference)、提出問題(generating questions)及監控理解(monitoring comperhension)。National reading panel(2000)的報告指出閱讀的流暢度對於閱讀理解是一重要的因素，在 Samuels(2002)的研究裡，他以一分鐘內所讀的生字作爲測量閱讀速度的方式，在識字正確率達到目標後，閱讀速度持續增加。爲能實際了解學生的閱讀能力，研究者以閱讀理解的角度出發，就學生的閱讀流暢情形來看閱讀能力理解。

二、合作學習

合作學習是一種有系統、有結構的教學策略，是讓學生在異質性的分組中，相互合作的學習歷程(Slavin, 1985)。合作學習的教學策略：以異質性分組，讓兩個以上的學生組成一個團體，鼓勵學生在學習過程中與他人討論、交換意見，以提昇個人的學習成效並達成團體目標(黃政傑、林佩璇，1996)。

在教室中所進行的合作學習是教師設計在教學環裡的學習情境，學生在異質小組中一起學習，互相合作，提供資源，分享發現的成果，批判並修正彼此的觀點(Parker, 1985)。現今的教學活動多爲異質性分組，教師將班上理解及發表能力強的學生分在不同的組別，擔任小老師帶領小組討論，這種分組的目的在加速小組討論的進行。然而異質性的分組方式容易讓低成就的學生在學習上的壓力，能力好的學生也會發生學習過於容易而發生停擺的現象。

對於異質性分組的合作模式，Pratt (2000)認爲在典型的班級中，學生之間所有的差異，最重要的一個差異在於學生的識字程度與寫作經驗。在設計學習環境上，一個個體被分發到一個教學團體，是基於「年齡」，持續性地以年齡做爲學習團之結構的標準，其隱含信念是：年齡提供了教學與學習上的一致性。Pratt 認爲這種假想產生一些後果：1、同一年齡層較晚出生的小孩，在學校裡學習會持續地表現不佳，導致他們較高比例的學習失敗經驗與焦慮感。2、學習速度較快的孩子，受限於年齡，必須處在與他同齡的學習團體中，或者越級成爲年齡較大的學習團體中的特例。3、我們在年齡上建立了個別班級的單一性，卻在相關的教學觀點上製造差異性。因此，Pratt 提出以能力相當的學生組成的同質性分組的合作學習法，由教師讓某一特定科目的理解及發表能力相近的孩子爲一組，目的在於讓更多孩子主動帶領、參與討論、學習欣賞別人的作法並學習合理質疑不同的作法。

研究者於「自主的閱讀氛圍形塑」的研究發現，在學生分組閱讀時，語文程度相近的學生共同學習，不僅促進同儕間的交談深度，能彼此討論自身的閱讀能力，致使學生可以更進一步了解自己的想法，挑選適合的文本，在他們能理解的文章中，找到自信與對閱讀的興趣。但同質性教學法易形成同一教室內的能力不同的學習群組，因能力距離明顯，學生對於不同能力的群組出現合作學習的心態失衡。

由 Stevens 等人(1987)融合合作學習與有效認知策略所發展出來的另一新教學法：合作統整閱讀寫作法(Cooperative Intergrated Reading and Composition；簡稱 CIRC)主要是設計輔助基礎讀本的課程材料，應用於國小高年級學生，將合作學習應用於閱讀、作文與說話上，藉以統整學生讀、寫、說三方面的能力。它結合同質性和異質性分組的合作方式，小組的成員依個人的作文、讀書報告等成績組合而成。CIRC 的分組方式是依學生能力分爲 2~3 組(同質性分組)，再從各組內抽出 2~3 人，組成異質性的配對組。教學者於 CIRC 的合作教學策略所組成的分組學生間，實施閱讀文本的相關活動、閱讀理解的直接教學及語文、寫作的統整等重要的活動。

本次研究的教學活動，爲能培養學生閱讀興趣，分享閱讀的觀點，減低分組成員的閱讀能力的差異性，研究者以異質性分組及 CIRC 分組的合作教學方式，進行學生的閱讀活動。爲求能使學生以平常心進行學習活動，因此本研究的進行方合作學習與 CIRC 分組的方式稍做調整：首先爲異質性分組，進行閱讀教學及前測作業，第二階段的閱讀教學，則在既有的組別中，以閱讀能力作同質性分組，進行閱讀教學。

三、兒童文學作品與閱讀

兒童閱讀兒童文學作品可以增進思考的能力，誠如劉鳳芯(2002)所言，閱讀可以培養孩子的思考方式，擴展思考的向度，刺激並發展孩子的想像力，閱讀除了提升孩子的識讀能力外，還包括提升詮釋與批判的能力。依兒童年紀來看其閱讀能力與特性，傳林統(1998)認爲小學中期的學生已有獨立閱讀的能力，能與文學裡的人物對談，與作者共鳴，與故事中的人物共體驗，是獨立人格與思考成形的前兆。對社會的各種問題，也逐漸有初步的理解。小學後期的閱讀的文學形式更爲擴大，涉獵內容複雜的創作童話、幻想童話與小說等作品。小學後期的兒童閱讀作品時，已不是單純接受「同化」，而有批判的、反駁的態度。

在兒童文學文類裡，童話與幻想小說佔有多項作品，童話是一次元性的故事結構，人物性格單純，幻想小說則是多元的結構，人物性格更加豐滿，故事形態有各式的變化。不論是童話或是幻想小說皆以童心爲基礎，融合現實與幻想於一爐，飽含著想像與情趣的故事。如彭懿(1998)所說，孩子們憎惡樊籠般的日常生活，渴望自由，常常憑藉想像力把視線轉移到另一個世界。張子樟(2007)更進一步指出，透過現代奇幻小說與童話，物質世界的正常「規則」暫時被終止了，小讀者可對現實世界產生另一種新的視角。

綜上所言，研究者認爲閱讀兒童文學作品，如童話故事或是幻想小說都能引領讀者進入另一個新的空間與視野。幻想小說與童話蘊含幻想性與趣味性的特質，它們是以生活爲發想基礎，藉由誇張的手法，呈現滑稽之美與幽默感，因其奇幻特徵，讓兒童閱讀它之時，超越現實的空間與時間。如幻似真的情境，不僅滿足兒童的想像慾望，也因爲故事不著痕跡的表達出人們的缺陷，使兒童享受樂趣之際，又引其深思。奇幻小說與童話可以增添課文的生動活潑，更因富含多重的思考層面，開發兒童聯想與創意激盪，提高閱讀的注意力，也能有效的達成閱讀的理解。

參、研究方法與程序

此次研究的教學對象爲高年級學生，依上述的理論，研究者將兒童文學作品引進語文課程中，消弭課文所出現情節單一、人物扁平的問題。設計自主的閱讀環境，讓學生帶著他的生活經驗到閱讀的歷程，建構文章的意義，同儕間彼此交換意見。茲將本研究根據研究目的及有關文獻探討的結果，依序說明研究對象，閱讀材料、研究實施程序，分別加以說明。

一、研究對象

本研究以五年級學生為研究對象，學生 30 人。

二、閱讀材料

五年級上學期的翰林版國語課本第九冊第一單元以生態為主題，為了能在每週兩堂課 80 分鐘的閱讀寫作課進行有效的閱讀教學，研究者以國語課文為基礎，延伸相關閱讀為原則，設定〈旺伯母的雞〉為第一階段閱讀書目，第二階段以格林童話與奇幻小說為主要選讀的內容。

三、研究架構與流程

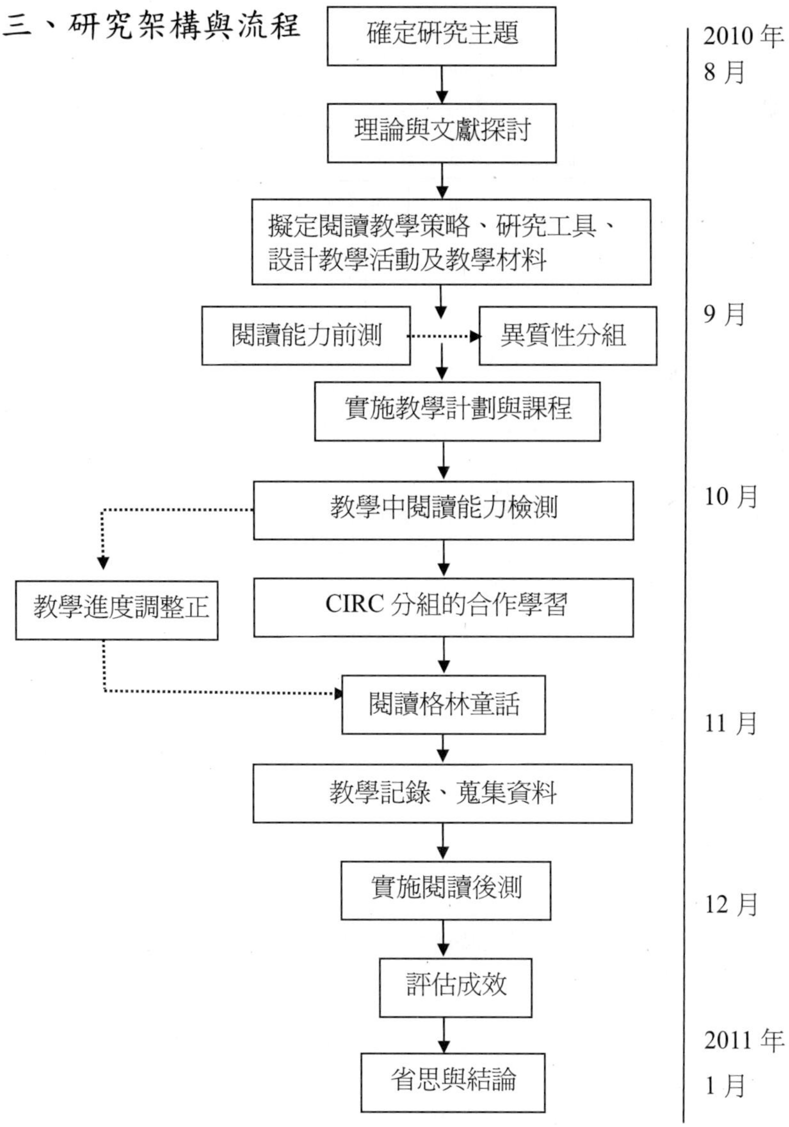

(一) 閱讀教學流程的擬定

依據 Dole, Duffy, Roehler & Pearson(1991)所建構的閱讀理解教學有效策略及 Samuels 以一分鐘內所讀的生字作爲測量閱讀速度的方式。
本研究所設計之閱讀教學流程爲：

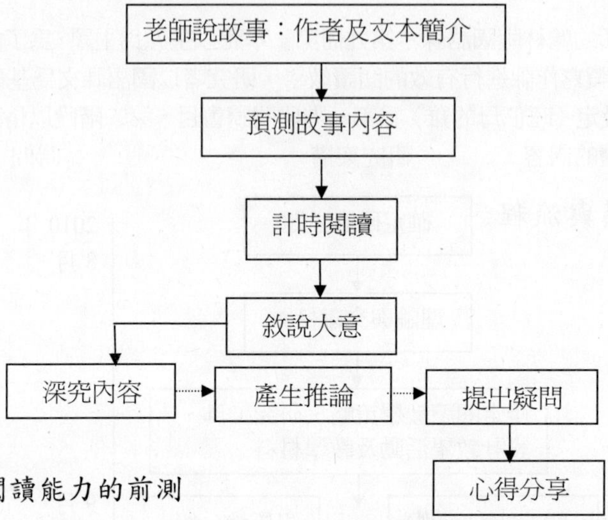

(二) 閱讀能力的前測

以《阿公的八角風箏》的其中一篇短篇小說〈旺伯母的雞〉爲材料，因爲兒童剛由中年級升至高年級階段，五年級上學期的心智年齡處中高年級銜接的時刻，在閱讀能力上，正由小學中期發展至小學後期，學童有獨立思考的能力，能與文學作品的人物互動，甚而產生共鳴。選擇短篇的動物小說〈旺伯母的雞〉，篇幅不大，全文約 2000 字，不僅配合教學課程，又與學童的生活經驗相近，由於故事情節明快又具童趣，較能引起兒童的興趣與注意力，同時做爲閱讀能力前測的文本。本研究以記錄初次閱讀故事的時間及大意敘寫，作爲分析學生閱讀能力的依據。評量及分組方式：

1、第一次閱讀爲計時閱讀，閱讀結束後到黑板名條處記錄時間。
2、學生第二次閱讀時，先在文章上劃記，摘錄大意，理解作者所說的故事之後，將大意敘寫成一篇短文，成篇短文作爲閱讀能力分析。
3、異質性分組：將前測資料進行分析，按照分析結果，將學生閱讀能力分爲六組，每組人數以 5 人爲主。

(三)教學研究中的檢測及 CIRC 分組

以《遙遠的野玫瑰村》的其中一篇短篇小說〈遙遠的野玫瑰村〉爲材料，這篇故事篇幅不大，全文約 3600 字，主角爲獨居的老婆婆和三隻可愛小狸貓，故事裡的動物皆擬人化，情境類似童話故事一般。此時的學童心智年齡已發展至小學後期，小學後期的閱讀的文學形式更為擴大，學童可接受的內容複雜的童話與幻想小說，因此擇取此篇幻想小說，藉由奇異情境進入情節之中，也因相似的生活經驗產生的同理心引發閱讀的興趣。此次的評量為檢測學生閱讀能力的進步程度，評量及分組方式：

1、第一次閱讀為計時閱讀，閱讀結束後到黑板名條處記錄時間。

2、學生第二次閱讀時，先在文章上劃記，摘錄大意，理解作者所說的故事之後，大意敘寫成一篇短文，成篇短文作為閱讀能力分析。

1、CIRC 合作教學方式的分組：將前測資料作學生閱讀能力分析，按照分析結果，將同一組的學生分為 2 組，依閱讀能力相當者為同一小組，每一小組人數以 2~3 人為主。分組方式與流程如下：

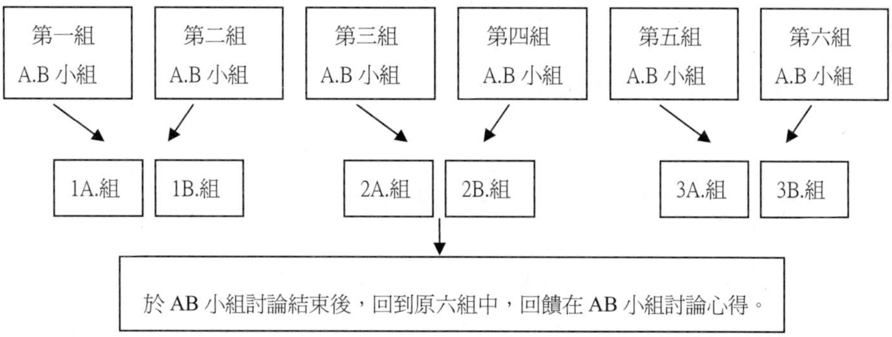

（四）以 CIRC 的合作教學方式進行格林童話的閱讀

研究者以《格林童話》中的一篇〈漁夫與他的妻子〉為材料，這篇故事篇幅不大，全文約 2500 字，主角為住在海邊的窮漁夫和他的妻子，當他們遇到一條有魔法的比目魚時，由於貪心妻子不斷的要求更好的生活，造成夫妻最後仍然一無所有。由於此時的國語課程將進入第四單元〈與作家有約〉，為擴展學生的視野，因此引進德國的童話編輯者：格林兄弟，在認識德國童話之時，也了解十六世紀時候的童話，運用故事內容與學生共同探討如何用心生活。此次閱讀分組方式：

1、第一次閱讀為計時閱讀，閱讀結束後到黑板名條處記錄時間。

2、學生第二次閱讀時，先在文章上劃記，摘錄大意，理解作者所說的故事之後，大意敘寫成一篇短文，成篇短文作為閱讀能力分析。

分組閱讀的流程如下：

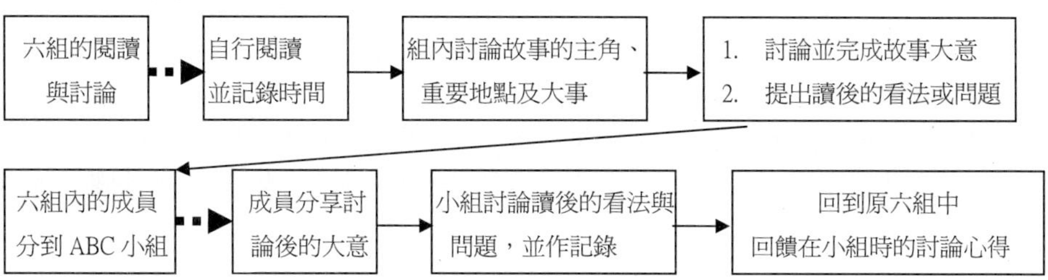

（五）閱讀能力的後測

以《說不完的故事》第一章〈幻想國的危機〉爲材料，全文約 9500 字，故事情節起伏明顯但又多重，人物的描繪鮮明有趣，故事主角年級與讀者相仿，由於《說不完的故事》爲奇幻小說，內容多了一層超越時空想像的故事，對於閱讀中的聯想與創意，有激發的效力。讀寫後測目的爲分析學生閱讀能力的增進效果，評量方式：

1、第一次閱讀爲計時閱讀，閱讀結束後到黑板名條處記錄時間。

2、學生第二次閱讀時，先在文章上劃記，摘錄大意，理解作者所說的故事之後，將大意敘寫成一篇短文，成篇短文與評量記錄作爲閱讀能力分析。

2、後測完成之後，以書面意見調查進行學生對於閱讀兒童文學的興趣。

肆、研究結果與討論

一、教學前，閱讀能力前測結果與討論

（一）研究者於教學前進行學生閱讀時間的記錄，記錄如下表。

表 1 〈旺伯母的鷄〉的閱讀時間分析表

閱讀時間(分鐘)	0～5	5～7	7～13	13～16	15～20	20 分以上
人數	0	6	17	6	4	1
每頁平均閱讀時間(分鐘)	0.1～0.50	0.51～0.99	1.0～1.50	1.51～2.00	2.01～2.50	2.50 分以上

由閱讀時間的前測結果來看，學生在專心閱讀的狀況下，讀完全文約 2000 字的動物短篇小說〈旺伯母的鷄〉，所花費的時間差距頗大，最快讀完者之閱讀時間約爲 6 分鐘；最慢完成的閱讀者則費時約 32.33 分，多數學生集中在 7～13 分鐘。以每頁平均的閱讀時間而言，學生每頁平均閱讀時間的眾數落在每頁約 1 至 1.5 分鐘的範圍。

針對閱讀時間最長的學生情況來看，研究者發現，當文本裡有其不認識的語詞時，此名學生會停下來詢問或查驗字詞的意義，而其他學生的閱讀並沒有出現此種情況。深入了解她在家裡的閱讀方式，研究者由母親口中得知，當學生閱讀時，媽媽要求女兒必須先慢讀，將不懂的語詞做一番認識後，再重讀一次文本。由於此種閱讀習慣的培養，使得此名學生在閱讀國語課文總是反覆思考，深度依賴工具書，無法獨立思考，有自信的說出想法，不論是閱讀、口說大意及書寫故事大意時，花費的時間是其他學生的兩倍以上。因此，研究者與母親溝通，請她在家裡陪女兒閱讀時，調整方

式，研究者於學校的課程時間裡，要求此名學生儘量先瀏覽，練習以舊經驗理解文本的意義，不懂的語詞做上記號，等到下課時間再詢問或查字典。

(二)短篇小說的大意發表狀況

計時閱讀之後，研究者與學生分享閱讀所見的故事內容，並請學生在黑板上記錄故事發生的地點、時間、主要角色與重要事件。分享之後請學生依黑板上所呈現的人、事、時、地及對於故事的記憶，簡單寫下這一篇小說的故事大意。研究者的評分標準分爲五個等級：① 90 分：能簡單明瞭且流暢的寫下故事大意。② 85 分：能簡單明瞭的寫下故事大意。③ 80 分：能寫下故事大意，但缺少部分重要事件或人物。④ 75 分：所寫下的大意偏離故事主要內容。學生的故事大意評分結果如下表。

表 2 〈旺伯母的鷄〉的故事大意評分結果

分數	90	85	80	75
人數	4	10	13	3

依評分結果來看，學生可以簡單的表達故事大意，但無法流暢的書寫完整的文章意義，能將文學作品完整的建構出其意義者有 4 名(90 分)，尚無法讀出文學作品的內容者有 3 名(75 分)。

(三)歸納二項前測結果，進行異質性分組

以敘寫文意的評量結果發現，具有良好的大意敘寫能力者僅有 14 名，約全班人數的 50%。爲提高學生的閱讀能力，研究者以學生的閱讀時間將全班異質性分組，學生大意敘寫的能力則爲分組的參考，分組原則與方式：

1. 於班級每月調整座位時間，進行異質性分組。研究者爲每一組組員的的閱讀能力的排序，並不公開於組員間，希望學生能自然的與組員互動。
2. 以 13 名 80 分之學生及 10 名 85 分的學生分爲六組，每一組再加入 90 分的 4 名學生及 75 分的 3 名學生。
3. 雖然無法依閱讀時間程度平均分配人數，但六組的學生閱讀能力分佈大致相同。

(四)進行班級的閱讀

研究者在學生的日常生活作息與休閒生活調查中發現，經常性閱讀故事或小說者佔全班的 18%，多數學生以學校課業爲主，閱讀課外讀物並非日常的活動之一。因此在國語課程中，每週安排有兩節課進行延伸閱讀，研究者延續〈旺伯母的雞〉的動物小說，自 9 月至 10 月之間(共 4 週，8 節課)，以沈石溪的短篇小說〈再被狐狸騙一次〉及安房直子的短篇小說〈狐狸的窗戶〉爲閱讀文本，皆以記時閱讀爲開場，再共同討論故事的大意，並練習大意敘寫。

二、教學中，閱讀能力檢測結果與討論

學生在未領到故事前，研究者總是以說故事的方式介紹作者生平故事，以引發學生對於創作者及所創作之故事的好奇，藉由此種方式刺激學生的同理心，期待當學生拿到故事時，可以敞開放心懷進入故事的情境之中。經過一個月計時閱讀習慣的培養之後，學生已能接受故事內容以文字為主的小說，在電子時鐘的計時之下，教學的氣氛籠罩在有限的時間裡，學生身處此種氛圍專注的閱讀情境。研究者將學生閱讀〈遙遠的野玫瑰村〉的時間記錄整理於表 3，學生的故事大意評分結果記錄整理於表 4。

(一)短篇小說的閱讀時間的狀況

表 3 〈遙遠的野玫瑰村〉的閱讀時間分析表

閱讀時間(分鐘)	0～5	5～7	7～13	13～16	15～20	20 分以上
人數	0	17	13	4	1	1
每頁平均閱讀時間(分鐘)	0.1～0.50	0.51～0.99	1.0～1.50	1.51～2.00	2.01～2.50	2.50 分以上

由閱讀時間的檢測結果來看，學生閱讀全文約 3600 字〈遙遠的野玫瑰村〉是專注而流暢的，最快閱讀完成者只花費約 5 分鐘，最慢閱讀完成者花費約 23 分鐘，多數學生集中在 7～13 分鐘。以每頁平均的閱讀時間而言，學生每頁平均閱讀時間的眾數落在每頁約 0.51 至 0.99 分鐘的範圍。在前測時，閱讀時間最長的學生，由此次的閱讀記錄也有進步，閱讀不再被陌生的語詞中斷，可以試著依自已的舊經驗，理解故事的意思，提出自己的看法。

(二)短篇小說的大意發表狀況

計時閱讀之後，研究者與學生分享閱讀所見的故事內容，並請學生分享之後，簡單寫下這一篇小說的故事大意。

表 4 〈遙遠的野玫瑰村〉的故事大意評分結果

分數	90	85	80	75
人數	6	13	9	2

就表 4 的結果來看，多數學生可以流暢完整的表達故事大意，能依文本內容建構出其意義者有 6 名(90 分)，尚無法讀出文學作品的內容者有 2 名(75 分)。

(三)歸納檢測結果，並進行同質性分組

表 5 的曲線圖可以看出，中測結果曲線明顯向左移，每頁平均閱讀時間在 1 分鐘之內的人數在前測時爲 6 人，中測則爲 17 人，有 11 名學生在閱讀速度上是增進的，表示經過一個月的閱讀練習，學生大多能流暢的瀏覽一篇文章。

表 5　每頁閱讀時間的前測與中測結果比

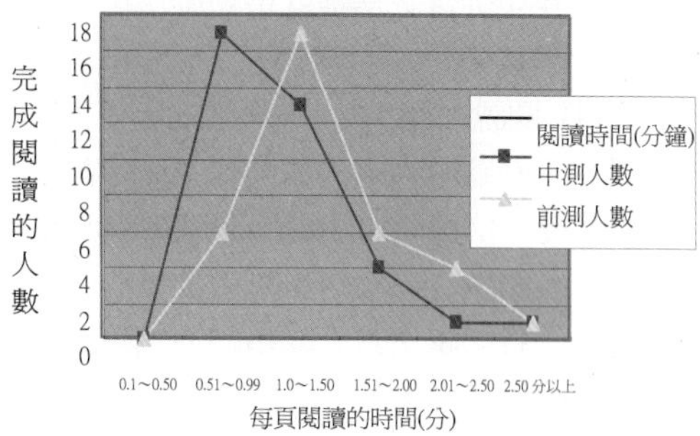

研究者將班級的六組(異質性分組)，依以學生的閱讀時間再於組內分爲 2 小組，分組原則與方式：

1. 同組內，閱讀時間相近者，分爲同一小組，閱讀快者爲 A 組，閱讀慢者爲 B 者。同一組的閱讀時間皆相近者，則依大意的敘事能力來成組。
2. 研究者爲營造自在閱讀的氛圍，降低學生的較勁心態，因此學生的閱讀能力的排序情況，並不公開於組員間，希望學生能以平常心與組員互動。

三、以 CIRC 的合作教學方式進行《格林童話》〈漁夫與他的妻子〉的閱讀及討論

(一)說故事時間—六組的合作閱讀

1. 教學順序及情形：

(1) 說書時間：格林兄弟的成長及格林童話蒐集的過程。

爲了加深學生對於格林童話的認識，安排老師的說書時間，研究者以說故事的方式爲學生作介紹格林兄弟的背景及格林童話的產生，並加入格林童話的另一則故事〈漢賽爾和格蕾特爾〉，此則故事是現今流傳之〈糖果屋〉故事的原型。此作法之目的是希望藉由介紹十五世紀的德國的貧窮情景，及格林兄弟收集德國民間故事的因由爲起點，激發學生閱讀格林童話的興趣。

(2) 計時閱讀：《格林童話》〈漁夫與他的妻子〉。

由於學生已習慣在全班共讀時間，以計時方式來表示自己完成閱讀，因此，於 CIRC 合作教學方式的閱讀仍然持續這個程序。於計時的氛圍裡，學生能安心閱讀，當自己先讀完第一次時，也在等待同學閱讀之際，進行第二次的閱讀，並開始注意故事裡重要的人物(漁夫、妻子、比目魚)及事件。

(3) 學生於小組內討論，並記錄故事主角及主要發生地點。

各小組對於的地點分析：海邊、草棚屋、美麗的小屋、宮殿、皇宮、教堂。學生

列述地點之後，老師將由地點整理在黑板上，大家發現隨著故事情節的發展，地點並沒有轉變，唯一有變化的是房屋的外形。但是各組學生對於故事中的人物與地點的發生及轉變有所討論：有所爭議的人物是比目魚，有學生認爲：比目魚是重要角色，另有學生則會認爲牠就是被魔法纏身的小王子，因此角色是人類—王子，而不是動物—比目魚。

(4) 圖說大意：〈漁夫與他的妻子〉

在圖說大意的活動裡，研究者要求每組學生由故事的 6 個地點，擇取 4 個房屋的變化，依情節順序畫出房屋樣貌，並組合成大意。此活動的目的是以地點的選擇、安排及繪製，促使學生思考故事的內涵。

各組學生對於故事的地點組選擇分爲兩種：小草棚、美麗的房子、宮殿、教堂；另一種：海邊、小草棚、美麗的房子、宮殿。例如：第一組代表上臺說大意時，比目魚王子僅出現大意的第一句話：漁夫在海邊釣到一條神奇的比目魚，但是他放走了他，在敘述大意以妻子愈來愈大的要求爲主，最後的結果是漁夫和妻子回到小草棚。第三組代表上說大意時，表達組內成員對於比目魚王子與地點變化同樣重視，使得故事大意的敘述著重在妻子、漁夫和比目魚的要求過程。

由此看出，雖是情節單純的童話，每組學生對於故事的解讀仍是不同，有些學生故事的大意重點應放在房子的變化來表示漁夫妻子貪慾，有些學生則認爲大意應由海邊開始，再說妻子愈來愈大的欲望。但兩種說法的總結皆認爲具有神力的比目魚王子在故事中具有重要的地位，因爲牠的神奇力量讓妻子的貪婪一覽無遺。

(5) 綜合故事大意，並習寫大意。

結束故事大意的分享之後，學生將自己所認定的故事大意敘寫於記錄本裡。

2. 以異質性分組的合作教學方式之閱讀活動

「說故事時間」成爲閱讀的前導活動，當研究者說故事時，學生聽到未接觸過的文本，總會有許多的好奇。由「說書時間」到「圖說大意」，學生皆以異質性分組的合作教學方式進行閱讀活動，不論是學生於組內討論如何在 6 個故事地點裡，選取 4 個地點來敘說大意時，或是學生上臺合作說大意時，研究者發現閱讀速度快，大意敘寫能力較強者，會帶領閱讀速度較慢，大意敘寫能力較弱者，此種情形使得閱讀理解力較弱的學生會有尚未釐清思緒，尚未成思考之時，即被其他同學的想法所牽引，無法完成自己的想法。

但在上臺分享大意時，由於是以整組合作敘述，自由表達故事大意，或說或演，使得每一個人對於這則故事想法可以利用肢體或聲音來表現，在臺下的同學們也有再次思考與溝通的機會，因此全班在分享故事大意時，共鳴與驚喜總是相繼出現，當對於同學們的意見與自己的相左時，也讓學生進一步檢視閱讀時的想法，正如 Goodman(1998)所說，讀者透過語言的交易建構意義，學生在閱讀時，理解文本的內容，以自身的先備經驗與同儕的想法交流之間發生歸納與推論，進行讀者—文本之間的互動歷程，也使得文本成爲真實而有意義閱讀經驗。

(二)深度思考時間—CIRC 的合作閱讀

1. 教學順序及情形：

(1) 請六組成員討論：關於故事的想法或疑問，並依記錄於長條板下，貼上黑板。

(2) 全班共同歸納整理黑板上呈現的想法或疑問：

①故事裡最重要的人物以及理由。

②這則故事裡所要表達的事。

③在歷史故事與新聞事件中與妻子相似的人物。

(3) 六組成員依 3 項問題作討論，並作記錄。

(4) 六組再分 2 小組(AB 組)，學生將所作之大意記錄及自己的想法，帶到新小組中，作第二次的討論與分享。

2. 針對三個問題，新組合的 AB 組討論情況：

(1) 故事裡重要角色：

重要人物的看法分爲兩類，第一類學生認爲故事裡重要人物有兩者：漁夫和妻子，主要原因爲：因爲漁夫釣魚才有機會遇到具有魔法的比目魚，而且故事的情節都圍繞在妻子欲望的不斷擴大。另一類學生認爲故事裡重要角色有三者：第 1 是比目魚，因爲牠的魔力使得妻子不斷想要更好的生活。第 2 爲漁夫，因爲漁夫釣魚才有機會遇到具有魔法的比目魚，故事才會發展。第 3 是妻子，故事主要描寫妻子的貪得無厭。

(2) 故事裡所要表達的事：

雖然對於人物的看法分爲兩類，在討論之間，來自不同組別的學生到了新的 AB 組後，對故事內容深入探討，學生多關注妻子的貪慾問題，對於漁夫的行爲與比目魚的有求必應的態度並不感興趣。但是對於引發妻子貪慾的比目魚，也有討論。六組學生在討論裡都提到：知足常樂，貪婪常會引起傷害，當人們對於生活知足時，不論是多麼豪華的宮殿都不及自己的家來得溫暖舒適。其中 2 組(A 組)學生學生提出「比目魚的魔法」，可以比喻成日常生活中的誘惑，例如金錢、名利、毒品、玩樂、慾望、能力。

(3) 在歷史故事與新聞事件中與妻子相似的人物

閱讀《格林童話》〈漁夫與他的妻子〉的文字對五年級的學生而言是容易的，但是理解故事其中的涵意，甚而衍生自己的想法、聯想至其他閱讀經驗的互文性就是不簡單的事。爲了擴大學生的經驗思考線索，因此研究者要求學生想想：在所讀過的歷史故事、新聞事件裡與妻子相似的人物。B 組學生的討論裡，多偏向於歷史人物，且是中低年級社會和國語課本閱讀時的舊經驗，如秦始皇、商紂、妲己等。在 A 組學生的討論裡，學生提出曾佔領臺灣的荷蘭人、日本人，甚至是拿破侖、法國的瑪麗皇后。

2. 以 CIRC 分組的合作教學方式之閱讀活動

研究者發現，就這個問題討論的表現而言，AB 組的討論結果有深淺的層次， A

組學生的閱讀理解及閱讀詮釋能力是較深較廣，B 組學生可以於思考速度較一致的情況下，說出想法。AB 組的討論時，由於每組的學生能力相當，閱讀速度相近，組內討論氣氛熱絡，學生的思考時間少有被打斷或不足的現象，但是對於尊重與接納彼此意見的課題，學生需要學習。當學生重新歸回到原來的六組裡，分享在 AB 組討論的心情及收穫，學生們對於分組之後，再回到原組有著新鮮感，也體會到原組的溫和與親切，在這一階段的研究發現，學生在不同性質組合的團隊中有著不同的壓力，因而激發新的表現。

針對學生閱讀討論與思考狀況，研究者發覺學生對於目前臺灣與國際間所發生的新聞多所不知，顯示生活經驗的貧乏。就此情況而言，其因來自兩方面，其一為學校教師對為專注在課本的進度及學期評量的表現上花費大量的心力，對於日常生活的相關資訊的探討並不多，其二為家長在孩子的教育上多重視課業成績而忽略了培養孩子在細心觀察生活、體驗生活的態度。

四、教學後，閱讀能力後測結果

經過三個月的計時閱讀之後，學生已能專心的閱讀故事。研究者選用《說不完的故事》第一章〈幻想國的危機〉作為閱讀能力後測文本。《說不完的故事》是具有遊戲性與想像特質的奇幻文學作品。第一章〈幻想國的危機〉內容約 9500 字，敘寫四個奇特族類的信使因為家鄉發生怪事，急奔迷宮，向孩童女王求救的過程。研究者在說書時介紹創作者，並描述了《說不完的故事》的發生因緣：一個小男孩偷書的過程。由於這個小男孩的形象親切，其胖子的外形與個性又近似於真實生活的鄰家男孩，讓尚未接觸故事的學生們不排斥這本長篇小說，引發閱讀第一章〈幻想國的危機〉的動機，期待發現小男孩的秘密和解開幻想國謎題。

研究者將學生閱讀〈幻想國的危機〉的時間記錄並整理於表 6，學生的故事大意評分結果記錄並整理於表 8。

(一) 《說不完的故事》第一章〈幻想國的危機〉的閱讀時間情況

表 6 〈幻想國的危機〉的閱讀時間分析表

閱讀時間(分鐘)	0～5	5～7	7～13	13～16	15～20	20 分以上
人數	0	10	17	2	1	0
每頁平均閱讀時間(分鐘)	0.1～0.50	0.51～0.99	1.0～1.50	1.51～2.00	2.01～2.50	2.50 分以上

由表 6 的閱讀時間發現，雖然這是一份內容將近一萬字的故事，最快閱讀完成者費時約 7 分，相較於中測時的閱讀速度，有顯著的進步。

表 7　每頁閱讀時間的中測與後測結果比較

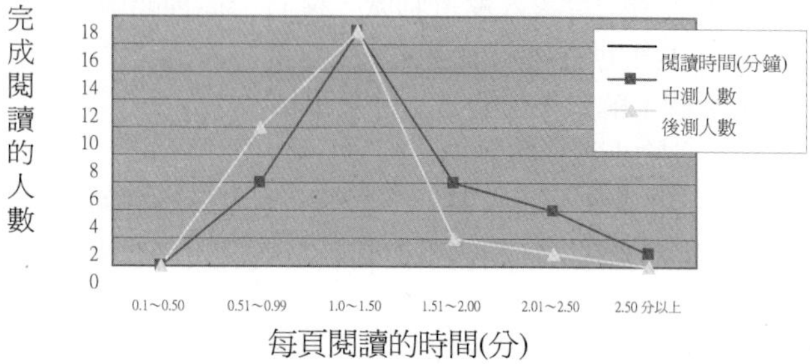

由表 7 的後測與中測比較發現，每頁平均閱讀時間在 0.51～0.99 分鐘的人數由 6 人進步到 10 人，每頁平均閱讀時間在 2.01～2.50 分鐘之間的人數由 4 人下降為 1 人。

(二)短篇小說的大意發表狀況計時閱讀之後，研究者與學生分享閱讀所見的故事內容，並請學生分享之後，簡單寫下這一篇小說的故事大意。

表 8　〈幻想國的危機〉的故事大意評分結果

分數	90	85	80	75
人數	7	15	7	1

就表 8 的結果來看，多數學生可以流暢完整的表達故事大意，能依文本內容建構出其意義者有 7 名(90 分)，尚無法讀出文學作品的內容者有 1 名(75 分)。由後測顯示學生的閱讀流暢度及大意敘寫能力進步許多，能耐心閱讀長篇幅的文本。

(三)、 學生對於閱讀兒童文學作品之想法

在閱讀技能後測結束之後，研究者以「閱讀兒童文學作品的興趣」的書面問卷，調查學生閱讀兒童文學的意願。

問題一：在閱讀課之後，你還會想要閱童話和奇幻小說嗎？

學生回應裡有 4 位表示不會，理由有二：一是放學之後忙著課後的補習和才藝班，沒有多餘的時間；另一個理由則是認為玩樂和打球是很重要的事情，閱讀只需要在上課的時間進行就可以了。

問題二：在閱讀課裡讀了許多書之後，你還會想看哪一類的書？

研究者歸納學生想再閱讀的書籍種類如下表。

表 10　學生想再閱讀的書籍種類

種類	童話	動物小說	奇幻小說	歷史小說	其他
人數	9	4	10	3	3

歸納學生的理由：

1、童話及奇幻小說：

(1) 在書中，可以看到可愛動物或神奇的事物。

(2) 閱讀時可以邊看不真實世界裡的故事，邊想生活周遭發生的遊戲，非常有趣。

2、奇幻小說：

(1) 閱讀時會讓人驚奇刺激，又有一種神祕虛幻的感覺，故事充滿想像力，但是在真實世界不可能發生。

(2) 想了解未來可能發生什麼事情。

2、「動物小說」與其他：

選擇其他一項的學生，其舉出的書類爲冒險小說，選擇動物小說與冒險小說的理由相似，因爲這類的書不但刺激，又讓人可以相信情節是有可能發生的，讓人完全沈浸在故事中。

3、「歷史與生活小說」：因爲對於歷史有濃厚的興趣。

根據學生的回應來看，學生對於童話與幻想小說抱持高度的興趣，這個現象可能的原因有二：一是這個學期的教學中，學生一直接觸相關文本，已體會出其中的樂趣。二是學生尙未體會過其他文類的兒童文學作品，因此無法比較對於其他文類的喜愛程度。不論是哪一種原因，這些回應都表示這一學期進行兒童文學作品的閱讀，的確引起學生的興趣。

伍、結論

本研究引進動物小說、格林童話與幻想小說於閱讀教學課程中，希望能提升五年級學生的閱讀興趣；並運用合作學習的方式進行閱讀教學，培養學生的閱讀能力。經過這個學期的研究過程，歸納出以下結論：

一、 以兒童文學作品建立學生的閱讀興趣

兒童文學作品的文類與內涵是豐富多彩的，目前的語文教科書的文章內容多有情節單一、人物扁平的情況，影響學童對於閱讀，降低學習的動機。研究者於國語課程的延伸閱讀時間，使用兒童文學作品作爲教材，學生閱讀文本與討論時，學習將生活經驗與文本知識連結，讓學生在閱讀學習與實際生活能有交集，思考與討論的焦點比較集中，進而建構自己的想法，同時也提升閱讀能力。

以動物小說爲素材，動物小說中的主角是孩童所熟悉的動物，大多數孩子在生活中樂於和動物相處，因此以動物小說爲媒介，進行大意敘寫的教學時，學生容易進入故事的情境，也能因生活經驗來同理故事角色發生的事件，很快的釐清故事的脈絡。就幻想文學作品的遊戲性與想像力的特質來看，故事內容所發出的訊息能激發孩子的創造力與思考力。透過童話與奇幻小說裡的虛構世界，它提供一個好玩又具挑戰性的空間，有助於讀者藉由不同世界的奇異考驗和經歷，發展批判與美感的閱讀能力。

閱讀能力是所有學習能力的基礎，當閱讀興趣提升之後，學習能力的基礎則會一

步步的建立。彌補課文的不足，研究者建議於語文教學的課程規劃裡加入兒童文學作品的閱讀，一方面增廣學生閱讀的視野，另一方面可以增加語文教學的樂趣。

二、教學情境影響學生的閱讀能力

閱讀能力的強弱來自於讀者所持的基模是否充足，基模大致分爲文章基模與內容基模。一般來說，國語課的教學目標的設定皆關注於文章基模的建立與提升，研究者著重於內容基模的建構與強化，因此，在閱讀教學設計上除了培養學生專注閱讀的習慣，要求學生練習敘寫故事大意，更進一步的要求學生發表閱讀後的想法，並將想法以文字記錄下來。研究者發現當學生閱讀技能與閱讀興趣提升後，閱讀能力自然提升。影響閱讀能力的因素包含語言能力、先備知識、情緒因素、閱讀技能等因素，因此研究者將影響閱讀能力的因素作爲教學策略的考量：

1.當學生與故事第一次接觸前，老師以說故事的方式來介紹作者生平、創作背景及故事的開始。

2.培養閱讀的慣性，在首次閱讀一篇故事時，養成閱讀後記錄閱讀時所花的時間，其目的在於讓學生意識到閱讀的時間性，形成潛在的力量推動學生專注的閱讀。由前測到後測三個月的時間，學生習慣於此番閱讀進行的模式，當新故事開始時，他們已然掌握閱讀進行的節奏，在時間的前進之際，自然有種督促力在學生的閱讀情境之間產生。

三、合作教學及CIRC的實施能有效提升學生的閱讀興趣及閱讀能力

在本次研究裡，研究者將 CIRC 的分組程序稍做調整，以異質性分組進行第一階段的閱讀教學，以同質性分組進行第二階段的閱讀教學，研究發現，這種調整的合作學習方式，可以維持學生的自尊，並讓同儕間的人際關係能正向運作，於異質性的成員組合讓不同閱讀能力者可以相互學習、促成人際良性互動的情境，凝聚組員負責及合作的信念，並讓語文程度高的孩子帶領低成就的學生，除了協助低成就學生的閱讀練習外，也能促進協助者的另一層次的思考。另一方面，在 CIRC 合作學習方式的同質性分組裡，熟練程度相當的閱讀者能在約定的時間內完成閱讀的進度，又能進行學習活動，互相討論、學習欣賞並學習別人的作法，有效率的學習促使閱讀者收穫更多。這樣分組方式，學生的程度一致，老師進行教學與引導時，能有效率的進行閱讀。

研究者認爲在此次的閱讀教學中， CIRC 合作學習的教學策略的運用，使得學生的學習成效提升，改善同儕間的人際關係；在研究中顯示，學生可以在 CIRC 合作學習的情境裡，同儕間相互激盪思維，可以促進學生的思考能力、統整及解決問題的能

力，對於文本的內涵更深入了探討，也促進閱讀的能力，提升閱讀的興趣。

參考文獻

一、中文部份

安房直子 著，朱怡良 譯(2004)。遙遠的野玫瑰村。臺北：時報。

南美英(2007)。晨讀10分鐘—培養快樂閱讀學習，增進學習力78種高效策略。臺北：天下雜誌。

侯秋玲、吳敏而 編(2005)。文學圈之理論與實務。臺北：朗智思維科技。

洪蘭、曾智朗(2000) 。兒童閱讀的理念—認知神經心理學的觀點。教育資料與研究，38，1-4。

洪蘭 (2004)。閱讀決定思想。教師天地，129，4-7。

美國國家研究委員會 編著，柯華威、游雅婷 譯(2001)。踏出閱讀的第一步。臺北：信誼。

麥克・安迪 著，廖世德 譯(2004)。說不完的故事。臺北：遊目族。

格林兄弟 著，徐珞、余曉麗、劉冬瑜 譯(2002)。格林童話。臺北：遠流。

許詩玉(2010)。自主的閱讀氛圍形塑—以兒童文學作品融入國小六年級文學圈的閱讀活動。2010 年臺灣教育學術研討會。臺中：臺中教育大學。

張子樟(2007)。少年小說大家讀。臺北：天衛文化。

張春興（2007）。教育心理學。臺北：東華書局。

馮輝岳(2003)。阿公的八角風箏。臺北：民生報。

傅林統（1998）。兒童文學的思想與技巧。臺北：富春。

黃政傑、林佩璇(1996)。合作學習。臺北：五南。

趙鏡中(1999)。幫助學生成爲一個真正閱讀者 —兼論兒童文學在閱讀教學中的運用。臺灣地區兒童文學與國小語文教學研討會論文集。臺東：國立臺東師院兒童文學研究所出版。

劉鳳芯(2002)。親愛的爸爸媽媽老師、孩子需要閱讀兒童文學作品。毛毛蟲月刊142期。臺北：毛毛蟲兒童哲學基金會。

David Prattt 著，黃銘惇、張慧芝 譯 (2000) 。課程設計教育專業手冊。臺北：桂冠出版社。

Deborah Cogan Thacker & Jean Webb 著，楊雅捷、林盈蕙 譯 (2005)。兒童文學導論。臺北：天衛文化。

Ken Goodman 著，洪月女 譯（1998）。談閱讀。臺北：心理出版社。

Perry Nodelman 著，劉鳳芯 譯(2000）。閱讀兒童文學的樂趣。臺北：天衛文化。

2010國際閱讀教育論壇介紹
http://www.nsc.gov.tw/SCI/public/Attachment/012211562771.doc(2010.12.25)

二、外文部份

Arthus,A.C.(1988).Ways of Promoting Books.The book Reprot, January / February, 24-25.

BBC News：Pisa international rankings
http://news.bbc.co.uk/2/hi/uk_news/education/7126388.stm (2010.11.20)

Jean Paul Sartre(1971).“Why Write?” Adams. Hazard. Ed., Critical Theory Since Plato. N.Y.:Harciyrt Brace Jivabivucg, I6nc..

National Reading Panel (2000).Teaching children to read: an evidence-based assessment of the scientific research literature on reading and its implications for reading instruction.

Samules, S. J. (2002). Reading fluency： its development and assessment. In Farstrup , A. E., & Samule, S. J. (Eds). What research has to say about reading instruction,(pp.166-183). Newark, DE：International Reading Association

Samules, S. J. , Schermer, N., & Reinking, D. (2006). Reading fluency : Techniques for making decoding automatic. What research has to say about reading instruction . New York：Guilford Press.

Stevens, R., Madden, N., Slavin, R. & Fanish, A. (1987) Cooperative integrated reading and composition : Two field experiments. Reading Research Quarterly , 22,433-454.

從漢語課本透視日本大學漢語教學現狀

劉小俊*

摘　要

日本每年出版大量的漢語課本，特別是初級漢語課本。但是，這些課本中存在著嚴重的水準程度失衡現象。本文對照《高等學校外國留學生漢語教學大綱(長期進修)》和日本《漢語檢定認定基準》對近幾年出版的30種初級漢語課本進行了調查和分析，並指出其反映出的日本大學第二外語的漢語教學所存在的問題。

關鍵詞:第二外語、教學、體制、多元化、現狀

*京都女子大學中文系教授

一、引言

1965年日本《中國語學》雜誌刊登了小林立的論文〈非專業課程漢語課本〉。在這篇論文中，作者提到在當時的香川大學選修漢語爲第二外語的學生只占總數的5%，並因此指出了漢語極易淪爲「第三外語」的尷尬處境。究其原因，小林力認爲其中之一是由於日本人對漢字的字義和發音的理解不夠全面，並提出了多出版「注音課本」的建議。[1]

時過境遷，40多年以後的今天，漢語早已成爲日本各大學第二外語中的「熱門」課，其選修人數也是5%的數倍，有些學校甚至達到或接近10倍之多。隨之而起的是漢語教材出版事業的蓬勃發展，小林立當年提倡的「注音課本」在今天不僅早已成爲主流，而且種類繁多，數量可觀。其出版週期之短，出版速度之快，令人目不暇接。僅以朝日出版社一家爲例，其2011年漢語教材目錄中就有153種教材，其中約100種爲初級漢語課本。

但是，正如任何事物都難以做到盡善盡美那樣，日本漢語教材中同樣存在著這樣或那樣的問題，一些專家學者也撰文對其進行過論述。如北京大學對外漢語教學中心（當時）張英教授的〈語義、語用與文化——兼析日本漢語教材〉一文從語義、語用和文化背景三個方面出發，通過舉例分析，指出在日本出版的漢語教材在語言表達上存在的「不自然」現象，對其原因進行了分析。[2]〈中國語教科書中的日語的影子〉一文也通過實例分析，對漢語教材中存在的「日語式」的表達方式提出了意見和看法。[3]此外，何芳的〈日本大學漢語初級教材管窺——由教學想到的若干教材編寫問題〉一文從教材編寫和內容的角度出發，在對漢語教材作了充分肯定的基礎上，指出現有的漢語教材中存在著「詞語、語法和重要句式的循環重複率太低」；「習題量較少」；「處理語音部分時有些操之過急」等需要改善的地方。[4]

上述這些論文從具體實例入手，對漢語教材中存在的問題及不足進行了探討和論證，其意義和價值自不必筆者在此贅述。但是有一個筆者認爲非常重要的問題這些論文並沒有涉及到，那就是教材的水準程度問題。日本每年出版幾百種漢語課本，這些課本，在編寫時是否有一定的依據，是否參照了相應的資料，在程度上是否有一定的標準等。這些不僅直接關係到教材水準程度的統一性，而且對漢語教學實際工作也有著很大的影響。本文欲將關注點放在漢語教材的水準程度

---

[1]小林立：「一般教育における中國語テキスト」，『中國語學』通號148（1965年6月）頁 12-15。

[2]張英:〈語義、語用與文化——兼析日本漢語教材〉,京都女子大學『人文論叢』第 48 號（2002年 1 月）頁 93-115。

[3]服部元彥:〈中國語教科書中的日語的影子〉,京都外國語大學『研究論叢』50（1998 年 3 月）頁 403～408。

[4]何芳:〈日本大學漢語初級教材管窺——由教學想到的若干教材編寫問題〉,《県立新潟女子短期大學研究紀要》第 40 號（2003 年）頁 221-226。

問題上，旨在通過調查和分析日本初等階段漢語課本（以下稱初級漢語課本）的水準程度，透視日本大學作爲第二外語的漢語教學現狀。

二、關注的問題

近年來，日本大學第二外語的漢語教材編寫工作呈現了一種趨勢，並逐漸成爲主流。那就是各大學的漢語教師根據本校的學生情況、課程設置和課時安排等編寫適合本校教學目標和計畫的課本，並將其作爲本校漢語教學的統一教材使用。如下文中提到的《漢語初級1・2》（關西學院大學 好文出版）、《開門！中國》（同志社大學 朝日出版社）、《七彩漢語——爲京都女子大學學生編寫的漢語課本（語法篇）》（京都女子大學 KWUC）、《通過背誦學漢語[初級篇]》（龍谷大學 白帝社） 等都屬此類課本。這類教材由於編寫目的明確，在教學內容和課程安排以及使用方法上也容易得到統一，因此使用此類教材可以較好地把握全校漢語教學的整體水準，從大學漢語教學上講，這無疑是一個好的趨勢。另一方面，有些學校雖然沒有編寫自己的教材，但由於採用了統一教材，也能較好地把握整體教學水準。但是，據筆者所知，至今尚有不少學校在教材選用上仍然採取「各自爲政」的辦法，即由任課教師各自選擇教材。這種方法尊重教師的自主性和獨立性，可以充分發揮個人特長，使漢語教學工作顯得多樣化。但是，這需要有一個前提，那就是各教師間對課本在水準程度上應該有一個基本統一的認識。也就是說，選用的教材在形式上可以多種多樣，各具特色，但是在程度上應該大致相當，否則就會出現教學水準失衡的現象。這不僅需要教師間的相互溝通，也需要有一定數量和種類的既各有千秋又程度相當的教材供教師選擇。從目前的漢語教材出版情況來看，在數量和種類上是足以滿足需求的，但是在水準程度上卻存在著不小的問題。

舉一個極端的例子。在我查閱的初級漢語課本中有這樣兩本教材——A《新・開始學漢語了ー初級漢語教材ー》（駿河台出版社 2010年6月）和B《從句型入門的基礎漢語》（郁文堂2011年4月）。A的書名中有「初級漢語」的字樣，其〈前言〉中寫道：「本教材的目的是爲了培養學生的漢語基礎能力」。B的書名中雖以「基礎漢語」取代了「初級漢語」，但在〈前言〉中卻明確寫到適用對象爲「初級班」。也就是說，這兩種教材都是爲初學漢語者編寫的初級漢語課本，在水準程度上應該是相當的。但經過比較筆者發現兩者之間在水準程度上相去甚遠。《新・開始學習漢語了ー初級漢語教材ー》共14課，詞彙225個，語法項目54個。而《從句型入門的基礎漢語》雖然只有12課，但是詞彙1010個，語法項目86個，其詞彙量是前者的約4.5倍，語法項目也多出26項。按照慣例考慮，一般教師在選擇教材時都是按一學年選的，也就是說一本教材分上、下兩學期使用。試想如果同一所大學同一個學部的兩位老師分別選擇了上述兩種課本作教材的話，那麼這兩個班的教學程度會產生怎樣的差距？

再舉一個例子，C《老師好！》（郁文堂 2011年4月）也是一本爲大學一年級初學漢語的學生編寫的「綜合性」課本，共16課，詞彙696個，語法項目79個。與A相比，它雖然大大縮小了和B之間的差距，但是要說達到了「相當」的程度仍有些牽強。上述的例子雖然極端，但也不能完全否認實際教學中絕對沒有類似的現象。

在日本出版的初級漢語教材之間之所以出現如此大的差距，一是與各大學漢語課程設置不統一有關。爲了適應這種狀況，編寫者有意識地把握了課本的程度問題。例如，D《入門漢語的小視窗》（同學社 2011年2月）的編寫者就把這本教材的適用對象明確定位在「每週上1節（90分鐘）課」的學生上。因此，它的詞彙只有296個，語法項目爲48個。而前面提到的B《從句型入門的基礎漢語》是爲「每週上2節課（1節90分鐘）」的初級班編寫的教材，因此，其詞彙量和語法專案都遠遠超過前者。但是，筆者認爲，這並不是主要原因。因爲在我查閱的所有課本中，明確提到課本與課時關係的只有這兩種。而且，D的編寫者在〈前言〉中還寫道：「這本教材收入了所需最小限度的語法項目，因此學完這本教材，進入中級階段的學習後不會遇到沒學過的語法現象。」那麼，哪些語法項目是初級階段「所需最小限度」的？縱觀日本的初級漢語教材，編寫者們在這個問題上似乎並沒有一個統一的認識和標準，而這才是造成日本的初級漢語課本在水準程度上嚴重失衡的主要原因。

三、日本的初級漢語教材現狀

在日本出版的漢語課本從書名上講可分兩大類：第一類是書名上冠以「初級」、「基礎」、「入門」等字樣的教材，如筆者在上一節中談到的幾本教材，其初級漢語課本的屬性一目了然。順便提一下，在書名上冠以「中級漢語」字樣的爲數甚少，如朝日出版社2011年漢語教材目錄所收的153種教材中，冠以「中級」的課本只有一本——《漢語中級課本》。而冠以「高級漢語」的課本，筆者至今尚未看到過。第二類是諸如下表中的《老師好！》、《新漢語》以及沒有收入下表的如《漢語交響樂》（朝日出版社）、《新概念漢語》（白帝社）等從書名上看不出是初級還是中級的課本。不過，即使在這類教材中，初級漢語課本也是占多數的。此外，從內容和程度上講，大致可分3類：第一類是初級課本，第二類是由初級向中級過渡的課本，第三類是中級課本。

從整體上講，日本的漢語課本有兩大特點，一是初級課本數量多而且形式多樣，但程度參差不齊。二是單本多、成套的極少。即使有成套的，絕大多數也只是由初級課本1冊和中級或由初級到中級的過渡性課本1冊組成。在上文中筆者曾舉了一個極端的例子，說明了日本的初級漢語課本中存在的水準程度失衡的現象。筆者在力所能及的資料範圍內，對近幾年在日本出版的30種初級漢語課本進行了查閱和統計，現將查閱結果以出版時間前後爲序列出一覽表如下。

日本初級漢語課本一覽表

書名	課數	詞彙量	語法項目	出版社	出版年月
(1)《第一部漢語會話 工具24》	12	1024	48	同學社	2005・10
(2)《新校園漢語》	18	488	62	同學社	2006・2
(3)《易懂漢語初級》	18	500	75	同學社	2006・2
(4)《學懂漢語》	15	786	63	同學社	2006・2
(5)《通過背誦學漢語 [初級篇]》	20	850	140	白帝社	2006・3
(6)《漢語入門教科書》 1	7☆	210★	35	白帝社	2006・3
(7)《走近漢語》	16	410	73	朝日出版社	2006・4
(8)《一年級會話》	12	320	36	白水社	2007・1
(9)《速問即答漢語 入門篇》	13	503	45	朝日出版社	2007・1
(10)《漢語校園生活》	14	493	64	朝日出版社	2007・1
(11)《漢語初級課本—工作用基礎漢語》	14	500★	71	金星社	2007・1
(12)《漢語第一步》	13	402	40	白水社	2007・1
(13)《簡明漢語體系15》	15	430★	50	同學社	2007・2
(14)《漢語要點55》	16	610	55	白水社	2007・3
(15)《開門!中國》	20	541	72	朝日出版社	2008・1
(16)《漢語初級1》	8	645	47	好文出版社	2008・3
(17)《漢語初級2》	10	645	47	好文出版社	2008・3
(18)《七彩漢語 —為京都女子大學學生編寫的漢語課本(語法篇)》	21	1101	68	KWUC	2010・3
(19)《初學者的漢語入門》	25	758★	81	駿河台出版社	2010・4
(20)《微笑面對學漢語—入門・初級課本》	16	372	70	駿河台出版社	2010・4
(21)《新漢語》	18☆	1094	63	白帝社	2010・4
(22)《新・開始學習漢語了—初級漢語教材》	14	225	54	駿河台出版社	2010・6
(23)《愉快地學習吧 簡明漢語》	22	298	66	郁文堂	2010・12
(24)《今後是漢語的世界》	12	473	47	朝日出版社	2011・1 6
(25)《健太學漢語》	15	586	47	朝日出版社	2011・1
(26)《入門漢語的小窗口》	12	296	48	同學社	2011・2
(27)《從句型入門的基礎漢語》	12	1010	86	郁文堂	2011・4
(28)《老師好》	16	696	79	郁文堂	2011・4
(29)《系統學漢語 —初級讀本》	16	550	45	郁文堂	2011・4

(30)	《學生學習漢語》	12	175★	50	駿河台出版社 2010・4

幾點說明：(1)以上〈日本初級漢語課本一覽表〉中（以下簡稱〈一覽表〉）的語法項目是按各教科書中出現的語法項目計算的。由於編寫者有各自的考慮和意圖，在如何處理語法項目的問題上難免會出現粗細之分。比如副詞的「都」和「也」，在（30）《系統學漢語一初級讀本》中是作爲一個語法項目來處理的，而在（29）《老師好》中則被分爲2個語法項目。因此，要分析課本的語法程度，不能單從數字上判斷，還需認真查閱其內容。有關這一點，下文中會詳細談到。（2）符號☆表示課數中包括語音部分。（3）符號★表示筆者查閱的該課本當中沒有詞彙索引，有的甚至各課裡都沒設置單詞表。〈一覽表〉中的數位是筆者通過查閱課本內容，包括課文、語法和練習等部分估算出來的，難免有一些小偏差。

〈一覽表〉中的資料反映出了日本初級漢語課本中存在的一些問題。一是上文中也提到的水準程度失衡問題。30種課本中，詞彙量最大的和最小的之間相差900多個，語法項目則相差105項。而且，縱貫2005年至2011年出版的課本的資料，6、7年來這種現象並沒有多大改觀。二是詞彙量嚴重不足的課本占絕大多數。日本最具權威性的漢語資格認定測試「漢語檢定」四級的標準爲：「學習時間爲120～200小時，相當於一般大學第二外語漢語第一學年的課程。掌握詞彙的意思，能寫出漢字的拼音並將拼音寫成漢字。翻譯（漢日互譯）由500～1000個常用詞寫成的單句」。[5]換而言之，按這個標準，日本大學生在學完一年漢語之後應該掌握1000個常用詞，而〈一覽表〉中的30種教科書中只有4本的詞彙量達到了1000。此外， 接近這個標準、有700～800左右詞彙量的也只有3本。也就是說，約76%的課本詞彙量不足，甚至有爲數不少的課本低於「相當於一般大學第二外語漢語第一學年上半學期的課程」，並要求掌握500個基礎詞的日本「漢語檢定」准4級的標準。[6]有關日本「漢語檢定」的標準，下文中將做詳細介紹。

如上所述，雖然在水準程度上日本的初級漢語課本中存在著不小的差距，但同時它們又有〈一覽表〉無法反映出的極相似的地方。其一是編寫目的、適用對象相同。從課本的前言中我們可以瞭解到，這些課本均是爲上大學後初學漢語的學生編寫的、「使學生掌握漢語基礎，掌握一定的漢語運用能力」的課本。其二，教材結構大致相同。雖然，課本的各組成部分在順序排列上有前後之分，但每本教材都是由課文、生詞（解說）、語法（解說）和練習四部分組成的。其三，課文形式相同或相近。以上30種教材的課文形式分三類，一是純會話形式。採用這種形式的教材最多，過半數。連以教授「語法知識」爲目的的如（14）、（27）等的課文採用的也是會話形式。二是以會話形式爲主，將最後兩、三課或複習部分安排成文章形式。三是短文和會話相結合的形式。連30種課本中唯一一本作爲「讀本」的（29），也爲了讓學生學習會話基礎，語法項目中的例句採用了會話的形式。總之，無論是哪種形式，課文中必少不了會話，這不僅符合各教材培養

[5]日本中國語檢定網站。 http://www/chken.gr.jp/questions_contets.html 7
[6] 同前注 5。

學生運用漢語能力的編寫目的，也表明在注重教材的實用性上編寫者們的想法不謀而合。

在這裡筆者想要說明一點，儘管〈一覽表〉中的各課本之間在水準程度上有差距，但每本教材都有其特點和可取之處，都是品質不錯的教材。因此，筆者撰寫此文的目的不是要給這些課本分出優劣，而是希望通過介紹和分析日本初級漢語課本的現狀，觀察其反映出的日本大學作爲第二外語的漢語教學狀況。

四、課本編寫的依據和標準問題

日本現有的初級漢語課本中之所以會出現水準程度失衡的現象，原因在於沒有一個編寫者們共同認可的統一依據和標準。雖然2007年３月日本中國語教育學會學習實力工程出臺了《漢語初級階段學習指導大綱》(以下簡稱《指導大綱》)，但在短短幾年內還很難建立起權威性，要得到普遍認可還需要一定的時間。

其實在《指導大綱》出臺之前，也不是完全沒有可供教材編寫工作參考的資料。日本從1981就開始實施漢語檢定測試，至今已有30年的歷史。日本漢語檢定協會制定的各級「認定基準」就有一定的參考價值。另外，中國也從上世紀90年開始陸續出臺了對外漢語教學大綱，如由國家對外漢語教學領導小組辦公室組織編寫的《漢語水準等級標準與語法等級大綱》、《高等學校外國留學生漢語教學大綱》(長期進修·短期進修)和《高等學校外國留學生漢語專業教學大綱》以及中國國家漢語水平考試委員會辦公室考試中心制定的《漢語水平詞彙與漢字等級大綱》。其中除了《高等學校外國留學生漢語專業教學大綱》不太適合日本大學的第二外語漢語教學以外，其它的無疑也可成爲日本大學第二外語漢語教材編寫工作的一個參照。此外，外語教學與研究出版社還在2008年3月出版了中國國家漢語國際推廣領導小組辦公室編寫的《國際漢語教學通用課程大綱》，大綱的〈說明〉中寫道，在此大綱的編寫過程中，編委們「最大可能地兼顧到小學及社會人士等」不同使用對象的特點。[7]也就是說，《國際漢語教學通用課程大綱》並不是只針對大學生制定的。從這點上講，爲留學生制定的《高等學校外國留學生漢語教學大綱》(長期進修·短期進修)或許更適合大學教育。

日本關西學院大學教授于康和成田靜香合著的論文〈作爲大學初學外語的漢語教學目的及教材的編寫〉，通過研究分析《漢語水準等級標準與語法等級大綱》、《漢語水平詞彙與漢字等級大綱》的各項內容，對照日本大學和學生的具體情況，認爲《漢語水平等級標準與語法等級大綱》的初等階段最符合日本大學作爲第二外語的漢語教學目標和內容。也就是說，學生在修完漢語的兩年課程後(關西學院大學漢語課爲1、2年級的必修課。筆者注)，應達到《漢語水準等級標

7 .國家漢語國際推廣領帶小組辦公室：《國際漢語教學通用課程大綱》（北京：外語教學與研究出版社 2008年）頁0。

準與語法等級大綱》所設定的初等階段水準。基於這一認識，他們以《漢語水準等級標準與語法等級大綱》和《漢語水準詞彙與漢字等級大綱》中的甲、乙兩類的語法和詞彙爲選擇基礎，編寫了〈一覽表〉中的(16)《初級漢語1》(1年級用)和(17)《初級漢語2》(２年級用)。[8]本文〈一覽表〉中列出的30種教科書中，像（16）和（17）這樣明確教材編寫依據的課本除了這兩本之外，只有（18）和（28），只占總數的大約13%。其中，（18）在〈前言〉中同時明確了語法項目和詞彙的編寫依據，是參照日本漢語教育學會制定的《漢語初級階段學習指導大綱》和中國國家漢辦制定的《漢語水準詞彙與漢字等級大綱》編寫的。而（28）只明確了詞彙編寫依據——日本全國漢語教育協議會（日本漢語教育學會的前身）於1999年發表的〈第一階段的詞彙〉，至於語法的編寫依據則未提及。至於其餘的約占總數87%的課本則沒有明確編寫依據。雖然我們不能因爲編寫者沒有在〈前言〉中提及編寫依據，就武斷地認爲這些課本在編寫時沒有參照相應的資料、大綱。但是，這種現象至少反映出編寫者對明確教材編寫依據的意識較弱。如（25）在其〈前言〉中寫道這本書的目標是「學完這本書後挑戰漢語檢定4級」。然而，漢語檢定4級要求的詞彙量是500-1000，而這本書的詞彙量只有586個，要挑戰漢語檢定4級顯然實力不足。被列入〈一覽表〉中的課本裡有這樣的例子：（30）在課本最後附上了日本漢語檢定準四級的模擬試題，並在〈前言〉中要求學生通過這一模擬考試測試一下自己的實力。但是，據筆者估算這個課本只有不到200的詞彙量，連日本漢語檢定準四級要求的500個詞彙量的一半都不到。以上這些例子都表明，這些教科書的編寫者沒有充分意識到編寫依據和標準的問題對編寫工作的重要性。

在此，筆者將日本「漢語檢定」各級的《認定基準》（以下簡稱《基準》）與《高等學校外國留學生漢語教學大綱（長期進修）》（以下簡稱《大綱》）介紹如下，並做一個比較，作爲本文下一節的論述資料。輿水優在《漢語的教法・學習方法—漢語科教育法概説—》一書中對《漢語水平等級標準與語法等級大綱》(1996年)和《高等學校外國留學生漢語教學大綱（長期進修）》(2002年)的語法項目進行了比較，認爲後者較前者更注重語言的實際運用。[9]筆者在此選擇《高等學校外國留學生漢語教學大綱（長期進修）》是因爲它不僅有等級標準和具體內容，還明確了教學目標。

眾所周知，目前在日本實施的「漢語検定」測試分6個等級：准4級、4級、3級、2級、准1級和1級。其《認定基準》[10]如下：

準4級　準備階段

掌握最基礎的漢語知識。學習時間爲60～120小時，相當於一般大學第二外語漢

---

[8] 于康·成田靜香:〈大學における初習外國語としての中國語教育：その目的とテキスト編纂〉，関西學院大學《言語教育研究センター研究年報》3 號(2000 年 3 月)頁 3-12。

[9]輿水優:《中國語の教え方・學び方—中國語科教育法概説—》(東京： 日本大學文理學部 2007）頁 96

[10] 如前注 5。

語第一學年上半學期的課程。(中略)掌握500個基礎詞（能正確寫出簡體字），能讀寫拼音，掌握單句的基本句型和簡單的日常寒暄語約50～80句。

4級 掌握漢語基礎
能聽、說簡單的漢語。學習時間爲120～200小時，相當於一般大學第二外語漢語第一學年的課程。掌握詞彙的意思，能寫出漢字的拼音並將拼音寫成漢字。翻譯（漢日互譯）由500～1000個常用詞寫成的單句。

3級 掌握漢語的基本事項
能讀、寫基本文章，掌握簡單的日常會話。學習時間爲200～300小時，相當於一般大學第二外語漢語第二學年的課程。掌握詞彙的意思，能寫出漢字的拼音並將拼音寫成漢字。翻譯（漢日互譯）由1000～2000個常用詞寫成的複句。

2級 掌握實際運用能力的基礎
能閱讀包括複句在內的較難的文章，寫出相當於3級的文章。能進行日常情景會話。能翻譯(漢日互譯)單詞、成語和慣用句，掌握破音字和輕聲。能指出語句中的錯誤，能翻譯(漢日互譯)100～300字的文章。

(準1級、1級省略)

《高等學校外國留學生漢語教學大綱（長期進修）》（以下簡稱《大綱》[11]初等階段分4級：
１級 200學時。學習普通話基本聲、韻、調，輕聲、兒化以及主要變調。學習500個左右初等階段的詞以及相應的漢字，重點學習其中的最常用字、詞。學習40個初等階段的語法項目。在學習語法和詞彙的同時進行基本的聽說讀寫訓練。聽力側重訓練聽詞、短語和單句，口語側重完整單句和簡單的問答交談。閱讀側重簡短的對話及100字以下的短文，寫以基本的漢字書寫訓練和句子的聽寫爲主要內容。

2級 200學時。複習普通話基本聲、韻、調，輕聲、兒化以及主要變調。在已學詞彙的基礎上，學習560個左右初等階段的詞及其相應的漢字，基本學完最常用字、詞。學習 60個初等階段的語法項目，至此初步學完初等語法項目的最基本形式。本階段聽力訓練側重簡短對話，口語訓練以問答交談爲主，閱讀200字以下的短文，並開始練習連句成段的寫作。

3級 200學時。語音上爲學生正音，並開始進行句子的重音、停頓及句調變化的

---

[11]國家對外漢語教學領導小組辦公室：《高等學校外國留學生漢語教學大綱（長期進修）及〈附件〉》（北京：北京語言大學出版社 2002年） 11

訓練。在初等1～2級的基礎上學習650個左右初等階段的詞以及相應的漢字，學習第二階段的初等階段的語法40項。聽力包括對話和200字以下的短文;口語在交談訓練基礎上開始練習短小的連句成段。閱讀200～400字的文章，並讀懂含5%以下生詞的短文。練習寫便條一類的200字以下的應用文。

4級 200學時。語音上爲學生正音，並繼續進行句子重音與停頓及句調變化的訓練。在初等1～3級的基礎上學習700個左右初等階段的詞，最終學完2411個初等階段的詞。學習相應的漢字。學習45個初等階段的語法專案。至此學完全部初等階段的語法專案，使學習者初步掌握漢語的基本語法結構。聽力訓練聽情景對話400字以下的短文。口語訓練以交談爲主，適當進行短小的語段練習，語速適當加快，提高流利程度。閱讀400～600的文章，並讀懂含5%左右生詞的短文大意。練習寫作書信一類的應用文和簡單的記敘文。

除此之外，《大綱》還要求根據教學需要在初等階段學習中選用適當的功能項目如：打招呼、寒暄、介紹、歡迎、交涉、解釋等110項，但未分級。各等級的詞彙表、漢字表、語法項目表、和功能項目表見於該大綱的〈附件〉。

《大綱》初等階段的詞彙共2411個，包括最常用詞彙764個和次常用詞彙1635個。語法項目共185項，分兩個階段，最基本階段100個和初等階段85個。初等階段的教學實際上分兩個階段:第一階段爲1、2級，學習最常用詞彙和基本階段的語法。第二階段爲3、4級，學習次常用詞彙和初等階段的語法。

《基準》由於沒有詞彙表和語法項目表等參照資料，所以從具體內容上講很難與大綱做準確的比較。從總體上講，由於《大綱》和《基準》各自的特點，特別是《基準》由「測試」這一形式帶來的局限性，前者較後者更重視語音部分的學習和訓練，對聽說讀寫各方面的要求也較全面、平衡和具體。比如正音、句子的重音、停頓及句調變化這些都是《基準》裡沒有的。從語法項目上講，《大綱》第一階段2級中就出現了複句，而《基準》是在3級中才開始出現的。但另一方面，在《大綱》第二節段3級中才出現的「能夠」、「該」等助動詞，在「漢語檢定」的4級試題中就能見到。在「讀寫」上，《大綱》1級就要求閱讀100字以下的文章，2級開始練習成段的寫作。而《基準》是在3級才開始要求讀寫「基本的文章」。實際上通過查閱以往的試題可以看出，「漢語檢定」雖然在4級中就出現了測試閱讀能力的試題，但是在3級，甚至在2級的考題當中都沒有「成段的寫作」，而只有寫「句子」的試題。這些對比似乎說明，《大綱》和《基準》很難做相應的對比。但是從綜合能力上（「說」除外）講，《大綱》的初等階段4級應介於「漢語檢定」的2級和3級之間。即《大綱》初等階段的水準略高於「漢語檢定」的3級，與3級《認定基準》中的「相當於一般大學第二外語漢語第二學年的課程」基本吻合。

如上所述，《基準》雖然也可成爲漢語教材編寫工作的參考和標準之一，但由於沒有明確各事項的具體內容，如詞彙表和語法項目表等，所以很難成爲教材編寫工作的依據。而《大綱》不僅制定了級別標準，還通過<附件>列出了各個事項的具體內容，不失爲一個明確的依據和標準。

五、日本初級漢語教材所反映的教學現狀

《大綱》初等階段語法項目（一）分：語素、詞類、離合詞、短句類型、結構成份、句類、單句句型、句式、態、插說、省略、固定格式、複句和表達法共14個部分100項。（二）分：構詞法、短語的功能分類、結構成分、話題、句式、態、反問句、固定格式、複句共9個部分85項，兩者加起來一共185項。185項看起來很多，但是從日本漢語教材編寫工作的角度來看，實際上並沒有那麼多。《大綱》初等階段的學時是800個，按1學時50分鐘計算的話大約是633個小時。而日本一般大學的第二外語一周只有兩節課，3個小時。按一學期15節課計算的話，滿打滿算兩年下來也只有180個小時的學習時間。教材編寫者在編寫教材時不得不考慮到這一情況，因此在編寫語法項目時就很難做到面面俱到。比如《大綱》中的詞素、構詞法、短句類型、短句的功能分類、插說、話題等，一般教材雖然沒有這些項目，但是在單詞或課文當中都會出現相應的內容。此外，《大綱》詞類中的不少內容也不是作爲語法項目，而是作爲單詞來處理的。經查閱證實，除了複句以外，具有一定程度的教材基本上都涉及到了《大綱》初等階段語法項目中絕大部分內容。因此筆者認爲在用《大綱》衡量日本的漢語教材時，不宜生拉硬套，而應該靈活掌握。基於這種想法，針對所查閱的教材的具體情況，筆者認爲在基礎內容完善的前提下，可根據詞彙量和課本中是否涉及到以下各語法項目將〈一覽表〉中的30冊漢語初級教材分爲初級1・初級2和初級3三個等級。具體事項如下：詞彙量在300以下，語法項目涉及到a)的爲初級1。詞彙量在300～500之間，語法項目涉及到a)、b）的爲初級2。詞彙量在500以上，語法項目涉及到a）、b）、c）的爲初級3。當詞彙量和語法項目不相當時，比如詞彙量小但是語法項目多或詞彙量大語法項目少時，按語法項目的多少爲准。在此特加以說明的是，以下各語法項目只是一個參照，難以對號入座。此外帶★的表示是《大綱》初等階段語法項目（二）（3、4級）的內容，其餘的都是初等階段語法專案（一）（1、2級）的內容。

（1）助動詞：a)能、會、可以、
　　　　　　b)想、要、願意、打算（在《大綱》中當作動詞）
　　　　　　c)可能、得★、應該★、肯★、能夠★

（2）介詞：a)在、從、到、
　　　　　b)離、比、往、爲、爲了
　　　　　c)被、讓、叫、由★、對於★、關於★

（3）連詞：a)和、跟、還是
　　　　　b)或、或者

c)
（5）疑問代詞詞：a)疑問詞
b)
C）疑問代詞的任指用法（1）例：我什麼都不知道。
疑問代詞的任指用法（2）例：誰想去誰就去。疑問詞的虛指用法。
（7）語氣助詞：a)嗎、呢、吧
b)啊、嘛
c)
（8）a)
b)動詞重疊★
c)形容詞重疊
（9）a)
b)涉及到補語
c)狀態、程度、結果、趨向、可能、數量補語
（10）句式：a)連動句、比較句
b)「把」字句、「是～的」句★
c)被動句★、兼語句、「存現句★
（11）態：a)完成態、進行態、
b)變化態、經驗態、持續態★
（12）固定格式：a)從～到
b)一～就 越～越 當～時★ 又～又★
c)連～也/都★ 一～也/都★ 對～來說★
（13）複句：a)
b)1～2種複句
c）3種以上的複句

按照以上的各項內容，〈一覽表〉中的教材等級情況如下：

初級1：（6）《漢語入門教科書》、（8）《一年級會話》、（9）《速文即答漢語入門篇》（13）《簡明漢語體系15》、（20）《微笑面對學漢語—入門・初級課本》、（22）《新・開始學習漢語了—初級漢語教材》、（23）《愉快地學習吧—簡明漢語》、（24）《今後是漢語的世界》、（26）《入門漢語的小視窗》、（30）《學生學習漢語》。

初級2：（3）《易懂漢語初級》、（4）《學懂漢語》、（7）《走近漢語》、（12）《漢語第一步》、（10）《新漢語校園生活》、（11）《漢語初級課本—工作用基礎漢語》、（15）《開門 ！中國》、（16）《漢語初級1》、（25）《健太學漢語》、（29）《系統學漢語—初級讀本》。

初級3：（1）《第一部漢語會話工具24》（5）《通過背誦學漢語》、（14）

《漢語要點55》、（17）《漢語初級2》、（18）《七彩漢語—爲京都女子大學學生編寫的課本（語法篇）》、（19）《初學者的漢語入門》、（21）《新漢語》。

補充說明：初級3的課本間詞彙量相差較大，因此，其水平程度也有所不同。

商品是爲了適應市場的需求，如果將日本大學漢語教學比作市場的話，那麼如此程度不一的初級漢語課本正是爲了適應漢語教學這個市場而出現的，日本初級漢語教材分3個等級這一現象反映出了日本大學漢語教學的現狀。

1990年2月日本大學審議會「爲促進高等教育的個性化和多樣化」，向文部大臣提交了〈有關大學教育改善〉等5項報告，其中〈大學設置基準等大綱化〉一項建議「廢除作爲學生畢業資格必須條件的各科目區分的最低學分數（大學一般教育科目36學分以上，專業教育科目76學分以上，外語教育科目8學分以上，保健體育科4學分以上），只規定總學分數（大學124學分以上）」。文部省基於此報告，於同年6月修改了大學設置基準，並于同年7月開始實施[12]。

由於這一政策的實施，大學第二外語不再「義務化」，各大學對第二外語課程設置作了相應的調整，許多大學甚至將第二外語排除在必修課之外，漢語當然也不例外。隨之，日本各大學漢語課的課程設置和課時安排出現了極大的多元化，不僅各大學間不盡相同，就是同一所大學裡的學部間，甚至同一學部的學科間也有差異。根據各校的具體情況，全日本選修漢語作爲第二外語的大學生中有的一周上2節課，有的上3節，有的則只上1節。這就要求漢語教師針對自己擔任的課程和課時情況，選擇相應的教材。也可以說，日本各種水平不一、程度不同的初級漢語課本很大程度上是在這種情況下應運而生的。上述初級漢語教材可分出3個等級的日本初級漢語課本的現狀，正反映了日本大學漢語教學的多元化。更進地一步講，也可以說反映出日本大學作爲第二外語的漢語教學沒有統一的教學大綱、教學標準及教學要求的現狀。

---

12 「大學の教育改善について」（日本：大學審議會，1990年2月），日本文部科學省官方網站。http://www.mext.go.jp/b_menu/hakusho/html/hpad199101/hpad199101_2_150.html

徵引文獻

1. 小林立：〈一般教育における中國語テキスト〉，《中國語學》通號148（1965年6月）頁12-15。
2. 張英：〈語義、語用與文化——兼析日本漢語教材〉，京都女子大學《人文論叢》第48號 （2002年1月）頁93-115。
3. 服部元彥：〈中國語教科書中的日語的影子〉，京都外國語大學《研究論叢》50（1998年3月）頁403～408。
4. 何芳：〈日本大學漢語初級教材管窺——由教學想到的若干教材編寫問題〉，《県立新潟女子短期大學研究紀要》第40號（2003年）頁221-226。
5. 日本中國語檢定協會網站。
http://www/chken.gr.jp/questions_contets.html
6. 同前注5。
7. 國家漢語國際推廣領帶小組辦公室：《國際漢語教學通用課程大綱》（北京：外語教學與研究出版社 2008年）頁0。
8.于康·成田靜香:〈大學における初習外國語としての中國語教育：その目的とテキスト編纂〉,關西學院大學《語言教育研究中心研究年報》第3號(2000年
3月)頁3-12。
9. 輿水優：《中國語の教え方・學び方—中國語科教育法概説—》（東京： 日本大學文理學部2007）頁96。
10.如前注5。
11.國家對外漢語教學領導小組辦公室：《高等學校外國留學生漢語教學大綱（長期進修）及〈附件〉》（北京：北京語言大學出版社 2002年）
12.〈大學の教育改善について〉（日本：大學審議會，1990年2月），日本文部科學省官方網站。
http://www.mext.go.jp/b_menu/hakusho/html/hpad199101/hpad199101_2_150.html

附錄：〈日本初級漢語課本一覽表〉書名對照表

原名	譯名
（1）『はじめての中國語會話ツール24』	《第一部漢語會話工具24》
（2）『新しいキャンパス的中國語』	《新校園漢語》
（3）『これならわかる中國語初級』	《易懂漢語初級》
（4）『なるほど・わかる中國語』	《學懂漢語》
（5）『暗誦して學ぶ中國語[初級篇]	《通過背誦學漢語[初級篇]》
（6）『中國語入門教科書』	《漢語入門教科書》
（7）『中國語へのアプローチ』	《走近漢語》
（8）『一年生のコミュニケーション』	《一年級會話》
（9）『速問即答中國語入門篇』	《速問即答漢語入門篇》
（10）『中國語キャンパスライフ』	《漢語校園生活》
（11）『中國語初級テキスト—仕事のための基礎中國語』	《漢語初級課本—工作用基礎漢語》
（12）『中國語はじめての一歩』	《漢語第一步》
（13）『簡明中國語システム15』	《簡明漢語體系15》
（14）『中國語ポイント55』	《漢語要點55》
（15）『開門　！中國』	《開門　！中國》
（16）『中國語プライマリー1』	《漢語初級1》
（17）『中國語プライマリー2』	《漢語初級2》
（18）『イーリス中國語—京女生のための中國語（文法篇）』	《七彩漢語—爲京都女子大學學生編寫的漢語課本（語法篇）》
(19)『初學者のための中國語入門』	《初學者的漢語入門》
（20『笑顔で中國語—入門・初級テキス』	《微笑面對學漢語—入門・初級課本》
（21）『新しい中國語』	《新漢語》
（22）『新・中國語はじめました—中國語初級テキスト』	《新・開始學習漢語了—初級漢語教材》
（23）『楽しく學ぼう やさしい中國語』	《愉快地學習吧 簡明漢語》
（24）『これからは中國語』	《今後是漢語的世界》
（25）『ケンタくんの中國語』	《健太學漢語》
(26)『入門中國語の小窓』	《入門漢語的小視窗》
（27）『文型から入る基礎の中國語』	《從句型入門的基礎漢語》
（28）『老師好』	《老師好》
（29）『システマティック中國語—初級読本』	《系統學漢語—初級讀本》
（30）『學生學習漢語』	《學生學習漢語》

京都女子大學漢語教學現狀及今後的課題

愛甲 弘志*、西村 秀人*

摘 要

京都女子大學設有文學院、發達教育學院、家政學院、現代社會學院和法學院。外語課除英語以外，還設有德語、漢語、法語和朝鮮語，是全校統一科目，爲選修必修課。在第二外語的四個語種中，選修漢語的人數最多，佔總數的 42%。但是 近年來外語教學的目的和方向正在發生變化 這一變化也反映在教材當中。本文將對漢語教學在我校課程設置當中的變化及現狀以及日本大學教育制度的變化作一個介紹，並通過這一介紹凸現出我校今後漢語教學所面臨的課題，以資更高質量的漢語教學。本文涉及的內容雖然是作爲外語的漢語教學，但是通過論述上述問題，可找出作爲外語的漢語教學與作爲母語的語文教學的異同。

關鍵詞：日本、漢語、外語、素質、實用

*京都女子大學教授

*京都女子大學副教授

一、引言

本文旨在通過對京都女子大學（以下簡稱京女大）最近 20 多年來的漢語教學歷程的回顧整理，明確我們目前面臨的問題及今後的課題，並找到解決問題的突破口。雖然簡單地說是京女大漢語教學，實際上它是由關係到教育制度、教育內容等多方面的因素組成的。從教育制度上講，首先它要符合日本文部科學省（原文部省）的指導要求，其次還要符合各自大學的組織設置及課程設置的要求。而教學內容則涉及兩個方面，一是漢語教學的範圍，即教什麼，教到何種程度的問題。二是漢語教學方法，即如何教的問題。這些問題最終歸結到一個理念性的問題上，即為什麼學習漢語，或者說為什麼學習外語。

二、京都女子大學

京女大位於日本關西地區的京都市東山區。衆所周知，京都是一所歷史悠久的城市，市內有 25 所大學（國立 3 、公立 3 、私立 19），其數量僅次於東京 23 區 92 所大學（國立 7 、公立 2 、私立 83），在日本名列第二[1]。2010 年日本共有 786 所大學（國立 86、公立 95、私立 597），在校大學生人數達 2, 887, 396 人。與 1975 年的 420 所（國立 81、公立 34、私立 305）、1, 734, 082 人相比，大學增加了約 1. 87 倍，在校人數增加了約 1. 67 倍。而從高中升入大學及短期大學等高等教育機構的升學率也隨之由 1975 年的 39%上升到 79. 7%，增加了約 1 倍。而升學率的上升成為一個給大學教育帶來變化的重要原因。

從 1910 年創建京都高等女學校算起，京女大已有 100 年的歷史，是一所以日本最大的佛教教團——淨土真宗本願寺派為背景的私立大學，是擁有幼稚園、小學、初中、高中、大學和研究生院的京都女子學園的一個重要環節。2011 年京女大的學院（學部）、系（學科）和組（專攻）構成如【表 1】。

---

[1]〈平成 22 年度學校基本調查・7 都道府縣別學校數及學生數〉(日本：文部科學省生涯學習政策局調查企畫課，2010 年 12 月)

http://www.e-stat.go.jp/SG1/estat/List.do?bid=000001028877&cycode=

2010 年京女大取消了學制爲兩年的短期大學，取而代之的是設立了日本女子大學中第一個法學院。【表 1】中的學生人數是 1 年級的招生名額，實際在校學生人數超出這個數字。再加上 2 年級-4 年級，以及各學院設置的碩士課程和博士課程的研究生院在校人數（115 人），京女大在校學生總數爲 6500 人，在日本 81 所女子大學（國立 2、公立 7、私立 72）中名列第 6 位。大學普通入學考試的報名者與錄取者的比例率名列第 8 位，在由高中排出的排行榜中名列第 3 位。[2]京女大不僅在女子大學中，就是在全日本大學中的綜合評價也並不低。

【表 1】2011 年 京都女子大學 1 年級招生定額

學部	學科	專攻	定額
文學部	國文學科	—	125
	英文學科	—	125
	史學科	—	115
發達教育學部	教育學科	教育學專攻	95
		心理學專攻	55
		音樂教育學專攻	35
	兒童學科	—	105
家政學部	食物營養學科	—	120
	生活造形學科	—	100
	生活福祉學科	—	80
現代社會學部	現代社會學科	—	240
法學部	法學科	—	100
1 年級學生總數			1295

三、京都女子大學的教學課程及「語言交流科目」

1956 年文部省修改了〈大學設置基準〉，其中第 32 條第 1 項中明確寫道:「作爲畢業所需的必備條件，學生須在校 4 年以上，修完 124 個學分」。[3]日本的大學爲 2 學期制，4 月—9 月爲上學期，10 月到 3 月爲下學期，稱「學期（semester）制」。1 節課 90 分鐘，1 學期共有 15 節課。通常 1 門課爲 2 個學分，但也可定爲 1 個學分。京女大的外語課 1 門課爲 1 個學分。以前日本的大學採用學年制，每門課爲 1 學年的課。但是，据統計，2008 年已有 604 所大學採用了學期制，佔日本大學總數的 84%。[4]

京女大在文部科學省規定的 124 個學分上又加了「佛教學」8 個學分，將畢業所需的學分定爲 132 個。各課程科目概況如【表 2】。

---

[2]〈平成 22 年度學校基本調査·2 類型別學校數〉(日本：文部科學省生涯學習政策局調查企畫課，2010 年 12 月)
http://www.e-stat.go.jp/SG1/estat/List.do?bid=000001028877&cycode=

[3]〈大學設置基準〉第 32 條第 1 項(日本：文部省令第 28 號，1956 年 10 月 22 日)
http://www.lawdata.org/law/htmldata/S31/S31F03501000028.html

[4]〈大學における教育内容等の改革狀況について(平成 20 年度)〉(日本：文部科學省高等教育局大學振興課大學改革推進室，2008 年 5 月)
http://www.mext.go.jp/a_menu/koutou/daigaku/04052801/__icsFiles/afieldfile/2010/05/26/1294057_1_1.pdf

如【表 2】所顯示，京女大把外語課定爲「語言交流科目」，全校各學院的學生除必修英語（4 門課 4 個學分）外，還必須從「初學外語」即第二外語（德語、法語、漢語、朝鮮語）中任選一個語種。也就是學生必須選修 2 種外語，各 4 門課 4 個學分。各學院的專業課被劃分爲「專業領域」，最少必須修 68 個學分。

【表 2】2010 年 京女大教學課程及畢業所需學分

區分		所需學分 必修	所需學分 選修
基礎領域	佛教學	8	附加科目所修學分
	語言交流科目	8	修完必修的 8 個學分之後取到的學分
	信息交流科目	4	附加科目所修學分
	健康科學科目	2	
	基礎・教養科目	6	修完必修的 6 個學分後取得的學分
	職業教育科目	2	附加科目所修學分
專業領域	入學輔導科目	8	修完必修的 68 個學分後取得的學分單
	基礎演習科目		
	學科・專攻科目	60	
發展領域	特別科目/諸課程履修科目/跨專業科目	—	實際所修學分
	外語研修科目	—	8 個學分以下
	在外校所修科目	—	30 個學分以下
	學分數合計	98	34
		132	

現在「語言交流科目」被劃分爲「基礎領域」，相當於以前的「素質課程」。下文中會談到這樣的教學課程設置所存在的問題，包括「素質課程」的問題。在此，筆者想首先指出，在日本的大學裏基本上沒有日語教學課程，由此可以看出日本對待語言教學的一個態度。

京女大的 「語言交流科目」的英語和第二外語是必修課，學生必須在 1 年級上學期（第 1semester）和下學期（第 2semester）分別學習 2 門課並各取得 2 個學分。見【表 3】。

【表 3】1 年級漢語課(必修)

	語言交流 I	
level	L e v e l 1	
semester	第 1 semester	第 2 semester
年級	1 年級	
課程	I A 1	I B 1
內容	基礎 I	基礎 II
課程	I A 2	I B 2
內容	實習 I	實習 II

外語課一個班的人數在 35 人左右。2 年級以上的漢語課為選修課。見【表 4】。

【表 4】2 年級以上漢語課(選修)

	語言交流 II（附加課）					
level	L e v e l 2		L e v e l 3			
semester	第 3 semester	第 4 semester	第 5 semester	第 6 semester	第 7 semester	第 8 semester
年級	(2 年級以上)		(3 年級以上)		(4 年級)	
課程	II A 1	II B 1	III A 1	III B 1	III A 3	III B 3
內容	展開 語法總結 接受型	讀解 A 文章・作品 接受型	當代中國介紹 B 通過網絡了解中國的信息 接受型・參與型	當代中國介紹 C 從報章雜誌了解中國社會 接受型	讀解 B 名文精讀 接受型	總合 圍繞一個主題用漢語授課 接受型・參與型
課程	II A 2	II B 2	III A 2	III B 2		
內容	表現 A	表現 B	表現 C	表現 D		

	會話(聽) 接受型	會話(說) 參與型	會話(簡單地表述和交流) 接受型・參與型	作文(表達意志) 參與型
課程	ⅡA3	ⅡB3		
內容	當代中國介紹A 利用視聽覺教材介紹中國文化・中國人日常生活 接受型	應用 漢語檢定輔導・留學準備 接受・參與型		

漢語課學分配置與其它第二外語一樣,4門必修課4個學分,12門選修課12個學分。英語則是4門必修課4個學分,10門選修課10個學分。

四、漢語選修情況及教學內容

【表5-A】、【表5-B】、【表5-C】是京女大1

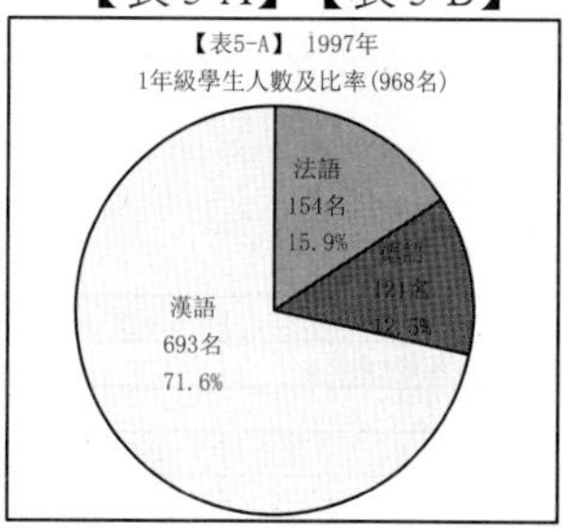

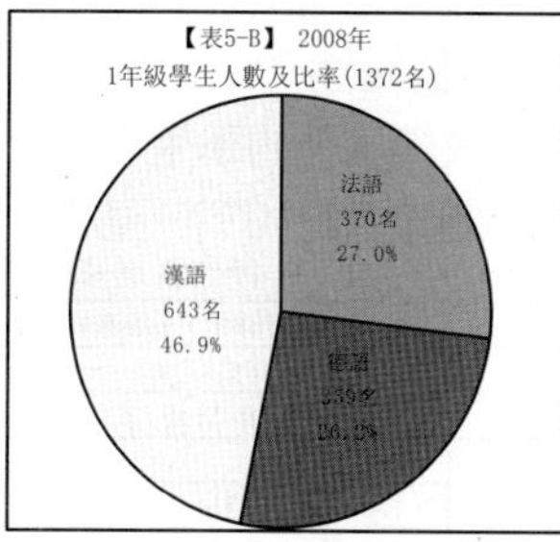

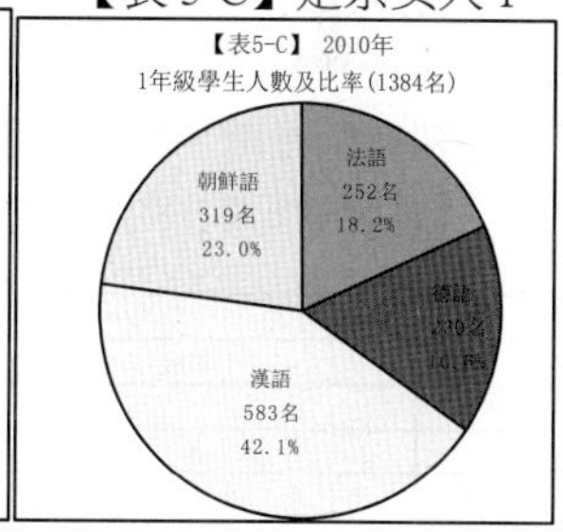

年級學生選修漢語的情況。從日本全國來看，以前出於對歐美文化的崇拜，選修德語和法語的學生比率高於選修漢語的學生。雖然我們沒有準確的數據，但起碼在1980年代選修漢語的學生比率的確開始高於選修德語、法語的學生。京女大也是從1980年代開始選修漢語的學生比率有所增長，1997年最高比率達到了71.6%。見【表5-A】。但是到了2008年，雖然選修漢語的學生人數仍居首位，但比率卻下降到了46.9%。見【表5-B】。如下文所述，其原因之一在於德語、法語教師作出了在教學內容上與漢語比肩的努力。2009年京女大新開了朝鮮語，原本設想由於同爲亞洲語言，選修漢語課的學生人數可能會因此減少。但實際上，選修德語和法語的學生人數各少了10個百分點，而對漢語的影響並不大。同年選修漢語的學生比率爲42.1%。見【表5-C】。

1年級漢語「ⅠA1」、「ⅠB1」稱基礎課，原則上由母語爲日語的教師任課，學習內容以語法爲主。「ⅠA2」、「ⅠB2」稱實習課，原則上由母語爲漢語的教師任課，以教授和練習發音爲主。見【表3】。課本是專門爲京女大的學生編寫的教材。《爲京女大學生編寫的漢語課本——發音篇》是從2003年作爲實習課的教材、《七彩漢語——爲京女大學生編寫的

漢語課本》是從 2008 年作爲基礎課的教材開始使用的。[5]另外，我們還製作了與這些教科書內容相關的 e-learning 教材，輔助學生學習。這些課本的特點是：兩本書使用相同的登場人物，設計與京女大有關的話題，盡量使課本內容貼近學生生活。

課本中收錄了日本漢語教育學會學力基準項目委員會 2007 年 3 月公佈的《漢語初級階段學習指導大綱》的〈學習詞彙表〉[6]中的所有詞彙（第 1 表 600 個、第 2 表 400 個，共 1000 個），同時還明確了《漢語初級階段學習指導大綱附表》與中國國家漢語水平考試委員會辦公室考試中心制定的《漢語水平詞彙與漢字等級大綱》[7]中的甲級詞（1033 個）及乙級詞（3018 個）的重復情況。下文中還將提到這套課本存在的問題。總之，編寫和使用這套課本保障了全校選修漢語的學生有統一的教學內容和教學目標。此外，期末考試我們採取了按學院統一試題的方法，這樣可以使成績標準透明化、公平化。

而且，爲了提高學生的學習積極性，從 2010 年開始，我們還設立了獎勵制度，由任課教師推薦，從各班選拔成績優秀的學生予以表彰。

包括選修課在內的漢語課選修情況如下。見【表 6】。

【表 6】2010 年 漢語課選修情況

	漢語(專任教師 3 人・兼職教師 17 人)												
	1 年級(必修)				2 年級(選修)				3 年級(選修)			4 年級（選修）	
上學期	46 節課(兼職教師 31 節)兼職教師率 67.4%												
課程	I A1	I B1 再	I A2	I B2 再	2009	II A1	II A2	II A3	2008	IIIA1	IIIA2	2007	IIIA3
班數	17	1	17	1	1 年級	4	2	1	1 年級	1	1	1 年級	1
選修人數	583(44)	46(12)	594(49)	20(11)	571	88(8)	68(10)	18(7)	643	10(0)	14(4)	722	11(1)
比率	-	-	-	-		15.4%	11.9%	3.1%		1.6%	2.2%		1.5%
總數	1177(93)+66(23)					174(25)				24(4)			11(1)
下學期	45 節課（兼職教師 31 節)兼職教師率 68.8%												
課程	I B1	I A1 再	I B2	I A2 再	2009	II B1	II B2	II B3	2008	IIIB1	IIIB2	2007	IIIB3
班數	17	1	17	1	1 年級	3	2	1	1 年級	1	1	1 年級	1
選修人數	580(48)	14(6)	606(68)	14(8)	571	71(3)	51(5)	23(2)	643	8(0)	9(1)	722	7(0)
比率	-	-	-	-		12.4%	8.9%	4.0%		1.2%	1.4%		0.9%
總數	1186(116)+28(14)					145(10)				17(1)			7(0)

1 年級的漢語課是必修課，而 2 年級以上則是選修課。因此，選修人數較 1 年級有所下降，即使選修人數最多的「ⅡA１」也祇有 88 人，祇有上 1 年度 1 年級選修漢語人數 571 人的 15.4%。日本的大學生一般較注重專業課和教師資格、圖書管理員資格等課程的學習，在外語中也是優先學習英語。因此，從選修的優

[5]橋本草子、張猛、西村秀人、劉小俊、愛甲弘志：《京女生のための中國語-発音篇-》，改訂第二版(京都：KWUC，2010 年)

張猛、西村秀人、劉小俊、愛甲弘志：《イーリス中國語-京女生のための中國語-》，改訂第二版(京都：KWUC，2010 年)

[6]〈中國語初級段階學習指導ガイドライン〉(日本：中國語教育學會學力基準プロジェクト委員會，2007 年）http://www.jacle.org/storage/guideline2.pdf

[7]《漢語水平詞彙與漢字等級大綱》(北京：經濟科學出版社，2001 年)

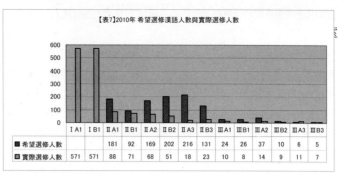

【表7】2010年 希望選修漢語人數與實際選修人數

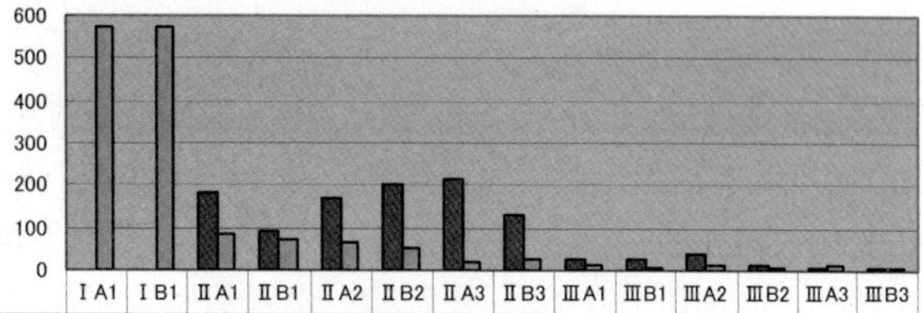

	I A1	I B1	ⅡA1	ⅡB1	ⅡA2	ⅡB2	ⅡA3	ⅡB3	ⅢA1	ⅢB1	ⅢA2	ⅢB2	ⅢA3	ⅢB3
希望選修人數			181	92	169	202	216	131	24	26	37	10	6	5
實際選修人數	571	571	88	71	68	51	18	23	10	8	14	9	11	7

先順序上講，漢語一般並不算高。但是，從【表 7】中我們可以看出，想選修漢語的潛在學生人數還是很多的。這是 2009 年度以選修漢語的 1 年級、2 年級、3 年級學生爲對象，針對下一年度(2010 年度)是否想繼續選修漢語這一問題進行的問卷式調查結果。其結果顯示，如果不是時間上與必修課衝突，有相當數量的學生實際上還是想選修漢語課的。值得注意的現象是，以會話爲中心的「ⅡA2」、「ⅡB2」、使用視聽教材的「ⅡA3」、進行漢語檢定應試輔導的「ⅡB3」很受學生歡迎，而對加深語法理解的「ⅡA1」和讀解的「ⅡB1」感興趣的學生則相對較少。這一點反映出了當今學生的傾向。

五、京都女子大學外語教室

在上文中筆者介紹了京女大的漢語教學課程設置、學生選修等情況。這一節將就擔任漢語教學的教師及所處環境做一說明。擔任漢語教學工作的專任教師共 3 名，2 名日本人，1 名中國人。按我校有關規定，教師每週任課課時是日本人不得少於 6 節課，外國人不得少於 7-8 節課。因此，正如上文中【表 6】所顯示的那樣，單靠專任教師根本無法完成漢語全科目 91 節課的教學任務，有 68.1%的教學任務不得不依賴於兼職教師。實際上，如此高的兼職教師依賴率的問題在其它語種中也同樣存在。這種現狀如後所述，對外語教學造成了很大的影響。見【表 8】。[8]

【表 8】2010 年 京都女子大學兼職教師依靠率

共通領域	佛教學	50.00%	發達教育學部	共通科目	38.80%
	語言交流科目	72.50%		教育學科共通科目	50.60%
	信息交流科目	94.20%		教育學科教育學專攻	13.00%
	健康科學科目	74.00%		教育學科心理學專攻	27.90%
	資格證書取得科目	59.90%		教育學音樂教育學專攻	50.30%
	基礎・教養科目	16.00%		兒童學科	44.10%
	職業開發科目	71.00%	家政學部	共通科目	76.90%
文學部	國文學科	34.70%		食物栄養學科	16.30%
	英文學科	50.50%		生活造形學科	24.60%
	史學科	32.50%		生活福祉學科	17.90%
			現代社會學部	現代社會學科	29.00%
				大學平均	42.50%

從【表 8】中可以看出，外語課「語言交流科目」與文學院、發達教育學院、

[8]《京都女子學園報 No.862》(京都：京都女子学園，2010 年 8 月 20 日)，頁 10。

家政學院、現代社會學院的各學院・系・組相比，對兼職教師的依賴率要大得多。在這個表裏「語言交流科目」被劃分在「共通領域」裏，實際上相當於【表 2】〈2010 年 京女大教學課程及畢業所需學分〉中的「基礎領域」。這也相當於以前的「素質課程」，這種劃分中殘留著目前「素質教育」被扭曲的現狀。根據日本〈學校教育法〉第 3 條、第 8 條、第 63 條及第 88 條的規定，[9]文部省於 1991 年修改了制定設立大學所需最低基準的文部省令——〈大學設置基準〉[10]。舊〈大學設置基準〉第 18 條規定「大學遵照本章所制定的基準開設課程科目」，第 19 條規定「大學應開設的課程科目，依照其內容分別劃分爲一般教育科目、外語科目、保健體育科目及專門科目」。[11]但是，修改後的新基準第 19 條第 1 項規定「各大學爲達到本大學、學院及系或課程等教學目的開設所需課程科目，並有體系地設置教學課程」，第 2 項規定「在設置教學課程時，大學在設置與學院等的專業有關的專業課的同時，還須妥切顧及到培養學生廣泛的、有深度的素質及綜合判斷力，培養學生具有豐富人性的教育。」如此，有關課程科目的劃分以及與之相應的畢業所需條件的學分數的規定，在操作上被賦予了很大的彈性。而且，這一規定的具體執行也被委任於各大學自主實施。這一規定及措施被稱爲「大綱化」。與此同時，作爲一個教學編制存在的素質教育部（教養部）也被解體，其麾下的教師被調配到各專業學院或系。

京女大也不例外。2000 年京女大新設現代社會學院時刷新了課程設置，引進了學期制，同時擔任作爲「素質課程」的「一般教育科目」——人文科學、社會科學、自然科學的教師也被調配到其它學院、系。擔任作爲「素質課程」的「外語科目」（2000 年以後改名爲「語言交流科目」）的教師們認爲這一措施會導致素質教育的荒廢。出於這種擔憂，外語科目的教師們拒絕了調配。而這種抵抗在日本大學中屬絕對少數派。見【表 9】。

【表 9】1999 年以前京都女子大學「素質課程」教師的配置情況

<table>
<tr><td rowspan="2" colspan="3">科目</td><td rowspan="2">文科省
設置基準</td><td colspan="3">京都女子大學/短期大學</td></tr>
<tr><td colspan="2">1999 年以前</td><td>2000 年以後</td></tr>
<tr><td rowspan="6">教養科目</td><td rowspan="4">大學</td><td>一般教育科目
(人文科學・社會科學・自然科學)</td><td rowspan="3">25 名</td><td>人文準學科等 7 名
(5+0+2)</td><td rowspan="3">19 名</td><td>被調配到其它學科</td></tr>
<tr><td>外語科目</td><td>外語準學科 10 名
(英 2+独 2+仏 2+中 4)</td><td>外國語準學科 10 名
(英 2+独 2+仏 2+中 4)</td></tr>
<tr><td>保健体育科目</td><td>2 名</td><td>被調配到其它學科</td></tr>
<tr><td rowspan="2">短期大學</td><td>一般教育科目
(人文科學・社會科學・自然科學)</td><td>7 名</td><td>人文準學科等 5 名
(3+0+2)</td><td>10 名</td><td>被調配到其它學科</td></tr>
</table>

---

[9]〈學校教育法〉（日本：法律第 26 號，1947 年）http://law.e-gov.go.jp/htmldata/S22/S22HO026.html

[10]〈大學設置基準〉（日本：文部省令第 24 號，1991 年 6 月 3 日）http://law.e-gov.go.jp/cgi-bin/strsearch.cgi

[11]《平成 2 年版文部法令要覽》(日本：ぎょうせい，1990 年)，頁 146

		外語科目		外語準學科 4 名 (英 2+独 1+仏 1+中 0)		外國語準學科 4 名 (英 2+独 1+仏 1+中 0)
		保健体育科目		1 名		被調配到其它學科

※2010 年　專任教師 180 名、兼職教師 453 名

結果，就出現了這樣的現象，如佛教學的教師被調到英文系或國文系，哲學教師則被調到歷史系。這些教師既要承擔各系的工作，同時又要承擔素質課程的教學工作，可謂兩項工作雙肩挑。這樣的結果顯示，「大綱化」帶來了更加輕視「素質」、偏重「專業」的後果，與其本意大相徑庭。擔任外語課的教師雖然承擔著全校學生的必修課「語言交流科目」的教學任務，但由於這個科目不是專業課，沒有自己的學生可指導畢業論文，因此有別於「國文系(國文學科)」「英文系(英文學科)」等，雖然同隸屬於文學院，但被稱爲「外國語準學科」(相當於外語系)。在短期大學，雖也隸屬於文科，但同樣被稱爲「外國語準學科」。如前所述，雖然短期大學 2010 年停止了招生，但因 2011 年還有 2 年級學生在校，因此，目前仍保留著短大的教師編制，2012 年將併入大學。2010 年大學及短大的「外國語準學科」的專任教師編制如下【表 10】。

【表 10】2010 年 京都女子大學外語教室專任教師編制

			母語為各語種者		母語為日語者	
			男性	女性	男性	女性
大學 文學部 外國語準學科	外語教室	英語	0	0	1	1
		德語	0	1	1	0
		法語	0	1	0	0
		漢語	0	1	2	0
		朝鮮語	0	1	0	1
短期大學 文科 外國語準學科		英語	0	2	1	0
		德語	0	0	0	0
		法語	0	0	1	0
		漢語	0	0	0	0
		朝鮮語	0	0	0	0
計			0	6	6	2
			14			

由大學和短期大學兩個「外國語準學科」共同組成的組織稱「外語教室」，是承擔全校所有外語教學工作的責任主體。「外語教室」由 8 名以日語為母語的教師和 6 名以各語種為母語的教師共 14 人組成。各語種教師人數分別為：德語、法語、朝鮮語各 2 名，英語 5 名，漢語 3 名。這是結合各語種選修人數所定的編制，每個語種都有以該語種為母語的教師。但是，正如【表 8】已經明確顯示的那樣，外語課「語言交流科目」的兼職教師依賴率高達 72.5%，專任教師人數少，給外語教學工作帶來了很大的困難。

外語教室這個組織已經有數十年的歷史了，而全體教師開始積極提出建議、發表意見，整個編制開始真正發揮作用則是在 2000 年，前文中介紹的包括「外語科目」在內的「素質課程」瀕臨危機的時候。教師們重新認識了外語教學的意義，改正了此前各教師依照各自的想法進行教學的弊端，各語種間制定了統一的目標，並為完善學生學習外語的環境做出了努力。以下舉幾個這方面的例子。

(1) 截至 1999 年，英語（每週 1 次，1 學年。2 門課 4 個學分）和第二外語（每週 2 次，1 學年。4 門課 8 個學分）均為 1 年級和 2 年級的必修課。除此之外，

沒有任何選修課。從 2000 年開始，外語課不再是 2 年級的必修課，取而代之的是增設了 12 門選修課，為 2 年級以上想繼續學習外語的學生提供學習機會。（見【表 3】〈1 年級第二外語〉/【表 4】〈2 年級以上漢語課〉/【表 6】〈2010 年漢語選修課情況〉）

（2）為新生編寫了「語言交流科目」學習指南《IRIS》，2010 年版長達 134 頁。

（3）每年 7 月和 12 月編寫兩次《語言交流科目報告》，外語教室全體教師參考《報告》中的數據，就學生選修情況進行年度間、語種間的分析比較，發表意見，以資提供更高質量的外語教學。（【表 6】〈2010 年 漢語課選修情況〉就是其中一個部分。）

（4）2004 年以外語教室為主体成立了京女大教育研究企劃會議的咨詢機構「外語教學研究會 I」，並推出了以接受外國留學生為主要內容的提案，作為國際交流的一個環節。2005 年又成立了「外語教學研究會 II」，除新開設了朝鮮語課，編寫了京女大自編外語課本以及與其內容相符的 e-learning 教材以外，還推出了引進英語 e-learning 教材「ALC Net Academy2」的提案。這提案均被認可、採用。

（5）2010 年為京女大附屬高中的學生設置了介紹第二外語的入門課，2011 年又制定了附屬高中的學生可選修我校「語言交流科目」的規定。

（6）爲了使學生對形成「語言」背景的文化及社會等感興趣，每年舉行名為「異域文化日」的課外活動。

六、日本的外語教學與素質教育

由於涉及到漢語教學，筆者認為在這裡有必要明確一個問題，那就是大學的素質教育及外語教育在日本教育制度中處於的地位。這裡所說的外語教育不是指外國語大學等的專業外語教學，而是大多數大學都設置的、在京女大被稱作「初學外語」即所謂第二外語（第一外語為英語）教育。

要探究日本現有大學教育制度及其中所包含的教育思想，首先有必要回顧一下其出發點。日本的大學設立開始於 1886 年基於「帝國大學令」設立的東京帝國大學。[12]1868 年的明治維新從各方面給日本的國民生活帶來了革新，教育也不例外。1872 年設立了統管教育行政的機構——文部省（現文部科學省），並公佈了有關教育制度的布告〈學制〉。[13]〈學制〉序文中寫道：「學問乃立身之本」，「以期國

[12]《學制百年史》（日本：文部科學省，1981 年）
http://www.mext.go.jp/b_menu/hakusho/html/hpbz198101/hpbz198101_2_061.html

[13]〈學事獎励に關する被仰出書〉（日本：太政官布告第 214 號，1872 年）
http://kindai.da.ndl.go.jp/info:ndljp/pid/808231/

無不學之戶，家無不學之人」。也就是說學問是安身立命的基礎，國家要讓所有的國民去學校接受教育。又說：「士人以上偶有學習者，不知學問乃立身之本，動輒謳歌為國而學。或趨於詞章記誦之末，或陷入空理虛談之途。其論雖似高尚，然鮮有身體力行，施之於事者」，這也就是提倡學校應該教授「實學」。在這一方針的指導下，國家制定了深受法國、德國及美國等歐美國家影響的近代教育制度。[14]

金子元久在《大學的教育能力—教什麼・學什麼》一書中指出，[15]帝國大學也把教育中心放在法學、醫學、工學等需要高度專業知識的職業的教育上。舊制高中（或大學預科）是舊制大學的預備階段，是為培養在舊制大學學習所需的基礎實力，特別是高度的外語運用能力而設立的教育機構。而這裡所說的外語是指日本的學習對象，西歐各國的語言，如英語、德語或法語，其中不包括漢語。六角恆廣在《漢語教育史研究》指出，[16]從明治維新以後到第二次世界大戰日本戰敗之前，漢語教育的目的並不是為了接受文化，而是為了給那些出於軍事、政治、經濟等方面的需要去中國的日本人的生活提供方便。

第二次世界大戰以後（1945 年後），根據〈學校教育法〉（1947 年實施），舊制大學和舊制高中等教育機構被一元化為新制大學。京女大作為大學被批准設立也是在同一時期（1949 年）。新制大學的 1、2 年級相當於舊制高中等教育機構，但 2002 年文部大臣的咨詢機構——中央教育審議會（舊大學審議會）在其報告書〈新時代的素質教育〉中作了如下概括。[17]

> 我國大學的素質教育是借鑑美國的 Liberal Arts 教育，作為一般教育起步的。新制大學提出的理念是在普遍的、人性化素質的基礎上，使學問研究與專業人才培養一體化。因此，它曾重視一般教育，旨在培養學生人文、社會、自然等諸科學領域的知識素質，使其具備廣闊的視野與見識，並以此為目標而努力。

戰後，日本幾乎所有的大學都設置了包括外語科目及人文科學、社會科學、自然科學的概論在內的素質課程。至此，舊制高中的外語教育被編入新制大學的「一般教育科目」，其內容也不再祇是吸收西方的知識，而是得以和人文、社會、自然等諸科學並肩，被賦予了有助於培養普遍的、人性化的素質這一性質。這一點可謂重大意義。但是，由於在何為素質教育這一問題上缺乏深入的討論，從而

---

[14]同註 12。http://www.mext.go.jp/b_menu/hakusho/html/hpbz198101/hpbz198101_2_019.ht

[15]金子元久：《大學の教育力－何を教え、學ぶか－》(東京：筑摩書房，2007 年 9 月)，頁 104-106。

[16]六角恒廣：《中國語教育史の研究》（東京：東方書店，1988 年），頁 13。

[17]〈新しい時代における教養教育の在り方について〉（日本：中央教育審議會，2002 年 2 月 21 日）http://www.mext.go.jp/b_menu/shingi/chukyo/chukyo0/toushin/020203.htm

造成了多年以後外語教育的意義變得更加模糊的事態。

如前所述，1991 年當時的文部省修改了「大學設置基準」，隨之，幾乎所有大學的「一般教育科目」與素質課程一同被解體。取而代之的是，多數大學設立了覆蓋全校的教學實施組織，分屬於不同學院的教師在由各學院代表組成的委員會領導下，承担原素質課程的教学任务。

日本大學教育制度為何需要如此大的改革？2002 年中央教育審議會在名為〈新時代的素質教育〉的報告書中總概括道：素質教育的理念並沒有滲透到擔任一般教育之教學工作的體制及教師當中。一方面，在學生眼裏一般教育的內容似乎是高中課程的翻版，另一方面，教師對一般教育科目的意義及內容也把握不透，與各專業學院之間的協調不足。1956 年至 1991 年實施的「大學設置基準」將人文科學、社會科學、自然科學、外語、保健體育等科目的劃分和所修學分全國大學一律化，即全國所有大學的學生在這些科目上都需修相同的學分。

而隨著升學率的提高，大學變得多元化，這種「一律化」的規定已不再適應當前的大學教育狀況。正如這份報告書中所指出的那樣，日本的多數大學一直沒有明確外語教育的意義和目的。

但上述中央教育審議會的觀點並沒有否認一般教育所擔負的「素質教育」。〈新時代的素質教育〉中還寫道：「開闊知識領域，培養學生從各種角度判斷事物的能力、自主綜合地考慮問題並作出正確判斷的能力，培養豐富的人性，培養能夠將自己的知識、人生和社會相結合的人才是素質教育的理念和目的。這一理念和目的不僅要通過一般教育科目，而且還要廣泛地通過整個大學教育來實現」，從而進一步論述了素質教育的重要性[18]。雖然有極少數稱作大學院大學（以研究生院為主的大學）的教育機構注重專業領域的研究，但是在大多數大學，素質教育仍是大學教育的主幹，因此其應處的地位成了一個重要的課題。

但是，現在各大學的「素質教育」愈發薄弱。對此，上文引用的〈新時代的素質教育〉提出了如下批評：素質教育的課程設置被輕易地削減，不少教師認為擔任素質教育科目是一種費時費力的義務，實施素質教育的組織責任體制不夠明確。而學生對於包括素質教育在內的 4 年教育的目的意識也不夠明確。

外語教育作為「素質教育」的一個環節，也是上述變化過程中的當事者。但是，為了滿足「確保在國際社會中發揮作用的優秀人才」[19]這一時代要求，外語與其它人文、社會、自然等諸科學不同，一躍成爲開始備受關注的科目。

首先是在 1998 年，大學審議會在其報告書〈21 世紀的大學與今後的改革方策〉中有力地闡述了理解異文化和外語能力的重要性，特別強調了提高學生聽說

---

[18]同前註 17。

[19]〈21 世紀の大學像と今後の改革方策について〉（日本：文部大臣の諮問，1997 年 10 月 31 日）
http://www.mext.go.jp/b_menu/shingi/12/daigaku/toushin/971001.htm

能力的必要性[20]。

2000 年，大學審議會在報告書〈全球化時代所要求的高等教育〉中提出：「在全球化不斷發展的情況下，運用外語的能力是不可或缺的。特別是英語，在當前的形勢下，它作為世界通用語發揮著中心作用。英語能力與下文所述的信息處理能力（information literacy）同是為吸收全球化的知識與信息、對外發表見解、進行對話、討論所需的基本能力。」同時還提到「在教授近鄰亞洲各國的語言方面還需積極採取改善措施」，這是將中國與韓國考慮在內的見解[21]。

此外，上文中列舉的 2002 年中央教育審議會報告書〈新時代的素質教育〉認為，外語教育不僅有實用的一面，同時還有理解異文化的一面。從這個觀點出發，該報告書認為外語對於素質教育來說也是很重要的，並作了以下闡述[22]。

> 對於培養素質而言，接觸異文化有著重要的意義。這裡所說的異文化不但是不同國家或地區的文化，而且還包括不同的性別、年齡、國籍、語言、宗教、價值觀、生活方式、習慣等在內的所有「與自己不同的因素」。通過與異文化的相互交流，在思考自己的存在、確立自我的同時理解與自己不同的人、社會和文化，並學會在尊重這些的基礎上生存。這是素質的重要支柱。

但是，包括外語教育在內的素質教育的實際情況卻如前所述，不盡人意。例如，中川正之（神戶大學）在《日本的漢語教育——現狀與課題・2002 年》中嘆息道：「(漢語教學)所處的環境,與學生想積極掌握漢語的需求相去甚遠。國立大學法人化要求各大學具備自己的特色,隨之重視研究成果的傾向更加嚴重。這一傾向和一直存在的對外語教學的種種誤解相結合,使我們無從判斷今後的外語教學方向」。[23]丸尾誠（名古屋大學）則吐露道：「對於承擔第二外語漢語教學工作的人來說，學習掌握漢語的意義本身受到了質疑，課時數被減，每班人數增多，其教學環境不斷惡化。……實際上（漢語教學）根本無法達到實用程度。」[24]總之，包括

---

[20]〈21 世紀の大學像と今後の改革方策について〉（日本：文部大臣の諮問，1997 年 10 月 31 日）http://www.mext.go.jp/b_menu/shingi/12/daigaku/toushin/971001.htm

[21]〈グローバル化時代に求められる高等教育の在り方について〉(日本：大學審議會，2000 年 11 月 22 日)http://www.mext.go.jp/b_menu/shingi/12/daigaku/toushin/001101.htm

[22]同前註 17。

[23]日本中國語學會中國語ソフトアカデミズム検討委員會：《日本の中國語教育－その現状と課題 2002－・中國語教育をとりまく環境について》（東京：日本中國語學會，2002 年），頁 155。

[24]日本中國語學會中國語ソフトアカデミズム検討委員會：《日本の中國語教育－その現状と課題 2002－・第二外國語としての中國語教育に關する私見》（東京：日本中國語學會，2002 年），頁

外語教育在內的「素質教育」愈加陷入混亂的狀態，這就是目前日本許多大學所處的現狀。

七、今後的課題

以上圍繞著至今為止的日本教育制度，就京女大漢語教學工作、外語教育所處的環境以及日本的外語教育和素質教育進行了論述。與日本的其它大學相比，京女大的漢語教學可以說在平均水平之上。但是，我們也必須坦然地承認，尚有不少問題有待於解決。在此，筆者將具體指出需要解決的今後的課題，並探討一下解決方法。

京女大的漢語教學工作，從大的方面講目前面臨著兩個問題，一是教師的問題，二是學生的問題。

首先是教師問題。京女大有 3 名專任教師、17 名兼職教師，其中以日語為母語的 9 名、以漢語為母語的 11 名，專業分佈如下。見【表 11】。

讀者也許會感到意外，京女大漢語教師中沒有一個是研究漢語教學法的，研究現代漢語的也祇有 1 名，而研究中國古典文學的則佔了半數以上，有 10 名。京女大錄用兼職教師的條件是：有 3 篇以上的研究論文，具有碩士以上的學歷，如

157。

【表 11】2010 年 漢語任課教師專業分佈情況

		漢語	中國古典文學	中國近現當代文學	日本文學	佛教	教育學	經濟學
日語為母語者	1		○					
	2		○					
	3		○					
	4		○					
	5		○					
	6		○					

	7		○					
	8			○				
	9			○				
漢語為母語者	10		○					
	11		○					
	12		○					
	13				○			
	14				○			
	15	○						
	16					○		
	17						○	
	18						○	
	19							○
	20							○

果是中國文學或漢語專業的日本人，還須有在中國留學的學歷。漢語教師的這種專業分佈在日本大學裏並不少見。在日本，並沒有培養專業漢語教師的大學。因此，我們也在考慮從中国的大學招聘對外漢語教學專業的教師或研究生。但是使世界存在的是語言，這無疑也是在前文所述的「素質教育」的基礎，而且各研究領域也與語言甚至與素質是不可分割的。正因爲如此，學生受教於各研究領域的專家這一做法也絕不應被否定。當然，爲了做好漢語教學工作，教師必須具備豐富的漢語知識和教學經驗，這是不言自明的道理。在實際教學中有時教師之間也會出現分歧,其起因或源於教師所處的不同語言環境，或源於不同的學術觀點。不僅在京都女子大學，恐怕在日本的其它大學，甚至在中國的大學都有可能發生這樣的事情，同時也是一個很難解決的問題。在這種情況下，作爲解決問題的方法之一,我們向中國國內的對外漢語教學專家、國家級普通話測試員請教,以期統一教師間的意見。

此外，也不能否認，在對待京女大漢語教學的認識上，兼職教師與專任教師之間存在著一定差距。在 17 名兼職教師中，身爲其它大學專任教師的祗有 2 名，其他教師則均爲在其它大學同樣作兼職教師的老師。以前，教科書、教學內容以及教學目的、目標全部委任給各任課教師，由教師各自裁決。但是，如前説述，爲了保證全校學生學習同樣的教學內容、達到同樣的教學效果，也爲了使成績標準更明瞭、更公平，我們必須擯棄以前的做法。但是，在兼職教師中至今尙有一些人不能適應現在這種方法，有的甚至認爲這種做法否定了他們自身的教學方法和教育觀。但是，現在已不是從前由個人決定一切的時代了。因此，作爲專任教師，我們必須負責任地向兼職教師解釋我校具有寬闊視野和遠見的教學理念。兼職教師在理解、認可這個理念的同時仍能夠充分發揮各自的優勢和個性。而這也與以提高師資爲目的的 FD(Faculty Development)活動的宗旨相符合。

另一個是學生問題。教學工作必須針對教學的對象進行，這與教材內容和課程設置有著直接的關係。如前所述，京女大使用的漢語課本不是市場上供應的課本，而是結合京女大學生的實際情況，以她們感興趣的話題爲內容，自己編寫的專用教材。編寫自己大學的專用教材是一件費時費力的工作。因此雖然進行這種嘗試的大學在不斷增加，但在日本大學中還屬少數。就編入教科書的語法項目而言，以前以 1 學年爲準編寫的內容，現在變得無法完全消化。另外，本來漢語課是1、2年級的必修選修課，現在成了1年級的必修選修課。原因在於，如本文開頭所述，日本大學升學率不斷增長，隨之而產生了學生實力不如從前的現象。爲了適應這些學生的水平，現在市場上的許多教科書不僅給語法項目加上了細緻入微的解說，而且學生不需查詞典，單詞表中就已經寫明了單詞的詞義。我們認爲，這種教科書會愈加抹殺學生的學習自主性，導致學習實力低下。因此，我們編寫教材時，有意在語法項目中祇寫例句，不加說明，促使學生在課堂上必須認真聽講。這種做法確實也增加了教師的負擔，但同時對師資也是一個檢驗。在本文第四節中筆者提到，爲了提高學生的學習積極性，我們製作了與教科書內容相應的e-learning教材。此外，我們還開設了課外補習，爲那些沒能完全理解課堂內容的學生做補充講解。

至於課程設置的內容，以前的漢語教學注重讀解能力，但是，現在希望學會話的學生佔絕大多數。因此京女大1年級教科書的課文形式以會話爲主。如前文中的【表6】【表7】顯示的那樣，在2年級的選修課目中，很多學生希望選修會話。但是，要想掌握會話，最好的辦法是去留學，讓學生在祇有漢語的語言環境裏學習。如果做不到這一點，那就祇有把大量的時間用在學習會話上。但是，我們不得不承認，按目前京女大的課程安排，是無法做到這一點的。學生傾向於學會話，是因爲她們對漢語的實用性很敏感，如去中國旅行或對就職有利等。2010年末，日本三菱商社規定，新職員及內定成爲該公司職員的人必須接受漢語研修，是義務。伊籐忠商社也爲了使擔任主要工作的全體年輕職員學習以漢語爲主的外語，制定了派遣職員前往當地進修4-6月的制度，使社會譁然。這些舉措使得漢語熱重現，其中對會話的需求無疑更高。由於受科目數的限制，京女大的漢語教學不能完全滿足學生的需求。爲了彌補不足，我們除了有中國人民大學長期語言留學制度以外，2011年還新制定了利用暑假在北京語言大學進行短期漢語研修的制度，以期爲願意學習的學生提供更有效的學習場所。

但是，在此筆者想重新審視一下在大學學習漢語或外語的意義。因爲，如前所述，其中「素質」這一觀點是不可或缺的。雖然戰後日本中央教育審議會一貫重視「素質教育」，但實際上絕大多數大學輕視「素質教育」，其教學內容寥寥無幾，停留在文部科學省規定的底綫上，祇勉強維持課程的存在。其主要原因在於，日本大學的組織機構是以縱向的獨立的學院爲單位的，各學院教師爲了高度維護自己的「專業性」，難免有人覺得「素質教育」低一等。而接受這些教師指導的學生也很難理解「素質教育」的意義。外語也被當作單純的語言交流工具，擔任這一教學工作的外語教師也受到輕視。學生中也蔓延著一種極大的誤解，認爲祇要能會話就萬事大吉了，祇要學會了會話就學會了所學外語的一切。這一切都是因爲很多人從根本上欠缺「素質」培養人、人因「素質」而成長的觀念。事實上，無論是基於大學大衆化即80%的高中畢業生升入大學等高等教育機構的這一現狀，還是鑒於人與人之間的關係日趨淡薄這一現狀，當今的大學「素質教育」應該更有意義。所謂「素質」即「自主行動的能力」[25]，我們人類需要用「語言」來培養它。而外語教育無疑是進一步提高「語言」意識的教育。也就是説，外語教育是培養素質的最有效的手段。這便是京女大漢語教學的立足點，【表 4】〈2 年級以上漢語課（選修）〉中的各門課正是在這一立足點的基礎上開設的。「讀解」在課程設置中成爲一大支柱的原因在於此。「會話」於語言交流很重要，我們當然應該注重提高學生這方面的能力。但是人類的「語言」具有多面性，仔細體會每一個詞的含義、認真面對「語言」的多面性,這種努力也是必不可少的。因爲，正是這種努力使每個人的「素質」不斷提高。

[25]同前註 17。http://www.mext.go.jp/b_menu/shingi/chukyo/chukyo0/toushin/020203/020203a.htm#02

徵引文獻

(1)〈平成22年度學校基本調查·7都道府縣別 學校數及び學生數〉(日本：文部科學省生涯學習政策局調查企畫課，2010年12月)
http://www.e-stat.go.jp/SG1/estat/List.do?bid=000001028877&cycode=

(2)〈平成22年度學校基本調查·2類型別學校數〉(日本：文部科學省生涯學習政策局調查企畫課，2010年12月)
http://www.e-stat.go.jp/SG1/estat/List.do?bid=000001028877&cycode=

(3)《2011年版大學ランキング》(東京：朝日新聞出版，2010年)，頁77。

(4)〈大學設置基準〉第32條第1項(日本：文部省令第28號，1956年10月22日)
http://www.lawdata.org/law/htmldata/S31/S31F03501000028.html

(5)〈大學における教育內容等の改革狀況について(平成20年度)〉(日本：文部科學省高等教育局大學振興課大學改革推進室，2008年5月)
http://www.mext.go.jp/a_menu/koutou/daigaku/04052801/__icsFiles/afieldfile/2010/05/26/1294057_1_1.pdf

(6)橋本草子、張猛、西村秀人、劉小俊、愛甲弘志：《京女生のための中國語-発音篇-》，改訂第二版(京都：KWUC，2010年)

(7)張猛、西村秀人、劉小俊、愛甲弘志：《イーリス中國語-京女生のための中國語-》，改訂第二版(京都：KWUC，2010年)

(8)〈中國語初級段階學習指導ガイドライン〉(日本：中國語教育學會學力基準プロジェクト委員會，2007年) http://www.jacle.org/storage/guideline2.pdf

(9)《漢語水平詞彙與漢字等級大綱》(北京：經濟科學出版社，2001年)

(10)《京都女子學園報No.862》(京都：京都女子学園，2010年8月20日)，頁10。

(11)〈學校教育法〉(日本：法律第26號，1947年)
http://law.e-gov.go.jp/htmldata/S22/S22HO026.html

(12)〈大學設置基準〉(日本：文部省令第24號，1991年6月3日)
http://law.e-gov.go.jp/cgi-bin/strsearch.cgi

(13)《平成2年版文部法令要覽》(日本：ぎょうせい，1990年)，頁146。

(14)《學制百年史》(日本：文部科學省，1981年)
http://www.mext.go.jp/b_menu/hakusho/html/hpbz198101/hpbz198101_2_061.html
http://www.mext.go.jp/b_menu/hakusho/html/hpbz198101/hpbz198101_2_019.html

(15)〈學事獎励に關する被仰出書〉(日本：太政官布告第214號，1872年)
http://kindai.da.ndl.go.jp/info:ndljp/pid/808231/

(16)金子元久：《大學の教育力－何を教え、學ぶか－》(東京：筑摩書房，2007年9月)，頁104-106。

(17)六角恒廣：《中國語教育史の研究》（東京：東方書店，1988年），頁13。

(18)〈新しい時代における教養教育の在り方について〉（日本：中央教育審議會，2002年2月21日）

http://www.mext.go.jp/b_menu/shingi/chukyo/chukyo0/toushin/020203.htm

http://www.mext.go.jp/b_menu/shingi/chukyo/chukyo0/toushin/020203/020203a.htm#02

(19)〈21世紀の大學像と今後の改革方策について〉（日本：文部大臣の諮問，1997年10月31日）

http://www.mext.go.jp/b_menu/shingi/12/daigaku/toushin/971001.htm

(20)〈21世紀の大學像と今後の改革方策について〉(日本：大學審議會，1998年10月26日)

http://www.mext.go.jp/b_menu/shingi/12/daigaku/toushin/981002.htm

(21)〈グローバル化時代に求められる高等教育の在り方について〉(日本：大學審議會，2000年11月22日)http://www.mext.go.jp/b_menu/shingi/12/daigaku/toushin/001101.htm

(22)日本中國語學會中國語ソフトアカデミズム檢討委員會：《日本の中國語教育-その現状と課題・2002-》（東京：日本中國語學會，2002年），頁155、頁157。

海外華語文教學嬗變與革新：新加坡經驗*

吳英成*、羅慶銘*

摘　要

新加坡華語文教學有悠久的歷史，其間雖經歷過多次政治變遷和教育制度轉型，華語文教材也多次重編，但現行華語文教材的總體設計思路和編寫原則與過去相比並未根本改變。在傳承中華文化和培養華語交際能力這兩大教學目標下，新加坡華語文教材向來走的是語言與文化合流的編寫路子。本論文將以全球語言視角和新加坡華族社群語言易位為切入點，探討海外華語文教材嬗變與革新。本論文分為三大部分：第一部分從內圈(「中原」區)至中圈(海外華人區)以及變動中的新加坡華族社會---從「脫方入華」至「脫華入英」兩方面，論述海外華裔學生語言能力退化的現象；第二部分以「文以載道」為主軸，以編選的範文作為「傳道」的教材、重視陳述性文化知識，忽略程式性文化知識、堅持母語思維，用華語教華人三方面，闡述海外華語文教學嬗變；第三部分從語言交際與文化傳承、傳統中國文化與當代中國文化、聽說讀寫齊頭並進與先聽說再讀後寫的語言技能訓練三方面，探討海外華語文教學革新。

關鍵詞：全球語言、語言易位、中國情意結、語言交際、文化傳承

---

*本論文在修改過程中採納了特約討論張上冠教授的講評意見與匿名評審委員的書面審核意見，謹致謝忱！

* 南洋理工大學國立教育學院亞洲語言文化學部副教授兼主任

* 南洋理工大學國立教育學院亞洲語言文化學部講師

一、引言

傳統意義的華語文教學是指面向海外華人的族群語言教學，而所指的族群語言既可以是族群共同語，也可以是族群方言。早期的海外華語文教學是華人先輩從祖籍地遷徙海外後爲求生存、發展以及出於維繫中華文化的需要而進行的族群母語教學。後來隨著華人在海外落地生根，華語文教學的性質、任務和功能也發生了很大的變化，許多地區的華語文教學如今已非過去的第一語言教學，而逐步轉變爲第二語言教學。

華語文教材是海外華語文教學的主要內容，它是根據不同時期華語文教學的需要編寫的。研究不同時期華語文教材不僅對我們瞭解海外華語文教學的歷史有意義，對我們認識和解決目前華語文教學中存在的問題也具有參考價值。新加坡華語文教學有悠久的歷史，其間雖經歷過多次政治變遷和教育制度轉型，華語文教材也多次重編，但現行華語文教材的總體設計思路和編寫原則與過去相比並未根本改變。在傳承華族文化和培養語言交際能力這兩大教學目標的影響下，新加坡華語文教材走的都是語言文化合流的編寫路子。本論文將以全球華語視角和新加坡華族社群語言易位爲切入點，探討新加坡華語文教學的嬗變與革新之道。

二、新加坡華族社群語言生態變遷：茶越沖越淡

2.1　從內圈(「中原」區）至中圈（海外華人區）

從全球語言視角著眼，華語在不同國家和地區的傳播方式不同，華語學習者的類型也各異。由於華人向海外各地的移居，以及近幾十年來因中國崛起而興起的華語學習熱潮，使得華語越發突顯出區域特徵。

我們依據華語的傳播種類、華語在居留地的社會語言功能域和語言習得類型等因素，將全球華語劃分爲三大同心圈：內圈、中圈、外圈。

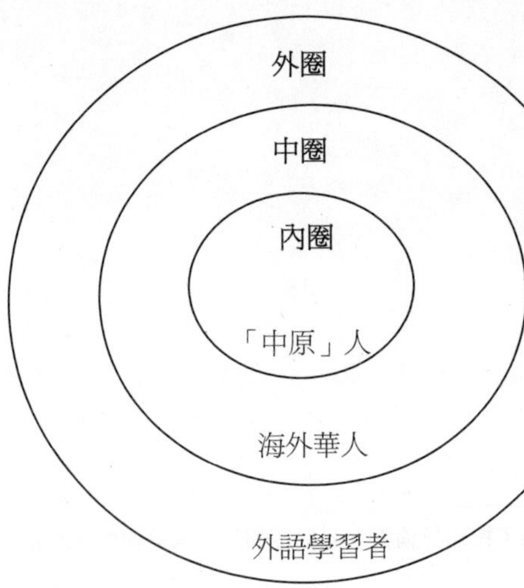

全球華語三大同心圈

(1)內圈指把華語作爲第一語言或者共同語的「中原」地區，包括中國大陸與臺灣。前者將華語稱爲「普通話」，後者則稱爲「國語」。內圈的特徵是華語爲政治、經濟、法律、科技等領域以及正式場合的強勢主導語言，同時也是學校的主要教學媒介語。

(2)中圈指以華語作爲族群共同語的海外華人地區。其主要特徵是在多語社會中，華語成爲華人族群的標誌及日常通用語之一。中圈的海外華人在學習華語時所面對的問題比內外圈的華語學習者都複雜，我們必須將學習者加以分類，不能一概而論。大體而言，海外華人的華語程度隨著由「中原」地區移居海外的時間增長而逐漸削弱。同時，華語學習策略也必須依據學習者的家庭語言背景、學習動機和目的進行相應的調整。

以華族人口爲主的新加坡是中圈裡最重視華語文教學的國家。華語不僅是新加坡四大官方語言之一，也是華族學生在校必修的族群「母語」課程。雖然在新加坡接受舊制華校教育的華校生，其華語程度不亞於內圈的使用者和歐美等地的第一代海外移民。然而，由於「脫華入英」的大勢所趨，新加坡華族學生學習華語所面對的問題將與海外華人第二、三代移民相類似。

(3)外圈是指把華語作爲外語學習的地區，主要包括日、韓、歐美等。外圈的華語學習者多爲外籍人士。他們懷著不同的目的學習華語，其學習內容包括在本國選修華語作爲外語的課程，以及到中國大陸、臺灣乃至新加坡實地浸濡學習等。

身處不同語言圈的華語學習者，其語言文化背景不同，學習動機和目的各異，對教材和教學內容的取捨和要求也不相同。內圈的語文教學強調語言文化並重，教材中文學、文化的比重很大。外圈的華語文教學更多地側重於語言技能的培養，在教授文化內容時，更重視程式性文化知識，而非陳述性文化知識，這種情況在教學的初級階段尤爲明顯。在中圈海外華人社會中，由於各國國情不同，華族社群人數和分佈各異，對語言教學中文化內容的選擇也各不相同。教材中語言與文化內容如何配置、文化知識點如何選取及呈現等都會成爲影響教材品質的重要因素。

2.2 從「脫方入華」至「脫華入英」

在新加坡，自 1965 年獨立建國以來，雙語教育即成爲主流教育體系的基石。新加坡學生除了以英語爲主要學習交際語言外，還必須修讀所屬族群的「母語」課程，希望實現政府既定的用英語謀生立業，以族群「母語」傳承文化的教育目標。這一重大語言政策導致新加坡華族社群的語言生態發生了急劇變化。新加坡官方人口普查數字(Tham，1996；Leow ，2001)顯示：新加坡華族家庭常用語言正處於迅速易位階段。

新加坡的早期華人移民多來自中國南方，彼此間只能用各自的祖籍方言溝通。新加坡政府爲打破華族方言族群的藩籬，自 1979 年起大力推行「多講華語，少講方言」 的「講華語運動」。這個成功的全國性語言運動導致以祖籍方言作爲家庭常用語的華族人口比例，由 1980 年的 81.4%急劇下降至 1990 年的 50.6%與 2000 年的 30.7%；同時，以華語爲家庭常用語的華族人口比例則迅速增長，從 1980 年的 10.2% 驟升至 1990 年的 29.8%與 2000 年的 45.1%。這些數字標誌著華族家庭的常用語正在「脫方入華」，華人祖籍方言已失去語言堡壘（家庭域）的主導地位，華語名副其實地成爲新加坡華族的共同語。

然而，華語在新加坡華族社群中處於主導地位的優勢近年來也面臨著強勢英語的威脅。自獨立建國後，新加坡以英語爲主要教學媒介語，族群「母語」僅爲一門必修科。政府通過行政語言等手段，使英語成爲政治、經濟、法律、科技、行政等公共領域內的高階與強勢語言。無論在私人企業還是行政機構等正式場合，英語都被視爲主導的行政與工作語言。因此，使用英語的華人族群人數呈現出穩定的增長趨勢，從 1980 年的 7.9%倍增至 1990 年的 19.2%，到 2000 年已達 23.9%。

教育部華族小一新生家庭常用語(1980－2009)的統計數字(摘自 2009 年 3 月 17 日李光耀資政講稿)也顯示，以華語爲家庭常用語的華族小一學生人數比例，從 1980 年的 25.9%增至 1990 年的最高峰 67.9%，隨後便逐年遞減，2000 年爲 45.4%，2004 年爲 43.6%。反觀以英語爲家庭常用語的華族小一新生人數比例卻不斷向上攀升，從 1980 年的 9.3%增至 1990 年的 26.3%，到 2000 年升至 40.3%，更於 2004 年以 47.3%的比例首度超越華語，處於主導地位。到了 2009 年，以英語爲家庭常用語的華族小一新生更增至近 60%。這一變化如下圖所示：

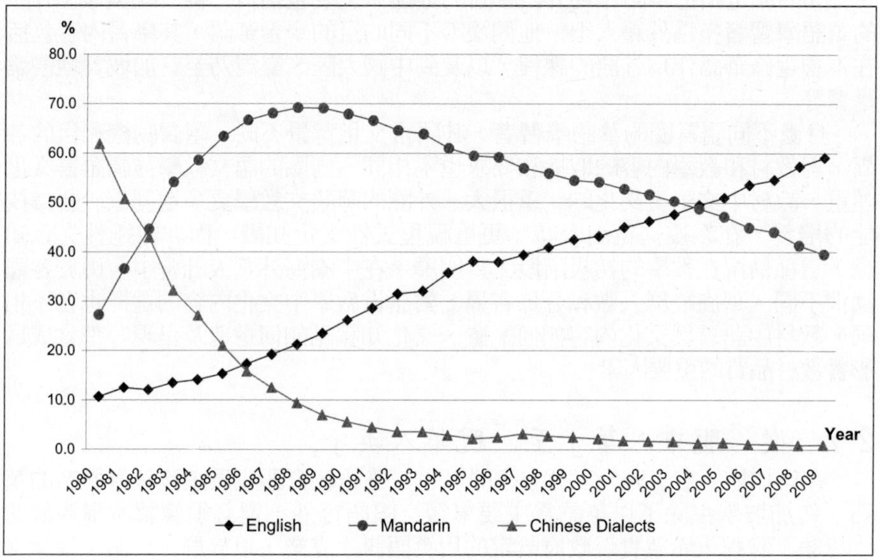

小一華族新生的家庭常用語（1980-2009）

上圖資料清楚顯示了新加坡華語文教學所面臨的最大挑戰是華族社群家庭語言環境的變化。新加坡華語文教學正經歷著從第一語言教學向第二語言教學的轉變，這種轉變勢必對華語文教學與研究的各個方面產生深遠影響。

三、新加坡華語文教學嬗變

華語是新加坡華人的族群「母語」，華語文教學被冠名爲「母語教學」，但「母語教學」的內涵在不同時期卻大不相同。在 1956 年《新加坡立法議會各黨派華文教育委員會報告書》(Singapore All-Party Committee on Chinese Education 1956)（簡稱《各黨派報告書》）發表之前，華語文教學只在以華語爲教學媒介語的華校進行，而以英語爲教學媒介語的英校的華人學生一般不修讀華語。當時的教材名稱爲「國語」，教材的編纂原則和要點主要參照馬來亞華校小學國語課本，字彙是根據《中國教育部小學初級暫用字彙》作爲分級標準，加上一些馬來亞常用的字詞。教材內容一方面取自反映馬來亞景觀和生活狀況的文章，另外也大量選用中國傳統的名家名篇，如《愚公移山》、《落花生》等。

1956 年的《各黨派報告書》提出了新加坡學校必須教授兩種語言的建議。1959 年新加坡自治，開始推行雙語教育政策。英校中的華人和其他族群的人必須學習各自族群「母語」，華語作爲第二語言課程也因此應運而生。教材的名稱開始從「國語」改爲「華語」。教材類型大致分爲兩大類：一類供新加坡華校學生使用；另一類供英校學生使用。當時所謂的第二語言教材其實只是第一語言教材的簡寫本，教材的內容和編排方式並沒有質的改變，只是在教材內容的選擇更傾向本土化而已。華語文教學的目標除了培養學生聽講及讀寫華語能力外，更偏重在讓學生認識並尊重新加坡各民族的生活及其傳統的風俗習慣，培養各民族和諧共處的精神。

新加坡華語文教學的華英校雙軌制實行了 20 多年，直到 1987 年新加坡教育部推行統一國民教育體制後，新加坡的族群「母語」失去了在學校中充當教學媒介語的資格，華語文教學成爲單一的科目。新加坡教育部課程發展署從 1981 年開始統一編寫華語文教材，從此新加坡進入政府主導編寫華語文教材的時代。至今，新加坡教育部已經編寫了四套中小學華語文教材。這四套教材與以往教材雖然有些微差異，有些教材內容也根據學生華語能力的差異進行調整以加強針對性。但總體而言，其教材和教法卻依然延續第一語言教學思路。從不同時期編寫的華語文教材來看，雖然教材的編排體例各有差異，內容選擇各有側重，但都帶有明顯的中華文化教材印跡，普遍存在重文化內容、輕語言形式的傾向。

3.1 以「文以載道」為主軸，以編選的範文作為「傳道」的教材

中國傳統的語文教材重視「讀經」，教材強調篇章內容與語言的完美結合和高度統一。能進入教材的選文一般來自千古流傳的經典文學作品、寓言故事、民間傳說等。這些經典作品因其具有高度的思想性和文化性，更因其優美的語言而成爲歷代學子學習的「範本」。這種選文式的教材編寫模式一直沿用至今。

文化的繼承和發展當從學習經典開始，這對第一語言學習者而言是再自然不過的事。但選文式教材對學習者的語言能力要求很高，他們必須具備良好的口語和書面語基礎。

新加坡現行的華語文教材多半參考內圈中國大陸的《語文》、臺灣的《國語》等「母國」教材，內容以「文以載道」爲主軸。這種以內容的恰當性、文化的典型性爲標準的教材編寫模式，與傳統語文教材一脈相承。「傳道」教材對達成新加坡華語文教學中的「人文性」目標無疑是有利的，但這種以內容與

文化為導向的教材在編寫方式上存在著明顯的缺陷，在語言技能和語言知識點的安排上難免顧此失彼，詞彙、語法等方面的難易度也無法有效控制。

照搬「母國」教材與教法的做法，也造成了新加坡華語教材的內容與居留地的現實生活脫節。這樣的教材內容很難引起海外第二、三代華裔學習者的學習興趣，教學效果自然大打折扣。許多學生縱然學了近十年的華語，聽說能力依然薄弱，無法讀寫者更不在少數。

有鑒於新加坡華族家庭常用語出現「脫華入英」的趨勢，2004 年《華文課程與教學法檢討委員會報告書》指出華語應成為生活語言而非「傳道」語言，建議採用靈活的單元式模式，按學生的語言背景和能力，採用差異教學法，激發學生的學習興趣及積極性。

3.2 重視陳述性文化知識，忽略程式性文化知識

除了重視傳統價值觀的培養，強調傳承華族優秀文化也是新加坡華語文教材的另一個顯著特色。1992年新加坡《華文教學檢討委員會報告書》就曾建議，教材內容「應該加入更多富有文化色彩、引人入勝的民間和歷史故事」。2001年的《小學華文》課本還專門編纂「富有傳統文化內涵，以傳統文化為主目標」的「特定篇章」。在這樣的編寫思想指導下，教材的文化取向更加明顯，節慶文化、民俗文化、詩詞歌賦等被大量編入教材。文化知識成了華語文教學的「主菜」，華語文課成了弘揚中華文化的知識課。與此形成強烈對比的是，與語言交際活動緊密相關的程式性文化知識被忽略了。學生知道司馬光救人，卻不知道司馬光姓什麼；學生知道「杯弓蛇影」，卻不能用它說出準確得體的句子。對程式性文化知識有意無意的忽視造成學生可能學了不少文化知識，但文化能力依然很薄弱。

在選擇陳述性文化知識作為教學內容方面，存在重古輕今、重「母國」輕本土的傾向。華語文教材中反映當代本土文化的內容偏少，而這些文化往往與大眾生活結合在一起，恰恰是華語文教材的活力所在，但這樣的文化知識在目前的華語文教材中卻不多見。

3.3 堅持母語思維，用華語教華人

除了教材內容的選擇以外，新加坡華語文教材在編排和注釋上也繼承了中國語文教材的傳統，對文化知識點一貫強調使用華語注釋。由於華語是教師的習得第一語言，他們無法認同「像教洋人那樣來教我們下一代」的方法，堅持只能用華語教華人子弟。即使面對第二、三代把華語作為第二語言的華裔學生，語言文化知識的處理依然採用母語教材的方式。英語除了用於給生詞注釋外，幾乎禁止使用。教材編寫者忽略了一個基本事實，新加坡華人社會已經分化為兩個不同的華人社群：以英語為家庭常用語的華人社群和以華語為家庭常用語的華人社群。前者的文化基因已經改變，華族文化已成為他們的「異文化」，他們無法通過自然習得來建構華族文化體系。如果我們不採用跨文化比較的方法，不利用學生主導語言(英語)輔助理解華族文化，這對學習者的文化知識掌握和文化能力培養都將受到影響。

四、新加坡華語文教學革新

4.1 語言交際與文化傳承

語言和文化密不可分，雖然文化元素的教學應貫穿於語言教學之中，但對作爲第二語言的華語文教學而言，語言與文化的重要性在各階段卻存在差異。一般而言，初級階段應以語言技能培養爲主，文化方面主要介紹交際性文化知識；高級階段開設文化知識課，通過文化學習語言。這是兩種不同的教材編寫思路，目標不同，內容不同，教學效果自然也不同。

在屬於中圈的新加坡，雖然新加坡教育部課程規劃與發展署《中學華文課程標準》(2002)規定華語文教學有兩個總目標：工具性目標---發展學生聽、說、讀、寫四種語言技能；思想性與文化性目標---通過華語的學習傳遞傳統中華文化與新加坡核心價值觀，但在華語文教材內容的選擇上，卻忽略了第二語言初學者的語言需要，介紹中國文化的比例遠高於語言交際操練的比例，兩者應進行適當的調整。

美國AP華語與文化課程［AP Chinese Language and Culture］(The College Board 2008)在處理語言和文化的關係上爲我們提供了可借鑒的經驗。AP課程的主要目標是在完整的文化框架下培養學生的綜合語言技能。AP課程爲學生提供及時而多樣化的學習機會，一方面重視全面提高學生運用語言技能的熟練度，另一方面也強調這一切必須在廣泛而真實的華語文化背景下達成。在AP課程中,語言技能和文化理解相互結合，相輔相成，語言教學是在社會、文化和語用適當的情境中進行的。

鑒於新加坡華族學生家庭常用語已出現「脫華入英」的趨勢，新加坡華語文教材應該採用第二語言教學的編寫模式，走結構、功能、文化相結合的路子，加強華語文的交際性。教材內容應重視交際性文化知識，尤其是本土文化知識。新加坡的華語語言環境雖不及中、臺、港等地，但卻優於其他海外華人地區，這是學習華語的有利條件，應該充分利用。

4.2 傳統中國文化與當代中國文化

我們不認爲只有通過閱讀寓言故事、成語故事才能提高學生的學習興趣，若能發揮語言文化的實用功能，讓學生學有所用，他們的學習熱情也會提高，學習效果才會顯著。新加坡華語文教材不能激發學生學習興趣的一個重要原因是內容過於陳舊，缺乏時代性，與學生的現實生活脫節。學習者難以從教材中瞭解當今中國社會的國情風貌，以及當代中國人的生活面貌和心理狀態。我們曾經對新加坡《好兒童華文》（1993）的教材內容進行抽樣統計分析，在八大主題中，華族傳統文化所占的比例最高（達20.1%），而反映當代中國基本國情和文化背景知識的內容則少之又少。如此安排文化內容的結果造成許多華族學生對當代中國社會缺乏基本的認識，以致在與中國人的交往過程中常出現語言交際障礙，甚至產生誤解。

要提高新加坡華語文教學的效果，增強文化教學內容的實用性是關鍵。文化教學內容應是那些既根深蒂固又鮮活存在於現實社會生活中的文化知識或文化內容，這些文化元素對華族學生認識中國國情、理解當代中國文化，有著十分重要的意義。通過學習，學習者不僅能接觸、瞭解這些文化，更重要的是能在日常生活中使用這些文化。

4.3 聽說讀寫齊頭並進與先聽說、再讀、後寫

新加坡現有華語文教材都是按照語言文化合流的思路編寫的，在教學上一般採用綜合教學法。這種聽說讀寫齊頭並進的設計思路不僅容易造成口語教學與書面語教學的雜糅，導致教材的訓練任務不清，而且容易造成交際文化與知識文化的比重失調。

新加坡華族學生的語言生態已經發生了深刻的變化，「脫華入英」的趨勢已愈加明顯。在這種狀況下，新加坡華語文教材應走先聽說、再讀、後寫的路子。聽說教材應以交際話題爲綱，走結構、功能、文化相結合的路子；融入交際文化於語言教學中，加強口語的交際性。教學內容應該根據學生的特點與需求進一步加強針對性，走差異化的編寫道路。在學生具備了一定的語言基礎、口語能力後，再進入書面語的教學，通過廣泛閱讀不同類型的華文文本，培養對中華文化的認識。

「先聽說、再讀、後寫」的教材編寫策略完全符合學習者的實際需求。在與內圈人進行溝通時，海外華人若能以華語表達意見，將可拉近彼此的距離，聽說交際技能的掌握，便成爲最起碼的條件；若能閱讀華文文本，將能準確瞭解第一手資料，閱讀華文文本能力的掌握，便不可或缺。生成性的寫作技能雖然難度最高，但有口語和閱讀能力作爲基礎，將會減低難度，也使寫作能力的掌握更有可能。

以華語爲第二語言的專業人士在寫作時也可先用英語撰寫初稿，請他人譯成華語後，自己再訂正修改。長期以來，許多海外華人與外籍中國問題專家都以此方式與內圈人士交流，並無語言障礙，可見這種語言學習策略對華語作爲第二語言學習者尤其實用，教學效果也十分顯著。

徵引文獻

吳英成：《漢語國際傳播：新加坡視角》,北京：商務印書館，2010。

華文教學檢討委員會：《華文教學檢討委員會報告書》。新加坡：教育部，1992。

華文課程與教學法檢討委員會：《華文課程與教學法檢討委員會報告書》。新加坡：教育部，2004。

新加坡教育部課程規劃與發展署：《好兒童華文》。新加坡：教育出版社，1993。

新加坡教育部課程規劃與發展署：《小學華文》。新加坡：教育出版社，2001。

新加坡教育部課程規劃與發展署：《中學華文課程標準》。新加坡：教育部，2002。

Leow, Bee Geok. *Census of Population 2000: Advanced Data Release*. Singapore: Department of Statistics,2001.

Ministry of Education, Singapore. Refinements to mother tongue language policy, Singapore: Ministry of Education Press Release, 9 January 2004. [http://www.moe.gov.sg/about/yearbooks/2005/flexibility/refinements_mother_tongue_lang_policy.html]

Singapore All-Party Committee on Chinese Education. *Report of the All-Party Committee of the Singapore Legislative Assembly on Chinese Education*. Singapore: Government Printer, 1956.

Tham, Seong Chee. *Multi-Lingualism in Singapore: Two Decades of Development*. Singapore: Department of Statistics, 1996.

The College Board. *AP Chinese Language and Culture: Course Description (2009-2011)*. New York: The College Board, 2008.[http://sina.echineselearning.com/pdf/ap08_chinese_coursedesc.pdf]

唐宋散文多媒體教學設計

陳麗宇*、連育仁*

提　要

「唐宋散文選讀」是臺灣臺灣師範大學應用華語文學系大二上學期的選修課程，由於臺師大應用華語文學系的畢業生，多數以赴海外任教爲其就職方向，因此本課程必須設計和一般中文系不同的授課方式，才能對開拓學生的海外教學能力產生積極性的功能。總的來說，本課程的設計目標有二:其一是引導學生深入閱讀唐宋散文，進而厚植學生的古代漢語素養。其二是培養學生製作多媒體海外授課教材之實務能力，提昇學生與國際華語文教學接軌之動能。

作者在課程規劃上以文學作品之精讀爲主，同時以多媒體教學工具輔助教學活動。由於電腦輔助語言教學具有訊息量大、生動有趣、知識較新，且易於共享教學資源、進行個別化教學等優點，如能善加利用，將可營造出多元、互動的學習環境。因此，將唐宋散文課程經由適切之多媒體教學設計整合後，教師更能營造師生交流與互動的課堂氣氛，同時將課程活動逐漸轉成爲以學生爲中心的授課方式，激勵學習者從單向式的聽講轉向個人或小組資料蒐集、圖文展示、多媒體呈現之互動式學習歷程，強化學習遷移。

本論文首先說明唐宋散文課程的授課方式和多媒體教學的內容；其次探討在此種課程設計下學習者在課堂上的學習成效以及作業回饋，最後分析多媒體教學設計與唐宋散文課程結合的方法、特點和策略，進而提出對古代漢語課程與電腦輔助教學發展的期許與展望。

關鍵詞：唐宋散文、多媒體、教學設計

*國立臺灣師範大學應用華語文學系副教授
*國立臺灣師範大學資訊教育研究所博士生

一、前言

本論文採用行動研究法，研究目的在探索多媒體融入古代漢語課程活動的過程，如何能使學生藉由多媒體的助益，深入理解具有時空背景隔閡限制的唐宋散文作品，並能具有整理建構學習內容的能力，以達到提昇文言文閱讀成效，以及具有製作符合對外古代漢語課程教材能力的規劃。

作者在臺師大應用華語文學系教授「唐宋散文選讀」共計兩屆，此課程爲大二上學期的選修課，共三學分。在課程規劃上以唐宋散文經典作品之研讀爲主，作品的篇幅有量化的考量，同時以多媒體教學工具輔助教學活動。由於唐宋散文這類的古代漢語作品，往往因爲字詞艱深，以及文化上時空背景之因素，造成學生的距離感和陌生感，因此如何導入多媒體教學工具輔助教學活動，以激勵學習者從單向式的聽講轉向個人或小組資料蒐集、圖文展示、多媒體呈現之互動式學習歷程，強化學習遷移，是古代漢語教學的一個新任務。

本課程的第一至六週爲準備階段，作者引入小型論文、網站、作家介紹，作品文本教學活動示範等，奠定學生對於的唐宋散文的基礎知識。此外，作者也安排數位學習專家進行三小時的專題演講，以充實學生製作多媒體教材的能力。第七周之後爲教師講課和學生分組報告並行的授課方式，每組學生必須試編一課教材，並在上課時作教學示範。

在培養學生編寫海外授課教材方面，由於應用華語文學系的學生畢業後以教授外籍人士學習中文爲主，必須具備第二語言的教學知識，與中文系第一語言的授課方式有所不同，因此在教材的選取上也有所不同。本課程除了引導學生參考大量的海外版、大陸版的古代漢語教材之外，並選取普林斯頓大學出版的"Classical Chinese：A Basic Reader"教科書爲藍本，指導學生如何編寫適合教授外籍學生的古代漢語教材，如詞彙的中文與漢語拼音、生詞和課文的白話翻譯與英語翻譯、作者的中文與英文介紹、唐宋文史知識解說，以及照片、圖檔的蒐集整理與呈現等。以上之教材編寫設計主要在引導學生廣泛地接觸臺灣、大陸、英美等國所編輯的古代漢語教材；詞彙和課文的中譯英訓練，則以學生目前的程度進行，目的在於使學生熟悉各種書面和網路提供的英譯古代漢語文本，以避免學生面對英文資料產生畏難的心理，並提昇中、英文雙語教學能力；照片和圖檔的蒐集編排可以使學生在古代文史知識的呈現上，更切合現代外籍學習者的學習需求。

在古代漢語的教學法方面，目前的研究以綜合性的討論爲主，如王力(1985)、金德厚(1985)、朱瑞平(2001)、崔立斌(2002)、黃愛華(2006)等。針對學生背景與教學語言的研究次之，如張洪明、宋晨清(2005)、周質平(2006)、許德寶(2006)、劉智偉、高晨(2010)等。至於探討多媒體融入古代漢語的論文較爲少見，學者如趙芳藝(2003)、陳慶華(2005)、張輝、李茉妍(2008)、陳懷萱(2009)都有相關的論述，但並非論文的主體　，這也是作者構思撰寫本論文的動機之一。

二、多媒體融入課程規劃

隨著科技的發展，電腦設備、網路資源的普及，多媒體已逐漸取代傳統的靜態教具，而成爲重要的教學輔助工具，爲各種不同的課程提供了前所未有的發展空間。換言之，多媒體已逐漸成爲教師傳遞知識的管道。本課程使用多媒體輔助教學的目的有二：其一是多媒體是美國華語教師普遍使用於教學的方式之一(張馨予、張慧貞、謝奇明2008)，學生在文學性的課堂中學習如何使用多媒體，有助於他們未來在國外教授華語閱讀課程時能夠更自由流暢地使用比一教學輔助工具。其二是親自製作多媒體教學投影片的動程，可以幫助學生瞭解各種媒體的特性與使用方式。

(一)多媒體衍生學習理論(generativetheory of multimedia learning)

Mayer(1997)指出，多媒體輔助學習系統在設計時，應能協助學習者掌握以下三種訊息處理過程：

1.選擇：當學習者接收教材之文字與圖形的訊息時，能夠自行選擇相關文字或圖形以建立文字或圖形資料庫，儲存在大腦的文字記憶或圖形記憶中。

2.組織：學習者能將短期記憶中的圖形及文字訊息組織爲語文和心像情境模型，藉此心智活動完整思索所接觸之媒體訊息。

3.整合：當語文與心像情境模型建立後，即能產出線索，供日後回想時從大腦中提取印象。

由此訊息處理過程可知，多媒體系統的關鍵在於提供適當的多媒體資訊，幫助學習者有效選擇、組織及整合訊息資料，方能有效提升學習效果。在古代漢語的課堂上，由於外籍學生對中華文化的典籍、人物與文物皆不熟悉，因此照片和圖檔的蒐集編排，可以使教學者在古代文史知識的呈現上，更切合現代外籍學習者的學習需求。

(二)雙重處理理論(dual -processing theory)

Mayer and Moreno(1998)以 Paivio(1971)的雙碼理論(dual code theory)爲基礎，針對學習者接受訊息時文字、視覺與聽覺媒體資訊的整合過程提出下列四種基本假設：

1.工作記憶包含聽覺和視覺工作記憶

2.每個工作記憶都有容量上的限制

3.學習過程都必需包含訊息的選擇、組織、整合歷程

4.語文與圖形訊息必需同時進入工作記憶(working memory)中，才可以建立兩者的連結。

雙重處理理論認爲視覺訊息與聽覺訊息會透過眼、耳接收後分別進入視覺和聽覺工作記憶中，再經歷選擇、組織及整合之轉化歷程才會進入長期記憶，被學習者學會或記住。由於語言訊息會以語音解說或文字敘述兩種不同形式呈現，因此會產生兩種不同情形：

1.當圖片和語音訊息同時呈現時，會分別進入視覺工作記憶和聽覺工作記憶中，並幫助學習者建立線索。
2.當圖片和文字訊息同時呈現時，由於都是以圖像方式進入感官，亦即同時進入視覺工作記憶，但一開始可能會造成視覺工作記憶的負擔。此外，相同形式的訊息會分散學習者的注意力，最後無法建立提取線索造成容易遺忘的現象。

雙重處理理論清楚說明學習者處理視覺、聽覺訊息的歷程，也說明這兩種訊息對學習最有幫助。意即在多媒體教學系統設計時以動畫加上旁白這樣的方式或許會優於動畫加上文字的呈現方式。

目前兩岸配合成語和古代漢語教學所製作的動畫有一定的數量和質量，作者曾播放朱復邦工作室出版的「桃花源記」與「記承天寺夜遊」兩部影片，和學生對影片在理解課文文意、提升閱讀興趣、創造師生的互動機會等方面作多元的討論，未來如何融入這類影片在教學任務中，是值得研究的課題。

(三)多媒體學習理論(multimedia learning theory)

爲了減少外在認知負擔，Mayer(2001)認爲多媒體學習理論架構應包含：

1.提供語音旁白，讓學習者可以直接透過聽覺感官接收訊息，不致與視覺訊息編碼混淆
2.工作記憶用以整合口語資訊、圖像資訊等先備知識，完成整合後才會儲存於長期記憶(Long-term Memory, LTM)中。

由於工作記憶的儲存時間短，整合過程常會發生在學習者接觸少量資訊時，而非教學後。因此，多媒體教學設計一定要考量工作記憶運作與學習成效間的問題。據此，Mayer 針對多媒體教材的運用提出了七大設計原則：多媒體原則(multimedia principle)、空間接近原則(spatial contiguity principle)、時間接近原則(temporal contiguity principle)、連貫性原則(coherence principle)、形式原則(Modality principle)、重複原則(Redundancy principle)與個別差異原則(individual differences principle)。主要的考量即爲不要讓學習者接觸過多元的資訊導致學習成效不彰。

以作者的課程實證爲例，由於學生並非資深華語教師，因此小組成員所製作的教學投影片有時會加入過多的元素，有些元素有文化認知上的差異性，反而不利於學習效果。

綜上所述，本課程教學實證中對媒體技術的應用，主要是根據多媒體學習理

論、各種媒體的特性和唐宋散文課程教學的需要進行選擇的過程。本課程在多媒體素材的使用上共有以下幾種：

1.圖像文件：包含作家不同時期之肖像、書影、地圖、資料圖檔等。
2.視頻文件：包含網路上提供的各種小短片、散文文本動畫、成語動畫等。
3.聲音文件：包含國樂、詩詞朗誦、師生的文本解說、背景音樂融入教學投影片等。

三、課程設計與網路資源

(一)網路教學課程設計

Harmon and Jones(1999)從課程設計的觀點，以六個層次的架構區分課程融入網路化教學的情形，如表 1 所示：

表 1： 網路教學融入模式

層級	課程進行方式
0	僅傳統教材，未使用網路。
1	在網站上提供課程大綱、授課時間等基本資訊。
2	除基本資訊外，網站上另提供課程講義。
3	網站幾乎取代紙本教材。
4	除教材外，學生會在網站上互動討論、分享意見。
5	教學活動全在網站上進行，完全沒有面對面的講授。

(Harmon, 1999)

從不使用網路到完全利用網路進行教學，網路教學媒體分層取代了傳統教學媒體。由於多媒體及網路技術介入到課堂中，使得課堂教學具有圖文並茂、資訊量大、課堂組織多樣化、減輕了學習負擔。它繼承了傳統的課堂教學優點，更克服了傳統課堂無以即時補充多媒體資料輔助學習者抽象思考的缺點，讓教學活動在場域及策略運用上可以更加多元，是網路融入教學的一大優勢。

其次，由於通訊技術的提昇、網路軟硬體架構的改進、網路頻寬的增加及壓縮技術的進步，使得以網際網路爲主的教學媒體應用，已由傳統以圖文爲主的電子郵件與網站瀏覽發展成以 web2.0 社群互動服務爲主的全球性互動社群。社群網路教學與傳統的教育環境之最大不同之處在於它能提供學習者一個自由的想像空間，電腦「無情緒」的特性帶給學習者快樂的學習情境，尤其透過多媒體產生的生動畫面、活潑的色彩、豐富的音效之刺激，更能提高學習者的學習興趣。在傳統視聽教學媒體學習環境中，教師很難在有限的時間及能力下一一了解學習者的知識體系，然在網路媒體教學環境中，透過同儕間共同合作學習、交互刺激，能夠增加學習互動。再者，由於同儕間知識結構及認知能力比較接近，可能比起教師或專家運用其多而且複雜的知識基模進行教學更容易在同儕間引起共鳴。

(二)網路資源匯整

在網路上架設課程是作者認爲未來古代漢語課程可以思考的方向，在此一目標實踐之前，作者認爲應充份引導學生善用網路資源。作者在 2008 年 9 月至 2009 年 1 月(由主要教學時間在 2008 年，以下簡稱 2008 年度)，即要求學生分組製作多媒體教學投影片，並提示學生善用網路資源，可以將具有使用價值的網站提出與同儕共享。2009 年 9 月至 2010 年 1 月(2009 年度)第二次開設此課程時，對學生採用同樣的作業製作要求，並將若干 2008 年度所製作的教學投影片在課堂播放與學生分享。一般而言，網路資源的取得對大學生而言並不困難，難點在於古代漢語對現代臺灣大學生也是較陌生的領域，教師須提供較多的資源才有較好的成效。2009 年度的學生在多媒體教材製作上，平均使用的圖檔較多，分享的網路資源也更豐富完整。其中歐陽修和蘇軾小組的網路資源分享請參閱附件 1、2。

網路資源是多媒體教材的主要來源，張輝和李茉妍(2008)認爲要改變古代漢語課程古板、沈悶的情況，需要利用現代化科技手段，多媒體教學是一個很好的方法：

> 以多媒體教學為主體的現代技術應用，較直觀、有趣、能吸引學生的注意力，豐富教師把握課堂的方式，隨時對學生進行引導，提高了課堂效率。探索各種現代科技手段，努力提高學生的學習興趣，是朝鮮族古代漢語教學的重點。錄音資料、投影資料可以讓學生感受、熟悉繁體字，打好閱讀古籍基礎，即提高教學質量又豐富了課堂的信息量，擴大了學生知識面。原始的古文字、古文獻材增強教學的趣味性…。
>
> 教學課件和投影資料，可以包括(1)教學內容的大綱；(2)古籍原貌片段；(3)古代字型演變資料；(4)考古文物的圖片資料；(5)成語故事的視頻短片；(6)課文朗讀錄音；(7)例句、短文和作業等等。

由於朝鮮族的母語並非漢語，因此張輝、李茉妍的教學理念近於第二語言的古代漢語教學。在筆者的課堂實驗中，學生所製作的教學投影片包括張文所述的(1)教學內容的大綱；(2)古籍原貌片段；(4)考古文物的圖片資料；(5)成語故事的視頻短片等項目，此種必要項目的製作對於大學部二年級的學生而言不致於太困難，表 2 和表 3 呈現出 2008 和 2009 年度，學生教學投影片所使用網路資源的多媒體素材項目：

表 2：唐宋散文多媒體素材資料(2008 年度)

作者	文章	圖檔、照片、漫畫	網址分享
韓愈	師說	韓愈畫像 5 張、塑像 1 張、昌黎祠 4 張	未註明
韓愈	雜說一、四	韓愈畫像 4 張、塑像 1 張、故居 2 張、藍關	3

		1 張、紀念石 1 張、昌黎祠 1 張、龍(東方)6 張、龍(西方)3 張、馬 7 張	
柳宗元	三戒	柳宗元畫像 2 張、麋 1 張、黔驢技窮(漫畫版)1 張、地圖 1 張	未註明
柳宗元	至小丘西小石潭記、小石城山記	柳宗元畫像 4 張、塑像 2 張、柳侯祠 1 張、漫畫 1 張、竹林 1 張、珮環 1 張、俾倪 2 張、楝樑 1 張、北斗 1 張	未註明
歐陽修	五代史宦者傳論	歐陽修畫像 5 張、畫地學書漫畫 1 張、六一居士 6 張、手稿 1 張、帷 1 張、闈 1 張、唐昭宗畫像 1 張、清代宦官照片 4 張	10
歐陽修	豐樂亭記	歐陽修畫像 7 張、塑像 1 張、畫地學書漫畫 1 張、山東歐陽文忠公祠 2 張、河南歐陽修陵園 5 張、歐陽文忠公墓 1 張、畫荻遺徽 1 張、豐樂亭 8 張、豐樂亭記碑文 1 張、醉翁亭與豐樂亭地圖 1 張、醉翁亭 1 張、瀧岡阡表 3 張、歐陽修父母墓碑 1 張、風景 9 張	4
曾鞏	書魏鄭公傳後	曾鞏畫像 2 張、唐太宗 2 張、魏徵 1 張、伊尹 1 張、尚書書影 1 張、春秋書影 1 張	3
王安石	遊褒禪山記	王安石畫像 7 張、宋神宗 1 張、變法漫畫 2 張、司馬光 1 張、蘇軾 1 張、歐陽修 1 張、韓琦 1 張、黃庭堅 1 張、程顥 1 張、王安石紀念館 1 張、半山堂 1 張、王氏宗祠 2 張、故居半山園 1 張、褒禪山 1 張、地圖 2 張、慧空禪院 1 張、褒禪山洞穴 4 張、華陽洞 1 張、荊公迴步 1 張、遊褒禪山記碑文 1 張、風景 6 張	24
蘇洵	老翁井銘	蘇洵畫像 4 張、塑像 1 張、八大家圖 2 張、地圖 1 張、眉山 1 張、三蘇圖 1 張、嘉祐集書影 1 張、墓 2 張、三蘇祠 4 張	11
蘇軾	日喻	蘇軾畫像 9 張、槃 1 張、籥 1 張、蘇軾酒樓 1 張、明月幾時有 1 張、枯木竹石圖 1 張、赤壁賦手稿 1 張、定風波手稿 1 張、東坡肉 1 張	5
蘇軾	方山子傳	蘇軾畫像 7 張、塑像 2 張、地圖 2 張、隱士圖 2 張、赤壁賦手稿 2 張、河東獅吼(電影版)	2
蘇轍	黃州快哉亭記	蘇轍畫像 3 張、地圖 2 張、三蘇祠 4 張、軾與轍圖 1 張、蘇軾 1 張、來鳳軒 1 張、三蘇	5

		圖 1 張、國畫 3 張、欒城集書影 1 張、赤壁 1 張、亭 13 張、長江三峽 7 張	

表 3：唐宋散文多媒體素材資料(2009 年度)

作者	文章	圖檔、照片、漫畫	網址分享
韓愈	柳子厚墓誌銘	韓愈畫像 3 張、柳宗元 1 張、墓誌銘圖 1 張、秦始皇 1 張、兵馬俑 1 張、漢武帝 1 張、乾陵 2 張、田義墓 1 張、金字塔 1 張、泰姬瑪哈陵 1 張	7
柳宗元	愚溪詩序	柳宗元畫像 1 張、山水陰陽圖 2 張、洞穴 1 張、柳宗元衣冠墓 2 張、地圖 6 張、荔子碑文 1 張、柳侯祠 2 張、柳園 1 張、柳子廟 1 張、柳州風景 2 張	8
白居易	廬山草堂記(節選)	白居易畫像 4 張、塑像 1 張、之無漫畫 1 張、劉禹錫 1 張、元禎 1 張、國畫 1 張、五嶽 4 張、杜甫草堂 3 張、廬山草堂十景 10 張、手稿 2 張、廬山草堂學生自繪圖 1 張	13
王禹偁	黃州新建小竹樓記	王禹偁畫像 4 張、塑像 3 張、國畫 1 張、竹樓 3 張、椽 1 張、稚堞 1 張、竹 1 張、蓮 2 張、菊 2 張、梅 3 張、黃鶴樓 1 張、岳陽樓 1 張、滕王閣 1 張、蓬萊閣 1 張	33
歐陽修	醉翁亭記	歐陽修畫像 7 張、六一居士 1 張、歐陽修神木 1 張、醉翁亭 9 張、豐樂亭 1 張、影香亭 1 張、古梅亭 1 張、怡亭 1 張、馮公祠 1 張	32
曾鞏	越州趙公救災記	曾鞏畫像 7 張、手稿 1 張、墨池記碑文 1 張、塑像 1 張、地圖 1 張、韓愈 1 張、白居易 1 張、范仲淹 1 張、王安石 1 張	21
蘇軾	留侯論	蘇軾畫像 4 張、塑像 1 張、張良 6 張、圯上老人 1 張、鼎鑊 1 張、伊尹 1 張、聶政 1 張、荆軻 1 張、句踐 1 張、秦始皇 1 張、項籍 1 張、劉邦 1 張、司馬遷 1 張、蘇隄 3 張、地圖 2 張、西湖 1 張、手稿 2 張、古木竹石圖 1 張、雪堂 1 張、楚漢相爭 2 張 、東坡肉 2 張	31
蘇轍	南康直節堂記	蘇轍畫像 3 張、地圖 1 張、杉樹 2 張、竹 2 張、松 3 張、柏 2 張、廬山 1 張、穎水 1 張、蘇洵 1 張、蘇軾 1 張、古代車馬圖 2 張、東坡先生墓誌銘書影 1 張、三蘇墳 1 張、蘇轍手稿 1 張、蘇軾手稿 1 張	25

就以上學生所選用的圖檔而言，以人物畫像、歷史古蹟和地圖、動物和植物照片、古代文物等爲主。其中以人物、古蹟和動、植物照片，使用狀況較爲成功，古代文物相對而言有不少補充的空間；原因有兩方面：第一，唐宋散文文本中所敘述的古代文物許多並非傳世名物，無法由博物館電子文獻中取得圖片。第二，許多文物對學生也相當陌生，如檠、籥(日喻)，帷、闥(五代史宦者傳論)等，雖有圖檔，但學生對於文物的呈現方式未臻理想。

趙芳藝(2003)在〈古文教學的新構想〉一文中曾提出 48 條網路資源給古代漢語的研究者參考，這些資源目前約有半數已無法連結，其餘的網路資源多以古典文獻的中文文本與英譯爲主，多媒體素材幾乎沒有。關於教學所需的古代文物多媒體素材，極需動員人力加以整理，配合朝代分類呈現。作者以網路文件協作工具 google doc 將研究期間內所蒐集得之古代漢語資源網站，依類別及語言屬性列出，提供給研究者參考。網址如下：http://goo.gl/Z76Nf，請將此網址鍵入流覽器網址列，即可查閱本資料庫。

四、學生的評量與反饋

爲了掌握學生對於網路資源的使用情況，作者在 2009 年度在開放式期末評量中，要求學生對於本學期所閱讀的趙芳藝〈古文教學的新構想〉論文中所提供的網站給予流覽心得分享，其中多數學生推薦的網站是由裴明龍主編的「錦繡中華之一頁」，而「牛津大學漢語教學中心」和「文學天地」也有推薦者，以下爲學生的反饋意見：

(一)錦繡中華之一頁(China the Beautiful)，裴明龍主編 http://www.chinapage.com/classic1.html

學生A：這個網站，網站內容非常多元，有關中國的文化、文學、歷史、小說、音樂、書法都有捷徑可以連往該處詳細閱讀，旁邊的頁面還提供一些中國專有名詞的解釋，像是竹簡、竹書，重要的是它還被翻譯成英文「Bamboo book」，讓外國人也能懂其意。網站裡還提供具中國風味的音樂檔案，可供欣賞聆聽，有「胡笳十八拍」、「茉莉花」…等，令人驚訝的是，甚至連歷代皇帝的畫像也被蒐集整理在網站裡，資源真的非常豐富詳盡。我覺得外國人若想學習中國文化，這個網站真的是個很不錯的選擇，因爲它還能轉換成全英文頁面，不然就是中文頁面旁邊佐以英文，對於程度不到的外國學生要查找中國文化的資料提供了很多便利。讓我想到，教授中文時，有英文輔助解釋真的非常重要，不然一直講學生聽不太懂的語言，是會讓課程顯得無趣困難，學生挫折感也會倍增。

學生B：我看了錦繡中華之一頁，這是個相當不錯的網站。主頁底下有歷史傳記、散文欣賞、古詩詞曲等連結，只可惜全部都是中文，不過我後來發現，其實在頁面中央那些連結才是大有玄機。好比我點了「吟詩」，頁面便連接到有很多首詩的表格，點選詩篇就能下載吟詩的聲音檔，超棒。「音樂」的頁面裡，也有一些中文歌曲的歌詞和音檔。此外，還有名言、歷史、古典文學…等數十個選項，順帶一提，這裡的古典文學頁面裡是有英文版本的。這個網站可以供學生平時查閱資料又或者只是單純的想學習新知，另外，也可以用來輔助教學，譬如可以使用中文歌或吟誦詩詞當作課堂活動。

學生C：這個網站幾乎包含了所有日常會用到漢語，依照類型不同分門別類。有文化、日常用語、餐廳、甚至還有攝影。雖然這個網站外表很陽春，但是裡面真的有很多很棒的東西。它還包含了中國古典著作，有論語、老子、道德經等，除了有原文與中文翻譯，它也有英文翻譯，另外也有中國詩詞，一樣有原文和翻譯，也可以出作者排序尋找需要的作者，真的很方便，可以做教學的參考，也可以當作回家作業要學生在這個網站上查尋指派的功課。除了文學，它其他的部分很有趣，在教學或是實作上都有很大的幫助。我認爲現在學漢語不再只有一種需求，多方面的接觸，學習不同領域的知識是很好的。

學生D：此網站提供的教學素材極爲多元，除了常見詩、詞、文法，尙有畫、音樂、地圖，且中、英文具備，既能提起學生興趣、又能方便自學者，很棒也很特別。它給我的啓發是：「無處不是教材」。只要用心，隨手拈來日常生活中的元素都可以教學生認識中華文化。好比網站裡把橋、河當成一個獨立之主題各自介紹，竟然也可有那麼多元、豐富的內容，令人佩服。好像不論是什麼主題，都可以藉由「古今之比」、「東西之比」而使之成爲活潑的教案！

(二)牛津大學漢語教學中心(Centre for Teaching Chinese as a Foreign Language)

http://www.ctcfl.ox.ac.uk/advanced.htm

我印象最深刻的是「牛津大學漢語教學中心」這個網站，由於大部分的古文材料都只是公布資料而已，所以很多網站都差不多，甚至連到一樣的網站，可是牛津大學漢語教學中心整理得較有條理，介面清晰，不會讓人頭昏眼花，一共分爲 3 類，分別爲「Literature and data」、「Classical Chinese」、「Music, Art, and Film」，資料豐富，且有部分甚至有英文版本，我覺得很多網站資源都太難，沒有好好整理一番，使用起來不甚方便，但是這個不會，它清楚的標出是給進階學習者用的，也點醒了我想要自學古文的人，往往不會是沒有中文基礎的人，不過資源有中英版本真的是很好的示範，因爲我認爲古文艱深，有時連母語者都不見得精通，更何況是外國人，所以若要以中文教授古文，我必定會再附上英文翻譯，讓學生不要太吃力，提供的素材也將以方便閱讀爲主。

(三)文學天地(Chinese Literature)

http://pears.lib.ohio-state.edu/China/page10.html

依照分類有像是「經典文學」裡面有散文、詩歌、小說類，而小說類中，則選了中國四大奇書，三國演義、水滸傳、西遊記及紅樓夢，這像是把這四本書轉變成電子版的形式，把整本書的內容按照章回排序，可供閱讀，不過字體爲簡體字。另一個分類則是「古典詩詞」，裡面放了唐詩三百首、詩經等作品，而其詩還有中、英對照，甚至有語音檔(但是我點選無法聽到)，然後內容的分類很有條理，有按照作者分，也有依詩的主題性，像以酒或月亮、愛情爲主題的詩有哪些等等。這個網站提供了很多中國文學的作品，而我喜歡它很有條理的分類，方便搜尋，是個可以好好利用的網站，不過有些連結會無法顯示網頁，應要有人定期去更新、維護這些資料比較好，我覺得網路資源十分豐富，提供了很好的資料可供參考，尤其是這種幫你分門別類，讓你在這個範圍內，會找到你需要的資料。

整體而言，作者的學生在修習本課程之前，只上過一年屬於應用華語文學系的課程，在高中級之前的求學階段中，他們的古代漢語訓練與其他的臺灣學生並無差別，因此如何透過一個學期的訓練，使學生領略對外籍學生教授唐宋散文的訣竅，多媒體教材的編寫和教學示範是一個重要的學習過程。作者在教學實證中，發現學生經由大量的書面資料與網路資源的閱讀與流覽，加速理解作爲一個華語教師在未來教導古代漢語課程時所應具有的基礎技能爲何，同時，也使學生對於教導古代漢語這種較爲艱深的課程，降低了不少焦慮感。

五、結語

作者曾在美國與歐洲的大學授課與訪問，在經歷國內與國外之不同教學環境的歷練後，作者深感古代漢語課程是歐美學界中文教學中重要的一環，然其使用之教材、授課之方式均與臺灣、大陸有別。因此作者期望在本課程規劃新的教學方法，除了培養應華系學生對於唐宋散文的鑑賞與分析能力之外，也能同時培養應華系學生對於海外唐宋散文課程的授課能力。總的來說，本課程的設計目標有二：其一是引導學生深入閱讀唐宋散文，進而厚植學生的古代漢語素養。其二是培養學生製作多媒體海外授課教材之實務能力，提昇學生與國際華語文教學接軌之動能。後者在融入多媒體設計之後，激勵學生從單向式的聽講，轉向個人或小組資料蒐集、圖文展示、多媒體呈現之互動式學習歷程，強化學習遷移，減少學生對古代漢語教學的焦慮感。

在語言學習方面，由於多媒體所傳達之蘊含文字、圖片、聲音、影像、動畫之多元訊息能提供學習者抽象思考的關鍵線索，因此廣泛地爲現代華語文教學的教師所使用，古代漢語教學可參考現代漢語教學的研究成果，作爲製作多媒體教材的思考方向。發展多媒體教材除參酌多媒體教學理論、謹慎使用媒體素材、搭配合宜之教學策略外，教材的動態化、簡易化、豐富化、活潑化、人性化與即時化等特性也相當重要，如此才能讓學習者透過多媒體教材積極參與、有效學習。整體而言，網路資源可提供製作多媒體教材極佳的便利性，作者在本文第三小節所提出的網址，未來將持續增補網路資源訊息，以便於學者專家們參考。

論文相關資訊

本論文教學研究階段曾獲臺灣師範大學教學發展中心之「補助教學精進與創新計畫」補助；計畫編號：「97104」。

參考文獻

1.王力：〈論古代漢語教學〉，《對外漢語教學論集》（北京：北京語言學院出版社，1980 年），頁 397。

2..朱小密：〈小說電影語言三合一課程設計之觀點與具體實踐〉，「二十一世紀華語文中心營運策略與教學國際研討會」論文， 2005 年。

3.朱瑞平：〈關於對外漢語教學中「古代漢語」教學及教材建設的幾點思考〉，《北京師範大學學報》2001 年第 6 期，頁 118-119。

4.牟玲、梁寧輝、李戎真：〈耶魯大學多媒體教學探討系列〉，《國際漢語教學動態與研究》，2008 年第二輯， 頁 25-41。

5.任曉彤：〈對高校蒙漢"雙語"專業古代漢語教學的思考〉，《內蒙古師範大學學報》，2009 年 22 卷第 5 期， 頁 48-50。

6.呂佩君：《針對外籍生文言文閱讀策略教學課程設計》(臺北：國立臺灣師範大學華語文教學研究所碩士論文， 2006 年)。

7.周質平：〈用白話教文言〉，「第八屆世界華語文教學研討會」論文， 2006 年第三冊， 頁 157。

8.姚美玲：〈淺談對美國學生的"古代漢語"教學－以 CIEE 的教學為例〉，《教育理論與實踐》，2009 年 29 卷第 11 期， 頁 53-55。

9.崔立斌：〈談留學生古代漢語教學〉，《北京師範大學學報》，2002 年第 6 期，頁 97-98。

10.許德寶：〈關於對外文言文的教學用語問題〉，*Journal of the Chinese Teachers Assoication*， 2006年41卷第1期， 頁10。

11.張洪明、宋晨清：〈對外古代漢語教學平議〉，《漢語教學－海內外的互動與互補》(北京：商務印書館， 2005 年)， 頁 106。

12.張玲瑛：〈臺灣華語中心與美國大學對外古代漢語教材與課程之比較分析〉，《臺灣華語文教學》，2007 年第 2 期， 頁 24-35。

13.張輝、李茉妍：〈討論對朝鮮族大學生的古代漢語教學〉，《黑龍江史志》，2008 年 6 月，頁 73-74。

14.張馨予、張慧真、謝奇明：〈美國華語教學應用多媒體的教學情形、動機與滿意度之研究〉，「臺灣華語文教學年會暨研討會」論文， 2008 年， 頁 63-73。

15.黃愛華：〈談留學生的古代漢語教學〉，《大連教育學院學報》，2006 年第 1 期，頁 17-18。

16.曾逸群：《對外古代漢語教材之分析研究—以《古代漢語課本》、《進階文言文讀本》和《文言文基礎讀本》爲例》(高雄：國立高雄師範大學華語文教學研究所碩士論文， 2009 年)。

17.馮寬平：〈淺談民族院校的古代漢語教學〉,《青海民族研究》, 2001 年 12 卷第 2 期， 頁 52-56。

18.趙芳藝：〈古文教學的新構想〉，「第三屆全球華文網路教育研討會」論文》(網路版)， 2003。

19.劉智偉、高晨：〈對海外古代漢語教學語言問題的思考－以美國古代漢語教學爲例〉，《山西大學學報》, 2010年33卷第2期， 頁73-77。

20.韓梅：〈淺談留學生古代漢語教學〉,《現代語文》, 2006 年 5 月， 頁 99-100。

21.韓梅：〈留學生古代漢語教學中應突出現代漢語能力的培養〉,《現代語文》, 2006 年 9 月， 頁 100-101。

22.蘇瑞卿：〈談留學生古漢語教材的革新〉,《世界漢語教學》, 2003 年第 2 期，頁 100-105。

23.Harmon, S.W., & Jones, M. G.. The five levels of web use in education:factors to consider in planning online courses. *Educational Technology*, 1999, *39* (6),28-32.

24.Kalganova T. *Improving Students Motivation by means of Multimedia*. ROGRESS, University of Hull, Hull, UK,2001.

25.Mayer, R. E. Multimedia learning: Are we asking the right questions? *Educational Psychologist*, 1997,32 (1), 1-19.

26.Mayer, R. E. *Multimedia learning*. Cambridge, UK: Cambridge University Press. 2001.

27.Mayer, R. E., & Moreno, R. A split attention effect in multimedia learning: Evidence for dual processing system in working memory. *Journal of Educational Psychology*, 1998, 90(2), 312-320.

28.Paivio, A. *Imagery and verbal processes*. New York : Holt， Rinehart, and Winston. 1971 .

附錄

1.歐陽修〈醉翁亭記〉網路資料　(蔡亞汝、彭欣絨、蔡昱均製作)

✱ 維基百科－歐陽修
http://zh.wikipedia.org/zh-tw/%E6%AD%90%E9%99%BD%E4%BF%AE

✱ 歐陽修神木
http://www.pacificnews.com.tw/shownews.php?postnewsid=9&titleid=22625

✱ 醉翁亭簡介
http://tw.knowledge.yahoo.com/question/question?qid=1009010405172

✱ 豐樂亭簡介
http://big5.huaxia.com/ly/shls/shan/lys.html

✱ 歐陽修詩作
http://www.cll.ncnu.edu.tw/teachers/wu/oys/www/new_page_26.htm

✱ 歐陽修圖片
1.圖二：http://zh.wikipedia.org/zh-tw/%E6%AD%90%E9%99%BD%E4%BF%AE
2.圖三：http://www.hudong.com/wiki/%E6%AC%A7%E9%98%B3%E4%BF%AE
3.圖四：http://www.henanmingjiu.com/Uploadfiles/200952163050276.jpg
4.圖六：http://hk.myblog.yahoo.com/jw!dNhQ_W...TCJgI30adarticle?mid=530
5.圖七：http://baike.soso.com/v66704.htm
6.圖八：http://soc.sdnews.com.cn/2008/4/2/514693.html
7.圖十一：
http://www.hwjyw.com/zhwh/ctwh/zgwx/zmzj/sdzj/200709/t20070929_8183.shtml

✱ 六一居士圖片
圖五：
http://www.china.com.cn/aboutchina/zhuanti/dwj/2008-05/29/content_15538406.htm

✱ 歐陽修神木圖片
1.圖九：http://photo.xuite.net/s685782/3506947/11.jpg
2. 圖十：http://photo.xuite.net/s685782/3506947/10.jpg

✱ 瑯琊山圖片
1.圖十二：www.51766.com/www/detailhtml/1100364377.html
2.圖十七：http://www.flickr.com/photos/ykg__of__chuzhou/436370474/

✱ 釀泉圖片
1.圖十三：http://www.ccots.com.cn/userfiles/image/2009/08/20090825162628.jpg
2.圖十四：http://bbs.echuzhou.cn/viewthread.php?tid=63500

✱ 醉翁亭圖片
1.圖一：
http://blog.voc.com.cn/blog.php?do=showone&uid=11363&type=blog&itemid=520426

2.圖十五：http://www.btxx.cn.netbjyltrtzwt.html
3.圖十六：www.yoyv.com/pic/5265
4.圖十八：http://www.qicaise.com/upload/photo/big/200712865825.jpg
5.圖十九：http://pic.anhuinews.com/500/01/11/87/1118703_761214.jpg
6.圖二十：http://www.qicaise.com/upload/photo/big/200712865825.jpg
7.圖二一：http://www.tripdv.com/view/pic/200812181828811.jpg

✱ 其他圖片

1.圖二二：http://images.xooob.com/20081126/20081126233736534.jpg
2.圖二三(豐樂亭)：
http://www.chuzhou.cn/news/attachement/jpg/site2/20090731/002215de24060
3.圖二四(影香亭)：http://www.zuiwengt.com/zwt.asp
4.圖二五(古梅亭)：
http://www.edu24ol.com/web_news/images/200982885951420.jpg
5.圖二六(怡亭)：
http://www.echuzhou.cn/bbs/UpFile/UpAttachment/2007-12/20071220234828.jpg
6.圖二七(馮公祠) http://www.zuiwengt.com/zwt.asp

2.蘇軾〈留侯論〉網路資料　　　　(邵敬庭、方宜淨、彭億晶製作)

關於蘇軾：

+ http://baike.baidu.com/view/2517.htm
+ http://hk.huaxia.com/zhwh/whrw/2009/04/1379082.html
+ http://zh.wikipedia.org/zh-tw/File:Su_shi.jpg
+ http://baike.baidu.com/view/32027.htm
+ http://baike.baidu.com/view/32005.htm
+ www.allybook.com/hzinfo/jingdian/xh10j_10.asp
+ www.easy-linkholiday.com/big5/jingdian.asp?jd...
+ www.quyou365.com/.../2009-8-9/11-28-12.html
+ http://www.hudong.com/wiki/
+ http://zh.wikipedia.org/wik
+ http://tupian.hudong.com
+ tupian.hudong.com/a3_31_69_01300000212958l219...
+ art.365ccm.com/baike/ArtvocabularyViewDetail_...
+ blog.tianya.cn/blogger/view_blog.asp?BlogID=3...
+ 蘇八娘：http://blog.sina.com.cn/s/blog_4a0ca968010007n2.html
+ 蘇八娘圖片：http://pic.izy.cn/web_pic/1a6/big/83412.jpg
+ 蘇小妹圖片：
  http://www.yc.chinanews.com.cn/sxwh/img/dl13.jpg
  http://blog.artron.net/attachment/200907/18/61675_1247926105FWRb.jpg
  http://www.yc.chinanews.com.cn/sxwh/img/dl14.jpg

+ 佛印與蘇軾：
  paper.wenweipo.com/2008/11/04/OT0811040002.htm
  http://baike.baidu.com/view/228077.htm
+ 圯上老人的故事：http://blog.roodo.com/pdps3/archives/4450969.html
+ 黃石公的真實性：
  http://big5.chinanews.com.cn:89/cul/news/2009/08-11/1813779.shtml
+ 象棋圖：http://openclipart.org/people/antontw/antontw_Chinese_chess.png
+ 象棋知識：http://zh.wikipedia.org/wiki/象棋

張良拾履

+ http://cathay.ce.cn/person/200807/09/W020080709401538624360.jpg
+ http://zhoubao.minghui.org/mh/haizb/media/files/2007/11/2007-1-27-zhangliangjinlv.jpg

各式各樣的張良

+ http://cathay.ce.cn/person/200807/09/W020080709401555002968.jpg
+ http://img5.epochtimes.com/i5/409144205985.jpg
+ http://upload.wikimedia.org/wikipedia/commons/0/0f/Zhang_Liang.jpg
+ http://upload.wikimedia.org/wikipedia/ja/thumb/b/b8/Choryo_by_oukyo.jpg/200px-Choryo_by_oukyo.jpg
+ http://hk.epochtimes.com/archive/Issue71/wsyy-4.jpg
+ http://img.tv.cctv.com/image/20090515/IMAG1242375047489861.jpg

鼎鑊：http://magiccards.info/scans/en/di/167.jpg

太史公，劉邦：

http://big5.ce.cn/gate/big5/cathay.ce.cn/person/200807/09/t20080709_16098562_3.shtml

+ 項羽：
  http://big5.ce.cn/gate/big5/cathay.ce.cn/person/200807/09/t20080709_16098562_1.shtml
+ 秦始皇：
  http://i1.ce.cn/cathay/person/200808/12/W020080812367795524122.jpg
+ 越王勾踐（電視劇　劇照）：
  http://pic.big5.dbw.cn/0/01/03/44/1034406_471058.jpg
+ 伊尹：http://hk.huaxia.com/zhwh/whrw/images/2009/01/13/357124.jpg
+ 太公
+ http://220.231.180.86:1980/gate/big5/www.cnci.gov.cn/eWebEditorNet/UploadFile/20091/2009161448297592.jpg
+ 荆軻
+ http://www.fstvb.com/upload/Image/200905/090522 荆轲传奇 2.jpg
+ http://scripts.xikao.com/photos/70401001.jpg

+ http://image.phototime.cn/image4/middle/32179/61/C88144496.jpg
+ 聶政
+ http://121.img.pp.sohu.com/images/blog/2008/3/6/22/7/11922749de5.jpg

談漢字數位化教學之應用模式

——以簡易轉盤動畫之設計為例

許文獻[*]

摘　要

近年來，語文教學提倡數位化教材教法之應用與開發。以漢字教學而言，原識寫字教材之應用已相當廣泛與普遍，並逐漸推廣於對外華語文教學，惟大多數數位化漢字教學資源，皆需相應之軟硬體設備，始得發揮其教學成效。因此，本文擬以目前在使用上最爲普遍之 Microsoft office 爲應用軟體，並參考學界所提出之相關設計模式，試以轉盤動畫之呈現方式，應用到漢字教學上，冀能作爲未來語文教材教法開拓上之參考，甚至建構語文教學之互動新模式。本文擬探討之幾項主題爲：

壹、漢字數位化教材教法評議【附：現行漢字數位化教材彙整資料】

貳、文字、圖形與動態物件之教學原理

參、轉盤動畫在各項漢字教學法上之應用

肆、教學示例

關鍵詞：文教育、漢字教學、動畫轉盤、數位化教學

---

[*]國立屏東教育大學中國語文學系助理教授

壹、前言

教育部與政府有關單位對數位化教材之提倡，向來不遺餘力，而以國語文教育而言，諸如：電子白板、電子書、學習網站與相關軟體等，在在體顯了政府對數位化教學資源開發所作的努力。然而，各地教學情況往往受限於特定條件因素，以致數位化教學之普及度，在部分地區仍未能有效提昇，尤以筆者曾服務之東部地區或境外偏遠地區華語教學機構更是如此，因此，若能以普及度最高的軟體，製作簡易數位化教材，將是未來提昇數位化教學普及度之重要關鍵。

據此，本文擬以普及度最高之 Microsoft office 為設計軟體，並在學界所提出之設計流程基礎上，試論以簡易轉盤動畫實施漢字教學之幾項嘗試，謹就教於海峽兩岸三地之語文教育學界先進！

貳、研究評議

語文教育基礎能力之培養，包括：聽、說、讀、寫、作等五大指標，而這五項指標又需以漢字作為教學之基礎與媒介，因此，漢字教學可說是語文教育成功與否的重要環節。據此，本文擬以漢字數位化教材教法為主題，探討此方面教學模式之開發與應用。

學界近年對此相關主題之開發成果可說是相當豐碩，大抵可以從「數位化理論」與「漢字性質」等兩個方向作討論。茲先擬其內容關係圖，再簡述其發展概況：

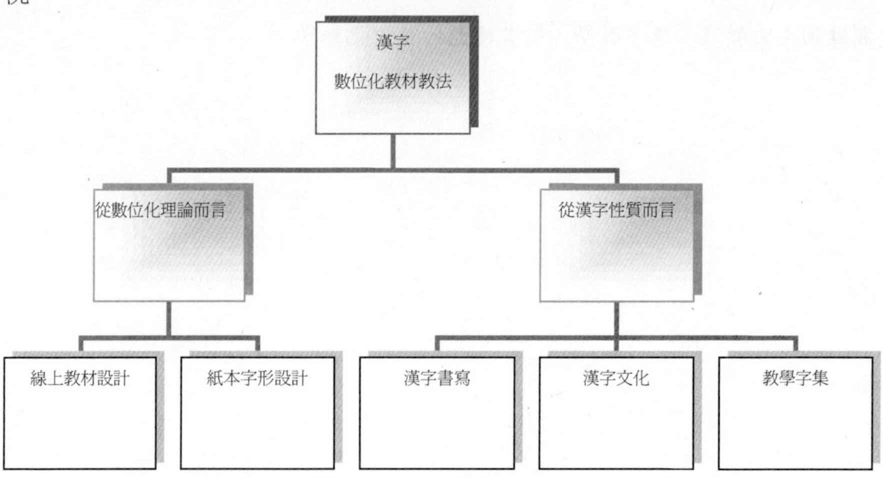

一、從數位化理論而言：可再從線上教材設計與紙本字形設計等兩方面作討論：

（一）線上教材設計：語言文字之學習，透過網路即能無遠弗界，此正是近年國語文或華語文教學積極推展之方向。[1]而以線上漢字學習教材而言，可分爲「即時互動式」與「檢索式」兩類：

1. 即時互動式：數位化教學除了在一般課室中實施多媒體教材與教法之展示外，尙包括所謂的「網路大學」（network university）或「虛擬教室」（virtual classroom）[2]等，而此等數位化教學理念皆強調能夠「即時互動」之特性。以目前所見之漢字學習教材而言，其設計能符合「即時互動」教學原則者，以其操作模式來說，又可分爲兩類，包括：
   （1） 定型化教材：此類教材之編纂完全由管理端掌控，教學者僅能以使用者之身分加以利用，惟使用者仍能在此平台上與管理端所設定之功能作即時互動，此類教材資源包括：教育部常用國字標準字體筆順學習網[3]、新北市教育局生字簿[4]與現龍系統[5]等。
   （2） 修正式教材：此類教材雖有固定平台，但其編纂之部分內容可由使用者（教學者）依實際教學情況進行修正，以目前漢字筆順教學所習用之軟體來說，包括：eStroke、Microsof office powerpoint 與 gif animator 等，皆能依教學之實際情況而隨時作擴充或修正。
2. 檢索式：此類教材屬於傳統式的網頁教學，其網頁內容往往載錄豐碩，而其主要功能在於提供使用者（教學者與學習者）完整的檢索訊息，此類教學網站包括：汪中文教授「國語科教學進修網站」[6]、《中文字譜》網路版[7]等。尤値得一提的是，《中文字譜》雖是一本漢英字源字典，然而，其編排以《說文解字》之釋形爲基礎，徹底擺脫了對楷書字形的依賴，大大提昇了教學者與學習者對漢字字源的掌握度，而其書又有線上學習版，更爲中外學習者提供了一處相當不錯的學習平台。

實則以上所列舉的各種線上漢字教材，包括近年時下相當流行的 blog、facebook、msn 或 skype 等[8]，其使用者（教學者與學習者）

---

[1] 汪中文：〈網路上的漢字教學與華語文學習系統〉，《漢字與全球化國際學術研討會論文集》（臺北市：臺北市政府文化局，2005 年 12 月），頁 77~頁 88。

[2] 顏春煌：《數位學習：觀念、方法、實務、設計與實作》（臺北市：碁峯資訊公司，2010 年 4 月初版），頁 1-3~頁 1-4、頁 3-3~3-頁 28。

[3] 教育部常用國字標準字體筆順學習網（http://stroke-order.learningweb.moe.edu.tw/home.do）

[4] 新北市政府教育局自編國小一至六年級生字簿（http://src.tpc.edu.tw/eword/index.asp）

[5] 現龍中文字詞學習系統（http://www.dragonwise.hku.hk/dragon2/schools/archives/stroke.php）

[6] 汪中文教授主持「國語科教學進修網站」（http://web.nutn.edu.tw/chinese/Index.htm）

[7] 《中文字譜》（http://zhongwen.com/）

[8] 部落格（blog）是目前最普遍之教學平臺，依其功能之不同，教學者與學習者能在此平臺上獲

皆需一定等級之軟硬體設備始得順利操作，因此，若能有一套普及且簡易之教材設計平台或軟體，相信將能更有效提昇教學之品質與效度。

（二）紙本字形設計：漢字具有形音義密合之性質[9]，抑或屬於所謂「語素——音節」文字[10]，因此，若能使國語文教材中的生字教學、正文字形、文字應用教學、甚至課後習作文字等紙本漢字字形在設計上能強調此特質的話，則將更能突顯出漢字有別於表音文字之多樣化色彩，如鄭豔群先生即針對教材中之漢字設計模式作了歸類，在其分析中，除了一般電腦文書常見之宋體、明體、黑體以外，另包括：繁緟無義點畫之「裝飾法」、替換筆畫之「置換法」、筆畫共用之「共用法」與表象爲主之「象徵法」等四類[11]，倘依其說，並考量國語文教學或文字學上之幾項原理，則此中或可再提出續作討論的有：

A. 以漢字性質與電腦字集而言，楷體仍是比較能被接受之標準字體，惟近年從 WIN7 開始，各體字集之字形已趨於統一，且爲教學者提供更便利之設計媒介，例如：以往在標楷體與新細明體中分別甚明之「辵」旁，在 WIN7 系統中已作了統一，解決了以往電腦「辵」旁字形之異體字問題。

B. 「象徵法」最能符合漢字圖象性質，惟此類字形對學生漢字書寫之正確性亦可能造成相當程度之影響，例如：「山」字甲骨文之字形爲象三座山峰之形，其形構圖象意味濃厚，但卻與楷體字形差異甚大，因此，此類字形雖具文化意涵，且能提昇學生在形義上之學習效率，但仍需注意其相關類例對書寫之影響。

C. 「共用法」的優點在於能有效提昇學習者在詞彙學習上之能力，然而，其缺點亦在於容易造成學習者在漢字書寫上之淆淆，尤其在連筆書寫部分，雖然連筆書寫自魏碑楷書以下，所在皆有，例如：唐楷書「走」下「止」旁即多連筆書寫，惟漢字學

得相當多課堂上所未及實施之課程資訊，此可參筆者所建構之教學部落格：「文獻、文字、語言」（http://tw.myblog.yahoo.com/jw!RxUU9QqEGRQ3nn8RugoHZcZ8CklM4ZQ5）；至於 facebook、msn 或 skype 則屬即時通訊之平臺，更能大大提昇教學者與學習者之互動程度，尤其時下流行之 facebook 更有「社團」功能，教學者只要能善用其中之通訊與文件功能，相信將可有效提昇學習者之學習效率。

[9] 許錟輝師：《文字學簡編・基礎篇》（臺北市：萬卷樓圖書公司，1999 年 3 月初版），頁 20~頁 21；許錟輝師：〈漢字的傳承與國際化〉，《文字與書瀏學術研討會論文集》（2006 年 10 月 28 日）

[10] 裘錫圭著、許錟輝師校訂：《文字學概要》（臺北市：萬卷樓圖書公司，1994 年 3 月初版），頁 13~頁 27。

[11] 鄭豔群編著：《漢語多媒體教學課件設計》（北京市：北京語言大學出版社，2009 年 8 月第 1 版），頁 26。

習仍需取其規範性與美術性之平衡點，此尤爲漢字教材設計上所最需注意的地方。

D. 以國內目前中小學之國語文與對外華語文教材而言，其內文大抵皆已統一作楷體設計，而其中難能可貴的是，部分華語教材之漢字字形更融合了上述各法之優點，並藉此提昇外國學習者對漢字學習之效率與興趣，例如：《新初學漢字》一書雖仍以楷體爲主，但在引導之表意圖象上，已開始採用「裝飾法」、「置換法」與「象徵法」，藉此以強化學習者對該字之學習意象。

整體而言，鄭豔群先生所論者，多以業界對漢字教材字形之設計模式爲主，惟語文教學者在進行漢字教學時，仍會遇到部分疑難字例，包括古文字字形、宋元俗字或簡化字等，此等俱屬漢字教材設計上之難題，因此，往昔資訊學界爲解決電腦難字字形的問題，陸續開發了一些配套軟體，例如：中央研究院文獻處理實室之構字式[12]、中央研究院資訊科學研究所之 Unicode 電腦字集計畫[13]、或中推會漢字電腦字形推廣計畫[14]等，此等軟體或計畫皆爲解決電腦漢字字形不足之問題而設立，在目前已有一定之普及度，而大陸漢字數位化學者王寧亦認爲適合進行數位化教學之漢字必需要結構相對簡單且構度頻度高者[15]，此皆目前漢字數位化成果之重要進展。惟此等軟體在使用上所遇到的問題，仍在於電腦配備與程式相容度方面，因此，其問題亦如上所述對線上漢字教材之分析，即紙本漢字字形之未來開發主軸仍應是「簡便」與「效率」二者矣。

二、從漢字性質而言：漢字爲當世最珍貴之文化遺產，其發展歷史蘊含豐厚之文化意義。因此，漢字教學是一門專業課程，其所需強調的，不只是漢字結構表面之筆順、書寫、甚或讀音而已，更需結合漢字本身之字形理論基礎及其語言文化意涵。據此，設計一套能兼顧此漢字教學理念與範圍之平台或軟體，尤爲專業漢字教學主要之努力方向。茲據此所述，試論此中之相關研究成果：

（一）在漢字書寫方面：「漢字書寫」爲國內師範院校師資培育重要課程[16]，此中包括筆順、書法與板書等授課要項，而相較於字源的學習，其在漢字教學上的重要意義，乃在於如何表現出漢字外在結體之美。國內在此方面教材之開發情況，除市面上常見之紙本

---

12 中央研究院文獻處理實驗室（http://cdp.sinica.edu.tw/index.html）

13 中央研究院資訊科學研究所（http://www.iis.sinica.edu.tw/index_zh.html）

14 CMEX 財團法人中文數化位技術推廣基金會（http://www.cmex.org.tw/）

15 王寧：〈漢字研究與資訊科學技術的結合〉《漢字與全球化國際學術研討會論文集》（臺北市：臺北市政府文化局，2005 年 12 月），頁 102~頁 118。

16 筆者曾針對國內目前之大專院校漢字教學課程作了評估分析。許文獻：〈關於大專國文學生在漢字書寫能力上之幾項評估與問題〉，人文通識教學與商業服務力培育研討會，2010 年 11 月。

習作外，筆順教學尤為近幾年發展之主軸，大抵而言，教育部與各教育單位所設計之筆順教學平台，以提供即時線上常用字筆順教學與教材為主，而近年使用相關軟體自行設計之筆順教材，包括：eStroke、Microsof office 與 gif animator 等，亦為漢字筆順教學提供了更多教學設計之參考模式。惟除了教育部筆順網站外，幾乎所有的筆順教學平台或軟體，皆以「字」為主，而未能擴及於語言層面之「詞」或「句」，此尤為漢字書寫教學所最欠缺之教學向度。因此，如何發展出一套既能兼顧漢字書寫，又能鞏固學習者音義學習之教學模式或教材，應可作為未來漢字書寫教學之主要發展目標。

（二）在漢字文化方面：漢字字形圖象意味濃厚，六書造字俱得其文化理蘊，因此，漢字文化與上述漢字書寫乃漢字教學一體之兩面，蓋以漢字文化蘊蓄其歷史文化於內，漢字書寫則肆吐其韻味體勢於外也。而近年國內在此方面教材之開發，除幼教領域外，中小學可參考陳正治教授所著之《有趣的中國文字》[17]；對外華語文教學則可參考黃沛榮教授所架構之「漢字乾坤網」網站[18]，抑或市面上所常見各版本之《文字的故事》[19]，至於上所述《中文字譜》亦為字源教學字典之最佳範本，可惜該書以楷書為編纂重點，雖有《說文》之字源基礎，但在古文字方面之教材深度仍稍嫌不足。因此，整體而言，在有關漢字文化之教學設計方面，目前仍亟需綜攬古文字資料、數位化且具互動模式之教學平台或軟體，以進一步提昇教學之成效。

（三）在教學字集方面：「字集」之編纂往往具有其特定之目的，而為了教學所編纂之字集，又需考量教學者與學習者之實際情況，因此，教學字集之編纂或設計，其難度往往超過電腦字集，而以現在國內外所常見之教學字集而言，其標準與分級又各有不同，例如：教育部所審定之 4,808 常用標準字[20]、大陸常用漢字 2500 字、次常用字 1000 字、大陸 HSK 漢語水平考試「漢字等級大綱」（甲級 800 字、乙級 804 字、丙級 601 字、丁級 700 字）與李鍌師、黃沛榮教授、曾榮汾教授、鄭昭明教授等所編訂之「國小學童用字表」5178 字等[21]；而筆者曾在去年發表一篇關於教學字集編纂

---

[17] 陳正治：《有趣的中國文字》（臺北市：學生書局，1978 年）

[18] 黃沛榮教授：「漢字乾坤網」網站（http://taiwan99.tw/）

[19] 例如：最常見的有唐諾與李梵所著的《文字的故事》。唐諾：《文字的故事》（臺北市：聯合文學，2010 年 5 月）；李梵：《文字的故事：新解文字的源頭與有趣的故事》（臺中市：好讀，2002 年）

[20] 教育部：《常用國字標準字體表》（臺北市：正中書局，2000 年 7 月臺四版）。

[21] 黃沛榮教授：《漢字教學的理論與實踐》（臺北市：樂學書局，2003 年 3 月增訂一版），頁 39~

之報告，並設計了一套教學字集編纂之實施篩選量表，此表更已將「多媒體設計」列入主要考量因素，例如：

	常用字		字形演變			語文與識寫		多媒體
	臺灣	大陸	字源	圖像	輪廓與方塊	語文同步	識寫同步	
一	○	○	○	○	○	○	○	○
丨	○	○	○	○	○	△	○	○
丶	○	○	△	○	○	△	○	○
丿	○	○	○	△	○	△	○	△
乙	○	○	△	○	○	○	○	△

[22]

其實，中小學國語文課本中所列生字本亦爲教學字集理念之初步實踐，而教育部對目前九年一貫各年級課程訂有識字字數之目標，惟教學者仍需依實際情況進行選字之調整。以上所列皆屬目前漢字教學在字集上之開發成果，然而，以教材內容而言，除了教育部常用標準字、中小學之生字生詞與筆者所初擬之教學字集外，多數字集之編纂仍以「字」爲主，其所附音義內容雖已較上述筆順教學來得更多，但以漢字形、音、義密合之學習觀點而言，似仍有部分值得再作強化的地方，尤其是在「字與字關係」、「心理字典」之建構聯繫上，尤可作爲未來教學字集或漢字教材編纂之重點。

因此，以漢字性質而言，「即時互動」與「語言聯繫」仍爲未來漢字教材設計與發展之重點，倘再加入上述數位化理論在設計漢字教材時所亟需之「簡便」與「效率」，則此四大要素將構成未來漢字教學與教材設計之主要目標，甚至若能融入建構主義之「情境化」教學[23]，相信更可有效提昇漢字數位化教材之設計層次。茲附現行漢字數位化教材彙整資料，謹供學界作參考：

◎數位化漢字教學資源彙整（2011 年 8 月修訂一稿）

一、全方位功能性網站(字、詞、語音、遊戲)

頁 40。

[22] 許文獻：〈關於對外華語漢字教學字集在編纂上之幾項標準〉，2010 臺灣師大華語文教與學國際研討會論文，2010 年 9 月 23~24 日。

[23] 沈中偉：《科技與學習──理論與實務》（臺北市：心理出版社，2008 年 3 月初版），頁 46~頁 54。

搜文解字（http://words.sinica.edu.tw/）
現龍中文字詞學習系統
（http://www.dragonwise.hku.hk/dragon2/schools/archives/stroke.php）
全球華文網（http://www.huayuworld.org/）
全球華文網路教育中心（http://media.huayuworld.org/）

二、以漢字字形為主之網站

（一）字形界面：

全字庫（http://www.cns11643.gov.tw/AIDB/welcome.do）
中研院文獻處理實驗室（http://cdp.sinica.edu.tw/index.html）
電腦漢字字形與詞彙資料庫
（http://tw.blog.yahoo.com/mesg/mesg.php?type=error&key=blog_not_created）

（二）古文字字形：

香港中文大學楚系文字辭例資料庫（http://characters.chinese.hku.hk/help.php）

（三）形義解釋：

教育部《異體字字典》（http://dict.variants.moe.edu.tw/）
《說文解字》全文檢索（http://shuowen.chinese99.com/）
逢甲大學宋建華教授《說文》小篆字庫
（http://www.cl.fcu.edu.tw/sw/index.html）
《康熙字典》網上版（http://www.kangxizidian.com/index2.php）

三、漢字書寫學習網站（中小學漢字教學）

教育部筆順學習網（http://stroke-order.learningweb.moe.edu.tw/character.jsp）
新北市政府教育局生字簿（http://src.tpc.edu.tw/eword/index.asp）
臺南大學國語科教學進修網站（http://web.nutn.edu.tw/chinese/Index.htm）
寫字教材網（http://www.estmue.tp.edu.tw/~chinese96/word/tips.html）
國立成功大學人文數位博物館（http://www.liberal.ncku.edu.tw/CulturalCreative/）
東東錯別字字典（http://www.kwuntung.net/check/）

四、以漢字語言或語料為主之網站

先秦甲骨金文語料庫（http://languagearchives.sinica.edu.tw/intro/la_jin.html）

五、漢字教學部落格與教學心得分享網站

教育部數位教學網（http://content.edu.tw/）

黃沛榮教授「漢字乾坤網」（http://taiwan99.tw/）
許文獻「文獻、文字、語言」
（http://tw.myblog.yahoo.com/jw!RxUU9QqEGRQ3nn8RugoHZcZ8CklM4ZQ5）

六、對外華語漢字教學網站

中文字譜（http://zhongwen.com/）
五百字說華語
（http://edu.ocac.gov.tw/interact/ebook/digitalpublish/MContent.asp?Lang=C）

七、漢字研究網站：

復旦大學出土文獻與古文字研究中心（http://www.gwz.fudan.edu.cn/Default.asp）
武漢大學簡帛研究網（http://www.bsm.org.cn/）

八、漢字學習偏誤網站：

漢語學習者漢字偏誤數據資料庫（http://free.7host05.com/bluekid828/）

綜上所述，可知不管是國語文或華語文教學，其在漢字教學方面的教材開發成果雖已相當豐碩，但仍有諸多值得再作強化或發展之處，包括：線上字源教材開發、編纂各種教學字集與單元生字教材教法之開發等，而此等項目之設計準則，仍應以「簡便」、「效率」、「即時互動」與「語言聯繫」等四大要素爲主軸。因此，本文將以最能符合此四大要素之簡易動畫轉盤設計爲例，試論此中之相關要義。

參、動畫設計基礎——文字、圖形與動態物件之教學原理與意義

在數位化教學理論中，有所謂以多媒體爲主軸之「錨定式教學法（anchored instruction）」，惟其基礎理論以影片爲主。[24]而在此基礎上，可推知漢字動畫教材之設計，至少應包括文字、圖形與動態物件等三項要素，茲略述其教學原理與意義如后：

以文字與圖形而言，此乃數位化教學之兩大重要媒介，倘復依科技教學理論

---

[24] 同前註，頁 46~頁 54，頁 61。

而言，此亦為教學與心理認知歷程結合的最佳模式[25]，若能運用得宜，則可有效提昇學習者之學習效率。而對漢字教學而言，文字已是教學之本質，圖形則可作為與文字結合或引導學習之重要媒介，若再參考數位化教學之設計概念，則此類教材之設計標準大抵有二：

一、圖形教材必需能有效引起學生之注意力：在傳統語文教學中，所使用之教材媒介不外課本、實物或板書，然而，隨著教法之革新，近年來所謂教師「人力資源開發」（教師會、研習、進修）與「多媒體教學」等，亦被教育界視為提昇教學品質之重要指標，因此，傳統的課本、實物與板書等教材媒介，亦得與時俱進，並作出適當的調整，以持續強化其教學成效，倘復以教學原理之相關理論而言，在教材中適時導入圖形教材之設計模式，將更能符合電腦輔助教學所謂「遊戲式（gaming）」之競賽性質，且進一步達成有效吸引學生注意力之目標，使其樂在學習。

二、圖形教材必需能正確傳達學習訊息：圖形教材可以擺脫文字在訊息傳達上的侷限，例如：圖象、抽象與韻味等，而以傳統視聽教育理論而言，此即所謂「利用文字以外具體材料以進行教學」之特性[26]，換言之，即「傳播者（source）＞思想內容（message）＞不同途徑（channel）＞接受者（receiver）」之模式[27]，惟學習訊息之彙整，又需回歸到文字教材上，因此，若能適當地結合文字與圖形教材，則可有效提昇語文教學的成效。

綜上所述，知若欲設計一份成功且能引起學生學習興趣的教材，應具有「遊戲性」與「競爭性」等原則；而以國語文教材而言，漢字相關素材最能符合此原則，主要因素在於漢字之構形具有極強的造字功能，且其文化性與趣味性亦遠高於拼音文字，若再考量數位化教學之相關概念，則強調圖文互動與遊戲性的「動態物件設計」模式更適合作為漢字教學之設計平台。而在目前數位化教學叢書中，對於「動態物件設計」之模式，多有所論，例如：

一、強調圖文、影音與文字之應用：如上所述，互動模式乃目前漢字學習教材亟需強化之目標，而此所謂互動模式，有別於一般檢索式學習資料庫，因此，更強調圖文、影音與文字變化之多媒體教學理念，將是今後數位化教學強調之重點，例如：張霄亭等學者即云「多媒體結合聲音、圖像、影像的特性可以有效改善目前國文教材的呆板形態」[28]；而國內數位化教材專家顏春煌亦云「多媒體教材的呈現型式有很多的變化，這些變化對於學習的影響是教學設計者最關心的問題，這也是數位教材製

[25] 同前註，頁30。

[26] 國立編譯館主編：《視聽教育》（臺北市：正中書局，1981年12月二版），頁3。

[27] 同前註，頁7。

[28] 張霄亭主編：《教學科技融入領域學習》（臺北市：學富文化事業公司，2002年4月初版），頁1~頁13。

作跟一般網頁製作最主要的差異所在」[29]，其所強調之理念，即圖文、影音與文字變化對數位化教材設計之重要性。而以漢字教學而言，字形之圖象意味與各書體之變化度，確可作爲此項數位化教學理念之教材設計來源，並藉此提昇師生之互動與學習效率。

二、強調圖文設計與操作之自主性：即教學者不僅能透過已設計好之圖文傳達訊息，更能隨時調整教材，並與學習者進行互動。即如陳亮光先生所云「基本的概念是每一物件（文字、圖片、動畫等）分別設定動態效果，播放時可以設手動或自動地依序播放。」[30]換言之，此類教學理念所強調的，即教材內容之彈性與設計者之調整便利度，且應當符合系統理論中之「整體化方法（systemic approach）」[31]，倘再以漢字教學而言，則漢字之形構組成靈活度（形符與聲符），確能爲此教學模式或教材設計提供相當完備與合適之素材。因此，以數位化教學所強調的圖文設計與操作自主性而言，漢字確實是相當不錯之教材設計來源。

根據此「動態物件設計」之教學概念，可將數位位漢字教學模式暫擬爲：

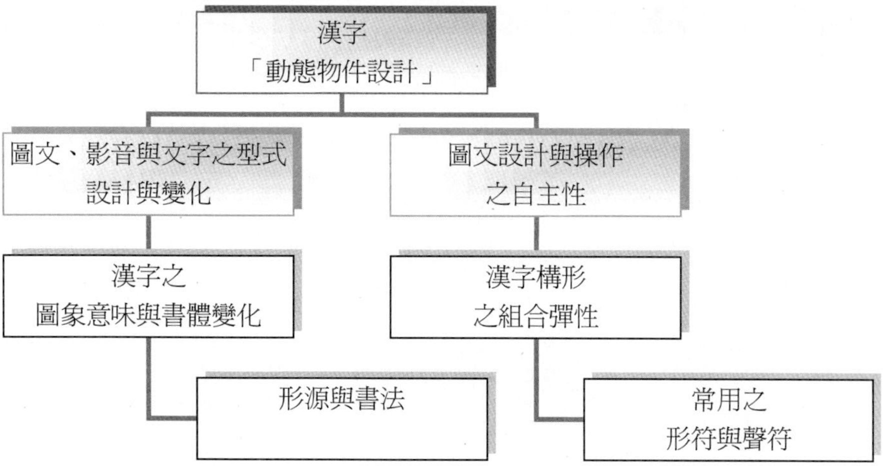

因此，本文擇定由陳亮光先生所提出，且最能符合上述原則之「Microsoft office powerpoint」之「動畫轉盤」爲主要設計模式[32]，並據此以論漢字教學之相關應用模式，同時亦配合漢字教學而稍作修正；而教學活動之實施，則以電腦輔助教學原理中之「遊戲式（gaming）」爲實踐目標。[33]此中之設計流程與標準爲：

一、使用軟體：Microsoft office powerpoint 2003

---

[29] 顏春煌：《數位學習：觀念、方法、實務、設計與實作》（臺北市：碁峯資訊公司，2010 年 4 月初版），頁 8-7~頁 8-11。

[30] 陳亮光：《華語文數位教學手冊》（臺北市：中華民國僑務委員會，2008 年 4 月初版），頁 80。

[31] 沈中偉：《科技與學習──理論與實務》，頁 32~頁 35。

[32] 陳亮光：《華語文數位教學手冊》，頁 84~頁 85 頁。

[33] 林寶山：《教學原理》（臺北市：五南圖書公司，1995 年 6 月初版），頁 181。

二、開啓空白投影片：格式／投影片版面配置／空白

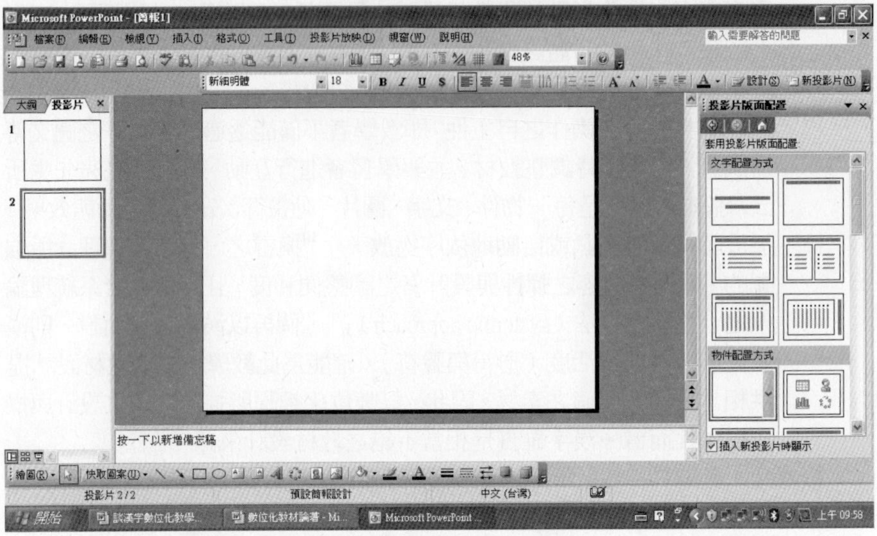

三、繪圖：使用「繪圖工具列」

（一）繪製圓形。

（二）繪製直線，區分圓形之區塊。

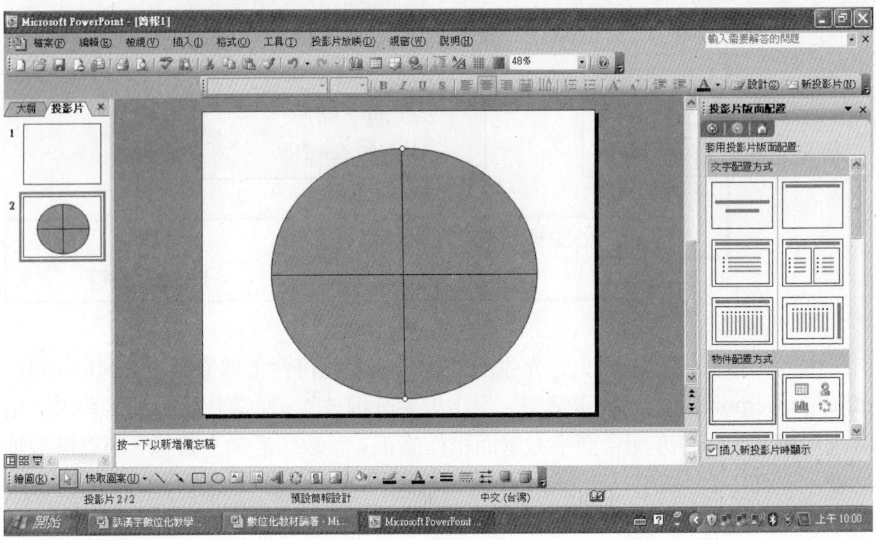

四、輸入擬進行教學之漢字或相關構形：

（一）使用「文字方塊」輸入所需文字或圖形之相關內容，並置於所繪製圓形之內（建議使用標楷體），例如：下方圖示「來」字之文字方塊。

（二）若屬古文字字形，亦可使用圖片插入的方式，例如：下方圖示「喜」字金文構形圖檔。

（三）字形之方向，宜配合下一步驟之箭號圖案位置或未來教學需求而隨時作調整。

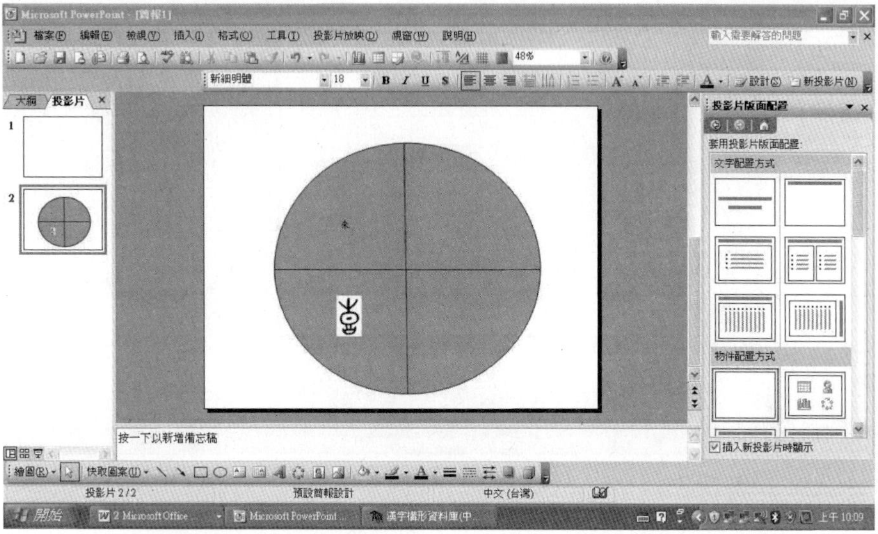

五、設定箭號圖案：使用「快取圖案」進行選取，可置於圓形外的任何位置（由教學者依實際需求進行設計）。

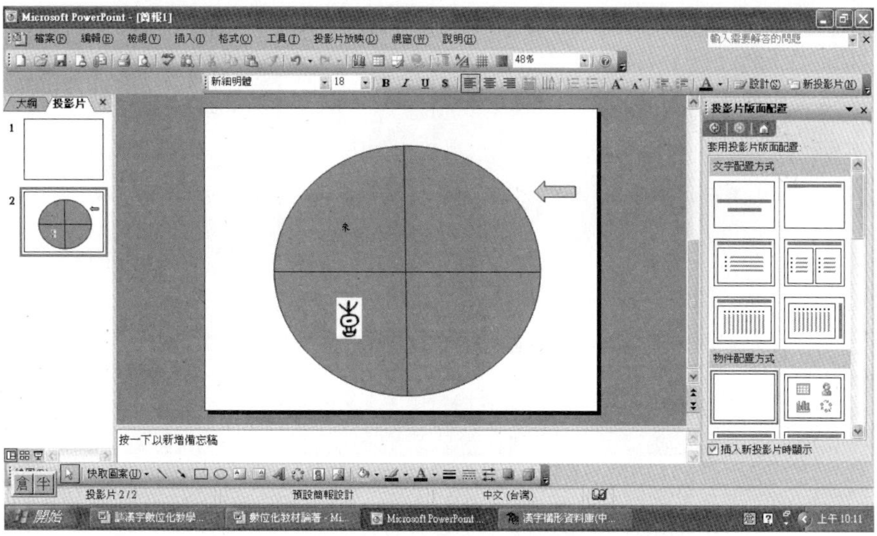

六、設定群組：使用全選功能，全選投影片中除了箭號以外的內容，再按滑鼠右鍵，選擇「群組物件／物件」

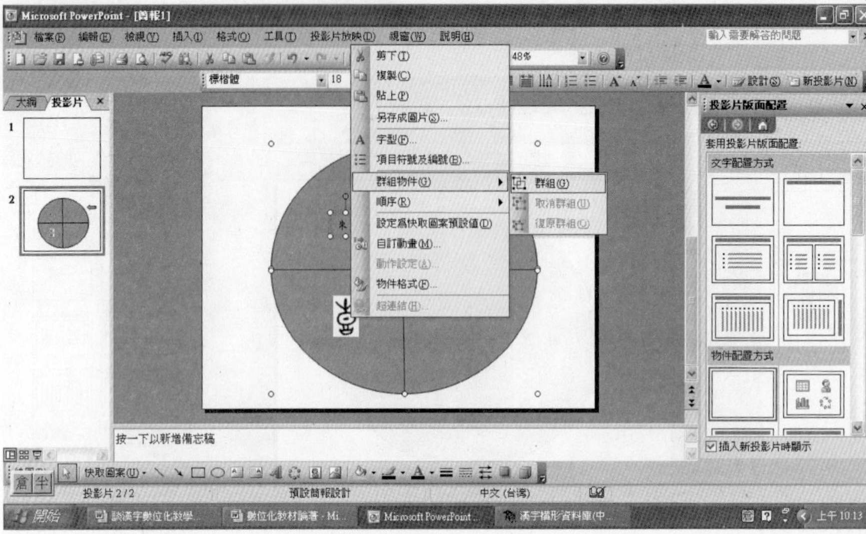

七、動畫設定：

（一）投影片放映／自訂動畫／新增效果／強調／陀螺轉

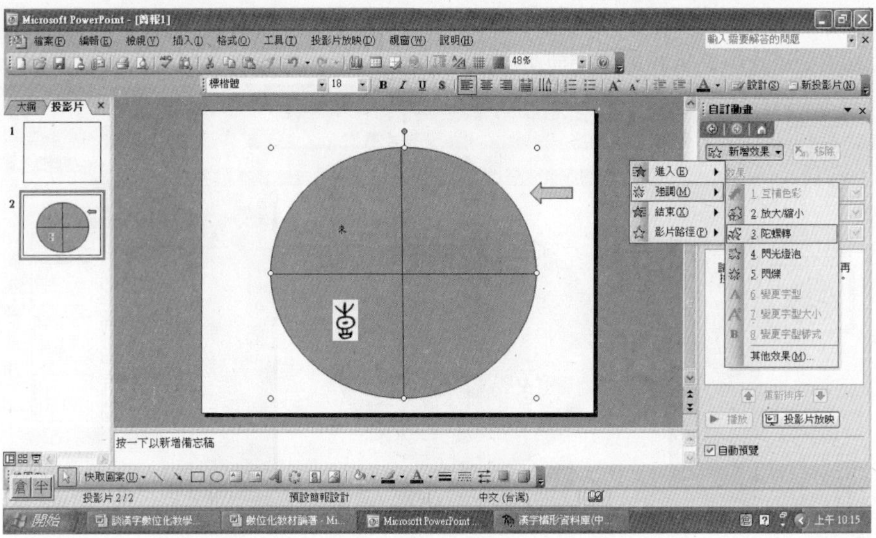

（二）自訂：

1. 開始：建議選擇「接續前動畫」。
2. 數量：方向與角度可自訂。
3. 速度：可自訂。

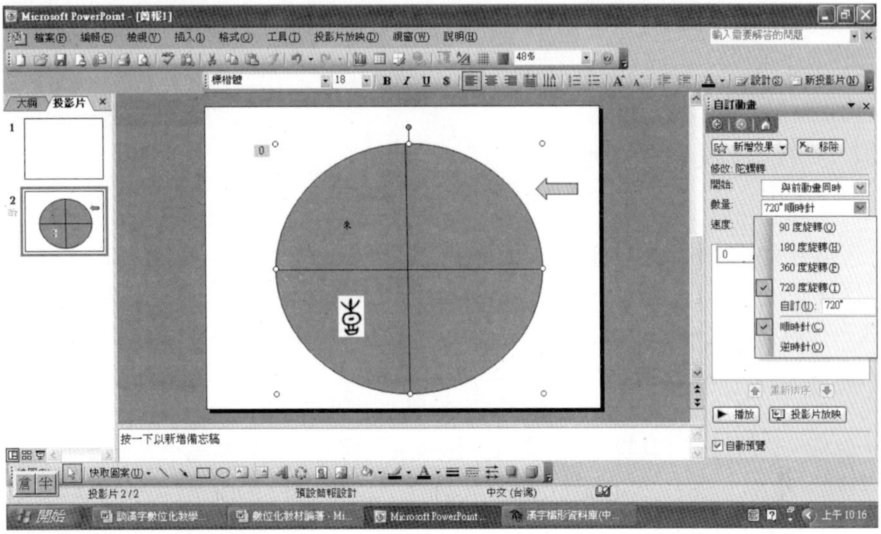

八、完成：播放測試

九、轉盤內容之調整：

（一）解除群組：使用全選功能，全選投影片中除了箭號以外的內容，按滑鼠右鍵，選擇「群組物件／取消群組」。

（二）重行編輯轉盤內容。

（三）調整箭頭位置，可讓轉盤在播放時產生不同之結果（此動作毋需解除群組）

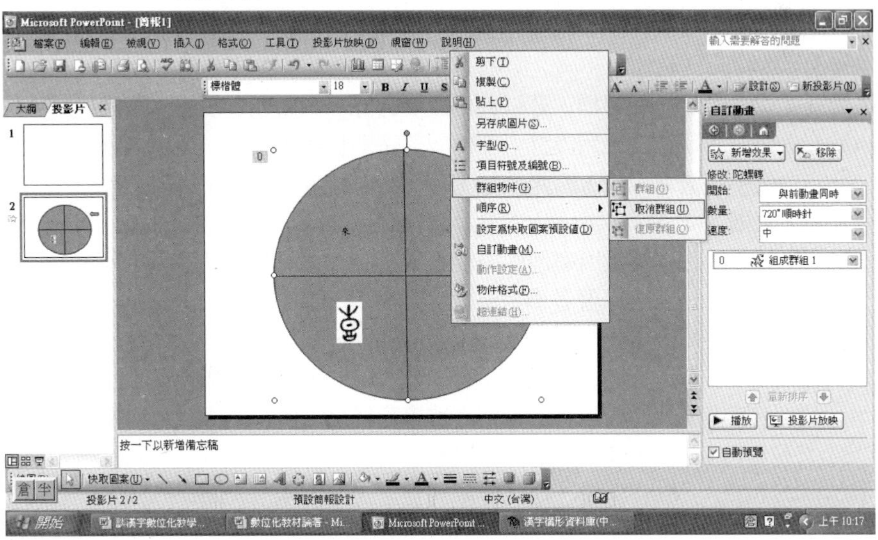

本文所列之設計程序主要沿承陳亮光先生之模式，其稍有差異者，乃在於本文以漢字教學爲主，將更強調轉盤物件與內容之設計應用；因此，在以下章節所

談之教學設計示例中，本文將以此模式爲基礎，並依實際教學需求而稍作調整，同時進行幾項教學設計上之嘗試。

肆、教學設計示例

漢字教學法相當多，而且起源甚早，包括：李斯《倉頡篇》、史游《急救篇》、周興嗣的《千字文》、宋代所編的《三字經》與王筠所編的《文字蒙求》等要籍，皆在在體現了我國漢字教學的演進脈胳；因此，何三本即認爲古代中國漢字教學主要特徵之一即爲短時大量的學習記憶[34]，類似現代之集中識字法；而大陸在九零年代曾由戴汝潛統籌進行了漢字識字教學法之研究，總共歸納了漢字教學法二十餘種，整體而言，其說以集中識字、語言文化識字與多媒體識字等三方面爲主要範疇。因此，綜合各家之說，若考量教學目標之實踐，則漢字教學法大抵可分爲兩大類：

一、以學習字形爲主之教學法：此類教學法以字形爲主，其優點在於可大量識寫形音義相近字例，惟缺點卻在於較難與單元教學內容相應，包括：部件教學法、字根教學法、字源教學法、集中教學法、造字教學法、析字教學法與比較教學法等。

二、以學習語言爲主之教學法：此類教學法以語言學習爲主，字形練習爲輔，其目標在於讓學生從語言語境中學習漢字，而此類教學法包括：環境教學法、遊戲教學法與字謎教學法等。

此二類教學法各有利弊，因此，配合不同的教學需求，各類教學法在應用「動畫轉盤」教材設計時亦有不同之原則與標準，始能有效提昇學習之效率，並達到運用多媒體教學之主要目標。茲以此爲設計目標，試說明各項應用設計模式：

一、部件教學法之應用設計：部件教學法即析字教學法。[35]由於部件乃漢字最小之書寫單位，因此，在進行「動畫轉盤」設計時，應符合以下幾項原則：

（一）每一轉盤所有部件需能組成至少一個具備完整音義之漢字，而不是只讓學習者學習零散之部件而已。

（二）同處於相同方塊結構位置之部件，可以置於同一轉盤，並透過兩個以上同心轉盤之學習模式，強化學習者在識寫漢字上之能力。

（三）需在轉盤內容中繪製方塊書寫結構，裨便學習者能根據部件組合方式，建構其方塊書寫概念。

（四）「動畫轉盤」在部件教學上之應用實例：

---

[34] 何三本：《九年一貫語文教育理論與實務》（臺北市：五南圖書公司，2006 年 7 月初版），頁 110。

[35] 陳正治：《國語文教材教法》（臺北市：五南圖書公司，2008 年 9 月初版），頁 91。

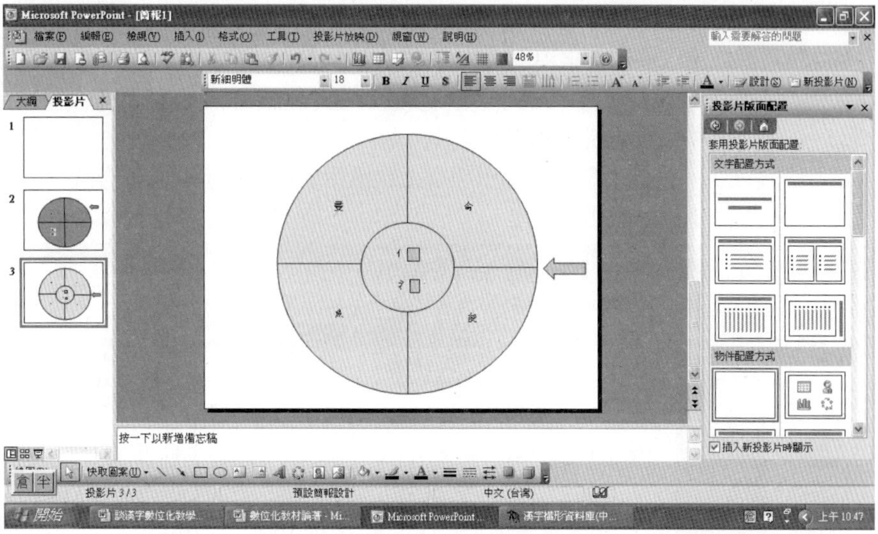

透過上述動畫轉盤之設計，可讓學習者依序結合从亻與从氵等左小右大之方塊字形，並組成具有獨立形音義的漢字，此應用設計之優點在於能有效提昇學習者書寫組字之成效，但缺點仍在於過於瑣碎，且學習者不易從轉盤中確認文字之書寫方塊結構，若情況允許，仍需由教學者以「書空法」進行輔助教學。

二、字根教學法之應用設計：字根具有獨立之形音義，且其教學更強調文字表音與表義之功能，因此，據此設計之動畫轉盤，應符合以下幾項原則：

（一）以字根為主，設計出能讓學習者兼識音義之轉盤（可透過「動作設定」嵌入讀音檔，若為低年級學生，亦可在轉盤上加入注音之內容）。

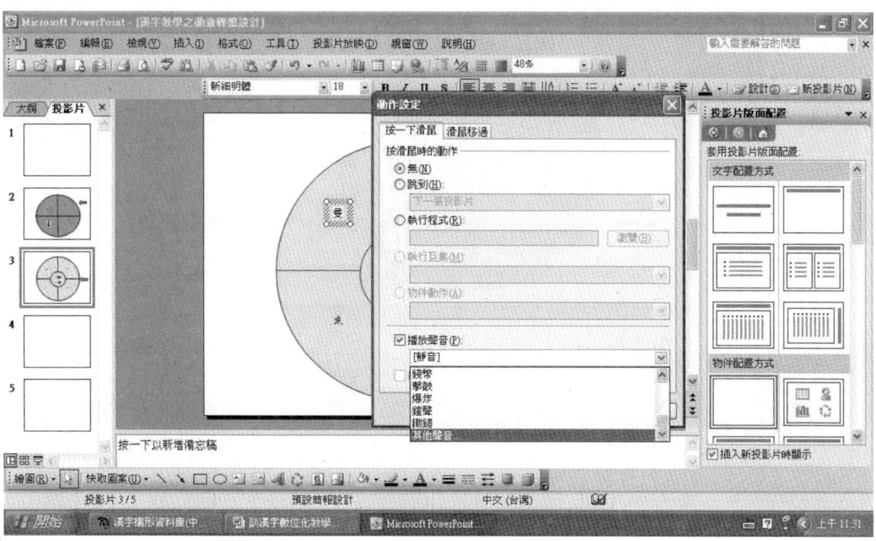

（二）此教學設計仍以獨立形音義之孳乳字之組成訓練爲主要學習目標，惟漢字字根之諧聲具有層遞性，即所謂的主諧字、一級諧聲、二級諧聲等，因此，在轉盤設計上，建議可以使用同心圓之設計方式（設定動畫時間）。

（三）「動畫轉盤」在字根教學上之應用實例，大抵有兩種方式：

1.以字根組字爲主：

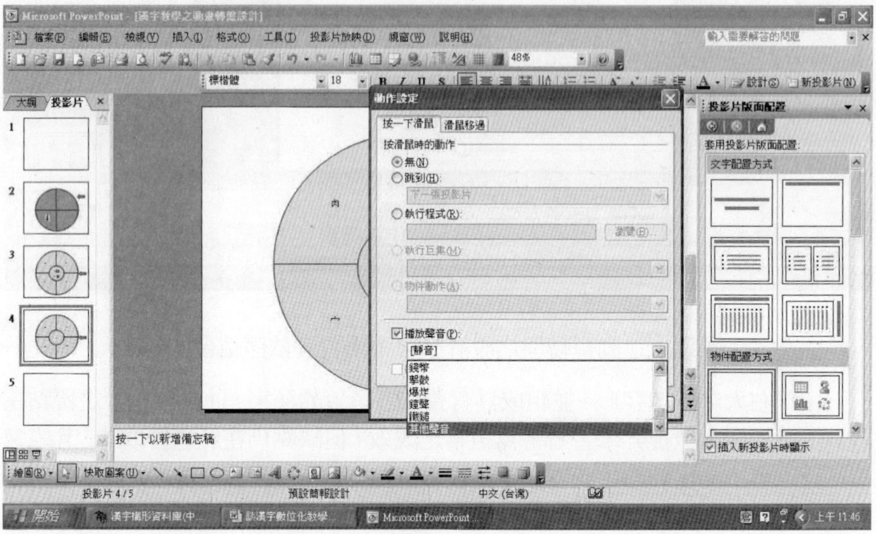

2.以辨識聲符爲主（配合動畫出現之時間）

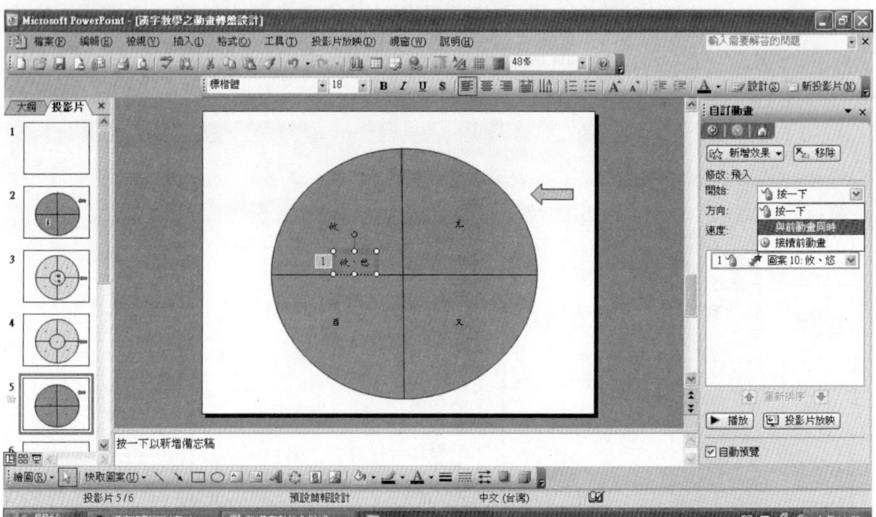

透過上述兩項設計，學習者可以學習到从厷、从又、从尤、从攸與从酉得聲諸例。此項教學應用之優點在於能讓學習者迅速掌握形聲字之音義重

點，並在短時間內學到更多漢字，而聲音檔之建立與聯結，更能使學習者易於辨識同一字根之歧讀字，可以說是比較教學法之延伸，惟其缺點仍在於聲符位置較不易掌握，仍需借助漢字書寫教學作爲輔助。

三、字源、造字與字謎教學法之應用設計：國語文漢字教學有所謂造字教學法[36]，其教學之實施主旨近於字源教學法，而字源教學法則更強調漢字形源與文化之內容，藉此以強化國文教學所謂的「文化認知」概念[37]，此教學法更可配合語文教學中最常用之字謎教學法來進行設計，因此，何三本曾依字源特色設計所謂「識字歸類遊戲表」[38]，本文之設計理念與其若合符節，更可視爲其教學模式之進一步應用。因此，此類教學所設計之動畫轉盤，應符合以下幾項原則：

（一）漢字初文多具有圖畫意味性質，因此，可由教學者先行找出古文字基礎形構，例如：「天」、「太」、「立」等字之基礎形構皆爲「大」，其形源則爲从人之象形，再據此設計動畫轉盤，並由學生進行實作，若使用同心圓之設計則更佳。而此方面之漢字揀選教材可參考上文所提及之《中文字譜》或其網路版[39]，將可提供本項教學設計者極大的方便。

（二）此教學設計在學生實作應用上較具彈性，可設計的活動大抵有：

1. 初文之即席創作
2. 隸定之猜字謎活動

（三）茲據上述原則，試擬字源與字謎教學在動畫轉盤應用上之設計實例：

36 陳正治：《國語文教材教法》，頁 90~頁 91。

37 張霄亭主編：《教學科技融入領域學習》，頁 1~頁 13。

38 何三本：《九年一貫語文教育理論與實務》，頁 127~頁 130。

39 《中文字譜》（http://zhongwen.com/）

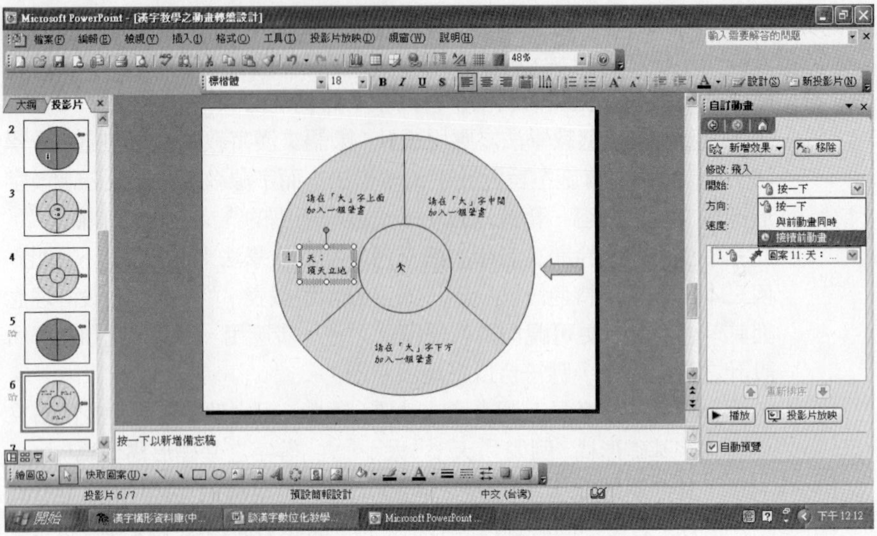

1. 請同學在外圍之字形中嵌入筆畫。
2. 將謎底以動畫方式呈現。
3. 實例參考解答：
   （1） 請在「大」字上面加入一個筆畫：天（頂天立地）
   （2） 請在「大」字中間加入一個筆畫：夫（大丈夫）
   （3） 請在「大」字下方加入一個筆畫：立（立人、立德、立心）

透過上述之教學實例設計，可讓學習者在短時間內了解到从人字形之形源與文化；而此項教學更強調師生間之互動，因此，教學者在進行備課與培養學生互動能力上，尤需花費更多心力，但即便如此，這種字源與字謎之動畫轉盤教學模式，其學習成效是相當顯著的。

四、筆順教學之應用設計：在漢字筆順教學中，有所謂「書空法」與「生字筆畫遞增表」[40]，後者在教育部與臺北縣（新北市）教育局的網頁中，已被廣泛使用，而「書空法」則多應用在即席教學上。實則動畫轉盤之使用與設計，亦可同時滿足這兩項教學法之基本要求，其設計之原則與標準爲：

（一）可配合學界原已廣泛使用之 Microsoft office powerpoint 漢字筆順教學設計模式，將其應用至動畫轉盤設計之中。

[40] 陳正治：《國語文教材教法》，頁 95~頁 97。

（二）轉盤內之筆畫需能組成完整形音義的漢字，並附上筆畫名稱。

（三）進行筆畫組合練習時，必須要求學習者依循筆順進行書寫演示。

（四）轉盤動畫在筆順教學上之應用實例：

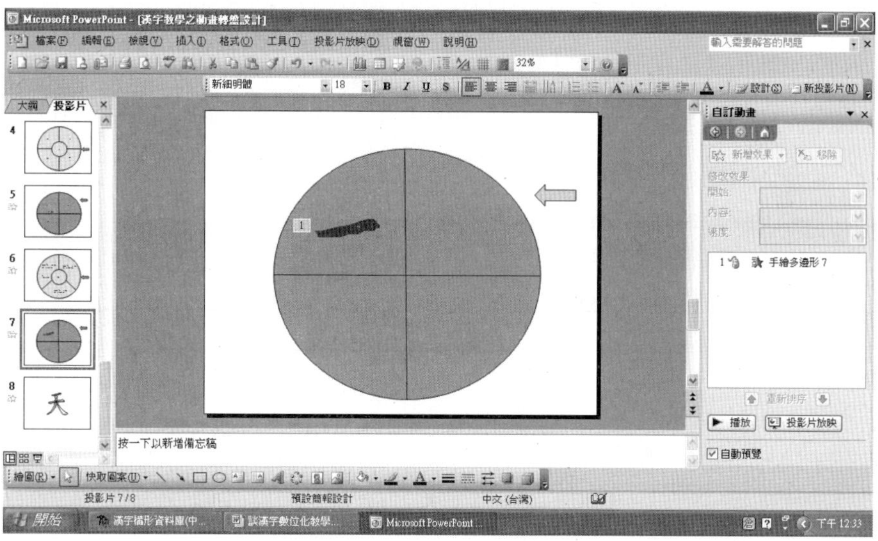

透過上述之動畫轉盤筆順教學，學習者可以從競爭遊戲中，強化其對「天」字筆畫名稱與書寫筆順之認知，其優點在於此教學模式活化了筆順教學之樂趣，惟課後仍需透過生字練習簿或生字筆畫遞增表續作練習，以鞏固學習者之學習成效。

五、單元教學之應用設計：漢字教學或生字教學在國語文單元教學設計中，占有舉足輕重的地位，即如何三本所言，隨課識字應符合「掌握注音符號」、「先教獨體後教合體」與「了解漢字結構規律」等原則，且各年級皆應有不同之教材與教法。[41]因此，本文試以陳幸蕙〈碧沈西瓜〉一課為例，試擬動畫轉盤在該課課程上之應用模式：

九年一貫八年級（陳幸蕙〈碧沈西瓜〉：南一版第三冊第一課[42]）

教學科目	國文	年級	八年級	單元名稱	顏色字教學（一）
教學日期		教學時間	本單元共 20 分鐘	教材來源	南一版
學校		教學者		設計者	

壹、 單元教材分析

一、 本單元兩篇文章〈碧沈西瓜〉與〈西北雨〉，其學習重點在於使學生能從季節風物中培養對鄉土與大自然的熱愛。

二、 〈碧沈西瓜〉以臺灣常見的水果西瓜為主要題材，並透過作者生動之描摹與想像，創造出臺灣西瓜的鮮明形象。

貳、 本課課文分析

一、 作者從實景實物寫起，強調西瓜與酷暑的美好。

二、 作者以「感官交錯」的方式，在視覺與味覺上，描繪出西部平原與西瓜的生動畫面及其情味享受。

參、 教學重點（生字部分）

一、 顏色字詞之使用與修辭（偏正結構）。

二、 生字與生詞：豐饒、遞嬗、恣意、橋墩、瓜瓞綿綿、醍醐灌頂、染坊、氾濫、濯足、朵頤。

肆、 統整（生字部分）

一、 了解顏色字詞之使用方式與修辭效果。

二、 了解顏色字詞之造詞或語法功能（隱喻與偏正結構）。

三、 了解與顏色有關之成語。

發展活動	六項能力指標	教學方式	評量方式	分鐘	教學資源	備註
壹、準備活動 一、教師：設計動畫轉盤與賓果單，並收集相關語料 二、學生：課前閱讀本課內容與生字，並收集相	一、能寫出顏色字詞之注音符號 二、能聽得懂顏色字詞之相關語句 三、能正確表達自己對顏色字詞的看法 四、能正確寫出顏色字詞之字形					

41 何三本：《九年一貫語文教育理論與實務》，頁 116~頁 118。

42 莊萬壽師主編、高秋鳳師、姚榮松師、許俊雅師等編：《國民中學　國文》第三冊（臺南市：南一書局，2010 年 8 月初版），頁 6~頁 17。

關顏色事物 三、師生互動： 師生將所收集之顏色事物布置在教室黑板上 貳、 發展活動 一、引起動機： 教師以師生共同收集到的顏色事物作心得分享 二、進行活動： 1.教師將所設計好之顏色字詞動畫轉盤呈現在ppt上 2.請學生依轉盤旋轉結果，進行賓果單之填寫 3.賓果連線與書寫正確者，教師給予適度之鼓勵與獎賞 參、 課後活動 請學生以本節課程所學到之顏色字詞題材，進行組織式寫作	五、能造出有關顏色字詞的句子	討論 遊戲	討論 書寫	5 12	ppt、電子白板、影片 ppt、電子白板	

【本課所使用之動畫轉盤】：

一、以顏色詞之前置詞素爲設計內容。

二、前置詞素建議以古文字爲主，並將其文字上色。

三、能讓學生從轉盤中猜出相關詞彙，並填入賓果單中。

四、賓果單之設計可配合成語或疊字詞之形式。

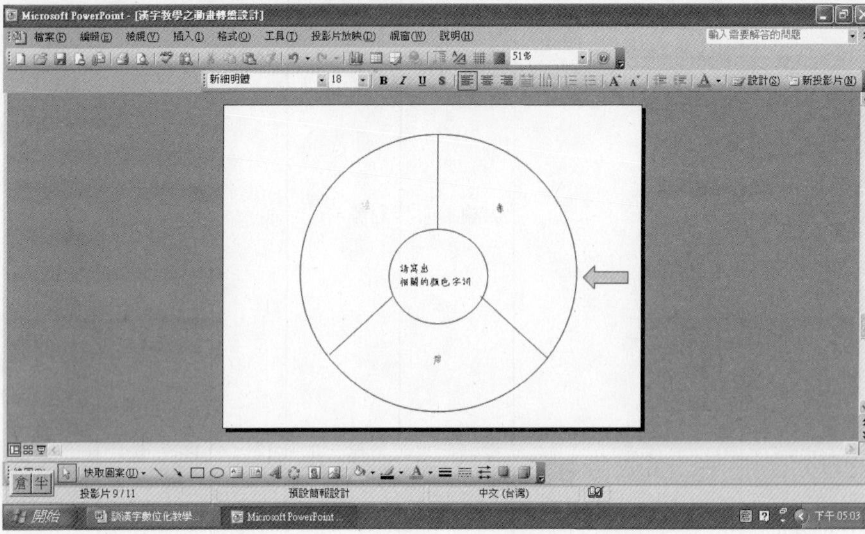

【賓果單示例】

脣	桃		
	柳	齒	

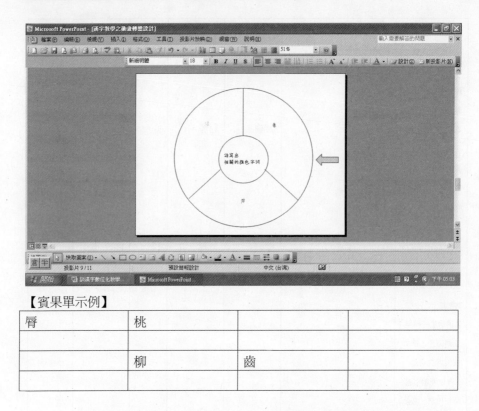

以上所述各項漢字動畫轉盤之教學模式，其實都可算是遊戲式教學的延伸，而爲了鞏固學習者之學習成效，教學者也應該將動畫轉盤以紙本方式，布置在教室之中，也就是在每次課程結束時，將轉盤公布在教室公布欄，亦或可將檔案上傳至教學平台，裨便學生進行課後學習，藉此以達到環境教學法之基本標準與要求。

茲試擬各項動畫轉盤與漢字教學之關係示意圖：

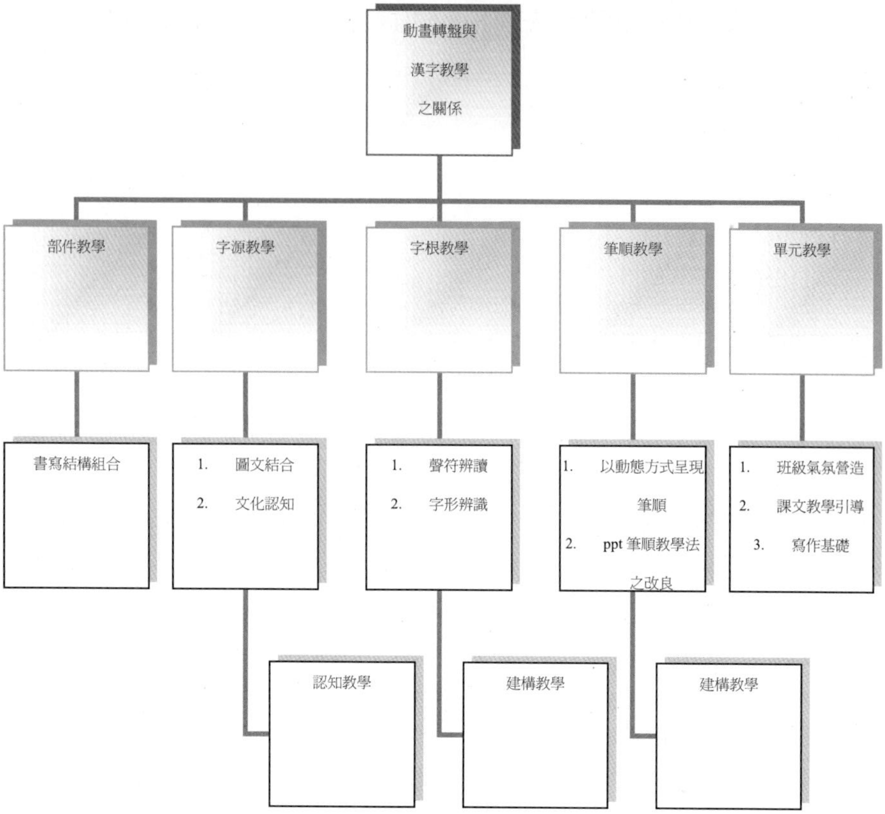

伍、結論

如上所述，漢字教學爲語文教育之基礎，也是我國語文最珍貴之文化傳承；倘復質言之，則漢字學習教材之編纂可溯自先秦，而其教學法亦隨時空條件之改變而有所更替與發展。本文因應近年數位化教學趨勢，在學者所提出數位教材之設計基礎上，試以簡易動畫設計方式作爲漢字教學改進之參考，所提出來之幾項芻議爲：

一、現今漢字教材之設計應具備「簡便」、「效率」、「即時互動」與「語言聯繫」等四項要素。

二、根據教育原理與數位化教學理論，「漢字動態物件」之設計將可有效提昇學生之學習興趣與注意力。

三、透過動畫轉盤與語音結合之設計，將可提昇各種漢字教學之成效，尤其在字根教學與筆順教學等方面。

四、動畫轉盤設計容易，毋需太多繁瑣之設定，將可作爲未來語文教師設計教材之參考。

拙文文成倉促，謹祈學界先進賜正！

徵引文獻

1.王珩、周碧香、施枝芳、馬行誼、彭雅玲、楊淑華、楊裕貿、劉君王⿰告、魏聰祺、蘇伊文：《國語文教學理論與應用》，臺北市：洪葉文化公司，2008 年 6 月初版

2.王寧：〈漢字研究與資訊科學技術的結合〉，《漢字與全球化國際學術研討會論文集》，臺北市：臺北市政府文化局，2005 年 12 月，102 頁~118 頁

3.汪中文：〈網路上的漢字教學與華語文學習系統〉，《漢字與全球化國際學術研討會論文集》，臺北市：臺北市政府文化局，2005 年 12 月，77 頁~88 頁

4.何三本：《九年一貫語文教育理論與實務》，臺北市：五南圖書公司，2006 年 7 月初版

5.沈中偉：《科技與學習──理論與實務》，臺北市：心理出版社，2008 年 3 月初版

6.林寶山：《教學原理》，臺北市：五南圖書公司，1995 年 6 月初版

7.教育部：《常用國字標準字體表》，臺北市：正中書局，2000 年 7 月臺四版

8.國立編譯館主編：《視聽教育》，臺北市：正中書局，1981 年 12 月二版

9.許錟輝師：《文字學簡編・基礎篇》，臺北市：萬卷樓圖書公司，1999 年 3 月初版，20 頁~21 頁

10.許錟輝師：〈漢字的傳承與國際化〉，《文字與書灋學術研討會論文集》，2006 年 10 月 28 日

11.許文獻：〈關於對外華語漢字教學字集在編纂上之幾項標準〉，2010 臺灣師大華語文教與學國際研討論，2010 年 9 月 23~24 日

12.許文獻：〈關於大專國文學生在漢字書寫能力上之幾項評估與問題〉，人文通識教學與商業服務力培育研討會，2010 年 11 月

13.莊萬壽師主編、高秋鳳師、姚榮松師、許俊雅師等編：《國民中學　國文》第三冊，臺南市：南一書局，2010 年 8 月初版

14.陳正治：《國語文教材教法》，臺北市：五南圖書公司，2008 年 9 月初版

15.陳亮光：《華語文數位教學手冊》，臺北市：中華民國僑務委員會，2008 年 4 月初版

16.張霄亭主編：《教學科技融入領域學習》，臺北市：學富文化事業公司，2002 年 4 月初版

17.黃錦鋐師：《國文教學法》，臺北市：三民書局，2006 年 1 月初版

18.黃沛榮：《漢字教學的理論與實踐》，臺北市：樂學書局，2003 年 3 月增訂一版

19.裘錫圭著、許錟輝師校訂：《文字學概要》，臺北市：萬卷樓圖書公司，1994 年 3 月初版

20.鄭豔群編著：《漢語多媒體教學課件設計》，北京市：北京語言大學出版社，

2009 年 8 月第 1 版
21.賴明德師：《中國文字教學研究》，臺北市：文史哲出版社，2003 年 5 月初版
22.顏春煌：《數位學習：觀念、方法、實務、設計與實作》，臺北市：碁峯資訊公司，2010 年 4 月初版
23.羅秋昭：《國小語文科教材教法》，臺北市：五南圖書公司，1999 年 9 月三版

參考網站：

1.CMEX 財團法人中文數化位技術推廣基金會（http://www.cmex.org.tw/）
2.「文獻、文字、語言」（http://tw.myblog.yahoo.com/jw!RxUU9QqEGRQ3nn8RugoHZcZ8CklM4ZQ5）
3.中央研究院文獻處理實驗室（http://cdp.sinica.edu.tw/index.html）
4.中央研究院資訊科學研究所（http://www.iis.sinica.edu.tw/index_zh.html）
5.《中文字譜》（http://zhongwen.com/）
6.汪中文教授主持「國語科教學進修網站」（http://web.nutn.edu.tw/chinese/Index.htm）
7.教育部常用國字標準字體筆順學習網（http://stroke-order.learningweb.moe.edu.tw/home.do）
8.現龍中文字詞學習系統（http://www.dragonwise.hku.hk/dragon2/schools/archives/stroke.php）
9.黃沛榮教授「漢字乾坤網」網站（http://taiwan99.tw/）
10.新北市政府教育局自編國小一至六年級生字簿（http://src.tpc.edu.tw/eword/index.asp）

互動式電子白板融入國文教學

亓婷婷*

摘要

目前臺灣各中小學在教育部的推動下，正選定不少學校進行互動式電子白板實驗教學計畫。所謂「互動式電子白板」，其特色在於將傳統黑板改爲大型電子螢幕，藉由觸控功能，取代傳統粉筆與黑板，並保留所有個人電腦的功能，包括上網搜尋資料、利用電子書、放映 ppt、書寫文字、繪圖……等等，此外，教師在課前的備課教材可以完全存入電腦，取用方便，所以互動式課程導入實際教學現場，可增進師生互動關係，這是一種新興的教學媒材，值得正視。

筆者於民國九十八年擔任大五指導教授，一位在高雄楠梓國中實習的學生蘇鈺涵，在該校教務主任黃建源老師的建議之下，運用電子白板進行教學演示，十分成功。筆者遂有機會接觸互動式電子白板，並與臺北市永吉國中資訊組合作，對「互動式電子白板」之功能有所了解，且探討其融入國文科教學的可能性及問題。

筆者認爲今日國文教學面臨不少困境，如學生學習動機不強、上課公然伏案而眠、教師教學工作擔負沈重、年輕教師對傳統文化認知不足、社會上對「學生國文程度低落」的批評不斷、國文教室內與教室外科技產品的相關性不足，(如國內數位典藏計畫下，已發展出許多大型資料庫、教學網站，而國文教材似乎尚未善用這些資源) 等等。若改用互動式電子白板教學是否可以改善上述情況？其可能面臨的問題爲何?

此外，對國文教師而言，充分了解並應用互動式電子白板的特性與功能，是全然不同的經驗(或考驗)，所以，教師的專業訓練、理念及課前準備工作十分重要。這不僅是教師個人能力問題而已，也是教師之間該如何跨領域合作的議題，必須透過資訊專業老師的參與合作，發揮團隊功能，所以本論文將提出與中學教師合作的經驗，希望透過互動式電子白板這樣的新教學工具，融合現代科技與國文教學，使國文教學形式及內容更豐富而多元，上課充滿快樂活潑的學習氣氛。

最後，筆者期盼主政者若真心願推廣互動式電子白板，使教師能各自發揮創意設計教材，但又能相互分享，一定要解決產品設計規格、中文辨識及價格問題，不宜任由廠商操控。最後深切期盼的是，兩岸中文字型該儘速整合，恢復爲優美、合乎六書原則的乙套傳統文字。

關鍵詞：互動式電子白板、國文教學、數位典藏計畫、正體字、簡化字

*國立臺灣師範大學國文學系副教授

壹、前言

電子化教學是 21 世紀全球教學的新方向[1]。臺灣在這方面不落人後，於民國 88 年 6 月達到「校校有電腦」的目標後，民國 90 年 5 月又公布〈中小學資訊教育總藍圖〉，即揭示將資訊科技融入各科教學的目標[2]。

由於電腦科技的進展，網路的發達，約廿餘年前全世界的教學媒體出現「互動式電子白板」(Interactive White Board，有人譯爲「互動白板」、「交互白板」，簡稱之爲 IWB)[3]，且進入教育體系成爲一種教學工具，隱然有欲取代傳統教室中的黑板之勢。而教育部自民國 95 年底提出「建構縣市 e 化學習環境示範點推動計畫」，初期投入約新臺幣 5,400 萬元補助臺灣地區各縣市之部分學校試辦互動式電子白板融入教學實驗，選定不少學校進行實驗教學計畫，並以其成效作爲持續推動該計畫的依據[4]。該數位教學實驗計畫不限於某些城市地區，相反的，許多偏遠鄉區的學校，在「有效縮短城鄉數位學習落差」的政策理念之下也可能成爲實驗學校，例如雲林的褒忠國小，其計畫內容就明確提出「充分應用資訊科技、激發創意思考，分享利用資訊科技進行課程數位化，讓教學活潑化、學習趣味化、成果具體化，提升教師精進教師課堂能力，並有效縮短城鄉數位學習落差。」[5]。此外，教育部亦積極鼓勵，如「全國中小學資訊融入教學創意競賽」增設「電子白板教學應用組」。民國 98 年又有「國民中小學建置多功能 e 化專科教室暨多功能 e 化數位教室計畫」。而有些行動敏捷的學校，很快的落實政策，如臺中市育英國中自民國 98 年起已經是「班班使用電子白板」[6]。

當然，互動式電子白板只是眾多資訊與通訊科技（ICT）產品中的一種，互動式電子白板導入教室教學其實也是資訊融入教學的一種形式而已，只不過以互

---

[1]劉遠楨、黃思華：〈互動式電子白板與教學〉，《國民教育〉〉50 卷 4 期，(民國 99 年 4 月) 即提及 2009 年至歐洲參訪馬其頓共和國、西班牙、葡萄牙、英國等國 e 化專科教室之經驗。陳惠邦：〈 互動白板導入教室教學的現況與思考〉,臺北市主辦：全球華人資訊教育創新論壇，(2006.12.19.於宜蘭) 亦提及英、美、加、澳等國使用互動白板越來越普遍。此外，加拿大聯合中文學校王妙如副校長：〈互動式數位教學輔具應用〉，2010 年加西華文教師研習會(僑委會溫哥華華語文數位學習示範點) 亦介紹海外僑界之情況，如 2010 年是華文網老師進入互動式教案設計的學習年。

[2]參見韓長澤、劉遠楨、陳淑純：〈臺北市中小學校實施資訊科技融入教學之推行成效〉，《國民教育〉〉42 卷 6 期，(民國 91 年 8 月)

[3]參見陳惠邦：〈以互動白板實踐互動教學理想的可能性：教師社群與專業發展觀點〉，(民國 96 年 5 月 19 日發表於北京師範大學主辦「Interactive Classroom」研討會)

[4]同注 3，並參見高雄市多功能 E 化專科教室暨創新教學模式成果網站 http：//www.inmjh.kh.edu.tw/kheclass/01.htm 、及「97 年資訊教育推動細部計畫－建置國民中小學多功能 E 化專科教室」計畫 http：//www.inmjh.kh.edu.tw/eclass/

[5]參見雲林縣褒忠鄉褒忠國民小學 98 年度建置國民中小學「多功能 e 化專科教室」暨「多功能 e 化數位教室」執行規劃書

[6]參見民國 98 年 3 月 27 日《聯合報〉〉新聞報導

動白板為其媒介。但對師資培育機構而言，這是必須正視的，因為未來的教師具備使用電子白板的能力可能是基本的要求。例如筆者於民國九十八學年度擔任大五實習指導教授，一位在高雄楠梓國中實習的學生蘇鈺涵，在該校教務主任黃建源老師的建議之下，運用電子白板進行國文科教學演示，十分成功。當時該校林文展校長即提出此看法：未來教甄可分為使用電子白板及使用傳統黑板兩組，因為有些學校非常需要具備使用電子白板能力的教師。

事實上，筆者也因為這次的機緣認識電子白板。蘇鈺涵實習結束，立即順利通過教甄，成為高雄福誠高中的正式教師，可見具備使用電子白板的能力對年輕教師可謂如虎添翼。當時筆者主編《中國語文月刊》，遂請蘇鈺涵將其心得記錄下來，發表於《中國語文月刊》631 期，題目為「互動式電子白板融入國文科教學演示心得----以〈越縵堂日記選〉為例」。之後，筆者帶領大四「教學實習」課程的學生與臺北市永吉國中資訊組合作，不僅進一步了解「互動式電子白板」之功能，且探討其融入國文科教學的可能性及相關問題。

使用互動式電子白板教學與在傳統教室用黑板上課，對教師而言，是全然不同的經驗，所以，在進行教學設計時，教師必須妥善規畫、充分了解並應用互動式電子白板的特性與功能，才能順利進行國文教學，帶給學生有別於藉傳統黑板上課的經驗。教師的專業訓練、理念及課前準備工作十分重要。此外，這不僅是教師個人能力問題而已，必須透過資訊專業老師的參與合作，發揮團隊功能，所以本論文將提出與中學教師合作的經驗，希望透過互動式電子白板這樣的新型教學工具，儘量多充實課程內容，多設計讓學生上臺參與互動的機會，除了使上課充滿快樂活潑的學習氣氛，也能達到教學的目的及成效。

以準備工作為例， 教師首先必須熟悉互動式電子白板，參與研習，熟悉其軟體特性，並建構將互動式電子白板融入教學的先備知識。其次必須設計教案、構思研究如何運用互動式電子白板的特殊功能、製作電子教材。

至於國文教材如何與互動式電子白板結合？其可能面臨的問題為何?將是本論文探討重點。

貳、互動式電子白板簡介

一、互動式電子白板與傳統黑板、單槍投影機比較
二、互動式電子白板的分類
三、互動式電子白板的功能
四、互動式電子白板常使用的技巧
五、臺灣中小學互動式電子白板發展情形

一、互動式電子白板和傳統黑板、單槍投影機的簡單比較

有人質疑，互動式電子白板和目前已廣泛使用的單槍投影機教學有何異同？為何要推廣使用互動式電子白板？

在此略加比較使用(一)粉筆、黑板的傳統式教學、(二)目前已普遍流行的單槍投影機教學、以及(三)互動式電子白板教學，三者的優缺點如下：

(一)傳統教學的優點是：教師憑著自己個人的口才、學養、經驗，以一支粉筆、一塊黑板，就可以完成教學工作，有人戲稱乃「一招半式闖江湖」。教師最多只需準備一些教具(如圖片、海報、字卡、實物,…等) ，缺點是：這樣的教學方式已面臨許多問題，如：教學效率不彰，尤其是將資料抄寫在黑板上，學生轉抄在筆記本上，寶貴的教學時間淪爲資料抄寫。若教師個人表達力不足，難以全程吸引學生的注意力，且無法同時兼顧不同學生的需求。此外，使用粉筆書寫產生的粉塵污染，影響環境及師生身體健康。(今天的成年人，大約都有求學時期下課拍打板擦的痛苦經驗吧！)

(二)單槍投影機教學優點：教師可於備課時將教學內容數位化，節省上課的抄寫資料時間；利用教學媒體多元化，如製作 ppt、放映影片、MTV 等，達到聲光兼備的多元化教學效果。

其缺點是：由於器材本身的局限性，學生的視線無法集中，有時教室光線必須轉暗，才易看清螢幕，於是易產生學生昏昏欲睡的現象。此外，教學缺乏互動性，只看到教師單向的輸出，學生卻無法回應。更糟的情況是，教師備課時精心設計的教材，因爲放映設備的問題，臨時出狀況，一切效果都泡湯了！

(三)互動式電子白板教學，優點是：幾乎可以發揮電腦的功能，整合數位資訊，且有傳統黑板書寫的功能，教師亦可設計教學活動，達到師生互動的教學效果。至於粉筆造成的粉塵污染，則可完全消除！

但是相對的缺點是：建置的價格昂貴，一間教室的硬體設備成本可能高達 8~10 萬臺幣，教師若自行製作、開發教學軟體，其隱藏成本更是難以估計。其次，投影時強光產生視覺疲憊，對教學者及學習者而言，均亦有負面影響。(不過， 這一點可利用短焦投影機解決，不算太嚴重。) 此外，雖「環保」卻不符「節能」之世界潮流，也是一種缺點。

二、互動式電子白板的分類

目前流行的互動式電子白板(Interactive whiteboards) 品牌眾多，依其使用原理可分爲三類：

1. 電磁感應(Electromagnetic) 式白板：其構造係許多銅線圈，所以其表層堅硬。特製的感應筆（需裝電池）在白板表層上書寫、觸壓時會發出電子訊號，透過與底層電磁板通導後的定位辨識傳回電腦而形成滑鼠功能。目前英國 Promethean 公司生產的 ActivBoard 屬於此類。
2. 類比電阻壓感(Analog resistive) 式的白板：其元件是兩塊電導板，其間以一層相當薄的化學薄膜（醋銅）隔開。當筆尖（任意筆）或手指觸壓在白板上時，電導板因接觸導電而產生電子訊號，其相對座標位置則被傳導到電腦而形成滑鼠功能。目前加拿大 Smart 科技公司所生產的 SMART Board 爲其代表。

3. 超音波、雷射、紅外線感應(Ultrasonic，laser and infrared) 式電子白板：在白板左、右上角的接收器以高速的超音、紅外線或雷射光波進行巡迴掃瞄。當裝有電池的感應筆在板面書寫操作時，其座標被感應定位，同時感應筆上也有滑鼠左鍵、右鍵的功能設計。此類產品眾多，如臺灣碟王公司的 i-Board、日商 Hitachi 的 StarBoard、美商 Virtual Ink Corporation 的 Virtual Ink mimioBoard、美商 eBeam 的 eBeam System 都屬於超音波紅外線式。而美商 3M 公司的 Wall Display 則屬雷射感應式。

各品牌的電子白板在硬體、軟體應用及價錢方面有所差異，也各有專擅，但其教學應用的基本功能大同小異。[7]

三、互動式電子白板的功能

什麼是互動式電子白板? 依使用教師觀點，大致歸納要點如下：

1. 互動式電子白板既是白板，同時又是大型觸控螢幕。
2. 互動式電子白板需與投影機、電腦相結合應用。
3. 互動式電子白板上可以直接進行電腦的各種操作。
4. 互動式電子白板上所書寫的內容與軟體操作過程均可儲存在電腦中，教師可以節省許多一再複製教材的時間。
5. 互動式電子白板具有教學互動功能，學生可上臺書寫答案或操作教師設計的教學活動。

換言之，以教師的眼光來看，所謂「互動式電子白板」就是數位電子式的改良黑板，是目前教室中具有革命性的科技產品。依陳惠邦的解說，其核心硬體包括一塊電子感應板(electronic whiteboard)及其感應器。電子感應板相當於觸控式螢幕，是 PC 的監視器，也是具有正常書寫功能的傳統白板。感應器通常是一支相當於滑鼠功能的感應筆(electronic stylus)，連續書寫時就具有數位墨水(digital ink)功能。互動式電子白板必須結合 PC、投影機才能發揮功能。表面上來看，其外觀及功能均與傳統白板（黑板）相同，接上 PC、投影機後，互動式電子白板可以透過其操作軟體並連上網際網路後，形成人機、人際多重且高度互動的教學體系。相關還有其他附屬的產品，如藍芽無線手寫板、平板電腦、即時反饋設備等。另外也可以因教學需求增加喇叭、實物提示器、掃描器、印表機等。

所以互動式電子白板可說是新教育科技產品，在教室中可提供新的教學資源整合。[8]

簡言之，其特色在於將傳統黑板改爲大型觸控螢幕，藉由觸控功能，取代傳統粉筆與黑板，並保留所有個人電腦的功能，包括上網搜尋資料、利用電子書、放映 ppt、書寫文字、繪圖……等等。此外，教師在課前的備課教材可以完全存

---

[7]陳惠邦：〈互動白板導入教室教學的現況與思考〉，《2006 年臺北市國際華人資訊教育創新論壇論文集〉〉，(2006 年 12 月)臺北： 淡江大學)

[8]同上。

入電腦，取用方便，上課時亦可實施互動式課程，增進師生互動關係。這是一種新興的教學媒材，值得正視。

至於中、英文的辨識功能，也是某些廠商所特別強調的。依此趨勢，未來的互動式電子白板功能將令我們有更多的期待！

四、互動式電子白板常使用的技巧

互動式電子白板軟體提供一些特殊功能和應用技巧，藉之可以設計出具有吸引力的教學活動，提高學生的專注力，使課堂學習氣氛更愉快。以下是一些常用的功能：

1.拉幕：具展示功能。

2. 探照燈：可突出主體，例如用於語文科的識字教學，具辨義功能。

3. 拍照：可重點擷取或紀錄文字資料及畫面。

4. 板書：可像使用傳統黑板一般，在白板上直接書寫或繪圖，或標示學習重點。

5. 擦除：可刪除圖像或文字。

6. 遮蔽：先將學習重點透過物件或方塊遮蔽，讓學生思考，教學時，再把遮蔽的物件或方塊移除。

7. 隱藏：可製造某些效果，先設定背景色彩，再把相關的文字色彩設定成背影色彩。當要展示時，便可轉變文字的色彩。或把物件放於掛圖的邊緣，需用時再出現。

8. 超連結：可插入超連結或多媒體素材。

9. 捷徑：在功能表上加入相關軟體的捷徑，可轉化操作介面。

10.部件或方塊：可將句子分成不同獨立組件，用於語文教學的篇章結構、排句成段、重組句子、詞語運用、標點符號及識字等。

11.識字系統：直接把板書的文字轉化爲中、英文及數字文字檔。

12.其他許多有趣的小物件，如擲骰子、爆破汽球…等，可用來設計教學活動。

五、目前中小學使用互動式電子白板教學的情況如何？

依據臺北市永吉國中資訊組邱贊生組長提供的資料[9]，目前單槍投影機教學以臺北市國中小爲例，約有 70%普及率，而互動式電子白板教學在臺北市國小的普及率約 10.9%(計算公式爲 629/5756*100%=10.9%)，而臺北市國中的普及率約 4.4% (計算公式爲 131/2943*100%=4.4%)。相較之下，互動式電子白板教學仍有待大力推廣。或者說，其有待解決的問題仍不少。不過從正面態度來看，它正是一個有待投入的新領域。

整體而言，新科技帶來的正面意義仍是吸引人的。所以，積極推廣「互動式電子白板」者都強調其所具有的優點：

---

[9]邱贊生：〈互動式電子白板操作與教育科技新趨勢〉，(民國 99 年 11 月 11 日於臺北市永吉國中演講資料)，此數字一直在增長中，例如民國 100 年暑假，北市教育局對各校又提供設備經費。

1.健康、環保、又吸睛的教學工具
2.簡易操作技巧就可以參與學習
3.極佳的教學展示工具
4.互動教學的最佳教具
5.提升教學效率
6.提供多元學習的方式

以上這些優點對今天的國文教學是否能產生某些改進的效果?筆者擬先就當前國文教學的困境及特質略加分析，進而探討互動式電子白板融入國文教學面臨的問題及未來展望。

叁、今日國文教學的特質與困境

國文教學的重要性大家都有共同認知，因為國語文是表情達意的基本工具，在中、小學是重要科目。而國文教學的主要目標，除了培養學生聽、說、讀、寫的語文能力外，尚兼有情意陶冶、人文素養、文化傳承等抽象目標。中國語文尤其具有特色，方塊文字、成語典故、悠久的歷史文化累積了大量文言文教材。以下略加說明：

一、國文教材內容豐富，甚至有跨領域的教材

所謂「國文」，內容並非僅僅限於語言文字或文學而已。反而類似古代所謂「上知天文，下知地理」的知識領域。凡用中國文字記錄的，都可能是「國文」教材，甚至包括翻譯文學。例如近年高職教科書選擇宋代沈括《夢溪筆談》中的〈石油〉等文章，《夢溪筆談》內容記錄的是當時天文學、物理學、數學、地理學、地質學、氣象學、考古學、生物學、醫藥學、語言學、史學、文學、音樂、繪畫、政治、經濟等等多方面的發現和成就。國文教師講解內容時必須具備相關的知識。再如國中課文常選的翻譯文學：泰德、佩瑞原著〈怎能出賣天空〉，必須對《聯合國氣候變化框架公約京都議定書》有相當了解，(這是由聯合國 193 個成員國 1992 年通過的「聯合國氣候變化框架公約」的附加文本。)。再如麥克阿瑟原著、吳奚真譯的〈麥帥為子祈禱文〉，以及修伍德、安德森著、張心漪譯的〈寄子書〉，國文教師對美國歷史、美國文化也都要有相當程度的修養。至於傳統文學也不盡然只限於文學領域，如劉鶚〈黃河結冰記〉的寫景技巧，備受胡適稱道，文中提及的「北斗七星」、「紫微星垣」，即涉及天文學知識，國文教師若對這方面有研究，教學效果自然更佳。

二、中國文字的特殊性，迄今兩岸尚無標準規範

中國文字是形、音、義合一的方塊字，和西方的拼音文字完全不同。且一筆一畫，書寫不易。傳統的習字法只有一種，就是透過反覆練習的方式。但這尚非問題癥結，今天的嚴重問題是字形混亂[10]，迄今尙無標準規範，教學不易。

因爲中國歷史悠久，傳統文字從甲骨文、金文、大篆、小篆、隸書、行書、草書、發展至楷書，由於唐宋發明雕版印刷而定型迄今，且漢代即發展出「六書」的理論，具有科學性，而且約７０％的字都是「形聲字」。透過近年有人提倡的「部件」教學法，教學成效尙不錯。

所謂「無標準規範」主要指的是中共簡化漢字造成的惡果[11]，許多人寄望電腦所謂的「繁簡轉換」可解決此問題，更實際上是問題嚴重，如詞牌〈卜算子〉透過「繁簡轉換」居然成了〈蔔運算元〉，易經中的「乾卦」成了「干卦」，江西詩派大師黃山谷成了「黃山穀」，慨嘆時光「歲云暮矣」成了不知所云的「歲雲暮矣」！筆者認爲這不僅僅是兩岸分裂、意識型態的問題，這是保存中華傳統文化的工具系統受到破壞的問題，值得大家正視。所謂「教學不易」指的是學習者若不明白字形筆畫的構形意義，在學習上必然產生困難的感覺，例如：筆者見過一位實習老師將歸有光〈項脊軒志〉中的「迨諸父異爨」的「爨」字寫滿半個黑板大，全班居然沒有一人寫對， 造成教師本身的挫折感。這位老師若能先將「爨」字的構形古今流變製成圖片並講解清楚，再設計小活動，透過互動式電子白板，讓學生上臺重組，寓教於樂，相信此字將使學生畢生難忘。至於簡化字爲何造成教學不易？由於不符「六書」原理，甚至以一個符號取代多字，使現代漢字字形混亂分歧，教者說不出所以然，學習者只得依賴強學死記的方式！尤其對今日海外華語教師而言，依違之間如何取捨？實在是教學上一大困境！發展互動式電子白板的軟體內容時，我們應特別注意此問題，是否能趁此機會，兩岸文字整合出乙套規範文字，回歸傳統，否則，分享教材軟體時，出現亂碼或錯誤字形，造成教學更大困境！

三、中國歷史悠久、文化深厚、在族群認同、文化傳承方面問題甚多

所有中國文字記錄下來的，都可能是國文教材。而在這些蘊含數千年文化的材料中，必然產生古今異同的詮釋問題。所以，單以文字而言，國文專業素養中即包含文字學、聲韻學、訓詁學。若缺乏國文專業素養，則產生教學之誤。例如諸葛亮〈出師表〉：「未嘗不歎息痛恨於桓、靈也」由於「痛恨」一詞在今天的

---

[10]所謂漢字字型混亂，指的是印刷模版都是日人製造的，約 75 年前，日本仿照美國本頓式銅模雕刻機成功，後又發展日式自動鑄排機、日式照相植字機、電腦排版，獨占漢字印刷市場。所以我們使用的漢字多爲日人自訂的「國字」。日本雖保存漢字，但是筆畫及字型和中國傳統的宋體並不完全相同。這在教學時常引致困擾。可參見洪富連：〈 現代漢字字形混亂的因素〉，《辨字集錦》〉頁 41-43，復文圖書出版社。目前的電腦上因爲正體字、簡化字並存，透過繁簡轉換系統，混亂情況更加複雜。

[11]參見亓婷婷：〈從中共文字改革歷史看簡化字〉，《師大學報》〉語言與文學類第五十四卷第二期，(2009 年 9 月) 頁 107-133。

白話文中仍保留，有「極度憎恨」之意，若只知照今義解釋，成了本朝臣子對已故皇帝表示「痛恨」，在遣詞用字及禮數方面都是不妥的口吻。應該還原爲當時的用法「痛心遺憾」來教導學生。再如「窮則獨善其身，達則兼善天下」中的「窮」，不是指金錢的缺乏，古代「貧」才指缺錢，「窮」指不能顯達，所以「窮達」、「窮通」可以組成連詞。再如范仲淹〈岳陽樓記〉：「沙鷗翔集，錦鱗游泳」，對偶工整，文字優美，但現代人只知「游泳」是「在水中游來游去」，反而無法細膩欣賞其文字之美！ 因爲「游」是「浮行水上也」，「泳」是「潛行水中也」，二者爲反義詞，譯成白話是「錦鱗時浮時沈」，和「沙鷗時飛時停」的「翔集」(也是反義詞)，相映成趣！這些只是字詞方面的問題，另有文法修辭、歷代典章制度、器物用品、人際稱謂禮節…等等，甚至認知觀念等問題[12]。若能透過大型資料庫的建立，使這些國學知識成爲可以自由取用的電子教材，必然有助協助國文教學。筆者個人的觀察是：有些國文教師並不喜愛國文，只覺得中華文化包袱太沈重，肩頭壓力太大，教學是繁瑣而無趣的工作，如何以現代科技協助這些教師恢復教學熱情，也是重要課題。

四、國文教學大多仍停留在傳統教學模式

傳統教育是菁英教育，知識傳承不普及，且不像今日可利用電腦爲輔助教具，所以學生進入學校就以記誦經典爲要務，好在這對菁英份子而言並非難事。於是，學習國文一直有依賴記憶力「背誦」的古老方法，「過目成誦」的天才是大家欽羨的典範。再加上「勤學」的古訓，「反覆練習」成了唯一的學習技巧。即使到了今天，雖然模仿西方，我們也有「教材教法」、「教學法」，甚至也有各種來自西方的教學理論，但萬變不離其宗，以筆者個人的觀察，國文教學仍停留在傳統教學模式中。以致於「教育改革」的呼聲甚囂塵上之時，「九年一貫」的教材、「一綱多本」的革新，對國文教學的影響似乎不大。而教師所關心的反而是「一綱多本」、 「去中國化」、「考試領導教學」所產生的枝節問題，例如：教學進度、教材是否能在有限時間完全講授完畢？如何使學生在考場順利成功？每週國文教學時數多寡如何？文言和白話的比例該如何調整？鄉土文學比例如何？師培課程中，準師資關心的是「如何教好這一課？」該先教生難字詞？還是先教課文？作者、題解該如何教？文言文是否要學生背誦？講解課文時，如何繪製「心智圖」？(以前是「結構表」) 等等，至於如何使學生對國文產生興趣？如何使學生真正接觸中華文化之美、衷心喜愛中國語文、願意學習、欣賞中國語文？甚至以身爲炎黃後代爲榮？這些則成了國文教師不敢企及的高遠理想！此外，今天國文教師在教室中主要憑藉的仍是個人口才、學養、氣質魅力等條件，以獨白、演講的單向灌輸教學方式爲主，即使採用問答法教學，限於時間，學生也無法好好思考、表達己見。大班教學也使教師無法「因才施教」，兼顧每名學生。若能透過互動式電子白板，改善傳統教學模式將是指日可待的。

---

[12]特別是古代器物、制度方面的教學，若能配合故宮的藏品，勝乎千言萬語。如：何謂「八旗」、「天青色」？「青花瓷」、「羽扇綸巾」是什麼？

五、考試領導教學、批改作文仍是苦差事

常見國文教師一面忙著拿粉筆板書「生難字詞」、「段落大意」等，一面要求學生「抄下來！ 考試會考！」若教三班，同樣的板書要抄三次，重複的工作年復一年，有些教師的教學熱情就如此這般消磨殆盡。而教師的工作，除備課外，還要加上應付考試及批閱作業，因為分數是展示教學成果的指標，在教室中，教師除教學外，另外忙碌的要事就是考試、檢討考卷。在教室外，就是批閱作文、作業、考卷。升學考試的壓力，不但未隨著多元化入學方式降低，反而使國文教師雙肩更沈重。曾有某高中名校教師透露，為了推甄作業的「推薦函」，教師比學生還緊張，為完成全班數十人的「推薦函」甚至不得不熬夜。後來某些大學取消「推薦函」，國文教師為之額手稱慶。

此外，改作文仍是教師的一大夢魘。有一段時間，升學考試取消作文，許多國文教師立刻樂得放棄作文教學，免除改作文之苦。但一等恢復作文考試，國文教師又不得不身陷苦海了！ 以前曾有過找大學生按件計酬代改作文的現象，(現在坊間作文補習班仍如此，我們國文系學生樂得以此為打工方式，一面賺生活費，一面吸取經驗)

其實，考試是一種教學反饋及評量工具，而作文教學的重要性，無庸多言。若能透過 e 化教室中的互動式電子白板，設計一些多元評量方式及作文教學方式，減輕國文教師的負擔，不是皆大歡喜嗎？

六、大環境的影響

現代社會中，教師只是眾多行業之一。傳統「天地君親師」並列的現象不再，連校園中的「尊師重道」亦成歷史。特別是近幾年以來，師生關係還出現不少不和諧的案例。以致今日臺灣的校園霸凌事件還要勞動警察局，繩之以法！ 而國文教室也普遍出現了「言者諄諄、聽者藐藐」的現象，部分學生對上課毫無興趣，不再是偶而打瞌睡，而是公然伏案大睡(以筆者個人觀察一百餘所學校，幾乎每班皆有此現象)。雖然許多教師努力設計各種有創意的教學活動，但在「師道不彰」的大環境下，多半莫可奈何，只好聽任由之！ 其實，現在的國文教室設備和過去已大不相同，影音設備、投影機、升降銀幕、閉路電視等 e 化設施，班班皆有。一般教師也常使用這些設備，如播放 PPT、youtube 影片、一般影片……等等，但是，使用這些設備仍不免單向教學之弊，且必須關燈，在昏暗光線中，有的學生反而趁機入眠，學習效果欠佳。若採用互動式電子白板，可採自然光線，不必特別關燈，且雙向互動，師生共同有機會上臺操作，自然可有所改進。

此外，現代學生尚有書寫練習不足的問題，除了在教室中以手書寫之外，課外使用電腦寫作業、報告已是常事，平日使用手機簡訊，幾乎很少有書寫的機會。所以教師常感嘆：明明上課解說得很清楚的字詞，學生考試時仍然忘記！ 甚至使用同音字替代，以致社會上「國語文程度普遍低落」的批評聲浪重未停止過[13]，

[13]林文瀚：《中上國語文教學研究〉〉，臺灣商務印書館，(民國 65 年 3 月) 其中第九章〈分析今

有些資深國語文教師似乎覺得「以前的學生程度比較好」，至於學生作文中的錯別字、邏輯不通… 等問題，可謂司空見慣。若能透過互動式電子白板來學習，學生仍可有手書練習的活動，且在學習新字時即能留下正確、深刻的印象，此情況或許可改善。

值得正視的是：新世代的年輕人已生活在一個資訊泛濫、唾手可得、各種聲光刺激無所不在的環境！ 他們對於圖像的敏銳度一般而言遠大於文字，他們吸收資訊方式已不再限於紙本文字[14]。而各種新型資訊科技產品，如智慧型手機、3D 影片、ipad、iphone、電子書……對他們而言，都已是日常生活習見的物品。筆者認為：我們是否可思考如何利用大環境的正面影響和教學活動結合？互動式電子白板製造廠商可否與這些新型資訊科技產品做更佳的整合？

以上略述國文教學的困境及特質，筆者認為解決之道，可透過資訊融入國文教學來思考。

肆、資訊融入國文教學的必要性

國文教學一向目標多元，且肩負著文化傳承的重任。以前還必須宣揚愛國主義、培養年輕學子的民族精神。現在雖強調回歸語文教學的本質，如語文訓練、情意陶冶、文藝欣賞….等，這些對國文教師而言，肩頭重擔仍十分艱鉅！若能以現代科技減少國文教師的工作負擔，至少不必同一課重複多次抄寫板書、吸粉筆灰、減少教學壓力，何樂而不為？

筆者認為：改進國文教學至少應重視下列方向：一、教學方法的改進、二、教材資源的整合與交換，這兩點都非常需要現代科技的協助，試說明如下：

一、教學方法的改進

臺師大國文系榮譽教授、今年適逢九十嵩壽的黃錦鋐教授在〈中學國文教學的本質〉一文，開宗明義第一句話就是：「國文教學方法在內容上說，是最枯燥的一門學科。」這是他於民國 67 年寫下的〈序〉中說：「這本小冊子的幾篇雜文，是我近幾年來陸續在有關教育刊物發表改進中學國文教學的意見。」民國 88 年修訂再版，黃老師一字未改！ 非常值得我們深思！ 他在文中又說：「許多人有一種錯誤的觀念，認為良好的教學，歸功於一種特殊的教學法，其實是不對的。…決定運用那一種的教學法，要看課程的性質，教師自己的能力個性，學生的水準，以及學校的環境，教學的設備，才能決定用那一種教學法是最適宜的。」

日學生國文程度低落的原因〉(頁 86-89) 專章探討為何「學生國文程度低落」。而三十餘年後的今日，似乎此問題仍未得到解決。可見所謂「學生國文程度低落」很可能是一種學習歷程中的必然現象。透過教學法的改進可以改善此問題。

[14]今年 3 月臺北第十九屆國際書展最熱門的動漫館，幾乎全都是年輕學子，可為明證。

所以他提出「實用教學法」，認爲中學國文教學是一門藝術，必須「含有高度的藝術配合，精密的科學步驟，還加上師生的情感交流」。[15]

黃教授於三十餘年前提出的觀點，今日看來非但不過時，且令人有「針貶時弊」之感。因爲他指出了國文教學的特質，並非依靠一粒萬靈丹----某一種特殊的萬能教學法，就能解決一切教學上的問題。相對的，他認爲「中學國文教學方法本身雖不是一門什麼了不起的高深學問，但必需要高深的學問爲基礎，除了文字學，聲韻學，訓詁學，文法，修辭之外，其他如：文學批評，文章作法，甚至講演學，辯論學，目錄學，板本學等都應該有相當的修養，但是這各科學識又不是孤立的，而是要密切的配合，可能在講解一個字，或是一個詞當中，同是需要文字學，聲韻學，訓詁學等的學識，而這許多學識又要融合的運用，不是單獨來講文字學或聲韻學。… 一個完美的教學過程，應該是融合貫通各科學識，藉教學方法表達出來。」[16]

爲何國文教學必須「融合貫通各科學識」？從前述第參段國文教學的特質大略可了解緣由。筆者認爲身處今天的數位時代，國文教學法必須結合今日的資訊科技，這已是迫在眉睫的問題。試看網路的世界，如何多采多姿？可謂「彈指之間、無遠弗屆」！ 尤其電腦發明迄今，大量資訊數位化，人類傳播資訊的方式日新月異，也改變了人類社交方式，試看許多學生透過部落格、臉書，建立了一個令他忙碌不已的虛擬世界，和網路上的陌生人互傳心曲，甚至在網路上變身，徹底改變自己的性別、身份、終夜不寐，享受另一種人生。若學校教室中的國文教學法仍維持一支粉筆、黑板、全賴教師一個人的口述、表演的方式，如何能吸引今天的新新人類？

筆者認爲國外學者對互動式電子白板的教學影響研究，也許可供我們參考。如有人指出教師如果將互動式電子白板視爲教學輔具或普通教具，而不是統整爲教學方法的一部份，則互動式電子白板所產生的影響很有限（Greiffenhagen，2000）。當教師把注意力重新關注到學生學習時，則互動式電子白板對教師能產生一些根本的變化(Miller et al.，2004)。[17]國內也有人持續研究指出，徒有先進的資訊設備與環境是不夠的，教師才是資訊科技融入教學的關鍵成功因素（張雅芳，2003、2005、2006）。[18]

---

[15]以上引文均見於黃錦鋐：《語文教學論叢》》頁 11、9、13、14，法嚴出版社印行，(民國 89 年)，該書原名爲《實用國文教學法》》，民國 46 年起陸續發表，民國 67 年結集印行。民國 88 年再修訂，民國 89 年由法嚴出版社印行。

[16]同上書，頁 15.

[17]陳惠邦：〈互動白板導入教室教學的現況與思考〉，臺北市主辦：全球華人資訊教育創新論壇，2006.12.19.於宜蘭。

[18]張雅芳：〈教師運用科技之相關因素探討〉，教育研究月刊，116，41-49。(2003，12 月)。張雅芳：〈科技融入師資培育－美國的經驗〉。當代教育研究，13(1)，241-264。(2005，3 月)。徐加玲、張雅芳：〈中小學教師數位學習關切階層之探討〉。教學科技與媒體，77，21-38。(2006，9 月)。

國文教師若能透過互動式電子白板，在教學法上做更多的改變，國文教學將有新貌！

二、教材資源的整合與交換

今天網路上各種資料庫的建立，加上 GOOGLE 強大有效的搜尋系統，使資訊的取得極爲迅速便利。

依前所述，國文教學的範圍太廣，以教師個人之力，皓首窮經，極爲辛苦，窮個人畢生之力，也不過是鼴鼠飲河而已。若能利用已有的電子資料庫，透過搜尋系統，很快的能將所需教材呈現在教室，那是多麼理想的協助力量？而事實上，現在已有許多不錯的資源，且大型資料庫的電子化資料在各大圖書館均已有典藏。筆者認爲下列幾種是值得注意的：

1.大型資料庫及網站

如《中國基本古籍庫》是從先秦至今天所保存的十餘萬種古籍中，精選出一萬種典籍，除了提供重新輸入、校對可檢索引用的全文內容電子檔，同時也收錄了該典籍的一至兩個重要版本的原文圖像，可供對比之需，總計全文約十七億字，影像約一千萬頁。內容總數約等於三套《四庫全書》。不但是世界上最大的中文電子出版物，同時也是有史以來最大的中國歷代典籍總匯。

網站如：中央研究院歷史語言研究所數位資源單一登入入口網站 該所自民國 98 年 1 月 1 日起，正式將該所建置之 16 個數位資料庫暨系統免費開放國內授權使用，讀者可免費檢索瀏覽之資料庫包括：漢籍電子文獻資料庫、考古資料數位 典藏資料庫、青銅器拓片數位典藏資料庫、甲骨文數位典藏資料庫、漢代簡牘資料庫、漢代石刻畫象拓本數位典藏資料庫、佛教石刻造像拓本數位典藏資料庫、遼金元拓片數位典藏資料庫、傅斯年圖書館藏善本古籍數典系統、傅斯年圖書館藏印記資料庫系統、傅斯年圖書館人名權威資料庫、中國西南少數民族數位典藏資料庫、 內閣大庫明清檔案資料庫、人名權威-明清人物傳記資料查詢、史語所數位資源整合檢索目錄、數位資源暨藏品圖象申請入口網站。

此外，國內數位典藏計畫下推動的各式各樣網站，值得國文教師重視！

如元智大學羅鳳珠教授的古典文學研究網站〈網路展書讀〉

(http：//cls.hs.yzu.edu.tw/)提供了國文教學中聲情教學的豐富教材，且其教學範圍甚廣，從小學至大學、從海內至海外，均有適用者。

如教育部六大學習網，也是現有的優良教材來源。以數位典藏融入教學資源網(http：//idatp.moe.edu.tw/) 爲例，在人文藝術、社會領域已有不少資料，(如數位典藏融入教學資源網-清明節的故事(學什麼) 還附了教案，教師可以很快的擷取參考，運用於自己的教學。)

筆者還注意到，已有華語教師「在直觀情境學習的體現層面，以富含音效、音樂、影像、動畫、視訊與互動回饋的多媒體形式，表達古典華語文本中的文化內涵與故事情境」19，發展成華語古詩教學平臺。若能結合互動式電子白板，教

---

[19]王兆華、朱我芯：〈實現網路直觀情境之華語古詩教學平臺〉，《華語文教學研究》〉第七卷

室中將出現更多采多姿的樣貌！至於改進作文教學方面，近年劉遠楨教授20研發的網站頗值得參考！

2.媒體界已製作好的節目或影片

這些資料極為豐富。例如：美國國家地理雜誌很早就已在全球搜集、記錄各種人類文明的現象及成果，製成精美的 DVD，取用方便。再如最近臺灣製作的文學電影《他們在島嶼寫作---文學大師系列影展》，介紹余光中、王文興、鄭愁予、林海音、楊牧、周夢蝶等知名作家[21]，頗有教學參考價值。

最近大陸電視臺製作乙套介紹臺北故宮的影集（12 集完整珍藏版）(http：//bbs.wenxuecity.com/tv/474035.html) ，內容豐富，對了解故宮珍藏中華文物之美，極有助益。教學時若要介紹故宮珍藏可多加利用。

而事實上，許多國文教師早已懂得利用影片、youtube 上的網路短片、甚至廣告片等做為教室中引起動機的素材。22教室外的媒體世界是個多采多姿的大千世界，值得國文教師重視並善加利用！

3.電子書

以今年二月第十九屆臺北國際書展銷量不錯的「遠流金庸機」電子書為例，全套十五部(三十六冊) 的金庸小說，存放在重僅兩百五十公克、厚僅零點九公分、長寬為 13.4x21.3 公分的載具中，這真是神奇而不可思議的新媒體。不但可透過視覺欣賞文字，尚可使用觸控方式翻頁，仍舊維持舊閱讀習慣「翻書」的觸感，最令人稱奇的是，戴上耳機、開啓工研院研發的「語音合成」朗讀功能，立刻可以透過聽覺進入金庸筆下的武俠世界。而這個僅 2G 容量的電子書，除了可儲存全套金庸小說，尚收錄四十冊「金學研究」叢書，內建金庸知識庫五千三百筆，包含《中國大百科全書》、《遠流活用成語字典》、可提供查詢、翻譯的功能，此外，尚可下載約一千五百本書。誠可謂「掌上型圖書館」。遠流發行人王榮文很自豪它具有「五合一」(內容、軟體、硬體、通路、通信) 功能，提供讀者即時、便利、先進的數位閱讀服務。23未來，電子書應是國文教師善加運用的教材資源，而事實上，目前國、高中國文教科書，許多家書商也已提供電子版。

以上舉例，主要說明今天的國文教學資源面臨的不是匱乏問題，而是如何從這樣大量豐富的資源中，製作適合教學使用的教材並能相互分享？如何利用互動式電子白板的複製、錄影功能，以減輕教師的工作壓力，並使學生課後很方便的

第二期，(2010 年 8 月) ，頁 86。

[20]黃思華，劉遠楨，謝筱梅，〈限制式寫作互動引導作文網站對學生寫作之研究,〉 課程與教學季刊，13(3)，pp. 193～218，2010. (TSSCI) 及謝筱梅，劉遠楨，〈互動引導作文網站的研究與設計〉，國民教育，48(3)，pp. 74-83，2008.

[21]該系列影片於 2011 年 4 月 9 日至 5 月 6 日在「國賓影城長春廣場」獨家上映。參見 http：//fisfisa.pixnet.net/blog

[22]例如有人教陳幸蕙〈生命中的碎珠〉，以 youtube 上一則 xbox 廣告,life is short， http：//www.youtube.com/watch?v=w-YV1ZlTFaY 說明人生的短暫，時間的可貴，十分吸引學生，教學效果甚佳。

[23]亓婷婷：〈談網路時代的閱讀〉，《中國語文月刊》〉645 期，(民國 100 年 3 月)

複習、自學？所以，如何整合、交流教學資源是一項重要課題。

伍、使用互動式電子白板者之經驗談

由於筆者本人對互動式電子白板的認識僅能算是初入門者，且接觸時間不長，僅能在此略陳一些經驗談。

1. 臺師大國文系大四學生學習電子白板操作與互動式課程設計軟體的心得

臺師大國文系大四學生 34 人於 2010 年 11 月及 12 月去臺北市永吉國中，由該校資訊組邱贊生組長、謝沐華老師的指導下，學習電子白板操作與互動式課程設計軟體，同學都是第一次接觸互動式電子白板，所以覺得新奇有趣，但從同學繳交的學習心得中，可發現對該軟體感到喜歡且願使用的僅有 12 人，大部分同學雖覺得有趣，但頗有疑慮，或疑信參半，認爲無法完全取代傳統教室的黑板及粉筆。甚至有人認爲學生長久接受聲光刺激，感官麻痺之後，教師必須以更強的聲光刺激來吸引學生，造成惡性循環，這對學生的學習不利。筆者認爲這樣的心得結果值得正視。因爲這是一群未來的教師，一年以後，他們之中通過教甄者，即將進入職場，成爲正式教師，如果連年輕的他們都不認同利用互動式電子白板來改善教學，那麼未來其使用率是不令人樂觀的！

以下挑選一篇有代表性的心得：

作者： 楊婷婷 496202232　　2010/11/20

這次我們去永吉國中學習電子白板的操作，這是我第一次接觸電子白板，覺得很新奇也很有趣，電子白板克服了許多我們傳統教學上的許多缺點，像是粉塵的問題以及版書速度及正確性的問題，因為是電子的關係，他不需要用到粉筆，因此不會造成粉塵，影響教師的健康。電子白板又因為是可以先做出教學檔案，因此只要把先做好的檔案開啟，教學內容便一目瞭然，不需要再慢慢寫字，耽誤教學進度。先做好電子檔案這一點，雖然 power point 也能夠做到，但是電子白板更勝一籌，可以直接用電子筆書寫上去，以及可以用電子筆操作，不需要在電腦與黑板之間來來回回的移動。

電子白板的功能很多，可是價格也相對很高，約莫在十萬塊左右，目前台北市的電子白板普及率約百分之四點四，可是可以想像未來電子白板的普遍率會越來越高，甚至某一天或許教室都會改成全面用電子白板。可是我覺得以國文科而言，電子白板並不是那麼的必須，國高中國文科需要的通常是文字的理解以及賞析，所以， 當我們要使用文本時， 可以利用它的功能，比現在的板書效果佳.

電子白板真正助益較大的可能是地科、地理、物理化學及生物科。像是永吉國中國文實習老師所展示的教學內容，雖然很有趣又特別，但是，我覺得是有點配合電子白板的教學，也就是媒體配合教學而非教學配合媒體設施。像是用玩遊戲的方法來記成語或者文章結構順序，這其實是很花時間的，國高中老師趕課的壓力基本上都很大，其實並沒有那麼多的時間可以用來玩遊戲，國中一堂課為四十五分鐘，一個遊戲從點人、喧鬧、思考問題、回答結束、再喧鬧，大概需要將近五分鐘吧，平均下來四十五分鐘可以玩九個遊戲，可是九個遊戲所收到的學習效益我認為不如教師教學四十五分鐘。而且，從我自身的經驗，玩遊戲固然一部份的人會很熱絡，但是，如果遇到下一節課要考試，或者段考快到了，或者已經是國三要考高中的學生，應該大家就會視這樣的遊戲是浪費時間了吧?還會有人願意花那將近考試所剩無幾的時間來遊戲嗎？

我覺得因為未來的趨勢，我們勢必得學會如何使用電子白板等數位教學器材，但是，是否教學要全部倚賴電子白板或其他媒體，還是要部分使用、部分不使用之，是我們可以再加以思考的問題。

當時筆者回應的意見如下：

「教學永遠是必須改進的， 教學也不可能只靠某種媒體或工具。 就像有了飛機、捷運， 人還是得走路。 我們要思考的是如何使教學更有效？ 所以使用多元的教學工具、如何善用科技產品， 才是重點，畢竟互動式電子白板只是輔助教學而已。」

但是，本人目前的看法以爲：互動式電子白板在改善目前國文教學困境方面，有其功能，值得推廣、採用。至於是否真正可提升教學效果？是否得到學生的肯定？的確是值得深入研究的。日後當和永吉國中國文教師合作設計實驗方式以求證之。

最後一次在永吉國中的研習，全班分成7組，分組製作一份約10分鐘的教材並實際教學演示，筆者認爲同學對運用互動式電子白板的技巧及其功能認知均甚佳，以下選用一位同學的心得：

作者　國百乙　496202268　楊翊苓

隨著數位時代的來臨，越來越多資料被數位化，成為一個線上資料庫，方便使用者上網搜尋使用。然而單向的使用以無法滿足使用者，近年來強調「互動」的雙向使用，而且要是「跨地區」的，例如「臉書」這個社群網站的崛起，就代表了「地球村」概念的落實。

除了社交方面的改變，在教育的部分也即將掀起一波新的數位革命，老師們將走出傳統的教室，不再只是靠一隻粉筆一張黑板走遍天下，而是要以一種全新的姿態面對全世界的學習者，讓「學習」透過網路達到「無遠弗屆」。

數位教案即是邁向全球化的第一步。以往雖然有許多人將教師的上課內容錄製上傳，然而由於檔案內容過大、網路空間不足，又沒有一個適當的發表平台…等因素，使得這些資源無法廣泛的被運用，只能在小眾之間流傳，甚為可惜。

這次的教案製作理念，我以〈張釋之執法〉的第三段為本，假設課堂中已將課文講解完畢，準備進入發展活動，因此設計了三道互動題目讓學生實際上台練習。

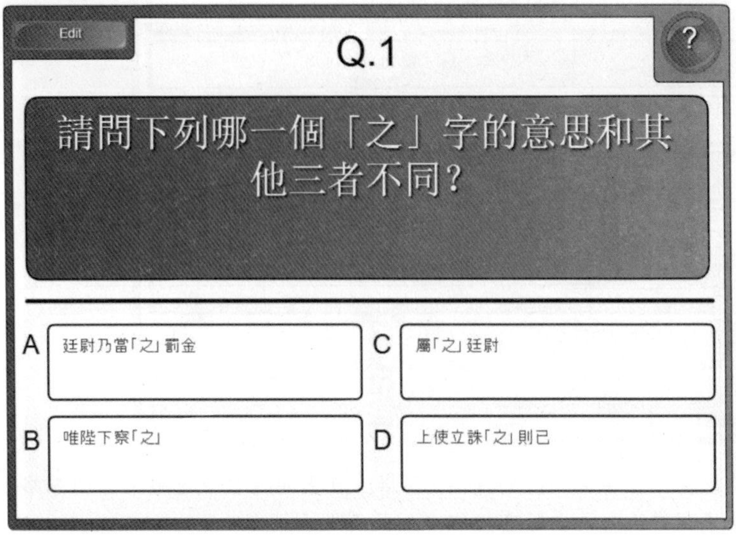

第一道題目是測驗學生對形音義的辨析能力，將課文中重複出現的字抽出來，讓學生比較其意義。

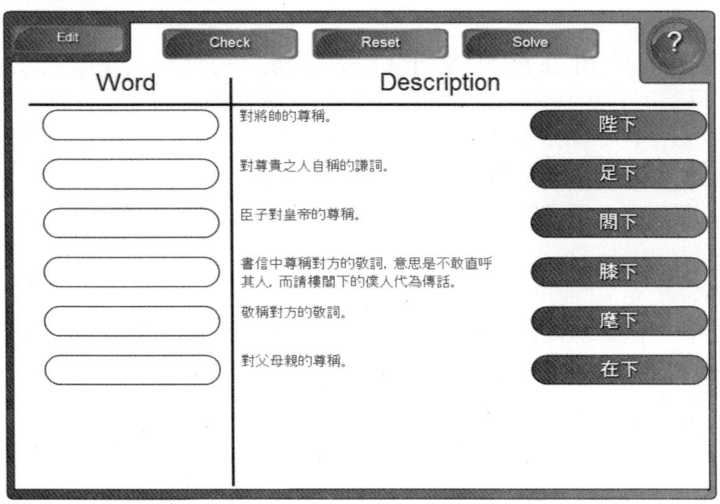

第二道題目是來自上課的補充資料，課文提到「陛下」一詞時，我特地拉出來補充了一些類似的用法，因此在課堂讓學生試著自己做配對，找出正確的描述。

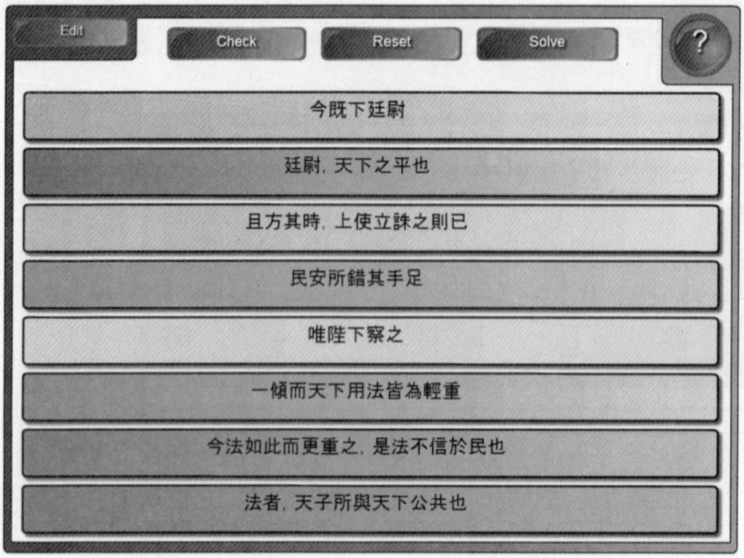

第三題是讓學生重組第三段的課文，讓學生在重組過程中思考文章的脈絡，教師也可藉此了解學生對文意的掌握能力，及時做出補充。

雖然只是幾個簡單的題目，但是可以在短短幾分鐘內達到複習的目的，又可以讓學生有參與感，應該是這套工具一個很大的優點，值得善加利用。

2. 觀摩康橋中學使用互動式電子白板心得

今年 3 月 17 日，本班 31 名同學參訪位於臺北新店的康橋中學，主要觀摩該校中學部國文科數位教學實況，該校是一所收費極昂的貴族學校。班班均有互動式電子白板，但其白板並非傳統的電子白板，而是自行設計訂製的普通白板，主要透過短焦互動投影機及電子筆，搭配傳統黑板併用。當天由吳惠菁、徐韶君、普義南三位年輕老師擔任教學演示。三位老師均表示，教學情況完全是常態。所以本班同學觀摩到的是：互動式電子白板在教學中扮演的真正角色。以下選三篇同學的心得。其中一位楊婷婷很坦率的表達了她對互動式電子白板教學的看法已從負面趨於正面。

作者　　楊婷婷

在參觀教學演示時，我看到了教學設備的靈活使用，這是我在永吉國中的電子白板進化版。其實以前參訪永吉國中時，我並不覺得電子白板會帶給教學多大的推動，甚至不那麼支持電子白板，而在參訪完康橋中學的電子白板後，我發現，這是很能夠帶給教學速度及方便的一項設施，我想原因是，永吉國中的電子白板使用比較著重在遊戲，呆板了一點點，未能將它與國文課密切結合，而康橋中學的電子白板完全切入課文，毫不影響課程的前進，甚至推動了教學的速度及準確度，讓我大大的提升了對電子白板的興趣。

作者　葉常青

我們這組去觀摩吳惠菁老師的國文課，她上的這班是她七年級的導生班，上的課文是南一版國中國文第二冊的〈王藍田食雞子〉。教室內的電子白板真的很高級感覺也非常實用！因為它是整個鑲在黑板裡面的，旁邊就是可拉移的傳統白板，兩者可以交叉配合著使用。並且由於燈光是從上方來，老師不會受到光的影響而感到刺眼，我們在台下注視久了也不會覺得電子白板所反射的光讓眼睛變得很疲勞。吳老師所使用的教材主要是南一版的電子書，有課文、注釋、課文架構和美編，老師運用電子筆把重點標示出來，並在旁寫下重要的提示和額外的補充，有許多內容是電子書本身就已經做好的，所以只需要點擊一下就會跑出來，老師也省下寫版書的時間，並可以藉此觀察學生的反應以及他們是否都有把重點抄起來。上課一開始，吳老師先播放昨天他們玩夾雞蛋比賽的video，藉此引起學生動機，並利用聊天、問答的方式，把他們夾雞蛋的感覺和困難與王藍田吃雞蛋的過程作一個對照。我認為比起死板的用一個又一個的注釋講解課文，這是一個很好切入課文內容並連結學生自身經驗的方法。總而言之，電子白板真的是一個很好用的教學工具，可以為老師省下很多力氣，因為重點提示清楚，學生也很容易吸收，對教學的效率和目標的達成是有很助益的。

作者　郭佳容

教學演示這一部份，我們這組觀摩的是高二（11年級）普義南老師的班，他所教授的課文是〈赤壁賦〉。老師在一開始就先交代上課狀況，由於他們班已經上過這一課，也小考過，小考成績慘不忍睹，因此他們當天是重新做複習。老師首先是以PPT的方式將「渺滄海之一粟」連結日本大地震的時事，輔以圖片，並分享一首他所寫的詩，很能吸引學生，但老師對於電子白板的操控似乎不是很熟練，因此最後他又改用電腦操控，相當可惜。接著老師將學習重點分為作者、時間、地點、體裁、動機、內容六大部分逐一講解。在講解作者時，老師能穿插許多圖片，且以年為綱，介紹蘇軾在各個時期不同的作品，可以看出老師教學的廣度，但也許因為是複習，臺下同學的反應並不是很熱絡，連老師問問題時都很冷淡，直到老師將上次小考的題目放在白板上，重新問同學答案，同學的反應才比較踴躍。這讓我想到，也許這位老師可以利用電子白板最重要的特性：互動及聲光效果來吸引學生，也許學生的反應會比較好也說不定。

在之後的座談會上，我也有問了老師他平常的教學流程及與學生互動的狀況，老師說，由於教學進度很趕，平時他必須在五週內結束一課，包括練習、考試及文化教材，因此和學生的互動時間較少，老師說他解決的方式是盡量穿插一些輕鬆的話題或問同學問題，這點在我們當天觀摩時也有看到，我想，未來我們實際踏入職場時，教學進度與學生互動之間的分寸拿捏，也是相當重要的。

關於電子白板的運用，三位老師也藉著回答問題作了一個總結。老師們強調，不可以排斥新資訊產品，電子白板有其優缺點，當然，電子白板相當便利好用，但也容易失焦，造成學生視覺疲倦、專注力可能下降，因此老師要自己剪裁，確認教材份量，先確定自己對學生的期望是什麼，努力朝該方向努力，並挖掘學生不同專長與才能，因材施教，且由於每個班的重點與特色各不相同，老師在備課上更要好好下工夫。另外電子白板有時也會有書寫字跡不美觀的問題，老師說，電子白板只是一種媒介，並不是要完全用電子白板取代傳統教學，如何在其中做便利的切換是很重要的，同時，也應該讓學生養成自己抓重點的能力，不要過度依賴老師提供資訊。在實際運用成效上，目前學生們的反應都相當新鮮，尤其中、後段的孩子反應更好，也開始會主動作筆記，但老師應該知道有些單元很適合以電子白板教學，有些則否，如何拿捏也相當需要經驗。我認為康橋的老師們相當值得我們學習的是，他們會付出很多心力，觀察學生的反應。吳老師提到，她會在這次段考後發問卷調查學生的吸收程度，可見其用心。藉著這次參訪，我們看到了電子白板在國文教學上的實際運用，當然各有其利弊，教師該如何取捨，我想是我們非常需要學習的一個重要課題。

3. 其他使用者的意見

臺北市永吉國中邱贊生組長非常積極推動互動式電子白教。他認爲：

1.電子白板非教學萬靈丹，教學內容與教師表達方式才是關鍵

2.電子白板的聲光效果與互動性用於中小學階段效果較佳

3.使用電子白板應循序漸進，一開始不熟悉操作時可以將電子白板當單純的單槍投影機使用，慢慢熟悉操作技巧後，可搭配使用書商提供的電子書光碟或自製互動式教材，讓教學更多元更活潑。

任教於臺中后里國中的陳靜儀老師是中部推動互動式電子白板的種子教師，她表示參與研習後，並未積極應用於平日教學，主要是學校設備不足。她建議筆者上網尋找資料。果然在網路上看到一些訊息及教師討論意見。

例如：臺中市政府教育處與臺中市教育網路中心在 7 月 7 日臺中市教育網路中心舉辦「互動式電子白板教材製作研習」，邀請講師爲高雄市內惟國小特教班林俞君老師、臺北市富安國小教英語的沈佳慧老師及臺中市教理化的居仁國中白榮銓老師。林俞君老師提到特教學生的學習特質在於認知概念難以建立，包括抽象思考能力差，序列、順序概念及語言表達有困難，學習動機不足，學習態度較爲被動。使用電子白板的優點是：可以提供具體表徵，引導學生理解抽象概念，可以給予立即性回饋，藉由重複練習頁面活動使學生精熟學習，進行形成性及總結性評量，隨時掌握學生學習狀況。

沈佳慧老師同時也是臺北市國小英語電子白板種子教師，她與現場老師分享

如何完成一個英語教學活動設計，並進行小組競賽遊戲，她表示利用課堂的小遊戲可以吸引同學注意，增加師生互動性，讓英語的學習充滿了學習樂趣。

白榮銓老師指出使用電子白板互動課程設計軟體的功能，製作出具有互動功能的評量頁面，穿插加入原有的頁與頁之間，增進教學之互動性及完整性，促進師生互動教學與評量。運用電子白板整合數位教學資源，可減少因上網瀏覽速度造成的畫面延遲呈現、或上課因轉換軟體所耗費的時間，使教學過程更加緊湊、流暢與連貫。電子白板軟體本身的錄製功能，可以紀錄學生在電子白板上的學習歷程，除了協助教師進行補救教學，亦使教學歷程添增保存性和完整性。[24]

網路上有人提及互動式電子白板與視覺的關係，「長時間盯著電子白板，對學生眼睛會產生不良的影響」、「千萬不要設計的五顏六色」以及刺激過度造成的心理疲乏感，「使用科技產品時，要了解孩子的心理，不要因長時間使用，而讓學生失了興趣，少了好奇」。

從網路上一些研討會記錄，可看出大部分教師對互動教材設計、互動式電子白板軟體的功能與運用並不熟悉，且希望能互相分享教材。

至於使用互動式電子白板對教師教學模式帶來的改變爲何？似乎並未真正發揮互動式電子白板的功能，大多數仍維持過去的教學模式，互動式電子白板帶來的是學習氣氛的改變，「主要仍然是用在講述的模式，但是經過事先的教學準備，有了電子白板，老師上課可以像魔術師一樣，變化出許許多多、很豐富的多媒體素材。而且重點是教學過程中是很順暢的。」

有些老師覺得使用電子書及網路上的資源十分方便，「國語課，用廠商的多媒體光碟教學，電子白板用到的地方，就是在書本內容電子化之後的註記、畫圈詞、標示講述的修辭句出來，練習題的書寫說明 等。另外，利用 K12 教學平臺討論版中有提供的虛擬電子白板，讓學生用分組電腦的手寫板來寫出生字的部首解釋和造句(這是課餘功課)。之後，教育部推出的 筆順練習網，則對學生使用電子白板有很大的助益。」、「利用網路上的資源以及出版社所提供的教案來教學,覺得相當不錯,而且我教好幾個班，所以我帶著 NB 到處走,每一班都可以用虛擬式電子白板教學。」

有些老師認爲使用互動性電子白板教學較適用於國小學生，「國中有升學的壓力，所以課程互動性其實很難太高。您是國小老師，比較沒有升學壓力，可以有較多不同的嚐試」

最值得注意的是有關電子白板價格的討論。筆者認爲這將是能否全面推動電子白板教學的重要因素之一。「一間電子白板教室建置費用 8~10 萬元,對國中小的預算經費是非常大的,假如以班班有電子白板的角度來看,以政府的預算那達成全面 e 化速度至少兩者要相差 5~10 年,這是對學童不公平的！」

陸、結語：未來展望及應該解決的問題

[24]臺中市教育網路中心，〈互動式電子白板教材製作研習經驗分享〉，2010 年 7 月 7 日。(http：//info.tceb.edu.tw/xoops/modules/piCal/index.php?action=View&event_id=0000000265)

未來教育的趨勢，與數位化工具的發展有密切關係，所以教師在教學時能運用多元的資源，成了必備的專業能力。由於資訊科學的發達，如何將資訊科技融入教學，必然成爲每位教師必須面對的挑戰。所以，我們希望能融合現代科技與國文教學，使國文教學形式及內容更豐富而多元。

以目前國文教學的情況而言，的確有很大的改善空間，而互動式電子白板的優點確實有助於提升國文教學。所以國文教學結合互動式電子白板應該是可以預期的前景。

不過，相關的配套指施也不容忽略。例如：學校內的資訊專業教師如何協助國文教師順利的使用軟體及硬體器材？[25]是否有合適的教學電腦平臺使教師能順利取得各種大型資料庫的資料做爲教材？國文教師是否能組成社群相互交換教材？

筆者非常同意陳惠邦教授的看法：目前國內以互動白板爲主的「e 化教室」系統概念均係由廠商設計提供，但尚缺乏教學實驗基礎，也未普遍應用於國內中、小學。互動白板能否大量推廣的關鍵首應考慮硬體價格、親和性、搭配使用系統的功能性（如辨識率、使用介面、作業環境、其他與教室內教學行爲相關功能的提供）、軟硬體使用與課程教學（如教科書進度內容、教學網站教學設計等）及教室原有環境有無相互支援、教師教學習慣與教學法能否經由訓練與輔導而改變、有無充分技術支援等因素。這些重要資訊雖在國外現有的研究文獻中可窺見一二，但可供國內學校教育人員參考應用的知識需由本土化的教學實驗逐步建構。[26]

所以，筆者提出下列構想：

第一步，整合現有的各種資料。以國文教學中的生難字詞及成語教學爲例，現在已有中央研究院資訊研究所開發的「漢字構形資料庫」[27]，該資料庫可謂相當完備(包含甲骨文、金文、楚系簡帛文字、小篆、楷書等字形資料)，近年在臺大陳秀芳教授的指導下，再加入語音資料[28]，未來若結合許慎《說文解字》、丁福保《說文解字詁林》等資料，中文字「形音義合一」的特色即可完整呈現，若有文字學專家願結合現有的各種古籍資料庫(如《四庫全書》、《古今圖書集成》…)，我們將有一套合乎歷史發展的字典、辭書，供所有國文教師取用。若

[25]筆者認爲資訊專業教師一定要積極協助國文教師，互動式電子白板的推廣才有可能。筆者在永吉國中見到邱贊生組長及資訊組所有教師的努力，的確是該校推廣互動式電子白板成功的主因。

[26]陳惠邦：〈互動白板導入教室教學的現況與思考〉，《2006 年臺北市國際華人資訊教育創新論壇論文集〉〉，(2006 年 12 月)臺北： 淡江大學)

[27]〈漢字構形資料庫〉在謝清俊教授、莊德明先生等自 1993 年迄今，不斷的努力，已成爲乙套日益完備的軟體，可免費下載，http：//www.sinica.edu.tw/~cdp

可參見亓婷婷：〈 兩岸共同合作整理文字的時代已來臨〉，《華文世界〉〉98 期，頁 60-62，(2006)

[28]據莊德明先生表示，此軟體「漢字古今音檢索系統」於 2011 年 6 月可修改完成，8 月可開放試用。

有媒體公司願加入合作[29]，每個中國字都將以生動的畫面形式呈現(從甲骨文、金文如何演變爲今日的楷書)，再透過互動式電子白板教學，學生在教室中不僅學習愉快，且能清楚明白的習得該字的形、音、義並牢記不忘。日後下筆行文必然不易誤用、誤寫。這個浪漫的理想，透過互動式電子白板的出現，已有落實的可能！

而成語是中文的特色，每個成語背後都有深厚的歷史文化故事，可惜今天的成語教學只淪爲記誦材料、仿句練習，以致產生許多誤用的笑話，學會成語反而造成「遣詞不夠鮮活、創新」，所以今日成語被大量改爲諧音字出現於廣告詞中[30]，造成年輕學子無法分辨何者才是正確的成語？甚至出現「他對社會的貢獻真是罄竹難書」這樣令人啼笑皆非的句子。若採用類似字形的做法，相信也是國文教學的特色之一。

第二步，教師之間要建立相互交流教材、資訊的教學平臺。目前小規模的組織已有不少，如何整合爲更大規模的教學平臺(類似 WebCT)？或依地區性、教學內容分類整合成小規模但適用性強的教學平臺？是否容許商業化(如書商是否可參與) ？這些都是大家可思考的。

第三步，教師本身要重新思考國文教學的意義、目標、方法。當資訊取得十分方便，資料庫應有盡有之時，國文教師的定位如何？是否要設計更多能讓學生參與的學習活動？[31]教室中是否不再是單純的吸收知識？而是從眾多資訊中學習整理、思辨之道？作文教學是否應更貼近學生的生活？使書寫成爲日常生活必備工具之一？閱讀教學是否可和日常休閒活動結合 (例如共同朗誦、閱讀可以像打橋牌、宴飲一般成爲有趣的生活方式之一) ？

不過，欲實現上述理想，互動式電子白板的軟硬體規格及價格高昂的問題必須先行解決。依臺北市永吉國中資訊組邱贊生組長及及嘉義市崇文國小蕭英勵老師的看法，最重要的是制定互動式電子白板的軟硬體規格及規劃整合性之互動式電子白板推動政策。制定互動式電子白板的軟硬體規格方面，應由公正的國家級學術研究單位依「建構便利的操作環境，讓使用者可以隨開隨用不麻煩」、「追求穩定的產品品質，讓使用者可以安心使用不當機」、「架構統一的教材編輯與操作軟體，讓使用者跨廠牌使用不擔心」等三個目標來進行規畫設計產品規格，讓各家廠商有共同遵循的發展標準。規劃整合性之互動式電子白板推動政策方面，首先，政府宜建置全國入口網站，供家長、教師、學生與學者專家能針對互動式電子白板相關教學模組進行資源分享；其次，授予學校能依據需求彈性更新設備，以搭配現有得資訊科技設備；還有，當學校基層面臨互動式電子白板應用

[29]其實，類似的工作早已有人做過。但都是零星的，如早年華視即製作過漢字節目。此處指的是希望有媒體公司能完整規畫製作不同程度的漢字故事。

[30]此現象乃廣告公司爲始作俑者，並得到一些語言專家的鼓勵，認爲能使「文字鮮活」。

[31]例如國小數學科之成功實驗。可參見黃思華、劉遠楨、顏菀廷：〈 互動式電子白板融入創新合作學習模式對國小數學科學習成效與動機之影響〉，《課程與教學季刊〉〉十四卷一期，(2011 年 1 月) ，頁 115-140。

軟體相容性問題時，政府宜建立全國電腦技術支援團隊，來協助各縣市學校所面臨的軟體研發問題；最後，更透過親職講座的方式，引導家長瞭解白板教學工具的功能，在家中協助孩子懂得善用互動式電子白板的學習功能，同時也瞭解網路犯罪與智慧財產權等相關議題，使互動式電子白板的強大功能不致成爲犯罪工具。

最後再提出一個非常重要的問題，就是漢字字形問題。正如陳惠邦教授指出的：「互動白板的設計原係根據英美等西方（英語系）國家之教學需求，已經建置完成之教學資源當然均爲英文撰述，並以國外課程及教學爲開發基礎。相對之下，國內相關數位內容的開發幾乎掛零。」[32] 今天不僅在漢字輸入、辨識上是亟待解決的問題，在字形上也是值得正視的。國文教學的一切基礎是漢字，今天分裂爲繁、簡對峙的局面，依近日過世的國學大師愛新覺羅、毓鋆的說法：「簡體字是百年以來最大的變局！」[33] 我們希望在相關數位內容的開發時，堅守傳統正體字能成爲大家共同努力的共識及目標！

---

[32]陳惠邦：〈互動白板導入教室教學的現況與思考〉，《2006 年臺北市國際華人資訊教育創新論壇論文集〉〉，(2006 年 12 月)臺北： 淡江大學

[33]這是享壽 106 歲，今年 3 月 10 日過世的國學大師毓老於今年春節(大年初一) 眾弟子給他拜年時所說的話。十分發人深省！ 一般人想到的變局是政治，他特別提醒其實是文字的改變。如何善後是後人的艱鉅重任！

徵引文獻

論文(依發表時間排列)

韓長澤、劉遠楨、陳淑純:〈臺北市中小學校實施資訊科技融入教學之推行成效〉,《國民教育》42 卷 6 期,(民國 91 年 8 月)

張雅芳:〈教師運用科技之相關因素探討〉,《教育研究月刊》,116,41-49。(2003,12 月)。

徐加玲、張雅芳;〈媒體教材之特質與學生學習動機關係之探討〉,《教育研究月刊》,116,64-76。(2003,12 月)。

張雅芳:〈科技融入師資培育－美國的經驗〉。《當代教育研究》,13(1),241-264。(2005,3 月)。

徐加玲、張雅芳:〈中小學教師數位學習關切階層之探討〉。《教學科技與媒體》,77,21-38。(2006,9 月)

亓婷婷:〈 兩岸共同合作整理文字的時代已來臨〉,《華文世界》98 期,頁 60-62,(2006)

陳惠邦:〈互動白板導入教室教學的現況與思考〉,臺北市主辦:全球華人資訊教育創新論壇,(2006.12.19.於宜蘭)

陳惠邦:〈以互動白板實踐互動教學理想的可能性:教師社群與專業發展觀點〉,(民國 96 年 5 月 19 日發表於北京師範大學主辦「Interactive Classroom」研討會)

張雅芳:〈職前教師科技課程應用數位歷程檔案之實證研究〉。《 教育資料與研究雙月刊》,78,145 -166。(2007,10 月)。

謝筱梅,劉遠楨:〈互動引導作文網站的研究與設計〉,《 國民教育》,48(3),pp. 74-83,(2008) .

亓婷婷:〈從中共文字改革歷史看簡化字〉,《師大學報》語言與文學類第五十四卷第二期,頁 107-133。 (2009 年 9 月)

劉遠楨、黃思華:〈互動式電子白板與教學〉 ,《國民教育》50 卷 4 期, (民國 99 年 4 月)

黃思華,劉遠楨,謝筱梅:〈限制式寫作互動引導作文網站對學生寫作之研究〉,《課程與教學季刊》, 13(3),pp. 193～218,(2010) .

王兆華、朱我芯:〈實現網路直觀情境之華語古詩教學平臺〉,《華語文教學研究》第七卷第二期,(2010 年 8 月)

邱贊生:〈互動式電子白板操作與教育科技新趨勢〉 ,(民國 99 年 11 月 11 日於臺北市永吉國中演講資料)

黃思華、劉遠楨、顏菀廷:〈 互動式電子白板融入創新合作學習模式對國小數學科學習成效與動機之影響〉,《課程與教學季刊》十四卷一期,頁 115-140。(2011 年 1 月) ,

亓婷婷: 〈談網路時代的閱讀〉,《中國語文月刊》645 期,(民國 100 年 3 月)

專書

林文瀚：《中上國語文教學研究》，臺灣商務印書館，(民國 65 年 3 月)

黃錦鋐：《語文教學論叢》，法嚴出版社印行，(民國 89 年)

洪富連： 《辨字集錦》頁 41-43，復文圖書出版社。(民國 75 年)

網路

臺中市教育網路中心，〈互動式電子白板教材製作研習經驗分享〉，2010 年 7 月 7 日。
(http：//info.tceb.edu.tw/xoops/modules/piCal/index.php?action=View&event_id=0000000265)

謝清俊教授、莊德明：〈漢字構形資料庫〉 http：//www.sinica.edu.tw/~cdp

加拿大聯合中文學校王妙如副校長：〈互動式數位教學輔具應用〉，2010 年加西華文教師研習會(僑委會溫哥華華語文數位學習示範點)

高雄市多功能 E 化專科教室暨創新教學模式成果網站
http：//www.inmjh.kh.edu.tw/kheclass/01.htm 、

「97 年資訊教育推動細部計畫－建置國民中小學多功能 E 化專科教室」計畫
http：//www.inmjh.kh.edu.tw/eclass/

雲林縣褒忠鄉褒忠國民小學 98 年度建置國民中小學「多功能 e 化專科教室」暨「多功能 e 化數位教室」執行規劃書

蕭英勵：〈互動式電子白板導入校園之省思與策略〉，http：//www1.inservice.edu.tw/EPaper/200712/indexView.aspx?EID=62

全球華文網 http：//school.huayuworld.org/moodle03/course/view.php?id=571

報紙

《聯合報》新聞報導，民國 98 年 3 月 27 日

國家圖書館出版品預行編目資料

國語文教學理論與實務的多元探索／王基倫等著.
——1 版.——臺北市：五南，2012.02
面； 公分
ISBN 978-957-11-6523-3（平裝）
1.漢語教學 2.教學理論 3.中小學教育
523.311 100026584

1IWB

國語文教學理論與實務的多元探索（一版）

執行策畫：教育部國語文課程與輔導諮詢團隊 孫劍秋(176.3)
作　　者：王基倫　王榮生　白雲開　孫紹振 等著
執行編輯：吳燕真　李威侃　謝惠雯
發 行 人：楊榮川
總 編 輯：龐君豪
執行主編：黃文瓊
美術設計：吳佳臻
出 版 者：五南圖書出版股份有限公司
地　　址：106臺北市大安區和平東路二段339號4樓
電　　話：(02)2705-5066　傳　　真：(02)2706-6100
網　　址：http://www.wunan.com.tw
電子郵件：wunan@wunan.com.tw
劃撥帳號：01068953
戶　　名：五南圖書出版股份有限公司
臺中市駐區辦公室/臺中市中區中山路6號
電　　話：(04)2223-0891　傳　　真：(04)2223-3549
高雄市駐區辦公室/高雄市新興區中山一路290號
電　　話：(07)2358-702　傳　　真：(07)2350-236
法律顧問　元貞聯合法律事務所　張澤平律師
出版日期　2012年2月初版一刷
定　　價　新臺幣580元